제3판 **핵심 국제경제학**

Robert C. Feenstra, Alan M. Taylor 지음 | 현혜정, 장용준, 최필선 옮김

Σ **시그마프레스**

핵심 국제경제학 제3판

발행일 | 2017년 6월 20일 초판 1쇄 발행
　　　　2019년 7월 15일 초판 2쇄 발행
　　　　2020년 7월 20일 초판 3쇄 발행
　　　　2025년 3월　5일 초판 4쇄 발행

지은이 | Robert C. Feenstra, Alan M. Taylor
옮긴이 | 현혜정, 장용준, 최필선
발행인 | 강학경
발행처 | ㈜ 시그마프레스
디자인 | 강경희
편　집 | 김은실

등록번호 | 제10-2642호
주소 | 서울시 영등포구 양평로 22길 21 선유도코오롱디지털타워 A401~402호
전자우편 | sigma@spress.co.kr
홈페이지 | http://www.sigmapress.co.kr
전화 | (02)323-4845, (02)2062-5184~8
팩스 | (02)323-4197

ISBN | 978-89-6866-921-7

Essentials of International Economics, Third Edition

＊ 책값은 책 뒤표지에 있습니다.
＊ 이 도서의 국립중앙도서관 출판예정도서목록(CIP)은 서지정보유통지원시스템 홈페이지 (http://seoji.nl.go.kr)와 국가자료공동목록시스템(http://www.nl.go.kr/kolisnet)에서 이용하실 수 있습니다. (CIP제어번호 : CIP2017013662)

과학기술과 통신의 발달로 산업과 금융의 글로벌화가 가속화되고 국가 간 상품과 서비스뿐 아니라 생산요소와 중간재 등 모든 영역에서 교역이 확대됨에 따라 국제경제는 개인의 일상생활에도 매우 큰 영향을 미치는 요인 중 하나가 되었다. 이에 따라 국제경제의 흐름을 정확하게 이해하고 분석하는 것이 중요해지고 있다. 국제경제학은 이러한 국제경제의 다양한 현상의 원인을 제공하거나 혹은 그에 대응하는 개인, 기업, 국가의 행태를 분석하는 경제학 분야라고 할 수 있다.

Feenstra와 Taylor의 핵심 국제경제학은 전통적인 국제무역 및 국제거시경제 이론을 담고 있으면서도 최근 이론과 정책이슈들을 소개함으로써 국제경제 흐름의 핵심내용을 간결하면서도 구성과 논리의 비약 없이 충실하게 설명하고 있다. 특히, 자본과 노동의 국경 간 이동추이, 노동과 환경문제, 세계금융위기와 같은 최근의 주요 이슈들을 다루면서도 그 원인과 결과를 엄밀하고 명쾌한 경제학적 방법론으로 해석하고, 다양한 예와 시사적 읽을거리를 통해 친절하게 설명하는 장점을 가지고 있다.

또한 이 책은 급변하는 국제경제 환경의 변화 속에서 각국 정부의 전략적 정책선택의 문제를 다루고 있어 국제무역 및 금융시장에서 정부의 역할과 한계를 설명하고자 많은 노력을 기울인 흔적을 찾아볼 수 있다. 따라서 이 책은 경제학을 전공한 경제학도와 정책실무자들뿐만 아니라 경제학의 사전지식이 없는 독자들이 국제경제의 주요 이슈들을 체계적으로 쉽게 이해하는 데도 유용하게 활용될 수 있을 것이다. 또한 대외의존도가 높은 한국의 무역 및 금융시장의 속성과 흐름을 이해하는 데도 많은 도움이 될 것이다.

역자들은 번역상의 오류들을 일일이 다듬어 주시고 이 책을 출간하는 데 많은 도움을 주신 (주)시그마프레스 여러분에게 감사의 마음을 전한다. 그럼에도 불구하고 오류가 남아있다면 이는 전적으로 역자들의 책임이다. 앞으로도 독자들의 많은 격려와 관심을 부탁드린다.

2017년
역자 일동

21세기는 유례없는 글로벌화의 시대이다. 기존의 국제경제학 교재들을 보면, 최근 나온 학부 교재들조차도 급격한 경제적 변화들을 제대로 반영하지 못한 것을 보게 된다. 이제는 국제경제학 연구의 새로운 관점과 최신 주제들, 그리고 가장 최근의 접근방법을 교과서에 담아야 한다는 판단을 하게 되었다. 우리는 이 책에 오늘날 국제경제학의 가장 최신의 이론과 현상들을 담고자 했다.

과거 수십 년 동안 국제경제학 교재들은 지나치게 이론을 강조했을 뿐만 아니라, 선진국에 분석의 초점을 맞추었다. 또한 정책 분석 역시 전략적 무역정책이나 브레튼우즈 체제 등 과거 시대를 반영한 것들이었다. 하지만 오늘날에는 관심사가 다르다. 새로운 이론이 등장했을 뿐 아니라 실증적 연구의 중요성이 예전에 비해 훨씬 커졌다. 최근 행해진 많은 실증 연구들 덕택에 기존 이론이 증명(혹은 부정)되기도 하고, 무역, 생산요소 이동, 환율, 위기 등이 어떻게 결정되는지 새로우면서도 중요한 교훈들을 얻을 수 있다. 무역과 자본이동이 자유화되고 확대되면서 이제는 글로벌 경제에서 신흥시장과 개도국의 역할이 커졌으며, 자연히 이들 지역에 대한 관심도 훨씬 더 커졌다.

21세기 국제경제학을 가르치고 배움에 있어서 이처럼 새로운, 그리고 확대된 영역에 도전하는 것은 신나는 일이다. 이 책의 목표는 그런 도전에 제대로 부응하는 새로운 재료들을 제공하는 것이지만, 독자들의 신나는 기분이 꺾이지 않도록 충분히 접근가능한 방법론을 사용한다. 이 책의 새로운 주제들 중에는 기존 교과서와는 접근 방법이 다른 부분도 있고, 과거에는 강의에서 다루지 않았거나 혹은 보충자료에 의존해야 했던 것들도 있다. 저자들의 견해로는 이제는 이런 내용들이 훨씬 중요하게 다루어져야 한다고 믿는다.

우리들 자신이 이 책으로 수년간 강의해왔으며, 미국과 전 세계 대학의 많은 교수들로부터 피드백을 받아왔다. 그들 역시 우리와 마찬가지로 학생들로부터 이 책의 신선하고 접근 가능한 방법론에 대해 호평을 받았다고 한다. 여러분도 이 책을 멋지게 활용하기 바란다.

특징

각 장마다 학생들의 생생한 이해를 위해 다음과 같은 코너들이 마련되어 있다.

- **적용사례** : 본문에서 다룬 내용을 적용하여 현실 세계의 정책, 사건, 증거들을 이해하기

쉽게 설명한다.

- **헤드라인** : 본문 내용과 관련하여 글로벌 경제에 대한 미디어의 보도를 보여준다.
- **보조자료** : 본문 내용을 이해하는 데 반드시 필요하지는 않지만, 관련된 흥미로운 내용을 담고 있다.
- **네트워크** : 각 장의 맨 마지막에 과제 형태로 주어지는 것으로 학생들이 각 장에서 배운 내용을 인터넷을 통해 스스로 탐구해볼 수 있는 기회를 제공한다.

주제의 배열 : 국제무역론

제1부 : 국제경제학 기초

1장에서는 글로벌 경제에서 국제무역을 통한 재화 및 서비스의 이동, 이민을 통한 사람의 이동, 외국인직접투자를 통한 자본의 이동을 설명한다. 이러한 이동을 지도를 통해 보여줌으로써 어떤 나라와 지역에서 가장 많은 이동이 이루어지는지 쉽게 이해할 수 있다. 또한 무역과 무역장벽에 대한 역사적 사례도 나와 있다. 1장에는 이 책의 후반부를 구성하는 국제거시경제학에 대한 소개도 나와 있다. 통화와 환율, 국제수지, 정부 정책의 역할 등 세 가지 주요 분야에 대해 개략적으로 설명한다. 전체적으로 이 장은 강의의 도입부 역할을 한다.

제2부 : 국제무역의 패턴

여기에서는 국제무역의 핵심 이론, 즉 리카도 모형(2장), 특정요소 모형(3장), 헥셔-올린 모형(4장)을 소개한다. 보통 노동 혹은 자본 부존량의 변화 효과와 같은 주제는 특정요소 모형 및 헥셔-올린 모형에 포함되어 있는 경우가 많으나, 이 책에서는 그렇지 않고, 국가 간 노동과 자본의 이동을 다루는 5장에서 이 문제가 다루어진다. 예를 들어 '요소가격비민감성' 결과와 립진스키 이론 등을 5장으로 빼놓았다. 이렇게 함으로써 4장에서는 헥셔-올린 모형에 더욱 집중할 수 있도록 했다. 즉 4장에서는 헥셔-올린 이론과 스톨퍼-사뮤엘슨 이론, 그리고 모형의 실증 분석에 초점을 맞춘다. 요컨대 3장, 4장, 5장의 주제 배열, 그리고 여러 적용 사례들은 이 책이 새롭게 시도한 것이며, 각 장은 접근 방법에 있어서 서로 밀접히 연결되어 있다.

제3부 : 국제무역에 대한 새로운 설명

여기에서는 국제무역에 대한 비교적 새로운 내용인 규모에 대한 수확체증(6장)을 다룬다. 1980년대 초부터 규모에 대한 수확체증과 독점적 경쟁 하에서의 무역에 대한 정형화된 모형이 활발히 사용되어 왔으나, 학부 교과서에서 이 주제를 어떻게 다룰지에 대해서는 표준화된 방법이 없는 상태이다. 6장에서 우리는 DD 및 dd 곡선(이 책에서는 간단히 D와 d로 표기)을 도입한 에드워드 챔벌린의 원래 방식대로 그래프를 이용하여 설명한다. D 곡선은 모든 기업들이 똑같은 가격을 매길 때 이들 기업에게 돌아가는 시장수요를 나타낸다. 반면 d 곡선은 다른 기업들이 자신의 가격을 고정시켰을 때 어느 한 기업이 직면하게 되는 수요이다. 이들 두 수요를 구별하는 것은 무역자유화의 효과를 분석할 때 매우 중요하다. 즉 d 곡선의 경우 무역자유화가 실시되면 각 개별 기업들이 자신의 가격을 낮추려는 유인이 있다는 것을 보여주는 반면, 이보다 더 가파른 기울기의 D 곡선은 모든 기업이 가격을 낮출 경우 손실이 발생하고 일부 기업은 퇴출될 수밖에 없다는 것을 보여준다.

제 4 부 : 국제무역 정책

국제무역론의 결론 부분에 해당하는 이곳에서는 무역정책을 다룬다. 수입관세와 할당을 완전경쟁시장(7장)과 불완전경쟁시장(9장)으로 나누어서 설명하고, 마지막으로 무역, 노동, 환경에 대한 국제협정에 대해 살펴본다. 우리는 가능한 한 최신이면서 역사적으로 의미 있는 적용 사례들을 사용했으며, 다른 교재들에 비해 보다 체계적인 방식으로 설명하고자 노력했다.

7장에서 다루는 완전경쟁시장의 수입관세와 할당은 무역정책을 공부할 때 중요한 기초가 되는 부분이다. 이곳에서 우리는 부분균형 접근에 입각하여 수입수요 및 수출공급 곡선과 소비자 및 생산자 잉여의 개념을 사용한다. 우리가 강의해본 경험으로는 미시경제학 훈련을 받은 학생들은 이러한 접근방법에 대해 익숙하게 여기는 듯하다(가령 수요공급 곡선 도표에서 소비자 잉여에 해당하는 부분이 어디인지를 대부분 알고 있다). 이 장에서는 현실 세계의 흥미로운 적용사례로서 조지 W. 부시 대통령 시절 미국이 부과한 철강제품 수입관세, 그리고 버락 오바마 대통령 시절 중국산 타이어에 대한 수입관세에 대해 '소국'과 '대국'의 관점 모두를 사용하여 분석한다.

8장에서는 1980년대 후반과 1990년대에 개발된 전략적 무역정책 이론에 대해 다룬다. 원래 이 분야 연구는 과점 기업들 간의 상호작용에 초점을 맞추었으나, 여기에서는 논의를 단순화하기 위해 자국이나 외국의 독점기업 경우에 초점을 맞춘다. 이 장은 이론적으로는 이미 익숙한 것이지만, 설명의 전개 방식이나 많은 적용사례들, 그리고 유치산업보호에 대한 설명은 이 책의 새로운 시도이다.

9장은 완전경쟁시장(7장)의 관세에 대한 설명에서 시작하여 대국들이 자신의 교역조건을 유리하게 만들기 위해 관세를 부과하려는 자연스러운 유인을 갖고 있다는 것을 보여준다. 이것이 용의자의 딜레마 상황을 만들며, 세계무역기구(WTO)와 같은 국제기구의 규범을 통해 극복될 수 있다. 이 장에서는 노동 및 환경 문제와 관련된 국제적 규범에 대해서도 다룬다. 학생들은 특히 환경 문제에 많은 관심을 보인다.

주제의 배열 : 국제거시경제학

제 5 부 : 환율

우리는 전통적인 설명 방식과 달리 환율을 먼저 설명한 다음 국제수지를 다룬다. 우리는 이 방식이 좀 더 논리적이고 흥미를 유발할 수 있는 방법이라고 생각한다. (거시경제학에서) 폐쇄경제와 개방경제의 핵심적 차이가 환율이기 때문에 환율을 비롯한 거시적 핵심 내용들을 먼저 설명하는 것이다. 저자들의 경험뿐 아니라 이 책을 사용한 다른 많은 사람들도 이 방식을 지지해주었다. 처음에 가격과 관련된 모든 주제들을 다룬 다음, 수량과 관련된 주제로 나아간다.

10장에서는 환율과 외환시장(forex)의 기초적인 내용을 소개하고 학생들에게 현실 세계의 환율이 어떤 모습으로 변하는지 실제 데이터를 통해 보여준다. 외환시장의 구조와 외환시장에서 행해지는 차익거래의 원리를 설명한다. 끝으로 이자율평가 조건에 대해서도 간략히 소개하는데, 이에 대해서는 12장에서 보다 자세히 다룬다.

11장에서는 장기 환율결정 모형인 화폐적 접근방법을 소개한다. 단기보다 장기 이론을 먼저 다루는 이유는 단기 모형에서 장기적 예상이 중요한 요소로 작용하기 때문이다. 재화시장 차익거래, 일물일가의 법칙, 구매력평가 등이 주요 주제들이다. 우선 단순 통화모형(화폐수량이론)을 설명한 다음, 일반 통화모형, 피셔효과, 실질이자율평가 등을 살펴본다. 마지막으로 명목기준지표 논의를 소개하고, 이것이 통화제도 및 환율제도와 어떤 관련이 있는지 살펴본다.

12장에서는 단기 환율결정 모형인 자산 접근에 대해 설명한다. 10장에서 소개한 유위험이자율평가가 자산 접근의 핵심 도구이며, 예상미래환율은 장기 모형에 의해 주어지는 것으로 가정한다. 단기 이자율의 경우에는 통화시장 모형을 사용하여 설명한다. 화폐적 접근과 자산 접근의 모든 구성 요소들이 종합적으로 작용하여 환율결정의 종합이론을 구축하게 된다. 마지막으로 이러한 종합이론이 변동환율제뿐 아니라 고정환율제에서도 잘 작동한다는 것을 설명하고, 트릴레마 논의에 대해서도 소개한다.

제6부 : 국제수지

13장에서는 핵심적인 거시경제 지표들, 즉 국민계정과 국제계정, 그리고 국제수지(BOP)에 대해 소개한다. 국제수지는 재화, 서비스, 자산의 교역(일방적 이전까지 포함)이 서로 어떻게 연관되어 있는지를 보여준다. 또한 이 장에서는 세계경제에서 갈수록 중요성이 커지는 대외부 및 가치평가 효과에 대해서도 소개한다.

14장에서는 단기 개방경제 케인즈 모형을 소개한다. 이 모형은 국제수지를 생산, 환율, 거시경제 정책과 연결시킨다. 우리는 IS-LM 도표와 외환시장 도표를 하나로 묶어 사용하는데, 두 도표의 세로축이 이자율로서 동일하다. 우리는 해당 모형을 새로운 방식이나 생소한 기호들을 사용하여 설명하지 않고 이미 많은 학생들이 접한 적이 있는 도구(IS-LM)를 사용한다. 또한 고정환율제와 변동환율제를 별개의 장에서 다루지 않고 이 장에서 번갈아 가며 분석한다. 이처럼 두 제도를 나란히 놓고 공부하는 것이 전체적으로 바람직하다고 생각한다.

제7부 : 응용 및 정책적 이슈

15장에서는 국제거시경제학의 주요 정책 이슈인 고정환율제와 변동환율제의 선택 문제를 다룬다. 우선 고정환율제 채택의 두 가지 고전적 기준인 높은 수준의 통합과 경제 충격의 대칭성에 대해 설명한다. 그런 다음, 특히 개도국에서 고정환율제가 보다 바람직할 수 있는 여타 요소들을 고려한다. 즉 신뢰할 만한 명목기준지표가 필요하다거나 부채의 달러통용화가 심각하여 '변동에 대한 두려움'이 있는 경우이다. 이런 제반 요인들에 대한 실증분석 결과도 살펴본다. 또한 많은 나라들이 참여하는 고정환율 시스템에서 협조의 필요성과 그 가능성에 대해 논의한다. 마지막으로 19세기 이후 국제통화제도의 역사적 전개 과정을 이 장에서 제시한 분석 도구들을 사용하여 이해하고 분석한다.

16장의 주제는 공동통화이며, 분석의 초점은 유로이다. 우선 15장의 고정 대 변동 분석을 확대 적용하여 이를 최적통화지역(OCA) 기준으로 발전시킨다. 이러한 기본적인 분석틀을 활용하여 공동통화지역 가입을 유인하는 추가적인 경제적 및 정치적 요인들에 대해 살펴본다. 그런 다음, OCA 기준 충족도에서 미국과 유로존의 차이를 실증분석한 결과들을 살펴보고, 왜 많은 경제학자들은 현재 유로존이 최적통화지역 조건을 충족하지 못한 것으로 믿고 있는지 설명한다. 유로 프로젝트를 종합적으로 이해하기 위해서는 OCA 기준의 내생성 가능성과 비경제적 요인의 역할 등 다른 요인들도 고려해야 한다. 이에 따라 유로에 대해 핵심적인 역사, 정치, 제도적 측면의 구체적 내용들을 살펴본다.

Robert C. Feenstra

Alan M. Taylor

캘리포니아 데이비스, 2013년 12월

Bud Harmon

로버트 핀스트라(Robert C. Feenstra)와 앨런 테일러(Alan M. Taylor)는 UC Davis 경제학과 교수로 재직 중이다. 핀스트라 교수는 1977년 캐나다 UBC(University of British Columbia)에서, 그리고 테일러 교수는 1987년 영국 킹스칼리지에서 학사학위를 받았다. 박사과정은 모두 미국에서 이수하여 핀스트라 교수는 1981년 MIT에서, 그리고 테일러 교수는 1992년 하버드대학교에서 경제학 박사학위를 취득했다. 핀스트라 교수는 1986년부터 UC Davis에서 국제무역을 강의해왔으며, 현재 국제경제학 브라이언 캐머런 석좌교수직을 맡고 있다. 테일러 교수는 UC Davis에서 국제거시경제학, 성장론, 경제사 등을 강의하고 있다.

핀스트라와 테일러 교수 모두 국제경제학 분야에서 활발한 연구 및 정책 활동을 수행하고 있다. 미국 최대 경제연구기관인 NBER 연구위원으로 활동하고 있으며, 특히 핀스트라 교수는 NBER 국제무역투자 프로그램의 디렉터이기도 하다. 이들은 국제경제학 분야에서 대학원 수준의 여러 책들을 저술했다. 핀스트라 교수는 최근 저서 중 *Offshoring in the Global Economy*와 *Product Variety and the Gains from International Trade*가 있으며, 테일러 교수는 모리스 옵스펠드와 함께 *Global Capital Markets: Integration, Crisis and Growth*를 저술했다.

요약 차례

제 5 부 환율

제 6 부 국제수지

제 **7** 부 응용 및 정책적 이슈

세계경제

오늘의 불평등한 세계에서 주요 패자는 세계화에 지나치게 노출된 사람들이 아니다. 패자는 세계화에서 배제된 사람들이다.

코피 아난, 유엔 전 사무총장, 2000

그러나 대부분의 문명화된 국가의 거래에는 여전히 심한 미개함이 남아있어서 대부분의 모든 독립국가들은 그들과 그들 이웃에게 불편을 주는데도 자신들만의 고유한 통화를 가짐으로써 그들의 국적을 확고히 하는 것을 선택한다.

존 스튜어트 밀

2007년에서 2008년, 전 세계 금융위기는 1930년대 대공황 이후로 가장 고통스러운 세계불황의 시작을 알렸다. 산업생산량은 최고점으로부터 13% 떨어졌고 세계 재화수출은 놀랍게도 25%가 떨어졌다. 6년 후, 생산과 고용은 여전히 많은 국가에서 잠재수치 아래에 머물러 있으며 선진국에서는 매우 실망스러운 성장률, 특히 유로존의 여러 나라에서는 계속되는 불황을 보여주고 있다. 때때로 생겨나는 반대 의견에도 불구하고 무역은 회복되었고 보호주의 정책은 아직까지 대체로 기피되어 왔다. 위기 동안에 환율은 급격히 변동하였고 자본의 국제흐름은 교란되어 국제적 긴장을 더하였다. 불황 동안에 많은 국가들은 대규모의 공적 부채를 늘렸고 몇몇 국가들은 금융시장에서 지급불능의 위험에 처한 것과 유사한 평가를 받기 시작하였다. 회복의 조짐에도 불구하고 세계 경제위기의 발생은 그 어느 때보다도 전 세계의 국가들을 연결해주는 경제력의 중요성을 증명해 보였다. 이 책에서 우리는 국가들이 무역과 금융에 의해 어떻게 연결되어 있는지 설명하고자 노력할 것이다.

이 책의 첫 부분에서는 국가들이 재화와 서비스 교역을 하고 사람들이 한 국가에서 다른 국가로 이동하며 기업들이 다른 국가에 자회사를 소유하는 이유를 이해하는 데 도움을 주는 많은 모형들을 개발한다. 이 세 가지 종류(재화와 서비스, 사람, 자본)의 국가 간의 흐름은 매우 일반적이어서 우리가 당연하게 받아들인다. 예를 들어 당신이 물건을 사기 위해 매장에 갈 때 그 물건은 다른 나라에서 왔을 수 있고, 매장 자체가 외국 소유일 수도 있으며, 당신을 돕는 판매원은 이민자일 가능성이 있다. 왜 이러한 국제적인 흐름은 이토록 흔한 것일까? 이러한 흐름에 개입한 국가들의 결과는 무엇일까? 이 국가들이 다소간 무역, 이민, 외국인 직접투자를 개방하도록 하기 위해 각 정부는 어떠한 조치를 취하는 것일까? 이러한 것들은 우리가 이 책의 첫 부분에서 제기할 질문들이다.

이 책의 두 번째 부분에서는 세계 거시경제와 그것이 재화, 서비스, 자본의 통합된 시장에 의해 어떻게 정의되는지를 살펴본다. 거시경제 결과를 효과적으로 살펴보기 위해서는 환율, 무역, 자본의 흐름을 통해 국가들이 서로 어떻게 연결되어 있는지를 이해해야 한다. 환율은 생산, 무역 및 자본의 흐름에 어떤 영향을 주는가? 어째서 그토록 많은 국가들은 다른 국가와의 경제적 교류에 개방하는 선택을 하는가? 그리고 이들과 또 다른 거시경제정책 결정은 한 국가의 경제적 번영에 어떤 비용과 이득을 가져오는가? 이것들은 이 책의 두 번째 부분에서 답할 질문들이다.

1 국제무역

2009년 8월, 선박 **벨루가** 협회와 **벨루가** 전망은 러시아 핵 쇄빙선과 함께 북극해 항로를 거쳐가는 역사적인 항해를 하였다. 이 배들은 한국에서 러시아의 북쪽을 돌아 화물을 하역한 시베리아의 노비항까지 발전소 부품을 운반하였다. 이 배들은 네덜란드의 로테르담까지 계속 서진하였다. 상선이 북극권을 통과하여 북극해 항로를 성공적으로 항해한 것은 처음이었으며, 그것은 최근 북극 빙하의 축소로 가능할 수 있었다. 지구온난화는 북극 빙하가 녹는 원인을 제공하여 북극해를 통한 새로운 항로를 열 것이라고 여겨지고 있다.

이 역사적으로 획기적인 사건에서 지구 기후변화는 **국제무역**(international trade)에 중요한 결과, 즉 국경 간 재화(화물)와 서비스(화물운송)의 이동을 가져올 수 있다는 것을 알 수 있다. 한국(혹은 아시아의 다른 지역)에서 유럽으로 재화를 운반하는 것은, 대개는 훨씬 많은 비용을 들여서 수에즈 운하(중동)를 통과하는 여정을 수반한다. 북극해 항로는 수에즈 운하 항로보다 약 4,000해리가 짧다. 만약 북극해 항로를 연중 내내 통과할 수 있다면 아시아에서 유럽으로의 교역량은 증가할 것으로 예상된다.

이 책에서 우리는 재화와 서비스의 국제무역을 공부하고 어떤 상품들이 교역의 대상이 되는지, 누가 이들의 무역을 담당하는지, 얼마의 양과 가격에서 무역이 이루어지는지, 그리고 무역의 이익과 비용 등 무역에 관한 것을 결정하는 경제력에 관해 배운다. 또한 국가 간의 무역 패턴을 형성하는 데 정부가 사용하는 정책들에 대해서도 배운다.

왜 국제무역에 관심을 가져야 하는가? 많은 사람들은 국제무역이 국가가 성장하고 번영하기 위한 기회를 창출한다고 믿는다. 예를 들면, 중국에서 수출하는 재화의 생산은 그곳의 수백만 명 근로자의 고용을 창출한다. 미국과 유럽으로부터의 수출도 마찬가지이다. 무역으로부터 잠재적으로 이득을 보는 것은 대국들만이 아니다. 소국들도 영향을 받는다. 예를 들어 그린란드에서는 지구온난화로 인한 고온으로 인해, 핸드폰과 그 밖의 첨단기기에 사용되는

©Frank Krahmer/Corbis

그린란드 디스코 만의 녹고 있는 빙하

란타넘과 네오디뮴과 같은 희토류 매장층이 노출되었다. 국제무역으로 인해 그린란드는 세계수요를 충족시키기 위한 희토류 수출로부터 혜택을 볼 것으로 예상된다. 그러나 전통적인 어업의 삶의 방식이 그린란드 경제에 덜 중요해지면서 이러한 혜택은 그린란드에 힘겨운 사회변화와 도전 또한 가져다줄 수 있다. 이 책에서 우리는 국제무역에 의해 사회의 다양한 그룹들에서 창출되는 기회와 도전을 모두 살펴본다.

먼저 국제무역의 매우 광범위한 그림을 살펴보는 것으로 시작하도록 하자. 2012년에 어떤 국가가 세계에서 가장 큰 수출국이었는가? 중국을 생각했다면 당신이 옳다. 2009년에 중국은 전 세계 최고의 수출국으로서 독일을 추월하였고 그 이후로 계속 고지를 점해 오고 있다. 2012년에 중국은 두 번째로 수출액이 큰 국가인, 미국에서 수출한 1조 6천억 달러보다 많은 약 2조 달러의 재화를 다른 국가에 판매하였다. 세 번째로 큰 수출국인 독일은 1조 5천억 달러의 재화를 수출하였다.

그러나 국가들은 재화 수출뿐 아니라 서비스도 수출하므로 이 수치들은 무역의 그림 중 일부만을 보여주고 있다. 2012년에 미국은 서비스(비즈니스 서비스, 외국 유학생 교육, 외국인들의 여행 등을 포함하여)를 6천억 달러 수출하였다. 만약 우리가 재화와 서비스를 함께 수출한다면 2012년에 세계에서 가장 큰 수출국은 2조 2천억 달러를 수출한 미국이고, 그다음이 중국, 독일, 영국, 일본이다.

국제무역의 기초

이 절에서는 몇 가지 중요한 단어를 정의하고 세계무역의 전반적인 추세를 요약하는 것으로 국제경제학 공부를 시작하도록 한다.

국가들은 끊임없이 재화와 서비스를 서로 사고 판다. **수출품**(export)은 한 국가에서 다른 국가로 판매된 제품이고 **수입품**(import)은 어떤 국가가 다른 국가로부터 사들인 제품이다. 우리는 일반적으로 수출과 수입을 국가 간에 운송된 재화로 생각하지만 서비스의 경우는 꼭 그렇지도 않다. 예를 들어, 건설서비스는 운송되기보다는 수입국 현지에서 수행된다. 여행과 관광업 역시 현지에서 발생하는 서비스 수출의 대분류에 속한다. 미국인 방문객들이 에펠탑에 소비하는 돈은 프랑스의 서비스 수출이고 중국인 방문객들이 그랜드캐니언에 쓰는 돈은 미국의 서비스 수출이다.

한 국가의 **무역수지**(trade balance)는 수출의 총액과 수입의 총액의 차이이다(보통 재화와 서비스 모두 포함하여). 미국과 같이, 수출보다 수입을 더 많이 하는 국가들은 **무역수지 적자** (trade deficit)인 반면, 최근 중국과 같이 수입보다 수출을 많이 하는 국가들은 **무역수지 흑자** (trade surplus)이다. 한 국가와 기타 국가들과의 전반적인 무역수지를 파악하는 것뿐 아니라 우리는 종종 신문에 두 국가 간의 수출과 수입의 차이를 의미하는 **양자 간 무역수지**(bilateral trade balance)가 보도되는 것을 본다. 예를 들면, 2005년과 2012년 사이에 중국과의 교역에서 미국의 무역수지 적자는 2천억 달러 이상이었다.

무역을 이해하기 위해 개발한 모형에서 우리는 한 국가가 무역수지 적자인지 혹은 흑자인지에 대해서는 상관하지 않고, 단지 각국이 수출과 수입이 동일한 무역균형 상태라고 가정한다. 이러한 가정을 하는 데는 두 가지 이유가 있다. 첫째, 경제학자들은 전체 무역수지 적자혹은 흑자는 한 경제의 지출과 저축의 전체적인 수준과 같은 — 지출이 많고 저축이 적은 국가는 무역수지가 적자일 것이다 — 거시경제적 조건으로부터 발생된다고 믿는다. 거시경제적조건은 국제거시경제를 다루는 이 책의 후반부에서 살펴볼 것이다.

둘째, 미국이나 중국 같은 두 국가 간의 양자 간 무역수지에 주목한다면, 무역수지 적자 혹은 흑자에 대한 해석은 문제의 소지가 있다. 어떤 문제가 있는지 알아보기 위해 미국이 아이폰과 같은 특별한 재화를 중국에서 수입하는 경우를 생각해보자(**헤드라인 : 아이폰 부품의 합 : 무역왜곡** 참조).

2010년에 중국에서 미국으로 운송되어올 때 아이폰 3GS는 약 179달러였으며 미국에서는 약 500달러에 판매되었다. 그러나 그중 단지 6.5달러만이 조립에 사용된 중국인 노동자들의 가치를 반영하였다[1]. 나머지 172.5달러의 수출가격은 사실상 다른 국가에서 중국으로 수입된 것으로, 일본의 도시바에서 60달러의 플래시 메모리, 디스플레이 모듈, 터치스크린, 한국의 삼성에서 23달러의 프로세서 칩과 메모리, 독일의 인피니온에서 29달러의 카메라, 트랜스

---

1 Yuqing Xing and Neal Detert, "How the iPhone Widens the United States Trade Deficit with the People's Republic of China," Asian Development Bank Institute, Working Paper no. 257, December 2010 (revised May 2011), from which the estimates in this paragraph are drawn. They cite: A. Rassweiler, "iPhone 3G S Carries $178.96 BOM and Manufacturing Cost, iSuppli Teardown Reveals," iSuppli, 24 June 2009.

헤드라인

아이폰 부품의 합 : 무역왜곡

비록 미국에서 판매된 아이폰은 중국에서 조립되지만 그것의 대부분의 가치는 다른 국가에서 만든 부품에서 생긴다. 그러므로 그 전체 가치를 중국으로부터의 미국의 수입으로 간주하는 것은 미국의 대중국 무역수지 적자규모를 부풀리는 것이다.

현재 미국의 경제적 난관에 대한 널리 알려진 해법은 미국이 기타 국가들이 열망하는 첨단 도구들을 더 많이 생산하는 것이다. 그러나 두 명의 연구자들은 미국 기술상품 최고의 상징 중 하나인 애플사의 아이폰이 실제로는 작년에 미국의 대중국 무역수지 적자에 190억 달러를 보탰다는 사실을 알아냈다. 이것은 어떻게 가능할까?

…비록 아이폰은 미국 회사에 의해 온전히 디자인되고 소유되지만, 대부분 다른 국가들에 의해 생산된 부품으로 이루어져 있으며 물리적으로는 중국에서 조립된다. 그러므로 두 국가 모두의 무역통계는 아이폰을 미국에 대한 중국의 수출로 인식한다. 따라서 종종 미국 제품으로 생각된 제품을 구매하는 미국 소비자는 미국의 대중국 무역수지 적자를 늘리는 것이다. 결과는 공식적인 통계에 의해 "미국 회사에 의해 발명된 첨단기술제품이라 할지라도 미국 수출을 증가시키는 것은 아니다"…이것은 첨단기술제품이 지닌 문제가 아니라 수출과 수입이 어떻게 측정되는지의 문제이다…

새 연구는 현실세계에서 큰 결과를 가져올 수 있는 고전적인 무역통계에 대해 커지고 있는 기술논쟁을 가중시킨다. 전통적인 무역 형태는 워싱턴과 브뤼셀에서 중국의 통화정책과 이른바 불공정 무역행위에 대해 무엇을 할 것인가에 대한 격렬한 정치적 논쟁의 근간이다. 그러나 한 국가에서 수송된 모든 제품이 그 국가에서 모두 생산되었다는 가정은 수정될 필요가 있다는 믿음이 커지고 있다. "소위 '중국산'은 실제로 중국에서 조립되었으나 제품의 상업적 가치를 구성하는 것은 국제가치사슬에서 조립과정을 중국에서 수행한 수많은 국가들로부터 비롯된 것이다." 세계무역기구 사무총장이었던 파스칼 라미는 10월 연설에서 이렇게 말했다. "제품의 원산지 국가의 개념은 점차 구식이 되어가고 있다." 라미는 만약 무역통계가 다른 국가의 제품에 기여한 실질가치를 반영하기 위해 수정될 수 있다면 미국의 대중국 무역수지 적자의 규모 — 미국에 따르면 2,268.8억 달러

애플 아이폰과 같은 제품은 종종 여러 국가에서 만들어진 부품을 중국에서 조립한 것이다.

— 는 절반으로 떨어질 것이라고 말했다. 그의 주장이 의미하는 것은 무역수지 적자를 둘러싼 논쟁이 실제보다 더 부풀려진 것일 수 있다는 것이다.

미팅, 수신장치 등을 포함한다. 그럼에도 불구하고, 179달러 전부 중국에서 미국으로의 수출로 계산된다. 이 예는 국가 간의 양자 간 무역수지 적자 혹은 흑자가 파악하기 힘든 개념이라는 것을 알려준다. 중국에서의 **부가가치**(value-added), 즉 중국을 떠날 때의 아이폰의 가치와 중국 및 타국으로부터 구매한 부품과 재료의 비용의 차이가 6.5달러에 불과한데, 공식적인

무역통계에서처럼 아이폰 179달러 전부를 중국에서 미국으로의 수출로 계산하는 것은 타당하지 않다. 이러한 공식적인 통계의 단점은 이러한 수치가 언론에서 자주 보도된다 하더라도 우리가 국가 간 양자무역수지 적자 혹은 흑자에 주목하지 않도록 하는 좋은 이유가 된다.

아이폰의 예는 어떻게 단일 최종재 생산에 요구되는 제조과정이 여러 국가에 분산되는지를 보여주고 있다. 그토록 많은 국가들이 최종재와 그 부품을 생산하는 데 참여할 수 있다는 사실은 현대의 세계경제에서 교통과 통신비용의 하락을 설명해주는 새로운 현상이다. 과거에 무역은 장거리로 운송되지만 제조 과정에서는 국가 간 왕래하지 않는 표준화된 제품(원재료와 같은)에 대해 발생했다. 국제무역과 생산의 이러한 새로운 형태는 종종 **오프쇼어링** (offshoring)이라 불린다.

국제무역의 지도

세계 수출입의 흐름을 보여주기 위해 우리는 2010년 10억 달러의 무역 단위 기준인 그림 1-1의 지도를 사용한다. 2010년에는 16.8조 달러의 재화가 국경을 넘었다.(서비스 무역은 국가 간 측정이 어렵기 때문에 그림 1-1에 포함하지 않는다.) 재화의 교역량은 선의 굵기로 표시하여 가장 많은 교역량은 가장 두꺼운 선, 가장 적은 교역량은 점선으로 나타내었다. 많은 교역량에 대해 우리는 보통 각 무역량의 방향을 가리키는 두 선을 그린다. 더 적은 교역량에 대해서는 각 화살에 나타난 교역량과 함께 단일 점선을 그린다. 유럽과 같은 특정 지역 내 무역의 흐름은 무역의 총량과 함께 원으로 표시된다.

무역의 패턴을 설명하는 요인 그림 1-1은 국가 간 발생하는 무역의 양이 유럽에서 볼 수 있는 큰 흐름부터 유럽과 아프리카 간의 매우 적은 양에 이르기까지 분포한다는 것을 보여준다. 어떤 요인이 국가와 지역 간에 일어나는 무역의 양을 결정하는가?

1. **낮은 관세** 그림 1-1에 나타난 가장 큰 무역량은 2010년 3.9조 달러로 거의 전 세계 무역량의 4분의 1(23%)이었던 유럽 내에서의 재화의 흐름이다! 유럽 국가들 간의 무역량이 많은데 그것은 그 지역에 매우 많은 국가들이 있고 한 국가에서 다른 국가로 운송하는 것이 쉽기 때문이다. 더욱이, **수입관세**(import tariffs, 국제무역에 대한 세금)가 낮기 때문에 무역량이 많다. 대부분의 유럽 국가들은 무관세로 무역을 하는 국가들의 집단인 유럽연합의 회원국이다.

2. **유사한 국가들 간의 무역** 유럽 국가들 간의 많은 무역량뿐 아니라 미국과 유럽 간의 무역량도 많다. 2010년에 미국은 3,030억 달러의 재화를 유럽에 수출하였고 유럽으로부터 3,770억 달러를 수입하였다. 이 사실은 세계무역의 많은 양은 선진화된 산업 및 큰 부(wealth)의 수준이 유사한 국가 간에 발생한다는 것을 보여준다. 어째서 이 국가들은 서로 그렇게 많은 무역을 하는 것일까?

유럽 국가들 간, 그리고 유럽과 미국 간의 많은 차이가 그들 간의 무역을 일부분 설명

그림 1-1

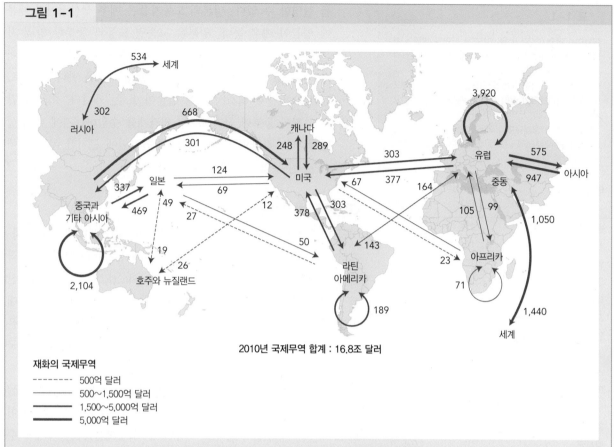

2010년 국제무역 합계 : 16.8조 달러

재화의 국제무역

- - - - - - - 500억 달러
─────── 500~1,500억 달러
━━━━━ 1,500~5,000억 달러
━━━━━ 5,000억 달러

재화의 국제무역, 2010년(10억 달러) 이 그림은 2010년 10억 달러로 표시한 세계의 선별된 국가와 지역 간의 상품무역을 보여준다. 가장 많은 무역량은 가장 굵은 선, 가장 적은 무역량은 점선으로 표시하여 재화의 무역량을 선의 굵기로 표현했다.

출처 : United Nations trade data

해준다. 리카도 모형이라고 하는, 우리가 공부하는 첫 번째 모형은 원래 기후의 차이로 인한 잉글랜드와 포르투갈 사이의 무역을 설명하는 데 사용되었다. 이들의 차이에도 불구하고 영국과 미국과 같은 산업화된 국가들은 그들의 소비 패턴과 재화와 서비스를 생산하는 능력에 있어서 많은 유사성을 지닌다. 매우 비슷한 국가들이라 할지라도 생산하는 재화가 충분히 다양하므로(다른 자동차 모형 혹은 치즈 종류와 같은) 그들이 서로 무역을 하는 것은 당연하다.

3. **노동, 자본, 자원** 왜 아시아는 그토록 무역을 많이 하는 것일까? 이 질문에는 많은 답이 있다. 한 가지 답은 여러 아시아 국가들의 임금은 산업화된 세계의 임금보다 훨씬 낮다는 것이다. 중국은 낮은 임금으로 인해 재화를 값싸게 생산하고 수출하는 것이 가능하다. 그러나 중국의 임금은 왜 그렇게 낮은가? 한 가지 설명은 중국인 노동자들이 생산성이 더 낮다는 것이다. 그러나 낮은 임금으로는 일본이 그렇게 많이 수출하는 이유

표 1-1

2010년 무역/GDP 비율 이 표는 무역을 재화와 서비스 모두를 포함하여 (수입＋수출)/2로 계산한 각국의 GDP 대비 무역비율을 보여주고 있다. GDP 대비 무역비율이 가장 높은 국가들은 경제규모가 작으며 홍콩, 싱가포르와 같이 재화를 운송하는 중요한 요지이다. GDP 대비 무역비율이 가장 낮은 국가들은 일본과 미국처럼 경제규모가 매우 크거나 무역장벽이나 다른 국가들로부터의 거리로 인해 무역에 그리 개방적이지 않은 국가들이다.

국가	무역/GDP (%)	GDP (10억 달러)
홍콩(중국)	216	229
싱가포르	193	213
말레이시아	85	247
헝가리	83	129
태국	68	319
오스트리아	52	377
덴마크	48	313
스웨덴	46	463
스위스	46	552
독일	44	3,284
노르웨이	35	418
영국	32	2,256
멕시코	31	1,035
캐나다	30	1,577
중국	29	5,931
스페인	28	1,380
이탈리아	28	2,044
남아프리카	27	364
그리스	27	292
프랑스	27	2,549
러시아	26	1,488
인도	25	1,684
터키	24	731
인도네시아	24	708
베네수엘라	23	394
아르헨티나	20	369
파키스탄	17	176
일본	15	5,488
미국	15	14,419
브라질	11	2,143

출처 : World Development Indicators, The World Bank

를 설명할 수 없다. 일본의 노동자들은 매우 생산적이기 때문에 임금이 매우 높다. 일본은 고숙련 노동과 풍부한 양의 자본(공장과 기계) 덕분에 고품질 재화를 많이 생산하는 것이 가능하므로 유럽과 미국에 상당히 많이 수출을 한다. 반대로, 일본의 원자재 희소성은 왜 일본이 호주, 캐나다, 미국과 같은 자원이 풍부한 국가로부터 원자재를 수입하는지에 대해 설명해준다. 각국의 노동, 자본, 천연자원에 근거한 무역은 헥셔-올린 무역 모형에서 설명한다.

GDP 대비 무역

지금까지 우리는 국경을 넘나드는 무역의 가치에 대해 논하였다. 그러나 무역이 종종 공지되는 두 번째 방식이 있는데 그것은 한 국가의 **국내총생산**(GDP : gross domestic product), 즉 1년 동안 생산된 모든 최종재의 가격 대비 무역비율이다. 미국의 경우 GDP 대비로 상대적으로 표시된 재화와 서비스의 수입과 수출의 평균값은 2012년에 15%였다. 표 1-1에 나와 있는 것처럼 대부분의 다른 국가들은 GDP 대비 무역의 비중이 더 높다.

목록의 맨 상단에 있는 국가는 무역량이 GDP보다 큰 홍콩(중국)과 싱가포르이다.[2] 이 두 국가는 중요한 운송 및 가공의 중심지이므로 그들은 재화를 수입하고 가공한 후 최종재를 다른 국가에 수출한다. 앞의 아이폰 사례에서처럼 수출에 포함된 부가가치(아이폰 한 대당 6.5달러)는 수출 총가치(179달러)보다 훨씬 작다. 그것은 국가들이 무역을 하는 총량이 GDP보다 더 클 수 있는지를 설명해준다. 목록의 하단에는 경제규모가 매우 큰 미국과 일본이 있고, 국제무역을 시작한 파키스탄이 있고, 다른 수입국들로부터 멀리 떨어진 브라질과 아르헨티나가 있다.

따라서 미국은 세계에서 가장 큰 수출국이면서 수입국임에도 불구하고, 국가 GDP의 퍼센트로 무역을 측정할 경우 표 1-1에 나와 있는 국가들 중 거의 가장 작은 무역 국가가 된다. 이러한 역의 관계의 이유는 무엇일까? 매우 큰 국가들은 그들의 국경 내에서 주(州) 혹은 성(省)들 간에 많은 교역을 한다. 그러나 이러한 교역은 국제무역으로 간주하지 않는다. 미국처럼 크지 않으나 주요 교역상

---

2 홍콩(중국)은 1997년 7월 1일 이후로 중화인민공화국의 일부가 되었으나, 무역 통계는 별도로 측정된다. 따라서 우리는 표 1-1에서 홍콩을 개별 지역으로 포함시킨다.

대국에 가까운 독일, 영국, 이탈리아, 스페인, 캐나다, 멕시코 같은 다른 국가들은 표 1-1의 목록 중간에 나타나 있다. 홍콩, 싱가포르, 말레이시아, 작은 유럽 국가들과 같이 가까운 이웃국가들이 있는 더 작은 국가들은 국경을 넘는 무역이 더 많으므로 GDP 대비 무역이 가장 높다.

무역장벽

표 1-1은 GDP 대비 무역량에 있어서 국가 간 차이를 보여주고 있지만 이 비율은 시간에 따라 변한다. 무역량이 변하는 데는 많은 이유가 있다. 그러한 이유에는 '수입 관세', 즉 국가가 수입품에 부과하는 세금, 한 국가에서 다른 국가로 운반할 때의 운송비용, 전쟁과 자연재해와 같은 무역을 감소시키는 사건 등이 포함된다. **무역장벽**(trade barriers)은 국경을 넘어 운반되는 재화와 서비스의 양에 영향을 주는 모든 요인을 의미한다.

적용사례

양 대전 사이의 관세

1차 세계대전의 결과로 모든 국가에서 GDP 대비 무역 비중이 떨어졌으며 이것은 1929년에 시작된 대공황과 1939년에 발발한 2차 세계대전에 의해 더욱 악화되었다. 대공황 기간에 미국은 유타의 상원의원인 리드 스무트와 오리건의 하원의원인 윌리스 할리의 이름을 딴 스무트-할리 관세로 불리는 고율의 관세를 채택하였다. 1930년 6월에 통과된 스무트-할리 관세법은 수입품의 여러 분야에 관세를 60%까지 높였다.

이 관세는 미국이 농부와 다른 산업들을 보호하기 위해 적용된 것이지만 다른 국가들이 보복조치를 하도록 원인제공을 함으로써 역효과를 낳았다. 캐나다는 미국에 대해 고관세를 적용함으로써 보복을 하였고 프랑스는 자국에 들어온 수입품의 수량을 제한하는 **수입할당**(import quotas)을 미국으로부터의 수입제한에 사용하였으며, 영국은 이전의 식민지에서 가능한 재화에 우선권을 부여하였고 다른 국가들도 역시 이처럼 반응하였다. 한 경제사학자는 다음과 같이 보고하였다.[3]

> 전 세계에 고조된 분노가 퍼져나가 재빠른 보복으로 이어졌다. 이탈리아는 모자, 밀짚모자, 울모자, 올리브 오일에 부과되는 관세에 반대하였으며, 스페인은 코르크와 양파에 대한 관세 상승에 민감하게 대응하였다. 캐나다는 단풍당과 시럽, 감자, 크림, 버터, 버터우유, 탈지우유에 대한 관세 상승에 불쾌해했다. 스위스는 손목시계, 시계, 자수, 치즈, 신발에 대해 높아진 관세로 인해 미국산 타자기와 만년필, 자동차, 영화를 불매운동하였다… 보복은 1930년 6월에 스무트-할리 법안이 제정되기 오래전부터 시작되었다.

---

3 Charles Kindleberger, 1989, "Commercial Policy between the Wars." In P. Mathias and S. Pollard, eds., *The Cambridge Economic History of Europe*, Vol. VIII (Cambridge, UK: Cambridge University Press), p. 170.

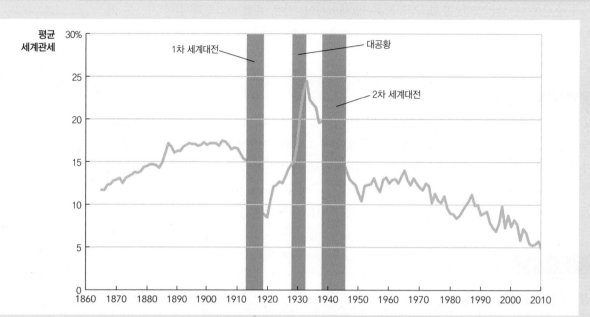

그림 1-2

평균세계관세, 1860~2010년 이 도표는 1860년부터 2010년까지 35개국의 세계평균관세를 보여준다. 1860년부터 1913년까지 평균관세는 약 15% 주위에서 변동하였다. 그러나 1차 세계대전 이후에 미국의 스무트-할리 관세법과 다른 국가들의 대응으로 인해 평균관세는 급격히 상승하여 1933년에는 25%에 이르렀다. 2차 세계대전 이후 관세는 떨어졌다.

출처 : Michael A. Clemens and Jeffrey G. Williamson, 2004, "Why Did the Tariff-Growth Correlation Change after 1950?" *Journal of Economic Growth*, 9(1), 5-46.

처음에는 미국에 반대한, 그다음에는 서로에게 반대한 이 국가들의 반응은 양 대전 사이에 전 세계 관세의 급격한 상승을 가져왔다. 1860년부터 2010년까지 35개국의 전 세계 평균관세는 그림 1-2에 나와 있다. 우리는 1860년부터 1914년까지 평균관세가 15% 근처에서 변동을 거듭했음을 알 수 있다. 그러나 1차 세계대전 후에 평균관세는 스무트-할리 관세법과 다른 국가들의 대응으로 인해 증가하여 1933년에는 25%에 육박하였다. 고관세는 양 대전 기간에 세계무역의 극심한 하락을 가져왔고 미국과 세계경제에는 큰 비용이 되었다. 이러한 비용은 동맹국들이 2차 세계대전 이후에 만나서 관세를 낮은 수준으로 유지하기 위해 현재 세계무역기구로 알려진 관세와 무역에 관한 일반협정과 같은 국제협약을 발전시킨 원인이 되었다. 이 책의 후반부에서 우리는 관세와 다른 무역정책에 대해 더 자세히 살펴보고 이들의 활용을 총괄하는 국제기구에 대해 공부한다. 양 대전 기간의 교훈은 고관세가 무역량을 감소시키고 이에 개입한 국가들에게 큰 비용을 가져온다는 것이다. ■

2 이민과 외국인직접투자

국제무역(국가 간 재화와 서비스의 흐름)의 원인과 결과를 살펴보는 것에 더하여, 우리는 국경 간 사람들의 이동인 **이민**(migration)과 국경 간 자본의 이동인 **외국인직접투자**(FDI: foreign direct investment) 또한 분석한다. 이 모든 세 가지 흐름은 다른 국가들과 교류하기 위해 국경을 개방하는 나라의 경제에 영향을 준다.

이민 지도

그림 1-3은 전 세계의 이민자 수 지도를 보여준다. 나타난 값들은 2005년 현재 태어난 국가 이외의 국가에서 살고 있는(합법적이거나 혹은 불법적이거나) 사람들의 수이다. 이 지도에서 우리는 두 가지 다른 출처의 데이터를 결합한다. (1) 경제협력개발기구(OECD) 국가들만의 경우에 한 국가에서 다른 국가로 화살표로 표시된, 한 국가에서 다른 국가로의 사람들의 이

그림 1-3

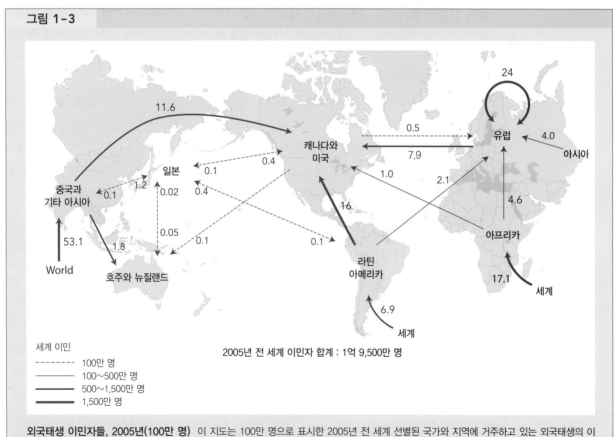

외국태생 이민자들, 2005년(100만 명) 이 지도는 100만 명으로 표시한 2005년 전 세계 선별된 국가와 지역에 거주하고 있는 외국태생의 이민자 수를 나타내고 있다. 가장 많은 이민자 수는 가장 굵은 선, 가장 적은 수는 점선으로 표시되어 이민자 수는 선의 굵기로 표시된다.

출처 : OECD and UN migration data

동.[4] (2) 전 세계에서 아시아, 아프리카, 라틴아메리카로 굵은 화살표로 표시된, 각 지역에 위치한 외국태생(그러나 출신국가를 알 수 없는) 사람들의 숫자[5]이다.

2005년, OECD 국가들에는 외국태생의 사람들이 6,200만 명이 살고 있었다. 그러나 이 숫자는 전 세계의 외국태생 사람들의 총 숫자인 1억 9,500만 명의 3분의 1보다 작은 값이다. 이 그림들은 무역(OECD 국가들 간에 일어나는 많은)과는 달리, 이민의 대부분은 덜 부유한 OECD 이외의 국가들 간에 발생한다는 것을 보여준다. 예를 들어, 아시아는 2005년에 5,310만 이민자들의 거주지였으며, 아프리카는 1,710만 이민자들의 거주지가 되었다. 라틴아메리카에는 690만 명의 외국태생 사람들이 살고 있었다. 우리는 이 이민자들 중 많은 수가 그들이 현재 살고 있는 곳과 같은 대륙에서 왔으나 고용이나 기근, 전쟁[6]과 같은 다른 이유로 한 국가에서 다른 국가로 이주해야 했을 것으로 예상한다.

주어진 선택 하에서, 이민자들은 아마도 고임금의 산업국가로 이주하기를 원할 것이다. 그러나 사람들은, 국제무역에서 재화와 서비스가 이동할 수 있는 것처럼 다른 국가로 단순히 이동할 수 있는 것이 아니다. 정책입안자들은 저임금 국가에서 온 이민자들이 저숙련 노동자들의 임금을 끌어내릴 것이 두렵기 때문에 여러 OECD 국가에서 이러한 제약이 존재한다. 그 두려움이 정당화되든 그렇지 않든 이민은 유럽과 미국을 포함하여 여러 지역에서 격렬히 논쟁 중인 정치적 이슈이다. 그 결과, 국가 간 사람의 이동은 재화의 이동보다 훨씬 덜 자유롭다.

저임금 국가로부터의 이민의 제한은 이 국가들이 상품을 대신 수출할 수 있는 능력으로 어느 정도 상쇄된다. 국제무역은 무역이 고임금 국가로의 이주가 할 수 있는 것과 같은 방식으로 노동자들의 생활수준을 높일 수 있다는 점에서 국경 간 노동 혹은 자본의 이동을 대체하는 역할을 한다. 2차 세계대전 이후 세계경제에서 증가한 무역개방은 이민에 대한 제약으로 근로자들이 직접적으로 해외에서 고소득을 얻지 못해도 근로자들이 수출산업에서 일함으로써 무역으로부터 이득을 얻을 수 있는 기회를 주었다.

외국인직접투자 지도

이 장의 초반부에서 언급했듯이 외국인직접투자(FDI)는 한 국가의 기업이 다른 국가의 어떤 회사나 자산을 소유할 때 일어난다. 그림 1-4는 2010년 FDI의 원금 스톡을 보여주고 있으며 스톡의 규모는 선의 굵기로 표현된다. 우리가 이민의 경우에 그러했듯이 정보의 두 가지 출처를 결합한다. (1) 소유한 국가로부터 현지 국가로 화살표에 나와 있듯이 다른 국가에 의해 소유된 OECD 국가의 FDI 스톡, (2) 아프리카, 아시아, 라틴아메리카 등, 세계 어디에서든

---

4 경제협력개발기구(OECD)는 호주, 캐나다, 일본, 멕시코, 한국, 미국뿐 아니라 대부분의 유럽 국가들을 포함하여 30개 회원국으로 구성되어 있다. 전체 국가목록은 http://www.oecd.org에서 확인하면 된다.

5 주요지역의 이민 합계에 관한 데이터는 국제연합 홈페이지 http://www.esa.un.org/migration에서 구할 수 있다.

6 이민에 대한 유럽연합의 데이터는 난민에 대한 것을 포함하고 있으므로, 이주의 다른 이유는 전쟁과 기근을 포함하고 있다. 2000년에 아시아 이민자 5,030만 명 중 880만 명이 난민이었으며, 아프리카 이주민 1,650만 명 중 360만 명이 난민이었다. 라틴아메리카의 이민자 630만 명의 이민자들 중 50만 명이 난민이었다.

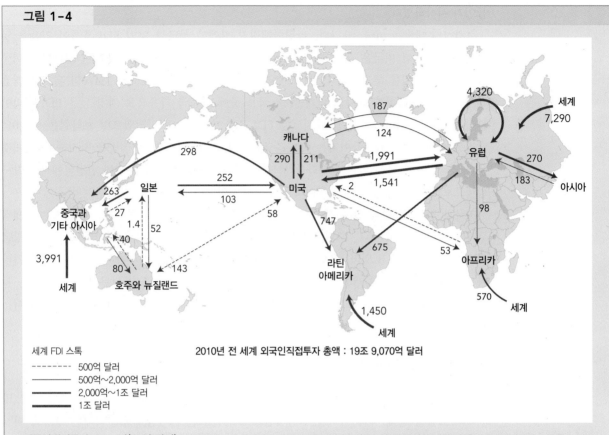

그림 1-4

세계 FDI 스톡
- ---------- 500억 달러
- ────── 500억~2,000억 달러
- ────── 2,000억~1조 달러
- ━━━━ 1조 달러

2010년 전 세계 외국인직접투자 총액 : 19조 9,070억 달러

외국인직접투자, 2010년(10억 달러) 이 지도는 10억 달러로 표시한 2010년 전 세계 선별된 국가와 지역 간의 외국인직접투자 스톡을 보여준다. 가장 큰 스톡은 가장 굵은 선, 가장 작은 스톡은 점선으로 표시되어 투자스톡은 선의 굵기로 표시된다.

출처 : OECD and UN foreign investment data

온 FDI 스톡이다.

2010년, OECD 국가들에 위치하거나 이들 국가들이 소유한 FDI 스톡의 총액수는 17조 달러였다. 그 액수는 2010년 FDI 전 세계 스톡인 19.9조 달러의 85%였다. 가장 많은 FDI 스톡은 유럽 내에서 일어난다. 이 스톡은 2010년에 11.6조 달러로서, 전 세계 총액의 절반 이상인 4.3조 달러가 기타 유럽 국가들로부터 발생한다. 게다가, 유럽에서 미국으로의 FDI(1.5조 달러)와 미국에서 유럽으로의 FDI(2.0조 달러)는 상당한 액수이다. 따라서 이민에 대한 우리의 발견과는 달리 FDI의 대부분은 OECD 국가들에 위치하거나 그 국가들의 기업들이 소유하고 있다. 부유한 국가들로의 FDI 집중은 국제무역 흐름의 집중보다 더 두드러진 일이다.

아프리카의 FDI 스톡(5,700억 달러)은 라틴아메리카의 FDI 스톡의 3분의 1을 넘고, 라틴아메리카의 FDI 스톡은 중국과 기타 아시아 국가들로 유입되는 FDI(3조 9,910억 달러)의 절반보다 적다. 이러한 FDI 대부분은 산업국가들로부터 온 것이지만 중국기업들은 산업국가들의 기업을 사들일 뿐 아니라 농업과 자원추출을 위해 아프리카와 라틴아메리카의 토지를 사들이기 시작하였다.

그림 1-4에서는 미국, 캐나다, 라틴아메리카 간에도 상당한 양의 FDI 흐름이 있음을 알 수 있다. 2010년 미국은 캐나다에 2,900억 달러의 직접투자스톡이 있었으며 캐나다는 미국에 2,110억 달러를 투자하였다. 미국은 라틴아메리카, 주로 멕시코에 7,470억 달러를 직접투자하였다. 브라질과 멕시코는 개발도상국들 중에서 중국 다음으로 가장 많은 FDI를 받아들이는 두 국가이다. 2010년, 멕시코는 FDI 스톡이 2,650억 달러였으며 브라질은 5,140억 달러로 라틴아메리카로 들어가는 FDI 총액 1조 4,500억 달러의 약 절반을 차지하였다. 이것은 산업국가보다 낮은 임금에 재화를 생산할 수 있는 기회에 의해 유인된 선진국에서 개발도상국으로의 외국인직접투자를 의미하는 **수직적 투자**(vertical FDI)의 예이다.

미국과 일본, 유럽과 일본 간의 직접투자는 선진국 간 외국인직접투자를 의미하는 **수평적 투자**(horizontal FDI)이다. 그림 1-4에는 일본뿐 아니라 기타 아시아 국가들도 상당히 많은 FDI 유량을 보여주고 있다. 유럽은 아시아에 2,700억 달러를 직접투자하였으며 미국은 기타 아시아, 특히 중국에 2,980억 달러를 직접투자하였다. 이 스톡 또한 낮은 임금의 이점을 활용하여 산업국가에서 개발도상국으로 들어가는 외국인직접투자인 수직적 FDI의 예가 된다.

3 국제거시경제학

세계화의 진전이 재화, 서비스, 자본의 교역에만 영향을 미치는 것은 아니다. 그것은 금융 및 무역의 흐름을 통해 세계 각국을 연결시킴으로써 글로벌 거시경제에도 막대한 영향을 미친다. 국제거시경제학(international macroeconomics)은 상호 연결된 경제의 거시경제적 이슈에 대해 공부한다. 이것이 거시경제학인 이유는 관심의 초점이 경제 전체와 관련된 핵심 변수들이기 때문이다. 즉 환율, 물가, 이자율, 소득, 부(wealth), 나라 간 지불 등을 다룬다.

국제거시경제학의 가장 핵심적인 특징은 세 가지 요소로 압축될 수 있다. 세계적으로 통화가 (하나가 아니라) 여러 개 있고, 여러 나라들이 금융으로 (분리돼 있지 않고) 통합돼 있으며, 이런 가운데 경제정책이 시행된다(하지만 항상 잘 운용되는 것은 아니다). 이 책 후반부에서 우리는 경제이론과 실증분석을 종합적으로 활용하여 오늘날 글로벌 거시경제가 어떻게 작동하는지 설명한다. 여기에서는 그 내용을 간략히 소개한다.

외환 : 통화와 위기

경제학의 거의 모든 분야, 심지어는 국제무역론에서조차 재화 가격이 오직 하나의 통화로 가격이 매겨진다고 가정한다. 이런 비현실적인 가정에도 불구하고, 이런 분석들은 세계경제를 이해하는 데 중요한 통찰력을 제공한다.

그러나 실제 세계에서는 서로 다른 통화들이 사용되기 때문에 한 나라 경제가 어떻게 작동되는지 이해하기 위해서는 외환의 가격인 **환율**(exchange rate)을 공부해야 한다. 환율이 어떻게 움직이고, 왜 변동하는지 알아야 한다. 이 책 후반부에서 우리는 왜 환율이 경제적 성과에 중요한 의미를 지니고, 경제정책 결정의 중요한 핵심이 되는지 살펴볼 것이다.

100 중국 위안, 미국 달러, 유로존 유로

환율의 변동 경제학자들은 환율제도를 크게 두 가지로 나눈다. 즉 **고정**(혹은 페그) **환율**(fixed exchange rate)과 **변동**(혹은 유연한)**환율**(floating exchange rate)이다. 고정환율제는 환율이 아주 좁은 범위 내에서 움직이도록 공식적으로 정해져 있다. 반면 변동환율제는 환율이 훨씬 더 큰 폭으로 변동한다. 이 책 후반부에서 우리는 환율이 어떻게 결정되는지, 왜 어떤 환율은 단기적으로 급격하게 변동하고 어떤 환율은 거의 변화가 없는지, 그리고 어떤 이유 때문에 환율이 장기적으로 상승이나 하락, 혹은 안정적인 모습을 보이는지 살펴본다.

또한 우리는 환율과 관련하여 항상 신문 1면을 장식하는 뉴스인 **외환위기**(exchange rate crisis)에 대해서도 살펴본다. 이런 위기가 발생하면 어떤 통화의 가치가 일시에 엄청난 하락을 경험하게 된다.

근래 가장 극단적인 통화위기가 발생한 곳은 아르헨티나로 2001년 12월부터 2002년 1월까지였다. 아르헨티나 페소는 그때까지 10여 년 동안 미국 달러와 환율이 정확히 1로 고정돼 있었다. 그러던 것이 위기 이후 1페소가 겨우 0.25달러로 떨어졌다. 아르헨티나 정부는 디폴트(즉 채무불이행)를 선언했는데, 그 규모가 1,550억 달러로 기록적인 수준이었다. 아르헨티나 금융시스템이 수개월 동안 거의 문을 닫았고, 인플레이션이 치솟았으며, 생산 붕괴 및 실업 사태가 발생했다. 그 결과 아르헨티나 가계의 50% 이상이 빈곤수준 이하로 떨어졌다. 위기가 절정으로 치달으면서 폭력사태가 격렬했으며, 불과 2주 만에 대통령이 네 번이나 바뀌기도 했다.

아르헨티나의 경험이 극단적이기는 하지만 아주 특별한 것은 아니다. 외환위기는 상당히 자주 발생한다. 그림 1-5에서 보듯이 1997년부터 2011년까지 14년 동안 총 27번의 외환위기가 발생했다. 그림에 나와 있는 모든 위기에서 하나같이 위기 발발 직전 2년 동안에는 환율이 매우 안정적이었다. 그러다가 대폭적이고 갑작스러운 환율 변화를 겪게 되는 것이다. 특히 1997년에는 무려 7개 나라가 위기에 빠졌고, 그중 5개는 동아시아 국가들이었다. 인도네시아 루피아는 미국 달러에 대해 49%나 가치가 떨어졌으며, 한국, 말레이시아, 필리핀, 태국 역시 통화 폭락을 경험했다. 이 시기 주목할 만한 위기로는 1998년 라이베리아, 1998년 러시아, 1999년 브라질 등이 있다. 최근에는 2008년 글로벌 금융위기 때 아이슬란드와 우크라이나에서 환율 폭락이 발생했다(**헤드라인 : 아이슬란드 경제위기** 참조).

위기들을 보면 일정한 패턴이 보인다. 보통 생산이 줄어들고(즉 마이너스 성장), 은행산업 위기와 부채 문제가 발생하며, 가계와 기업이 고통을 받는다. 가난한 나라일수록 경제적 타격이 더 심한 경우가 많다. 환율과 관련하여 정상적인 시기에 대해서만 분석할 수도 있겠지만, 위기 역시 발생빈도가 높고 타격도 크기 때문에 이런 비정상적 시기에 대해서도 관심을 가져야 한다.

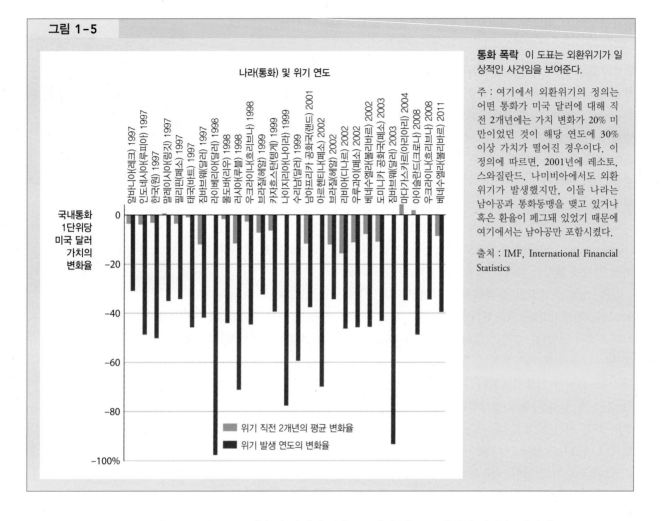

그림 1-5

나라(통화) 및 위기 연도

국내통화
1단위당
미국 달러
가치의
변화율

위기 직전 2개년의 평균 변화율
위기 발생 연도의 변화율

통화 폭락 이 도표는 외환위기가 일상적인 사건임을 보여준다.

주 : 여기에서 외환위기의 정의는 어떤 통화가 미국 달러에 대해 직전 2개년에는 가치 변화가 20% 미만이었던 것이 해당 연도에 30% 이상 가치가 떨어진 경우이다. 이 정의에 따르면, 2001년에 레소토, 스와질란드, 나미비아에서도 외환위기가 발생했지만, 이들 나라는 남아공과 통화동맹을 맺고 있거나 혹은 환율이 페그돼 있었기 때문에 여기에서는 남아공만 포함시켰다.

출처 : IMF, *International Financial Statistics*

환율이 중요한 이유 환율이 변하면 다음 두 가지 경로로 경제에 영향을 미친다.

■ 환율의 변화는 재화의 국제적 상대가격을 변화시킨다. 즉 동일 통화단위로 환산했을 때 한 나라의 재화 및 서비스가 다른 나라에 비해 더 비싸지거나 혹은 더 싸진다. 이러한 변화는 해당국의 수입(다른 나라에서 구입하는 재화) 및 수출(다른 나라에 판매하는 재화)에 영향을 미친다.

■ 환율의 변화는 자산의 국제상대가격을 변화시킨다. 이러한 부(wealth)의 변동은 기업, 정부, 개인에 영향을 미친다. 예를 들어 유로존 나라들은 2002년 말 기준으로 약 2,000억 달러의 미국 달러 자산을 보유하고 있었다. 당시 환율을 보면, 1유로가 약 1달러였기 때문에 해당 자산은 유로 기준으로 약 2,000억 유로의 가치가 있었다. 그로부터 1년 후인 2003년 말, 동일한 자산의 가치가 1,600억 유로로 줄어들었다. 그 이유는? 1달러의 가치가 0.80유로로 떨어져 0.8 곱하기 2,000을 하면 1,600이 되기 때문이다. 그저 환율의 변화만으로 유로존 거주자들의 부에 400억 유로에 달하는 손실이 발생한 것이다.

헤드라인

아이슬란드 경제위기

보통 국제거시경제학을 건조하고 추상적인 분야로 생각하는 경향이 있는데, 우리가 여기에서 배우게 될 이슈들이 사회나 개인을 송두리째 뒤흔들 수 있다는 점을 생각해야 한다. 이 기사는 2008년 아이슬란드에서 심각한 경제위기가 발생한 후 얼마 지나지 않아 쓰인 것이다. 환율이 폭락하고, 금융위기와 정부의 재정위기가 한꺼번에 터져나왔다. 1인당 실질생산이 10% 이상 줄어들고, 실업률은 1%에서 9%로 치솟았다. 위기 발생 5년 후에야 회복되기 시작했다.

레이캬비크 — 2008년 말 아이슬란드 경제를 추락시킨 위기. 그 전까지만 해도 잘사는 편이었던 수천 가구들이 빈곤층으로 내몰려 구호금으로 살아가는 지경에 이르렀다. 거기에는 아이리스(41세)도 포함돼 있다.

레이캬비크 시내 하얀 벽돌로 지어진 조그만 창고. 아이슬란드가족지원(IAF)이라는 단체가 운영하는 푸드뱅크가 있는 곳이다. 여기에는 매주 550가구에 달하는 사람들이 무료로 나눠주는 식료품을 얻기 위해 긴 줄을 선다. 숫자가 위기 전보다 3배나 늘었다.

전직 엔지니어였던 루투르 욘손(65)을 비롯한 자원봉사자들은 식료품을 나눠주는 일을 맡고 있다. 우유, 빵, 달걀, 통조림 등 기업이나 개인이 기부하거나 혹은 마트에서 대량으로 구매한 물품들이다.

"다른 사람을 위해 봉사할 시간이 있어서 나왔어요. 이게 내가 이들을 위해 할 수 있는 최선의 일입니다." 그는 식료품들을 봉투에 미리 담아 놓으면서 이렇게 말했다.

아이슬란드는 인구가 317,000명밖에 되지 않는 조그만 나라이다. 누가 누군지 모두 알 정도로 서로 가깝게 지낸다. 이런 데서 구호품으로 연명한다는 오명을 씻기란 두고두고 힘든 일이다. 3월의 을씨년스러운 날에 창고 밖에서 눈을 맞으며 기다리고 있는 열 명 남짓 사람들 중에 아이리스만이 대화에 응했다.

"처음에는 여기 오기가 정말 힘들었는데, 이제는 남들을 별로 신경 쓰지 않으려고 해요." 초조하게 두 손을 비비며 말했다. 그녀는 1년 전 여름에 약국에서 일하다 실직했다.

잔인한 반전이었다. 불과 2년 전만 해도 섬나라 전체가 대단한 부를 과시하고 있었다. 한때 어업에 기반을 둔 소규모 경제였던 이 나라는 은행들의 현금서비스 홍수로 뒤덮이기도 했다.

당시 많은 아이슬란드인들에게 가장 큰 고민거리는 어떻게 하면 가장 좋은 SUV, 가장 호화로운 아파트를 살 수 있을까였다.

그러나 오늘날 이곳 북유럽의 복지혜택이 잘 갖춰진 섬나라에는 빈곤을 알리는 여러 신호들이 빠른 속도로 늘고 있다. 중간 계층 실직자들이 급증하는 바람에 실업률이 1년여 만에 1%에서 9%로 치솟고 주택담보대출 디폴트(채무불이행)도 크게 늘었다.

이곳 사람들은 일자리를 잃으면 처음에는 임금의 70%를 실업수당으로 받는다. 하지만 실직 기간이 길어지면 이 금

시위대가 아이슬란드 수도 레이캬비크의 의회 앞에서 새로운 빈곤층에 대한 정부의 지원을 요구하는 시위를 벌이고 있다. "일하고 기도하라. 건초 위에서 살아라. 그러면 죽은 뒤 하늘에서 파이를 받을 것이다."라는 현실풍자 노래 가사가 적힌 피켓맨 위에 작은 글씨로 '지불하라(pay)'가 적혀있다.

HALLDOR KOLBEINS/AFP/Getty Images

액이 빠른 속도로 줄어든다. 부채 증가와 장기 실업 급증이라는 이중고로 타격이 가중되고 있다.

"이곳을 찾는 550가구를 사람 수로 따지면 2,700명이다. 이 숫자는 계속 늘고 있다. 우리가 생각하기에 최소한 내년까지는 계속 늘어날 것이다." 이곳 레이캬비크 푸드뱅크 매니저인 아스게르두르 요나 플로사도티르는 이렇게 전망했다.

아이리스에게 추락은 빠르게 닥쳤다. 그녀는 어떻게든 차량 두 대 할부금만은 갚아보려고 했었다. 자동차 할부를 은행 권유대로 외화 대출로 받았는데, 이게 큰 재앙이었다. 아이슬란드 통화 크로나가 폭락함에 따라 자동차 할부금이 3배로 늘어났기 때문이다.

11월에는 주택 퇴거 명령이 날아들었다. 그녀의 집은 레이캬비크 남서쪽 약 40km에 있는 보가르라는 마을이다. 그녀는 은행에 사정해 퇴거 명령을 1년간 유예해 놓은 상태이다.

"기분이 정말 우울하고 걱정됩니다." 그녀는 긴 갈색 머리를 손가락으로 쓸어내리며 말했다. "해외로 나가버릴까 생각도 했지만 참았어요. 친구들이 빚보증을 서줬는데 차마 떠날 수 없었답니다." 그녀는 슬픈 얼굴로 그렇게 말하고는 한 친구의 차를 타고 집으로 떠났다.

구호에 의지해서 사느니 해외에서 새로운 미래를 찾는 게 낫겠다고 생각한 많은 아이슬란드인들은 실제로 짐을 싸고 있다. 공식 통계에 따르면 이 나라에서 100년 만에 최대의 이민 바람이 진행 중이다.

"여기는 미래가 전혀 없어요. 이 나라에 앞으로 20년간은 아무런 미래도 없을 겁니다." 안나 마그렛 비요른스도티르(46)는 한탄하듯 말했다. 그녀는 레이캬비크 근처에 사는 싱글맘이다. 역시 주택 퇴거 명령을 받았는데, 이를 막지 못하면 오는 6월 노르웨이로 떠날 계획이다.

남아 있는 이들 중에도 점점 더 많은 이들이 아이들에게 제대로 된 음식을 먹이기에 충분한 돈조차 구하기 힘든 형편이다.

식료품을 구하러 푸드뱅크에 가는 것은 소수이다. 참을 때까지 참는 사람이 많다. 어떤 부모들은 애들을 먹이려고 굶은 적이 있다고 말한다.

"식료품 가격이 크게 올라 남편과 내가 집으로 가져온 것 대부분을 두 아들들이 먹습니다." 레이캬비크의 한 카페에서 아르나 보르그소르스도티르 코르스는 고백한다. "애들이 먹고 남은 것을 우리가 먹지요."

출처 : Marc Preel "*Iceland's new poor line up for food*," AFP, 8 April 2010에서 발췌

이 책 후반부에서 우리는 환율의 변화가 자국 및 외국 재화의 수요에 어떤 영향을 미치는지, 또한 그것을 통해 각국 생산에 어떤 영향을 미치는지, 그리고 환율의 변화가 외국 자산의 가치에 어떤 영향을 미치는지, 그에 따라 국부에 어떤 영향을 미치는지 등을 공부한다.

금융의 세계화 : 부채 및 적자

금융의 발달은 현대 경제를 규정하는 특성이다. 가계가 사용하는 각종 금융수단, 가령 신용카드, 저축성 계좌, 주택담보대출(모기지) 등은 이제 당연한 것으로 여겨진다. 기업이나 정부가 금융시장의 각종 상품이나 서비스를 이용하는 것도 마찬가지이다. 수년 전까지만 해도 이런 금융활동이 국경을 넘어서 행해지는 것은 거의 없었다. 금융의 관점에서 보면 각 나라들이 거의 폐쇄된 상태였다. 하지만 오늘날에는 많은 나라들이 훨씬 개방적이다. 금융의 세계화가 전 세계를 지배했다. 경제 선진국에서 시작돼 많은 신흥시장으로 확대되고 있다.

나라 간 금융거래를 이해하기 위해서는 여러 가지 복잡하고 어려운 이론이 필요할 것 같지만, 우리에게 필요한 것은 사실상 가계부를 적을 때 사용하는 개념들, 가령 소득, 지출, 재산(부) 등의 개념을 적용하는 것이다. 우리는 이 개념들을 국가 차원으로 확장시켜 재화, 서비스, 소득, 자본의 흐름이 글로벌 거시경제를 작동시키는 원리에 대해 공부한다.

적자와 흑자 : 국제수지　당신은 자신의 재무 상태를 자주 점검하는가? 재무 상태와 관련해 가장 중요한 숫자는 자신의 소득과 지출일 것이다. 이 두 금액의 차이는 중요한 의미를 지닌다. 만약 그것(즉 소득에서 지출 뺀 것)이 플러스이면 흑자이고, 마이너스이면 적자이다. 즉 그것은 당신이 자신의 소득 내에서 살아가는지, 아니면 소득 이상을 쓰고 사는지를 알려준다. 당신은 흑자가 생기면 그것으로 무엇을 하는가? 남은 돈을 저축하거나, 혹은 빌린 돈을 갚을 것이다. 적자는 어떻게 처리되는가? 저축한 돈을 찾아 적자를 메꾸거나, 혹은 돈을 빌림으로써 부채가 늘어나게 된다. 즉 개인이나 가계는 소득과 지출의 불균형이 생기면 자신의 외부 세계와 금융거래를 해야 한다.

그림 1-6

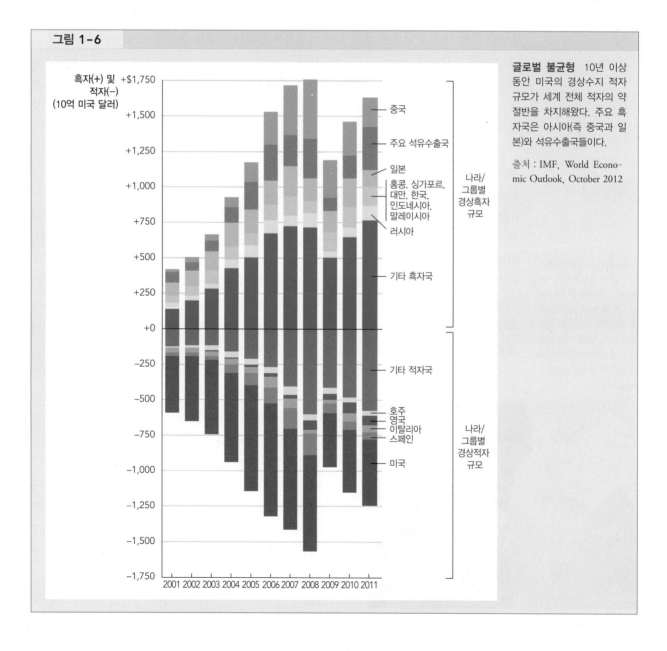

글로벌 불균형　10년 이상 동안 미국의 경상수지 적자 규모가 세계 전체 적자의 약 절반을 차지해왔다. 주요 흑자국은 아시아(즉 중국과 일본)와 석유수출국들이다.

출처 : IMF, World Economic Outlook, October 2012

국가 전체적으로도 마찬가지이다. **소득**(income), **지출**(expenditure), **적자**(deficit), **흑자**(surplus) 등 전적으로 동일한 측정 수단을 사용한다. 이들 개념은 경제성과를 측정하는 중요한 지표들이고, 정책 논쟁의 단골 주제들이다.

세계 전체를 하나로 보면 폐쇄경제이기 때문에(우리는 아직까지는 지구 밖 우주에서 돈을 빌릴 수 없다), 세계 전체적으로는 항상 균형이 되어야 한다. 만약 미국이 순채무자(net borrower)라면, 나머지 세계는 미국에게 순채권자(net lender)이어야 한다. 미국이 순채무자라는 것은 소득이 지출보다 적어 경상수지가 적자라는 것을 의미한다. 또한 나머지 세계가 순채권자라는 것은 지출이 소득보다 적어 경상수지가 흑자라는 것이다. 이처럼 세계 전체의 금융은 항상 균형을 이루지만, 개별 나라나 지역은 흑자나 적자의 불균형을 보일 수 있다. 그림 1-6은 이와 같은 불균형의 규모가 최근 엄청나게 크다는 것을 보여준다. 금융의 세계화에 따른 급격한 변화이다.

이 책 후반부에서 우리는 다양한 국제적 경제거래가 경상수지 불균형에 어떤 영향을 미치고, 불균형 자금이 어떻게 융통되며, 경상수지 불균형이 경제에 어떤 의미를 지니는지 공부한다.

채무자와 채권자 : 대외부 국제 금융거래에서 **부**(wealth)의 역할을 이해하기 위해 다시 개인이나 가계의 예를 생각해보자. 당신의 총부(total wealth) 혹은 순자산(net worth)은 당신의 자산(다른 사람이 당신에게 빚진 것)에서 부채(당신이 다른 사람에게 빚진 것)를 뺀 것이다. 당신의 소득이 지출보다 많아 흑자인 경우에는 남은 돈을 저축하며(자산을 사거나 부채를 상환), 이에 따라 총부 혹은 순자산은 늘어난다. 반대로 적자인 경우에는 부족한 돈을 차입하며(부채를 얻거나 저축을 줄임), 이에 따라 당신의 부가 줄어든다.

국가 차원에서도 유사한 방식으로 이해할 수 있다. 국가 간의 관계에서 한 나라의 순자산을 대외부(external wealth)라 부른다. 이는 해외자산(나머지 세계가 해당 나라에 빚진 것)에서 해외부채(해당 나라가 나머지 세계에 빚진 것)를 뺀 것이다.

한 나라의 대외자산은 어떻게 구성되어 있고, 부의 구성이 왜 중요한가? 한 나라의 대외부 수준을 결정하는 요인은 무엇이고, 시간에 따른 변화에 영향을 미치는 요인은 무엇인가? 경상수지는 대외부 결정 요인으로 어느 정도 중요한가? 한 나라의 현재와 미래의 경제적 후생에 대외부는 어떤 관련이 있는가?

이 책 후반부에서 우리는 재화, 서비스, 소득, 자본의 국제적 이동이 글로벌 거시경제에 어떤 영향을 미치는지 살펴본다. 국제수지 계정과 측정 방법 등 기초적인 내용을 먼저 살펴본 다음, 부채 및 신용 흐름에 있어서 누적 불균형이 발생하는 원인과 결과를 분석한다.

규제 회피 : 짐바브웨는 오랫동안 자본통제를 부과했다. 사람들은 짐바브웨 달러를 미국 달러로 바꿀 때 원칙적으로 공식 환율에 따라 정해진 경로로만 교환이 가능하다. 하지만 거리의 현실은 이와 다르다.

REUTERS/Howard Burditt/Newscom

정부와 제도 : 정책과 성과

이론적으로는 국제경제학 과목에서 정부를 따로 언급하지 않고도 한 학기 수업을 진행할 수 있지만, 그렇게 되면 현실을 외면하는 수업이 될 것이다. 다른 경제학 분야와 마찬가지로 (또한 이번 장에서도 이미 살펴본 것처럼) 국제경제학과 관련된 정부의 행동, 가령 환율 정책, 거시경제 정책 등에 대한 결정은 여러 가지 면에서 경제적 성과에 영향을 미친다.

글로벌 거시경제를 제대로 이해하기 위해서는 정부의 행동을 다양한 차원에서 살펴봐야 한다. 우선 전통적인 분석 대상인 **정책**(policies)이다. 이는 정부의 직접적인 행동으로서 통화정책이나 재정정책이 여기에 해당한다. 그러나 경제학자들은 이것뿐만 아니라 이러한 정책이 행해지는 좀 더 넓은 환경이라 할 수 있는 규정과 규범, 혹은 **체제**(regimes)에도 관심을 갖는다. 또한 가장 넓은 차원에서 **제도**(institutions)에 초점을 맞추기도 한다. 이는 정부의 경제적 및 정치적 행동에 영향을 미치는 전반적인 법적, 정치적, 문화적, 사회적 구조를 일컫는 말이다.

폭넓은 거시경제 환경과 관련된 이들 세 가지 주요 측면은 이 책 후반부의 국제거시경제학 분석에서 중요한 역할을 한다. 자본 이동성을 통제 혹은 허용하는 정부의 규정, 고정환율제와 변동환율제의 선택을 둘러싼 정부의 결정, 경제적 성과의 제도적 기반(가령 한 나라 거버넌스의 질) 등이다.

통화정책 독립성 : 환율제도의 선택　환율의 변화를 크게 두 가지 범주, 즉 고정환율제와 변동환율제로 나눌 수 있다. 각 제도를 취하고 있는 나라가 얼마나 많을까? 그림 1-7에서 보듯이 각 제도 모두 많은 나라들이 속해 있다. 고정과 변동 모두 흔히 접할 수 있는 환율제도이기 때문에 이 둘을 다 공부해야 한다.

환율제도 선택은 중요한 정책 과제이다. 달러, 엔, 파운드, 위안, 혹은 기타 통화의 환율 움직임에 대한 미디어 분석이나 정책결정자들의 주장을 보면, 환율제도가 세계경제와 관련된 주요 논쟁 이슈라는 것을 알게 될 것이다.

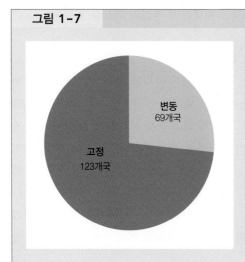

그림 1-7

환율제도　왼쪽 파이 도표는 2010년 이후 자료를 사용하여 세계 전역의 환율제도를 분류한 결과를 보여준다.

주 :
고정환율제 해당 : 고유 법정통화 없음, 사전공표(preannounced) 페그 혹은 통화위원회 제도, ±2% 이내 사전공표 수평 밴드, 사실상(de facto) 페그, 사전공표 크롤링 페그, ±2% 이내 사전공표 크롤링 밴드, 사실상 크롤링 페그, ±2% 이내 사실상 크롤링 밴드

변동환율제 해당 : ±2% 이상 사전공표 크롤링 밴드, ±5% 이내 사실상 크롤링 밴드, ±2% 이내 변동 밴드(즉 시간에 따른 절상 및 절하 모두 허용), 관리변동, 자유변동

출처 : Ilzetzki, Ethan, Carmen M. Reinhart and Kenneth S. Rogoff, 2010, "Exchange Rate Arrangements Entering the 21st Century : Which Anchor Will Hold?"

환율의 변동과 그 원인 및 파급효과를 이론적·실증적으로 탐구하는 것은 이 책의 주요 목표 중 하나이다. 급히 서둘다 환전하는 것을 깜빡 놓친 여행자이건 혹은 아주 단순한 영업을 하는 수출·수입업자이건 굳이 경제전문가가 아니더라도 우리가 직관적으로 생각해보면 환율의 변동, 특히 급격한 변동은 실질적인 경제적 비용으로 작용할 수 있다. 따라서 이론적으로는 만약 모든 나라가 환율을 고정시키면 이러한 비용을 없앨 수 있다. 혹은 좀 더 극단적으로 만약 전 세계가 단일통화를 사용한다면, 통화와 관련된 모든 거래비용을 없앨 수 있다. 하지만 오늘날 150개가 넘는 서로 다른 통화가 존재하고 있다는 점에서 우리는 그런 통화적 유토피아와는 동떨어져 있다!

이처럼 세계에 다수의 통화가 존재하게 된 것은 수 세기 전으로 거슬러 올라간다. 그동안한 국가가 자신의 고유한 통화를 보유하는 것이 주권의 거의 필수 요소로 간주돼 왔다. 정부가 자신의 국민통화를 통제할 수 없다면, 직접 통화정책을 운용하는 자유를 자동적으로 잃게된다. 하지만 독자적 통화를 가졌다고 해도 통화적 독립성에 얼마나 도움이 되는지는 따져볼문제이다.

아주 많은 통화가 존재하지만, 다른 한편으로는 새로운 형태의 통화적 조직이 나타나고 있는 것도 목격할 수 있다. 일부 나라들은 그룹을 결성하여 **공동통화**(common currency)를 도입하는 노력을 해왔다. 이를 통해 그룹 내 거래를 간편하게 만드는 것으로서 이 경우 통화정책 책임 역시 공동으로 지게 된다. 가장 대표적인 예가 유로존(Eurozone)으로서 2014년 기준으로 18개 유럽연합(EU) 국가들이 참여하고 있다. 한 나라가 다른 나라 통화를 일방적으로 사용하는 경우도 있다. 말 그대로 일방적 사용이기 때문에 해당 통화를 정책적으로 통제하는 것은 불가능한 경우이다. 소위 **달러통용화**(dollarization)로서 엘살바도르와 에콰도르가 미국달러를 자신들의 법정통화로 사용하고 있는 것이 그 예이다.

왜 많은 나라들은 자신의 고유한 통화를 보유하려는 '미개함'(19세기 철학자이자 경제학자 존 스튜어트 밀의 표현)을 고집하는 것일까? 왜 어떤 나라들은 공동통화를 창설하고, 어떤 나라들은 다른 나라 통화를 자신의 통화로 채택할까? 왜 어떤 나라들은 자국 통화의 환율을 고정시키려 할까? 왜 어떤 나라들은 변동환율제를 채택하여 자신의 환율을 변동하도록 허용할까?

제도와 경제적 성과 : 거버넌스의 질 어떤 구체적인 정책 선택이 아니라 그런 선택이 행해지는 훨씬 포괄적인 제도적 환경도 중요한 의미를 지닌다. 한 사회의 법적, 정치적, 사회적, 문화적, 윤리적, 종교적 구조가 그 사회에 경제적으로 번영과 안정을 가져다줄지, 아니면 빈곤과 불안정을 초래할지를 결정하는 환경이 된다. 여러 정부들의 행동에 따라 글로벌 거시경제의 기능이 여러 가지로 영향을 받는다. 따라서 우리는 이 책 전체적으로 정부가 취할 수 있는 행동에 관심을 가져야 하며, 그 원인과 결과를 이해하기 위해 노력해야 한다.

제도 혹은 '거버넌스(governance)'는 중요하다. 한 나라 거버넌스의 질에 따라 경제적 성과가 크게 달라진다. 거버넌스가 취약할수록 일반적으로 더 가난하고 거시경제 충격에 흔들리

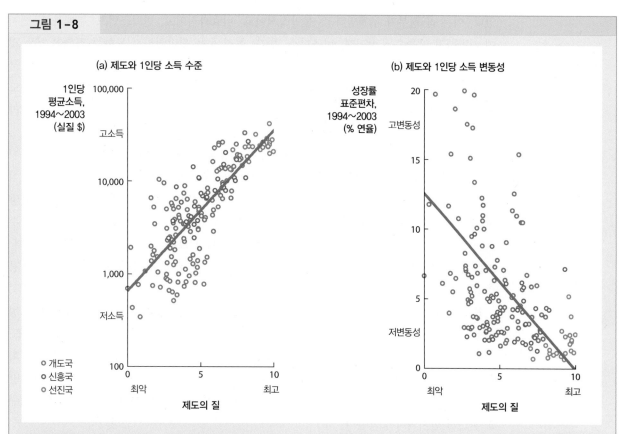

그림 1-8

(a) 제도와 1인당 소득 수준

1인당 평균소득, 1994~2003 (실질 $)

고소득

저소득

100,000

10,000

1,000

100

○ 개도국
○ 신흥국
○ 선진국

0　　　　5　　　　10

최악　　　　　　　최고

제도의 질

(b) 제도와 1인당 소득 변동성

성장률 표준편차, 1994~2003 (% 연율)

고변동성

저변동성

20

15

10

5

0

0　　　　5　　　　10

최악　　　　　　　최고

제도의 질

제도와 경제적 성과 산포도에서 보듯이 한 나라의 제도가 1인당 소득 수준과는 플러스 상관성이 있으며(a), 반대로 1인당 소득의 변동성과는 마이너스 상관성이 있다(b). 각 그림에서 직선은 최적선을 의미한다.

출처 : 1인당 실질GDP는 Penn World Table. 제도의 질과 관련된 자료는 Daniel Kaufman, Aart Kraay, and Massimo Mastruzzi, September 2006, "Governance Matters V: Governance Indicators for 1996-2005," World Bank Policy Research.

기 쉽다. 또한 정치적 충격에 휘둘리기 쉽고, 정책을 일관되게 추진하지 못하는 경우가 많다. 이런 점을 고려할 때, 부유한 나라와 가난한 나라 간에 최적의 정책이나 제도가 서로 다를 수 있다는 점을 염두에 두어야 한다. '일률적이면서 모두에게 잘 맞는(one size fits all)' 제도는 결코 존재할 수 없을지 모른다. 안정적이고 행정이 잘 갖춰진 나라에서 잘 작동하는 정책이라 해도 취약한 거버넌스를 가진 불안정한 개발도상국에서는 성공적이지 않을 수 있다.

그림 1-8은 제도 혹은 거버넌스의 질이 중요하다는 것을 보여주는 그림이다. 한 국가에 대해 여섯 가지 측면의 지표를 사용하여 제도의 질을 평가한 것이다. 지표는 참여와 책임성, 정치적 안정성, 정부의 효과성, 규제의 질, 법치(rule of law), 부패의 통제 등이다. 이들 여섯 가지 측면을 평균 혹은 종합한 지표를 각 나라의 경제적 성과와 비교한 결과, 그림에서 보듯이 강한 상관성이 있는 것으로 나타났다.

먼저 (a)에서 보듯이 제도가 우월할수록 **1인당 소득**(income per capita)이 높아지는 경향이 있다. 이는 곧 정부가 무책임하고, 불안정적이고, 비효과적이고, 변덕스럽고, 부패하고, 법치에 기반하지 않을수록 상거래, 비즈니스, 투자, 혁신 등을 뒷받침하지 못하는 경향이 있는 것이다. 제도가 경제적 번영에 미치는 효과는 매우 크다. (a)에서 오른쪽 맨 위에 있는 선진국들의 1인당 소득은 왼쪽 맨 아래 가장 가난한 개도국에 비해 50배 이상 더 높다. 이는 아마도 부국과 빈국의 사상 최대 격차일 것이다. 이런 불균등을 '대분열(The Great Divergence)'이라 부르기도 한다.

다음으로 (b)를 보면, 제도가 우월할수록 **소득 변동성**(income volatillity)이 낮아지는 경향이 있음을 알 수 있다. 즉 1인당 소득 증가율의 변동성(표준편차로 측정)이 낮아지는 것이다. 이것은 거버넌스가 취약한 경제일수록 경제활동을 예측하기가 힘들다는 것을 의미한다. 다양한 경우가 있을 수 있는데, 정치권력이 계속 뒤바뀜에 따라 경제정책에 큰 변화가 발생할 수도 있고, 혹은 내부적으로 이따금씩 경제자원을 둘러싸고 그룹 간 갈등이 발생할 수도 있다. 또는 국가 권력이 너무 취약하여 경제 안정화에 반드시 필요한 정책들(가령 은행규제)을 강력히 추진하기 힘든 경우도 있을 수 있다.

최근 이런 현상과 패턴에 대한 연구가 행해지고 있다. 또한 제도가 경제적 성과에 어떤 경로로 영향을 미치는지, 다양한 제도를 낳는 원인은 무엇인지 등에 관심을 보이고 있다. 제도의 변화는 일반적으로 아주 천천히 진행된다. 기득권층으로서는 효율성을 강화하려는 개혁을 저지하려고 하기 때문이다. 따라서 미국의 제도경제학자인 소스타인 베블런의 유명한 말처럼 "제도는 지난 과정의 산물이고, 지난 환경에 맞춰진 것이며, 따라서 결코 현재의 요구와 완전히 합치되지는 않는다."

4 결론

세계화는 국경 간 재화와 서비스의 흐름, 사람과 기업의 이동, 국가들 간의 문화와 아이디어의 전파, 거시경제정책의 국경 간 전파, 전 세계 금융시장의 밀접한 통합 등 많은 것을 의미한다. 2차 세계대전 이후로 국제무역과 금융흐름은 빠른 속도로 증가하였으며 전 세계 GDP보다도 빠르게 증가하였기 때문에 세계 GDP 대비 무역과 금융의 비율은 꾸준히 증가하였다. 2차 세계대전 이후에 설립된 국제기구들은 이러한 추세를 촉진시켰다. 관세와 무역에 관한 일반협정(현재는 세계무역기구로 알려진), 국제통화기금, 유엔, 세계은행 모두 전후에 경제통합과 개발을 위해 창시되었다.

국가 간 이민은 국제무역만큼 자유롭지 못하므로 모든 국가들은 노동자 유입이 임금을 떨어뜨릴 것을 우려하여 이민을 제한해왔다. 후반부에서 그러한 두려움은 반드시 정당화될 필요가 없다는 것을 알게 된다. 이민자들은 때로 임금의 변화 없이 한 국가로 흡수될 수 있다. 외국인직접투자는 대부분 산업국가에서 제한이 없으나 개발도상국에서는 종종 제한에 직면하기도 한다. 예를 들어, 중국에서 모든 외국인직접투자는 승인을 받아야 하며 일반적으로 외국인 회사는 현지 파트너가 있어야 한다. 보통 기업들은 저임금의 이점을 활용하기 위해 개발도상국에 투자한다. 개발도상국과 산업국가에의 투자로 기업들은 국경 간에 그들의 사업과 생산공정 지식을 전파할 수 있다. 이민과 외국인직접투자는 오늘날 매우 광범위해진 세계화의 발전된 양상이다.

오늘날 세계적으로 재화, 서비스, 자본시장이 갈수록 통합되는 것도 글로벌 거시경제에 영향을 미친다. 국제거시경제를 효과적으로 공부하기 위해서는 서로 다른 나라들의 경제적 연계, 즉 그들의 통화, 그들의 무역, 그들의 자본 흐름을 이해해야 한다. 그래야만 오늘날 세계경제의 가장 중요한 현상들, 가령 환율의 변동, 글로벌 불균형의 결정요인, 경제정책 결정 문제 등을 이해할 수 있다.

핵심 내용

1. 한 국가의 무역수지는 수출가격과 수입가격의 차이이며, 그 국가의 거시경제적 조건에 의해 결정된다.

2. 국제무역의 상당 부분은 산업국가 간에 일어난다. 유럽 내에서의 무역과 유럽과 미국 간의 무역은 세계 무역의 약 4분의 1을 설명한다.

3. 우리가 연구하는 무역 모형의 많은 부분은 국가 간 차이를 강조하지만 유사한 국가 간의 무역을 설명하는 것 또한 가능하다. 유사한 국가들은 다양한 재화들을 서로 교환한다.

4. 큰 국가들은 국가 내에서 매우 많은 교역이 일어나므로 GDP 대비 국제무역의 비율은 작은 경향이 있다. 홍콩(중국)과 싱가포르는 GDP 대비 무역비율이 100%를 넘는 반면, 2010년 미국의 GDP 대비 무역비율은 15%였다.

5. 부유한 산업국가들로의 이민의 제한으로 인해 전 세계 이민의 대부분은 개발도상국에서 일어난다.

6. 전 세계 외국인직접투자의 대부분은 산업국가들 간에 발생한다. 2010년, FDI 세계 유량의 절반 이상이 유럽 내에서 일어났고 FDI의 85%가 OECD 국가들 안팎에서 발생하였다.

7. 환율은 서로 다른 통화를 교환하는 가격이다. 환율이 어떻게 결정되고, 환율이 경제 다른 부분과 어떻게 연결돼 있는지 이해하기 위해서는 먼저 다음 질문을 생각해봐야 한다. 왜 어떤 나라들은 고정환율제이고, 어떤 나라들은 변동환율제인가? 왜 어떤 나라들은 (특히 외환위기에 대응하여) 환율제도를 변경할까? 왜 어떤 나라들은 자신의 고유한 통화를 갖고 있지 않을까?

8. 세계 금융시장이 통합돼 있는 경우, 한 나라의 소득수준과 지출수준이 똑같지 않아도 된다. 이 둘의 차이가 경상수지이다. 경상수지를 결정하는 요인은 무엇이고, 경상수지가 경제 다른 부분과 어떻게 연결돼 있는지 이해하는 것이 중요하다. 또한 한 나라의 경상수지가 해당 나라의 부에 어떤 영향을 미치는지, 그리고 경상수지가 어떻게 변하는지 등을 배우게 된다.

9. 나라마다 정책 선택이 다를 뿐만 아니라 정책 선택이 행해지는 광범위한 제도적 기반 역시 질적으로 다르다. 국제거시경제의 상호작용과 사건들을 공부할 때, 우리는 반드시 정책이 만들어지는 체제 및 제도가 정책의 선택과 경제적 성과에 어떤 영향을 미치는지 이해해야 한다. 거버넌스의 질이 경제적 성과에 어떤 영향을 미치는가? 왜 어떤 정책들(가령 고정환율제도)이 특정 환경에서 더 잘 작동하는가?

핵심 용어

고정환율(fixed exchange rate)	부가가치(value-added)	외국인직접투자
공동통화(common currency)	소득(income)	(FDI : foreign direct investment)
국내총생산(GDP : gross domestic product)	소득 변동성(income volatility)	외환위기(exchange rate crisis)
국제무역(international trade)	수입품(import)	이민(migration)
달러통용화(dollarization)	수입관세(import tariffs)	적자(deficit)
무역수지(trade balance)	수입할당(import quotas)	정책(policies)
무역수지 적자(trade deficit)	수직적 투자(vertical FDI)	제도(institutions)
무역수지 흑자(trade surplus)	수출품(export)	지출(expenditure)
무역장벽(trade barriers)	수평적 투자(horizontal FDI)	체제(regimes)
변동환율(floating exchange rate)	양자 간 무역수지(bilateral trade balance)	흑자(surplus)
부(wealth)	오프쇼어링(offshoring)	1인당 소득(income per capita)

연습문제

1. 전 세계 무역, 이민, FDI를 보여주는 데 있어서 그림 1-2와 1-4는 2010년 데이터에 근거하고 있으며 그림 1-5는 2005년 데이터에 근거하고 있다. 이 장을 집필할 당시에는 이민과 FDI의 업데이트된 데이터를 구할 수 없었으나 전 세계 무역 데이터는 가능하다. 이 질문은 표 1-1에 나와 있는 전 세계 무역의 수치들을 업데이트할 것을 요구한다.

   a. 세계무역기구의 홈페이지인 www.wto.org로 가서 'Documents and resources'의 'Statistics'에서 'Merchandise Trade'의 'World Trade Statistical Review'를 찾아보도록 하라. World Trade Statistical Review의 가장 최신판을 찾아서 'Statistical Tables'의 Table A4와 Table A5의 엑셀 스프레드시트를 찾아라. 이 표를 인쇄하라.

   만약 웹사이트나 스프레드시트를 찾을 수 없다면 다음 질문들에 답하기 위해 다음 페이지 상단에 나와 있는 '지역 내-지역 간 상품 무역 2011년' 표를 사용하라.[7]

   b. 이 표에서 유럽 내 총 무역량은 얼마인가? 이 무역량은 전체 세계 무역량의 몇 퍼센트인가?

   c. 유럽과 북미 간의 무역량의 합계(어떤 방향이든)는 얼마인가? 이것을 유럽 내의 총 무역량에 더해서 세계 전체 무역량의 퍼센트로 계산해보라.

   d. 아메리카 대륙 내(북미, 중앙아메리카, 남미 간, 그리고 각 지역 내) 무역의 총량은 무엇인가? 이것은 세계 무역량의 몇 퍼센트인가?

   e. 유럽과 아메리카 대륙으로부터의 수출의 총액수는 무엇이며, 이것은 세계 총액의 몇 퍼센트인가?

   f. 아시아의 총수출액은 무엇이며 이것은 세계 총액의 몇 퍼센트인가?

   g. 중동과 독립국가연합[8]의 수출 총액은 무엇이며, 이것은 세계 총액의 몇 퍼센트인가?

   h. 아프리카의 총수출액은 무엇이며 이것은 세계 총액의 몇 퍼센트인가?

   i. (b)에서 (h)까지의 답은 표 1-1에 나와 있는 전 세

---

7 무역통계는 http://www.wto.org/english/res_e/statis_e/its2009_e/its09_world_trade_dev_e.htm에서 이용 가능하다.

8 독립국가연합은 아제르바이잔, 아르메니아, 벨라루스, 조지아, 카자흐스탄, 키르기즈스탄, 몰도바, 러시아, 타지키스탄, 투르크메니스탄, 우크라이나, 우즈베키스탄으로 구성된다.

지역 내-지역 간 상품 무역, 2011년(10억 달러)

원산지	북미	중남미	유럽	독립국가 연합	아프리카	중동	아시아	세계
				도착지				
세계	2,923	749	6,881	530	538	672	5,133	17,816
북미	1,103	201	382	15	37	63	476	2,282
중남미	181	200	138	8	21	18	169	750
유럽	480	119	4,667	234	199	194	639	6,612
독립국가 연합	43	11	409	154	12	24	117	789
아프리카	102	19	205	2	77	21	146	594
중동	107	10	158	6	38	110	660	1,251
아시아	906	189	922	110	152	242	2,926	5,538

출처 : WTO, International Trade Statistics 2012.

계 무역 비중과 어떻게 비교할 수 있는가?

2. 미국 경제분석국(BEA) 웹사이트 http://www.bea. gov를 방문하여 가장 최근 연도(혹은 가장 최근 4개 분기)에 대한 정보를 찾아보라. 미국의 연간 경상수지 적자 규모는 가장 최근 업데이트된 통계 기준으로 어느 정도 되는가?

3. 웹사이트 ft.com(혹은 xe.com 등 금융 웹사이트)를 방문하여 달러당 위안 및 유로당 달러 환율의 최근 12개월 변화 추이를 구하라. 오늘 기준으로 두 환율은 각각 얼마인가? 1년 전 환율은 각각 얼마였는가? 해당 기간 환율의 변화율은 몇 퍼센트인가? 이들 환율은 변동환율인가, 아니면 고정환율인가? 그 이유는?

4. 그림 1-6은 2011년 데이터까지 나와 있다. 인터넷을 통해 국제통화기금(IMF)의 World Economic Outlook Database를 찾아라.(힌트 : 'World Economic Outlook Database'를 검색해보라.) 모든 나라에 대해 미국 달러 기준 경상수지를 가장 최근 연도 실적(실젯값 혹은 IMF 추정값)으로 구하라. 마지막 연도 기준으로 적자폭이 가장 큰 10개 나라는 어디인가?

5. 다음에 나와 있는 도표는 지리적으로 인접한 두 나라(한국과 북한, 아르헨티나와 칠레, 보츠와나와 짐바브웨 등 3개 그룹)에 대해 1인당 실질GDP의 성장을 보여준다(Penn World Table 자료를 사용).

   a. 각 그룹에서 어느 나라가 1인당 GDP 성장이 더 빨랐는가? 현재 어느 나라가 가장 부유한가?

   b. 세계은행(World Bank)이 발표한 각국의 2000년 세계거버넌스지표(World Governance Indicators)가 다음 표에 나와 있다.

이 자료로 판단할 때, 제도적 기반이 이들 나라의 경제적 성과 차이를 설명한다고 생각하는가? 그 이유를 설명하라. 물리적으로 인접한 국가를 비교하는 것이 어떤 점에서 필요하다고 생각하는가?

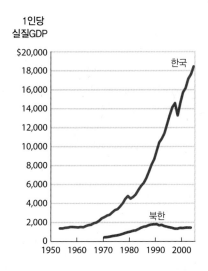

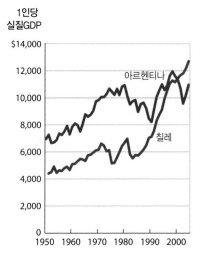

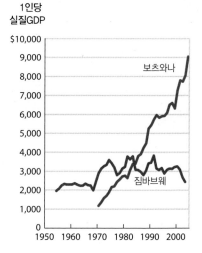

	부패의 통제	정부의 효과성	정치적 안정성 및 폭력의 부재	법치	규제의 질	참여와 책임성
한국	0.37	0.63	0.49	0.64	0.47	0.76
북한	−0.93	−1.10	−0.66	−1.08	−1.70	−2.02
칠레	1.56	1.34	0.85	1.31	1.38	0.56
아르헨티나	−0.34	0.28	0.48	0.17	0.45	0.44
보츠와나	1.02	0.98	0.90	0.67	0.79	0.78
짐바브웨	−0.87	−1.13	−1.21	−0.74	−1.61	−0.97

네트워크

세계무역기구는 국제무역통계의 좋은 원천이다. 사이트 http://www.wto.org로 가서 'Documents, statistics and resources'의 'Statistics'에서 Trade and Tariff Data를 찾아보라. Merchandise Trade와 Trade in services에서 가장 최근 연도의 재화와 서비스의 세계 무역액수를 알아보라.

국제무역과 기술 : 리카도 모형

> 잉글랜드는 옷감을 수출하고 와인을 수입하였다. 그것은 두 상품을 모두 생산하는 것보다 교환을 통해 잉글랜드의 산업생산성이 더 높아지기 때문이었다. 포르투갈은 옷감을 수입하고 와인을 수출하였는데 그것은 포르투갈의 산업이 와인을 생산함으로써 양국의 고용에 더 이득이 되었기 때문이다…
>
> 따라서 포르투갈이 와인을 수출하고 옷감을 수입하는 것이 유리하다. 설사 포르투갈에서 수입한 상품을 포르투갈에서 잉글랜드보다 더 적은 노동량으로 생산할 수 있다고 해도 이러한 교환은 발생할 수 있다.
>
> 데이비드 리카르도, 정치경제학과 조세의 원리에 관하여, 1821
>
> 비교우위는 부인할 수 없는 사실이지만 지적인 사람들에게는 명백하지만은 않은 경제학 원리의 가장 좋은 예이다.
>
> 폴 사뮤엘슨, "경제학자의 방식", 1969[1]

제

품 중 어떤 것이든 한 가지를 골라보자. 여러분은 그 제품이 많은 국가에서 수출입되고 있는 것이라는 사실을 알게 될 가능성이 높다. 스노우보드를 한 예로 들어 보자. 2012년에 미국은 18개국에서 3,330만 달러의 스노우보드를 **수입**(import, 다른 국가로부터 사들이는 것)했다. 표 2-1은 미국에 스노우보드를 수출한 매출 상위 12개국을 나타내고 있다.

표 2-1의 목록 중 최상위는 중국으로, 미국에 1,900만 달러 이상의 **수출**(export, 다른 국가에 파는 것)을 했음을 알 수 있다. 두 번째로 큰 대미 수출국은 오스트리아로, 2012년에 1,000만 달러 이상을 수출하였다. 이 두 국가는 다음 순위의 국가인 대만(미국에 200만 달러의 스노우보드를 팔았던)에 비해 상당히 큰 매출을 올렸다. 2012년에 네 번째로 규모가 큰 수출국은 캐나다로, 미국에 362,000달러의 스노우보드를 팔았다.

과거 프랑스의 식민지였던 북아프리카 해안에 위치한 튀니지를 비롯하여 대부분 유럽 국가로 구성된 그룹 ─ 스페인, 스위스, 네덜란드, 슬로베니아, 이탈리아, 폴란드, 프랑스로 이루어진 ─ 은 15,000달러에서 337,000달러 사이의 금액만큼 미국에 수출했다. 또 다른 6개국(체

---

1 Samuelson, Paul A. 1969. "The Way of an Economist." *In International Economic Relations: Proceedings of the Third Congress of the International Economic Association*, edited by Paul A. Samuelson (London: Macmillan), pp. 1-11.

표 2-1				
미국의 스노우보드 수입, 2012년				
순위	국가	수입액(천 달러)	스노우보드의 수량(천)	평균가격 (개당 달러)
1	중국	19,560	400.6	49
2	오스트리아	10,479	93.6	112
3	대만	2,108	46.5	45
4	캐나다	362	23.2	16
5	튀니지	337	2.0	171
6	스페인	285	1.9	151
7	스위스	42	0.2	226
8	네덜란드	42	0.3	159
9	슬로베니아	27	0.2	121
10	이탈리아	24	0.2	140
11	폴란드	16	0.1	155
12	프랑스	15	0.1	126
13-18	기타 국가	46	1.2	40
	합계	33,343	570	58

출처 : U.S. Department of Commerce and the U.S. International Trade Commission

코, 멕시코, 홍콩, 호주, 독일, 일본)은 이보다 적은 금액을 수출하였다. 이러한 긴 목록의 국가들을 보면 의문점이 떠오른다. 미국은 충분한 제조능력을 갖추고 있음에도 불구하고 어떤 한 이유로 스노우보드를 국내에서 생산하는 대신에 이 국가들로부터 사들이는 것일까?

이 책의 첫 장에서는 국가들이 서로 상품 교역을 하는 이유를 살펴보았다. 그 이유는 다음과 같다.

- 각국에서 사용된 **기술**(technology)의 차이 (각국의 제품 생산능력의 차이)
- 각국의 **자원**(resources) 총량의 차이(노동, 자본, 토지 포함)
- **오프쇼어링**(offshoring, 재화의 여러 부분을 각기 다른 국가에서 생산하고 최종 생산지에서 조립하는 것) 비용의 차이
- 국가 간 **접근성**(proximity, 국가 간 거리가 얼마나 가까운가 하는 것)

이 장에서는 무역을 설명하기 위해 위의 이유 중 첫 번째인 국가 간 기술의 차이를 주로 다룬다. 이 이론은 주로 **리카도 모형**(Ricardian model)이라고 하는데, 그것은 이 이론이 19세기 경제학자인 데이비드 리카도에 의해 주창된 것이기 때문이다. 리카도 모형은 한 국가의 기술이 노동에 지급되는 임금에 어떻게 영향을 미치는지, 즉 높은 기술을 지닌 국가에서 왜 임금이 높은지에 대해 설명한다. 이러한 설명은 또다시 국가의 기술이 **교역 패턴**(trade pattern),

손 화이트의 스노우보드는 원신지가 어디일까?

즉 수출과 수입에 사용되는 상품에 어떻게 영향을 주는지를 설명하는 데 도움을 준다.

1 무역의 이유

리카도 모형의 중심이라고 할 수 있는 국가 간 기술의 차이 이외에도 국가들이 무역을 하는 데는 여러 가지 많은 이유가 있다. 리카도 모형에 대해 자세히 살펴보기 전에 무역을 하는 다른 이유들에 대해 간단히 알아보도록 하자.

접근성

국가 간 접근성은 무역의 주요인이다. 그것은 접근성이 운송비용에 영향을 주기 때문이다. 한 국가에 가까이 위치한 국가들은 교역하는 상품비용에 더 낮은 운송비용만을 더하면 된다. 국가 간 접근성은 왜 캐나다가 미국에 스노우보드를 가장 많이 수출하는 국가 중 하나인지 그리고 왜 캐나다가 다른 상품을 포함하여 전반적으로 미국의 가장 큰 교역국인지 그 이유를 설명해준다. 국가 간 근접성이 교역상대국에 어떻게 영향을 미치는지에 대해서는 다른 많은 예가 있다. 많은 유럽 국가들의 가장 큰 규모의 교역상대국은 다른 유럽 국가이며 많은 아시아 국가들의 가장 큰 교역상대국은 일본이나 중국이다. 때로는 서로 근접한 국가들은 회원국들 간 무역의 제한이 없는 **자유무역구역**(free-trade area)에 가입함으로써 그들의 지리적 접근성의 이점을 누리기도 한다.

자원

접근성은 무역 패턴을 설명하는 일부분에 지나지 않는다. 표 2-1에서 볼 수 있듯이 오스트리아는 캐나다보다 거리가 멀지만 캐나다에서 미국으로 수출하는 금액의 3배가량의 스노우보드를 미국에 수출하고 멕시코는 (표 2-1에서 그 밖의 나라에 포함되는) 미국에 스노우보드를 12,000달러만 수출한다. 그렇다면 어떠한 이유로 오스트리아와 캐나다는 멕시코에 비해 미국에 스노우보드를 더 많이 수출하는가? 여러 이유 중 오스트리아와 캐나다는 추운 날씨와 산악지대가 있어서 멕시코보다 스키와 스노우보드가 더 인기가 많다는 것을 들 수 있다. 많은 경우에 스키와 스노우보드 장비의 지역생산과 전문성이 개발되는 것은 동계 스포츠가 일반적인 지역에 위치한 데 따르는 결과이다. 이러한 특정지역에서의 생산은 장비에 대한 높은 수요 혹은 보완재(눈 내린 산과 같은)의 공급 때문에 발생한다. 이것은 한 국가의 지리(지금든 예의 경우 산과 기후)가 수출에 어떻게 영향을 미쳤는지를 보여주는 예라고 할 수 있다. 스위스, 슬로베니아, 이탈리아, 폴란드, 프랑스를 포함하여 표 2-1에 나와 있는 그 외 다른 국가들에서 스키리조트도 찾아볼 수 있다.

지리는 **노동자원**(labor resources, 다양한 교육수준과 기술수준을 가진 노동)과 **자본**(capital, 기계와 구조물)뿐 아니라 **천연자원**(natural resources, 토지와 미네랄과 같은)도 포함한다. 한 국가의 자원은 재화와 서비스를 생산하는 데 사용되는 토지, 노동, 자본을 종합하여 종종 **생산요소**(factors of production)라고도 한다. 다음 두 장에서는 한 국가의 자원이 교역 패턴에 어떠한 영향을 끼치는지 그리고 무역이 어떻게 각기 다른 생산요소에 경제적 이득이나 손실을 가져오는지 공부해보기로 한다.

경우에 따라 어떤 국가에서는 재화를 생산하는 데 필요한 천연자원의 아무런 이점이 없는데도 그 재화를 수출할 수도 있다. 한 예가 '아이스와인'이다. 아이스와인은 독일에서 개발되었지만 요즘에는 캐나다와 미국의 나이아가라 폭포지역에서도 생산되는 와인의 한 종류이다(**보조 자료 : 비교우위는 만들어질 수 있는가? '아이스와인'의 사례** 참조). 대만이나 멕시코는 모두 스키리조트가 있는 산이 많지 않은데 스노우보드를 수출하는 현상을 무엇으로 설명할 수 있을까? 이에 대한 힌트는 이 국가들로부터 미국에서 사들이는 스노우보드의 도매가가 매우 낮다는 데서 찾을 수 있다. 대만은 미국에 스노우보드를 45달러에 팔았고 멕시코의 도매가는 단 13달러였다. 이들 가격은 가격이 최고가인 스위스(226달러), 튀니지(171달러), 네덜란드(159달러), 폴란드(155달러)에 비해 매우 낮다. 대만과 멕시코의 낮은 가격으로 이들 국가가 미국에 파는 스노우보드는 제품의 질이 낮거나 미국에서의 추가적인 공정을 위해 수입된 미완성된 보드라는 것을 알 수 있다. 미완성된 재화의 무역은 **오프쇼어링**의 한 예로서 기업이 생산활동을 몇 국가에 분산시키고 반제품 무역을 하는 것을 뜻한다. 멕시코(13달러에)와 캐나다(16달러에)에서 미국으로 들여오는 스노우보드는 반제품일 가능성이 높다.

보조 자료

비교우위는 만들어질 수 있는가? '아이스와인'의 사례

포르투갈과 잉글랜드 간의 무역에 관한 리카도의 사례에서 그는 포르투갈의 유리한 기후로 인해 와인과 옷감 모두에 절대우위를 부여하였다. 잉글랜드는 와인을 위한 포도를 재배하는 것이 매우 어렵지만 옷감을 생산하는 것은 그렇게 어렵지 않기 때문에 옷감에 비교우위가 있다. 이것은 질문을 야기한다. 만약 새로운 기술을 개발하여 잉글랜드가 세계적인 품질의 포도와 와인을 생산한다면 어떤 일이 벌어질 것인가? 잉글랜드는 와인에 새로운 비교우위를 갖는 것이 가능할까?

이와 비슷한 일이 '아이스와인'이라는 상품을 판매한 캐나다의 나이아가라 폭포에서 일어났다. 1794년 (리카도가 21살이었을 때) 독일에서 처음 개발된 아이스와인은 포도를 포도나무 위에서 얼려서 생산한다. 결빙은 포도의 당과 맛을 농축시켜서 포도는 손으로 채취된 후 달콤한 디저트 와인으로 가공된다. 1983년 캐나다의 나이아가라 지역의 양조장들은 이러한 와인 생산을 실험하였고 그 후로 아이스와인은 유행이 되어 지역특산물이 되었다. 나이아가라 폭포의 추운 기후는 아이스와인을 생산하는데 유리한데 그것은 채취 전에 기온이 -10도에서 -13도이어야 하기 때문이다. 이 가공으로부터의 수확량은 매우 적다. 포도나무 전체는 겨우 와인 한 병을 만들 수 있을 뿐이다. 이것은 와인이 일반 병 절반 들이에 판매되는 이유이다. 그러나 이 와

아이스와인을 제조하기 위한 언 포도 수확

인의 독특한 맛 때문에 수요가 높아서 절반 들이 병도 종종 50달러나 그 이상에 판매되곤 한다. 아이스와인은 유사하게 여름에 포도를 재배하기에 충분히 따뜻한 날씨와 겨울에 얼리기에 충분히 추운 날씨를 가지고 있는 캐나다의 브리티시 컬럼비아의 오카나간 골짜기에서도 생산된다. 잉글랜드는 이러한 와인을 개발할 수 있을까? 만약 그렇다면, 리카도의 원래 모형에서 잉글랜드와 포르투갈 간의 비교우위는 역전될 것이다!

절대우위

지금까지 많은 나라에서 미국으로 스노우보드를 수출하는 가능한 이유들에 대해 설명했다. 그러나 스노우보드의 대미 수출액이 가장 큰 중국과 수출금액이 8번째로 크면서 도매가가 159달러로 가장 비싼 국가 중 하나인 네덜란드로부터의 수입에 대해서는 아직 설명하지 않았다. 네덜란드에는 산이 없기 때문에 천연자원은 네덜란드가 스노우보드를 수출하는 이유가 될 수 없다. 그러나 네덜란드는 전자회사인 필립스에서 생산되는 제품들과 같은 매우 품질이 높은 제품들로 알려져 있다. 이것은 인접국인 독일(표 2-1의 그 밖의 나라에 포함되는)도 마찬가지인데 2012년 독일에서는 개당 평균 가격이 876달러인 스노우보드를 단 3개만 미국에 팔았다! 이 가격은 독일의 스노우보드가 품질이 매우 높은 것임이 틀림없고 독일은 스노우보드를 만드는 데 있어서 세계에서 가장 뛰어난 기술을 보유하고 있음을 의미한다. 실제로 독일은 화학제품, 기계연장, 자동차, 철강 등을 포함하여 많은 재화를 생산하는 데 사용되는 방법에 있어서 전 세계의 리더로 인식되고 있다. 어떤 국가가 한 재화를 생산하는 데 최고의 기

술을 갖고 있다면 그 국가는 그 재화를 생산하는 데 있어서 **절대우위**(absolute advantage)를 가지고 있는 것이다. 독일은 여러 산업에 절대우위를 가지고 있으며 높은 품질의 재화를 생산해낸다. 그러나 독일이 스노우보드를 생산하는 데 절대우위를 가지고 있는데도 대부분의 산업에서 독일보다 낮은 기술수준을 사용하는 중국으로부터 미국이 훨씬 많은 스노우보드를 수입하는 이유는 무엇일까?

그뿐만 아니라, 비록 독일이 여러 기술에 있어서 세계적인 리더이기는 하지만 미국도 마찬가지이다. 그렇다면 미국은 어떤 이유로 독일이나 중국으로부터 스노우보드를 수입하는 것일까? 왜 미국은 미국의 기술과 생산요소를 가지고 필요로 하는 모든 스노우보드를 생산하지 않는 것일까?

비교우위

이러한 질문들은 절대우위가 실은 무역 패턴을 잘 설명하지 못한다는 것을 나타낸다. 이것은 이 장의 핵심 교훈 중 하나이다. 절대우위 대신, **비교우위**(comparative advantage)가 국가 간 무역의 주요 이유이다. 비교우위가 무엇을 뜻하는지 알기 위해 데이비드 리카도가 묘사했던 포르투갈과 잉글랜드 간의 무역의 예를 생각해 보자(**보조 자료 : 데이비드 리카도와 중상주의** 참조).

간단한 설명을 위해, 리카도는 와인과 옷 두 가지 재화만을 고려하였다. 리카도는 포르투갈이 두 재화의 생산에 절대우위가 있다고 가정하였다. 포르투갈의 절대우위는, 예를 들어 포도를 재배하고 양을 기르기에 좋은 포르투갈의 기후에서 비롯된 것이다. 그러나 포르투갈이 잉글랜드보다 와인과 옷을 더 잘 생산할 수 있다 하더라도 잉글랜드는 여전히 옷과 와인을 모두 생산할 수 있다. 그러나 잉글랜드는 옷을 생산하는 것보다 와인을 생산하는 것이 상대적으로 더 어렵다. 그것은 잉글랜드를 방문해본 사람이라면 알겠지만, 잉글랜드에는 좋은 포도를 생산하는 데 필요한 지속적인 일조량이 부족하기 때문이다! 이러한 가정에 근거하여 리카도는 잉글랜드가 옷을 생산하는 데 비교우위가 있어서 포르투갈에 옷을 수출하게 되는 반면, 포르투갈은 와인을 생산하는 데 비교우위가 있어서 잉글랜드에 와인을 수출하게 된다고 주장하였다.

이러한 예로부터, 한 국가가 어떤 재화를 다른 재화를 생산하는 것에 비하여 가장 잘 생산할 수 있을 때 그 국가는 그 재화를 생산하는 데 비교우위를 갖고 있음을 알 수 있다. 즉 포르투갈이 잉글랜드보다 두 재화를 모두 더 잘 생산하지만, 포르투갈은 옷보다 와인을 더 잘 생산하며 잉글랜드는 와인보다 옷을 더 잘 생산한다. 이것은 이 장 초반부의 리카도 인용구에 담긴 아이디어이다 — 잉글랜드는 옷에 비교우위가 있으므로 포르투갈은 잉글랜드로부터 옷을 수입하는 것이 유리하다. 스노우보드의 예에서, 우리는 많은 제품을 생산하는 데 있어서 중국이 독일이나 미국에 비해 불리하지만 여전히 다른 재화를 생산하는 것보다는 스노우보드를 생산하는 것이 더 낫기 때문에 중국이 미국으로 스노우보드를 수출할 수 있으리라는 것을 예상할 수 있다.

보조 자료

데이비드 리카도와 중상주의

데이비드 리카도(1772~1823)는 위대한 고전 경제학자 중 한 명으로, 이 책에서 우리가 공부하는 첫 번째 모형은 그의 이름을 따서 지은 것이다. 리카도가 책을 집필하던 시대에는 중상주의로 알려진 경제학파가 있었다. 중상주의자들은 수출(타국에 재화를 파는 것)이 국고에 금과 은을 가져다주기 때문에 수출은 좋은 것이고, 수입은 국고에서 금과 은을 빼내기 때문에 나쁜 것이라고 믿었다. 한 국가가 많이 수출하고 적게 수입하는 것을 보장하도록 하기 위해 중상주의자들은 높은 관세(재화가 수입될 때 국경에서 부과하는 세금)에 호의적이었다. 중상주의학파는 리카도가 책을 쓴 지 얼마 지나지 않아 신뢰를 잃었으나, 이 오래된 아이디어의 몇 가지는 여전히 지지받고 있다. 예를 들면, 미국은 때로 다른 국가들은 자신들의 기업으로부터 더 많이 사야 한다고 주장하고 때로 다른 국가들로부터 수입을 제한한다. 이러한 아이디어의 지지자들을 '중상주의자'라고 부른다.

리카도는 국가들이 관세를 이용하지 않고 또 수출을 수입보다 더 많게 요구하지 않고도 국제무역으로부터 이득을 얻을 수 있다는 것을 보이는 데 관심이 있었다. 그는 중상주의자들이 국가를 위해 최선이라고 생각했던 것과 극명하게 대조되는 사례를 고려하였다. 무역에 대한 글에서, 리카도는 수출액과 수입액이 같고(무역수지균형이라고 하는 상황) 국가들은 국경 간 재화의 흐름을 제한할 관세, 혹은 다른 제약이 없는 자유무역에 참여한다고 가정하였다. 이러한 가정하에 국제무역은 모든 국가에 이득이 될 수 있을 것인가? 리카도는 그것이 가능하다는 것을 보였다. 모든 국가들은 비교우위가 있는 재화를 수출함으로써 무역으로부터 이익을 얻는다.

리카도의 아이디어는 매우 중요해서 그것이 어떻게 그리고 왜 가능한지 설명하는 데 시간이 걸릴 것이다. 유엔, 세계은행, 세계무역기구와 같은 오늘날 세계의 많은 주요 국제기구들은 국가 간 자유무역이 모든 무역상대국들에게 이익을 가져다준다는 생각에 적어도 부분적으로 근거하고 있다고 해도 과언이 아니다. 이러한 아이디어는 데이비드 리카도(그리고 18세기의 위대한 고전학파 경제학자인 애덤 스미스)의 글에서 비롯되었다.

데이비드 리카도

비교우위의 개념을 설명하고 비교우위가 무역 패턴을 설명하는 데 왜 유용한지 설명하려면 이 장의 대부분을 할애해야 할 것이다. 이 장 도입부에서 인용된 노벨경제학상 수상자인 폴 사뮤엘슨의 글에서도 말해 주듯이 비교우위의 개념은 그리 명확하지 않으며 비교우위에 통달한 학생들은 국제무역을 학습하는 데 많은 진전이 있을 것이다.

2 리카도 모형

리카도 무역 모형을 전개하는 데 있어서 우리는 리카도가 사용한 것과 유사한 예를 살펴보게 될 것이다. 그러나 와인과 옷감 대신에 밀과 옷감의 예를 사용한다. 여러 종류의 옷감은 미국과 유럽에 수입되지만 밀과 다른 곡물들(보리, 쌀 등을 포함)은 미국과 유럽의 주요 수출품목이다. 우리의 예에서 자국은 결국 이러한 무역 패턴, 즉 밀을 수출하고 옷감을 수입하는 패턴을 보이게 될 것이다.

자국

우리가 든 예를 단순화시키기 위해 토지와 자본의 역할을 고려하지 말고 두 재화 모두 노동 한 가지로만 생산된다고 가정하자. 자국에서는 근로자 한 사람이 밀 4부셸 혹은 옷감 2야드를 생산할 수 있다. 이것은 각 재화의 **노동의 한계생산**(MPL : marginal product of labor)으로 표시될 수 있다. 미시경제학에서 노동의 한계생산은 노동 한 단위를 더 사용할 때 증가되는 생산량으로 배운 것을 기억해보자.[2] 자국에서는 근로자 한 사람이 밀 4부셸을 생산하므로 $MPL_W = 4$이다. 또 근로자 한 사람은 옷감 2야드를 생산할 수 있으므로 $MPL_C = 2$이다.

국내생산가능곡선   밀과 옷감 생산에 관한 한계생산을 활용하여 국내의 **생산가능곡선**(PPF : production possibilities frontier)을 그릴 수 있다. 국내에는 $\overline{L} = 25$의 근로자들이 있다고 가정해보자(L 위의 막대선은 자국의 노동량은 일정하다는 가정을 의미한다). 만약 모든 노동자가 밀을 생산하는 데 고용된다면 $Q_W = MPL_W \cdot \overline{L} = 4 \cdot 25 = 100$부셸을 생산할 수 있다. 또는 노동자들이 전부 옷감 생산에 고용된다면 그들은 $Q_C = MPL_C \cdot \overline{L} = 2 \cdot 25 = 50$야드를 생산할 수 있다. 생산가능곡선은 그림 2-1에 나와 있는 것처럼 코너에 있는 이 두 점을 이은 직선이 된다. 리카도 모형의 독특한 특성이라고 할 수 있는 이 직선 PPF는 노동의 한계생산이 일정

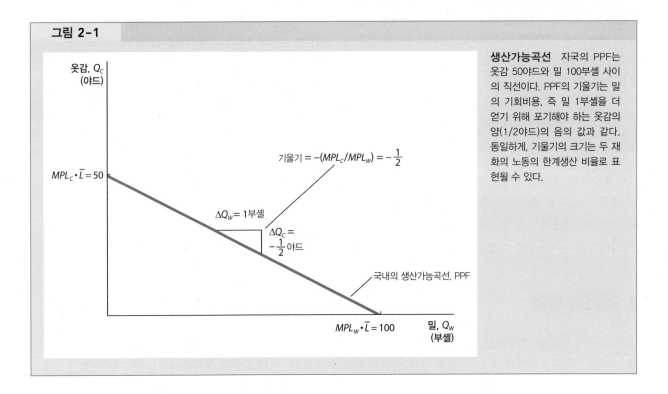

그림 2-1

생산가능곡선   자국의 PPF는 옷감 50야드와 밀 100부셸 사이의 직선이다. PPF의 기울기는 밀의 기회비용, 즉 밀 1부셸을 더 얻기 위해 포기해야 하는 옷감의 양(1/2야드)의 음의 값과 같다. 동일하게, 기울기의 크기는 두 재화의 노동의 한계생산 비율로 표현될 수 있다.

옷감, Q_C (야드)

$MPL_C \cdot \overline{L} = 50$

기울기 $= -(MPL_C/MPL_W) = -\dfrac{1}{2}$

$\Delta Q_W = 1$부셸

$\Delta Q_C = -\dfrac{1}{2}$야드

국내의 생산가능곡선, PPF

$MPL_W \cdot \overline{L} = 100$ 밀, Q_W (부셸)

---

2 리카도 모형의 특별한 가정은 노동의 수확체감이 발생하지 않기 때문에 노동의 한계생산이 일정하다는 것이다. 이러한 가정은 다음 장에서는 노동, 자본, 토지가 생산요소가 되므로 더 이상 성립하지 않는다.

하다는 가정에서 나온 것이다. 즉 얼마나 많은 밀과 옷감이 이미 생산되었느냐와 상관없이 노동 한 시간 추가는 밀 4부셸 혹은 옷감 2야드를 증가시킨다. 리카도 모형에서는 토지와 자본을 고려하지 않기 때문에 수확체감이 성립하지 않는다.

이러한 특성 하에, 그림 2-1의 PPF의 기울기는 각 코너에 위치하고 있는 밀 생산량 대비 옷감 생산량의 비율로 다음과 같이 계산될 수 있다.

$$\text{PPF의 기울기} = \frac{50}{100} = -\frac{MPL_C \cdot \overline{L}}{MPL_W \cdot \overline{L}} = -\frac{MPL_C}{MPL_W} = -\frac{1}{2}$$

음의 부호를 생략하면, 위의 기울기는 두 재화의 한계생산의 비율이 된다. 이 기울기는 곧 밀의 **기회비용**(opportunity cost)으로서 밀 한 단위를 얻기 위해 포기해야 하는 옷감의 양이다.[3] 이해를 위해 Q_W가 1부셸만큼 증가한다고 가정하자. 밀 4부셸을 생산하는 데는 노동 1단위가 필요하므로 Q_W 1부셸의 증가는 1/4 노동시간이 옷감 산업에서 나와서 밀 산업으로 옮겨와야 한다는 것을 의미한다. 이러한 노동의 이동은 옷감 생산을 1/2야드만큼 감소시키는데, 옷감 1/2야드는 노동 1/4단위가 생산할 수 있는 옷감의 양이다. 따라서 옷감의 양은 밀 1부셸을 더 얻기 위한 기회비용이며 이것은 PPF의 기울기로 표시된다.

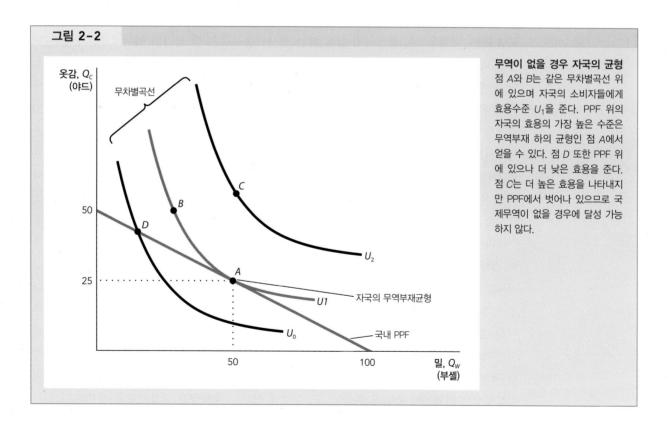

그림 2-2

옷감, Q_C (야드)

무차별곡선

C

50

B

D

U_2

25 ⋯⋯⋯⋯⋯⋯⋯⋯ A

$U1$ ─── 자국의 무역부재균형

U_0

국내 PPF

50　　　　100　　밀, Q_W (부셸)

무역이 없을 경우 자국의 균형
점 A와 B는 같은 무차별곡선 위에 있으며 자국의 소비자들에게 효용수준 U_1을 준다. PPF 위의 자국의 효용의 가장 높은 수준은 무역부재 하의 균형인 점 A에서 얻을 수 있다. 점 D 또한 PPF 위에 있으나 더 낮은 효용을 준다. 점 C는 더 높은 효용을 나타내지만 PPF에서 벗어나 있으므로 국제무역이 없을 경우에 달성 가능하지 않다.

---

3 PPF의 기울기는 횡축에 놓인 재화─이 경우 밀─의 기회비용을 나타낸다.

국내의 무차별곡선 이 생산가능곡선으로 자국은 실제로 얼마만큼의 밀과 옷감의 조합을 생산할까? 이에 대한 대답은 자국의 두 재화 각각에 대한 수요에 달려 있다. 국내경제의 수요를 나타내는 방식은 여러 가지가 있으나 우리는 **무차별곡선**(Indifference Curve)을 사용하도록 하자. 각 무차별곡선은 밀과 옷감과 같이, 사람이나 경제가 소비할 수 있고 똑같이 만족할 수 있는 두 재화의 조합을 보여준다.

그림 2-2에서 소비자는 예를 들어 U_1 위에서 점 A와 B 사이에서 무차별하다. 이 두 점은 모두 주어진 만족, 혹은 **효용**(utility)과 관련된 무차별 곡선 U_1 위에 있다. 점 C는 더 높은 수준의 무차별곡선인 U_2 위에 놓여 있는데 이것은 더 높은 수준의 효용을 가져다줌을 알려준다. 반면, 점 D는 더 낮은 무차별곡선인 U_0 위에 놓여 있는데 이것은 효용수준이 더 낮다는 것을 뜻한다. 개별 소비자가 다양한 소비점으로부터 얻을 수 있는 효용을 반영하는 데는 무차별곡선을 사용하는 것이 일반적이다. 그러나 그림 2-2에서 우리는 한 단계 더 나아가 이러한 발상을 국가 전체에 적용해보기로 한다. 즉 그림 2-2의 무차별곡선은 한 국가 전체의 선호도를 보여주고 있다. U_0 위의 밀과 옷감의 조합은 한 국가의 소비자들에게 무차별곡선 U_1의 조합보다 낮은 수준의 효용을 가져다주며, 다시 U_1은 U_2의 밀과 옷감의 조합보다 낮은 수준의 효용을 가져다준다.

국내 균형 국제무역이 발생하지 않을 때는 생산가능곡선은 한 국가의 예산제약선과 같은 역할을 하며, 완전경쟁시장에서 생산은 PPF에서 부과한 제약조건하에 가장 높은 효용을 달성할 수 있는 점에서 일어난다. 그림 2-2에서 가장 효용이 높은 점은 점 A인데 이 점에서 자국은 25야드의 옷감과 50부셸의 밀을 소비한다. 점 A의 재화 묶음은 PPF의 제약 하에 자국이 달성할 수 있는 가장 높은 수준의 효용(무차별곡선 U_1)을 가져다준다. 국내생산이 D와 같은 점에서도 발생할 수 있지만 이 점은 A보다 효용수준이 낮다(U_0가 U_1보다 효용이 낮기 때문에 D는 효용수준이 더 낮다)는 것에 주목하기 바란다. C와 같은 다른 소비점들은 점 A보다 더 높은 효용을 주지만 자국의 PPF 밖에 위치하고 있기 때문에 국제무역이 없는 상태에서는 달성할 수 없다.

우리는 점 A를 국내의 '무역부재' 혹은 '무역이전' 균형점으로 부르기로 한다.[4] 이 단어들이 정말로 의미하는 것은 '**국제무역의 부재**'이다. 자국은 국내기업들이 밀과 옷감을 생산하고 이 재화들을 국내 소비자들에게 팔게 함으로써 A점에 도달할 수 있다. 여기서 밀과 옷감 산업 모두 많은 기업이 존재하여 기업들은 완전경쟁 하에 있으며 밀과 옷감의 시장 가격을 주어진 것으로 받아들인다고 가정한다. 완전경쟁시장에서 소비자 후생이 극대화된다는 아이디어 — 가장 높은 효용수준인 A점에서 묘사하고 있듯이 — 는 애덤 스미스(1723~1790)가 저명한 저서 **국부론**에서 언급했던 '보이지 않는 손'의 예라고 할 수 있다. 보이지 않는 손과 같이 경쟁시장은 기업들이 소비자 후생이 최고수준에 이르는 재화량을 생산하도록 이끈다.

---

4 우리는 점 A를 '자급자족경제'라고도 한다. 그것은 '자급자족'이 그 국가가 국제무역을 하지 않는 상황을 의미하기 때문이다.

기회비용과 가격 PPF의 기울기가 밀 한 단위를 더 생산하는 데 드는 기회비용을 반영하지만 동시에 가격은 재화의 기회비용을 반영한다는 경제학 원리에 따라 완전경쟁 하에서 밀의 기회비용은 밀의 상대가격과도 같다. 우리는 점 A에서 밀의 기회비용과 상대가격의 균등성이 성립하는지를 확인할 수 있다.

임금 먼저 임금이 어떻게 결정되는지를 살펴보고 간접적인 방식을 사용하여 밀과 옷감의 가격을 풀어보자. 경쟁적인 노동시장에서 기업들은 노동 한 시간 추가에 따른 비용이 생산의 한 시간 추가에 따른 가치와 같아질 때까지 노동을 고용한다. 결국 노동 한 시간 추가에 따른 가치는 그 시간 동안 생산된 재화의 양(노동의 한계생산)과 그 재화의 가격(밀의 가격은 P_W, 옷감의 가격은 P_C)의 곱과 같다. 즉 밀 산업에서 노동은 임금이 $P_W \cdot MPL_W$와 같아지는 점까지 고용되고 옷감 산업에서 노동은 임금이 $P_C \cdot MPL_C$와 같아질 때까지 고용된다.

만약 노동이 두 산업에서 완전히 자유롭게 이동할 수 있어서 임금이 가장 높은 산업에서 일할 수 있는 선택을 할 수 있다고 가정하면 두 산업 간 임금은 같아질 것이다. 만약 두 산업의 임금이 같지 않다면 임금이 더 낮은 산업의 노동자들은 임금이 더 높은 산업으로 이동할 유인이 생기게 된다. 이로 인해서 임금이 높은 산업은 노동자가 많아지고 임금이 내려가게 되고 임금이 낮은 산업에서는 노동자 수가 적어지고 임금은 상승하게 된다. 이러한 노동의 이동은 두 산업의 임금이 같아질 때까지 계속된다.

다음 식을 얻기 위해 우리는 두 산업 간 임금의 균등성을 사용할 수 있다.

$$P_W \cdot MPL_W = P_C \cdot MPL_C$$

식을 재배치하면 다음과 같이 됨을 알 수 있다.

$$P_W/P_C = MPL_C/MPL_W$$

이 식의 우변은 생산가능곡선의 기울기(밀 한 부셸을 더 얻기 위한 기회비용)이고 좌변은 다음 문단에서 설명할 밀의 **상대가격**(relative price)이다. 이 식은 점 A의 무역부재균형 상태에서 밀의 상대가격(좌변)과 밀의 기회비용(우변)이 같아야 함을 알려주고 있다.

왜 밀의 상대가격을 P_W/P_C로 측정하는지 이해하기 위해 밀 한 부셸의 가격이 3달러이고 옷감 한 야드의 가격이 6달러라고 가정해보자. 이 경우 $3/$6 = 1/2로서 밀의 상대가격은 1/2이다. 즉 밀 한 부셸(가격이 3달러인)을 더 얻기 위해 옷감 1/2야드(또는 6달러의 절반)를 포기해야 함을 알 수 있다. P_W/P_C와 같은 상대가격은 항상 포기해야 하는 분모에 해당하는 재화(옷감)의 양을 가지고 분자에 해당하는 재화(이 경우 밀)의 상대가격을 측정한다. 그림 2-2에서 PPF의 기울기는 **횡축**에 놓인 재화인 밀의 상대가격과 같다.

외국

이제 다른 국가인 외국을 모형에 포함시키자. 외국의 기술은 자국보다 열등해서 자국에 비해 밀과 옷감 모두 생산하는 데 있어서 **절대열위**에 있다고 가정해보자. 그러나 일단 무역을 도입하면 외국과 자국은 무역을 함을 발견하게 될 것이다.

외국의 생산가능곡선 국내에서는 노동 한 단위가 밀 4부셸 혹은 옷감 2야드를 생산하지만 외국에서는 노동 한 단위가 밀 1부셸($MPL^*_w = 1$) 혹은 옷감 1야드($MPL^*_c = 1$)를 생산할 수 있다고 가정하자. 외국에는 가용한 노동량이 $\overline{L}^* = 100$이다. 만약 모든 노동자가 밀 산업에 종사한다면 $MPL^*_w \cdot \overline{L}^* = 100$부셸을 생산할 수 있고 모두 옷감 산업에 종사한다면 $MPL^*_c \cdot \overline{L}^* = 100$야드를 생산할 수 있다. 외국의 생산가능곡선(PPF)은 따라서 그림 2-3에 나타나 있듯이, 이 두 점을 지나는 기울기가 −1인 직선이다.

우리 예에서 자국을 미국이나 유럽, 외국을 '그 밖의 국가들'로 생각하면 도움이 될 것이다. 실증분석 증거는 미국과 유럽이 많은 재화에서 앞선 기술을 보유하고 있고 밀과 옷감 생산에서 절대우위를 갖고 있음을 뒷받침해준다. 그럼에도 불구하고, 이 국가들은 많은 옷감과 섬유들을 해외, 특히 아시아와 라틴아메리카에서 수입한다. 미국과 유럽은 자국이 더 우월한 기술을 갖고 있는데도 이러한 재화들을 수입하는 이유는 무엇일까? 우리는 이 질문에 답하기 위해 두 재화를 생산하는 데 있어서 자국과 외국의 비교우위에 초점을 맞추었으면 한다.

비교우위 외국에서는 1부셸의 밀, 혹은 1야드의 옷감을 생산하는 데 노동자 한 명이 필요하다. 그러므로 옷감 1야드를 생산하는 데 드는 기회비용은 밀 1부셸과 같다. 자국에서는 노동자 한 명이 옷감 2야드, 혹은 밀 4부셸을 생산한다. 따라서 자국의 밀 1부셸의 기회비용은 옷

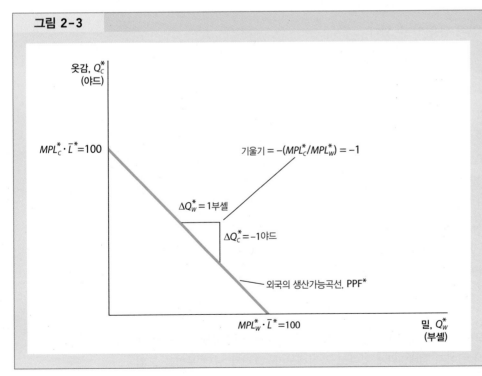

그림 2-3

외국의 생산가능곡선 외국의 PPF는 옷감 100야드와 밀 100부셸 사이의 직선이다. PPF의 기울기는 밀의 기회비용, 즉 밀 1부셸을 더 얻기 위해 포기해야 하는 옷감의 양(1야드)의 음의 값이다.

옷감, Q^*_C (야드)

$MPL^*_C \cdot \overline{L}^* = 100$

기울기 $= -(MPL^*_C / MPL^*_W) = -1$

$\Delta Q^*_W = 1$부셸

$\Delta Q^*_C = -1$야드

외국의 생산가능곡선, PPF*

$MPL^*_W \cdot \overline{L}^* = 100$

밀, Q^*_W (부셸)

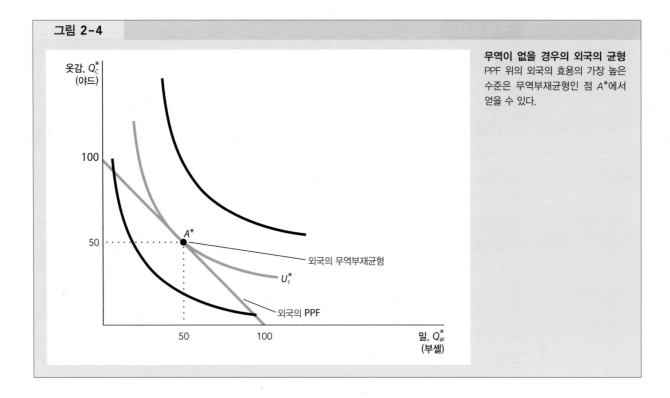

그림 2-4

무역이 없을 경우의 외국의 균형
PPF 위의 외국의 효용의 가장 높은
수준은 무역부재균형인 점 A^*에서
얻을 수 있다.

옷감, Q_C^*
(야드)

100

50

A^*

외국의 무역부재균형

U_1^*

외국의 PPF

50   100   밀, Q_W^*
(부셸)

감 1/2야드이고, 옷감 1야드의 기회비용은 밀 2부셸이다. 이러한 비교에 근거하여, 외국은
옷의 기회비용(밀 1부셸)이 자국의 옷의 기회비용(밀 2부셸)보다 낮기 때문에 외국이 옷을 생
산하는 데 비교우위가 있다고 할 수 있다. 역으로, 자국은 밀의 기회비용(옷감 1/2야드)이 외
국의 밀의 기회비용(옷감 1야드)보다 낮기 때문에 밀을 생산하는 데 비교우위가 있다. 일반적으
로, 한 국가는 어떤 재화를 생산하는 기회비용이 다른 국가보다 낮을 때 그 재화에 비교우위
를 갖고 있다고 한다. 외국은 두 재화 모두 절대열위를 갖고 있으나 옷감에 있어서는 비교우
위를 가지고 있음을 주목하기 바란다.

　앞에서처럼, 외국의 밀과 옷감에 대한 선호를 그림 2-4에서 보여주는 것처럼 무차별곡선
으로 표시할 수 있다. 경쟁시장에서 생산은 점 A^*, 즉 외국의 무역부재 하에서 가장 높은 효
용수준에서 일어날 것이다. 밀의 기회비용과 같은 PPF의 기울기는 또한 밀의 상대가격과 같
다.[5] 따라서 그림 2-4에서 외국의 무역부재 상태 하의 밀의 상대가격은 $P_W^*/P_C^* = 1$이다. 이
상대각격은 자국의 무역부재 상태 하의 밀의 상대가격인 $P_W/P_C = 1/2$보다 크다. 이러한 상대
가격의 차이는 자국이 밀의 생산에 있어서 가지고 있는 비교우위를 반영하는 것이다.[6]

5　그림 2-4에서 PPF의 기울기(음의 부호를 고려하지 않으면)는 횡축의 재화인 밀의 상대가격과 같다는 것을 상기
　하라. 외국은 그림 2-2에서와 같이 자국보다 PPF의 기울기가 가파르기 때문에 외국의 밀의 상대가격은 자국보
　다 높다고 할 수 있다. 밀의 상대가격의 역수는 옷의 상대가격인데 이 경우는 외국이 자국보다 더 낮게 된다.

6　각국 밀의 상대가격의 역을 취하면 외국의 무역부재 하의 옷감의 상대가격은 $P_C^*/P_W^* = 1$이며, 이 가격은 자국
　의 무역부재 하의 옷감의 상대가격인 $P_C/P_W = 2$보다 작은 것이다. 따라서 외국은 옷감에 비교우위가 있다고 할
　수 있다.

의류, 섬유, 밀에 있어서 비교우위

미국의 섬유와 의류산업은 특히 아시아와 라틴아메리카로부터 치열한 수입경쟁에 직면해 있다. 미국의 이 산업의 고용은 1990년 170만 명에서 2011년에는 30만 명으로 80% 이상 감소했다. 이러한 수입경쟁의 예는 미국의 직물제조사인 버링턴 산업에서 찾아볼 수 있다. 버링턴 산업은 1999년 1월 아시아에서의 수입 증가로 인해 자사의 생산능력을 25% 감축하겠다고 발표하였다. 버링턴은 7개의 공장을 닫고 국내 인력의 17%가량인 2,900명의 인력을 해고하였다. 대량해고 이후에 버링턴 산업은 미국에서 17,400명을 고용하였다. 이러한 고용 감소에도 불구하고 섬유와 의류산업은 몇몇 도시에서는 여전히 중요한 산업으로 남아있다. 로스앤젤레스에는 2010년 의류산업에 2,500개의 사업체가 있으며 뉴욕에는 800개가 존재한다.

표 2-2에 나와 있듯이, 2010년 모든 미국 의류 생산자가 고용한 노동 1인당 평균 매출액은 56,000달러였다. 직물과 의류의 원자재를 생산하는 섬유산업은 의류보다 더 생산적이어서, 미국에서 노동 1인당 1년 매출액은 165,000달러였다. 이에 비해 중국의 노동 1인은 의류산업에서 연간 23,000달러, 섬유산업에서 27,000달러 매출을 달성한다. 따라서 미국의 노동자는 중국의 노동자의 의류 매출액의 $56,000/$23,000 = 2.4배를 생산하며 섬유 매출액의 $165,000/$27,000 = 6.1배를 생산한다. 이 비율은 표 2-2의 '절대우위'로 표시된 열에 나와 있다. 그것은 미국 노동자가 이 산업들에서 중국 노동자들에 비해 얼마나 더 생산적인지를 보여준다. 미국은 두 산업 모두에서 분명히 절대우위를 갖고 있다. 그렇다면 미국은 어째서

표 2-2

미국과 중국의 의류, 섬유, 밀 이 표는 밀을 생산하는 데 있어서 노동당 부셸뿐 아니라 미국과 중국의 의류와 섬유의 노동 한 단위당 매출액을 보여주고 있다. 미국은 모든 상품에서 절대우위(표의 오른쪽 열의 숫자에 나타나 있는 것처럼)를 갖고 있으나, 밀을 생산하는 데 비교우위(표의 하단 행의 숫자에 나타난 것처럼)를 갖고 있다.

	미국	중국	절대우위
	매출액/노동	매출액/노동	미국/중국 비율
의류	$56,000	$23,000	2.4
섬유	$165,000	$27,000	6.1
	부셸/노동	부셸/노동	미국/중국 비율
밀	12,260	300	41
	비교우위		
밀/의류 비율	0.22	0.01	
밀/섬유 비율	0.07	0.01	

주 : 2010년 데이터

출처 : 미국의 의복과 섬유 데이터는 미국 노동통계국, 미국의 밀 데이터는 USDA 밀 연감 2010에서 추출함. 모든 중국 데이터는 중국통계연감 2010에서 추출함

중국을 포함한 아시아에서 그토록 많은 양의 섬유와 의류를 수입하는 것일까?

이에 대한 대답은 밀 산업에서 생산성을 비교함으로써 알 수 있다. 미국의 전형적인 밀 농장은 노동 한 단위당 12,000부셸보다 많은 밀을 재배한다. 이에 비해 중국의 밀 농장은 노동 한 단위당 300부셸만을 생산하므로 미국의 밀 농장은 12,260/300 = 41배 더 생산적이라고 할 수 있다! 미국은 섬유, 의류, 밀 산업 모두 확실히 절대우위가 있다.

그러나 중국은 '비교우위' 행에 나와 있듯이 의류와 섬유 산업 모두 비교우위가 있다. 밀의 노동의 한계생산을 의류의 노동의 한계생산으로 나누게 되면 의류의 기회비용을 구할 수 있다. 예를 들어 미국에서 이 비율은 12,260/$56,000 = 0.22부셸/$로서 이것은 의류 1달러를 추가로 얻기 위해 포기해야 하는 밀이 0.22부셸이라는 것을 의미한다. 섬유산업에서 미국의 비율은 12,260/$165,000 = 0.07부셸/$이므로 섬유 1달러를 더 얻기 위해서는 0.07부셸의 밀을 포기해야 한다. 중국은 이러한 비율이 더 낮다. 섬유 혹은 의류 1달러를 더 얻기 위해 300/$23,000 또는 300/$27,000≈0.01부셸의 밀만 포기하면 된다. 결과적으로 중국은 섬유와 의류 모두 미국보다 기회비용이 낮은데 그것은 리카도 모형에서 예측하듯이 미국은 밀을 수출하고 중국은 섬유와 의류를 수출하는 이유를 설명해준다. ■

3 국제무역 패턴의 결정요인

지금까지는 무역부재 상황 하에서 각국에 대해 검토해보았다. 이제는 그 국가들이 무역을 할 때 상황을 분석하기로 한다. 한 국가의 무역부재 하의 상대가격은 그 국가가 어떤 재화를 수출할 것인지 또 무엇을 수입할 것인지를 결정한다는 것을 알게 될 것이다. 먼저, 각국의 무역부재 하의 상대가격은 그 재화를 생산하는 데 따른 기회비용과 같다. 따라서 수출과 수입의 패턴은 각 나라의 생산의 기회비용, 혹은 각국의 비교우위의 패턴에 의해 결정된다. 이 절에서는 이러한 경우가 왜 생기는지를 알아보고 얼마나 많이 생산·소비하고 교역할지에 대한 각국의 선택에 대해 자세히 알아본다.

국제무역균형

국가 간 무역부재 하의 가격의 차이는 그들 간 국제무역의 기회를 만들어낸다. 특히 옷감의 상대가격이 $P_C^*/P_W^* = 1$인 외국의 옷감 생산자는 상대가격이 $P_C/P_W = 2$로 더 높은 자국에 옷감을 수출하기를 원할 것이다. 반면, 밀의 상대가격이 $P_W/P_C = 1/2$인 자국의 밀 생산자는 상대가격이 $P_W^*/P_C^* = 1$로 더 높은 외국에 밀을 수출하기를 원하게 된다. 이 경우 **자국은 밀을 수출하고 외국은 옷감을 수출하는** 무역 패턴이 발생할 것을 예상할 수 있다. 두 국가 모두 비교우위가 있는 재화를 수출하게 되고 이것은 리카도 모형이 예측하는 것이라는 사실에 주목하기 바란다.

이러한 무역 패턴에 대한 이해를 강화하기 위해 두 국가가 국제무역 하에서 PPF의 어느 점에서 생산하고 소비하는지 더 주의 깊게 설명해보자. 자국이 밀을 수출하고 자국에서 판매하는 밀의 양이 줄어들수록 이러한 상황으로 인해 자국의 밀 가격은 올라가게 된다. 수출된 밀이 외국의 밀 시장에서 판매되면 그곳에서 더 많은 밀이 판매되고, 외국 시장의 밀 가격은 떨어지게 된다. 이와 같이, 외국이 옷감을 수출하게 되면 외국의 옷감 가격은 올라가게 되고 자국의 옷감 가격은 떨어지게 된다. 두 국가의 밀의 상대가격이 같아지게 되면 그것은 옷감의 상대가격도 같다는 것을 의미하고 이때 두 국가는 **국제무역균형**(international trade equilibrium), 혹은 줄여서 **무역균형** 상태에 있다고 한다.[7]

국제무역균형을 온전히 이해하기 위해 두 가지 이슈에 대해 관심을 가져보자. (1) 무역균형 상태에서 밀(혹은 옷감)의 상대가격을 결정하는 것, (2) 무역부재균형에서 무역균형으로의 이동이 자국과 외국 모두에서 생산과 소비에 어떻게 영향을 미치는지 이해하는 것. 첫 번째 이슈를 제기하려면 그래프가 더 필요하므로 이 논의는 잠시 뒤로 미루기로 하고 무역균형 하에 밀의 상대가격은 두 국가의 무역 전 가격 사잇값을 갖는다고 가정하자. 이러한 가정은 이전에 논했듯이 수출가격의 상승과 수입가격의 하락과 일치한다. 자국에서 무역 이전 가격은 $P_W/P_C = 1/2$, 외국은 $P^*_W/P^*_C = 1$이었으므로 밀의 국제상대가격은 이 두 값의 사이인, 예를 들어 2/3라고 하자. 무역 이전 상태로부터 무역균형으로 상대가격이 변할 때 두 국가 각각의 생산과 소비에는 무슨 일이 일어날까?

생산과 소비의 변화 우리가 가정한 밀의 국제상대가격은 자국의 무역 이전 가격보다 높다(2/3 > 1/2)고 가정하자. 무역 이전과 국제상대가격의 관계는 자국의 밀 생산자들이 그들의 밀을 외국에 판매함으로써 밀의 기회비용(1/2)보다 더 많은 수입을 올릴 수 있음을 의미한다. 이러한 이유로 자국은 노동자원을 밀 생산쪽으로 옮기고 무역 이전 상태보다 더 많은 양의 밀을 생산한다(그림 2-5의 점 A). 이러한 직관이 맞는지 확인하기 위해 자국의 각 산업 노동에 이러한 유인이 있는지 살펴보도록 하자.

밀 산업에서 지급된 자국의 임금은 $P_W \cdot MPL_W$이고 옷감 산업에서 지급된 임금은 $P_C \cdot MPL_C$이었음을 상기하자. 무역균형 하에서 밀의 상대가격은 $P_W/P_C = 2/3$, 즉 자국 밀 산업에서 노동의 한계생산은 $MPL_W = 4$이고 자국 옷감 산업에서 노동의 한계생산은 $MPL_C = 2$가 된다. 두 산업에서 임금의 비율을 구하기 위해 이 숫자들을 임금 공식에 대입하면 다음과 같다.

$$\frac{P_W \cdot MPL_W}{P_C \cdot MPL_C} = \left(\frac{2}{3}\right)\left(\frac{4}{2}\right) = \frac{8}{6} > 1,\ \text{따라서}\ P_W \cdot MPL_W > P_C \cdot MPL_C$$

이 식은 밀의 국제상대가격 하에 자국의 밀 산업의 임금($P_W \cdot MPL_W$)은 옷감 산업($P_C \cdot MPL_C$)의 임금보다 크다는 것을 알려준다. 따라서 자국의 모든 노동자들은 밀 산업에서 일하기를 원할 것이므로 옷감은 생산되지 않을 것이다. 그림 2-5의 생산점 B에서처럼, 무역 하에서 자국 경제는 밀 생산에 완전특화할 것이다.[8]

---

7 만약 밀의 상대각격인 P_W/P_C가 두 국가에서 동일하다면 옷의 상대가격, 즉 그것의 역인 P_C/P_W 역시 동일하다.
8 완전특화경제(밀만을 생산하는)는 직선의 생산가능곡선 때문에 리카도 모형의 특별한 형태라고 할 수 있다.

그림 2-5

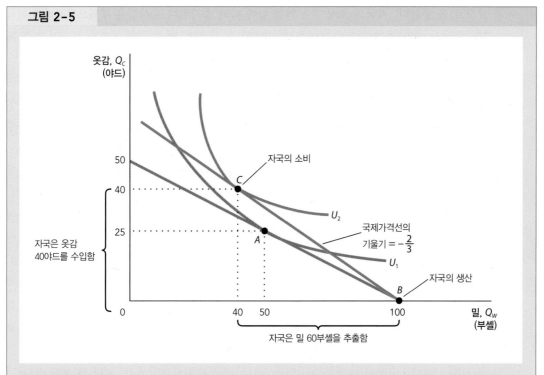

무역 하의 자국의 균형 밀의 국제상대가격이 2/3일 때 자국의 생산은 점 *B*에서 발생할 것이다. 국제무역을 통해, 자국은 그것이 생산하는 각 부셸의 밀을 옷감 2/3로 교환하여 수출할 수 있다. 밀이 수출될 때 자국은 국제가격선인 *BC*를 따라 올라간다. *U*₂가 세계가격선 위에서 가능한 가장 높은 수준의 효용곡선이므로 자국의 소비는 무차별곡선 *U*₂와 접하는 교점인 *C*점에서 일어난다. 이러한 생산 및 소비 수준 하에, 총수출은 40야드의 옷감 수입에 대한 60부셸의 밀이라는 것을 알 수 있으며, 자국은 무역 이전 수준에 비해 밀은 10부셸 더 적게, 옷감은 15야드 더 많이 소비한다는 것을 알 수 있다.

국제무역 생산점 *B*에서 출발해서 자국은 밀을 상대가격 2/3에서 수출할 수 있다. 이것은 외국에 수출되는 밀 1부셸의 대가로 자국은 2/3야드의 옷감을 받는다는 것을 의미한다. 그림 2-5의 점 *B*에서 출발하여 1부셸의 밀을 2/3야드의 옷감과 바꾸고 또 다른 밀 1부셸을 옷감 2/3와 바꾸는 식으로 국제무역의 궤적을 그릴 수 있다. 이것은 점 *B*에서 시작하여 점 *C*까지 기울기가 −2/3인 직선으로 그릴 수 있다. 우리는 *BC*와 같이 점 *B*(생산점)에서 출발하고 기울기가 밀의 국제상대가격과 같은 직선을 **국제가격선**(world price line)이라고 부른다. 국제가격선은 한 국가가 한 재화(자국의 경우 밀)에 특화하고 국제무역에 참여(밀을 수출하고 옷감을 수입)함으로써 달성할 수 있는 소비가능 범위를 보여준다. 우리는 국제가격선을 국제무역 하의 새로운 국가 예산선으로 생각할 수 있다.

이 예산선(직선 *BC*)이 자국의 원래 PPF 위에 있다는 데 주목하자. 국제무역에 참여할 수 있는 능력은 자국이 무역이 없을 경우 소비점이 PPF 위에 놓여야 하는 상황에서는 가능하지 않았던 소비의 가능성을 만들어낸다. 자국이 국제가격선의 어떤 점에서든 소비할 수 있을 때, 가격선이 가장 높은 무차별곡선과 접하는, 즉 효용이 *U*₂인 *C*점에서 효용은 최댓값을 갖는다. 자국은 국제무역 부재 하에서보다 국제무역 하에서 더 높은 효용(*U*₂가 *U*₁보다 더 높으므로)을 얻는다. 자국의 효용이 무역을 함에 따라 증가한다는 사실은 **무역으로부터의 이득** (gains from trade)을 처음으로 보여준 것이라 할 수 있으며, 이것은 한 국가가 무역이 없을 때 보다 자유무역이 존재할 때 국민에게 더 높은 효용을 가져다줄 능력이 있음을 의미한다.

무역 패턴과 무역으로부터의 이득 생산점 B와 소비점 C를 비교할 때 자국은 $100-40=60$부셸의 밀을 수출하는 대신 이에 대한 교환으로 외국으로부터 40야드의 옷감을 수입함을 알 수 있다. 만약 밀의 가격을 국제가격인 2/3로 평가한다면 수출된 밀의 가격은 옷감 $2/3 \cdot 60 = 40$야드이며 수입된 옷감의 가격 또한 옷감 40야드이다. 자국의 수출은 수입과 같기 때문에 이러한 값은 자국의 무역이 균형 상태에 있다는 것을 알려준다.

무역이 발생할 때 외국에서는 어떤 일이 일어날까? 외국의 생산과 소비점은 그림 2-6에 나와 있다. 밀의 국제상대가격(2/3)은 외국의 무역 이전의 상대가격인 1보다 작다. 이러한 상대가격의 차이로 노동자들은 밀 산업에서 떠나 옷감 산업으로 옮겨가게 된다. 외국은 점 B^*에서 옷감에 특화하고 그 점으로부터 기울기가 (음수인) 2/3로써 밀의 상대가격인 국제가격선을 따라 무역을 한다. 즉 외국은 옷감 2/3야드를 밀 1부셸과 교환하고, 또 옷감 2/3야드를 밀 1부셸과 교환하는 과정을 반복적으로 하여 국제가격선 B^*C^*를 따라 이동한다. 외국의 효용을 극대화시켜주는 소비점은 C^*로서 이 점에서는 각 재화가 60단위 소비되고 효용수준은 U_2^*이다. 외국의 효용은 국제무역이 없을 때(U_2^*가 무차별곡선에서 U_1^*보다 더 높다)보다 더 높으며 이것은 자국도 마찬가지이다. 따라서 두 국가 모두 무역으로부터 이득을 얻는다.

외국은 B^*에서 옷감 100야드를 생산한다. 외국은 60야드를 국내에서 소비하고 $100-60=40$야드의 옷감을 수출하여 이를 자국으로부터 수입된 밀 60부셸과 교환한다. 이러한 무역 패턴은 자국의 경우와 완전히 반대되는 것이다. 두 국가만 존재하는 세계에서는 한 국가를 떠난 모든 것은 다른 국가에 도착해야 한다. 자국은 밀을 수출하며 밀에 비교우위가 있다.(밀 생산의 기회비용은 외국에서는 옷감 1야드인 데 비해 자국은 옷감 1/2야드이다.) 또한 외국은 옷감을 수출하며 옷감에 비교우위가 있다.(자국에서 옷감의 기회비용이 밀 2부셸인 데 비해 외국은 옷감의 기회비용이 1부셸이다.) 이러한 결과로 무역 패턴이 비교우위에 의해 결정된다는 리카도 모형의 첫 번째 시사점을 확증할 수 있다. 또 두 국가 모두 무역으로부터의 이득이 있다는 사실을 밝혔으며 이것은 리카도 모형의 두 번째 시사점이다.

리카도 모형에서는 종종 이 두 결론으로 두 국가 간의 분석을 중단한다. 그러나 우리는 국가 간 임금 수준을 결정하지 못했기 때문에 이 이야기는 불완전한 것이다. 무역이 있을 때 각 재화의 상대가격은 두 국가의 단독 균형으로 수렴한다는 것을 알고 있었다. 임금 역시 똑같은 일이 일어날까? 다음에서 보여주겠지만 이 경우는 그렇지 않다. 무역 하에서 임금수준은 국가별로 다르고 임금은 **비교우위**가 아닌 **절대우위**에 의해 결정된다. 이것은 리카도 모형의 세 번째 시사점인데 덜 강조되곤 한다. 이에 대해 다음에서 살펴보도록 하자.

국가별 임금 결정 임금이 어떻게 결정되는지 이해하기 위해서는 미시경제학으로 되돌아 가야

그림 2-6

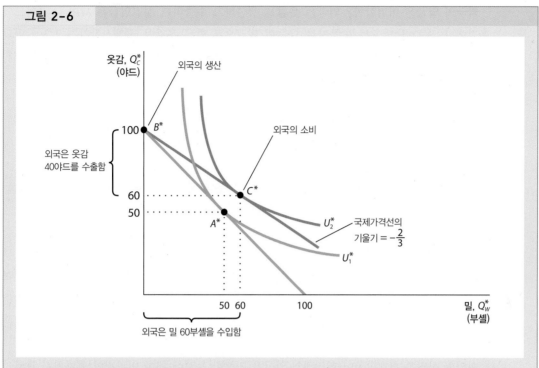

무역 하의 외국의 균형 밀의 국제상대가격이 2/3일 때, 외국의 생산은 점 B^*에서 일어난다. 국제무역을 통해, 외국은 옷감 2/3 야드를 밀 1부셸과 교환하여 수출할 수 있으며 국제가격선인 B^*C^*를 따라 아래로 이동한다. 외국의 소비는 점 C^*에서 일어나며 총수출은 밀 60부셸의 수입에 대한 교환으로 옷감 400야드이다. 무역 이전의 밀과 옷감의 소비에 비해(점 A^*) 외국은 밀을 10부셸 더 소비하고 옷감을 100야드 더 소비한다.

한다. 경쟁적인 노동시장에서 기업은 노동자들에게 그들의 한계생산가치만큼 임금을 지불할 것이다. 자국은 밀을 생산하고 수출하기 때문에 자국 노동자들이 그 재화의 단위로 대가를 받으리라고 생각할 수 있다. 그들의 실질임금은 $MPL_W = 4$부셸의 밀이다. 우리는 임금이 돈이 아닌 노동자들이 소비하는 재화의 단위로 측정되기 때문에 이러한 임금을 실질임금으로 나타낼 수 있다. 노동자들은 그들이 얻은 밀을 국제상대가격 $P_W/P_C = 2/3$에 세계시장에 팔 수 있다. 따라서 옷감의 단위로 표시한 그들의 실질임금은 $(P_W/P_C) \cdot MPL_W = 2/3 \cdot 4 = 8/3$야드이다. 요약하면, 자국의 임금은 다음과 같다.[9]

$$\text{자국의 임금} = \begin{cases} MPL_W = 4\text{부셸의 밀} \\ \text{또는} \\ (P_W/P_C) \cdot MPL_W = 8/3\text{야드의 옷감} \end{cases}$$

---

[9] 국제무역이 없다면, 자국의 임금은 $MPL_W = 4$부셸의 밀이거나 옷감 $MPL_C = 2$야드였음을 상기하라. 자국의 노동자들은 이전과 같은 양의 밀(4부셸)을 살 수 있지만 옷감은 (2야드 대신 8/3야드) 더 살 수 있기 때문에 확실히 무역으로 인해 후생이 높아지게 된다. 이것은 무역으로부터의 이득을 보여주는 또 다른 방식이라고 할 수 있다.

외국의 임금은 어떠할까? 외국은 옷감을 생산하고 수출하며 실질임금은 $MPL_C^* = 1$야드의 옷감이다. 옷감을 만드는 노동자는 그들이 임금으로 받은 옷감을 국제시장가격 2/3에 밀과 교환할 수 있기 때문에 밀로 환산한 실질임금은 $(P_C^*/P_W^*) \cdot MPL_C^* = 3/2 \cdot 1 = 3/2$부셸이다. 따라서 외국의 임금은 다음과 같다.[10]

$$\text{외국의 임금} = \begin{cases} (P_C^*/P_W^*) \cdot MPL_C^* = 3/2\text{부셸의 밀} \\ \text{또는} \\ MPL_C^* = 1\text{야드의 옷감} \end{cases}$$

옷감이나 밀 중 어떤 재화이든 외국의 노동자들은 자국의 노동자들보다 임금을 적게 받는다. 이 사실은 자국이 두 재화를 모두 생산하는 데 절대우위가 있다는 것을 반영한다.

절대우위 앞의 예에서 볼 수 있듯이 임금은 절대우위에 의해 결정된다. 자국은 두 재화 모두에 더 나은 기술수준을 갖고 있으므로 더 높은 임금을 지불한다. 반면, 리카도 모형에서 무역의 패턴은 비교우위에 의해 결정된다. 사실, 이 두 가지 결과는 서로 관련이 있다. 기술 수준이 낙후된 국가가 다른 국가에서 지불하고자 하는 가격에 물건을 팔 수 있는 유일한 방법은 낮은 임금이다.

이러한 설명은 저개발국이 합리적인 임금을 지불할 능력에 대한 비관적인 평가처럼 들릴지 모르지만 한 가지 희망은 있다. 한 국가가 기술을 개발함에 따라 그에 상응하여 임금도 오를 것이란 것이다. 리카도 모형에서 기술진보의 논리적인 결과는 노동자들이 더 높은 임금을 통해 후생이 증가하는 것이다. 이와 더불어, 리카도 모형은 국가들이 국제무역에 참여함에 따라 실질임금도 높아진다고 예측한다.[11] 우리는 세계에서 이러한 예를 매우 열심히 찾을 필요는 없다. 국제무역을 개시하던 때인 1978년 중국의 1인당 국민소득은 755달러였던 것으로 추정되는 반면 32년이 지난 2010년에는 중국의 1인당 국민소득은 10배 가까이 되는 7,437달러로 치솟았다. 인도의 경우도 국민소득이 1978년 1,040달러에서 2010년 3,477달러로 3배 이상으로 증가했다.[12] 많은 사람들은 이 국가들이 국제무역에 참여한 것은 생활수준을 높이는 데 결정적이었다고 믿는다. 국제무역에 대해 계속 공부함에 따라 우리는 중국, 인도를 비롯하여 많은 여러 개발도상국들이 무역을 통해 그들의 생활수준을 개선시킬 수 있었던 조건들에 대해 알고자 노력할 것이다.

---

10 국제무역이 일어나지 않을 때 외국의 임금은 밀 $MPL_W^* = 1$부셸 또는 옷감 $MPL_C^* = 1$야드였다. 외국의 노동자들은 동일한 양의 옷감(1야드)을 살 수 있으나 더 많은 양의 밀(1부셸 대신에 2/3부셸)을 살 수 있기 때문에 더 부유해진다고 할 수 있다.

11 그 결과는 앞의 두 각주에서 봤듯이 각국의 무역부재균형과 비교하여 무역균형 하에 실질임금의 비교에 의해 알 수 있다.

12 이 수치들은 2005년 달러를 기준으로 표시된 것이며 Pen World Trade 7.1버전(http://pwt.econ.upenn.edu)에서 인용한 것이다. 중국은 버전 1과 버전 2의 평균값을 사용했다.

노동생산성과 임금

임금과 노동생산성 간의 밀접한 관련성은 여러 국가의 데이터를 보아도 분명하게 알 수 있다. 노동생산성은 제조업에서 시간당 부가가치로 측정된다. 부가가치는 산업의 매출액과 중간투입요소비용 간의 차이이다.(예를 들면 자동차의 가격과 그것을 만드는 데 사용된 모든 부품의 비용 간의 차이이다.) 부가가치는 한 산업 내에서 노동과 자본에 지급된 금액과 같다. 리카도 모형에서 우리는 자본을 고려하지 않으므로, 부가가치를 노동시간으로 나눈 값 혹은 시간당 부가가치로 노동생산성을 측정한다.

그림 2-7은 2010년 몇몇 국가 제조업의 시간당 부가가치를 보여준다. 미국은 노동생산성이 가장 높고 대만은 노동생산성이 가장 낮다. 그림 2-7에는 각국의 시간당 임금도 나와 있다. 부가가치는 자본의 대가를 지급하는 데도 쓰이기 때문에 임금은 시간당 부가가치보다 약간 낮다. 미국과 프랑스와 같이 생산성이 가장 높은 국가에서는 한국이나 대만과 같이 생산성이 가장 낮은 국가보다 임금이 더 높다는 것을 알 수 있다. 그러나 이탈리아, 일본, 스웨덴과 같은 중간 국가들은 생산성이 낮은데도 불구하고 미국과 임금이 같거나 더 높다. 이것은 여기서 사용된 임금이 의료혜택이나 사회보장과 같은 형태로 근로자에게 주어진 혜택을 포함하기 때문이다. 유럽의 많은 국가들과 일본은 사회보장혜택이 미국보다 더 높다. 이러한 혜택을 임금에 포함하는 것은 임금과 생산성을 비교하는 것을 왜곡시킬 수 있지만 리카도 모형

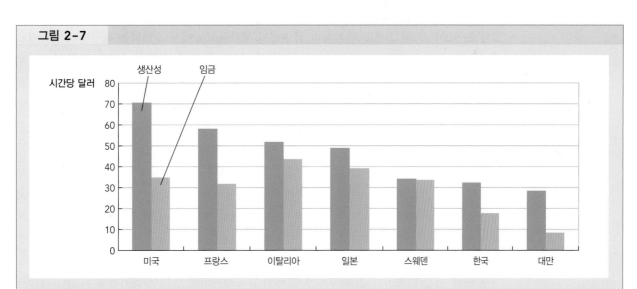

그림 2-7

노동생산성과 임금, 2010년 노동생산성은 노동시간당 부가가치로 측정되며 여러 나라의 제조업에서 지급된 임금과 비교될 수 있다. 노동생산성으로 나타낸 – 최고부터 최저까지 – 국가들의 일반적인 순위는 임금으로 나타낸 순위와 같다. 노동생산성이 높은 국가는 일반적으로 리카도 모형이 예측하듯이 더 높은 임금을 지급한다.

출처 : U.S. Department of Labor, Bureau of Labor Statistics

에서 예측하듯이 그림 2-7에서 생산성이 높은 국가들은 대체로 임금이 높은 경향이 있음을 알 수 있다. 생산성과 임금 간의 관련성은 시간에 따라 국가들을 살펴보아도 명확해진다. 리카도 모형에서도 예측했듯이 그림 2-8에서 노동생산성의 상향 이동은 임금의 상향 이동과 매칭됨을 보여준다. ■

4 국제가격의 해법

그림 2-5와 2-6에서 밀의 국제상대가격은 2/3라고 가정했고 이 가격에서 자국의 밀 수출량은 외국의 밀 수입량과 같았다(옷감의 경우 반대). 그렇다면 국제상대가격은 어떻게 결정되는지 좀 더 자세히 살펴보기로 하자.

밀의 국제상대가격을 결정하기 위해 공급과 수요곡선을 사용하도록 하자. 자국은 밀을 수출한다. 따라서 자국의 **수출공급곡선**(export supply curve)을 도출할 수 있는데 이 곡선은 다양한 상대가격에 수출하고자 하는 물량을 나타내준다. 외국은 밀을 수입하므로 외국의 **수입수요곡선**(import demand curve)을 도출할 수 있고 이 곡선은 다양한 가격대에서 수입하고자 하는 물량을 나타내준다. 국제무역균형은 자국의 수출과 외국의 밀 수입이 같아지는 물량과 상대가격에서 일어난다. 이러한 수출입의 동등성은 자국의 수출공급곡선과 외국의 수입수요곡선이 교차하는 지점에서 발생한다.

자국의 수출공급곡선

그림 2-9(a)는 그림 2-5를 반복하며 점 B에서 생산하고 C에서 소비하는 자국의 무역균형을 보여주고 있다. 국제상대가격 $P_W/P_C = 2/3$에서 자국은 60부셸의 밀을 수출한다(밀 생산 100과 소비 40의 차이). 이 숫자들은 (b)에 나와 있듯이, 자국의 수출공급곡선을 나타내는 새로운 그래프를 그리는 데 사용할 수 있다. 국제상대가격이 $P_W/P_C = 2/3$이고 자국의 밀수출이 60부셸일 때 (a)의 점 B와 점 C는 (b)에서는 점 C'로 표시되며, 이때 수직축에서 $P_W/P_C = 2/3$이고 수평축에서 자국의 밀수출은 60부셸이다. 이것은 자국 수출공급곡선의 첫 번째 점이다.

수출공급곡선 위의 다른 점들을 도출하기 위해 점 A의 생산과 소비에 나타나 있는 (a)의 무역부재균형을 고려해보자. 무역부재 하의 밀의 상대가격은 1/2(자국 PPF의 기울기)이고 국제무역은 존재하지 않으므로 자국의 밀 수출은 0이다. 따라서 (a)의 점 A는 (b)에서는 A'로 표시되며 상대가격은 $P_W/P_C = 1/2$이고 자국의 밀 수출은 0의 값을 갖는다. 이것은 자국의 수출공급곡선 위의 두 번째 점으로 표시된다.

세 번째 점을 도출하기 위해 무역부재 하의 균형에서처럼 밀의 상대가격을 $P_W/P_C = 1/2$로 유지한 채 자국이 이 가격에 밀을 수출하고 옷감을 얻는 것으로 하자. 자국의 소비는 (a)의 점 A에서 유지가 되지만 생산점은 이동할 수 있다. 생산점이 생산가능곡선 위의 다른 점으로 이동할 수 있는 이유는 상대가격 $P_W/P_C = 1/2$에서 밀과 옷감의 임금이 같기 때문이다. 이러한 결과는 이전의 논의에서 제시되었다. 두 산업의 임금이 같을 때 노동자들은 이 두 산업 간

그림 2-8

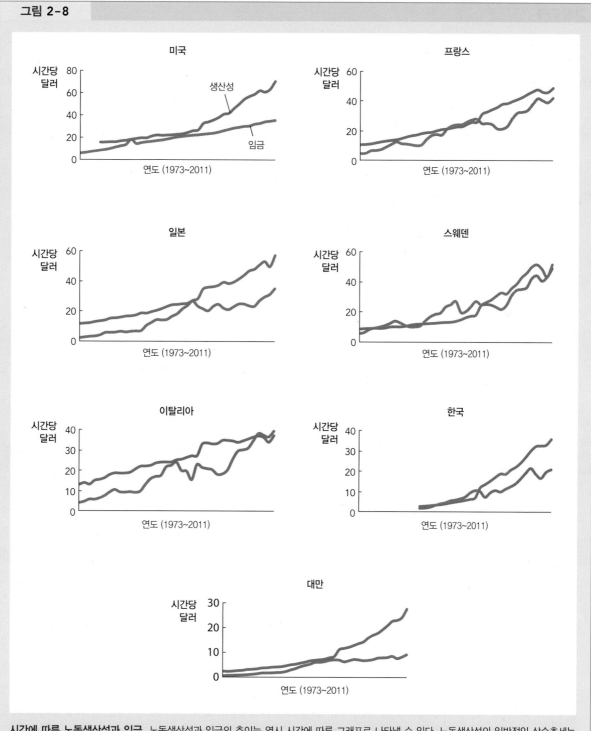

시간에 따른 노동생산성과 임금 노동생산성과 임금의 추이는 역시 시간에 따른 그래프로 나타낼 수 있다. 노동생산성의 일반적인 상승추세는 리카도 모형에서 예측하는 것처럼 임금의 상승추세와 맞물린다.

출처 : U.S. Department of Labor, Bureau of Labor Statistics

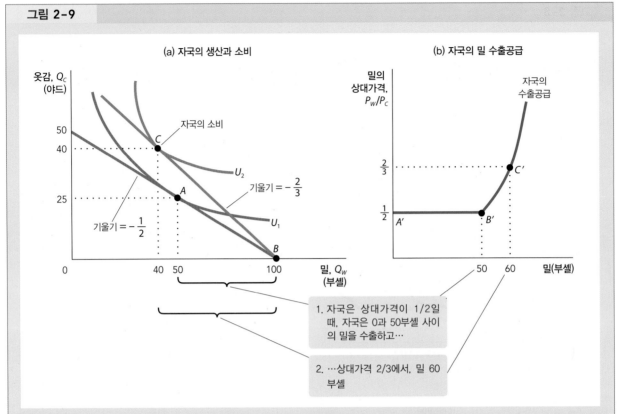

그림 2-9

(a) 자국의 생산과 소비

옷감, Q_C
(야드)

자국의 소비

기울기 = $-\dfrac{2}{3}$

U_2

기울기 = $-\dfrac{1}{2}$

U_1

밀, Q_W
(부셸)

(b) 자국의 밀 수출공급

밀의
상대가격,
P_W/P_C

자국의
수출공급

밀(부셸)

1. 자국은 상대가격이 1/2일 때, 자국은 0과 50부셸 사이의 밀을 수출하고…

2. …상대가격 2/3에서, 밀 60부셸

자국의 수출공급 (a) 점 B에서 생산하고 점 C에서 소비하는 자국의 무역균형을 보여주는 그림 2-5를 반복하고 있다. (b)는 자국의 밀 수출공급을 보여준다. 밀의 상대가격이 1/2일 때, 자국은 수출공급곡선의 $A'B'$ 구간을 따라 0과 50부셸 사이의 밀을 수출할 것이다. 1/2보다 높은 상대가격에서, 자국은 $B'C'$ 구간을 따라 50부셸보다 많이 수출한다. 예를 들어, 상대가격 2/3에서, 자국은 밀을 60부셸 수출한다.

에 이동하려고 하고 PPF 위의 어떤 점도 가능한 생산점이 된다. 예를 들어, 모든 노동자들이 밀 산업으로 이동하고 옷감은 생산하지 않는 (a)의 점 B를 생각해보자. 상대생산가격 P_W/P_C = 1/2에서 소비는 여전히 점 A에서 일어나므로 점 A와 B의 차이는 자국이 밀을 수출하는 양과 옷감을 수입하는 양과 같다. 즉 자국은 50부셸의(생산 100과 소비 50의 차이) 밀을 수출하고 25야드의(생산 0와 소비 25의 차이) 옷감을 수입한다. 따라서 상대가격이 $P_W/P_C = 1/2$ 이고 밀 수출이 50인 자국 수출공급곡선 위의 다른 점은 (b)의 B'으로 나타낼 수 있다.

점 A', B', C'을 연결하여 A'과 B' 사이가 편평하고 B'과 C' 사이 및 그 이후가 올라가는 자국수출공급곡선을 도출할 수 있다. PPF가 직선이므로 수출공급곡선의 편평한 부분은 리카도 모형의 독특한 특징이라고 할 수 있다. 즉 상대가격 $P_W/P_C = 1/2$에서 노동자들은 두 산업 간에 이동하므로 생산은 어떤 점에서도 발생할 수 있다. 그러나 소비는 점 A에 고정되어 있어서 (b)에서 A'과 B' 사이에서 모든 수출수준을 가능하게 한다. 예를 들어, 상대가격이 $P_W/P_C = 2/3$일 때 소비는 C점에서 일어난다. 이 경우 자국의 밀 수출은 B점에서의 생산과 C점에서의 소비의 차이로 계산된다. 다양한 상대가격과 각 가격 하에서 수출된 밀을 그래프로 그려보면 (b)에서 B'과 C' 사이의 기울기가 우상향인 자국 수출공급곡선을 도출할 수 있다.

외국의 수입수요곡선 외국의 경우 우리는 다시 밀시장에 초점을 맞춰서 밀의 수입수요곡선을 도출하도록 하자. 그림 2-10(a)는 그림 2-6을 옮겨놓은 것으로, 점 B^*에서 생산하고 점 C^*에서 소비하는 외국의 무역균형을 보여준다. 국제상대가격 $P_W/P_C = 2/3$에서 외국은 60부셸의 밀(밀 소비 60과 생산 0의 차이)을 수입한다. 이 수치는 (b)에서 점 $C^{*\prime}$으로 표시되고 여기서 밀의 상대가격은 수직축에, 외국의 밀 수입량은 수평축에 표시된다.

외국의 수입수요곡선의 다른 점들은 자국의 예에서 한 것과 같은 방식으로 도출될 수 있다. 예를 들어, 외국의 무역부재균형은 (a)에서 밀의 상대가격이 1(외국의 PPF의 기울기)인 점 A^*의 생산 및 소비로 나타내지고 수입은 (국제무역이 없으므로) 0이다. 이러한 무역부재균형은 (b)의 점 $A^{*\prime}$으로 표시된다. 외국에서 밀의 상대가격을 1로 유지하면, 생산은 (a)의 점 A^*에서 이동한다. 이것은 우리가 자국의 경우에서도 설명했듯이, 상대가격이 무역부재 수준에 있을 때, 외국의 밀 산업과 옷감 산업에서의 임금이 같으므로 노동자들이 두 산업 간에서 이동하려 하기 때문에 일어난다. 외국의 소비를 (a)의 점 A^*에 고정시키고 모든 노동자들이

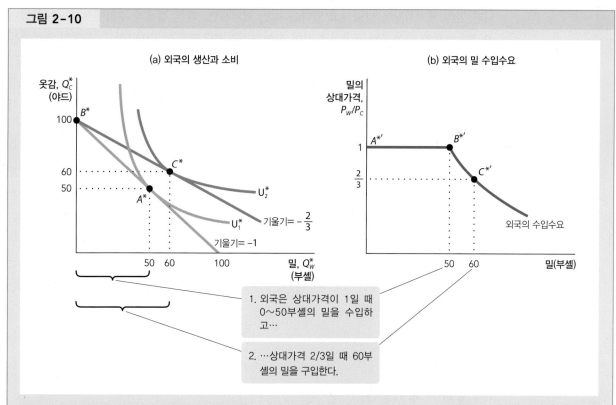

그림 2-10

(a) 외국의 생산과 소비

(b) 외국의 밀 수입수요

1. 외국은 상대가격이 1일 때 0~50부셸의 밀을 수입하고…

2. …상대가격 2/3일 때 60부셸의 밀을 구입한다.

외국의 수입수요 (a)는 점 B^*에서 생산하고 점 C^*에서 소비하는 외국의 무역균형을 보여주는 그림 2-6을 반복한다. (b)는 밀의 외국수입수요를 나타낸다. 밀의 상대가격이 1일 때, 외국은 수입수요곡선의 $A^{*\prime}B^{*\prime}$ 구간을 따라 0과 50부셸 사이의 밀을 수입할 것이다. 1 이하의 상대가격에서, 외국은 $B^{*\prime}C^{*\prime}$ 구간을 따라 50부셸보다 많이 수입한다. 예를 들어, 상대가격 2/3에서 외국은 60부셸의 밀을 수입한다.

옷감 산업으로 이동하여 생산이 점 B^*에서 일어난다고 하자. 이 경우 외국의 밀 수입이 50부셸(외국의 소비 50과 생산 0의 차이)이고 이것은 (b)의 점 $B^{*\prime}$에 나타나 있다.

점 $A^{*\prime}$, $B^{*\prime}$, $C^{*\prime}$을 연결하면 $A^{*\prime}$와 $B^{*\prime}$ 사이는 편평하고 $B^{*\prime}$와 $C^{*\prime}$ 및 그 이상은 하강하는 수입수요곡선을 얻을 수 있다. 외국수입수요곡선의 편평한 부분은 PPF가 직선이기 때문에 발생하는 리카도 모형의 특징이다. 생산가능곡선이 직선이 아닌 곡선으로 나타나는 다음 장의 다른 무역 모형들을 살펴보게 되면 수출공급 및 수입수요 곡선은 더 이상 편평한 부분을 갖지 않게 될 것이다. 이러한 수출공급 및 수입수요 곡선들의 일반적인 특성은 각국의 무역부재 하의 상대가격에서 시작해서 기울기가 우상향(수출공급의 경우)하거나 우하향(수입수요의 경우)한다는 것이다.

국제무역균형

자국의 수출공급곡선과 외국의 수입수요곡선을 도출하였으므로 그림 2-11에서 보여지는 것처럼 이 둘을 하나의 도표에 결합해 놓을 수 있다. 점 $C^\prime$에서 두 곡선의 교차점은 국제무역균형점이고 밀의 균형 상대가격에서 자국의 수출은 외국의 수입과 같아진다. 그림 2-11에서 밀의 균형상대가격은 $P_W/P_C = 2/3$이다. 이 그래프는 그림 2-11에서는 한 국가의 시장이 아니라 밀의 세계시장을 나타내고 있다는 점만 제외하면, 다른 경제학 수업에서 볼 수 있었던 공급이 수요와 같아지는 균형점과 같아 보인다. 즉 자국의 밀의 수출공급은 자국의 소비자들에 의한 수요량을 초과하는 총공급량이지만, 외국의 수입수요는 외국의 공급자들에 의한 공급량을 초과하는 수요량이다. 이러한 초과공급과 수요곡선, 즉 그림 2-11에서 수출공급곡선과 수입수요곡선의 교차점은 국제시장을 청산하는 밀의 상대가격을 결정하며, 이 가격에서 자국이 원하는 매출량과 외국이 원하는 구입량이 같아진다.

교역조건 한 국가의 수출가격을 수입가격으로 나눈 값을 교역조건이라고 한다. 자국은 밀을 수출하므로 P_W/P_C는 **교역조건**(terms of trade)이 된다. 밀(자국의 수출품)의 가격 상승이나 옷감(자국의 수입품)의 가격 하락은 모두 교역조건을 **증가**시킨다는 것에 주목하라. 일반적으로, 교역조건 개선은 수출로부터 더 많은 소득을 얻거나 수입에 대해 돈을 덜 지불하게 하여 부를 증대시키기 때문에 그 국가에 이득이 된다. 외국은 옷감을 수출하므로 P_C/P_W가 교역조건이 된다. 이 경우, 더 높은 옷감(외국의 수출품) 가격이나 더 낮은 밀(외국의 수입품) 가격은 외국을 더 부유하게 해준다.

적용사례

1차 상품의 교역조건

시간이 지남에 따라 교역조건에는 어떤 일이 일어날까? 1950년에 쓴 글에서, 라틴아메리카의 경제학자인 라울 프레비시와 영국의 경제학자인 한스 싱어는 각각 1차 산업의 상품(예를 들면

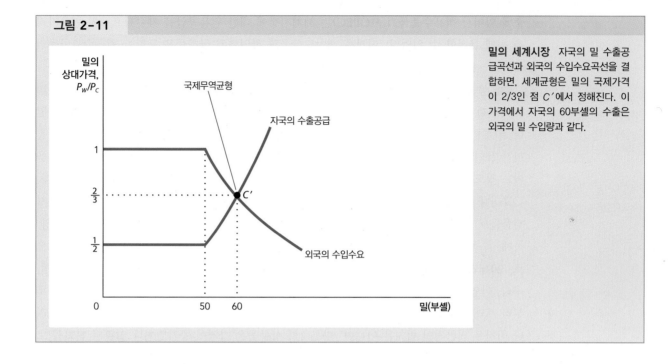

그림 2-11

밀의 세계시장 자국의 밀 수출공급곡선과 외국의 수입수요곡선을 결합하면, 세계균형은 밀의 국제가격이 2/3인 점 C'에서 정해진다. 이 가격에서 자국의 60부셸의 수출은 외국의 밀 수입량과 같다.

농산물과 광물)은 제조업 공산품의 가격에 비해 시간이 갈수록 떨어질 것이라는 가설을 제시하였다. 1차 상품은 주로 개발도상국들이 수출하므로 이것은 개발도상국의 교역조건이 시간이 감에 따라 악화된다는 것을 의미한다.

프레비시-싱어 가설이 맞을 수 있는 데는 몇 가지 이유가 있다. 첫째, 사람들 혹은 국가가 부유해질수록 소득 중 음식에 사용하는 비중이 더 작아진다는 것은 잘 알려져 있다.[13] 이것은 전 세계 소득이 증대될수록 음식에 대한 수요는 공산품에 비해 상대적으로 감소함을 의미한다. 따라서 농산물 가격 또한 공산품에 비해 상대적으로 떨어질 것을 예상할 수 있다. 둘째, 광물의 경우 산업화된 국가들은 계속해서 그들의 공산품 생산에서 필요한 광물 사용의 대체물을 찾기도 한다. 예를 들어, 자동차 생산자들은 차체와 프레임을 만드는 데 플라스틱과 알루미늄을 사용하는 방향으로 옮겨가고 있기 때문에 요즈음 자동차 생산에는 훨씬 적은 양의 철강이 사용된다. 광물로부터의 대체행태는 기술진보의 한 형태로 생각할 수 있으며 이것은 원광 가격의 하락으로 이어질 수 있다.

그러나 한편으로 프레비시-싱어 가설이 맞지 않을 수도 있는 몇 가지 이유도 있다. 첫째, 공산품의 기술진보는 공산품을 쉽게 생산함에 따라 확실히 가격 하락을 가져올 수 있다(예를 들어 MP3와 DVD 플레이어와 같은 많은 전자 기기들의 가격 하락을 생각해보라). 이것은 개발도상국보다는 산업화된 국가들에서 교역조건이 악화된 경우이다. 둘째, 적어도 원유 수

---

13 이러한 관계는 19세기 독일의 통계학자인 언스트 엥겔 이후에 엥겔의 법칙으로 알려져 있다. 이것은 집에서 먹는 음식을 구입하는 경우에는 확실히 해당이 되지만 외식하는 경우에는 적용이 되지 않는다. 소득이 증가할수록, 식당 음식에 소비하는 예산 비중은 그대로이거나 오히려 증가한다.

출에 있어서 석유수출국기구(OPEC)는 세계시장에 대한 원유공급을 제한함으로써 원유가격을 높게 유지할 수 있었다. 이것은 개발도상국과 산업화된 국가들을 포함한 원유수출국들의 교역조건을 개선시키는 결과를 가져왔다.

1차 상품의 상대가격에 대한 데이터는 그림 2-12에 나와 있다. 이 연구는 1900년부터 1998년까지 24개의 1차 상품을 대상으로 공산품 전체 가격에 대한 국제상대가격을 측정하였다. 알루미늄, 면, 가죽, 야자유, 쌀, 설탕, 고무, 밀, 양모를 포함하여 24개 상품 중 절반이 동 기간 동안 상대가격이 50% 혹은 그 이상 하락하였다. 이러한 증거는 프레비시-싱어 가설을 어느 정도 뒷받침한다. 상대가격이 하락한 상품들의 몇 가지 예는 그림 2-12(a)에 나와 있다.

그러나 가격이 상당 기간 동안 증가했거나 지난 100년간 일정한 추세를 보이지 않은 1차 상품들도 많이 찾아볼 수 있다. 50% 혹은 그 이상 상대가격이 증가한 상품들은 소고기, 양, 목재, 주석, 담배 등이다. 이러한 몇 가지 상품들은 그림 2-12(b)에 나타나 있다. 마지막으로, 20세기 초와 말 사이에 상대가격이 일정한 추세를 보이지 않은 상품들은 바나나, 커피, 구리, 아연이다. 이들 중 몇 가지는 그림 2-12(c)에서 찾아볼 수 있다. 몇몇 상품들의 결과로부터 프레비시와 싱어가 예측한 패턴을 따르는 상품들도 있다는 결론을 내릴 수 있다. 그러나 이것은 일반적인 법칙은 아니며, 다른 1차 상품들은 가격이 증가했거나 일관된 변화를 보여주지 못했다. ■

5 결론

리카도 모형은 수출은 좋은 것이고 수입은 나쁜 것이라는 중상주의 사상에 대응하기 위해 착안되었다. 데이비드 리카도는 그렇지 않다고 말했고 그의 생각을 증명하기 위해 두 국가 (잉글랜드와 포르투갈) 간의 무역이 균형을 이루는, 즉 각국의 수입액이 수출액과 같은 예를 제시하였다. 리카도 모형의 예시에서 잉글랜드와 포르투갈이 무역을 하는 이유는 와인과 옷감을 생산하는 기술이 다르기 때문이다. 포르투갈은 두 재화 모두 절대우위를 가지고 있지만 잉글랜드는 옷감에 비교우위를 가지고 있다. 즉 잉글랜드에서 옷감을 생산하는 기회비용(얼마나 많은 와인을 포기해야 하는지로 측정)은 포르투갈보다 낮다. 이러한 비교우위에 근거하여 무역부재 하의 옷감의 상대가격 또한 잉글랜드가 포르투갈보다 더 낮다. 무역이 개시되면, 잉글랜드의 옷감 상인은 더 높은 가격을 받을 수 있는 포르투갈에 옷감을 수출하고 포르투갈의 와인 상인은 잉글랜드에 와인을 수출한다. 따라서 무역 패턴은 비교우위에 의해 결정되고 두 국가 모두 무역으로부터 이득을 얻는다.

단순함을 위해 리카도 모형은 노동만을 생산의 유일한 요소로 제시한다. 우리는 미시경제학으로부터 배운 교훈을 사용하여 임금을 노동의 한계생산과 각 재화의 가격의 곱으로 풀 수 있었다. 이러한 관계로부터 국가 간 임금의 비율은 생산된 재화의 노동의 한계생산과 그 재화의 가격에 의해 결정된다는 결론이 나온다. 임금은 각국의 노동의 한계생산에 의해 결정되므로 임금은 절대우위에 의해 결정된다고 할 수 있다. 즉 우월한 기술을 지닌 국가가 더 높은

그림 2-12

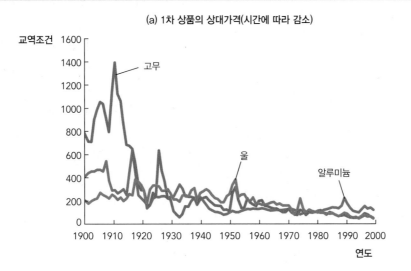

(a) 1차 상품의 상대가격(시간에 따라 감소)

고무
울
알루미늄

교역조건

연도

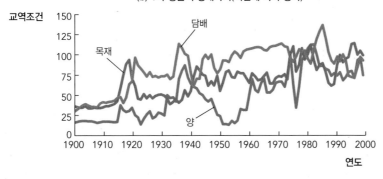

(b) 1차 상품의 상대가격(시간에 따라 증가)

담배
목재
양

교역조건

연도

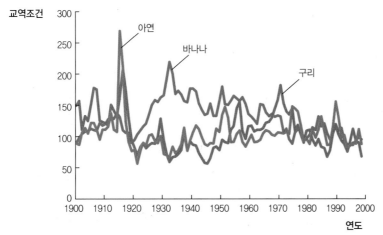

(c) 1차 상품의 상대가격(시간에 따른 추세 없음)

아연
바나나
구리

교역조건

연도

1차 상품의 상대가격 산업국가들은 제조업 상품을 수출하는 반면, 많은 개발도상국들은 1차 상품(농산품과 광물과 같은)을 수출한다. 여기 나타난 것들은 1990년부터 1998년까지 전반적인 제조가격에 대한 상대적인 1차 상품의 가격이다. 다른 상품들은 상대가격이 올랐지만(b) 몇몇 1차 상품들의 상대가격은 시간에 따라 떨어졌다(a). 이 외의 상품가격들은 시간이 지남에 따라 일정하지 않은 추이를 보여준다(c).

임금을 지불할 수 있다. 더욱이 임금은 각국에서 수출한 재화의 국제시장에서 지배적인 가격에 의해 결정된다. 우리는 교역조건을 한 국가의 수출가격을 수입가격으로 나눈 값으로 정의하였다. 일반적으로, 교역조건이 높으면 (수출가격이 높거나 수입가격이 낮기 때문에) 실질임금이 높아지고 노동자들에게 이득이 된다.

　리카도 모형에서 노동만이 사용되고 노동의 한계생산이 일정하다는 사실로 인해 리카도 모형은 독특하다 할 수 있다. 이러한 가정 때문에 리카도 모형의 PPF는 직선이고 수출공급곡선과 수입수요곡선은 편평한 부분을 갖게 된다. 이러한 리카도 모형의 특징은 노동뿐 아니라 자본과 토지도 산업에 사용되는, 이후의 장에서 나오는 모형들에서는 찾아볼 수 없다. 우리가 생산의 몇 가지 요소에 대한 더 현실적인 가정을 시작하면 무역으로부터의 이득은 더 복잡해진다. 국가 전체로는 이득이 있을지라도 무역으로 인해 어떤 생산요소는 이득을 얻고 다른 생산요소는 손실을 보게 된다. 이것은 우리가 다음 장에서 다루게 될 주제이다.

핵심 내용

1. 한 국가가 어떤 재화를 생산하는 데 드는 기회비용이 동일한 재화를 생산하는 데 드는 다른 국가의 기회비용보다 낮을 경우 그 국가는 재화 생산에 비교우위가 있다.

2. 국가 간 무역 패턴은 비교우위에 의해 결정된다. 이 것은 열등한 기술을 가진 국가라 할지라도 비교우위가 있는 재화를 수출할 수 있음을 의미한다.

3. 모든 국가는 무역으로부터 이득을 얻는다. 즉 수입국 혹은 수출국의 효용은 적어도 국제무역이 없을 경우만큼 높다.

4. 각국의 임금 수준은 절대우위, 즉 그 국가가 지닌 노동으로 생산할 수 있는 재화량에 의해 결정된다. 그러한 결과는 낮은 기술수준을 가진 국가가 여전히 수출을 할 수 있는 이유를 설명해준다. 이러한 국가들의 낮은 임금은 낮은 생산성을 극복하도록 해준다.

5. 국제시장에서 어떤 재화의 균형가격은 한 국가의 수출공급이 다른 국가의 수입수요와 같아지는 점에서 결정된다.

6. 한 국가의 교역조건은 그 국가의 수출재의 가격을 수입재의 가격으로 나눈 값과 같다. 한 국가의 교역조건이 개선되면 그 국가는 더 높은 가격에 수출하거나 더 낮은 가격에 수입하기 때문에 더 부유해진다.

핵심 용어

교역조건(terms of trade)

교역 패턴(trade pattern)

국제가격선(world price line)

국제무역균형(international trade equilibrium)

기술(technology)

기회비용(opportunity cost)

노동의 한계생산 (MPL : Marginal Product of Labor)

노동자원(labor resources)

리카도 모형(Ricardian model)

무역으로부터의 이득(gains from trade)

무차별곡선(Indifference curve)

비교우위(comparative advantage)

상대가격(relative price)

생산가능곡선(PPF: Production Possibilities Frontier)

생산요소(factors of production)

수입(import)

수입수요곡선(import demand curve)

수출(export)

수출공급곡선(export supply curve)

오프쇼어링(offshoring)

자본(capital)

자원(resources)

자유무역국(free-trade area)

절대우위(absolute advantage)

접근성(proximity)

천연자원(natural resources)

효용(utility)

연습문제

1. 이 장의 서두에는 데이비드 리카도 글의 짧은 인용문이 나온다. 다음은 리카도가 쓴 글의 더 긴 버전이다.

   잉글랜드는 그러한 환경이었기 때문에, 옷감을 생산하기 위해서는 1년에 100명의 노동이 필요하였으며, 만약 와인을 만들고자 했다면 동일한 기간 동안 120명의 노동이 요구되었다… 포르투갈에서 와인을 생산하는 것은 1년에 80명의 노동만이 필요하였으며 같은 국가에서 옷감 생산은 같은 기간 동안 90명의 노동이 필요하였다. 따라서 포르투갈은 옷감을 받고 와인을 수출하는 것이 유리하였다. 포르투갈이 수입한 상품이 잉글랜드보다 더 적은 노동으로 생산되었음에도 불구하고 이러한 교환은 일어날 수 있었다.

   리카도가 묘사한 노동량은 각 국가에서 1,000야드의 옷감 혹은 1,000병의 와인을 생산할 수 있다고 하자. 이때 다음의 질문에 답하라.

   a. 잉글랜드의 옷감과 와인의 노동의 한계생산은 무엇인가? 포르투갈의 옷감과 와인의 노동의 한계생산은 무엇인가? 어떤 국가가 옷감과 와인에 절대우위가 있으며 그 이유는 무엇인가?

   b. 공식 $P_W/P_C = MPL_C/MPL_W$을 사용해서 무역이 없을 때 각 국가의 와인의 상대가격을 계산하라. 어떤 국가가 와인에 비교우위가 있는가, 그리고 그 이유는 무엇인가?

2. 자국의 각 노동자는 자동차 3대 혹은 TV 2대를 생산할 수 있다고 하자. 자국은 네 명의 노동자가 있다고 가정하자.

   a. 자국의 생산가능곡선을 그려라.

   b. 무역이 없을 때 자국의 자동차 상대가격은 무엇인가?

3. 외국에서 각 노동자는 자동차 2대 혹은 TV 3대를 생산할 수 있다고 하자. 외국은 또 네 명의 노동자가 있다고 가정하자.

   a. 외국의 생산가능곡선을 그려라.

   b. 무역이 없을 때 외국의 자동차 상대가격은 무엇인가?

   c. 자국에 관한 문제 2에서 주어진 정보를 이용하면, 외국은 어떤 재화에 비교우위가 있으며 그 이유는 무엇인가?

4. 무역부재 하에서 자국은 자동차 9대와 TV 2대를 소비하며, 외국 소비자들은 자동차 2대와 TV 9대를 소비한다고 하자. 문제 2와 3의 그림에 각국의 무차별곡선을 추가하라. 각국의 생산가능곡선(PPF), 무차별곡선(U_1), 무역부재균형 소비와 생산을 표시하라.

5. 자동차의 국제상대가격이 $P_C/P_{TV} = 1$이라고 하자.

   a. 각국은 어떤 재화에 특화하는가? 그 이유를 간단히 설명하라.

   b. 문제 4의 그림에서 각국의 새로운 국제가격선을 그리고 무역균형에서 각국의 새로운 무차별곡선(U_2)을 추가해 넣어라.

   c. 각국의 수출과 수입을 표시하라. 자국의 수출량은 외국의 수입량과 어떻게 다른가?

   d. 각국은 무역으로부터 이익을 얻는가? 이익을 얻거나 혹은 얻지 못하는 이유를 간단히 설명하라.

6. 다음 표에서 주어진 정보를 이용하여 다음의 질문에 답하라.

	자국	외국	절대우위
자전거 생산 수	4	2	?
스노우보드 생산 수	6	8	?
비교우위	?	?	

   a. 이 문제의 표를 표 2-2와 같은 방식으로 완성하라.

   b. 어떤 국가가 자전거 생산에 절대우위가 있는가? 어떤 국가가 스노우보드 생산에 절대우위가 있는가?

   c. 자국에서 스노우보드로 나타낸 자전거의 기회비용은 무엇인가? 외국에서 스노우보드로 나타낸 자전거의 기회비용은 무엇인가?

   d. 자국은 어떤 제품을 수출하고 외국은 어떤 제품을 수출하는가? 그 이유를 간단히 설명하라.

7. 자국과 외국은 TV와 자동차 두 가지 재화를 생산한다고 가정하고 다음 정보를 활용하여 질문에 답하라.

무역부재균형			
자국		외국	
$Wage_{TV} = 12$	$Wage_C = ?$	$Wage^*_{TV} = ?$	$Wage^*_C = 6$
$MPL_{TV} = 2$	$MPL_C = ?$	$MPL^*_{TV} = ?$	$MPL^*_C = 1$
$P_{TV} = ?$	$P_C = 4$	$P^*_{TV} = 3$	$P^*_C = ?$

   a. 자국에서 TV와 자동차의 노동의 한계생산은 무엇인가? 자국의 TV의 무역부재 상대가격은 무엇인가?

   b. 외국의 TV와 자동차의 노동의 한계생산은 무엇인가? 외국의 무역부재 하의 TV의 상대가격은 무엇인가?

   c. 무역균형 하에서 TV의 국제상대가격은 $P_{TV}/P_C = 1$이라고 가정하자. 각국은 어떤 재화를 수출할 것인가? 그 이유를 간단히 설명하라.

   d. 무역균형에서 자동차와 TV로 표시한 자국의 실질임금은 무엇인가? 이 값들은 무역부재균형에서 두 재화 중 하나로 표시된 실질임금과 어떻게 비교될 수 있는가?

   e. 무역균형에서 자동차와 TV로 표시한 외국의 실질임금은 무엇인가? 이 값들은 무역부재균형에서 두 재화 중 하나로 표시된 실질임금과 어떻게 비교될 수 있는가?

   f. 무역균형에서 외국인 노동자들은 구매력으로 측정했을 때 자국의 노동자들보다 소득이 높은가 아니면 더 낮은가? 그 이유를 설명하라.

8. 중국과 같은 저임금 국가가 아이티 같은 다른 저임금 국가에는 위협이 되지 않지만 미국과 같은 산업국가의 제조업에는 위협이 되는 이유는 무엇인가?

책의 본문에 나와 있는 자국과 외국의 정보를 이용하여 9번부터 11번까지 문제에 답하라.

9. a. 자국의 노동자 수가 2배라고 하자. 자국의 PPF에는 어떤 일이 발생하며 밀의 무역부재 시 상대가격에는 어떤 일이 발생하는가?

   b. 밀 산업에서 기술진보가 일어나서 자국이 동일한

노동량으로 밀을 더 많이 생산할 수 있게 되었다고 가정하자. 자국의 PPF에는 어떤 일이 발생하며 밀의 상대가격에는 어떤 일이 발생하는가? 만약 유사한 변화가 옷감 산업에서도 발생했다면 어떤 일이 일어나겠는가?

10. a. 그림 2-5를 사용하여 국제상대가격 2/3에서 밀의 상대가격이 증가할 때 자국의 효용수준이 올라간다는 것을 보여라.

    b. 그림 2-6을 활용하여 국제상대가격 2/3에서 밀의 상대가격이 증가할 때 외국의 효용수준이 낮아진다는 것을 보여라. 국제상대가격이 1에 도달할 때 외국의 효용은 무엇이며 국제상대가격이 1보다 높아질 때 외국에서는 어떤 일이 발생하는가?

11. (심화문제) 자국이 외국보다 훨씬 더 크다고 하자. 예를 들어, 자국의 노동자 수가 25에서 50으로 2배가 되었다고 하자. 이 경우 자국은 무역이 없을 경우 가격인 $P_W/P_C = 1/2$에서 그림 2-11에서처럼 밀 50부셸보다는 100부셸을 수출할 것이다. 자국의 규모가 더 커졌을 때 그림 2-11의 새로운 버전을 그릴 수 있다 (하단 그림 참조).

    a. 이 그림에서 밀의 새로운 국제상대가격(점 D에서)은 무엇인가?

    b. 이 새 국제균형가격을 이용하여 자국와 외국의 무역균형의 새로운 버전을 그리고 각국의 생산점과 소비점을 보여라.

    c. 두 국가 모두 무역의 이익이 있는가? 그 이유 혹은 그렇지 않은 이유를 설명하라.

12. 문제 11의 결과를 이용하여, 멕시코와 미국 두 국가가 자유무역을 정립하는 북미자유무역협정에 서명했을 때 리카도 모형은 왜 멕시코가 미국보다 더 이득을 많이 볼 것으로 예측하는지 설명하라.

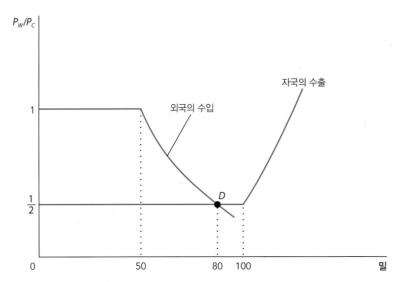

3

특정요소 모형에서 무역의 이익과 손실

볼리비아가 천연자원에 대한 절대적인 주도권을 다시 잡게 된 고대했던 역사적인 시간이 왔다.

에보 모랄레스, 볼리비아 대통령, 2006[1]

우리가 아무 조치를 취하지 않는다면 우리의 현재 성장률에 가장 불만족스러워하는 이유를 가진 사람들이 근시안적이고 편협한 해법을 찾으려는 유혹을 받게 될 것이다. 이러한 해법은 자동화에 항거하고 노동시간을 주당 35시간이나 그 이하로 줄이거나 수입을 차단하고 유휴생산시설 가동으로도 최대한의 이윤을 얻으려고 가격을 높이는 헛된 노력을 하기 위한 해법이다. 그러나 이러한 것들은 모두 경제를 확장시키는 것이 아니라 축소시키기만 할 뿐인 자멸하는 임시방편일 뿐이다.

존 F. 케네디 대통령, 뉴욕 경제인 클럽, 1962

2003년부터 2005년까지 3년간 볼리비아에서는 세 명의 대통령이 나왔다. 정부 최고 수장이 이토록 빠르게 바뀐 것은 대체로 천연가스 수출의 이익분배에 대해 국민들이 만족하지 못한 데 따른 것이었다. 원주민인 아이마라 인디언들을 포함한 많은 사람들은 이러한 이득의 대부분은 다국적 정유회사가 가져가고 가스저장시설과 정제시설이 위치한 해당 국가의 시민들에게는 거의 분배되지 않는다고 믿었다.

2003년 9월에 일어난 폭력시위로 곤잘로 산체스 드 로자다 대통령은 사임하고, 작가이자 텔레비전 언론인인 카를로스 메사가 대통령이 되었다. 그는 볼리비아 원주민들의 견해를 존중하겠다는 약속을 했고 2004년 7월 볼리비아가 천연가스를 수출해도 되는지 국민투표에 붙였다. 국민투표는 천연가스 수출로부터 얻은 이윤 중 더 많은 부분이 외국계기업보다는 볼리비아 정부로 귀속되도록 보장하는 조항을 포함하고 있었다. 이러한 확약으로 국민투표는 통과되었고 2005년 5월 외국계 정유회사에 대한 법인세는 급격히 증가하였다. 그러나 많은 시위자들은 더 많은 이윤을 원했고 1년 안에 메사 대통령이 사임하도록 압력을 넣었다. 2005년

---

1 페트로브라스가 운영하는 샌 알베르토 지역에서의 연설, "볼리비아가 천연가스산업을 국유화한다", USA투데이, 2006년 5월 1일자

에보 모랄레스와 그의
지지자들

12월, 다시 투표가 실시되었고 에보 모랄레스가 결정적인 승리를 거둠으로써 볼리비아 180년 역사에서 대통령이 된 첫 아이마라 인디언이 되었다. 2006년 5월 그는 가스산업을 국유화하였는데, 그것은 모든 천연가스 자원이 국가소유의 에너지회사의 통제 하에 놓인다는 것을 의미하였다. 이러한 정책변화로 외국인 투자자들은 그들이 세웠던 가스전, 관로, 정제소에 대한 과반수 소유권을 상실하였으며, 볼리비아 천연가스 매출로 인한 이윤의 상당부분을 잃게 되었다. 외국정부에 의해 신랄하게 비판을 받았던 이러한 극단적인 조치는 볼리비아 국민들로부터 지지를 받았다. 이와 더불어 다른 인기 위주의 정책으로 인해 에보 모랄레스는 2009년에 5년 임기로 재당선되었다. 2013년 볼리비아의 가스산업은 여전히 국가에서 대부분 소유하고 있다.

볼리비아의 경험은 한 국가 내의 모든 사람들이 무역으로부터의 이득을 나누도록 보장하는 것이 어렵다는 것을 보여주고 있다. 자동차 배터리에 쓰이는 은, 주석, 리튬과 같은 다른 광물과 천연가스 자원이 풍부함에도 불구하고 지역의 많은 주민들은 가난에 머물러 있다. 볼리비아 시민들이 이러한 이득을 분배하는 것이 어렵기 때문에 가스 수출은 논쟁적인 이슈이다. 천연가스 수출이 그것을 판매한 외국계 회사와 국영기업에 분명히 이득을 가져다주었지만 원주민들은 역사적으로 이러한 이득을 분배받지 못했다.

2009년에 새 헌법에서는 원주민들이 그들의 영토에서 천연자원에 대한 지배력을 갖도록 해주었다. 일본과 유럽의 기업은 이러한 자원을 얻기 위해 모랄레스 정부와 협상을 하였으나 정부는 빈곤감소 프로그램을 통해 이득이 지역 주민들에게 돌아가도록 보장하였다. 2009년부터 지난 5년간 볼리비아는 평균 4.7%의 높은 경제성장률을 달성하였다. 원주민들은 농촌지역에서 엘 알토 같은 도시로 상당수 이주하였는데 이 도시는 이전에는 폭력시위가 일어난 곳이었으나 현재는 도시민들에 의해 번창하는 소기업들이 생겨나는 곳이 되었다.[2]

이 장의 핵심 교훈은 대부분 한 국가가 무역을 개시할 경우 승자와 패자가 생겨난다는 것이다. 일반적으로, 무역으로부터 혜택을 얻는 사람들의 이득이 피해를 입는 사람들의 손실보다 더 크고 이러한 점에서 무역으로부터 전체적인 이득이 더 크다고 할 수 있다. 그것은 앞장의 리카도 모형으로부터의 교훈이었다. 그러나 무역이 모든 노동자에게 이득을 가져온다는 앞 장의 논의는 지나치게 단순한 것이었다. 그것은 리카도 모형에서는 노동만이 유일한 생산요소이기 때문이다. 자본과 토지 또한 생산요소라는 보다 현실적인 가정을 하게 되면 무역은 어떤 요소에는 이득을 가져다주고 다른 요소에는 손실을 가져다준다. 이 장에서 우리의 목표는 무역으로부터 누가 이득을 얻고 누가 손실을 얻는지, 또 어떠한 상황에서 이러한 일들이 발생하는지 밝히는 것이다.

---

2 이 사례에 대해서는 이 단락에서 인용한 사이먼 로메로의 "볼리비아, 미개발 풍부함이 민족주의를 만나다"(뉴욕타임스, 2009년 2월 3일)와 사라 샤리아리의 "호황의 세계 : 볼리비아"(가디언, 2012년 12월 20일)를 더 읽어보기 바란다.

　노동, 토지, 자본의 소득을 결정하는 데 있어서 국제무역의 역할을 분석하기 위해 사용하는 모형은 한 산업(농업)은 노동과 토지를 사용하고 다른 산업(제조업)은 노동과 자본을 사용한다고 가정한다. 이러한 모형은 토지가 농업에 특정적이고 자본은 제조업에 **특정적**이기 때문에 때로 **특정요소 모형**(specific-factors model)이라고 한다. 노동은 양쪽 산업 모두에 사용되기 때문에 어느 한쪽에 특정적이지 않다. 토지가 농업에 특정적이고 자본이 제조업에 특정적이라는 생각은 단기에는 사실일 수 있으나 장기에는 실제로 적용되지 않는다. 이후의 장들에서, 우리는 자본과 다른 자원들이 한 산업에서 다른 산업으로 이동하여 사용되는 장기모형을 개발하게 될 것이다. 지금은 단기 특정요소 모형에 초점을 맞출 것이고 이 모형은 리카도 모형을 능가하는 무역으로부터의 이득에 관한 새로운 통찰력을 제공할 것이다.

1 특정요소 모형

우리는 특정요소 모형에서 다음과 같은 질문을 하게 된다. 무역은 노동, 토지, 자본의 소득에 어떠한 영향을 미치는가? 우리는 이미 리카도 모형을 배움으로써 한 국가가 자유무역을 개시할 때 수출의 상대가격은 올라가고 수입의 상대가격은 떨어진다는 것을 알게 되었다. 따라서 무역이 요소소득에 어떤 영향을 미치는지에 대한 질문은 실제로는 상대가격의 변화가 노동, 토지, 자본의 소득에 어떤 영향을 미치는가 하는 질문이라고 할 수 있다. 이 장에서 전개하는 아이디어는 주로 특정요소는 단기에서 한 산업에 '고정'되어 있고 다른 산업에서 사용될 수 없으므로 상대가격의 변화로 인해(특정요소 소득은 상대가격 변화에 가장 민감하므로) 특정한 혹은 **고정된** 요소(자본과 토지와 같은)의 소득이 오르거나 떨어진다는 것이다. 반면, 이동 가능한 요소(노동과 같은)는 다른 산업에서 고용기회를 찾음으로써 어느 정도 손실을 만회할 수 있다.

　2장의 국제무역 학습에서처럼, 우리는 자국과 외국의 두 국가를 살펴본다. 먼저 자국부터 논의해보자.

자국

특정요소 모형에서 두 산업을 '제조업'과 '농업'이라고 하자. 제조업은 노동과 자본을 사용하는 반면, 농업은 노동과 토지를 사용한다. 각 산업에서 사용된 노동량의 증가는 **수확체감**(diminishing returns)을 따른다. 즉 산업에서 사용된 노동량이 증가함에 따라 노동의 한계생산은 감소한다. 그림 3-1(a)는 생산에 사용된 노동량에 따른 생산량을 그리고 있으며 제조업에서 수확체감을 보여주고 있다. 더 많은 노동이 사용될수록 제조업의 생산량은 증가하지만 감소하는 비율로 증가하게 된다. 그림 3-1의 곡선 기울기는 노동의 한계생산을 나타내며, 그것은 노동이 증가함에 따라 감소한다.

　그림 3-1(b)는 MPL_M, 제조업에서 사용된 노동인 L_M에 대한 제조업에서의 노동의 한계생산을 그래프로 나타내고 있다. 유사하게, 농업에서 (그림으로는 나와 있지 않으나) 노동의 한

그림 3-1

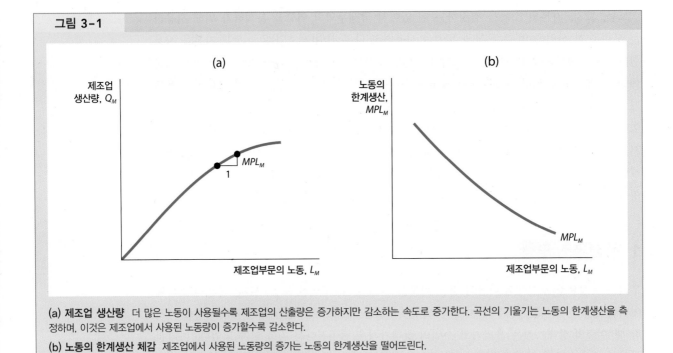

(a)

제조업
생산량, Q_M

MPL_M
1

제조업부문의 노동, L_M

(b)

노동의
한계생산,
MPL_M

MPL_M

제조업부문의 노동, L_M

(a) 제조업 생산량 더 많은 노동이 사용될수록 제조업의 산출량은 증가하지만 감소하는 속도로 증가한다. 곡선의 기울기는 노동의 한계생산을 측정하며, 이것은 제조업에서 사용된 노동량이 증가할수록 감소한다.

(b) 노동의 한계생산 체감 제조업에서 사용된 노동량의 증가는 노동의 한계생산을 떨어뜨린다.

계생산인 MPL_A 역시 농업에서 사용되는 노동인 L_A가 증가함에 따라 감소한다.

생산가능곡선 제조업과 농업, 두 산업의 생산을 결합하여 한 경제의 생산가능곡선(PPF)을 도출할 수 있다(그림 3-2). 두 산업의 노동의 수확체감으로 인해 PPF는 원점에 대해 바깥으로 구부러져 있거나 오목하다.(경제학 원론 수업에서 다루었던 이 낯익은 모양을 알아차렸을 것이다.)

각 산업에서 노동의 한계생산을 활용함으로써 PPF의 기울기를 정할 수 있다. 그림 3-2의 점 A에서 시작해서 노동 1단위가 농업부문을 떠나서 제조업부문으로 들어감으로써 새로운 생산점이 점 B가 된다고 하자. 농업생산의 감소는 MPL_A이고, 제조생산의 증가는 MPL_M이다. 점 A와 B 사이의 PPF의 기울기는 음의 한계생산비율, 즉 $-MPL_A/MPL_M$이다. 이 비율은 제조업 산출물 1단위를 생산하는데 드는 기회비용, 즉 제조업을 한 단위 생산하기 위해 포기해야 하는 식품(농산물)이다.

기회비용과 가격 리카도 모형과 같이 PPF의 기울기, 즉 제조업의 기회비용은 제조업의 상대가격과 같다. 이러한 이유를 이해하기 위해 경쟁시장에서 기업들이 노동 1시간 추가에 따른 비용(임금)이 산출물로 나타낸 노동 한 단위의 가치와 같아지는 점까지 노동을 고용한다는 점을 상기하자. 결국 노동 1시간 추가의 가치는 그 시간 동안 생산된 재화의 양(노동의 한계생산)에 재화의 가격을 곱한 것과 같다. 제조업에서는 임금 W가 제조가격인 P_M과 노동의 한

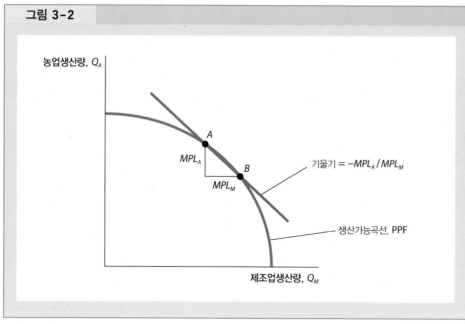

그림 3-2

생산가능곡선 생산가능곡선은 노동을 이용해서 한 경제에서 생산될 수 있는 농업과 제조업 생산량을 보여준다. 그 기울기는 두 산업의 노동의 한계생산의 비율인 $-MPL_A/MPL_M$와 같다. PPF의 기울기는 제조업 생산의 기회비용으로 해석될 수 있다. 기회비용은 제조업부문에서 생산 1단위를 더 얻기 위해 포기해야 하는 농산품의 양이다.

계생산인 MPL_M을 곱한 것과 같아질 때까지 노동을 고용한다.

$$W = P_M \cdot MPL_M$$

이와 비슷하게, 농업에서는 임금 W가 농산물 가격인 P_A와 농업에서 노동의 한계생산인 MPL_A의 곱과 같아지는 지점에서 노동을 고용한다.

$$W = P_A \cdot MPL_A$$

우리는 노동이 산업 간 이동이 자유롭다고 가정하고 있기 때문에 이 두 식의 임금은 같아져야 한다. 만약 임금이 두 산업에서 같지 않다면 노동은 임금이 높은 산업으로 이동할 것이다. 이러한 노동의 이동은 임금이 높은 산업의 노동 증가로 임금이 낮아지고 임금이 낮은 산업의 노동 감소로 임금이 높아짐으로써 산업 간 임금이 같아질 때까지 계속된다. 두 산업의 임금이 같아지도록 함으로써 $P_M \cdot MPL_M = P_A \cdot MPL_A$가 되고 식을 정리하면 다음과 같다.

$$(P_M/P_A) = (MPL_A/MPL_M)$$

위 식은 제조업의 상대가격인 (P_M/P_A)이 제품의 기회비용이면서 생산가능곡선의 기울기인 (MPL_A/MPL_M)과 같아짐을 보여주고 있다. 이러한 상대가격은 자국의 소비자들이 제품 대비 식품에 두는 가치를 반영하는 것이다. 국제무역이 일어나지 않을 때는 자국 경제의 균형은 그림 3-3의 A점에서 발생하며 여기서 제품의 상대가격 (P_M/P_A)은 효용수준이 U_1인 소비자의 무차별곡선의 기울기뿐 아니라 PPF의 기울기와도 같다. 무역부재균형의 시사점은 2장의 리카도 모형의 시사점과 완전히 일치한다. 즉 균형은 PPF와 소비자의 무차별곡선의 접점에서 발생한다. PPF의 이 점은 소비자들이 달성할 수 있는 가장 높은 수준의 효용에 부합된다.

그림 3-3

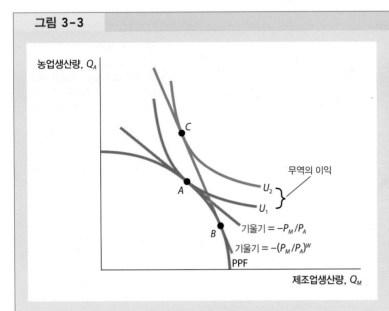

제조업의 상대가격 증가 국제무역이 없을 때 한 경제는 점 A에서 생산하고 소비한다. 제조업의 상대가격인 P_M/P_A는 점 A에서 PPF와 무차별곡선인 U_1에 접하는 직선의 기울기이다. 국제무역을 하면, 경제는 점 B에서 생산할 수 있고 점 C에서 소비할 수 있다. 제조업의 국제상대가격인 $(P_M/P_A)^W$는 선분 BC의 기울기이다. 효용수준 U_1에서 U_2로의 증가는 이 경제의 무역의 이익을 나타낸다.

(그림 내 라벨) 농업생산량, Q_A / C / A / U_2 / U_1 / 무역의 이익 / B / 기울기 = $-P_M/P_A$ / 기울기 = $-(P_M/P_A)^W$ / PPF / 제조업생산량, Q_M

외국

이 장에서 우리는 외국에 대해 자세히 논하지 않기로 한다. 대신, 무역부재 하의 외국의 제조업 상대가격인 (P^*_M/P^*_A)는 자국의 무역부재 하의 가격인 (P_M/P_A)와 다르다고 단순히 가정한다. 이러한 가격이 다른 것은 몇 가지 이유가 있다. 이전 장에서 우리는 국가 간의 생산성의 차이가 무역부재 하의 국가 간 상대가격의 차이를 가져온다는 것을 보였다. 이것은 리카도 모형의 핵심가정, 즉 출발점이다. 우리가 아직 살펴보지 않은 상대가격 차이의 또 다른 이유는 두 국가의 노동, 자본, 토지의 양이 다르다는 것이다.(이것은 다음 장에서 살펴볼 헥셔-올린 모형의 핵심가정이다.)

여기서는 무역부재 하의 상대가격이 국가 간 다른 이유에 대해서는 설명하지 않겠지만 이것이 특수한 상황이 아닌 당연한 것으로 받아들이도록 한다. 한 가지 경우에 집중하기 위해 자국의 무역부재 하의 제조업 상대가격이 외국의 상대가격보다 낮다고 가정하자[(P_M/P_A) $<(P^*_M/P^*_A)$]. 이 가정은 자국이 외국보다 제품을 더 저렴한 가격에 생산할 수 있다는, 즉 자국이 제조업에 비교우위를 갖고 있다는 것을 의미한다.

무역으로부터의 총이득

그림 3-3의 무역부재균형에서 시작해서 자국이 외국과 국제무역을 개시한다고 가정하자. 일단 무역이 개시되면 국제균형상대가격, 즉 모든 국가의 상대가격인 $(P_M/P_A)^W$는 두 국가의 무역부재상대가격 사이에 위치하게 될 것이다. 따라서

$$(P_M/P_A)<(P_M/P_A)^W<(P^*_M/P^*_A)$$

위 식은 자국이 무역을 개시할 때 제조업의 상대가격이 (P_M/P_A)에서 $(P_M/P_A)^W$로 오를 것임을 보여준다. 반대로 외국의 경우 제조업의 상대가격은 (P^*_M/P^*_A)에서 $(P_M/P_A)^W$로 떨어지게 된다. 무역 하에서 국제상대가격인 $(P_M/P_A)^W$는 자국의 PPF에 접하는 직선, 즉 그림 3-3의 직선 *BC*로 나타낼 수 있다. 자국의 제품 상대가격의 증가는 무역부재 하의 가격선(점 *A*를 통과하는)에 비해 국제상대가격선이 더 가파른 것으로부터 알 수 있다.

자국에서 (P_M/P_A) 증가의 결과는 무엇일까? 자국에서 제품의 더 높은 상대가격은 더 많은 노동자들을 제조업으로 유인하여 *A*점이 아닌 *B*점에서 생산하도록 한다. 이전과 같이 생산은 상대가격선에 접하는 자국의 PPF에서 발생하고 이때 산업 간 임금은 같아진다. 자국은 국제상대가격선인 *BC*를 따라 제품을 수출하고 농산물을 수입할 수 있고 점 *C*에서 가장 높은 수준의 효용인 U_2를 달성하게 된다. 효용수준 U_2와 U_1의 차이는 국가의 무역으로부터의 총이득의 양이다.(이러한 이득의 총량은 무역 하의 상대가격이 무역부재 하의 상대가격과 같을 경우 0의 값을 갖게 되지만 음의 값은 갖지 않는다 — 한 국가는 무역을 개시함으로써 효용이 더 악화되지는 않는다.)

상대가격이 오르는 재화(자국의 경우 제품)가 수출되고 상대가격이 떨어지는 재화(자국의 경우 농산물)는 수입된다는 사실에 주목하자. 제품을 더 높은 가격에 수출하고 식품을 더 낮은 가격에 수입함으로써 자국은 무역을 하지 않았을 때보다 더 부유해진다. 무역으로부터의 이득을 계산하기 위해 경제학자들은 한 국가가 얼마나 많은 추가 소비여력이 있는지 결정하기 위해 수출가격의 증가와 수입가격의 감소를 살펴본다. 다음의 적용사례에서는 이득을 측정했던 역사적 사례 속에서 무역으로부터의 총이득의 크기를 고려해보기로 한다.

적용사례

무역의 이익은 얼마나 클까?

무역의 총이익은 얼마나 클까? **자급자족경제**(autarky, 무역부재)로부터 자유무역으로 이행한 국가들에 관한 몇몇 역사의 예들을 찾아볼 수 있는데 역으로 이러한 이행 전후의 연도들을 활용하여 무역의 이익을 추정할 수 있다.

미국에서 일어난 사례는 1807년 12월과 1809년 3월 사이에 일어났는데 이때 미국대통령이었던 토마스 제퍼슨의 요청으로 미국 국회는 국제무역을 완전히 중단했다. 모든 무역의 중단을 **금수조치**(embargo)라 한다. 영국은 나폴레옹과 전쟁 중에 있었으며 보급품과 군수물자를 운반한 것으로 여겨진 선박들이 프랑스에 도착하는 것을 막기 원했기 때문에 미국에서는 금수조치를 취한 것이다. 그 결과, 영국은 미국 동부해안을 순찰하고 대서양을 횡단한 미국 선박들을 나포하였다. 자국의 선박들을 보호하고 영국에 경제적 손실을 가하기 위해 미국은 1807년부터 1809년까지 금수조치를 선포하였다. 그러나 금수조치는 완전하지 않아서 미국은 캐나다와 멕시코와 같이 배로 도달하지 않아도 되는 국가들과는 여전히 무역을 하였다.

예상한 대로, 이 기간 동안 미국의 무역은 급격하게 감소하였다. 면, 밀, 담배, 쌀과 같은 품목의 수출은 1807년 4,900만 달러에서 1809년에는 900만 달러로 감소했다. 수출가격의 하락은 수출량 감소와 수출가격 하락을 모두 의미한다. 2장에서 한 국가의 교역조건을 수출가격을 수입가격으로 나눈 값으로 정의했던 것을 상기하면, 미국 수출가격의 하락은 교역조건의 하락을 의미하고 이것은 미국의 손실을 의미한다. 한 연구에 의하면, 무역 금수조치가 미국에 미친 비용은 국내총생산(GDP)의 5%였다. 즉 미국 GDP는 무역 금수조치가 없을 경우에 비해 5% 더 낮았다. 무역이 완전히 없었던 것은 아니고 또 몇몇 미국 생산자들은 옷감과 유리 같은 이전에 수입했던 재화들을 생산하는 것으로 바꿀 수 있었기 때문에 금수조치의 비용은 어느 정도 상쇄되었다. 따라서 우리는 GDP의 5%를 무역이 없을 경우에 비해 상대적으로 미국이 얻었을 무역의 이익보다 낮은 추정치로 받아들일 수 있다.

GDP의 5%는 큰 수치일까 혹은 작은 수치일까? 1년에 GDP가 5% 떨어진 불황은 매우 극심한 경기하강으로 생각할 수 있다는 점에서 이것은 큰 수치이다.[3] 또 다른 관점에서 생각하면, 전반적인 GDP로 금수조치의 비용을 비교하는 대신 우리는 금수조치 이전에 GDP의 13%였던 미국 수출의 규모를 가지고 비교할 수 있다. 이 숫자들의 비율로 우리는 금수조치의 비용이 수출가격의 3분의 1보다 크다는 것을 알 수 있다.

또 다른 역사적인 사례는 일본이 200년 동안 스스로 부과했던 자급자족 경제체제 이후 1854년에 세계경제에 빠른 속도로 시장을 개방한 것이다. 이 경우 미국의 코모도르 매튜 페리의 군사행동이 일본을 강제로 국경을 열도록 함으로써 미국은 상업적인 관계를 수립할 수 있었다. 무역이 개시되자 일본의 미국으로의 수출품(비단과 차와 같은)의 가격은 상승했고 미국으로부터의 수입품(양모와 같은)의 가격은 하락했다. 이러한 가격의 움직임은 일본에는 교역조건 개선이었으며 이것은 그림 3-3에서 무역부재 하의 점 *A*로부터 점 *B*와 *C*에서의 무역균형으로의 이동과 매우 유사한 것이었다. 어떤 연구의 추정결과에 따르면 일본은 개방 이후 무역의 이익이 GDP의 4~5%였다.[4] 그러나 이익은 한 국가만의 것이 아니라 무역 상대국도—미국과 같은—새로 개방된 시장과 무역을 함으로써 얻을 수 있는 것이었다. ■

2 노동의 수입

무역은 전반적으로 이득이기 때문에 경제에서 어떤 이는 더 잘살게 되지만 모든 이들이 그런 것은 아니다. 이 장의 목표는 그림 3-3에서 보이는 것처럼 상대가격의 변화가 노동자, 지주, 자본가의 수입에 어떤 결과를 가져오는지를 살펴보는 것이다. 우리는 제품의 상대가격이 증가할 때 노동이 얻은 임금에 어떤 일이 발생하는지 살펴봄으로써 특정요소 모형에 대한 연구를 시작하기로 한다.

---

3   미국에서 일어난 가장 극심한 경기하강은 1930년대 대공황이었다. 1929년부터 1933년 사이에 미국의 실질GDP는 연평균 9% 하락했고 그 후에 회복하기 시작했다. 1939년이 되어서야 미국은 1929년의 실질GDP와 같은 수준으로 회복되었다.

4   Diniel M. Bernhofen and John C. Brown, March 2005, "Estimating the Comparative Advantage Gains from Trade," *American Economic Review*, 95(1), 208-225.

임금결정

임금을 결정하기 위해서는 그림 3-1(b)에 나와 있는 제조업의 노동의 한계생산(MPL_M)과 농업의 노동의 한계생산(MPL_A)을 한 그래프에 함께 표시하는 것이 편리하다.

첫째로, 우리는 제조업에서 사용된 노동의 양인 L_M과 농업에서 사용된 노동의 양인 L_A를 합하여 경제의 총 노동량인 $\overline{L}$로 나타내기로 한다.

$$L_M + L_A = \overline{L}$$

그림 3-4에서는 수평선에 총 노동량인 $\overline{L}$을 나타내고 있다. 제조업에서 사용되는 노동의 양인 L_M은 왼쪽 0_M으로부터 오른쪽으로 측정되는 반면, 농업에서 사용되는 노동의 양인 L_A는 오른쪽 0_A로부터 왼쪽으로 측정된다. 수평축의 각 점은 제조업에서 얼마나 많은 노동이 사용되는지(왼쪽에서 오른쪽으로 측정)와 농업에서 얼마나 많은 노동이 사용되는지(오른쪽에서 왼쪽으로 측정)를 나타낸다. 예를 들어, 점 L은 제조업에서 $0_M L$단위의 노동이 사용되고 농업에서는 $0_A L$단위의 노동이 사용되어 모두 합해서 $\overline{L}$단위의 노동이 사용됨을 나타낸다.

임금을 결정하는 두 번째 단계는 각 산업의 노동의 한계생산을 그 산업의 재화의 가격(P_M 혹은 P_A)으로 곱하는 것이다. 우리가 이전에 논했던 것처럼, 경쟁시장에서 기업은 노동 한 시

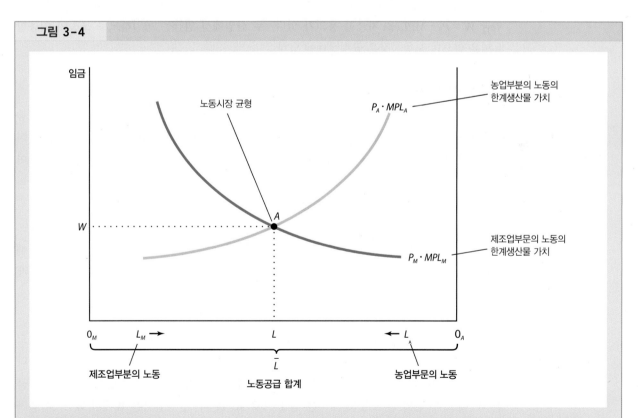

그림 3-4

제조업과 농업 간의 노동의 할당 제조업에서 사용된 노동량은 수평축의 왼쪽에서 오른쪽으로 측정할 수 있으며, 농업에서 사용된 노동량은 오른쪽에서 왼쪽으로 측정된다. 노동시장균형은 점 A에서 일어난다. 균형임금 W에서 제조업은 $0_M L$만큼의 노동을 사용하며 농업은 $0_A L$을 사용한다.

간 추가에 따른 비용(임금)이 생산 한 시간의 가치, 즉 노동의 한계생산을 재화의 가격에 곱한 값과 같아지는 점까지 노동을 고용한다. 이 경우 각 산업에서 노동은 다음을 만족하는 점에서 고용된다.

$$W = P_M \cdot MPL_M \text{ 제조업}$$
$$W = P_A \cdot MPL_A \text{ 농업}$$

그림 3-4에서 $P_M \cdot MPL_M$의 그래프를 기울기가 우하향하는 것으로 그릴 수 있다. 이 곡선은 제품 가격으로 곱한 것이라는 점을 제외하면 본질상 그림 3-1(b)의 노동의 한계생산 MPL_M곡선과 같다. 그러나 농업의 $P_A \cdot MPL_A$그래프를 그리게 되면 기울기가 우상향하게 된다. 이것은 그래프에서 농업부문에서 사용된 노동 L_A를 **오른쪽**에서 **왼쪽**으로 측정하기 때문이다. 즉 노동량이 증가할수록 (오른쪽에서 왼쪽으로) 농업에서 노동의 한계생산은 떨어지게 된다.

균형임금 그림 3-4에서 균형임금은 곡선 $P_M \cdot MPL_M$과 $P_A \cdot MPL_A$의 교점인 점 A에서 정해진다. 이 점에서 $0_M L$단위의 노동이 제조업에서 사용되고 이 산업의 기업은 $W = P_M \cdot MPL_M$만큼의 임금을 지불할 용의가 있다. 또한, 농업에서는 $0_A L$단위의 노동이 사용되고 농부들은 임금 $W = P_A \cdot MPL_A$을 지불할 용의가 있다. 두 산업에서 임금은 동일하므로 노동이 이동할 유인은 없으며 노동시장은 균형상태에 있다.

제조업에서 상대가격의 변화

우리는 임금이 특정요소 모형에서 어떻게 결정되는지 보였으므로 제조업에서 상대가격의 증가에 의해 임금이 어떻게 변하는지 알고자 한다. 즉 그림 3-3에서처럼 제조업의 상대가격이 증가하여 경제가 점 A의 무역부재균형으로부터 점 B와 C에서 생산과 소비가 일어나는 무역균형으로 이동할 때 각 생산요소의 소득에 미치는 영향은 무엇일까? 특히 제조업의 임금과 자본소득 및 농업의 지주소득의 변화는 무엇인가?

임금에 미치는 효과 제조업의 상대가격인 P_M/P_A의 증가는 P_M의 증가 혹은 P_A의 감소로 인해 발생할 수 있다. 이 두 가격의 움직임은 **실질임금**(real wage), 즉 노동자가 구입할 수 있는 제품과 식품의 양에 동일한 효과를 가져올 것이다. 편의상 제품의 가격인 P_M은 오르지만 농산품의 가격인 P_A는 변하지 않는다고 가정하자.

그림 3-5에서 볼 수 있듯이 P_M이 오르면 $P_M \cdot MPL_M$곡선은 $P'_M \cdot MPL_M$으로 옮겨간다. 그래프에 설명되어 있듯이 수직변화는 정확히 $\Delta P_M \cdot MPL_M$이다.(우리는 변수의 **변화량**을 나타내기 위해 기호 Δ, 델타를 사용하기로 한다.) 두 곡선의 교점은 점 B에서 일어나며 이때 임금은 W'이고 두 산업 간 노동의 배분은 점 L'으로 표시된다. 균형임금은 W에서 W'으로 증가하고 제조업에서 사용된 노동의 양은 $0_M L$에서 $0_M L'$으로 증가하며 농업부문의 노동은 $0_A L$에서 $0_A L'$으로 감소한다.

그림 3-5

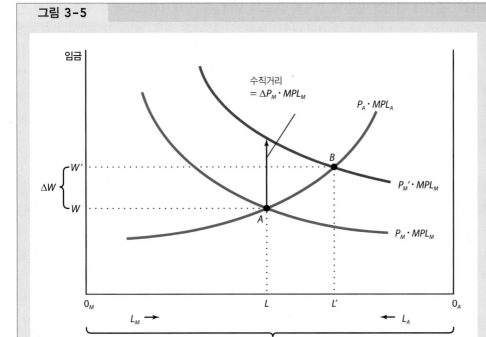

제품가격의 증가 제품 가격이 증가할 때, 곡선 $P_M \cdot MPL_M$은 $P'_M \cdot MPL_M$으로 상향이동하며 균형은 점 A에서 점 B로 이동한다. 제조업에서 사용된 노동은 $O_M L$에서 $O_M L'$으로 증가하며 농업에서 사용된 노동량은 $O_A L$에서 $O_A L'$으로 떨어진다. 임금은 W에서 W'으로 증가하지만 이러한 증가량은 곡선의 상향이동인 $\Delta P_M \cdot MPL_M$보다 적은 것이다.

실질임금에 미치는 영향 임금이 올랐다는 사실은 실제로는 노동자들이 구입할 수 있는 식품과 제품의 양으로 측정한 생활수준이 더 나아지는지 악화되는지에 대해서는 말해주지 않는다. 이 질문에 답하기 위해서는 이 재화들의 가격변화를 고려해야 한다. 예를 들어, 노동자가 시간당 받는 임금으로 구매할 수 있는 식품의 양은 W/P_A이다.[5] W는 W에서 W'으로 증가했고 P_A는 변하지 않았기 때문에 노동자들은 식품을 더 많이 살 수 있다. 다시 말해, 실질임금은 식품으로 나타낼 때 증가했다.

노동자가 살 수 있는 제품은 W/P_M로 측정된다. W는 증가할 때 P_M 또한 증가하기 때문에 W/P_M가 증가했는지 감소했는지 한눈에 알아차리기 어렵다. 그러나 그림 3-5에서 이것을 이해할 수 있다. 우리가 그림 3-5를 그렸을 때 W에서 W'으로의 임금의 증가량은 $P_M \cdot MPL_M$ 곡선의 수직적 변화량인 $\Delta P_M \cdot MPL_M$보다 적다. 이러한 조건을

$$\Delta W < \Delta P_M \cdot MPL_M$$

으로 표시할 수 있다. W/P_M가 어떻게 변했는지를 알기 위해서는 위 식의 양변을 초기의 임금인 $W(P_M \cdot MPL_M$과 같은)로 나누면 다음을 도출할 수 있다.

$$\frac{\Delta W}{W} < \frac{\Delta P_M \cdot MPL_M}{P_M \cdot MPL_M} = \frac{\Delta P_M}{P_M}$$

---

5 예를 들어, 당신은 8달러를 벌 수 있고 좋아하는 과자의 가격은 2달러라고 하자. 이 경우 당신은 1시간 일한 후 과자를 $8/$2 = 4개 살 수 있다.

위 식에서 중간에 위치한 분수의 분자와 분모의 MPL_M을 상쇄시킴으로써 마지막 분수를 얻을 수 있다. 이 식의 $\Delta W/W$는 임금의 퍼센트 변화량이다. 예를 들어, 원래 임금이 시간당 8달러였는데 10달러로 올랐다고 하자. 이때 $\Delta W/W = \$2/\$8 = 0.25$로 임금은 25% 상승한 것이다. 유사하게, $\Delta P_M/P_M$은 제품가격의 퍼센트 변화량이다. $\Delta W/W < \Delta P_M/P_M$이 성립한다면 임금의 퍼센트 변화는 제품가격의 퍼센트 변화보다 작은 것이다. 이러한 불균등은 임금으로 살 수 있는 제품의 양이 감소하였으므로 재화량으로 나타낸 실질임금인 W/P_M는 감소한 것으로 볼 수 있다.[6]

노동에 대한 전반적인 영향　제품상대가격의 증가라는 가정의 결과로 식품으로 측정한 실질임금이 증가하고 제품으로 측정한 실질임금은 하락했다는 것을 밝혔다. 이 경우, 상대가격의 증가는 농산품 가격이 불변이고 제품의 가격은 증가함으로써 발생한다고 가정하였다. 만약 우리가 제품가격이 불변이고 농산품 가격이 떨어진다고(종합하면 제품의 상대가격은 상승) 가정했다면 두 재화로 표시한 실질임금에 동일한 효과가 있다는 결론에 도달했을 것이다.

가격이 상승한 후 노동의 후생은 개선될까 아니면 악화될까? 답할 수 없다. 소득의 대부분을 제품소비에 사용하는 사람들은 제품을 더 적게 살 수 있게 되므로 후생수준이 악화된다. 그러나 소득의 대부분을 식품에 사용하는 사람들은 더 많은 식품을 살 수 있으므로 형편이 더 나아진다. 요컨대, 특정요소 모형에서 제품가격의 상승은 실질임금에 불분명한 효과를 가져오기 때문에 노동자들의 후생에 **불분명한** 효과를 가져오게 된다는 것이다.

특정요소 모형에서 무역개방으로 인해 노동자들의 후생이 나아지는지 혹은 나빠지는지에 대해 알 수 없다는 결론은 애매하게 들릴 수 있으나 그것은 몇 가지 이유로 인해 중요하다고 할 수 있다. 첫째, 이러한 결과는 무역개방으로 인해 실질임금이 상승함으로써 노동자들이 무역부재 상태보다 분명히 더 형편이 나아지는 2장의 리카도 모형에서 알아낸 것과 다른 것이다.[7] 특정요소 모형에서는 더 이상 이러한 경우는 발생하지 않는다. 무역의 개시와 상대가격의 이동은 한 재화에 대해서는 실질임금을 증가시키지만 다른 재화에 대해서는 실질임금을 낮추게 된다. 둘째, 특정요소 모형의 결과는 "무역은 노동자들에게 나쁘다" 혹은 "무역은 노동자들에게 좋다"와 같은 검증되지 않은 진술을 하는 데 대해 경고를 보낸다. 두 산업만을 고려하며 자본이나 토지가 이동하지 않는 단순화된 특정요소 모형에서도 무역개방의 실질임금에 대한 효과는 복잡하다는 것을 알게 되었다. 현실에서는 무역이 실질임금에 미치는 효과는 더 복잡하다.

6　예를 들어 제품이 콤팩트디스크(CD)이고 초기 가격이 16달러였는데 24달러로 올랐다고 가정하자. CD의 가격상승분은 8달러이므로 CD 가격의 퍼센트 증가량은 $\Delta P_M/P_M = \$8/\$16 = 0.50 = 50\%$가 된다. 또한 임금이 8달러에서 10달러, 즉 25% 증가했다고 가정해보자. 초기 가격을 사용하면, $W/P_M = \$8/\$16 = 0.5$ 혹은 CD 반 개를 살 수 있다. 새 가격을 사용하면 한 시간 노동으로 $W/P_M = \$10/\$24 = 0.42$, 즉 CD 4/10개를 살 수 있다. 따라서 CD 개수로 측정된 실질임금은 떨어진 것이다.

7　노동자들이 리카도 모형에서 무역의 이익을 얻지 못하는 유일한 상황은 2장의 문제 11에서 논했듯이 자국이 매우 커서 국제상대가격이 무역부재 하의 상대가격과 동일한 경우이다. 이러한 경우에는 자국의 노동자들이 국제무역으로부터 후생이 더 개선되지도 악화되지도 않는다.

특정요소 모형의 실업 우리는 특정요소 모형의 중요한, 현실적인 특징 한 가지인 실업문제를 지나쳤다. 당신은 종종 수입경쟁으로 인해 해고된 노동자들과 실업 상태에 있는 노동자들에 관한 뉴스를 보았을 것이다. 이러한 결과에도 불구하고 대부분의 경제학자들은 전반적으로 무역이 반드시 노동자들에게 해를 끼친다고는 믿지 않는다. 특정요소 모형에서 실업문제를 간과한 것은 사실이다. 제조업에서 고용된 노동 L_M과 농업부문에서 고용된 노동 L_A를 합하면 항상 전체 노동공급인 $\overline{L}$가 되는데 이것은 실업이 없다는 뜻이다. 우리가 이 모형에서 실업을 고려하지 않는 한 가지 이유는 실업이 대개는 경기변동에 의해 발생되는 거시경제적인 현상이며 무역이 노동에 미치는 영향을 분리해내기 위해 경기변동 모형과 국제무역 모형을 결합하는 것이 어렵기 때문이다. 그러나 다른 더 단순한 이유는 수입경쟁으로 인해 사람들이 해고될 때라도 많은 사람들이 적당한 기간 안에 새로운 직업을 구하고, 다음 적용의 예에서 보이듯이 때론 그들이 더 높은 임금의 일을 구하기 때문이다. 따라서 우리가 노동자들이 새로운 일을 구할 수 있다는 — 아마도 성장하는 수출산업에서 — 것을 깨닫고 일시적인 실업을 설명하더라도 여전히 무역이 노동자들에게 득이 되는지 실이 되는지 결론 내릴 수 없다.

다음의 두 적용사례에서 우리는 미국의 증거들을 통해 새로운 직업을 구하는 데 걸리는 시간과 벌어들이는 임금, 수입경쟁으로 인해 일자리를 잃은 노동자들에게 보상을 하기 위해 정부가 하는 노력들을 알게 될 것이다. 이러한 보상의 유형을 미국에서는 **무역조정지원**(TAA : trade adjustment assistance)이라고 한다.

적용사례

미국의 제조업과 서비스산업 : 산업 간 고용과 임금

비록 특정요소 모형은 제조업과 농업을 강조하지만 대부분의 산업화된 국가에서 농업에 종사하는 노동의 수는 적다. 산업국가들에서 더 큰 부문은 **서비스**(services)부문으로, 이것은 도소매무역, 금융, 법, 교육, 정보기술, 소프트웨어 공학, 컨설팅, 의료, 공공서비스를 포함한다. 미국과 대부분의 산업국가에서 서비스부문은 제조업보다 크며 농업부문보다는 훨씬 크다.

그림 3-6은 미국의 제조업에 고용된 노동자의 수와 경제 전체의 노동 중 차지하는 퍼센트 두 가지 측면 모두 고용을 보여준다. 각 측정방법을 사용하여 제조업의 고용은 시간이 흐름에 따라 감소하였다. 즉 농업부문의 0 혹은 음(−)의 성장을 감안할 때 이것은 서비스부문이 성장해왔음을 알려준다. 그림 3-7은 제조업, 모든 서비스 자영업, 정보서비스업(민간 서비스업의 일부분)에서 생산직 노동자들(혹은 블루칼라)가 벌어들인 실질임금을 보여준다.[8] 1974년부터 2007년까지 임금은 민간서비스업보다 제조업에서 약간 더 높았으나 2008년부터는 모든 민간서비스업 부문에서 더 높았다. 이러한 변화는 제조업보다 상당히 높은 **정보서비스 산**

---

8 그림 3-7의 실질임금은 2012년 소비자가격에 대한 상대임금으로 측정되었으며 서비스나 제품조립에 관여하는 생산직 노동자들의 평균 시급을 나타낸다. 생산직 노동자들은 블루칼라 노동자라고도 하며 보통 시급을 받는다. 다른 범주의 노동자들인 비생산직 노동자는 관리자와 책상에서 일하는 모든 노동자들을 포함한다. 이들은 화이트칼라 노동자들이라고도 하며 보통 시급 대신 연봉을 받는다.

그림 3-6

미국 제조업부문의 고용 미국 제조부문의 고용은 왼쪽 축에 나타나고 전체 미국 고용에서 제조업 고용의 비중은 오른쪽 축에 나타난다. 제조업 고용과 전체 고용의 비중 모두 시간이 흐를수록 하락하였는데 이것은 서비스부문이 증가해왔다는 것을 의미한다.

출처 : Economic Report of the President, 2012, Table B46

업에서의 임금의 효과에 부분적으로 기인한다. 예를 들어, 2012년에 모든 민간서비스업에서 시간당 평균임금은 19.90달러였고 제조업은 약간 낮은 19.60달러였다. 그러나 정보서비스업에서 평균임금은 28달러로 이보다 훨씬 높았다.

제조업과 서비스업 모두 매년 많은 노동자들은 교체되거나 해고되며 다른 일을 찾아야 한다. 예를 들어, 표 3-1에서 알 수 있듯이 2009년 1월부터 2011년 12월까지 제조업에서는 120만 명의 노동자들이, 서비스업에서는 260만 명이 직장을 떠났다. 제조업에서 해고된 노동자들 중 56%는 2012년 1월까지 재취업했으며 이들 중 3분의 2(65%)는 새 직장에서 더 낮은 임금을 받았고 3분의 1만이 동일하거나 더 높은 임금을 받았다. 서비스부문에서는 비슷한 57%가 2012년 1월까지 재취업했으나 절반보다 약간 많은 51%가 새 직장에서 이전과 동일하거나 더 높은 임금을 받았다. 따라서 서비스부문에서 해고된 근로자들의 임금은 제조업에서 해고된 근로자들의 임금만큼 타격을 받지는 않았다.

제조업과 서비스업에서의 고용과 임금의 비교를 통해 우리는 네 가지 교훈을 얻을 수 있다. 첫째, 한 경제에서 임금은 산업별로 다르므로 농업과 제조업 부문의 임금이 동일하다는 이론적인 가정은 단순화된 것이다. 둘째, 많은 근로자들은 매년 해고되며 다른 직장을 구해야 한다. 어떤 이들은 수입경쟁으로 인해 해고되지만 다른 이유들도 있다. 예를 들면, 그동안 판매되던 제품들이 유행이 지나면 컴퓨터와 다른 기술진보가 가능해지므로 기업들은 제품을 재구성하고 위치도 바꾼다. 셋째, 해고된 노동자들의 절반 이상은 2~3년 이내에 새로운 직

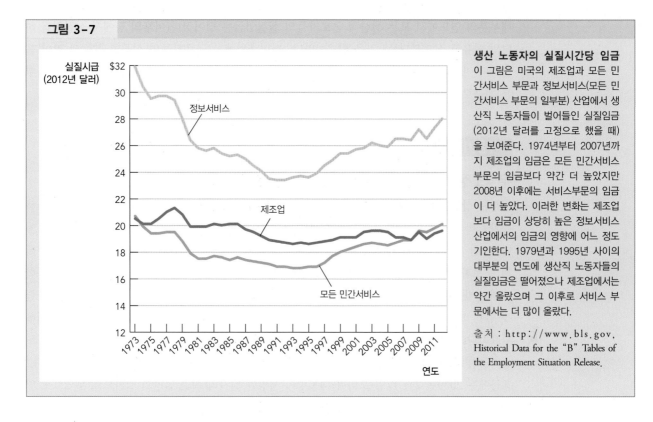

그림 3-7

생산 노동자의 실질시간당 임금 이 그림은 미국의 제조업과 모든 민간서비스 부문과 정보서비스(모든 민간서비스 부문의 일부분) 산업에서 생산직 노동자들이 벌어들인 실질임금(2012년 달러를 고정으로 했을 때)을 보여준다. 1974년부터 2007년까지 제조업의 임금은 모든 민간서비스 부문의 임금보다 약간 더 높았지만 2008년 이후에는 서비스부문의 임금이 더 높았다. 이러한 변화는 제조업보다 임금이 상당히 높은 정보서비스 산업에서의 임금의 영향에 어느 정도 기인한다. 1979년과 1995년 사이의 대부분의 연도에 생산직 노동자들의 실질임금은 떨어졌으나 제조업에서는 약간 올랐으며 그 이후로 서비스 부문에서는 더 많이 올랐다.

출처 : http://www.bls.gov, Historical Data for the "B" Tables of the Employment Situation Release.

장을 구하지만 반드시 동일한 임금으로 구할 수 있는 것은 아니다. 일반적으로, 45세에서 64세 연령의 노동자들은 직장을 바꿀 때 임금 손실을 경험하는 반면, 젊은 노동자들(25세에서 44세까지)은 같거나 더 높은 임금을 주는 새로운 직장을 더 잘 구할 수 있다. 마지막으로, 임금을 소비재 가격의 물가상승으로 조정하여 실질변수로 측정할 때 1979년부터 1995년까지

표 3-1

제조업과 서비스 산업의 실업, 2009~2011년 이 표는 2009년부터 2011년까지 제조업과 서비스산업에서 대체된(혹은 해고된) 근로자들의 수를 보여주고 있다. 2009년에서 2011년까지 대체된 근로자들의 절반 이상(56%)이 2012년에 재취업되었으며 제조업에서 얻은 새로운 직장에서 그들의 3분의 2가량이 이전보다 더 적은 수입을 얻었고 3분의 1만이 이전과 같거나 많은 임금을 받았다. 그러나 서비스산업에는 재취업된 노동자들의 절반 정도가 새로운 직장에서 더 적게 벌었으며 나머지 절반은 이전과 같거나 더 많은 수입을 받았다.

산업	해고된 노동자(천) 2009.1~2011.12	%		
		2012년까지 재고용된 노동자	재고용된 노동자 중	
			새 직장의 임금이 더 적은 경우	새 직장의 임금이 같거나 더 많은 경우
합계	6,121	56%	54%	46%
제조업	1,183	56%	65%	35%
서비스업	2,613	57%	49%	51%

출처 : U.S. Bureau of Labor Statistics

대부분의 연도에서 모든 생산직 근로자들의 실질임금은 떨어졌다(이후의 장에서 실질임금 하락의 이유를 살펴본다)는 것을 알 수 있다. 서비스업에서 근로자들의 실질임금은 더 많이 올랐으나 제조업에서 생산직 근로자들의 실질임금은 그 이후로 약간만 올랐으므로 서비스 부문의 근로자들은 평균적으로 제조업 노동자들보다 소득이 높다(특히 정보서비스업). ■

적용사례

무역조정지원 제도 : 무역의 조정비용 조달

정부는 상당 기간 동안 일을 찾고 있거나 찾지 못한 노동자들에게 개입하여 보상해주어야 하는가? 미국의 실업보험 프로그램은 해고의 이유를 막론하고 그러한 보상을 제공해주고 있다. 또한 **무역조정지원(TAA)**프로그램은 수입경쟁 때문에 해고되거나 재교육 프로그램에 등록된 근로자들에게 추가적인 실업보험급여와 건강보험을 제공한다. 이 장의 서두에서 인용한 케네디 대통령의 어록은 1962년에 그가 TAA 프로그램을 도입할 때 했던 연설문에서 인용한 것이다. 그는 이 프로그램이 국제무역으로 인해 일자리를 잃은 미국인들에게 보상하기 위해 필요하다고 믿었다. 1993년 이후로 멕시코나 캐나다로부터의 수입경쟁의 결과로 해고된 노동자들을 위한 북미자유무역협정(NAFTA) 하의 특별 무역조정지원 프로그램을 가동해왔다.[9] 최근에는 2009년 2월 17일 오바마 대통령이 서명한 일자리 촉진 법안의 일환으로 무역으로 인해 일자리를 잃은 (농업인뿐 아니라) 서비스산업 종사자들 또한 TAA 혜택에 지원할 수 있다. 이러한 지원대상 확대는 **헤드라인 : 서비스 근로자들 무역조정지원 프로그램에 지원 가능**에서 설명하고 있다.

다른 국가들도 무역으로 피해를 입은 사람들에게 보상하기 위해 TAA와 같은 프로그램을 운영하고 있다. 1990년 6월 30일 동독과 서독이 통일되면서 특별히 흥미로운 사례가 발생하였다. 그날 두 지역 간의 노동과 자본 이동의 모든 장뿐 아니라 무역장벽도 제거되었다. 동독과 서독 간의 동등한 임금을 달성하고자 한 노동조합의 압력으로 동독의 기업들은 지불할 수 있는 수준보다 훨씬 높은 수준의 임금을 지불해야 하는 상황에 처했다. 한 추정에 따르면, 동독 기업의 8%만이 서독에서 지급된 임금을 지불하고도 이윤을 남길 수 있었다. 정부의 개입이 없다면 극심한 파산과 실업으로 동독 노동자들이 서독으로 대거 이동하는 결과를 예상할 수 있었다.

이러한 상황을 연구한 경제학자들은 이전 동독에 충분한 급여 보조금, 혹은 '유연한 고용 보너스'가 주어져야 하고 그로 인해 임금을 일부분만 주더라도 공장에서 근로자들을 고용할 수 있도록 해야 한다고 주장하였다. 더욱이 그들은 급여보조금 없이는 정부가 일자리 없이 남겨진 사람들에게 대규모로 실업급여를 제공해야 하기 때문에 급여보조금은 기본적으로 들

---

9   우리는 이후의 장들에서 북미자유무역협정을 논하고 NAFTA-TAA 프로그램의 혜택에 얼마나 많은 근로자들이 지원했는지 더 자세히 살펴보기로 한다.

인 비용을 절감할 수 있을 것이라고 주장했다.[10] 밝혀졌듯이, 이러한 형태의 급여보조금은 사용되지 않았고 동독의 실업과 서독으로의 이주는 통일 후의 독일에 지속적으로 어려운 정책 이슈가 되었다. 2011년 인구조사와 최근의 연구에 따르면 서독에 비해 동독의 높은 실업과

헤드라인

....

서비스 노동자들 무역조정지원 프로그램에 지원 가능

1962년 미국에서 케네디 대통령은 제조업 근로자들을 위해 처음으로 무역조정지원을 도입하였다. 이 기사는 2009년에 서비스 종사자들에게 어떻게 확대되었는지를 설명하였다. TAA 프로그램은 2011년부터 2013년 말까지 미국 국회에서 재승인되었으며, 우리는 무역에 의해 일자리를 잃은 근로자들을 지원하기 위해 미래에도 지속적으로 재승인되리라는 것을 예상할 수 있다.

글로벌 공급망, 고속 인터넷 연결, 컨테이너 운송의 시대인 오늘날, 케네디의 우려는 여전히 관계가 있다 — 기술과 무역의 성장, 혁신과 더 나은 생활수준, 그러나 변화와 불안정.(2000년대 초의 연구는 일반적으로 국제경쟁이 근로자 해고의 2%를 설명한다는 것을 밝혔다.) 그러나 걱정은 영구적일지 모르지만 특정 프로그램과 정책들은 변화하는 시대에 적응하지 못하면 사라지게 된다. 또한 주기적인 업데이트에도 불구하고 이번 주까지 TAA는 지난 세계를 위해 기획된 채로 남아있었다. 가장 주목할 것은 TAA가 인터넷 베이스의 경쟁에 직면한 서비스 노동자들을 지원하지 못하도록 되어 있다는 것이었다…

이러한 점에서 어제… 법안 서명은 지난 반 세기 동안 TAA 프로그램에 일어난 첫 번째 근본적인 변화였다. 상원의원인 맥스 바커스(D-MT)와 찰스 그래슬리

(R-IA)가 주도하여 3년 만에 이뤄진 합의는 21세기 TAA를 변화시켰다. 법조문 184쪽에 담긴 새로운 프로그램은 세 가지 기본적인 변화들을 담고 있다.

- 더 많은 근로자들에게 자격이 주어진다 : 서비스산업 근로자들은 TAA 서비스를 받을 수 있는 온전한 자격을 지니며 이로서 TAA를 고도기술 경제와 관련 있는 프로그램으로 만든다. 이것은 해당 지역이 어느 곳이든 사업체를 해외로 옮기는 근로자들에게도 적용된다. 개혁은 또한 농업 및 어업 종사자들에게도 자격요건을 완화한다.
- 그들은 더 많은 도움을 받게 된다 : 개혁은 훈련지원금을 2억 2,000만 달러에서 5억 7,500만 달러로 증액시키고 건강보험을 65%에서 80%로 보험료를 대폭 인상하며 주정부에

매년 TAA 해당 근로자들을 위한 비용을 8,600만 달러를 지급함으로써 공동체에서 공장폐업을 처리하는 데 2억 3,000만 달러 프로그램을 마련하고 급작스러운 무역경쟁을 감당하는 기업체에 대한 지원을 3배로 늘린다.
- 그들은 그들의 권리를 더 잘 알게 된다 : 법안은 자격요건을 갖춘 근로자들이 그들의 옵션을 알도록 보장하기 위해 특별한 노동부 TAA 부서를 신설하였다.

따라서 케네디의 혁신은 오늘날 근로자들에게 그들의 조상들이 누렸던 지원을 보장함으로써 21세기 경제에도 적용되고 있다. 이러한 것은 매우 희귀한 시대에 꽤 좋은 소식이다.

....

출처 : Progressive Policy Institute trade fact of the week, "Services Workers Are Now Eligible for Trade Adjustment Assistance," February 18, 2009.

---

10 George Akerlof, Andrew Rose, Janet Yellen, and Helga Hessenius, 1991, "East Germany in from the Cold: The Economic Aftermath of Currency Union," *Brookings Papers on Economic Activity*, Vol. 1, 1–87.

낮은 급여로 동독–서독의 격차는 여전히 남아있다.[11] ∎

3 자본과 토지의 소득

특정요소 모형으로 되돌아가 보자. 우리는 무역의 개시와 제조업의 상대가격의 상승으로 국가에 전반적인 이득이 있지만 노동은 반드시 이득을 얻지는 않는다는 것을 알았다. 다른 생산요소, 제조업에 사용되는 자본이나 농업에서 사용되는 토지와 같은 생산의 다른 요소들이 얻는 이득은 어떠한가? 자본과 토지는 두 산업 간 이동할 수 없는 두 특정요소이다. 제조업의 상대가격의 증가가 이 특정요소 소득에 미치는 효과를 살펴보자.

자본과 토지소득 결정

각 산업에서 자본과 토지는 노동에 임금을 지불하고 남은 매출수입을 소득으로 갖게 된다. 노동(L_M과 L_A)은 임금 W를 받으므로 제조업에서 노동에 대한 총비용은 $W \cdot L_M$이고 농업부문에서는 $W \cdot L_A$이다. 각 산업에서 벌어들인 매출 수입으로부터 노동에 대한 비용을 제함으로써 우리는 자본과 토지에 대한 비용을 구할 수 있다. 만약 Q_M이 제조업의 산출물이고 Q_A가 농업의 산출물이고 각 산업에서 벌어들인 수입이 각각 $P_M \cdot Q_M$과 $P_A \cdot Q_A$라고 한다면, 자본과 토지에 지불해야 하는 비용은

$$자본비용 = P_M \cdot Q_M - W \cdot L_M$$
$$토지비용 = P_A \cdot Q_A - W \cdot L_A$$

위 비용들을 한 단계 더 나아가 자본과 토지 각각의 소득으로 구분할 수 있다. 이를 위해서는 자본과 토지의 양을 알아야 한다. 농업부문에서 사용된 토지의 양을 T에이커, 제조업에서 사용된 자본의 양(기계의 대수)을 K라고 하자. 따라서 자본(예를 들면 기계) 1단위의 소득을 R_K라고 하고 토지 1에이커의 소득을 R_T라고 하면 다음과 같이 계산된다.

$$R_K = \frac{자본비용}{K} = \frac{P_M \cdot Q_M - W \cdot L_M}{K}$$

$$R_T = \frac{토지비용}{T} = \frac{P_A \cdot Q_A - W \cdot L_A}{T}$$

경제학자들은 R_K를 **자본에 대한 임대료**(rental on capital), R_T를 **토지에 대한 지대**(rental on land)라고 한다. '임대료'라는 단어는 공장 소유주나 농부들이 그들의 자본이나 토지를 다른 사람들에게 빌려준 것을 의미하지 않는다. 대신, 기계와 토지에 대한 임대료는 이러한 생산요소들이 제조업과 농업에 사용되는 기간 동안에 벌어들이는 소득을 반영한다. 그렇지 않으면 임대료는 이러한 요소들이 동기간에 다른 이에게 빌려주었을 경우 얻을 수 있었던 소득이다.

---

11 Jeevan Vasagar, "Germany Still Split East–West", *Los Angeles Times*, June 1, 2013.

임대료를 계산하는 두 번째 방법은 우리가 임금을 계산하는 데 사용한 공식과 유사해 보인다. 각 산업에서 임금은 노동의 한계생산과 재화의 가격을 곱한 $W = P_M \cdot MPL_M = P_A \cdot MPL_A$ 이다. 유사하게, 자본과 토지의 지대는 다음과 같이 계산된다.

$$R_K = P_M \cdot MPK_M \quad R_T = P_A \cdot MPT_A$$

여기서 MPK_M은 제조업에서 자본의 한계생산이고 MPT_A는 농업에서 토지의 한계생산이다. 이러한 한계생산물 공식으로 우리가 방금 했던 것처럼, 자본과 토지비용을 처음 계산할 때와 동일한 값을 구할 수 있으며 이를 자본과 토지로 나누면 된다. 우리는 구하기 더 쉬운 쪽에 따라 임대료 값을 구하기 위해 두 방법 모두 사용할 것이다.

자본에 대한 실질임대료의 변화 자본과 토지의 임대료가 어떻게 결정되는지 이해하기 때문에 농산품의 가격인 P_A를 고정된 것으로 보고 P_M이 오를 때 어떤 일이 발생하는지 살펴볼 수 있다. 그림 3-5에서 임금은 경제 전반에 걸쳐 오르고 노동은 농업부문에서 제조업부문으로 이동한다는 것을 알 수 있다. 더 많은 노동이 제조업에서 사용될수록 기계 한 단위는 그것을 가동하는 데 노동을 더 많이 사용하므로 자본의 한계생산은 올라가게 된다. 게다가 노동이 농업을 떠남에 따라 토지 1에이커는 더 적은 노동을 갖게 되므로 토지의 한계생산은 떨어지게 된다. 일반적인 결론은 **산업에서 사용된 노동량의 증가는 그 산업에 특정적인 요소의 한계생산을 증대시키고 노동의 감소는 특정요소의 한계생산을 떨어뜨린다.** 우리는 노동의 변화가 다른 요소의 한계생산에 어떠한 영향을 미치는지에 대해 논하고 있으므로 이러한 결과는 노동의 증가가 노동의 한계생산을 감소시킨다는 수확체감의 법칙에 위배되지 않는다.

앞의 임대료 공식을 사용하여 지금까지의 결과를 요약하면

$$P^M \uparrow \Rightarrow \begin{Bmatrix} L_M \uparrow, \ MPK_M = R_K/P_M \uparrow \\ L_A \downarrow, \ MPT_A = R_T/P_A \downarrow \end{Bmatrix}$$

즉 자본의 한계생산의 증가는 R_K/P_M 또한 증가한다는 것을 의미한다. R_K는 자본의 임대료이므로 R_K/P_M는 이러한 임대료로 구입할 수 있는 제품의 양이 된다. 따라서 R_K/P_M의 증가는 제품으로 환산한 자본의 실질 임대수익이 올랐음을 의미한다. 비록 제품 가격 또한 올랐음에도 자본의 실질 임대료 상승이 발생했으므로 R_K의 퍼센트 증가율은 P_M의 퍼센트 증가보다 큰 것이 틀림없다.[12]

자본가가 구입할 수 있는 식품의 양은 R_K/P_A이다. P_K는 증가하고 P_A는 고정되어 있으므로 R_K/P_A 역시 증가한다. 즉 식품으로 표시한 자본의 실질임대 또한 증가한다. 자본가는 두 재화 모두 더 많이 살 수 있으므로 제품가격이 오를 때 확실히 더 부유해진다. 한 재화에 대해서는 실질임금이 오르지만 다른 재화에 대해서는 실질임금이 하락하는 노동과 달리, 자본가는 제품상대가격의 증가로부터 확실히 이익을 얻는다.

---

12 예를 들면, 제품가격이 6%, 자본의 임대료가 10% 증가하면 자본소득자는 제품을 4% 더 구입할 수 있다.

토지의 실질지대의 변화   지주에게는 어떠한 일이 발생하는지 생각해보자. 노동이 농업부문을 떠남에 따라 1에이커의 한계생산은 떨어지게 되어 R_T/P_A 또한 떨어지게 된다. R_T는 토지의 지대이므로 R_T/P_A는 이러한 지대로 구입할 수 있는 식품의 양이다. R_T/P_A가 떨어진다는 것은 식품으로 환산한 토지의 실질지대가 떨어져서 토지 소유주들이 이전과 같은 양의 식품을 살 수 없다는 것을 의미한다. 제품의 가격은 올랐지만 식품의 가격은 불변하므로 토지 소유주들은 제품 또한 이전처럼 많이 구입할 수 없게 된다. 따라서 토지소유주들은 두 재화 모두 전보다 더 적게 살 수밖에 없으므로 제품의 가격이 상승함에 따라 확실히 이전보다 더 빈곤하게 된다.

요약   자본가들과 지주들의 실질소득은 반대 방향으로 변하게 되며, 이로써 일반적인 결론을 설명할 수 있다. 어떤 산업의 산출물 가격의 상승은 그 산업의 특정요소가 얻게 되는 실질소득은 증가시키지만 다른 산업에 특정적인 요소의 실질소득은 감소시킨다. 이 결론은 무역이 개시되고 수출의 상대가격이 오름에 따라 수출산업에서 사용된 특정요소는 일반적으로 이득을 얻지만 수입산업에서 사용된 특정요소는 무역이 개시되어 수입가격의 상대가격이 하락함에 따라 일반적으로 손실을 보게 된다는 것을 의미한다.

수리적인 예시

우리는 특정요소 모형 연구에서 기나긴 과정을 거쳐 왔는데 이제는 제품의 상대가격 상승이 노동, 자본, 토지 소득에 어떠한 영향을 미치는지에 대한 수리적 예시를 보임으로써 마무리하려고 한다. 이 예시는 실제 숫자를 사용함으로써 우리가 얻은 결과를 복습하는 것이다. 제조업이 다음의 노동과 자본비용을 지불한다고 가정하자.

$$\text{제조업 : 매출수입} = P_M \cdot Q_M = \$100$$
$$\text{노동비용} = W \cdot L_M = \$60$$
$$\text{자본비용} = R_K \cdot K = \$40$$

제조업 매출수입의 60%가 노동에 지급되고 40%가 자본에 지급됨에 주목하자. 농업부문에서는 노동비용과 토지비용이 다음과 같다고 가정하자.

$$\text{농업 : 매출수입} = P_A \cdot Q_A = \$100$$
$$\text{노동비용} = W \cdot L_A = \$50$$
$$\text{토지비용} = R_T \cdot T = \$50$$

농업에서는 토지와 노동이 각각 매출수입의 50%를 얻는다고 가정하자.

제조업의 상대가격인 P_M/P_A의 상승은 P_M의 증가 혹은 P_A의 감소에 의해 일어날 수 있다. 구체적으로, 제조업 가격 P_M은 10% 오르지만 농업부문의 가격 P_A는 전혀 변하지 않는다고 가정하자. 이전 논의에서 우리는 $\Delta W/W$, 임금의 백분율 변화가 두 산업 가격의 백분율 변화 사이라는 것을 알았다. $\Delta W/W$가 5%라고 해보자. 이러한 산출물과 요소가격의 변화를 다음과 같이 요약할 수 있다.

$$제조업 : 가격의 백분율 증가량 = \Delta P_M / P_M = 10\%$$
$$농업 : 가격의 백분율 증가량 = \Delta P_A / P_A = 0\%$$
$$두 산업 : 임금의 백분율 증가량 = \Delta W / W = 5\%$$

임금은 항상 산업 간에 같아지기 때문에 임금 상승이 두 산업에 모두 적용된다는 것에 주목하도록 하자.

자본임대료의 변화　우리의 목표는 자본임대료의 변화와 토지 지대의 변화를 계산하기 위해 제조업과 농업의 이전 데이터를 사용하는 것이다. 매출수입에서 임금을 뺀 값을 자본량으로 나눈 값으로 계산된 자본임대료에 대한 식으로 시작해보자.

$$R_K = \frac{자본비용}{K} = \frac{P_M \cdot Q_M - W \cdot L_M}{K}$$

농업부문의 가격을 고정된 것으로 보고 제품가격이 $\Delta P_M > 0$만큼 오르면 임대료의 변화는 다음과 같다.

$$\Delta R_K = \frac{\Delta P_M \cdot Q_M - \Delta W \cdot L_M}{K}$$

위의 식을 $\Delta P_M / P_M$, $\Delta W / W$, $\Delta R_K / R_K$와 같은 백분율 변화를 사용하여 재구성하도록 하자. 이를 위해서 양변을 R_K로 나누고 식을 다시 쓰면 다음과 같다.

$$\frac{\Delta R_K}{R_K} = \frac{(\Delta P_M / P_M) \cdot P_M \cdot Q_M - (\Delta W / W) \cdot W \cdot L_M}{R_K \cdot K}$$

이 식이 이전의 식과 같은지 검토하기 위해 항들을 상쇄시킬 수 있다. 위 식에서 $\Delta W / W$는 임금의 백분율 변화이지만 $\Delta P_M / P_M$은 제조업 가격의 백분율 변화이다. 이러한 주어진 값 하에 노동, 자본, 매출수입비용에 대한 이전의 데이터로 우리는 다음과 같이 자본비용의 백분율 변화를 계산할 수 있다.

$$\frac{\Delta R_K}{R_K} = \frac{(10\% \cdot 100 - 5\% \cdot 60)}{40} = 17.5\%$$

자본임대료의 백분율 증가인 17.5%는 제조업 상대가격의 백분율 변화인 10%를 초과(따라서 $\Delta R_K / R_K > \Delta P_M / P_M > 0$)함을 알 수 있다. 이러한 결과는 임금의 백분율 증가가 제품가격의 백분율 증가보다 적다는 조건하에 이전의 공식에서 사용된 숫자가 어떤 것이든 관계없이 성립한다(그림 3-5에서 증명된 것처럼).

토지의 지대변화　우리는 토지의 지대변화를 살펴보기 위해 동일한 방법을 사용할 수 있다. 농산품 가격은 동일하지만($\Delta P_A = 0$) 제품의 가격은 오른다고 계속 가정하면 토지의 지대변화는 다음과 같다.

$$\Delta R_T = \frac{0 \cdot Q_A - \Delta W \cdot L_A}{T}$$

임금은 오르기 때문에($\Delta W > 0$) 토지에 대한 지대는 바로 떨어지게 된다($\Delta R_T < 0$). 위 식을 정리하면 지대가 감소하는 정도를 백분율로 다음과 같이 계산할 수 있다.

$$\frac{\Delta R_T}{R_T} = -\frac{\Delta W}{W}\left(\frac{W \cdot L_A}{R_T \cdot T}\right)$$

이 공식에서 이전 농업 데이터를 활용하면 다음과 같다.

$$\frac{\Delta R_T}{R_T} = -5\%\left(\frac{50}{50}\right) = -5\%$$

이 경우, 토지의 지대는 임금이 오르는 백분율의 크기와 동일한 크기로 떨어진다. 이러한 균등성은 우리가 노동과 자본이 농업부문에서 매출수입의 같은 몫을 갖는다고 가정하기 때문이다(각각 50%). 만약 노동이 토지보다 더 많은 몫의 수입을 받는다면 토지의 지대는 더 많이 떨어지게 된다. 만약 노동이 더 적은 몫을 받는다면 토지의 지대는 그 정도로 많이 떨어지지는 않게 된다.

요소가격변화의 일반적인 식 결과를 하나의 식으로 요약함으로써, 우리는 요소의 모든 변화들과 산업가격이 어떻게 연관되는지를 알 수 있다. 제품가격이 증가했지만 농산품 가격은 변하지 않았다는 가정하에 우리는 다음과 같은 관계를 도출했다.

$$P_M \text{이 증가할 때, } \underbrace{\Delta R_T/R_T < 0}_{\substack{\text{토지의} \\ \text{실질지대 하락}}} < \underbrace{\Delta W/W}_{\substack{\text{실질임금변화} \\ \text{불분명}}} < \underbrace{\Delta P_M/P_M < \Delta R_K/R_K}_{\substack{\text{자본의} \\ \text{실질임대료 상승}}}$$

다시 말해서, 임금은 오르지만 제품가격의 백분율 상승분만큼 오르지는 않고 자본(제조업에 특정된)의 임대는 제품가격보다 더 많이 오른다. 따라서 자본소득자는 더 부유해지고 토지(다른 산업에 특정된)의 지대는 떨어지므로 지주는 더 빈곤해진다.

만약 제품가격이 떨어진다면 어떤 일이 발생할까? 이 경우 부호는 반대가 되어 식은 다음과 같게 된다.

$$P_M \text{이 하락할 때, } \underbrace{\Delta R_K/R_K < \Delta P_M/P_M}_{\substack{\text{자본의} \\ \text{실질임대 하락}}} < \underbrace{\Delta W/W}_{\substack{\text{실질임금변화} \\ \text{불분명}}} < 0 < \underbrace{\Delta R_T/R_T}_{\substack{\text{토지의} \\ \text{실질지대 상승}}}$$

이 경우, 임금은 떨어지지만 제품의 백분율 감소폭보다 적게 떨어지며 자본의 임대(제조업에 특정된)는 제품가격보다 더 떨어지므로 자본소유자는 더 빈곤해지고 토지(다른 산업에 특정된)에 대한 지대는 오르므로 지주는 더 부유해진다.

농산품 가격이 오른다면 어떻게 될까? 아마도 이전의 예시로부터 이러한 변화는 토지에 이득이고 자본에 손실을 가져온다는 것을 추측할 수 있을 것이다. 이러한 모든 세 가지 요소소득의 변화를 요약하는 식은 다음과 같다.

$$P_A\text{가 증가할 때, } \underbrace{\Delta R_K/R_K < 0}_{\substack{\text{자본의} \\ \text{실질임대 하락}}} < \underbrace{\Delta W/W}_{\substack{\text{실질임금변화} \\ \text{불분명}}} < \underbrace{\Delta P_A/P_A < \Delta R_T/R_T}_{\substack{\text{토지의} \\ \text{실질지대 상승}}}$$

농업부문에서 이득을 얻는 것은 특정요소이고 제조업에서 손실을 보는 것은 특정요소임에 주목하도록 하자. 이러한 요약식의 일반적인 결과는 상대가격이 증가한 산업의 특정요소는 이득을 얻고 다른 산업의 특정요소는 손실을 보며 노동은 한 재화에 대해서는 실질임금이 오르지만 다른 재화에 대해서는 실질임금이 떨어지는 모호한 상태가 된다. 위 식은 자본과 토지가 각 산업에 특정적이지만 노동은 이동 가능할 때 단기에 모든 세 요소의 반응을 요약하고 있다.

모형의 의미

특정요소 모형의 결과는 특정요소의 소득이 주로 국제무역으로 인한 상대가격의 변화로 인해 변한다는 것을 알려준다. 어떤 재화의 가격이 변하든지 자본과 토지의 소득은 지대의 가장 극단적인 변화를 보여주는 반면, 노동에 지급되는 임금변화는 중간에 위치한다. 직관적으로, 이러한 요소가격의 극단적인 변화는 단기에 특정요소가 해당 산업을 떠나 다른 곳에서 직장을 구할 수 없기 때문에 일어난다. 노동은 산업 간에 이동하여 각 산업에서 동일한 임금을 얻음으로써 이득을 얻지만 자본과 토지의 이익은 서로 상반된다. 한쪽은 이득을 얻지만 다른 쪽은 손실을 본다. 이것은 우리가 국제가격의 변화가 자본가 또는 지주 어느 한쪽의 손실을 가져오는 현실 세계를 발견해야 함을 시사한다. 이러한 예는 많으며 다음 적용사례에서 한 가지 예를 논하기로 한다.

적용사례

농업부문의 가격

이전 장의 말미에서 우리는 1차 산업의 재화가격이 시간에 지남에 따라 떨어진다고 하는 프레비시-싱어 가설을 논하였다. 비록 이 가설이 모든 1차 생산물에 적용되는 것은 아니지만 몇 가지 농산품에는 적용되어서 1990년부터 1998년 동안 절반 이상의 연도에서 면, 팜오일, 쌀, 설탕, 고무, 밀, 울의 상대가격은 하락하였다. 일반적으로, 국가들이 곡물을 재배하는 데 있어서 더 효율적이 되어 그것들을 수출하기 시작하면 농산품 가격은 떨어진다. 특정요소 모형으로부터 농산품의 상대가격 하락으로 실질소득의 손실을 보는 것은 지주들(혹은 농부들)이다. 반면, 자본 소유주들은 실질소득의 이득을 보며 실질임금은 모호하다. 농업부문의 실질소득이 하락함에 따라 정부와 다른 그룹들은 종종 농부의 소득이 떨어지는 것을 막기 위한 조치를 취하곤 한다.

커피가격 특별히 가격변동성이 큰 농산품의 예는 커피이다. 기후, 브라질의 새로운 공급자의 진입, 베트남과 같은 새로운 공급국가로 인해 세계시장에서 커피가격은 매년 큰 폭으로 변동된다. 커피의 실질도매가격(2012년 달러로 표시된)의 변동은 그림 3-8에 나와 있다. 도매가

그림 3-8

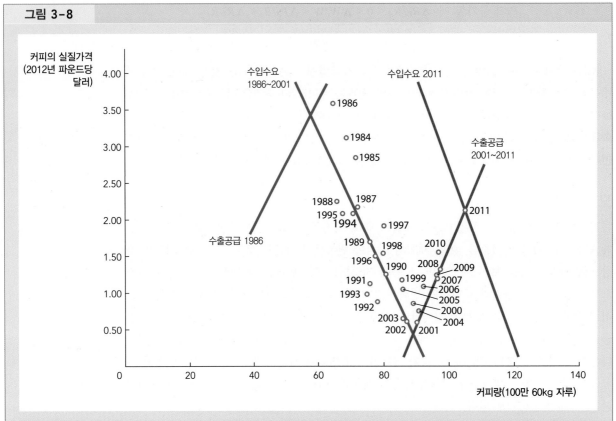

국제커피시장, 1984~2011년 커피의 실질도매가격은 국제시장에서 크게 요동쳤다. 2012년 달러를 기준으로 1986년 가격은 3.58달러까지 높아졌다가 1992년에 파운드당 87센트로 떨어졌으며 1994~1995에 2.08달러로 올랐고 2001년에는 파운드당 59센트까지 떨어졌다. 2001년 이후 가격과 수량 모두 지속적인 증가가 있었는데 이것은 수입수요의 이동을 의미한다. 2011년경 가격은 파운드당 2.15달러로 증가하였다. 이에 부합하여, 1986년 세계 커피수출량은 6,500만 자루로 낮았고, 2011년에는 브라질과 베트남의 공급이 증가하여 1억 500만 자루로 높아졌다.

출처 : International Coffee Organization, http://www.ico.org

격은 1986년에 파운드당 3.58달러로 고점이었고 이후 1992년 파운드당 87센트까지 떨어졌다가 1994~1995년에 2.08달러로 반등한 뒤 다시 2001년 59센트로 떨어졌다. 이러한 가격의 극적인 변동은 농부들의 실질소득에 있어서 똑같이 큰 변동을 가져와서 그들이 생계를 유지하는 것을 어렵게 만든다. 2001년의 매우 낮은 가격은 중앙아메리카의 커피재배지역에 위기를 가져왔고 농부들과 그들의 가족들을 위한 인도적 지원을 필요로 하였다. 중앙아메리카와 아시아의 커피곡창지대의 정부는 산업국가들이 하듯이 가격을 지지함으로써 그들의 농부들을 보호할 수 없다.

특정요소 모형에 따르면 커피가격의 큰 변동은 대다수가 소규모 농민과 가족인 커피를 수출하는 개도국의 지주들의 실질소득에 매우 큰 지장을 준다. 커피시장에 주기적으로 나타나는 호황과 불황의 순환을 피할 수 있는 방법이 없을까?

공정무역커피   한 가지 매력적인 아이디어는 개발도상국에서 산업국가의 소비자에게로 직접 커피를 팖으로써 중간상인(현 지구매자, 제분업자, 수출업자, 운송자, 수입업자와 같은)을 거치지 않고 농부에게 최저 가격을 보장하는 것이다. 당신은 좋아하는 카페에서 '공정무역' 커피를 본 적이 있을 것이다. 이 커피는 이윤의 많은 부분을 커피 재배자들에게 되돌려준 트랜스페어 USA라는 단체에 의해 수입된 것으로 1999년 미국 에서 처음 등장하였다. 트랜스페어 USA는 가격을 높이고 소비 자들은 이러한 높은 가격의 커피 구입을 선택함으로써 농부들

트랜스페어 USA 같은 단 체는 사진에 나온 제수스 로페즈 헤르난데스와 같은 커피 재배자에게 시간에 따라 더 안정된 소득원을 보장해준다.

을 돕고자 하는 비정부조직의 예이다. 커피와 더불어, 트랜스페어 USA는 공정무역 라벨을 코 코아, 차, 쌀, 설탕, 바나나, 망고, 파인애플, 포도수입에도 적용해오고 있다.

국제커피 가격은 2005년에 회복하였으며 이것은 트랜스페어 USA와 같은 단체들이 딜레마 에 빠졌음을 의미한다. 다음에 소개할 **'헤드라인 : 커피가격의 상승 – 농부들에겐 호재, 협동 조합에는 악재'**는 농부들이 국제가격으로 커피를 현지 중간상인에게 전달하기 위해 현지협동 조합과의 계약(고정된 공정무역가격)을 어떻게 파기하는 유혹을 받는지를 묘사하고 있다. 트 랜스페어 USA와 유사한 단체들은 (2001년과 같이) 시장가격이 낮을 때는 시장가격보다 높은 가격에 커피를 구입하지만 (2005년 같은) 다른 해에는 공정무역가격이 시장가격보다 더 낮 다. 기본적으로 트랜스페어 USA는 커피의 공정무역가격이 지나치게 변동하지 않도록 보험을 제공함으로써 일정 기간 안정적인 수입의 수단을 보장한다. 변동하는 가격의 호황과 불황의 순환으로부터 농부들을 보호함으로써 그들은 커피수출에 의해 더 큰 무역의 이득을 누릴 수 있다. 따라서 당신이 좋아하는 카페에서 공정무역 커피를 한 잔 산다는 건 트랜스페어 USA 와 같은 단체에서 소득을 높여주려는 노력에 의존하고 있는 커피농부들을 후원하는 것이고, 또 동시에 특정요소 모형의 논리를 적용하고 있는 것이기도 하다! ■

4 결론

2장의 리카도 모형에서 우리는 자유무역은 결코 한 국가를 더 빈곤하게 만들지 않으며 대부 분의 경우 자유무역은 국가를 더 부유하게 만든다는 것을 보였다. 이러한 결과는 노동에 더 하여 토지와 자본을 생산요소로 추가할 때도 여전히 유효하다. 국제무역으로 인한 상대가격 이 무역부재 시의 상대가격과 다르다는 가정하에 한 국가는 국제무역으로부터 이득을 얻는 다. 그러나 이러한 결론은 모든 생산요소가 이득을 본다는 뜻이 아니다. 반대로, 이 장에서 우리는 무역을 개시함에 따라 일어난 상대가격의 변화로 승자와 패자가 생겨났다는 것을 보 였다. 어떤 생산요소는 실질변수로 이득을 보지만 다른 생산요소는 손실을 본다. 이러한 결 과를 증명하기 위해 우리는 노동은 산업 간 이동할 수 있지만 토지와 자본은 특정적인 단기 모형을 사용하였다.

헤드라인

커피가격의 상승 - 농부들에겐 호재, 협동조합에는 악재

트랜스페어 USA는 커피 농부들에게 최저가격을 보장하며 하락하는 시장가격에 대한 보험 역할을 해준다. 그러나 시장가격이 오르고 있을 때는 농부들이 커피를 출하하도록 보장하는 데 어려움이 따른다.

2005년 수확기 겨울과 봄 동안 중앙아메리카와 멕시코 지역은 딜레마에 빠졌다. 공정무역 관리자들은 그들의 단체에 공정가격으로 커피를 조달해줄 회원들을 모으는 것이 점점 어렵다는 것을 깨닫게 되었다. 조합 관리자들은 몇 개월 전에 1파운드에 1.26달러의 고정된 공정무역가로 체결한 계약을 유지하고 있었으나 국제커피가격은 더 높아졌다. 커피 재배인들은 근 5년 동안 가장 높은 가격임을 확인하게 되어 그들의 커피를 약속대로 공정무역 조합에 파는 대신 현지에서 가장 높은 가격으로 매입하는 경매인들에게 팔고자 하는 유혹을 받게 된다.

대부분의 경우 조합의 지도자는 농부들에게 커피를 팔도록 설득할 수 있었지만 공정무역 고정가격이 현지 중개상들이 제시한 프리미엄 가격보다 낮았기 때문에 그것은 종종 신의의 문제에 근거를 둔 것이었다. 그것은 공정무역 커피가격의 창시자가 프로그램을 만들 때 예상했던 모델이 아니었다.

"우리가 2004년 말에 가격이 오르는 것을 보고 기뻐한 것은 주목할 만한 일입니다." 트랜스페어 USA의 인증 및 재무 디렉터인 크리스토퍼 하임스가 말했다. "공정무역이 이미 갖고 있던 영향력과 관련하여 이러한 가격 상승은 전 세계 커피 농부들의 소득과 생활수준을 향상시켰어요. 이 기간에 트랜스페어 USA에게 가장 도전적인 일은 인도네시아에서 현지의 가격차이(공정무역가격과 국제가격 간의)가 커지는 속도였습니다. 그것은 파운드당 80센트까지, 혹은 그 이상으로 치솟아서 농부들의 커피 시장가격은 공정무역 계약가보다 더 높아졌어요."

출처 : David Griswold, http://www.FreshCup.com, June 2005

고전학파 경제학자들은 단기에 산업 간 이동할 수 없는 생산요소는 국제무역으로부터 손실을 보게 된다고 믿었다. 우리는 이것이 수입경쟁산업에 특정적인 요소에 적용된다는 것을 알게 되었다. 이러한 산업은 무역으로 인한 상대가격의 하락을 겪게 되고 이것은 해당 산업의 특정요소에 대한 실질지대의 하락으로 이어진다. 반면, 무역을 개시함에 따라 상대가격이 오르는 수출산업의 특정요소는 실질지대의 증가를 누리게 된다. 노동은 두 산업 간에 이동할 수 있고 이로 인해 임금의 극단적인 변화를 피할 수 있게 된다. 실질임금은 한 재화에 대해서는 오르지만 다른 재화에 대해서는 떨어지므로 우리는 무역을 개시한 후 노동자들이 더 부유해지는지 빈곤해지는지 말할 수 없다.

경제학자들은 무역을 함에 따라 개인들이 얻는 이득이 손실보다 크다는 것을 이론적으로 정밀하게 증명하였다. 이러한 결과는 원칙적으로 정부가 승자에게 과세를 하고 패자에게 보상을 함으로써 모든 이들이 무역으로 인해 더 형편이 나아지도록 할 수 있어야 한다는 것을 의미한다. 실제로는 그러한 수준의 보상을 달성하기 위한 프로그램을 짜는 것은 매우 어려운 일이다. 이 장에서 우리는 한 가지 보상 프로그램, 즉 미국과 다른 국가에서 수입 경쟁으로 인해 해고된 사람들에게 보상하기 위해 이용된 무역조정지원제도를 살펴보았다. 수입관세와

쿼터같이 국제무역으로 인해 야기된 가격변화의 효과로부터 개개인을 보호하고자 하는 다른
정책들도 많이 있으며, 이 책 후반부에서 이러한 정책들을 살펴볼 것이다.

핵심 내용

1. 어떤 국가가 무역개방을 하면 전반적으로 이득을 얻지만, 몇 가지 생산요소가 있는 모형에서 어떤 생산요소들은 손실을 본다.

2. 무역으로 인해 어떤 사람들이 손해를 본다는 사실은 때로 정부를 넘어뜨릴 정도로 강한 사회적 긴장을 유발하기도 한다. 최근의 예는 2000년대 초 시민들이 천연가스 수출로부터의 이익을 나누는 방법에 동의하지 않았던 볼리비아이다.

3. 특정요소 모형에서 산업 간에 이동할 수 없는 생산요소는 한 국가를 무역에 개방함으로써 대부분의 이득을 얻거나 대부분을 잃는다. 수입재의 상대가격이 떨어지면 수입산업에 특정적인 생산요소는 실질변수로 나타낼 때 손실을 볼 것이다. 수출재의 상대가격이 오를 때 수출산업에 특정적인 생산요소는 이득을 얻을 것이다.

4. 특정요소 모형에서 노동은 산업 간 이동할 수 있고 각 산업에서 동일한 임금을 받는다. 각 재화의 상대가격이 변할 때, 한 재화로 측정된 실질임금은 오르지만 다른 재화로 표시될 때는 떨어진다. 노동자들이 각 재화를 얼마만큼이나 소비하고 싶어하는지를 알지 못하면 무역으로 인해 노동자들이 더 부유해지는지 혹은 더 빈곤해지는지 말할 수 없다.

5. 사람들은 종종 새로운 일자리를 찾을 수 있기 때문에 경제학자들은 보통 실업의 비용을 무역의 손실로 계산하지 않는다. 예를 들어, 미국에서는 제조업 혹은 서비스산업에서 해고된 사람들의 3분의 2가 때론 더 낮은 임금을 받더라도 2~3년 안에 새로운 일자리를 찾는다.

6. 무역조정지원 정책은 실업 기간 동안 추가적인 소득을 제공함으로써 무역으로 인해 손해를 입은 사람들에게 보상해주려는 목적을 갖고 있다. 최근, 미국의 무역조정지원 프로그램은 서비스산업의 무역으로 인해 해고된 노동자들까지 포함하도록 확대되었다.

7. 특정 개발도상국으로부터의 커피수출에 개입된 사람들과 같이 많은 사람들이 수출활동에 고용되어 있을 때도 국제시장가격의 변동은 커피 재배자들과 노동자들의 수입에 큰 변화를 가져다줄 수 있다.

핵심 용어

금수조치(embargo)

무역조정지원(TAA Trade : Adjustment
　Assistance)

서비스(services)

수확체감(diminishing returns)

실질임금(real wage)

자급자족경제(autarky)

자본에 대한 임대료(rental on capital)

토지에 대한 지대(rental on land)

특정요소 모형(specific-factors model)

연습문제

1. 특정요소 모형이 단기모형으로 불리는 이유는 무엇인가?

2. 그림 3-7은 1973년부터 2012년까지 제조업과 서비스산업의 임금을 보여준다. 산업 간 임금의 차이는 2장에서 공부한 리카도 모형 혹은 특정요소 모형과 일치하는가? 그 이유 혹은 그렇지 않은 이유를 설명하라.

3. 그림 3-3의 무역의 이익 그래프에서 제조업의 상대가격 증가 대신 상대가격의 하락을 가정하자.

    a. 그림 3-3에서 무역부재 점 A에서 시작하여 생산과 소비에 어떤 일이 일어날지 보여라.
    b. 어떤 재화가 수출되고 어떤 재화가 수입되는가?
    c. 무역의 전반적인 이익이 여전히 양의 값을 갖는 이유를 설명하라.

4. 그림 3-5에서 특정요소 모형의 균형에서 시작하여 제품의 가격이 떨어져서 임금이 W'에서 W로 떨어진다고 가정하자.

    a. 임금의 퍼센트 하락이 제조업의 가격 퍼센트 하락보다 작으므로 제품으로 표시된 노동의 실질임금은 증가한다는 것을 보여라.
    b. 농업으로 표시된 노동의 실질임금에는 어떤 일이 발생하는가?
    c. 노동자들은 더 부유해지는가, 더 빈곤해지는가, 혹은 결과가 불분명한가?

5. 다음에 주어진 정보를 이용하여 질문에 답하라.

    제조업
    매출수입 $= P_M \cdot Q_M = 150$
    노동비용 $= W \cdot L_M = 100$
    자본비용 $= R_K \cdot K = 50$

    농업
    매출수입 $= P_A \cdot Q_A = 150$
    노동비용 $= W \cdot L_A = 50$
    토지비용 $= R_T \cdot T = 100$

    제조업의 가격을 고정시키고 농업 가격의 증가가 10%이며 임금의 증가는 5%라고 가정하자.

    a. 농업 가격 증가가 지대와 자본임대료에 미치는 영향을 구하라.
    b. 토지의 실질지대와 자본의 실질임대료에 어떤 일이 발생하는지 설명하라.

6. 문제 5에 주어진 상황 대신에 제조업가격이 10% 떨어진다면 지주나 자본 소유주들은 더 부유해지는가? 설명하라. 제조업 가격의 감소는 노동에 어떤 영향을 미치는가? 설명하라.

7. 2000년과 2001년 미국의 불경기를 언급한 로리 클레저와 로버트 리탄의 논문 "노동자의 근심을 덜어줄 처방" 정책브리프 01-2(워싱턴 D.C. : 피터슨 국제경제연구소) http://www.iie.com/publications/pb/pb.cfm?researchid=70을 읽고 다음 질문에 답하라.

    a. 그들이 언급한 미국의 무역조정지원 하에 근로자들은 몇 주의 추가 실업보험이 가능한가? 이러한 추가 실업보험 자격에 부합하기 위해서는 어떠한 두 가지 기준이 필요한가?
    b. 클레저와 리탄이 논문에서 작성한 '급여보험'에 대한 제안서를 살펴보라. 노동자들은 이 보험 자격이 되기 위해 어떤 기준이 필요한가? 그들은 보험에서 얼마만큼의 추가수입을 받을 수 있는가?
    c 만약 클레저와 리탄의 '급여보험'의 새로운 계획이 미국에서 받아들여졌다면 실업이 4.3%였던 1999년에 예산비용은 얼마였는가? 이 수치는 실업보험에 지출된 비용과 어떻게 다른가?

8. 특정요소 모형에서 제조업의 재화 가격은 변하지 않는 반면 농산품 가격은 감소($\Delta R_A/R_A < 0$ 그리고 $\Delta P_M/P_M = 0$)한다고 가정하라. 다음 항들을 오름차순으로 배열하라.

   $\Delta R_T/R_T \quad \Delta R_K/R_K \quad \Delta P_A/P_A \quad \Delta P_M/P_M \quad \Delta W/W$

   힌트 : 그림 3-5와 같은 다이어그램으로 시작하되, 대신 농산품 가격을 변화시킬 것

9. 캐나다와 멕시코 두 국가가 목재와 TV 두 재화를 생산한다고 하자. 토지는 목재에 특정되어 있고, 자본은 텔레비전에 특정되어 있으며, 노동은 두 산업 간 이동이 자유롭다. 캐나다와 멕시코가 자유무역에 참여할 때 캐나다에서 텔레비전의 상대가격은 떨어지고 멕시코의 목재 가격은 떨어진다.

   a. 그림 3-5와 유사한 그래프에서 목재 가격을 고정시켰을 때 텔레비전 가격의 하락으로 인해 캐나다에서 임금이 어떻게 변하는지를 보여라. 실질임금의 변화를 예측할 수 있는가?

   b. 캐나다에서 무역개방이 자본과 토지의 지대에 미치는 영향은 무엇인가? 자본과 토지의 실질지대의 변화를 예측할 수 있는가?

   c. 멕시코에서 무역개방이 자본과 토지의 지대에 미치는 영향은 무엇인가? 자본과 토지의 실질지대의 변화를 예측할 수 있는가?

   d. 각국에서 수출산업의 특정요소는 이득을 얻었는가 아니면 손실을 입었는가? 그리고 수입국의 특정요소는 이득을 얻었는가 혹은 손실을 입었는가?

10. 자국은 컴퓨터와 밀 두 재화를 생산하며 자본은 컴퓨터생산에 특정적이고 토지는 밀 생산에 특정적이며 노동은 두 산업 간에 이동할 수 있다. 자국에는 노동자가 100, 자본이 100단위 있지만 토지는 10단위만 있다.

    a. 수직축에는 밀의 생산량, 수평축에는 밀에 투입된 노동이 표시된 그림 3-1과 유사한 그래프를 그

려라. 노동이 더 많이 사용될 때 밀 산업에서 밀의 생산량과 노동의 한계생산의 관계는 무엇인가?

    b. 밀은 수평축, 컴퓨터는 수직축에 표시된 자국의 생산가능곡선을 그려라.

    c. 무역이 없을 경우 컴퓨터에 대한 밀의 상대가격이 어떻게 결정되는지 설명하라.

    d. 밀에 사용된 노동량을 수평축의 왼쪽에서 오른쪽으로 측정하고 컴퓨터에서 사용된 노동량은 반대 방향으로 측정하여 그림 3-4를 다시 그려보도록 하라.

    e. 국제무역으로 인해 밀의 가격이 오른다고 가정하자. 밀 가격의 상승이 두 산업 간의 노동의 분배에 미치는 효과를 분석하라.

11. 문제 10의 자국과 유사하게, 외국 또한 컴퓨터에 특정적인 자본과 밀에 특정적인 토지와 두 산업 간 이동할 수 있는 노동을 사용하여 컴퓨터와 밀을 생산한다. 외국에는 노동자가 100, 토지가 100단위 있지만 자본은 10단위만 있다. 외국은 자국과 생산함수가 동일하다.

    a. 무역부재 시에 밀의 상대가격은 자국이 더 높은가, 아니면 외국이 더 높은가? 이러한 결과를 예상하는 이유를 설명하라.

    b. 무역을 개시할 때 외국의 밀의 상대가격과 자국의 밀의 상대가격에는 어떤 일이 일어나는가?

    c. 문제 (b)에 대한 답에 근거하여, 무역개방이 밀 생산에 특정적인 각국의 토지의 지대에 미치는 영향을 예측하라. 컴퓨터에 특정적인 자본의 지대에 미치는 영향은 어떠한가?

12. 본문에서 수입경쟁에 의해 대체되는 노동자들은 무역조정지원 프로그램을 통해 보상받을 수 있다는 것을 배웠다. 기업들 역시 수입경쟁에 의해 영향을 받은 제조업자들에게 재정지원을 제공하는 연방 프로그램인 기업을 위한 무역조정지원을 통한 지원을 받을 수 있는 자격이 된다. http://www.taacenters.org 에서 이 프로그램에 관해 읽고 다음 질문에 답하라.

a. 기업이 혜택을 누릴 자격요건을 갖추기 위해 충족시켜야 하는 기준은 무엇인가?

b. 기업에 주어지는 금액은 얼마이며, 그 목적은 무엇인가?

c. 이러한 연방 프로그램의 지속적인 재정지원에 찬성하는 의견과 반대하는 의견을 제시하라.

네트워크

노동통계국은 http://www.bls.gov에 고용, 임금, 해고의 변화에 관한 정보를 정기적으로 공개한다. 최근의 한 가지 발표를 찾아보고 이를 요약하라. 그 발표에 나와 있는 정보는 제조업과 서비스업의 고용 및 임금에 관한 p.75~78의 적용사례에 나와 있는 추이와 어떻게 비교될 수 있는가?

무역과 자원 : 헥셔 – 올린 모형

신은 지구의 모든 곳에 모든 물건을 주지 않았으나, 인간들이 사회적인 관계를 기를 수 있도록 그의
선물을 각기 다른 지역에 걸쳐 끝까지 나누어주었다. 그것은 인간이 다른 사람의 도움을 필요로 하
기 때문이다. 그래서 그는 상업을 창조하였고 어디서 생산되었든 모든 사람들이 지구의 열매를 공통
적으로 즐길 수 있도록 하였다.

리바니우스(AD 314~393), 연설(3)

천재, 기후, 토양의 다양성을 다른 국가들에 부여함으로써 자연은 국가들 간의 상호교제와 무역을
보장하였다… 그들이 수입해오는 국가의 산업은 육성된다 : 그들 자신의 산업 또한 그들이 교환의
대가로 준 상품들의 매출로 인해 성장하게 된다.

데이비드 흄, 도덕, 정치, 문학논집, 1752, 논집 6,
제2장 '무역의 질투에 대하여'

2장에서 우리는 미국의 스노우보드 수입에 대해 살펴보았다. 우리는 한 국가의 자원이
국제무역의 패턴에 영향을 준다는 것을 논하였다. 캐나다에서 미국으로 스노우보드를 수출
하는 것은 오스트리아, 스페인, 스위스, 슬로베니아, 이탈리아, 폴란드, 프랑스에서 미국으
로 스노우보드를 수출하는 것처럼 그 지역의 산과 추운 날씨를 반영한다. 각국의 자원은 서
로 다르고 자원들이 전 세계에 불균등하게 분포되어 있으므로 국가들은 이러한 자원들로 만
들어진 재화를 교환할 이유가 있다. 이것은 이 장 서두의 인용문에서 알 수 있듯이 오래된 아
이디어이다. 첫 번째 인용구절은 4세기 그리스 학자인 리바니우스의 것이고 두 번째 인용문
은 18세기 철학자인 데이비드 흄의 것이다.

이 장에서 우리는 각 나라가 서로 다른 자원을 가지고 있기 때문에 무역이 발생한다고 가
정하는 모형인 **헥셔-올린 모형**(Heckscher-Ohlin model)의 개요를 설명한다. 이 모형은 다른
재화생산에 특화하는 데 기술적 비교우위를 사용하기 때문에 무역이 발생한다고 가정하는
리카도 모형과 대비된다. 이 모형은 1919년 논문에서 국제무역에 대한 견해를 서술한 스웨덴
경제학자인 엘리 헥셔와 이러한 생각을 1924년 박사학위 논문에서 더욱 발전시킨 그의 제자
버틸 올린의 이름을 따서 명명한 것이다.

헥셔-올린 모형은 1장에서 설명했던 국제무역의 황금기 말미에 개발되어 1890년부터 1차 세계대전이 시작된 1914년까지 지속되었다. 이 기간에는 운송의 극적인 향상이 있었다. 증기선과 철도로 국제무역은 크게 증가할 수 있었다. 이러한 이유로, 1890년부터 1914년까지 GDP 대비 무역비율은 상당히 많이 증가하였다. 따라서 헥셔와 올린이 그들의 일생 동안 목격한 무역의 큰 증가를 설명하고자 했던 것은 놀랄 일이 아니다. 기계를 운반할 수 있는 능력은 리카도가 생각했던 대로 국가 간의 기술 차이가 무역의 이유로 고려될 수 없음을 의미하는 것이었다. 대신, 그들은 기술이 국가별로 동일하다고 가정했고 무역 패턴을 설명하기 위해 국가 간 불균등한 자원배분을 가정하였다.

오늘날에도 각국의 토지, 노동, 자본에 의해 야기되는 국제무역의 예는 많이 있다. 예를 들어, 캐나다는 풍부한 토지를 가지고 있으므로 석유뿐 아니라 농업과 임업에서도 수출을 한다. 미국, 서유럽, 일본은 고기술 근로자가 많아서 정교한 서비스와 제품을 수출한다. 중국과 다른 아시아 국가들은 많은 노동자와 적당하지만 증가하고 있는 자본을 가지고 있어서 덜 정교한 제품을 수출한다. 우리는 이 장에서 이러한 것들과 국제무역의 다른 예에 대해 공부할 것이다.

우리의 첫 번째 목표는 헥셔-올린 무역 모형을 설명하는 것이다. 이전 장에서 공부했던 특정요소 모형은 자본과 토지가 우리가 살펴본 두 산업에서 이동할 수 없었기 때문에 단기모형이었다. 반면, 헥셔-올린 모형은 모든 생산요소가 산업 간 이동할 수 있으므로 장기모형이다. 두 산업에서 세 가지 생산요소(노동, 자본, 토지)를 다루는 것은 어려운 일이므로 그 대신, 우리는 두 요소(노동과 자본)만 있다고 가정한다.

헥셔-올린 모형을 활용하여 국가 간의 장기무역 패턴을 예측한 후 두 번째 목표는 헥셔-올린 모형에 관한 실증분석을 하는 것이다. 한 국가의 수출이 그 국가가 풍부하게 가지고 있는 자원에 기반해서 수출하는 것이 분명하다고 생각할지 모르지만 이러한 예측은 실제로 항상 맞는 것은 아니라고 밝혀졌다. 헥셔-올린 모형에서 더 나은 예측을 하기 위해 우리는 몇 가지로 확장하기로 한다. 첫째, 두 가지 이상의 생산요소, 둘째, 리카도 모형에서처럼 국가들이 기술이 서로 다르다는 가정이다. 두 확장 모두 헥셔-올린 모형으로부터의 예측을 오늘날 우리가 세계경제에서 관찰하는 무역 패턴과 더 근접하게 매치시킨다.

이 장의 세 번째 목표는 두 국가 간 무역개방이 각각의 노동과 자본비용에 어떤 영향을 미치는지를 살펴보는 것이다. 우리는 국제무역이 개시될 때 어떤 요소가 이득을 보고 어떤 요소가 손실을 보는지 예측하는 데 헥셔-올린 모형을 사용하도록 한다.

1 헥셔-올린 모형

헥셔-올린 모형을 세우는 데 자국과 외국 두 국가가 있으며 노동과 자본의 두 생산요소를 사용하여 컴퓨터와 신발, 두 재화를 생산한다고 가정하자. 자본과 노동을 K와 L이라는 기호를 사용하여 각 산업에서 사용된 자원을 더해서 경제 전체의 자원을 구할 수 있다. 예를 들어,

자국이 신발생산에 사용한 자본 K_S와 컴퓨터생산에 사용한 자본 K_C을 더하면 경제에서 가용한 전체 자본량인 $\overline{K}$가 되어, $K_S + K_C = \overline{K}$가 된다. 이것은 외국에도 동일하게 적용되어 $K_S^* + K_C^* = \overline{K}^*$가 된다. 유사하게, 자국이 신발생산에 사용하는 노동인 L_S와 컴퓨터에 사용하는 노동인 L_C를 더하면 경제의 전체 노동량인 $\overline{L}$가 되어 $L_C + L_S = \overline{L}$가 된다. 이것은 외국에도 똑같이 적용되어 $L_C^* + L_S^* = \overline{L}^*$가 된다.

헥셔-올린 모형의 가정

헥셔-올린 모형은 장기에서의 경제를 설명하므로 그 가정은 3장의 단기특정요소 모형의 그것과 다르다.

가정 1 : 두 요소 모두 산업 간에 자유롭게 이동할 수 있다.

이 가정은 만약 두 산업이 실제로 생산하고 있다고 할 때 자본은 각각의 산업에서 동일한 임대수입인 R을 벌어들인다. 이러한 결과의 이유는 만약 자본이 한 산업에서 더 높은 임대수입을 얻게 될 경우 모든 자본은 임대수입이 더 높은 산업으로 이동하게 되어 다른 산업은 폐쇄해야 하기 때문이다. 이러한 결과는 제조업의 자본과 농업의 지대가 각 산업에서 다른 수입을 벌어들였던 특정요소 모형과는 다른 것이다. 그러나 특정요소 모형과 같이 만약 두 산업모두 생산하고 있다면 모든 노동은 동일한 임금인 W를 얻게 된다.

두 번째 가정은 요소들이 신발과 컴퓨터를 만들기 위해 어떻게 결합되는지를 고려하고 있다.

가정 2 : 신발생산은 노동집약적이다. 즉 그것은 컴퓨터보다는 신발을 생산하기 위해 자본 한 단위당 더 많은 노동을 필요로 한다. 즉 $L_S/K_S > L_C/K_C$이다.

이러한 가정을 설명하는 다른 방식은 컴퓨터생산이 자본집약적이라는 것이다. 즉 노동 한 단위당 더 많은 자본이 신발을 생산할 때보다 컴퓨터를 생산할 때 사용된다. 즉 $K_C/L_C > K_S/L_S$이다. 신발이 자본 한 단위당 더 많은 노동을 사용하며, 컴퓨터가 노동 한 단위당 더 많은 자본을 가용한다는 아이디어는 우리들 대부분이 이 두 산업에서 사용된 기술에 대해 어떻게 생각하는지와 연결된다.

그림 4-1에서 각 산업에서 자본 대비 노동에 대한 수요(L_C/K_C와 L_S/K_S)는 자본에 대한 임대료에 대한 상대적인 임금, W/R(즉 임금-임대 비율)에 대해 그래프로 그려져 있다. 이 두 곡선은 일반적인 수요곡선처럼 기울기가 음수이다. W/R이 올라갈수록 자본수요 대비 노동수요는 떨어진다. 우리가 HO 모형을 연구할 때 이들은 노동에 대한 상대수요곡선임을 기억하라. 수평선의 '수량'은 생산에 사용된 자본 대비 노동의 비율이고 '가격'은 자본 임대료 대비 노동의 임금 비율이다. 가정 2는 그림 4-1의 L_S/K_S인 신발의 상대수요곡선이 컴퓨터의 상대수요곡선 L_C/K_C의 오른쪽에 위치하고 있다는 것을 알려주는데 그것은 신발생산이 더 노

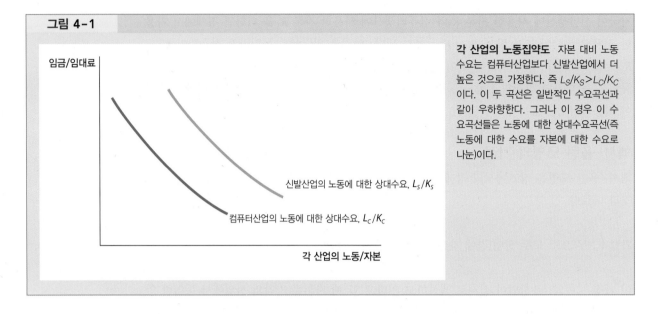

그림 4-1

임금/임대료

신발산업의 노동에 대한 상대수요, L_S/K_S

컴퓨터산업의 노동에 대한 상대수요, L_C/K_C

각 산업의 노동/자본

각 산업의 노동집약도 자본 대비 노동수요는 컴퓨터산업보다 신발산업에서 더 높은 것으로 가정한다. 즉 $L_S/K_S > L_C/K_C$ 이다. 이 두 곡선은 일반적인 수요곡선과 같이 우하향한다. 그러나 이 경우 이 수요곡선들은 노동에 대한 상대수요곡선(즉 노동에 대한 수요를 자본에 대한 수요로 나눈)이다.

동집약적이기 때문이다.

이전의 가정들은 각국의 생산과정에 집중했지만 HO 모형은 국가 간 생산에 적용되는 가정도 요구하고 있다. 다음 가정은 자국과 외국의 노동 및 자본량이 다르다는 것이다.

가정 3 : 외국은 노동이 풍부하므로 외국의 노동–자본 비율은 자국의 그것보다 크다. 즉 $\overline{L}^*/\overline{K}^* > \overline{L}/\overline{K}$. 마찬가지로, 자국은 자본이 풍부하므로 $\overline{K}/\overline{L} > \overline{K}^*/\overline{L}^*$.

노동, 자본, 다른 자원들이 국가 간에 상이한 데는 많은 이유가 있다. 국가는 지리적 크기와 인구가 다르고 이전의 이민 혹은 이주의 물결이 한 국가의 인구를 변화시켰을 수도 있고 국가들은 발전 단계가 서로 다르고 자본량도 다르며 그 외에 다른 이유들도 있다. 만약 HO 모형에서 토지를 고려한다면 자국과 외국은 그들의 국경형태, 지형, 기후 등의 차이로 가용한 토지가 다를 것이다. 우리는 HO 모형을 만드는 데 국가 간 노동, 자본, 토지가 다른 이유는 생각하지 않고 단순히 이러한 차이를 국가가 국제무역을 하는 중요한 결정요인으로 받아들인다.

가정 3은 외국은 노동이 풍부하고 자국은 자본이 풍부한 특별한 경우에 주안점을 둔다. 만약 외국이 자국보다 노동이 많고($\overline{L}^* > \overline{L}$) 외국과 자국의 자본량이 동일하다면($\overline{K} = \overline{K}^*$), 이러한 가정은 성립된다. 이러한 조건하에서 $\overline{L}^*/\overline{K}^* > \overline{L}/\overline{K}$이므로 외국은 노동이 풍부하게 된다. 역으로, 자국의 자본–노동 비율은 외국의 자본–노동 비율을 초과하게 되어 $\overline{K}/\overline{L} > \overline{K}^*/\overline{L}^*$이므로 자국은 자본이 풍부한 국가가 된다.

가정 4 : 최종재인 신발과 컴퓨터는 국가 간 자유롭게 교역이 되지만 (어떤 제한 없이) 노동과 자본은 국가 간에 이동할 수 없다.

이 장에서 우리는 노동과 자본이 국가 간에 이동하는 것을 허용하지 않는다. 다음 장에서는 이러한 가정을 완화하여 외국인직접투자를 통한 국가 간 자본의 이동과 더불어 이민을 통한 국가 간 노동의 이동을 살펴보기로 한다.

마지막 두 가정은 국가들의 기업의 기술과 소비자의 기호를 포함한다.

가정 5 : 두 재화를 생산하는 데 사용되는 기술은 국가마다 동일하다.

이러한 가정은 국가 간 기술의 차이가 무역의 이유라고 가정한 리카도 모형(2장)의 가정과 반대된다. 종종 부유한 국가와 빈곤한 국가에서 사용되는 기술은 매우 다르므로 (다음의 적용에서 묘사되는 것처럼) 국가 간 기술이 동일하다고 가정하는 것은 비현실적이다. 비록 가정 5는 매우 비현실적이지만 그것은 우리가 무역의 한 가지 이유인 각국의 노동과 자본의 부존량 차이에 주목하도록 해준다. 이 장의 후반부에서 우리는 HO 모형의 실효성을 검증하기 위해 데이터를 사용하여 이 모형이 가정 5가 사용되지 않을 때 더 잘 맞는다는 것을 알게 된다. 우리의 마지막 가정은 다음과 같다.

가정 6 : 소비자 선호는 국가별로 동일하며 컴퓨터와 신발에 대한 선호도는 국가의 소득수준에 따라 달라지지 않는다.

즉 빈곤한 국가에서는 더 적은 양의 신발과 컴퓨터를 구입하지만 가격이 동일한 부유한 국가와 같은 비율로 그것들을 구입하게 된다. 또 이러한 가정은 매우 현실적인 것은 아니다. 빈곤한 국가의 소비자들은 수입의 더 많은 부분을 컴퓨터보다는 신발, 옷, 기본적인 재화에 지출하지만, 부유한 국가에서는 소득의 더 많은 부분이 신발, 옷보다는 컴퓨터와 다른 전자제품에 지출될 수 있기 때문이다. 가정 6은 자원의 차이를 무역의 유일한 이유로 주목하도록 하는 또 다른 단순한 가정이다.

적용사례

요소집약도는 국가마다 동일한가?

헥셔-올린(HO) 모형의 가정 중 하나는 두 국가 모두 동일한 재화(신발)는 노동집약적이라는 것이다. 특히 두 국가 모두에서 신발생산은 컴퓨터생산보다 노동-자본 비율이 더 높다고 가정한다. 이러한 가정이 신발과 컴퓨터에 명확해 보이지만 신발과 콜센터와 같은 다른 대상과 비교할 때는 그리 명확하지 않기도 하다.

원칙적으로, 모든 국가는 신발을 만드는 데 동일한 기술에 접근할 수 있다. 그러나 실제로

19세기 외관에도 불구하고 메인 주의 뉴발란스 공장은 첨단 신발제조기술을 보유하고 있다.

는 미국에서 사용되는 기계는 아시아나 다른 지역에서 사용되는 것들과는 다르다. 전 세계의 많은 신발이 개발도상국에서 생산되고 있지만 미국은 적은 수의 신발 공장을 보유하고 있다. 스니커즈를 생산하는 뉴발란스는 뉴잉글랜드에 5개의 공장을 가지고 있으며 북미에서 판매하는 신발의 25%는 미국에서 생산된다. 이 공장들 중 하나는 메인 주의 노리즈워크에 있으며, 이곳에서 노동자들은 한 사람이 여섯 사람의 일을 해낼 수 있는 전산화된 장치를 가동한다.[1] 이것은 나이키와 리복을 생산하는 아시아의 공장들 및 다른 미국 생산자들과는 현저히 다른 것이었다. 아시아 공장들은 오래된 기술(개별적인 재봉틀과 같은)을 사용하기 때문에 생산성이 낮은 기계를 작동시키는 더 많은 노동자를 사용한다.

반면, 콜센터에서는 기술(즉 요소집약도)은 국가 간 유사하다. 각 근로자는 전화기 한 대와 개인컴퓨터 한 대로 일하기 때문에 미국과 인도는 그들이 필요로 하는 노동자 한 명당 자본의 양이 비슷하다. 전화기와 컴퓨터는 비용이 수천 달러로, 미국의 뉴발란스에 있는 몇만 혹은 수십만 달러의 비용이 들어가는 자동화된 기계보다 훨씬 덜 비싸다. 따라서 뉴발란스 공장의 신발제조는 미국의 콜센터와 비교하여 자본집약적이다. 반면, 인도에서는 신발을 생산하는 데 사용된 재봉틀은 콜센터에서 사용된 컴퓨터보다 저렴하다. 따라서 인도의 신발생산은 콜센터에 비해 더 노동집약적이며 이것은 미국과는 반대되는 경우이다. 이 예는 두 국가 간의 **요소집약도**(reversal of factor intensities)의 역전을 설명하고 있다.

우리가 국가 간 농업부문을 비교할 때도 동일한 요소집약도 역전을 볼 수 있다. 미국에서 농업은 자본집약적이다. 농부 한 사람은 수만 달러의 기계화되고 전산화된 장비를 가지고 일하므로 농장은 단지 손에 꼽을 정도의 적은 인원만으로도 유지가 된다. 그러나 많은 개발도상국에서 농업은 노동집약적이다. 농장에는 많은 노동자들이 낮은 수준으로 기계화되거나 아예 기계화되지 않은 장비를 갖고 일한다. 개발도상국에서 이러한 노동집약적인 기술이 농업부문에 사용되는 이유는 자본장비가 임금에 비해 상대적으로 비싸기 때문이다.

가정 2와 그림 4-1에서 한 산업의 노동-자본 비율(L/K)은 임금-임대료 비율(W/R)과 관계없이 다른 산업의 비율을 초과한다고 가정한다. 즉 노동이 (개발도상국처럼) 저렴하든 혹은 (미국처럼) 비싸든, 우리는 같은 산업(우리의 예에서 신발)은 두 국가에서 모두 노동집약적이라고 가정한다. 이러한 가정은 우리가 살펴본 것처럼 신발 혹은 농업에 적용되지 않을 수도 있다. HO 모형을 다루는 데 있어서 우리는 요소집약도 역전의 가능성을 고려하지 않는다. 이를 고려하지 않는 이유는 모형으로부터 국가 간 무역 패턴에 대한 정확한 예측을 하여 국가 간 무역이 이루어질 때 재화의 가격과 요소소득에 어떤 일이 발생하는지 알 수 있도록 하기 위함이다. ■

---

1 New Balance plant is drawn from Aaron Bernstein, "Low-Skilled Jobs: Do They Have to Move?" *BusinessWeek*, February 26, 2001, 94-95에서 발췌

무역부재균형

가정 3에서 우리는 자국과 외국의 노동 및 자본의 양의 차이에 대한 개요를 그렸다. 우리의 목표는 무역 패턴을 예측하기 위해 이러한 자원의 차이를 사용하는 것이다. 이를 위해 먼저 무역이 일어나지 않을 때 각국의 균형을 살펴보기로 한다.

생산가능곡선 자국과 외국의 무역부재균형을 결정하기 위해 그림 4-2에 나와 있는 것처럼 각국의 생산가능곡선(PPF)을 그리는 것에서 시작하도록 하자. 자국은 자본이 풍부하고 컴퓨터생산은 자본집약적이라는 가정하에 자국은 신발보다는 컴퓨터를 더 많이 생산할 수 있다. (a)에 그려진 자국의 생산가능곡선은 컴퓨터 쪽으로 기울어져 있으며 이것은 자국의 컴퓨터 생산능력이 더 크다는 것을 반영한다. 유사하게, 외국은 노동이 풍부하고 신발생산은 노동집 약적이므로 (b)에 나타난 외국의 PPF는 신발 쪽으로 기울어져 있으며 이것은 외국의 신발 생산능력이 더 크다는 것을 반영한다. 우리가 세운 가정하에 PPF의 이러한 특정한 형태는 합리적인 것이다. 우리가 5장에서 헥셔–올린 모형에 대한 연구를 계속하게 되면 PPF는 이러한 형태를 갖게 된다는 것을 증명하게 된다.[2] 여기서는 PPF의 이러한 형태를 받아들여서 이를 HO 모형에 대한 분석의 출발점으로 활용하도록 한다.

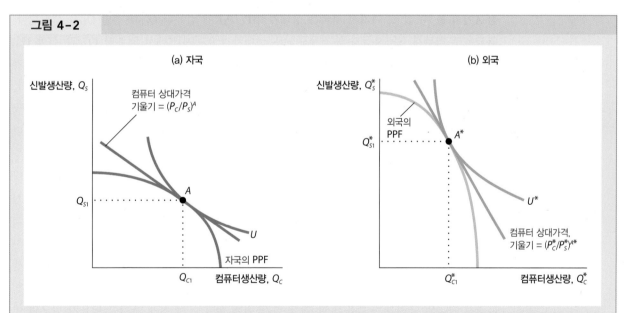

그림 4-2

자국과 외국의 무역부재균형 자국의 생산가능곡선(PPF)은 (a)에 나와 있으며, 외국의 PPF는 (b)에 나와 있다. 자국은 자본이 풍부하고 컴퓨터는 자본집약적이므로 자국의 PPF는 컴퓨터 방향으로 경도되어 있다. 자국의 선호는 무차별곡선인 U로 요약되며 자국의 무역부재(혹은 자급자족경제) 균형은 $(P_C/P_S)^A$의 낮은 기울기에서 알 수 있듯이 컴퓨터 상대가격이 낮은 점 A이다. 외국은 노동이 풍부하고 신발은 노동집약적이므로 외국의 PPF는 신발 쪽으로 기울어져 있다. 외국의 선호는 무차별곡선 U^*로 요약되며 외국의 무역부재균형은 $(P_C^*/P_S^*)^{A^*}$의 더 가파른 기울기로 알 수 있듯이 컴퓨터 상대가격이 더 높은 점 A^*에서 일어난다.

---

2 5장의 문제 7을 참조하라.

무차별곡선 HO 모형에 대한 또 다른 가정(가정 6)은 소비자 선호가 국가 간 동일하다는 것이다. 우리가 리카도 모형에서 했던 것처럼 소비자 선호는 무차별곡선을 이용하여 그래프를 그리도록 한다. 이 두 곡선은 그림 4-2(U와 U^*는 각각 자국과 외국)에 나와 있다. 한 곡선은 자국의 PPF에 접하고 다른 곡선은 외국의 PPF에 접한다. 이러한 무차별곡선은 가정 6에서 요구한 것처럼 양국에서 동일한 형태를 갖는다. 방금 전에 묘사한 것처럼 각국 PPF 특유의 형태로 인해 다른 점에서 PPF에 접한다.

무차별곡선의 기울기는 소비자가 컴퓨터를 구입하기 위해 지불하고자 하는, 달러가 아닌 신발의 양과 같다. PPF의 기울기는 포기한 신발로 표시된, 컴퓨터 한 대를 더 생산하는 데 따른 기회비용과 같다. 무차별곡선의 기울기가 PPF의 기울기와 같을 때 소비자가 컴퓨터를 사기 위해 지불하고자 하는 상대가격은 그것을 생산하는 데 드는 기회비용과 같으며, 이 점은 무역부재 하의 균형이다.[3] 접하는 점에서 무차별곡선과 PPF의 공통적인 기울기는 컴퓨터의 상대가격인 P_C/P_S이다. 기울기가 가파른 가격선은 컴퓨터의 높은 상대가격을 의미하는 반면, 평평한 가격선은 컴퓨터의 낮은 상대가격을 반영한다.

무역부재균형의 가격 다른 형태의 PPF 하에, 각국의 무차별곡선은 두 국가의 상대가격선에 해당되는 서로 다른 생산점에서 PPF에 접한다. 자국에서 무역부재, 즉 자급자족 경제균형은 점 A에서 볼 수 있고, 여기서 자국은 상대가격$(P_C/P_S)^A$에 컴퓨터 Q_{C1}과 신발 Q_{S1}을 생산한다. 외국은 무역부재, 즉 자급자족 경제균형은 상대가격$(P_C^*/P_S^*)^{A^*}$에서 컴퓨터 Q_{C1}^*과 신발 Q_{S1}^*을 생산하는 점 A^*에 나타나 있다. 외국의 PPF는 신발 쪽으로 경도되어 있으므로 외국의 가격선인 $(P_C^*/P_S^*)^{A^*}$의 기울기는 상당히 가파르며 이것은 컴퓨터의 높은 상대가격을 의미한다. 따라서 그림 4-2의 무역부재균형과 비교한 결과는 **자국의 무역부재 하의 컴퓨터 상대가격은 외국보다 낮다**는 것이다.(동일하게, 우리는 자국에서 무역이 없을 때 신발의 상대가격이 외국보다 높다고 말할 수 있다.)

이러한 무역부재 하에서 가격의 비교는 두 국가에서 찾아볼 수 있는 노동의 양이 다르다는 것을 반영한다. 외국은 노동이 풍부하고 신발생산은 노동집약적이므로 무역부재 하의 신발의 상대가격은 자국보다 외국이 더 낮다. 외국인들이 컴퓨터 한 대를 얻기 위해 신발을 더 많이 포기할 용의가 있다는 것은 외국의 자원이 신발을 더 많이 생산하는 데 적합하다는 사실을 반영한다. 이와 동일한 논리는 상대적으로 자본이 풍부한 자국에도 적용된다. 컴퓨터생산은 자본집약적이기 때문에 무역이 없을 때 자국은 외국보다 컴퓨터의 상대가격이 더 낮다. 따라서 자국의 국민들은 컴퓨터 한 대를 얻기 위해 신발을 더 적게 포기할 필요가 있으며 이것은 그들의 자원이 컴퓨터를 더 생산하는 데 적합하다는 사실을 반영한다.

자유무역균형

우리는 국가들 간의 무역의 패턴을 결정할 단계에 와 있다. 이를 위해 몇 단계를 밟도록 한

---

3 무차별곡선이나 PPF의 기울기는 그래프 수평축의 재화(그림 4-2에서 컴퓨터)의 상대가격을 반영한다.

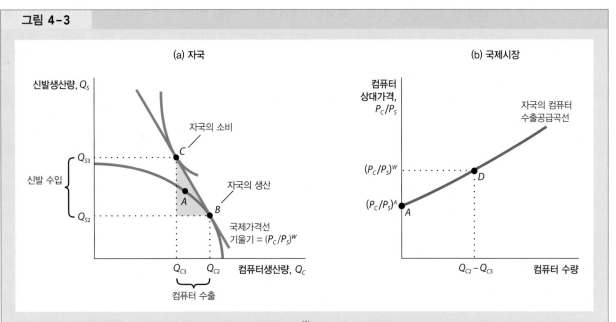

그림 4-3

(a) 자국

신발생산량, Q_S

자국의 소비

Q_{S3}

신발 수입

C

A

Q_{S2}

B

자국의 생산

국제가격선
기울기 = $(P_C/P_S)^W$

Q_{C3} Q_{C2} 컴퓨터생산량, Q_C

컴퓨터 수출

(b) 국제시장

컴퓨터
상대가격,
P_C/P_S

자국의 컴퓨터
수출공급곡선

$(P_C/P_S)^W$

D

$(P_C/P_S)^A$

A

$Q_{C2} - Q_{C3}$ 컴퓨터 수량

자국의 국제자유무역균형 컴퓨터의 자유무역 국제상대가격인 $(P_C/P_S)^W$에서 자국은 컴퓨터를 수출하고 신발을 수입하며, (a)의 점 B에서 생산하고 점 C에서 소비한다(점 A는 무역부재균형이다). '무역삼각형'은 밑변이 자국의 컴퓨터 수출과 같다(무역 하에서 생산량과 소비량의 차이인 $Q_{C2} - Q_{C3}$). 이 삼각형의 높이는 자국의 신발 수입(무역 하에서 신발의 소비량과 생산량의 차이인 $Q_{S3} - Q_{S2}$)이다. (b)에서, 무역부재 하의 상대가격인 $(P_C/P_S)^A$에서 자국의 컴퓨터 수출은 0이고, 자유무역상대가격인 $(P_C/P_S)^W$에서는 $(Q_{C2} - Q_{C3})$와 같다.

다. 첫째, 컴퓨터의 국제상대가격이 무역부재 하의 자국의 컴퓨터 상대가격보다 높고 자국의 컴퓨터 수출 공급의 궤적을 따라갈 때 어떤 일이 발생하는지 생각해본다. 둘째, 컴퓨터의 국제상대가격이 무역부재 하의 외국의 컴퓨터 상대가격보다 낮고 외국의 컴퓨터 수입수요를 따라갈 때 어떤 일이 발생하는지를 생각해본다. 마지막으로, 우리는 자국의 수출공급과 외국의 수입수요를 연결하여 국제무역 하의 컴퓨터의 균형상대가격을 도출한다.

자유무역 하의 자국의 균형 첫 번째 단계는 그림 4-3에 나와 있다. 우리는 이미 그림 4-2에서 무역부재 하의 컴퓨터의 상대가격이 외국보다 자국에서 더 낮다는 것을 알았다. 자유무역 하에서 우리는 컴퓨터의 균형상대가격은 무역이 없을 때 각국의 상대가격 사이에 위치할 것을 예상한다(이미 2장의 리카도 모형에서 알게 된 것처럼). 무역이 없을 때 컴퓨터의 상대가격은 자국에서 더 낮기 때문에 자유무역 하에서 균형가격은 자국의 무역부재 가격보다 높다. 따라서 그림 4-3(a)는 자유무역 하의 자국의 PPF 또는 컴퓨터의 국제상대가격인 $(P_C/P_S)^W$가 그림 4-2(a)에 나타난 것처럼 무역이 없을 때 자국의 상대가격 $(P_C/P_S)^A$보다 높다는 것을 보여준다.

그림 4-2에서, 무역이 없을 때 자국의 균형점인 점 A에서 컴퓨터와 신발의 수량은 (Q_{C1}, Q_{S1})이다. 컴퓨터의 국제상대가격이 더 높을 때, 자국의 생산은 점 A, (Q_{C1}, Q_{S1})에서 컴퓨터가 더 많고 신발이 더 적은 그림 4-3의 점 B, (Q_{C2}, Q_{S2})로 이동한다. 즉 자유무역 하에 자국은 컴퓨터의 더 높은 국제상대가격의 이점을 이용하기 위해 더 적은 양의 신발을 생산하고 컴퓨

터에 더 특화한다. 자국은 국제상대가격으로 무역을 할 수 있게 되므로 자국의 소비는 기울기 $(P_C/P_S)^W$로 B를 지나는 국제가격선 위의 어떤 점에든 놓일 수 있게 된다. 자국의 최대 효용은 점 C에서 얻을 수 있는데, 이 점은 국제가격선 $(P_C/P_S)^W$에 접하면서 소비량은 (Q_{C3}, Q_{S3})이다.

우리는 자국의 '무역삼각형'을 정의할 수 있는데, 이것은 그림 4-3(a)에 나와 있는 점 B와 C를 연결하는 삼각형이다. 점 B는 자국이 생산하는 점이며, 점 C는 소비점이고 두 점을 잇는 선분은 국제상대가격 하에서 무역량을 나타낸다. 이 삼각형의 밑변은 자국의 컴퓨터 수출량(무역 하에서 생산량과 소비량의 차이, 즉 $Q_{C2}-Q_{C3}$)이다. 이 삼각형의 높이는 자국의 신발 수입량(무역 하에서 신발의 소비량과 생산량의 차이, 즉 $Q_{S3}-Q_{S2}$)이다.

그림 4-3(b)에서, 우리는 상대가격에 대해 자국의 컴퓨터 수출을 그래프로 표시한다. 무역이 없을 때의 균형에서, 자국의 컴퓨터 상대가격은 $(P_C/P_S)^A$이고 컴퓨터 수출량은 없었다. 이러한 무역부재균형은 (b)의 점 A에 나와 있다. 자유무역 하에서 컴퓨터의 상대가격은 $(P_C/P_S)^W$이고 컴퓨터 수출은 무역 하에서 생산량과 소비량의 차이, 즉 $Q_{C2}-Q_{C3}$이다. 이러한 자유무역균형은 (b)의 점 D에서 볼 수 있다. 점 A와 D를 결합하여, 우리는 자국의 컴퓨터 수출공급곡선을 얻는다. 무역부재 하의 가격에 비해 더 높은 상대가격 하에서 자국은 컴퓨터를 더 많이 수출하기 위해 전문화하려 하기 때문에 이 곡선은 우상향한다.

자유무역 하의 외국의 균형 우리는 유사한 형식을 외국에 적용하여 진행한다. 그림 4-4(a)에서 무역부재 하의 외국의 균형은 컴퓨터의 높은 균형 상대가격이 $(P_C^*/P_S^*)^{A^*}$일 때 점 A^*에서 발생한다. 무역이 일어나지 않을 때 외국의 상대가격은 자국보다 더 높고 자유무역 하에서 상대가격은 자국과 외국 사이에 놓이므로 컴퓨터의 자유무역 혹은 국제균형가격인 $(P_C/P_S)^W$는 무역이 없을 때의 외국의 가격인 $(P_C^*/P_S^*)^{A^*}$보다 낮다.

국제상대가격에서 외국의 생산은 더 많은 신발과 더 적은 컴퓨터를 생산하는 점 A^*, (Q_{C1}^*, Q_{S1}^*)에서 점 B^*, (Q_{C2}^*, Q_{S2}^*)로 이동한다. 즉 자유무역 하에서 외국은 신발에 특화하고 컴퓨터는 더 적게 생산한다. 이제 외국은 국제상대가격으로 무역에 참여할 수 있으므로 외국의 소비는 기울기가 $(P_C/P_S)^W$이고 B^*를 지나는 국제가격선 위의 어떤 점에서도 발생할 수 있다. 외국 효용의 최고점은 국제가격선인 $(P_C/P_S)^W$에 접하고 (Q_{C3}^*, Q_{S3}^*)에서 소비되는 C^*에서 달성할 수 있다. 또다시 우리는 점 B^*와 C^*를 연결하여 '무역삼각형'을 만들 수 있다. 이 삼각형의 밑변은 외국의 컴퓨터 수입(무역이 발생할 때 컴퓨터 소비와 생산의 차이, 즉 $Q_{C3}^*-Q_{C2}^*$)이고 높이는 외국의 신발 수출(무역이 발생할 때 신발의 생산과 소비의 차이, 즉 $Q_{S2}^*-Q_{S3}^*$)이다.

그림 4-4(b)에서 우리는 외국의 컴퓨터 상대가격과 수입을 그래프로 나타내었다. 무역부재균형 하에서 외국의 컴퓨터 상대가격은 $(P_C^*/P_S^*)^{A^*}$이고 컴퓨터 수입량은 0이다. 이러한 무역부재 하의 균형은 (b)의 점 A^*에서 볼 수 있다. 자유무역 하에서 컴퓨터의 상대가격은 $(P_C/P_S)^W$이고 컴퓨터 수입은 무역을 할 때의 생산량과 소비량의 차이, 즉 $(Q_{C3}^*-Q_{C2}^*)$이다. 이러한 자유무역균형은 (b)의 점 D^*로 표시된다. 점 A^*와 점 D^*를 결합하여 외국의 컴퓨터에 대한 수

그림 4-4

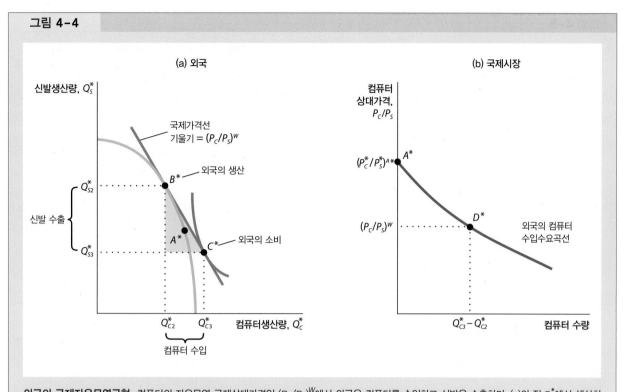

외국의 국제자유무역균형 컴퓨터의 자유무역 국제상대가격인 $(P_C/P_S)^W$에서 외국은 컴퓨터를 수입하고 신발을 수출하며, (a)의 점 B^*에서 생산하고 점 C^*에서 소비한다(점 A^*는 무역부재균형이다.). '무역삼각형'은 밑변이 외국의 컴퓨터 수입과 같다(무역 하에서 컴퓨터의 소비량과 생산량의 차이인 $Q_{C3}^* - Q_{C2}^*$). 이 삼각형의 높이는 외국의 신발 수출(무역 하에서 신발의 생산량과 소비량의 차이인 $Q_{S2}^* - Q_{S3}^*$)이다. (b)에서, 무역부재 하의 상대가격인 $(P_C^*/P_S^*)^A$에서 자국의 컴퓨터 수입은 0이고, 자유무역상대가격인 $(P_C/P_S)^W$에서는 $(Q_{C3}^* - Q_{C2}^*)$와 같다.

입 수요곡선을 얻을 수 있다. 무역이 없을 경우에 비해 더 낮은 상대가격에서 외국은 신발에 특화하여 이를 수출하고 컴퓨터로 교환하기 때문에 컴퓨터의 수입수요곡선은 우하향한다.

자유무역 하의 균형가격 우리가 그림 4-5에서 보는 것처럼, 자유무역 하의 컴퓨터의 균형상대가격은 점 D(그림 4-3의 점 D 혹은 그림 4-4의 점 D^*와 동일)에서 자국의 수출공급과 외국의 수입수요 곡선이 만남으로써 결정된다. 이 상대가격에서, 자국이 수출하고자 하는 컴퓨터의 수량은 외국이 수입하고자 하는 컴퓨터의 수량과 같다. 즉 $(Q_{C2} - Q_{C3}) = (Q_{C3}^* - Q_{C2}^*)$이다. 수출은 수입과 같기 때문에 상대가격은 변화할 이유가 없으며 이것이 **자유무역균형**(free-trade equilibrium)이다. 그래프 상으로 균형을 알 수 있는 다른 방법은 그림 4-3(a)와 4-4(a)에서 두 국가의 무역삼각형 크기가 동일하다는 것에 주목하는 것이다. 한 국가가 팔고자 하는 컴퓨터의 수량은 다른 국가가 구입하고자 하는 컴퓨터의 수량과 같다.

무역 패턴 자유무역균형을 활용하여, 우리는 두 국가 간의 무역 패턴을 결정하였다. 자국은 자국에서 풍부한 생산요소(자본)를 집약적으로 사용하는 재화인 컴퓨터를 수출한다. 외국은

그림 4-5

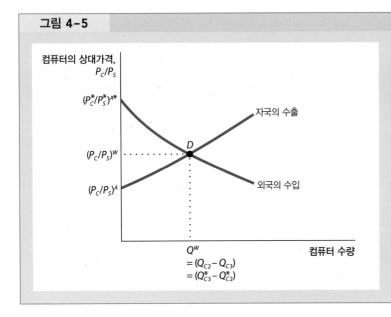

자유무역 국제균형가격의 결정 자유무역균형에서 컴퓨터의 국제상대가격은 점 *D*에서 자국의 수출공급과 외국의 수입수요의 교차점에서 결정된다. 이 상대가격에서 자국이 수출하기를 원하는 컴퓨터의 수량은 $(Q_{C2} - Q_{C3})$로 외국이 수입하기를 원하는 컴퓨터 수량인 $(Q^*_{C3} - Q^*_{C2})$과 똑같다.

외국에서 풍부한 생산요소(노동)를 집약적으로 사용하는 재화인 신발을 수출한다. 이 중요한 결과를 **헥셔-올린 이론**(Heckscher-Ohlin theorem)이라고 한다.

헥셔-올린 이론 두 재화와 두 요소가 있을 때 각국은 부존량이 풍부한 생산요소를 집약적으로 사용하는 재화를 수출하고 다른 재화를 수입한다.

우리가 이 장의 서두에서 세웠던 가정들이 어떻게 헥셔-올린 이론을 도출하는지 이해하기 위해서는 그 가정들을 다시 살펴보는 것이 유용할 것이다.

가정 1 : 노동과 자본은 산업 간 자유롭게 이동한다.
가정 2 : 신발생산은 자본집약적인 컴퓨터생산에 비해 노동집약적이다.
가정 3 : 두 국가의 노동과 자본의 양은 다르다. 외국은 노동이 풍부하고 자국은 자본이 풍부하다.
가정 4 : 재화에 대해 자유로운 국제무역이 발생한다.
가정 5 : 신발과 컴퓨터를 생산하는 기술은 국가 간 동일하다.
가정 6 : 소비자 선호는 국가 간 동일하다.

가정 1부터 3까지는 그림 4-2에 그려진 것처럼 두 국가의 PPF를 그리는 것을 가능하게 하고, 가정 5와 6은 무역이 없을 때 자국의 컴퓨터 상대가격이 외국의 컴퓨터 상대가격보다 낮다는 것, 즉 $(P_C/P_S)^A$가 $(P^*_C/P^*_S)^{A*}$보다 낮다는 것을 알 수 있게 해준다. 이 핵심 결과는 그림 4-3과 4-4(b)에서 자국의 컴퓨터 수출공급곡선과 외국의 수입수요곡선의 시작점을 결정할 수 있게 해준다. 이 시작점들을 사용하여, 우리는 우상향하는 자국 수출공급곡선과 우하향하는 외국 수입수요곡선을 함께 그릴 수 있다. 그림 4-5에서 자유무역균형 상태의 컴퓨터 상대가격은 무역이 없을 때의 두 상대가격 사이에 위치(그림 4-3과 4-4를 그릴 때 예상했던 것을 확인시켜주는)한다.

그러므로 자국이 무역을 개시할 때 컴퓨터의 상대가격은 무역이 없을 때의 균형상대가격 $(P_C/P_S)^A$에서 자유무역균형가격인 $(P_C/P_S)^W$로 오르게 되어 자국의 기업은 컴퓨터를 수출할 유인이 생긴다. 즉 높아진 가격으로 인해, 자국은 소비하고자 하는 것보다 더 많은 양의 컴퓨터를 생산하여 그 차이만큼을 수출한다. 유사하게, 외국이 무역을 개시하게 되면 컴퓨터의 상대가격은 무역이 없을 때의 균형가격인 $(P_C^*/P_S^*)^{A^*}$에서 무역균형가격인 $(P_C/P_S)^W$로 떨어지게 되어 외국의 소비자들은 자국으로부터 컴퓨터를 수입할 유인이 생겨난다. 즉 낮아진 가격으로 외국은 생산하고자 하는 양보다 더 많은 양의 컴퓨터를 소비하여 그 차이만큼을 수입하려는 유인이 생긴다.

헥셔-올린 이론은 어느 정도 당연하다고 생각할 수도 있다. 생산요소가 풍부하기 때문에 쉽게 생산되는 재화를 국가가 수출하는 것은 타당하다. 그러나 다음 절에서 논하게 되겠지만 이러한 예상이 항상 현실에 들어맞는 것은 아니다.

2 헥셔−올린 모형 검증

헥셔-올린 이론의 첫 번째 검증은 1947년부터 미국 데이터를 사용한 바실리 레온티에프에 의해 1953년에 수행되었다. 우리는 다음에서 그의 검증을 설명하고 그가 **레온티에프 역설**(Leontief's paradox)이라고 하는 뜻밖의 결론에 도달했음을 보이게 된다. 그다음으로 헥셔-올린 모형을 검증하는 데 사용될 수 있는 여러 국가들의 최근 데이터에 대해 논하기로 한다.

레온티에프의 역설

헥셔-올린 이론을 검증하기 위해 레온티에프는 100만 달러의 미국 수출품과 수입품을 생산하는 데 필요한 모든 산업의 노동 및 자본의 양을 측량하였다. 그의 결과는 표 4-1에 나와 있다.

레온티에프는 먼저 미국 수출품 100만 달러의 가치를 생산하는 데 요구되는 자본과 노동의 양을 측정하였다. 이를 계산하기 위해 레온티에프는 각 산업의 최종재 수출 생산에 **직접적으로** 사용되는 노동과 자본을 측량하였다. 그는 수출품을 만드는 데 사용된 중간재를 생산하는 산업에서 **간접적으로** 이용된 노동과 자본도 측정하였다. 표 4-1의 첫 번

표 4-1

레온티에프의 검증 레온티에프는 헥셔-올린 이론을 검증하기 위해 이 표의 숫자들을 사용하였다. 각 열은 1947년 미국에서 수출한 혹은 수입한 금액 100만 달러를 생산하기 위해 필요한 자본 혹은 노동의 양을 보여준다. 마지막 행에 나타난 것처럼 수출의 자본-노동 비율은 수입의 자본-노동 비율보다 더 작으며, 이것은 역설적인 결과이다.

	수출	수입
자본(100만 달러)	2.55	3.1
노동(노동년)	182	170
자본/노동(달러/노동)	14,000	18,200

출처 : Wassily Leontief, 1953, "Domestic Production and Foreign Trade: The American Capital Position Re-examined," *Proceedings of the American Philosophical Society*, 97, September, 332-349. Reprinted in Richard Caves and Harry G. Johnson, eds., 1968, *Readings in International Economics* (Homewood, IL: Irwin).

째 행에서 100만 달러의 수출품을 생산하기 위해 255만 달러의 자본이 사용됨을 알 수 있다. 측정된 것이 전체 자본스톡이라는 사실을 인지할 때까지 이 자본량은 지나치게 많아 보이는 데 이것은 그해에 수출품을 생산하는 데 실제로 사용된 자본스톡을 상회하는 것이다. 그해에 사용된 자본은 자본스톡의 감가상각분으로 측정된다. 노동의 경우 182의 노동년이 수출품을 생산하는 데 사용되었다. 이 비율을 사용하여 수출품 생산에 (직접적으로 혹은 간접적으로) 고용된 각 노동자는 14,000달러의 자본으로 일했다는 것을 알 수 있다.

측정의 수입 측면에서, 레온티에프는 즉시 문제점에 봉착했다. 그는 해외기술에 대한 데이터가 없었기 때문에 수입품을 생산하는 데 드는 노동과 자본의 양을 측정할 수 없었다. 이 어려움을 해결하기 위해 레온티에프는 그 이후로 많은 연구자들이 써온 방법을 썼다. 그는 단순히 미국의 기술에 대한 데이터를 사용하여 외국으로부터 들여온 수입품에 사용된 노동과 자본의 추정치를 계산하였다. 이러한 방법이 레온티에프의 헥셔-올린 모형 검증을 무효화시켰을까? 그렇지 않다. 왜냐하면 헥셔-올린 모형은 국가 간 기술이 동일하다고 가정하기 때문에 레온티에프는 이러한 가정을 이론을 검증하는 데 필요한 계산에 포함시켰기 때문이다.

수입품을 생산하는 데 직접적 혹은 간접적으로 사용된 노동과 자본을 측정하기 위해 미국 기술을 사용하여 레온티에프는 표 4-1의 마지막 열에 나와 있는 추정치를 도출하였다. 100만 달러의 미국 수입품을 생산하는 데 자본 310만 달러와 170 노동년이 사용되었으므로 수입의 자본-노동 비율은 노동 한 단위당 18,200달러였다. 이 비율은 수출품의 자본-노동 비율인 노동 한 단위당 14,000달러를 초과하는 것임에 주목하도록 하자.

레온티에프는 1947년 미국은 다른 국가들보다 상대적으로 자본이 풍부하다고 정확하게 가정하였다. 즉 헥셔-올린 이론에 따라 레온티에프는 미국이 자본집약적인 재화를 수출하고 노동집약적인 재화를 수입할 것으로 예상했다. 그러나 레온티에프가 실제로 발견한 것은 그 반대였다. 미국 수입품의 자본-노동 비율은 미국 수출품의 자본-노동 비율보다 더 높았다! 이러한 사실은 헥셔-올린 이론과는 배치되는 것이었고 이로 인해 레온티에프의 역설로 불렸다.

설명 다음을 포함하여 레온티에프의 역설에 대한 광범위한 해석이 제시되었다.

- 헥셔-올린과 레온티에프가 가정했던 것과는 달리, 미국과 해외기술은 같지 않다.
- 노동과 자본에만 집중함으로써 레온티에프는 미국의 토지가 풍부함을 간과하였다.
- 레온티에프는 숙련기술과 비숙련기술 노동을 구분했어야 했다.(왜냐하면 미국의 수출이 숙련기술 노동집약적이라는 것은 놀라운 일이 아니기 때문이다.)
- 2차 세계대전이 겨우 2년 전에 끝났기 때문에 1947년 데이터는 평범하지 않을 수 있다.
- 헥셔-올린 이론이 가정하듯이 미국은 자유무역에 완전히 참여하는 것이 아니다.

레온티에프 역설에 관한 몇 가지 추가적인 가능한 설명은 생산요소가 두 가지 이상 있다는 사실을 기반으로 한다. 예를 들어, 미국은 토지가 풍부한데 왜 1947년에 노동집약적인 재화를 수출하고 있었는지를 설명한다. 이들은 1947년에 토지를 집약적으로 사용하였고 또 노동도 집약적으로 사용하였던 농산품이었을 수 있다. 따라서 토지를 간과함으로써 레온티에프는 헥셔-올린 모형을 정확히 검증하지는 않았던 것이다. 그 대신, 미국은 주로 숙련노동을 사용하는 재화를 수출했던 것일 수 있다. 이것은 미국이 고기술 재화의 선도적인 수출국인 오늘날에는 틀림없는 사실이며, 아마도 1947년에도 사실이었을 것이다. 숙련 노동과 비숙련 노동을 구분 짓지 않음으로써 레온티에프는 미국의 무역에서 사용된 생산요소에 대해 또 다시 부정확한 그림을 그리고 있었다.

토지, 숙련기술, 비숙련기술 노동을 고려하고 헥셔-올린 이론이 다른 연도와 그 밖의 해에도 적용되는지 검토함으로써 이후의 연구는 레온티에프가 수행했던 검증을 재현하고자 했다. 우리는 최근 연도인 2010년에 헥셔-올린 이론을 검증하기 위해 사용될 수 있는 데이터에 대해 논한다.

2010년 요소부존

그림 4-6은 선별된 국가들(미국, 중국, 일본, 인도, 독일, 영국, 프랑스, 캐나다)과 나머지 국가들로 분류된 여섯 가지 생산요소와 세계 GDP의 국가별 비중을 보여준다. 한 국가가 특정 요소가 풍부한지를 결정하기 위해 우리는 그 요소에 대한 그 국가의 비중과 세계 GDP의 비중을 비교한다. 만약 그 요소에 대한 몫이 세계 GDP에 대한 것보다 더 크다면 그 국가는 그 **요소가 풍부하다**(abundant in that factor)고 말할 수 있다. 만약 특정요소에 대한 비중이 세계 GDP에 대한 비중보다 더 작다면 그 국가는 그 **요소가 희소하다**(scarce in that factor)고 결론 짓는다. 이러한 정의는 우리가 원하는 한 많은 요소와 국가가 존재하는 환경에서도 요소부존도를 계산할 수 있도록 해 준다.

자본 부존도 예를 들어, 그림 4-6의 첫 번째 막대 그래프에서 2010년에 전 세계의 물적자본의 17.1%가 미국, 16.9%가 중국, 7.7%가 일본, 3.9%가 인도, 4.3%가 독일 등에 위치하고 있었다는 것을 알 수 있다. 이 수치들을 전 세계 GDP의 백분율을 보여주는 그래프의 마지막 막대와 비교해보면, 2010년에 미국은 19.1%, 중국은 14.4%, 일본은 5.6%, 인도는 6.1%, 독일 4.0% 등임을 알 수 있다. 미국은 전 세계 자본의 17.1%, 전 세계 GDP의 19.1%를 차지하였으므로 미국은 2010년에 물적자본이 희소했다고 결론 내릴 수 있다. 반면, 중국은 물적자본이 풍부하다. 중국은 세계 자본의 16.9%를 갖고 있으며 세계 GDP의 14.4%를 생산한다. 실제로, 지난 10년간 미국이 이 생산요소가 상대적으로 희소했던 것은 중국의 빠른 자본축적 때문이었다.(중국이 더 많은 자본을 축적하고, 세계 자본 중 미국의 비중은 감소했기 때문이다).[4] 2010년에 일본은 세계 자본의 7.7%, 세계 GDP의 5.6%를 차지하였으므로 독일 (세계 자본의 4.3%, 세계 GDP의 4.0%)과 같이 자본이 풍부하였다. 인도와 나머지 국가들은 반대의 경우이다. 세계 자본 중 그들의 비중은 GDP 비중보다 작으므로 이 국가들은 자본이 희소하였다.

---

4 2000년에 중국은 전 세계 물적자본의 더 작은 비중을 차지하였다. 2010년의 16.9%에 비해 겨우 8.7%였다. 즉 미국의 비중은 24.0%에서 17.1%로 떨어진 반면, 중국의 비중은 거의 2배가 되었다.

그림 4-6

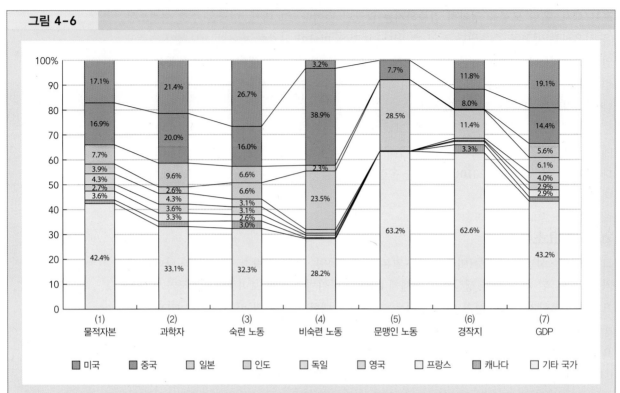

국가요소부존, 2010년 이 그림에 나와 있는 것은 8개 국가와 기타 국가들에 대한 2010년 여섯 가지 생산요소의 비중이다. 첫 번째 막대 그래프에서 2010년 전 세계 물적자본의 17.1%가 미국, 16.9%는 중국, 7.7%는 일본에 위치하고 있다는 등을 알 수 있다. 마지막 막대 그래프에서는 2010년 미국은 세계 GDP의 19.1%, 중국은 14.4%, 일본은 5.6%를 차지하였다는 것을 알 수 있다. 한 국가의 요소비중이 그것의 GDP 비중보다 더 클 때, 그 국가는 그 요소가 풍부하고, 한 국가의 요소비중이 GDP 비중보다 작으면 그 국가는 그 요소가 희소한 것이다.

주 :
(1) PWT(Penn World Trade) 8.0판(그로닝겐대학과 캘리포니아대학, 데이비스)
(2) 100만 명당 R&D 연구자와 전체 인구의 곱(세계은행, 세계개발지수)
(3) 3차 교육을 받은 노동인력(세계은행, 세계개발지수)
(4) 1, 2차 교육을 받은 노동인력(세계은행, 세계개발지수)
(5) 1에서 성인 식자율을 뺀 값과 성인 인구의 곱(세계은행, 세계개발지수)
(6) 경작지 헥타르 면적(세계은행, 세계개발지수)
(7) 구매력평가지수비율을 사용하여 2010년 달러로 환산해준 국내총생산(PWT 8.0판, 그로닝겐대학과 캘리포니아대학, 데이비스)

노동과 토지 부존도   우리는 각국이 R&D 과학자들, 기술 수준으로 구별한 노동의 유형, 경작지, 혹은 다른 생산요소가 풍부한지를 알기 위해 유사한 비교를 한다. 예를 들어, 미국은 2010년에 R&D 과학자들이 풍부했고(세계 GDP의 19.1%에 비해 R&D 과학자 비중은 21.4%) 숙련 노동(고등교육보다 높은 교육을 이수한 근로자)도 풍부했으나 비숙련 노동(고등학교 교육 혹은 그 이하를 이수한 근로자)과 문맹인 노동은 희소했다. 인도는 R&D 과학자(세계 GDP의 6.1%인 데 비해 R&D 과학자 비중은 2.6%이므로)는 희소하지만 숙련 노동, 반숙련 노동, 문맹 노동(GDP 비중을 초과하는 세계 비중을 지니고 있으므로)은 풍부하다. 캐나다는 우리가 예상했던 대로 경작지(세계 GDP의 1.7%인 데 비해 경작지는 세계의 3.3%이므로)가 풍부하다. 그러나 미국은 경작지가 희소하다(GDP는 세계 GDP의 19.1%인 데 비해 경작지는 11.8%이므로). 우리는 헥셔-올린 이론에 따라 미국이 농산물의 주요 수출국이라고 생각하기 때문에 이것은 의외의 결과이다.

그림 4-6의 놀라운 결과는 중국이 R&D 과학자가 풍부하다는 것이다. 중국은 2010년에 GDP 비중이 14.4%였던 데 비해 R&D 과학자의 대 세계 비중은 20.0%였다. 이러한 사실은 헥셔-올린 이론과 배치되는 것이다. 그것은 우리가 중국은 연구집약적인 제품이 아닌, 기초적인 제품을 많이 수출하는 국가로 인식하기 때문이다. R&D 인력(미국과 중국 모두 풍부한)과 토지(미국이 희소하게 갖고 있는)에 관한 이러한 발견은 우리로 하여금 한 명의 R&D 과학자나 1에이커의 경작지가 모든 국가에서 동일한 생산성을 갖는지에 대해 의문을 갖게 한다. 만약 그렇지 않다면 요소부존에 대한 우리의 측정은 잘못된 것이다. 만약 미국의 R&D 인력이 중국의 R&D 인력보다 생산성이 더 높다면 R&D 과학자의 비중을 세계 GDP에 대한 비중과 단순히 비교하는 것은 의미가 없다. 이처럼, 미국의 경작지가 다른 국가보다 더 생산성이 높다면 우리는 토지의 비중을 각국의 대 세계 GDP 비중과 비교해서는 안 된다. 대신, 우리는 국가 간 R&D 과학자와 토지의 서로 다른 생산성을 조정할 필요가 있다. 다시 말해, 우리는 국가 간 동일한 기술을 가정한 원래의 헥셔-올린의 가정을 버려야 할 필요가 있다.

국가별 생산성 차등화

레온티에프는 국가 간 기술이 동일하다는 가정을 버리고 리카도 모형에서처럼 생산성의 차이를 허용해야 한다고 주장했다. 역설의 원래 형태에서 레온티에프는 미국이 그 당시에 자본집약적인 국가였음에도 불구하고 노동집약적인 재화를 수출했음을 발견했다는 것을 상기하자. 이 결과에 대한 한 가지 설명은 미국은 노동이 더 생산적이었고 나머지 다른 국가들은 덜 생산적이었다는 것이다. 만약 그렇다면 미국의 **효율적 노동력**(effective labor force), 즉 노동과 생산성을 곱한 값(노동력이 얼마나 많은 산출물을 생산할 수 있는지를 측정하는)은 우리가 단순히 사람 수를 셀 때의 값보다 훨씬 크게 된다. 만약 이것이 사실이라면, 아마도 미국은 결국 숙련 노동이 풍부한(R&D 인력과 마찬가지로) 것이므로 노동집약적인 제품을 수출하는 것은 놀랄 일이 아니다.

우리는 생산성을 차등화하는 것이 헥셔-올린 모형에 어떻게 도입될 수 있는지를 살펴본다. 노동이 국가 간 다른 생산성을 갖도록 함으로써 국가 간 자본, 토지, 다른 생산요소 역시 차등화된 생산성을 갖도록 할 수 있다.

요소부존도 측정 국가 간 생산요소의 생산성이 다르게 하기 위해 우리는 **효율적 요소부존도** (effective factor endowment)를 한 국가의 실제 요소량에 생산성을 곱한 값으로 정의한다.

$$효율적인\ 요소부존도 = 실제\ 요소부존도 \cdot 요소생산성$$

전 세계의 효율적인 요소량은 모든 국가의 효율적인 요소부존량을 더함으로써 얻을 수 있다. 한 국가가 특정요소가 풍부한지를 판단하기 위해 그 국가의 효율적 요소의 비중을 대 세계 GDP 비중과 비교한다. 만약 효율적 요소의 비중이 대 세계 GDP 비중을 초과하면 그 국가는 **효율적 요소가 풍부하다**(abundant in that effective factor)고 결론 내릴 수 있다. 만약 효율적 요소의 비중이 대 세계 GDP 비중보다 작으면 우리는 그 국가가 **효율적 요소가 희소하다**(scarce in that effective factor)고 결론짓는다. 두 가지 예인 R&D 과학자와 경작지를 사용하여 이러한 효율적 요소부존도를 측정하는 접근법을 설명할 수 있다.

효율적 R&D 인력 R&D 과학자의 생산성은 그가 가지고 일해야 하는 실험장비, 컴퓨터, 다른 종류의 자재들에 달려 있다. 과학자들에게 가용한 장비들이 모두 다르기 때문에 서로 다른 국가의 R&D 과학자들은 생산성이 반드시 같지는 않을 것이다. 그들에게 가용한 장비를 측정하는 간단한 방법은 그 국가의 **과학자 한 명당 R&D 지출액**을 사용하는 것이다. 만약 어떤 국가가 과학자 한 명당 R&D 지출액이 더 많으면 그 국가의 생산성은 더 높을 것이지만 과학자 한 명당 R&D 지출액이 더 적으면 그 국가의 생산성은 더 낮을 것이다. 각국의 R&D 과학자들의 효율적인 숫자를 측정하기 위해 우리는 총 과학자 수를 과학자 한 명당 R&D 지출액으로 곱한다.

$$\text{효율적 R\&D 과학자 수} = \text{실제 R\&D 과학자 수} \cdot \text{과학자 한 명당 R\&D 지출액}$$

효율적 R&D 과학자 수를 얻기 위해 이러한 방식으로 R&D 지출액을 활용하는 것은 국가 간 과학자의 생산성 차이를 조정하기 위한 한 가지 방법이다. 과학자들의 생산성을 측정하기 위해 사용될 수 있는 다른 방법들이 있기 때문에 이것은 조정을 위한 유일한 방법은 아니다(예를 들어, 우리는 한 국가에서 가능한 과학 출판이나 연구대학의 개수를 활용할 수 있다). 과학자 한 명당 R&D 지출액을 사용하는 데 따르는 이점은 많은 국가에서 이러한 정보를 매년 수집할 수 있다는 것이고, 따라서 효율적 R&D 과학자 수를 측정하기 위해 이러한 방법을 사용하는 것은 우리가 각국의 비중을 세계 합계와 쉽게 비교할 수 있다는 것을 의미한다.[5] 이 비중들은 그림 4-7에 나와 있다.

그림 4-7의 첫 번째 막대 그래프에서 우리는 생산성 차이를 조정하지 않은 그림 4-6의 전 세계 R&D 과학자 중 각국의 비중을 반복하게 된다. 두 번째 막대 그래프에서는 생산성 차이를 반영하기 위해 과학자 한 명당 R&D 지출을 사용하여 각국의 효율적 과학자 비중을 보여주고 있다. 2010년 미국은 세계 모든 R&D 과학자 수 중 21.4%를 차지하였으나(첫 번째 막대 그래프) 효율적 과학자 수에서는 24.8%를 차지하였다(두 번째 막대 그래프). 따라서 미국은 2010년에 과학자 수보다는 효율적 과학자 수가 더 풍부하였음을 알 수 있다.

비슷하게, 독일도 효율적 과학자 수의 비중이 5.3%로서 4.3%인 R&D 과학자 비중에 비해 더 높았다. 그러나 중국의 R&D 과학자 비중은 생산성을 반영했을 때 R&D 과학자의 비중인 20.0%에서 효율적 과학자의 비중인 9.9%로 절반이 떨어졌다. 2010년 중국의 대 세계 GDP

---

5 R&D 과학자 수를 과학자 한 명당 R&D 지출액으로 조정함으로써 우리는 각국의 전체 R&D 지출액을 구하게 된다. 효율적 R&D 과학자 = 실제 R&D 과학자 · 과학자 한 명당 R&D 지출액 = R&D 지출액 합계. 그러므로 한 국가의 효율적 R&D 과학자의 비중은 그 국가의 세계 R&D 지출액의 비중과 같다.

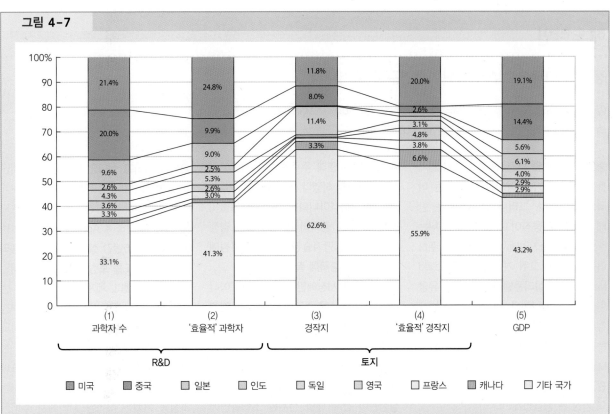

그림 4-7

'효율적' 요소부존, 2010년 이 그림에 나와 있는 것은 그림 4-6의 정보를 이용하여 '효율적' 비중을 구하기 위해 국가 간 요소별 생산성을 조정한 2010년 R&D 과학자와 토지의 국가별 비중이다. 2010년 중국은 R&D 과학자가 풍부하였으나(GDP 비중이 전 세계 GDP의 14.4%였던 데 비해 R&D 과학자는 20%였으므로) 효율적인 R&D 과학자들은 희소하다(전 세계 GDP 비중 14.4%에 비해 효율적 R&D 과학자 비중은 9.9%였으므로). 에이커를 사용하면 미국은 경작지가 희소하였지만(전 세계 GDP 비중 19.1%에 비해 토지 비중은 11.8%였으므로) 효율적 토지는 희소하지도 않고 풍부하지도 않았다(전 세계의 효율적 토지 비중은 20.0%로 GDP 비중과 거의 동일하였기 때문에).

주 :
(1) 100만 명당 R&D 연구자와 전체 인구의 곱(세계은행, 세계개발지수)
(2) 구매력평가지수비율을 사용하여 2010년 달러로 환산해준 국내총생산(세계은행, 세계개발지수, PWT 8.0판, 그로닝겐대학)
(3) 경작지 헥타르 면적(세계은행, 세계개발지수)
(4) 농업 TFP(총요소생산성)에 기반한 생산성 조정
(5) 구매력평가지수비율을 사용하여 2010년 달러로 환산한 국내총생산(PWT 8.0판, 그로닝겐대학)

비중이 14.4%였으므로 생산성으로 조정해주었을 때 효율적 과학자 수는 희소해졌다.

최근 중국은 R&D 지출액을 늘려서 일본의 R&D 지출액 수준을 넘어섰다. 중국은 또한 과학과 공학 학위를 수여하는 대학에 많이 투자하고 있다. 미국에 비해서도 중국은 몇몇 분야에서 R&D를 선도하고 있다. 한 예는 풍력과 태양 에너지와 같은 녹색기술에 대한 연구이다. 우리는 이후의 장에서 태양전지판에 대한 중국의 보조금에 대해 논할 것이다. 실리콘밸리 기업인 Applied Materials는 최근에 중국에 연구실을 건립하고 그곳에 태양장비를 판매하기 위한 많은 계약을 맺었다(**헤드라인 : 중국이 미국으로부터 첨단기술연구를 끌어내다**). Applied Materials는 중국의 저렴한 토지와 숙련 노동의 조합에 끌렸다. 이런 이유에서, 우리는 미래

헤드라인

중국이 미국으로부터 첨단기술연구를 끌어내다

이 기사에 실린 것처럼, 실리콘밸리의 유명한 기업인 Applied Materials는 최근 중국의 시안에 거대한 연구소를 세울 계획을 발표하였다.

중국, 시안 — 몇 년간, 중국 최고의 인재들은 첨단기술산업이 최첨단에 있는 미국으로 떠났다. 그러나 마크 핀토는 반대 방향으로 움직이고 있다. 핀토 씨는 주요 미국기술기업에서 중국으로 이주하려는 첫 번째 고위 기술직이다. Applied Materials는 실리콘밸리에서 가장 유망한 기업 중 하나이다. 이 기업은 첫 번째 컴퓨터 칩을 완벽하게 만드는 데 사용되는 장비를 공급해왔다. 오늘날, Applied Materials는 반도체와 태양전지판, 평면판 표시장치를 만드는 데 사용되는 장비의 가장 큰 공급업체이다.

핀토 씨와 그의 가족이 1월에 베이징으로 이주할 뿐 아니라 캘리포니아 산타클라라에 본사가 있는 Applied Materials는 이 기업의 가장 최신의 거대한 연구소를 중국에 지었다. 지난주에 Applied Materials는 연례 주주총회를 시안에서 개최하기까지 하였다. Applied Materials만 그런 것이 아니다. 기업들과 그들의 엔지니어들은 중국이 미국과 직접 경쟁하게 되는 첨단기술경제를 발전시킴에 따라 더욱더 중국에 끌리고 있다…

단지 중국 시장에만 끌리는 것이 아니라 서구 기업들은 중국의 값싼 숙련 엔지니어들, 여러 중국 도시와 지역에서 특히 녹색 에너지 기업들에게 제안하는 보조금의 거대한 저장소에 매료되고 있다. 핀토 씨는, 중국의 새 Applied Materials 실험관이 전체 태양 전지판 조립라인에 적합한 유일한 연구센터이기 때문에 미국과 유럽의 연구자들이 태양광 제조업 분야에서 첨단을 달리고 싶다면 중국으로 이주할 준비가 되어 있어야 한다고 말했다. "당신이 정말로 이 분야에서 영향력을 행사하고 싶다면 이것은 진짜 대단한 실험실입니다." 그가 말했다…

지역적으로, 시안 정부는 75년간 토지를 크게 할인하여 Applied Materials에 임대하고 5년간 실험관의 운영비용의 거의 1/4 정도를 보상해준다고 매니저인 강저우가 말했다. 세계 어디에서도 첫 번째인 두 실험실은 미국의 두 미식축구장보다 더 크다. Applied Materials는 미국과 유럽의 실험실에서 복잡한 기계의 전자 알맹이를 지속적으로 개발한다. 그러나 모든 기계를 합해서 하나로 작동하는 과정을 거치는 작업은 시안에서 수행된다. 두 실험실은 올 연말에 시설이 완전히 갖춰지면 차례로 하나씩 작동하게 될 것이다…

에 중국의 효율적 R&D 과학자 비중이 상당히 커질 것으로 예상할 수 있다.

효율적인 경작지   R&D 과학자들의 경우에서 살펴본 것처럼, 경작지 또한 국가 간 다른 생산성으로 조정할 필요가 있다. 이러한 조정을 위하여 각국의 농업 생산성 측정치를 활용한다. 이 경우 한 국가의 효율적 경작지의 양은 다음과 같다.

$$효율적\ 경작지 = 실제\ 경작지 \cdot 농업생산성$$

우리는 여기서 농업의 생산성 측정방법을 각국의 노동, 자본, 토지 투입 대비 산출물이라는 것, 즉 투입 대비 산출물이 더 높은 국가가 더 생산적이고 투입 대비 산출물이 더 낮은 국가가 덜 생산적이라는 것 외에는 논하지 않기로 한다. 미국은 농업부문이 매우 생산적인 반면, 중국은 생산성이 낮다.

그림 4-7의 세 번째 막대 그래프에서 우리는 그림 4-6으로부터 생산성 차이를 조정하지 않은 각국의 경작지의 비중으로 다시 돌아가도록 한다. 네 번째 그래프에서는 생산성 차이로 조정된 2010년 각국의 효율적 경작지의 비중을 보여준다. 미국은 2010년 대 세계 GDP 비중이 19.1%(마지막 막대)였던 데 비해 대 세계 경작지 비중은 11.8%(세 번째 막대)였으므로 생산성 조정을 하지 않았을 때 토지가 희박했음을 알 수 있다. 그러나 효율적 경작지로 측정되었을 때 미국은 대 세계 GDP 비중이 19.1%(마지막 막대)였던 데 비해 대 세계 경작지 비중은 20.0%(네 번째 막대)였다. 이 두 수치는 매우 비슷하므로 우리는 "미국이 효율적 경작지가 풍부하지도 희소하지도 않다 : 경작지의 대 세계 비중은 거의 대 세계 GDP 비중과 같다."고 결론 내릴 수 있다.

이러한 결론은 미국의 농업부문 무역과 어떻게 비교될 수 있을까? 우리는 종종 미국을 농산물의 주요 수출국으로 생각하지만 이러한 패턴은 변화하고 있다. 표 4-2는 미국의 식품 수출과 수입, 전체 농업 무역을 보여주고 있다. 이 표는 2000년 이후로 미국의 식품 무역이 양(+)과 음(−)의 순수출 사이에서 등락을 거듭하였으며, 이것은 미국의 토지가 풍부하지도 희소하지도 않다는 우리의 발견과 일치한다. 그러나 농업 무역의 합계(면 같은 비식용 재화를 포함하여)는 지속적으로 양(+)의 순수출을 보이고 있다.

표 4-2

미국의 식품 무역과 총 농산물 무역, 2000~2012년 이 표는 2000년 이후 미국의 식품 무역이 양의 순수출과 음의 순수출 사이에서 변동했음을 보여주며, 이것은 미국이 토지가 풍부하지도 부족하지도 않다는 우리의 결론과 일치한다. 총 농산물 무역(면화와 같은 비식품을 포함)은 순수출이 양의 값을 갖는다.

	2000	2002	2004	2006	2008	2010	2012
미국 식품 무역 (10억 미국달러)							
수출	41.4	43.2	50.0	57.8	97.4	92.3	132.9
수입	41.4	44.7	55.7	68.9	81.3	86.6	101.2
순수출	0.0	-1.5	-5.7	-11.1	16.1	5.7	31.7
미국 농산물 무역 (10억 미국달러)							
수출	51.3	53.1	61.4	70.9	115.3	115.8	141.3
수입	39.2	42.0	54.2	65.5	80.7	81.9	102.9
순수출	12.1	11.1	7.2	5.5	34.6	33.9	38.4

출처 : Total agricultural trade compiled by USDA using data from Census Bureau, U.S. Department of Commerce. U.S. food trade data provided by the USDA, Foreign Agricultural Service.

레온티에프의 역설

2010년에 요소부존도에 대한 우리의 논의는 국가들이 한 가지 생산요소보다 많은 요소가 풍부할 수 있다는 것을 보여준다. 미국과 일본은 두 국가 모두 물적자본과 R&D 과학자가 풍부하며 미국은 숙련 노동자 또한 풍부하다(그림 4-6). 우리는 또한 생산요소의 실제량을 생산성으로 조정하여 효율적 요소부존도를 도출하는 것이 때로 중요하다는 것을 알았다. 레온티에프 역설을 재검토하기 위해 이러한 아이디어를 1947년의 미국에 적용할 수 있다.

1947년에 GDP 정보가 가용한 30개국 샘플을 사용할 때 이들 국가의 GDP 중 미국이 차지하는 비중은 37%였다. 세계 GDP 대비 미국의 비중 추정치는 그림 4-8의 마지막 막대 그래프에 나와 있다. 미국이 물적자본이 풍부한지 혹은 노동이 풍부한지를 판단하기 위해 이 요소들의 세계 부존량 대비 비중을 추정할 필요가 있다.

자본부존도 전후에 대 세계 미국의 자본스톡을 추정하는 것은 어렵다. 그러나 2차 세계대전으로 인해 유럽과 일본의 자본스톡이 파괴되었기 때문에 대 세계 미국의 자본 비중은 37% 이상이었을 것으로 추론할 수 있다. 이러한 추정(사실은 어림짐작)은 세계 자본 중 미국의 비중은 대 세계 미국의 GDP를 초과하여 미국은 1947년에 자본이 풍부했다는 것을 의미한다.

노동부존도 미국의 노동부존도는 어떠한가? 만약 우리가 노동을 국가 간 생산성의 차이로 조정해주지 않는다면 각국의 인구는 대략 노동인구의 측정치가 된다. 1947년 30개국 표본 중

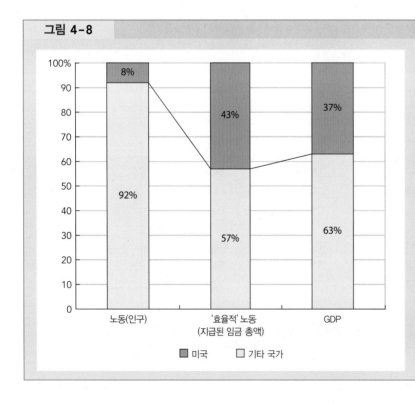

그림 4-8

미국과 기타 국가들의 노동부존도와 GDP, 1947년 이 그림에 나와 있는 것은 1947년 미국과 기타 국가들(데이터가 가능한 30개국)의 노동, '효율적 노동'과 GDP이다. 미국은 세계에서 GDP 비중이 37%인 데 비해 인구 비중은 8%밖에 되지 않기 때문에 노동이 매우 희박하였다. 그러나 각국에서 지급한 총급여로 효율적 노동을 측정하면 미국은 전 세계 GDP 비중 37%에 비해 효율적 노동이 43%로, 효율적 노동은 풍부하였다.

출처 : Author's own calculations

노동(인구): 미국 8%, 기타 국가 92%
'효율적' 노동(지급된 임금 총액): 미국 43%, 기타 국가 57%
GDP: 미국 37%, 기타 국가 63%

■ 미국 □ 기타 국가

미국의 인구 비중은 약 8%로 매우 작았으며 이것은 그림 4-8의 첫 번째 막대 그래프에 나와 있다. 이러한 노동부존도의 추정치는 미국의 GDP 비중인 37%보다 훨씬 작은 것이다. 이 비교에 의하면 미국은 노동이 희소하다(노동의 비중은 GDP 비중보다 작다).

노동생산성 그러나 미국의 인구 비중을 사용하는 것은 미국의 노동부존도를 측정하는 올바른 방법이 아니다. 그것은 국가 간 노동생산성의 차이로 조정하지 않기 때문이다. 조정을 하는 좋은 방법은 근로자에게 지급한 임금을 생산성의 추정치로 사용하는 것이다. 이 방법이 왜 좋은 방식인지 설명하기 위해 그림 4-9에서 1990년 여러 국가의 노동자의 임금과 노동생산성의 추정치의 좌표를 그리기로 한다. 그림 4-9의 수직축은 미국에 대한 33개국 표본의 상대임금(백분율)을 측정한다. 오직 한 국가, 캐나다만 미국보다 임금이 높다(아마도 캐나다 노동조합의 더 높은 압박을 반영하여). 다른 모든 국가들, 미국 임금의 약 95%인 오스트리아와 스위스, 미국 수준의 약 50%인 아일랜드, 프랑스, 핀란드부터 미국 수준의 약 5%인 방글라데시와 스리랑카에 이르기까지 미국보다 임금이 낮다.

그림 4-9

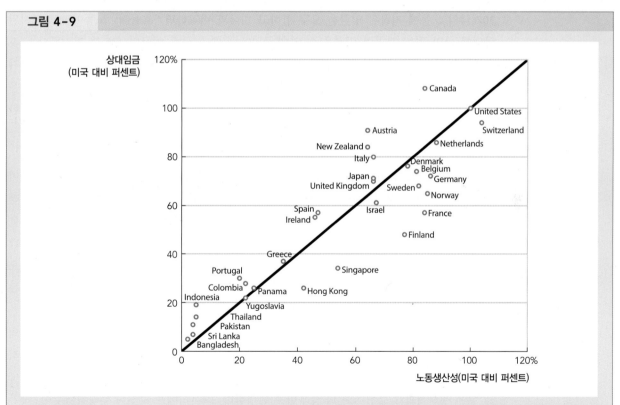

노동생산성과 임금 이 그림은 1990년 미국 대비 각 국가의 노동생산성의 추정치와 임금을 보여주고 있다. 노동과 임금은 국가 간에 높은 상관관계가 있음을 주목하라. 각 점은 45도 선을 따라 배치된다. 이러한 임금과 노동생산성의 밀접한 관련성은 1990년 데이터에 해당되며, 우리는 이것이 1947년에도 성립했을 것을 추측할 수 있다. 따라서 우리는 레온티에프 역설을 설명하기 위해 임금을 사용해서 노동생산성을 수정할 수 있다.

출처 : Daniel Trefler, 1993, "International Factor Price Differences: Leontief was Right!" *Journal of Political Economy*, 101(6), December, 961-987.

그림 4-9의 수평축은 다양한 국가의 미국에 대한 상대적인 노동생산성을 측정하고 있다. 예를 들어, 캐나다의 노동생산성은 미국 노동생산성의 80%이고 오스트리아와 뉴질랜드는 약 60%, 인도네시아, 태국, 파키스탄, 스리랑카, 방글라데시는 미국의 약 5%이다. 노동생산성(수평축)과 임금(수직축)은 국가 간 상관관계가 높다는 것에 주목하자. 그림 4-9의 점들은 대략 45도 직선을 따라 늘어서 있다. 이러한 임금과 노동생산성의 긴밀한 연관성은 1990년 데이터에 적용되며 1947년에도 해당되었을 것으로 추측하여, 레온티에프 역설을 설명하기 위해 노동생산성으로 조정하는 데 임금을 사용할 수 있다.

효율적 노동부존도 그림 4-9에서 제시하는 것처럼 국가 간 임금은 노동생산성과 밀접한 상관관계가 있다. 레온티에프가 사용한 1947년 데이터로 되돌아가서 각국의 노동생산성을 측정하기 위해 근로자가 받은 임금을 사용하기로 한다. 이 경우 각국의 **효율적** 노동량은 실제 노동량 곱하기 임금과 같다. 각국의 노동량을 평균 임금으로 곱하여 노동에 지급된 총임금을 구할 수 있다. 이 정보는 1947년 30개국에서 가능하므로 우리는 이미 그림 4-8의 마지막 막대 그래프에 나와 있는 대로 미국이 이 국가들의 GDP의 37%를 차지하였다는 것을 알았다. 30개국의 노동에 지급된 임금을 모두 합하고 미국과 비교하면 '효율적' 노동이라고 표시된 막대에 나와 있는 것처럼 미국은 이 30개국의 노동에 지급된 임금의 43%를 차지한다는 것을 알 수 있다. 이 추정치를 1947년 37%를 차지했던 미국의 대 세계 GDP와 비교하면 국가 간 노동생산성의 차이를 고려하여 미국은 효율적 노동이 풍부하다고 할 수 있다. 즉 미국은 1947년에 자본만 풍부한 것이 아니라 2010년에 그랬던 것처럼 효율적 (혹은 숙련) 노동 또한 풍부했다!

요약 레온티에프의 헥셔-올린 이론 검증에서 그는 1947년에 미국 수출 자본-노동 비율이 수입 자본-노동 비율보다 작다는 것을 발견하였다. 이 발견은 미국이 자본이 풍부한 국가라고 생각한다면 자본집약적인 재화(높은 자본-노동 비율을 지닌)를 수출해야 하므로 헥셔-올린 이론과 배치되는 것이었다. 그러나 임금을 사용하여 노동생산성으로 조정해준다면 1947년에 미국은 자본과 노동 모두 풍부하다는 것을 알게 되었다. 기본적으로, 미국의 상대적으로 적은 인구와 노동자는 미국의 높은 임금에 의해 증가되며 효율적 노동량을 더 크게 만들어서 대 세계 임금의 미국 비중은 GDP 비중을 초과하게 된다.

이러한 발견은 미국이 오늘날과 같이 1947년에도 효율적 혹은 숙련 노동이 풍부했음을 의미한다. 이러한 사실에 근거하면, 레온티에프가 1947년 미국에 의한 수출이 수입보다 더 적은 자본과 더 많은 노동을 사용하였다는 것은 놀랄 일이 아니다. 이러한 패턴은 단순히 미국의 높은 생산성과 효율적 노동의 풍부함을 반영한다. 레온티에프 자신이 주장하였듯이, 국가 간 생산성의 차이를 고려한다면 결국 적어도 1947년 데이터에서는 '역설'은 없는 것이 된다. 더 최근 연도에 대해서도 국가 간 요소생산성의 차이를 고려하는 것은 헥셔-올린 이론을 검증할 때 중요하다.

3 무역이 요소가격에 미치는 영향

이전 장에서 살펴본 헥셔-올린 모형에서 자국은 컴퓨터를 수출하고 외국은 신발을 수출하였다. 우리는 모형에서 무역부재균형에서 무역균형으로 이동할 때 자국의 컴퓨터 상대가격이 오른다는 것을 알았다(이러한 무역 하에서 더 높은 상대가격은 컴퓨터가 수출되는 이유이다). 반대로, 외국에서 컴퓨터의 상대가격은 무역부재균형에서 무역균형으로 이동할 때 떨어지게 된다(무역 하에서 이러한 낮은 상대 가격은 컴퓨터가 수입되는 이유이다). 우리가 현재 하고 있는 질문은 재화의 상대가격의 변화가 각국의 노동에 지급된 임금과 자본이 얻은 임대료에 어떤 영향을 미치는가 하는 것이다. 임금과 임대료가 어떻게 결정되는지 자국에 초점을 맞추어 살펴보도록 한다.

무역이 자국의 임금과 임대료에 미치는 영향

임금과 임대료를 결정하기 위해 자국 각 산업에서 필요로 하는 자본량 대비 노동량은 자국의 상대임금인 W/R에 의존한다는 것을 보여주고 있는 그림 4-1로 다시 돌아가 보자. 경제 전반의 노동의 상대공급량인 $\overline{L}/\overline{K}$와 비교될 수 있는 노동의 상대수요를 도출하기 위해 각 산업의 노동의 상대수요를 이용할 수 있다. 공급과 수요의 측면에서 경제 전반의 상대수요와 공급을 비교함으로써 자국의 상대임금을 결정할 수 있다. 더욱이, 자국이 무역을 개시한 이후에 자국의 컴퓨터 상대가격이 오를 때 상대임금에 어떤 일이 발생하는지 평가할 수 있다.

경제 전체 노동의 상대수요 경제 전반의 노동의 상대수요를 도출하기 위해 각 산업의 노동과 자본량을 더해서 전체 노동과 자본을 구하는 조건을 사용하기로 한다. 즉 $L_C+L_S=\overline{L}$와 $K_C+K_S=\overline{K}$이다. 우리는 노동 총량을 자본 총량으로 나누어 다음을 구할 수 있다.

$$\underbrace{\frac{\overline{L}}{\overline{K}}}_{\text{상대공급}}=\frac{L_C+L_S}{\overline{K}}=\underbrace{\frac{L_C}{K_C}\cdot\left(\frac{K_C}{\overline{K}}\right)+\frac{L_S}{K_S}\cdot\left(\frac{K_S}{\overline{K}}\right)}_{\text{상대수요}}$$

이 식의 좌변은 경제 전반의 자본에 대한 상대적인 노동의 공급, 즉 상대공급이다. 우변은 경제 전체의 자본에 대한 상대적인 노동의 수요, 즉 상대수요이다. 상대수요는 각 산업의 노동-자본 비율의 가중평균이다. 이 가중평균은 각 산업의 노동-자본 비율인 L_C/K_C와 L_S/K_S를 각 산업에 고용된 전체 자본의 비중인 $K_C/\overline{K}$와 $K_S/\overline{K}$로 곱함으로써 구할 수 있다. 자본은 한 산업에 고용되거나 혹은 다른 산업에 고용되어야 하므로 이 두 항을 더하면 1이 되어야 한다. 즉 $(K_C/\overline{K})+(K_S/\overline{K})=1$이다.

자국의 균형상대임금결정은 그림 4-10에 상대공급과 상대수요 곡선의 교차점으로 표시된다. 전체 노동량과 자본량은 상대임금에 의해 결정되지 않고 각국의 요소총량으로 고정되어 있기 때문에 자본공급에 대해 상대적인 노동공급, 즉 상대공급($\overline{L}/\overline{K}$)은 수직축으로 표시된다. 그림 4-1에서 상대수요(그래프에서 RD 곡선)는 L_C/K_C와 L_S/K_S의 평균이므로 이 두 곡선

그림 4-10

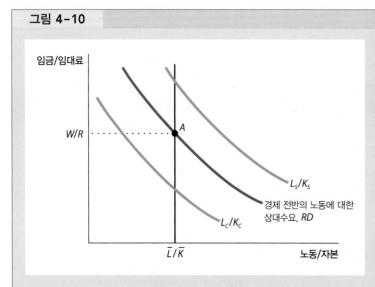

임금/임대료

W/R ······· A

L_S/K_S

경제 전반의 노동에 대한
상대수요, RD

L_C/K_C

$\overline{L}/\overline{K}$

노동/자본

자국의 임금과 임대료 결정 경제 전반의 노동에 대한 수요인 RD는 L_C/K_C와 L_S/K_S 곡선의 평균이며 이 곡선들 사이에 위치한다. 자국의 자원의 총량은 고정되어 있으므로 상대공급인 $\overline{L}/\overline{K}$는 수직선이다. 상대수요 RD가 상대공급 $\overline{L}/\overline{K}$와 교차하는 균형점 A는 임대료에 대한 임금 W/R을 결정한다.

사이에 위치한다. 상대수요가 상대공급과 만나는 점 A는 임대료에 대한 임금의 비율이 W/R (수직축에서)임을 알려준다. 점 A는 노동과 자본시장에서의 균형을 묘사하고 있으며 상대공급과 상대수요를 보여줌으로써 이 두 시장을 결합하여 하나의 그래프로 나타내고 있다.

컴퓨터의 상대가격 증가 자국은 무역을 개시할 때 컴퓨터의 상대가격은 더 높아진다. 즉 P_C/P_S는 자국에서 증가한다. 우리는 그림 4-11에서 자국의 생산가능곡선을 사용하여 이 더 높은 상대가격을 설명한다. 무역부재 혹은 자급자족균형인 점 A에서 컴퓨터의 상대가격은 $(P_C/P_S)^A$이고 신발 산업은 Q_{S1}을 생산하지만 컴퓨터 산업은 Q_{C1}을 생산한다.

컴퓨터의 상대가격이 $(P_C/P_S)^W$로 증가함에 따라 컴퓨터산업은 그 산출물을 Q_{C2}로 늘리고 신발산업은 생산량을 Q_{S2}로 줄인다. 이러한 생산의 이동에 따라 노동과 자본은 모두 신발생산에서 컴퓨터생산으로 이동하게 된다. 이러한 자원이동이 노동의 상대공급과 수요에 미치는 영향은 무엇일까?

그 효과는 그림 4-12에 나와 있다. 상대공급인 $\overline{L}/\overline{K}$는 자국에서 가능한 노동과 자본의 총량이 변하지 않았기 때문에 이전과 같다. 그러나 자본은 컴퓨터 산업으로 이동하였기 때문에 노동의 상대수요는 변한다. 이러한 이동은 가중평균에 사용된 상에 영향을 끼친다. $(K_C/\overline{K})$는 증가하고 $(K_S/\overline{K})$는 감소한다. 경제에서 노동의 상대수요는 컴퓨터 비중이 더 크고 신발산업의 비중이 더 작다. 그림 4-12에서 비중의 변화는 상대수요곡선을 RD_1에서 RD_2로 이동시킨다. 이 곡선은 컴퓨터의 상대수요곡선 방향으로 이동하고 균형은 점 A에서 B로 이동한다.

모든 변수에 대한 영향은 다음과 같다. 첫째, 상대임금인 W/R은 $(W/R)_1$에서 $(W/R)_2$로 떨어지며 이것은 두 요소 모두 신발생산에서 컴퓨터생산으로 옮겨감에 따라 노동의 상대수요가 떨어진다는 것을 반영한다. 둘째, 더 낮은 임금은 두 산업 모두 자본 한 단위당 더 많은 노동

그림 4-11

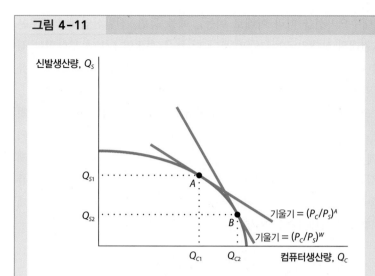

컴퓨터가격의 상승 처음에 자국은 컴퓨터의 상대가격이 $(P_C/P_S)^A$일 때 점 A에서 무역부재균형 상태이다. 더 가파른 국제가격선 $(P_C/P_S)^W$으로 나타내졌듯이 세계가격에 대한 컴퓨터의 상대가격의 증가는 생산을 점 A에서 점 B로 이동시킨다. 점 B에서 컴퓨터생산은 더 많고 신발생산은 더 적다. 즉 $Q_{C2}>Q_{C1}$이고 $Q_{S2}<Q_{S1}$이다.

그림 4-12

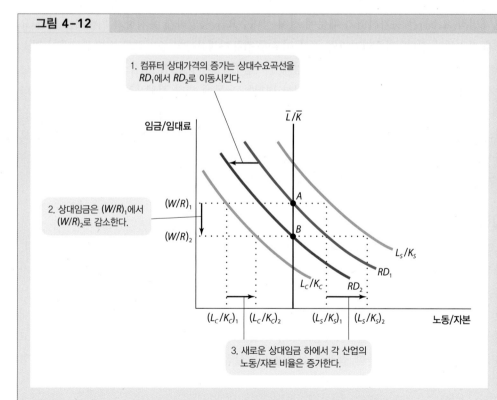

컴퓨터의 더 높은 상대가격이 임금과 임대료에 미치는 영향 컴퓨터 상대가격의 증가는 경제 전체의 노동에 대한 상대수요인 RD_1을 컴퓨터산업의 노동에 대한 상대수요인 L_C/K_C 방향으로 이동시킨다. 새로운 상대수요곡선인 RD_2는 더 낮은 임금인 $(W/R)_2$에서 노동의 상대공급곡선과 교차한다. 결과적으로 임대료에 대한 임금의 비율은 $(W/R)_1$에서 $(W/R)_2$로 떨어진다. 더 낮은 상대임금은 새로운 상대임금에서 L_C/K_C와 L_S/K_S 모두 증가하는 것으로 그려진 것처럼 두 산업 모두 노동-자본 비율을 증가시키는 원인이 된다.

자를 고용하도록 한다(상대수요곡선을 따라 아래로 이동). 예를 들면, 신발산업에서 새로운 낮은 상대임금 $(W/R)_2$은 원래의 상대임금인 $(W/R)_1$보다 더 높은 수준인 L/K에 부합되는 점에서 노동 L_S/K_S의 상대수요곡선과 교차한다. 즉 $(L_S/K_S)_2 > (L_S/K_S)_1$이고 동일한 논리는 컴퓨터 산업에도 적용된다. 결과적으로, 신발과 컴퓨터 산업 모두 노동-자본 비율은 증가한다.

총 노동량 및 자본량이 고정되어 있을 때 두 산업 모두에서 노동-자본 비율이 증가하는 것은 어떻게 가능할까? 답은 컴퓨터산업의 자본을 작동시키는 데 필요한 것보다 더 많은 양의 자본당 노동이 신발산업에서 빠져나온다는 것이다(이것은 컴퓨터가 기계당 노동을 더 적게 필요로 하기 때문이다). 컴퓨터의 상대가격이 증가함에 따라, 신발생산량은 떨어지지만 컴퓨터생산량은 증가하며 노동은 두 산업에서 더 많이 사용되기 위해 증가한다. 상대공급과 상대수요에 관한 이전 식에서 컴퓨터 상대가격인 P_C/P_S의 증가에 대한 변화는

$$\underbrace{\frac{\overline{L}}{\overline{K}}}_{\substack{\text{상대공급}\\\text{변화 없음}}} = \underbrace{\frac{L_C}{K_C} \cdot \left(\frac{K_C}{\overline{K}}\right) + \frac{L_S}{K_S} \cdot \left(\frac{K_S}{\overline{K}}\right)}_{\substack{\text{상대수요}\\\text{총량 변화 없음}}}$$

$$\qquad\qquad \uparrow \qquad \uparrow \qquad \uparrow \qquad \downarrow$$

노동의 상대공급은 변하지 않으며 노동의 상대수요도 전체적으로 변할 수 없다. 상대수요의 개별적 요소들은 증가하였기 때문에 전체 상대수요를 동일하게 유지하기 위해서는 다른 요소가 감소해야 한다. 컴퓨터가격의 증가 이후에 컴퓨터생산량이 증가하고 신발생산량이 감소하기 때문에 더 많은 자본이 컴퓨터 산업에서 사용될 것이다($K_S/\overline{K}$는 감소하는 반면 $K_C/\overline{K}$는 증가한다). 식의 우변에서 가중치의 이러한 변화는 노동에 대한 전체 상대수요를 끌어내린다(가정에 의하면 $L_C/K_C < L_S/K_S$이므로 이것은 필연적인 사실이다). 그러나 우변의 상대공급은 변하지 않기 때문에 다른 특성이 노동에 대한 상대수요를 증가시킨다. 이 특성은 두 산업 모두에서 증가한 노동-자본 비율이다. 이러한 방식으로 상대수요는 점 B에서 상대공급과 계속 같게 되고 동시에 두 산업 모두에서 노동-자본 비율은 오르게 되었다.

실질임금과 실질임대료 결정

요약하면, 자본집약적인 컴퓨터의 상대가격의 증가는 실질임금인 (W/R)의 하락을 가져온다. 차례로, 상대임금의 하락은 각 산업에서 사용된 노동-자본 비율(L_C/K_C와 L_S/K_S)의 증가를 가져온다. 이 절의 목표는 이러한 변화로부터 누가 이득을 보고 누가 손실을 보는지를 밝히는 것이다. 이러한 목적을 위해 상대임금이 어떻게 변하는지를 아는 것으로는 충분하지 않다. 대신, 실질임금과 실질임대료, 즉 각 생산요소가 구입할 수 있는 신발과 컴퓨터 양의 변화를 알고자 한다. 우리가 이미 도출한 결과로 실질임금과 실질임대료의 변화를 상당히 쉽게 알 수 있을 것이다.

실질임대료의 변화 두 산업 모두에서 노동–자본 비율이 증가하므로 두 산업 모두에서 자본의 한계생산 역시 증가한다. 이것은 각자의 자본을 가지고 일해야 하는 사람 수가 더 많기 때문이다. 이러한 결과는 기계가 그것을 가지고 일할 노동자가 더 많을 때 더 생산적이게 되고 자본의 한계생산은 증가할 것이라는 우리의 이전 주장으로부터 도출된다. 두 산업 모두에서 자본의 임대료는 한계생산과 재화의 가격에 의해 결정된다.

$$R = P_C \cdot MPK_C \text{ 그리고 } R = P_S \cdot MPK_S$$

장기에 자본은 두 산업 간에 자유롭게 이동하기 때문에 자본에 대한 임대료는 산업 간에 같아진다. 자본의 두 한계생산이 증가한다는 결과와 이전 식의 재배치를 이용하여 다음을 알게 된다.

$$MPK_C = R/P_C \uparrow \text{ 그리고 } MPK_S = R/P_S \uparrow$$

R/P_S는 임대료로 구입할 수 있는 신발의 수량이지만, R/P_C는 임대료로 구입할 수 있는 컴퓨터의 대수를 측정한다는 사실을 상기하자. 이 두 가지가 모두 오르면, 자본에 대한 실질임대료(둘 중 한 가지 재화로 측량한)는 증가한다. 따라서 자본가는 컴퓨터의 상대가격이 오를 때 확실히 더 부유해진다. 컴퓨터 제조업은 자본집약적인 산업이라는 사실을 주지하면 더 일반적인 결과는 재화의 상대가격 상승이 그 재화를 생산하는 데 집약적으로 사용된 생산요소에 이득을 가져다줄 것이라는 사실이다.

실질임금의 변화 컴퓨터의 상대가격이 오를 때 실질임금에 어떤 일이 발생하는지 이해하기 위해 또다시 두 산업 모두에서 노동–자본 비율이 증가하는 결과를 이용한다. 수확체감의 법칙은 노동의 한계생산이 반드시 감소함을 말해준다(기계당 더 많은 노동이 존재하므로). 두 산업 모두에서 임금은 노동의 한계생산과 재화의 가격에 의해 결정된다.

$$W = P_C \cdot MPL_C \text{ 그리고 } W = P_S \cdot MPL_S$$

노동의 한계생산이 두 산업 모두에서 떨어진다는 결과를 사용하면 다음을 알 수 있다.

$$MPL_C = W/P_C \downarrow \text{ 그리고 } MPL_S = W/P_S \downarrow$$

따라서 임금(W/P_C)으로 살 수 있는 컴퓨터의 수량과 임금(W/P_S)으로 살 수 있는 신발의 수량 모두 감소한다. 이러한 감소는 컴퓨터 상대가격의 증가로 인해 (각 재화에 대한) 실질임금이 감소하고 노동은 명백히 더 빈곤해짐을 의미한다.

우리는 이러한 결과를 경제학자인 울프강 스톨퍼와 폴 사뮤엘슨에 의해 처음 도출된 다음 이론으로 요약할 수 있다.

스톨퍼–사뮤엘슨 이론 장기에 모든 요소가 자유롭게 이동할 때, 재화의 상대가격 상승은 그 재화 생산에 집약적으로 사용된 요소의 실질소득을 증가시키고 다른 요소의 실질소득을 감소시킨다.

우리의 예에서, **스톨퍼-사뮤엘슨 이론**(Stolper-Samuelson theorem)은 자국이 무역을 개시하여 컴퓨터의 높아진 상대가격에 직면하게 될 때 자국의 자본에 대한 실질임대료는 증가하고 실질임금은 떨어질 것을 예측하고 있다. 외국에서는 요소의 실질가격의 변화는 반대 방향으로 일어난다. 외국이 무역을 시작하여 컴퓨터의 상대가격이 더 낮아지게 되면 실질임대료는 떨어지고 실질임금은 올라간다. 외국은 노동이 풍부하므로 외국의 근로자들은 더 부유해지지만, 자국의 근로자들은 더 빈곤해진다는 사실은 노동이 풍부한 국가의 근로자들은 무역으로부터 이득을 얻지만 자본이 풍부한 국가의 근로자들은 손실을 본다는 것을 의미한다. 또한, 자본이 풍부한 국가(자국)의 자본은 이득을 얻고 노동이 풍부한 국가의 자본은 손실을 입게 된다. 이러한 결과는 때로 헥셔-올린 모형에서 풍부한 요소는 무역으로부터 이득을 얻고 희소한 요소는 무역으로부터 손실을 본다는 말로 요약된다.[6]

실질임금과 임대료의 변화 : 수리적 예

스톨퍼-사뮤엘슨 이론을 설명하기 위해, 가격변화에 대해 실질임금과 임대료가 얼마나 많이 변하는지를 보여주는 수리적 예시를 사용하도록 한다. 컴퓨터와 신발 산업이 다음의 데이터를 가지고 있다고 하자.

$$\text{컴퓨터 :} \quad \text{판매수입} = P_C \cdot Q_C = 100$$
$$\text{노동소득} = W \cdot L_C = 50$$
$$\text{자본소득} = R \cdot K_C = 50$$

$$\text{신발 :} \quad \text{판매수입} = P_S \cdot Q_S = 100$$
$$\text{노동소득} = W \cdot L_S = 60$$
$$\text{자본소득} = R \cdot K_S = 40$$

신발은 컴퓨터보다 더 노동집약적이라는 사실에 주목하자. 노동에 지급된 전체 수입 중 신발의 비중(60/100 = 60%)은 컴퓨터의 비중(50/100 = 50%)보다 더 많다.

자국과 외국이 무역을 할 때 컴퓨터의 상대가격은 증가한다. 단순화하기 위해 신발가격인 P_S는 변하지 않고 컴퓨터가격인 P_C가 증가할 때 컴퓨터 상대가격이 증가하는 것으로 가정하자.

$$\text{컴퓨터 :} \quad \text{가격의 백분율 증가} = \Delta P_C / P_C = 10\%$$
$$\text{신발 :} \quad \text{가격의 백분율 증가} = \Delta P_S / P_S = 0\%$$

우리의 목표는 컴퓨터 상대가격의 증가가 노동에 지불된 임금 W와 자본에 지불된 임대료 R의 장기적인 변화에 어떻게 전가되는지를 이해하는 것이다. 자본에 대한 임대료는 각 산업의 총 판매수입에서 노동에 대한 비용을 뺀 후 자본량으로 나누어준 것임을 기억하자. 이 계산으로 다음과 같은 각 산업의 임대료에 대한 공식이 도출된다.[7]

---

6 이 결과는 논리적으로 헥셔-올린 이론과 스톨퍼-사뮤엘슨 이론을 결합하여 얻을 수 있다.

7 요소의 이동성 때문에 각 산업에서 임대료는 동일하지만 산업별 임대료의 백분율 변화에 대한 두 개별 식을 도출하는 것이 유용하다.

$$\text{컴퓨터의 경우} \quad R = \frac{P_C \cdot Q_C - W \cdot L_C}{K_C}$$

$$\text{신발의 경우} \quad R = \frac{P_S \cdot Q_S - W \cdot L_S}{K_S}$$

컴퓨터가격이 상승하였으므로($\Delta P_C > 0$) 신발가격을 고정시키면($\Delta P_S = 0$), 이전 두 식에서 P_C와 W를 변화시킴으로써 이것이 임대료에 어떠한 영향을 미치는지를 밝힐 수 있다.

$$\text{컴퓨터의 경우} \quad \Delta R = \frac{\Delta P_C \cdot Q_C - \Delta W \cdot L_C}{K_C}$$

$$\text{신발의 경우} \quad \Delta R = \frac{0 \cdot Q_C - \Delta W \cdot L_S}{K_S}$$

변수의 백분율 변화를 가지고 분석하는 것은 편리하다. 컴퓨터의 경우 $\Delta P_C/P_C$는 가격의 백분율 변화이다. 유사하게, $\Delta W/W$는 임금의 백분율 변화이고 $\Delta R/R$는 자본의 임대료 변화이다. 다음과 같이 전개함으로써 이 항들을 이전의 공식에 대입할 수 있다.

$$\text{컴퓨터의 경우} \quad \frac{\Delta R}{R} = \left(\frac{\Delta P_C}{P_C}\right)\left(\frac{P_C \cdot Q_C}{R \cdot K_C}\right) - \left(\frac{\Delta W}{W}\right)\left(\frac{W \cdot L_C}{R \cdot K_C}\right)$$

$$\text{신발의 경우} \quad \frac{\Delta R}{R} = -\left(\frac{\Delta W}{W}\right)\left(\frac{W \cdot L_S}{R \cdot K_S}\right)$$

(이 값들이 이전과 동일한지를 검토하기 위해서는 이 항들을 상쇄시켜야 한다.)

위의 신발과 컴퓨터에 대한 데이터를 이 공식에 대입하면

$$\text{컴퓨터의 경우} \quad \frac{\Delta R}{R} = 10\% \cdot \left(\frac{100}{50}\right) - \left(\frac{\Delta W}{W}\right)\left(\frac{50}{50}\right)$$

$$\text{신발의 경우} \quad \frac{\Delta R}{R} = \left(\frac{\Delta W}{W}\right)\left(\frac{60}{40}\right)$$

우리의 목표는 최종재의 상대가격이 변화할 때 임대료와 임금이 얼마나 크게 변하는지를 알아냄으로써 여기서 주어진 두 식으로부터 두 미지수($\Delta R/R$와 $\Delta W/W$)를 구하고자 하는 것이다. 이를 위한 좋은 방법은 미지수가 2개인 두 식을 미지수가 1개인 식 1개로 줄이는 것이다. 이것은 다음과 같이 한 식으로부터 다른 식을 빼서 구할 수 있다.

$$\text{컴퓨터의 경우} \quad \frac{\Delta R}{R} = 10\% \cdot \left(\frac{100}{50}\right) - \left(\frac{\Delta W}{W}\right)\left(\frac{50}{50}\right)$$

$$\text{빼기 : 신발의 경우} \quad \frac{\Delta R}{R} = 0 - \left(\frac{\Delta W}{W}\right)\left(\frac{60}{40}\right)$$

$$0 = 10\% \cdot \left(\frac{100}{50}\right) + \left(\frac{\Delta W}{W}\right)\left(\frac{20}{40}\right)$$

마지막 줄을 단순화하면 $0 = 20\% + \left(\frac{\Delta W}{W}\right)\left(\frac{1}{2}\right)$

따라서 $\left(\frac{\Delta W}{W}\right) = \left(\frac{-20\%}{\frac{1}{2}}\right) = -40\%$는 임금의 변화이다.

따라서 컴퓨터가격이 10% 오르면 임금은 40% 떨어진다. 임금이 떨어짐에 따라 근로자들은 더 이상 이전과 같은 양의 컴퓨터(W는 떨어지고 P_C는 증가했으므로 W/P_C는 떨어졌다) 혹은 같은 양의 신발 켤레(W는 떨어지고 P_S는 변하지 않았으므로 W/P_S는 떨어졌다)를 살 수 없다. 다시 말하면, 두 재화 중 한 가지로 측정된 **실질임금**은 떨어졌으므로 근로자는 확실히 빈곤해진다.

자본에 지급된 임대료의 변화($\Delta R/R$)를 알기 위해 우리가 구한 값인 $\Delta W/W = -40\%$를 신발 부문의 임대료 변화에 관한 식에 대입하면[8]

$$\text{임대료의 변화} \quad \frac{\Delta R}{R} = -\left(\frac{\Delta W}{W}\right)\left(\frac{60}{40}\right) = 40\% \cdot \left(\frac{60}{40}\right) = 60\%$$

컴퓨터가격이 10% 오를 때 자본의 임대료는 60% 오르므로 임대료는 (백분율로 보았을 때) 가격보다 더 많이 오른 셈이다. 임대료는 백분율 기준으로 컴퓨터의 가격보다 더 많이 증가하므로 (R/P_C)는 증가하게 된다. 컴퓨터의 가격이 오르더라도 자본 소유주들은 더 많은 컴퓨터를 살 수 있게 된다. 그뿐 아니라 그들은 더 많은 신발을 살 수 있다(R은 오르고 P_S는 불변이므로 R/P_S 역시 오르게 된다). 따라서 둘 중 한 가지 재화로 측정된 실질임대료는 **오르게** 되어 자본소유주는 확실히 더 부유해진다.

요소가격의 장기변화에 관한 일반식 요소가격의 장기적인 결과는 다음과 같은 식으로 요약될 수 있다.

$$P_C\text{가 증가할 때} \quad \underbrace{\Delta W/W < 0}_{\text{실질임금 하락}} < \underbrace{\Delta P_C/P_C < \Delta R/R}_{\text{실질임대료 증가}}$$

즉 컴퓨터가격의 증가(10%)는 더 큰 자본임대료의 증가(60%)를 가져오고 임금의 감소(-40%)를 가져온다. 만약 그 대신 컴퓨터가격이 떨어진다면 이러한 불균등은 반대로 되어,

$$P_C\text{가 감소할 때} \quad \underbrace{\Delta R/R < \Delta P_C/P_C}_{\text{실질임대료 하락}} < 0 < \underbrace{\Delta W/W}_{\text{실질임금 증가}}$$

만약 신발의 상대가격이 증가한다면 어떤 일이 일어날까? 스톨퍼-사무엘슨 이론에 따르면 우리는 이러한 변화가 신발생산에 집약적으로 사용된 노동에 이득을 주고 자본에는 손실을 가져올 것을 알고 있다. 신발가격이 증가할 때 요소소득 변화를 요약하는 식은

$$P_S\text{가 증가할 때} \quad \underbrace{\Delta R/R < 0}_{\text{실질임대료 하락}} < \underbrace{\Delta P_S/P_S < \Delta W/W}_{\text{실질임금 증가}}$$

생산가격의 변화와 요소가격의 변화를 관련짓는 이러한 식은 재화가격의 변화가 요소소득에 어떻게 **확대**된 효과를 가져왔는지를 보여주기 때문에 때로 '확대효과'로 불린다. 세계시장에서 재화의 상대가격의 평범한 변동조차도 두 요소의 장기소득에 확대된 변화를 가져올 수

---

[8] 만약 컴퓨터 부분의 임금 변화를 임대료의 변화에 대한 식에 대입하면 같은 답을 얻게 된다는 것을 검토해야 한다.

있다. 이러한 결과는 몇몇 그룹(수출산업에 집약적으로 고용된)은 수출가격의 증가가 그들의 실질소득을 증가시키므로 경제의 무역개방을 지지하리라 예상할 수 있다는 것을 알려준다. 그러나 수입산업에 집약적으로 고용된 다른 그룹들(수입산업에 집약적으로 고용된)은 수입가격의 하락이 실질소득을 떨어뜨리기 때문에 자유무역에 반대할 것을 예상할 수 있다. 다음의 적용사례는 다른 생산요소들이 자유무역에 대해 취한 의견에 대해 살펴본다.

적용사례

자유무역에 대한 의견

국가들은 자유무역에 대한 그들 국민들의 태도에 대한 설문조사를 실시한다. 1992년에 국민 선거연구에 의해 미국에서 수행된 설문조사는 다음과 같은 질문을 포함하고 있었다.

> 어떤 사람들은 미국의 일자리를 보호하기 위해 외국으로부터의 수입에 새로운 제한을 가할 것을 주장하였다. 다른 이들은 이러한 제한이 소비자가격을 올려서 미국의 수출에 해를 입힐 것이라고 말한다. 당신은 수입을 제한하는 것에 찬성하는가 혹은 반대하는가, 또는 이 문제에 대해 많이 생각해보지 않았는가?

설문에 대한 응답자들은 수입에 제한을 가하는 것에 '찬성'할 수도 있고, 즉 그들이 자유무역을 지지하지 않는다는 것을 의미할 수도 있고, 또는 그들이 수입에 대한 제한에 '반대', 즉 자유무역을 지지한다는 것을 의미할 수도 있었다. 이러한 대답은 그들의 임금, 기술 혹은 그들이 일하는 산업과 같은 응답자들의 특성과 어떻게 비교될 수 있는가?

특정요소 모형에 따르면, 단기에 우리는 노동이 자유무역으로부터 이득을 볼지 혹은 손실을 볼지 모르지만, 수출산업의 특정요소는 이득을 보고 수입산업의 특정요소는 손실을 본다는 것은 알고 있다. 임금뿐 아니라 노동 역시 그들 산업의 특정요소의 임대료의 일부분을 얻게 되는 확장된 모형에 대해 생각해보자. 이러한 가정은, 예를 들어 농업부문에서 일하면서 토지를 소유한 농부들의 경우에 적용된다. 이것은 자본이 벌어들인 이윤에 의한 보너스가 월급에 포함되어 있는 제조업 부문의 근로자들에게도 적용된다. 이러한 경우에, 수출산업의 근로자들은 자유무역을 지지하지만(그 산업의 특정요소는 이득을 얻기 때문에) 수입대체산업의 근로자들은 자유무역에 반대할 것(그 산업의 특정요소는 손실을 보기 때문에)을 예상할 수 있다. 즉 단기에는 근로자들을 고용한 산업이 자유무역에 대한 그들의 태도에 영향을 줄 것이다.

그러나 장기에 헥셔-올린 모형에서 고용한 산업은 중요하지 않다. 스톨퍼-사무엘슨 이론에 따르면, 수출의 상대가격 증가는 이 생산요소들이 실제로 일한 산업과 관계없이 수출에 집약적으로 사용된 생산요소에 이득이고, 다른 요소에는 손실을 미칠 것이다(장기에 각 생산요소는 산업 간 동일한 임금 혹은 임대료를 얻게 된다는 것을 기억하라). 미국에서 수출산업은 연구개발과 기타의 과학관련 일에 숙련노동을 집약적으로 사용하는 경향이 있다. 수출상대가격의 증가는 숙련 노동자들이 수출산업에 고용되든 혹은 수입산업에 고용되든 관계없이 장기에 숙련 노동자들에게 이득을 줄 것이다. 반대로, 수출상대가격의 증가는 비숙련 노동자들이 어떤 산업에서 고용되든 상관없이 이들에게 손실을 입힐 것이다. 따라서 장기에 근로자들의 기술수준은 자유무역에 대한 그들의 태도를 결정하게 된다.

1992년 NES 설문조사에서, 고용한 산업은 자유무역에 대한 응답자들의 태도를 설명하는 데 다소 중요했으나, 그들의 기술수준은 훨씬 더 중요했다.[9] 즉 수출지향적인 산업의 근로자들은 자유무역을 더 선호하는 경향이 있고, 수입지향적인 산업의 근로자들은 수입제한을 선호하는 경향이 있으나, 이것의 통계적 관련성은 크지 않다. 자유무역에 대한 태도에 훨씬 더 중요한 결정요인은 임금 혹은 교육년수로 측정되는 근로자들의 기술수준이다. 임금이 높고 교육년수가 많은 근로자들은 자유무역을 선호하는 반면, 임금이 낮거나 교육년수가 짧은 근로자들은 수입제한을 더 선호하는 경향이 있다. 이러한 결론은 설문조사 응답자들이 특정요소 모형에서 예측하는 것처럼 단기에 고용한 산업에 근거하여 응답하기보다는 헥셔-올린이나 스톨퍼-사뮤엘슨 이론이 예측하는 것과 같은 장기소득에 근거하여 응답하고 있다는 것을 암시한다.

그러나 이러한 발견은 흥미롭게 확장할 수 있다. 설문은 응답자들에게 그들이 집을 소유했는지 또한 물었다. 지역산업이 많은 수입경쟁에 직면해 있는 공동체에 집을 소유하고 있는 사람들일수록 자유무역에 더 반대하는 경향이 있는 것으로 드러났다. 이러한 예는 사람들이 섬유공장에 고용된 북동부, 혹은 주민들이 자동차, 철강, 중공업 부문에 고용된 중서부의 마을이다. 그러나 보스턴의 첨단기술 지역 혹은 캘리포니아의 실리콘밸리와 같은 수출기회로부터 혜택을 입는 산업이 위치한 마을에 집을 소유한 사람들은 자유무역을 더 지지하는 경향이 있다. 집은 장소를 바꿀 수 없으므로 우리는 집을 특정요소의 한 가지로 생각할 수 있다. 따라서 NES 설문조사의 이러한 경향은 단기특정요소 모형과 일치한다. 우리 모형에서 특정요소의 소유자들이 그들이 가진 생산요소가 벌어들인 수입에 대해 염려하듯이 사람들은 그들 집의 자산 가치에 대해 매우 염려한다. ■

4 결론

헥셔-올린 체계는 무역 패턴을 설명하는 데 가장 널리 쓰이는 모형 중 하나이다. 이 모형은 국가 간의 서로 다른 요소부존도의 효과를 분리하여 이러한 차이가 무역 패턴, 상대가격, 요소수익에 미치는 영향을 밝혀낸다. 이러한 접근방법은 리카도 모형에서 살펴본 것처럼 기술의 차이가 무역 패턴을 결정한다는 관점에서 벗어난 것이며, 또 3장에서 살펴본 단기특정요소 모형과도 다른 것이다.

이 장에서, 헥셔-올린 이론에 대한 몇 가지 실증분석, 즉 국가들이 실제로 그들의 풍부한 요소를 집약적으로 사용하는 재화를 실제로 수출하는지를 밝혀내기 위한 검증을 살펴보았

9 Kenneth F. Scheve and Matthew J. Slaughter, 2001, "What Determines Individual Trade-Policy Preferences?" *Journal of International Economics*, 54, 267-292.

다. 이 이론을 시험하는 문헌의 중심은 2차 세계대전 직후에 미국의 수출이 상대적으로 노동 집약적이었음을 밝힌 레온티에프의 역설에서 비롯되었다. 비록 그의 검증의 원안은 헥셔-올린 이론을 뒷받침하지 않는 것으로 보였으나, 후대의 연구는 각국의 노동, 자본, 기타 요소의 효율적 부존도를 측정하기 위해 실증분석을 재구성하였다. 이 방법을 사용하여, 미국은 효율적 노동이 풍부하다는 것을 알아내었고, 또 미국은 자본이 풍부하다는 것도 추정하였다. 미국은 1947년 순수출에 노동과 자본 모두 양(+)의 요소함량을 가지고 있었으며, 이것은 레온티에프의 발견과 일치하므로 실제로 '역설'은 전혀 없었던 것이다.

재화의 요소집약도에 주목함으로써(생산에 사용된 노동과 자본의 상대적인 양), 헥셔-올린 모형은 무역개방으로 인해 누가 이득이고 누가 손실인지에 대한 분명한 가이드를 제시한다. 특정요소 모형에서 재화의 상대가격의 증가는 그 산업에서 사용된 특정요소에는 실제로 이득을, 다른 특정요소에는 손실을 가져오며, 노동의 실질임금에는 모호한 변화를 가져온다. 반면, HO 모형은 무역개방과 함께 상대가격이 오른 수출품에 집약적으로 사용된 요소에는 실제 이득을, 다른 요소에 대해서는 실제 손실을 예측한다. 산업 간 완전히 이동 가능한 두 요소만 있으므로 장기에 누가 이득이고 누가 손실인지에 대한 매우 분명한 예측을 할 수 있다.

핵심 내용

1. 헥셔-올린 모형에서 국가 간 기술이 동일하고 국가 간 가용한 자원(노동, 자본, 토지)이 다르기 때문에 무역을 한다고 가정한다.

2. 헥셔-올린 모형은 장기모형이므로 산업 간 노동, 자본, 다른 자원들이 자유롭게 이동할 수 있다.

3. 두 재화, 두 생산요소, 두 국가가 있을 때 헥셔-올린 모형은 한 국가가 풍부한 요소를 집약적으로 사용하는 재화를 수출하고 그렇지 않은 재화를 수입할 것으로 예측하였다.

4. 헥셔-올린 모형의 첫 번째 검증은 1947년 미국 데이터를 사용한 레온티에프에 의해 수행되었다. 그는 미국의 수출이 수입보다 덜 자본집약적이고 더 노동집약적이라는 것을 알아냈다. 미국은 자본이 풍부하기 때문에 이것은 역설적인 결과였다.

5. 헥셔-올린 모형에서 사용된 동일한 기술 가정은 현실에서는 적용되지 않는다. 최근 연구는 헥셔-올린 모형의 실증분석을 국가 간에 서로 상이한 요소생산성에 따라 많은 요소와 많은 국가의 경우로 확대하였다. 1947년의 상이한 노동생산성을 허용할 때 미국은 효율적인 — 혹은 숙련된 — 노동이 풍부하다는 것을 알 수 있으며 이것은 레온티에프 역설을 설명한다.

6. 스톨퍼-사무엘슨 이론에 따라, 한 재화의 상대가격의 상승은 노동과 자본의 실질소득이 서로 다른 방향으로 움직이도록 한다. 상대가격이 증가하는 산업에서 집약적으로 사용되는 요소는 그 소득이 증가하고 다른 요소의 실질소득은 떨어진다는 것을 알게 될 것이다.

7. 헥셔-올린 이론과 스톨퍼-사무엘슨 이론을 결합하여 한 국가의 풍부한 요소는 무역개방으로부터 이득을 얻고(수출재의 상대가격이 증가하므로) 희소한 요소는 무역개방으로부터 손실을 입는다는 결론을 내릴 수 있다.

핵심 용어

레온티에프 역설(Leontief's paradox)

스톨퍼-사뮤엘슨 이론
(Stolper-Samuelson theorem)

요소가 풍부하다(abundant in that factor)

요소가 희소하다(scarce in that factor)

요소집약도(reversal of factor intensities)

자유무역균형(free-trade equilibrium)

헥셔-올린 모형(Heckscher-Ohlin model)

헥셔-올린 이론(Heckscher-Ohlin theorem)

효율적 노동력(effective labor force)

효율적 요소가 풍부하다(abundant in that
effective factor)

효율적 요소가 희소하다(scarce in that
effective factor)

효율적 요소부존도(effective factor
endowment)

연습문제

1. 이 문제는 무역의 방향을 예측하기 위해 헥셔-올린 모형을 이용한다. 캐나다와 인도의 수제 카펫과 조립라인 로봇을 생각해보자.

   a. 어떤 국가가 상대적으로 노동이 더 풍부하고 어떤 국가가 자본이 더 풍부할 것으로 예상하는가? 그 이유는?

   b. 어떤 산업이 상대적으로 더 노동집약적이고 어떤 산업이 더 자본집약적인가? 그 이유는?

   c. (a)와 (b)에 대한 답에 의해 각국의 생산가능곡선을 그려보라. 소비자 선호가 양국 간에 같다고 가정할 때 무차별곡선과 상대가격선(무역이 없을 경우)을 PPF 그래프에 추가하라. 가격선의 기울기는 무역의 방향에 관해 어떤 것을 알려주는가?

   d. 국가 간 무역을 허용할 때, 그래프를 다시 그리고 각국의 '무역삼각형'을 그려라. 삼각형의 높이와 밑변을 수입인지 혹은 수출인지를 구분하여 표시하라.

2. 레온티에프의 역설은 실제 데이터 관찰치를 사용한 무역 모형 검증의 예이다. 만약 레온티에프가 미국의 수출 100만 달러당 필요한 노동량을 182 대신에 100 인년으로 관찰했다면, 그는 같은 결론에 도달했을까? 설명하라.

3. 자국의 신발생산에서 급격한 기술진보가 있어서 신발 공장들은 컴퓨터를 이용한 기계로 거의 완벽히 작동할 수 있다고 가정하자. 자국에 대한 다음 데이터를 살펴보자.

   컴퓨터 : 매출수입 = $P_C Q_C = 100$

   　　　　노동비용 = $WL_C = 50$

   　　　　자본비용 = $RK_C = 50$

   　　　　가격의 퍼센트 증가 = $\Delta P_C / P_C = 0\%$

   신발 : 　매출수입 = $P_S Q_S = 100$

   　　　　노동비용 = $WL_C = 5$

   　　　　자본비용 = $RK_S = 95$

   　　　　가격의 퍼센트 증가 = $\Delta P_S / P_S = 50\%$

a. 어떤 산업이 자본집약적인가? 어떤 산업이 어떤 국가에서는 자본집약적이고 다른 국가에서는 노동집약적이라는 점을 고려해볼 때, 이것은 합리적인 질문인가?

b. 주어진 데이터에서 산출물 가격의 퍼센트 변화를 고려하여 자본 임대료의 퍼센트 변화를 구하라.

c. 이러한 변화의 크기는 노동의 변화량과 어떻게 비교할 수 있는가?

d. 실질변수로 측정했을 때 어떤 요소가 이득을 얻는가? 이러한 결과는 스톨퍼-사뮤엘슨 이론과 일치하는가?

4. 이 장의 정보를 이용하여 외국은 규모가 그대로이지만 자국의 규모는 2배가 된다고 하자. 자국에서 자본과 노동의 동일한 비율의 증가는 컴퓨터의 상대가격, 임금, 자본에 대한 임대료, 무역량을 변화시키지만 무역 패턴은 변화시키지 않음을 보여라.

5. 그림 4-12와 유사한 그래프를 이용하여 외국의 컴퓨터의 상대가격 감소의 효과를 보여라. 임대료에 대한 상대적으로 임금에는 어떤 일이 발생하는가? 각 산업에서 노동-자본의 증가가 일어나는가? 설명하라.

6. 러시아가 무역개방을 할 때 자본집약적인 자동차를 수입한다고 가정하자.

a. 헥셔-올린 이론에 따르면, 러시아는 자본이 풍부한가, 아니면 노동이 풍부한가? 간단히 설명하라.

b. 무역개방이 러시아의 실질임금에 미치는 영향은 무엇인가?

c. 무역개방이 자본의 실질임대료에 미치는 영향은 무엇인가?

d. 어떤 집단(자본소유주 혹은 노동자)이 자유무역을 제한하는 정책을 지지하겠는가? 간단히 설명하라.

7. 그림 4-3은 무역부재균형점 A에서 컴퓨터의 상대가격이 더 높을 때의 무역균형점으로의 이동으로 (b)의 점 A에서 D로 수출공급이 우상향한다는 것을 보여준다.

a. 컴퓨터의 상대가격이 (a)에서 지속적으로 오른다고 가정하고 몇 가지 더 높은 가격에서 생산과 소비점을 표시하라.

b. (b)에서 수출공급곡선을 확장하여 컴퓨터의 더 높은 상대가격 하에 수출량을 보여라.

c. 컴퓨터가격이 충분히 높을 때 수출공급곡선에는 어떤 일이 일어나는가? 이러한 일이 발생하는 이유를 설명할 수 있는가? 힌트 : 한 국가의 수출재의 상대가격 증가는 그 국가의 교역조건이 개선된 것이므로 그 국가가 더 부유해졌음을 의미한다. 가격이 오를 때 어떻게 그것이 더 적은 수출을 가져올 수 있는지 설명하라.

8. 2013년 4월, 타지키스탄은 세계무역기구의 회원국이 되기 위한 조건을 성공적으로 협상하였다. 결과적으로, 서유럽 국가들과 같은 국가들은 타지키스탄과 자유무역을 하는 방향으로 가고 있다. 이러한 움직임이 서유럽 국가들의 저숙련 노동자의 실질임금에 미치는 영향에 대해 스톨퍼-사뮤엘슨 이론은 무엇을 예측하고 있는가? 타지키스탄의 경우는?

9. 다음은 두 자리 관세율표(HTS) 수준에서 2012년 미국의 수출과 수입에 대한 데이터이다. 어떤 상품이 헥셔-올린 이론을 뒷받침한다고 생각하는가? 어떤 상품이 불일치하는가?

HTS 수준	제품	수출(10억 달러)	수입(10억 달러)
22	음료	6.4	19.2
30	약품	38.0	64.1
52	면	8.2	1.1
61	의류	1.4	41.1
64	신발류	0.8	23.7
72	철강	22.0	29.0
74	구리	9.3	10.2
85	전기기기	105.0	289.0
87	차량	122.3	240.0
88	항공기	95.8	24.2
94	가구	8.7	44.3
95	장난감	4.4	27.0

출처 : International Trade Administration, U.S. Department of Commerce

10. 다음은 2010~2011년 대두 수확량, 생산량, 무역량에 관한 데이터이다.

표에 나와 있는 국가들은 자유무역에 참여하고 대두 생산은 토지집약적이라고 가정하자. 다음에 답하라.

a. 어떤 국가에서 토지는 대두의 자유무역으로부터 이득을 얻는가? 설명하라.

b. 어떤 국가에서 토지는 대두의 자유무역으로부터 손실을 입는가? 설명하라.

c. 어떤 국가에서 대두의 자유무역으로의 이동은 지대에 미미한 영향을 미치거나 혹은 아무 영향을 미치지 않는가? 설명하라.

	수확량 (톤/헥타르)	생산량 (10만 톤)	수출 (10만 톤)	수입 (10만 톤)
호주	1.71	0.29	0.025	0.007
브라질	3.12	748.2	258	1.18
캐나다	2.75	42.5	27.8	2.42
중국	1.89	144	1.64	570
프랑스	2.95	1.23	0.24	5.42
일본	1.60	2.19	0.0006	34.6
멕시코	1.32	2.05	0.001	37.7
러시아	1.48	17.6	0.008	10.7
미국	2.79	831	423	4.45

출처 : Food and Agriculture Organization

11. 헥셔-올린 모형에 따르면 두 국가는 재화의 국제무역에 참여하거나 혹은 두 국가 간 고숙련 노동과 저숙련 노동이 자유롭게 이동하는 것을 허용함으로써 임금을 동일하게 할 수 있다. 이것이 사실인지 아니면 거짓인지 논하고 그 이유를 설명하라.

12. 두 요소(자본과 노동), 두 재화 표준 헥셔-올린 모형에 따르면 터키 이민자들의 독일로의 이주는 독일에서 생산된 자본집약적인 생산품의 양을 감소시킨다. 이것이 사실인지 아니면 거짓인지 논하고 그 이유를 설명하라.

네트워크

http://www.youtube.com/watch?v = ittvWwCS5QI에서 메인 주 스코히건의 뉴발란스 공장을 보라. 그곳에서는 어떤 신발이 생산되며 '수퍼 팀 33'은 무엇인가?

국가 간 노동과 자본의 이동

1. 국가 간 노동의 이동 : 이주

2. 국가 간 자본의 이동 : 외국인직접투자

3. 노동과 자본 이동의 이득

4. 결론

추락하는 경제와 더불어 주거와 일자리 부족으로 점점 커지는 반대 속에, 피델 카스트로 수상은 1980년 4월 4일, 하바나에 있는 페루 대사관에서 그의 경비대를 철수하였다. 경비대가 철수된 지 48시간도 되기 전에 쿠바 군중은 망명을 요청하기 위해 대사관에 무성하게 우거진 정원으로 몰려갔다… 4월 중순경, 카터는 미국에 3,500명까지 수용 가능한 난민수용소를 허가하는 대통령 보고서를 발간하였다. 그러나 4월 21일, 난민들이 플로리다의 해안가에 도착하기 시작했을 때 카터 행정부는 충격에 사로잡혔다. 그들의 수가 125,000명에 달했기 때문이다.

"마리엘에 대한 기억, 20년 후"[1]

만약 당신이 과학이나 기술분야에서 경력을 쌓고자 하는 외국인 학생이거나, 미국투자자들의 지원으로 사업을 시작하고자 하는 외국인 기업가라면, 우리는 당신이 이곳에서 그 일을 하도록 도와야 한다. 왜냐하면 만약 당신이 성공한다면, 당신은 미국기업과 미국 일자리를 창출할 것이기 때문이다. 당신은 우리가 경제를 성장시키는 것을 도울 것이다. 당신은 우리의 중상층을 강화시키는 것을 도울 것이다.

버락 오바마 대통령, 델솔고등학교, 라스베이거스, 2013년 1월 29일

1980년 5월부터 9월까지, 배에 가득한 쿠바 난민들이 플로리다의 마이애미에 도착하였다. 정치적인 이유로 피델 카스트로는 그들이 짧은 기간 동안 쿠바 마리엘의 항구로부터 자유롭게 떠나는 것을 허용하였다. '마리엘 보트 수송'으로 알려진 난민 약 125,000명의 마이애미 유입은 이 도시의 쿠바 인구를 20% 증가시켰고 전체 인구는 약 7% 증가시켰다. 1980년 여름 동안 많은 난민들의 대규모 실업으로 많은 사람들은 하여금 마이애미의 다른 근로자들의 임금이 마리엘 이민자들로 인해 떨어지리라고 예상하였다.

당연히, 난민들은 그들의 임금을 보면 확실히 알 수 있듯이, 마이애미의 다른 근로자들보다 덜 숙련되어 있었다. 초기에 그들은 마이애미에 있는 다른 쿠바인들보다 3분의 1 더 적게 벌었다. 그러나 놀라운 것은 이러한 저숙련 이민자들이 마이애미의 다른 저숙련 근로자들의 임금을 끌어내리지는 않은 것으로 보인다는 사실이다.[2] 쿠바로부터 대규모 노동자 유입이 있

---

1 Judy L. Silverstein, "Memories of Mariel, 20 Years Later," *U.S. Coast Guard Reservist*, 47(3), April/May 2000, electronic edition.

2 David Card, January 1990, "The Impact of the Mariel Boatlift on the Miami Labor Market," *Industrial Labor Relations Review*, 43(2), 245-257.

었음에도 불구하고 마이애미의 저숙련 근로자들의 임금은 기본적으로 이 기간 동안의 국가 트렌드를 따라갔다. 이러한 결과는 근로자들의 더 많은 공급은 그들의 임금을 낮추므로 이민 제한은 현지 근로자들의 임금을 올라가게 할 것이라는 기본적인 공급과 수요 이론의 예측에 배치되는 것으로 보인다. 마이애미의 임금이 마리엘 난민들의 유입에 반응하지 않았다는 사실은 설명을 필요로 하며, 그것은 이 장의 목표 중 하나이다.

유사한 결과가 더 최근에 갑작스러운 이주, 즉 소련이 주민 이탈에 대한 제약을 완화했던 1989년 이후 러시아의 유대인들이 이스라엘로 이주한 사례에서도 일어났다. 1989년 후반부터 1996년까지 러시아계 유대인 약 670,000명이 이스라엘로 이민을 갔고, 이로 인해 이스라엘의 인구는 11%, 노동인력은 14% 증가하였다. 러시아 이민자들은 기존의 이스라엘 국민들보다 더 숙련되어 있으므로 이러한 이민의 물결은 특별히 주목할 만한 것이었다. 그러나 1990년대에 이러한 이민의 거대한 유입에도 불구하고 이스라엘의 숙련 노동자들의 상대임금은 실제로는 증가하였다. 이 사례에 대해 주의 깊에 살펴보면, 러시아 이민이 다른 숙련 노동자들의 임금에 거의 영향을 주지 않거나 부정적인 영향을 주지 않는다는 것을 알 수 있다.[3]

이러한 이민은 노동자들의 종류가 다른 것이었다. 쿠바 노동자들은 저숙련 노동이고 러시아 노동자들은 고숙련 노동이었다. 그러나 그들은 노동의 많은 유입이 반드시 그들이 정착한 지역의 임금을 떨어뜨리지는 않았다는 공통점을 갖고 있다. 1800년대와 1900년대 유럽에서 아메리카로 건너간 것과 같은 또 다른 대규모 이주 사례에서는 이민 유입으로 인해 임금이 실제로 떨어졌다. 따라서 마리엘 수송과 이스라엘로의 러시아 이민은 특별한 경우로 봐야 한다. 이들은 우리가 예상하는 것과 같이 공급과 수요의 경제학적 법칙이 언뜻 보기에 작용하지 않는 사례이다.

이 장에서 우리는 일반적으로 예상하듯이, 이민으로 임금이 떨어지는 경우를 설명함으로써 국가 간 노동의 이동에 대해 먼저 살펴보고자 한다. 사용할 모형은 3장에서 소개했던 단기모형인 **특정요소 모형**(specific-factors model)이다. 이 모형은 산업 간 노동이 이동하는 것은 허용하지만, 자본과 토지는 각 산업에 특정적이도록 한다.

다음으로는, 자본과 토지 또한 산업 간 이동할 수 있는 4장의 장기 헥셔-올린 모형을 이용한다. 마이애미로의 마리엘 수송과 이스라엘로의 러시아 이민에서 설명하였듯이, 장기 노동 증가는 임금을 낮추지 않을 것이다. 이러한 결과는 산업이 그 산출물을 조정함으로써 노동자들의 유입에 반응할 시간이 더 많기 때문이다. 산업 생산물을 충분히 조정함으로써 경제는 현재 근로자들의 임금을 바꾸지 않고도 새로운 근로자들을 흡수할 수 있음이 드러났다. 이러한 놀라운 결과에 대한 해석은 산업이 그 산출물을 국제시장에 판매할 수 있다는 가정에 달려있다.

이 장기 설명이 어떻게 가능한지에 대한 간단한 아이디어를 제공하기 위해서는 러시아에서 이스라엘로 이민을 간 고숙련 과학자들과 엔지니어들을 생각해보자. 이 많은 근로자들을

---

3 Neil Gandal, Gordon Hanson, and Matthew Slaughter, 2004, "Technology, Trade and Adjustment to Immigration in Israel," *European Economic Review*, 48(2), 403-428.

현재 임금으로 고용할 수 있는 유일한 방법은 이스라엘 기업들이 참여하고 있는 과학과 공학 프로젝트의 수를 늘리는 것이 될 것이다. 이러한 새로운 프로젝트에 대한 수요는 어디서 올까? 이 수요가 이스라엘에서만 창출될 것 같지는 않고 이스라엘에서 세계 다른 국가들로 수출할 때 일어날 가능성이 더 높다. 우리는 이스라엘이 고숙련 이민자들을 활용하여 만든 제품을 수출할 수 있는 능력이 우리의 설명에 필수적이라는 것을 안다. 세계 수요가 있으면 이스라엘에서 임금을 낮추지 않고 러시아 이민자들이 수출부문에 완전 고용되는 것이 가능하다. 이처럼, 저숙련 쿠바 이민자들이 마이애미로 유입되었을 때 그들 중 많은 수는 섬유와 의류산업, 혹은 농업부문에서 일할 수 있었고 근로자들을 현재 임금 수준에서 고용되도록 하는 것은 이 재화들을 수출할 수 있는 플로리다의 역량이었다.

이민이 임금에 미치는 영향은 단기와 장기에 크게 다를 수 있다. 이 장에서 우리는 이 차이를 증명하고 이민 관련 정부정책을 논하기로 한다. 이민을 제한하거나 허가하는 정책들은 미국을 포함한 모든 국가에서 정부 규제의 중요한 일부분이다. 2013년에 오바마 대통령이 그의 두 번째 임기를 시작할 때 그의 목표 중 한 가지는 이민정책 개혁을 달성하는 것이었다. 미국에서 개혁이 왜 필요하며 무엇을 이룰 수 있는지 논하도록 하자.

노동이 국가 간에 이동할 때 어떤 일이 발생하는지 살펴본 후 외국인직접투자(FDI), 즉 국가 간 자본이동의 효과를 연구한다. FDI는 어떤 국가에서 온 기업이 다른 국가에 회사를 소유할 때 발생한다. 국가 간 노동 혹은 자본의 이동으로부터 FDI 원천국가, 도착국가, 그리고 세계가 얻게 되는 이익을 논함으로써 이 장을 마무리하기로 한다.

1 국가 간 노동의 이동 : 이주

마리엘 수송과 러시아의 이스라엘 이주에서 묘사된 노동 이주의 예시를 가지고 시작하도록 하자. 우리는 각 이주를 외국에서 자국으로의 노동의 이동으로 생각할 수 있다. 이 노동의 이동이 자국에서 지급된 임금에 미치는 영향은 무엇일까? 이 질문에 답하기 위해, 노동에 지급된 임금과 자본 및 토지에 지불된 임대료가 생산된 재화의 가격에 의해 어떻게 결정되는지를 살펴보았던 3장에서의 작업을 활용하도록 한다. 재화의 가격 자체는 세계시장에서 공급과 수요에 의해 결정된다. 다음의 분석에서, 재화의 가격은 고정된 것으로 취급하고 국가 간 노동이 이동함에 따라 자국의 임금과 자본 및 토지에 지급된 지대가 어떻게 변하는지 질문해보기로 한다.

단기 이민 효과 : 특정요소 모형

노동은 자국 산업 간 이동이 가능하지만 토지와 자본은 고정되어 있는 단기를 분석하기 위해 3장에서 배웠던 특정요소 모형을 사용하여 국가 간 요소 이동의 효과를 살펴보는 것으로 시작하도록 한다. 그 이후, 자국의 산업 간에 모든 요소가 이동 가능한 장기를 고려해본다.

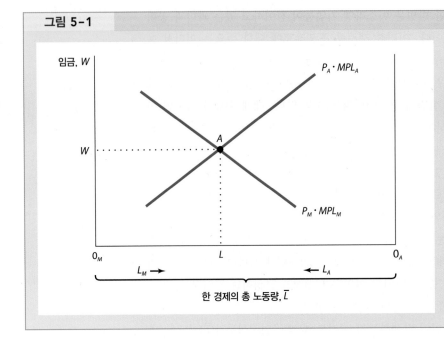

그림 5-1

임금, W

$P_A \cdot MPL_A$

A

W

$P_M \cdot MPL_M$

0_M L 0_A

$L_M \rightarrow$ $\leftarrow L_A$

한 경제의 총 노동량, $\overline{L}$

자국의 노동시장 자국의 임금은 제조업과 농업 각각에서 노동의 한계생산곡선인 $P_M \cdot MPL_M$과 $P_A \cdot MPL_A$의 교차점인 A점에서 결정된다. 제조업에서 사용된 노동량은 0_M에서 시작하여 왼쪽에서 오른쪽으로 측정되며 농업에서 사용된 노동량은 0_A에서 시작하여 오른쪽에서 왼쪽으로 측정된다. 점 A에서는 제조업에서 $0_M L$만큼의 노동이 사용되며 농업에서는 $0_A L$만큼의 노동이 사용된다.

임금 결정하기 그림 5-1은 노동에 지급된 균형임금을 결정하기 위해 3장에서 사용했던 그래프를 보여주고 있다. 수평축은 제조업에서 사용된 노동인 L_M과 농업에서 사용된 노동의 양인 L_A로 이루어진 경제의 전체 노동량인 $\overline{L}$로 측정된다.

$$L_M + L_A = \overline{L}$$

그림 5-1에서 제조업에 사용된 노동량인 L_M은 왼쪽(0_M)에서 오른쪽으로 측정되며, 농업에서 사용된 노동량인 L_A는 오른쪽(0_A)에서 왼쪽으로 측정된다.

그림 5-1의 두 곡선은 각 부문의 노동의 한계생산에 그 부문의 가격(P_M 또는 P_A)을 곱한 것이다. 더 많은 노동이 제조업에서 사용될수록 그 산업에서 노동의 한계생산은 떨어지므로 임금도 떨어지게 되어 $P_M \cdot MPL_M$ 그래프는 우하향한다. 농업에서 사용된 노동인 L_A는 그래프에서 **오른쪽에서 왼쪽으로** 측정되므로 그래프 $P_A \cdot MPL_A$는 우상향한다. 농업에 더 많은 노동이 사용될수록 (오른쪽에서 왼쪽으로 이동하여) 농업에서 노동의 한계생산은 떨어지게 되어 임금도 떨어진다.

그림 5-1에서 균형임금은 한계생산곡선인 $P_M \cdot MPL_M$과 $P_A \cdot MPL_A$의 교차점인 점 A에서 발생한다. 이 점에서 $0_M L$만큼의 노동이 제조업에 사용되며 이 산업의 기업은 $W = P_M \cdot MPL_M$만큼의 임금을 지불할 의사가 있다. 더욱이, $0_A L$ 단위의 노동이 농업에 사용되며 농부들은 임금 $W = P_A \cdot MPL_A$를 지불할 용의가 있다. 두 부문에서 임금은 동일하므로 노동이 둘 사이에 이동할 이유가 없으며, 자국의 노동시장은 균형상태에 있다.

외국에서도 비슷한 그래프가 적용된다. 우리는 이것을 그리지는 않지만 외국의 균형임금인 W^*는 자국의 W보다 작다고 가정한다. 예를 들어, 이러한 가정은 더 많은 자유를 누리기 위

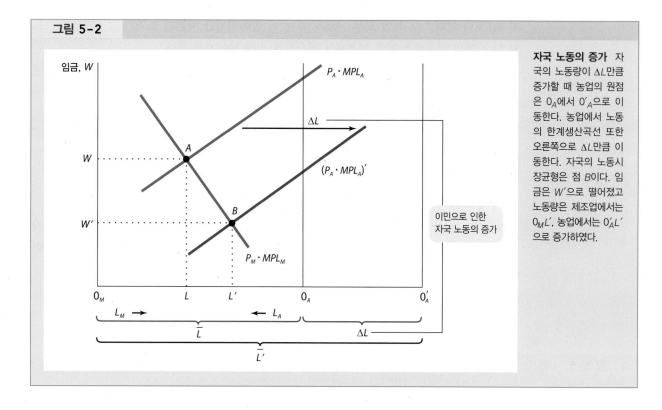

그림 5-2

자국 노동의 증가 자국의 노동량이 ΔL만큼 증가할 때 농업의 원점은 0_A에서 $0'_A$으로 이동한다. 농업에서 노동의 한계생산곡선 또한 오른쪽으로 ΔL만큼 이동한다. 자국의 노동시장균형은 점 B이다. 임금은 W'으로 떨어졌고 노동량은 제조업에서는 $0_M L'$, 농업에서는 $0'_A L'$으로 증가하였다.

해서뿐 아니라 더 높은 임금을 얻기 위해 마이애미로 이주한 쿠바 난민과 이스라엘로 이주한 러시아 이주민들에게 적용된다. 임금 격차의 결과로, 외국의 근로자들은 자국으로 이민가고 싶어 하며, 자국의 노동 인력은 이민자 수를 반영하는 ΔL만큼 증가한다.

이민이 자국의 임금에 미치는 영향 이민의 효과는 그림 5-2에 나와 있다. 자국의 근로자 수가 ΔL만큼 증가하였으므로, 수평축의 길이는 $\overline{L}$에서 $\overline{L}' = \overline{L} + \Delta L$로 늘어난다. 농업의 원점인 0_A에 해당하는, 수평축의 가장 우측점은 오른쪽으로 ΔL만큼 이동한다. 원점이 오른쪽으로 이동함에 따라, 농업의 한계생산곡선인 $P_A \cdot MPL_A$도 함께 이동한다(노동의 한계생산곡선은 원점에 대해 상대적으로 그려지기 때문이다). 이 곡선은 정확히 자국 노동의 증가량인 ΔL만큼 오른쪽으로 이동한다. 제조업의 원점인 0_M은 변하지 않았으므로 제조업의 한계생산곡선인 $P_M \cdot MPL_M$은 이동하지 않는다.[4]

자국의 새로운 균형임금은 한계생산곡선들의 교차점인 점 B이다. 새로운 균형에서, 임금은 더 낮다. 자국에 도착하는 추가적인 근로자 ΔL은 농업과 제조업으로 나뉘게 된다. 제조업에서 고용된 근로자 수는 $0_M L$보다 많은 $0_M L'$이며, 농업에 고용된 근로자 수는 $0'_A L'$으로서 역

---

4 만약 그 대신, 우리가 그래프의 왼쪽에 노동을 증가시켰다면, 제조업의 원점과 한계생산곡선은 이동하고, 농업의 원점과 한계생산곡선은 그대로 있을 것이며, 그림 5-2에서와 같은, 임금은 떨어지고 두 산업 모두 더 많은 노동을 사용하게 되는 결과를 가져올 것이다.

시 $0_A L$보다 많다.[5] 두 산업 모두 근로자 수는 더 많아지지만 자본과 토지가 고정되어 있으므로 두 산업의 임금은 노동의 한계생산 체감으로 인해 떨어지게 된다.

특정요소 모형은 노동의 유입이 노동자들이 도착하는 국가의 임금을 떨어뜨린다는 것을 예측하고 있다는 것을 알게 된다. 이 예측은 다음의 적용에서 설명한 것처럼 대규모 이민에 관한 많은 일화들에 의해 확증되어 왔다.

적용사례

신세계로의 이민

1870년과 1913년 사이에 3,000만 명의 유럽인들은 '구세계'인 자국을 떠나 '신세계'인 북미와 남미, 호주로 이민을 갔다. 이민으로 인해 아르헨티나의 인구는 60%가 증가했으며 호주와 캐나다는 인구가 30% 더 늘었다. 이민의 결과로 미국의 인구는 17% 증가하였다(그리고 미국은 1,500만 명보다 많은, 가장 많은 인구를 흡수하였다). 이주민들은 신세계의 기회, 무엇보다도 가장 중요한, 더 높은 임금을 위해 구세계를 떠났다. 그림 5-3은 유럽 국가들과 신세계

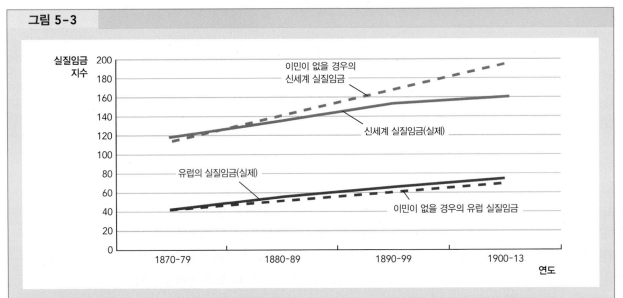

그림 5-3

유럽과 신세계의 임금 유럽에서 미국과 호주의 신세계로의 대규모 이주는 두 지역 간 임금격차를 줄였다. 1870년 신세계의 임금은 유럽 임금의 3배나 높았으나, 1910년에는 거의 2배였다. 이민은 이민이 없을 경우에 발생했을 임금에 비해 신세계의 임금 증가를 낮췄으며 유럽에서는 약간 더 빠른 임금 증가를 허용하였다.

출처 : Alan M. Taylor and Jeffrey G. Williamson, 1997, "Convergence in the Age of Mass Migration," *European Review of Economic History*, 1, April, 27-63.

---

5   제조업 근로자들의 증가분인 $0_M L$부터 $0_M L'$까지는 노동의 전체 증가량인 ΔL보다 작으므로 농업에 고용된 근로자 수는 증가한다는 사실을 알 수 있다.

(미국, 캐나다, 호주)의 평균실질임금의 지표를 보여주고 있다.[6] 1870년에 실질임금은 120대 40으로 신세계가 유럽의 거의 3배나 높았다.

두 지역 모두 실질임금은 시간에 따라 높아졌고 노동의 한계생산도 올라갔다. 그러나 신세계로 이주한 대규모 이민으로 인해 임금은 더 천천히 올랐다. 1차 세계대전이 시작되기 직전인 1913년경, 신세계의 임금 지표는 160으로 43년간 실질임금은 $(160-120)/120 = 33\%$가 증가하였다. 그러나 1913년경 유럽에서는 임금지표가 75에 달해, 43년간 $(75-40)/40 = 88\%$가 증가하였다. 1870년, 신세계의 실질임금은 유럽의 실질임금의 3배만큼이나 높았으나 1913년 이 차이는 상당히 줄어들어 신세계의 임금은 유럽의 2배 정도밖에 되지 않았다. 그러므로 대규모 이주는 대륙 간 실질임금의 '수렴'에 기여한 것이다.

그림 5-3에서는 만약 이주가 일어나지 않았더라면 실질임금이 어떠했을지 그 추정치 또한 보여주고 있다. 이 추정치들은 자본 축적은 있지만 이민이 없을 경우 노동의 한계생산이 어떻게 커졌을지를 계산하여 구할 수 있다. 실질임금을 이민이 없는 경우의 임금 추정치와 비교함으로써, 이민(근로자들이 떠남)에 의해 유럽에서 임금은 약간 더 빨리 증가한 데 비해 이민(근로자들이 유입)에 의해 신세계의 임금 증가는 속도가 더 늦춰졌다는 것을 알 수 있다. ■

적용사례

오늘날 미국과 유럽으로의 이민

가장 큰 규모의 이주는 더 이상 유럽에서 '신세계'가 아니다. 대신, 개발도상국 근로자들은 그들이 할 수만 있다면 유럽연합과 북미의 부유한 국가들로 이민을 간다. 많은 경우, 이민에는 저숙련 근로자들과 고숙련 근로자들이 섞여 있다. 1960년과 1970년대에 몇몇 유럽 국가들은 저숙련 노동의 공급부족을 해소하기 위해 서독에서 게스타바이터라고 불린 이주노동자들을 적극적으로 모집하였다. 이러한 외국 근로자들은 몇 년간 독일에 남아있었고, 몇몇은 몇 세대에 걸쳐 남아 이들은 더 이상 '임시 체류자'가 아니라 장기 주민이 되었다. 1994년 말, 터키, 구 유고슬라비아, 그리스, 이탈리아에서 온 가장 큰 그룹의 210만 명의 외국인들은 서독에 고용되었다.

2011년 3월 27일 아프리카 튀니지에서 온 이민자들이 이탈리아 페투사에 도착하고 있다.

오늘날, 유럽연합은 동유럽의 많은 국가들을 포함하여 확장되었고 원칙적으로 유럽연합 내에서 이주는 자유롭다. 실제로는 국가들이 유럽연합 안에서 들어오든 밖에서 들어오든 입국하고자 하는 모든 근로자들을 흡수하는 것은 어렵다. 유럽의 최근 예는 북아프리카, 특히 튀니지와 리비아로부터의 이민 유입이다. 2011년과 2012년 동안 58,000명의 이주민들이 아프리카의 불안으로부터 탈출하여 작은 보트에 타

6 Alan M. Taylor and Jeffrey G. Williamson, 1997, "Convergence in the Age of Mass Migration," *European Review of Economic History*, 1, April, 27-63.

헤드라인

유럽의 국경통제 회귀 요구

2011년, 당시의 프랑스 대통령인 니콜라스 사르코지와 이탈리아의 총리였던 실비오 베를루스코니는 람페두사 섬을 통해 이탈리아로 들어오는 북아프리카 이민자들에 대해 유럽연합 국가들 간 무여권 여행을 제한할 것을 요구하였다.

니콜라스 사르코지와 실비오 베를루스코니는 화요일에 25개국 4억 명 이상에 대해 유럽 통합에 제동을 걸고 무여권 여행에 제한을 가하는 움직임이라고 할 수 있는, 유럽 국경 통제의 부분적인 재도입을 요구할 것으로 예상된다.

프랑스 대통령과 이탈리아 총리는 북아프리카의 혁명으로부터 도망친 25,000명 이상의 이민자 유입에 어떻게 대처할 것인지에 대한 두 국가 간의 수 주일에 걸친 긴장 끝에 로마에서 만나기로 하였다. 대부분 튀니지인인 이주민들은 람페두사와 같은 이탈리아 섬을 통해 EU에 도착하였으나 많은 이들이 친척과 친구들이 있는 프랑스에서 일자리를 얻기를 희망하고 있다.

이달 초, 베를루스코니 정부는 이민자들에게 원칙적으로 셍겐조약에 따라 다른 회원국으로 여행할 수 있도록 허가하는 임시체류허가증을 발급함으로써, 프랑스를 포함한 EU 국가들을 분노하게 만들었다. 일요일에 이탈리아 한 관료는 로마에서 지금까지 8,000개의 허가증을 발급하였으며 그 수는 11,000개까지 올라갈 것으로 예상한다고 말했다.

1995년에 시작된 셍겐조약은 대부분의 EU, 스위스, 노르웨이, 아이슬란드에서 무여권 여행을 허락하였다. 그러나 이탈리아 당국에서 발행한 서류는 소지자가 그들 스스로를 부양할 수단이 있음을 보일 수 있을 때에만 유효하므로 프랑스 경찰은 최근 신원이 불분명한 이주민들

은 체포하거나 돌려보냈다.

4월 17일, 파리는 이탈리아의 주도에 대해 항의하여 벤티미글리아의 국경을 통과하는 열차를 차단하였다. "두 국가는 지금까지 멀어졌던 적이 거의 없다."고 르몽드 지는 월요일 사설에서 언급하였다.

그러나 극우파로부터 압박을 받는 두 지도자들과 함께 프랑스와 이탈리아의 관료들은 국경 조사가 '특별한 상황'에서 재도입되도록 셍겐조약을 수정하는 데 동의한 것으로 보인다.

출처 : John Hooper and Ian Traynor, "Sarkozy and Berlusconi to call for return of border controls in Europe," *The Guardian*, April 25 2011, electronic edition. Copyright Guardian News & Media Ltd 2011.

고 이탈리아의 섬인 람페두사로 항해하였다. 이러한 이주민들의 유입은 이 장의 서두에서 살펴보았던, 수십 년 전 미국에서 일어난 '마리엘 수송'과 다르지 않은 상황을 낳았다. 이러한 유입은 유럽연합이 국가 간 무여권 이주를 유지하는 데 부담이 되었다. **헤드라인 : 유럽의 국경통제 회귀 요구**에 기술된 것처럼, 이 이민자들은 이탈리아에서 그들 중 어떤 이들은 가족이나 친구가 사는 프랑스로 자유롭게 이동하는 것에 대해 환영받지 못했다.

미국에서 정책입안자들 사이에는 현재의 이민 체계는 제대로 작동하지 않고 있으므로 수정해야 한다는 인식이 널리 퍼져 있다. 2013년 미국 국회에서는 새로운 이민 정책법안이 논의되었다. **헤드라인 : 이민개혁의 경제적 이익**에 나와 있는 것처럼, 불법 및 합법 이민과 관련하여 이 법안이 다룰 필요가 있는 몇 가지 이슈들이 있다.

미국에는 1,200만 명의 불법 이민자들이 있는 것으로 추정되며 이들 중 많은 이는 멕시코에서 온 것으로 여겨진다. 미국의 국경을 통제하는 것은 이민정책의 목표 중 하나이지만, 그

헤드라인

이민개혁의 경제적 이득

2013년 이민개혁에 대한 미국에서의 논쟁에 대해 기술하면서, 지오바니 페리 교수는 개혁이 추구해야 할 세 가지 원칙을 논한다. 기업들로 하여금 임시노동허가증을 위해 입찰하도록 허가함으로써 미국에 고숙련 이민자 공급이 증가하는 데 따른 큰 이득이 있을 것이라고 주장한다.

격렬했던 몇 달 후, 이민개혁과 포괄적인 개혁이 가능해졌다. 논쟁의 대부분은 정책의 어떤 변화의 즉각적인 결과에 대한 것이었으나, 그 목표는 다음 40년 동안의 경제성장을 촉진하는 것이어야 한다.

많은 개혁논쟁은 수수료와 체납세금을 납부한다는 조건하에, 밀입국자들에게 합법적인 지위를 부여하는 문제에 집중되었다. 경제학적 관점에서 보면 이것은, 특히 단기에는 영향이 크지 않을 가능성이 높다. 그러나 새로운 이민자들을 합법적으로 수용할 더 나은 방법을 찾지 못한다면 밀입국자 문제는 재발할 가능성이 높다. 세 가지 근본적인 원칙을 따라 이민제도를 재정비한다면, 훨씬 큰 경제적 이득을 얻을 수 있을 것이다.

첫 번째는 단순화이다. 현행 비자 시스템은 서로 관련없는 많은 조항들의 누적이다. 어떤 국적이든 영구적인 허가증 발급에 7% 재한을 가하는 것과 같은 과거에 정해진 규칙들은 자의적이며 지연, 병목현상, 비효율을 생산한다. …더 합리적인 접근 방법은 정부가 전체적인 목표와 임시 및 영구적인 노동허가증에 관한 단순한 규칙을 정해서 '숙련'과 '비숙련' 일자리의 허가증 간에 균형을 정하는 것이다. 그러나 정부는 특정한 직업의 허가증, 규칙, 제한에 대해 세세하게 관리해서는 안 된다. 고용주들은 이민자들을 고용하기 위해 경쟁하며, 그들은 필요한 일자리에 가장 생산적인 사람을 선택하는 데 가장 적합하다.

두 번째로 중요한 원칙은 임시노동비자의 개수가 노동수요에 부합해야 한다는 것이다. 현재 이 비자의 제한된 개수는 경제적인 조건을 고려하지 않고 정해진 것이다. 이 숫자는 거의 수정되지 않는다. 수요가 많을 때는 제한을 건너뛰고 밀입국자들을 고용할 경제적 유인이 커진다. …이민자들을 고용할 임시허가증은 거래 가능해야 하며 경매에서 정부가 고용주들에게 팔 수 있어야 한다고 주장한다. 그러한 '한계와 거래' 시스템은 효율성을 보장할 것이다. 허가의 경매가격은 이민자들에 대한 수요를 암시하며 몇 년간 허가증의 상향 혹은 하향조정에 대한 가이드가 된다.

이민개혁을 좌우하는 세 번째 원칙은 과학자, 엔지니어, 투자자들이 생산성과 경제성장의 주요 동인이라는 것이다… 1월에 출판된 연구에서 나는 H1B 비자 프로그램으로 이 국가에 들어온 외국인 과학자와 엔지니어들이 1990년부터 2010년까지 미국의 연도별 생산성 성장의 10~20% 기여했다는 것을 알아냈다. 이것은 1인당 GDP가 이들이 없었을 경우에 비해 4% 더 높아지도록 해주었으며, 이것은 2010년 6,150억 달러의 총 생산량 증가이다.

목표에만 집중하는 것은 매년 미국에 들어오는 다수의 이민자들이 합법적이라는 사실을 흐린다.

미국에 합법적으로 들어가고자 하는 사람들은 때론 매우 오랜 시간 기다려야 하는데, 그것은 현행 미국법상, 한 국가에서 도는 이주민들은 매년 미국에 들어오는 합법적인 전체 이민자 수의 7%를 초과할 수 없기 때문이다. '이민개혁의 경제적 이득'의 저자인 지오바니 페리는 기업들이 제공해야 하는 일자리에 필요한 기술을 지닌 이주민들을 잡기 위해 기업들이 경쟁하는 것을 허용해야 한다고 주장한다. 예를 들어, 기업들은 경매에서 임시노동허가증을 위해 입찰 경쟁을 할 수 있다. 노동허가증을 받은 후, 기업들은 그 허가증을 다른 기업들에 팔 수 있다.[7] 이러한 방법으로, 허가증은 결국 그것을 가장 높이 평가하는 기업들에게 팔릴 것이고, 이것은 이민자 유입의 효율성을 촉진시킬 것이다.

그러한 경매 제도는 예를 들어, H-2A 비자 프로그램에 따라 합법적으로 미국에 들어오는 계절농업 근로자에 의해 이용될 수 있다. 경매는 또한 과학자, 엔지니어, 첨단기술산업에서 필요로 하는 기타 숙련 근로자들을 위한 현행의 H-1B 비자 프로그램을 확장할 수 있다. H-1B 프로그램은 고도로 숙련된 이민자들을 미국에 유치하기 위해 클린턴 행정부에서 수립한 프로그램으로 오늘날에도 계속되고 있다. 이 논문에 의하면 이 장의 후반부에서 언급한 것처럼, H-1B 비자에 의한 고도숙련 이민자들의 유입은 미국의 연간 생산성 증가의 10%에서 20%를 설명할 수 있다.

이민자들이 같은 교육수준의 미국 근로자들에게 유발할 수 있는 잠재적 경쟁은 그림 5-4에 나와 있다. 수직축은 동일한 교육수준에서 미국의 전체 근로자 중 이민자(합법과 불법)가 차지하는 백분율을 보여준다. 예를 들면, 첫 번째 막대에서 이민자들은 고등학교 교육을 받

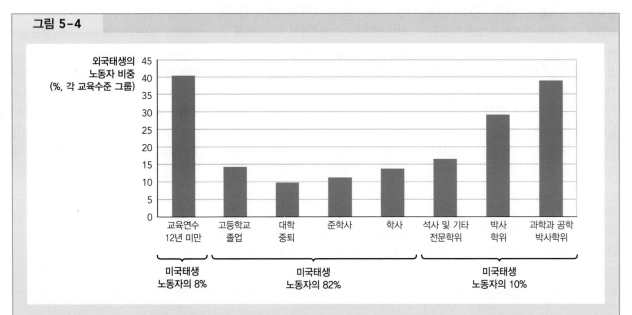

그림 5-4

미국 노동인력의 외국태생 노동자 비중, 2010년 이 그림은 교육수준에 의해 분류된 미국 노동인력의 외국태생 노동자들의 비중을 보여준다. 예를 들면, 2000년에서 2011년의 교육을 받은 노동자들 중 약 40%가 외국태생이었다. 다른 범위의 끝에서 외국태생은 석사학위와 전문학위를 지닌 노동자들의 16%를 차지하며 박사학위 소지자의 거의 30%, 과학 및 공학 분야 박사학위 소지자의 40%를 차지한다. 중간 교육수준(고등학교와 대학 졸업)에서는 10~15%로 외국태생의 노동자들은 훨씬 더 적은 비중을 차지한다. 수평축은 각 교육집단에서 미국태생의 노동자들의 비중을 보여준다. 미국태생 근로자들의 8~10%만이 낮은 수준의 교육과 높은 수준의 교육군에 분류되어 있다. 대부분의 미국태생의 근로자들은 고등학교 졸업자이거나 대학 졸업자이다.

---

7 노동허가증을 경매에 부치자는 제안은 Giovanni Peri, "Rationalizing U.S. Immigration Policy: Reforms for Simplicity, Fairness, and Economic Growth," Discussion paper 2012-01, The Hamilton Project, Washington D.C. May 2012.에서 더 길게 논의되고 있다. 비디오 프리젠테이션은 http://www.hamiltonproject.org/multimedia/vedio/u.s_immigration_policy_-_roundtable_a_market-based_approach_to_immigr/.에서 얻을 수 있다.

지 않은 미국 근로자 전체 숫자 중 40%(나머지 60%는 미국태생)를 설명하고 있음을 알 수 있다. 고등학교 교육을 받지 않은 이민자들 중 많은 이들은 불법이민자들이지만, 정확한 숫자는 알 수 없다. 그러나 우리는 미국태생의 인력의 고등학교 중퇴 비중은 매우 작다는 것을 알고 있다. 미국태생 근로자들 중 8%만이 고등학교 교육을 받지 않았다. 백분율은 그림 5-4의 수평축에 나와 있다. 따라서 비록 불법이민이 이민에 대한 미국에서의 논쟁에서 많은 주목을 끌고 있지만 고등학교 교육 이하의 교육을 받은 이민자들은 미국태생 근로자들 중 적은 수와 경쟁하고 있는 것이다.

그림 5-4의 다음 막대로 이동하면 이야기는 달라진다. 미국태생 근로자들 중 많은 사람(수평축에 82%로 나와 있는 것처럼)이 고등학교 교육을 마치고, 대학 교육을 시작했거나, 준학사 혹은 학사로 졸업했다. 이민자들로 이루어진 이 교육 그룹의 비중은 매우 작아서, 10%에서 15% 사이이다(나머지는 미국태생의 근로자들이다). 따라서 교육의 중간 수준에서 이민자들은 미국태생의 근로자들과 일자리를 놓고 심한 경쟁을 하기에는 충분치 않다.

스펙트럼의 다른 한쪽 끝에서 미국태생 근로자들의 10%는 석사 또는 박사 학위를 가지고 있다. 이 높은 교육 그룹 내에서, 외국태생의 석사학위 소지자들은 미국 노동시장의 16%를 차지하며, 박사학위 소지자들은 30%를 차지한다. 게다가, 외국태생 이민자들은, 과학과 공학 분야의 박사학위 중 이보다 더 높은 비중인 약 40%를 차지한다(미국태생은 60%보다 약간 더 높다). 요약하면, 그림 5-4는 미국으로 유입된 이민자들은 주로 교육수준이 가장 낮거나 가장 높은 근로자들과 경쟁하며, 중간 수준의 교육을 받은 미국태생 근로자들과는 훨씬 덜 경쟁한다는 것을 보여준다.

만약 특정요소 모형이 교육수준에 의해 노동의 종류를 몇 가지로 구분하는 것을 허용하고 자본과 토지는 계속 고정시키도록 확장한다면 이민이 임금에 미치는 가장 부정적인 영향은 교육수준이 가장 낮거나 가장 높은 미국 근로자들에게 가해질 것이다. 이러한 예측은 이민이 미국의 임금에 미치는 효과의 추정치에 의해 뒷받침된다. 1990년부터 2006년까지 이민은 고등학교 중퇴자 임금의 7.8%를 떨어뜨렸고 대학 졸업자 임금의 4.7%를 떨어뜨렸다. 그러나 이민이 대부분의 미국 근로자들(중간 교육수준의 근로자들)의 임금에 미친 영향은 이보다 훨씬 작다. 1990년부터 2006년까지 고등학교 졸업자들의 임금은 2.2% 감소했고 4년 미만의 대학교육을 받은 이들의 임금은 1%보다 적게 감소했다. 따라서 이민이 임금에 미치는 부정적인 영향은 대부분의 근로자들에게는 상당히 평범한 것이고 이 장의 뒤에서 논의하겠지만 산업 간 자본이 이동할 때는 그 효과가 상쇄된다. ■

단기 이민의 기타 효과

미국과 유럽은 모두 비록 외국인 근로자들이 국내 근로자들과 경쟁했음에도 불구하고 농업과 첨단산업과 같은 특정산업에 들어가는 외국인 근로자들을 환영하였다. 이러한 관찰은 관련 산업에 이득이 있음이 틀림없음을 암시한다. 우리는 잠재적 이득을 '지대'라고 하는 자본과 토지에 대한 대가로 측정할 수 있다. 3장에서 지대를 계산하는 데는 두 가지 방법이 있음을 알았다. 노동에 임금을 지불한 후 산업의 남는 수익, 혹은 자본이나 토지의 한계생산과 각 산업에서 생산된 재화의 가격을 곱한 값이다. 둘 중 어떤 방법을 사용하든, 자본과 토지의 소유주들은 이민으로 인한 임금 감소의 혜택을 보게 된다.

자본과 토지의 지대　지대를 계산하는 첫 번째 방법으로, 우리는 제조업이나 농업에서 벌어들인 수입에서 노동에 지급한 비용을 빼도록 한다. 만약 임금이 떨어지면, 더 많은 잉여분이 자본과 토지의 소득이 되어 지대가 더 높아진다. 지대를 계산하는 두 번째 방법으로, 자본과 지대는 각 산업의 한계생산에 산업의 재화의 가격을 곱한 것을 얻게 된다. 각 산업에서 더 많은 노동이 고용됨에 따라 (임금이 더 낮기 때문에) 자본과 토지의 한계생산은 둘 다 증가한다. 기계당 혹은 토지 한 에이커당 더 많은 노동이 가능해지므로 한계생산은 증가하게 되고 기계 혹은 토지는 더욱 생산적이 된다. 따라서 두 번째 방법 하에서도 자본과 토지의 한계생산은 올라가게 되며 지대 역시 마찬가지이다.

　이러한 이유들로 인해서, 자본과 토지 소유주들이 그들에게 그들 산업에 고용될 수 있는 외국인 근로자들을 받아들이는 국경 개방을 종종 지지하는 것은 놀라운 일이 아니다. 한 국가에서 이민에 대한 제한은 외국인 노동자들을 환영할 수 있는 기업가들과 지주들, 이주민들을 더 낮은 임금을 가져오는 경쟁의 잠재적 원천으로 바라보는 현지 노동조합과 근로자들, 충분히 많아진다면 (마이애미의 쿠바 이민자들과 같은) 이민정책에 대한 정치적 결과에 영향력을 행사할 능력을 갖출 수 있는 이민자 그룹 자신들 간의 합의로 볼 수 있다.

이민이 산업 생산량에 미치는 효과　노동 이민의 최종적인 효과는 산업 생산량에 미치는 효과이다. 그림 5-2에서 이민으로 인한 노동인력의 증가로 더 많은 근로자들이 각 산업에 고용될 수 있다. 고용은 제조업에서 $0_M L$에서 $0_M L'$으로 증가하였고 농업에서는 $0_A L$에서 $0'_A L'_A$으로 증가하였다. 자본과 토지의 양은 그대로이고 근로자는 더 많아졌으므로 두 산업 모두 생산량은 증가한다. 이러한 결과는 그림 5-5에 나와 있다. 이민은 생산가능곡선(PPF)을 바깥으로 확장시킨다. 재화 가격이 일정할 때 (우리가 이전에 가정했던 것처럼 가격은 국세공급과 수요에 의해 결정되기 때문에) 산업 생산량은 점 A에서 점 B로 증가한다.

　경제에 더 많은 노동이 존재하면 두 산업 모두 생산량이 증가하는 것은 분명해 보이지만 자본과 토지가 각 산업에서 고정되어 있을 때 이러한 결과는 특정요소 모형의 단기적인 특성에 달려있다는 것이 밝혀졌다. 만약 이러한 자원들이 장기에서와 같이 산업 간 이동할 수 있다면 우리가 다음 절에서 설명하듯이, 한 산업의 생산량은 증가하지만 다른 산업의 생산량은 감소할 것이다.

장기 이민 효과

이 절에서는 모든 요소가 산업 간 이동 가능한 장기로 옮겨가 보자. 자본, 토지, 노동의 세 가지 생산요소가 산업 간 완전히 이동 가능한 모형을 분석하는 것은 복잡하기 때문에 토지를

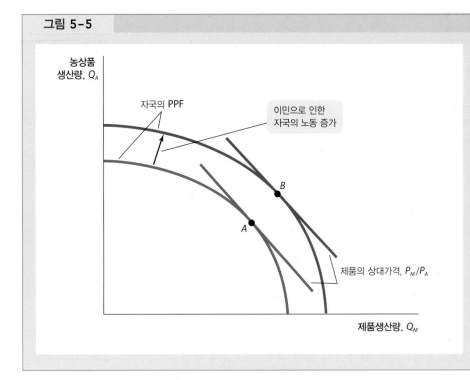

그림 5-5

자국의 생산가능곡선의 이동 이민으로 인한 자국의 노동 증가로 생산가능곡선은 밖으로 팽창하며 두 산업의 생산은 모두 점 *A*에서 *B*로 증가한다. 특정요소 모형의 단기특성으로 인해 두 산업 모두의 생산물은 증가한다. 단기에서, 토지와 자본은 산업 간 이동하지 않으며 경제의 추가적인 노동은 두 산업 간에 분배된다.

고려하지 않고 오직 노동과 자본만이 두 재화인 컴퓨터와 신발을 생산하는 데 사용된다고 가정하자. 노동이 국가 간 이동하는 것을 허용하는 점을 제외하면 장기모형은 이전 장에서 살펴본 헥셔-올린 모형과 같다.(이 장 후반부에서는 국가 간 자본이 이동하는 것을 허용하기로 한다.)

컴퓨터에서 사용된 자본량은 K_C이고, 신발생산에 사용된 자본량은 K_S라고 하자. 이들을 더하면 경제에 가능한 총 자본량 $K_C + K_S = \overline{K}$가 된다. 장기에 자본은 두 부문 간에 이동이 완전히 가능하기 때문에 각각의 부문에서 동일한 임대료인 R을 얻는다. 컴퓨터를 제조하는 데 사용된 노동량은 L_C이고 신발생산에 사용된 노동량은 L_S이다. 이들을 더하면 경제의 총 노동량이 되어 $L_C + L_S = \overline{L}$이 되며, 모든 노동은 두 부문에서 동일한 임금인 W를 얻게 된다.

분석에서, 우리는 컴퓨터보다는 신발생산에 기계당 더 많은 노동이 사용된다는 현실적인 가정을 한다. 그 가정은 신발생산이 컴퓨터 생산에 비해 더 노동집약적이므로 신발의 노동-자본 비율이 컴퓨터보다 더 높다는 것을 의미한다. 즉 $L_S/K_S > L_C/K_C$이다. 컴퓨터생산은 신발에 비해 자본집약적이고 자본-노동 비율이 더 높으므로 $K_C/L_C > K_S/L_S$이다.

"당신은 낯이 익네요, 그런데 왠지 낯서네요, 혹시 당신 캐나다인인가요?"

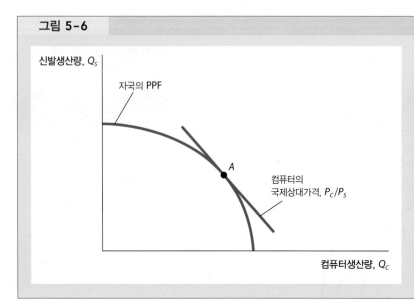

그림 5-6

신발생산량, Q_S

자국의 PPF

A

컴퓨터의
국제상대가격, P_C/P_S

컴퓨터생산량, Q_C

생산가능곡선 이 그림에 나타난 것은 초기 균형이 점 A인, 컴퓨터와 신발 두 재화 간 생산가능곡선이다. 국내생산은 국제가격선과 PPF 간의 접점인 점 A에서 발생한다.

신발과 컴퓨터를 생산하는 경제의 PPF는 그림 5-6에 나와 있다. 두 재화의 가격이 주어졌을 때 (세계시장에서 공급과 수요에 의해 결정되어) 균형 생산량은 PPF와 국제상대가격선의 접점인 점 A에서 나타난다. 이 절에서 우리의 목표는 이민의 결과로서 노동의 자국유입에 의해 균형이 어떻게 영향을 받는지 이해하는 것이다.

박스 다이어그램 이민의 효과를 분석하기 위해 각 산업에서 사용되는 노동과 자본의 양을 추적관찰하기 위해 새로운 다이어그램을 개발하는 것은 유용하다. 그림 5-7의 '박스 다이어그램'에서 나타난 것처럼 수평축의 위 아래 길이는 자국 노동의 총량인 $\overline{L}$이고 수직축의 오른쪽과 왼쪽의 길이는 자국 자본의 총량인 $\overline{K}$이다. 다이어그램의 점 A와 같은 점은 노동 $0_C L$과 자본 $0_C K$가 컴퓨터생산에 사용되지만, 노동 $0_S L$과 자본 $0_S K$는 신발에 사용된다는 것을 나타낸다. 이를 표현하는 다른 방법은 직선 $0_S A$가 신발에 사용된 노동과 자본의 양을 보여주며 직선 $0_C A$는 컴퓨터에 사용된 노동과 자본의 양을 보여준다.

신발의 직선 $0_S A$는 컴퓨터를 나타내는 직선 $0_C A$보다 편평하다는 것에 주목하자. 우리는 수직거리를 수평거리로 나눔으로써 이 직선들의 기울기를 구할 수 있다. $0_S A$의 기울기는 신발산업의 자본-노동 비율인 $0_S K/0_S L$이다. 이처럼, $0_C A$의 기울기는 $0_C K/0_C L$로서 컴퓨터의 자본-노동 비율이다. 직선 $0_S A$는 $0_C A$보다 편평하므로 신발산업의 자본-노동 비율은 컴퓨터의 그것보다 더 작다. 즉 신발산업에는 노동당 자본이 더 적다. 이것은 바로 우리가 이전에 세웠던 가정이다. 반도체와 같은 컴퓨터 부품 제조는 매우 정밀하고 비싼 설비를 필요로 하며, 이들은 적은 수의 근로자들에 의해 작동된다는 점에서 이것은 현실적인 가정이라고 할 수 있다. 반면, 신발생산은 더 많은 근로자들과 더 적은 양의 자본을 필요로 한다.

그림 5-7

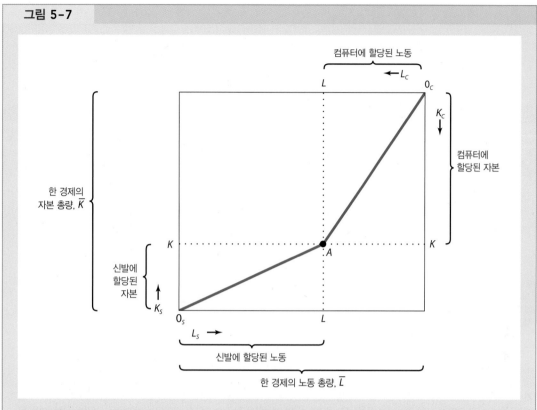

박스 다이어그램의 노동과 자본의 분배 박스 다이어그램의 맨 위와 맨 아래 축의 길이는 한 경제의 노동량인 $\overline{L}$이고, 측면 축의 길이는 자본량인 $\overline{K}$이다. 점 A에서 노동 0_SL과 자본 0_SK는 신발생산에 사용되며, 노동 0_CL과 자본 0_CK는 컴퓨터에 사용된다. 두 산업에서 K/L 비율은 각각 0_SA와 0_CA의 기울기로 측정된다.

실질임금과 실질임대료의 결정　장기에 각 산업에서 사용한 노동과 자본의 양을 결정할 뿐 아니라, 우리는 또한 경제의 임금과 임대료를 결정할 필요가 있다. 이를 위해서는 3장에서 도입한 논리, 즉 임금과 임대료는 노동과 자본의 한계생산에 의해 결정되고, 이들은 다시 각 산업에서 자본-노동 비율에 의해 결정된다는 것을 이용한다. 만약 자본-노동 비율이 더 높다면(노동당 기계가 더 많다면) 수확체감의 법칙에 의해 자본의 한계생산과 실질임대료는 훨씬 더 낮아야 한다. 근로자 한 명당 더 많은 기계를 갖는다는 것은 각 근로자가 더 생산적이 되므로 노동의 한계생산(따라서 실질임금)이 더 높다는 것을 의미한다. 반면, 노동-자본 비율이 더 높다면(기계당 노동이 더 많다면) 노동의 한계생산은 수확체감 때문에 더 낮아야 하므로 실질임금 역시 더 낮다. 게다가, 기계당 더 근로자가 더 많다는 것은 자본의 한계생산과 실질임대료 모두 더 높다는 것을 의미한다.

　기억해야 할 중요한 점은 그림 5-7에서 직선 0_SA를 따라 사용된 노동과 자본의 양은 신발 제조의 특정 자본-노동 비율과 특정 실질임금 및 실질임대료에 상응한다는 것이다. 이제는 자국에서의 이주로 인해 각 산업에서 사용된 노동과 자본이 어떻게 변할 것인지 생각해보자.

그림 5-8

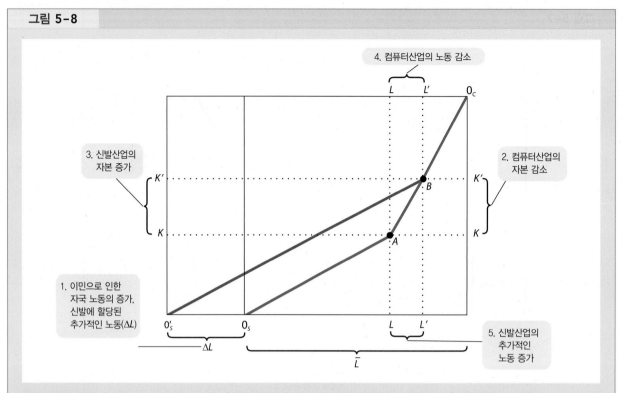

자국 노동의 증가 $\overline{L}$에서 $\overline{L}+\Delta L$로 자국 노동이 증가할 때 신발 산업의 원점은 O_S에서 O'_S로 이동한다. 점 B에서 노동 O'_SL과 자본 O'_SK'이 신발에 사용되는 반면 노동 O_CL'과 자본 O_CK'은 컴퓨터에 사용된다. 장기에, 산업 생산량은 점 $B(O'_SB$와 O_CB의 기울기)에서 각 산업의 자본-노동 비율이 점 $A(O_SA$와 O_CA의 기울기)의 초기균형에서 변하지 않도록 조정된다. 이러한 결과에 도달하기 위해서는 이민으로 유입된 새로운 노동이 신발 산업에 할당되며 두 산업 모두에서 자본-노동 비율을 고정시킨 상태로 자본과 추가적인 노동은 컴퓨터에서 신발로 이동한다.

각 산업에서 사용된 노동과 자본의 총량이 변함에도 불구하고 자본-노동 비율은 이민에 의해 영향을 받지 않는다는 것을 보여줄 것이며, 이것은 이민자들이 실질임금과 실질임대료의 변화 없이 흡수될 수 있다는 것을 의미한다.

자국 노동량의 증가 이민으로 인해, 자국의 노동량은 $\overline{L}$에서 $\overline{L}'=\overline{L}+\Delta L$로 증가한다고 가정하자. 그림 5-8에 나와 있는 것처럼 이러한 증가는 박스 다이어그램의 노동축을 확장시킨다. 두 산업 간 $\overline{L}$노동과 $\overline{K}$자본을 분배하기보다는 $\overline{L}'$의 노동과 $\overline{K}$의 자본을 분배해야 한다. 궁금한 것은 두 요소 모두 총량이 완전 고용되도록 하기 위해서는 각 산업에서 얼마만큼의 노동과 자본이 사용되어야 하는지이다.

추가적인 노동을 고용하기 위한 유일한 방법은 더 많은 노동을 두 산업 모두에 배분하는 것이라고 생각하기 쉽다(단기 특정요소 모형에서 그랬던 것처럼). 이러한 결과는 두 산업 모두에서 노동의 한계생산을 낮추는 경향이 있으므로 임금도 낮추게 된다. 그러나 산업들 간에 자본이 자유롭게 이동할 수 있을 때 산업생산량은 각 산업에서 자본-노동 비율이 일정하도록 조정되기 때문에 그러한 결과는 장기 모형에서는 일어나지 않을 것이다. 추가적인 노동을 두 산업에 모두 할당하는 대신, 모든 추가 노동(ΔL)을 노동집약적인 산업인 신발산업에 할당할 것이다. 더욱이, 그 추가 노동에 따라 몇몇 자본은 컴퓨터산업에서 빠져나와서 신발 산업으로 할당된다. 컴퓨터산업의 자본-노동비율을 유지하기 위해 일부 노동은 역시 자본을 따라서 컴퓨터산업을 떠나 신발산업으로 가게 될 것이다. 신발산업의 모든 새 근로자들(이민자들과 기존 컴퓨터 근로자들)은 이민 전에 신발 근로자들처럼 가지고 일할 자본의 양이 동일하기 때문에 신발산업의 자본-노동 비율은 동일하다. 이러한 방법으로, 각 산업의 자본-노동비율은 변하지 않으며 경제에 추가적인 노동은 완전 고용된다.

이 결과는 원래의 균형이 점 A에서 발생하는 그림 5-8에 나와 있다. 이민으로 인한 노동유입으로, 노동축은 $\overline{L}$에서 $\overline{L} + \Delta L$로, 신발산업의 원점은 0_S에서 $0'_S$으로 늘어난다. 점 B를 가능한 새 균형이라고 하자. 이 점에서는 컴퓨터산업에서는 노동 $0_C L$과 자본 $0_C K'$이 사용되지만 신발산업에서는 노동 $0'_S L'$과 자본 $0'_S K'$이 사용된다. 직선 $0_S A$과 $0'_S B$은 평행이고 같은 기울기를 갖고 있으며, 유사하게 직선 $0_C A$와 $0_C B$는 같은 기울기를 갖고 있다. 추가적인 노동은 신발에서 사용된 노동량과 자본량을 확대시키고(직선 $0'_S B$는 $0_S A$보다 길다) 컴퓨터에서 사용된 노동과 자본량을 감소시킴으로써(직선 $0_C B$는 $0_C A$보다 작다) 고용되었다. 직선들이 같은 기울기를 갖고 있다는 것은 각 산업에서 사용된 자본-노동 비율이 노동 유입 이전과 이후에 완전히 같다는 것을 의미한다.

이 경제의 임금과 임대료에는 어떤 일이 일어났을까? 자본-노동 비율은 두 산업 모두 변하지 않았기 때문에 노동과 자본의 한계생산 역시 변하지 않았다. 따라서 노동의 이민으로 인해임금과 임대료는 전혀 변하지 않았다! 이 결과는 이민이 임금을 낮추고 자본과 토지에 대한지대를 증가시킨 단기특정요소 모형에서 일어났던 것과는 매우 다른 것이다. 산업 간 자본이이동할 수 있는 장기모형에서 노동의 유입은 임금과 지대에 영향을 미치지 않는다. 대신, 추가적인 노동은 컴퓨터에서 이탈한 자본과 부가적인 노동을 결합함으로써 신발산업에 고용된다. 그러한 방법으로, 임금과 지대처럼 두 산업 모두 자본-노동 비율은 변하지 않는다.

이민이 산업생산량에 미치는 영향 이민이 각 산업의 생산량에 미치는 효과는 무엇일까? 우리는 그림 5-8에서 자본집약적인 산업(컴퓨터)에서는 더 적은 노동과 자본이 사용되지만 노동집약적인 산업(신발)에서는 더 많은 노동과 자본이 사용된다는 것을 이미 알았다. 생산요소는둘 다 증가하거나 둘 다 감소하기 때문에 신발생산량은 증가하고 컴퓨터생산량은 감소한다.

이러한 결과는 자국의 노동부존량 증가로 인한 PPF의 팽창을 보여주고 있는 그림 5-9에나와 있다. 주어진 컴퓨터와 신발 가격 하에서, 초기의 균형점은 점 A였다. 이 점에서, PPF에 접하는 직선의 기울기에서 나타나듯이, PPF의 기울기는 컴퓨터의 상대가격과 같다. 그 재화의 가격이 변하지 않고 경제에 노동이 더 많이 존재할 때, 균형점은 신발생산량이 더 많지만 컴퓨터생산량은 더 적은 점 B로 이동한다. 컴퓨터의 상대가격은 변하지 않기 때문에 점 A에서의 PPF의 기울기와 점 B에서의 PPF의 기울기는 같다는 점에 주목하자. 다이어그램에서

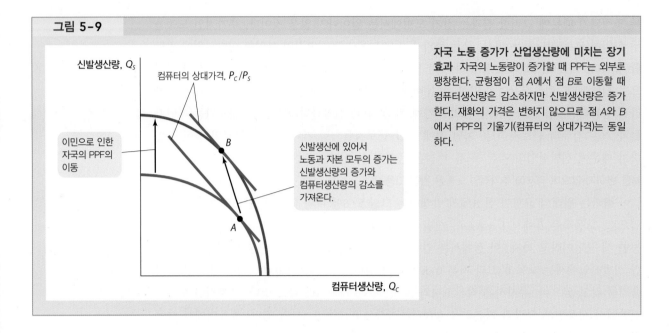

그림 5-9

자국 노동 증가가 산업생산량에 미치는 장기 효과 자국의 노동량이 증가할 때 PPF는 외부로 팽창한다. 균형점이 점 *A*에서 점 *B*로 이동할 때 컴퓨터생산량은 감소하지만 신발생산량은 증가한다. 재화의 가격은 변하지 않으므로 점 *A*와 *B*에서 PPF의 기울기(컴퓨터의 상대가격)는 동일하다.

시사하듯이, 노동의 증가로 PPF는 한쪽이 더 튀어나온 모양으로 팽창한다. PPF는 컴퓨터보다 신발(노동집약적인 산업) 방향으로 더 이동한다. 이러한 비대칭적인 이동은 신발 부문에서 새로운 노동이 고용되고 이 추가적인 노동은 장기에 컴퓨터 부문에서 자본과 추가 노동을 빼내어 새로운 균형점은 점 *B*가 된다는 것을 보여준다. 노동의 증가는 한 산업을 팽창시키지만 다른 산업은 축소시킨다는 사실은 장기에서만 성립된다. 그림 5-5에서 보았듯이, 단기에서는 두 산업 모두 팽창한다. **립진스키 이론**(Rybczynski theorem)으로 불리는 이러한 발견은 장기모형이 단기모형과 얼마나 다른지를 보여준다. 장기모형의 결과는 그것을 처음 알아낸 경제학자 T. N. 립진스키의 이름을 따서 명명되었다.

립진스키 이론

립진스키 이론의 공식적인 표현은 다음과 같다. 두 재화 두 요소 헥셔-올린 모형에서 한 경제에서 발견할 수 있는 어떤 요소의 양이 증가하면 그 요소를 집약적으로 사용하는 산업의 생산량은 증가하고 다른 산업의 생산량은 감소한다.

우리는 경제의 노동이 증가하는 이민의 경우에 대해 립진스키 이론을 증명하였다. 이 장의 후반부에서 알게 되겠지만, 동일한 이론이 경제의 자본이 증가할 때도 성립한다. 이 경우, 자본을 집약적으로 사용하는 산업이 팽창하고 다른 산업은 축소된다.[8]

이민이 요소가격에 미치는 영향 두 재화와 두 생산요소 장기 헥셔-올린 모형에 적용되는 립진

---

8 더욱이, 립진스키 이론은 헥셔-올린 모형에서처럼 두 국가가 기술이 동일하지만 요소부존도가 다를 때, 두 국가 간 동일 산업을 비교할 때 사용될 수 있다. 이 장 끝의 문제 7을 참조하라.

스키 이론은 노동의 증가가 한 산업에서의 생산량은 증가시키지만 다른 산업의 생산량은 감소시킨다고 설명한다. 립진스키 이론에서 생산량의 변화는 노동(혹은 자본)의 증가로 인해 임금과 지대가 변하지 않을 것이라는 이전 결과와 관련되어 있다. 요소가격이 변할 필요가 없는 이유는 경제가 그 요소를 집약적으로 사용하는 산업의 생산량을 늘리고 다른 산업의 생산량을 줄임으로써 요소의 추가분을 흡수할 수 있기 때문이다. 요소가격이 변하지 않는다는 사실은 때로 **요소가격비민감성**(factor price insensitivity) 결과로 불린다.

요소가격비민감성 이론

요소가격비민감성 이론은 다음과 같이 서술한다. 두 재화 두 요소 헥셔-올린 모형에서 한 경제에서 찾아볼 수 있는 어떤 요소의 증가는 다른 요소가격을 변동시키지 않고 산업의 생산량을 변화시킴으로써 흡수될 수 있다.

다음의 적용사례는 요소가격비민감성 결과에 의해 요소가격의 큰 변화 없이 립진스키 이론에서 예측하는 것처럼 노동인구에 추가된 노동을 흡수한 생산량 변화에 대한 증거를 제시한다.

적용사례

마리엘 해상수송이 마이애미의 산업생산량에 미친 영향

요소부존도 변화로 인한 장기 조정에 대해 더 잘 이해했으므로 1980년 마이애미로 간 마리엘 해상수송의 사례로 다시 돌아가 보자. 쿠바 난민들이 마이애미의 평균적인 노동력보다 덜 숙련되었다는 것을 알고 있다. 그렇다면, 립진스키 이론에 따라 신발이나 의류와 같은 비숙련 노동집약적인 산업이 팽창하리라고 예상하게 된다. 또 첨단기술산업과 같은 기술집약적인 산업은 축소될 것으로 예상한다. 그림 5-10은 이러한 예측이 마이애미와 비교 도시들로부터의 증거와 얼마나 일치하는지를 보여준다.[9]

그림 5-10(a)는 마이애미와 비교 도시들 평균의 의류산업의 실질부가가치를 보여주고 있다. **실질부가가치**(real value-added)는 인플레이션을 조정한 한 산업의 노동과 자본에 대한 지급금이다. 즉 실질부가가치는 그 산업의 생산량을 측정하기 위한 한 방법이다. 우리는 도시 규모로 조정된 산업의 생산량을 측정하는 1인당 실질부가가치를 구하기 위해 생산량을 그 도시의 인구로 나누어 준다.

(a)는 1980년 이전에 마이애미와 비교 도시들에서 의류산업이 쇠퇴하는 것을 보여준다. 해상수송 이후에도 의류산업은 계속 하락하였으나 마이애미에서는 더 천천히 쇠퇴하였다. 마이애미의 1인당 생산량의 추세는 1980년 이후부터 비교 도시의 추세에 비해 더 낮은 기울기(따라서 생산량이 더 낮은 비율로 하락)를 보인다. 1983년부터 1984년까지(아마도 그해에 새로운 데이터가 수집 가능하였기 때문에) 마이애미에서는 산업생산량이 증가하였으나, 추세선이

---

9 그림 5-10과 적용사례의 소재들은 Ethan Lewis, 2004, "How Did the Miami Labor Market Absorb the Mariel Immigrants?" Federal Reserve Bank of Philadelphia Working Paper No. 04-3으로부터 발췌하였다.

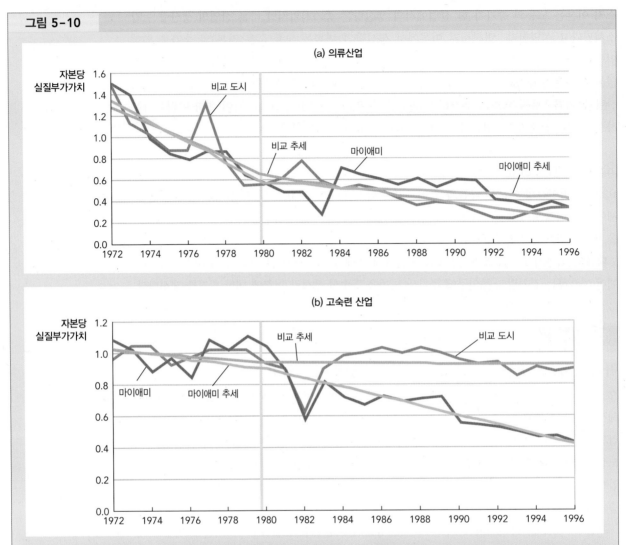

그림 5-10

(a) 의류산업

자본당
실질부가가치

비교 도시

비교 추세

마이애미

마이애미 추세

(b) 고숙련 산업

자본당
실질부가가치

비교 추세

비교 도시

마이애미

마이애미 추세

마이애미의 산업부가가치 이 그림에서 나타내는 것은 마이애미와 평균적인 비교 도시에서 의류산업과 고숙련 산업의 실질부가가치(도시 인구 대비로 측정된)이다. (a)에서는 1980년 쿠바로부터의 난민유입으로 인해 마이애미의 의류산업의 실질부가가치가 1983년부터 1984년까지 증가하였으며 1980년 이후 다른 도시에 비해 마이애미에서 이 산업의 하락추세는 더딘 편이었다(부가가치가 빨리 떨어지지 않았다). (b)에서는 1980년 이후 비교 도시에 비해 고숙련 산업에서 마이애미의 실질부가가치가 더 빨리 떨어졌다. 두 가지 사실 모두 립진스키 이론과 일치한다.

출처 : Ethan Lewis, 2004, "How Did the Miami Labor Market Absorb the Mariel Immigrants?" Federal Reserve Bank of Philadelphia Working Paper No. 04-3.

그러하듯 이를 평균 내면 마이애미의 산업 쇠퇴는 1980년 이후에 비교 도시들보다 속도가 느리다. 이 그래프는 립진스키 이론이 잘 들어맞는다는 증거이다. 마이애미의 의류산업은 이민자들 유입이 없었을 경우를 가정했을 때보다 더 느리게 감소하였다.

이민 때문에 마이애미의 다른 산업 생산량은 떨어졌는지에 대한 립진스키 이론의 두 번째 예측은 어떠한가? 그림 5-10(b)는 기술집약적인 산업군(자동차, 전자기기, 비행기를 포함하여)의 생산량이 1980년 이후 마이애미에서 더 빠른 속도로 떨어졌다는 것을 보여주고 있다. 이 데이터 또한 립진스키 이론을 뒷받침하는 증거를 제공하고 있다. 그러나 난민 유입으로 인해, 일부는 숙련노동자들이었는지도 모르는 집주인들이 마이애미를 떠나는 일 또한 발생했다. 따라서 (b)에 나와 있는 기술집약적인 산업군의 쇠퇴는 숙련 노동 인구 감소에 기인하는 것일 수 있다. 마이애미 산업생산량의 변화는 립진스키 이론을 지지하는 증거를 제시한다. 마이애미의 산업생산량의 이러한 변화는 저숙련 근로자들의 임금이 하락하지 않은 적절한 설명을 하고 있는 것일까, 아니면 다른 설명이 존재할까? 임금이 변화하지 않았다는 사실에 대한 다른 설명은 마이애미의 컴퓨터 사용을 전국적인 추세와 비교함으로써 가능하다. 1980년대 초에 시작되어, 컴퓨터는 일터에서 점점 더 많이 쓰이기 시작했다. 컴퓨터의 도입은 '숙련-편향적인 기술변화'로 불린다. 즉 컴퓨터는 고숙련 근로자들에 대한 수요의 증가를 가져왔고 저숙련 근로자들의 고용을 감소시켰다. 이러한 추세는 미국 전역과 다른 국가들에게 일어났다.

그러나 마이애미에서 컴퓨터는 마이애미와 비슷한 산업구조와 인종 구성을 가진 다른 도시들보다 느리게 받아들여졌다. 이러한 결과에 대한 한 가지 설명은 의류뿐 아니라 많은 산업의 기업들이 컴퓨터 기술로 전환하기보다는 마리엘 난민과 저숙련 근로자들을 고용했다는 것이다. 이러한 사실을 뒷받침하는 증거는 실제로 마리엘 난민들이 여러 산업에 고용되어 있었다는 사실이다. 단 20% 정도만이 제조업(5%는 의류)에서 일했고 나머지는 서비스산업에서 일했다. 그러나 기업들이 마리엘 이민자들을 고용하기 위해 새로운 기술도입을 늦추었을지 모른다는 생각은 확실하게 증명하기 어렵다. 우리는 여기서 어떻게 난민들이 의류와 같은 저숙련 노동을 사용하는 산업에만 고용되지 않고 여러 산업에 흡수될 수 있었는지 설명하기 위해 립진스키 이론에 대한 대안으로 이를 제시하는 것이다. ■

적용사례

이민과 미국의 임금, 1990~2006년

마리엘 해상수송의 해인 1980년에 미국 인구 중에서 외국태생 인구의 비중은 6.2%였다. 이 비율은 1990년에는 9.1%, 2005년에는 13.0%로 커져서 25년만에 외국태생 인구는 2배가 약간 넘게 되었다.[10] 이 기간에 미국에서는 최근 외국태생 인구의 가장 큰 증가가 있었고 2010년 이 비율은 약간만 더 증가하여 13.5%에 이르렀다. 2006년 이전의 이민의 물결은 미국 임금에 어떠한 영향을 주었을까?

표 5-1의 A는 1990년부터 2006년까지 이민이 교육수준에 따라 분류된 다양한 노동자들의 임금에 미친 영향의 추정치를 보여주고 있다. A의 첫 번째 행은 자본과 토지가 모든 산업에서 고정되어 있을 때 특정요소 모형의 예측치를 요약해주고 있다. 이전 적용사례에서 논했던 것처럼, 이민의 가장 부정적인 영향은 12년 이하의 교육을 받은 미국태생 근로자들, 그다음

---

10 외국태생 인구에 대한 이러한 정보는 국제연합에서 얻을 수 있다. http://www.esa.un.org/migration

표 5-1

미국의 이민과 임금 이 표는 1990년부터 2006년까지 교육수준에 따라 이민이 노동자들의 임금에 미친 효과를 보여준다. 단기 추정치는 자본과 토지를 고정시키지만, 장기 추정치는 자본/노동 비율과 실질임대료가 변하지 않도록 자본이 조정되도록 허용한다. A는 미국태생과 외국태생의 노동자들이 완전대체 관계라고 가정하고 이민의 효과를 보여준다. 이민은 매우 낮은 수준 혹은 매우 높은 수준의 노동자들에게 가장 큰 영향을 미치며 중간 수준의 교육(12년에서 15년)을 받은 노동자들에게는 미미한 영향만을 미친다. 자본에 대한 실질임대료를 고정시키기 위해 자본이 조정될 때에는 장기에 그 효과는 더 작아지기까지 한다. B는 미국태생과 외국태생의 노동자들이 불완전대체관계일 때 장기 추정치를 보여준다. 이 경우, 이민자들은 임금을 낮춤으로써 다른 외국태생 노동자들과 특별히 심한 경쟁을 하게 되고 미국태생 노동자들의 활동을 잠재적으로 보완할 수 있다.

	교육수준에 따른 노동자 임금의 퍼센트 변화				
	교육연수 12년 미만	고등학교 졸업	대학 중퇴	대학 졸업	전체 평균
A : 이민이 모든 미국인 노동자에 미치는 영향					
방법 :					
단기	−7.8	−2.2	−0.9	−4.7	−3.0
장기	−4.7	0.9	2.2	−1.7	0.1
B : 노동자 유형에 따른 이민의 장기효과					
노동자 유형 :					
미국태생	0.3	0.4	0.9	0.5	0.6
외국태생	−4.9	−7.0	−4.0	−8.1	−6.4

출처 : Gianmarco I. P. Ottaviano and Giovanni Peri, 2012, "Rethinking The Effect Of Immigration On Wages," *Journal of the European Economic Association, European Economic Association*, vol. 10(1), 152–197; and Gianmarco I.P. Ottaviano and Giovanni Peri, 2008, "Immigration and National Wages: Clarifying the Theory and the Empirics." National Bureau of Economic Research working paper no. 14188, Tables 7–8.

이 대학 졸업자, 그다음이 고교 졸업자들과 대학 교육을 약간 받은 이들에게 나타났다. 전반적으로 1990년부터 2006년까지 이민이 미국의 임금에 미친 평균적인 영향은 −3.0%였다. 즉 특정요소 모형과 일관되게 임금은 3.0% 떨어졌다.

그러나 자본을 고정시키는 대신 경제의 자본−노동 비율을 고정시키고 자본에 대한 실질임대료를 고정시킨다면 다른 이야기가 나온다. 이러한 방식 하에 우리는 자본이 증가해서 이민자들의 유입을 수용하여 실질지대에는 변화가 없도록 허용한다. 이러한 방식은 노동의 유형을 교육수준에 따라 구별하는 것만 제외하면 우리가 논했던 장기모형과 유사하다. A의 두 번째 행에서 우리는 전체 미국 이민이 가장 낮은 수준의 교육과 가장 높은 수준의 교육을 받은 근로자들에게 부정적인 영향을 미쳤고 다른 근로자들에게는 긍정적인 영향을 미쳤다는 (자본의 증가로 인해) 것을 알 수 있다. 이러한 새로운 가정하에, 이민으로 인해(자본증가와 함께) 미국 임금의 평균은 3.0% 떨어졌다기보다는 0.1% 올랐다는 것을 알게 된다.

미국의 평균임금이 장기에 거의 변하지 않는다는(겨우 0.1% 올랐으므로) 사실은 이민 때문에 임금이 변하지 않은 우리의 장기모형과 유사하다. 그러나 어떤 근로자들은 이득을 보고 (중간수준의 교육의 경우 임금은 오른다) 어떤 이들은 손해를 본다(가장 낮은 교육수준과 가장 높은 교육수준의 근로자들의 임금은 떨어진다)는 사실은 우리의 장기모형과 다르다. 이 결과의 두 가지 이유가 있다. 첫 번째, 우리가 이미 주목했듯이 표 5-1은 근로자들을 서로 다른 교육수준에 따라 분류한다. 전반적인 자본-노동 비율이 고정되어 있고 자본에 대한 실질 임대료가 고정되어 있을 때도 특정 교육수준의 근로자의 임금이 변하는 것은 여전히 가능하다. 둘째, 가장 낮은 교육수준과 높은 교육수준을 지닌 사람들이 미국 노동인력 중 이민자의 비중이 가장 큰 것을 보여주는 그림 5-4에 나와 있듯이, 우리는 이민의 U 모양으로 돌아갈 수 있다. 이 두 그룹이 이민자들의 유입으로 인한 임금의 가장 큰 손실에 직면하는 것은 놀랄 일이 아니다.

우리는 A에서 장기의 임금변화를 더 잘 이해하기 위해 약간 더 깊이 살펴볼 수 있다. A에서 우리는 각 교육수준에서 미국태생의 근로자들과 외국태생의 근로자들이 완전대체관계, 즉 같은 종류의 일과 같은 능력을 지닌 것으로 가정했다. 현실에서의 증거들은 미국 근로자들과 이민자들이 비슷한 교육수준을 지니고 있을지라도 종종 결국에는 서로 다른 일을 하게 된다는 것을 보여준다. 그림 5-1의 B에서 우리는 각 교육수준의 미국태생과 외국태생의 근로자들을 불완전대체관계로 취급함으로써 현실의 특징을 반영한다. 불완전대체관계인 재화들(예를 들면, 다른 종류의 핸드폰들)의 가격이 다를 수 있듯이 동일한 교육수준의 미국태생 및 외국태생의 근로자들의 임금 역시 다를 수 있다. 우리의 가정에 대한 이러한 수정은 결과에 상당한 변화를 가져온다.

표 5-1의 B에서 이민은 장기에 미국태생 근로자들의 임금을 평균 0.6% 증가시킨다는 것을 알 수 있다. 미국태생과 외국태생의 근로자들은 서로 보완할 수 있는 다른 일을 하고 있기 때문에 임금이 약간 오르는 일이 발생한 것이다. 예를 들어, 건설현장에서 미국 근로자는 사람들 간의 교류와 관련된 일에 집중할 수 있는 데 비해, 제한된 언어 능력을 지닌 이주민 근로자는 육체적인 작업에 주력할 수 있다. B는 또 다른 흥미로운 결과를 보여준다. 1990년부터 2006년까지 이민은 모든 다른 외국태생 근로자들의 임금에 가장 큰 영향을 끼쳐서 이들의 임금은 장기에 평균 6.4% 떨어졌다. 우리가 미국태생과 외국태생 근로자들 간의 불완전대체관계를 허용한다면 이민자들은 특히 다른 외국태생 근로자들과 극심한 경쟁을 하게 되어 잠재적으로 미국태생의 근로자들의 활동을 보완할 수 있게 된다. 잘 알려진 믿음과는 달리, 이민자들은 비슷한 교육적 배경을 가진 미국 근로자들의 임금을 반드시 낮추는 것은 아니다. 대신, 만약 두 그룹이 보완적인 일을 한다면 이민자들은 미국 근로자들의 임금을 증가시킬 수 있다. ■

2 국가 간 자본의 이동 : 외국인직접투자

생산요소들이 국경을 건너 이동할 수 있을 때 임금과 지대에 어떤 일이 일어나는지 계속 알아보기 위해 한 국가의 기업이 다른 국가의 기업을 소유하는 **외국인직접투자**(FDI : foreign direct investment)를 통해 자본이 한 국가에서 다른 국가로 어떻게 이동할 수 있는지 살펴보도록 하자. 외국인직접투자가 일어나기 위해 한 회사는 다른 회사를 얼마나 많이 소유해야 할까? 정의는 가변적이지만 미국 상무부는 10%를 사용한다. 만약 외국기업이 미국기업의 10% 혹은 그 이상을 인수한다면 그것은 미국으로의 FDI 유입으로 여겨지고, 만약 미국기업이 외국기업의 10% 혹은 그 이상을 인구한다면 그것은 미국으로의 FDI 유출로 여겨진다.

한 기업이 외국에 공장을 세울 때 그것은 때로 '그린필드 FDI'(우리는 공장을 짓는 부지 위에 잔디가 있다고 상상할 수 있으므로)라고 불린다. 한 기업이 현재 존재하는 외국기업을 사들이면 그것은 '인수 FDI'(혹은 때로 '브라운필드 FDI')라고 불린다. 더 높은 지대를 얻기 위해 자본을 고임금 국가에서 저임금 국가로 이동시키는 것은 전통적인 FDI에 대한 관점이며 우리는 이 장에서 이 관점을 취하기로 한다.[11]

그린필드 투자

이 절의 주안점은 그린필드 FDI, 즉 해외에 새로운 공장을 짓는 것이 될 것이다. 우리는 국가 간 노동의 이동을 모형으로 만들었던 것처럼 FDI를 국가 간 자본의 이동으로 모형화한다. 핵심질문은 한 국가에 들어간 자본의 이동이 노동과 자본의 수입에 어떻게 영향을 미치는가 하는 것이다. 이 질문은 우리가 이민에 관해서 했던 질문과 유사한 것이므로 FDI 문제를 다루기 위해 우리가 개발한 이전 그래프를 알맞게 수정할 수 있다.

그림 5-11

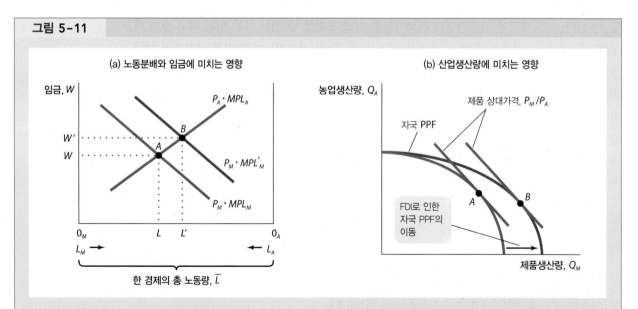

단기 자본스톡의 증가 (a)에서 자본의 제조업으로의 유입은 그 산업의 노동의 한계생산곡선을 바깥으로 이동시킨다. 노동시장에서 균형은 점 A에서 점 B로 이동하며 임금은 W에서 W'으로 증가한다. 제조업에서 사용된 노동은 $0_M L$에서 $0_M L'$으로 증가한다. 이 근로자들은 농업부문에서 빠져 나와서 0_{AL}에서 $0_{AL}'$으로 감소한다. (b)에서는 자본의 제조업으로의 유입과 그 산업에서 사용된 추가적인 노동으로 인해 제조업의 생산이 증가한다. 노동이 농업에서 유출되었으므로 그 산업의 생산은 떨어진다. 생산의 이러한 변화는 PPF의 외부팽창(자본의 증가에 기인)과 점 A에서 점 B로의 이동으로 나타난다.

---

11 1장에서 논했던 것처럼, 이러한 전통적인 견해와 맞지 않는 FDI의 여러 예들이 있다.

단기의 FDI : 특정요소 모형

특정요소 모형을 사용하여 단기 FDI 모형을 만드는 것부터 시작하자. 이 모형에서 제조업은 자본과 노동을 사용하고 농업은 토지와 노동을 사용하므로 자본이 경제에 유입되면 그것은 제조업에서 사용될 것이다. 근로자들은 가지고 일할 수 있는 기계가 더 많아지므로 추가 자본은 제조업에서 노동의 한계생산을 증가시킬 것이다. 따라서 경제에 자본이 유입됨에 따라 그림 5-11(a)에 나타난 것처럼 제조업의 $P_M \cdot MPL_M$곡선은 바깥으로 이동하게 될 것이다.

FDI가 임금에 미치는 효과　이러한 곡선 이동의 결과 균형임금은 W에서 W'으로 증가한다. 더 많은 근로자들은 제조업으로 들어가며 거기서 사용된 노동은 $0_M L$에서 $0_M L'$으로 증가한다. 이 근로자들은 농업부문에서 빠져 나와서 $0_A L$에서 $0_A L'$으로 감소한다(오른쪽에서 왼쪽으로).

FDI가 산업생산량에 미치는 효과　FDI 유입이 산업생산량에 미치는 영향을 결정하는 것은 쉬운 일이다. 근로자들이 농업에서 빠져나왔고 농업에서 사용된 토지의 양은 변함이 없으므로 농업의 생산량은 떨어져야 한다. 제조업에서 사용된 근로자 수와 자본이 증가하므로 제조업의 생산량은 증가하게 된다. 이러한 생산량의 변화는 그림 5-11(b)에서 생산가능곡선이 바깥쪽으로 이동하는 것으로 나타난다. 고정된 재화 가격에서 (상대가격선은 자본의 증가 이전 및 이후에 동일한 기울기를 갖는다), 제조업 생산량이 늘어나고 농산품이 줄어듦에 따라 균형생산량은 점 A에서 점 B로 이동한다.

FDI가 지대에 미치는 효과　마지막으로, 우리는 자본의 유입이 자본이 벌어들인 임대료에 미치는 영향과 토지가 벌어들인 지대에 미치는 영향을 구할 수 있다. 농업의 경우로 시작하는 것이 가장 쉽다. 농업에는 더 적은 근로자들이 있으므로 토지의 각 면적은 이전과 같이 활발히 경작될 수 없어서 토지의 한계생산은 떨어지게 된다. 토지 T에 대한 임대료를 측정하는 한 가지 방법은 그것의 한계생산물가치인 $R_T = P_A \cdot MPT_A$를 사용하는 것이다. 토지의 한계생산(MPT_A)이 떨어짐에 따라 농산품의 가격은 변동이 없고 토지의 지대는 떨어진다.

　이전보다 더 많은 자본과 노동을 사용하는 제조업을 고려해보자. 자본에 대한 지대를 측정하는 한 가지 방법은 자본의 한계생산물가치인 $R_K = P_M \cdot MPK_M$을 사용하는 것이다. 그러나 이러한 방법을 사용하면 자본의 임대료가 어떻게 변하는지를 알아내기 어렵다. 자본이 제조업으로 유입될 때 수확체감으로 인해 자본의 한계생산은 떨어진다. 이러한 효과는 자본의 지대를 감소시킨다. 그러나 노동이 제조업으로 들어감에 따라 자본의 한계생산은 증가하는 경향이 있다. 따라서 우리는 자본의 지대가 전체적으로 어떻게 변하는지 처음에는 알 수 없다.

　다행히도, 우리는 이 문제를 자본의 임대료를 측정하기 위한 다른 방법을 사용함으로써 해결할 수 있다. 제조업에서 벌어들인 수입에서 노동에 대한 지불을 제외하도록 하자. 만약 임금이 더 높고 다른 모든 것이 동일하다면, 자본의 소득으로 남는 자금은 감소하여 임대료는 낮아지게 된다.

그림 5-12

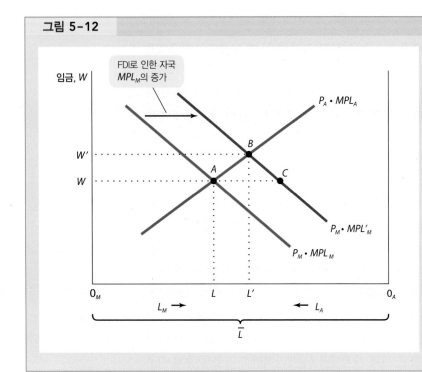

자본스톡 증가가 자본의 임대료에 미치는 영향 제조업에서 자본-노동 비율이 A에서 C 로의(임금과 자본-노동비율이 변하지 않는) 이동과 C에서 B로의 (임금과 자본-노동 비율이 모두 증가하는) 이동에 의해 어떻게 영향을 받는지를 주의 깊게 살펴봄으로써 자본의 임대료는 점 A보다는 점 B에서 더 낮다고 결론지을 수 있다. 따라서 FDI를 통해 자본스톡이 증가할 때 자본에 대한 임대료는 감소한다.

　　FDI 유입이 자본의 지대에 어떤 영향을 미치는지 알아보기 위해 이러한 논리를 더 주의 깊게 적용해보자. 그림 5-12에서 우리는 점 A에서 시작하여 자본스톡은 FDI로 인해 증가한다고 가정한다. 임금을 고정된 것으로 가정하고 제조업에서 사용된 노동이 점 C까지 증가한다고 하자. 임금은 점 A와 C에서 동일하므로 제조업에서 노동의 한계생산 역시 동일하다(임금은 $W = P_M \cdot MPL_M$이므로). 노동의 한계생산이 고정되어 있을 수 있는 유일한 방법은 각 근로자가 자본 유입 이전과 동일한 양의 자본을 갖는 것이다. 다시 말해서, 제조업의 자본-노동 비율인 L_M/K_M은 점 A와 C에서 동일하다. 제조업에서 자본의 팽창은 그에 비례하는 제조업으로의 노동의 팽창에 의해 매칭된다. 그러나 제조업에서 자본-노동 비율이 점 A와 C에서 동일하다면 자본의 한계생산 역시 이 두 점에서 같아야 한다(각 기계는 그것을 다루는 사람의 수가 동일하므로). 따라서 자본에 대한 임대료인 $R_K = P_M \cdot MPK_M$은 역시 점 A와 C에서 동일하다.

　　이제는 제조업에서 사용된 자본의 양을 고정시키고 임금이 증가함에 따라 어떤 일이 발생하는지 살펴보자. 임금의 증가는 곡선 $P_M \cdot MPL'_M$을 점 C에서 점 B로 상향 이동시킨다. 임금이 올라감에 따라 제조업에서는 더 적은 노동이 사용된다. 제조업에서 각 기계에 더 적은 노동이 사용됨에 따라 자본의 한계생산과 임대료는 떨어지게 되어 있다. 이러한 결과는 이전 논리를 확증한다. 임금이 더 높고 제조업에서 사용되는 자본의 양이 동일할 때 자본의 소득(임대료)은 낮아진다. 자본의 임대료는 점 A와 점 C에서 동일하지만 점 C보다는 점 B에서 더 낮으므로 FDI 유입의 전반적인 효과는 자본의 지대를 낮추는 것이다. 우리는 이전에 FDI 유입이 토지의 지대 또한 떨어뜨린다고 배웠으므로 두 지대 모두 떨어진다.

장기의 FDI

자본과 노동이 산업 간 이동할 수 있을 때 장기에 FDI의 결과는 단기특정요소 모형에서 본 것과 다르다. 장기에 FDI 모형을 세우기 위해 컴퓨터와 신발 두 산업이 있으며 둘 다 노동과 자본 두 생산요소를 사용한다고 또다시 가정하자. 컴퓨터는 신발에 비해서 자본집약적이다. 즉 K_C/L_C는 K_S/L_S보다 크다.

그림 5-13(a)에서 두 산업 간의 노동과 자본의 초기 할당은 점 A에 나타나 있다. 신발산업에서 사용되는 노동과 자본은 0_SL과 0_SK이고 이 조합은 선분 0_SA로 측정된다. 컴퓨터산업에서 사용되는 노동과 자본은 0_CL과 0_CK로서 이 조합은 선분 0_CA로 측정된다. 각 산업에서 사용되는 이러한 노동과 자본의 양은 (b)의 PPF 상의 점 A에서 나타난 신발과 컴퓨터의 생산량만큼을 생산한다.

FDI가 생산량과 요소가격에 미치는 영향   FDI의 유입으로 경제의 자본량은 증가한다. 이러한 증가는 그림 5-13(a)의 상자를 오른쪽과 왼쪽으로 팽창시키고 원점을 $0'_C$로 올린다. 산업 간 요소의 새로운 할당은 점 B에 나와 있다. 신발산업에서 사용되는 노동과 자본은 길이가 선분 0_SB로서 선분 0_SA보다 짧다. 따라서 더 적은 노동과 자본이 신발생산에 사용되므로 신발 생

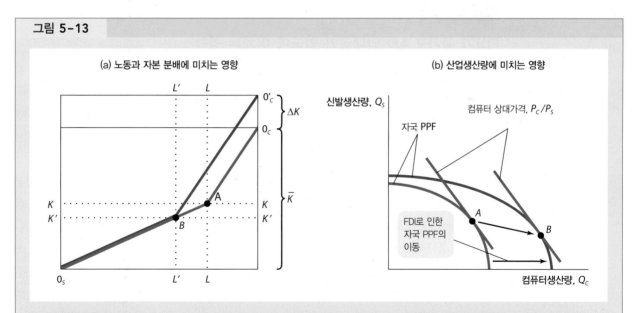

그림 5-13

(a) 노동과 자본 분배에 미치는 영향

(b) 산업생산량에 미치는 영향

장기의 자본스톡 증가 (a)에서, 박스 다이어그램의 맨 위와 맨 아래 축의 길이는 한 경제의 노동량이며 오른쪽과 왼쪽 축의 길이는 자본량이다. 초기의 균형점은 점 A이다. 자본의 유입이 있을 때 균형은 점 B로 이동한다. 이민의 박스 다이어그램과 유사하게(그림 5-8) 신발에서 컴퓨터로의 추가적인 자본과 노동뿐 아니라 새로운 자본을 할당함으로써 K/L 비율은 변하지 않는다. (b)에서는 증가한 FDI로부터 자국의 자본량이 증가할 때 PPF는 외부로 팽창한다. 균형이 점 A에서 B로 이동할 때 신발의 생산량은 감소하지만 컴퓨터의 생산량은 증가한다. 재화의 가격은 변하지 않았으므로 점 A와 점 B에서 PPF의 기울기는 동일하다.

산량은 감소한다. 컴퓨터에서 사용된 노동과 자본은 $0'_cB$로 측정되며 이것은 선분 0_cA보다 길다. 따라서 컴퓨터에는 더 많은 노동과 자본이 사용되며 이 산업의 생산량은 증가한다.

신발과 컴퓨터의 생산량의 변화는 그림 5-13(b)의 점 A에서 점 B로의 이동으로 나타난다. 립진스키 이론에 따르면, FDI를 통한 자본의 증가는 자본집약적인 산업(컴퓨터)의 생산량을 증가시켰고 노동집약적인 산업(신발)의 생산량을 감소시켰다. 더욱이, 이러한 생산량의 변화는 두 산업 어디서든 자본-노동 비율의 변화 없이 달성된다. 선분 $0'_cB$와 0_sB는 각각 0_cA, 0_sA와 같은 기울기를 갖는다.

두 산업에서 자본-노동 비율은 변하지 않으므로 임금과 자본의 임대료 또한 변하지 않는다. 각 사람은 그의 산업에서 다루는 자본의 양과 동일한 양을 지니고 있고 각 기계는 동일한 근로자 수를 가지고 있다. 두 산업에서 노동과 자본의 한계생산은 요소가격이 그러하듯 변하지 않는다. 이러한 결과는 기본적으로 장기에서 이민의 결과와 같은 것이다. 장기모형에서 생산요소의 유입은 요소가격을 변하지 않도록 한다.

이민을 논할 때 우리는 임금이 감소한 경우(단기 추정)와 임금이 불변인 경우(장기 추정)를 알게 되었다. 외국인직접투자자는 어떠할까? FDI는 임대료를 낮출까 아니면 불변으로 둘까? 이 질문에 대해서는 연구가 많지 않으나 우리는 다음에서 싱가포르에 대한 중요한 적용사례를 생각해보도록 한다.

적용사례

FDI가 싱가포르의 임대료와 임금에 미치는 영향

여러 해 동안 싱가포르는 외국기업들이 그 국경 안에 자회사, 특히 전자산업의 자회사를 세우는 것을 장려하였다. 예를 들어, 싱가포르에서 많은 하드디스크는 외국기업에 의해 생산된다. 2005년에 싱가포르는 중국, 멕시코, 브라질에 이어, 비록 이들 국가들보다는 많이 적은 양이기는 했으나 세계에서 네 번째로 많은 FDI(외국자본스톡으로 측정된)를 보유하고 있었다.[12] 싱가포르의 자본이 증가하면서 임대료와 임금에는 어떤 일이 발생하였을까?

이 질문에 대한 한 가지 답은 전체 경제에 적용되는 생산함수를 이용하여 싱가포르의 자본의 한계생산을 추정하는 것이다. 1970년부터 1990년까지 싱가포르의 전체적인 자본-노동 비율은 매년 약 5%씩 성장했다. 수확체감으로 인해 자본의 한계생산(실질임대료와 같은)은 표 5-2의 A에서 보이는 것처럼 매년 평균 3.4%씩 떨어졌다. 동시에, 각 근로자는 다루게 되는 자본을 더 많이 갖게 되므로 노동의 한계생산(실질임금과 같은)은 A에 나와 있는 것처럼 평균 1.6%씩 증가하였다. 이러한 임대료의 감소와 임금의 상승은 단기특정요소 모형과 일치한다.

그러나 한계생산을 이용하는 것 이외에도 자본의 임대료를 계산할 수 있는 다른 방법이 있

12 2005년에 중국은 외국자본이 3,180억 달러였고 홍콩은 5,330억 달러, 멕시코 2,100억 달러, 브라질 2,020억 달러였으며, 싱가포르는 1,890억 달러로 개발도상국 전체 외국자본의 7%를 지니고 있었다.

표 5-2

싱가포르의 실질임대료와 임금 이 표는 요소가격을 고안하기 위해 사용된 방법에 따른 싱가포르의 실질임대료와 실질임금의 증가율을 보여준다. A에서 생산함수방법은 요소가격을 생성하기 위해 사용되며, 자본의 증가 때문에 실질임대료는 시간이 지남에 따라 떨어진다. 결과적으로, 잠재적인 생산성 증가는 음의 값이다. B에서는 임대료와 임금이 싱가포르의 자본과 노동비용에 관한 데이터에서 구축되었으며 실질임대료는 증가하거나 약간 떨어지지만 실질임금은 시간에 따라 증가한다. 결과적으로, 잠재적 생산성 증가율은 양의 값을 갖는다.

	연 증가율(%)		
	실질임대료	실질임금	잠재 생산성
A : 생산성과 한계 생산 이용			
기간 :			
1970~1980	-5.0	2.6	-1.5
1980~1990	-1.9	0.5	-0.7
1970~1990	-3.4	1.6	-1.1
B : 계산된 임대료와 실질임금			
이자율과 기간 :			
은행대출 이자율(1968~1990)	1.6	2.7	2.2
자본수익률(1971~1990)	-0.2	3.2	1.5
수익추가비율(1973~1990)	-0.5	3.6	1.6

출처 : Part A from Alwyn Young, 1995, "The Tyranny of Numbers: Confronting the Statistical Realities of the East Asian Growth Experience," *Quarterly Journal of Economics*, 110(3), August, 641-680.
Part B from Chang-Tai Hsieh, 2002, "What Explains the Industrial Revolution in East Asia? Evidence from the Factor Markets," *American Economic Review*, 92(3), 502-526.

다. 이 두 번째 방법 하에서, 우리는 자본설비의 가격인 P_K로 시작할 수 있다. 이 설비가 구매할 것이 아니라 임차한 것이라면 그 임대료는 무엇일까? 임대중개소는 자본설비에 대한 임대수익률과 그것이 은행이나 주식시장에서 저축예금과 같은 금융자산에 투자될 경우에 벌어들일 것과 같은 수익률을 벌어야 한다고 가정하자. 그 중개소가 P_K를 투자하여 수익률이 i라면 이 자산으로부터 $P_K \cdot i$를 벌어들일 것을 예상할 수 있다. 반면, 만약 그 설비를 임대하게 되면 기계는 마모로 인해 손상되어 임대중개소는 그 비용 역시 부담해야 한다. 만약 d가 자본설비의 감가상각률(매년 사용된 부분)이라면 그 설비를 임대함으로써 얻는 금융자산에 대한 수익과 동일한 수익을 얻기 위해 임대중개소는 $P_K \cdot (i+d)$를 받아야 한다. 이 식은 자본에 대한 임대료인 R의 추정치이다. 전체가격지수인 P로 나눔으로써 실질임대료는

$$\frac{R}{P} = \frac{P_K}{P} \cdot (i+d)$$

표 5-2의 B에서는 수익률에 의존하고 있는 위 공식으로부터 실질임대료의 증가율을 보여준다. 첫 번째 행에서 은행 대부이자율로 i를 사용하면 산출된 실질임대료는 매년 1.6%씩 증가한다. 다음 행에서는 주식시장으로부터 자기자본이익률(주식에 투자할 경우 얻는)과 수익

주가비율(각 기업이 얻는 이윤을 유통주식의 가치로 나눈 값)의 두 가지 이자율을 이용한다. 두 가지 경우 모두 계산된 실질임대료는 시간이 지남에 따라 1년에 각각 0.2%와 0.5%씩 조금 떨어지며, 이것은 A의 실질임대료의 하락보다 훨씬 작은 것이다. B에서 계산된 실질임대료에 따르면 시간에 따른 임대료의 하락은 증거가 희박하다.

B에서는 또다시 싱가포르에서 실제로 지급된 임금에서 계산된 실질임금을 보여준다. 실질임금은 정확한 이자율과 사용기간에 따라 매년 2.7%와 3.6% 사이에서 시간에 따라 상당히 증가한다. 이것은 자본–노동 비율이 변하지 않기 때문에(따라서 노동의 한계생산이 변하지 않으므로) 자본유입에 의해 요소가격이 변하지 않는 장기모형에서 예측하는 것과는 다른 것이다. 실질임대료가 거의 변하지 않을 때 싱가포르에서 실질임금이 증가하는 것은 노동의 한계생산과 실질임금의 증가를 가져오는 경제의 **생산성 증대**를 암시하는 것이다.

우리는 생산성 증가가 실제로 어떻게 측정되는지 논하지 않고[13] 표 5–2의 분석결과들을 보고할 것이다. B에서 생산성 증가는 기간에 따라 매년 1.5%와 2.2% 사이이지만 A에서는 생산성 증가가 음(–)이다! 생산성 증가가 B에서 훨씬 높은 이유는 생산성 증가가 일어났다는 것을 보여주는 실질임금과 실질임대료의 평균증가율이 올라가고 있기 때문이다. 이와 대조적으로 A에서 실질임금과 실질임대료는 0이거나 부의 값으로서 이것은 생산성 증가가 일어나지 않았다는 것을 뜻한다.

싱가포르의 생산성 증가율이 0이었을지 모른다는 생각은 많은 사람들이 이 기간 동안 '기적적인' 성장을 보여준 것으로 생각되는 싱가포르 경제와 빠르게 성장하는 다른 아시아 국가들에 대해 갖고 있던 믿음과는 배치되는 것이다. 만약 생산성 증가율이 0이거나 부의 값을 갖는다면, 모든 성장은 오로지 자본축적에 기인하는 것이고 FDI는 현지경제에 긍정적인 파급효과를 가져오지 못하는 것이 된다. 파트 B에서 나타난 것처럼 양의 생산성 증가는 싱가포르가 추구한 자유시장 정책이 높은 생산성과 낮은 비용을 가져온 제품의 혁신을 촉진시켰다는 것을 보여준다. 이것은 많은 경제학자들과 정책입안자들이 싱가포르에서 일어났다고 믿고 있는 것이지만, 이러한 믿음은 파트 A에서 생산성 산출법에 의해 도전을 받고 있다. 어떤 시나리오가 맞는 것인지, 싱가포르에서 생산성 증가율이 0인지 혹은 양의 값인지는 경제학에서 계속되는 논쟁의 원천이다. 다음 기사인 **헤드라인 : 아시아 기적의 신화**를 싱가포르와 아시아 다른 국가들의 성장에 대한 해석의 한 가지로 읽어보도록 하자. ■

3 노동과 자본 이동의 이득

외국인투자와 이민은 둘 다 논란이 많은 정책 이슈이다. 대부분의 국가들은 그들의 개발 어떤 시점에 FDI에 제한을 가하지만 나중에는 외국인투자를 개방한다. 거의 모든 국가가 인구

---

[13] 생산성 증가율 계산법은 문제 10에서 논할 것이다.

헤드라인

아시아 기적의 신화

교훈적인 이야기 : 옛날 옛적에 서양의 여론 주도자들은 동양의 경제가 이룬 놀라운 성장률에 깊은 인상을 받고 놀랐다. 이 경제들이 여전히 서양에 비해서는 상당히 더 빈곤하고 더 작은데도 불구하고 그들이 소작농 사회에서 산업대국으로 변화시킨 속도, 선진국보다 몇 배 높은 성장률을 달성한 그들의 지속적인 능력, 어떤 분야에서는 미국과 유럽에 도전하거나 능가하기까지 한 증대된 능력은 서양의 능력뿐 아니라 서양사회의 이데올로기의 지배에 대해 의문을 제기한 것으로 보였다. 이 국가들의 지도자들은 자유시장이나 무한한 시민의 자유에 대한 우

리의 믿음을 공유하지 않았다. 그들은 점점 커지는 확신을 가지고 그들의 시스템이 더 우월하다고 단언하였다. 강하고 독재적이기까지 한 정부를 수용하고 공동선의 이익을 위해 개인의 자유를 제한할 의향이 있고 경제를 책임지며, 장기성장을 위해 단기의 소비자들의 이익을 희생시키는 사회는 결국에는 서양의 증가하는 혼란스러운 사회보다 더 나은 결과를 가져온다는 것이다. 늘어나는 서양의 소수 지식인들은 이에 동의한다.

서양과 동양의 경제적 성과의 차이는 결국 정치적 이슈가 된다. 민주당은 '국가 다시 움직이도록 하겠다'는, 그와

그의 가장 가까운 조언자들에게 동양의 도전에 부합하는 미국의 경제성장을 가속화시키는 것을 의미하는 공약을 내건, 젊고 에너지 넘치는 새로운 대통령의 지도력 하에 백악관을 다시 점령했다.

물론, 이 시기는 1960년대 초반이었다. 이 정렬적인 젊은 대통령은 존 F. 케네디였다. 서양을 그토록 불안하게 만든 기술적 업적은 스푸트니크 호 발사와 소련의 우주에서의 초기 주도권이었다. 그리고 빠르게 성장하는 그 동양의 경제는 소련연방과 위성국가들의 경제였다.

이 이야기에서 속았는가? 당신은 저자인 폴 크루그먼이 서두에서 언급한 '동양 경제'가 아시아 경제라고 생각했는가? 크루그먼은 이 미사여구의 트릭을 써서 아시아 경제의 높은 성장은 자본축적에 기인하지만 큰 생산성 증가는 없었던 1950년대와 1960년대 소비에트 연방의 성장과 크게 다르지 않다는 것을 암시하고 있다. 다른 경제학자들은 이에 동의하지 않고 아시아 성장은 상당부분 자본축적뿐 아니라 증가된 생산성에 기인한다고 믿는다.

출처 : Paul Krugman, 1994, "The Myth of Asia's Miracle," *Foreign Affairs*, November/December, 63-79에서 발췌. Foreign Affairs의 허락 하에 재발간.
www.ForeignAffairs.com

유입에는 제약을 가한다. 미국에서는 이민에 대한 통제는 가장 처음 각 국가에서 매년 도착하는 사람들의 수를 제한하는 1921년 할당법에 의해 정립되었다. 1965년 이민과 국적법 수정조항은 국가특정적인 제한을 수정하고 매년 할당상한까지 가족구성원과 특정 직업군에 대해서는 특별 허가를 내주면서 선착순에 기반한 이민을 허용하였다. 그 이후의 미국 이민법 개정은 불법이민자를 알면서 고용한 고용주에 대한 처벌을 확립하였고 어떤 불법이민자들은 시민권을 얻을 수 있도록 허용하였으며, 국경통제를 더 강화하기도 하였고 어떤 불법이민자들은 추방하기도 하였다.

이민은 왜 그토록 논란의 대상이 될까? 신문이나 인터넷상의 기사들을 보면 어떤 그룹의 사람들은 공적 자금을 이민자들의 교육, 의료, 복지를 위해 사용하는 것에 반대한다. 우리는

이미 이민이 서로 다른 그룹에 이득과 손실을 가져와서, 비슷한 직업을 가진 근로자들의 임금은 낮추지만 그 근로자들을 고용한 기업에는 이득을 가져다준다는 것을 알았다.

이러한 결과는 중요한 질문을 제기한다 — 이민은 이민자 자신들의 이득을 제외했을 때 이민을 받아들인 국가에 전반적인 이득을 가져다줄까? 우리는 이민자들이 이주한 국가에서 더 높은 임금을 받음으로써 더 부유해진다고 생각한다.[14] 그러나 이민을 받아들인 국가의 다른 근로자들과 자본 및 토지의 소유주들은 어떠한가? 단기에, 우리는 이민을 받아들인 국가의 자본과 토지의 소유주들은 이민으로부터 이득을 얻지만, 근로자들은 이민자들로부터의 경쟁에 직면하여 더 낮은 임금을 받는다는 것을 배웠다. 이러한 다양한 이득과 손실을 더한다면, 무역의 전반적인 이득을 알아냈던 것과 같은 방식으로 도착국가에 대한 '전반적인 이득'이 있을 것인가? 다행히도, 이에 대한 답은 그렇다는 것으로 판명된다.

특정요소 모형에서 이민은 이민자 자신들의 수입을 제외하고도 이민을 받아들인 국가에 이득이 된다. 만약 우리가 해외수입에 이민자들의 수입을 포함시킨다면 해외로 나가는 이민은 외국에 또한 이득이 된다. 동일한 주장을 FDI의 경우에도 할 수 있다. 자본의 유입은 외국자본의 추가적인 소득을 제외하고도 도착국가에 이득을 준다. 이러한 이론적인 결과를 보여준 후, 우리는 이민 혹은 FDI 유입의 전반적인 이득이 실질적으로 얼마나 큰지 논하기로 한다.

이민의 이득

이민의 이득을 계산하기 위해 우리는 특정요소 모형을 활용할 것이다. 그림 5-14에서 전 세계 노동량을 수평축에서 측정하며, 이는 $(\overline{L} + \overline{L}^*)$이다. 자국의 근로자 수인 $\overline{L}$은 왼쪽(원점이 0)부터 오른쪽으로 측정된다. 외국의 근로자 수인 $\overline{L}^*$은 오른쪽(0^*)부터 왼쪽으로 측정된다. 수평축의 각 점은 얼마나 많은 근로자들이 두 국가에 위치하고 있는지를 나타내준다. 예를 들어, 점 L은 0L만큼의 근로자들은 자국에 위치하고 있고 0^*L 근로자들은 외국에 위치하고 있다.

자국과 외국의 임금 우리는 이미 이 장의 이전에서 이민자들이 자국에 들어감에 따라 임금은 줄어든다는 것을 알았다. 그림 5-14에서 우리는 이러한 관계를 '자국 임금'으로 이름 붙인 우하향하는 직선으로 그래프를 그린다. 이민 전에 자국의 근로자들이 0L일 때 임금은 점 A에서 W이다. 만약 외국인 근로자들이 들어와서 자국 노동인력이 0L'으로 증가한다면 자국의 임금은 점 B에서 W'으로 감소한다. 우하향하는 '자국 임금'선은 자국 근로자 수와 그들의 임금 간의 역의 관계를 보여주고 있다. 이 선을 한 산업이 아닌 경제 전체의 노동수요곡선으로 생각할 수 있다.

유사하게, 외국에서도 근로자의 수와 임금 간에는 역의 상관관계가 있다. 이민 이전에, 외국의 노동인력은 0^*L이고 점 A^*에서 임금은 W^*임을 보여준다. 이 임금은 자국 임금인 W보다 낮으므로 몇몇 근로자들은 외국에서 자국으로 이주하기를 원할 것이다. 외국인 근로자들

---

14 이 경우는 이민자들이 이주하는 데 따른 어려움이나 그들이 도착했을 때 겪는 차별로 인해 이주하기로 한 결심을 후회하는 경우는 고려하지 않는다.

그림 5-14

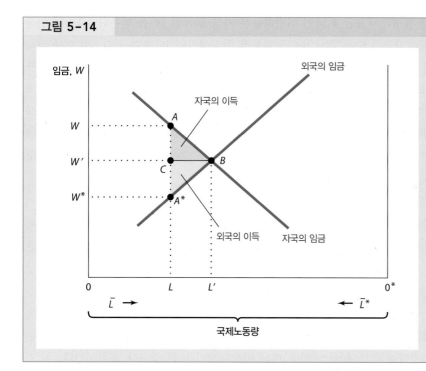

국제노동시장 초기에 자국에는 OL의 노동자가 있으며 외국은 O^*L의 노동자가 있다. 자국의 임금은 점 A에서 결정되는 W로서 점 A^*의 외국임금 W^*보다 높다. 노동자들은 더 높은 임금을 받기 위해 외국에서 자국으로 이동할 것이다. 완전이주균형은 임금이 W'에서 동일해지는 점 B에서 일어난다. 자국이 이민에서 얻는 이득은 삼각형 ABC로 측정되며 삼각형 A^*BC는 외국이 얻는 이득을 나타낸다.

을 오른쪽(0^*)에서 왼쪽으로 측정한다는 것을 기억하면, 해외의 노동인력이 0^*L에서 $0^*L'$로 감소할 때 외국의 임금은 점 B에서 W^*에서 W'으로 오른다. 외국 근로자들이 떠날 때 남은 근로자의 임금을 상승시킴으로써 이득을 준다.

우리는 점 B를 **완전이주균형**(equilibrium with full migration)으로 부르기로 할 것이다. 이 점에서 자국과 외국에서 벌어들인 임금은 W'로 동일하다. 이민이 국가 간 임금의 완전한 일치를 가져오는 데는 오랜 시간이 걸릴 것이다. 구세계에서 신세계로의 이민에 대한 논의에서 우리는 그림 5-3에서 신세계의 실질임금이 여전히 대규모의 이주 이후 40년이 지나서도 유럽 임금의 2배였음을 보았다. 따라서 완전이주균형은 매우 긴 장기에만 달성할 수 있다. 우리가 답하고자 하는 질문은 이러한 이민이 자국의 근로자(이민자를 포함하지 않고), 노동, 자본에 이득을 가져다주었느냐 하는 것이다. 또한 우리는 이민이 이주민들을 포함하여 외국에도 이득이었는지를 알고 싶다.

자국의 이득　자국에 전반적인 이득이 있는지를 알아보기 위해서는 각 외국 근로자가 그 국가의 한 재화 혹은 다른 재화의 생산량에 끼친 기여를 측정할 필요가 있다. 이것은 쉽게 할 수 있는 측정이다. 각 산업의 노동의 한계생산(신발 혹은 컴퓨터 가격으로 곱한)은 자국의 임금과 같다. 따라서 이주하는 첫 번째 외국인 노동자의 한계생산은 점 A에서 자국의 임금인 W와 같다. 더 많은 외국인 노동자들이 이주함에 따라, 두 자국 산업에서 노동의 한계생산은 수확체감으로 인해 떨어진다. 우리는 자국 임금 곡선을 따라 점 A에서 B로 이동함에 따라 W에서 W'으로 떨어지는 자국에서 지급된 임금으로 이민자의 한계생산을 측정할 수 있다.

완전이민균형인 점 B에서 모든 외국인 이민자들은 자국 임금인 W'을 받는다. 그러나 입국한 마지막 근로자를 제외한 모든 외국인 근로자들은 한계생산이 W'보다 높다. 첫 번째 외국인 근로자는 한계생산이 W였고 뒤에 온 외국인 이민자들은 한계생산의 범위가 W에서 W'으로 더 낮았다. 따라서 자국 경제의 생산량에 대한 그들의 기여는 그들이 받는 임금보다 더 크다. 첫 번째 외국인 이민자는 한계생산이 W이지만 임금은 W'을 받았으므로 이 근로자에 의한 자국경제의 이득은 $(W-W')$이다. 이처럼, 나중에 들어오는 각 이민자는 W와 W' 사이에서 한계생산을 갖지만 여전히 임금 W'을 받으므로 그들의 한계생산과 임금의 차이는 자국경제에 이득이다.

외국인 근로자들로부터 자국경제로의 이득을 더하면, 완전 이민의 결과로 자국이 얻는 이익을 나타내는 삼각형 ABC가 된다. 이러한 이득의 이유는 수확체감의 법칙이다. 더 많은 외국인 이민자들이 자국의 노동인력으로 들어오면서 그들의 한계생산은 떨어지게 되고, 임금은 마지막 노동자의 한계생산과 같으므로 그것은 이전 이민자들의 한계생산보다 반드시 더 낮게 되어 있다. 이러한 경제학적 논리는 이민으로부터의 자국이 얻는 이득을 보장해준다.

외국의 이득 이제는 외국에 대해 생각해보자. 이민의 전반적인 이득을 평가하기 위해 우리는 외국의 소득을 계산하는 데 있어서 이민을 떠난 이주자들이 받은 임금을 포함시킨다. 이 임금은 종종 그들의 가족들에게로 되돌아간다(**보도 자료 : 이민자들과 그들의 송금액**). 그러나 그렇게 하지 않더라도 외국은 이민자들이 원해 떠나 온 곳이기 때문에 우리는 외국수입을 계산하는 데 여전히 이민자들이 벌어들인 임금을 포함시킨다.

이민이 없을 경우 외국의 임금은 W^*으로서, 해외 산업의 노동의 한계생산(외국의 제품가격으로 곱한)이다. 외국의 노동자들이 이민을 떠남에 따라 외국에 남아있는 노동의 한계생산은 올라가므로 외국의 임금은 W^*에서 W'으로(그림 5-14에서 점 A^*에서 점 B로) 올라간다. W^*와 W' 사이에서 이러한 각각의 높은 생산성 혹은 임금은 노동자들이 떠남으로써 발생하는 외국의 생산량(혹은 둘 중 한 가지 재화)의 하락과 같다.

완전이민이 일어날 때 자국에서 모든 외국인 이민자들은 임금 W'을 받는다. 이 임금은 W^*와 W' 사잇값을 갖는 그들의 외국 노동의 한계생산보다 **높다**는 것에 주목하자. 이민자들이 받는 임금과 그들의 외국 한계생산의 차이는 외국이 얻는 이득과 같다. 모든 외국 이민자들의 이익을 합산하면 삼각형 A^*BC를 얻는다. 이러한 이득은 그들이 외국을 떠날 때 발생한 생산량의 하락을 넘어서는 이민자들의 소득을 나타낸다.

이민으로 인한 전 세계의 이득 자국과 외국의 이득을 결합하여, 이민으로 인한 전 세계의 이득인 삼각형 ABA^*를 얻게 된다. 이것의 크기를 실제로 측정하는 것은 어렵지 않다. 삼각형을 옆으로 돌리면 밑변은 이민이 없을 경우의 임금의 차이인 $(W-W^*)$과 같다. 삼각형의 높이는 $(L'-L)$로서 이 수치는 완전 이민균형에서 이민을 떠나는 근로자들의 수이다. 따라서 이 삼각형의 면적은 $1/2(W-W^*) \cdot (L'-L)$이다. 이 면적을 구하기 위해 우리는 이주 이전의 임금의

보조 자료

이민자들과 그들의 송금액

이민자들은 흔히 그들 소득의 상당부분을 자국으로 보내는데 우리는 이것을 '송금액'이라고 부른다. 세계은행의 추정치에 따르면 개발도상국으로의 송금액은 2011년에 3,720억 달러에서 2012년 4,060억 달러로 올랐다. 2011년, 외국정부에 대한 공적부조는 1,560억 달러로서 이민자들로부터 그들의 자국으로 송금된 액수의 절반보다 적었다. 2011년에 가장 많은 송금액을 받은 국가는 인도(640억 달러), 중국(620억 달러), 멕시코(240억 달러), 필리핀(230억 달러)이었다. 그러나 GDP 대비 비중으로 송금액은 타지키스탄(31%), 레소토(29%), 사모아(23%), 키르기즈 공화국(21%), 네팔과 통가(각 20%)를 포함하는 작고 소득이 낮은 국가들에서 가장 높았다. 2011년, 전 세계에는 이주민 노동자들이 약 2억 1,500만 명 있었으므로 3,720억 달러의 송금액은 자국에 송금하는 노동자 1인당 약 1,800달러로 환산할 수 있다.

표 5-3에서, 우리는 2010년에 순외국 원조와 비교하여 개도국들이 받는 송금액을 보여준다. 수단을 제외한 모든 국가에서 이민자들이 자국에 보낸 소득은 공적부조보다 더 큰 소득의 원천이다. 수단은 2010년에 인권위기를 겪었기 때문에 공적부조가 높았다. 송금액과 공적부조는 다른 아프리카 국가에서도 특히 중요하다.

이민자들이 그들의 소득의 일부분을 집으로 다시 보내는 것은 그들 모국이 노동 감소를 겪은 것을 보상해주기에는 충분하지 않을 수 있다. 그들 노동자들의 이민으로부터 모국이 얻는 어떤 이득을 계산하기 위해서는 그들 모국의 소득에 이민자들 (떠난)의 모든 소득을 포함시킬 필요가 있다. 그러나 현실에서 이민자들은 그들 소득 전부를 집으로 보내는 것은 아니기 때문에 그들이 떠난 국가는 그들의 이탈로 인해 손실을 얻게 된다. 예를 들면, 교육을 많이 받은 이민자들을 생각해보자. 2000년에 경제협력개발기구(OECD)의 부유한 30개국에 사는 인도태생의 대학교육을 받은 사람들은 100만 명이었다. 그 수는 대학을 졸업한 많은 인도 사람들 중 4.3%였다. 2008년에 OECD에 사는 인도 태생 이민자들의 53%는 중등교육 이상의 교육을 받았다. 아시아 전체에서는 OECD에 사는 이민자들의 38%가 중등교육 이상의 교육을 받았다. 그러나 몇몇 개별 국가에서 인력 유출은 훨씬 더 크다. 대학교육을 받은 가나의 노동인력의 47%는 OECD 국가에 살고 있으며, 가이아나는 그 비율이 89%이

다.[15] 이 이민자들이 그들 소득의 대부분을 집으로 송금하지 않는다면 이 국가들은 고학력 근로자들의 유출로부터 손실을 입게 된다.

이러한 문제를 제기하기 위해, 뉴욕의 컬럼비아대학교에 근무하는 인도태생의 자디시 바그와티는 국가들이 교육받은 근로자들의 이탈에 대해 '두뇌유출세금'을 부과해야 한다고 주장하였다. 이 아이디어는 사람들이 태어난 국가 밖에서 사는 사람들의 소득에 세금을 부과하여 국제연합 같은 조직을 통해 세금으로부터의 수익금을 대부분의 근로자가 이탈한 국가들에 돌려주는 것이다. 이러한 방식으로, 교육받은 근로자들이 유출된 국가들은 적어도 부분적으로는 이탈에 대한 보상을 받을 수 있을 것이다. 두뇌유출세금은 널리 논의되었으나, 아직까지는 실제로 실현된 적은 없다.

표 5-3

근로자들의 송금액과 순외국 원조, 2010년 이 표에 나타난 것은 다양한 국가에서 해외에서 일하는 그들의 주민들로부터 받은 송금액이다. 많은 경우에 이러한 송금액은 국가들이 받은 공적부조보다 크다. 예외는 2010년에 인권위기를 겪어서 부조가 컸던 수단이다.

국가	모국에 보낸 송금액 (100만 달러)	순외국 원조 (100만 달러)
알바니아	924	305
방글라데시	10,836	1,415
브라질	2,076	661
콜롬비아	4,023	901
크로아티아	342	151
도미니카 공화국	2,998	175
인도	53,043	2,806
멕시코	21,303	471
모르코	6,423	993
수단	1,291	2,076
베트남	8,000	2,940

출처 : World Development Indicators, The World Bank

---

15 이 백분율은 세계은행분석과 2008년 OECD 이주 전망을 인용한 "나무에서 멀리 떨어진 열매", 이코노미스트(2005년 3월)에서 발췌하였다.

차이와 이민을 떠나려는 사람들의 수를 알 필요가 있다.

이민으로부터의 전 세계 이득에 대해 생각할 수 있는 한 가지 방법은 그것이 이민으로 인한 전 세계 GDP의 증가와 같다는 것이다. 이것이 왜 그런지를 이해하기 위해 외국에서 자국으로 이주한 첫 번째 사람에 대해 생각해보자. 그 사람은 외국에서 임금 W^*를 벌어들이며, 그것은 그(혹은 그녀)가 일하는 산업에서 그의 한계생산과 가격을 곱한 것과 같다. 이 첫 번째 사람이 외국을 떠날 때 그 국가의 GDP는 W^*만큼 떨어진다. 일단 그가 자국으로 이주하면, 그는 W를 버는데 이것은 다시 한계생산과 산업가격을 곱한 값을 반영한다. 따라서 W는 이민자가 일을 시작할 때 자국의 GDP의 증가와 같다. 그러므로 자국과 외국의 임금의 차이는 이주로 인한 전 세계 GDP의 순증가분과 같다. 모든 이민자들에 대해 이를 더함으로써 이민으로 인한 세계 GDP의 증가인 삼각형 ABA^*, 즉 세계 이득을 계산할 수 있다.

그러나 실제로는 이민의 이득을 세계 GDP의 증가보다 적게 만드는, 이민자들이 부담하는 다른 비용들이 있다. 이민자들은 종종 불법이민 중개업자들에 대한 금전지급뿐 아니라 그들의 가족과 자국에 대한 향수로 인한 심리적 비용을 포함한 상당한 크기의 이주비용에 직면한다. 순이득을 얻기 위해 이러한 비용은 GDP 증가에서 제외되어야 한다. 그러나 모든 이주비용은 측량이 어렵기 때문에 다음의 적용에서 이민의 순이득을 자국 혹은 세계 GDP의 증가로 측정한다.

적용사례

이민의 이득

이민의 이득은 얼마나 클까? 미국의 경우 경제학자인 조지 보르자는 이민의 순이득을 GDP의 약 0.1%(GDP의 10분의 1)로 두었다. 이 값은 이민자들이 미국 근로자들과 같은 일자리를 놓고 경쟁한다고 가정하고 이민자들의 누적수가 미국의 노동인력의 10%와 같다고 볼 때 도출된다. 그 대신 이민자들이 미국인들보다 평균적으로 숙련도가 더 낮다고 가정하면 저숙련 이민자들은 고숙련 미국인들을 보완할 수 있고 미국에서 이민자들의 이득은 약간 더 높아서 GDP의 0.4%가 된다. 이 우정치는 표 5-4의 첫 번째 행에 나타나 있다. 이 경우 미국이 얻는 순이득은 미국 GDP의 증가와 같다.

이민으로부터 얻는 미국의 이득에 대한 보르자의 추정치는 작은 것으로 보이지만 이 수치의 배경에는 노동에서 자본과 토지 소유주로의 소득의 더 큰 이동이 있다. 자본과 토지 소유주들은 이득을 얻지만 노동은 이민으로부터 손실을 얻으며, 실질소득 변화의 순효과는 보르자가 추정하는 GDP 이득이다. 이민에 의한 미국 GDP의 0.1% 순이득에 대하여 보르자는 자본은 2% 이득을 얻고 국내 노동자는 GDP의 1.9% 손실을 입는 것으로 추정하였다. 이러한 특징으로 그는 결론 내리길 "이민의 잉여(GDP 이득)의 상대적으로 작은 규모는, 특히 이민에 의한 매우 큰 부의 이전과 비교할 때(즉 노동에서 자본으로의 소득 이동) 이민정책에 대한 논쟁이 왜 현지인 소득의 전체적인 증가보다는 잠재적으로 해로운 노동시장 영향에 집중하는

표 5-4

이민의 이득 이 표에는 이민에 관한 몇 가지 연구결과가 나와 있다. 두 번째 열은 이민의 규모(자국의 노동인력의 퍼센트)를 보여주고 있으며 세 번째 열은 자국 GDP의 증가 혹은 그 지역 GDP의 증가를 보여주고 있다.

	이민의 규모	
	자국 노동인력의 퍼센트	GDP 증가(%)
A : 자국의 이득 산출		
연구 :		
Borjas (1995, 1999), 미국의 이득	10	0.1~0.4
Kremer and Watt (2006), 가계노동자	7	1.2~1.4
Peri, Shih, and Sparber (2013)	(STEM 근로자들의 24%)	4.0
B : 지역이득 산출		
연구 :		
Walmsley and Winters (2005),	1.6	2.7
선진국에서 개발도상국으로	3	0.6
Klein and Ventura (2009),		
유럽연합의 확장†		
10년 후	0.8~1.8	0.2~0.7
25년 후	2.5~5.0	0.6~1.8
50년 후	4.8~8.8	1.7~4.5
NAFTA의 공동노동시장†		
10년 후	1.0~2.4	0.1~0.4
25년 후	2.8~5.5	0.4~1.0
50년 후	4.4~9.1	1.3~3.0

* STEM 근로자들 : 과학자, 기술전문직, 엔지니어, 수학자
* 모든 숫자는 추정 범위이다.

출처 : George Borjas, 1995, "The Economic Benefits from Immigration," Journal of Economic Perspectives, 9(2), 3-22.
George Borjas, 1999, "The Economic Analysis of Immigration." In Orley Ashenfelter and David Card, eds., Handbook of Labor Economics, Vol. 3A (Amsterdam: North Holland), pp. 1697-1760. Paul Klein and Gustavo Ventura, 2009, "Productivity Differences and the Dynamic Effects of Labour Movements," Journal of Monetary Economics, 56(8), November, 1059-1073.
Michael Kremer and Stanley Watt, 2006, "The Globalization of Household Production," Harvard University.
Giovanni Peri, Kevin Shih, and Chad Sparber, 2013, "STEM Workers, H1B Visa and productivity in U.S. Cities," University of California, Davis.
Terrie Louise Walmsley and L. Alan Winters, 2005, "Relaxing the Restrictions on the Temporary Movement of Natural Persons: A Simulation Analysis," Journal of Economic Integration, 20(4), December, 688-726.

지를 설명한다."

다른 산출법은 이민의 전반적인 이득이 보르자의 추정치보다 더 클 수도 있다고 주장한다. 표 5-4의 두 번째 행은 단 한 가지 종류의 이민자인 가사노동자에 초점을 맞춘 크레머와 와트 연구의 수치들을 보여준다. 대부분 여성인, 외국인 가사노동자들은 바레인, 쿠웨이트, 사

우디 아라비아 노동인력의 10% 혹은 그 이상을 차지하고 있으며 홍콩과 싱가포르의 노동인력의 약 7%이다. 이 가사노동자들의 존재로 인해 가정의 또 다른 구성원, 일반적으로는 고등교육을 받은 여성들이 그녀의 모국에서 일자리를 찾을 수 있다. 따라서 저숙련 가사노동자들의 이민으로 자국에서 고숙련 노동공급이 증가하고 그 결과로 자국의 GDP는 더 높아질 수 있다. 만약 이러한 형태의 이민이 몇몇 국가들에서와 같이 노동인력의 7%를 설명한다면 그것은 자국 GDP를 대략 1.2%에서 1.4% 정도 증가시킬 것으로 추정된다.

이민의 이득에 대한 또 다른 더 큰 추정치는 이 장 앞부분의 **헤드라인 : 이민개혁의 경제적 이익**을 썼던 지오바니 페리에 의한 연구에서 구한 것이다. 페리와 그의 동료들은 외국인 과학자, 기술전문가, 엔지니어, 수학자, 즉 축약하면 STEM 근로자들의 미국으로의 유입을 계산하였다. H-1 비자 프로그램으로 1991년 이후 매년 50,000명에서 150,000명 사이의 이민자들이 미국에 들어왔다. 많은 이들은 이들이 미국에 영주권 취득자로 남았다. 2010년 즈음에는 외국태생의 STEM 근로자들은 미국 주요도시 인구의 1.1%와 이 도시들의 전체 STEM 근로자들(외국 혹은 미국태생)의 24%를 차지하였다. 페리와 그의 동료 저자들은 이러한 외국 인재들의 유입으로 인한 생산성 향상을 측정하였고 그 이득이 상당하다는 것을 알아내었다. 앞의 헤드라인 기사에서 언급하였듯이 그들은 이 도시들의 생산성 증가의 10%에서 20%가 외국 STEM 근로자들에 의해 설명될 수 있다는 것을 발견하였다. 이 생산성 이득은 기술 창업기업, 새로운 발명에 대한 특허 등에서 비롯된다. 시간에 따른 이러한 생산성 이득을 합하면, STEM 근로자들은 2010년 미국 GDP 증가의 4%를 설명한다.

표 5-4의 B에서는 세계 몇 지역에서 이민에 의한 이득을 추정한 결과를 보여주고 있다. 월슬리와 윈터에 의한 첫 번째 연구는 개발도상국으로부터의 이민에 의한 결과, 선진국들의 노동 공급 3% 증가는 세계 GDP의 0.6% 이득을 창출했음을 알아냈다. 이 계산은 그림 5-14에 나타난 이익의 삼각형 ABA^*과 유사하다. 클라인과 벤투라에 의한 다음 연구는 국가 간 기술 격차 모델을 개발함으로써 세계이득의 더 큰 추정치를 구하였다. 이러한 접근방식 하에 더 부유한 지역은 더 높은 생산성을 지니므로 그곳으로 이주하는 이민자들은 모국에서보다 더 생산적이 될 것이다. 이러한 생산성 증가는 이민자들의 기술 손실(이민자는 적어도 초기에는 그에게 가장 적합한 일자리를 찾지 못할 수 있기 때문에)로 어느 정도 상쇄된다. 그럼에도 불구하고, 예상되는 기술 손실은 국가 간 생산성 격차보다는 작기 때문에 이민자들은 그들이 이민을 가는 국가에서 항상 더 생산적이 된다.

클라인과 벤투라는 그들의 연구에서 최근 유럽연합(EU)의 15개국에서 25개국으로의 확장을 고려하였다.[16] 원칙적으로, 새로 회원국이 된 동유럽 국가들에서 이민 온 노동자들은 EU의 어느 국가에서든 일하는 것이 허용된다. 클라인과 벤투라는 기존의 EU 15개 국가들의 생산성은 새로 편입된 국가들의 2배가 된다고 가정하였다. 그들은 첫 10년간 EU 15개국의 인

---

16 2004년 전에 유럽연합은 벨기에, 프랑스, 독일, 이탈리아, 룩셈부르크, 네덜란드(1952년 초창기 회원국들), 덴마크, 아일랜드, 영국(1973년에 가입), 그리스(1981년에 가입), 포르투갈, 스페인(1986년), 오스트리아, 핀란드, 스웨덴(1995년 가입)의 15개국으로 이루어져 있었다. 2004년 5월 1일에는 사이프러스, 체코, 에스토이나, 헝가리, 리투아니아, 라트비아, 몰타, 폴란드, 슬로바키아, 슬로베니아 10개국이 더 가입하였다.

구는 0.8%에서 1.8% 증가하고 전체 GDP는 0.2%에서 0.7% 증가하였다고 주장하였다. 이 추정치의 범위는 이민자들이 이주할 때 그들의 기술 손실에 대한 서로 다른 가정과 이주의 정도를 늦추는 심리적 비용으로부터 결정된다. 그러나 시간이 지남에 따라 더 많은 사람들이 동유럽에서 서유럽으로 유입되었고 GDP는 계속 올랐다. 클라인과 벤투라는 25년 후에 EU의 GDP는 0.6%에서 1.8% 증가하고, 50년 후에는 1.7%에서 4.5% 증가할 것으로 예측했다.

다음으로, 클라인과 벤투라는 1994년에 결성되고 캐나다, 멕시코, 미국으로 구성된 북미자유무역지역(NAFTA) 내의 공동노동시장을 연구하였다. 비록 NAFTA가 이 국가들 간의 자유로운 무역을 허용했으나 노동의 이동은 자유롭지 못했다. 따라서 클라인과 벤투라가 고안한 실험은 멕시코 노동자들이 그들 생산성의 1.7이 되는 노동자들을 가진 것으로 추정되는 미국과 캐나다로 자유롭게 이동하는 것이었다. 그들은 첫 10년 동안 멕시코로부터의 이민으로 인해 미국과 캐나다의 인구가 1.0%에서 2.4% 증가하고 NAFTA 지역의 합계 GDP는 0.1%에서 0.4% 증가할 것으로 예측했다. 그들은 25년 후에는 이 지역의 GDP가 0.4%에서 1.0%, 50년 후에는 1.3%에서 3.0% 증가할 것으로 추정했다. 이 예측치들은 NAFTA 내에서 일어나지 않았던 노동의 자유로운 이동을 가정하기 때문에 가상의 것이다. 다음 장에서 우리는 무역은 자유롭지만 노동의 이동은 자유롭지 않은 국가들의 실제 경험에 기반한, NAFTA로 인한 다른 이득의 추정치를 논할 것이다.

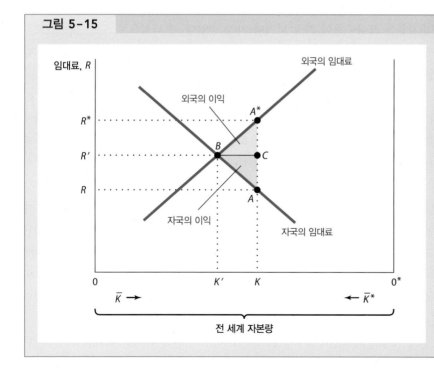

그림 5-15

국제자본시장 자국의 자본이 $0K$일 때 자국의 임대료는 점 A에서 R이다. 나머지 자본인 0^*K는 외국 자본이며 임대료는 점 A^*에서 R^*이다. 자본은 더 높은 임대료를 얻기 위해 자국에서 외국으로 이동할 것이다. 완전한 자본 흐름의 균형은 임대료가 R'에서 같아지는 점 B에서 일어난다. 삼각형 ABC의 크기는 자본의 유출로부터 자국이 얻는 이익이며 삼각형 A^*BC는 외국이 얻는 이익이다.

외국인직업투자의 이득

그림 5-14와 매우 유사한 그래프를 FDI의 이득을 측정하는 데 사용할 수 있다. 그림 5-15에서는 세계의 자본량인 $\overline{K}+\overline{K}^*$를 수평축에 나타내고 있다. 각국에서 벌어들인 임대료는 수직선 위에 있다. 자국에서 사용한 자본이 $0K$일 때(왼쪽에서 오른쪽으로 측정된) 자국의 임대료는 R이며 점 A에서 결정된다. 나머지 자본 0^*K(오른쪽에서 왼쪽으로 측정된)는 외국의 자본으로서 외국의 임대료는 R^*이고 점 A^*에서 결정된다.

외국의 임대료는 자국보다 높기 때문에 자본은 자국에서 외국으로 이동할 것이다. 자본이 외국으로 들어갈 때 추가적인 자본은 자본의 한계생산을 감소시키므로 임대료를 떨어뜨린다. 이와 유사하게, 자본이 자국에서 이탈할 때 자본의 한계생산은 증가하므로 자국의 임대료는 올라갈 것이다. 완전한 자본이동균형은 임대료가 R'에서 같아지는 점 B에서 일어난다. 이민의 사례에서 알게 된 것과 비슷하게, 자본의 유출로 인한 자국의 이득은 삼각형 ABC이고, 외국의 이득은 삼각형 A^*BC이고 세계의 이득은 A^*BA이다. ■

4 결론

국가 간 노동자의 이동인 이민은 잠재적으로 노동자들이 도착하는 국가의 임금에 영향을 준다. 단기특정요소 모형에서 이민으로 인한 노동의 더 많은 공급은 임금을 낮출 것이다. 미국으로 들어온 이민자들은 교육수준이 가장 낮거나 가장 높았다. 결과적으로, 다른 국가들로부터의 노동의 유입 이후 노동의 이 두 그룹의 임금은 단기에 떨어졌다. 중간 수준의 교육을 받은 미국노동자들 대부분은 이민에 의해 그리 많은 영향을 받지 않는다. 더욱이, 이민자의 유입은 특정요소 모형에서 자본과 토지의 소유주들에게 득이 된다. 단기에 임금이 줄어듦에 따라 자본과 토지의 지대는 올라갈 것이다. 이러한 결과는 왜 토지소유자들이 일시적으로나마 농업부문의 근로자들이 이민을 올 수 있도록 허용하는 프로그램에 로비를 하는지, 그리고 왜 다른 산업에서는 첨단기술과 다른 전문적인 산업의 근로자들을 위한 H1-B 비자와 같은 이민의 증가를 지지하는지 설명하는 것을 도와준다.

산업 간 자본이 이동할 수 있는 장기모형에서는 임금의 하락은 일어나지 않을 것이다. 대신, 노동을 집약적으로 사용하는 산업은 팽창하고 다른 산업은 축소되어 이민자들은 임금의 하락 없이 고용된다. 산업생산량의 이러한 변화는 립진스키 이론의 주요 결과이다. 1980년 마리엘 해상수송의 증거는 이러한 맥락에 따른 산업생산량의 재조정은 쿠바로부터 온 이민자들의 도착 이후 마이애미에서 일어났다. 의류산업의 생산량은 다른 도시에서 예측되었던 것보다 덜 떨어졌으나 기술집약적인 산업의 생산량은 예측했던 것보다 더 떨어졌다.

국가 간의 자본의 이동은 외국인직접투자(FDI)라고 하고 이민과 유사한 효과를 가진다. 단기에, 한 국가로의 외국자본의 유입은 자본의 임대료를 떨어뜨리고 임금은 증가시키며, 토지의 지대는 떨어뜨린다. 그러나 산업 간 자본과 토지가 이동할 수 있는 장기에, 이러한 임금과 임대료의 변화는 일어나지 않는다. 대신, 립진스키 이론에 따라 산업생산량은 추가자본이 임금이나 임대료의 어떠한 변화 없이 완전고용되도록 조정될 수 있다. 비록 이것은 경제학에서 계속되고 있는 논쟁거리이기는 하지만, 싱가포르의 예는 임대료나 자본의 한계생산의 큰 하락 없이 외국자본이 흡수될 수 있다는 것을 암시한다.

　노동과 자본이 한계생산이 낮은 국가에서 높은 국가로 이동할 때 이민과 FDI 둘 다 세계 이득을 창출한다. 노동과 자본의 유입은, 자본이 유입된 국가의 GDP에 대한 기여보다 적은 양을 지급받기 때문에 그 국가에는 이득이 된다. 동시에, 이민을 떠난 근로자들이나 자본이 벌어들인 수입이 그 국가의 복지에 포함된다면, 그들이 떠난 국가의 노동과 자본에도 이득이 된다.

핵심 내용

1. 특정요소 모형에서처럼 두 산업의 자본과 토지의 양을 고정시키면, 이민은 임금의 하락을 가져온다. 이것은, 예를 들면 19세기 신세계의 대규모 이민사례였다.

2. 이민으로 인해 임금이 떨어질 때 특정요소의 한계생산(자본과 토지)은 증가하므로 그들의 임대료 역시 증가한다.

3. 한 국가에서 자본과 토지의 양을 고정시키는 것은 단기에 합리적인 가정이지만, 장기에는 기업이 산업 간 자본을 이동시킬 것이며, 이것은 이민이 임금과 임대료에 미치는 효과를 변화시킬 것이다.

4. 두 재화와 두 요소가 산업 간 완전히 이동 가능한 장기모형에서 이민으로부터 추가된 노동은 노동집약적인 산업에 완전히 흡수된다. 더욱이, 노동집약적인 산업은 자본집약적인 산업으로부터 추가된 자본과 노동 또한 흡수할 것이므로 자본-노동 비율은 장기에 변하지 않는다. 각 산업의 자본-노동 비율은 변하지 않으므로 임금과 임대료도 동일하게 남아있다. 이 결과는 요소가격비민감성으로 알려진 것이다.

5. 립진스키 이론에 따르면 이민은 노동집약적인 산업의 생산량의 증가와 자본집약적인 산업의 생산량의 감

소를 가져올 것이다. 이 결과는 이민이 두 산업 모두에서 생산량의 증가를 가져오는 단기특정요소 모형의 결과와는 다른 것이다.

6. 재화의 무역과 노동의 이동 이외에도, 국가들 간에 서로 교류하는 다른 방식은 투자를 통해서이다. 한 기업이 다른 국가에 부동산, 공장, 혹은 설비를 소유할 때 그것을 외국인직접투자, 즉 FDI라고 부른다.

7. 단기에 FDI는 자본과 토지에 대한 임대료를 낮추고 임금을 증가시킨다. 장기에 추가적인 자본은 임금이나 임대료의 변화 없이 자본집약적인 산업에 흡수될 수 있다.

8. 립진스키 이론에 따르면 FDI는 자본집약적인 산업의 생산량 증가와 노동집약적인 산업의 생산량 감소를 가져온다.

9. 이민자들의 소득이 출신국의 후생에 포함된다는 가정하에 자본과 노동의 이동은 출신국과 도착국 모두에게 전반적인 이득을 가져다준다. 따라서 이민과 FDI로부터 세계는 이익을 얻는다.

핵심 용어

립진스키 이론(Rybczynski theorem)

실질부가가치(real value-added)

완전이주균형(equilibrium with full migration)

외국인직접투자(FDI : foreign direct investment)

요소가격비민감성(factor price insensitivity)

특정요소 모형(specific-factors model)

연습문제

1. 단기특정요소 모형에서 인구를 감소시키는 자연재해가 소규모 국가에 미치는 영향을 살펴보라. 토지는 농업에 특정적이며 자본은 제조업에 특정적인 반면, 노동은 두 산업 모두에서 이동이 자유롭다고 가정하라.

   a. 그림 5-2와 유사한 다이어그램에서 노동인력 감소가 각 산업의 생산량과 균형임금에 미치는 영향을 살펴보라.

   b. 자본과 토지의 임대료에는 어떤 일이 발생하는가?

2. 만약 우리가 노동과 자본을 사용하여 생산되는 신발과 컴퓨터의 경우에 장기모형을 사용한다면 문제 1에 대한 답은 어떻게 변하겠는가?

3. 이민으로 인한 노동공급의 증가를 고려한 장기모형을 사용하라. 그림 5-8은 박스 다이어그램을 보여주고 있으며 신발산업에서 원점이 왼쪽으로 이동함을 보여준다. 이 다이어그램을 다시 그리고 대신 컴퓨터의 원점을 오른쪽으로 옮겨라. 즉 노동축을 ΔL만큼 옮기되 왼쪽이 아닌 오른쪽으로 옮겨라. 새로운 다이어그램으로 요소가격의 변화 없이 신발과 컴퓨터의 노동 및 자본의 양이 어떻게 결정되는지를 보여라. 각 산업에서 사용된 노동과 자본의 양 및 각 산업의 생산량에 어떤 일이 발생했는지를 주의 깊게 설명하라.

4. 단기특정요소 모형에서 토지가 감소하는 경우를 고려하라. 예를 들어, 자연재해는 곡물을 재배하는 데 사용되는 경작지의 양을 감소시킨다.

   a. 점 A에서 초기의 균형점에서 시작하여 그림 5-11(a)를 다시 그려라.

   b. 토지의 이러한 변화가 각 산업의 노동량과 균형임금에 미치는 효과는 무엇인가?

   c. 토지의 지대와 자본의 임대료에 미치는 영향은 무엇인가?

   d. 국제사회가 자연재해의 피해를 입은 국가를 도와주기를 원해서 FDI의 수준을 증가시키기로 했다고 가정하자. 따라서 기타 국가들은 피해를 입은 국가의 물적자본에 대한 투자를 늘린다. 이 정책이 균형임금과 임대료에 미치는 효과를 설명하라.

5. 표 5-1의 A에 따르면 어떤 교육수준이 미국으로의 이민으로 인해 가장 큰 손실을 입는가(임금이 가장 많이 감소)? 이 결과는 자본에 대한 임대료를 고정시키는 것에 의존하는가? 그 이유와 그렇지 않은 이유를 설명하라.

6. 컴퓨터가 각 노동자당 2단위의 자본을 사용하므로 $K_C = 2 \cdot L_C$인 반면, 신발은 노동자 한 명당 0.5단위의 자본을 사용하므로 $K_S = 0.5 \cdot L_S$라고 가정하자. 경제에는 100명의 노동자와 100단위의 자본이 있다.

   a. 각 산업에서 사용된 노동과 자본의 양을 구하라.

   힌트 : 그림 5-7에 나타난 박스 다이어그램은 각 산업에서 사용된 노동과 자본의 양을 합했을 때 경제 전체의 노동과 자본량이 되어야 한다는 것을 의미한다.

$$K_C + K_S = 100 \quad \text{그리고} \quad L_C + L_S = 100$$

$K_C = 2 \cdot L_C$이고 $K_S = 0.5 \cdot L_S$임을 활용하여 이 식을 다시 정리하면

$$2 \cdot L_C + 0.5 \cdot L_S = 100 \quad \text{그리고} \quad L_C + L_S = 100$$

이 두 식을 사용하여 L_C와 L_S를 구하고 $K_C = 2 \cdot L_C$이고 $K_S = 0.5 \cdot L_S$임을 활용하여 각 산업에서 사용된 자본량을 구하라.

b. 총 자본량을 100으로 고정시켰을 때 이민으로 인해 노동자의 수는 125로 증가한다고 가정하자. 또다시 각 산업에서 사용된 노동과 자본의 양을 구하라. 힌트 : (a)로부터 다시 계산하되, $L_C + L_S = 125$를 사용하라.

c. 노동자의 총수를 100으로 고정시켰을 때 FDI로 인해 자본량이 125로 증가한다고 가정하라. 각 산업에서 사용된 노동과 자본의 양을 다시 구하라. 힌트 : (a)로부터 다시 계산하되, $K_C + K_S = 125$를 사용하라.

d. (b)와 (c)의 결과가 립진스키 이론과 어떻게 관계되는지를 설명하라.

문제 7과 8은 4장에서 나온 립진스키 이론과 헥셔-올린 모형의 요소가격비민감성 결과의 의미를 살펴본다.

7. 이 질문에서, 우리는 헥셔-올린 이론의 도출을 검토하기 위해 립진스키 이론을 사용한다.

a. 그림 4-2(a)에서 자국 PPF 위의 무역부재균형점 A에서 시작하자. 이민을 통해 자국의 노동량이 증가한다고 가정하자. 새로운 PPF를 그리고 재화의 동일한 가격에 대해 생산이 발생하는 점 B를 표시하라. 힌트 : 이민이 PPF에 미치는 효과를 알아보기 위해 그림 5-9를 참조할 수 있다.

b. 외국과 자국의 유일한 차이점은 외국에 노동이 더 많다는 것이라고 가정하라. 그렇지 않다면, 각 재화를 생산하는 데 사용된 기술은 국가 간 동일하다. 그렇다면 외국의 PPF는 (a)에서 그린 자국의 PPF(이민을 포함하여)와 어떻게 비교될 수 있는가? 점 B는 외국의 무역부재균형인가? 그 이유와 그렇지 않은 이유를 설명하라.

c. 외국의 무역부재균형인 새로운 점 A^*를 설명하라. 컴퓨터의 무역부재 상대가격은 자국과 외국에서 어떻게 비교될 수 있는가? 즉 국가 간 무역 패턴은 무엇이며 그 이유는 무엇인가?

8. 문제 7에 이어서, 헥셔-올린 모형에서 국가 간 요소가격을 비교하기 위해 요소가격비민감성 결과를 활용한다.

a. 자국과 외국의 생산가능곡선에서 국제무역균형을 설명하라. 힌트 : 국제무역균형을 찾기 위해 그림 4-3을 참조할 수 있다.

b. 외국과 자국의 유일한 차이점은 외국에 노동이 더 많다는 것이라고 가정하자. 그렇지 않다면, 각 재화를 생산하는 데 사용된 기술은 국가 간 동일하다. 그렇다면 요소가격비민감성 결과에 따르면, 두 국가에서 임금과 임대료는 어떻게 비교될 수 있는가?

c. (b)의 '요소가격균등화' 결과를 상기하라. 이것은 현실적인 결과인가? 힌트 : 국가 간 임금을 알아보기 위해 그림 4-9를 참조할 수 있다.

d. 4장 끝의 헥셔-올린 모형의 확장에 근거하여 현실에서 요소가격균등화 결과가 성립하지 않는 한 가지 이유는 무엇인가?

9. 적용사례 'FDI가 싱가포르의 임대료와 임금에 미치는 영향'의 공식을 상기하라. 임대료에 관한 이 공식에 대해 직관적으로 설명하라. 힌트 : 식의 한쪽 항은 한계이득으로 설명하고 다른 쪽 항은 한계비용으로 설명하라.

10. 표 5-2에서는 잠재적 생산성 증가를 따라 싱가포르의 실질임대료와 실질임금을 보여준다. 생산성 증가를 계산하는 한 가지 방법은 실질임대료와 실질임금의 증가율의 평균을 구하는 것이다. 아이디어는 기업

들이 생산성 증가가 있을 경우에 더 많은 노동과 자본의 비용을 지불할 수 있으므로 이 경우에 실질요소가격이 증가한다는 것이다. 그러나 만약 생산성 증가가 없다면 실질임대료와 실질임금 증가의 평균값은 0에 가까워진다.

실질요소가격 증가의 평균값을 계산하기 위해 자본과 노동으로 분배되는 GDP 비중을 사용한다. 특히, 실질임대료의 증가율을 GDP의 자본 비중으로 곱하고 실질임금 증가율을 GDP의 노동 비중으로 곱한 값을 더한다. 이때 다음에 답하라.

a. 싱가포르와 같은 자본이 풍부한 국가의 경우 GDP의 자본 비중은 절반 정도이며 노동 비중도 절반이다. 이 비중을 이용하여 표 5-2의 각 행에 나타난 실질임대료와 실질임금의 증가율의 평균을 구하라. 당신이 구한 답은 표 5-2의 마지막 열에 나타난 생산성 증가와 어떻게 비교될 수 있는가?

b. 미국과 같은 산업화된 국가의 경우에, GDP의 자본 비중은 약 1/3이며 GDP의 노동 비중은 약 2/3이다. 이 비중을 이용하여 표 5-2의 각 행에 나타난 실질임대료와 실질임금 증가율의 평균을 구하라. 당신의 답은 마지막 열에 나와 있는 생산성 증가율과 어떻게 비교될 수 있는가?

11. 그림 5-14는 국제노동시장의 공급과 수요 다이어그램이다. A와 A^*에서 시작하여 어떤 외국인 노동자들은 자국으로 이주하지만 완전 이주(점 B)에 도달하기에는 충분하지 않은 상황을 고려해보자. 이민의 결과로 자국의 임금은 W에서 $W'' > W'$으로 감소하고 외국의 임금은 W^*에서 $W^{**} < W'$으로 증가한다.

a. 자국에 축적되는 이득이 있는가? 만약 그렇다면, 그래프를 다시 그리고 각국의 이익의 크기를 찾아보라. 만약 그렇지 않다면, 그 이유를 설명하라.

b. 외국에 축적되는 이득이 있는가? 만약 그렇다면, 이러한 이득의 크기를 다시 구하고 전 세계 이득 또한 보여라.

12. 필리핀의 가정부는 더 높은 임금을 받기 위해 싱가포르로의 이민을 고려하고 있다. 가정부는 1년에 약 2,000달러를 벌고 있으며 싱가포르에서는 3년 동안 매년 5,000달러를 받을 수 있는 일자리를 찾을 것으로 기대하고 있다. 싱가포르의 생활비는 자국에서보다 매년 500달러가 더 들어갈 것으로 가정하자.

a. 필리핀에 비해 싱가포르에서의 가정부 생산성에 대해 무엇을 말할 수 있는가? 설명하라.

b. 가정부가 이민으로 인해 얻는 총이득은 무엇인가?

c. 싱가포르의 고용주도 이에 상응하는 이득을 얻는가? 설명하라.

네트워크

이민은 미국과 다른 국가에서 종종 논쟁이 된다. 미국의 이민정책을 다룬 최근 뉴스 보도를 찾아서 논의되는 이슈들을 간단히 요약하라.

6

규모에 대한 수확체증과
독점적 경쟁시장

*따라서 외국과의 교역은 …생산량이 증가하면서 상품의 종류가 많아져 기업의 수익을 증가시킴으로
써 교역국가들에게 큰 이득을 가져다준다.*

데이비드 리카도, *On the Principles of Political Economy and Taxation*의 7장 내용 중에서

*정말로 놀라운 사실은 단순한 정부정책 [미국과 캐나다 간의 자유무역]이 생산성을 극단적으로 높였
다는 것이다.*

토론토대학교, 대니얼 트레플러 교수, 2005년

2장에서의 수입 자료를 통해 우리는 미국이 왜 많은 국가로부터 스노보드를 수입하는지
를 살펴보았다. 이 장에서는 다른 나라로부터 상품을 사면서도 동시에 판매하는 이유를 알아
보기 위해, 미국이 수출입을 동시에 하고 있는 다른 종류의 스포츠 용품을 살펴보기로 하겠다.
2012년도에 미국은 25개 국가로부터 골프채를 수입하였지만, 동시에 74개국으로 수출 또한
하였다. 표 6-1에서는 미국이 골프채를 수입하는 상위 12개국과 수출하는 상위 12개국을 나
타내고 있다. 이 표에서는 수입과 수출의 물량과 평균 도매가격을 동시에 보여주고 있다.

(a)의 수입 내역을 먼저 살펴보면, 중국은 개당 평균 27달러의 가격으로 총 3억 8,500만 달
러어치의 골프채를 미국에 공급하여 최고로 많이 판매하였다. 2위는 멕시코로 개당 평균 70
달러의 도매가격으로 총 4,500만 달러어치를 미국에 판매하였다.[1] 3위는 베트남으로 개당 평
균 51달러로 총 2,600만 달러어치를 미국에 판매하였다. 그다음으로는 일본, 대만, 태국 순
으로, 개당 평균 100달러 이상의 가격으로 미국에 골프채를 판매하였다. 일본, 대만, 태국이
만든 골프채의 평균 가격이 중국과 베트남보다 높은 것은 이들이 생산한 골프채가 보다 고급

---

1 실제로, 표 6-1에 기록된 멕시코로부터의 총수입액을 총수입량으로 나눈다면, 개당 평균 가격이 338달러임을
   알 수 있다. 그러나 이 가격은 개별 골프채로서는 너무 높은 금액이다(표에서 2012년도의 총수입액 또는 총수입
   량에서 오타가 있음을 의미함). 따라서 본문에서는 멕시코의 2011년도 자료에서 나타난 70달러를 개당 평균 가
   격으로 사용하였다.

표 6-1

미국의 골프채 수출과 수입, 2012년 이 표는 미국의 골프채 수출과 수입에 대한 총액, 수출입량, 평균 가격을 나타내고 있다. 대부분의 국가들이 미국에 골프채를 수출함과 동시에 수입을 하고 있어, 산업 내 무역의 형태를 보여 주고 있다.

(a) 수입

순위	국가	수입액(1,000$)	수입량(1,000)	평균 가격($/클럽)
1	중국	385,276	14,482	27
2	멕시코	44,725	132	70
3	베트남	25,579	504	51
4	일본	9,180	47	197
5	대만	7,830	69	114
6	태국	1,705	12	143
7	홍콩	1,043	40	26
8	캐나다	376	16	23
9	독일	96	5	18
10	영국	71	12	6
11	한국	28	3	9
12	벨기에	24	1	19
13~25	그 외 국가들	31	11	3
	전체 25개국	475,966	18,083	26

(b) 수출

순위	국가	수출액(1,000$)	수출량(1,000)	평균 가격($/클럽)
1	일본	37,943	326	117
2	캐나다	18,916	275	69
3	한국	18,047	149	121
4	호주	10,563	132	80
5	홍콩	9,996	78	128
6	영국	8,079	97	84
7	싱가포르	4,427	39	115
8	네덜란드	1,977	14	142
9	남아프리카 공화국	1,513	20	75
10	멕시코	1,403	15	91
11	아르헨티나	1,070	12	88
12	뉴질랜드	1,068	14	77
13~74	그 외 국가들	6,525	83	79
	전체 74개국	121,575	1,253	97

출처 : U.S. International Trade Commission Interactive Tariff and Trade DataWeb at http://dataweb.usitc.gov/.

제품임을 의미한다. 이외 기타 국가들로부터 미국이 수입한 골프채의 평균 도매가격은 30달러 이하이다. 전체적으로 2012년도에 미국은 총 4억 7,600만 달러어치의 골프채를 수입하였다.

한편, (b)의 수출 내역을 살펴보면, 미국 골프채의 최대 수출국은 일본이고, 그다음으로 캐나다, 한국 순이다. 여기서 주목할 만한 사실은 이들 세 국가 역시 미국이 골프채를 수입하는 상위 12개국 안에 포함되어 있다는 점이다. 미국의 평균 골프채 수출가격은 개당 69달러에서 142달러 사이로 다양하다. 이러한 평균 수출가격은 멕시코, 일본, 대만, 태국을 제외하고 다른 나라로부터의 수입가격보다 높은데, 이를 통해 미국이 보다 높은 품질의 골프채를 수출하는 것으로 판단할 수 있다.

미국으로 골프채를 수출하는 많은 국가들이 또한 미국으로부터 골프채를 수입한다. 표 6-1(a)에서 총 12개의 상위 수입국 중에서 6개국은 (b)의 12개 상위 수출국에 포함되어 있다. 25개의 대미 골프채 수출국 중에서 24개국은 미국으로부터 골프채를 또한 수입하였다(방글라데시만이 유일하게 미국에 수출만 하고 수입을 하지 않았다). 어떤 이유로 미국은 동일한 국가에 골프채를 수출을 하면서 동시에 수입도 할까? 이와 같은 질문에 대한 답은 우리가 이번 장과 다음 장에서 배울 새로운 무역이론 내용과 연관이 깊다. 2장의 리카도 모형과 4장의 헥셔-올린 모형은 국가들이 수출 아니면 수입만 하는 현상만을 설명할 수 있을 뿐, 상기 골프채 사례에서와 같이 한 상품에 대해 수출과 수입이 동시에 일어나게 되는 현상에 대해서는 설명하지 못한다.

동일한 상품에 대해 수출과 수입이 동시에 일어나게 되는 현상을 잘 설명하기 위해서는 리카도 모형과 헥셔-올린 모형에서 언급한 가정들 중 일부를 바꿀 필요가 있다. 이들 모형에서는 많은 수의 소규모 생산자들이 똑같은 품질의 상품을 생산함으로써 시장 가격에는 전혀 영향을 줄 수 없는 형태의 완전경쟁시장을 가정한 바가 있었다. 그러나 현실적으로 마트나 백화점에서 쇼핑을 하면 알 수 있듯이, 대부분의 상품들은 서로 다른 차별적인 품질, 즉 **상품차별성**(differentiated goods)을 가지고 있다. 즉 동종의 제품이라도 원료 및 성분, 디자인 및 상표 등이 서로 다르다. 표 6-1의 가격 차이에서도 알 수 있듯이, 거래되는 골프채들은 서로 다른 품질을 가지고 있다. 따라서 이번 장에서부터는 동질의 상품을 생산한다는 완전경쟁시장의 가정을 내려놓고, 기업이 이질적 품질의 상품을 생산함으로써 가격을 책정하는 데 어느 정도 영향력을 발휘할 수 있는 형태인 **불완전경쟁**(imperfect competition)시장을 가정해보고자 한다.

불완전경쟁의 여러 형태들 중에서도 **독점적 경쟁**(monopolistic competition)은 이번 장의 내용과 연관이 매우 깊다. 독점적 경쟁은 다음과 같은 두 가지 주요 특징을 가진다. 첫째, 위에서 언급하였듯이, 기업들은 각각 다른 품질의 차별화된 상품을 생산한다. 다른 품질의 상품을 생산함으로써, 기업들은 생산품의 가격을 책정하는 데 어느 정도의 영향력을 발휘할 수 있다. 시장이 완전경쟁 형태가 아닌 관계로, 기업들은 생산품의 시장가격을 그대로 수용하지 않고 개별적으로 가격을 올리더라도 경쟁 기업에게 고객을 뺏기지 않는다. 그러나 이들 기업들은 독점기업(즉 동종 상품을 생산하는 유일한 기업)은 아닌 관계로, 독점기업만큼의 높은 가격을 부과할 수는 없다. 기업들이 다른 품질의 상품을 생산할 경우, 가격을 책정하는 데 어느 정도의 영향력을 발휘할 수 있지만 독점기업만큼은 아니다.

독점적 경쟁의 두 번째 특징은 **규모에 대한 수확체증**(increasing returns to scale)에서 찾을 수 있다. 규모에 대한 수확체증은 기업이 더 많이 생산할수록 평균생산비용이 하락하는 현상을 나타낸다. 이와 같은 이유로, 기업은 가장 잘 팔리는 상품의 생산에 좀 더 특화하게 된다. 즉 이 상품을 더 많이 생산함으로써 평균생산비용을 낮출 수 있다. 기업은 자국 시장에서 상품을 더 많이 팔아 평균생산비용을 낮출 수 있지만, 수출을 통해 외국 시장에서도 이를 판다면 생산비용을 더 많이 낮출 수 있는 이점을 가진다. 따라서 규모에 대한 수확체증을 통해 국가들이 서로 비슷한 기술력과 요소 부존량을 가지는 상황에서도 무역이 발생하는 원인을 설명할 수 있다. 리카도 모형, 헥셔–올린 모형과 독점적 경쟁 무역 모형 간의 근본적인 논리의 차이는 규모에 대한 수확체증 여부에서 나타나게 된다.

이번 장에서는 먼저 상품차별성과 규모에 대한 수확체증이 나타나는 독점적 경쟁 무역 모형을 소개하고, 이후 우리가 실제로 관찰하고 있는 무역 패턴을 설명하는 데 이 모형이 어떻게 기여하고 있는지를 논의하게 될 것이다. 상기 골프채 사례에서도 알 수 있듯이, 국가들은 동일한 종류라도 상품의 다양성에 특화하고 서로 간에 무역을 한다. 이러한 형태의 무역을 **산업 내 무역**(intra-industry trade)이라고 하는데, 이는 동일한 산업 내에서 수출과 수입이 동시에 발생하기 때문이다. 독점적 경쟁 무역 모형은 이러한 무역 패턴을 설명하면서 규모가 큰 국가가 무역을 더 많이 하게 된다는 사실을 예측한다. 중력이 질량이 큰 두 물체 사이에서 더 강해진다는 사실과 마찬가지로, 독점적 경쟁 무역 모형은 (GDP로 측정되는) 큰 규모의 국가들이 대부분의 무역을 차지할 것을 시사한다.[2] 이러한 이론적 예측을 실증적으로 잘 보여주는 것이 바로 **중력 방정식**(gravity equation)이다.

독점적 경쟁 무역 모형은 체결국 간 자유로운 무역을 보장하는 **자유무역협정**(free-trade agreements)의 경제적 효과를 이해하는 데도 도움이 된다. 이번 장에서는 독점적 경쟁 무역 모형의 이론적 예측을 설명하기 위해 북미자유무역협정이 소개될 것이다. 그 후에는 자유무역협정에 대한 정책적 시사점이 논의될 것이다.

1 불완전경쟁의 기본 내용

독점적 경쟁은 독점이 가지는 특징 중 일부(기업들은 각자의 가격을 정할 수 있음)와 완전경쟁이 가지는 특징 중 일부(많은 수의 기업들이 시장에 존재)를 동시에 가진다. 독점적 경쟁을 제대로 이해하기 위해서는 시장에 하나의 기업만이 존재하는 독점에 대해 먼저 살펴보는 것이 필요하다. 독점기업은 산업수요곡선에 대응한다. 이 후에는 시장 내 2개의 기업만이 존재

---

2 1장의 세계무역지도에서 나타나듯이, 실제로 전 세계 무역의 대부분이 규모가 큰 국가들에 의해 진행되고 있다.

하는 **복점**(duopoly)에 대해 간단히 살펴보도록 하겠다. 이 경우에는 두 기업이 각각 대응하는 수요에 대해 집중적으로 살펴볼 것이다. 복점의 상황에서 수요의 특징을 살펴보는 것은 독점적 경쟁시장에서 차별적인 상품을 파는 많은 기업들이 존재할 때 수요가 어떻게 결정되는지를 이해하는 데 도움이 될 수 있다.

독점 균형

그림 6-1에서 D는 시장수요곡선을 나타낸다. 독점기업이 더 많은 상품을 판매하기 위해서는 가격을 인하해야 하며, 따라서 수요곡선의 기울기는 우하향이 된다. 이러한 특징으로 인해 독점기업이 상품을 한 단위 더 판매함으로써 얻을 수 있는 추가적인 수입은 해당 단위에서의 가격보다는 더 낮다―추가적 수입은 해당 판매량의 단위가격에서, 기존 판매량의 단위가격과 해당 판매량의 단위가격 차이(즉 가격 변화분)와 기존 판매량을 곱한 값을 빼는 것으로 계산할 수 있다(즉 추가적 수입 = 해당 판매량의 단위 가격 ― [(기존 판매량의 단위가격 ― 해당 판매가격)×기존 판매량]). 한 단위를 더 판매함으로써 얻을 수 있는 추가 수입은 **한계수입**(marginal revenue)이라고 하며, 그림 6-1에서 MR 곡선으로 이를 나타내고 있다. 한계수입은 해당 단위에서의 가격보다는 낮으므로 한계수입 곡선은 수요곡선인 D의 아래에 항상 위치하게 된다.

이윤을 극대화시키기 위해 독점기업은 한 단위를 더 판매함으로써 추가적으로 벌어들이는 한계수입인 MR과 추가적으로 드는 비용인 **한계비용**(marginal cost) MC가 같아지는 지점에서 상품을 생산하게 된다. 그림 6-1에서 한계비용곡선은 MC로 나타나 있다. 비록 반드시 필요한 가정은 아니지만, 내용의 단순화를 위해 한계비용이 일정하다고 가정한다면, MC 곡선은

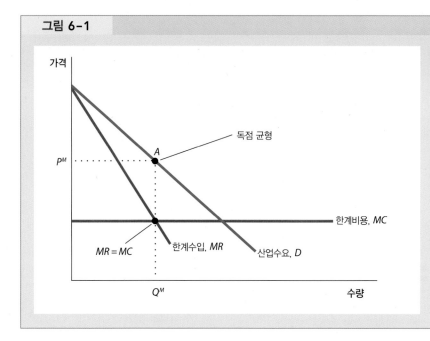

그림 6-1

독점 균형 독점기업은 이윤극대화를 위해 한계수입과 한계비용이 같은 지점에서 Q^M 만큼 생산한다. 이러한 생산량에 따라 수요곡선 상에서 대응되는 P^M은 독점기업이 부과하는 가격이다. 독점 균형은 A점이 된다.

수평선이 된다. 이때 한계수입과 한계비용이 같아지는 지점인 Q^M에서 독점기업은 생산하고 판매하게 된다. 그리고 Q^M에서 수요곡선 상에서 수직적으로 대응하는 A점을 기준으로 이윤 극대화를 달성시키는 가격인 P^M이 결정된다. 독점기업이 부과하게 되는 P^M은 최대의 이윤을 가져다주는 독점균형 가격이 된다.

복점에서의 수요

복점과 독점을 상호 비교하기 위하여 이제 두 기업이 상품을 판매하는 시장을 고려해보자. 여기서 우리는 복점 균형을 직접적으로 도출하지는 않지만, 추가적으로 또 다른 기업이 시장에 진입할 경우 각자가 마주하게 되는 수요에 어떠한 영향을 미치는지를 살펴보도록 하겠다. 두 번째 기업의 시장 진입이 수요에 미치는 영향을 살펴보는 것은 독점적 경쟁에서처럼 많은 기업들이 시장에 존재할 경우 수요가 어떻게 결정되는지를 이해하는 데 도움을 줄 수 있다.

그림 6-2에서 D는 시장수요곡선이다. 만약 두 기업이 시장에 있고 상품에 대해 서로가 동일한 가격을 부과하고 있다면, 각자가 가질 수요곡선은 $D/2$가 된다. 예를 들어, 만약 두 기업이 P_1의 가격을 부과한다면 시장 전체수요량은 수요곡선 상의 A점을 기점으로 Q_1이 되고, 각 기업이 가지는 수요량은 $D/2$를 나타내는 수요곡선 상의 B점을 기점으로 Q_2가 된다. 즉 두 기업은 전체 시장 수요를 절반 수준에서 똑같이 나누어 가지게 되는데, 이를 $Q_2 = Q_1/2$로 표현할 수 있다.

그러나 한 기업이 다른 가격을 부과한다면, 각자가 가지는 수요 수준은 달라질 것이다. 한 기업이 더 낮은 금액인 P_2를 부과하지만 다른 기업은 P_1을 그대로 유지한다고 하자. 만약 두 기업이 동질의 상품을 생산한다면, 상대적으로 낮은 가격인 P_2를 부과하는 기업이 C점을 기준으로 전체 시장 수요인 Q_3를 독차지하게 될 것이다. 그러나 만약 두 기업이 서로 다른 품질의 차별화된 제품을 생산한다고 가정한다면, P_2를 부과하는 기업이 P_1을 부과하는 기업보다 상대적으로 더 많은 수요를 차지할 수 있을 수는 있어도, 전체 시장 수요를 독차지하지는 못한다. 두 상품의 품질이 완전

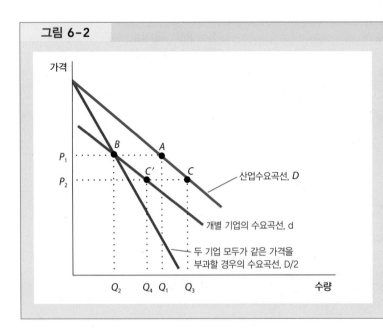

그림 6-2

복점에서의 수요곡선 시장에 두 기업만이 존재하고 두 곳에서 모두 같은 가격을 매긴다면, 각각은 $D/2$의 수요량에 직면하게 된다. 가격이 P_1일 경우, 시장 전체는 A점에서 Q_1을 생산하게 되고 각각의 기업은 B점에서 $Q_2 = Q_1/2$만큼 생산한다. 만약 두 기업이 동일한 상품을 생산하면서 한 기업의 가격을 P_2로 낮출 경우, 모든 소비자들은 이 기업이 제품만을 소비할 것이다. 가격을 내린 이 기업이 직면하는 수요곡선은 D이고 C점에서 Q_3만큼 판매하게 된다. 한편, 만약 두 기업의 상품이 서로 다르다면, 가격을 낮춘 기업은 다른 기업으로부터 전체가 아닌 약간의 수요를 더 얻게 될 것이다. 이때 가격을 낮춘 기업의 수요곡선은 d이고, P_2의 가격으로 C'점에서 이 기업은 Q_4만큼 판매하게 된다.

가격

P_1

P_2

산업수요곡선, D

개별 기업의 수요곡선, d

두 기업 모두가 같은 가격을 부과할 경우의 수요곡선, $D/2$

Q_2 Q_4 Q_1 Q_3

수량

히 동일하지 않기 때문에(예를 들어, 앞선 골프채의 예시에서 높은 가격의 상품이 낮은 가격의 상품보다 더 높은 품질을 가지고 있었음), 일부 소비자들은 비록 가격이 상대적으로 더 비싸더라도 여전히 그 상품을 구매하기를 원할 수 있다. 이러한 상황에서 P_2를 부과하는 기업은 C'점을 기준으로 Q_4만큼의 제품을 판매하게 된다.

d 곡선은 한 기업이 가격을 P_1에서 P_2로 낮추고 다른 기업은 P_1을 그대로 유지하는 상황에서의 수요곡선이 된다. 그림에서도 나타나듯이, 수요곡선 d는 $D/2$의 수요곡선보다는 기울기가 더 수평적이다. 이러한 특징은 각 기업이 $D/2$ 곡선에서보다는 d 곡선 상에서 좀 더 탄력적인 수요를 가진다는 것을 나타낸다. 모든 기업들이 가격을 동시에 낮추는 때보다는 하나의 기업만이 가격을 낮출 때 더 많은 상품을 판매할 수 있다. 시장 전체의 수요가 증가하는 것과 더불어, 가격을 낮추는 기업은 다른 기업으로부터도 수요를 빼앗아 오기 때문에 이러한 특징이 나타나게 된다. 요약하자면, 복점 상황에서 각 기업이 마주하게 되는 d 곡선은 모든 기업의 똑같은 가격을 부과할 때의 $D/2$ 곡선보다 수요의 가격 탄력성이 더 크다고 할 수 있다.

2 독점적 경쟁시장에서의 무역

독점적 경쟁시장 하에서 모형에 대한 가정은 다음과 같다.

가정 1 : 한 산업 내에서 기업들은 각자 차별화된 상품을 하나씩 생산한다.

각 기업은 다른 기업과는 다소 차별화된 상품을 생산하기 때문에, 가격을 올려도 다른 기업에게 소비자를 빼앗기지 않는다. 따라서 기업들은 각자의 상품에 대해 우하향 형태의 수요곡선을 각각 가지면서, 가격을 어느 정도는 독립적으로 정할 수 있다. 이러한 특징은 모든 기업들이 완전히 동일한 상품을 생산하면서 동일한 시장 가격으로 판매해야 하는 완전경쟁시장에서의 상황과는 다르다.

가정 2 : 한 산업 내에 다수의 기업들이 존재한다.

앞 절에서 언급되었듯이, 복점의 수요에 대한 여러 가지 특징은 많은 기업들이 존재하는 독점적 경쟁의 개별 기업 수요곡선에 대해 많은 시사점을 제공한다. 만약 기업들의 수를 N이라고 한다면, 모두 똑같은 가격을 매길 때 한 기업이 가지게 되는 수요는 D/N가 된다. 그러나 어느 한 기업의 가격을 낮출 때, 그 기업의 수요곡선은 좀 더 수평적인 d가 된다. 따라서 먼저 수요곡선이 d일 경우를 상정하여 모형을 살펴보고, 이 후 수요곡선이 D/N일 경우를 살펴보기로 하자.

위의 첫 번째와 두 번째 가정은 개별 기업의 수요에 대한 내용인 반면, 다음 세 번째 가정은 개별 기업의 비용 구조와 관련된 내용이다.

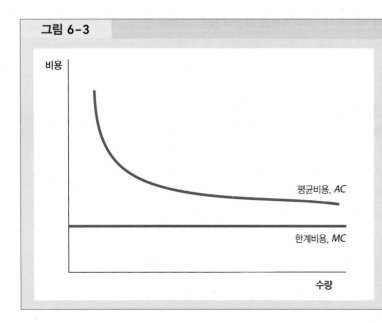

그림 6-3

비용

평균비용, AC

한계비용, MC

수량

규모에 대한 수확체증 왼쪽 그래프들은 기업의 평균비용(AC)과 한계비용(MC)을 나타낸다. 규모에 대한 수확체증은 기업의 생산량이 증가할수록 평균비용이 감소할 때 나타나는 현상이다. 단순화를 위해 한계비용은 평균비용 아래에서 일정한 형태로 그려졌다.

가정 3 : 기업 생산은 규모에 대한 수확체증을 가진다.

생산량이 늘어날수록 평균 생산 비용이 감소하는 생산 기술을 나타내는 규모에 대한 수확체증은 독점적 경쟁 모형만이 가지는 가정이라 할 수 있다. 이러한 내용은 평균 비용을 AC로 표현한 그림 6-3에서 잘 나타나고 있다. 여기서 생산량이 증가할수록 평균비용이 감소한다는 내용은 한계비용인 MC가 평균비용보다 더 낮다는 것을 의미한다. 왜 그럴까? 어떤 학생이 우리 수업에 새로 참여하여 평균 학점을 높일 수도 또는 낮출 수도 있다고 생각해보자. 만약 이 학생의 평균 점수가 원래 수업 평균보다 낮은 상황에서 수업에 새로 참여를 한다면, 수업 전체 평균은 낮아질 것이다. 이와 마찬가지로, MC가 AC보다 낮을 때, AC는 떨어져야 한다.[3]

수치적 예시 그림 6-3에서 비용 곡선의 예시로서, 어느 기업이 다음과 같은 비용을 가진다고 가정해보자.

고정비용 = $100

한계비용 = 개당 $10

이러한 비용 구조 하에서, 여러 가지 생산량에 대한 이 기업의 평균 생산비용은 표 6-2에 잘 나타나 있다.

표 6-2를 살펴보면 생산량이 증가할수록 평균비용은 점점 감소하면서 결국에는 한계비용인 개당 10달러에 근접하게 됨을 알 수 있는데, 이는 그림 6-3에서 나타나는 것과 동일하다.

가정 3은 평균비용이 한계비용보다 높음을 시사한다. 가정 1은 기업들이 각자 상품에 대한 가격 책정을 어느 정도 수준에서 스스로 할 수 있으며, 이들 가격은 한계비용보다는 더 높음

---

3 반드시 그럴 필요는 없으나, 모형의 단순화를 위해 한계비용은 일정하다는 가정을 하였다.

표 6-2

기업의 생산비용 정보 이 표는 생산량이 많아질수록 평균비용이 감소하는 규모에 대한 수확체증을 나타낸다.

생산량 Q	가변비용 = Q · MC (MC = \$100)	총비용 = 가변비용 + 고정비용 (FC = \$100)	평균비용 = 총비용/생산량
10	\$100	\$200	\$20
20	200	300	15
30	300	400	13.3
40	400	500	12.5
50	500	600	12
100	1,000	1,100	11
큰 규모의 Q	10 · Q	10 · Q + 100	10에 수렴

을 시사한다(그 이유는 다음 절에서 다루도록 하겠다).

만약 가격이 평균비용보다 높게 책정된다면, 기업은 **독점이윤**(monopoly profit)을 가지게 된다. 다음 마지막 가정은 독점적 경쟁시장에서 장기적으로 기업 이윤에 어떠한 일이 발생하는지를 잘 나타내고 있다.

가정 4 : 기업은 시장에 진입과 퇴출을 자유롭게 할 수 있으므로, 장기적으로 독점이윤은 0이 된다.

여러분들은 완전경쟁시장에서 다수의 기업들이 존재하고, 장기 균형에서 기업의 이윤이 0이 되었다는 것을 기억하고 있을 것이다. 독점적 경쟁에서도 장기 균형에 있어서는 동일한 조건을 가지고 있다. 가정에 의해, 기업은 시장의 진입과 퇴출을 자유롭게 할 수 있다. 이러한 가정으로 인해 기업들이 독점적 이윤을 취득할 수 있는 조건에서는 시장에 진입할 것이고, 좀 더 많은 기업들이 시장에 진입할수록 개별 기업의 이윤은 떨어질 것이다. 이러한 조건으로 인해 장기 균형 상태에서는 완전경쟁시장에서와 마찬가지로 개별 기업당 이윤이 0이 될 것이다.

개방 전의 균형

단기 균형 그림 6-4에 나타나는 바와 같이, 독점적 경쟁 기업의 단기 균형은 독점일 때와 비슷하다. 그림에서 각 기업의 수요곡선은 d_0, 한계수입곡선은 mr_0, 각 기업의 한계비용 곡선은 MC로 표시되어 있다. 각 기업은 한계수입과 한계비용이 같아지는 Q_0만큼을 생산함으로써 이윤을 극대화시킨다. 수요곡선 상에서 Q_0와 대응하는 P_0가 가격이 된다. 이때 P_0는 평균비용보다 높으므로 기업은 독점이윤을 벌어들인다.

장기 균형 독점적 경쟁시장에서 기업이 독점이윤을 얻을 수 있다면, 새로운 기업들이 지속적으로 시장에 진입하게 될 것이다. 새로운 기업의 시장 진입으로 인해 장기적으로 기존 기업

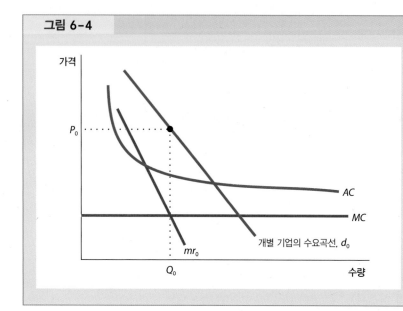

그림 6-4

개방 전 독점적 경쟁에서의 단기 균형 독점적 경쟁에서의 단기 균형은 독점에서의 균형과 같다. 기업은 한계수입인 mr_0와 한계비용인 MC가 같아 지는 지점에서 Q_0만큼 생산한다. 이때 가격은 P_0가 된다. 가격이 평균비용보다 높기 때문에 기업은 독점이윤을 얻게 된다.

들의 수요는 계속 낮아지게 되고, 개별 기업의 수요곡선은 시장에서 독점이윤이 소진될 때까지 d_0에서 왼쪽 아래로 계속 이동하게 된다(그림 6-5). 이와 더불어, 새로운 기업들이 시장에 진입함에 따라 소비자들은 보다 다양한 상품들을 선택할 수 있고, 개별 기업의 d_0는 좀 더 탄력적으로 되어 곡선의 기울기는 수평적으로 변한다. 각 상품들이 서로 간에 비슷하게 때문에, 새로운 기업들이 시장에 진입할수록 d_0 곡선은 좀 더 탄력적이게 될 것이다. 따라서 비슷한 대체제의 수가 증가할수록 소비자들은 가격에 좀 더 민감하게 반응하게 된다.

개별 기업들의 가격이 평균비용 곡선 상에 위치하여 독점이윤이 0이 될 때까지 새로운 기업들은 지속적으로 시장에 진입하게 된다. 독점이윤이 0이 되었을 때, 해당 산업은 더 이상의 진입과 퇴출의 유인이 없는 장기 균형 상태에 도달하게 된다. 국제무역이 있기 전의 장기 균형은 그림 6-5에 잘 나타나 있다. 개별 기업의 수요곡선은 d로 표시되는데, 단기 수요곡선은 d_0, 장기 수요곡선은 d_1으로 표시되어 있다(d_1에 상응하는 한계수입곡선은 mr_1이다). 생산량 Q_1에서 한계수입은 한계비용과 같게 된다. Q_1에서 해당 산업의 모든 기업들은 P^A의 가격을 부과한다. A점에서 P^A와 평균비용은 같게 되는데, 이는 수요곡선 d_1이 평균비용곡선과 접하는 지점이다. 가격이 평균비용과 같으므로 기업의 독점이윤은 0이 되고, 해당 산업에서 기업이 진입하거나 퇴출할 유인은 없어지게 된다. 따라서 A점은 국제무역이 발생하기 전 기업(그리고 해당 산업)의 장기 균형점이 된다. 여기서 명심해야 하는 사실은 장기 균형 수요곡선인 d_1이 단기 균형 수요곡선인 d_0보다 더 탄력적(평행적)이면서 왼쪽 아래에 위치하고 있다는 점이다.

본격적으로 국제무역이 효과를 고려하기 전에, 그림 6-5에서 또 다른 형태의 곡선을 살펴볼 필요가 있다. 개별 기업의 수요곡선인 d_1은 다른 모든 기업의 가격은 일정하다는 가정하에 그 기업의 가격 수준에 따라 변화하는 수요량을 나타낸다. 반면에, 해당 산업 내에 모든 기업

그림 6-5

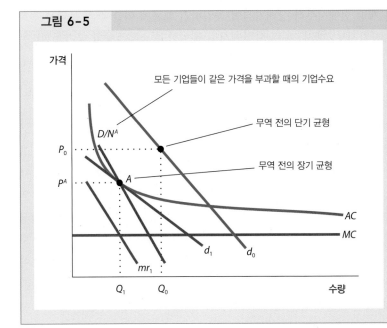

개방 전 독점적 경쟁의 장기 균형 단기에서의 이윤 발생 가능성으로 인해 새로운 기업들이 시장에 진입하게 되고, 기업의 수요곡선인 d_0는 왼쪽 아래로 이동하면서 좀 더 탄력적(즉 수평적)으로 되어 d_1이 된다. 독점적 경쟁에서의 장기 균형은 한계수입인 mr_1(수요곡선인 d_1에 상응함)과 한계비용인 MC가 같아지는 지점에서 Q_1만큼 생산한다. 이러한 생산량에서 무역 전의 가격인 P^A는 A점에서 평균비용과 같아지게 된다. 장기 균형에서 기업의 이윤은 0이며, 따라서 진입과 퇴출이 더 이상 발생하지 않는다. 각 기업의 생산량은 단기 균형에서의 생산량(그림 6-4)보다 적다. 새로운 기업들이 시장에 진입함으로써 Q_1은 Q_0보다 적다. 기업수가 증가하였고 이에 따라 소비자들이 선택할 수 있는 상품의 다양성이 증가하였기 때문에, 각 상품의 수요인 d_1은 d_0 보다 작아지게 된다. 수요곡선 D/N^A은 모든 기업들이 같은 가격을 부과할 때 무역을 하기 전의 수요를 나타낸다.

들이 동일한 가격을 부과할 때의 수요곡선 또한 고려해볼 수도 있다. 이 수요곡선은 산업 전체 수요인 D를 국제무역이 없을 경우의 기업수인 N^A로 나누는 것으로 나타낼 수 있다. 그림 6-5에서 D/N^A는 이러한 수요곡선을 나타내고 있다. 그림의 단순화를 위해 그림 6-5에서 D는 생략하였다.

수요곡선 d_1은 D/N^A보다 더 수평적 또는 탄력적이다. 이러한 이유는 복점의 내용에서 이미 설명한 바가 있으나(그림 6-2 참조), 복습을 위해 다시 설명하도록 하겠다. A점에서 어느 한 기업이 가격을 떨어뜨렸고 그 기업 제품에 대한 수요는 d_1의 선상을 따라 증가하였다고 해보자. 수요곡선 d_1은 매우 탄력적이라 가격의 하락으로 인해 다른 기업으로부터 소비자들이 이동해옴으로써 수요량은 크게 증가한다. 그러나 만약 모든 기업들이 같은 수준으로 가격을 낮춘다면, D/N^A의 선상에서 살펴볼 때 기업들 간 소비자들의 이동은 그리 많지는 않을 것이다. 모든 기업들이 동일한 수준으로 가격을 낮출 때, D/N^A의 선상에서 개별 기업에 대한 수요량 증가는 d_1선상에서의 증가보다는 작다. 따라서 D/N^A에서의 수요량은 상대적으로 비탄력적이며, 직선의 기울기는 d_1보다 더 수직적이다. 위의 두 수요곡선은 이후 독점적 경쟁 하 무역 개방의 균형을 살펴보고 이해하는 데 필요하다.

개방 이후 균형

이제 해당 산업에서 자국이 외국과 국제무역을 하게 되는 상황을 고려해보자. 모형의 단순화를 위해 개방 전의 균형 상태에서 자국과 외국의 소비자 수, 요소부존량, 기술수준과 비용 곡선, 기업 수는 모두 동일한 것으로 가정한다. 만약 규모에 대한 수확체증이 없다면 두 국가가 서로 무역을 할 유인은 전혀 없게 된다. 예를 들어, 리카도 모형을 고려해보면 동일한 기술수준의 국가들끼리는 개방 전에서부터 상대가격이 동일하기 때문에 이들 간의 무역은 전혀 발생하지 않게 된다. 마찬가지로, 헥셔-올린 모형에서도 동일한 요소부존량의 국가들끼리는 개방 전의 상대가격이 동일하므로 이들 간의 무역이 전혀 발생하지 않게 된다. 반면에 독점적 경쟁 상황에서는 규모에 대한 수확체증으로 인해 이 모든 것이 동일한 두 국가들 사이에서도 무역이 발생하게 된다.

개방 이후 단기 균형 개방 전 균형 상태에서의 기업 수인 N^A를 주어진 것으로 가정하고, 이를 개방 이후 단기 균형을 결정하는 데 이용하도록 하자. 개방 전의 장기 균형 상태인 그림 6-5의 A점은 분석의 출발점으로서 그림 6-6에서 이를 다시 그렸다. 자국과 외국 간의 자유무역이 허용될 때, 각 기업이 상대하는 소비자들의 수와 전체 기업의 수는 2배가 된다(이는 각국이 동일한 소비자 수와 기업 수를 가지고 있어서 그렇다). 소비자 수뿐만 아니라 기업 수 또한 2배로 되기 때문에 수요곡선인 D/N^A는 전과 동일하다($2D/2N^A = D/N^A$). 즉 그림 6-6에 나타나는 바와 같이, A점은 여전히 수요곡선 D/N^A의 선상에 위치하고 있다.

개방 이후 자유무역 하에서 기업의 수는 2배가 되어 소비자들이 이용할 수 있는 상품의 종류 또한 2배가 된다. 소비자들이 이용 가능한 상품의 다양성 증가로 인해, 각 상품에 대한 수요는 좀 더 탄력적으로 된다. 즉 만약 어느 한 기업이 가격을 개방 전 장기 균형가격인 P^A보다 더 낮게 부과한다면, 상대적으로 좀 더 많은 수의 소비자들을 다른 기업으로부터 유인해 올 수 있을 것으로 기대할 수 있다. 개방 전 기업은 오직 자국 소비자들만을 유인해올 수 있었으나, 개방 이후 무역을 하게 되면 자국뿐만 아니라 외국 소비자들도 유인해올 수 있다. 그림 6-6에서 이러한 소비자들의 반응을 나타내기 위하여 개방 전의 수요곡선인 d_1보다 좀 더 탄력적인 새로운 수요곡선인 d_2가 그려졌다. 이로 인해, 수요곡선 d_2는 점 A에서 더 이상 평균비용곡선에 접하지 않고, P^A보다 아래에 있는 가격들은 모두 평균비용보다 더 높다. 그림 6

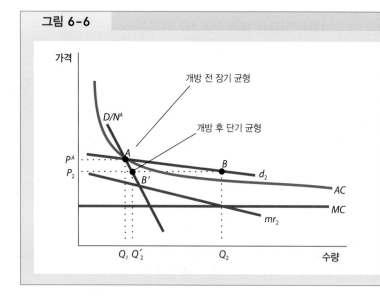

그림 6-6

개방 후 독점적 경쟁의 단기 균형 개방 이후 시장 규모가 커지기 때문에 기업이 직면하는 수요곡선은 d_2와 같이 좀 더 탄력적으로 변하게 된다(이에 상응하는 한계수입은 mr_2). 이때 기업은 한계수입과 한계비용이 같아지는 지점에서 Q_2만큼 생산한다. 이때의 가격은 P_2이다. P_2의 가격과 Q_2의 판매량에서 가격이 AC보다 더 높기 때문에 기업은 독점이윤을 얻게 된다. 그러나 만약 모든 기업들이 P_2로 가격을 낮출 경우, 수요곡선은 D/N^A가 되어 기업은 P_2의 가격으로 단지 Q'_2만큼만 판매하게 된다. 이러한 단기 균형(B'점)에서 가격은 평균비용보다 낮고 모든 기업들은 손해를 보게 된다. 그 결과, 일부 기업들은 시장에서 퇴출할 유인을 가지게 된다.

−6에서는 새로운 수요곡선인 d_2에 상응하는 한계수입 곡선인 mr_2가 그려져 있다.

새로운 수요곡선인 d_2와 새로운 한계수입 곡선인 mr_2에 의해 기업은 이윤극대화를 달성할 수 있는 생산량을 다시 정하게 된다. 항상 그랬던 것처럼, 이 생산량은 한계수입과 한계비용이 같아지는 지점에서의 Q_2가 된다. d_2 상에서 Q_2에 대응하는 점인 B점을 기준으로 기업은 P_2의 가격을 부과한다. B점에서 P_2는 평균비용보다 높기 때문에, 기업은 양의 독점적 이윤을 얻게 된다. 여기에서 기업이 가격을 낮출 유인이 있다는 사실이 분명히 나타난다. A점에서는 독점적 이윤이 없지만 B점에서는 존재한다. Q_2를 생산하여 P_2의 가격으로 이를 판매함으로써 기업은 이윤극대화를 달성한다.

그러나 기업에 대한 이러한 행복한 시나리오는 여기서 끝이 아니다. (자국과 외국 모두) 산업 내 모든 기업들은 다른 기업으로부터 소비자들을 빼앗아 오고 독점적 이윤을 벌기 위해 가격을 낮추는 유인을 똑같이 가진다. 그러나 모든 기업들이 동시에 가격을 낮출 때, 각 기업의 수요량은 d_2가 아닌 수요곡선 D/N^A의 선상에 따라 증가한다. 여기서 D/N^A는 산업 내 모든 기업들이 똑같은 가격을 부과할 때 각 기업이 가지게 되는 수요임을 기억하자. 모든 기업들이 P_2 수준으로 가격을 낮출 때, 각 기업은 기대한 바에 의해 B점에서 Q_2를 생산하기보다는 B′점에서 Q'_2 수준으로 생산하게 된다. B′점에서 가격은 평균 비용보다 낮아 모든 기업들이 손실을 보게 된다. 개방 후 단기 균형에서 기업들은 B점에 도달하여 이윤을 얻기 위해 가격을 낮추지만, 결국 B′점에 위치하게 되어 손실을 보게 된다.

손실을 입은 일부 기업들은 파산하여 시장에서 퇴출되기 때문에 B′점은 장기 균형이 아니다. 일부 기업의 퇴출로 인해 남은 기업들에 대한 수요(d와 D/N^A 모두)는 증가하고, 소비자들이 이용 가능한 상품의 다양성은 감소한다. 따라서 이러한 장기 균형을 제대로 이해하기 위해서는 새로운 그림을 그릴 필요가 있다.

개방 이후 장기 균형 일부 기업들의 퇴출로 인해 개방 후 각국 시장에서 활동하는 기업 수는 개방 전보다 적다. 개방 후 각국에서 활동하는 기업 수를 N^T라고 한다면, $N^T < N^A$이다. 이러한 활동 기업 수의 감소로 인해 개별 기업이 직면하는 수요의 몫은 증가하게 되어 $D/N^T > D/N^A$가 된다. 그림 6-7에서 개별 기업의 수요곡선인 D/N^T는 앞선 그림의 수요곡선인 D/N^A보다 더 오른쪽에 위치하고 있다. 이때 개방 이후 장기 균형은 C점에서 이루어지게 된다. C점에서 개별 기업의 수요곡선인 d_3는 평균비용곡선인 AC에 접하고 있다. 또한, 한계수입곡선 mr_3는 한계비용곡선인 MC와 서로 교차하고 있다.

이러한 개방 이후 장기 균형을 개방 이전과 어떻게 비교할까? 무엇보다도, 각국에서 일부 기업들이 퇴출했음에도 불구하고, 전 세계 상품 수인 $2N^T$(각국에서 생산되는 상품 수 N^T에 전체 국가 수인 2를 곱함)는 개방 전 각국에서 이용 가능한 상품 수인 N^A보다 더 크다, 즉 $2N^T > N^A$이다. 다음으로, 개별 기업의 수요곡선인 d_3는 개방 전의 수요곡선인 d_1보다 더 탄력적이어야 한다. 수입 상품의 이용 가능성으로 인해 소비자들은 개방 전보다 가격에 좀 더 민감하게 반응하게 되므로, 그림 6-5에서 수요곡선인 d_3는 d_1보다 더 탄력적이다. 개방 이

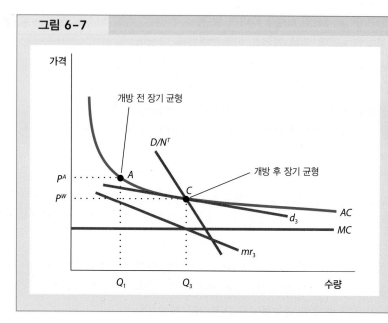

그림 6-7

개방 후 독점적 경쟁의 장기 균형 개방 후의 장기 균형은 C점에서 발생한다. 이 지점에서 각 기업은 Q_3만큼을 생산하고(즉 $mr_3 = MC$의 조건을 만족하는 생산량), P^W의 가격을 부과함으로써(AC와 같은 수준) 이윤을 극대화시킨다. 가격이 평균비용과 같아 독점이윤이 0이 되기 때문에 시장에서의 진입과 퇴출은 더 이상 없다. 개방 전의 장기 균형(그림 6-5)과 비교하여, (mr_3와 함께) d_3는 국내 일부 기업들이 퇴출함으로써 이전보다 왼쪽으로 이동하였고, 무역으로 인해 상품다양성이 증가하여(즉 $2N^T > N^A$) 이전보다 좀 더 탄력적으로 되었다. A점의 개방 전 장기 균형과 비교하여 C점의 개방 후 균형에서는 살아남은 기업들이 보다 낮은 가격을 부과하면서 많은 생산을 하고 있다.

후 균형점(C점)에서, 여전히 활동 중인 각 기업은 개방 전보다 더 낮은 가격을 부과하고($P^W < P^A$), 더 많이 생산한다($Q_3 > Q_1$). 각 개별 기업에 있어 가격의 하락과 생산량의 증가는 동시에 발생하는 현상이다. 퇴출로부터 살아남은 기업들의 생산량이 증가함에 따라, 규모에 대한 수확체증으로 인해 평균 비용은 감소하게 되고 기업들이 부과하는 가격 또한 낮아지게 된다.

국제무역의 이득 C점의 장기 균형에서 소비자들은 두 가지 이유로 국제무역에 따른 이득을 얻게 된다. 첫째, A점과 비교하여 가격의 하락으로 소비자들은 이득을 본다. 생산이 증가할수록 평균비용이 감소하는 현상을 나타내는 규모에 대한 수확체증 법칙이 반영되어 이러한 가격의 하락이 나타나게 된 것으로 이해하면 좋다. 좀 더 낮은 비용으로 생산을 하는 관계로, 평균비용이 감소한 것은 살아남은 기업들의 생산성이 증가한 것과 동일하다. 따라서 기업 생산성의 증가로 인해 소비자들은 가격 하락의 이득을 보게 된다.

소비자들이 국제무역의 이득을 얻게 되는 두 번째 이유는 다음과 같다. 가정에 의해, 소비자들은 좀 더 많은 종류의 상품들을 소비할 수 있을 때 잉여가 증가하게 되고, 따라서 상품다양성의 증가가 국제무역 이득의 원인이 된다. 각국에서 무역으로 인해 일부 기업들이 시장에서 퇴출하게 되고, 보다 적은 수의 상품들을 살아남은 국내기업들이 생산한다. 그러나 소비자들은 국내산뿐만 아니라 외국산 상품을 또한 구매할 수 있기 때문에, 개방 이후 이용 가능한 상품 종류의 수는 개방 전 각국에서의 수보다 더 많다. $2N^T > N^A$이다. 따라서 상품 가격의 하락과 더불어 상품다양성의 증가로 인해 소비자들은 국제무역으로부터 추가적인 이득을 얻게 된다.

국제무역의 조정비용 이렇게 국제무역으로 인해 장기적으로 소비자들은 이득을 얻게 되지만,

다른 한편으로 일부 기업들이 파산하고 시장에 퇴출함에 따라 생기는 조정비용이 또한 발생하게 된다. 이들 기업에서 일했던 노동자들은 새로운 직업을 구할 때까지 실업을 겪게 된다. 그러나 일정 기간이 지나고 나면, 이들 노동자들은 새로운 직업을 구할 것으로 기대되고, 따라서 이러한 조정비용은 일시적인 것으로 생각할 수 있다. 이렇게 일시적인 현상인 조정비용을 우리의 모형에서는 고려하지는 않았지만, 실제로 이 비용이 얼마나 클지에 대해서는 여전히 관심의 대상이 된다. 국제무역의 장기 이득과 단기 조정비용을 비교하기 위하여, 다음 절에서는 북미자유무역협정 체결국인 캐나다, 멕시코, 미국에서의 사례를 살펴보게 될 것이다. 그리고 각각의 사례들이 독점적 경쟁 모형의 예측과 잘 맞아 떨어지고 있음을 여러분들은 보게 될 것이다.

3 북미자유무역협정

무역이 소비자들의 상품 소비 범위를 넓힐 수 있다는 사실은 새로운 내용이 아니다 — 사실 이번 장의 첫 부분에 인용된 데이비드 리카도의 격언에서도 이 내용이 소개되었다. 그러나 독점적 경쟁의 국제무역 모형은 새로운 내용이며, 이는 1980년대에 엘하난 헬프먼, 폴 크루그먼, 고인이 된 켈빈 랜캐스터 교수들에 의해 개발되었다. 이들의 연구들은 단순히 이론만을 나열한 것이 아니라 국가들 간의 자유무역을 보장하는 자유무역협정 체결의 근거를 제공하였다. 예를 들어, 1989년에 캐나다와 미국은 자유무역협정을, 1994년에는 멕시코를 포함시켜 북미자유무역협정(NAFTA)을 발효시켰다. 캐나다가 이 자유무역협정에 참여하게 된 결정적 이유는 캐나다 기업들이 미국과 멕시코 시장에서 물건을 판매함으로써 생산량을 높일 수 있는 (그리고 평균비용을 낮출 수 있는) 가능성이 있었기 때문이다. 이번 장 첫 부분에서 인용된 캐나다 경제학자인 대니얼 트레플러의 격언은 자유무역협정으로 인해 캐나다의 생산성이 실제로 증가했음을 나타내고 있다. 이제 독점적 경쟁 모형이 이론적으로 예측하는 무역의 이득과 비용을 NAFTA를 통해 살펴보도록 하자.

NAFTA 이후 캐나다의 이득과 조정비용

1960년대 캐나다의 학술 연구들은 캐나다 기업들이 더 큰 규모의 시장에 진출하여 생산범위를 확대하고 낮은 생산비용을 달성할 수 있기 때문에, 미국과의 자유무역은 중대한 이득을 줄 것으로 예상하였다. 1980년대 중반에 캐나다 경제학자 리처드 해리스는 독점적 경쟁 모형을 기반으로 하는 시뮬레이션을 실시하였고, 그 결과를 통해 캐나다 정부는 1989년에 미국과의 자유무역협정을 추진하게 되었다. 이후 분석이 가능한 시간이 충분히 흘렀고, 이제 캐나다가 미국과 멕시코와의 무역협정에서 어떻게 영향을 받았는지를 살펴볼 수 있다.

　헤드라인 : 캐나다-미국 자유무역협정의 장·단기 효과의 내용에서는 자유무역협정 이후 캐나다에서 발생한 일들을 서술하고 있다. 1988~1996년 자료를 이용하여, 토론토대학교의 대니얼 트레플러 교수는 100,000명의 실업 또는 제조업 고용 5%의 단기 조정비용을 추정하였

다. 큰 폭의 관세 인하로 인해 일부 산업들은 15% 정도의 고용감소를 경험하였다. 이는 실로 큰 규모의 고용 감소라 할 수 있다. 그러나 기간이 지날수록 제조업 내 다른 산업에서 발생한 신규 채용은 이러한 고용 감소를 추월하고도 남았고, 자유무역협정으로 인한 장기 실업 현상은 없었다.

그러면 장기적 이득은 어떨까? 트레플러 교수는 관세 인하에 큰 영향을 받은 산업들에서 8년 동안 18%의 생산성 증가 또는 2.1%의 연평균 성장률과 같이 높은 수준의 기업 생산성 증가 효과를 발견하였다. 제조업 전체의 경우, 0.7%의 연평균 성장률과 함께 6%의 생산성이 증가하였다. 이 두 수치들 간의 차이(즉 연평균에 있어 2.1-0.7 = 1.4%)는 자유무역협정의 관세 인하에 큰 영향을 받은 산업들만을 분석 대상으로 하는지 또는 전체 산업을 분석 대상으로 하는지에 대한 차이이다. 캐나다의 생산성 증가로 인해 생산 노동자들의 실수입은 8년

헤드라인

캐나다-미국 자유무역협정의 장·단기 효과

토론토대학교의 트레플러 교수는 캐나다-미국 자유무역협정 체결 이후 캐나다 고용에 대한 단기 효과와 생산성과 임금에 대한 장기 효과를 분석하였다.

캐나다-미국 자유무역협정과 관련하여 좋은 소식과 나쁜 소식이 있다. 좋은 소식은 1989년 1월의 협정 발효 이후, 논란이 많았던 캐나다 산업의 생산성이 효율적 기업들의 소비자와 이해관계자에게 이득을 주면서 증가했다는 것이다. 나쁜 소식은 수입 경쟁의 증가 또는 저임을 이용한 개도국의 생산 기회 증가로 인해 퇴출한 기업들의 이해관계자와 해고 노동자들에 대한 단기 조정비용이 생겼다는 것이다. 대니얼 트레플러 교수는 '캐나다-미국 자유무역협정의 장·단기 효과' 연구(NBER 연구보고서 No. 8293)에서 자유무역으로 인한 비용과 편익 사이의 이러한 갈등 상황을 모르고 현재의 논쟁을 이해하는 것은 불가능하다고 언급하였다. 그의 연구는 1989∼1996년 캐나다 제조업 부문의 많은 성과 지수들을 활용하여 FTA의 효과를 분석하였다. 이 기간 동안 5%에서 33% 사이 범위와 평균 10% 정도로 높은 수준의 관세 인하를 실시한 산업들의 1/3가량이 15% 수준의 실업, 11% 수준의 생산량 감소, 8% 수준의 공장 폐쇄를 경험하였다. 이들은 의류, 신발, 장식가구, 관, 모피제품, 접착제를 생산하는 산업들이었다. 제조업 전체로 보았을 경우, 5%의 실업, 3%의 생산량 감소, 4%의 공장 폐쇄가 기록되었다. 트레플러 교수는 이를 두고 "이들 수치들은 비효율적 제조업 부문의 보호를 철회하고 자원을 재배분하는 과정에서 발생하는 큰 규모의 구조조정 비용을 나타낸다."라고 얘기하였다.

1996년 이후부터 캐나다의 제조업 고용과 생산은 반등하기 시작하였다. 이러한 사실은 실업자들과 생산의 일부가 고효율적인 제조업 부문으로 재분배되었음을 시사한다. 긍정적 측면에서 관세 삭감으로 인해 큰 영향을 받은 산업들에 대해서는 연평균 2.1%, 산업 전체에 대해서는 연평균 0.6% 정도로 노동생산성(한 시간 동안 노동자 한 명의 생산량)이 증가한 것으로 트레플러 교수는 추정하였다. …놀라운 것은, 관세 삭감이 연소득을 조금이나마 증가시킨 것으로 트레플러 교수는 분석하였다는 점이다. 생산 노동자들의 임금은 관세 삭감의 큰 영향을 받은 산업에서는 0.8%, 산업 전체에서는 0.3% 정도로 증가한 것으로 나타났다. 관세 삭감은 비생산부문의 고임금 근로자들 또는 생산 노동자들의 주당 소득에는 영향을 미치지 않았다.

출처 : David R. Francis, "Canada Free Trade Agreement," NBER Digest, Septerber 1, 2001, http://www.nber.org/digest/sep01/w8293.html에서 내용을 발췌함. 대니얼 트레플러 교수가 쓴 이 논문은 *American Economic Review*, 2004, 94(4), pp. 870-895에 게재되었음

동안 2.4% 또는 연도별 0.3% 정도로 소폭 증가하였다. 이러한 캐나다 제조업의 사례를 통해 우리는 살아남은 기업들의 생산성이 증가한다는 독점적 경쟁 모형의 이론적 예측이 맞다는 것을 확인할 수 있다. 이러한 생산성 증가로 인해 소비자의 상품 가격은 떨어지고 노동자들의 실수입은 증가하는데, 이는 앞서 살펴보았던 무역 이득의 발생 이유 중 첫 번째 이유와 그 내용이 같다. 트레플러 교수의 연구에서는 무역 이득의 발생 이유 중 두 번째 이유(캐나다 소비자의 상품다양성 증가)는 분석하지 않았지만, 이후의 내용에서는 미국을 대상으로 이를 분석하였다.

NAFTA 이후 멕시코의 이득과 조정비용

1980년대 중반, 멕시코의 미겔 데 라 마드리드 대통령은 외국인 투자의 기회 확대와 토지 개혁의 내용을 담은 경제자유화 정책을 착수하였다. 그 당시 일부 제품의 경우 미국과의 교역에서 100%의 고관세가 부과되고 있었고, 외국기업들의 활동에 많은 제약들이 있었다. 데 라 마드리드 대통령은 멕시코의 소득과 성장을 촉발시키기 위해 경제개혁이 반드시 필요한 것으로 인식하고 있었다. 1994년 미국과 캐나다와의 NAFTA 가입은 이미 실행 중인 개혁 정책의 성과를 높이는 데 중요한 정책적 도구였다. NAFTA 체결 이후, 대미 수입품에 대한 멕시코의 관세는 1990년의 평균 14%에서 2001년의 1%로 떨어졌다.[4] 또한 비록 원래부터 낮은 수준이었기는 했지만, 멕시코산 대미 수출품의 미국 내 관세 또한 대부분의 산업에서 떨어졌다.

NAFTA 이후 관세 삭감이 멕시코 경제에 어떠한 영향을 미쳤을까? 아래에서 생산성과 임금에서의 실증자료를 살펴보겠지만, 여러분들은 그 전에 **헤드라인 : NAFTA 15주년, 브라보!** 의 기사를 읽어보기를 바란다. 남미 비즈니스를 다루는 미국 시사 잡지에서 NAFTA 출범 15주년 기념으로 2009년에 이 기사를 게재하였다. 이 기사는 규모에 대한 수확체증과 소비 상품의 다양성 증가를 포함하여 이미 본문에서 언급하였던 NAFTA의 여러 장점에 대해 언급하고 있다. 그러나 이 기사는 멕시코 화물차의 미 국경 통과 금지, 환경과 노동 부문 협정(이후 장에서 다시 언급)과 같이 NAFTA의 일부 단점에 대해서도 언급한다. 15년이나 지났음에도 불구하고 멕시코 화물차의 미국 입국은 허용되지 않았고, 이는 멕시코가 일부 미국산 제품에 대해 수입 관세를 부과하여 보복하는 계기가 되었다. 2년 후인 2011년에 미국은 마침내 물품 배달을 하는 멕시코 화물차의 미 국경 통과를 허용하는 데 합의하였다.[5] **헤드라인 : NAFTA 체결 이후 20년, 멕시코 화물차, 비로소 최초로 미국 본토에 도착** 기사에서는 이러한 미국과 멕시코 간 경제적 관계의 중대한 사건을 논의하고 있다.

---

4 NAFTA 협정 내용에 의해 관세 삭감이 최장 15년의 기간 동안 단계적으로 이루어질 수 있음에 따라, 2001년에서의 무역은 완전히 자유화되지는 않았다. 멕시코 농업 부분에서의 관세가 가장 장기간 동안의 삭감 단계 기간을 가졌다.

5 2009년에 오바마 대통령이 서명한 미국 예산안은 멕시코 장거리 화물차의 미국 전역 배달을 허용하는 시범프로그램을 삭제하였다. 이에 대한 보복으로 멕시코는 24억 달러 상당의 미국산 제품에 관세를 부과하였다. 이에 대한 자세한 내용은 엘리자베스 말킨이 2009년 3월 24일 뉴욕타임스(인터넷판)에 기고한, "NAFTA's Promise, Unfulfilled"의 내용을 참고하길 바란다.

헤드라인

NAFTA 15주년, 브라보!

이 기사는 NAFTA로 인한 미국과 멕시코의 경제적 효과를 논의하고 있다. 본 내용은 남미 비즈니스를 주제로 다루는 미국 시사 잡지에 수록되어 있다.

어제는 미국과 멕시코 국민들이 새해의 시작을 축하하면서도 다른 중대한 사건 하나를 축하할 이유가 또 있었다. 북미자유무역협정(NAFTA) 출범 15주년이 되었다. 미국과 멕시코 경제의 침체에도 불구하고, 작년의 양국 간 무역은 새로운 기록을 달성할 것으로 기대되었다. 2008년 전반기에만 미국-멕시코 간 무역은 1,837억 달러로 9.6% 증가하였다. 이는 2007년 한 해 동안의 무역인 3,470억 달러의 기록을 이어가고 있는 것이다. NAFTA가 발효되기 바로 전 해인 1993년의 전체 무역액 815억 달러와 비교해 보면, 이는 큰 수치임을 알 수 있다.

의심할 여지도 없이 NAFTA는 이러한 성장의 주 원인이다. NAFTA 이후 멕시코 경제는 미국산 제품과 투자를 개방하였고, 이로 인해 많은 미국기업들이 이익을 얻었다. 그와 동시에 멕시코 기업들도 세계에서 가장 큰 시장에 무관세로 진출할 수 있었고, 그 결과 더 많은 판매량과 고용이 생겨났다. 무역의 성장은 양국 내 소비자들과 기업들에게 이득을 가져다주었다는 사실을 시사한다.

최근 미국 상점에서 팔리는 물건들은 대부분 중국산이지만, 멕시코 또한 아주 중요한 역할을 수행하고 있다. 멕시코는 캐나다와 중국에 이어 세 번째로 미국에 수출을 많이 하는 국가이다. 그러나 미국산 제품을 소비하는 측면에서는 멕시코가 중국보다 위에 있다. 작년(2008년) 1~10월까지 멕시코는 1,294억 달러어치의 미국산 제품을 수입하였는데, 이는 더 규모가 큰 국가인 중국이 미국으로부터 수입한 610억 달러보다 2배가 되는 금액이다. …

NAFTA는 상품 선택과 품질의 다양성 증가, 가격의 인하 측면에서도 미국 소비자들에게 이득을 가져다주었다.… NAFTA로 인해 제너럴모터스(GM) 사와 제너럴일렉트릭(GE) 사에 이르기까지 미국 제조업 내 대기업들의 생산라인은 규모의 경제를 달성할 수 있었다. GM의 수석경제학자인 무스타파 모하타렘은 NAFTA가 시작되기 전 멕시코에 위치한 GM 사의 조립공장은 적은 양의 많은 제품들을 조립하였고, 이로 인해 높은 생산비용과 많은 불량품 생산이 유발된 것으로 분석하였다. 이제 멕시코 내 공장들은 높은 생산량을 가지는 일부 제품에 생산을 특화하여 낮은 생산비용과 고품질의 제품을 생산하고 있다고 그는 지적한다. 이러한 결과로 미국과 멕시코 소비자들은 모두 이득은 보고 있다.…

물론, NAFTA는 완벽하지 않다. 문제점 중 하나는 포괄적인 자유무역협정에서 다루어져야 할 석유산업 부문에서 멕시코가 민감하게 반응함으로써 NAFTA에서는 다루지 않았고, 협정 위반이 있더라도 이를 제재할 수 없다는 점이다. 또 다른 문제점의 예로, 부끄럽게도 미국 정부는 멕시코 화물차의 미국 입국 허용을 다루는 NAFTA 규정들에 관심이 없었다. 작년(2008년) 9월이 되어서야 부시 정부가 시행한 시범적 프로그램을 통해 멕시코 화물차가 마침내 최초로 미국 본토에 입국하였다 ― 미국 노조와 입법자들의 반대로 8년이라는 시간이 지연된 후에 시행되었다. …또한 많은 경제학자들은 클린턴 대통령이 협정을 원활히 추진하기 위해 협상하였던 NAFTA의 노동과 환경 협정 내용에 대해 비판적이다.

그러나 전반적으로 NAFTA는 미국과 멕시코 양국에 큰 이득을 가져다주었다. 오바마 당선자가 작년 선거운동에서 주창한 NAFTA 재협상이 실행될 경우, 지금 양국이 경기침체로 고통받고 있는 것과 같이 양국 경제에 부정적인 영향을 미칠 것이다. 또한 이는 남미에서의 최대 무역국인 멕시코와의 관계에도 악영향을 줄 수 있다. 새로운 대통령이 경기회복을 위한 여러 방안들을 모색함에 있어서, 올해 워싱턴 D.C.에서는 실용주의가 승리를 거두기를 희망한다. NAFTA를 그대로 두는 것이 좋은 출발점이 될 것이다.

그러는 동안 NAFTA의 15주년을 축하합니다. *Feliz Cumpleaños.*

출처 : Editors, *Latin Business Chronicle*, January 2, 2009, electronic edition

헤드라인

NAFTA 체결 이후 20년, 멕시코 화물차, 비로소 최초로 미국 본토에 도착

NAFTA에서 협의되었으나 실행에는 17년이나 걸린 운송 프로그램에 따라, 2011년 10월 21일 멕시코에서 출발한 트레일러 화물차가 최초로 국경을 넘어 텍사스의 라레도에 도착하였다.

2011년 10월 21일, 트럭이 미국-멕시코 간 국경을 지나고 있다.

북미자유무역협정을 맺은 지 거의 20년이 지나서야 논쟁이 많았던 조항에 의해 멕시코 화물차가 최초로 미국 국경을 통과하였다. 큰 소란 없이 멕시코 번호판을 단 흰색 화물 자동차는 멕시코산 유정 굴착용 철 구조물을 운송하고자 토요일 오후에 텍사스 갈런드에 있는 아트라스 콥코 사 건물 선착장에 도착하였다.

이는 무역협정 이후 17년 이래로 멕시코산 화물차가 미국 국경 이내에 도착한 첫 번째 운송으로 기록된다. 과거에는 국경에서 화물차를 상호 교차 제공했던 방식으로 진행하였다. 7월에 오바마 행정부는 NAFTA 이행에 대한 오랜 논쟁을 종결시키는 협정을 멕시코와 맺었다. 이 협정은 20억 달러어치의 미국산 제품에 대한 관세 철폐의 내용을 또한 포함한다. 유일하게 미국 내 화물차 운송 허가를 받은 멕시코 회사인 'Transportes Olympic'의 경영자 제라르도 아길라르는 "우리 회사는 미 국경 운송 통과에 대한 규정을 충족시키기 위해 부단히 노력

하였고, 그 결과 미국 회사로부터 신뢰를 쌓을 수 있었다."라고 얘기하였다. 멕시코산 수입품의 40%가 통과하는 지점인 텍사스 라레도의 국가 간 연결교량인 '세계무역'에서 오랫동안 지연되었던 운송 체계가 양국 간의 축제일인 금요일에 비로소 정착되었다.

출처 : *The Huffington Post*, http://www.huffingtonpost.com/2011/10/24/nearly-20-years-after-nafta-first-mexican-arrives-in-us-interior_n_1028630.html, First Posted: 10/24/11 06:08 PM ET Updated : 12/24/11 05:12 AM ET

멕시코의 생산성 캐나다 경우와 마찬가지로, NAFTA로 인한 멕시코의 생산성 효과를 살펴보도록 하자. 그림 6-8(a)에서는 제조업 기업들을 두 가지 유형으로 나누어 노동생산성의 성장 추이를 나타내고 있다. 즉 멕시코에서 국경 가까이에 입지하여 거의 모든 생산품을 미국으로 수출하는 마킬라도라 공장들과 마킬라도라가 아닌 다른 모든 공장들로 나누었다.[6] 마킬라도라 공장들은 NAFTA에 가장 큰 영향을 받아야 할 것이다. (b)에서는 실질임금과 실질소득의 추이를 나타내고 있다.

(a)에서 마킬라도라 공장들의 생산성 경우, 1994년(멕시코의 NAFTA 가입 연도)과 2003년 사이에 45% 정도 증가하였고, 9년 이상의 기간 동안 연평균 성장률은 4.1%를 기록하였다. 이에 반해 다른 공장들의 생산성 경우, 연평균 2.5%로 1994~2003년에 25% 정도가 증가하였다. 이러한 1.6%의 연평균 성장률 차이는 NAFTA가 다른 공장들의 생산성 증가 이상으로

---

[6] 마킬라도라 공장의 노동생산성은 노동자 1인당 실질 부가가치임에 반해, 다른 공장들은 노동자 1인당 실질 생산량을 나타낸다. 이 두 자료 모두 Gary, C. Hufbauer and Jefferey J. Schott, 2002, *NAFTA Revisited: Achievments and Challenges* (Washington, D.C. : Perterson Institute for International Economics), Table 1-9, p. 45로부터 발췌하였다.

마킬라도라 공장들의 생산성 증가에 기여한 효과를 나타낸다고 할 수 있다.

실질 임금 및 소득 마킬라도라 공장들과 다른 공장들의 실질 임금 추이는 그림 6-8(b)에서 나타나 있다. 다른 공장들의 생산성 증가에도 불구하고, 1994~1997년에 양쪽 모두 20% 이상의 실질 임금 하락이 있었다. 이러한 임금 하락은 독점적 경쟁 모형에서는 예상치 못한 현상이다. 그러면 왜 이러한 현상이 발생하였을까?

NAFTA에 가입한 후 얼마 지나지 않아 멕시코는 재정 위기를 겪으며 페소화가 평가절하되었다. 같은 해에 동시에 발생했다고 해서 페소 위기가 멕시코의 NAFTA 가입으로 인한 것으로 보는 것은 잘못된 시각이다. 1994년 이전에 멕시코는 고정환율제를 유지하였으나, 1994년 후반부터 변동환율제로 전환하였고, 이후 페소화는 이전의 고정 가치 때보다 훨씬 더 평가절하되었다. 환율제도와 고정환율제에서 변동환율제로의 전환 이유에 대한 자세한 내용은 국제거시경제학 분야에서 다루는 내용이다. 여기서 핵심 내용은 페소가 평가절하될 때 수입품의 페소 가격이 상승하므로 멕시코가 미국으로부터 수입할 때 제품의 가격이 더 비싸진다는 것이다. 따라서 멕시코의 소비자물가지수는 상승하게 되고, 그 결과 멕시코 노동자들의 실질 임금은 떨어지게 된다.

미국 국경 가까이에 있는 마킬라도라 공장들의 경우 이러한 환율 변화에 더 민감하게 반

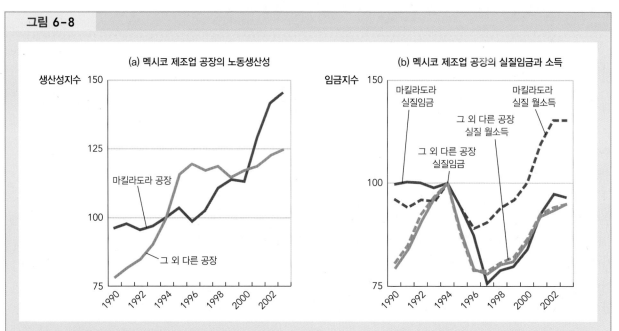

그림 6-8

멕시코의 노동생산성과 임금 (a)는 멕시코 내 마킬라도라 지역과 그 외 지역의 제조공장 내 노동자들의 노동생산성을 보여준다. (b)는 마킬라도라와 그 외 다른 공장 내 노동자들의 임금과 월별 소득을 보여준다. 미국과의 무역 증가로 인해 노동생산성과 실질 월소득은 미칼라도라 공장에서 좀 더 빠르게 증가하였다.

출처 : Gary C. Hufbauer and Jeffery J. Schott, 2005, NAFTA Revisited: Achievement and Challenges (Washington, D.C.: Peterson Institute for International Economics), p. 45.

응하였고, 미국산 수입 원료의 가격 상승으로 인해 같은 기간 동안의 생산성 증가도 그리 크지 않았다. 멕시코 소비자 물가지수에도 반영되어 있듯이, 마킬라도라와 다른 공장의 노동자들은 수입품 소비를 위해 높은 가격을 지불하였다. 따라서 두 유형에서 노동자들의 실질임금 하락 추이는 비슷하다. 그러나 이러한 하락은 단기간에만 지속되었고, 1998년부터는 두 유형 모두에서 실질임금의 재상승이 있었다. 2003년이 되어서는 두 유형 모두에서 실질임금이 1994년의 가치 수준으로 인상되었다. 이러한 사실은 멕시코 노동자들이 평균적으로 NAFTA로 인해 이득이나 손해를 보지 않았다는 것을 의미한다. 아쉽게도, 생산성 증가의 긍정적인 효과가 노동자들에게는 공유되지 않았지만, 실질임금은 적어도 페소 위기의 부정적인 효과로부터 회복되었다.

만약 실질임금 대신에 생산직이 아닌 연봉직을 포함하는 실질 월별소득을 살펴볼 경우, 그림은 다소 나아진다.[7] (b)에서 다른 공장들의 경우 실질 임금과 실질 월별소득은 매우 비슷한 추세를 보이고 있다. 그러나 마킬라도라 공장들의 실질 월별소득은 1994년보다 2003년에서 훨씬 더 높게 나타나고 있는데, 이는 NAFTA로부터 가장 큰 영향을 받은 제조업 공장에서 일하는 노동자들이 어떠한 이득을 취하였음을 의미한다. 마킬라도라 공장의 고소득 노동자들의 실적이 비숙련 노동자들과 기타 공장의 노동자들보다 더 좋았음을 보여주는 실증적 증거들은 상기의 결론을 뒷받침한다.[8] 이러한 실증적 증거로부터 마킬라도라 공장에서 근무하는 고소득 노동자들이 장기적으로 NAFTA로부터 가장 큰 이득을 보았음을 알 수 있다.

멕시코의 조정비용 멕시코가 NAFTA에 가입했을 때, 옥수수와 같이 특히 농업부문에서 미국과의 강력한 수입경쟁으로 인한 단기적 조정비용이 클 것으로 예상되었다. 이런 이유로 농업부문의 관세 인하는 15년간에 걸쳐서 서서히 진행되었다. 최근의 실증적 증거는 멕시코의 옥수수 농부들이 예상과는 달리 큰 피해를 입지는 않은 것으로 나타나고 있다.[9] 이러한 결과가 나타난 데에는 몇 가지 이유가 있었다. 첫째, 빈농들은 재배한 옥수수를 팔지 않고 스스로 소비하였고, 필요한 경우 여분의 옥수수도 구매하였다. 이들은 저렴한 미국산 옥수수의 수입가격으로부터 이득을 얻었다. 둘째, 멕시코 정부는 옥수수 농부들의 소득 감소를 상쇄시키고자 보조금을 지급할 수 있었다. 놀랍게도, 멕시코의 전체 옥수수 생산은 NAFTA 이후에 떨어지지 않고 오히려 증가하였다.

이제 제조업으로 돌아가서 다시 마킬라도라 공장과 다른 공장으로 나누어 이를 살펴보자.

---

7 임금 자료는 주로 조립라인과 이와 비슷한 활동에 관여하는 생산직 노동자들을 대상으로 한다. 반면, 소득 자료는 생산직과 비생산직을 포함하는 모든 피고용인을 대상으로 한다. 월별 소득은 기업의 성과급과 멕시코에서는 흔하게 지급하는 크리스마스 상여금을 다 포함한다.

8 Gordon H. Hanson, 2007, "Globalization, Labor Income and Proverty in Mexico." In Ann Harrison, Ed., *Globalization and Poverty* (Chicago: University of Chicago Press; Washington, D.C: National Bureau of Economic Research [NBER]), pp. 417-452.

9 Margaret McMillan, Alix Peterson Zwane, and Nava Ashraf, 2007, "My Policies or Yours: Does OECD Support for Agriculture Increase Poverty in Developing Countries" In Ann Harrion, ed., *Globalization and Poverty* (Chicago: University of Chicago Press; Washington, D.C.: NBER), pp. 183-232의 내용 참조

NAFTA 이후 마킬라도라 공장의 고용은 1994년 584,000명에서 빠르게 증가하여 2000년에 1,290,000명으로 정점을 이루었다. 그러나 그 후 몇 가지 이유로 마킬라도라 공장은 침체기에 들어가게 된다. 미국의 경기침체로 인해 멕시코 제품의 수요가 감소하였고, 멕시코와 비슷한 제품을 만드는 중국이 본격적으로 미국 시장에 진입하여 경쟁하게 되었으며, 멕시코 페소화가 절상되어 수출 환경이 악화되었다. 이와 같은 이유로, 마킬라도라 공장들의 고용은 2003년에 1,100,000명으로 2000년 이후에 감소하였다. 이러한 고용 감소가 NAFTA로 인한 단기적 조정비용으로 고려되어야 하는 것인지 또는 마킬라도라 공장들이 다시 회복하는데 얼마 동안의 기간이 걸리는지는 사실 명확하지 않다. 확실한 사실은 마킬라도라 공장들이 (NAFTA뿐만 아니라 다른 요인들로 인해) 국제적 경쟁에 노출되어 생산량과 고용의 변동성이 커졌고, 이러한 변동성이 해고된 노동자들로 인해 생기는 국제무역의 비용으로서 고려된다는 점이다.

NAFTA 이후 미국의 이득과 조정비용

NAFTA의 미국 내 경제 효과를 분석하였던 연구들은 미국기업들의 생산성 효과를 분석하지는 않았다. 이는 아마도 미국의 수많은 수출시장 중에서 캐나다와 멕시코는 단지 2개의 시장일 뿐이고, 이들의 관세 감축 효과를 측정하는 것이 어려웠기 때문인 것 같다. 대신에, NAFTA와 다른 무역협정들의 장기적 효과를 측정하기 위하여 연구자들은 무역으로 인한 또 다른 유형의 이득을 분석하였다. 이는 소비자들이 이용 가능한 수입제품의 다양성 증가이다. 따라서 이후 미국에 대해서는 기업퇴출과 실업의 단기 조정비용 효과를 상품다양성 증가로 인한 소비자의 장기적 이득 효과와 비교하여 살펴보도록 하겠다.

미국의 상품다양성 증가 NAFTA가 미국 소비자들이 이용 가능한 상품의 범위를 어떻게 확대시켰는지를 살펴보기 위하여 표 6-3은 1990년과 2001년 각각에 대해 멕시코산 대미 수출 상품의 다양성을 보여주고 있다. 이들 수치를 해석하기 위하여, 먼저 1990년의 수출 다양성에 있어 농업의 42%를 보도록 하자. 이 숫자는 1990년에 다른 국가들로부터 미국이 수입하는 모든 농산품의 42%가 멕시코로부터도 역시나 수입한다는 것을 의미한다. 예를 들어, 중앙 또는 남아메리카의 다양한 국가들로부터 미국이 수입하는 아보카도, 바나나, 오이, 토마토를 멕시코로부터도 또한 수입하였다. 멕시코산 대미 수출품의 다양성을 측정하는 것은 멕시코의 개별 **상품량**을 측정하는 것이 아니다. 그보다는 미국이 모든 국가로부터 수입하는 상품의 전체 종류 수에 대비한 멕시코산 대미 수출품의 **종류** 수를 나타낸다.

1990~2001년 멕시코산 대미 수출 농산품의 범위는 42%에서 51%로 확대되었다. 농산품의 연도별 평균 성장률인 1.9%는 표 6-3의 마지막 열에서 나타나고 있는 모든 산업의 연도별 평균 성장률인 2.2%에 거의 근접한 수치이다. 수출 다양성 증가는 목재 및 제지(2.6%), 석유 및 플라스틱(2.5%), 전자(4.6%) 산업에서 더 빠르게 나타났다. 기계 및 운송(자동차 포함), 직물 및 의류와 같이 전통적으로 미국과 멕시코 간에 무역이 많았던 산업들 경우, 멕시

표 6-3

멕시코의 대미 수출 다양성, 1990~2001년 이 표는 멕시코 대미 수출의 산업별 상품다양성 정도를 나타내고 있다. NAFTA 이후 미국의 관세가 낮아짐으로써 1990년에서 2001년 사이 모든 산업에서 수출 다양성은 증가하였다. 모든 수치는 퍼센트로 표현된다.

	농업	섬유/의류	목재/제지	석유/ 플라스틱	채광/금속	기계/운송	전기	평균
1990	42%	71%	47%	55%	47%	66%	40%	52%
2001	51	83	63	73	56	76	66	67
평균성장률	1.9	1.4	2.6	2.5	1.7	1.3	4.6	2.2

출처 : Robert Feentra and Hiau Looi Kee, 2007, "Trade Liberalization and Export Variety: A Comparison of Mexico and China," *The World Economy*, 30(1), 5−21.

코가 NAFTA에 가입하기 전부터 다양한 범위로 미국에 수출을 하고 있었던 터라 수출 다양성은 느리게 증가하였다.

멕시코산 대미 수출의 상품다양성 증가는 미국 소비자들이 얻는 무역 이득의 중요한 원천이 된다. 미국은 다른 국가들, 특히 개도국으로부터 보다 다양한 상품을 또한 수입해왔다. 어느 한 분석에 따르면, 1972~2001년 미국이 수입한 상품의 다양성 개수는 4배가량 증가한 것으로 나타났다. 또한 수입 상품다양성의 증가는 수입가격이 연간 1.2%가량 하락한 것과 같은 수준의 이득을 주는 것으로 분석되었다.[10] 이러한 가격 하락의 상당치는 수입 이후 상품다양성 증가로 나타나는 무역의 이득을 수치화한 것이다.

불행하게도, 무역의 이득을 추정하는 데 있어 표 6-3에서 연간 2.2%로 나타나고 있는 멕시코산 수입 상품의 다양성 증가에 대한 개별적인 가격 하락의 상당치 추정 자료는 없다. 대신에, 모든 국가들을 분석 대상으로 하였던 1.2%의 가격 하락 상당치를 멕시코 사례에 그대로 적용해보자. 즉 멕시코산 수입 상품의 다양성 증가가 멕시코산 상품의 수입가격이 연간 1.2%가량 하락한 것과 같은 수준 혹은 수출 다양성 증가의 약 절반 수준으로 미국 소비자들에게 이득을 주는 것으로 가정해보겠다. NAFTA 출범의 첫해인 1994년에 멕시코는 미국에 500억 달러어치의 제조업 상품을 수출하였고, 2001년에는 1,310억 달러 수준으로 성장하였다. 이들 두 수치의 평균으로 900억 달러를 고려한다면, 멕시코산 수입가격의 1.2% 하락을 통해 미국 소비자들은 연간 평균 11억 달러(= 900억 달러×1.2%)를 절약했다는 셈이 된다. 비록 NAFTA가 출범하지 않았더라도 멕시코의 대미 수출은 증가했을 것으로 생각할 수도 있지만, 이러한 이득은 모두 NAFTA로 인한 것이라고 가정해볼 만하다.

이러한 소비자에 대한 이득은 영원히 **지속되면서도** 멕시코의 대미 수출 증가로 상품다양성이 증가하는 이상 더욱더 커질 것이라는 사실을 깊이 인식할 필요가 있다. NAFTA 출범의 첫

---

10 Christian Broda and David E. Weinstein, 2006, "Globalization and the Gains from Variety", *Quarterly Journal of Economics*, 121(2), May, 541−585.

해에 미국 소비자들이 얻은 무역 이득은 11억 달러, 두 번째 해는 2.4%의 가격 하락 상당치를 통해 22억 달러, 세 번째 해는 33억 달러 등으로 추정이 가능하다. NAFTA 출범 이후 9년 동안 소비자들에 대한 총이득의 합은 495억 달러가 되고, 연간 평균 55억 달러가 된다. 1994년과 비교하여 NAFTA 출범 10년째인 2003년에 소비자들은 110억 달러의 이득을 얻게 된다. 이러한 이득은 멕시코의 대미 수출에 있어 상품다양성을 더욱더 증가시키는 이상 지속적으로 증가할 것이다.

미국의 조정비용 미국의 조정비용은 수입 경쟁으로 인한 미국기업의 퇴출과 이들 기업에 고용된 노동자들의 일시적인 실업으로 인해 발생한다. 이러한 일시적인 실업을 측정하는 한 가지 방법은 미국 **무역조정지원제도**(TAA : Trade Adjustment Assistance)의 신청건수를 살펴보는 것이다. TAA는 제조업에서 수입경쟁으로 인해 직업을 잃은 노동자들을 돕는 프로그램이다. 제3장에서 논의된 바와 같이, NAFTA 협정문에서는 NAFTA 이후 수입 경쟁으로 인해 해고된 노동자에 대한 TAA가 특별 조항에 포함되어 있다.

TAA 프로그램의 신청 건수를 살펴봄으로써, 협정의 단기비용 중 하나라 할 수 있는 NAFTA로 인한 실업을 살펴볼 수 있다. 1994~2002년 NAFTA-TAA 프로그램에 따르면, 약 525,000명 또는 연간 약 58,000명의 노동자들이 직업을 잃었고 캐나다와 멕시코와의 투자 및 무역으로 인해 부정적인 영향을 받은 것으로 나타나고 있다.[11] 그 결과, 이들 노동자들은 추가적인 실업 수당을 받게 되었다. 이는 아마도 NAFTA로 인한 일시적 실업을 측정할 수 있는 가장 정확한 수치가 된다.

NAFTA로 인한 연간 58,000명의 노동자 해고는 얼마나 큰 수치일까? 이 수치의 중요성은 미국 전체의 해고 숫자와 비교해보면 쉽게 이해할 수 있다. 1999년 1월부터 2001년 12월 사이의 3년 동안, 400만의 노동자들이 해고되었고, 이 중 약 1/3은 제조업 종사자들이다. 따라서 제조업에서의 연간 해고자 수는 400만×(1/3)×(1/3) = 444,000명이 된다. 따라서 NAFTA로 인한 58,000명의 해고자들은 제조업 전체 해고자들의 약 13% 정도의 비중으로 상당히 큰 편이다.

그러나 제조업 전체 해고자 수와 NAFTA로 인한 해고자 수를 비교하는 것보다는, 실업으로 인한 임금 상실과 소비자 이득의 금액을 서로 비교해보도록 하자. 3장에서(**적용사례 : 미국의 제조업과 서비스 산업** 참조), 2009~2011년 제조업에서 해고된 노동자들의 약 56%가 3년 이내에 (2012년 1월까지) 재취업하였다. 이렇게 3년 이내 재취업한 노동자들의 비중은 초반의 경기침체기 동안에는 다소 높아 66%였다. 일부는 3년 이내 재취업을 한 반면, 다른 일부는 이보다 더 긴 시간이 걸렸다. 문제를 단순화하기 위하여, 해고된 노동자들이 재취업을 하기 위한 **평균** 기간이 3년이라고 가정해보자.[12] 제조업 생산직의 평균 연봉은 2000

---

11 이 단락에서의 자료는 Gary Clyde Hufbauer and Jefferey J. Schott, 2006, *NAFTA Revisted: Achievement and Challenges*(Washington, D.C. : Peterson Institute for International Economics), pp. 38-42 내용 참조

12 이 장의 마지막에 있는 연습문제 8에서 이러한 가정이 정확하다는 것이 나타난다.

년에 31,000달러였는데, 실업자 각각은 총 93,000달러를 잃게 된다(즉 노동자 평균 연봉의 3배수).[13] 해고로 인한 전체 임금 손실은 연간 58,000명의 실업자와 93,000달러의 곱 또는 NAFTA 출범 이후 9년 동안 연간 54억 달러가 될 것이다.

이러한 54억 달러의 사적 비용은 앞서 추정하였던 1994~2002년 멕시코산 수입품 다양성 증가로 인한 연간 55억 달러의 평균 이득과 거의 맞먹는다. 그러나 상품다양성 증가의 이득은 새로운 수입품이 미국 소비자들에게 이용 가능한 이상 지속적으로 **점점 더 증가하게 된다**. 앞선 논의에서 살펴보았듯이, 멕시코산 수입품 다양성 증가의 이득은 NAFTA 10주년인 2003년에 110억 달러로서 54억 달러의 조정비용보다 2배 정도 더 높다. 소비자 이득은 계속 증가하는 반면, 해고의 조정비용은 계속 감소한다. 따라서 기간의 총합으로 추정할 경우 다양성 증가의 소비자 이득은 해고의 사적 비용을 훨씬 초과하게 된다. 수입이 허용되는 한 수입품 다양성 증가의 이득은 **매년 발생하는** 반면, 노동자 해고는 일시적으로 발생하는 현상이기 때문에 이러한 현상은 반드시 나타난다.

이상 추정된 금액들은 멕시코산 수입품 다양성 증가로 인한 미국 소비자들의 기간 총합 이득이 사적 조정비용보다 더 큼을 보여준다. 현실적으로, 노동자들이 실제로 받은 보상금액은 그들이 지불한 조정비용보다 적다. 2002년에 NAFTA-TAA 프로그램은 미국의 일반 TAA 프로그램으로 통합되어 NAFTA로 인한 실업의 기록이 더 이상 남아있지 않게 되었다. 2002년 무역법안에서 TAA에 대한 예산 금액은 연간 4억 달러에서 12억 달러로 증가하였고, 해고자에 대한 보건진료 보조금 지원과 같이 그 내용이 개선되었다. 또한 앞선 3장에서도 논의되었듯이, 2009년 2월 17일 오바마 대통령이 서명한 일자리 부양법안 내용에 따르면, (농업 종사자뿐만 아니라) 무역으로 인해 직업을 잃은 서비스업 종사자들도 TAA 프로그램에 지원이 가능하게 되었다. 글로벌 경쟁 심화로 해고를 당한 노동자들이 더 많이 지원을 받도록 TAA 프로그램은 지속적인 확장을 할 것으로 기대된다.

NAFTA 내용 요약 이번 절에서는 부분적이나마 캐나다, 멕시코, 미국 간 NAFTA 체결로 인한 단기적 비용과 장기적 이득을 추정해보았다. 독점적 경쟁 모형은 무역의 이득을 두 가지 측면에서 고려한다. 비록 각국 내 일부 기업들이 퇴출을 하게 되지만, 생존 기업들의 생산 확장으로 인한 생산성 증가와 소비자들이 이용 가능한 상품의 다양성 증가가 두 가지 무역 이득 원천이 된다. 멕시코와 캐나다의 경우, 다른 제조업 기업들과 비교하여 수출 기업들의 생산성 증가로 인한 장기 이득을 측정하였다. 미국의 경우, 멕시코산 수입품의 다양성 증가로 인한 장기 이득을 미국 소비자 가격 하락의 상당치로 측정하였다. 캐나다와 미국의 경우, 장기 이득이 단기 비용보다 더 크다는 점은 명확하다. 멕시코의 경우, (부분적으로 멕시코 페소화 위기로 인해) 생산직의 실질임금 증가 이득이 명확히 반영되지 않음으로써 그렇게 낙관적이지는 않다. 그러나 마킬라도라 부문 고임금 노동자들의 실질소득은 증가하였고, 이는 NAFTA의 근본적인 이득으로 고려된다.

---

13 여기서는 기존과 비교하여 새로운 직업에서의 하락된 임금으로 인한 추가적인 손실은 고려되지 않았다.

4 산업 내 무역과 중력 방정식

독점적 경쟁 모형에서 국가들은 다양한 종류의 차별된 상품을 수출입한다. 이는 2장과 4장에서 배웠던 리카도 모형과 헥셔-올린 모형과는 다른 결과이다. 이들 모형에서 국가는 한 상품에 대해 수출 아니면 수입을 하지만, 수출입을 동시에 하지는 않는다. 독점적 경쟁 모형에서 국가는 다양한 종류의 차별된 상품을 생산하는 데 특화하고 이들의 수출입을 동시에 한다. 이 장 초반에 소개된 골프채의 사례에서 살펴보았듯이, 산업 내 무역은 국제무역의 아주 흔한 형태라 할 수 있다.

산업 내 무역지수

산업 내 무역을 측정하기 위하여, 표 6-4에서 미국의 상품 수입액과 수출액을 살펴보도록 하자. 2012년에 미국은 17억 3,100만 달러의 백신을 수입하고 25억 1,400만 달러를 수출하였다. 백신이라는 상품의 한 종류로서, 수출입이 모두 하나의 상품에서 발생하고 있다면 이는 곧 산업 내 무역이 이루어지고 있는 것으로 생각할 수 있다. **산업 내 무역지수**(index of intra-industry)는 각 상품의 전체 무역에서 수입과 수출의 비중이 어느 정도가 되는지를 나타낸다. 높은 수치일수록(최대 100%) 수출과 수입이 동일한 비중으로 존재하는 반면, 낮은 수치를 가질수록(최소 0%) 수출 또는 수입만이 존재한다.

이상 산업 내 무역지수의 공식은 다음과 같다.

$$(\text{산업 내 무역지수}) = \frac{\text{수출액과 수입액 중 최소금액}}{\frac{1}{2}(\text{수출액} + \text{수입액})}$$

백신을 예로 들면, 수출액과 수입액 중의 최소 금액은 17억 3,100만 달러이고, 수출입 금액의 평균은 $\frac{1}{2}(1,731 + 2,514) = 21$억 2,300만 달러가 된다. 따라서 $\frac{1731}{2123} = 82\%$가 미국 백신 산업의 산업 내 무역지수가 된다. 즉 백신의 수출과 수입 모두가 발생하고 있다.

또한 표 6-4는 미국 내 다른 상품들의 산업 내 무역지수 추정 결과를 나타내고 있다. 백신과 더불어, 위스키와 냉동오렌지 주스와 같은 상품들은 높은 수준의 산업 내 무역지수를 나타낸다. 이들은 모두 높은 수준으로 차별화된 상품의 좋은 예이다. 백신과 위스키 경우, 각각의 수출국은 미국을 포함한 다른 수출국의 상품과는 차별된 상품을 판매한다. 비록 냉동오렌지 주스도 차별화된 상품이지만, 연내에 다른 기간 동안 수출과 수입이 각각 발생하고 있음을 알 수 있다. 따라서 이들 상품들의 수출과 수입이 모두 발생하고 있다는 사실은 그리 놀라운 일이 아니다. 반면에, 남성용 셔츠, 대형여객기, 전화기, 골프카트와 같은 상품들은 낮은 수준의 산업 내 무역지수를 나타낸다. 이들 상품들은 미국에서 주로 수입만 하든지(남성용 셔츠와 전화기) 또는 수출만 하는 것들(대형여객기와 골프카트)이다. 비록 이들 상품들이 여전히 차별화되어 있기는 하지만, 기술 수준 또는 자원 부존량을 통해 상대적으로 낮은 수준의 생산비용이 드는 비교우위에 따라 무역이 결정된다는 리카도 또는 헥셔-올린 모형을 설

표 6-4

미국의 산업 내 무역지수, 2012년 이 표는 몇몇 제품에 대한 수입액, 수출액, 산업 내 무역지수를 나타내고 있다. 백신, 위스키, 냉동오렌지 주스와 같이 수입액이 수출액과 비슷할 경우 높은 수준의 산업 내 무역지수가 나타난다. 반면, 해당 상품이 오직 수입 또는 수출만 할 경우, 산업 내 무역지수는 낮아지게 된다.

상품	수입액(100만 달러)	수출액(100만 달러)	산업 내 무역지수(%)
백신	1,731	2,514	82
위스키	1,457	1,008	82
냉동오렌지주스	24	16	81
천연가스	8,292	4,346	69
매트리스	195	59	46
골프채	476	122	41
소형자동차	77,086	19,478	40
사과	169	826	34
선글라스	1,287	248	32
골프카트	12	137	16
전화기	615	38	12
대형여객기	4,588	84,171	10
남자 반바지	768	7	2

출처 : U.S. International Trade Commission, Interactive Tariff and Trade DataWeb, at http://dataweb.usitc.gov/

명하는 데 좀 더 적합한 상품들이라 할 수 있다. 높은 수준의 산업 내 무역지수는 상품이 차별화되어야 함과 동시에 자국과 외국에서의 생산비용이 비슷해야 한다는 조건으로 수출과 수입이 동시에 발생할 때 나타나게 된다.

중력 방정식

산업 내 무역지수는 한 상품의 산업 내 무역수준만을 나타낼 뿐 무역 총량을 나타내지는 않는다. 따라서 무역량을 설명하기 위해서는 '중력 방정식'이라는 또 다른 수식이 필요하다. 이 방정식은 네덜란드 경제학자이자 노벨상 수상자인 얀 틴베르헨이 개발하였다. 틴베르헨은 물리학을 공부하면서 사물 간의 중력이 작용하는 것과 마찬가지로 국가 간의 무역도 비슷한 원리가 있을 것으로 생각하였다. 중력에 관한 뉴턴의 일반법칙은 사물의 크기가 클수록 또는 사물 간 서로 거리가 가까울수록 서로 간에 당기는 중력의 정도가 더 커지게 됨을 보인다. 무역에 관한 틴베르헨의 중력 방정식은 국가의 GDP가 클수록 또는 서로 간 거리가 가까울수록 서로 간의 무역은 더 커지는 것으로 예상한다. 비록 물리학을 전공하지 않았더라도 이들 방정식은 쉽게 설명이 가능하고 그 의미가 쉽게 전달될 것이다. 핵심 내용은 큰 규모의 물체 간에 강력한 중력이 작용하듯이, 독점적 경쟁 모형은 (GDP로 측정되는) 큰 규모의 국가들끼리 서로 간에 무역을 더 많이 할 것으로 예상한다는 것이다. 다음 내용에서 나타나는 바와 같이, 이러한 예상이 옳다는 실증적 증거들이 아주 많이 존재한다.

중력에 관한 뉴턴의 일반법칙 각각 M_1과 M_2의 크기를 가지면서 서로 간 거리가 d인 두 물체를 가정해보자. 중력에 관한 뉴턴의 일반법칙에 따르면, 두 물체 간의 중력인 F_g는 다음과 같다.

$$F_g = G \cdot \frac{M_1 \cdot M_2}{d^2}$$

여기서 G는 이러한 관계의 정도를 나타내는 상수이다. 물체의 크기가 클수록 또는 두 물체 간의 거리가 가까울수록 이들 간의 중력은 더 커진다.

무역에 관한 중력 방정식 두 국가 간 무역을 설명하기 위해 틴베르헨에 의해 고안된 방정식은 두 물체의 크기 대신에 두 국가의 GDP를, 중력 대신에 무역량을 대신 고려한다는 점을 제외하고는 뉴턴의 중력법칙과 비슷하다. 무역에 관한 중력 방정식은 다음과 같다.

$$\text{Trade} = B \cdot \frac{GDP_1 \cdot GDP_2}{dist^n}$$

여기서 Trade는 두 국가 간 무역량(수출액, 수입액 또는 이들의 평균값으로 측정), GDP_1과 GDP_2는 이들 각각의 국내총생산, $dist$는 이들 간의 물리적 거리를 나타낸다. 물리적 거리와 무역량 간의 정확한 관계를 모르는 이유로 인해 뉴턴의 중력 법칙에서와 같이 $dist^2$가 아니라 $dist^n$, 즉 n이라는 지수를 사용하고 있음을 주목하자. 방정식 맨 앞의 B는 '중력 부문'(즉 $(GDP_1 \cdot GDP_2)/dist^n$)과 무역량 간의 관계 정도를 나타내는 상수이다. 또한 이는 두 국가 간의 무역량에 영향을 미칠 수 있는 (크기와 거리 외의) 다른 요인들을 대변하는 변수로서도 해석할 수 있다. 이들 요인들은 관세(무역에 부정적인 영향을 미침으로써 B가 낮아짐), 접경 여부(무역에 긍정적인 영향을 미침으로써 B가 높아짐) 등이 될 수 있다.

중력 방정식에 따르면, (GDP로 측정되는) 규모가 큰 국가들에서 또는 서로 간의 거리가 가까울수록 이들 간의 무역량은 더 많다. 이러한 경제규모, 거리, 무역량 간의 관계는 이번 장에서 배운 독점적 경쟁 모형이 예측하는 바와 같다. 독점적 경쟁 모형에서는 다음 두 가지 이유로 인해 큰 규모의 국가들이 가장 많이 무역을 하는 것으로 보았다 — 큰 규모의 국가일수록 좀 더 다양한 상품을 생산하므로 수출을 더 많이 하게 되고, 높은 수준의 수요로 인해 수입 또한 더 많이 하게 된다. 따라서 큰 규모의 국가는 수출과 수입의 모든 면에서 더 많은 무역을 하게 된다.

중력 방정식에 대한 유도식 중력 방정식이 독점적 경쟁 모형에서 잘 설명되는 이유를 보다 자세히 살펴보기 위해 다양한 국가들의 GDP를 고려한 대수학을 고려해보자. 이러한 분석은 국가 1의 GDP인 GDP_1에서부터 시작한다. 국가 1에서 생산된 각각의 상품은 차별화되어 있고, 따라서 다른 국가에서 생산된 것과는 다르다. (다른 국가들 내에서 생산한 제품과는 다르기 때문에) 다른 국가들이 모두 첫 번째 국가에서 생산된 제품을 수요할 때, 이들의 수요량은 다음 두 가지 요인에 의해 결정된다. (1) 수입국의 상대적 크기(큰 규모일수록 더 많이 수요)와 (2) 두 국가 간의 거리(거리가 더 멀수록 높은 운송비로 인해 무역을 줄어듦).

수입국 각각의 상대적 크기를 측정하기 위하여 세계 GDP에서의 비중을 고려해보자. 보다 구체적으로 표현하자면, 세계 GDP에서 두 번째 국가의 비중은 $Share_2 = GDP_2/GDP_W$가 될 수 있다. 무역에 대한 운송비용을 측정하기 위하여 제곱 형태의 거리 또는 $dist^n$을 고려해보자. 이러한 것을 모두 감안한다면, 국가 1에서 국가 2로의 수출은 국가 1에서 이용 가능한 상품(GDP_1)과 국가 2의 상대적 크기($Share_2$) 간의 곱을 운송비용으로 나눈 것과 같은데, 이를 수식으로 표현하자면 다음과 같다.

$$\text{Trade} = \frac{GDP_1 \cdot share_2}{dist^n} = \left(\frac{1}{GDP_W}\right)\frac{GDP_1 \cdot GDP_2}{dist^n}$$

이렇게 이들 두 국가 간의 무역 방정식은 중력 방정식과 비슷한 형태로 나타나게 되는데, 특히 ($1/GDP_W$)부문을 상수항 B로서 고려한다면 그러하다. 이 방정식에서 두 국가의 무역은 GDP의 곱으로 측정되는 국가들의 상대적 크기에 비례하고(큰 규모의 국가일수록 무역은 증가), 이들 간의 거리에는 반비례한다(거리가 더 가까울수록 무역은 증가). 다음 적용사례에서는 중력 방정식이 현실에서 얼마나 잘 적용되고 있는지를 보여준다.

적용사례

캐나다와 미국 간의 중력 방정식

중력 방정식은 두 국가 간의 무역뿐만 아니라 한 국가 내 지방정부 간의 무역도 설명할 수 있다. 그림 6-9(a)는 1993년의 캐나다 내 주들과 미국 내 주들 간의 무역액을 나타내고 있다. 수평축은 중력적 요소를 나타낸다.

$$\text{중력적 요소} = \frac{GDP_1 \cdot GDP_2}{dist^{1.25}}$$

여기서 GDP_1은 미국 주의 국내총생산(10억 단위 미 달러 기준), GDP_2는 캐나다 주의 국내총생산(10억 단위 미 달러 기준), $dist$는 이들 간의 거리(마일 단위 기준)를 나타낸다. 거리 변수의 지수인 1.25는 거리와 무역량 간의 관계를 잘 설명한 다른 선행연구의 연구 결과를 참고하여 고려하였다. 수평축은 로그 변환을 사용하여 0.001에서 100까지의 범위를 둔다. 수평축에서 높은 수치는 이들 간의 무역에 있어 높은 GDP 수준 또는 짧은 거리를 나타낸다.

그림 6-9의 수직축은 미국 주와 캐나다 주 간의 1993년 수출액(10억 단위 미 달러 기준)을 나타낸다. 이는 곧 양국의 지역 간 무역액이 된다. 수직축 또한 로그 변환에 의해 무역액은 1,000달러에서 1,000억 달러의 범위를 가진다. 자료는 미국의 30개 주와 캐나다의 10개 주로 구성되어 있어, 이들 모두 합하여 약 600개의 관측수가 존재한다(일부 데이터 경우 수출이 발생하지 않아 0의 값을 나타내고 있다). (a)의 각 점들은 중력 부문과 그에 상응하는 무역액을 나타내고 있다.

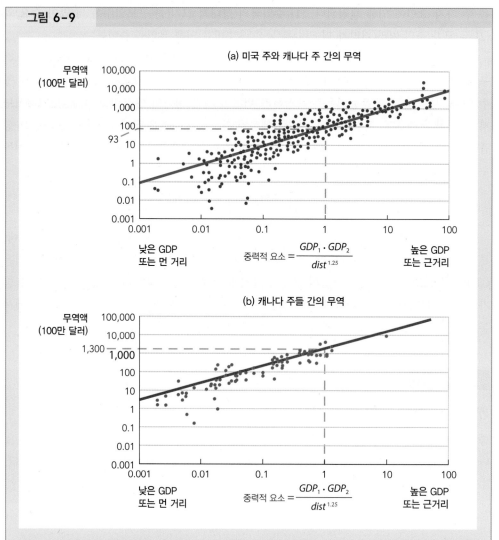

그림 6-9

(a) 미국 주와 캐나다 주 간의 무역

무역액
(100만 달러)

낮은 GDP
또는 먼 거리

$$중력적\ 요소 = \frac{GDP_1 \cdot GDP_2}{dist^{1.25}}$$

높은 GDP
또는 근거리

(b) 캐나다 주들 간의 무역

무역액
(100만 달러)

낮은 GDP
또는 먼 거리

$$중력적\ 요소 = \frac{GDP_1 \cdot GDP_2}{dist^{1.25}}$$

높은 GDP
또는 근거리

미국과 캐나다 간의 중력방정식, 1993년 위의 점들은 1993년 수출액(달러 표시)과 중력적 요소(로그로 표현)를 나타내고 있다. (a)는 미국의 30개 주와 캐나다의 10개 주 간 무역의 점들을 나타내고 있다. 예를 들어, 중력적 요소가 1일 때 두 주 사이의 무역액은 9,300만 달러이다. (b)는 캐나다 내 10개 주들 간 무역의 점들을 나타낸다. 중력적 요소가 1일 때 두 주 사이의 무역액은 13억 달러인데, 이는 미국 주와 캐나다 주 간 무역의 14배 수준이다. 이들 그림은 다음 두 가지 중요한 사실을 내포한다. 첫째, 국가의 크기(GDP로 측정)와 무역 간에는 양(+)의 상관관계가 있다. 둘째, 캐나다와 미국 간의 무역보다 캐나다 내 지역 간의 무역이 훨씬 더 많다.

출처 : James A. Anderson and Eric van Wincoop, 2003, "Gravity with Gravitas: A Solution to the Border Puzzle," American Economic Review, 170–192의 자료를 이용하여 저자가 직접 추정함

　(a)의 점들은 두 주 사이에 중력적 요소가 강할수록(수평축으로 표현) 더 많은 무역을 하고 있음을(수직축으로 표현) 나타낸다. (a)에서 나타나는 이러한 강한 양(+)의 관계는 실증적으로 중력 방정식이 잘 증명됨을 보여준다. 또한 (a)는 여러 점들의 최적선을 나타내는 데 다음과 같은 방정식으로 표현된다.

$$양자간 무역 = 93 \times \frac{GDP_1 \cdot GDP_2}{dist^{1.25}}$$

상숫값 $B = 93$은 캐나다 주와 미국 주 간의 중력 방정식에 최적 수준을 부여한다. (a)에서 만약 중력적 요소가 1일 경우, 미국 주와 캐나다 주 간 무역 추정액은 9,300만 달러가 된다. 이점에 가장 가까운 예는 앨버타 주와 뉴저지 주 간의 무역이다. 1993년에 앨버타 주의 뉴저지 주에 대한 수출은 9,400만 달러였고, 이들 간의 중력적 요소는 거의 1이었다.

캐나다 내부의 무역 중력 방정식이 다른 국가 내 지역 간 또는 지방정부 간의 국제무역을 잘 설명할 수 있기 때문에, 한 국가의 **내부 지역들** 간 무역 또는 **국가 내** 무역을 추정하는 데도 역시나 유용하다. 이를 설명하기 위하여, 그림 6-9(b)에서는 캐나다 내부의 주들 간 중력적 요소에 따른 이들 간의 수출액(100만 단위 미 달러로 표시)을 보여주고 있다. (b)에서의 축 눈금은 (a)와 동일하다. (b)에서는 두 주들 간의 중력적 요소(수평축으로 표현)와 무역액(수직축으로 표현)의 강한 양(+)의 관계를 다시 확인해볼 수 있다. 이들 점들의 최적선은 다음과 같다.

$$양자간 무역 = 1,300 \times \frac{GDP_1 \cdot GDP_2}{dist^{1.25}}$$

즉 상숫값 $B = 1,300$은 캐나다 주들 간의 중력 방정식에 대한 최적 수준을 나타낸다. (b)에 나타난 바와 같이 만약 중력적 요소가 1이라면, 두 주 간의 예상되는 무역액은 13억 달러가 된다. 이러한 조합에 가장 가까운 예는 브리티시컬럼비아 주와 앨버타 주 간의 무역이다. 1993년에 이들 주 간의 중력적 요소는 약 1.3이었고, 브리티시컬럼비아 주는 앨버타 주에 14억 달러어치의 재화를 수출하였다.

미국과 캐나다 간 국제무역의 중력 방정식과 캐나다 내 주들 간 무역이 중력 방정식을 비교해볼 때, 후자의 상숫값인 1,300은 전자의 93보다 훨씬 크다. 이러한 두 상숫값의 비율(1,300/93 = 14)은 캐나다 내부에서의 무역이 국경 간 무역보다 평균 14배 정도 더 많다는 것을 나타낸다! 이러한 비율은 캐나다와 미국이 자유무역협정을 맺었던 1989년 바로 전해인 1988년을 고려할 때 더욱 커지게 된다. 1988년에 캐나다 내부의 무역은 미국과의 국제무역보다 22배 더 많았다.[14] 비록 미국과 캐나다 간의 자유무역협정으로 인해 이러한 비율은 1988~1993년에 떨어졌지만, 캐나다 내부 무역이 국경 간 무역보다, 또는 좀 더 일반적으로 얘기하자면 국가 내 무역이 국제무역보다 더 많다는 사실은 여전히 통용된다.

국경 간 무역이 국경 내 무역보다 적다는 사실은 국가 간의 무역장벽이 있음을 시사한다. 국가 간의 상품 무역을 쉽게 또는 어렵게 하는 요인들은 **국경 효과**(border effects)로 명명되고, 다음 사항들을 포함한다.

■ 상품이 국가로 수입될 때 부과되는 세금, **관세**(tariffs)

---

14 이러한 결과는 John McCallum(1995), "National Borders Matter," *American Economic Review*, 615-623의 연구로부터 도출되었다. 그림 6-9에 사용된 1993년 데이터는 Anderson and van Wincoop (2003), "Gravity with Gravitas: A Solution to the Border Puzzle," *American Economic Review*, 170-192에서 추출되었다.

- 국경을 건너도록 허용되는 상품 수의 제한, **할당제**(quotas)
- 국가 간 국경이 맞닿아 있는지 여부와 같은 지리적 요인
- 무역을 원활히 하는 국가 간 공통 언어 사용 여부와 같은 문화적 요인

중력 방정식에서 무역량에 영향을 줄 수 있는 모든 기타 요인들은 상숫값 B에 반영되어 있다. 앞서 살펴본 바와 같이, 이러한 상숫값은 국가 내 무역과 국가 간 무역 사이에서 차이가 났다. 후속 장에서는 관세, 할당제와 더불어 기타 무역장벽들의 효과를 살펴볼 것이다. 중력 방정식은 이러한 무역장벽들이 국가 내 무역에 비해 국가 간 무역에 잠재적으로 더 큰 영향을 미칠 수 있음을 보여주고 있다. ■

5 결론

기업이 차별화된 상품을 생산하고 규모에 대한 수확체증이 있을 경우, 무역이득의 잠재성은 앞선 장에서 배웠던 완전경쟁시장에서의 상황보다 더욱 더 커지게 된다. 이러한 추가적인 이득은 이번 장에서 독점적 경쟁시장 모형을 통해 살펴보았다. 이 모형에서는, 규모가 큰 시장에서의 판매 잠재성으로 인해 기업은 개방 전 가격보다 더 낮은 가격을 부과할 유인을 가지게 되고, 이로 인해 비슷한 수준의 국가들 사이에서도 무역이 발생할 수 있다. 그러나 모든 기업들이 낮은 가격을 부과함으로써 일부 기업들은 더 이상 이윤을 낼 수 없게 되고, 따라서 시장에서 퇴출된다. 살아남은 기업들의 생산량은 확대되고 규모에 대한 수확체증으로 인해 평균 비용은 낮아진다. 게다가, 각 기업은 차별화된 제품을 생산하기 때문에 국제무역을 통해 국내에서 생산된 것과는 다른 품질의 상품이 수입되고, 따라서 소비자들은 다른 종류의 이득을 누린다.

이 모형에 따르면, 일부 기업들이 시장에서 퇴출당할 때 노동자들의 해고가 발생하여 무역으로 인한 단기적 조정비용이 발생한다. 캐나다, 멕시코, 미국의 사례를 통해, 장기적 이득이 이러한 단기적 손해보다 더 컸음을 살펴볼 수 있었다. 북미자유무역협정(NAFTA)과 같은 지역무역협정은 독점적 경쟁시장 모형의 좋은 실증적 사례가 된다. 또 다른 실증적 사례는 규모가 클수록 그리고 거리가 가까울수록 무역이 증가한다는 중력 방정식이다. 중력 방정식의 예측은 실제 국가들 사이의 자료를 살펴봄으로써 증명되었다. 또한 선행연구들은 국가 내 지역들 간의 무역이 국가들 간의 무역보다 더 크다는 사실을 보여주었다.

핵심 내용

1. 독점적 경쟁시장 모형에서는 차별화된 상품, 다수의 기업, 규모에 대한 수확체증을 가정한다. 시장에 이윤이 존재할 때 새로운 기업들이 진입하게 되는데, 이로 인해 장기 균형에서의 이윤은 0 이 된다.

2. 두 국가가 무역을 하게 되면 소비자들은 좀 더 많은 수의 상품을 선택할 수 있게 되어 가격에 보다 민감하게 반응하게 되고, 따라서 각 기업이 직면하는 수요곡선은 좀 더 탄력적으로 된다.

3. 독점적 경쟁 상황에서 국제무역을 할 경우, 다음 두 가지 이유로 추가적인 무역이득이 발생한다. 이는 (i) 기업 생산량 증가에 따른 평균비용과 가격의 하락,

(ii) 수입 이후 소비상품의 선택 다양성 증가이다. 그러나 개방 이후 일부 기업들은 퇴출하게 되는데, 이로 인해 실업과 같은 단기적 조정비용이 또한 발생한다.

4. 왜 국가들이 같은 상품을 수출하면서 동시에 수입하는지를 이해하기 위해서는 상품차별화의 가정이 필요하다. 이러한 결과는 독점적 경쟁 모형에서 나타난다.

5. 중력 방정식은 높은 GDP 또는 가까운 거리의 국가가 더 많은 무역을 한다는 것을 보여준다. 또한 기존 연구들은 국가 간 무역보다는 국가 내 무역이 더 많다는 사실을 발견하였다.

핵심 용어

관세(tariffs)

국경 효과(border effects)

규모에 대한 수확체증
 (increasing returns to scale)

독점이윤(monopoly profit)

독점적 경쟁(monopolistic competition)

무역조정지원제도

(TAA : Trade Adjustment Assistance)

복점(duopoly)

불완전경쟁(imperfect competition)

산업 내 무역(intra-industry trade)

산업 내 무역지수
 (index of intra-industry trade)

상품차별성(differentiated goods)

자유무역협정(free-trade agreements)

중력 방정식(gravity equation)

한계비용(marginal cost)

한계수입(marginal revenue)

할당제(quotas)

연습문제

1. 생산에 있어 규모에 대한 수확체증이 어떻게 무역의 원인이 될 수 있는지를 설명하라.

2. 국가 간 무역보다 국가 내 무역이 더 많은 이유는 무엇인가?

3. 그림 6-5에서 독점적 경쟁 모형의 개방 전 장기 균형

상태에서, 자국이 동일한 조건의 다른 두 국가와 무역을 하게 된다면 무슨 일이 발생할지에 대해 생각해보자. 이들 국가들이 모두 동일한 조건을 가지기 때문에 세계시장의 소비자 수는 한 국가보다 3배가 더 많고, 기업 수 또한 마찬가지로 그러하다.

a. 개방 전 균형과 비교하여, 시장수요 *D*는 얼마만큼

증가하는가? 기업 수(또는 상품다양성)는 얼마만큼 증가하는가? 수요곡선인 D/N^A는 개방 후에도 여전히 적용 가능한가? 왜 그런지 또는 왜 그렇지 않은지에 대해 그 이유를 설명하라.

b. 개방 후 수요곡선인 d_1은 이동을 하는지 또는 회전축을 기준으로 회전을 하는지 결정하라. 왜 그런지 또는 왜 그렇지 않은지에 대해 그 이유를 설명하라.

c. 자국이 동일한 조건의 다른 한 국가와 무역을 할 경우를 문제 (b)에서의 답과 비교하여 설명하라. 특히, 상기의 두 가지 경우에 대해 수요곡선인 d_1의 탄력성을 비교하라.

d. 개방 후 장기 균형을 구하고, 이를 자국이 동일한 조건의 다른 한 국가와 무역할 때의 장기 균형과 비교하라.

4. 그림 6-7에서 독점적 경쟁 모형의 개방 후 장기 균형 상태에서, 시장수요인 D가 증가하는 상황을 고려해 보자. 예를 들어, 자동차 시장에서 가솔린 가격의 하락으로 인해 수요 D가 증가한 상황을 가정해보자.

a. 자국 시장에 대해 그림 6-7을 다시 그리고, D/N^T 곡선의 이동과 새로운 단기 균형을 보여라.

b. 새로운 단기 균형에서 기업들은 진입을 하는지 또는 퇴출을 하는지를 결정하고 그 이유를 설명하라.

c. 새로운 장기 균형이 어디서 발생하는지를 나타내고, 기업 수와 가격의 변화에 대해 설명하라.

5. 독점적 경쟁 모형으로부터의 중력 방정식 도출은 다음과 같은 논의에 기초한다.

(i) 각국은 많은 수의 상품을 생산한다.

(ii) 각국은 다른 모든 국가들이 생산하는 상품을 모두 구매한다.

(iii) 따라서 규모가 큰 국가들은 다른 국가들로부터 더 많은 수입을 하게 된다.

중력 방정식의 변수 간 관계는 헥셔-올린 모형에서는 설명이 불가능하다. 중력 방정식에 관한 이러한 논의들이 어떻게 헥셔-올린 모형을 무용지물로 만드는지를 설명하라. 즉 상기 논의들 중 어느 것들이 헥셔-올린 모형에서는 더 이상 사실이 아닌가?

6. 미국, 프랑스, 이탈리아는 세계적으로 규모가 큰 생산국들 중 하나이다. 다음 질문에 답하기 위하여, 시장은 독점적 경쟁 형태이고, 중력 방정식에서 $B = 93$과 $n = 1.25$를 가정해보자.

	2012년 GDP (10억 달러)	미국으로부터의 거리(마일)
프랑스	2,776	5,544
이탈리아	2,196	6,229
미국	14,991	−

a. 중력 방정식을 이용하여 미국과 프랑스 간, 미국과 이탈리아 간 무역 추정액을 구한 후 비교하라.

b. 파리와 로마 간의 거리는 694마일이다. 프랑스가 이탈리아와 더 많은 무역을 할지, 아니면 미국과 더 많은 무역을 할지에 대해 결정하라. 어떠한 변수(즉 국가 규모 또는 거리)가 상기의 결과를 도출하는 데 기여하는지를 설명하라.

7. 캐나다가 미국과의 자유무역을 통해 더 나아졌다는 증거에는 무엇이 있는가?

8. 본문의 'NAFTA 이후 미국의 이득과 조정비용' 내용에서, NAFTA 이후 실직 노동자들이 잃어버린 임금을 계산한 바가 있다. 제조업 분야의 선행 증거들은 이들 실직자들 중 약 2/3가량이 3년 이내에 새로운 직업을 구한 것으로 나타났다. 재취업과정에 관한 한 접근방법에 의하면, 실직자의 1/3가량이 실직 후 첫해에 새로운 직업을 찾고, 남은 실직자의 또 다른 1/3가량이 이후의 2년 동안 각각 새로운 직업을 찾는 것으로 고려할 수 있다. 이러한 접근방법을 통해, 다음 표에서는 실직자의 1/3이 첫해에 새로운 직업을 구하고(2열), 2/3는 실업상태로 남는 것으로 표현하였다(4열). 두 번째 해에는, 남은 실직자의 $\left(\frac{1}{3}\right) \cdot \left(\frac{2}{3}\right) = \frac{2}{9}$가 새로운 직업을 얻게 되고(2열), 따라서 전체적

으로 실직자의 $\frac{1}{3}+\frac{2}{9}=\frac{5}{9}$가 새로운 직업을 얻게 된다(3열). 이 경우 두 번째 해에 전체 실직자의 $1-\frac{5}{9}=\frac{4}{9}$가 계속 실업상태로 남게 된다(4열).

연도	당해 연도 구직자 비중	전체 구직자 비중	전체 실업자 비중
1	$\frac{1}{3}$	$\frac{1}{3}$	$1-\frac{1}{3}=\frac{2}{3}$
2	$\frac{1}{3}\cdot\frac{2}{3}=\frac{2}{9}$	$\frac{1}{3}+\frac{2}{9}=\frac{5}{9}$	$1-\frac{5}{9}=\frac{4}{9}$
3	$\frac{1}{3}\cdot\frac{4}{9}=\frac{4}{27}$		
4			
5			
6	$\frac{1}{3}\cdot\left(\frac{2}{3}\right)^{연도순서-1}$		

a. 최초 2개의 열에서 사용한 방법을 이용하여 추가적으로 2개의 열을 더 완성해보라.

b. 각 연도에 새로운 직업을 찾은 실직자들의 비율은 다음과 같은 공식으로 표현이 가능하다.

$$새로운\ 직업을\ 찾은\ 비율 = \frac{1}{3}\times\left(\frac{2}{3}\right)^{연도순서-1}$$

상기 공식을 이용하여, 2열에서 열 번째 연도까지 추가적으로 6개의 비율값을 구해보라.

c. 평균 실직 기간을 추정해보기 위하여, 2열의 각 연도별 새로운 직업을 찾은 비율값을 1열의 실직기간 값과 곱하고, 모든 행의 값들을 합산해보자. 열 번째 행까지의 값들을 합산함으로써 평균 실직기간을 계산하라. 만약 20번째 행까지의 값들을 합산한다면 어떠한 일이 발생하게 될지 논의하라.

d. 문제 (c)의 결과를 200쪽에서 추정된 평균 3년의 실직기간과 비교하라. 이 값은 정확하다고 할 수 있는가?

9. a. 쌀과 그림의 두 가지 상품 중에서, 어떤 것이 산업 내 무역지수가 더 높을 것으로 예상하는가? 그 이유는?

b. U.S. TradeStats Express의 웹사이트 http://tse. export.gov/에 접속하라. National Trade Data를 클릭한 후, Global Patterns of U.S. Merchandise Trade를 클릭하라. Product 섹션에서 item을 rice(HS 1006)으로 변경시킨 후 수출액과 수입액 자료를 추출해보자. paintings(HS 9701)에 대해서도 똑같은 작업을 수행해보자. 그런 후 2012년도 쌀과 그림의 산업 내 무역지수를 계산해보라. 이러한 계산 결과는 (a)에서 여러분이 대답한 내용을 지지하고 있는가? 만약 그렇지 않다면, 이를 설명하라.

네트워크

이번 장에서 저자들은 「헤드라인 : NAFTA 15주년, 브라보!」라는 기사를 소개한 바 있다. 사실 NAFTA 15주년에 대한 많은 분석글들이 2009년에 출판되었고, 그 이후로도 더 많은 글들이 쓰여졌다. 인터넷상에서 NAFTA에 대한 여러 글들을 찾아 이에 대한 찬성의견과 반대의견을 각각 정리해보자.

완전경쟁시장의 수입관세와 할당

우리가 중국산 타이어 수입의 급증을 막았기에 1,000명 이상의 미국인이 현재 일을 하고 있다.

버락 오바마 미국 대통령, 2012년 1월 24일 일반교서

지난 50년간 국제철강시장에 대한 외국 정부의 개입은 기업부도와 심각한 사회혼란, 그리고 실업의 원인이 되었다. 이번 조치를 통해 나는 수입 급증에 대해 국내 철강 산업이 효과적으로 대응할 수 있도록 기회를 마련할 것이다.

조지 부시 미국 대통령, 2002년 3월 5일 수입산 철강 상계관세 관련 기자회견

2012년 9월 27일, 중국산 타이어 수입에 대한 미국의 35% 수입관세가 폐지되었다. 이는 수입 타이어가 미국 국경을 넘을 때 부과되는 세금이 더 이상 없다는 것을 의미한다. 버락 오바마 대통령이 3년 전인 2009년 9월 11일에 최초로 관세를 언급하였던 시절의 언론 헤드라인과 비교해볼 때, 이러한 관세 폐지는 큰 뉴스거리가 되지는 못했다. 그 당시만 하더라도 관세는 미국 철강 산업 노동자들과 타이어 산업 노동조합의 승리로 인식되었으나, 미국 타이어 제조업체들과 많은 경제학자들은 이를 반대하였다. 2009년에 이 관세를 부과함으로써 오바마 대통령은 그 후에 논의되었던 보건의료법안에 대한 노동운동단체의 추가적인 지지를 받을 것으로 여겼다.

오바마 대통령이 명시한 중국산 타이어 관세는 어떠한 정당이든 당선 후 수입관세를 부과한 미국 대통령의 최초 사례는 아니다. 2000년 대선기간 동안 조지 부시는 철강 제품에 대한 수입관세를 부과할 것으로 공약하였다. 이 공약은 정치적인 목적으로 이루어졌다. 철강 제품 생산이 많은 펜실베이니아 주, 웨스트버지니아 주, 오하이오 주에서 부시에 대한 안정적인 지지율을 올리는 데 도움이 되었다. 부시가 당선된 후, 철강 제품 수입관세는 비록 2년 이내에 철폐는 되었지만 앞에서 언급한 바와 같이 2002년 3월에 증가하였다.

철강과 타이어의 수입관세는 국제무역에 영향을 주는 정부 활동이라 할 수 있는 **무역정책** (trade policy)의 사례들이다. 일반적으로 무역개방으로 인해 승자와 패자가 나타나는 것으로

앞선 장에서 우리는 배웠다. 무역의 이득이 공평하게 분배되지 않음으로써 기업, 산업, 노동조합들은 종종 정부가 국제무역의 이득을 극대화하거나 또는 비용을 최소화시키는 무언가의 조치를 할 것으로 기대한다. 그 조치가 바로 **수입관세**(import tariff, 수입품에 대한 과세), **수입할당**(import quota, 수입품에 대한 수량제한), **수출보조금**(export subsidy, 구매자가 지불하는 것보다 더 높은 가격을 판매자가 받는 것을 의미)과 같은 무역정책들이다. 이번 장에서는 완전경쟁시장에서의 수입관세와 할당의 효과를 살펴봄으로써 무역정책의 내용을 시작하고자 한다. 이어 다음 장에서는 불완전경쟁시장에서의 수입관세와 할당의 효과를 살펴봄으로써 논의를 계속할 것이다.

오바마 대통령과 부시 대통령은 중국산 타이어와 외국산 철강에 수입관세를 막무가내로 그냥 부과할 수는 없었다. 대신에, 미국과 다른 국가들이 지키고 있는 관세부과의 원칙을 적용해야 했다. 이러한 원칙 하에서 국가는 수입 경쟁으로부터 국내 산업을 보호하기 위해 일시적으로 관세를 높일 수 있다. 미국은 이러한 보호조치(세이프가드)를 철강과 타이어 제품의 수입관세 인상 근거로 사용하였다. 이러한 원칙을 관리하는 국제기구는 바로 세계무역기구(WTO)이다. 이 단체의 전신은 관세와 무역에 관한 일반협정(GATT)이다. 이번 장에서는 먼저 WTO와 GATT의 역사와 발전을 간단하게 살펴보고자 한다.

무역정책 수립을 위한 국제체제의 내용을 다룬 후, 이 장에서는 무역정책 중에서도 가장 많이 고려되는 관세에 대해 자세히 살펴볼 것이다. 여기서, 왜 국가들이 관세를 부과하고, 그 결과 수출국과 수입국 내 생산자와 소비자들에게 어떠한 영향을 미치는지를 살펴보도록 하겠다. 수입관세는 규모가 너무 작아 세계 가격에 영향을 미칠 수 없는 국가로 정의되는 '소국'에게 후생 손실을 가져다줄 것으로 이번 장에서 분석할 것이다. 많은 소비자 수로 인해 세계 가격에 영향을 미칠 수 있는 '대국'의 경우도 또한 살펴볼 것이다. 이 경우, 수입국은 관세를 부과함으로써 이득을 얻을 수 있으나 오직 수출국의 희생에 의해서만 이것이 가능하다.

이번 장의 세 번째 목적으로, 우리는 수입품의 수량을 제한하는 수입할당제의 효과를 살펴볼 것이다. 농산품, 자동차, 철강에 대한 수입 제한은 과거 미국이 실시하였던 수입할당제의 대표적인 사례들이다. 최근 미국과 EU는 중국산 섬유와 의류품에 대해 일시적으로 수입제한을 부과하였다. 관세와 마찬가지로, 수입할당은 때때로 수입국에 비용으로서 작용할 수 있다. 게다가, 수입할당의 비용은 때때로 관세부과보다 더 클 수도 있다. 이러한 이유로, 수입할당은 여전히 일부는 남아있지만, WTO 체제 하에서 크게 줄어들었다.

이번 장 내내 기업은 완전경쟁 상황에 있는 것으로 가정할 것이다. 즉 각 기업은 동질적인 상품을 생산하고, 시장은 많은 수의 기업들로 구성되어 있다. 완전경쟁 하에서 각 기업은 각 시장에서 가격수용자이다. 다음 장에서는 불완전경쟁시장의 수입관세와 할당이 다른 효과를 발휘한다는 사실을 살펴보게 될 것이다.

1 세계무역기구의 역사 개요

1장에서 언급되었듯이, 1차와 2차 세계대전 사이의 기간 동안 국가들 간 비정상적으로 높은 관세는 세계무역을 감소시켰다. 2차 세계대전 이후 평화가 다시 정착되었을 때, 연합국 대표들은 유럽의 재건과 불안정한 환율, 높은 무역장벽과 같은 이슈들을 논의하고자 몇 차례 회담을 가졌다. 이들 회담 중 하나가 1944년 7월 뉴햄프셔 주 브레튼우즈에서 개최되었고, 이때 국제통화기금(IM)과 국제부흥개발은행(이후 세계은행이 됨)이 설립되었다. 1947년 스위스 제네바의 국제연합유럽본부에서 개최된 두 번째 회담에서는 국가 간 무역장벽을 줄이는 목적을 달성하기 위해 관세와 무역에 관한 일반협정(GATT)이 확립되었다.[1]

GATT 체제 하에서 국가들은 무역장벽을 낮추기 위하여 '라운드'라는 협상 테이블에서 주기적으로 만났다. 각 라운드는 협상이 개최되는 나라의 이름을 본떴다. 1986~1994년 사이 지속된 우루과이 라운드 협상을 통해 1995년 1월 1일에는 세계무역기구(WTO)가 설립되었다. WTO는 GATT의 큰 확장판이라 할 수 있다. WTO는 GATT의 초기 규정들을 모두 유지함과 동시에, 의무조항을 통해 국제적인 상호작용을 조정하는 규정들(서비스 무역과 지식재산권보호 등 포함)을 추가적으로 도입하였다. WTO 협상의 가장 최근 라운드인 도하 라운드는 2001년 11월 카타르 도하에서 시작되었다.

비록 WTO의 목적이 관세를 낮추는 것임에도 불구하고, 경우에 따라 특정 수입품에 대해 높은 관세를 부과하는 것을 허용할 수도 있다. 다음의 **보조 자료 : GATT의 주요 조항**에서는 WTO에서 무역을 관장하는 GATT의 몇몇 조항들을 소개하고자 한다. 주요 규정은 다음과 같다.

1. 각국은 WTO 회원국들에게 같은 관세를 부과해야 한다. GATT 1조의 최혜국대우 조항은 WTO에 속하는 모든 국가들은 똑같이 취급당해야 함을 언급한다. 만약 어떤 국가가 무역상대국에 낮은 관세를 부과하게 된다면, 그러한 관세는 WTO에 속하는 다른 모든 무역상대국들에게도 동일하게 적용되어야 한다.[2]

2. 관세는 **덤핑**(dumping)과 같이 불공정한 무역 행위에 대응하여 부과될 수 있다. 다음 장에서 언급하겠지만, '덤핑'은 타국의 수출가격이 국내 가격 또는 대안적으로 생산과 운송비용보다 낮은 가격으로 판매될 때의 경우를 지칭한다. GATT 6조는 수출국에 의해 덤핑된 수입품에 관세를 부과할 것을 언급하고 있다.

3. 각국은 수입 재화와 서비스에 대해 수량제한을 해서는 안 된다. GATT 11조는 각국이 수입에 대해 할당제를 적용해서는 안 된다는 점을 언급한다. 이번 장의 마지막 부분에서는 이러한 규정의 예외를 다루게 될 것이다.

---

[1] GATT의 역사는 Douglas A. Irwin, Petros C. Mavroidis, and Alan O. Sykes, 2008, *The Genesis of the GATT* (new York : Campbridge University Press)에서 자세히 서술되어 있음

[2] 대부분의 국가들이 WTO에 가입되어 있고 최혜국대우를 적용받고 있으므로, 미국에서는 어떤 국가에 대해 최혜국대우를 적용하는 것을 '정상적인 무역관계'로 명명함

4. 각국은 특정 기업, 품목, 산업에 제공된 수출보조금을 신고해야 한다. GATT 16조는 수출보조금, 세금우대와 같은 이득 또는 수출품을 생산하는 기업에 대한 다른 종류의 장려책들을 다루고 있다. 이 조항에 따라 각국은 보조금의 수준에 대해 서로 통보해야 하며, 이를 제거할 가능성에 대해 논의해야 한다. WTO 협상의 도하 라운드에서는 농업보조금 폐지가 최근까지 논의되었다.

5. 각국은 특정 제품에 대해 일시적으로 관세를 높일 수 있다. **긴급수입제한조치 조항**(safeguard provision) 또는 **도피조항**(escape clause)으로 불리는 GATT 19조는 이번 장에서 주로 다루어질 내용이다. GATT 19조는 각국이 특정 제품에 대해 일시적으로 관세를 높일 수 있는 여러 조건들을 열거하고 있다. 이 조항은 "국내 생산자들에게 심각한 피해를 주든지 또는 원인이 되는 어떤 상황에서 수입이 증가할 경우에 있는 … 특정 제품을 수입할 때 관세를 부과할 수 있음"을 명시한다. 즉 국내 생산자들이 수입경쟁으로 인해 피해를 입게 될 경우 수입국은 관세를 일시적으로 높일 수 있다.

   2002~2004년 철강 관세는 미국이 GATT 19조를 적용하여 관세를 부과한 사례이다 (그리고 2009~2012년의 타이어 관세는 미국의 대중국 수입과 관련된 조항에 따라 시행되었는데, 이는 이번 장의 뒷부분에서 다루도록 하겠다). 그러나 유럽 국가들은 필사적으로 철강 관세를 거부하면서 WTO에서 미국을 제소하였다. WTO 판결에서 패널들은 유럽의 편을 들어주었다. 판결 결과는 유럽이 대미국 수입품에 대하여 약 22억 달러어치의 보복관세를 부과할 수 있도록 하였다. 이러한 유럽의 압력과 미국에서 싼 가격의 철강 제품을 구입하려는 기업들의 요구로 인해 부시 대통령은 2003년 12월에 철강 관세를 폐지하게 된다. 이 후 절에서는 철강 관세와 GATT 19조가 미국 무역법에 어떻게 반영되어 있는지에 대해 보다 자세히 다루도록 하겠다.

6. **지역무역협정**(regional trade agreements)은 GATT 24조에서 허용되고 있다. GATT는 각국이 지역무역협정의 두 가지 형태로 권역을 형성할 것으로 인정한다. (i) **자유무역지대**(free-trade areas), 몇몇 국가들이 자발적으로 역내의 무역장벽을 제거하는 데 동의함. (ii) **관세동맹**(customs unions), 자유무역지대의 조건을 만족하면서 동시에 역외국에 대해 공동의 관세를 부과함. 이후 장에서는 지역무역협정에 대해 보다 자세히 다루도록 할 것이다.

2 무역의 이득

앞선 장에서 우리는 생산가능곡선과 무차별곡선을 이용하여 무역개방의 이득을 살펴보았다. 이번 장에서는 **소비자 잉여**(consumer surplus)와 **생산자 잉여**(producer surplus)의 개념과 함께 국내 수요와 공급곡선을 이용하여 이를 살펴보고자 한다. 독자들이 다른 경제학 수업에서 이러한 개념들을 배웠을 것으로 생각되어 여기서는 간단하게 복습해보고자 한다.

보조 자료

GATT의 주요 조항

제1조

일반적 최혜국대우

1. 수입 또는 수출에 대하여 … 그리고 수입 또는 수출과 관련된 모든 규칙 및 절차에 관하여 … 체약당사자가 타국을 원산지로 하거나 행선지로 하는 상품에 대하여 부여하는 제반 편의, 호의, 특권 또는 면제는 다른 모든 체약당사자의 영토를 원산지로 하거나 행선지로 하는 동종 상품에 대하여 즉시 그리고 무조건적으로 부여되어야 한다.

제6조

반덤핑 및 상계 관세

1. 체약당사자들은 덤핑, 즉 일국의 상품이 그 상품의 정상가격보다 낮게 타국의 상거래에 도입되는 것이 체약당사자 영토 내의 기존 산업에 실질적인 피해를 야기하거나 야기할 우려가 있는 경우 … 이러한 덤핑이 비난받아야 한다는 것을 인정한다. … 일국에서 타국으로 수출되는 상품의 가격이 다음의 어느 하나에 해당되는 경우 동 상품은 정상가격보다 낮게 수입국의 상거래에 도입되는 것으로 간주된다.
   a. 수출국에서 소비용인 때의 동종 상품에 대하여 정상적인 거래과정에서의 비교 가능한 가격보다 낮은 경우 또는
   b. 이러한 국내 가격이 없는 경우에는 다음 둘 중 하나보다 낮은 경우
      i) 정상적인 거래과정에서 제3국으로의 수출을 위한 동종 상품에 대한 최고의 비교 가능한 가격 또는
      ii) 원산국에서의 상품의 생산비용에 판매비용 및 이윤을 합리적으로 가산한 것…

제11조

수량제한의 일반적 철폐

1. 다른 체약당사자 영토의 상품의 수입에 대하여 또는 다른 체약당사자 영토로 향하는 상품의 수출 또는 수출을 위한 판매에 대하여, 쿼타, 수입 또는 수출 허가 또는 그 밖의 조치 중 어느 것을 통하여 시행되는지를 불문하고, 관세, 조세 또는 그 밖의 과징금 이외의 어떠한 금지 또는 제한도 체약당사자에 의하여 설정되거나 유지되어서는 아니 된다.

제16조

보조금

1. 체약당사자는 직접적 또는 간접적으로 자신의 영토로부터의 상품의 수출을 증가시키거나 자신의 영토로의 상품의 수입을 감소시키도록 운영되는, 제반 형태의 소득 또는 가격지지를 포함한 보조금을 지급하거나 유지하는 경우 동 보조금지급의 정도와 성격에 대하여, 자신의 영토로 수입되거나 자신의 영토로부터 수출되는 상품 또는 상품들의 물량에 대하여 동 보조금지급이 미칠 것으로 추산되는 효과에 대하여, 그리고 동 보조금지급을 필요하게 하는 상황에 대하여 서면으로 체약당사자단에 통보한다. 동 보조금지급에 의하여 다른 체약당사자의 이익에 심각한 손상이 야기되거나 야기될 우려가 있다고 결정되는 경우에는 동 보조금을 지급하는 체약당사자는 요청이 있는 경우 동 보조금지급을 제한할 가능성에 대하여 다른 당해 체약당사자 또는 체약당사자들 또는 체약당사자단과 논의한다.

제19조

특정 상품의 수입에 대한 긴급조치

1. a. 예견하지 못한 사태의 발전과 관세양허를 포함하여 이 협정 하에서 체약당사자가 지는 의무의 효과의 결과로 상품이 그 영토에서 동종 또는 직접적으로 경쟁적인 상품의 그 영토 내에서의 국내 생산자에게 심각한 피해를 야기하거나 그 우려가 있을 정도로 증가된 물량과 조건 하에서 동 체약당사자의 영토 내로 수입되고 있는 경우 동 체약당사자는 동 상품에 관하여, 그리고 이러한 피해를 방지하거나 구제하기 위하여 필요한 정도로 그리고 그 기간 동안 동 의무를 전부 또는 일부 정지하거나 양허를 철회하거나 수정할 자유가 있다.

제24조

영토적 적용, 국경무역, 관세동맹 및 자유무역지역

4. 체약당사자들은 자발적인 협정을 통하여 동 협정 당사국 경제 간의 보다 긴밀한 통합을 발전시킴으로써 무역의 자유를 증진하는 것이 바람직하다는 것을 인정한다. 체약당사자는 관세동맹 또는 자유무역지역의 목적이 구성 영토 간의 무역을 원활화하는 것이어야 하며 다른 체약당사자의 동 영토와

의 무역에 대한 장벽을 세우는 것이어서는 아니 된다는 것을 또한 인정한다.

5. 따라서 이 협정의 규정은 체약당사자 영토 간에 관세동맹 또는 자유무역지역을 형성하거나 관세동맹 또는 자유무역지역의 형성을 위하여 필요한 잠정협정을 채택하는 것을 방해하지 아니한다. 단,

a. …관세 및 그 밖의 상거래 규정은 동 동맹의 형성 또는 동 잠정협정의 채택 이전에 구성영토에서 적용 가능한 관세 및 그 밖의 상거래 규정의 일반적 수준보다 전반적으로 더 높거나 더 제한적이어서는 아니 된다.

출처 : 외교부의세계무역기구협정문자료실 "1947년ATT협정문국문본" http://mcms.mofa.go.kr/trade/wto/agreement/index.jsp?menu=m_30_100_40

소비자 잉여와 생산자 잉여

그림 7-1(a)에서 국내 소비자들은 수요곡선 D를 가지며, P_1의 가격을 지불한다고 가정해보자. 그러면 전체 수요량은 D_1이 된다. 이때 D_1에 위치하고 있는 소비자의 경우 제품의 가치를 P_1으로 매기고 있고, 따라서 소비자 잉여는 거의 없다고 할 수 있다. 그러나 0과 D_1 사이에 위치하고 있는 소비자들의 경우, 제품에 부여하는 가치가 지불가격보다 더 높다. 수요곡선의 높이는 바로 수요자의 지불용의가격을 나타낸다. 예를 들어, D_2만큼을 소비하는 소비자의 경우 상응하는 수요곡선의 높이인 P_2만큼은 가격을 지불할 의사가 있다. 그런데 이 소비자는 실제 P_1의 가격으로 물건을 구매함으로써 $(P_2 - P_1)$만큼의 소비자 잉여를 얻게 된다.

그림 7-1

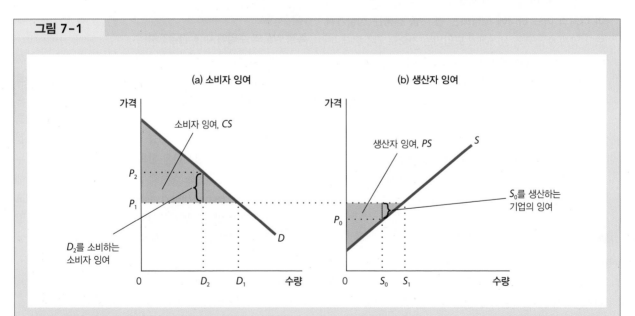

소비자 잉여와 생산자 잉여 (a)에서 소비자들이 P_1의 가격으로 D_1만큼 소비할 경우의 소비자 잉여는 해당 가격 위와 수요곡선 아래의 음영 부분이 된다. D_2 수준으로 소비하는 소비자는 P_2까지 가격을 지불할 의사가 있으나 실제 P_1을 지불한다. 이러한 지불의사가격과 실제지불가격 간의 차이는 소비자 잉여이며, 이는 곧 실제 지불한 수준 이상의 소비자 만족수준을 나타낸다. (b)에서 기업들이 P_1의 가격으로 S_1만큼 생산할 경우의 생산자 잉여는 해당 가격 아래와 공급곡선 위의 음영 부분이 된다. S_0만큼 생산하는 기업의 한계비용은 P_0나 P_1의 가격으로 이를 판매한다. 이러한 판매가격과 한계비용 간의 차이는 생산자 잉여이며, 이는 곧 해당 산업에서의 고정생산요소에 대한 수익을 나타낸다.

D_1 이전의 각각의 구매에 대하여, 소비자가 부여하는 제품 가치는 실제 가격인 P_1보다 더 높다. 0에서 D_1 사이에 각각의 구매에 대한 잉여를 모두 더하면, P_1 위와 수요곡선 아래의 음 영된 부분과 같은 소비자 잉여(CS)를 측정할 수 있다. 이 부분은 소비자의 지불금액인 $P_1 \cdot D_1$에 대응하여 D_1을 소비함으로써 얻게 되는 소비자들의 만족수준을 나타낸다.

그림 7-1(b)는 생산자 잉여를 나타낸다. (b)에서는 산업(시장)공급곡선이 그려져 있다. 공 급곡선의 높이는 각 생산수준에 대한 기업의 한계비용을 나타낸다. P_1의 가격에서 산업 전체 는 S_1만큼을 공급한다. 이때 S_1에 위치하고 있는 기업의 경우, 한계비용은 P_1이 된다. 그러나 0과 S_1 사이에 위치하고 있는 기업들의 경우, P_1보다는 낮은 한계비용으로 제품을 생산할 수 있다. 예를 들어, S_0만큼을 공급하고 있는 기업의 경우 상응하는 공급곡선의 높이인 P_0 수준 의 한계비용으로 물건을 생산하고 있다. 그런데 이 기업은 실제 P_1의 가격으로 물건을 판매 함으로써 $(P_1 - P_0)$만큼의 생산자 잉여를 얻게 된다.

S_1 이전의 각각의 판매에 대하여, 기업 한계비용은 P_1의 가격보다 더 낮다. 0에서 S_1 사이에 각각의 판매에 대한 잉여를 모두 더하면, (b)에서 P_1 아래와 공급곡선 위의 음영된 부분과 같 은 생산자 잉여(PS)를 측정할 수 있다. S_1 이전의 판매에 대하여, 생산의 한계비용이 가격인 P_1보다 낮음으로 인해 생산자 잉여를 기업의 이윤으로 생각하기 쉬울 것이다. 그러나 생산자 잉여에 대한 보다 정확한 정의는 산업 내 고정생산요소에 대한 수익이다. 즉 생산자 잉여는 판매 수입인 $P_1 \cdot S_1$과 가변생산비용(즉 노동자 임금과 중간재 구입비용) 간의 차이로 측정된다. 3 장에서 배운 특수생산요소 모형과 같이 만약 해당 산업에 자본 또는 토지와 같은 고정생산요 소가 존재한다면, 생산자 잉여는 곧 이들 고정요소들에 대한 수익과 같게 된다. 이번 장에서 이러한 수익이 해당 산업에서의 '이윤'과 같은 것으로 막연하게 언급할 수는 있겠지만, 이번 장 내내 완전경쟁을 가정하는 이상(즉 0의 독점이윤) 생산자 잉여는 **독점이윤**이 절대 아님을 독자들은 인식해야 한다.[3]

자국의 후생

국가 전체 잉여에 대한 무역의 효과를 살펴보기 위하여, 소비자와 생산자로 구성되어 있는 자국과 외국의 두 국가만이 존재하는 세계를 가정해보자. 자국의 전체 잉여는 소비자 잉여와 생산자 잉여의 합으로 측정된다. 기대하는 바와 같이, 자국의 잉여가 클수록 소비자와 생산 자는 보다 나은 상태에 있게 된다. 무역의 이득을 측정하기 위하여, 여기서는 자국에 대하여 무역이 없는 상태에서의 잉여와 자유무역 이후의 잉여를 비교해볼 것이다.

무역이 없는 경우(개방 전)   그림 7-2(a)에서는 자국의 수요곡선과 공급곡선을 동시에 고려하 고 있다. 무역 전 균형은 수요곡선과 공급곡선이 만나는 지점에서 Q_0의 균형수급량과 P^A의 자급자족 가격에서 달성된다. (a)에서 CS로 명명된 소비자 잉여는 P^A 위와 수요곡선 아래 부 분 사이 넓이로 표시된다. 이는 곧 (b)에서 a지역이 된다. (a)에서 PS로 명명된 생산자 잉여는

---

3   6장에서 불완전경쟁의 기업은 제품의 가격 결정에 영향을 미치고 따라서 양(+)의 독점이윤을 얻게 됨을 유의하라.

P^A 아래와 공급곡선의 윗부분 사이 넓이로 표시된다. 이는 곧 (b)에서 $(b+c)$ 지역이다. 따라서 소비자 잉여와 생산자 잉여의 합은 수요곡선과 공급곡선 사이의 지역으로 $CS + PS = (a+b+c)$로 표시할 수 있다. 이러한 표시지역은 무역개방 전 해당 상품 시장에서의 자국의 전체 후생이 된다.

소국이 자유무역을 하는 경우 이제 자국이 해당 상품에 대해 자유무역을 할 경우를 가정해보자. 앞선 장에서 언급하였듯이, 세계 가격인 P^W는 세계시장에서의 수요곡선과 공급곡선 간의 교차에 의해 결정된다. 일반적으로 세계시장은 물건을 사고파는 많은 수의 국가들로 구성되어 있다. 세계시장에서 해당 제품을 사고파는 여타 국가들과 비교하여 규모가 작다는 의미로써 자국을 **소국**(small country)으로 여기서는 가정할 것이다. 따라서 자국은 세계시장에서 가격수용자가 된다. 자국은 P^W가 주어진 것으로 받아들이고, 자국의 수요와 공급 수준은 세계 가격에 영향을 미칠 수 없다. 그림 7-2(b)에서 세계 가격인 P^W는 자국의 무역 전 가격인 P^A보다 아래에 있는 것으로 가정되었다. P^W의 가격에서 자국 수요는 무역 전 Q_0에서 D_1으로 증가하게 되고, 자국 공급은 무역 전 Q_0에서 S_1으로 감소하게 된다. D_1과 S_1의 차이는 이 제품의 수입량, 즉 $M_1 = D_1 - S_1$이 된다. 세계 가격인 P^W가 자국의 무역 전 가격인 P^A보다 아래에 있기 때문에 자국은 해당 상품의 수입국가가 된다. 만약 P^W가 P^A보다 높다면, 자국은 해당 상품의 수출국가가 될 것이다.

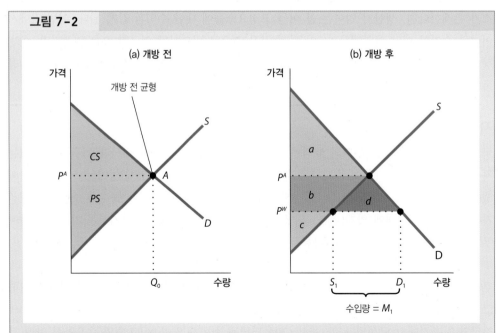

그림 7-2

(a) 개방 전   (b) 개방 후

자국이 가지는 자유무역의 이득 자국의 수요곡선 D와 공급곡선 S로부터 개방 전 균형은 A점에서 P^A의 가격과 Q_0의 수급량으로 결정된다. 개방 이후 세계 가격은 P^W이고, 따라서 수요량은 D_1으로 증가하고 공급량은 S_1으로 감소하게 된다. 수요량이 공급량보다 더 많으므로 자국은 $D_1 - S_1$만큼 수입하게 된다. 소비자 잉여는 $(b+d)$만큼 증가하게 되고, 생산자 잉여는 b만큼 감소하게 된다. 무역의 이득은 d지역으로 측정된다.

자유 무역의 이득　이제 P^W의 가격을 가지는 자유무역 균형점에서 소비자 잉여와 생산자 잉여의 합인 자국의 개방 후 후생을 측정한 후, 이를 개방 전 후생과 비교해보도록 하자. 그림 7-2(b)를 살펴보면, P^W의 가격에서 자국 소비자 잉여는 수요곡선 아래와 P^W 위의 사이인 $(a+b+c)$지역이 된다. 개방 전의 경우 소비자 잉여는 a지역이었으나, 개방 후 가격이 P^A에서 P^W로 하락함에 따라 소비자 잉여는 $(b+d)$만큼 증가하게 되었다. 자국 소비자들은 명확하게 가격의 하락으로부터 이득을 얻었다.

반면, 자국기업들은 가격 하락으로 인한 생산자 잉여의 감소로 손해를 보게 된다. (b)에서 P^W의 가격에서 자국 생산자 잉여는 공급곡선 위와 P^W 아래의 사이인 c지역이 된다. 개방 전의 경우 생산자 잉여는 $(b+c)$지역이었으나, 개방 후 가격이 P^A에서 P^W로 하락함에 따라 생산자 잉여도 b만큼 감소하게 되었다. 자국 생산자들은 명확하게 가격의 하락으로부터 손해를 입었다.

소비자 이득 부분인 $(b+d)$와 생산자 손실 부분인 b를 비교해본다면, 소비자들의 이득이 생산자들의 손해보다 더 큼을 알 수 있고, 이는 곧 자국의 후생 (소비자 잉여와 생산자 잉여의 합)이 더 커졌음을 의미한다. 개방 후 자국 전체의 후생 변화는 소비자 잉여와 생산자 잉여의 변화들을 함께 고려함으로써 계산될 수 있다.

소비자 잉여의 증가 :	$+(b+d)$
생산자 잉여의 감소 :	$-b$
자국 후생의 순효과 :	$+d$

d지역은 해당 상품의 자유무역 이후 수입국가가 가지는 무역의 이득이 된다. 이는 앞선 장에서 생산가능곡선과 무차별곡선으로부터 분석한 무역의 이득과 매우 유사하다. 다만, 전자의 경우 측정하기가 매우 쉽다. d는 자유무역 이후 수입량인 $M_1 = D_1 - S_1$을 밑변으로, 가격의 하락폭인 $P^A - P^W$를 높이로 하는 삼각형으로, 삼각형의 넓이는 $\frac{1}{2} \cdot (P^A - P^W) \cdot M_1$으로 계산할 수 있다. 물론, 다수의 상품을 수입하는 경우 상품 각각에 대한 삼각형의 넓이를 구한 후 합쳐야 하며, 한 국가에 대한 전체 무역의 이득을 측정하기 위해서는 수출 부분의 순이득 또한 고려되어야 한다. 각 상품에 대한 이득은 양(+)의 값이기 때문에 수입 상품과 수출 상품 모두 고려하더라도 무역의 이득은 여전히 양(+)의 값이 된다.

자국의 수입수요곡선

이상의 내용에 관세를 소개하기에 앞서, 그림 7-3에서는 특정 상품의 세계 가격과 자국 소비자 수입량 간의 관계를 나타내는 **수입수요곡선**(import demand curve)을 도출하고 있다. 사실 수입수요곡선은 2장의 리카도 모형에서 최초로 도출되었다. 따라서 여기에서는 수입관세의 가격과 후생에 대한 효과를 분석하기에 앞서 수입수요곡선의 도출과정을 간단하게 복습해보고자 한다.

그림 7-3(a)에서 우하향하는 자국의 수요곡선(D)과 우상향하는 공급곡선(S)이 존재한다. 개방 전 균형은 A점으로써 균형가격인 P^A와 균형수급량인 Q_0를 결정한다. 이때 수요량과 공

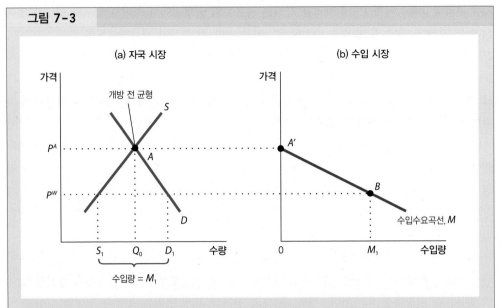

그림 7-3

(a) 자국 시장   (b) 수입 시장

자국의 수입수요 자국의 수요곡선(D)과 공급곡선(S)을 통해 개방 전 균형은 A점에서 균형가격 P^A와 균형수급량 Q_0가 결정된다. 이때 이 가격에서의 수입수요는 0으로, (b)의 A'으로 나타나 있다. 보다 낮은 가격인 P^W에서 수입수요는 $M_1 = D_1 - S_1$이 되는데, B점으로 표시되어 있다. A'과 B를 이을 경우, 수입수요곡선인 M을 그릴 수 있다.

급량이 같기 때문에 해당 상품의 수입은 존재하지 않는다. 0의 수입량은 (b)의 A'점으로 표시된다.

이제 세계 가격 P^W가 개방 전 가격인 P^A보다 낮은 것으로 가정해보자. P^W에서 자국 내 수요량은 D_1이나, 공급량은 S_1이 된다. 따라서 수입량은 $M_1 = D_1 - S_1$이 되고, (b)에서는 B점으로 표시되어 있다. A'과 B를 이을 경우, 우하향하는 수입수요곡선인 M을 그릴 수 있다.

그림 7-3에서 수입수요곡선은 개방 전 가격인 P^A보다 낮은 모든 가격에 대응하여 그려진다는 점을 명심하기 바란다. 낮은 가격으로 인해 자국의 수요는 증가하나 공급은 감소하며, 따라서 양(+)의 수입량이 발생한다. 만약 세계 가격이 개방 전 가격보다 더 높다면 무슨 일이 발생할까? 이 경우 높은 가격으로 인해 자국의 공급은 증가하나 수요는 감소하며, 따라서 자국은 해당 상품의 수출국가가 된다.

3 소국의 수입관세

이번 절에서는 앞서 살펴본 수요와 공급의 분석 틀을 이용하여 소국이 관세를 부과할 경우 무슨 일이 발생할지에 대해 살펴보고자 한다. 이미 설명한 바대로, 수입국의 관세가 해당 제품 산업의 세계 가격에 아무런 영향을 미치지 않을 경우, 이 국가는 '소국'이 된다. 이제 살펴볼 것이지만, 관세부과로 인해 자국의 상품 가격은 인상될 것이다. 상품이 국경을 지날 때 관세(즉 세금)가 부과되므로 자국 소비자에게 부과되는 가격은 관세만큼 인상될 것이다.

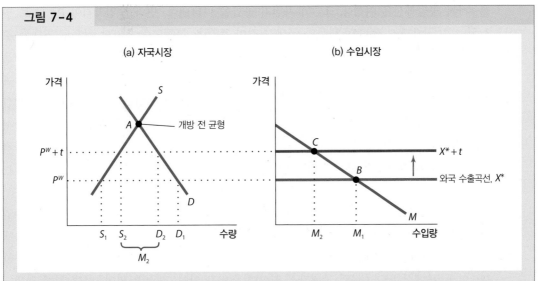

그림 7-4

(a) 자국시장   (b) 수입시장

소국의 관세부과 t 달러의 관세를 부과하게 되면, 수입가격은 P^W에서 $P^W + t$ 로 인상된다. 해당 상품의 국내 가격 역시 $P^W + t$ 로 인상된다. 이러한 가격 인상으로 인해 (a)에서 국내생산은 S_1에서 S_2로 증가하게 되고, 국내 수요는 D_1에서 D_2로 감소하게 된다. (b)에서 관세로 인해 수입은 M_1에서 M_2로 감소하게 된다. 그 결과, 균형점은 B에서 C로 이동하게 된다.

소국이 자유무역을 하는 경우

그림 7-4에서는 자국이 자유무역을 할 경우의 균형을 다시 나타내고 있다. (b)에서 외국의 수출공급곡선 X^*는 세계 가격 P^W에서 수평선으로 그려져 있다. 수출공급곡선이 수평적이라는 것은 세계 가격인 P^W에서 자국의 수입량 수준이 이 가격에 전혀 영향을 미치지 않는다는 점을 의미한다. 자유무역의 균형은 외국 수출공급곡선과 자국 수입수요곡선 간의 교차점, 즉 (b)의 세계 가격 P^W에서 B점이 된다. (a)를 살펴보면, 이 가격에서 자국의 수요량은 D_1, 공급량은 S_1이 된다. 세계 가격 P^W에서 수입량은 단순하게 수요량과 공급량 간의 차이인 $M_1 = D_1 - S_1$이 된다.

관세의 효과

만약 정부가 t 달러의 수입관세를 부과한다면, 자국 내 수입품 가격이 그만큼 인상하게 됨으로써 수출공급곡선은 동일한 금액만큼 위로 이동하게 된다. 수출공급곡선의 이동은 다른 경제학 수업에서 다루고 있는 판매세로 인한 국내공급곡선의 이동과 유사하다. 이들 모두 기업의 생산비용 증가를 반영한다. 그림 7-4(b)에서 수출공급곡선은 $X^* + t$ 로 이동하였다. 이제 관세부과 후의 수출공급곡선과 수입수요곡선이 교차하는 점에서 $P^W + t$ 의 가격과 M_2의 수입량이 결정된다. 수입량은 자유무역(관세부과 전) 상황에서 M_1이었으나, 관세부과 후 높은 가격으로 인해 M_2로 줄어들었다.

수입품과 동종의 국내 상품은 질적으로 모두 동일하다고 가정한 바 있다. 예를 들어, 만약 수입품이 여성용 크루저 자전거라면, (a)의 자국 수요곡선 D는 여성용 크루저 자전거 수요를, 자국 공급곡선은 여성용 크루저 자전거 공급을 나타낸다. 만약 수입가격이 P^W+t 로 인상된다면, 국내에서 생산된 제품의 국내 가격이 똑같은 수준으로 증가할 것으로 기대할 수 있다. 그 이유는 인상된 가격인 P^W+t 에서 자국 내 여성용 크루저 자전거에 대한 수요량은 자유무역의 D_1에서 D_2로 감소하기 때문이다. 동시에, 인상된 가격으로 인해 국내기업은 자유무역의 S_1에서 S_2로 생산량을 증가하게 된다. 그러나 기업이 생산량을 증가시킴에 따라 생산의 한계비용 또한 증가한다. 국내 공급곡선(S)은 이러한 한계비용을 반영하고 있고, 따라서 국내 가격은 국내기업들이 한계비용과 수입가격 P^W+t 가 같아지는 S_2만큼을 생산할 때까지 공급곡선 상에 따라 증가하게 된다. 한계비용이 P^W+t 와 같기 때문에 국내기업이 부과하는 가격 또한 P^W+t이고, 국내 가격은 수입가격과 동일하게 된다.

이상 요약하자면, 새로운 가격에서 국내수요는 D_2, 국내 공급은 S_2, 이들 간의 차이는 수입으로 $M_2=D_2-S_2$가 된다. 외국 수출기업들은 여전히 관세부과 전 가격인 P^W(즉 국내 가격에서 관세를 제외한 가격)를 받는다. 그러나 국내 소비자들은 인상된 가격인 P^W+t를 지불한다. 이제 P^W에서 P^W+t로의 국내가격 인상이 소비자 잉여, 생산자 잉여, 국내 전체 후생에 어떠한 영향을 미쳤는지를 살펴보도록 하자.

관세의 소비자 잉여 효과 그림 7-5에서는 수입품과 국산품의 가격을 P^W에서 P^W+t 인상시킨 t 달러의 관세부과 효과를 나타내고 있다. (a)에서 자유무역 후 소비자 잉여는 수요곡선 아래와 P^W 윗부분 사이의 지역으로 표시된다. 관세부과 후 소비자들은 이제 높은 가격인 P^W+t를 지불하게 되고 소비자 잉여는 수요곡선 아래와 P^W+t 윗부분 사이의 지역으로 표시된다. 그림 7-5(a)에서 관세부과 후 소비자 잉여 감소는 수요곡선의 왼쪽 부분에서 두 가격들 간의 차이 지역, 즉 $(a+b+c+d)$가 된다. 이 지역은 관세부과 후 가격 인상으로 인해 소비자들이 손해를 보게 되는 부분을 표현한다.

관세의 생산자 잉여 효과 관세의 생산자 잉여 효과 또한 분석해보자. (a)에서 자유무역 후 생산자 잉여는 P^W 아래와 공급곡선 윗부분 사이의 지역으로 표시된다. 관세부과 후 생산자 잉여는 이제 P^W+t 아래와 공급곡선 윗부분 사이의 지역으로 표시된다. 관세부과 후 국내 가격이 인상됨에 따라 기업들은 높은 가격으로 좀 더 많은 상품을 팔 수 있게 되고, 따라서 이들의 잉여는 증가하게 된다. 그림 7-5(a)에서 관세부과 후 생산자 잉여의 증가는 공급곡선의 왼쪽 부분에서 두 가격들 간의 차이 지역, 즉 a가 된다. 이 지역은 관세부과 후 가격 인상으로 인해 생산자들이 이득을 보게 되는 부분을 표현한다. 앞서 설명한 바대로, 생산자 잉여의 증가는 산업 내 고정생산요소(자본 또는 토지)에 대한 수확체증으로서 생각할 수 있다. 때때로 노동 또한 부분적으로 고정생산요소로 고려될 수 있는데, 이는 한 산업에서 노동자들이 습득한 기술이 다른 산업에서는 쓸모가 없을 수 있기 때문이다. 이 경우 국내 생산자 잉여의 증가는 자본과 토지와 함께 수입경쟁 산업 내 국내 노동자들의 이득으로서도 생각해 볼 수 있다. 그러나 이러한 생산 부분의 이득은 국내 소비자들의 손해 대가로서 발생하는 것이다.

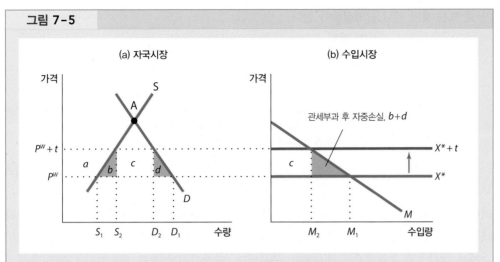

그림 7-5

(a) 자국시장

(b) 수입시장

관세의 후생 효과 관세부과 후 가격은 P^W에서 P^W+t로 인상된다. 그 결과, 소비자 잉여는 $(a+b+c+d)$만큼 감소한다. 생산자 잉여는 a만큼 증가하고, 정부의 세수입은 c가 된다. 따라서 자국 후생의 순손실, 즉 자중손실은 $(b+d)$가 된다. 자중손실은 (a)에서 삼각형 b와 삼각형 d 또는 (b)에서 하나의 삼각형 $b+d$가 된다.

관세의 정부 세수입 효과 소비자와 생산자 효과에 더하여, 관세는 정부 세수입에도 영향을 미친다. 세수입의 크기는 관세 t와 수입량 $(D_2 - S_2)$의 곱으로 나타난다. 이러한 세수입은 그림 7-5(a)에서 c 지역으로 표시된다. 세수의 증가는 수입국 정부의 이득으로 고려할 수 있다.

관세의 사회 전체 후생 효과 이제 관세의 수입국가 전체 후생 효과를 분석해보자. 전체 후생은 생산자 잉여, 소비자 잉여, 정부 세수입으로 구성된다. 따라서 여기서의 분석 내용은 이들을 다 더한 후의 순효과를 보는 것이다. 소비자 잉여의 감소와 생산자 잉여의 증가를 더하는 과정에서, 소비자 잉여 1달러의 가치는 생산자 잉여 또는 정부 세수입 1달러의 가치와 똑같다. 즉 여기에서는 인상된 가격에 직면하는 소비자들이 부자인지 또는 가난한지, 또한 산업 내에 특정생산요소(자본, 토지, 노동)가 이득을 많이 보는지 또는 적게 보는지에 대해서는 관심을 두지 않는다. 이러한 접근방식에 따라 소비자 잉여에서 생산자 잉여로 단순히 이동하는 1달러는 전체 후생에는 영향을 미치지 않는다. 소비자 잉여의 감소는 생산자 잉여의 증가로서 상쇄된다.

일부 독자들은 전체 후생을 측정함에 있어 이러한 분석 방법에 동의하지 않고 가난한 소비자로부터 부유한 생산자로의 1달러 이동이 전체 후생에 0이 아닌 음(−)의 효과를 줄 것으로 생각할 수도 있을 것이다. 사회 내 다양한 소득 집단에 대한 관세 효과를 분석함에 있어서는 이를 분명히 조심할 필요는 있다. 특히, 소득 집단 간 불평등이 심화된 국가나 가난한 국가들일 경우 더욱 그럴 것이다. 그러나 여기서는 이러한 논의는 일단 무시하고 소비자 잉여, 생산자 잉여, 정부의 세수입만을 간단하게 합산하도록 하겠다. 이러한 접근방식은 단지 관세의 효율성만을 보는 것이지 형평성 효과(즉 관세가 여러 집단 간에 얼마나 공정하게 작용하는가)를 보는 것이 아님을 명심해야 한다.

소국이 부과하는 관세의 전체 효과는 다음과 같이 요약된다.

소비자 잉여의 감소 :	$-(a+b+c+d)$
생산자 잉여의 증가 :	$+a$
정부 세수입 증가 :	$+c$
자국 후생의 순효과 :	$-(b+d)$

그림 7-5(b)에서 삼각형 $(b+d)$는 소국이 수입관세를 부과함으로써 부담하는 **순후생 감소** 부분을 나타낸다. 이러한 후생 감소는 해당 국가 내 다른 부문의 이득과 상쇄되지 않는다는 의미로서 때때로 **자중손실**(deadweight loss)로 표현되기도 한다. (a)에서 생산자 이득을 나타내는 a는 단순하게 소비자 잉여 감소로 상쇄된다. a는 관세부과 후 가격 인상으로 인해 소비자에서 생산자로 효과적으로 전환되는 부분이다. 마찬가지로 정부 세수입인 c 또한 소비자 잉여 감소로 상쇄된다. 이는 소비자에서 정부로 전환되는 부분이다. 따라서 $(b+d)$는 감소한 소비자 잉여에 있어서 다른 부문으로 전환되지 않는 부분이다. 자중손실은 (a)의 두 삼각형 b와 d 또는 (b)에서 하나의 삼각형인 $(b+d)$로 측정된다. 자중손실인 삼각형 b와 d는 다음과 같이 보다 정확한 해석이 가능하다.

생산부문 손실 삼각형 b의 밑변은 관세부과 후 자국 생산이 S_1에서 S_2로 순수하게 증가한 것을 나타낸다. 이 삼각형의 높이는 공급 증가로 인한 한계비용 증가분이다. S_1만큼 생산할 때 한계비용은 P^W로서 자유무역 가격인데, 만약 S_1 수준 이상으로 생산할 경우 한계비용이 이보다 더 높아지므로 이와 같이 해석할 수 있다. 한계비용이 세계 가격을 초과할 경우 이 국가의 생산은 비효율적인 것이 된다. 이 경우 자국에서 S_1 이상을 직접 생산하는 것보다는 수입을 하는 것이 더 낫다. 삼각형 b는 추가 생산에 따른 한계비용의 증가와 같고, 세계 가격 이상의 한계비용으로 생산하는 자국의 **생산부문 손실**(production loss)(또는 효율성 감소)로서 해석이 가능하다. 그러나 그림 7-5의 전체 자중손실인 $(b+d)$에서 생산부문의 손실은 단지 일부일 뿐이다.

소비부문 손실 (a)의 삼각형 d(자중손실의 다른 부분) 또한 정확한 해석이 가능하다. 관세부과 후 가격이 P^W에서 P^W+t로 인상됨에 따라, 자국의 소비량은 D_1에서 D_2로 감소하게 된다. 가격 인상에 따라 D_1과 D_2 사이에 위치하고 있는 소비자들은 더 이상 소비를 할 수 없게 되고, 삼각형 d는 이들의 소비자 잉여 감소 부분으로 표현된다. 이러한 소비자 잉여 감소분이 해당 국가의 **소비부문 손실**(consumption loss)로서 측정된 것이다.

관세부과의 이유와 방법

대부분의 경제학자들은 소국의 수입관세 부과가 자중손실을 항상 초래한다는 사실을 들어 관세부과에 대한 반대 입장을 얘기한다. 이렇게 소국의 경우 관세를 부과하면 손해를 보게 됨에도 불구하고 왜 무역정책의 일환으로서 이를 사용하고 있을까? 한 가지 이유는 개도국의 경우 관세 외에 세수를 확보할 만한 원천이 없다. 수입관세는 모든 국가들이 국경을 넘어오는 상품을 감독하는 세관을 항만이나 공항에서 운영하고 있기 때문에 '거두기가 쉬운' 특징을 가진다. 소득세 또는 부가가치세와 같이 '거두기가 어려운' 세금의 자중손실보다 관세의 자중손실이 더 큼에도 불구하고 수입품을 대상으로 세금을 부과하는 것이 더 용이하다. 소득세 또는 부가가치세의 경우 개인이나 기업이 정직하게 소득을 보고해야 하고 정부가 (국경에서 수입품을 검사하는 것과 같이) 모든 대상자들을 감독할 수 없기 때문에 세금을 매기는 것이 어렵다. 그럼에도 불구하고, 개도국들은 관세가 높은 수준의 자중손실을 초래한다는 사실을 인식하고 있다는 점에서 시간이 지남에 따라 이러한 거두기 쉬운 세금을 점점 더 회피할 것으로 기대해볼 수 있다. 이는 한 선행연구에서 밝힌 것과 정확히 일치한다.[4] 1980년대와 1990년대 동안 특히 개도국에서 관세와 같이 '거두기가 쉬운' 세금의 전체 세수 비중은 떨어졌고, 반면 '거두기 어려운' 세금의 세수 비중은 높아졌다.

자중손실에도 불구하고 국가가 관세를 매기는 두 번째 이유는 정치적 이유로부터 온다. 앞서 살펴본 바와 같이, 관세는 국내 생산자에게 유리하게 작용한다. 따라서 만약 정부가 소비자 잉여보다는 생산자 잉여에 더 관심을 쏟는다면, 자중손실이 발생함에도 불구하고 관세부과를 결정하게 될 것이다. 또한 일반적으로 국가 전역에 퍼져 있는 소비자들의 비용과는 달리, 생산자들(그리고 이들 밑에서 일하는 노동자들)의 이득은 특정 기업들이나 지역에 집중되어 있다. 조지 부시 대통령이 2002~2004년 철강 산업에 부과한 관세가 이러한 사실로 설명될 수 있다. 관세부과의 이득은 철강을 주로 생산하는 펜실베이니아 주, 웨스트버지니아 주, 오하이오 주에 집중되었고, 철강을 사용하는 소비자들은 이보다는 더 넓게 퍼져 있었다.[5] 2009~2012년 버락 오바마 대통령이 승인한 중국산 타이어 수입관세의 경우 그 배경은 다소 다르다. 이 관세는 미국 타이어 산업 노동자로 구성되어 있는 미국 철강 노조에 의해 요구되었고, 이들에게 이득을 줄 것으로 기대되었다. 그러나 미국 타이어 생산 기업들은 대부분 이미 다른 국가—특히, 중국—에서 타이어를 생산하고 있었던 관계로 이 관세를 지지하지 않았고, 이 관세로 인해 이들의 비용이 더 증가하게 되었다.

철강과 타이어 관세 모두에서, 대통령은 단순하게 관세를 마음대로 부과할 수는 없었고, 이번 장 초기에서 논의되었던 GATT의 규정을 따라야만 했다. '긴급수입제한조치' 또는 '도피조항'으로 알려져 있는 GATT 19조에서는 어떤 특수한 상황에서 일시적으로 관세를 부과할 수 있도록 허용하고 있음을 상기하자. GATT 19조는 미국 통상법에서도 반영되어 있다.

---

4 Joshua Aizenman and Yothin Jinjarak, January 2006, "Globalization and Developing Countries-A Shrinking Tax Base?" National Bureau of Economic Research(NBER) Working Paper No. 11933.

5 비록 철강 관세가 철강을 생산하는 주들로부터 표를 얻기 위하여 이용되었음에도 불구하고, 다른 정치적 목적이 또한 깔려 있었다. 2002년에 조지 부시 대통령은 다른 국가와 무역협상을 할 때 필요한 '신속처리 권한' 승인여부를 목전에 두고 있었다. 대통령이 신속처리 권한을 부여받은 경우, 미 의회는 행정부의 무역협상 결과를 90일 이내에 수정 없이 찬반 결정만을 하게끔 되어 있다. 이러한 권한은 매 5년마다 만료된다. 2002년의 철강 관세는 일부 의원들이 찬성표를 던져 신속처리 권한이 통과하게끔 하는 수단이 되었다. 보다 최근에, '무역촉진 권한'으로 불리는 신속처리 권한은 의회에 의해 갱신되지 않았고 2007년 7월 1일자로 폐지되었다.

보조 자료 : 긴급수입제한 관세에서는 1974년 개정된 통상법에서 긴급수입제한 관세를 다루는 두 조항의 중요 구절들을 열거해 놓았다.

첫째, 201조는 대통령 또는 국회 또는 상원 또는 기업, 노조와 같이 미국 국제무역위원회(ITC)에 청원을 할 수 있는 어떤 관계자든 관세부과를 요청할 수 있음을 언급하고 있다. 이러한 요청에 대하여 ITC는 수입 증가가 "미국 산업 피해의 심각한 원인 또는 위협…"이 되는지 여부를 결정한다. 그 후 ITC는 관세를 승인할지 거부할지의 최종 권한을 가지고 있는 대통령에게 이를 권고한다. 201조는 '심각한 원인'을 '중요하면서도 다른 원인보다 더 유의한 원인'으로 확장된 정의를 적용하고 있다. 비록 이러한 종류의 법적 용어가 불분명할지라도, 수입 보호를 정당화하기 위해서는 수입 증가가 산업피해의 가장 중요한 원인이 되어야한다는 원칙을 기본적으로 내포하고 있다. 이후 살펴볼 것이지만, 부시 대통령이 승인한 철강 관세는 이러한 기준을 충족하고 있으나, 대부분의 관세부과 요청은 이러한 기준을 충족하지 못하고 승인받지 못하였다.

둘째, 1974년 통상법의 최근 개정 내용은 중국에만 적용되는 421조이다. 이 조항은 2001년 중국의 WTO 가입 조건으로서 미국에 의해 추가되었다.[6] 중국으로부터의 급격한 수입 증가를 우려하는 미국으로서는 이 경우에 관세를 부과할 수 있도록 이 조항을 도입하였다. 다양

보조 자료

긴급수입제한 관세

1974년에 개정된 미국 통상법은 GATT와 WTO의 조항들을 반영하여 미국에서 관세를 부과하기 위한 요건들을 나타내고 있다. 1974년 통상법 아래 두 조항들은 긴급수입제한 관세의 부과 내용을 다루고 있다.

201조

대통령 또는 무역대표부의 요청, 하원 세입위원회 또는 상원재무위원회의 결의 또는 자체적 동의 … 청원이 제기된 경우에 대하여, [국제무역]위원회는 미국으로 수입되는 상품의 수입 증가가 유사한 종류의 상품이나 수입품과 직접적으로 경쟁하는 상품을 생산하는 국내 산업에 심각한 피해를 주는 주된 원인이 되거나 또는 그것으로 위협이 되는지 여부를 결정하기 위해 적절한 조사를 진행해야 한다.

… 이 조항의 목적 수행에 있어서, '주된 원인'이라는 용어는 다른 원인들보다 적지 않으면서 중요한 원임임을 의미한다.

421조

청원이 제기된 경우에 대하여 … 미국 국제무역위원회는… 미국으로 수입되는 중화인민공화국산 상품의 수입이 증가하거나 또는 그러한 조건하에서, 이것이 유사한 종류의 상품이나 수입품과 직접적으로 경쟁하는 상품을 생산하는 국내 생산자들에게 시장 혼란을 주는 원인이 되거나 또는 위협이 되는 상황인지 여부를 결정하기 위해 적절한 조사를 진행해야 한다.

… (1) 이 조항의 목적 수행에 있어서, 시장 혼란은 유사 상품 또는 국내 산업에서 생산되는 것과 직접적으로 경쟁하는 상품의 수입이 절대적 또는 상대적 측면에서 급격히 증가하여, 국내 산업에 물질적 피해의 주된 요인 또는 위협이 될 때 발생한다.

(2) 위 (1)항의 목적 수행에 있어서, '주된 원인'이라는 용어는 국내 산업의 물질적 피해에 중대하게 기여를 하는 원인을 의미하나, 다른 원인들보다 같거나 더 클 필요는 없다.

출처 : http://www.law.cornell.edu/uscode/text/19/2252와 http://www.law.cornell.edu/uscode/text/19/2451

---

6 421조는 미국에 의해 추가되어 12년 동안 지속되었고, 2013년 12월 11일에 만료되었다.

한 이해관계자들은 421조를 통해 대통령에게 권고를 할 수 있는 미국 국제무역위원회에 청원할 수 있다. ITC는 중국으로부터의 수입 증가가 미국 산업의 '시장붕괴', 즉 '미국 국내 산업의 물질적 피해에 대한 심각한 원인 또는 위협'을 초래하는지 여부를 결정해야 한다. 또한, 여기서의 '심각한 원인'은 '국내 산업의 물질적 피해에 중대한 기여를 하면서 다른 원인보다 같거나 더 클 필요는 없는 원인'으로 언급된다. 법률적 용어는 정확히 해석하기는 힘드나, 중국으로부터의 수입이 국내 산업의 피해에 가장 중요한 원인이 아닐지라도 관세가 부과될 수 있음을 명시하고 있다. 따라서 421조는 201조보다는 완화된 조건이 적용되고 있고 오바마 대통령은 이를 대중국 타이어 수입관세를 부과하는 명분으로 사용하였다.

적용사례

미국의 철강과 타이어 관세

미국의 철강과 타이어 관세 사례를 통해 우리는 자중손실이 있어도 정치적인 동기로 인해 관세가 부과될 수 있다는 사실을 강조할 수 있다. 앞서 살펴본 소국 경제 모형을 통해 이들 관세들이 후생 관점에서 얼마만큼의 사회적 비용이 드는지를 대략적이나마 계산할 수 있다. 비록 미국이 수입과 수출가격에 영향을 줄 수 있는 입장에서 소국이 아님에도 불구하고, 소국 모형은 분석의 좋은 출발점이 될 수 있다. 다음 절에서는 대국 모형의 경우를 살펴보도록 할 것이다. 여기에서는 소국 모형을 통해 2002년 3월부터 2003년 12월 사이 부과되었던 미국 철강 관세로 인한 자중손실을 추정해보도록 하겠다. 이러한 추정 후에 우리는 철강 관세의 효과와 보다 최근에 부과된 타이어 관세의 효과를 비교 분석한다.

철강 산업 보호의 대선 공약을 수행하기 위하여 조지 부시 대통령은 ITC가 철강 산업에 대한 201조 조사를 착수하도록 요구하였다. 이는 대통령이 직접 201조의 조치 요구를 했던 몇몇 사례 중 하나이다. 보통은 해당 산업 내 기업 또는 노동조합이 수입 보호를 위해 ITC에 요구한다. ITC는 조사를 통해 201조와 19조의 조건을 충족한다고 결론 내고 미국 철강 산업의 보호를 위해 실제로 관세를 부과하도록 권고하였다. 표 7-1에 나타난 바와 같이 ITC는 첫해에 품목별로 10%에서 20%까지 다양하게 부과할 것과 3년 이후 완전히 철폐되기 전까지 시간을 두고 점점 감소하도록 관세를 부과할 것을 권고하였다.

ITC는 몇 가지 근거를 가지고 이와 같은 결정을 하였다.[7] 첫째, 1998년에서 2001년 초 사이 철강 산

---

7 여기에서는 U.S. International Trade Commission, 2011, Steel: Investigation No. TA-201-73, Volume, Publication 3479, Washington, D.C.에서 소개된 평판압연탄소철강에 대한 ITC의 결정사항만을 살펴보기로 한다.

표 7-1

철강에 대한 미국 ITC의 권고 관세 및 실제 부과된 관세 이 표에서는 철강에 대해 미국 국제무역위원회가 권고한 관세와 첫해에 실제로 부과된 관세가 나타나 있다.

상품 분류	ITC 권고 관세 (첫해, %)	실제 부과된 관세 (첫해, %)
Carbon and Alloy Flat Products		
Slab	20	30
Flat products	20	30
Tin mill products	U*	30
Carbon and Alloy Long Products		
Hot-rolled bar	20	30
Cold-finished bar	20	30
Rebar	10	15
Carbon and Alloy Tubular Products		
Tubular products	?**	15
Alloy fittings and flanges	13	13
Stainless and Tool Steel Products		
Stainless steel bar	15	15
Stainless steel rod	?**	15
Stainless steel wire	U*	8

* 불확실 — ITC에서 관세를 부과할지 여부에 대해 의견 불일치
** 미 ITC에 의해 결정되지 않은 특별 권고

출처 : Robert Read, 2005, "The Political Economy of Trade Protection: The Determinants and Welfare Impact of the 2002 U.S. Emergency Steel Safeguard Measures," *The World Economy*, 1119-1137.

업에서 수입이 증가하고 있었고 가격은 점점 떨어지고 있었다. 투자와 고용의 감소와 함께, 이러한 손실은 '심각한 피해'의 조건에 충족되었다. 수입가격 감소에 대해 ITC는 2001년 전에 발생한 미국 달러의 가치 상승이 중대한 원인인 것으로 보았다. 달러의 가치가 상승함에 따라 외국 화폐가 더 싸졌고, 철강과 같은 수입품의 가격 또한 떨어지는 현상이 이 시기에 발생하였다. 201조와 19조의 요건을 충족하기 위해서는 수입 급증이 '중대하면서도 다른 요인보다 덜하지 않은 원인'으로 정의되는 심각한 피해의 '중대한 원인'이 되어야 했다. 때때로 국내 경기침체가 미국기업 피해의 또 다른 요인이 될 수 있으나, 철강 수요가 증가하였던 2001년 전의 해에는 원인이 되지 못했다.[8]

부시 대통령은 ITC의 권고를 받아들였으나, 표 7-1에 나타난 바와 같이 가장 사용이 빈번한 제품(평판압연철강과 철강슬라브)에는 최고 30%를 부과하면서, 8%에서 30% 사이에서 더 높은 관세를 부과하였다. 최초 3년 동안에는 관세가 유지되었고 이후 점점 감소하였다. 교역

---

8   2001년 3월에 짧은 경기침체가 시작되었으나 8개월 후인 2001년 11월에 끝났다.

상대국이 이러한 조치를 불편하게 생각한다는 점을 인식하면서 부시 대통령은 일부 국가들에 대해서는 철강 관세부과를 면제해주었다. 이들 국가들은 미국과 자유무역협정을 맺었던 캐나다, 멕시코, 요르단, 이스라엘과 대미 철강 수출 비중이 적은 100여 개의 작은 개도국들이다.

철강 관세의 자중손실 철강에 부과된 관세의 자중손실을 측정하기 위해서는 그림 7-5(b)에서 삼각형 $b+d$의 넓이를 계산해야 한다. 이 삼각형의 밑변은 관세로 인한 수입의 변화 또는 $\Delta M = M_1 - M_2$이다. 이 삼각형의 높이는 관세로 인한 국내 가격의 상승 또는 $\Delta P = t$이다. 따라서 자중손실은 다음과 같다.

$$DWL = \frac{1}{2} \cdot t \cdot \Delta M$$

여기서 총수입액인 $P^W \cdot M$ 대비 자중손실액을 측정하는 것이 계산과정에서 더 간편할 수 있다. 또한 t/P^W인 관세비율과 $\%\Delta M = \Delta M/M$인 수입량 변화율을 고려해보자. 그러면 총수입액 대비 자중손실은 다음과 같이 다시 쓸 수 있다.

$$\frac{DWL}{P^W \cdot M} = \frac{1}{2} \cdot \frac{t \cdot \Delta M}{P^W \cdot M} = \frac{1}{2} \cdot \left(\frac{t}{P^W}\right) \cdot \%\Delta M$$

철강에 부과된 관세의 경우 가장 빈번히 부과된 수준은 30%이고, 따라서 가격 변화율은 $t/P^W = 0.3$이 된다. 수입량은 관세가 부과된 첫해에 30%가량 감소하였고, 즉 $\%\Delta M = 0.3$이 된다. 따라서 자중손실은 다음과 같다.

$$\frac{DWL}{P^W \cdot M} = \frac{1}{2}(0.3 \cdot 0.3) = 0.045 \text{ 또는 총수입액의 } 4.5\%$$

관세의 영향을 받은 철강 수입액은 2002년 3월 전의 해에 약 47억 달러이고 2002년 3월 이후의 해에는 약 35억 달러이다. 따라서 이 두 해의 평균값은 $\frac{1}{2}(4.7+3.5) = 41$억 달러가 된다 (이 금액은 관세를 포함하지 않고 있다).[9]

만약 4.5%의 자중손실 비율을 41억 달러의 평균 수입액에 적용한다면, 자중손실의 달러 가치는 $0.045 \cdot 41$억 달러 = 1억 8,500만 달러가 된다. 초반에 언급하였듯이, 이러한 자중손실은 관세를 부과함으로써 미국이 가지는 연간 순손실을 반영하고 있다. 만약 여러분이 철강업 종사자라면, 여러분의 고용보호를 위해 적어도 일시적이나마 1억 8,500만 달러의 돈이 잘 지불되고 있다고 생각할 수도 있다. 반면에, 만약 여러분이 철강 소비자라면, 아마도 높은 가격과 자중손실에 저항할지도 모르겠다. 사실, 자동차 생산업자와 같이 철강을 소비하는 대다수의 미국기업들은 관세를 반대하였고, 부시 대통령이 이를 빨리 폐지하도록 요구하였다. 그러나 이러한 관세에 영향을 받는 기업을 소유하고 있는 수출 국가들, 특히 유럽 국가들이 가장 큰 반대를 표명하였다. ■

9　30%의 수입량 감소는 12억 달러의 수입액 감소와 맞먹는다(1.2/4.1≈0.30 또는 30%이기 때문).

유럽 국가들의 대응 철강 관세는 대미 철강 수출이 많은 몇몇 개도국들(브라질, 인도, 터키, 몰도바, 루마니아, 태국, 베네수엘라)과 함께 유럽, 일본, 한국에 지대한 영향을 미쳤다. 이들 국가들은 대미 철강 수출의 이러한 제한조치에 대해 명확한 반대 입장을 표명하였다.

이에 따라 유럽연합(EU)에 속한 국가들은 WTO에 이를 제소하였다. 이 제소에는 브라질, 중국, 일본, 한국, 뉴질랜드, 노르웨이, 스위스가 참여하였다. WTO는 WTO 규정이 미치지 못한 부분에 국가들이 이의를 제기하는 것이 의미가 있는 것으로 보고 공식적인 **분쟁해결절차**(dispute settlement procedure)를 착수하였다. 2003년 11월 초에 WTO는 미국이 수입 급증으로 인해 철강 산업에서 피해를 보았다는 증거를 입증하는 것이 불충분했다고 평가한 후 긴급수입제한조치 관세를 부과할 근거가 없는 것으로 판결하였다.

WTO 판결은 법적 근거에 기초하였다. 미국은 본질적으로 이 소송에 대한 증명(즉 19조의 보호조치에 대한 적합성)을 하는 데 실패하였다.[10] 또한 첫 번째 판결에서 긴급수입제한 관세를 적용하기에 의심을 살 만한 경제적 근거가 존재하였다. 비록 수입경쟁에 맞서는 산업을 일시적으로 보호하는 것이 공정성 또는 형평성 차원에서 논의가 옳다고 할지라도, 환율변화에 대응하여 그러한 보호조치를 취해야 한다는 것은 납득하기가 어려울 것이다. ITC가 고려하였던 2001년 초를 포함하여 1990년대에 미국 달러의 가치는 상승하였고, 이로 인해 수입철강 제품 가격은 크게 하락하였다. 그러나 미국 달러의 가치 상승으로 인해 다른 모든 수입품의 가격 또한 인하되었고, 미국 내 다른 산업들 또한 수입경쟁에 직면하게 되었다. 공정성 관점에서, 굳이 철강 산업에 대해서만 보호 조치를 취해야 하는 이유는 없다.

WTO 판결을 통해 유럽연합과 그 외 국가들은 미국산 제품에 대해 관세를 부과함으로써 대미 보복조치를 할 수 있는 자격을 부여받았다. 유럽 국가들은 도합 약 22억 달러어치가 되도록 관세를 부과하기 위한 제품 목록 작성에 즉각 착수하였다. 유럽 국가들은 기본적으로 대통령의 남동생인 젭 부시가 주지사로 있는 플로리다산 오렌지와 같이 미국에게 큰 규모의 부정적인 효과를 줄 수 있는 제품들을 선정하였다.

이러한 제품들에 대한 보복 관세의 위협으로 인해 부시 대통령은 철강에 대한 관세부과를 다시 고려하게 되었다. 2003년 12월 5일, 부시 대통령은 최초 계획하였던 3년이 아닌 19개월이 지난 후에 관세부과를 중단할 것으로 발표하였다. 이러한 일련의 사건들은 어떻게 수출국가가 수입국가의 관세부과를 대응하는지와 관세전쟁을 잘 나타낸다. 부시 대통령의 관세부과 철회는 이러한 보복적 **관세전쟁**(tariff war)을 회피하기 위해 이루어졌다.

타이어 관세 2009년 9월 11일 오바마 대통령이 언급한 중국산 타이어 관세는 철강 · 제지 및 임업 · 고무 · 제조업 · 에너지 · 산업연합 · 국제서비스 노조(또는 짧게 미국 철강노조로 지칭)와 미국 타이어 노조에 의해 요청되었다. 이들은 2009년 4월 20일에 미국 통상법 421조를 근

---

10 WTO 판결의 법적 근거 중 하나는 미국 내 평판압연철강의 수입이 1998년과 2001년 사이에 떨어졌다는 것이고, 따라서 19조의 보호조치를 받기에 필요한 수입 증가의 요건을 충족하지 않는다는 것이었다. 비록 다른 철강 제품의 수입은 증가하고 있었지만, 평판압연철강은 가장 중요한 수입품목 중 하나로서 고려되었다.

거로 수입제한을 ITC에 청원하였다. 앞에서 다루었던 **보조 자료 : 긴급수입제한 관세**에서와 같이, 이 조항에 따르면 수입이 미국 국내 산업의 '물질적 피해에 심각한 원인'이 될 경우, 미국은 중국산 수입품에 대한 관세를 부과할 수 있다. ITC 위원들의 대부분이 자동차 및 경량 트럭용 타이어의 중국산 제품 수입 증가가 이러한 조항의 요건을 충족한다고 판단하였고, 3년 동안 관세가 부과되어야 함을 권고하였다. 이들은 첫해에 55%, 두 번째 해에 45%, 세 번째 해에 35%(이들 관세는 이미 수입 타이어에 부과되어 있는 4%의 관세에 더해지는 것임)의 관세를 부과하도록 권고하였다.

오바마 대통령은 ITC의 권고를 받아들였는데, 이는 421조를 근거로 하여 미국 대통령이 최초로 관세부과 권고를 받아들인 사례가 되었다. 2000~2009년 421조를 근거로 하여 다른 6개의 ITC 조사가 진행되었고, 이 중 4개에 대해서는 대다수의 ITC 위원들이 관세부과를 찬성하였다. 그러나 조지 부시 대통령은 이 모든 사례에 대한 관세부과를 거절하였다. 오바마 대통령은 ITC의 권고를 받아들임에 있어 2009년 9월 26일에 시작된 첫해에 35%, 두 번째 해에는 30%, 세 번째 해에는 25%로 ITC 권고보다는 줄여서 관세를 부과하였고, 2012년 9월 27일에는 이를 만료시켰다.

이미 언급한 바대로, 타이어에 부과된 관세와 철강에 부과된 관세는 하나의 큰 차이점이 있다. 타이어의 경우 미 통상법 421조에 근거하여 오직 하나의 국가—중국—에 대해서만 적용하였다면, 철강의 경우 201조에 근거하여 많은 국가들을 대상으로 적용하였다. 이와 같은 이유로 중국을 대상으로 적용한 타이어 관세는 **차별관세**(discriminatory tariff)로 언급된다. 차별관세는 특정한 국가로부터의 수입제품에 부과되는 관세를 의미한다. 사실, 이러한 차별관세는 WTO와 GATT의 '최혜국대우' 원칙을 위반하고 있다(앞의 **보조 자료 : GATT의 주요 조항** 참조). 최혜국대우 원칙에 의하면, WTO의 모든 회원국들은 동일하게 취급받아야 한다. 미국의 대중국 차별관세 적용이 가능한 이유는 421조가 중국의 WTO 가입조건에 대한 협상 결과물이기 때문에 그렇다.

관세에 대한 이러한 두 사례들 간의 두 번째 차이는 미국의 철강 생산기업들은 이 관세를 지지한 반면, 타이어 생산기업들은 이러한 요청을 전혀 하지 않았다는 점이다. 미국에는 10개의 타이어 생산기업들이 있고, 이 중에서 굿이어, 미쉐린, 쿠퍼, 브릿지스톤과 같이 잘 알려진 7개의 기업들은 중국과 다른 국가에서 타이어를 생산하고 있다. 이들 기업들은 관세부과로 인해 도움을 받기보다는 피해가 더 크기 때문에 당연히 이를 원하지 않았다.

반면, 이러한 두 관세 사례들 간에는 몇몇의 유사성이 또한 존재한다. 철강에서와 마찬가지로, 타이어에 대한 관세는 보복을 수반하였다. 중국은 닭발(지역음식), 자동차 부품, 특정 나일론제품, 승용차와 같은 제품에 대해 실제적 또는 잠재적 관세를 부과하는 것으로 대응하였다. 미국으로서는 중국산 강철파이프에 새로운 관세를 부과하기를 원하였고, 또한 몇몇 다른 제품에 대해서도 조사를 진행하였다. 철강 사례와의 또 다른 유사성은 유럽 국가들이 했던 것과 마찬가지로 중국이 WTO의 분쟁해결 절차를 통해 공식 제소를 하였다는 점이다. 중국은 421조의 '물질적 피해의 심각한 원인' 조건이 충족되지 않는다고 주장하였다. 또한 중국은 미국이 차별관세를 적용하는 것이 WTO 조항에 부합하는지 여부에 대해서도 의문을 제기하였다. 철강의 경우와는 달리, WTO는 미국이 타이어 관세를 부과하는 것이 정당하다고 판결을 내렸다.

이제 마지막으로 철강과 타이어 관세 사례에 대한 자중손실 추정액을 비교해보자. 타이어 관세의 경우 한 국가 — 중국 — 만을 대상으로 부과하였기 때문에, 대미 수출을 하는 많은 국가들을 대상으로 진행된 철강 관세 사례보다 자중손실이 더 적을 것으로 추측할 수 있을 것이다. 그러나 그 결과는 반대이다. 타이어 관세는 철강보다 더 큰 자중손실을 유발하였다. 그 이유는 분명하게도 타이어의 경우 오직 한 국가에만 적용된 차별관세였기 때문이다. 그림 7-6을 이용하여 이렇게 예기치 않은 결과를 설명해보도록 하겠다.

차별관세 그림 7-6에서 중국은 P^W의 가격으로 미국에 타이어를 무한정 팔 수 있다고 하자. 이 그림에서 새로운 점은 대미 수출을 하는 다른 국가들을 고려했다는 것이다. 이들 국가들의 공급곡선은 우상향하는 X^*로 표현되고, 미국 국내 공급 S와 합하여 중국 외 국가들의 총 공급곡선은 $S+X^*$로 나타난다.

자유무역 상황에서 타이어 가격은 P^W이고 미국 국내 공급은 S_1이다. 미국 국내 공급과 중국 외 국가들의 공급 합은 $S_1+X_1^*$이 된다. 반면, 중국은 수요량인 D_1과 $S_1+X_1^*$ 간의 차이만큼을 수출하게 된다. 이때 중국에 대하여 관세 t를 부과한다면, 타이어 가격은 P^W+t로 오르고 미국 국내 공급은 S_2로 증가하게 된다. 이제 미국 국내 공급과 중국 외 국가들의 공급 합은 $S_2+X_2^*$가 된다. 따라서 중국은 수요량인 D_2와 $S_2+X_2^*$ 간의 차이만큼을 수출하게 된다. 가격이 P^W+t로 증가함에 따라 (공급곡선 상의 이동을 통해) 미국 국내 생산자와 중국 외 수출국가들은 이전보다 많은 물건을 팔게 된다. 반면, (전체 수요는 줄어들었지만 다른 국가들이 더 많이 팔게 됨으로써) 중국은 이전보다 적게 팔게 된다.

현재까지 그림 7-6의 관세는 앞선 그림 7-5에서 다루었던 관세와는 별반 차이가 없는 것으로 보일 것이다. 그러나 관세의 미국 내 후생효과를 분석해보면 새로운 결과를 도출할 수 있다. 여기에서는 소비자와 생산자 후생 각각을 단계를 거쳐 살펴보기보다는, 미국 정부의 관세수입과 그림 7-5와의 차이점만 보다 집중하여 살펴볼 것이다. 여기서 하나 중요한 사실은 관세가 다른 수출국가들이 아닌 오직 중국에게만 적용되었다는 점이다. 따라서 P^W에서 P^W+t로 가격이 상승함에 따라 다른 수출국가들은 이전보다 높은 가격으로 물건을 팔게 된다. 그러나 이들 국가들로부터의 관세수입은 없다. 이러한 상황에서 오로지 중국의 수출량 (D_2와 $S_2+X_2^*$ 간 차이)과 관세 t의 곱으로만 관세수입액이 결정되고, 그림에서는 이를 c지역으로 표시되어 있다. 한편 e지역은 다른 수출국들의 가격 증가와 수출량 X_2^* 간의 곱이다. e 지역은 미국의 관세수입이 되지 못하고, 미국 입장에서는 자중손실의 한 부분이 된다. 미국 전체 자중손실은 $(b+d+e)$로서 그림 7-5에서의 $(b+d)$보다 더 크다. 이렇게 자중손실이 증가한 이유는 다른 수출국가들이 보다 높은 가격으로 미국에 물건을 판매하나 미국 정부는 이

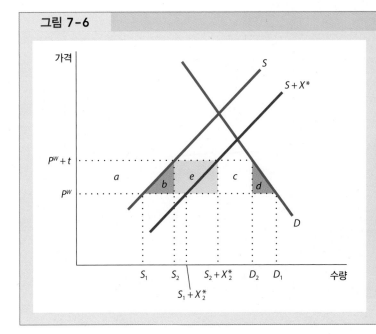

그림 7-6

타이어 관세부과 효과 타이어에 대한 관세부과로 인해 가격은 P^W에서 P^W+t로 상승하게 된다. 미국 국내 공급은 S, 다른 수출국가들의 공급은 X^*로 표기되어 있다. 관세부과 후, 이들 두 공급원은 $S_1+X^*_1$에서 $S_2+X^*_2$로 증가하게 된다. 중국은 수요량인 D_1을 기준으로 나머지 부분을 공급한다. 다른 수출국가들에게는 관세를 부과하지 않음으로써 이들은 미국 내 가격 상승으로 인해 e만큼을 더 수출하게 된다. 따라서 관세로부터의 자중손실은 $(b+d+e)$가 된다.

들로부터 아무런 관세수입을 얻지 못하기 때문이다.

타이어 관세부과의 자중손실 그림 7-6은 어느 한 국가에 대한 차별관세가 그림 7-5의 $(b+d)$와 같이 모든 수출국가에 균등하게 관세를 부과하는 경우보다 더 큰 자중손실인 $(b+d+e)$가 될 수 있음을 보여주고 있다. 이러한 이론적 결과가 실제로 그러한지를 살펴보기 위하여, 타이어에 부과된 관세와 철강에 부과된 관세 간의 비교를 해보도록 하자. 결국 최종적인 결론은 타이어에 부과된 관세로 인해 다른 국가들—특히 멕시코와 다른 아시아 국가들—이 더 높은 가격으로 미국에 물건을 판매함으로써 미국에 더 큰 비용을 초래한 것으로 나타나고 있다.

중국과 다른 국가들로부터의 미국 수입액 비중에 대한 관세의 효과는 그림 7-7에서 잘 나타나 있다. 관세가 부과되기 전의 2009년 9월, 미국의 전체 수입은 중국이 1/3, 다른 아시아 국가들이 1/3, 캐나다, 멕시코, 기타 국가들이 1/3로 구성되어 있었다. 그림의 가장 낮은 부분은 중국으로부터의 수입액을 나타낸다. 9월의 관세부과 후인 2009년 4분기에 중국산 제품의 수입이 감소하였고, 2012년 9월 만료 이후인 2012년 4분기에 다시 수입이 증가했음을 알 수 있다. 관세부과 후, 중국으로부터의 수입액은 전체 수입의 33%에서 15%로 감소하였고, 만료 후에는 약 12%에서 22%로 증가하였다. 그런데 관세부과 후 18%의 대중국 수입 감소는 다른 아시아 국가들로부터의 수입 증가로 상쇄되었다. 이는 그림에서 중국 바로 위의 다른 아시아 국가들 부분에서 잘 나타나 있다. 중국과 다른 아시아 국가들을 모두 고려할 때 이들은 전체 수입의 약 60%를 차지하고 있는데, 관세부과와 만료 전후에서 이 비중의 변화가 중국 하나만을 고려할 경우의 비중 변화보다는 적게 일어나고 있다. 즉 다른 아시아 국가들의 수출 증가가 중국의 수출 감소를 상쇄하고 있다. 비슷하게, 멕시코(그림에서 가장 높은 부분

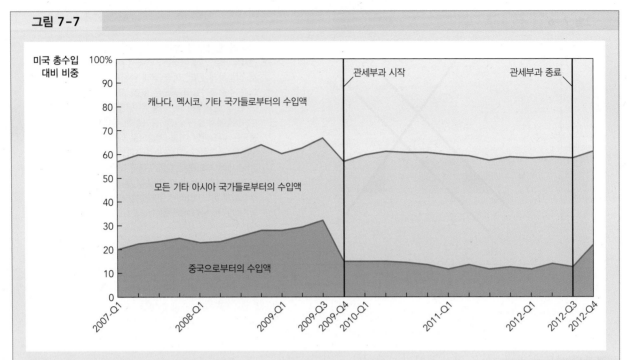

그림 7-7

미국의 타이어 수입 타이어 수입에 대한 미국의 관세부과는 2009년 4분기(2009Q4)에서 시작되어 2012년 3분기(2012Q3)에 만료되었다. 관세부과가 시작된 후 중국으로부터의 수입액은 그 비중이 약 33%에서 15%로 떨어졌고, 만료 후에는 약 12%에서 22%로 상승하였다. 중국으로부터의 수입 감소는 다른 아시아 국가들과 멕시코로부터의 수입 증가로 상당부분 상쇄되었다.

을 차지) 또한 관세가 부과되는 기간 동안 대미 수출이 증가하였다.

다른 아시아 국가들과 멕시코의 판매가 증가한다는 사실은 다른 수출국가들의 판매가 대중국 관세부과로 인해 X_1^*에서 X_2^*로 증가한다는 그림 7-6에서의 결과와 일치하는 것이다. 또한 실증적 증거는 대중국 관세부과 후 다른 수출국가들이 보다 높은 가격으로 미국에서 타이어를 판매한다는 사실을 보여준다. 관세가 부과되는 동안 자동차 타이어의 경우 중국 외 다른 국가들의 평균 가격이 54달러에서 64달러로 증가하였고, 경량트럭의 경우 76달러에서 90달러로 증가하였다. 이러한 가격 상승은 2009년과 2012년 사이의 인플레이션에서 기대한 것보다 더 높다. 그림 7-6에 나타난 바와 같이, 다른 수출국가들의 가격 상승은 관세를 지불해야 하는 중국 수출기업과의 경쟁으로 인해 발생하였다.

중국 외 다른 수출국가들의 수출액 증가분을 나타내는 e에 대한 추정치는 자동차 타이어 수입은 연간 7억 1,600만 달러, 경량트럭 타이어 수입은 1억 100만 달러로서, 전체 8억 1,700만 달러가 된다.[11] 이는 곧 $(b+d)$와 함께 추가적인 자중손실이 된다. 타이어 관세부과 후 e의 추정치는 철강에서의 자중손실인 연간 1억 8,500만 달러를 초과한다. 따라서 이를 통해 특정한 국가에 대한 차별관세 부과는 모든 수출국가에 적용되는 동등관세보다 더 큰 비용을 초래

---

[11] Gary Clyde Hufbauer and Sean Lowry, 2012, "U.S. Tire Tariffs: Saving Few Jobs at High Cost," Peterson Institute for International Economics, Policy Brief no. PB12-9를 참조

하게 됨을 알 수 있다.

이번 장을 시작할 때 본문에서는 2012년 오바마 대통령의 일반교서를 인용하였는데, 그는 "우리가 중국산 타이어 수입의 급증을 막았기에 1,000명 이상의 미국인이 현재 일을 하고 있습니다."라고 이야기하였다. 비록 타이어 산업의 1,000명의 일자리가 얼마나 많은 고용이 유지되는지를 가늠할 수 있는 추정치가 될 수는 있으나, 여기에서는 차별관세 부과 이후 높은 비용을 지불하면서 이러한 일자리들이 유지되고 있다는 사실을 보여주고 있다.[12] 이후 절에서는 한 국가만이 개방을 할 경우, 모든 국가들이 개방할 경우와 비교하여 후생에 있어서의 예기치 않은 부정적 효과가 발생할 수 있음을 보여줄 것이다. ■

4 대국의 수입관세

현재까지 소국을 가정하는 상황에서는 관세부과로 인해 자중손실이 확실히 있는 것으로, 즉 수입국가의 후생을 감소하는 것으로 나타났다. 소국 경제의 가정에서 세계 가격 P^W는 수입국의 관세부과에 의해 변하지 않는 것으로 하였다. 그러나 수입국이 **대국**(large country)이라고 가정한다면, 세계 가격은 관세부과로 인해 변할 것으로 기대될 수 있다. 이제부터 살펴보겠지만, 이 경우 관세부과는 대국 경제의 후생을 개선시키는 것으로 나타난다.

외국의 수출공급

만약 자국의 규모가 크다면, 더 이상 외국의 수출공급곡선 X^*가 주어진 세계 가격 P^W에서 평행이라고 가정할 필요가 없다. 대신에, 외국의 시장수요곡선과 공급곡선을 통해 수출공급곡선을 도출해야 한다. 그림 7-8(a)에서는 외국의 수요곡선 D^*와 공급곡선 X^*가 나타나 있다. 이 둘 곡선의 교차점인 A^*에서 개방 전 가격인 P^{A*}가 결정된다. 이 가격에서 외국의 수요와 공급이 일치하기 때문에 외국의 수출은 0이 되고, 이는 (b)에서 해당 가격에 대응하는 외국 수출로서 $A^{*'}$을 표시하였다.

이제 세계 가격 P^W가 외국의 개방 전 시장가격인 P^{A*}보다 위에서 결정되었다고 해보자. 그러면 외국의 수요량은 감소하여 (a)에서 D_1^*이 되나, 외국기업들의 공급량은 더 많아져 S_1^*이 된다. 외국에서 공급량이 수요량을 초과하기 때문에, 외국은 세계 가격 P^W에서 $X_1^* = S_1^* - D_1^*$ 만큼 수출하게 된다. 이는 (b)에서 B^*점으로 표시되어 있다. 이제 $A^{*'}$점과 B^*점을 이으면 우상향하는 외국의 수출공급곡선 X^*를 도출할 수 있다.

이제 (b)에 나타난 바와 같이 외국 수출공급곡선 X^*와 자국 수입수요곡선 M을 동시에 고려해보자. 이들 두 곡선은 세계 가격인 P^W에서 교차하게 된다. 자국 수입수요곡선은 수직축

---

12 앞선 각주에서 인용되었던 Gay Clyde Hufbauer와 Sean Lowry(2012)에 따르면, 타이어 산업에서 1,200개의 일자리가 유지된 것으로 나타나고 있다. 그러나 e의 추정치인 8억 1,700만 달러를 1,200개의 일자리로 나눌 경우, 일자리 1개당 연간 비용인 681,000달러를 도출할 수 있다. 이는 타이어 산업 노동자의 연봉보다 몇 배 더 높다. 따라서 차별관세는 일자리를 유지하기 위한 비싼 수단이다.

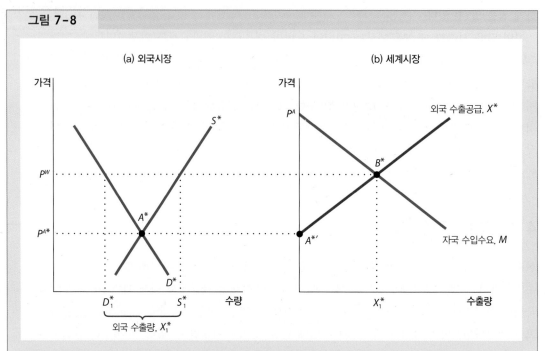

그림 7-8

(a) 외국시장

(b) 세계시장

외국의 수출공급 (a)에서 외국의 수요곡선 D^*와 공급곡선 X^*를 통해 개방 전 균형점 A^*와 균형 가격 P^{A*}를 도출할 수 있다. 이 가격에서 외국시장은 균형을 이루어 수출은 전혀 없게 되는데, 이는 (a)의 A^*와 (b)의 $A^{*'}$으로 표시되어 있다. 세계 가격인 P^W가 외국의 개방 전 가격보다 높을 때, 외국의 공급량인 S^*_1은 수요량인 D^*_1을 초과하게 되고, 수출량 $X^*_1 = S^*_1 + D^*_1$이 결정된다. (b)에서 $A^{*'}$와 B^*를 연결할 경우, 우상향하는 수출공급곡선 X^*를 도출할 수 있다. 자국 수입수요곡선 M과 함께 세계시장의 균형은 B^*가 되고 균형 가격은 P^W가 된다.

에서 개방 전 가격인 P^A에서 시작되고 있는 반면, 외국 수출공급곡선은 P^{A*}에서 시작되고 있음을 감안하자. 그림에서 나타난 바와 같이, 외국의 개방 전 가격이 더 낮다. 즉 $P^{A*} < P^A$이다. 이 책의 2~5장에서는 한 국가가 한 품목에서 비교우위를 가지면 개방 전에 상대적으로 낮은 수준의 가격을 가지고 있고 개방 후 해당 품목을 수출한다고 배운 바가 있다. 마찬가지로, (b)에서도 개방 전 가격인 P^{A*}가 세계 가격보다 낮기 때문에 외국은 이 제품을 수출하게 되고, 자국의 경우 P^A가 세계 가격보다 높기 때문에 이 제품을 수입하게 된다. 따라서 (b)의 세계시장 균형은 앞선 장에서 다루었던 무역 모형의 균형과 매우 흡사하다.

관세의 효과

그림 7-9(b)에서는 자국의 수입수요곡선 M과 외국의 수출공급곡선 X^*, 그리고 세계시장 균형점인 B^*가 다시 나타나고 있다. 여기에 자국이 t 달러의 관세를 부과하면, 자국 시장에 수출하는 외국 생산자의 비용이 t만큼 증가하게 된다. (b)에서 외국 수출공급곡선은 이러한 비용 증가로 인해 정확히 관세만큼 X^*에서 $X^* + t$로 상향 이동하게 된다. $X^* + t$ 곡선은 C점에서 수입수요선 M과 교차하게 되는데, 이를 통해 자국 소비자가 지불하는 가격(관세를 포함)이 결정된다. 반면에 외국 수출기업들은 관세부과 전 가격을 받게 되는데, 이는 C점에서

수직으로 t 만큼 아래에 있는 C^* 에서 결정된다. 외국 수출기업이 받는 가격은 C^* 에서 P^* 이고 이는 곧 새로운 세계 가격이 된다는 점을 기억하자.

　새로운 균형점에서 한 가지 중요한 사실은 자국 소비자의 수입품 가격이 최초 세계 가격인 P^W 에서 P^*+t 로 증가하였지만, 관세인 t 만큼은 증가하지 않았다는 것이다. 자국 소비자의 지불가격이 관세인 t 보다는 작게 증가한 이유는 외국 수출기업들이 받는 가격인 P^* 가 최초 세계 가격인 P^W 에서 더 떨어졌기 때문이다. 따라서 외국의 생산자들이 P^W(최초 자유무역 균형가격)에서 P^*(관세부과 후 가격)로 가격을 낮춤으로써 관세 일부를 부분적으로 '흡수'하고 있다.

　결론적으로, 관세로 인해 자국 소비자들의 지불 가격과 외국 생산자들의 수령 가격 간에 차이가 났고, 이들 가격 간의 차이는 t 로서 자국 정부가 이를 가져가게 된다. 세금부과 경우와 마찬가지로, 관세 (t)에 대한 부담은 소비자와 생산자 모두가 공통적으로 지게 된다.

교역조건 2장에서 한 국가의 **교역조건**(terms of trade)은 수입가격 대비 수출가격의 비율로서 정의되었다. 일반적으로, 어느 한 국가의 교역조건이 증가할수록 그 국가는 이득을 보는 것으로 생각할 수 있는데 이는 수출을 통해 받은 것이 수입을 통해 지불하는 것보다 더 크기 때문이다. 자국의 교역조건을 측정하기 위하여 자국에서 외국으로 이체된 총 금액인 (외국기업들이 받은) 관세가 제외된 수입가격 P^* 를 이용해보도록 하겠다. 이 가격은 (최초의 세계 가격인 P^W 로부터) 인하된 것이기 때문에 자국의 교역조건은 증가하였다. 따라서 후생 조건 측면에

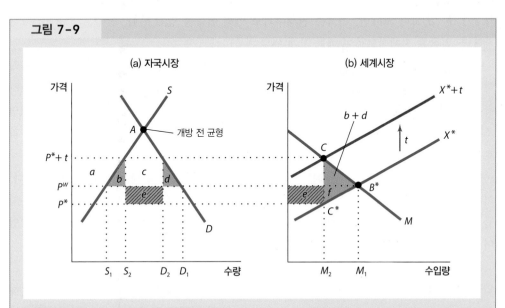

그림 7-9

대국의 관세부과 관세부과로 인해 수출공급곡선은 X^* 에서 X^*+t 로 이동하게 된다. 그 결과, 자국 내 지불가격은 P^W 에서 P^*+t 로 인상되고, 외국의 수령가격은 P^W 에서 P^* 로 인하된다. 자국의 자중손실은 삼각형 ($b+d$)의 넓이가 되지만, 또한 e 넓이만큼 교역조건 이득을 얻게 된다. 외국의 경우 ($e+f$)만큼 손해를 보게 되어, 전체 세계 후생의 순손실은 삼각형 ($b+d+f$)가 된다.

서 자국은 관세부과로 인해 이득을 보는 것으로 기대할 수 있다. 이를 증명하기 위해서는, 그림 7-9에서 관세부과 후 자국 소비자, 생산자, 정부 세수입의 후생 효과를 살펴보아야 한다.

자국 후생 (a)에서 자국의 소비자 가격은 P^W에서 $P^* + t$로 증가하여 잉여가 감소하였다. 소비자 잉여 감소분은 두 가격차와 수요곡선 D의 왼쪽 사이 지역으로 표시할 수 있는데, 이는 $(a+b+c+d)$이다. 동시에 자국기업들이 받는 가격은 P^W에서 $P^* + t$로 증가하여, 이들의 잉여는 증가하였다. 자국 생산자들의 잉여 증가는 두 가격차와 공급곡선 S의 왼쪽 사이 지역으로 표시되는데, 이는 a의 넓이이다. 마지막으로, 정부의 세수입 변화 또한 살펴볼 수 있다. 관세로부터의 세수입은 관세 수준인 t와 수입량인 $M_2 = D_2 - S_2$ 간의 곱과 같다. 따라서 (a)에서 정부의 세수입은 $(c+e)$의 넓이와 같다.

소비자 잉여, 생산자 잉여, 정부 세수입 변화를 모두 고려할 경우, 대국 관세부과의 효과를 다음과 같이 분석해볼 수 있다.

소비자 잉여 감소 :	$-(a+b+c+d)$
생산자 잉여 증가 :	$+a$
정부 세수입 증가 :	$+(c+e)$
자국 후생의 순효과 :	$+e-(b+d)$

삼각형 $(b+d)$는 관세로 인한 자중손실이 된다(소국 경제의 분석과 동일하다). 그러나 대국 경제 분석의 경우, 또 다른 이득의 원천인 e가 존재하고, 이는 자중손실을 상쇄시킨다. 만약 e가 $(b+d)$보다 크다면, 자국은 관세부과로 인해 이득을 얻게 된다. 만약 e가 $(b+d)$보다 작다면, 자국은 전체적으로 손해를 보게 된다.

여기서 e는 그 높이가 외국 수출기업이 받는 가격의 하락폭(즉 P^W와 P^* 간의 차이)인 사각형이다. 이 사각형의 밑변은 수입량인 M_2가 된다. e의 넓이를 구하기 위하여 수입가격의 하락폭과 수입량을 곱하는 것은 수입국가의 교역조건 이득을 측정하는 것과 같다. 이러한 **교역조건 이득**(terms-of-trade gain)이 관세의 자중손실인 $(b+d)$를 초과한다면, 자국은 관세부과로 이득을 얻게 된다.

이상, 큰 규모의 수입국이 관세를 부과함으로써 이득을 보게 된다는 사실을 살펴보았다. 이러한 사실은 정부 세수입 증가 또는 정치적 목적에 더하여 왜 국가들이 관세를 부과하는지를 설명하는 여러 이유 중 하나가 된다. 그러나 아래 내용에서 살펴보겠지만, 대국 경제에 있어 관세부과의 순이익은 결국 외국 수출기업들의 희생을 통해 달성되는 것이다.

외국과 세계의 후생 자국이 관세부과로 이득을 얻게 될 때, 수출국가인 외국은 확실히 손해를 보게 된다. 그림 7-9(b)에서 외국의 손실은 $(e+f)$의 넓이로 표시된다. $(e+f)$는 외국 생산자가 낮은 가격으로 적게 팔게 됨으로써 생기는 잉여의 감소이다. e는 자국에게는 교역조건 이득이 되지만, 동일하게 외국에게는 교역조건 손실이 된다. 자국의 이득은 외국의 희생으로 달성된다. 또한, 대국의 관세부과로 인해 외국에서는 추가적인 자중손실인 f가 발생되고,

따라서 전체 손실은 자국 이득을 초과하게 된다. 이러한 이유로, 때때로 대국의 관세부과는 '근린궁핍화' 관세로 명명된다.

자국 후생과 외국 후생의 변화를 동시에 고려해보면, e는 상쇄되어 버리고, (b)에서 전 세계의 순손실인 삼각형 $(b+d+f)$만 결국 남게 된다. 이는 전 세계에 있어 자중손실이다. 관세를 부과함으로써 자국이 외국에게서 얻는 교역조건 이득은 외국 수출기업들의 희생을 통해 온 것이고, 또한 전 세계에서 추가적인 자중손실이 나타난다. 대국의 관세가 전 세계의 자중손실을 초래한다는 사실은 대부분의 경제학자들이 관세부과를 반대하는 또 다른 하나의 이유가 된다.

대국의 최적관세 현재까지 대국이 관세부과로 이득을 얻는다는 사실을 살펴보았지만, 어떤 수준의 관세가 후생을 극대화시킬 수 있을지는 보지 않았다. 사실 대국 관세의 후생효과를 측정하는 간단한 방법이 있다. 이 방법은 **최적관세**(optimal tariff)의 개념을 이용한다.

최적관세는 수입국가의 후생을 극대화시킬 수 있는 관세로 정의된다. 큰 규모 수입국가의 관세는 최초 낮은 단계에서 교역조건 이득이 자중손실을 초과함으로써 후생을 증가시킨다. 즉 낮은 관세가 부과되었을 때 그림 7-9(a)에서 사각형 e의 넓이는 (b)의 삼각형 $(b+d)$ 넓이를 초과한다. 이는 관세가 매우 낮을 때, 삼각형 $(b+d)$의 높이와 밑변 모두 0에 수렴하게 되고, 삼각형의 넓이는 실제적으로 매우 작다. 그러나 사각형 e의 경우 관세가 낮을 때 높이만이 0에 수렴하기 때문에 사각형의 넓이는 삼각형의 넓이를 초과한다. 이러한 수학적인 근거로 인해, 관세가 충분히 낮은 경우 자국 이득은 양(+)이 된다. 즉 $e > (b+d)$이다.

그림 7-10에서는 관세부과 수준에 따른 자국 후생의 크기를 나타내고 있다. 자유무역은 관세가 0일 때인 B점에서 발생한다. 앞서 살펴본 내용과 같이, 여기서부터 관세가 약간씩 증가할 때마다 자국의 후생은 **증가한다**(이는 교역조건 이득이 자중손실을 초과하기 때문이다). 따라서 B점에서 시작하여 자국 후생곡선은 우상향한다. 그러나 관세가 너무 높을 경우는 어떨까? 만약 관세가 너무 높다면, 후생은 자유무역의 후생 수준 **밑으로** 떨어지게 될 것이다. 예를 들어, 수입을 원천봉쇄할 정도의 금지적 관세가 부과되면 수입국가의 후생은 결국 무역이 전혀 없는 수준인 A점에서 결정될 것이다. 따라서 B점에서 시작하여 낮은 관세수준에서는 후생 곡선이 점점 증가하지만, 관세가 크게 상승함에 따라 후생은 결국 자유무역 수준인 B'점을 지나 개방 전 수준인 A점으로 떨어지게 된다.

B점(자유무역)과 A점(개방 전) 모두 수입국가의 후생곡선 상에 존재하고, 후생이 B점에서 시작하여 최초에는 증가한다는 점을 감안한다면, C점과 같이 중간지점에서 후생 수준의 최고점이 반드시 존재해야 한다. 이 점에서 교역조건 이득과 후생손실 간의 차이가 가장 극대화됨으로써 수입국가의 후생은 최고 수준이 된다. 이로 인해 이 점에서의 관세 수준이 바로 '최적관세'가 된다. 이러한 최적 수준 이상에서(즉 C점과 A점 사이) 관세가 인상되면, 자중손실이 교역조건 이득을 초과하게 되므로 수입국가의 후생은 점점 감소한다. 그러나 관세가 C점과 B점 사이에서 최적 수준 아래 지점에 머물러 있다면, 교역조건 이득이 자중손실을 초

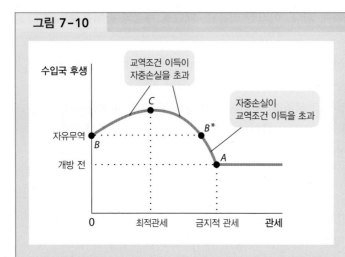

그림 7-10

대국의 관세와 후생 규모가 큰 수입국에 있어 최초 낮은 수준의 관세부과는 교역조건이득이 자중손실보다 더 크므로 수입국의 후생을 증가시킨다. 따라서 수입국의 후생은 B점에서 시작하여 점점 증가한다. 이 후생은 관세가 최적수준(C점)이 될 때까지는 계속 증가한다. 그러나 이후부터 후생은 감소한다. 만약 관세가 너무 높다면(B' 이상) 후생은 자유무역일 때의 수준 이하로 떨어지게 될 것이다. 수입이 전혀 없게 되는 금지적 관세가 부과된다면, A점에서 수입국의 후생은 개방 전 수준으로 될 것이다.

과하므로 자유무역 수준보다 후생 수준이 더 높다.

최적관세 공식 최적관세를 구하는 간단한 공식이 있다. 이 공식은 외국 수출공급의 탄력성, E_X^*에 기반하고 있다. 일반적으로 공급곡선의 탄력성은 가격 변화율에 대한 공급량 변화율을 나타낸다. 마찬가지로, 외국 수출공급곡선의 탄력성은 수출의 세계 가격 변화율에 대한 수출량 변화율을 나타낸다. 만약 수출공급곡선의 기울기가 가파르다면, 가격 변화에 대한 공급량 변화가 작은 것이고, 따라서 E_X^*는 낮은 값을 가진다. 반대로, 만약 수출공급곡선의 기울기가 평평하다면, 세계 가격 변화에 대한 수출량 변화가 큰 것으로, E_X^*의 값은 높아지게 된다. 작은 규모의 수입국가는 완전히 평행 또는 완전 탄력적 외국 수출공급곡선을 가지게 되는데, 이는 외국 수출공급 탄력성이 무한대임을 나타낸다.

외국 수출공급 탄력성을 이용하는 최적관세 공식은 다음과 같다.

$$최적관세 = \frac{1}{E_X^*}$$

즉 (변화율로 측정되는) 최적관세는 외국 수출공급 탄력성의 역수이다. 작은 규모의 수입국가인 경우 외국 수출공급 탄력성은 무한대이고, 따라서 최적관세는 0이 된다. 이는 0 이상의 어떠한 관세부과도 수입국에게 자중손실을 안겨다준다는 점을 나타낸다(그러나 교역조건이득은 전혀 없다). 따라서 소국의 최적관세는 결국 0이 되어 자유무역을 추구해야 한다는 점에서 이러한 결과는 타당하다.

그러나 큰 규모의 수입국가인 경우, 외국의 수출공급은 무한대가 아니어서 최적관세를 추정하는 데 상기 공식을 사용할 수 있다. 외국의 수출공급 탄력성이 감소함에 따라(즉 외국 수출공급곡선이 더 가파르게 되는 것을 의미) 최적관세는 높아지게 된다. 그 이유는 외국 수출공급곡선이 가파르게 될수록 외국 수출기업들은 관세에 대응하여 가격을 더 낮추기 때문이다.[13] 예를 들어, 만약 E_X^*가 3에서 2로 감소하였다면, 최적관세는 $\frac{1}{3}$ = 33%에서 $\frac{1}{2}$ = 50%

로 증가하게 된다. 이는 외국생산자들이 가격을 좀 더 낮추고 관세 부담을 더 지게 된다는 사실을 반영하고 있다. 이 경우 자국은 교역조건이 더 커지게 되고, 따라서 최적관세는 더 높아지게 된다.

적용사례

미국 철강 관세의 재고찰

이제 미국 철강 관세 사례로 다시 돌아가서 대국으로서 미국의 후생 효과를 다시 측정해보도록 하자. 앞서 살펴본 자중손실 추정은 미국이 소국이고 철강의 세계 가격이 고정된 것으로 가정하였다. 이 경우 철강에 대한 30% 관세부과는 오직 미국 내 가격에만 반영되어 30%가 그대로 증가한 것으로 하였다. 그러나 미국 내 철강의 수입가격이 관세만큼 오르지 않을 경우는 어떨까? 만약 철강 수입에 있어서 미국이 규모가 큰 국가라면, 외국의 수출가격은 떨어질 것이고 미국의 수입가격은 관세 인상폭보다는 적게 증가할 것이다. 그렇다면, 미국은 관세로부터 이득을 얻을 수도 있을 것이다.

미국이 철강 제품 관세부과로 인해 이득을 얻었는지를 결정하기 위하여, 최적관세 공식을 이용하여 개별 수입 철강 제품에 대한 교역조건 이득(e)과 자중손실($b+d$)을 측정해보도록 하겠다.

철강의 최적관세 미국 철강 관세에 최적관세 공식을 적용함으로써, 이론상 최적관세와 비교하여 부과된 관세가 어떠한지를 살펴보도록 하자. 표 7-2에서는 미국 내 다양한 종류의 철강제품들과 수출공급 탄력성을 나타내고 있다. 또한 수출공급 탄력성의 역수를 계산하여 최적관세를 추정해보았다. 예를 들어, 합금강 평판압연제품(첫 번째 항목)의 수출공급 탄력성은 0.27이고, 최적관세는 1/0.27 = 3.7 = 370%로 매우 높다. 반대로, 철ㆍ비합금강 평판압연제품(마지막 항목)은 750의 높은 수출공급 탄력성을 가져, 최적관세율은 1/750 ≈ 0%가 된다. 이들 사이에서 각 제품들은 1%에서 125%의 범위에서 최적관세율을 나타내고 있다.

표 7-2의 마지막 열에서는 이 제품들에게 실제로 부과된 관세율을 나타내고 있다. 합금강 평판압연제품(첫 번째 항목)의 경우, 실제 관세율은 30%로서 최적관세율보다 훨씬 낮게 부과되었다. 이는 이 제품의 교역조건 이득이 자중손실보다 더 높다는 것을 의미한다. 관세는 그림 7-10의 후생곡선 상에서 B와 C 사이에 위치하고, 미국의 후생은 자유무역 상태에서 보다 더 높은 수준에 있다. 이는 실제 관세율이 15~30%에서 최종 수준보다 낮게 부과되고 있는 철봉강, 막대강, 앵글강, 형강 제품에도 그대로 적용되어, 미국은 자중손실보다 더 높은 수준의 교역조건 이득을 얻고 있는 것으로 나타났다. 그러나 철강판, 파이프, 창호 제품의 경우, 미국의 실제관세율은 13~15%인 데 반해 최적관세율은 1%이다. 높은 수준의 수출공급 탄력

---

13 이번 장 끝에 수록되어 있는 연습문제 3을 살펴보기 바란다. 여기에서는 수출공급곡선이 더 가파를수록 외국은 관세 부담을 더 끌어안는다는 점을 살펴보게 될 것이다.

표 7-2

철강 제품의 최적관세 이 표는 탄력성 공식으로 계산된 철강 제품에 대한 최적관세율을 나타내고 있다.

제품범주	수출공급 탄력성	최적관세율 (%)	실제관세율 (%)
Alloy steel flat-rolled products	0.27	370	30
Iron and steel rails and railway track	0.80	125	0
Iron and steel bars, rods, angles, shapes	0.80	125	15~30
Ferrous waste and scrap	17	6	0
Iron and steel tubes, pipes, and fittings	90	1	13~15
Iron and nonalloy steel flat-rolled products	750	0	0

출처 : Christian Broda and David Weinstein, May 2006, "Globalization and the Gains from Variety," *Quarterly Journal of Economics*, 121(2), 541-585에서 수출공급 탄력성 자료를 발췌

성으로 인해, 미국은 세계시장 가격에 거의 영향을 미치지 못하고 있으며, 이 제품의 자중손실은 교역조건 이득을 초과하는 것으로 나타나고 있다.

요약하자면, 표 7-2에서 미국이 관세를 부과한 총 3개의 상품 유형에 있어서, 이 중 2개 유형에서는 교역조건 이득이 자중손실을 초과하여 관세부과로 인해 미국의 후생은 증가하였으나, 세 번째 유형의 경우 자중손실이 더 커 관세부과로 인해 미국의 후생은 감소하였다. 최초 2개의 유형 제품들의 경우 관세에 대한 대국 사례를 나타내고, 세 번째 유형 제품들의 경우 관세부과 후 손해를 보게 되는 소국 사례를 나타낸다고 할 수 있다.

표 7-2의 정보로부터 철강 관세로 인해 미국이 전체적으로 이득을 보았는지 아니면 손해를 보았는지를 결정할 수는 없다. 이를 위해서는 관세부과 후 모든 수입 철강 제품에 대한 이득과 손실을 다 합쳐야 하나 여기서는 그렇게 하지 못했다. 그러나 어떠한 경우든 미국의 후생 증가가 수출국가들의 희생을 통해 발생한다는 점을 명심해야 한다. 결국 모든 철강 제품들을 다 고려하여 미국의 교역조건 이득을 계산하여도, 이들 이득은 유럽 국가들과 다른 철강 수출국들의 희생으로 생겨나게 된 것이다. 이미 서술하였듯이, 철강 수출 국가들은 미국의 관세부과에 대응하여 WTO에 제소하였고, 결국 이들은 미국산 제품에 대해 보복관세를 부과할 자격을 얻게 되었다. 만약 이들 관세가 부과되었다면, 이들 국가들은 미국의 이득을 제거시키고 원래의 상태로 되돌려 놓았을 것이다. 그러나 미국이 2년 이내에 관세를 철폐함으로써 이러한 값비싼 관세전쟁을 피할 수 있었다. 사실, 이러한 결과는 WTO의 주요 목적 중 하나로 귀결된다. 수출국들이 관세 보복을 하도록 허용함으로써, WTO는 수입국들이 유리한 위치를 이용하여 최적관세를 부과하는 것을 막고 있다. 이 후 장에서는 이러한 관세전쟁이 관련 국가들에게 어떻게 값비싼 비용을 치르게 하는지를 보다 자세히 다루도록 하겠다. ■

5 수입할당

2005년 1월 1일, 중국은 세계 최대의 섬유 및 의류 제품 수출국가로 자리 잡게 되었다. 이날은 **다자간 섬유협정**(MFA : Multifibre Arrangement)으로 알려진 전 세계적인 수입할당 체제가 폐지된 날이기도 하다. 수입할당은 어느 특정 제품에 있어 한 국가가 다른 국가로부터 구입할 수 있는 양을 제한하는 조치이다. 1974년 시작되었던 다자간 섬유협정 하에서 캐나다, 유럽 국가들, 미국에 수입되는 거의 모든 섬유와 의류 제품의 양은 수입할당에 의해 제한되었다. 이들 국가들은 이들 제품을 생산하는 국내기업들을 보호하기 위하여 섬유 제품의 수입량을 제한하였다. MFA가 폐기될 즈음에 중국은 수출을 크게 증가할 것으로 기대하였으나 실제로는 발생하지 않았다. 이후에 내용을 다루겠지만, 중국과의 수입경쟁 위협으로 인해 미국과 유럽은 새로운 수입할당 조치를 일시적으로 시행하는 것에 대해 중국과 협상하고자 하였다.

MFA 이외에 수입할당의 수많은 사례들이 존재한다. 예를 들어, 1993년 이래로 유럽은 남미보다는 이전의 아프리카 식민지 국가들에서 더 많은 바나나를 들여오도록 바나나 수입할당제를 운영해왔었다. 2005년에 이 할당제는 간소화되면서, 과거 식민지 국가들을 근간으로 국가들 사이에서 차별적으로 적용되기는 하지만 관세로 대체되었다. 이후 2009년에 남미산 바나나의 관세를 낮추기로 합의하였고, 이로 인해 실제적으로 15년 이상을 지속해온 '바나나 전쟁'이 종식되었다(**헤드라인 : 바나나 전쟁** 참조). 또 다른 사례는 폐지 요청에도 불구하고 여전히 진행 중인 미국의 설탕 수입할당이다(**헤드라인 : 설탕, 미국-호주 간 환태평양 무역협정을 달콤하게 하다** 참조). 이번 절에서는 수입할당이 수입국가와 수출국가에 어떠한 영향을 주는지를 살펴보고, 관세 효과와의 차이를 분석해보도록 할 것이다. 관세와 마찬가지로 수입할당은 종종 수입국가에게 후생손실을 가져다준다. 그러나 수입할당은 일부 경우에 있어서 관세보다 더 높은 수준의 후생손실을 수입국가에게 가져다줄 수도 있다.

소국의 수입할당

소국에서의 수입할당 분석은 관세의 경우와 비슷하다. 따라서 앞서 도입하였던 그림을 다시 이용하여 수입할당의 효과를 살펴보도록 하겠다.

자유무역의 균형 그림 7-11(a)에서 자국 수요곡선 D와 공급곡선 S가 그려져 있다. 자유무역의 세계 가격인 P^W에서 자국의 수요량은 D_1이고 공급량은 S_1으로, 수입량은 $M_1 = D_1 - S_1$이 된다. (b)에서 수입수요곡선인 $M = D - S$가 그려져 있다. 자국이 소국이라는 가정은 자유무역 상황에서도 수입할당 조치가 고정된 세계 가격인 P^W에 전혀 영향을 주지 못한다는 것을 의미하고, 따라서 외국 수출공급곡선인 X^*는 P^W에서 수평선이 된다. 자국 수입수요곡선 M과 외국 수출공급곡선 X^*는 B점에서 교차하고 자유무역에서의 수입량인 M_1이 결정된다.

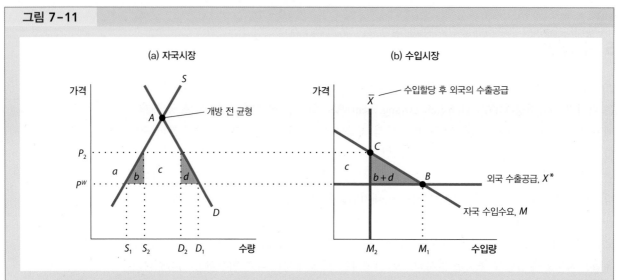

그림 7-11

(a) 자국시장

(b) 수입시장

소국의 수입할당 자유무역 상황에서 외국 수출공급곡선은 세계 가격인 P^W에서 수평선이 되고, B점에서 자유무역균형이 이루어져 수입량은 M_1이 된다. $M_2 < M_1$의 수입할당이 적용되면, 수직적 공급곡선인 $\overline{X}$가 그려지고, 새로운 균형점은 C가 된다. 수입할당은 수입가격을 P^W에서 P_2로 상승시킨다. 만약 수입할당 대신에 $t = P_2 - P^W$의 관세를 부과한다면, 가격과 수입량에 동일한 효과가 나타나게 된다.

수입할당의 효과 이제 $M_2 < M_1$으로 수입할당을 적용해보자. 이는 M_2 이상으로 수입량이 초과될 수 없음을 의미한다. 이로 인해 (b)에서 수출공급곡선은 M_2의 수입량에서 고정된 상태로 수직선의 $\overline{X}$ 곡선으로 그려지게 된다. 이러한 수직적 수출공급곡선은 이제 C점에서 수입수요곡선과 교차하게 되고, P_2의 자국 내 균형가격이 형성된다. (a)의 P_2가격에서 자국 내 공급자들은 S_2만큼 생산을 늘리게 되고 수요자들은 D_2로 소비를 줄이게 된다.

따라서 수입할당은 관세와 마찬가지로 자국 가격을 상승시키고 수입을 감소시킨다. 만약 정부가 수입할당 대신에 $t = P_2 - P^W$의 수입관세를 부과한다면, 수입가격과 수입량에 동일한 효과를 가져다줄 것이다. 즉 $t = P_2 - P^W$의 수입관세는 자국 가격을 P_2로 상승시키고 수입량을 M_2로 줄일 것이다. 따라서 어떠한 수준의 수입할당을 부과하든 간에, 자국 가격과 수입량 변화에 대한 **수입관세상당치**(equivalent import tariff)가 존재한다고 결론을 낼 수 있다.[14]

후생 효과 앞서 살펴본 바와 같이, 수입할당은 자국 내 가격을 상승시킨다. 소비자 지불 가격의 상승으로 인해 소비자 잉여는 감소하게 된다. 이러한 감소는 P_2와 P^W 사이와 수요곡선의 왼쪽 편 지역으로 측정되는데, 그림 7-11(a)에서 $(a+b+c+d)$의 넓이로 나타난다. 반면에, 국내 생산자의 경우 가격 상승으로 인해 생산자 잉여의 증가를 경험한다. 이러한 증가는 P_2와 P^W 사이와 공급곡선의 왼쪽 편 지역으로 측정되는데, 그림 7-11(a)에서 a의 넓이로 나타난다. 이러한 두 가지 후생효과는 관세를 부과하였을 경우와 동일하다.

그러나 관세를 부과했을 때 정부 세수입으로 전환되는 c를 살펴보면 수입할당과 관세의 효

---

14 다음 장에서 살펴보겠지만, 이러한 결론은 오직 완전경쟁 가정에서만 성립한다.

헤드라인

바나나 전쟁

이 기사는 유럽의 바나나 수입할당에 대한 잘 알려진 사례 하나를 소개하고 있다.
남미국가들로부터의 바나나 수입에 대한 할당과 차별적 관세는 2009년 후반에 들어서야
비로소 폐지되었다.

믿기지 않겠지만 바나나 전쟁이 끝났다. 남미보다는 코트디부아르, 윈드워드 제도, 기타 과거 식민지 국가로부터의 바나나 수입을 원활화하기 위하여 유럽연합이 수입할당을 도입한 1993년에서부터 본 논쟁은 지속되어 왔다. 바나나를 재배해온 미국기업들과 남미국가들은 불공정 무역거래를 부추긴다는 이유로 최초로는 GATT에, 그 후에는 WTO에 이를 제소하였다.

소송은 몇 년간 지체되었고, 몇몇 순간에는 워싱턴과 유럽 간의 전면적인 무역전쟁으로 번질 위험도 있었다. 1999년의 코소보 회담이 바나나 위기로 난항을 겪자, 당시 매들린 올브라이트 미국 국무장관은 격분하며 다음과 같이 얘기하였다. "내가 바나나로 이렇게 많은 시간을 소비하리라고는 평생 동안 생각해본 적이 없습니다."

이러한 논쟁은 EU가 과거 식민지 국가에 대한 면세정책을 지속하겠지만, 남미산 바나나에 대한 관세를 향후 7년간 35%까지 줄일 것으로 계획을 발표한 이번 달에 마침내 끝이 났다. 미국과 남미국가들은 소송을 철회하기로 합의하였다. 이러한 일련의 사건을 겪으면서 가장 흥미로운 점은 사람들은 별다른 관심을 가지지 않고 있다는 것이다. 이는 어떻게 무역에 대한 관점이 변해왔는지에 대해 많은 시사점을 던져준다.

이 논쟁이 시작되었을 때, 무역은 경제발전을 위한 유일하면서도 가장 중요한 도구로서 칭송되었다. 유럽은 과거 식민국가들에 대한 이러한 특별조치가 제국주의에 대한 책임감 때문에 시행되고 있음을 주장하였다. 미국과 남미국가들은 무역이 모두를 위한 경제발전의 도구로서 활용되기 위하여 (적어도 바나나에 대해서는) 자유무역의 기조를 유지할 것을 다짐하였다.

오늘날 아무도 바나나에 대해서는 얘기하지 않는다. 교착상태에 빠진 무역협상들(도하 라운드를 기억하는가?)은 거의 언급되지 않고 있다. 여기에는 글로벌 경기침체 상황에서 세계무역 붕괴와 보호무역주의 위협을 포함하는 많은 문제점들이 산재해 있다. 경제발전의 묘책으로서 무역의 역할을 재고찰하는 움직임 또한 여전히 존재한다.

중국의 경제성장은 무역의 힘을 입증하는 하나의 상징물이다. 그러나 멕시코와 같이 경제 전략에 무역을 연관시켰던 다른 국가들은 눈에 띄는 경제적 번영을 이룩하지는 못했다. 바나나 수출 증가에도 불구하고, 남미국가의 바나나 생산업자들과 빈곤한 유럽의 과거 식민 국가들은 모두 여전히 가난하다.

지난 15년 동안 우리가 배울 수 있었던 것 중 하나는 무역은 경제발전에 필요조건이지만 충분조건은 아니라는 점이다. 국가들은 역시나 사회기반시설, 기술, 인적자본에 투자할 필요가 있다. 국가는 신뢰가 필요하다. 국가는 (독점에 대응하기 위한 투명한 사법제도와 같이) 신뢰를 높이기 위한 합법적 제도와 기관이 필요하다. 바나나 수입의 무역장벽을 높이거나 낮추는 것만으로는 모든 것을 이룩할 수 없다.

과는 달라질 수 있다. 수입할당에서 c는 국내 가격 P_2와 세계 가격 P^W 간 차이와 수입량인 M_2와의 곱과 같다. 따라서 실제적으로 제품을 수입하는 사람이 누구든지 간에 자국에 물건을 판매함으로써 세계 가격 P^W와 인상된 국내 가격 P_2 간의 차이만큼을 벌어들일 수 있다. 이러한 두 가격 간의 차이는 수입할당에 의한 지대로 명명된다. 따라서 c의 넓이는 전체(수입)**할당지대**(quota rents)를 나타낸다. 이러한 수입할당 지대가 누구한테 배분되는지는 다음

헤드라인

설탕, 미국-호주 간 환태평양 무역협정을 달콤하게 하다.

이 기사는 미국이 2차 세계대전 이전부터 설탕 수입할당을 유지하고 있는 이유에 대한 내용을 다루고 있다. 현재 환태평양경제동반자협정 협상에서 호주는 미국에게 이러한 수입할당 조치의 재고를 함으로써 더 많은 수출을 할 수 있도록 요청하였다.

설탕 수입제한조치가 협상의제로 다루어지도록 강력한 요청을 미국이 받음에 따라, 마침내 호주 설탕 재배업자와 투자자들은 환태평양경제동반자협정에서 달콤한 거래를 할 수 있게 되었다. 미국은 세계 최대의 경제체제와 신흥개도국 간의 무역장벽을 제거하도록 하는 넓은 범위의 지역무역협상을 주도해왔다. 호주를 포함한 11개국이 협상에 참여하였고 이들은 미국 무역의 1/3가량 비중을 차지한다 … 미국은 2차 세계대전 시작 이전에서부터 적용해온 설탕수입 제한에 대해 결국 재고를 해야 할지도 모른다. 확실히, 설탕에 대한 논의는 미국 내에서 오랫동안 지속되어 왔다. 이는 미국이 40개국을 대상으로 세계 최대의 수입 국가

이기 때문에 또는 연간 800만 톤 이상의 생산량을 자랑하는 세계 최대의 생산 국가이기 때문에 그런 것만은 아니다. 전미 설탕동맹의 보고에 따르면, 종사자 수가 약 142,000명이면서 연간 200억 달러를 벌고 있는 설탕산업이 정치적으로 극단의 선거권자들로 구성되어 있고, 핵심 경합주에서 중요한 투표권을 가지고 있기 때문인 것이 보다 궁극적인 이유이다. 이와 같은 이유로 설탕산업은 약 5년 전까지 지난 12년 동안 국내 가격이 세계 가격보다 약 2배가량 높게 계속 유지되게끔 하도록 무역장벽이 설정되어 왔다.

…세계 세 번째 최대 설탕 수출국가인 호주는 만약 미국이 이러한 규제를 풀 경우 큰 이익을 얻을 것으로 보인다. 톰 얼

리 Agralytica Consulting 부회장은 할당으로 인해 미국 내에 연간 100만 톤 이상의 부족분이 발생하고 있고, 미국의 의지에 따라 변화가 있을 수도 있다고 평가하였다. 그는 "호주 측 협상가들이 모든 이슈들을 협상의제로 다루어야 한다고 주장하고 있는데, 이는 일리가 있다."라고 말하였다. … 호주의 농림축산부 대변인은 "비록 수량이 제한되어 있어도 호주 설탕 산업에 있어 가치있는 시장"이라고 여지를 남겼다. 그는 덧붙여 "비록 양국에 있어 어려운 현안으로 남게 되었지만, 대미국 설탕 수출을 증가시키기 위하여 정부는 지속적으로 미국을 압박할 것이다."라고 말하였다.

네 가지 가능성이 존재한다.

1. 국내기업에게 배분되는 경우 첫째, 자국기업들이 **할당허가권**(quota licenses)(즉 할당 조치에서 허용된 수입량만큼을 수입하는 권한)을 가진다면, 세계 가격인 P^W로 수입한 후 P_2의 가격으로 판매하여 이 차이만큼의 지대를 벌어들이게 된다. 미국 낙농업의 경우, 미국 치즈 생산자들이 해외로부터의 수입 허가권을 받고 있어 이에 대한 대표적인 사례가 된다. 자국기업들이 허가권 c를 가져갈 경우, 수입할당의 자국 후생 순효과는 다음과 같다.

소비자 잉여 감소 :	$-(a+b+c+d)$
생산자 잉여 증가 :	$+a$
자국의 할당지대 :	$+c$
자국 후생의 순효과 :	$-(b+d)$

이 계산으로부터 자국 후생의 순효과는 $(b+d)$만큼 손실되었음을 알 수 있다. 이는 소국 관세의 손실효과를 살펴보았던 이번 장 3절 내용과도 동일하다. 이번 절에서도 $(b+d)$는 자중손실로 명명할 것이다.

2. 지대추구행위가 발생하는 경우   정부가 국내기업에게 할당허가권을 단순하게 교부할 경우, 국내기업들은 이를 받기 위해 비효율적인 활동을 하게 되어 부작용이 나타날 수 있다. 예를 들어, 국내기업들이 충전기를 생산하고 있고 필수 화학재료를 수입한다고 가정해보자. 만약 수입 화학재료에 대한 허가권이 전년도 충전기 생산량에 비례하여 각 국내기업에게 배분된다고 하면, 이들은 단순히 내년도 수입허가권을 따내기 위하여 실제로 판매하는 양 (그리고 낮은 품질로) 이상의 충전기를 생산하고자 할 것이다. 한편, 허가권을 따내기 위하여 기업들은 뇌물을 제공하거나 다른 로비활동을 할지도 모른다. 허가권을 따내기 위한 이러한 종류의 비효율적인 활동들은 모두 **지대추구행위**(rent seeking)로 명명된다. 지대추구행위로 인한 자원 낭비는 지대 그 자체 크기만큼으로 고려할 수 있고, 따라서 c의 넓이는 자국기업들에게 교부되기보다는 버려지는 것으로 볼 수 있다. 만약 지대추구가 발생하면, 수입할당으로 인한 후생 감소는 다음과 같다.

소비자 잉여 감소 : $-(a+b+c+d)$

생산자 잉여 증가 : $+a$

자국 후생의 순효과 : $-(b+c+d)$

지대추구행위의 자원 낭비로 인해 $(b+c+d)$만큼의 자국 후생 감소가 발생하고, 이는 관세로 인한 후생 감소보다 더 크다. 이러한 지대추구행위는 법률이 제대로 정착되어 있지 않아 공무원들이 허가권을 대가로 쉽게 뇌물을 받는 경향이 있는 개도국에게 더 심각할 것으로 예측된다.

3. 수입할당을 경매하는 경우   할당지대가 배분되는 세 번째 가능성은 수입국 정부가 허가권을 경매에 부치는 경우이다. 실제로 1980년대에 호주와 뉴질랜드에서 이 같은 경우가 발생하였다. 호주에서는 섬유, 의류, 신발, 오토바이 수입에 대한 경매가 이루어졌다. 호주의 섬유 및 의류 수입할당 경매는 다자간 섬유협정(MFN)에 대한 대안으로서 발생하였다. 수입할당 경매는 미국에서도 또한 제안되었으나 실제로 이루어지지는 않았다.[15] 경매가 조직적이고 경쟁적일 경우, 경매수입은 정확히 지대의 가치와 동일하며, 따라서 c는 정부 수입으로 고려될 수 있다. 경매를 통해 할당지대를 배분할 경우, 수입할당으로 인한 자국 후생의 순손실은 다음과 같다.

---

15 미국에서의 수입할당 경매는 1980년대에 제안되었다. C. Fred Bergsten, 1987, *Auction Quotas and United States Trade Policy* (Washington, D.C.: Peterson Institute for International Economics 참조. 미국에서는 라디오주파수의 대역폭과 해양시추에 대해 정부 경매가 발생한 적이 있었다.

소비자 잉여 감소 :	$-(a+b+c+d)$
생산자 잉여 증가 :	$+a$
자국 정부의 경매수입 :	$+c$
자국 후생의 순효과 :	$-(b+d)$

이 경우 자국 후생의 순효과는 $(b+d)$의 자중손실이 되고, 이는 다시 관세로 인한 손실과 동일하게 된다.

4. 수출'자율'규제를 실시할 경우 할당지대를 배분하는 마지막 가능성은 수입국 정부가 할당권한을 수출국 정부에게 이양하는 것이다. 수출국은 할당을 수출국 내 생산자들에게 배분하기 때문에, 때때로 이는 **수출'자율'규제**(VER : 'voluntary' export restraint) 또는 **'자율'규제협정**(VRA : 'voluntary' restraint agreement)으로 명명된다. 1980년대에 미국은 일본산 자동차 수입을 억제하기 위하여 이러한 조치를 시행하였다. 이 조치에서 일본 무역정책을 관장하는 정부기관인 통상산업부(MITI)는 각 일본 자동차 생산기업들이 미국에 얼마만큼을 수출해야 하는지를 결정해주었다. 이러한 상황에서는 외국 생산자들이 할당지대를 가져가게 되고, 따라서 자국 후생의 손실은 다음과 같다.

소비자 잉여 감소 :	$-(a+b+c+d)$
생산자 잉여 증가 :	$+a$
자국 후생의 순효과 :	$-(b+c+d)$

표 7-3

미국 수입보호의 연간 비용(10억 달러) 이 표에서는 1985년을 중심으로 1980년대 미국의 수입할당 조치로 인한 자중손실과 할당지대의 추정금액을 보여주고 있다. 이들 수입할당 조치의 대부분은 오늘날에는 더 이상 유효하지 않다.

	미국의 자중손실 ($b+d$ 넓이)	할당지대 (c 넓이)
자동차	0.2~1.2	2.2~7.9
낙농업	1.4	0.25*
철강	0.1~0.3	0.7~2.0
설탕	0.1	0.4~1.3
섬유 및 의류	4.9~5.9	4.0~6.1
수입관세	1.2~3.4	0
합계	7.9~12.3	7.3~17.3

* 낙농업에서의 할당지대는 미국 수입업자들이 벌어들인 관계로 전체 비용에 포함되지 않는다.

출처 : Robert Feenstra, Summer 1992, "How Costly Is Protectionism?", *Journal of Economic Pespectives*, 159-178

VER로 인해 관세보다 높은 수준의 순손실인 $(b+c+d)$가 수입국에서 발생하는데, 이는 할당지대가 외국 수출기업에게 주어지기 때문이다. 이러한 결과를 살펴보면, 그러면 왜 VER이 시행되는지에 대한 의문을 제기하게 된다. 한 가지 이유는 할당지대를 수출국 기업들에게 부여함으로써 수출국이 또 다른 수입관세나 할당으로 보복을 하는 것을 무마하기 위함이다. 즉 수출기업으로의 할당지대 이양은 관세전쟁 또는 할당전쟁을 피하는 하나의 방법이 된다.

미국 수입할당의 비용 표 7-3은 1985년을 전후로 미국의 주요 수입할당 조치에 대한 자중손실과 할당지대를 추정한 결과를 보여주고 있다. 낙농업을 제외한 모든 경우에서 외국 수출기업들이 지대를 벌어들이고 있다. 자동차 산업의 경우

20~80억 달러 범위에서 외국 수출기업들이 할당지대를 벌어들이고 있는데, 이 사례는 다음 장에서 소개될 것이다. 섬유 및 의류 산업의 경우, MFA 체제 하에서 큰 규모의 할당지대와 미국의 자중손실(각각 약 50억 달러 수준)이 존재한다. 또한 MFA 체제 하에서 할당허가권을 차지하기 위한 수출기업들의 지대추구행위로 인해 외국 수출국가들에게도 큰 규모의 손실이 발생하였다. 표 7-3의 비용을 모두 합산하면, 이러한 수입할당으로 인한 미국 전체의 자중손실은 1980년대 중반에 연간 80~120억 달러가 되는 것으로 나타났다. 반면, 외국으로 전환된 할당지대는 연간 70~170억 달러가 되는 것으로 추정되었다.

미국의 이러한 비용 대부분은 오늘날에는 더 이상 존재하지 않는다. 자동차 산업의 수입할당 조치는 일본이 미국에 생산 공장을 지으면서 대미 수출을 줄임에 따라 1987년 이후로 폐지되었다. 철강 수입할당 조치는 2002~2003년 부시 대통령이 일시적으로 부과하였던 '긴급 수입제한' 관세에 의해 대체되었다. 그러나 섬유 및 의류의 경우, MFA가 2005년 1월 1일에 폐지되어 대중국 수입품에 대한 새로운 할당 조치로 대체되었고, 설탕의 수입할당은 여전히 유효하다. 섬유 및 의류에 관한 다음의 적용사례에서 살펴보겠지만, 이들 산업의 수입할당으로 인해 미국은 지속적으로 손해를 입을 것으로 예상되고 있다.

적용사례

중국과 다자간 섬유협정

GATT의 제정원칙 중 하나는 국가들이 수입을 제한하기 위하여 할당 조치를 취해서는 안 된다는 것이었다(**보조 자료 : GATT의 주요 조항**의 내용 중 11조 참조). GATT의 비호 아래 1974년에 제정된 다자간 섬유협정(MFA)은 이러한 원칙의 중요한 예외였고, 이를 근거로 선진국들은 개도국으로부터의 섬유와 의류 수입을 제한하였다. 수입국들은 MFA에 가입하였고, (수출국과의 협상을 통해) 상호적으로 또는 (자체적인 판단 하에) 일방적으로 수입할당 조치를 취하였다. 실제적으로 MFA 체제 하에서 제정된 수입할당으로 인해 각 개도국들은 캐나다, 유럽, 미국을 포함하는 국가들에게 팔 수 있는 섬유 및 의류 제품 각각의 수량을 자세히 지정받게 되었다.

비록 수입할당에서의 수량제한 수준이 증가하는 것으로 몇 차례 수정되었지만, 새로운 공급 국가들의 판매 능력 향상 속도에는 미치지 못하였다. 1986~1994년 지속된 WTO 설립에 대한 우루과이 라운드에서 개도국들은 이러한 수입할당 조치를 폐기하기 위한 협상을 하였다. MFA는 2005년 1월 1일에 결국 폐기되었다. 섬유 및 의류 제품의 세계 최대 수출국은 중국이었고, MFA 폐기로 인해 곧 중국이 원하는 만큼 다른 나라에 수출할 수 있을 것으로 기대되었다. 중국으로부터의 거대한 수입 증가 가능성은 많은 다른 국가들에게 있어 큰 문제점으로 다가왔다. 일부 개도국들은 중국으로부터의 수입 증가로 인해 자국 국민들이 평생 종사하고 있는 섬유 제품 생산에 대한 경쟁이 심화될 것으로 예상하였다. 수입국가들의 대형 생산기업들 또한 섬유 및 의류 산업에서의 대량 실업 가능성을 이유로 중국 수출의 잠재적 증가에 대해 우려를 나타냈다.

그림 7-12

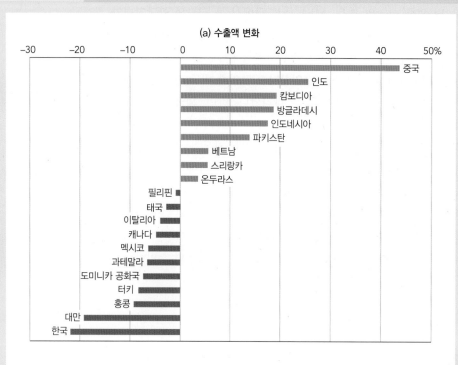

(a) 수출액 변화

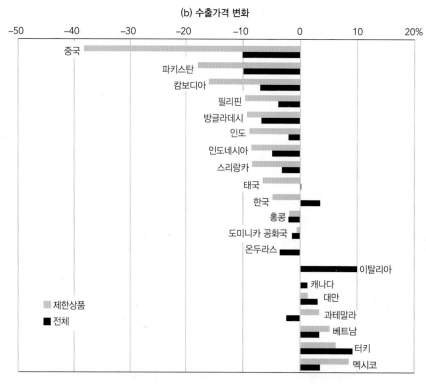

(b) 수출가격 변화

제한상품
전체

MFA 이후 섬유 및 의류 산업의 대미 수출 변화, 2004~2005년 (a)에 나타난 바와 같이, 다자간 섬유협정(MFA) 만기 이후에 중국의 섬유 및 의류 수출액은 급격히 증가하였다. 이러한 현상은 홍콩, 대만, 한국과 같은 다른 고비용 생산 국가들로부터 중국으로의 수출 전환뿐만 아니라 MFA 할당으로 제한되었던 수출량의 증가로 인해 발생한 것이다. (b)를 살펴보면, 대체적으로 MFA 만기 이후 MFA에 의해 제한되었던 상품의 가격이 평균 수출가격 변화 이상으로 떨어졌음을 알 수 있다. 이러한 현상은 앞서 살펴본 이론의 내용과 일치한다. 수입할당 폐지는 소비자 수입 가격 인하를 초래한다.

출처 : James Harrigan and Geoffrey Barrows, 2009, "Testing the Theory of Trade Policy: Evidence from the Abrupt End of the Multifibre Arrangement," *The Review of Economics and Statistics*, vol. 91(2), pp. 282-294.

중국 수출의 성장 2005년 1월 1일 이후 곧바로 중국의 섬유 및 의류 수출은 급격히 증가하였다. 예를 들어, 1월과 2월에 중국산 타이츠와 팬티스타킹의 대유럽 수출은 전년도와 비교하여 2,000% 증가하였다. 중국산 스웨터는 거의 1,000% 가까이, 바지는 3배 이상 증가하였다. 그림 7-12에 따르면, 2005년 한 해 동안 미국 시장 내 상위 20개 수출국 중에서도 중국의 섬유 및 의류 수출은 전년도 대비 40% 이상 증가하였다.[16] (a)에서는 각국으로부터의 섬유 및 의류 수입액이 나타나고 있다. 중국으로부터의 수입 증가는 한국, 홍콩, 대만과 같은 고비용 생산국가의 수입 감소와 맞물린다. 이들 국가의 대미 수출은 10~20% 정도 감소하였다.

그림 7-12(b)는 2005년 1월 1일 이전에 MFA 할당을 적용받은 '제한상품'의 여부를 살피면서, 각국으로부터의 섬유 및 의류 제품 가격 변화율을 보여주고 있다. 중국의 경우 제한상품 범주에서 38% 하락을 기록하면서 2004~2005년 가장 가격이 크게 떨어진 국가로 기록되어 있다. 다른 대부분 국가들 또한 MFA 할당 만기로 인해 현저한 가격 하락을 경험하였다. 파키스탄의 경우 18%, 캄보디아의 경우 16%, 필리핀, 방글라데시, 인도, 인도네시아, 스리랑카의 경우 8~9%를 기록한다. 그림 7-11에서 가격이 P_2에서 자유무역 가격인 P^W로 인하되는 것과 같이, 수입할당 폐지로 인한 가격의 하락 현상은 앞서 살펴본 이론에서도 예상했던 바이다. 그럼에도 그림 7-12에서 멕시코와 같은 일부 국가들의 경우 가격이 오히려 증가하였다. 그러나 멕시코산 섬유 및 의류의 경우 대미 수출의 1% 미만만이 수입할당에 의해 제한되었고, 따라서 가격 상승은 MFA 폐지로 인해 발생했다고 보기는 힘들다.

MFA의 후생비용 2005년 각국의 대미 수출가격 인하 자료를 바탕으로 MFA로 인한 후생손실을 측정하는 것이 가능하다. 미국은 섬유 및 의류의 할당허가권을 경매에 부치지 않았기 때문에 외국 수출기업들이 이를 벌어들였다. 즉 그림 7-11에서 MFA로 인한 미국의 후생손실은 $(b+c+d)$의 넓이가 된다. 2004~2005년 가격 인하 자료를 토대로 2005년의 후생손실은 65~162억 달러 정도로 추정된다.[17] 이들 추정액의 단순 평균은 미국 전체 금액으로서 114억 달러이다. 이를 후생손실의 개념으로 환산하기 위하여, 2005년 미국에 1억 1,100만의 소비자들이 존재하였고 일반적인 가구는 의류에 약 1,400달러 정도를 소비한 것을 감안해 하자. 따라서 114억 손실을 1억 1,100만 소비자로 나눌 경우, 가구당 약 100달러 또는 의류에 대한 연간 소비액의 7%가 MFA로 인한 후생손실로 계산된다.[18]

---

16 그림 7-12의 내용과 다음 단락의 후생 추정액은 모두 James Harrigan and Geoffrey Barrows, 2009, "Testing the Theory of Trade Policy: Evidence from the Abrupt End of the Multifibre Arrangement," *The Review of Economics and Statistics*, vol. 91(2), pp. 282-294에서 추출되었다.

17 2005년에 대한 이러한 추정은 표 7-3에서 1985년 동 산업을 대상으로 자중손실과 할당지대를 합하여 계산한 후생비용 추정액 범위인 89억~120억 달러와 비교할 만하다(그림 7-11에서의 추정액 범위가 더 넓음).

18 비교해보자면, 2004년 미국의 섬유 및 의류 산업 내 종사자들은 737,000명이었고, 이들의 평균 연봉은 31,500 달러였다. 만약 114억 달러의 전체 손실액을 이들 종사자 수로 나눈다면, 노동자 1인당 약 15,500달러 정도의 미국 산업 보호효과를 측정할 수 있는데, 이는 이들 노동자들 연봉의 절반 가까이 되는 금액이다.

수입상품의 품질 가격의 전반적인 감소와 더불어 이와 관련된 또 다른 재미있는 현상이 발견되고 있다. 섬유 및 의류 제품 가격이 (변화율 측면에서) 대부분 저가 제품에서 가장 크게 하락했다는 점이다. 따라서 1달러짜리 중국산 저가 티셔츠는 38% 이상(즉 38센트 이상) 가격이 떨어진 반면, 10달러 이상의 고가 제품인 경우 38%보다는 작게(즉 3.80달러 이하) 하락하였다. 이러한 결과, 미국 내 수요는 중국산 저가 제품으로 이동하였다. 중국산 수입품에 있어서 '품질저하'가 발생하였다.

이러한 품질저하 현상이 왜 발생하였는지를 이해하기 위해서는 반대의 경우를 상정하여 살펴보는 것이 바람직하다. MFA와 같은 수입할당이 적용되었을 경우, 품질에는 어떠한 영향을 미칠까? 대부분의 경우와 마찬가지로 MFA는 수입품 수량에 대해 적용된다. 이는 의류 길이, 셔츠 개수, 양말 한 다스 등의 단위로 적용된다. 이러한 종류의 할당에 대응하여, 수출기업은 똑같은 수량을 높은 가치로 판매하는 것이 할당 제한 조건을 여전히 충족하면서도 이득을 얻게 되는 전략이 되므로 이들 제품의 품질을 개선하려는 유인을 가지게 된다. 따라서 MFA가 시작되었을 때, 각국의 수출에 있어 '품질 개선'을 기대해볼 수 있다. 같은 논리로, MFA가 폐지되었을 때 중국의 대미 수출뿐만 아니라 다른 국가에 대한 수출에 있어서도 '품질 저하' 현상이 발생하였다.

미국과 유럽의 대응 그러나 중국의 대미, 대유럽 수출 급증은 단기에 그쳤다. 유럽연합은 중국산 제품에 대해 새로운 수입할당을 부과할 것으로 위협하였고, 이에 대응하여 2005년 6월 11일 중국은 2008년 말까지 섬유 수출 성장률을 연간 약 10% 수준으로 제한하는 것을 골자로 하는 수출 '자율' 규제를 시행하는 데 동의하였다. 미국의 경우, 2001년 중국의 WTO 가입 조건으로서 향후 수입할당의 새로운 체계를 협상하도록 중국과 특별 협정을 맺었다. 이러한 협정 아래 중국은 2005~2008년 대미 섬유 수출에 있어 성장률을 연간 7.5%로 제한하도록 조치되었다. 이러한 임시적 할당 조치는 미국 섬유 및 의류 산업이 할당의 보호 아래 다시 부활할 것으로 예상되었던 2008년 말에 폐기되었다. 그러나 전 세계적인 불황으로 인해 2009년 이 산업에서의 중국 수출은 전년도에 비해 크게 낮아졌다. 이와 같은 이유로 중국은 섬유 및 의류의 대미, 대유럽 수출에 대한 다른 추가적인 할당제를 더 이상은 받아들이지 않기로 하였다. ∎

6 결론

수입관세는 무역정책에서 가장 빈번하게 사용되는 정책적 도구이다. 이번 장에서는 소비자와 생산자에 대한 관세 효과를 수입국과 수출국 모두에서 살펴보았다. 이러한 분석 과정에서 몇 가지 다른 상황을 나누어보았다. 첫째, 수입국가가 수입품의 세계 가격에 영향을 미치지 못하는 소국인 상황을 가정해보았다. 이 경우, 수입국의 소비자와 생산자 가격은 관세부과 금액만큼 증가하였다. 소비자 가격의 증가로 인해 소비자 잉여의 감소가 있었던 반면, 생산자

가격의 증가로 인해 생산자 잉여의 증가가 있었다. 게다가, 정부는 관세부과로 세수입을 얻게 된다. 만약 이러한 효과들을 모두 합산해본다면(즉 소비자 잉여 감소, 생산자 잉여 증가, 정부 세수입 증가), 수입국에게 순손실이 발생한다는 것을 알 수 있었다. 이러한 손실은 관세로 인한 자중손실로 명명된다.

소국의 경우 관세의 순손실이 항상 발생한다는 사실은 왜 경제학자들이 그토록 관세부과를 반대하는지에 대한 이유가 된다. 그러나 이러한 결과에도 불구하고, 관세가 실제로 부과되고 있는 이유에 대해 여전히 다른 근거가 존재한다. 첫 번째 이유로, 자중손실에도 불구하고 관세 조치는 특히 개도국 정부의 세수입을 증가시키는 데 가장 손쉬운 방법이라는 점이다. 두 번째는 정치적인 이유 때문이다. 정부 입장에서 소비자들의 손실을 회피하기보다는 기업들을 보호하는 것이 더 큰 관심사가 될 수 있다. 세 번째 이유는 소국의 가정이 현실과 괴리가 있다는 점이다. 국가가 관세를 부과할 때 세계 가격에 영향을 미칠 수 있을 정도로 규모가 큰 경우가 실제로 존재한다. 이와 같은 대국의 경우, 관세부과 이후 수입수요 감소로 인해 외국 수출기업은 가격을 낮추게 된다. 물론, 가격이 관세를 포함하기 때문에 수입국가 소비자와 생산자 가격은 상승하게 되지만, 관세가 부과된 만큼 완전히 상승하는 것은 아니다. 이러한 대국 사례에서 소비자 잉여 감소, 생산자 잉여 증가, 정부 세수입 증가를 동시에 고려할 경우, 낮은 수준의 관세는 수입국가의 후생을 증가시킬 수도 있다.

여전히, 대국의 경우에서 수입국의 후생 증가는 해외 수출국가의 후생 감소와 맞물려 발생하고 있다. 이와 같은 이유로, 대국의 관세부과는 때때로 '근린궁핍화' 정책으로도 명명된다. 여기에서 관세로 인한 수출국의 후생 감소는 수입국의 후생 증가보다 더 크다는 점이 발견되었다. 따라서 관세로 인해 세계 전체 후생은 감소하게 된다. 이러한 사실은 대부분의 경제학자들이 관세부과를 반대하는 주장의 또 다른 근거가 된다.

수입관세와 더불어, 이번 장에서는 한 국가의 수입량을 제한하는 수입할당에 대해서도 살펴보았다. WTO는 수입할당 부과를 제한하도록 노력하였고 몇몇의 경우 성공적이었다. 예를 들어, 다자간 섬유협정(MFA)은 많은 선진국들 내에서 섬유 및 의류 수입을 제한하도록 만들어진 복잡한 할당체제이다. 이 협정은 2005년 1월 1일에 만기되었으나, 미국과 유럽연합은 중국산 섬유 및 의류 제품에 대한 새로운 할당 조치를 2008년 말까지 시행하였다. 미국은 설탕 수입 할당 조치를 최근까지 지속적으로 시행하였고, 유럽연합은 바나나 수입할당과 차별관세 조치를 시행하였다(지금은 '바나나 전쟁'이 끝이 났다). 이들은 모두 수입관세의 전형적인 사례들인데, 이 외에 다른 사례들 또한 존재한다.

완전경쟁 상황에서 수입할당의 효과는 수입관세의 효과와 비슷하다. 양쪽 모두 수입국 가격의 증가, 소비자 손실, 생산자 이득을 초래한다. 그러나 한 가지 차이점으로서 관세의 경우 수입국 정부가 세수입을 획득하는 반면, 수입할당의 경우 국내 가격과 세계 가격 간의 차이인 소위 '할당 지대'를 누가 가져가느냐가 관건이 된다. 예를 들어, 만약 수입국 기업이 수입 허가권을 가져간다면, 이들이 할당지대를 벌어들이게 된다. 반면, 이들 기업들이 이러한 지대를 획득하기 위하여 자원을 낭비한다면, 추가적인 자중손실이 발생할 것이다. 그러나 좀 더 보편적인 현상은 수출국 정부의 행정적 조치 아래 수출기업들이 수출'자율'규제를 시행하여 할당지대를 벌어들이는 것이다. 네 번째 가능성은 수입국 정부가 할당 허가권을 경매에 부쳐 할당지대만큼의 할당수입을 벌어들이는 것이다. 이 경우에는 후생 효과 측면에서 관세 부과의 효과와 동일하다.

핵심 내용

1. 한 국가의 정부는 소위 '무역정책'으로 법률과 규제를 통해 국제무역에 영향을 미칠 수 있다. 국경에서 세금을 매기는 형태인 수입관세는 가장 대표적인 무역정책이다.

2. 대부분 국가에서 운영 중인 무역정책의 기본 원칙은 2차 세계대전 이후 국제무역을 증진시키기 위하여 제정된 국제법 협정인 관세 및 무역에 관한 일반협정(GATT)에 그 기초를 두고 있다.

3. 소국에서 수입수요량은 전체 세계시장에 비해 매우 적은 것으로 가정된다. 이로 인해 수입국은 고정된 세계 가격을 그대로 수용한다. 이 경우 수입국 소비자와 생산자 가격은 관세부과액만큼 증가하게 될 것이다.

4. 소국의 관세부과는 항상 후생 순손실을 초래한다. 이는 '자중손실'로 명명된다.

5. (중국산 타이어에만 적용된 관세와 같이) 하나의 특정 수출국가에만 적용되는 차별관세는 모든 수출 국가들에 적용되는 동등관세보다 더 높은 자중손실을 초래한다.

6. 대국의 관세부과 이후 수입수요의 감소로 인해 해외 수출국의 가격인하가 발생한다. 가격이 관세를 포함하고 있기 때문에 수입국 소비자와 생산자 가격은 여전히 상승한다. 그러나 (수출가격이 떨어지기 때문에) 이러한 가격은 관세부과액보다는 적게 증가한다.

7. 대국의 관세부과 이후 수출국 가격이 하락하기 때문에 대국 후생에는 순이익이 발생한다. 이는 곧 수입국의 교역조건 이득이 된다.

8. '최적관세'는 수입국 후생을 극대화시키는 관세 수준을 말한다. 소국의 경우 어떠한 수준의 관세라도 순손실이 나타나므로 최적관세는 0이 된다. 그러나 대국의 경우 최적관세는 양(+)의 값을 가진다.

9. 최적관세 공식은 외국 수출공급 탄력성의 역수로 나타난다. 만약 외국의 수출공급 탄력성이 높다면 최적관세율은 낮아지게 되나, 수출공급 탄력성이 낮다면 최적관세율은 높아지게 된다.

10. '수입할당'은 특정 제품의 수입량에 제한을 두는 것으로, 이로 인해 자국 내 가격과 생산은 상승하고, 허용된 수입량을 허가받은 주체에게 이득을 가져다준다. 이러한 이득을 '할당지대'라고 명명한다.

11. 완전경쟁시장에서 수입할당은 수량제한으로 인해 국내 가격이 상승됨으로써 관세의 경우와 매우 비슷한 효과를 가진다. 그러나 할당의 후생효과는 누가 할당지대를 가져가는지에 의존하면서 관세의 경우와는 다소 다르게 나타날 수 있다. 이 지대는 (수입 허가권을 따낸다면) 수입국 기업이 가질 수 있고, (만약 외국 정부가 할당을 관리한다면) 수출국 기업이 가질 수도 있다. 또한 (만약 할당 허가권을 경매에 부친다면) 수입국 정부도 이 지대를 가져갈 수 있다. 마지막 경우는 수입국 정부가 수입을 얻는다는 측면에서 관세와 매우 비슷하다.

핵심 용어

관세동맹(customs unions)	생산부문 손실(production loss)	자유무역지대(free-trade areas)
관세전쟁(tariff war)	생산자 잉여(producer surplus)	'자율'규제협정(VRA : voluntary restraint agreement)
교역조건(terms of trade)	소국(small country)	
교역조건 이득(terms-of-trade gain)	소비부문 손실(consumption loss)	자중손실(deadweight loss)
긴급수입제한조치 조항(safeguard provision)	소비자 잉여(consumer surplus)	지대추구행위(rent seeking)
다자간 섬유협정(MFA : Multifibre Arrangement)	수입관세(import tariff)	지역무역협정(regional trade agreements)
	수입관세상당치(equivalent import tariff)	차별관세(discriminatory tariff)
대국(large country)	수입수요곡선(import demand curve)	최적관세(customs unions)
덤핑(dumping)	수입할당(import quota)	할당지대(quota rents)
도피조항(escape clause)	수출'자율'규제(VER : voluntary export restraint)	할당허가권(quota licenses)
무역정책(trade policy)		
분쟁해결절차(dispute settlement procedure)	수출보조금(export subsidy)	

연습문제

1. **보조 자료 : GATT의 주요 조항**을 읽고 다음 문제에 답하라.

   a. 만약 미국이 어떤 특정한 국가로부터의 특정 수입품(예를 들어 철강)에 대해 관세를 부과한다면, '최혜국대우' 원칙에 따라 다른 모든 국가들에게 부과하는 철강 관세에는 어떠한 시사점이 있는가?

   b. 24조는 최혜국대우 원칙의 예외조항인가? 그 이유에 대해 설명하라.

   c. GATT 조항에서 국가는 관세 대신에 수입상품 수에 대한 수입할당(수량적 제한)을 부과할 수 있는가? 실제 이러한 조항에 대한 예외는 무엇인가?

2. 그림 7-5에 나타난 바와 같이 어떤 수입상품에 *t*의 관세를 부과하는 소국을 가정해보자.

   a. 이 국가가 *t*′ 수준으로 관세를 낮춘다고 가정해보자. 자국 수입시장의 그래프를 다시 그린 후 이러한 변화를 표시해보라. 자국에서 생산되는 상품 가격과 수량에 무슨 일이 일어나는가? 수입량에는 어떠한 일이 일어나는가?

   b. 관세 하락으로 인해 자국 소비자 잉여에는 이득이 있는가 또는 손실이 있는가? 관세 하락으로 인해 자국 생산자 잉여에는 이득이 있는가 또는 손실이 있는가? 정책 변화에 따라 정부 세수입에는 어떠한 영향이 있는가? 이들 내용을 그래프로 그려 설명하라.

   c. 정책 변화에 따른 전체 후생의 이득 또는 손실은 무엇인가?

3. 그림 7-9에서와 같이 어떤 수입상품에 *t*의 관세를 부과하는 대국을 가정해보자.

   a. (b)에서 수출공급곡선은 소국의 경우와 어떻게 비교되는가? 이러한 차이점에 대해 그 이유를 설명하라.

   b. 관세가 수입국 소비자들이 지불하는 가격과 수출국 생산자들이 받는 가격에 어떠한 영향을 미치는지를 설명하라. (i) 수출공급곡선이 매우 탄력적(평평한 기울기)인 경우 또는 (ii) 수출공급곡선이 매우 비탄력적(가파른 기울기)인 경우를 각각 가

정하여 가격이 어떻게 영향을 받는지 그래프를 통해 설명하라.

4. 그림 7-9에서와 같이 어떤 수입상품에 t의 관세를 부과하는 대국을 가정해보자. (i) 매우 낮은 관세가 부과된 경우 또는 (ii) 매우 높은 관세가 부과된 경우, 교역조건 이득의 크기는 자중손실 크기와 어떻게 비교되는가? 그래프를 그려 이를 설명하라.

5. a. 만약 외국 수출공급이 완전탄력적이라면, 자국이 후생을 증가시키기 위한 최적관세는 무엇인가? 설명하라.

   b. 만약 외국 수출공급이 완전탄력적일 때보다는 상대적으로 비탄력적이라면, 후생을 증가시키기 위해 자국이 부과해야 하는 최적관세 공식은 무엇인가?

   c. 만약 자국이 최적관세 이상의 높은 관세를 부과한다면 자국의 후생에 무슨 일이 발생하는가?

6. 다음 상황들을 읽어본 후 자국 후생에 따라 오름차순으로 순위를 매기고 그 이유를 설명하라. 만약 두 상황이 동일하다면 그렇게 표시하면 된다.

   a. 소국에서 수입량 M이 되도록 t의 관세를 부과

   b. 대국에서 똑같은 수입량 M이 되도록 t의 관세를 부과

   c. 대국에서 수입량이 $M' > M$이 되도록 t'의 관세를 부과

7. 다음 상황들을 읽어본 후 자국 후생에 따라 오름차순으로 순위를 매기고 그 이유를 설명하라. 만약 두 상황이 동일하다면 그렇게 표시하면 된다.

   a. 소국에서 수입량이 M이 되도록 t의 관세를 부과

   b. 소국에서 똑같은 수입량 M의 할당을 부과하면서, 할당허가권은 지대추구를 하지 않는 자국기업에게 배분

   c. 소국에서 M의 할당을 부과하면서, 할당허가권은 경매를 통해 자국기업에게 배분

   d. 소국에서 M의 할당을 부과하면서, 할당허가권은 수출기업에게 배분

   e. 소국에서 M의 할당을 부과하면서, 할당허가권은 지대추구를 하는 자국기업에게 배분

8. 조지 부시 대통령이 철강 관세부과를 당초 계획보다 17개월가량 앞서 철회시킨 이유는 무엇인가?

9. 버락 오바마 대통령이 중국산 타이어 수입품에 대해 관세를 부과하기 위해 고려하였던 미국 통상법의 근거 조항은 무엇인가? 이 조항은 201조보다 적용하는 것이 더 쉬운가 또는 더 어려운가?

10. 2009년 타이어 관세부과 요청에 미국 타이어 생산 기업들은 참여하지 않았다. 대신에, 타이어 산업 노동자를 대표하는 미국철강노조가 중국산 타이어 관세부과를 요청하였다. 굿이어, 미쉘린, 쿠퍼, 브릿지스톤과 같은 미국의 주요 타이어 제조기업들은 왜 관세를 지지하지 않았는가?

11. 자국을 소국으로 가정해보자. 다음 질문에 답하기 위하여 다음 그래프들을 활용하라.

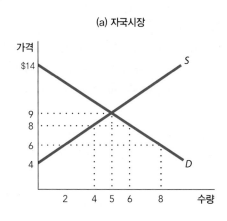

(a) 자국시장

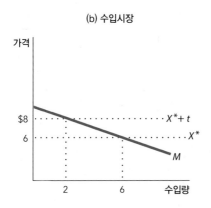

(b) 수입시장

a. 개방 전의 소비자 잉여와 생산자 잉여를 계산하라.

b. 이제 자국이 무역개방을 하고 세계 가격이 $P^* = \$6$라고 가정해보자. 자유무역에서의 소비자 잉여와 생산자 잉여를 구하라. 자국은 무역을 통해 이득을 얻는가? 이를 설명하라.

c. 자국 생산자의 후생을 염려하여 자국 정부가 2달러의 관세를 부과(즉 $t = \$2$)하였다. 자국 경제에 대한 관세의 순효과를 결정하라.

12. 문제 11의 그래프를 다시 고려해보자. 관세 대신에, 외국이 2단위까지만 판매를 하도록 제한하는 수입할당을 자국이 부과하였다고 가정해보자.

   a. 만약 할당허가권이 자국 생산자들에게 배분되었다면, 자국 경제에 대한 수입할당의 순효과를 결정하라.

   b. 만약 외국 수출기업이 할당지대를 벌어들인다면, 자국 경제에 대한 수입할당의 순효과를 계산하라.

   c. 위의 (a)와 (b)의 답과 문제 11(c)의 답은 어떻게 비교되는가?

13. 그림 7-5에서와 같이 t의 관세를 부과하는 소국을 가정해보자. 그러나 모든 수입품에 대해 관세를 부과하기보다는, (전체 수입량보다 적은) 수입량 M'을 초과하는 수입품에 대해서만 관세를 부과하는 상황을 가정해보자. 이는 곧 '저율관세할당(TRQ)'으로 명명되고, 주로 농산품에 적용되고 있다.

   a. 할당량을 고려하면서 그림 7-5를 다시 그려보라. 그래프를 그릴 때는 오로지 이 수입량을 초과하는 수입품에 대해서만 관세가 부과된다는 점을 주의하길 바란다. 이를 명심하면서, 정부 관세수입을 나타내는 사각형은 무엇인가? 할당지대를 나타내는 사각형은 무엇인가? 이러한 시나리오에서 할당지대는 무엇을 의미하는지 간단히 설명하라.

   b. 같은 비율의 관세를 부과하는 것보다 TRQ를 적용하는 것은 자국 후생에 어떻게 영향을 미치는가? 같은 비율의 관세와 비교하여 TRQ는 외국 후생에 어떻게 영향을 미치는가? 이러한 할당지대를 누가 가져가는지에 의존하는가?

   c. (b)에서의 답에 근거하여, TRQ가 흔하게 사용되는 이유에 대해 설명하라.

14. MFA 할당의 폐기 이후 한 국가 내 티셔츠의 수입량, 소비량, 생산량을 가상적으로 적시한 다음 내용을 고려하라.

	MFA 적용	MFA 폐기 (자유무역)
세계 가격($, 개당)	2.00	2.00
국내 가격($, 개당)	2.50	2.00
국내소비(100만 개, 연간)	100	125
국내생산(100만 개, 연간)	75	50
수입량(100만 개, 연간)	25	75

   a. 자국 소비와 생산에 대한 할당 폐기의 효과를 나타내는 그래프를 그려보라.

   b. 할당 폐기로 인한 소비자 잉여의 이득을 결정하라.

   c. 할당 폐기로 인한 생산자 잉여의 손실을 결정하라.

   d. 할당으로 인해 존재하였던 할당지대를 계산하라.

   e. 할당 폐기로 인해 국가가 얼마만큼 이득을 보는지 결정하라.

15. 중국 생산자가 셔츠의 종류와 상관없이 MFA에 의해 특정 수량 이상을 판매하는 것을 제한받는 상황을 생각해보자. 자유무역에서 2.00달러로 판매되는 티셔츠에 대하여 MFA 할당은 가격을 2.50달러로 상승시킨다. 10.00달러로 판매되는 드레스셔츠에 대해서도

MFA는 역시나 가격을 상승시킨다.

	MFA 적용	MFA 폐기 (자유무역)
티셔츠 국내 가격($, 개당)	2.50	2.00
드레스셔츠 국내 가격($, 개당)	?	10.00

a. MFA로 인해 드레스셔츠의 가격이 10달러에서 11달러로 인상되는 상황을 고려해보자. 생산자는 티셔츠와 드레스셔츠 모두를 수출할 것인가?(종류와 상관없이 오직 셔츠의 일정 개수만 수출이 가능함을 기억하자.) 그 이유를 설명하라.

b. 티셔츠와 드레스셔츠 모두를 팔고자 하는 생산자에 대하여, MFA가 적용되는 상황에서 드레스셔츠의 가격은 얼마가 되어야 하는가?

c. 위 (b)의 답에 근거하여, MFA 전후로 티셔츠에 대비되는 드레스셔츠의 가격을 계산해보라. MFA로 인해 상대가격에 무슨 일이 일어났는가?

d. 위 (c)의 답에 근거하여, MFA로 인해 미국 내에서 이 생산자에 대한 드레스셔츠와 티셔츠 간의 상대수요에 무슨 일이 일어났는가?

e. 이제 이 생산자의 전체 수출상품 묶음을 고려하면서, MFA는 품질을 상승시키는가 또는 저하시키는가? MFA가 폐기될 경우는 어떠한가?

네트워크

WTO 홈페이지(http://www.wto.org)에서 WTO 회원국의 수를 찾아보라. 가장 최근의 WTO 가입국은 어느 나라인가? 미국국제무역위원회(U.S ITC)의 홈페이지에서 무역구제파트를 찾아(http://www.usitc.gov/trade_remedy/about_global_safeguard_inv.htm) 1974년 미통상법 201조와 421조를 읽어보라. 이 두 조항 간에는 어떠한 차이가 있는가? 최근에 제기된 이슈들은 무엇인가?

불완전경쟁시장의 수입관세와 할당

우리는 지난 행정부보다 거의 2배 정도로 대중국 무역제소를 제기하였다 — 그리고 이는 큰 변화를 가져왔다. ⋯ 그러나 우리는 좀 더 노력할 필요가 있다.⋯ 오늘밤, 나는 중국과 같은 국가들의 불공정무역 관행을 조사하는 것을 의무화하는 무역이행법 입안을 선언한다.

버락 오바마 미국 대통령, 2012년 1월 24일 일반교서

만약 중량오토바이 제소 건을 도피조항[관세] 적용의 유일한 사례로 간주한다면, 그 이유는 이 사례가 피해를 적게 주면서 할리데이비슨 사의 은행대출을 도와 사업을 확장할 수 있도록 도움을 주었기 때문이다.

존 쇼멜라 미국 국제무역위원회 수석경제학자, 1993년[1]

최근 경제학자들을 대상으로 실시한 설문조사에 따르면, "일반적으로 관세와 수입할당이 전체 경제후생을 감소시킨다."라는 의견에 87%가 동의하는 것으로 나타났다.[2] 이러한 믿음이 세계무역기구와 같이 2차 세계대전 이후 세계 경제를 통제하는 국제기구의 기본 운영 근거가 되어왔다는 데에는 의심할 여지가 없다. 이러한 믿음은 관세와 할당 조치가 소국의 후생을 감소시킨다는 점을 보였던 앞선 장에서도 잘 나타난다. 또한 대국이 관세로 인해 이득을 얻을 수는 있어도, 이러한 이득이 결국 무역상대국의 희생으로 나타나게 되고 세계 전체는 손실을 입게 된다는 점도 살펴본 바가 있다. 따라서 관세와 할당의 경제적 논쟁을 하는 것은 크게 유용하지 않다.

그럼에도 여전히 여러분들은 이러한 내용이 전부인지 여부에 대해 궁금해할 수 있을 것이다. 앞선 장에서는 관세와 할당에 대한 몇몇 최근 사례를 소개하였고, 만약 발전 초기 단계에 있는 국가들을 살펴본다면 좀 더 많은 사례들을 찾아볼 수 있을 것이다. 예를 들어, 1800년대 동안 미국은 10~50%에서 변화하는 평균 관세율을 가졌다. 이러한 관세율은 대공황 시기에 25%까지 치솟아 때때로 스무트-홀리(Smmot-Hawley) 관세율보다 더 높았다. 마찬가지로

---

1 Douglas A. Irwin, 2002, *Free Trade under Fire* (Princeton, NJ: Princeton Uniersity Press), pp. 136-137에서 발췌

2 Robert Whaples and Jac C. Heckelman, 2005, "Public Choice Economics: Where Is There Consensus?" American Economist, 49(1), pp. 66-78.

일본, 한국, 대만과 같은 2차 세계대전 이후 산업화가 된 국가들도 높은 관세와 할당으로 발전 초기 단계를 시작하였고, 이후 천천히 그리고 불완전하게 관세를 낮추거나 제거시켰다. 보다 최근 경우로서 중국은 2001년 세계무역기구에 가입하기 전에는 높은 수준의 관세를 적용하고 있었고, 여전히 일부 산업에서 미국 또는 유럽에서보다 더 높은 관세를 유지하고 있다.

이러한 사례들을 살펴보면, 앞선 장에서 다루었던 완전경쟁시장의 관세에 대한 논의 내용 중에서 뭔가 빠진 부분이 있는지에 대해 의문을 품게 된다. 만약 시장이 불완전하게 경쟁적이라면, 무역정책의 효과는 달라질까? 이 질문에 대한 답을 이번 장과 다음 장에서 집중적으로 살펴보게 될 것이다.

이 질문은 **전략적 무역정책**(strategic trade policy)으로 알려진 연구 분야에서 주로 1980년대의 국제경제학자들로부터 주목받았다. 전략적 무역정책의 기본 아이디어는 불완전경쟁시장에서 정부 무역정책을 통해 외국기업과 효과적으로 경쟁할 수 있도록 자국기업에게 전략적 특혜를 줄 수 있다는 것이다. 연구 초기 단계에서, 이 분야를 연구하는 경제학자들은 이들 연구가 자유무역이 최상이라는 결론을 뒤집을 수 있다고 생각하였다. 그러나 최근의 연구 단계에서 전략적 무역정책이론의 지지자들은 새로운 논의가 연구 범위 내에서 제한적이라는 사실을 깨달았다. 일부 경우에 있어 관세 또는 할당의 시행이 역효과를 일으켜 자국에 손해를 입히게 되고, 또 다른 일부 경우에 있어서는 앞선 장에서 살펴보았던 대국의 경우와 비슷한 결과가 나타나게 된다. 이번 장에서는 위 두 가지 경우에 대한 사례를 살펴보게 될 것이다.

국가들이 전략적 무역정책을 통해 자국기업들에게 특혜를 줄 때, 무역상대국인 다른 국가들은 종종 이러한 정책을 '불공정한' 정책으로 간주하고 정책적 대응을 하게 된다. 이는 곧 이번 장 초반에 소개되었던 버락 오바마 대통령 인용 문구의 배경이 된다. 오바마 대통령은 2012년에 미국은 '중국과 같은 국가들의 불공정 무역관행 조사를 의무화하는 무역이행법'을 특별히 신설할 것을 선언하였다. 앞선 장에서는 최근 미국이 중국을 대상으로 시행하였던 무역정책 하나를 논의하였다. 이는 중국산 타이어 수입에 대한 관세(2009년 9월에서 2012년 9월 사이 유효)였다. 이번 장에서는 최근 미국이 중국산 태양전지판 수입품에 부과한 관세를 포함하여 또 다른 사례들이 소개될 것이다. 전략적 무역정책을 살펴보기 위해서는 앞선 장에서 관세와 할당의 효과를 보기 위해 핵심이 되었던 완전경쟁시장에 대한 가정을 포기해야 한다. 대신에, 6장에서 소개되었던 불완전경쟁시장 상황을 적용시켜야 한다. 불완전경쟁에서 기업은 가격에 영향을 미칠 수 있고 한계비용 이상으로 가격을 부과할 수 있다. 6장의 독점적 경쟁시장 모형에서 가정하였듯이, 불완전경쟁은 독점이나 과점과 같이 소수의 기업 또는 동종이지만 다른 특징의 제품을 생산하는 기업이 존재할 때 발생한다는 점을 기억하자. 이번 장에서는 자국 또는 외국의 독점기업과 같이 하나의 기업만이 존재하는 극단적인 상황을 고려하여 관세와 할당이 가격, 무역, 후생에 어떠한 영향을 미치는지를 살펴보고자 한다. 실제로, 불완전경쟁산업에서는 종종 하나 이상의 기업이 존재하나, 독점에 대한 분석은 이러한 정책적 수단들이 완전경쟁일 때와는 어떻게 다른 영향을 미치는지를 분석하는 데 명확한 결과를 제공한다는 장점을 가진다.

이번 장에서는 먼저 자국 독점의 가정 하에서 관세와 할당의 효과를 분석할 것이다. 앞선 장의 완전경쟁 구조에서 관세와 할당은 자국 가격에 동일한 효과를 가져다주었다. 그러나 불완전경쟁시장에서는 이러한 두 무역정책 수단들이 자국 가격에 서로 다른 영향을 미치고, 따라서 이러한 다른 영향을 염두에 두면서 어떤 수단을 집행할지에 대해 선택해야 한다.

이후 두 번째 파트에서는 자국에 수출하는 외국의 독점 상황을 고려해볼 것이다. 이 과정에서 자국이 도입한 수입관세의 효과를 살펴볼 것이고, 그 결과는 (앞선 장에서 나타났듯이) 자국이 관세의 이득을 얻는 완전경쟁의 대국 상황과 비슷할 것이다. 외국 독점기업의 특별한 사례는 외국의 **차별독점**(discriminating monopoly)이다. 이는 외국기업이 자신이 속해있는 시장에서보다 수출시장에 보다 낮은 가격을 부과하여 **덤핑**(dumping)이 되도록 하는 것이다. 자국이 외국의 차별독점에 대응하여 부과하는 관세는 **반덤핑관세**(antidumping duty)로 명명된다. 이렇게 반덤핑관세가 부과되는 특별한 경우로 인해 자국이 손해 대신에 이득을 볼 것 같지는 않아 보인다.

이번 장 마지막 파트에서는 자국 내 **유치산업**(infant industry)에 대해 분석할 것이다. 이는 산업 발전이 너무 초기 단계에 있어 생산비용을 낮추는 것이 어려운 산업을 말한다. 종종 이들 산업 내 기업 숫자는 적다. 이 장의 분석에서는 기업이 오직 하나만이 존재하는 것으로 가정하므로 다시 자국 독점의 경우와 같게 된다. 이러한 상황에서 자국기업은 세계 가격이 현재 생산 수준의 최소비용보다 더 낮기 때문에 자유무역을 할 경우 손실을 입게 되어 효과적으로 경쟁을 할 수 없다는 특징을 가진다. 그러나 현재의 생산수준을 높임으로써 기업은 어떻게 하면 보다 효과적으로 생산을 할 수 있고, 향후에 생산비용을 더 낮출 수 있는지에 대해 학습하게 된다. 이후 이 기업은 세계 가격 수준에서 유리하게 경쟁을 할 수 있게 된다. 이러한 결과를 유도하도록 하는 한 가지 방법은 정부가 관세와 같은 정책을 실시함으로써 기업이 보다 긴 기간 동안을 살아남을 수 있도록 하여 보다 낮은 비용으로 생산케 한 후, 세계적 경쟁에 대응하도록 도움의 역할을 하는 것이다. 이러한 정책은 '유치산업보호론'으로 명명된다.

비록 이번 장에서는 전략적 무역정책이론 분야에서 유치산업보호론을 다루고 있지만, 이는 존 스튜어트 밀(1806~1873)에 의해 실제로 오래전에서부터 논의되어 왔던 이론이다. 이번 장에서는 2001년 WTO 가입 전에 외제차를 대상으로 높은 관세와 할당을 부과하였던 중국의 자동차 산업을 포함하여 유치산업의 몇 가지 사례에 대해 소개하고 있다. 또한 할리데이비슨 오토바이 회사를 보호하기 위하여 1980년대에 미국이 도입하였던 관세도 유치산업보호론을 통해 분석해볼 수 있다.

유치산업을 경쟁에서 보호하고 생산비용을 낮추는 방법을 학습하도록 (따라서 경쟁가격을 달성하도록) 하기 위해서는 긴 시간 동안의 기업 생존이 필요한데, 이를 보장하기 위하여 정부가 현재 일시적인 관세를 부과해야 하는지 여부가 유치산업에 있어서의 주요 정책적 질의 사항이 된다.

1 자국 독점 상황의 관세와 수입할당

불완전경쟁 상황에서의 관세와 할당의 효과를 살펴보기 위하여, 자국에 독점기업이 존재할 경우를 먼저 고려해보도록 하겠다. 독점기업은 동질의 제품을 판매하는 기업이 하나만 존재하는 상황을 말한다. 이 경우, 자유무역으로 인해 동질의 상품을 판매하는 기업들이 더 많이 자국시장에 진입하게 된다. 따라서 이들로 인해 독점기업은 한계비용 이상의 가격을 부과하는 **독점력**(market power)을 잃게 된다(자유무역 균형에서 자국시장은 완전경쟁시장이 된다). 이후 보다 자세히 다루겠지만, 가격부과의 능력을 나타내는 자국 독점기업의 시장지배력에 있어서 관세와 할당의 영향으로 인해 다른 형태의 무역 균형이 도출된다. 관세가 부과되어도 자국 독점기업은 많은 수의 수입기업과 여전히 경쟁을 해야 하고, 따라서 시장지배력을 발휘하기에는 한계가 있다. 반면 수입할당이 부과된 경우, 할당이 어느 정도 수준의 한계치에 도달하게 되면 독점기업은 자국시장에서 유일한 생산자가 된다. 따라서 자국 독점기업은 다시 시장지배력을 발휘할 수 있다. 이번 절에서는 무역 전후의 자국 균형을 살펴보고 관세와 할당 간의 차이에 대해 설명해보도록 하겠다.

개방 전 균형

그림 8-1은 자국에 독점기업이 존재할 경우 개방 전의 균형을 나타내고 있다. 자국수요곡선은 D인데, 독점기업이 더 많이 팔수록 가격은 떨어지기 때문에 우하향하는 형태이다. 이러한 가격 하락은 독점기업이 상품 한 단위를 팔 때 벌어들이는 추가 수입이 가격보다 더 낮아진다는 것을 나타낸다. 추가적 수입은 해당 판매량의 단위가격에서, 기존 판매량의 단위가격과 해당 판매량의 단위가격 차이(즉 가격 변화분)와 기존 판매량을 곱한 값을 **빼는** 것으로 계산할 수 있다(즉 추가적 수입 = 해당 판매량의 단위가격 − [(기준 판매량의 단위가격 − 해당 판매량의 단위가격) × 기존 판매량]). 그림 8-1에서 상품 한 단위 판매에 대한 추가 수입, 즉 **한계수입**(marginal revenue)은 MR 곡선으로 표현되고 있다.

이윤 극대화를 달성하기 위해 독점기업은 한계수입 MR과 한계비용 MC가 교차하는 점에서 생산하게 된다. 그림 8-1에 나타난 바와 같이, 독점기업은 Q^M 만큼 생산한다. Q^M점에서 수요곡선 상 A점까지 수직 이동한 후 가격 축으로 수평 이동할 경우, 독점기업이 부과하는 가격인 P^M을 찾을 수 있다. 이 가격으로 독점기업은 이윤의 최대치를 얻을 수 있고, 이는 곧 개방 전의 독점 균형이라 할 수 있다.

완전경쟁과의 비교   이제 개방 이전의 상황에서 완전경쟁균형과 독점 균형을 서로 비교해보자. 먼저, 한 개의 기업이 아닌 많은 수의 기업들이 시장에 존재한다고 가정해보자. 시장 내 모든 기업들은 독점기업과 똑같은 생산비용 조건을 가지는 것으로 가정한다면, 시장한계비용은 독점기업의 한계비용인 MC와 동일하게 된다. 완전경쟁에서는 가격과 한계비용이 같아지는 지점에서 생산량이 결정되는 관계로 MC는 곧 시장공급곡선이 된다. 개방 전 완전경쟁

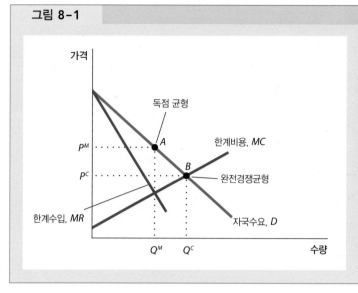

그림 8-1

개방 전 균형 개방 전 상황에서 자국의 독점균형은 한계수입과 한계비용이 같아지는 지점에서 발생하고 Q^M의 균형수급량이 결정된다. 이러한 수급량에서 수요곡선 상의 A점까지 수직이동을 하면 균형가격인 P^M이 결정된다. 완전경쟁에서 시장공급곡선은 MC이고, 따라서 개방 전 균형은 수요와 공급이 일치하는 지점에서 발생한다(B점). 이때 균형수급량은 Q^C, 균형가격은 P^C가 된다.

균형은 수요와 공급이 일치하는 지점에서 결정된다(균형수급량은 Q^C, 균형가격은 P^C). 완전경쟁가격인 P^C는 독점가격인 P^M보다 낮고, 완전경쟁수급량인 Q^C는 독점수급량인 Q^M보다 더 많다. 이러한 비교 결과를 살펴보면, 개방 전 상황에서 독점기업은 생산량을 줄이고 시장가격을 인상시키고 있다. 그러나 다음 절에서 살펴볼 자유무역의 상황에서 독점기업은 생산량 제한에 한계를 가지게 되고 가격을 올리게 된다.

개방 후 균형

이제 자국이 국제무역을 한다고 가정해보자. 또한 자국은 '소국'으로서 주어진 세계 가격인 P^W를 그대로 받아들이는 것으로 가정한다. 그림 8-2에서 이러한 가격에서의 수평곡선인 X^*는 외국 수출공급곡선이 된다. 이 가격에서 외국은 어떠한 수입량이든 공급을 할 수 있다(자국은 소국이기 때문에 외국의 수출공급은 완전탄력적이다). 마찬가지로, 자국 독점기업은 P^W에서 원하는 만큼 상품을 판매할 수 있으나(왜냐하면 이 기업은 세계 가격에서 수출을 할 수 있기 때문임), 자국에서는 이 가격 이상을 더 이상 부과할 수 없다. 만약 독점기업이 이 가격 이상을 부과한다면, 자국 소비자들은 수입품을 대신 소비하게 된다. 따라서 외국 공급곡선인 X^*는 곧 자국 독점기업이 직면하게 되는 새로운 수요곡선이 된다. 개방 전 원래의 자국 수요곡선인 D는 더 이상 유효하지 않다.

자국 독점기업의 새로운 수요곡선이 수평적이기 때문에, 새로운 한계수입곡선은 수요곡선과 같게 되어 $X^* = MR^*$이 된다. 이러한 현상이 발생하는 이유를 잘 이해하기 위해서, 한계수입이 해당 판매량의 단위가격에서, 기존 판매량의 단위가격과 해당 판매량의 단위가격 차이(즉 가격 변화분)와 기존 판매량을 곱한 값을 빼는 것으로 계산된다는 점을 기억하자. 수평적 수요곡선 상에서 추가판매에 대한 가격은 항상 P^W이므로 가격의 하락은 없다. 따라서 한계

그림 8-2

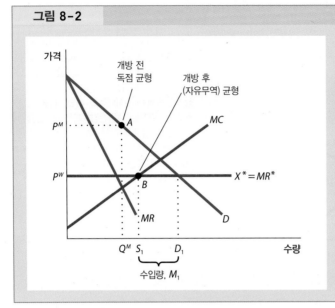

자국 독점기업의 자유무역 균형 세계 가격인 P^W가 주어진 자유무역 상황에서 자국은 외국 수출공급곡선 X^*를 가지게 된다. 자국기업이 P^W 이상으로 가격을 올릴 경우 모든 소비자들이 수입품을 소비하게 됨으로써, X^*는 곧 자국 독점기업이 직면하는 수요곡선이 된다. 가격이 고정되어 있기 때문에 한계수입인 MR^*은 수요곡선과 같게 된다. 한계수입과 한계비용이 같아지는 B점에서 이윤이 극대화된다. 이때 자국기업은 S_1만큼 생산하고 자국 소비자는 D_1만큼 소비하게 된다. 이들 간의 차이는 바로 수입량인 $M_1 = D_1 - S_1$이 된다. 자국 독점기업이 이제 가격을 한계비용 수준에서 책정하기 때문에 자유무역의 균형은 완전경쟁의 균형과 같게 된다.

수입은 곧 다른 한 단위를 추가로 팔 때 받는 가격인 P^W와 같다. 따라서 자국 독점기업이 직면하는 수요곡선 X^*는 한계수입곡선과 같다. 개방 전 원래의 자국 한계수입곡선인 MR은 더 이상 유효하지 않다.

새로운 자유무역 조건에서 이윤극대화를 위하여 독점기업은 한계수입과 한계비용이 같아지는 지점(그림 8-2의 B점)에서 P^W의 가격으로 S_1만큼을 생산한다. P^W의 가격에서 자국 소비자들의 수요량은 D_1으로 자국 공급량인 S_1보다 더 높다. 따라서 자유무역 상황에서 자국은 수요량과 공급량 간의 차이만큼 수입을 하게 되는데, 즉 $M_1 = D_1 - S_1$이다.

완전경쟁과의 비교 이제 자유무역의 독점 균형과 완전경쟁균형을 서로 비교해보자. 앞선 내용과 마찬가지로, 완전경쟁 기업들의 비용 조건은 독점기업과 동일하고, 따라서 완전경쟁의 시장공급곡선은 독점기업의 한계비용곡선인 MC와 같다. 자유무역과 완전경쟁의 상황에서 시장공급량은 S_1이 되고, 이때 가격인 P^W는 한계비용과 같게 되면서 시장수요량은 D_1이 된다. 자유무역 상황에서 소국인 자국의 독점기업은 완전경쟁에서의 상황과 같은 양을 생산하고 같은 가격을 부과하였다. 이러한 결과가 나타나는 이유는 자유무역 상황에서 소국의 독점기업이 가격에 대한 통제력, 즉 시장지배력을 잃기 때문이다. 독점기업은 세계 가격인 P^W 수준에서 한계수입과 같은 수평적 수요곡선을 가지게 된다. 독점기업이 시장가격의 통제력을 잃기 때문에 경쟁시장의 (똑같은 한계비용을 가지는) 기업과 같은 행동을 취하게 된다.

자유무역 이후 자국 독점기업이 가격 통제력을 상실하게 됨으로써 독점기업의 시장지배력은 사라지게 되고, 이로 인해 자국 소비자들은 추가적인 무역 이득을 얻게 된다. 독점적 경쟁 모형을 다루었던 6장에서 이미 이러한 추가적 이득에 대해 논의한 적이 있다. 6장에서 자유무역 이후 독점적 경쟁 기업은 이질적 상품에 대해 좀 더 탄력적인 수요곡선을 가지게 되었고,

이로 인해 생산량이 늘고 가격이 하락하는 현상을 보인 바가 있다. 그림 8-2에서도 똑같은 결과가 나타나고 있다. 단, 여기에서는 자국 독점기업과 수입기업이 모두 동질적인 상품을 생산한다고 가정하였고, 따라서 이들 모두는 똑같은 가격으로 팔고 있다. 자국 상품과 수입품이 모두 동질적이기 때문에, 그림 8-2에서 자국 독점기업이 직면하는 수요곡선 X^*는 완전탄력적으로 되고, 따라서 이 기업은 자유무역의 완전경쟁 상황과 같은 행동을 취하게 된다.

자국 관세의 효과

이제 자국이 수입품에 대해 t의 관세를 부과하여 가격이 P^W에서 $P^W + t$로 상승하는 상황을 고려해보자. 그림 8-3에서 관세로 인해 외국 수출공급곡선은 X^*에서 $X^* + t$로 상승하게 된다. 자국 독점기업은 $P^W + t$의 가격에서 원하는 만큼의 상품을 판매할 수 있으나, 이 이상의 가격을 매길 수는 없다. 만약 이 이상의 가격을 매긴다면, 자국 소비자들은 모두 수입품을 구매할 것이다. 따라서 외국 공급곡선인 $X^* + t$는 곧 자국 독점기업이 직면하는 새로운 수요곡선이 된다.

새로운 수요곡선이 수평적이기 때문에, 새로운 한계수입곡선은 수요곡선과 같게 되어 $MR^* = X^* + t$가 된다. 이러한 결과가 나타나는 이유는 앞서 살펴본 자유무역의 상황과 비슷하다. 수평적 수요곡선에서는 한 단위를 더 팔아도 가격은 떨어지지 않으며 자국 독점기업은 $P^W + t$의 가격에서 원하는 만큼의 상품을 판매할 수 있다. 따라서 자국 독점기업이 직면하는 수요곡선인 $X^* + t$는 곧 이 기업의 한계수입곡선이 된다.

이윤을 극대화하기 위하여 독점기업은 다시 한계수입과 한계비용이 같은 점인 그림 8-3의 C점에서 균형을 이루고, 균형가격은 $P^W + t$, 균형공급량은 S_2가 된다. $P^W + t$의 가격에서 자

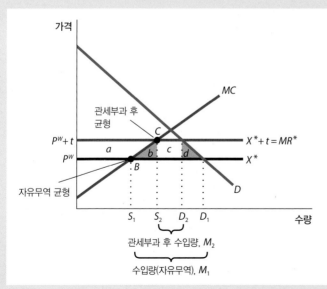

그림 8-3

자국 독점의 관세 효과 세계 가격이 P^W로 주어진 자유무역 상황에서 자국 독점기업은 수평적 수요곡선(그리고 한계수입곡선)인 X^*에 직면하여 B점에서 이윤극대화를 달성한다. 만약 관세 t가 부과될 경우, 외국기업들은 P^W를 벌어들이는 자국시장에서 $P^W + t$의 가격을 부과해야 하기 때문에 수출공급곡선은 위로 이동하게 된다. 이로 인해 자국 독점기업은 자국 가격을 $P^W + t$로 인상시키나, 이 이상의 가격을 부과하게 된다면 모든 소비자들을 수입기업에게 뺏기게 된다. 그 결과, 자국 공급량 S는 늘고 자국 수요량 D는 줄어들어, 수입량은 M_2로 줄어들게 된다. 관세의 자중손실은 $(b+d)$의 넓이이다. 이러한 결과는 완전경쟁의 결과와 같은데, 이는 자국 독점기업이 여전히 가격을 한계비용만큼 부과하기 때문이다.

국 소비자들은 자국 공급량인 S_2보다 더 많은 D_2만큼 소비를 한다. 수요량과 공급량 간의 차이는 곧 자국 수입량인 $M_2 = D_2 - S_2$가 된다. 자유무역 균형과 비교하여 자국 독점기업에 대한 관세 효과는 공급량을 S_1에서 S_2로 늘리고 가격을 P^W에서 $P^W + t$로 올린다. 결국 수요량 감소와 더불어 공급량 증가는 수입량을 M_1에서 M_2로 줄인다.

완전경쟁과의 비교 이제 관세부과 이후의 독점균형을 완전경쟁과 비교해보자. 완전경쟁에서 관세가 부과된 가격은 독점기업의 가격과 똑같은 $P^W + t$이다. 완전경쟁에서 시장수요곡선이 독점기업의 한계비용인 MC라고 가정한다면, 가격과 한계비용이 같은 지점에서 완전경쟁 균형이 결정되고 공급량은 S_2, 가격은 $P^W + t$가 된다. 관세부과 후에 자국 독점기업은 완전경쟁 때와 똑같은 공급량과 똑같은 가격을 매기게 된다. 이러한 결과는 자유무역 상황을 분석할 때와 비슷하다. 이러한 유사성은 관세가 여전히 독점기업이 가격을 올릴 수 있는 통제력을 제한하기 때문에 나타난다. 관세로 인해 독점기업은 가격을 $P^W + t$로 올릴 수는 있으나, 소비자들이 수입품에 대한 소비로 전환하기 때문에 이 이상의 가격을 부과할 수는 없다. 관세부과 이후에도 독점기업은 여전히 가격 통제력을 잃기 때문에 완전경쟁에서의 상황과 비슷한 방식으로 행동하게 된다.

관세로 인한 자국 손실 자국의 독점 상황과 완전경쟁 상황 모두 자유무역 균형과 관세부과 후 균형이 동일하기 때문에 관세로 인한 자중손실 또한 동일하다. 앞선 장에서 살펴본 바와 같이, 완전경쟁의 자중손실은 가격이 P^W에서 $P^W + t$로 인상됨에 따라 발생한 소비자 잉여 감소와 생산자 잉여 증가, 그리고 정부 관세수입 증가를 합침으로써 측정된다. 결국 이들 구성요소들의 합으로 $(b + d)$의 후생순손실을 얻게 된다.

소비자 잉여 감소 :	$-(a + b + c + d)$
생산자 잉여 증가 :	$+a$
정부 세수입 증가 :	$+c$
자국 후생의 순효과 :	$-(b + d)$

자국 독점 상황에서도 관세로 인한 자중손실은 똑같다. 가격 상승으로 인해 자국 소비자들은 여전히 $(a + b + c + d)$의 손실을 입게 되나, 자국 독점기업은 이윤에 있어 a만큼 이득을 얻게 된다. 정부의 관세수입인 c와 함께, 자중손실은 $(b + d)$의 넓이가 된다.

자국 할당의 효과

이제 자국 정부가 수입할당을 부과할 경우를 살펴보고 이를 관세와 비교해보자. 이제부터 살펴보겠지만, 불완전시장에서의 할당은 자국 소비자 가격을 상승시켜 관세와 똑같은 수준의 균형 수입량을 유도하지만, 관세보다 더 큰 자국 손실을 안겨다준다. 이렇게 불완전경쟁에서의 할당이 더 높은 비용을 유발하는 이유는 할당이 자국 독점기업에게 '격리된' 시장을 제공하여 관세부과 때보다 더 높은 가격을 부과할 수 있는 독점력을 발휘하도록 하기 때문이다.

경제학자들과 정책입안자들은 이러한 할당의 또 다른 문제점을 잘 알고 있다. 이와 같은 이유로 WTO는 회원국들에게 많은 수의 할당 조치들을 관세로 대체하도록 독려해왔다.

자국 독점의 할당과 관세 간의 차이점을 살펴보기 위하여, B점의 자유무역 균형과 C점의 관세부과 후 균형(그림 8-3에 나타난 점들과 동일)을 나타내는 그림 8-4를 이용해보도록 하자. 이제 관세 대신에 할당이 부과된 상황을 가정해보자. 즉 관세부과의 경우 동일한 M_2가 수입량이 되도록 수입할당이 부과된 상황을 고려해보자. 이 수준에서 수입량이 고정되어 있기 때문에, 자국 독점기업이 직면하는 유효수요곡선은 수요곡선 D에서 수입량 M_2가 제외된 양이 된다. 이러한 유효수요곡선은 $D-M_2$로 표시되어 있다. 관세부과의 경우와는 달리, 독점기업은 가격에 대한 영향력을 그대로 유지하게 된다. 독점기업은 $D-M_2$에 따라 최적 가격과 공급량을 선택한다. 그림에서 유효수요곡선 $D-M_2$에 대응하는 한계수입곡선 MR을 그릴 수 있다. 독점기업은 E점에서 한계수입과 한계비용이 같게 되어 이윤극대화를 달성하고, 가격은 P_3, 공급량은 S_3가 된다.

이제 관세부과 후 균형인 C점과 할당의 E점을 비교해보자. 이 경우 할당을 부과할 때 가격이 상대적으로 더 높다. 즉 $P_3 > P^W + t$이다. 할당 부과 이후의 가격이 상대적으로 더 높다는 사실은 독점기업이 할당량만큼만 수입이 되면, 그 외 수량에 대해서는 가격을 높일 수 있는 능력을 가지게 된다는 것을 반영한다. 비록 관세부과 후 수입량 수준인 M_2만큼 할당이 부과되었다 하더라도, 더 높은 가격이 책정됨을 알 수 있다. 따라서 관세와 할당의 효과는 완전경쟁에서의 결과와 같이 더 이상 동일하게 나타나지 않는다. 관세와는 달리 할당 부과 이후에도 독점기업은 독점력을 발휘하여 가격을 인상시킬 수 있다.

그러면 독점기업의 생산량은 어떻게 될까? 할당 이후의 시장가격이 더 높기 때문에 독점기

그림 8-4

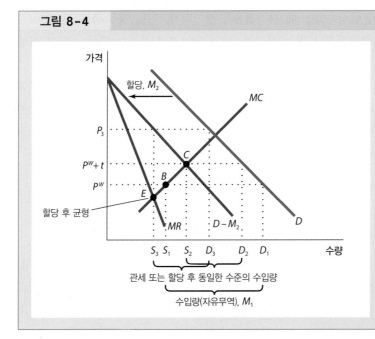

자국 독점에서의 할당 효과 자유무역 상황에서 자국 독점기업은 B점에서 생산하고 세계 가격인 P^W를 부과한다. 관세부과 후, 독점기업은 C점에서 생산하고 $P^W + t$의 가격을 부과한다. 관세부과 후 수입량은 $M_2 = D_2 - S_2$가 된다. 동일한 M_2수준으로 할당을 부과할 경우, 수요곡선은 그만큼 왼쪽으로 이동하게 되어 자국 독점기업이 직면하는 수요곡선은 $D - M_2$가 된다. 즉 M_2만큼의 수입이 이루어진 후, 독점기업은 자국에서 생산하는 유일한 기업이 되고 수요곡선인 $D - M_2$상의 아무 지점에서 가격을 부과할 수 있다. $D - M_2$에 대응하는 한계수입곡선은 MR이고, 따라서 할당 이후 자국 독점기업은 MR과 MC가 교차하는 E점에서 생산하게 된다. E점에서의 가격은 $P_3 > P^W + t$가 되어, 할당으로 인해 자국 가격은 관세부과 때보다 더 높은 수준을 유지하게 된다.

업은 확실히 더 적은 양을 생산한다. 즉 $S_3 < S_2$이다. 그러나 더 놀라운 사실은 할당으로 인해 독점기업은 자유무역의 상황과 비교하여도 생산량을 더 적게 가질 수 있다는 것이다. 이는 그림 8-4에서 $S_3 < S_1$으로 나타나고 있다. 그러나 이러한 결과는 필연적이지 않다. 그 대신에 $S_3 > S_1$이 되도록 MR 곡선을 그릴 수도 있다. 할당으로 오히려 산업 내 고용 **보호가 실패했다**는 사실로 볼 때, $S_3 < S_1$의 경우는 실로 놀라운 결과라 할 수 있다. 즉 할당 이후 국내 생산량의 감소로부터 고용은 감소하였다. 따라서 자국시장이 독점일 경우 관세와 비교하여 할당은 예상치 못한 결과를 초래할 수도 있다는 사실을 위의 분석을 통해 알 수 있다.

할당으로 인한 자국 손실 할당 부과 이후의 가격이 관세부과 이후보다 더 높다는 사실은 할당으로 인해 자국 소비자 잉여의 손실이 더 클 수 있다는 점을 나타낸다. 반면에, 자국 독점기업은 할당 부과 이후 인상된 가격으로 더 큰 이윤을 얻게 된다. 자국 독점 상황에서 할당 부과의 자중손실을 자세하게 계산하는 것은 매우 복잡한 과정이 필요하기 때문에 여기에서는 하지 않을 것이다. 그러나 자국 독점기업이 항상 높은 가격을 부과하기 때문에 관세보다는 할당을 부과할 때 자중손실이 더 **높다**는 점은 확실히 결론지을 수는 있다. 이러한 높은 가격은 독점기업에는 이득을 주나 자국 소비자에게는 손해를 끼치고, 독점력 발휘로 인해 추가적인 자중손실을 야기시킨다.

또한 자국 독점기업이 높은 가격을 부과하기 때문에 할당지대가 발생한다. 앞선 장에서 할당지대는 세계 가격으로 상품을 수입하여 이보다 더 높은 자국 내 가격으로 상품을 파는 능력으로서 정의된 바가 있다(당시 예제에서 P_3와 P^W 간의 차이에 수입량 M_2를 곱한 값이었음). 자국 독점 상황에서 할당지대는 관세부과 후 발생한 정부 세수입보다 더 크게 나타난다. 할당지대는 수출국가 정부가 할당을 시행할 때 종종 수출'자율'규제 형태로 외국에 부여되거나 또는 지대추구행위가 발생하였을 때 사라졌음을 상기하자. 이들 경우 중 어떤 것이든, 할당지대가 다른 나라로 부여되거나 또는 사라져 버린다면, 지대 증가는 자국 손실과 바로 연계된다.

다음 적용사례에서는 1980년대에 일본산 자동차 수입을 제한하기 위하여 미국이 부과한 할당에 대해 살펴보도록 하겠다. 자동차 산업의 경우 적은 수의 생산자들이 존재하기 때문에 불완전경쟁적이다. 따라서 앞서 살펴본 독점 상황의 이론은 자국 과점 상황에서 예상되는 결과에 가이드로서의 역할을 잘할 수 있다.

적용사례

미국의 일본산 자동차 수입

1980년대 미국이 일본산 자동차에 실시한 수입할당은 가장 잘 알려진 수출'자율'규제(VER)의 사례이다. 이러한 VER이 왜 발생하게 되었는지를 이해하기 위해서는 1980년대 초반 미국이 불황을 겪었다는 사실을 기억해야 한다. 이러한 불황으로 인해 (자동차와 같은) 내구재 소비가 줄어들었고, 그 결과 자동차 산업에서의 실업이 급격히 증가하였다.

1980년, 전미 자동차 노동조합과 포드 사는 관세와 무역에 관한 일반협정(GATT) 19조와 미 통상법 201조를 근거로 국제무역위원회(ITC)에 수입보호를 요청하였다. 앞선 장에서 언급하였듯이, 201조는 급증한 수입이 '국내 산업에 대한 심각한 피해의 주요 원인'이 될 때 적용할 수 있다. 이러한 '주요 원인'은 '다른 원인 이상'으로 중대해야 한다. 실제로, ITC는 자동차 산업 피해의 주요 원인은 수입급증이 아니라 미국 경제의 불황인 것으로 결론 내렸다. 따라서 자동차 산업이 수입보호 조치를 받도록 권고하지 않았다.

이러한 부정적인 결정사항에 대해 자동차 산업이 입지하고 있는 주 의회의 일부 의원들은 다른 수단을 통해 지속적으로 자동차 수입을 제한하고자 하였다. 1981년 4월, 존 댄포스 미주리 주 상원의원과 로이드 벤슨 텍사스 주 상원의원은 상원에 수입제한 법안을 제출하였다. 이러한 예비법안의 내용을 명확하게 인지한 후, 일본 정부는 3월 1일에 일본 자동차의 대미 수출에 대한 '자율적' 제한을 실시할 것을 공표하였다. 이로 인해 1981년 4월에서 1982년 3월 사이 기간 동안 183만 대의 자동차를 최대 수입량으로 하는 제한이 정해졌다. 1984년 3월 이후에는 최대 수입 제한량이 202만 대로 증가하였고, 그 후 연간 251만 대로 증가하였다. 1988년 즈음에는 일본 회사가 미국에 자동차 조립공장을 설립한 관계로 수입량이 VER 제한 수준 아래로 떨어졌다.

이제, 수입할당 이후 미국 생산기업들이 독점력을 발휘하여 가격을 상승시켰는지 여부를 살펴보도록 하자. 수입가격이 얼마나 상승하였는지를 살펴보는 것 또한 흥미로운 주제가 될 것이다. 수입가격 상승을 측정하기 위하여, 먼저 1980년 할당의 부작용에 대해 살펴볼 필요가 있다. 할당으로 인해 미국 내 일본산 수입자동차는 크기, 무게, 마력 등에서 품질이 향상되었다.[3] 1980년대 자동차 수입가격의 전반적인 증가는 (1) 일본산 자동차의 품질 향상, (2) 할당으로 인한 가격의 '순수한' 증가, 즉 할당지대, (3) 자동차 산업이 보호를 받지 않았더라도 발생했을 것으로 여겨지는 가격 상승과 같이 세 가지 부분으로 구분되어야 한다.

수입품의 가격과 품질 VER의 일본산 자동차 가격에 대한 효과는 그림 8-5에 잘 나타나 있다. 일본산 자동차 수입에 부과된 VER 이후 1980~1985년 평균 가격은 5,150달러에서 8,050달러로 상승하였다. 이러한 2,900달러의 상승분에서 1984년과 1985년에 일본 생산기업이 벌어들인 할당지대는 자동차 한 대당 1,100달러이다. 또 다른 1,650달러는 무게와 넓이, 마력, 변속기 등 일본산 자동차의 품질향상에 따른 것이다. 나머지 150달러는 자유무역 상황에서도 올랐을 가격 상승분이다.

할당지대 만약 자동차 한 대당 할당지대 값인 1,100달러를 약 200만 대의 수입량으로 곱한다면, 전체 지대의 추정치는 22억 달러가 된다. 이는 자동차 산업 할당지대의 연간 비용에 대한 하위 추정치이다. 만약 미국 내 유럽산 자동차의 가격 인상분까지 포함시킨다면, 상위 추

---

3 앞선 장에서는 미국의 수입할당 부과 이후 중국산 섬유 및 의류 수출품의 품질 변화에 대해 논의하였다.

그림 8-5

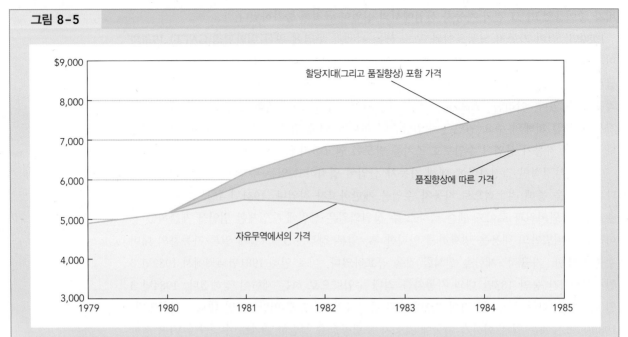

일본산 수입자동차 가격 일본산 수입자동차에 부과된 수출'자율'규제 이후, 1980~1985년 평균 가격은 5,150달러에서 8,050달러로 상승하였다. 2,900달러의 가격 상승분에서 1,100달러는 일본 생산업자들이 벌어들인 할당지대이다. 또 다른 1,650달러는 무게와 넓이, 마력, 변속기 등 일본산 자동차의 품질향상에 따른 것이다. 나머지 150달러는 자유무역 상황에서도 올랐을 가격 상승분이다.

정치는 79억 달러가 된다. 비록 유럽산 자동차들은 할당으로 제한받지는 않았지만, 이들 또한 할당 부과 기간 동안 명백한 가격 인상을 나타냈었다. 이러한 인상 원인은 일본산 자동차와의 경쟁 감소 때문이었다.

일본 기업들은 할당지대를 획득함으로써 이득을 보았다. 비록 일본 통상산업성이 할당을 각 생산기업들에게 집행한 이후(따라서 일본 기업들이 지대를 획득한 이후)에 보다 명확하게 나타났기는 하지만, 실제로 이들의 주식 가격은 VER 기간 동안 상승하였다. 또한, 각 생산기업이 대미 수출 자동차 대수의 제한을 받았지만 가격 제한은 없었던 관계로 좀 더 비싼 모델을 수출하는 강력한 유인을 얻었다. 일본 기업들은 좀 더 고급모델의 자동차를 미국에 팔기 시작하였고, 이는 곧 할당 기간 동안 품질향상 현상으로 나타났다.

미국 자동차의 가격 이 기간 동안 미국산 소형차 가격에는 무슨 일이 일어났을까? 일본산 수입자동차에 VER이 적용된 후, 미국산 자동차의 평균 가격은 할당이 최초로 부과되었을 때 매우 급격히 증가하였다. 1979년 4,200달러에서 1981년 6,000달러로 2년 동안 43% 증가하였다. 이러한 가격 상승은 할당을 통해 일본 경쟁기업들로부터 보호를 받은 미국 생산기업의 독점력에 기인한다. 그림 8-6에 나타난 바와 같이 미국 자동차의 품질은 일본 수입품에 비해 그렇게 많이는 향상되지는 않았으므로, 품질향상은 이러한 가격 상승의 단지 작은 부분만을 설명하고 있다. 따라서 미국 생산기업은 가격을 상승시킴으로써 할당으로부터 이득을 얻을

그림 8-6

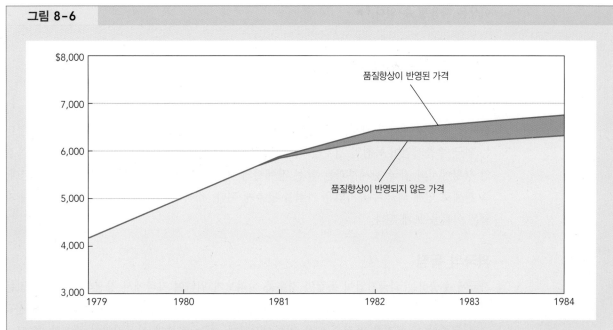

미국산 소형자동차 가격 일본산 수입차의 VER 조치 이후 미국 자동차의 평균 가격은 할당이 부과되었을 때 매우 급격히 증가하였다. 1979년 4,200달러에서 1981년 6,000달러는 2년 동안 43% 증가하였다. 이러한 가격 상승분에서 품질향상이 기여하는 부분은 매우 작다. 할당의 마지막 해 경우 일본산 수입자동차의 품질향상이 미국산 자동차보다 더 컸다.

수 있었고, 일본 기업 역시도 품질향상과 가격인상을 모두 실행시킴으로써 이득을 얻을 수 있었다. 일본과 미국기업 모두 현저하게 가격을 상승시켰다는 사실은 이러한 정책이 미국 소비자들에게 매우 큰 비용을 주었다는 것을 의미한다.

GATT와 WTO 자동차 산업에서 미국이 일본과 협상하였던 VER은 GATT 체계의 범위 밖에서 진행되었다. 이러한 수출제한조치는 미국이 아닌 일본이 실행한 것으로, 국가들이 수입 제한을 위해 할당을 사용해서는 안 된다는 조항인 GATT 제11조를 필연적으로 위반하지는 않는다. 1980년대와 1990년대 초 다른 국가들도 자동차와 철강과 같은 제품의 수입을 제한하기 위하여 VER을 사용하였다. 이러한 모든 사례들은 수출국가가 실행한 할당은 협정을 위반하지 않는다는 GATT의 맹점을 이용하고 있었다. 그러나 1995년 WTO가 설립될 때 이러한 맹점은 수정되었다. WTO 협정 중 일부에서는 "회원국은 어떠한 수출자율규제, 시장질서유지협정 또는 수출 또는 수입 측면에서의 그 밖의 유사한 조치도 모색하거나, 취하거나 또는 유지하지 아니한다. 이러한 조치는 둘 또는 그 이상의 회원국 간의 협정, 약정 및 양해에 따른 조치뿐만 아니라 단일 회원국에 의한 조치를 포함한다."라고 명시하고 있다.[4] 이러한 규범의 결과, VER은 WTO 체제에서 다른 종류의 특별한 협정이 체결되지 않는 이상 더

---

4 이 내용은 WTO 협정의 긴급수입제한조치에 관한 협정 중 제11조, '특정조치의 금지 및 철폐'에서 발췌하였다.

이상은 사용될 수 없다.[5] ■

2 외국 독점 상황의 관세

이번 장에서 지금까지는 자국이 독점일 경우 관세와 할당의 효과에 대해서만 살펴보았다. 단순화를 위해 현재까지 자국은 소국으로서 세계 가격이 주어진 것으로 가정하였다. 이제부터는 외국 수출기업이 독점일 경우를 가정하여 다른 상황을 살펴보도록 해보겠다. 외국이 독점인 상황에서의 자국 관세부과는 앞선 장에서의 대국 상황과 비슷한 결과를 도출하게 된다. 즉 관세로 인해 외국 수출기업은 가격을 낮추게 된다. 소국의 경우와는 달리, 관세로 인해 자국은 이득을 보게 된다.

외국의 독점

자국에 수출하는 외국기업이 독점인 경우를 살펴보기 위하여 자국에서 경쟁하는 기업이 없는 것으로 가정해보자. 따라서 그림 8-7에서 자국 수요 D는 외국 독점기업의 수출에 의해 전적으로 충족된다. 이러한 가정은 매우 비현실적인데, 이는 관세가 자국기업이 존재할 때 고려되는 정책이기 때문이다. 그러나 자국기업이 존재하지 않는다는 가정은 불완전경쟁의 외국 수출기업 효과를 보다 잘 이해하는 데 도움을 줄 수 있다.

자유무역 균형 그림 8-7에서는 자국 수요 D와 더불어 자국 한계수입인 MR이 그려져 있다. 자유무역 상황에서 외국 독점기업은 수출시장의 자국 한계수입 MR과 외국 한계비용 MC^*가 같아지는 지점, 즉 그림 8-7의 A점에서 이윤극대화를 달성한다. 이 기업은 X_1만큼 자국에 수출하고 P_1의 가격을 부과한다.

관세의 자국 가격 효과 이때 자국이 t달러의 수입관세를 부과한다면, 자국에 상품을 파는 수출기업의 한계비용은 $MC^* + t$로 증가한다. 이러한 한계비용 증가로 인해 한계수입과의 새로운 교차점은 그림 8-7에서 B점과 같고, 수입가격은 P_2로 증가하게 된다.

그림 8-7의 MR 곡선이 수요곡선보다 더 가파르게 그려진 상황에서, P_1에서 P_2로의 가격 증가는 관세인 t보다는 적은 수준에서 증가한다. 바꾸어 말하면, 관세부과 이후, MR 곡선 상의 수직적 증가(즉 관세 수준이라 할 수 있는 A점과 B점 간 수직 거리)에 상응하는 수요곡선 상의 수직적 증가(즉 가격인 P_1와 P_2 간 거리)는 상대적으로 더 작다. 이 경우, 외국기업이 받는 관세 제외 가격(net-of-tariff price)인 $P_3 = P_2 - t$는 최초 가격 수준인 P_1보다 더 아래에 있는데, 이는 가격이 관세보다는 적게 증가하기 때문이다. 자국이 수입에 대해 상대적으로 더 적은 수준의 관세 제외 가격인 P_3를 지불하기 때문에, 자국은 관세부과 이후에 교역조건 이

---

5 한 가지 특별 사례가 2005년 미국이 중국과 합의하였던 섬유제품의 할당이다. 앞선 장에서 논의되었지만, 이는 중국의 WTO 가입 조건으로서 성립되었다.

그림 8-7

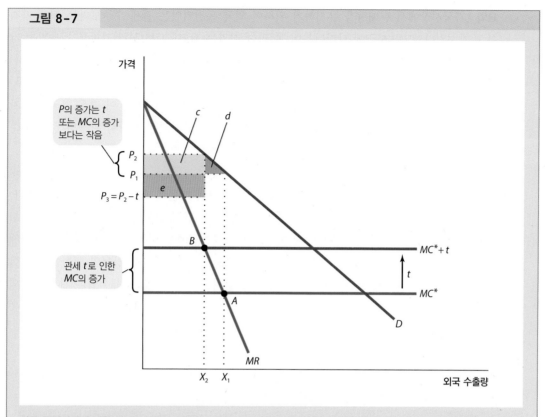

외국 독점기업에 대한 관세 자유무역 상황에서 외국 독점기업은 한계수입인 MR이 한계비용 MC^*가 같아지는 곳에서 P_1의 가격을 부과하고 X_1만큼 수출한다. 만약 t의 반덤핑관세가 부과되면, 기업의 한계비용은 MC^*+t로 증가하여 수출량은 X_2로 떨어지게 되고 자국 가격은 P_2로 증가하게 된다. 이때 소비자 잉여의 감소는 $c+d$의 넓이가 되고, c의 경우 정부 세수입으로 전환된다. 외국 수출기업이 받는 관세제외 가격은 $P_3=P_2-t$로 떨어지게 된다. 관세제외 가격이 떨어짐으로써 자국은 교역조건 이득인 e를 가지게 된다. 따라서 전체 후생은 교역조건 이득인 e와 자중손실인 d 간의 상대적 크기에 따라 달라질 수 있다.

득을 가지게 된다.

외국 독점기업에 대한 관세부과 효과는 (앞선 장에서 살펴본) 대국의 관세부과 효과와 비슷하다. 앞선 장에서는 관세부과 이후 수출량이 줄어들기 때문에 외국기업들이 부과하는 가격이 낮아졌다는 사실을 보인 바가 있다. 따라서 외국의 한계비용도 떨어진다. 여기의 외국 독점 상황에서도 똑같은 결과를 도출하였지만 그 이유는 다르다. 그림 8-7에서 독점기업의 한계비용은 MC^*에서 일정하고, 관세를 포함할 경우 MC^*+t가 된다. 관세부과 이후 한계비용 증가로 인해 자국 수입량은 줄어들고, 따라서 관세를 포함하는 자국 가격은 증가한다. 그러나 독점기업의 가격은 관세부과 수준보다는 적게 증가한다. 이로 인해 자국에 대한 수출량은 외국기업이 관세부과 수준만큼 가격을 증가시켰을 때보다는 적게 감소한다. 따라서 외국기업은 (가격을 P_1에서 P_3로 낮춤으로써) 관세의 일부를 흡수하면서도, (P_1에서 P_2로 가격이 올라감으로써) 자국이 관세 일부를 부담하도록 하는 전략적 결정을 하게 된다.

요약 자국시장에서 판매량을 유지하기 위하여 외국 독점기업은 관세 수준보다는 적게 가격을 증가시킨다. 그림 8-7에 나타나듯이, 이러한 결과는 MR이 D보다 더 가파른 기울기를 가지기 때문에 나타난다. 사실 모든 수요곡선에 대하여 MR이 D보다 더 가파를 필요는 없으나, 일반적으로는 더 가파르다. 예를 들어, 그림 8-7에서와 같이 직선 형태의 수요곡선의 경우, 한계수입곡선이 수요곡선보다 정확히 2배 더 가파른 기울기를 가진다.[6] 이 경우 자국 수입가격은 정확히 관세의 절반 수준만 증가하게 되고, 외국 수출가격은 정확히 관세의 절반 수준만 감소하게 된다.

관세의 자국 후생 효과 자국 가격이 P_1에서 P_2로 증가하기 때문에 소비자들은 손실을 입는다. 소비자 잉여의 감소는 이 두 가격 사이와 수요곡선 왼편 간의 넓이와 같은데, 그림 8-7에서 $(c+d)$와 같다. 자국 가격의 증가는 원칙적으로 자국기업에게 이득이 되나, 단순화를 위해 자국 생산기업이 존재하지 않는 것으로 가정하였으므로 자국 생산자 잉여의 변화를 분석할 필요는 없다. 그러나 자국 정부의 세수입 변화는 살펴볼 필요가 있다. 세수입은 관세 t와 외국 수출량 X_2의 곱으로서 $(c+e)$의 넓이가 된다. 따라서 자국 후생에 대한 관세 효과는 다음과 같다.

자국 소비자 잉여 감소 : $-(c+d)$

자국 정부 세수입 증가 : $+(c+e)$

자국 후생의 순효과 : $+(e-d)$

여기에서 e의 넓이는 자국의 교역조건 이득을 나타내는 반면, d의 넓이는 관세의 자중손실을 나타낸다. 만약 교역조건 이득이 자중손실보다 더 크다면(즉 $e>d$), 자국은 관세를 부과함으로써 전체적으로 이득을 얻는다. 이는 앞선 장에서 살펴본 대국에 대한 분석 결과와 비슷하다. 앞선 장에서는 관세 수준이 낮을 때 교역조건 이득이 자중손실을 초과할 수 있다는 사실을 논의하였다. 따라서 최초 단계에서 자국의 후생수준은 낮은 관세에서부터 점점 증가한다. 이후 후생수준은 최댓값에 도달한 후, 최적수준 이상에서 관세가 증가할 때는 점점 더 떨어지게 된다. 이와 같은 결과는 외국 독점기업에 대하여 관세를 부과할 때도 또한 나타나게 된다. 이 경우 한계수입곡선이 수요곡선보다 기울기가 더 가파른 것으로 가정하였다.

실제로 외국 독점기업이 부과하는 가격에 관세가 어떠한 영향을 미치는지를 살펴보기 위하여 다음에서는 또 다시 자동차 산업의 사례를 다루고 있다. 이 산업에서 기업 수는 적기 때문에, 외국 독점기업이 관세에 대응하여 취하는 행동이 실제적으로 나타날 것으로 기대해볼 수 있다.

---

6 이 장 끝의 연습문제 6에서 이를 보여줄 것이다.

적용사례

일본산 트럭에 대한 수입관세

외국 독점기업에게 자국이 낮은 수준의 관세를 부과할 경우, 자국은 교역조건 이득을 얻는 다는 사실을 현재까지 살펴보았다. 이러한 이득은 수입국 소비자 가격이 너무 크게 인상되는 것을 회피하고자 외국기업이 관세 제외 가격을 낮추기 때문에 발생한다. 그러면 실제로 어느 정도 수준까지 외국 수출기업이 이와 같은 행동을 할까?

이러한 질문에 답하기 위하여 1980년대 초반부터 현재까지 미국이 일본산 수입 소형트럭에 부과한 25% 수준의 관세 효과를 살펴보도록 하겠다. 이 관세가 부과된 역사적 배경은 매우 흥미롭다. 이번 장 초반에 언급된 사례에서 나타난 바와 같이 1980년 전미 자동차노조와 포드 사는 GATT 14조와 미 통상법 201조를 근거로 관세부과를 요청하였다. 그러나 국제무역 위원회는 자동차 산업의 피해가 수입 증가보다는 미국 경기침체가 더 큰 원인이 되는 것으로 판단하고 관세부과 신청을 기각하였다. 그 후 승용차에 대해 일본은 수출 '자율' 규제(VER)를 추진하였다. 그러나 일본산 수입 소형트럭에 있어서는 다른 종류의 보호조치가 가능했다.

그 당시 대부분의 일본산 소형트럭은 약간의 최종 조립과정이 추가적으로 필요한 차체/차 대 형태로 수입되었다. 이들은 '트럭부품'으로 분류되어 단 4%의 관세만이 부과되었다. 그 러나 트럭의 다른 분류인 '완성 또는 비완성 트럭'은 25%의 관세율이 적용되었다. 이렇게 비 정상적으로 높았던 관세는 사실 1962년 미국과 서독 간 '치킨게임'의 결과물이었다. 그 당 시, 독일은 유럽경제공동체(EEC)에 가입하였고 외부 관세 수준을 다른 EEC 국가들과 보조 를 맞추도록 요구받았다. 이러한 조정 과정에서 미국산 수입 가금류에 대한 관세가 높아지게 되었다. 이에 대한 보복조치로서 미국은 트럭과 다른 제품에 대한 관세를 높였고, 25%의 관 세율은 미국의 관세 코드에서 영구히 정착되었다.

이러한 과정에서 의회의 요청에 의해 미국 관세청은 자연스럽게 일본산 수입품에 대한 상 품 재분류와 관세 인상의 기회를 가지게 되었다. 1980년 8월 21일 수입산 차체/차대 '부품'은 '완성 또는 비완성' 트럭으로 재분류되었다. 이러한 재분류로 인해 모든 일본산 트럭에 대한 관세율은 4%에서 25%로 인상되었고 오늘날까지 지속되고 있다.

일본 수출기업들은 이러한 관세에 어떻게 대응했을까? 어느 한 분석에 따르면, 트럭에 부 과된 관세는 단지 **부분적으로** 미국 내 가격에 반영되었다. 21%의 증가분 중에서 단지 12%(전 체 증가분에서 약 60%)만이 미국 소비자 가격으로 전가되었다. 나머지 9%(전체 증가분에서 약 40%)는 일본 기업들이 부담하였다.[7] 따라서 앞선 이론에서의 결과와 같이, 이러한 관세는 미국에게 교역조건 이득을 안겨다 주었다. (그림 8-7에서와 같이) 직선 형태의 수요곡선에 대하여 한계수입은 2배가량 더 가파르고, 관세로 인해 자국 수입가격은 증가하였고 외국 수

---

7   Robert Feenstra, 1989, "Symmetric Pass-Through of Tariffs and Exchange Rates under Imperfect Competition: An Empirical Test," *Journal of Ineternational Economics*, 27(1/2), 25-45.

출가격은 동일한 수준으로 감소하였다.[8] 일본산 트럭에 대한 실증적 증거는 직선형태의 수요함수 상황에서 예측한 결과와 크게 다르지 않다.

외국 독점기업에 부과된 관세의 교역조건 이득은 앞선 장에서 논의하였던 '대국'이 부과한 관세의 상황과 비슷하다. 양쪽 다 외국기업 또는 산업은 가격을 낮춤으로써 관세의 일부를 흡수하는데, 이는 자국 가격이 관세 수준보다 더 낮게 증가한다는 것을 의미한다. 그림 8-7에서 e의 넓이로 측정되는 교역조건 이득이 자중손실인 d를 초과하게 된다면, 자국은 관세부과로 인해 이득을 얻게 된다. 이는 자국에게 잠재적 이득을 제공하는 전략적 무역정책의 첫 번째 예이다.

원칙적으로 이러한 잠재적 이득은 미국이 수입산 소형 트럭에 부과한 관세에서 나타났고, 오늘날에도 여전히 유효하다. 그러나 일부 경제학자들은 이러한 관세로 인해 트럭 가격이 상승함으로써 미국 자동차 산업이 트럭 생산에만 몰두하도록 하는 부작용을 초래한다고 본다.[9] 미국기업들의 이러한 경향은 휘발유 가격이 낮아져서 미국 소비자들이 트럭을 더 소비하고자 할 때 더 크게 나타난다. 그러나 휘발유 가격이 인상된 당시에 소비자들은 미국 산업이 특화하지 못했던 연료 절약형 승용차를 소비하길 원했다. 따라서 높은 휘발유 가격으로 인해 수입은 증가하면서 국내산 자동차의 판매량은 낮아지게 되는데, 이는 정확히 1979년의 유가상승 후와 2008년의 재정 위기 후에 나타났던 현상이었다. 일부 산업 전문가들은 이러한 요인들로 인해 미국 산업이 경제위기 기간 동안 손실을 보았다고 주장하고 있는데, 다음 **헤드라인 : 자업자득이 되다**의 내용을 통해 이를 자세히 살펴보도록 하겠다.

3 덤핑

불완전경쟁 상황에서 기업들은 각 국가별로 **다른** 가격을 부과할 수 있고, 이러한 가격 전략이 이득이 된다면 항상 그렇게 행동할 것이다. 불완전경쟁시장에서 기업은 제품 가격에 영향을 미칠 수 있는 능력을 가진다는 사실을 상기하도록 하자. 국제무역의 환경에서 이 사실은 다른 방향으로도 응용될 수 있다. 기업들은 국내시장에서 한계비용 이상의 가격을 부과할 수 있을 뿐만 아니라 수출시장과 국내시장에서 각각 다른 가격을 부과할 수도 있다. 이러한 가격 전략은 기업이 다른 종류의 소비자 집단에 대해 다른 가격을 부과하고 있으므로 **가격차별**(price discrimination)로 명명된다. 국제무역 환경에서 가격을 차별화하기 위해서는 가격이 높은 시장에 있는 소비자들이 가격이 낮은 시장에서 직접적으로 수입을 할 수 없는 이유가 있어야 한다. 예를 들어, 두 시장 간의 운송비 또는 관세가 이러한 이유가 될 수 있을 것이다.

---

8 이 장 끝의 연습문제 7에서 이러한 관계를 증명할 것이다.

9 미국으로 수입되는 대형 트럭과 SUV는 이와 같은 관세는 없으나, 미국기업들이 이들 종류를 많이 판매하는 이유는 따로 있다. 일반 승용차에는 적용되나 트럭이나 SUV에는 적용되지 않는 연료-절약 규제 때문이다. 이들 규제는 미국에서 판매되는 경량 트럭이나 승용차들이 특정한 연료 절약 수준을 지키도록 하고 있는데 기업들이 이를 지키기 위해서는 많은 비용이 든다. 대형 트럭이나 SUV 경우 그러한 표준을 지킬 필요가 없기 때문에 기업들은 낮은 비용으로 이를 생산할 수 있다.

헤드라인

··

자업자득이 되다

이 기사는 현재에도 미국이 수입 경량트럭에 부과하고 있는 25% 관세의 역사에 대해 논의하고 있다. 저자는 이러한 관세가 현재 미국 자동차 산업 문제점의 일부 원인이 되고 있다고 주장한다.

우리는 3대 자동차 회사라고 부르고 있을지 몰라도, 이들은 기본적으로 트럭 생산에 특화된 기업들이다. 이들은 높은 유가로 인해 하이브리드와 연료절약형 자동차로 시장 수요가 이동할 때 제대로 된 대응을 전혀 할 수가 없었다. 이들이 트럭 생산에 특화한 한 가지 이유는 미국인들이 휘발유 가격이 갤런당 1.50~2.00달러일 때, SUV, 미니밴, 소형트럭을 선호한다는 사실 때문이다. 그러나 또 다른 이유는 미국 정부가 25%의 관세를 통해 트럭과 밴 시장을 보호하고 있어서 이들의 판매 이윤 폭이 더 크기 때문이다. 반대로, 일반적인 승용차에 대한 수입관세율은 단 2.5%이고 모든 수입품에 대한 미국 관세율은 수입 상품의 전체 가치에서 단지 1% 정도일 뿐이다. 트럭 조립에 투입되는 대부분의 부품들은 거의 25% 관세율에는 적용되지 않기 때문에(모든 상품에 대한 미국 관세는 평균 3.5%임), 이러한 정책의 실질적인 보호 효과와 보

조금 상당치 효과는 매우 크다.

최초 일본 기업의 미국 시장 진출이 대부분 트럭조립공장을 설립하는 형태였다는 사실, 자동차 생산기업들이 SUV에 단 3개의 문을 설치한 후 밴으로 인정받았다는 사실, 그리고 한국산 면세 트럭 제품이 미국 시장에 궁극적으로 진출할 수 있게 한 한-미 FTA를 디트로이트가 매우 반대했다는 사실은 전혀 놀랍지도 않다.

무슨 이유로 트럭은 이러한 특별 대우를 받고 있는 것일까? 역사적인 사건은 정부가 정책적 정당성이 없을 때도 호의를 철회하는 것이 얼마나 어려운지를 잘 보여주고 있다.

최초 시작점은 오랫동안 잊힌 1960년대의 치킨전쟁에서 시작된다. 1962년 유럽공동체가 시작되었을 때, 이들은 미국 닭 생산업자들의 시장 접근을 거부하였다. 이러한 논란이 외교적으로는 해결할 수 없게 되자, 미국은 국내에서 잘 팔리고 있던 독일의 폭스바겐 콤비버스를

겨냥하여 수입트럭에 대해 25%의 보복관세를 부과하는 것으로 대응하였다. 무역규범(GATT)이 비차별성을 바탕으로 관세가 부과될 것을 요구함에 따라, 모든 국가와 모든 종류의 트럭 형태 자동차에 대해 관세가 부과되었고, 현재까지도 철폐되지 않고 있다. 시간이 지나 독일은 이러한 종류의 자동차 생산을 중단하였고, 오늘날 관세는 아시아로부터 수입되는 트럭에 주로 부과되고 있다. 관세로 인해 디트로이트가 높은 품질의 승용차 생산을 하지 않고 갑자기 인기가 없어진 트럭이나 트럭 종류의 자동차만을 생산하도록 하는 부작용이 야기되었다.

왜 3대 자동차 회사가 경쟁력이 없는 상태로 되었는지를 알고 싶다면, 의회는 먼저 오랫동안 이들에게 제공된 숨겨진 원조를 조사해보라고 일러두고 싶다. 이러한 보호는 꽤 오랫동안(약 47년간) 지속되었고, 결국 자업자득이 된 것으로 보인다.

··

출처 : Dani Rodrik 인터넷 블로그의 객원 블로거인 Robert Lawrence가 2009년 5월 4일 게재한 글.
http://www.rodrik.typepad.com/dani_rodriks_weblog/2009/05/the-chickens-have-come-home-to-roost.html.

덤핑은 기업이 국내 시장의 부과 가격 또는 제품 생산의 평균 비용보다 더 낮은 가격으로 해외 시장에 물건을 판매할 때 발생한다. 비록 세계무역기구(WTO) 규범이 이를 제지하고 있어도 국제무역에 있어서 덤핑은 매우 흔하게 발생한다. WTO 규범에서 수입국가는 외국기업이 국내시장에서 덤핑 행위를 할 경우 관세를 부과하도록 하고 있다. 이러한 관세는 반덤핑관세로 명명된다. 반덤핑관세는 다음 절에서 보다 자세히 논의하도록 하겠다. 이번 절에서는 좀 더 일반적인 질문을 제시하도록 하겠다. 기업들은 왜 덤핑을 하게 되는가? 얼핏 보기에 기업이 국내 가격 또는 평균 생산비용보다 낮은 가격으로 외국에 판매하는 것은 손해

보는 행위를 하고 있는 것처럼 보인다. 정말 그럴까? 대답은 아닌 것으로 판명난다. 비록 평균 비용보다 낮은 가격일지라도 낮은 가격으로 외국에 판매하는 것은 이윤에 도움이 될 수 있다.

가격차별 독점 어떻게 덤핑이 이윤에 도움이 되는지를 살펴보기 위하여 외국 독점기업이 외국시장에서 판매를 하면서도 자국에도 수출하는 상황을 고려해보자. 앞서 살펴본 것과 같이 독점기업은 이 두 시장에서 서로 다른 가격을 부과할 수 있다고 가정한다. 이러한 시장구조는 종종 가격차별 독점이라고 명명된다. 외국 가격차별 독점기업에 대한 상황은 그림 8-8에서 잘 나타나 있다. 독점기업의 외국 내 수요곡선은 D^*이고 한계수입은 MR^*이다. 더 많은 수요를 얻기 위해서는 독점기업이 가격을 낮추어야 하고(우하향하는 D^*), 한 단위 더 팔 때 벌어들이는 추가 수입이 점점 줄어들기 때문에(우하향하는 MR^*), 이들 곡선들은 모두 우하향하는 형태를 가진다.

그러나 외국기업은 수출시장에서 자국시장에 판매하는 다른 기업들과 경쟁에 직면하게 된다. 이러한 경쟁으로 인해 수출시장에서의 기업 수요곡선은 상대적으로 더 탄력적이다. 즉 가격을 올릴 경우 외국시장에서보다 자국시장에서 더 많은 소비자들을 잃게 된다. 만약 수출시장에서의 경쟁 수준이 충분히 높다면, 외국 독점기업의 수요곡선은 가격 P에서 수평하게 되는데, 이는 경쟁 시장가격 이상으로 가격을 부과할 수 없음을 의미한다. 만약 수출가격이 P에서 고정되어 있다면, 한 단위를 더 팔 때 가격 또는 한 단위 더 수출할 때 벌어들이는 추가적인 수입이 더 이상 떨어지지 않게 된다. 따라서 수출의 한계수입은 가격과 같고, 이는 그림 8-8에서 P로 표시되어 있다.

균형 조건 이제 이윤극대화를 달성하는 각 시장에서의 균형가격과 더불어, 외국 독점기업의 균형생산량을 구할 수 있다. 가격차별 독점기업에 대하여 이윤은 다음 조건을 만족할 때 극대화될 수 있다.

$$MR = MR^* = MC^*$$

위 등식은 한계수입이 한계비용과 같아야 한다는 단일 시장의 독점기업 이윤극대화 조건이랑 비슷하게 보인다. 그러나 여기서는 두 시장에서의 한계수입이 같아야 한다는 조건이 추가되었다.

그림 8-8에서는 이와 같은 균형 조건이 잘 나타나 있다. 만약 외국기업이 B점에서 Q_1만큼 생산한다면, 최후의 한 단위 더 생산하는 것에 대한 한계비용은 수출한계수입인 MR과 같다. 그러나 Q_1의 생산량 모두가 수출되는 것은 아니다. 이 중 일부는 외국시장에서 판매된다. 외국시장에서 판매되는 생산량은 그 지역에서의 한계수입인 MR^*과 수출한계수입인 MR이 같아지는 지점(C점) 그리고 외국시장에서의 한계비용인 MC^*와 같아지는 지점(B점)에서 결정된다. 비록 기업이 (외국의 수요곡선 상에서) 해당 지역에서는 P^*의 가격을 부과할지라도, 위세 변수들은 모두 P와 같다. 이들 가격들을 부과할 경우, 기업의 이윤극대화조건은 만족되

그림 8-8

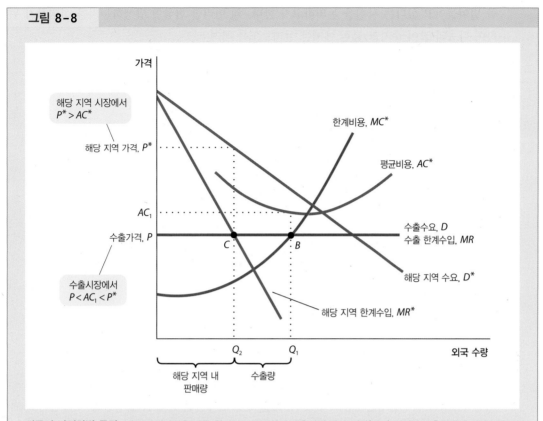

외국의 가격차별 독점 외국 독점기업은 다른 형태의 수요곡선에 대응하여 해당 지역(외국) 시장과 수출시장에 각각 다른 가격을 부과한다. 외국시장에서 수요곡선은 D^*이고 한계수입곡선은 MR^*이다. 자국시장에서 수요곡선은 수출가격인 P에서 수평적이게 되는데, 이는 곧 한계수입곡선인 MR과도 같게 된다. 이윤극대화를 위해 외국 독점기업은 B점에서 Q_1만큼 생산하는데, 이는 외국시장의 한계비용과 수출한계수입이 같아지는 지점, $MC^* = MR$이다. (C점에서) 외국시장 내 균형생산량인 Q_2는 외국시장의 한계수입이 수출 한계수입과 같아지는 지점, $MR^* = MR$에서 결정된다. 외국 독점기업은 P^*의 가격으로 Q_2만큼을 팔고, $Q_1 - Q_2$만큼을 P의 가격으로 수출하게 된다. $P < P^*$(또는 대안적으로 $P < AC_1$)이기 때문에 이 기업은 덤핑을 하고 있다.

고, 가격차별 독점기업은 이 두 시장들 사이에서 이윤을 극대화하게 된다.

덤핑 이윤   외국기업은 이 기업이 속해있는 해당 지역 시장(즉 외국시장)에서 Q_2만큼 생산하고 (Q_2에서 D^*까지 수직으로 올라간 후 왼쪽 수평방향으로 갈 경우) P^*의 가격을 부과한다. 해당 지역 가격은 수출시장에서의 가격인 P보다 더 높다. 외국기업은 수출시장에서 동질 상품을 낮은 가격으로 판매하고 있기 때문에 수출시장에서 덤핑 행위를 하고 있다.

수출가격과 평균비용을 비교할 경우는 어떠한가? B점에서 Q_1의 생산량을 가질 경우, B점 위쪽에 위치한 평균비용곡선 상에서 기업의 평균비용이 결정된다. 따라서 평균비용은 AC_1으로 해당 지역에서 부과되는 가격인 P^*보다는 낮으나 수출가격인 P보다는 높다. 평균비용인 AC_1이 수출가격인 P보다 높으므로 기업은 이러한 비용 비교방법에 따라 역시나 덤핑을 하고 있다. 그러나 여기에서 외국기업은 P보다 낮은 가격으로 수출을 해도 여전히 양(+)의 이윤을 벌어들이고 있다는 사실을 논의하고자 한다. 왜 이러한 현상이 발생하는지를 설명하기 위하여 다음과 같이 수치를 통한 예제를 살펴보도록 하자.

덤핑의 수치적 예제

외국기업의 비용과 수요가 다음과 같다고 가정해보자.

고정비용	=	$100
한계비용	=	한 단위당 $10
해당 지역(외국시장) 가격	=	$25
해당 지역(외국시장) 생산량	=	10
수출가격	=	$15
수출량	=	10

해당 지역 시장에서의 기업 이윤은 다음과 같다.

$$\underbrace{(\$25 \cdot 10)}_{\text{총수입}} - \underbrace{\$10 \cdot 10}_{\text{변동비용}} - \underbrace{\$100}_{\text{고정비용}} = \underbrace{\$50}_{\text{이윤}}$$

기업의 평균비용은 다음과 같다.

$$평균비용 = \frac{\$200}{10} = \$20$$

이제 이 기업이 평균생산비용보다 낮은 15달러에 추가적인 10단위의 상품을 수출한다고 가정해 보자. 이 기업 입장에서는 여전히 이러한 추가 단위의 상품 수출이 가치가 있다. 그 이유는 이때의 이윤이 다음과 같기 때문이다.

$$\underbrace{(\$25 \cdot 10 + \$15 \cdot 10)}_{\text{총수입}} - \underbrace{\$10 \cdot 20}_{\text{변동비용}} - \underbrace{\$100}_{\text{고정비용}} = \underbrace{\$100}_{\text{이윤}}$$

　추가 단위 상품을 15달러에 수출하였지만, 이 가격보다는 낮은 10달러의 한계비용으로 생산하였기 때문에 이윤은 증가하였다. 따라서 수출된 상품의 각 단위에서 가격과 한계비용의 차이만큼 이윤은 증가할 것이다. 결론적으로 수출가격이 평균비용보다 낮았음에도 불구하고 수출시장에서의 덤핑으로 인해 이윤이 증가하였다.

4　덤핑에 대한 정책적 대응

앞선 절에서 덤핑은 흔하게 발생하고 있다고 배웠다. 해당 지역 시장과 수출시장에서 차별적으로 다른 가격을 부과할 수 있는 외국 독점기업은 결국 수출시장에서 낮은 가격을 부과한다. 또한, 수출시장에서 이 기업이 부과하는 가격은 평균생산비용보다 더 낮고 이윤에 도움이 되는 것 같다. 이제부터는 그러면 과연 수입국인 자국이 정책적으로 이를 어떻게 대응하는지가 우리의 관심사가 될 것이다.

반덤핑관세

WTO 규범을 근거로 수입국가는 외국기업이 덤핑행위를 할 때 (반덤핑관세로 명명되는) 관세를 언제든지 부과할 수 있다. 만약 수출기업이 해당 지역 시장에서 부과하는 것보다 더 낮게 수출시장에서 가격을 부과하였다면, 수입된 제품은 덤핑된 것으로 간주된다. 만약 수출기업의 해당 지역 시장 가격이 존재하지 않는다면, 덤핑행위는 수출가격과 (1) 제3지역 시장에서의 가격 또는 (2) 수출기업의 평균생산비용과 비교하여 결정된다.[10] 만약 이들 요건 중 하나라도 충족한다면, 수출기업은 덤핑행위를 하고 있는 것으로 간주되고 수입국은 반덤핑관세를 부과하는 것으로 대응한다. 반덤핑관세의 수준은 수출기업의 해당 지역 가격과 수입국에서의 '덤핑된' 가격 간 차이로 계산된다.

현재 많은 국가들이 반덤핑관세를 부과하고 있는 것으로 나타나고 있다. 2006년 유럽연합은 중국산 신발에 10~16.5%를, 베트남산 신발에는 10%의 반덤핑관세를 부과하고 있다. 이러한 반덤핑관세들은 수입신발제품이 유럽에서 낮은 가격으로 판매되었기 때문에 정당화되었다. 이들은 모두 2011년에 폐기되었다. 최근 미국의 반덤핑관세 사례는 중국산 태양전지판 수입에 부과된 것으로 그 내용은 다음과 같다.

적용사례

미국의 중국산 태양전지판 수입

2012년 11월 이후로 미국은 중국산 태양전지판 수입품에 반덤핑관세를 부과해 오고 있다. 반덤핑관세와 더불어, **상계관세**(countervailing duty)라는 다른 관세 또한 중국산 태양전지판 수입품에 부과되어 왔다. 상계관세는 수출기업이 해당 정부로부터 보조금을 제공받아 수출품 가격을 낮추는 행위를 할 때 대응하여 부과된다. 수출보조금에 대한 내용은 다음 장에서 보다 자세히 살펴보도록 하겠다. 여기에서는 중국 정부가 태양전지판 수출기업에 얼마만큼의 보조금을 지불했는지 정도만을 단순하게 다루도록 하겠다. 이번 장 후반부에서는 미국 정부가 자국 태양전지판 생산기업들에게 제공한 보조금의 종류에 대해서도 살펴볼 것이다.

2011년 10월 오리건 주 힐스버러에 기반을 두고 있는 솔라월드 인더스트리스 아메리카 사의 주도 아래, 7개의 미국기업들이 광전지 또는 태양전지판을 수출하는 중국기업에 대한 무역소송을 제기하였다. 이들 미국기업들은 중국기업들이 미국 시장의 태양전지판 판매에 대해 덤핑행위를 하였다고 주장하였다. 즉 중국기업들이 생산비용보다 낮은 가격으로 수출한 것으로 주장하였고, 또한 이 기업들이 중국정부로부터 수출보조금을 받은 것으로 보았다. 이러한 덤핑과 수출보조금의 동시 소송 이후, 미국 상무부와 국제무역위원회(ITC)는 미국 측의 대응을 결정하기 위하여 몇몇 조사를 진행하였다.

ITC는 2011년 12월 첫 번째 조사를 마쳤고, 소송을 제기한 미국기업들이 중국산 수입태양전지판 제품으로 인해 손해(또는 '물질적인 피해')를 본 것으로 예비결과를 발표하였다.

---

10 앞 장의 '보조 자료 : GATT의 주요 조항'에서 GATT의 6조 내용을 참조하기 바란다.

2009~2011년 중국산 태양전지판 수입이 4배가량 증가하였고, 수출액은 6억 4,000만 달러에서 30억 달러 이상으로 증가하였다. 이 기간 동안, 미국의 일부 태양전지판 생산기업들은 파산하였고, 따라서 ITC가 수입으로 인해 물질적 피해를 보았다고 내린 결론은 당연시되었다.

ITC 조사결과에 따라서 미국 상무부는 덤핑과 중국 정부의 수출보조금 수준을 결정하기 위하여 2012년 동안 두 번의 조사를 진행하였다. 특히 수출기업이 중국과 같은 비시장 경제에 근거지를 두고 있을 경우, 시장에 기초한 기업 비용을 계산할 수 없으므로 덤핑의 정도를 결정하기가 매우 어렵다. 이러한 단점을 극복하기 위하여 상무부는 다른 수출국가인 태국에서의 생산비용을 조사하였고, 이를 통해 시장에 기초한 중국기업의 생산비용을 추정하였다.[11] 2012년 5월 예비판정과 이후 2012년 10월 판정에서 상무부는 중국 선테크파워홀딩스 사가 소유하고 있는 계열사 그룹이 미국 시장에서 생산비용보다 32% 더 낮은 가격으로, 다른 그룹 또한 18% 더 낮은 가격으로 판매하고 있다고 발표하였다. 32%와 18% 간의 차이에는 약 11%의 수출보조금이 포함되어 있다. 중국기업들이 4~6%의 추가적인 수출보조금을 받고 있었기 때문에, 전자 그룹의 경우 36%의 관세를, 후자의 경우 24%의 관세를 부과할 것으로 권고하였다.

2012년 11월 ITC는 미국 태양전지판 생산기업들이 물질적 피해를 본 것으로 판단하고, 관세를 부과할 것으로 최종 판정을 내렸다. 그러나 모든 미국기업들이 이러한 관세를 환영하지는 않았다. 그 이유는 관세로 인해 옥상 태양광 시스템에 투자하고 설치하는 솔라시티 사와 같은 기업들의 비용이 증가하기 때문이다. 이들 기업들은 수입 태양전지판 제품의 주 고객들이고 관세 때문에 판매가격이 올라가게 된다. 이러한 관세에도 불구하고, 태양전지판 설치 산업은 오늘날 미국에서 날로 번창하고 있고, 높은 가격으로 인해 남아있는 미국 생산기업들이 보호받고 있다. ■

전략적 무역정책? 반덤핑관세는 수입국인 자국이 덤핑된 제품의 가격을 상승시켜 국내 생산자들을 보호하기 위한 목적을 가진다. 자국 정부가 이러한 정책을 사용하는 두 가지 이유가 있다. 첫 번째 이유는 앞서 논의한 바와 같이 외국기업들이 가격차별 독점기업과 같은 행동을 하고 있다는 점이다. 여기서 외국 독점기업의 덤핑행위를 다루고 있다는 점에서, 관세로서 반덤핑관세가 자국에게 교역조건 이득을 가져다줄 것으로 기대해볼 수 있다. 즉 그림 8-7에서와 같이 외국 독점기업은 자신의 가격을 낮춤으로써 관세의 일부를 흡수할 것으로 기대해볼 수 있다. 그 결과, 일본산 소형트럭의 적용사례에서도 살펴본 바와 같이, 수입국 소비자 가격의 증가는 관세 수준보다는 낮다.

이렇게 반덤핑관세 부과가 자국에게 교역조건 이득을 준다는 사실을 근거로, 자국에 이익이 되는 전략적 무역정책의 또 다른 사례로서 이를 고려해볼 수 있을까? 이후의 분석을 통해 이 질문에 대한 대답은 "아니요"라고 할 수 있을 것이다. 미 통상법의 반덤핑관세 조항은 과

---

11 중국은 미 상무부가 인도의 태양전지판 생산비용을 그 근거로 고려하기를 원했었다. 추측컨대 인도에서의 비용이 태국에서보다 더 낮기 때문에, 중국 수출기업이 덤핑행위를 하였다고 결론을 낼 가능성이 더 낮았을지도 모른다.

다하게 **적용되었고**, 이보다는 적게 적용된 GATT 19조 긴급수입제한조치의 관세부과 경우보다 소비자들에게 더 큰 비용과 자중손실을 가져다주었다.[12]

자국 정부가 반덤핑관세를 부과하는 두 번째 이유는 **약탈적 덤핑**(predatory dumping) 때문이다. 약탈적 덤핑은 국내기업들에게 피해를 입히고 궁극적으로 파산 후 시장에서 퇴출시키기 위한 의도로 외국기업이 평균비용 이하로 가격을 부과할 때를 지칭한다. 약탈적 가격 부과 행위는 한 국가 내에서 (국내기업들끼리) 발생할 수도 있으나, 외국기업과 국내기업 간에 국경을 두고 덤핑 형태로 발생할 수도 있다. 일반적으로 경제학자들은 그러한 약탈적 행위가 매우 드문 것으로 본다. 약탈적 가격부과 행위를 하는 기업은 (낮은 가격으로 인해 발생하는) 손실을 감수하면서 퇴출대상 기업보다 더 길게 시장에서 살아남아야 한다. 또한 약탈적 가격부과 행위를 하는 기업이 살아남는다고 할지라도 대상기업들은 시장에서 퇴출하는 것 외에 다른 행동은 할 수 없다는 조건이 필요하다. 만약 약탈적 덤핑의 사례를 제대로 다룬다면, (반덤핑관세의 효과에 대한) 이후의 내용은 더 이상 논의하기 힘들게 될 것이다. 대신에, 기업들이 시장에 진입하여 계속 남아있을지 여부를 결정하는 형태를 담고 있는 복잡한 모형을 다룰 필요가 있다. 수출보조금을 다루는 다음 장에서 이러한 모형에 대해 설명하도록 하겠다. 이번 장에서는 가격차별을 하는 외국 독점기업에 의한 덤핑과 반덤핑관세의 효과에 대해서 더 많은 논의를 하도록 하겠다.

긴급수입제한 관세와의 비교 앞선 적용사례에서 소개되었던 소형트럭 관세는 반덤핑관세가 아니었다. 그보다는 미국 통상법 201조 또는 GATT 19조에서 적용된 **긴급수입제한 관세**(safeguard tariff)였다. 1980년대 초에 트럭 관세가 인상되었고 이후로도 변함이 없었기 때문에 외국기업들이 이 관세가 고정된 것으로 취급한다는 가정을 하는 것은 합리적이다. 그러나 반덤핑관세의 수준은 외국 수출기업들의 가격 선택에 따라 달라질 수 있으므로, 반덤핑관세에 대해서는 위 가정이 더 이상 성립하지 않는다. 사실, 일련의 실증적 증거들은 외국기업들은 종종 가격에 변화를 주고 반덤핑관세가 부과되기 직전조차도 수입국에서 **가격인상**을 한다는 사실을 보여준다. 왜 이러한 현상이 발생하는지를 살펴보기 위하여, 반덤핑관세가 어떻게 계산되는지를 다시 살펴보도록 하자.

반덤핑관세의 계산 반덤핑관세의 수준은 외국기업의 해당 지역(외국시장) 가격에 기초하여 계산된다. 만약 (외국 통화단위를 미국 달러로 변환시킨 후) 외국기업이 속한 해당 지역 내 가격이 10달러, 자국시장(수출시장)에서의 수출가격이 6달러라면, 반덤핑관세는 이들 가격 간의 차이, 즉 여기 예제에서 4달러로 계산된다. 관세를 계산하는 이와 같은 방법은 외국기업이 관세가 부과되기 전에 수출가격을 인상하여 결국 관세가 낮아지게 하는 유인을 제공한다. 만약 외국기업이 해당 지역 가격인 10달러를 그대로 유지하면서, 대신에 수출가격을 4달러에서 8달러로 인상한다면, 반덤핑관세는 2달러가 될 것이다. 대안적으로, 외국기업은 수출시장

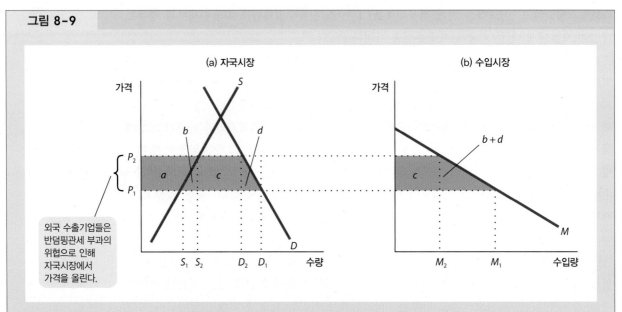

그림 8-9

(a) 자국시장

(b) 수입시장

> 외국 수출기업들은 반덤핑관세 부과의 위협으로 인해 자국시장에서 가격을 올린다.

관세부과 위협에 따른 자국 손실 덤핑 소송제기는 실제 반덤핑관세가 부과되지 않더라도 때때로 외국기업들의 가격인상을 유도한다. 이 경우, 자국 소비자들은 $(a+b+c+d)$의 넓이만큼 손실을 보게 되고, 자국 생산자들은 (a)의 넓이만큼 이득을 보게 된다. 자국의 순손실은 $(b+c+d)$의 넓이가 된다.

에서 (해당 지역 가격과 같은) 10달러의 가격을 부과할 수 있고 반덤핑관세를 전적으로 회피할 수도 있다!

따라서 이와 같은 반덤핑관세 계산방법으로 인해 외국기업들은 이를 줄이거나 회피하기 위하여 수출가격을 올리는 유인을 가지게 된다. 이러한 수입가격의 인상은 자국에 있어 교역조건 손실을 가져다준다. 그림 8-9에서 수입가격 인상은 P_1에서 P_2로의 이동으로 나타나고 있다. 이러한 가격인상으로 인해 자국기업들은 a 넓이만큼 이득을 얻지만, 자국 소비자들은 $(a+b+c+d)$ 넓이만큼 손해를 본다. 관세가 부과되지 않아 세수입은 없으므로 자국 순손실은 $(b+c+d)$의 넓이가 된다. 이러한 손실은 관세의 자중손실(즉 $b+d$)보다 더 크고, 이는 반덤핑관세 부과의 위협으로 인한 추가적인 비용으로 볼 수 있다.

또한, 비록 아무 일이 아직 발생하지 않았더라도, 외국기업들이 잠재적인 관세를 회피하기 위하여 수출가격을 올릴 것이라는 사실 하나만으로도, 자국기업이 외국기업에 대한 덤핑 소송을 제기하도록 하는 유인이 된다. 단지 반덤핑관세 부과의 위협만으로도 외국기업들은 가격을 올리고 시장 내 해당 상품의 경쟁력은 낮아진다. 다음 적용사례에서 나타나듯이, 이러한 유인으로 인해 과다한 수의 덤핑 소송이 제기되었다.

적용사례

반덤핑관세 대 긴급수입제한 관세

앞선 장에서는 GATT 19조 '긴급수입제한조치' 조항(보조 자료 : GATT의 주요 조항)과 미 통상법 201조를 논의하였다. 일시적인 관세부과를 허용하는 이 조항들은 빈번하게 사용되지는 않았다. 표 8-1에서 나타나는 바와 같이, 1980~1989년 미국에서는 단지 19건의 긴급수입제한조치(또한 '도피조항'으로 명명)만이 청원되었다. 각각의 청원에서 미국국제무역위원회(ITC)는 수입급증이 '국내 산업 피해의 가장 중요한 원인 또는 상응하는 위협'이 되었는지 여부를 결정해야만 했다. 1980~2011년 제기된 총 31건의 청원 중에서 ITC는 약 절반가량인 16건에 대해 부정적 권고(즉 관세부과를 승인하지 않았음)를 결정하였다. 이러한 부정적 권고 중 하나는 앞선 사례에서 언급하였던 일본산 소형트럭에 부과하고자 한 관세이다. ITC는 1980년에 승용차와 트럭 모두에게 부정적 권고를 결정하였으나, 트럭은 수입트럭에 대한 상

표 8-1

미국 내 수입보호 조치 건수, 1980~2011년 이 표는 미국의 반덤핑관세와 긴급수입제한 관세 조치 건수를 나타내고 있다. 긴급수입제한 관세가 훨씬 더 적게 사용되었다.

긴급수입제한 또는 도피조항 건수

			1980~2011 합계		
1980~1989 합계	1990~1999 합계	2000~2011 합계	부정적 ITC 판결	확정적 ITC 판결*	확정적 미 대통령 결정
19	9	3	16	12	9

대중국 특별 긴급수입제한조치 건수

			1980~2011 합계		
1980~1989 합계	1990~1999 합계	2000~2011 합계	부정적 ITC 판결	확정적 ITC 판결	확정적 미 대통령 결정
NA	NA	7	2	5	1

반덤핑관세 조치 건수

			1980~2011 합계		
1980~1989 합계	1990~1999 합계	2000~2011 합계	관세부과	거부	철회
468	428	332	548	456	148

* ITC가 결정한 12건의 긴급수입제한조치 확정 권고와 더불어, 2건이 동률이 된 건과 1건의 종료 건이 있었음
NA — 대중국 특별 긴급수입제한조치가 2001년 이래로 시작된 이유로 적용되지 않음

출처 : Wendy Hansen and Thomas J. Prusa, 1995, "The Road Most Taken: The Rise of Title VII Protection," *The World Economy*, 295-313. Update for 1989 to 1994 from I. M. Destler, 2005, *American Trade Politics*, Washington, D.C.: Peterson Institute for International Economics, pp. 149, 165. Updated for 1995 to 2011 from Chad P. Bown, 2011, "Global Antidumping Database," available at www.brandeis.edu/~cbown/global_ad/

품 재분류에 의해 여전히 관세가 부과되었다.

ITC는 12건에 대해서는 보호조치를 취하도록 확정적인 판정을 내렸고, 이는 대통령의 최종결정 단계로 가게 되어 이 중 9건만이 수입보호가 최종적으로 취해졌다.[13] 긍정적 권고의 사례는 앞선 장에서 논의되었던 철강수입 관세와 이번 장 후반부에서 언급될 중량오토바이 관세이다. 지난 30여 년간 총 31건의 청원 중에서 대통령이 승인된 관세는 단 9건이었고, 이를 통해 이러한 무역조항이 빈번하게 적용되지는 않았다는 것을 알 수 있다.

표 8-1의 두 번째 파트는 대중국 긴급수입제한조치 건수를 나타낸다. 앞선 장에서 논의된 바와 같이 이러한 새로운 무역조항은 2001년에 발효되었다. 그 이후로, 총 7건의 청원이 제기되었고, 이 중 2건은 ITC가 거부하고 5건은 관세부과를 권고하였다. 5건의 권고 중에서 대통령은 단지 1건에 대해서만 관세부과를 최종 승인하였다(이는 2009년 오바마 대통령이 최종 승인하여 2012년까지 유지되었던 중국산 타이어 수입제품 관세이다).

긴급수입제한조치가 드물게 적용된 것에 반해, 반덤핑관세 조치 건수는 매우 많다. 이 조항의 미국 판정 건수 또한 표 8-1에 잘 나타나 있다. 표에서 반덤핑관세 조치 건수는 긴급수입제한조치보다 훨씬 더 많다. 1980~1989년과 1990~1999년에 미국에서는 400건 이상의 반덤핑관세 청원이 있었다. 그다음 12년 동안인 2000~2011년에는 300건 이상이 있었고, 1980~2011년 동안 무려 총 1,200건 이상의 반덤핑관세 조치 청원이 있었다!

반덤핑관세를 부과하기 위해서는 먼저 미국 상무부(DOC)가 청원을 받아 수입품이 국내 시장에서 '공정가치 이하'로 판매되고 있는지 여부를 결정해야 한다. 즉 대상 수출기업이 속해있는 해당 시장에서의 가격 수준 이하 또는 평균생산비용 이하로 판매되고 있는지 여부이다. 이 기간 동안 전체 제기 건 중 93% 정도가 긍정적인 판결을 받았다. 이후 ITC가 이를 넘겨받아 수입이 국내 산업에 대한 '심각한 피해의 중대한 원인'('사소하지 않거나 하찮지 않거나 가볍지 않은' 손실로 정의)이 되었는지 여부를 결정해야 한다. 이 조항의 내용은 긴급수입제한조치의 '심각한 피해의 중대한 원인'보다는 더 쉽게 충족될 수 있고, 그 결과 ITC는 보다 빈번하게 반덤핑관세 조치를 승인하게 되었다. 또한, 관세를 적용하기 위해서 추가적인 대통령의 최종승인이 필요없다. 1980~2011년 총 1,200건의 반덤핑관세 조치 청원 중에서 약 450건은 거부되었고, 약 550건은 관세가 부과되었다.

남은 약 150건의 반덤핑관세 청원(또는 표 8-1의 마지막 부분에서 정확하게는 148건)은 놀랍게도 다음과 같은 세 번째 범주로 분류된다. 이들은 ITC가 판정을 내리기에 앞서 철회되었다. 미국 반덤핑관세 법은 실제로 미국기업의 청원 철회와, DOC의 중계 역할을 통한 미국기업과 외국기업 간의 가격 수준과 시장점유율 조정 합의를 허용한다는 사실이 여기서 나타난다! 우리가 기대한 바대로, 이렇게 철폐되고 지연된 청원은 수입국 시장가격의 현저한 증가 원인이 된다.

기업들은 왜 이렇게 빈번하게 덤핑 청원을 할까? 만약 덤핑 청원이 성공한다면, 외국 경쟁업체에 관세가 부과될 것이고, 수입가격은 증가할 것이다. 청원이 철폐되거나 지연될 경우에

---

13 ITC가 결정한 12건의 긴급수입제한조치 확정 권고와 더불어, 2건의 동률 건과 1건의 종료 건이 있었다.

도, 외국 경쟁업체는 역시나 가격을 인상시킬 것이다. 비록 청원이 성공하지 않더라도, DOC 또는 ITC가 조사를 진행하는 동안 수입은 종종 감소하게 되고, 이로 인해 수입가격은 높아지게 된다. 따라서 덤핑의 청원 결과에 상관없이, 수입품 가격의 증가로 인해 자국기업들은 보다 높은 가격을 부과하여 이득을 얻게 된다. 그 결과, 자국 생산기업들은 실제 판정과는 상관없이 덤핑으로부터 보호받기 위하여 청원의 유인을 강력하게 가지게 된다.

많은 수의 반덤핑관세 조치 청원 건수와 이를 회피하기 위한 수출기업들의 가격인상으로 인해 이 무역정책의 비용은 매우 크다. 어느 한 분석 결과에 따르면, 반덤핑관세로 인한 미국의 연간 비용은 모든 수입품을 대상으로 일정하게 부과된 6% 관세의 자중손실 비용과 동일한 것으로 나타나고 있다.[14] ■

5 유치산업보호론

이제 이번 장에서 다루는 관세의 마지막 적용사례를 살펴보도록 하자. 여기서는 아직 발전 초기 단계에 있는 관계로 외국과의 경쟁을 견디지 못하고, 자유무역의 세계 가격으로는 손해를 보는 산업에서 부과되는 관세를 소개하고자 한다. 미래에 이 산업이 성장하여 발전 성숙 단계에 도달하게 된다면, 효과적으로 외국과 경쟁할 수 있을 것이다. 이 산업에서 활동하는 기업들이 지금의 손실을 만회할 수 있는 유일한 방법은 미래의 이윤을 차용해 오는 것이다. 그러나 금융기관이 (규모가 작고 경험이 없다는 이유로) 이 기업에 대출을 제공하지 않는 상황에서 정부가 시장에 개입하여 관세와 할당과 같은 형태의 어떠한 도움도 제공하지 않는다면, 이 기업은 곧 파산할 것이다. 이러한 논의는 '유치산업'보호론으로 명명된다. 비록 이번 장에서는 유치산업 관세이론을 전략적 무역정책의 범위에서 소개하고 있지만, 유치산업을 보호하는 것에 대한 생각은 존 스튜어트 밀(1806~1873)의 논문에서부터 시작되었다.

이러한 논의를 분석하고 앞선 절의 결과들을 활용하기 위하여, 자국기업이 1개만 존재한다는 자국 독점의 상황을 고려해보자. 이러한 자국기업은 현재의 생산량을 증가시킬수록 좀 더 효율적인 상태에서 낮은 비용으로 생산하는 방법을 배우게 됨으로써 미래의 생산비용을 낮출 수 있다는 특성을 가진다. 그러면 자국 정부 입장에서 현재 일시적 보호조치로서 관세 또는 할당을 부과하여 미래에 기업이 낮은 생산비용과 높은 이윤을 벌어들이는 단계에 도달하기까지 충분히 살아남도록 해야 할지를 고민하게 된다.

유치산업보호론이 잠재적으로 정당화되기 위해서는 다음 두 가지 요건이 필요하다. 첫째, 만약 현재의 관세로 인해 자국 생산량이 증가하여 미래에 기업이 더 나은 생산기술을 습득하고 생산비용을 낮출 수 있다면, 보호는 정당화될 수도 있다. 규모에 대한 수확체증이 있는 상황에서 생산량이 증가할수록 생산비용은 하향하는 평균비용곡선에 따라 더 낮아지게 된다. 관세로 인해 자국의 생산은 증가하고 생산비용은 낮아지는 반면, 관세가 없을 경우 세계 가격 수준에서 생산 수준은 최초 단계에 머물면서 비경쟁적인 기업은 퇴출하게 된다. 유치산업

---

14 Kim Ruhl, "Antidumping in the Aggregate," New York University Stern School of Business, 2012.

보호론이 정당성을 얻기 위해서는 관세가 없는 상황에서 세계 가격으로도 경쟁력을 가지도록 기업은 경험축적을 통해 평균생산비용을 낮추어야 한다.

만약 기업 생산비용이 미래에는 낮아질 것으로 예상된다면, 왜 현재의 손실을 만회하기 위하여 간단히 차용을 한 후, 미래에 이윤이 발생하면 이를 갚아버리지 않는 것일까? 왜 현재의 손실을 만회하기 위하여 수입보호조치를 취해야 하는 것일까? 이에 대한 답은 이미 상기 내용에 나타나 있다. 금융기관들은 미래에 기업이 비용을 낮추고 이윤을 획득하여 대출을 갚을 것으로 확신하지 못하기 때문이다. 이러한 상황에서 관세 또는 할당은 대차시장(자본시장)에 대한 불완전성을 제거시켜 버린다. 유치산업보호론을 정당화시키기 위한 가장 필요한 요건은 불완전경쟁(하나의 자국기업)이 아니라 자국 자본시장의 불완전성이다.

유치산업보호론이 잠재적으로 정당성을 가지기 위한 두 번째 요건은 일시적인 관세부과가 생산량을 증가시켜 미래에 동일 산업 내 다른 기업들 또는 심지어 다른 산업 내 기업들의 생산비용을 하락시키는 것이다. 이러한 종류의 **외부성**(externality)은 기업이 다른 기업의 성공을 배울 때 가능해진다. 예를 들어, 첨단기술의 반도체 산업을 고려해보자. 각 기업은 각자 다른 속도로 상품 혁신을 달성하고, 어느 한 기업이 획기적으로 기술발전을 이룩한다면, 다른 기업들은 이러한 새로운 기술을 모방함으로써 이득을 얻을 수 있다. 반도체 산업에서 기업이 다른 기업의 성공적인 혁신을 모방하여 **지식파급효과**(knowledge spillover)의 이득을 얻는 것은 매우 흔한 일이다. 지식파급효과가 있는 상황에서 유치산업 관세는 외부경제 효과를 나타나게 한다. 한 기업의 생산량 증가는 모든 기업들의 비용을 낮춘다. 기업들이 서로 배우는 상황에서, 각 기업은 현재의 생산량을 증가시켜 학습효과를 얻는 것에 대해 스스로 투자할 유인을 가지지 못한다. 이러한 상황에서 관세가 부과된다면, 생산량이 증가하면서 생산비용을 낮추는 파급효과가 기업들 간에 나타나게 되어 외부성이 사라지게 된다.

상기 두 가지 요건에서 나타난 바와 같이, 관세 또는 할당 부과를 정당화하는 유치산업보호조치는 몇몇 형태의 **시장실패**(market failure)에 대응하여 발생하게 된다. 상기 첫 번째 요건에서 시장은 파산을 면하고자 하는 기업에게 대출을 해주지 않았다. 두 번째 요건에서 기업은 특허를 통해 지적재산권을 보호하여 지식파급효과의 보상을 받는 것이 어려웠다. 이러한 시장실패로 인해 정부는 잠재적으로 정책 개입의 정당성을 가지게 된다. 그러나 현실적으로 정부가 시장실패를 시정하는 것은 매우 어렵다. 자본시장에서 기업이 미래에 이윤을 얻지 못할 것으로 기대되어 대출을 받지 못하는 상황에서, 과연 정부가 기업의 미래 전망에 대해 더 나은 정보를 가지고 있을까? 마찬가지로, 다른 기업에 대한 기술파급효과가 존재하는 상황에서도 정부가 이 효과의 크기를 정확히 파악하고 있을 것이라고는 기대하기 힘들다. 따라서 정부가 유치산업보호가 필요한 산업들과 그렇지 않은 산업들을 잘 구분할 수 있을 것으로 기대하는 것에는 회의적일 수밖에 없다.

뿐만 아니라, 이 두 요건들이 충족되어 유치산업보호론의 잠재적 정당성을 확보하여도, 이들 시장실패를 시정하는 보호조치를 통해 자국이 반드시 순이득을 얻는 것은 아니다 — 여전히 미래의 보호이득(긍정적 효과)과 현재의 비용(자중손실) 간의 상대적 비교가 필요하다. 따라서 몇몇 형태의 시장실패가 유치산업보호론의 정당성에 대한 선제 조건이 되기는 하지만, 성공적인 보호조치가 되기 위해서는 다음과 같은 두 가지 추가적인 조건들이 필요하다. 이러한 유의점을 감안하면서, 이제 유치산업보호가 어떻게 작동하는지를 살펴보도록 하자.

자유무역 균형

그림 8-10(a)에서는 자국기업의 현재 상황을, (b)에서는 미래 상황을 나타내고 있다. 가정에 의해 자국은 소국이고, 고정된 세계 가격이 주어져 있다. 이번 장 초반에 논의되었듯이, 한계비용이 동일하다는 조건의 자유무역 상황에서는 자국 독점기업조차 완전경쟁시장에서와 같은 행동 전략을 취하게 된다. 또한 현재 시점에서 기업이 생산량을 증가시킬수록 미래시점에서 생산비용이 감소(즉 기업 평균비용곡선이 아래로 이동)하는 것으로 가정한다.

현재의 균형 현재의 자유무역 상황에서 자국기업은 세계 가격인 P^W에 직면하고 있고(이번 장의 초반 내용을 상기하자면, 이는 곧 한계수입곡선임), 한계비용과 P^W가 같아지는 지점에서 생산을 하게 될 것이다. 따라서 자국기업은 S_1만큼 생산한다. 그러나 실제로 S_1이 자국 공급량임을 입증하기 위하여, 이 생산량에서 이윤이 음(−)이 아니라는 것을 점검할 필요가 있다. 이를 위해 기업의 평균비용과 가격을 서로 비교해보고자 한다. 평균비용곡선은 (a)에서 AC로 그려져 있고, 공급량 S_1에서 평균비용은 P^W보다 더 높다. 이는 곧 자국기업이 손실을 보고 있고 S_1을 생산하기보다는 현재 조업을 중단할 것임을 의미한다.

관세부과 후 균형

기업의 부도를 막기 위하여 자국 정부는 자국 가격을 올리도록 수입관세 또는 할당을 부과할 수 있다. 높은 가격에 대응하여 자국기업이 생산량을 증가시키는 상황에서, 생산량이 증가할수록 기업은 보다 나은 생산기술을 습득하여 미래의 생산비용을 낮춘다고 가정해보자. 정책적 목적을 달성하기 위해 수입관세 또는 할당을 선택할 수 있는 상황에서, 자국 정부는 절대적으로 관세를 선택해야 한다. 그 이유는 자국 독점기업이 관세 대신에 할당에 대응할 때, 상대적으로 더 적은 생산량으로 가격을 더 높일 수 있기 때문이다. 이번 장이 초반에서도 논의하였지만, 적은 생산량으로 인해 현재에 추가적인 자중손실을 유발된다. 또한, 기업의 학습은 생산량 수준에 의존하기 때문에, 할당 후 더 적은 생산량으로부터 관세보다 더 낮은 학습효과가 발생하고 미래의 비용 감소가 더 작게 나타날 것이다. 이러한 두 가지 이유로 인해 유치산업을 양성하기 위한 목적으로 시행되는 보호조치는 할당보다는 관세가 더 나은 정책이 된다.

현재의 균형 만약 정부가 현재에 t의 수입관세를 부과한다면, 자국 가격은 P^W에서 $P^W + t$로 인상된다. 자국은 충분히 높은 수준의 관세를 부과하여 새로운 자국 가격인 $P^W + t$가 유치산업의 평균생산비용을 만회할 수 있는 것으로 가정해보자. 이러한 새로운 가격 하에서 기업은

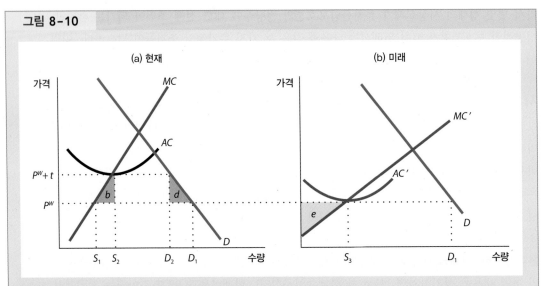

그림 8-10

(a) 현재 | (b) 미래

유치산업보호 현재 상황에서(a), 산업은 $MC = P^W$의 조건을 만족하는 S_1만큼을 생산한다. S_1에서 P^W는 평균비용보다 낮기 때문에, P^W에서 이 산업은 손실이 발생하고 있고 기업은 파산하도록 압력을 받고 있다. 관세부과 후 가격은 P^W에서 P^W+t로 인상되고 산업 내 살아남은 기업들은 S_2만큼 생산하여, (b+d)만큼 후생순손실이 발생한다. (b)에서 현재의 생산으로 인한 학습효과를 통해 평균비용곡선은 AC'으로 하향 이동하게 된다. 미래에 관세보호 없이도 기업은 P^W의 가격으로 S_3만큼 생산하고, e의 생산자 잉여가 나타난다.

(a)에서 S_2만큼을 생산한다. 그림에서 묘사한 바대로, S_2의 생산량에서 P^W+t의 가격은 정확히 평균비용인 AC와 같게 되고, 기업은 0의 이윤을 얻고 있다. 0의 이윤은 자국기업이 계속 운영할 수 있다는 의미를 가진다.

미래의 균형 기업이 현재에 S_1이 아닌 S_2를 생산한다면, 생산방법에 대한 보다 나은 학습으로 인해 미래에는 보다 낮은 생산비용을 가지게 된다. 생산비용에 대한 학습효과는 (a)의 AC 곡선이 (b)의 AC'으로 하향 이동하는 것으로 표현되어 있다.[15] 미래의 평균비용 하락으로 인해 (b)에서 기업은 이제 관세 없이도 세계 가격인 P^W에서 S_3만큼을 생산할 수 있고 평균비용도 감당할 수 있게 되었다. 물론 여기에서는 기업이 세계 가격인 P^W에서도 손실을 피할 수 있을 만큼 충분히 평균비용곡선이 하락했다는 것을 가정하고 있다. 만약 그렇지 않을 경우((b)에서 평균비용곡선 AC'이 세계 가격인 P^W보다 위에 있는 상황), 기업은 미래에서도 손실을 피할 수 없을 것이고 유치산업보호조치는 실패하게 될 것이다. 그러나 만약 현재의 일시적인 관세를 통해 미래의 기업이 관세 없이도 계속 운영할 수 있다면, 유치산업보호조치는 성공적이라는 평가를 받기 위한 첫 번째 조건을 만족하는 것으로 본다.

관세의 후생효과 현재의 관세부과로 인해 자중손실이 발생하고, (a)에서 자중손실은 삼각형

---

15 비록 논의를 위한 필수적 요건은 아니지만, 한계비용곡선 또한 (a)의 MC에서 (b)의 MC'으로 하향 이동하게 된다.

$(b+d)$의 넓이로 측정된다. 그러나 미래에 운영되는 기업이 가지는 이득 또한 고려되어야 한다. 그림 8-10(b)에서 미래 기업에 의한 생산자 잉여는 e의 넓이로 나타난다. 이러한 e의 넓이는 기업이 가지는 미래 생산자 잉여의 현재가치(즉 시간흐름에 따라 할인된 가치)로서 고려된다. 즉 만약 기업이 현재 파산하였을 경우 얻지 못했을 가치이다. 유치산업보호론이 성공적이기 위한 **두 번째 조건**은 관세가 부과되었을 때 $(b+d)$의 자중손실이 e의 넓이, 즉 관세가 더 이상 필요하지 않을 때 기업이 미래에 가지게 되는 잉여보다 작아야 된다는 것이다.

관세부과가 성공적인지 여부를 판단하기 위해서는 상기의 두 조건을 만족하는지를 살펴보아야 한다. 기업은 미래에 관세가 없어도 아무런 손실 없이 생산을 할 수 있어야 한다. 그리고 미래 생산자 잉여의 이득은 관세로 인한 현재의 자중손실보다 더 커야 한다. 두 번째 요건에 대해서는 e의 미래 이득과 $(b+d)$의 현재 자중손실 간 크기를 비교할 수 있다. 만약 e가 $(b+d)$보다 더 크다면, 유치산업보호론은 가치 있는 정책이 되나, e가 $(b+d)$보다 작다면 현재의 보호비용이 미래의 이득을 정당화시키지 못한다. 정부정책의 과제는 가치가 있는 상황(미래의 이득이 현재의 비용을 초과)을 가치가 없는 상황으로부터 분리하도록 하는 것이다. 다음의 적용사례에서는 중국, 브라질, 미국 정부가 이러한 상황들을 잘 구분해왔는지 여부를 나타내고 있다.

적용사례

유치산업보호의 사례들

유치산업보호조치는 실제 많은 사례들이 존재한다. 여기에서는 다음 네 가지를 소개하고자 한다. (1) 태양전지판 산업 지원을 위한 미국, 유럽, 중국의 정책들, (2) 1980년대 할리데이비슨 오토바이 회사 보호를 위한 미국의 관세부과, (3) 1977~1990년대 초반 컴퓨터 산업 보호를 위한 브라질의 수입전면금지 조치, (4) 자동차 산업 보호를 위한 중국의 관세와 할당 조치(2001년 중국의 WTO 가입과 함께 완화되었음).

태양전지판 산업의 정부 정책들

현재 많은 국가들이 광전지(태양전지판) 생산 또는 설치에 지원하고 있다. 미국은 태양전지판을 가정에 설치하는 소비자들에게 세금공제 혜택을 주고 있다. 이러한 종류의 정책은 다른 나라에서도 역시나 보편적이고, 화석연료(석탄, 천연가스, 석유) 연소에 의해 이산화탄소 등의 공해를 유발하는 방법과 비교하여, 태양전지판을 이용한 전기생산은 공해가 없기 때문에 정부 지원은 정당화될 수 있다. 이번 장 초반에서는 제3의 기업이나 소비자들에게 비용을 부과하는 경제활동인 외부성의 개념을 소개한 바 있다. 외부성의 대표적인 예가 바로 공해이고, 정부가 정책적 개입을 하지 않는다면 많은 공해가 발생할 것이다. 화석연료에서 생산된 전기를 적게 사용하는 태양전지판 사용자에게 정책적 지원을 하는 것은 전기생산으로 유발되는 공해를 줄이는 하나의 방법이 될 수 있다.

따라서 태양전지판 사용자에 대한 보조금 지원 정책은 외부성 문제를 바로잡는 방법이고, 이러한 관점에서 이는 유치산업보호조치의 형태라고는 생각되지 않는다. 그러나 이들 국가들은 자국 내 태양전지판의 (단순한 사용이 아닌) 생산을 북돋기 위하여 다른 정책적 수단들을 사용하고 있다. 미국은 정부가 태양전지판 생산기업들에게 세금우대와 저리대출 또는 채무보증을 지원하고 있다. 채무보증의 한 사례로 2009년 미국 솔린드라 사가 에너지국에서 받은 5억 3,500만 달러어치의 채무보증을 들 수 있다. 여기서 보증이란 솔린드라 사가 지불이 불가능할 경우 정부가 대신 채무를 갚아주어 대출 은행이 위험을 감수할 필요가 없는 상황을 말한다. 이러한 정책은 유치산업보호조치의 한 종류라고 생각될 수 있다. 기업이 미래에 이윤을 창출할 것이라는 기대를 가지고 채무보증을 제공한다. 그러나 이후 솔린드라 사는 2011년에 파산하였고, 오바마 대통령은 이 채무보증에 대한 광범위한 비판을 받게 되었다. 이 사례는 유치산업보호론이 성공하는 하나의 조건으로서, 지원을 받은 기업이 미래에 실제로 이윤을 창출할지 여부를 가늠하는 것이 매우 어렵다는 점을 보여주고 있다.

중국 역시도 태양전지판의 생산, 특히 수출을 장려하기 위한 여러 정책들을 추진하였다. 이번 장 초반부의 적용사례에서 미국의 중국산 태양전지판 수입 내용과 관련하여 중국의 수출보조금 내용을 다룬 바 있다. 수출보조금은 다음 장에서 보다 자세히 다룰 예정이지만, 현재로서 이는 수입관세와 매우 비슷한 조치인 것으로 생각하면 된다. 수출보조금으로 인해 기업은 가격을 상승시키고, 또한 자중손실이 나타난다. 따라서 유치산업보호론의 논의는 수출보조금에도 똑같이 적용될 수 있다. 이러한 유치산업 정책은 만약 (1) 수출보조금이 없어지는 미래에 산업이 이윤을 창출하게 되고, (2) 보조금으로 인한 자중손실이 미래 산업이 창출한 이윤보다 적을 경우 성공적인 것으로 간주할 수 있다.

앞서 (솔린드라 사 파산에 대한) 미국의 채무보증 사례에서도 살펴보았지만, 수출보조금 역시나 항상 계획대로 진행되지는 않는다. 예를 들어, 중국에서도 보조금 과다 사용이 산업 내 설비과잉을 일으켜, 중국의 주력 회사인 선테크파워홀딩스 사가 파산하는 계기가 되었다. 베이징에 있었던 이 회사의 주력 자회사는 2013년 3월에 파산하였고, 다른 자회사들은 미국 시장에서의 낮은 판매가격으로 인해 2011년에 미국기업들이 반덤핑상계관세 청원을 제기하였다. 지원을 받은 일부 기업들이 파산해버렸다는 사실을 통해 중국 수출보조금 조치가 이들 기업들의 이윤 창출을 유도하는 데 성공적이지 못했다는 것을 알 수 있다. 다른 기업들은 시장에서 살아남아 중국에서 여전히 생산 활동을 하고는 있지만, 이들의 대미 수출은 미국의 반덤핑상계관세로 인해 제한받고 있다. 게다가, 다음에 나오는 **헤드라인 : 태양 플레어**에서도 언급되겠지만, 현재 유럽연합은 중국기업에게 반덤핑관세를 부과하는 것을 심사숙고 중이다. 공교롭게도, 이러한 관세를 청원한 유럽기업은 바로 미국 자회사가 중국 태양전지판 수출기업을 대상으로 미국에서 무역구제 청원을 하였던 솔라월드 사이다. 만약 상기 유럽의 관세가 실제로 부과된다면, 좀 더 많은 중국기업들은 파산하게 될지도 모른다. 상기의 다양한 이유들로 인해 태양전지판 산업에 대한 중국 정부의 보조금 지급은 성공적이지 못한 것으로 여겨진다.

헤드라인

태양 플레어

아래 기사는 유럽의 태양에너지 산업과 최근 유럽연합의 대중국 반덤핑관세부과 제안을 논의하고 있다.

태양에너지 인기가 한창이던 4년 전에 바커 사는 부르크하우젠의 작은 마을인 바바리안의 화학 공장단지에 다결정실리콘 공장을 새로 건설하였다. 항공기 격납고처럼 크지만 실험실처럼 깨끗한 이 곳 생산설비에서, 광전지의 기초 원재료인 초고순도 다결정실리콘괴가 1,000C 이상 가열되는 주문생산형 반응로에서 만들어진다. 현재에는 그 인기가 시들해졌고, 2,400명의 노동자들과 함께 바커 사는 위기를 맞고 있다. 유럽과 중국 간 중대한 무역이슈의 중심에 이 기업이 있고, 바커 사의 경영진은 이차적 피해를 걱정하고 있다.

지난 7월 EU는 수백만 유로 상당의 중국산 수입 태양광 부품을 대상으로 유래 없는 큰 규모의 조사를 실시하였다. 금주에 카렐 드 휴흐트 EU 통상 집행위원은 유럽 시장의 태양전지판 제품 중 덤핑 수출품 또는 생산비용 이하 가격 제품에 대해 일시적으로 47%의 관세를 부과할 것을 촉구하였다. 바커 사는 이러한 조치로 인해 태양광 부품의 소비자 가격이 상승되고, 이미 유럽에서는 침체기에 있는 산업이 잠식되는 부작용이 발생할 것으로 우려하였다. 이러한 우려에 더하여, 중국이 보복조치를 단행할 경우 바커 사가 첫 번째 표적이 될 가능성 또한 높다. EU가 조사를 시작한 몇 주 후인 지난 연말에, 베이징에서는 유럽산 다결정실리콘 생산기업에 대한 자체조사가 실시되었다. 바커 사 대표인 루돌프 슈타우디글은 "단순하게 이러한 조치가 이해되지 않는다."라는 반응을 보이며, EU 본부가 있는 브뤼셀에 조치를 철회할 것을 청원하였다. "만약 관세부과가 실행된다면, 중국보다 오히려 유럽이 더 큰 피해를 입을 것이다."

앙겔라 메르켈 독일 총리는 전면적인 무역전쟁의 발생 우려로 인해 이를 협상을 통해 해결해야 한다고 주장하였고, 이후 작년부터 이 이슈가 가장 뜨거운 정치적 논쟁거리가 되어왔다.

여전히, 태양전지판 산업은 아직 발전 초기 단계에 있고 미래에는 많은 변화가 있을 것으로 인식되고 있다. 일부 전문가들은 현재 이 산업이 미국의 대중국 관세부과와 무관한 지역인 대만으로 입지를 이주할 것으로 추측하고 있다. 반면, 중국 정부가 단순하게 수출보조금을 지급하는 것 이상으로 사용하는 것에 주안점을 두고 있는 상황에서, 중국 산업 자체로서는 중국 내 태양전지판 설치 보조금을 통해 지원을 받을 것이다. 그리고 미국과 유럽은 국내산 또는 수입산 제품을 설치하는 기업뿐만 아니라 태양전지판을 생산하는 기업들이 많이 존재하고 있고, 이들 기업들은 중국과 기타 아시아 지역에 설치되는 태양전지판의 수요를 충족시킬 것으로 기대되고 있다. 현재 태양전지판 산업의 전 세계적인 추세로 볼 때, 미국, 유럽, 중국 정부 정책들의 장기적 효과가 어떻게 될 것인지를 확신하는 것은 아직은 이르다.

미국의 중량 오토바이 관세

할리-데이비슨 사는 일반적인 '유치'산업의 요건에 실제로 충족되지는 않는다. 첫 번째 공장은 1903에 위스콘신 주의 밀워키에 지어졌고, 윌리엄 할리와 세 명의 데이비슨 형제들이 이를

할리-데이비슨 공장을 방문 중인 로널드 레이건 대통령

소유하고 운영하였다. 1970년대 중반까지만 하더라도 이 기업은 일본제품과의 강력한 수입경쟁에 직면하지는 않았었다. 그러나 1980년대 초반에 할리-데이비슨 사는 파산 직전에 이르렀다. 비록 1903년부터 계속 운영되어 왔지만, 현재 할리-데이비슨 사는 앞서 언급하였던 유치산업의 여러 특징을 가지고 있다. 현재의 국제 가격으로는 경쟁할 수 없지만, (아래에서 살펴보겠지만) 미래에는 잠재적으로 낮은 생산비용을 가질 수 있다는 점이다. 유치산업보호조치의 논의에 이 사례를 포함시킨다면, 유치산업보호가 성공적인지 여부를 결정하기 위해 필요한 소비자와 생산자에 대한 관세 효과를 이 사례에서는 정확하게 측정할 수 있다.

1983년 미국의 전설적인 오토바이 제조회사인 할리-데이비슨 사는 어려움을 겪었다. 이 기업은 일본 기업들과의 강력한 경쟁과 함께 장기간의 더딘 생산성으로 인해 손실을 보고 있었다. 일본 기업들 중 혼다 사와 가와사키 사의 두 기업들은 미국에 공장을 지었을 뿐만 아니라 일본산 제품을 미국으로 수출하였다. 또 다른 두 일본기업인 스즈키 사와 야마하 사는 일본에서 제품을 생산하여 수출하였다. 1980년대 초 이들 네 일본 기업들은 미국 시장에도 영향을 미쳤던 글로벌 가격 전쟁에 임하였고, 미국 시장의 수입 중량오토바이 재고는 급격히 증가하였다. 따라서 강력한 수입경쟁에 직면하게 된 할리-데이비슨 사는 국제무역위원회(ITC)에 201조의 보호조치를 청원하게 되었다.

법에 근거하여 ITC는 중량(700cc 이상)오토바이를 대상으로 해당 산업의 피해 원인을 밝히기 위해 조사를 착수하였다. 특히, 여러 원인 중에서 미국 시장 내 일본 제품 재고 증가를 조사하였다. ITC는 미국 시장의 일본 제품이 이미 9개월치 이상의 재고가 있어 중량오토바이의 가격을 하락시키면서 할리-데이비슨 사의 파산을 위협하고 있는 것으로 결론 내렸다. 그 결과, ITC는 로널드 레이건 대통령에게 중량오토바이 수입에 대한 수입보호조치를 내릴 것을 권고하였다. 미 통상법 201조 중 관세부과의 정당성 확보 근거로서 수입에 의한 산업피해의 위협을 이 사례에서 다루고 있다는 사실은 매우 흥미롭다.

레이건 대통령은 ITC 권고를 승인하였고, 중량오토바이 수입에 관세가 부과되었다. 최초에 이 관세는 매우 높았으나, 이후 5년 동안 점차 낮아졌다. 1983년 4월 16일에 부과된 최초의 관세는 45%였다. 이후 35%, 20%, 15%, 10%로 해마다 줄었고, 1988년 4월에는 전면 폐지되었다. 사실 할리-데이비슨 사는 1987년의 15% 관세부과 이후 시기에 비용 인하 목표를 달성하였고, 인기 신제품을 소개하여 이윤이 어느 정도 회복되었다. 따라서 ITC에 1년 더 일찍 관세부과를 끝낼 것을 청원하였다. 성공의 축하 속에서 레이건 대통령은 위스콘신 주 밀워키에 있는 할리-데이비슨 공장에 방문하여 관세를 통해 성공적인 보호조치가 이루어졌음을 선언하였다.

자중손실의 계산　중량오토바이 수입에 부과된 관세가 정말로 성공적이었을까? 이 질문에 답하기 위해서는 관세의 자중손실과 미래의 생산자 잉여 증가를 상대적으로 비교해야 한다. 앞선 장의 철강 관세 논의에서 언급된 수입액 대비 관세의 자중손실 계산 공식을 적용해보면 다음과 같다.

$$\frac{DWL}{P \cdot M} = \frac{1}{2} \cdot \left(\frac{t}{P^W}\right) \cdot \%\Delta M = \frac{1}{2}(0.45 \cdot 0.17) = 0.038 \text{ 또는 } 3.8\%$$

1982~1983년 평균 수입 판매액은 $(452+410)/2 = 4$억 3,100만 달러로 계산된다. 여기에 수입에 의한 평균손실률을 곱해주면, 1983년의 자중손실은 $0.038 \times 431 = 1,630$만 달러로 도출된다. 이 자중손실 수치는 표 8-2의 마지막 열에서 이후 각 연도별 수치로 잘 나타나 있다. 이들 자중손실액들을 모두 합하면, 관세가 부과된 4년 동안 총 1억 1,250만 달러의 자중손실이 계산된다.[16]

미래의 생산자 잉여　관세부과가 효과적이었는지 여부를 판단하기 위해서는 1억 1,250만 달러의 자중손실액을 생산자 잉여의 미래 이득(그림 8-10에서 e의 넓이)과 비교해야 한다. 어떻게 하면 이 미래 이득을 계산할 수 있을까? 이를 위해 경제학자들이 선호하는 방법을 사용해보고자 한다. 관세가 제거된 시점의 기업 주식 시장가치를 살펴봄으로써 생산자 잉여의 미래 이득을 추정해볼 수 있다.

관세가 부과되는 동안 할리-데이비슨 사의 경영진은 몇 가지 방법을 통해 생산비용을 절감하였다. 창고의 과다 재고가 아닌 수요에 근거한 재고만큼을 생산하는 '적기납입' 재고 체계를 확립하였고, 고용인원(그리고 임금)은 줄이면서 근로자가 생산품 품질을 평가하도록 하는 '통계기반 운영자 제어체계'와 함께, 생산 환경 개선을 자발적으로 다 같이 논의하는 조립라인 근로자들의 그룹인 '품질관리분임조'를 운영하였다. 이러한 생산기술의 많은 방법들은 일본 기업들로부터 모방한 것이었다. 이 기업은 또한 새로운 엔진을 제품에 도입하였다. 이로 인해 할리-데이비슨 사는 1981~1982년에는 손실을 입고 있었지만 1983년과 그 이후부터는 이윤을 창출하게 되었다.

1986년 7월 할리-데이비슨 사는 공기업이 되어 미국 주식시장에 주식을 발행하였다. 개당 11달러의 200만 주로 총 2,200만 달러어치가 발행되었다. 또한 미래의 이윤으로 되갚을 것을 기대하면서 7,000만 달러어치의 채권도 발행하였다. 1987년 6월에는 추가적으로 주식을 발행하였다. 개당 16.50달러의 123만 주로 하여 총 2,030만 달러어치가 발생되었다. 이들 주식과 채권 발행의 총합은 1억 1,230만 달러이고, 이는 기업 생산자 잉여의 현재 할인값으로 고려된다. e의 넓이 추정값은 곧 소비자 잉여의 손실분으로서 표 8-2의 1억 1,250만 달러와 거의 똑같다. 그러나 두 번째 주식발행 후 몇 달 동안 주식가격은 개당 16.50달러에서 19달러로 올랐다. 이 가격을 총 주식발행수인 323만 주로 곱하면 총 6,100만 달러의 가치가 나오고,

---

16 이러한 수치는 관세가 부과된 기간 동안에 각 연도의 4월부터 그다음 연도의 3월까지 고려된 12개월이 아니라 1983년부터 1986년 사이의 각 1년 치를 기준으로 했기 때문에 아주 정확하다고는 할 수 없다.

표 8-2

미국의 중량오토바이 수입 이 표는 미국 내 중량오토바이 수입에 대한 관세의 효과를 보여준다.

연도	수입액 (100만 달러)	수입량	수입 감소율 (1982년 기준)	관세(%)	순손실/ 평균판매액(%)	자중손실 (100만 달러)
1982년	452	164,000				
1983년	410	139,000	17	45	3.8	16.3
1984년	179	80,000	69	35	12.1	38.4
1985년	191	72,000	78	20	7.8	25.2
1986년	152	43,000	116	15	8.7	26.4
1987년 1~3월	59	14,000	98	15	7.3	6.3
1983~1987년 전체						112.5

출처 : *Heavy Weight Motorcycles*. Report to the President on Investigation No. TA-203-17, under Section 203 of the Trade Act of 1974. U.S. International Trade Commission, June 1987, and author's calculations.

이를 채권가치인 7,000만 달러와 합하면 총 1억 3,100만 달러의 미래 생산자 잉여를 도출할 수 있다.

이러한 추정 결과, 관세 보호를 통해 할리-데이비슨 사가 얻는 생산자 잉여(1억 3,100만 달러)의 미래 이득은 관세의 자중손실액(1억 1,250만 달러)을 초과한다. 뿐만 아니라, 1987년 이후 할리-데이비슨 사는 더 성공적인 기업으로 발돋움해왔다. 이 기업의 판매와 이윤은 해마다 증가해왔고, 많은 새로운 모델들이 소개되어 왔으며, 현재에는 일본 기업들이 할리-데이비슨 사의 제품을 모방하기에 이르렀다. 2005년 3월 즈음에 주식시장에서 할리-데이비슨 사의 주식 가치(177억 달러)는 제너럴 모터스 사의 주식가치(162억 달러)를 넘어섰다. 이 두 기업 모두 2008~2009년 금융위기 기간 동안 어려움을 겪었으나, 할리-데이비슨 사는 평소와 같이 운영된 반면(2009년 중반의 주식가치는 43억 달러), 제너럴 모터스 사는 파산하여 정부 구제금융을 신청하였다(주식가치는 5억 달러 이하로 떨어졌음).

보호조치는 성공적이었나? 상기의 추정 결과를 근거로 유치산업보호조치가 성공적이었다고 할 수 있을까? 이 질문에 정확하게 대답하기 위해서는 관세가 부과되지 않았더라면 무슨 일이 발생했을지에 대한 예상이 필요하다. 미래 생산자 잉여 이득인 e의 넓이(1억 3,100만 달러)가 자중손실(1억 1,250만 달러)을 초과하여 유치산업보호조치가 성공적이라고 결론 내릴 때, 이 기업이 관세보호가 없이는 시장에서 퇴출당했을 것이라는 전제가 깔려 있었다. 이 가정은 할리-데이비슨 사에 있어서는 사실일 수 있다. 1982~1983년 할리-데이비슨 사는 파산 직전에 있었다. 시티뱅크는 할리-데이비슨 사의 손실을 막기 위한 추가 대출을 허용하지 않을 것으로 결정하였고, 파산 신청을 하기 일주일 전인 1985년 12월 31일이 되어서야 할리-데이비슨 사는 대체 자금을 조달하게 되었다.[17] 만약 관세가 이 기업을 구하였다면, 이는 곧 성공적인 유치산업보호조치의 한 사례로 명백히 기록될 것이다.

반면, 할리-데이비슨 사가 관세보호를 받지 않고 파산 신청을 진행하였더라도 여전히 재기했을지도 모른다. 파산은 기업이 생산을 중단한다는 것을 의미하지 않는다. 이는 기업의 자산이 모든 부채를 갚는 데 쓰인다는 것을 의미한다. 비록 관세조치 없이 할리-데이비슨 사가 파산을 하였다 하더라도, 생산자 잉여를 통한 미래이득의 일부 혹은 전부는 실현되었을 수도 있었다. 따라서 할리-데이비슨 사의 재기를 위해 관세부과가 반드시 필요했는지 여부는 확신할 수 없다.[18]

이러한 불확실성에도 불구하고, 여전히 중량오토바이에 부과된 관세는 할리-데이비슨 사가 어느 정도 숨통이 트이게 하는 역할을 하였다. 이러한 관점은 그 당시 ITC 소속 수석경제학자가 언급한 것을 첫 번째 장에서 인용한 어느 한 글에서도 나타나고 있다. "만약 중량오토바이의 사례가 도피조항[관세] 적용의 유일한 성공 사례라고 한다면, 이는 적은 손실을 주면서 할리-데이비슨 사가 은행대출을 받아 확장하도록 도움을 주었기 때문이다."[19] 우리는 관세로 인한 피해가 파산을 회피함으로써 얻은 잠재적 이득보다 상대적으로 더 적었다는 이 관점에 동의한다. 파산을 피함으로써 할리-데이비슨 사는 오늘날 매우 성공적인 기업으로 거듭나게 되었다.

브라질의 컴퓨터 산업

유치산업보호조치가 성공하지 못한 여러 사례도 존재한다. 이 중 잘 알려진 한 사례는 바로 브라질 컴퓨터 산업이다. 1977년 브라질 정부는 개인용 컴퓨터(PC)를 생산하는 국내기업을 보호하기 위한 정책을 마련하였다. 이는 군사전략상 컴퓨터 산업의 국가적 자율권을 보장하는 것이 필수 요소였기 때문이었다. PC 수입을 전면금지한 것뿐만 아니라 국내기업들 또한 가능하다면 국내에서만 제품을 구매해야 했고, 브라질 내에서 외국 PC 생산 기업의 운영을 금지시켰다.

브라질의 PC 전면수입금지 조치는 1977~1990년대 초반까지 지속되었다. 이 시기 동안 전 세계적으로 PC 생산의 빠른 혁신이 일어나 컴퓨터 생산비용이 크게 떨어졌었다. 그림 8-11에서는 1982~1992년 미국과 브라질의 컴퓨터 실효가격을 나타내고 있다. 그림에서 양국 모두 이 시기 동안 컴퓨터 가격이 매우 급속히 떨어졌다. 여기서의 가격은 '실효'가격인데, 이는 새로운 PC의 소매가격을 나타낼 뿐만 아니라 PC의 연산속도, 저장능력 등 이 기간 동안의 품질개선 사항을 반영하는 가격지표이다.

---

17 Peter C. Reid, 1990, *Made Well in America: Lessons from Harley-Davison on Being the Best* (New York: McGraw-Hill)의 내용을 참조하기 바란다.

18 1987년 할리-데이비슨 사 사장은 일본 기업들이 699cc 엔진으로 일부 제품의 크기를 낮춤으로써 관세를 회피하여, 관세부과가 실제로는 회사에 크게 도움이 되지 않았다고 밝혔다. (월스트리트 저널, 1987년 3월 20일, p. 39)

19 미국 국제통상위원회 수석경제학자인 John Suomela의 이야기를 Douglas A. Irwin, 2002, *Free Trade under Fire* (Princeton, NJ: Princeton University Press), pp. 136-137에서 인용하였다.

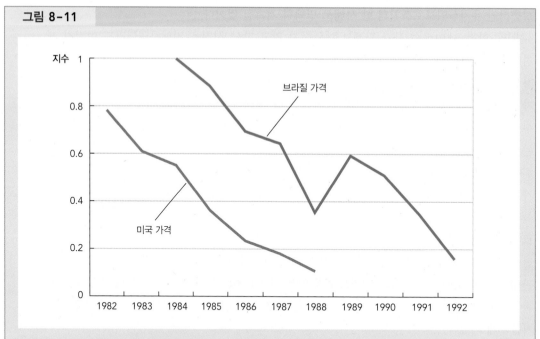

그림 8-11

미국과 브라질의 컴퓨터 가격, 1982~1992년 이 그림은 미국과 브라질의 컴퓨터 실효가격을 나타내고 있다. 기술진보로 인해 양국 가격 모두가 매우 급격히 하락하였으나, 미국의 하락이 브라질보다 더 크다. 이 두 가격들의 차이는 개인용 컴퓨터 생산에 대한 브라질과 미국 간의 기술격차를 나타낸다.

출처 : Eduardo Luzio and Shane Greenstein, November 1995, "Measuring the Performance of a Protected Infant Industry : The Case of Brazilian Microcomputers," *Review of Economics and Statistics*, 17(4), 622-633.

브라질 가격 브라질 기업들은 미국에서 판매되고 있는 IBM PC를 역설계하는 데 능통하였다. 그러나 역설계 과정은 시간이 많이 걸렸고, 브라질 기업들이 국내 지역 공급자로부터 컴퓨터 부품을 구입하도록 하는 규정으로 인해 생산비용은 증가하였다. 그림 8-11에서 브라질은 미국과 같이 낮은 가격을 한 번이라도 달성해본 적이 없다. 예를 들어, 1992년 즈음 브라질의 실효가격은 미국이 4년 또는 5년 전에 이미 달성하였던 가격 범위 사이에 있다. 브라질과 미국 간의 지속되는 가격격차는 브라질이 관세보호 없이는 결코 경쟁적인 가격으로 컴퓨터를 생산할 수 없었다는 점을 시사한다. 이러한 사실 하나만으로도 유치산업보호조치는 성공적이지 못했다는 것을 알 수 있다.

소비자와 생산자 잉여 표 8-3에서는 PC 산업의 주요 수치들과 브라질의 후생 추정치를 나타내고 있다. 지역 내 판매는 1986년에 약 7억 5,000만 달러에서 정점을 이루었고, 그 다음 해에 브라질 가격은 미국의 20% 이내 수준까지 도달하였다. 그러나 이때가 세계 가격에 가장 근접했던 시기였다. 1984년 경우 브라질 가격은 미국의 거의 2배가량 높았고, 이로 인해 브라질 내 생산자 잉여 증가는 2,900만 달러였으나 소비자 잉여 감소는 8,000만 달러였다. 따라서 순손실은 8,000만 달러-2,900만 달러＝5,100만 달러로, 이는 그해 브라질 국내총생산

표 8-3

브라질 컴퓨터 산업 이 표는 브라질 정부의 개인용 컴퓨터에 대한 수입전면금지조치 효과를 나타내고 있다.

연도	판매액 (100만 달러)	브라질 가격/ 미국 가격(%)	생산자 잉여 증가 (100만 달러)	소비자 잉여 감소 (100만 달러)	순손실 (100만 달러)	순손실 (GDP 내 %)
1984	126	189	29	80	51	0.02
1985	384	159	70	179	109	0.04
1986	746	143	113	277	164	0.06
1987	644	119	50	112	62	0.02
1988	279	127	29	68	39	0.01

출처 : Eduardo Luzio and Shane Greenstein, November 1995, "Measuring the Performance of a Protected Infant Industry: The Case of Brazilian Microcomputers," *Review of Economics and Statistics*, 17(4), 622–633.

(GDP)의 0.02% 수준이었다. 1986년 경우 순손실은 1억 6,400만 달러로 증가하였는데, 이는 GDP의 0.06% 수준이었다. 이러한 순손실은 바로 당해 연도의 관세로 인한 자중손실액이었다. 이 산업은 결코 관세 없이는 생산할 수 없었고, 따라서 손실을 대비하여 고려할 수 있는 미래의 이득(그림 8-10에서의 *e*의 넓이)이 존재하지 않았다.

다른 손실 브라질에서의 높은 가격으로 인해 개인 사용자뿐만 아니라 컴퓨터를 사용하는 제조업의 생산비용 또한 높아지게 되었고, 이로 인해 정부정책에 대한 반감이 점점 더 높아지게 되었다. 1990년의 선거기간 동안 페르난도 콜로르 지 멜루 대통령은 개인용 컴퓨터에 대한 유치산업보호조치를 철폐할 것을 공약하였고, 당선 즉시 이를 실행하였다.

효과적인 산업을 육성하기 위한 이러한 브라질 정책의 실패에 대해 많은 원인들이 제기되어 왔다. 실리콘 칩과 같은 수입 재료의 구입비용이 비쌌으나 국내 생산 부품 또한 가격이 비쌌고, 또한 규제로 인해 새로운 기업의 시장 진입이 제한되었다. 이유야 어쨌든, 유치산업보호조치가 그 특성상 성공하기가 매우 힘들고, 정부가 일시적인 보호조치를 통해 미래에 해당 산업을 부흥시킨다고 예상하는 것이 매우 어렵다는 것을 이 사례를 통해 잘 이해할 수 있다.

중국의 자동차 산업 보호

이제 유치산업보호의 마지막 사례로 중국의 자동차 산업과 관련된 내용을 소개하고자 한다. 2009년 중국은 전 세계 최대 자동차 생산국(국내생산과 수출 모두 포함)으로서 미국을 추월하였다. 중국에 입지한 외국기업과 지역 생산자, 그리고 수입판매 간의 강력한 경쟁으로 인해 새로운 모델들이 탄생하면서 가격이 하락하여, 이제 중국 중산층은 자동차를 소비할 여력이 생겼다. 2009년 미국에서 1,040만 대의 승용차와 경량트럭이 팔린 것과 비교하여, 중국에서는 총 1,300만 대 이상의 자동차가 팔렸다. **헤드라인 : 중국 자동차 생산의 이정표**에서 언급되고 있는 것같이, 4년 후인 2013년에 중국은 유럽 이상의 생산량을 기록함으로써 또 다른

헤드라인

중국 자동차 생산의 이정표

2013년 중국의 자동차 생산량이 유럽의 생산량을 최초로 추월하게 되었는데, 이는 중국 자동차 산업 성장에 있어 획기적인 사건이자 유럽 자동차 산업이 12개월 동안 겪고 있는 시련의 상징이다. 2013년 유럽의 1,830만 대와 비교하여 중국은 1,960만 대의 승용차와 소형트럭과 같은 경량 자동차를 생산하였다.··· 자동차 산업 추정치에 근거하여 2012년 유럽은 중국의 1,780만 대보다 많은 1,890만대의 승용차와 관련 자동차를 만들었다.··· 한 해 동안의 전 세계 자동차 판매액이 약 1조 3,000억 달러임을 감안한다면, 자동차 산업은 세계 경기를 주도하는 동력 중 하나이다.

자료에 따르면, 2013년 유럽은 전 세계 자동차의 1/5 정도를 생산할 것이다 — 이는 2001년의 35% 비중에서 감소한 것이다. 1970년 경우 전 세계 자동차의 1/2 정도는 유럽에서 생산되었다 — 유럽은 1885년 독일 발명가 칼 벤츠에 의해 개발된 초기 삼륜차에서부터 자동차 산업이 시작된 곳으로 인식되고 있다. 2013년 중국의 자동차 생산은 2000년의 10배 수준이다 — 전 세계 자동차 생산의 비중으로 보자면 2000년 경우 3.5%이나, 2013년 경우 23.8% 이다.

이정표를 찍었다.

자동차 생산과 판매의 성장 수준은 중국이 세계무역기구(WTO)에 가입하였던 2001년에 특히 컸다. WTO 가입 조건으로서 중국은 외국산 자동차에 부과되는 관세를 낮추는 데 동의하였는데, 관세율은 1980년대 초에는 260% 수준으로 높았다가 이후 1996년에는 80%에서 100%, 2006년 7월 즈음에는 25%까지 낮아졌다. 자동차 부품 관세는 2009년에 25%에서 10%로 더 크게 하락하였다. 중국은 수입할당 또한 완화시켜 왔다. 자동차 판매 종류에 대한 성시 수준의 규제와 더불어 이러한 관세와 할당은 중국의 수입을 제한하였고, 중국 자동차 산업의 성장을 저해하였다. 가격은 높았고 외국기업들은 중국에게 새로운 모델을 판매하는 것을 주저했었다. 그런데 이러한 상황이 극적으로 변화되어왔다. 이제, 외국기업들은 최신 모델을 가지고 앞다투어 중국에서 경쟁하고자 하며, 심지어 대중국 수출 전략을 모색하고 있다. 중국 자동차 산업은 유치산업보호조치의 성공사례라고 할 수 있을까? 현재의 자동차 생산과 수출로 인한 이득이 과거의 관세와 할당으로 인한 비용보다 더 크다고 할 수 있는가? 이와 같은 질문에 대답하기 위하여 중국 자동차 산업의 역사에 대해 간단히 살펴보는 것부터 시작해보자.

중국의 생산 1980년대 초부터 중국은 외국과 중국기업 간의 일부 합작회사 설립을 허용하였다. 1983년 아메리칸모터스 사(AMC — 나중에 크라이슬러 사에서 인수)와 베이징 지역 기업 간의 합작으로 설립된 베이징 지프 사가 이러한 형태로서 최초의 기업이었다. 그 다음 해에는 독일 폭스바겐 사가 25년간 상하이에서 승용차를 생산하기로 계약하였고, 프랑스 푸조 사는 광저우에서 자동차를 생산하는 또 다른 프로젝트에 참여하였다. 이러한 합작투자를 통해 외국 제조사들은 중국 시장에 진입하는 발판을 마련하였지만, 참여에는 한계가 있었다. 외국 제조사들은 제조공장의 지분을 다수로 소유할 수가 없었다 — 폭스바겐 사의 합작 경우 외국인 지분율이 최대 50%였다. 또한 중국 정부는 합작 생산된 자동차의 유통망을 지배하고 있었다. 높은 관세율과 이런 다양한 규제들을 통해 적어도 새로운 합작기업들의 일부는 성공적인 기업으로 발돋움하였다. 폭스바겐 상하이 공장은 이러한 규제 속에서 최대 승자가 되었고, 1990년대 중반에 한 해 동안 20만 대 이상의 자동차를 생산하여 다른

공장보다 2배 이상의 생산량을 기록하였다. 폭스바겐의 성공은 상하이 지방정부의 노력으로 기인된 것이었다. 폭스바겐을 구입하는 택시회사에 대한 인센티브 지급뿐만 아니라 엔진크기에 대한 다양한 규제들은 오직 폭스바겐 모델만이 상하이 시장에서 팔리도록 하는 데 일조하였다. 필연적으로, 상하이 폭스바겐 공장은 지역 독점이 되었다.

그러나 상하이 시장에 대한 새로운 기업들의 진입으로 인해 이러한 지역 독점은 곧 잠식되었다. 이에 대한 최근 사례로 2009년 초 제너럴모터스 사가 상하이에 각각 15억 달러와 25억 달러의 비용으로 두 공장을 설립한 것을 꼽을 수 있다. 제너럴모터스는 현재 중국에서 선도적인 생산기업이고, 2009년 중국에서 팔린 1,300만 대의 자동차 중 180만 대를 중국에서 생산하였다. 사실, GM의 경우 중국 시장에서의 이윤만이 당해 연도에 반짝 두각을 나타내었는데, 이는 미국 시장에서의 손실 일부를 만회하는 정도 역할을 하였다. 이에 대한 자세한 내용은 **헤드라인 : 상하이 협력, GM의 이윤에 기여하다**에 잘 나타나 있다.

소비자의 비용 중국의 관세와 할당으로 인해 1993년의 최고 222,000대에서 1998년의 최저 27,500대 범위에서 수입은 1990년대 내내 일정하게 낮은 수준을 유지하였다. 1996년 즈음 관세는 80~100% 범위에서 부과되었기 때문에, 관세로 인해 수입가격은 대략적으로 2배 가까이 높아졌었다. 그러나 자동차 수입에 부과된 할당은 아마도 수입가격 및 국내생산 자동차에 대해 이보다는 더 큰 영향을 미쳤다. 이번 장 초반의 분석에서 자국이 독점 상황일 경우 할당은 국내 가격에 부분적으로 더 큰 영향을 주는 것으로 나타났다. 이 이론은 자동차 판매에 있어 지역 독점이었던 상하이 폭스바겐의 판매에도 실제로 적용되었다.

이러한 지역 독점 상황은 상하이 시장 가격 상승에 중대한 영향을 미쳤다. 그림 8-12에서는 1995~2001년 중국에서 판매된 자동차들에 대한 각 기업의 한계비용 대비 가격의 이윤폭 추정치를 나타내고 있다. 상하이 폭스바겐의 이윤폭은 1998년 최고 54%에 도달한 후, 2001년 28%로 떨어지는 등 1995~2001년 평균 42%를 기록하면서 이 중에서 가장 높은 수치를 기록하고 있다. 이에 비해, 톈진 자동차의 경우 19%, 상하이 GM의 경우 14%의 평균 이윤폭

헤드라인

상하이 협력, GM의 이윤에 기여하다

이 기사는 중국과의 협력이 어떻게 GM의 이윤에 기여하였는지를 보여준다.

만약 제너럴모터스 사가 하나님을 믿는다면, 현재로서는 중국에 대한 감사기도를 해야 한다.

중국 본토에서의 판매대수는 지난해 GM의 전 세계 최대판매량 이상이었다. 미국 시장 판매는 30% 감소한 반면, 중국 시장 판매는 66% 증가하였다. GM 자동차의 4대 중 1대는 현재 중국에서 생산된다. 디트로이트에서 생산되는 자동차조차도 일부는 상하이에서 디자인되었다. GM은 자금난에 처해있는 자산들을 중국기업들에게 떠넘겼다. 적자와 함께 환경파괴적인 모델인 허머를 무명의 중장비 제조업체인 Sichuan Tengzhong

사에 팔았고[그러나 금액에 대한 정보는 2010년 2월 중국 정부에 의해 비공개되었다]. 베이징 오토모티브(BAIC) 사는 GM 사로부터 사브의 기술을 습득하였다. 그럼에도 아마 가장 중요한 사건은 지난해 GM의 아시아 시장 확장 진출에 대해 중국이 자금을 지원할 것으로 동의했다는 것이다.

인도 시장에서의 중국산 소형 상업용차량 판매에 대한 교환 거래 조건으로서, GM은 본토의 중국 파트너 기업인 상하이자동차 사(SAIC)에 51%의 과반지분을 양도하면서 주요 합작투자기업인 상하이 제너럴모터스 사의 50-50 지분율을 포

기하는 것에 동의하였다. 중국과 미국의 협력관계에 있어서 이는 수많은 거래 중에서 단지 시작점이 될 것으로 보인다. 어느 날 분석가들이 이 거래를 회상하면서 GM이 그 미래를 중국에게 걸었다라고 얘기할 것인가? 그리고 이 거래를 통해 중국이 GM를 살려냈다고 할 수 있을 것인가? 또는 중국이 GM을 먹어버렸다고 넌지시 말할 것인가? 상하이 TNS 자동차 컨설팅 사의 클라우스 파우어는 지난해 중국 내 자동차 판매량의 최고치를 언급하면서 "즉답을 하자면 중국 소비자들이 이미 GM을 구원하였다."라고 얘기하였다.

을 기록하고 있다. 그림 8-12에서의 기타 생산기업들의 경우도 이보다 더 낮은 수치를 기록하고 있다.

상기 실증적 증거를 볼 때, 상하이 폭스바겐은 지방정부로부터 부여받은 독점력으로 가격을 크게 증가시킬 수 있었던 것이 확실하다. 뿐만 아니라, 1990년대에 상하이 폭스바겐이 생산한 제타와 아우디 모델은 구형 모델이었다. 이렇게 높은 가격과 구형 모델에도 불구하고, 상하이 폭스바겐 공장은 2001년 내내 최대의 생산량을 기록하였고, 그 이상으로 상하이 지역의 많은 소비자들은 지역 차원 보호의 비용을 지불하게 되었다. 이 사례는 자국 독점이 소비자들의 희생을 통해 어떻게 보호 이득을 취하고 있는지를 잘 보여준다. 또한 이 사례는 보호로 인해 어떻게 기업이 새로운 모델과 생산기술을 소개하는 유인을 잃어버리는지를 잘 보여주고 있다.

생산자의 이득 유치산업보호를 위해 중국에서 부과된 관세와 할당조치들은 미래의 생산비용을 충분히 떨어뜨려 보호가 더 이상 필요 없게끔 만들어야 한다. 그러나 중국은 현재에도 여전히 자동차에 대해 25%, 자동차 부품에 대해 10%의 관세를 부과하고 있어 그러한 수준까지

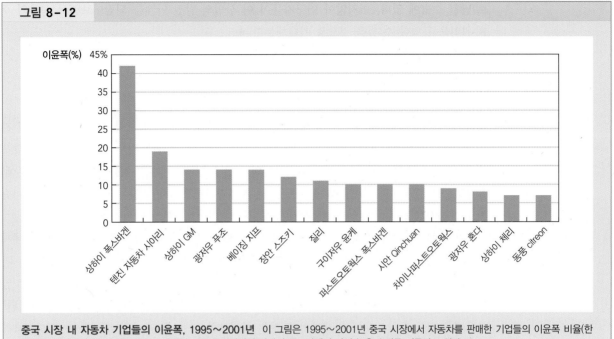

그림 8-12

이윤폭(%)

중국 시장 내 자동차 기업들의 이윤폭, 1995~2001년 이 그림은 1995~2001년 중국 시장에서 자동차를 판매한 기업들의 이윤폭 비율(한계비용대비 가격)을 보여주고 있다. 상하이 지역 독점기업인 상하이 폭스바겐이 가장 높은 수치를 기록하고 있다.

출처 : Haiyan Deng, 2006, "Market Structure and Pricing Strategy of China's Automobile Industry."

는 전적으로 도달하지 못한 것으로 보인다. 이들 관세는 과거보다는 많이 낮아졌지만 여전히 지역 시장을 보호하는 중대한 역할을 하고 있다. 따라서 중국 자동차 산업을 유치산업보호의 성공 사례로 단정하는 것은 아직 이르다. 그럼에도 불구하고 이 사례에서 배울 수 있는 일부 중요한 교훈이 있다. 첫째, 과거의 보호조치가 외국기업의 대중국 해외직접투자에 기여했다는 점은 의심할 여지가 없다. 2001년 중국의 WTO 가입에 앞서 모든 외국 자동차 기업들은 강력한 보호조치 아래 대중국 진출을 하였고, 지역 파트너를 구하는 것이 그 지역 판매를 할 수 있는 유일한 통로였다. 관세가 너무 높을 경우 중국에 직접 수출하는 것이 거의 불가능하다. 그 결과, 중국 쪽 기업들은 외국 파트너 기업들로부터 기술전수를 받아 생산비용을 절감하는 이득을 가졌다. 합작투자 지분율 제한과 관세 보호조치로 중국기업들은 학습효과를 통해 생산비용을 낮출 수 있었음을 위의 내용으로 알 수 있다.

둘째, 적어도 관세 그 자체는 국내 판매 증가에 일조하여 중국 내 소득을 급속히 증가시켰다. 중국인의 급속한 소득 성장은 생산에 있어서 2013년에 유럽을 추월한 것과 더불어, 수요에 있어서 2009년에 미국시장을 추월하여 세계에서 제일 큰 시장을 형성하게 한 주요 원동력이다. 관세는 외국인직접투자 유입에 일조하였으나, 이제 중국 소비자들은 최신의 효율적 생산기술을 통해 완성된 신 모델들을 기업들이 생산하도록 압박하고 있다. 중국이 부과한 높은 관세와 할당이 최근의 자동차 산업 성공에 기여했는지 아니면 단순히 높은 가격과 산업발전을 저해하는 구형 모델만을 양산하게 했는지 여부를 가늠하는 것은 현재로서는 의문의 여지로 남길 수밖에 없다. 머지않아 연구자들이 이 산업의 발전 단계를 되짚어보면서 성공의 주요 원인을 규명할 수 있을 것으로 기대해본다. ∎

6 결론

앞선 장에서 우리는 완전경쟁시장의 수입관세와 할당을 다루면서 소국 경제와 대국 경제 간의 차이를 논의하였다. 완전경쟁시장에서 소국이 관세를 부과할 경우 (세계 가격에 영향을 주지 않기 때문에) 손실을 보게 되나, 대국의 경우 (관세가 세계 가격을 떨어뜨리기 때문에) 잠재적으로 관세부과로 이득을 볼 수 있다. 완전경쟁시장에서 수입할당은 수입관세와 비슷한 효과를 발휘하여, 종종 관세와 할당은 '동등한' 것으로 언급되었다.

이번 장에서는 불완전경쟁 상황 — 자국 독점 또는 외국 독점 — 을 가정하여 완정경쟁에서의 결과와 비교해보았다. 자국 독점 상황에서 관세와 할당의 효과는 서로가 크게 달랐다. 관세부과 후 (세계시장이 경쟁적임에 따라) 자국 독점기업은 관세만큼 가격을 인상시킬 수 있으나, 독점력을 발휘할 수는 없다. 그러나 수입할당이 부과되는 경우, 자국기업은 '격리된' 시장에서 활동하기 때문에 관세부과의 경우 가격보다 더 높은 가격을 부과할 수 있다. 따라서 수입할당으로 인해 자국 소비자들은 관세부과의 경우보다 더 높은 비용을 지불하게 되고, 불완전경쟁 상황에서 이 두 조치들은 더 이상 '동등한' 것이 되지 않는다.

외국 독점 상황의 분석 결과들은 앞선 장에서 살펴본 대국의 경우와 비슷하다. 관세부과 후 외국 독점기업이 받는 가격은 떨어지게 되고, 자국 소비자들이 지불하는 가격은 관세 수준보다는 덜 증가하게 된다. 자국 가격의 증가와 외국 가격의 감소 사이에서 관세는 배분이 되고, 자국 수입업자들은 교역조건 이득을 얻게 된다. 작은 수준의 관세에서는 교역조건 이득이 자중손실을 초과하여 자국은 관세로부터 이득을 얻게 된다. 따라서 이러한 결과들을 통해 우리는 전략적 무역정책으로서 관세부과가 외국기업의 희생으로 자국에 이익이 된다는 사실을 알게 되었다.

외국 독점에 대응하여 부과되는 관세의 특별한 사례는 외국기업이 차별 독점을 하면서 해당 지역(외국 시장)에서 부과하는 가격보다 더 낮게 자국 시장(수출 시장)에서 판매하는 덤핑 행위를 할 때 발생한다. 덤핑이 발생할 때, 수입국은 WTO 규범에 근거하여 반덤핑관세라고 불리는 관세를 부과할 수 있다. 반덤핑관세 부과 이후, 원칙적으로는 (외국 독점기업에 대응하여 관세가 부과되기 때문에) 외국기업이 가격을 낮추어 자국이 관세로부터 이득을 얻을 것으로 기대할 수 있다. 그러나 이러한 관세가 부과되는 방법의 특별한 점으로 인해 반덤핑관세로부터 자국이 얻는 잠재적 이득은 실제로는 잘 발생하지 않는 것으로 논의하였다. 대신에, 반덤핑관세에서 기대되는 결과는 관세가 아직 부과되지 않은 상황에서도 외국 수출기업들이 가격을 인상시켜 자국이 손실을 볼 수도 있다는 것이다. 이러한 손실 때문에 전략적 무역정책으로서의 반덤핑관세 부과는 효과적이지 못하다.

이번 장에서 논의된 또 다른 주제는 유치산업보호론이다. 여기에서 총 4개의 산업들이 유치산업보호의 사례로 다루어졌다. 이는 미국과 중국의 태양전지판, 미국의 할리-데이비슨 오토바이, 브라질의 컴퓨터, 중국의 자동차 산업이다. 미국과 중국 양국은 태양전지판 생산과 판매에 대해 다양한 종류의 보조 정책을 펼쳐왔고, 최근 미국은 중국산 수입제품에 대해 반덤핑상계관세를 부과하였다. 전 세계적으로 태양전지판 산업은 과잉설비문제를 안고 있고, 양국의 기업들은 파산하게 되었다. 따라서 어떠한 국가든, 실행되었던 정책으로 인해 기업들이 장기적으로 이윤을 얻었다라고 단정하기 어렵다. 1980년대 미국의 할리-데이비슨 오토바이 회사를 보호하기 위하여 부과된 관세의 경우, 이 회사가 결국 시장에서 살아남아서 이윤을 얻게 되었기 때문에 성공적인 조치가 된 것으로 평가받는다. 브라질의 컴퓨터 산업에서 1980년대 수입금지 조치는 성공적이지 못하였는데, 이는 보호로 인해 세계 선도기업들로부터의 학습 기회를 놓쳐, 브라질 기업들이 이들과 동일한 수준의 생산 효율성과 경쟁가격을 가질 수 없었기 때문이다. 마지막으로, 중국 자동차 산업의 경우 그간 급속히 성장하여 유럽의 생산량을 추월하였으나 여전히 25%의 관세가 부과되고 있어, 이것이 유치산업보호조치의 성공사례인지 여부를 판단하기에는 아직 이르다. 게다가, 중국 소비자들의 급격한 소득 증가는 관세 못지않게 최근 자동차 산업의 생산과 판매에 중요한 요인이 되고 있다.

핵심 내용

1. 자유무역 이후 소국의 독점기업은 완전경쟁에서와 같이 행동하여 한계비용과 똑같은 수준으로 가격을 부과한다. 따라서 수입 경쟁으로 인해 자국기업의 독점력은 사라지게 된다.

2. 자국기업이 독점일 때 수입할당 효과는 관세와 동일하지 않다. 할당은 수입량을 제한하는 것이기 때문에 자국 독점기업은 관세의 경우보다 더 높은 가격을 부과할 수 있고, 이로 인해 소비자들은 더 높은 비용을 치르게 된다.

3. 외국 독점기업에 대해 관세가 부과될 경우, 분석 결과들은 앞선 장에서 살펴본 대국의 경우와 비슷하다. 수입국 소비자의 시장 지불 가격은 관세부과액보다는 적게 인상되고, 외국 독점기업이 받는 관세 제외 가격은 하락하게 된다. 따라서 관세는 자국 가격 인상과 외국 가격 하락 사이에서 배분되고, 자국은 교역조건 이득을 얻는다.

4. 덤핑은 외국기업이 해당 지역의 국내가격 또는 평균 생산비용보다 낮게 수출품 가격을 매길 때 발생한다. 만약 수출품 가격이 기업의 한계비용보다 더 높다면, 덤핑행위는 기업에게 이윤을 가져다준다. 덤핑은 외국기업이 차별적 독점기업과 같은 행동을 할 때 관찰될 수 있다.

5. 수입 국가들은 수입품에 반덤핑관세를 부과하여 덤핑행위에 대응한다. 반덤핑관세는 외국기업의 해당 지역 가격(또는 평균비용)과 수출가격 간의 차이로 계산된다. 반덤핑관세를 줄이거나 회피하기 위하여 외국기업들은 수출품 가격을 인상시킬 수 있다. 수출품 가격인상은 수입국의 교역조건 손실로 나타나게 되고, 외국기업의 가격전략이 반덤핑관세 수준을 정하는 데 영향을 미칠 수 있기 때문에 발생한다.

6. 미국을 포함하는 많은 국가들은 긴급수입제한관세보다는 반덤핑관세를 훨씬 더 많이 실행하고 있다. 국내기업들에는 덤핑 청원이 훨씬 더 쉽고, 많은 경우 청원 자체로 인해 외국 가격이 올라가고 국내기업에 대한 경쟁이 감소하게 된다. 또한 미국 내 반덤핑에 대한 과도한 청원건수로 인해 다른 국가들도 자체적으로 덤핑 기소를 하는 것으로 대응하고 있다.

7. 유치산업은 향후 세계 가격으로 기업이 경쟁하기 위하여 현재에는 보호가 필요한 산업을 지칭한다. 정부가 일시적으로 관세를 부과할 경우, 기업 또는 산업의 생산비용은 학습효과를 통해 전반적으로 낮아지게 될 것이고, 따라서 미래에는 세계 가격으로도 경쟁을 할 수 있을 것으로 기대할 수 있다.

핵심 용어

가격차별(price discrimination)
긴급수입제한 관세(safeguard tariff)
덤핑(dumping)
독점력(market power)
반덤핑관세(antidumping duty)

상계관세(countervailing duty)
시장실패(market failure)
약탈적 덤핑(predatory dumping)
외부성(externality)
유치산업(infant industry)

전략적 무역정책(strategic trade policy)
지식파급효과(knowledge spillover)
차별독점(discriminating monopoly)
한계수입(marginal revenue)

연습문제

1. 그림 8-1은 완전경쟁(가격 P^C)과 독점(가격 P^M) 상황에서 개방 이전의 자국 균형을 나타내고 있다. 다음 문제에서는 이 두 가지 상황의 자국 소비자 후생을 비교해보고자 한다.

   a. 가격이 P^C인 완전경쟁의 소비자 잉여와 생산자 잉여를 나타내는 삼각형을 각각 표시하라. 자국 전체 잉여(소비자 잉여와 생산자 잉여의 합)의 넓이를 나타내어라.

   b. 가격이 P^M인 독점의 소비자 잉여를 나타내는 삼각형을 표시하라.

   c. 생산자 잉여는 독점기업의 이윤과 같다. 이를 측정하기 위하여 그림 8-1에서 MR 곡선과 MC 곡선이 교차하는 지점에 B'을 표시하라. 0과 Q^M 사이의 판매량에 대하여 한계비용은 MC 곡선에 따라서 B'까지 증가한다. 독점기업은 이들 각 판매량에 대하여 가격인 P^M과 MC의 차이만큼 이윤을 얻는다. 생산자 잉여 또는 이윤으로서 가격과 MC 간의 차이를 표시하라.

   d. 자국 독점 상황에서 자국 전체 잉여의 넓이를 나타내어라.

   e. 상기 (a)와 (d)에서 답한 내용들을 비교하고, 이 두 넓이 간의 차이를 나타내어라. 이러한 차이는 무엇으로 지칭되며 그 이유는 무엇인가?

2. 그림 8-2는 완전경쟁과 독점 상황(양 상황 모두 가격은 P^W)에서 자유무역(개방 후) 균형을 나타내고 있다. 다음 문제에서는 개방 전과 자유무역의 자국 소비자 후생을 비교해보고자 한다.

   a. 가격이 P^W인 완전경쟁에서 소비자 잉여와 생산자 잉여를 나타내는 삼각형을 각각 표시하라. 자국 전체 잉여(소비자 잉여와 생산자 잉여의 합)의 넓이를 나타내어라.

   b. 이번 문제의 (a)번과 앞선 1번 문제의 (a)번에서 답한 내용들을 바탕으로, 완전경쟁에서 자유무역으

로 인한 이득의 넓이를 나타내어라.

   c. 여전히 가격이 P^W인 독점 상황에서 소비자 잉여와 생산자 잉여를 나타내는 삼각형을 각각 표시하라.

   d. 이번 문제의 (c)번과 앞선 1번 문제의 (d)번에서 답한 내용들을 바탕으로, 자국독점에서 자유무역으로 인한 이득의 넓이를 나타내어라.

   e. 상기 (b)번과 (d)번에서 답한 내용들을 비교해보라. 즉 무역으로 인한 이득의 크기는 어떤 것이 더 큰가? 그리고 그 이유는 무엇인가?

3. 자국 후생의 크기에 따라 다음 내용들의 순위를 매기고 이유를 설명하라. 만약 두 내용의 순위가 동일하다면, 그대로 표기하면 된다.

   a. 완전경쟁에서 소국이 t의 관세를 부과

   b. 자국독점에서 소국이 t의 관세를 부과

   c. 자국독점에서 소국이 관세를 부과한 후의 수입량과 동일한 M의 할당을 부과

   d. 외국독점을 대응하는 국가에서 t의 관세를 부과

4. VER 기간 동안의 일본산 수입자동차 가격 자료(그림 8-5)를 참고하여, 다음 문제에 답하라.

   a. 1980~1985년 일본산 수입자동차의 가격 구성요소 중에서 가장 크게 상승한 것은 무엇인가?

   b. 만약 VER 대신에 미국이 일본산 수입자동차에 (수입량은 동일한 수준이 되도록) 관세를 부과하였다면, 그림 8-5와 그림 8-6이 어떻게 보였을지에 대해 그림을 그려보라. 즉 관세부과와 VER 상황에서 수입가격과 미국 시장 가격이 어떻게 될지에 대해 서로 비교하라.

   c. 관세 또는 VER 중 어떤 정책이 미국 소비자들에게 최소비용을 지불하게 할까?

5. 이번 문제는 외국 독점기업에 대응하는 수입국이 수입할당을 부과할 때의 효과를 분석하고자 한다. 그림

8-7에서 자국이 X_2의 수입할당을 부과하고 있다고 가정해보자. 따라서 외국기업은 이 이상 판매할 수 없다.

a. X_2의 수출 판매량을 달성하기 위하여 외국기업이 부과할 수 있는 가격의 최고치는 무엇인가?

b. 상기 (a)번에서 답한 가격에서 자국 소비자 잉여는 무엇인가?

c. 상기 (b)번에서 답한 소비자 잉여를 자유무역의 소비자 잉여와 비교하라. 따라서 할당으로 인한 소비자 손실을 그림 8-7에서 그려보라. 힌트 : 자국기업은 존재하지 않아 자국 생산자 잉여 또는 관세수입은 전혀 고려할 필요가 없음을 기억하자. 할당지대는 외국기업에 부여되는 것으로 가정하라.

d. 상기 (c)번에서 답한 내용을 바탕으로, X_2의 동일한 외국기업 판매량에서 자국에 더 큰 손실을 주는 조치는 관세 또는 할당 중 무엇인가?

6. 어느 한 상품의 수요곡선이 직선형태로서 다음과 같이 주어져 있다고 가정해보자.

$$P = 10 - Q$$

이를 바탕으로 다음 표를 완성하라.

수량	가격	총수입	한계수입
0			NA
1			
2			
3			
4			
5			
6			
7			
8			
9			
10			

a. 수요곡선과 한계수입곡선을 그려보라.

b. 한계수입곡선 또한 직선형태인가? 한계수입곡선의 기울기는 무엇인가? 이 기울기는 수요곡선 기울기와 비교하여 어떠한가?

c. 한계수입곡선은 수량의 특정구간에서 음(-)의 값은 가지는가? 왜 그런지 또는 왜 그렇지 않은지 설명하라.

7. 그림 8-7에 나타난 바와 같이 자국 생산이 없는 외국 독점의 상황을 고려해보자. A점의 자유무역 상태에서 자국 정부가 10달러의 관세를 부과하고자 한다.

a. 문제 6에서와 같이 만약 수요곡선이 직선형태라면, 한계수입곡선의 모양은 어떠한가?

b. 관세부과로 인해 자국의 관세 포함 가격은 얼마만큼 증가하는가? 그리고 외국기업이 받는 관세 제외 가격은 얼마만큼 하락하는가?

c. 관세부과의 후생효과를 논하라. 어떠한 조건에서 자국의 후생이 증가하는지를 그래프를 그려 설명하라.

8. 자국기업이 외국시장에 진출할지 여부를 고민하고 있는 상황을 가정해보자. 자국기업의 비용과 수요는 다음과 같다.

고정비용	=	$140
한계비용	=	개당 $10
해당 지역(자국시장) 가격	=	$25
해당 지역(자국시장) 수량	=	20
수출가격	=	$15
수출 수량	=	10

a. 기업이 해당 지역에서만 판매를 할 경우, 총생산비용을 계산하라.

b. 기업이 해당 지역에서만 판매를 할 경우, 평균생산비용은 무엇인가?

c. 기업이 해당 지역에서만 판매를 할 경우, 이윤을 계산하라.

d. 자국기업은 외국시장에 진출해야 하는가? 그 이유에 대해 간단히 설명하라.

e. 기업이 해당 지역과 외국시장 모두에서 판매를 할 경우, 이윤을 계산하라.

f. 자국기업은 덤핑행위를 하고 있는가? 간단히 설명하라.

9. t의 반덤핑관세부과 위협에 대응하여 외국 독점기업이 가격을 t만큼 인상시키는 상황을 고려해보자.

   a. 자국 손실을 그림을 그려 설명하라.
   b. 상기의 손실과 외국 독점기업에 대응하는 자국이 t만큼의 긴급수입제한 관세를 부과하여 얻는 손실을 비교하라.
   c. 상기 (a)번과 (b)번의 답안 내용을 근거로, 왜 반덤핑관세 청원건수가 더 빈번한지에 대해 설명하라.

10. 유치산업보호조치의 시행을 정당화하기 위하여 시장실패를 거론해야 하는 이유는 무엇인가?

11. 양(+)의 외부성이란 무엇인가? 유치산업보호의 잠재적 근거로서 지식파급효과의 논의를 설명하라.

12. 만약 유치산업보호조치를 실행하는 것이 정당하다면, 자국은 관세를 부과하는 것이 더 나은가? 아니면 할당을 부과하는 것이 더 나은가? 그 이유는 무엇인가?

13. 그림 A, B, C는 차드 바운이 작성한 "The Pattern of Antidumping and Other Types of Contingent Protection"(World Bank, PREM Notes No. 144, 2009년 10월 21일)에서 발췌되었고, 동 저자는 2012년의 "Global Antidumping Database"(http : //econ. worldbank.org/ttbd/에서 이용 가능)에서 이를 업데이트하였다.

   a. 그림 A는 긴급수입제한조치(SF), 대중국 긴급수입제한조치(CSF), 반덤핑관세(AD), 보조금상계관세(CVD)(외국기업들이 정부로부터 보조금을 받았을 때 부과되는 관세이고, CVD는 이들이 수입국가에서 가격을 낮추는 것을 방지함)를 포함하는 무역구제조치의 신규 개시 건수를 나타내고 있다. 각각의 막대그래프는 2007년 1분기부터 2012년 1분기까지 각 분기별(등) 신규 개시 건수를 나타낸다. 이 건수들은 개도국과 선진국 그룹으로 각각 구분되어 나타난다. 2007년 이후 이러한 건수에 무슨 일이 있었는지를 이 그래프는 어떻게 나타내고 있는가? 이러한 추세의 원인은 무엇인가?

   b. 그림 B는 WTO 회원국들의 긴급수입제한조치(SF) 관세 개시 건수를 나타내고 있다. 1995년 이후 긴급수입제한조치 건수가 높은 3개 연도는 무엇인가? 이러한 증가의 원인은 무엇인가?(힌트 : 이 기간 동안 미국의 경기순환을 고려해보자.)

   c. 그림 B에 따르면, 2002년 경우 WTO 회원국들이 긴급수입제한조치를 가장 많이 도입한 해였다. 그 해에 얼마나 많은 조치가 도입되었으며, 이번 장에서 논의되었던 미국의 긴급수입제한조치는 무엇인가?

   d. 그림 C는 2007년 1분기부터 2012년 1분기까지 각 분기별 반덤핑관세(AD)의 신규 개시 건수를 나타내고 있다. 이들 건수들을 긴급수입제한조치(SF), 대중국 긴급수입제한조치(CSF), 반덤핑관세(AD), 보조금 상계관세(CVD)를 모두 포함하는 그림 A와 비교해보라. AD 건수와 비교하여 SF, CSF, CVD의 총 건수에 대해 어떠한 결론을 내릴 수 있는가?

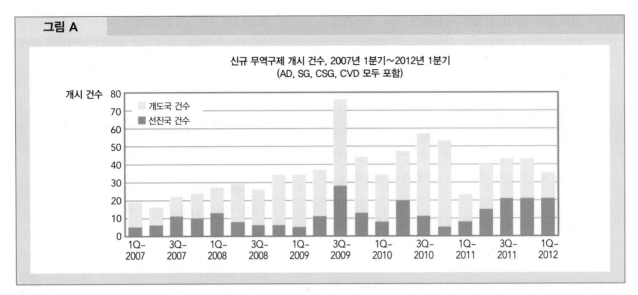

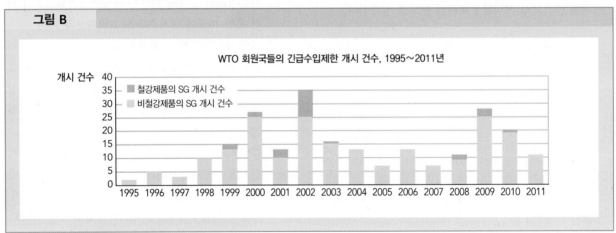

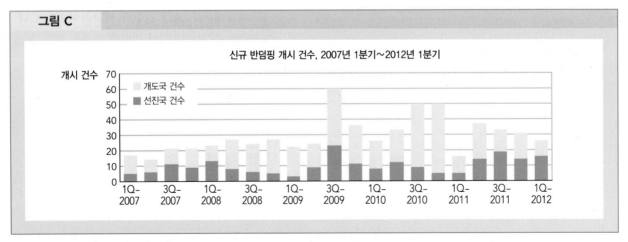

출처 : Bown, Chad P., 2009, "The Pattern of Antidumping and Other Types of Contingent Protection," World Bank, PREM Notes No. 144, 21 October에서 자료를 발췌. 이후 이 자료는 Bown, Chad P.,(2012) "Global Antidumping Database"(http://econ.worldbank.org/ttbd/에서 이용 가능)에서 업데이트되었다.

국제협정 : 무역, 노동, 환경

> 시애틀은 폭동이 일어났고, 그들은 우리를 진압하려고 했다.
> 그러나 가스와 경찰봉으로 인해 우리는 드러내 보일 수 없었다.
> 단지 들어 주기만을 원하는 수많은 비무장 군중들.
> 그러나 우리의 말을 들어주길 원하는 세계 지도자들은 그 어디에도 없다.
>
> 펑키록 밴드 그룹인 안티플래그가 부른 "Seattle Was a Riot"의 가사내용, 1999년

> 이제 우리는 중요한 내용이 많이 포함된 것으로 여겨지는 코펜하겐 의정서를 채택한다. … 그러나 의정서는 법적으로 강제적이지 않다. 지금 현재 단계에서 의정서는 선진국들에게 개별적인 목표들을 강요하지 않는다. 현재 단계에서 의정서는 주요 개도국들이 무엇을 해야 할지를 구체화하고 있지는 않다.
>
> 유엔 기후변화협약 사무총장 이보 드 보어, 2009년 12월 19일

1999년 워싱턴 주 시애틀에서 전 세계 정책당국자들은 세계무역기구(WTO) 체제 아래 무역협상의 다음 단계를 논의하기 위해 모였다. 그러나 거리를 가득 채운 시위대의 방해로 인해 회의는 원래의 목적을 달성할 수가 없었다. 그 당시 시위는 (위에서 언급된 "Seatle Was a Riot"의 노래가사처럼) 폭력적으로 변했다. 예상치 않게 시위대에는 수많은 사람들이 몰렸다. 관세와 무역에 관한 일반협정(GATT)이 형성된 1947년 이래로 무역환경개선에 대한 논의를 지속적으로 해왔으나, 이와 같이 조직화된 시위가 발생한 적은 그 전에 한 번도 없었다. WTO를 반대하는 이러한 시민운동을 어떻게 설명할 수 있을까?

과거의 협상 라운드에서 GATT와 현재의 WTO는 회원국들을 대상으로 대부분의 품목에서 성공적으로 관세를 낮추었다. 이제 WTO에게 남겨진 무역장벽 과제는 관세 이외의 이슈로서, 무역과 간접적으로 연계된 국가적 이익과 관련이 깊다. 이러한 이슈들 중 하나가 바로 환경이다. 대부분의 국가들은 살충제 사용 또는 유전자변형유기체, 기업의 대기오염배출 허용 정도, 재생가능 또는 재생불가능 재료의 생산 등과 같은 환경 이슈들을 다루는 법을 가지고 있다. 필연적으로, 이러한 법률의 일부는 국제무역에도 영향을 미칠 것이고, 이것이 바로 WTO가 관여하고 있는 부분이다. 우루과이 라운드 협상(1986~1994) 결과, WTO는 강화된 규범을 통해 각국 법이 국제무역에 영향을 미칠 수 있는 정도를 통제할 수 있다. 비합리적인 환경 표준으로 인해 해외시장에서 배척당했다고 믿는 회원국은 WTO(제네바 소재)에 이를

1999년 워싱턴 주 시애틀에서 개최된 세계무역기구 회의의 반대 시위에서 환경운동가들은 최근 WTO 규범에 의해 영향을 받은 거북이와 다른 멸종위기 종의 의상을 입었다.

제소할 수 있으며, 이후 WTO는 분쟁해결기구의 패널 구성을 통해 판결을 내려야 한다. 원칙적으로 회원국은 이러한 패널의 판결결과를 강제적으로 이행해야 한다.

환경규제와 관련된 WTO의 새로운 규범들은 미국과 다른 국가들의 시민단체들을 격분하게 만들었다. 시애틀 회의가 시작되기 전 환경단체들은 노동단체, 종교단체, 제3세계 단체 등과 같이 WTO가 조직의 이익을 침해할 것이라고 믿는 단체들과 연합하였다. 또한 (보수집단에서 무정부주의자들까지) 다양한 종류의 정치단체들은 제네바의 WTO 패널이 미국 규제에 영향을 미칠 수 있는 규범을 만드는 것에 대해 탐탁지 않게 생각하였다. 이들 단체들은 시애틀에 다 같이 모여 WTO에 대한 불만의 목소리를 전했다. 환경단체들은 돌고래, 거북이 등 최근 WTO의 새로운 규범에 의해 멸종위기에 처한 동물들의 의상을 입었다. 이렇게 코스튬을 한 시위자들이 철강노동자들과 서로 팔짱을 낀 채 행진하는 모습은 WTO 반대시위에 있어서 전적으로 새로운 모습을 연출하였다.

환경 관련 시위는 10년 후인 2009년 12월 덴마크 코펜하겐에서 개최된 회의에서도 나타났다. 코펜하겐 기후 정상회담으로 명명되는 이 국제회의를 통해 각국은 온실가스 배출 감축량을 강제적으로 설정하기로 예정하였다. 수천 명 이상이 집회에 참석하여 수백 명의 시위자들이 체포되었고, 일부는 북극곰과 판다곰 의상을 입으면서 지구온난화가 이들 동물 거주지를 위협하고 있음을 강조하였다. 이 정상회담에 대한 기대가 높았음에도 불구하고, 온실가스 배출감축에 대한 참가국들의 구속력 있는 공약을 만드는 것은 실패한 채 회의는 마무리되었다. 이러한 내용은 이번 장 초반에 인용된 당시 유엔 기후변화협약 사무총장인 이보 드 보어의 연설에서도 확인할 수 있다.[1]

2009년 12월 코펜하겐 유엔 기후변화회담의 시위자들

이번 장에서는 WTO 체제의 무역협상들과 코펜하겐 기후회담의 환경협상과 같은 국제협정들이 왜 필요한지를 살펴보는 것을 목적으로 한다. 이를 위해 관세를 다루는 국제협정들이 필요한 이유를 먼저 소개할 것이다. 앞선 장에서도 논의되었지만, 대국의 수입관세 부과는 수입품의 지불가격에 영향을 미친다. 관세로 인해 대국 소비자들이 지불하는 수입가격은 인상되나, 외국 수출기업들이 받는 가격은 인하된다. 수출기업이 받는 가격의 인하는 곧 수입국의 교역조건 이득이다. 이번 장에서는 2개 또는 그 이상의 국가들이 **교역조건 이득**(terms-of-trade gain)을 취하기 위하여 다른 국가에 대해 관세를 부과할 때, 결국 모든 국가들이 손실을 보게 된다는 것을 보여주고자 한다. 한 국가의 교역조건 이득은 다른 국가의 (보복)관세부과로 상쇄되고, 결국 양국은 관세부과의 결과로 모두 손실

---

1 코펜하겐 기후회담이 끝난 뒤 2개월 후에 이보 드 보어 사무총장은 자리에서 물러났다.

을 보게 되는 처지가 된다.

이러한 손실을 피하기 위하여 관세를 낮추고 자유무역을 하기 위한 국제협정들이 필요하다. 이러한 국제협정들은 몇몇 형태로 나눌 수 있다. 사실 WTO는 많은 국가들이 여기에 참여하면서 이들 간의 관세를 낮추기 위한 협정내용을 가지고 있기 때문에 그 자체로 대표적인 **다자간 협정**(multilateral agreement)이라 할 수 있다. 또한 종종 가까이 있는 몇몇 국가들이 참여하는 작은 규모의 **지역무역협정**(regional trade agreement)들이 있다. 북미자유무역협정(NAFTA)과 유럽연합(EU) 모두 참여국 간의 자유무역을 실현하기 위한 지역무역협정의 사례들이다. 최근 사례로는 중국-아세안 자유무역지대의 실현을 위한 중국과 동남아시아국가연합(ASEAN) 간 협정을 들 수 있다. 2010년 1월 중국과 아세안 6개 회원국들(브르나이, 인도네시아, 말레이시아, 필리핀, 싱가포르, 태국)은 협정을 통해 거래되는 상품의 90%에서 관세를 제거하기로 하였고, 2015년 즈음에는 나머지 4개 회원국들(캄보디아, 라오스, 미얀마, 베트남)이 여기에 참여하기로 하였다. 이러한 아시아 무역자유지대에는 19억의 인구 또는 전 세계 인구의 1/4 이상이 살고 있다. 경제적인 관점에서 이는 유럽연합(5억 인구)과 NAFTA(4억 4,400만 인구) 이후 전 세계에서 가장 큰 무역자유지대라 할 수 있다.

광활한 지역에 걸쳐 많은 신규 지역무역협정들이 현재에도 추진 중에 있다. 환태평양경제동반자협정(TPP)은 호주, 브르나이, 칠레, 캐나다, 일본, 말레이시아, 멕시코, 뉴질랜드, 페루, 싱가포르, 미국, 베트남, 한국 간에 제안되어 현재 진행 중인 자유무역협정이다. 범대서양무역투자동반자협정(TTIP)은 미국과 유럽연합 간에 제안되어 현재 진행 중인 자유무역협정이다. 유럽-일본 자유무역지대도 또한 고려 중에 있다. 이렇게 진행 중인 모든 자유무역지대들은 WTO 협상인 도하 라운드의 실패에서 기인되었다. 마지막 장에서도 살펴보겠지만, 도하 라운드는 농업 관세와 보조금 이슈로 인해 시작되었다. 비록 환태평양, 범대서양, 유럽-일본 자유무역지대 논의에서도 이들 정책 집행에 대한 협상의 어려움이 여전히 존재하지만, 도하 라운드와 같이 159개의 모든 WTO 회원국들이 협상에 참여하는 것보다는 훨씬 쉬울 것으로 기대한다.

관세철폐에 더하여, 지역과 다자간 무역협정들은 종종 좀 더 넓은 범위의 이슈를 다루고 있다. 예를 들어, NAFTA 협정에서는 2개의 '부가적 협정들'이 있다. 하나는 역내국 노동자 권리에, 다른 하나는 환경에 관한 것이다. 이번 장에서는 먼저 NAFTA와 다른 노동관련 협정들이 얼마만큼 노동자 권리를 잘 다루고 있는지를 살펴보고, 그 후 환경 관련 국제협정들을 살펴보도록 하겠다. WTO의 규범들은 환경에 간접적인 영향을 미치는데, 이는 곧 시애틀에서 많은 시위자들이 우려했던 부분이다. 그러나 미수에 그친 코펜하겐 기후 회담과 이의 선도격인 교토의정서와 같은 또 다른 국제협정들은 보다 더 직접적인 영향을 미친다. 이들 협정 모두 전 세계적으로 이산화탄소 배출을 줄이고 지구온난화를 늦추는 것을 목표로 하였다. 이번 장에서는 이산화탄소와 같은 '지구적' 공해물질을 유발하는 경제적 활동의 환경비용을 각국이 완전히 인식하고 있지 않다는 점을 논의하고자 한다. 따라서 각국이 이러한 환경비용을 인식하기 위해 국제협정이 필요하다는 점을 보이고자 한다. 비록 목표를 달성하는 것이 어렵기는 하지만, 이러한 협정들은 전 세계적인 최대 관심사가 되고 있다.

1 국제무역협정

국가들이 서로 무역장벽을 낮추고자 할 때, 이들은 **무역협정**(trade agreement, 무역제한조치들을 낮추거나 또는 제거하자는 약속)을 맺는다. 다자간 무역협정은 많은 무역협정 '라운드'를 진행해 온 WTO 회원국들과 같이 많은 수의 국가들 간에 발생한다. WTO의 **최혜국대우 원칙**(most favored nation principle)에 따르면, 다자간 협상에서 협의한 관세 인하는 모든 WTO 회원국들에게 동일하게 적용해야 한다(7장의 **보조 자료 : GATT의 주요조항**에서 1조의 내용 참조). WTO에 가입한 국가들은 모든 회원국들에게 적용되는 낮은 관세를 누리지만, 자신의 관세 또한 낮추어야 한다.

이번 절에서 먼저 분석하겠지만 WTO는 다자간 무역협정의 한 예이다. 다자간 무역협정의 필요성을 설명하기 위하여, 전 세계에는 협정에 참여하는 두 국가만이 존재한다고 단순하게 가정해보자. 그러나 여기서의 이론 결과들은 많은 국가들이 존재할 때도 그대로 적용이 가능하다. 다자간 협정의 중요한 특징은 어떤 국가도 협정에서 제외되지 않는다는 점이다.

다자간 협정에 대한 분석 이후부터는 몇몇 국가들만이 참여하는 지역무역협정을 분석할 것이고, 그 결과가 다자간 무역협정과는 다르다는 사실을 독자들은 발견하게 될 것이다. 지역무역협정이 체결되면, 참여국(역내국)들은 서로 간의 관세를 제거하는 것에는 동의하지만, 비참여국(역외국)들에 대한 관세는 줄이지 않는다. 예를 들어, 미국은 이스라엘, 요르단, 칠레와의 협정을 포함하는 지역무역협정들과 더불어, 중미 국가들과 도미니카 공화국과의 무역협정(CAFTA-DR 협정으로 명명)을 맺었으며, 한국, 파나마, 콜롬비아와 신규로 협정을 맺을 계획을 가지고 있다.[2] 남미에서는 아르헨티나, 브라질, 파라과이, 우루과이, 베네수엘라가 메르코수르(MERCOSUR)라고 명명되는 자유무역지대에 속해 있다. 사실, 전 세계적으로 200개 이상의 자유무역협정들이 존재하고 있고, 일부 경제학자들은 이들이 다자간 무역자유화를 추진하는 핵심 주역인 WTO를 위협하고 있다고 생각한다.

다자간 무역협정의 논리적 근거

다자간 무역협정의 효과를 분석하기에 앞서, 먼저 완전경쟁 상황에서 대국의 관세부과 효과를 복습해보도록 하자.

대국의 관세부과 그림 9-1에서는 앞선 장에서 이미 살펴보았던 대국(자국)의 관세 효과를 나타내고 있다. 앞선 장에서도 보았지만, 그림 9-1에서 관세로 인해 소비자와 생산자 손실 합

---

2 이들 국가들과의 자유무역협정들은 조지 부시 대통령이 2009년 1월 퇴임하기 전에 협상이 완료되었으나, 의회에서 승인받지는 못했다. 오바마 대통령은 2010년 1월 27일의 연두교서에서 "우리는 한국, 파나마, 콜롬비아와 같은 핵심 파트너들과 함께 아시아와의 무역관계를 강화할 것입니다."라는 내용으로 이들 협정들을 언급하였다.

인 $(b+d)$의 넓이로서 자국이 자중손실을 보게 된다. 뿐만 아니라, 관세부과 후 외국 가격의
감소분 $(P^W - P^*)$과 자국 수입량인 $(D_2 - S_2)$와의 곱으로 측정되는 e의 넓이만큼 자국은 교역조
건 이득을 얻게 된다. 만약 자국이 최적관세를 부과한다면, 교역조건 이득은 자중손실을 초과
하여 $e > (b+d)$가 된다. (b)는 여타 세계국가들(2개국 모형의 경우 외국)의 상황을 나타낸다.
자국의 관세부과 후, 외국은 자유무역 때보다 비효율적으로 낮은 수출량으로 인해 f만큼의
자중손실을, 수출가격의 하락으로 인해 e만큼의 교역조건 손실을 얻게 된다. 즉 자국의 교역
조건 이득은 e만큼의 외국 교역조건 손실과 f만큼의 외국 자중손실의 대가로서 나타난다.

보수행렬 완전경쟁 상황에서 대국 관세의 후생효과에 대한 상기 분석결과는 또 다른 새로운
결과를 도출하는 데 활용될 수 있다. 비록 앞선 분석결과에서 대국이 관세를 적당히 부과하
는 것이 최적이라고 했지만, 이는 다자간의 전략적 상호작용을 무시하고 있는 맹점이 있다.
만약 모든 국가들이 관세를 적당히 부과한다고 해도, 각각의 국가에게 이는 여전히 최적의
행동이라 할 수 있을까? 이를 분석하기 위해 관세부과 여부에 대한 전략적 선택을 모형화하
는 게임이론을 활용하여, 각국의 관세 수준에 대한 내쉬(nash)균형 결과를 결정지을 수 있는
보수행렬을 사용해보도록 하자. 내쉬균형은 각각의 게임 참여자가 상대방 행동에 대응하여
최적 행동을 취할 때(즉 최고 수준의 보수를 추구할 때) 발생한다.

그림 9-1

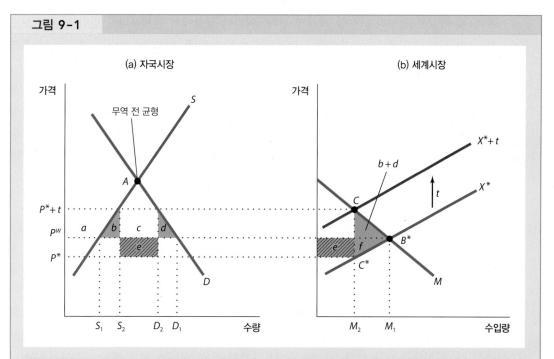

대국의 관세부과 관세로 인해 수출공급곡선은 X^*에서 X^*+t로 이동하게 된다. 그 결과, 자국 가격은 P^W에서 P^*+t로 인상되
고, 외국가격은 P^W에서 P^*로 감소한다. 자국은 삼각형 $(b+d)$의 넓이만큼 자중손실을 얻게 되나 e의 교역조건 이익을 또한 얻는
다. 외국은 $(e+f)$만큼 손실을 얻어, 전 세계 후생의 순손실은 삼각형 $(b+d+f)$가 된다.

　　그림 9-2는 자국과 외국(양국 모두 대국)의 보수행렬을 나타내고 있는데, 각각의 행과 열에서는 타국의 행동에 대응하여 관세를 부과할지 여부의 결정 상황을 표현한다. 행렬 내 각 사분면에서 왼쪽 아랫부분의 경우 자국의 보수를, 오른쪽 윗부분의 경우 외국의 보수를 나타낸다. 먼저 자유무역 상황의 후생 결과에서 시작하여, 관세부과 후 자국 또는 외국의 후생 변화를 살펴보는 것으로 분석을 하겠다. 또한 편의상 두 국가는 동일한 규모를 가지며, 따라서 이들의 보수는 대칭적인 것으로 가정하겠다.

자유무역　만약 두 국가 모두가 관세를 부과하지 않는다면, 이는 곧 2사분면에서 나타난 바와 같이 자유무역의 상황이다. 편의상 두 국가 모두 자유무역을 할 때의 보수는 0으로 기입하도록 하고, 다른 상황의 보수들은 둘 다 자유무역을 할 때와 비교하여 상대적으로 측정토록 하겠다.

관세　첫째, 자국이 관세를 부과하나 외국은 그렇지 않는 경우를 고려해보자. 그러면 둘 다 자유무역을 할 때와 비교하여 자국 보수는 $e-(b+d)$가 되고(최적관세로 인해 양의 값이 됨) 외국 보수는 $-(e+f)$가 되어, 교역조건과 자중손실이 앞서 살펴본 바와 같이 된다. 이때 각국의 보수는 행렬의 3사분면에서 나타나는 바와 같다. 이제 외국이 관세를 부과하고 자국이 그렇지 않는 경우를 살펴보자. 자국과 외국이 규모가 같다고 가정했기 때문에, 이들은 관세부과 후 똑같은 잠재적 보수를 가지게 된다. 이러한 상황에서 관세부과로 인한 외국의 보수는 $e-(b+d)>0$이고, 자국 보수는 $-(e+f)$의 손실이 된다. 이들 두 보수는 행렬의 1사분면에 나타나 있다.

　　마지막으로, 양국이 모두 최적관세를 부과하고 관세 수준이 같은 경우를 상정해보자. 이 경우 관세로 인해 각국이 얻는 교역조건 이득은 타국의 관세로 인한 교역조건 손실에 의해 상쇄되어 버린다. 따라서 아무도 교역조건 이득을 갖지 못하고, 양국은 자중손실만을 얻게 된다. 이러한 자중손실은 각국의 자체 관세로 인한 자중손실인 $(b+d)$와 타국 관세로 인한 자중손실인 f의 합으로 나타난다. 각국의 총 자중손실은 $-(b+d+f)$로서 행렬의 4사분면에 나타나 있다.

용의자의 딜레마　그림 9-2의 보수는 **용의자의 딜레마**(prisoner's dilemma)로 불리는 특수한 형태로 나타나고 있다. '용의자의 딜레마'는 두 명의 공범이 자신이 저지른 범죄에 대해 추궁당하는 과정에서 자백을 할지 여부를 고민하는 내용의 게임을 지칭한다. 이들 공범들은 구치소에 별도로 수감되어 있어서 서로 연락을 취할 수 없다. 만약 한 명이 자백을 하고 다른 한 명은 하지 않을 경우, 자백한 사람은 낮은 형량을 받게 되어 재판에서 유죄 선고를 받는 것보다는 더 큰 이득을 얻게 된다. 그러나 둘 다 자백할 경우, 모두가 최고 형량으로 교도소에 가게 된다. 이러한 패턴은 그림 9-2에서 각국이 자체적으로 관세를 부과할 유인을 가지고는 있으나, 만약 둘 다 부과할 경우 모두가 나쁜 상황에 처하는 것과 동일하다.

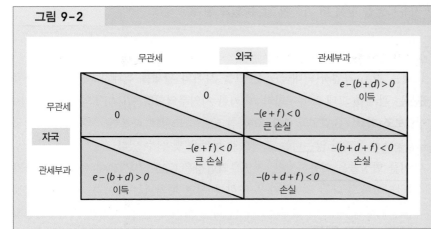

그림 9-2

관세게임의 보수 상기 보수행렬은 자유무역 상황(양국 모두 무관세인 2사분면)과 비교하여 자국과 외국의 후생을 나타내고 있다. 후생은 한 국가만이 또는 양국 모두 관세를 부과하는지 여부에 따라서 달라진다. 보수 구조는 양국 모두 관세를 부과할 때 손실을 보게 되고, 이때가 내쉬균형이라는 점에서 '용의자의 딜레마'와 비슷하다.

내쉬균형 그림 9-2에서 유일한 내쉬균형은 두 국가가 모두 관세를 부과하는 것이다(4사분면). 이 균형점에서 시작해볼 때, 여기서 만약 어느 한 국가가 관세를 철폐한다면, $(b+d+f)$의 손실 대신에 $(e+f)$만큼 손실을 보게 될 것이다. 각국이 혼자만 최적관세를 부과할 경우의 후생이 $e>(b+d)$이었으므로, 상기 $(e+f)$의 손실은 $(b+d+f)$의 손실보다 더 크다. 즉 둘 다 관세를 부과하고 있는 상태에서 어느 한쪽만이 관세를 철폐한다면, 그 국가는 오히려 후생이 더 나빠지게 된다. 이러한 결과로 인해 내쉬균형은 둘 다 관세를 부과하는 상황이 된다.

용의자 모두가 자백을 한 상황과 같이 양국이 모두 관세를 부과할 때의 결과는 좋지 않다. 양국 모두 자국 관세와 외국 관세로 인해 교역조건 이득 없이 자중손실만 얻는 피해를 보고 있다. 타국이 관세를 부과하는 주어진 상황에서 각자 최선의 행동을 한 결과로서 내쉬균형이 나타났지만, 결국 양쪽 모두에게 바람직하지 않은 결과가 되었다.

무역협정 이러한 바람직하지 않는 결과는 두 국가가 어떤 형태의 무역협정을 체결할 때 회피할 수 있다. 예를 들어, 앞선 장에서 부시 대통령이 승인한 철강 관세가 교역상대국들에게 문제가 되었을 때, WTO의 분쟁해결제도가 어떤 역할을 수행하였는지를 살펴본 바가 있었다. 유럽연합(EU)은 이 관세에 대응하여 WTO에 소송하였고, 판정 결과는 이것이 긴급수입제한 관세의 요건에 충족하지 않는 것으로 나타났다. 따라서 WTO는 유럽 국가들이 미국산 수입 제품에 관세를 부과하여 보복하도록 판정을 내렸다. 이러한 보복관세의 위협으로 인해 부시 대통령은 원래 계획보다 더 일찍 철강 관세를 철회하였고, 결과적으로 양국 모두 관세를 부과하는 상황에서 관세가 전혀 없는 상황으로 균형점이 이동하게 되었다.

따라서 WTO 체제는 관세 철폐의 유인을 제공함으로써 용의자의 딜레마 상황을 회피하게 만들었다. 결과는 그림 9-2의 보수행렬에서 원래의 내쉬균형인 4사분면이 아니라, 보다 선호되는 2사분면으로 나타나게 된다. 이와 같은 논리는 국가들이 WTO에 가입할 때도 동일하게 적용된다. 이들 국가들은 자국의 관세를 낮추도록 요구를 받으나, 다른 한편으로는 다른 WTO 회원국들의 낮은 관세도 보장받을 수 있다. 이러한 보장으로 인해 각국은 상호 간에 관세를 낮추고 자유무역을 향해 더 가까이 갈 수 있게 된다.

지역무역협정

지역무역협정을 맺을 경우 가입국(역내국)들은 그들 사이의 관세를 철폐하지만 비가입국들(역외국)에 대해서는 관세를 그대로 유지한다. 이러한 지역무역협정은 GATT의 24조에서 허용되고 있다(7장, **보조 자료 : GATT의 주요 조항** 참조). 이 조항에 따르면, 국가들은 역외국에 대한 관세를 공동으로 올리지 않는다는 조건으로 협정을 맺을 수 있다.

비록 GATT가 이들 협정들을 허용하지만, 지역무역협정은 GATT/WTO에 속한 모든 국가들은 동일하게 취급되어야 한다는 최혜국대우 조항과 정면 배치되는 것이다. 지역무역협정의 역내국들은 (무관세 혜택 때문에) 역외국보다 더 나은 상태가 된다. 따라서 지역무역협정은 역내국이 역외국보다 더 나은 대우를 받는다는 점을 강조하기 위하여 종종 **특혜무역협정**(preferential trade agreements)이라고도 명명된다. 이렇게 최혜국대우원칙을 위반함에도 불구하고, 지역무역협정은 국가들 사이의 무역장벽을 제거하는 것이 전 세계적 자유무역을 달성하는 하나의 방법이 될 수 있다는 명분으로 허용되고 있다.

지역무역협정은 기본적으로 두 가지 형태, 자유무역지대와 관세동맹으로 나눌 수 있다.

자유무역지대 자유무역지대(free-trade area)는 어느 한 국가 그룹이 이들 사이의 관세(또한 다른 무역장벽들)를 철폐하는 데 합의하고, 다른 국가들에 대해서는 앞서 가졌던 관세를 그대로 유지하는 협정을 말한다. 1989년 캐나다는 캐나다-미국 자유무역협정으로 알려진 미국과의 자유무역협정을 발효하였다. 이 협정으로 인해 양국의 관세는 향후 10년간 철폐되었다. 1994년 캐나다와 미국은 북미자유무역협정(NAFTA)으로 명명되는 멕시코와의 협정을 발효시켰다. NAFTA로 인해 이들 세 국가들 간에는 자유무역이 이루어졌다. 이들 국가들은 여전히 다른 역외 국가들에 대해서는 관세를 각각 독립적으로 유지하고 있다.

관세동맹 관세동맹(customs union)은 자유무역지대와 비슷하나, 동맹국 사이의 관세철폐뿐만 아니라 비동맹국에 대한 공동의 관세를 또한 부과한다는 점에서 차이가 있다. EU와 남미의 메르코수르가 바로 관세동맹의 예가 된다. EU의 모든 회원국들은 다른 비회원국들에 대해 동일한 관세를 부과한다. 이는 메르코수르 회원국들 또한 마찬가지이다.[3]

---

3 새로운 국가들이 EU 또는 메르코수르에 가입하게 될 때, 이들은 비회원국들에 대한 관세를 동맹 수준으로 조정해야 한다. 1962년 서독이 유럽경제공동체에 가입했을 때 발생했던 것처럼, 관세동맹으로 인해 비회원국에 대한 관세가 때때로 증가할 수도 있다. 미국산 수입품에 대한 유럽공동체의 관세와 부합하기 위하여 서독은 미국산 수입 가금류에 대한 관세를 인상시켰고, 이에 대한 보복으로 미국은 독일산 수입트럭과 다른 제품들에 대한 관세를 인상시켰다. 이 사례는 '치킨전쟁'으로 잘 알려지게 되었다. 미국이 부과하였던 25%의 수입트럭 관세는 미국 관세 항목상에서 영구히 지정되었고, 오늘날 일본산 수입 소형트럭에 부과되고 있다(앞선 장의 적용사례 : 미국의 일본산 자동차 수입 참조).

원산지규정 관세동맹과는 달리 역내국이 역외국에 대하여 공동의 관세를 부과하지 않는다는 사실로 인해, 자유무역지대는 명백한 문제점을 가진다. 예를 들어, 중국이 캐나다에 물건을 팔고 싶은 상황에서, 최저 관세가 부과되는 미국이나 멕시코에 먼저 상품을 수출한 후 캐나다로 운송하는 것을 어떻게 막을 수 있을까? 이에 대한 대답은 역내에서 무관세로 운송되는 상품의 종류를 특정화하기 위한 복잡한 **원산지규정**(rules of origin)을 자유무역지대가 설정하고 있다는 사실에서 찾을 수 있다.

예를 들어, 중국에서 멕시코로 들어가는 상품을 생각해보자. 만약 이 상품이 멕시코의 다른 상품과 결합된 신상품으로 분류되어 무관세 조건을 충족하는 '북미산 상품'이 되지 못한다면, 미국 또는 캐나다로 넘어갈 때 무관세 특혜를 받지 못한다. 따라서 중국 또는 다른 국가들은 북미시장에 상품을 팔기 위해 최저 관세를 부과하는 국가를 단순하게 선택할 수 없다. 이에 반해, 상품의 구성요소 중 대부분이 북미 국가 내에서 만들어졌다는 조건에서는 이들 국가들 사이에서 무관세로 이동할 수 있는 자격을 갖게 된다. 이러한 자격조건이 만족하는지를 결정하기 위하여, (모든 제품에 대하여) 원산지규정은 이 제품이 북미 내에서 얼마만큼이나 생산되었는지가 구체화되어야 한다(부가가치 또는 일부 핵심부품들의 사용 여부로 이것이 결정된다). 예상했겠지만, 모든 제품들을 대상으로 이러한 규정들을 구체화하기 위해서는 많은 양의 서류가 필요하고, NAFTA의 원산지규정은 협정문의 다른 내용들을 합한 것보다 더 많은 분량을 차지하고 있다!

관세동맹의 경우 모든 역내국이 역외국에 대해 동일한 관세를 부과하기 때문에 이러한 원산지규정을 필요로 하지 않는다. 역외국은 최저 관세를 가지는 국가에 먼저 수출할 유인이 없다. 그러면 왜 국가들은 원산지규정이 필요 없는 관세동맹을 맺지 않을까? 그 이유는 역외국에 대한 관세를 수정하는 것이 정치적으로 민감한 이슈가 되기 때문이다. 예를 들어, 미국은 섬유제품에 대해 캐나다와 멕시코보다 더 높은 관세를, 멕시코는 옥수수에 대해 더 높은 관세를 부과하기를 원할 수 있다. NAFTA 회원국들은 역외국에 대해 각각 상품의 관세를 각자 부과할 수 있다. 따라서 원산지규정이 복잡함에도 불구하고, 역외국에 대한 관세 수정이 없이 이들 세 국가들은 자유무역협정을 맺게 되었다.

이상 자유무역지대와 관세동맹 간의 차이를 살펴보았다. 지금부터는 이를 잠시 제쳐 두고, 자유무역지대 또는 관세동맹을 포함하는 지역무역협정의 주요 경제적 효과에 대해 보다 주목해보도록 하자.

무역창출과 무역전환

지역무역협정이 체결되고 역내국 간의 무역이 증가할 경우, 이는 두 가지 형태로 나누어진다. 첫 번째 형태는 **무역창출**(trade creation)로서 역내국이 원래는 자체 생산하였던 상품을 다른 역내국으로부터 수입할 때 발생한다. 이때 수입국 소비자 잉여는 (낮은 가격으로 많은 상품을 수입하기 때문에) 증가하고, 수출국 생산자 잉여 또한 (판매량 상승으로 인해) 증가한다. 이러한 무역 이득은 리카도 또는 헥셔-올린 모형에서 언급한 개방 후 이득과 동일하다.

헤드라인

중국-아세안 협정, 인도 수출기업을 위협하다

이 기사는 2010년 1월 발효된 중국-아세안 자유무역지대에 대한 내용을 다룬다.
중국과 아세안 국가들 간의 관세가 철폐됨으로써, 이 자유무역지대는 이들 국가들
시장에 대한 인도의 수출을 더 어렵게 만들었고, 이는 곧 무역전환의 사례가 된다.

베이징-중국과 동남아시아국가연합 간의 자유무역협정이 금요일에 발효됨에 따라 인도의 수출은 새로운 도전에 직면하게 되었다. 몇몇 아시아 국가들 간의 무관세에 가까운 무역으로 인해, 인도 기업은 물건을 판매하는 데 어려움을 겪게 될 것이다. 그간 인도는 현재 아세안의 대중국 수출 품목들을 포함하여 일부 상품들을 대상으로 교역 범위를 확대해왔다. 과일, 채소, 곡물이 이들 품목에 포함된다. 10~12%의 수입관세율이 부과되는 인도산 상품들은 아세안과의 극심한 경쟁에서 살아남기가 매우 힘들 것으로 보인다. 중국은 아세안산 수입상품의 관세를 평균 9.8%에서 0.1%로 인하시키고 있다. 아세안의 원조 회원국인 브루나이, 인도네시아, 말레이시아, 필리핀, 싱가포르, 태국 역시도 중국산 수입상품에 대한 관세율을 평균 12.8%에서 0.6%로 극적으로 인하시키는 데 합의하였다. 총 11개국이 관여하고 있는 이 신규 자유무역지대는 10억 9,000만 명의 인구규모와 총 6조 달러의 경제규모를 가지고 있다.

이러한 FTA의 성공적인 발효로 인해 뉴델리는 중국과 더불어 아세안 지역의 국가들과 비슷한 형태의 무역협정을 적극적으로 맺어야 하는 상황에 놓이게 되었다. 인도는 현재 중국을 포함한 몇몇 국가들과 무역협정을 논의하는 과정 중에 있다. 또한 뉴델리는 베이징과 과일, 채소, 바스마티 쌀의 공급에 대한 여러 협정에 서명하였다. 그러나 이들은 아직 발효가 되지는 않고 있다. 현재 인도 대중국 수출의 58%는 상품 부가가치가 매우 낮은 철광석으로 구성되어 있다. 인도는 제조업 상품, 과일, 채소를 포함하는 교역대상 품목을 확대하고자 노력해왔다. 그러나 이러한 노력은 아세안 상품이 이제 중국 소비자에게 훨씬 낮은 가격으로 제공되기 때문에 심각한 타격을 받을 것으로 보인다.

다른 역내국 또는 역외국들은 이전부터 해당 상품에 대한 무역이 전혀 없었기 때문에 아무런 영향을 받지 않는다. 따라서 무역창출은 관련된 두 국가에 후생 증가를 가져다준다.

지역무역협정 이후 무역 증가는 두 번째 형태인 **무역전환**(trade diversion)으로서 나타나는데, 이는 역내국이 원래는 역외국으로부터 수입했던 제품을 다른 역내국으로부터 수입할 때 발생한다. **헤드라인 : 중국-아세안 협정, 인도 수출기업을 위협하다**는 2010년 1월 발효된 중국-아세안 자유무역협정 이후 나타난 무역전환 효과의 사례를 보여주고 있다.

무역창출과 무역전환의 수치적 사례

무역전환의 가능성을 구체적으로 살펴보기 위하여, 여기서는 미국이 NAFTA 체결 이전에는 아시아에서 수입하였지만, 이후부터는 멕시코에서 수입하는 자동차 부품의 사례를 살펴보자.[4]

---

4 현재 대미국 자동차 부품 최대 수출국은 캐나다, 멕시코, 일본이다. 따라서 이 사례의 아시아 국가는 일본으로 고려할 수 있다. 그러나 멕시코에서 현재 생산되는 노동집약적 자동차 부품의 경우, 향후 중국이 최대수출국이 될 것으로 기대된다.

특히, NAFTA 전후로 이들 국가들의 이득과 손실이 어떻게 되는지 살펴보도록 하자. 아시아는 북미 수출량이 감소할 것이고, 이로 인해 생산자 잉여가 감소하는 손실을 겪게 된다. 반면, 멕시코는 자동차 부품을 미국에 더 판매함으로써 생산자 잉여를 얻게 된다. 이러한 결과의 문제점은 멕시코가 가장 효율적인 (가장 낮은 생산비용의) 자동차 부품 생산자가 아니라는 점이다. NAFTA 이전 시기에서 미국이 아시아로부터 자동차 부품을 구매했었기 때문에 아시아 생산기업이 더 효율적인 것으로 생각할 수 있다. 그러나 NAFTA 이후 미국은 덜 효율적인 생산자에게 수입을 하기 때문에 무역전환의 잠재적 손실을 입고 있는 것으로 여겨진다. 이제 무역창출과 무역전환의 사례를 수리적으로 분석함으로써 상기 사실이 정말 그런지 여부를 파악해볼 수 있다.

표 9-1에서와 같이, 미국이 멕시코 또는 아시아에서 자동차 부품을 수입할 때의 비용을 고려해보

표 9-1			
자동차 부품의 수입 비용 이 표는 무관세 상황을 포함하여 미국 내 다양한 국가의 자동차 부품 수입비용을 나타내고 있다. 만약 모든 국가에 20% 관세를 부과한다면, 미국은 국내에서 자체 생산하는 것이 가장 싼 비용이 든다(22달러 비용). 그러나 NAFTA 출범 이후 멕시코에게 무관세 혜택이 주어진다면, 미국은 국내 대신에 멕시코에서 수입을 하게 되고(20달러 비용), 이는 곧 무역창출 효과가 된다. 한편 모든 국가에게 10%의 관세를 부과하는 상황에서 논의를 시작한다면, NAFTA 출범 전 미국은 아시아에서 수입을 하는 것이 가장 싼 비용이 든다(20.90달러 비용). NAFTA 출범 이후 멕시코에게 무관세 혜택이 주어진다면, 미국은 아시아 대신에 멕시코에서 수입을 하게 되고(20달러 비용), 이는 곧 무역전환효과가 된다.			
		미국 관세	
	0%	10%	20%
멕시코, NAFTA 출범 전	$20	$22	$24
아시아, NAFTA 출범 전	$19	$20.90	$22.80
멕시코, NAFTA 출범 후	$20	$20	$20
아시아, NAFTA 출범 후	$19	$20.90	$22.80
미국 내 생산	$22	$22	$22

자. 표의 두 번째 열은 자유무역(무관세)에서 부품수입의 총비용을 나타내며, 이후 10%와 20% 관세를 부과할 때의 비용을 차례대로 각각 나타낸다. 자유무역을 할 경우, 자동차 부품은 멕시코에서 20달러, 아시아에서 19달러로 생산될 수 있다. 따라서 아시아가 가장 효율적인 생산자이다. 만약 미국이 자국 생산자로부터 부품을 구입한다면, 표의 마지막 행에 나타나듯이 22달러의 비용이 든다. 10% 관세를 부과할 경우, 멕시코 또는 아시아로부터의 수입비용은 각각 22달러과 20.90달러로 증가한다. 유사하게, 20% 관세를 부과할 경우 수입비용은 각각 24달러와 22.80달러로 증가한다. 그러나 NAFTA 체결 이후 멕시코로부터의 수입비용은 관세와 무관하게 20달러가 된다.

표 9-1의 자료를 통해 각국 후생에 대한 NAFTA의 효과를 관찰할 수 있다. 첫째, 마지막 열에 나타나듯이 미국이 20%의 관세를 부과할 때를 상정해보자. NAFTA 체결 전 수입비용의 경우 멕시코는 24달러, 아시아는 22.80달러, 자국 생산은 22달러가 된다. 그러면 NAFTA 체결 이전의 미국 입장에서 22달러의 비용으로 자국 내에서 부품을 생산하는 것이 가장 유리하다. 따라서 20%의 관세가 부과될 경우, 미국은 자동차 부품 수입을 전혀 하지 않는다.

무역창출 만약 이때 멕시코가 NAFTA에 가입한다면, 대미국 수출에 무관세 특혜를 받는 반면, 아시아 국가들은 계속해서 20%의 관세를 지불하게 된다. NAFTA 출범 이후, 22달러의 자국 생산비용보다 더 저렴한 비용인 20달러로 미국은 멕시코로부터 부품을 수입하는 것이 더 낫다. 따라서 미국은 자동차 부품을 모두 멕시코로부터 수입할 것이다. 이는 곧 무역창출

의 예가 된다. 미국은 더 낮은 비용의 자동차 부품 구입으로 인해 확실히 이득을 보게 된다. 멕시코 또한 미국으로 수출을 하게 되었으므로 이득을 얻는다. 그리고 아시아는 애당초 미국에 자동차 부품을 판 적이 없기 때문에 이득을 얻지도 않고 동시에 손해를 보지도 않는다.

무역전환   이제 앞선 가정과는 달리 미국의 자동차 부품 관세가 10%(표 9-1의 중간 열)라고 가정해보자. NAFTA 출범 전 미국은 멕시코로부터 22달러 또는 아시아로부터 20.90달러의 비용으로 자동차 부품을 수입할 수 있다. 자국에서 생산할 경우 여전히 22달러의 비용이 든다. 이 경우, 미국 입장에서 아시아로부터 자동차 부품을 수입하는 것이 최저 비용으로서 유리하다. 그러나 이때 멕시코가 NAFTA에 가입할 경우, 이 결과는 달라진다. 미국이 멕시코에서 무관세로 수입할 경우 20달러의 비용이 들지만, 아시아에서 수입할 경우 10%의 관세로 인해 20.90달러의 비용이 든다. 이 경우 멕시코에서 수입하는 것이 가장 유리하다. NAFTA 출범으로 인해 미국은 아시아에서 멕시코로 수입처를 변경하게 된다.

이로 인해, 멕시코의 생산자 잉여는 증가하는 반면, 아시아의 생산자 잉여는 대미 수출 판매가 사라지기 때문에 감소하게 된다. 미국은 어떠한가? NAFTA 출범 전, 미국은 아시아에서 관세 10%가 포함된(또는 개당 1.90달러) 20.90달러의 가격으로 수입을 하였다. 자동차 부품 수출로 아시아가 받는 관세 제외 가격은 19달러였다. NAFTA 출범 이후 미국은 멕시코에게 20달러의 가격으로 대신 수입을 하나, 관세수입은 전혀 없게 된다. 따라서 미국은 낮은 가격을 지불하게 되어 개당 90센트의 이득을 얻게 되지만, 아시아로부터 수입을 하지 않는 관계로 개당 1.90달러의 관세수입을 잃게 된다. 이 사례에서 미국의 멕시코산 자동차 부품 수입은 더 이상 관세수입을 거둘 수 없기 때문에 좋은 전략은 아니다. 미국 후생의 전체 효과를 결정하기 위해서는 이 사례를 그래프를 통해 살펴보아야 한다.

무역전환 그래프

그림 9-3에서 P_{Asia}는 자유무역에서 아시아의 자동차 부품 가격을, S_{Asia}의 수평선은 아시아의 수출공급곡선을 나타내고 있다. 이 가격이 주어진 것으로 가정함으로써, 아시아의 잠재적인 공급수준과 비교하여 미국은 소국인 것으로 고려하고 있다. 이때 관세가 부과될 경우, 아시아산 수입제품 비용은 $P_{Asia}+t$가 되고, 공급곡선은 $S_{Asia}+t$가 된다. 멕시코의 경우 자유무역에서 공급곡선은 우상향하는 S_{Mex}, 관세가 부과될 경우 $S_{Mex}+t$가 된다.

NAFTA 출범 전, 멕시코와 아시아는 모두 t의 동일한 관세를 지불하고 있다. 따라서 균형수입은 A점에서 발생하고 이때 균형수입량은 Q_1, 미국의 관세 포함 지불가격은 $P_{Asia}+t$가 된다. 전체 수입량 Q_1에서 Q_2까지는 B점을 기준으로 멕시코에서 수입되는데, 이는 완전경쟁시장에서 멕시코가 아시아와 똑같이 관세포함 가격을 부과하기 때문이다. 그리하여 미국은 멕시코와 아시아 모두에게서 관세수입을 얻게 되고, 그림 9-3에서 총 관세수입은 $(a+b+c+d)$의 넓이가 된다.

NAFTA 출범 후, 멕시코는 이제 무관세로 미국에 수출할 수 있게 된다. 이 경우, 멕시코의 공급곡선은 S_{Mex}가 되고, 멕시코에서의 수입량은 C점을 기준으로 Q_3로 확대된다. 이때 C점에서 멕시코산 제품 가격은 관세를 포함하지 않음에도 불구하고 관세를 포함하는 아시아산 제품의 가격인 $P_{Asia}+t$와 동일하다는 사실에 주의하자. 멕시코의 경우 한계비용이 공급곡선 상에서 증가하고, 관세가 제거된다 하더라도 대미 수출가격은 변하지 않기 때문에 이러한 가격을 부과하게 된다.

멕시코가 무관세로 대미 수출을 함에 따라 미국은 $t \cdot Q_3$의 관세수입을 잃게 되는데, 이는 곧 그림 9-3에서 $(a+b+c)$의 넓이가 된다. 수입품 가격이 변화하지 않았기 때문에 미국은 관세수입을 잃어버리게 되어 NAFTA 이후 손실을 보게 된다. 멕시코는 관세 지불 없이 수출량을 증가시켰고, $P_{Asia}+t$의 가격을 부과함으로써 생산자 잉여 증가의 이득을 보게 되었다. 멕시코 생산자 잉여는 공급곡선인 S_{Mex}의 왼쪽 부분인 $(a+b)$의 넓이가 된다. 만약 미국과 멕시코의 후생 변화를 다 같이 고려해본다면, 전체 후생의 변화는 다음과 같다.

미국 관세수입 감소:	$-(a+b+c)$
멕시코 생산자 잉여 증가:	$+(a+b)$
NAFTA의 전체효과:	$-c$

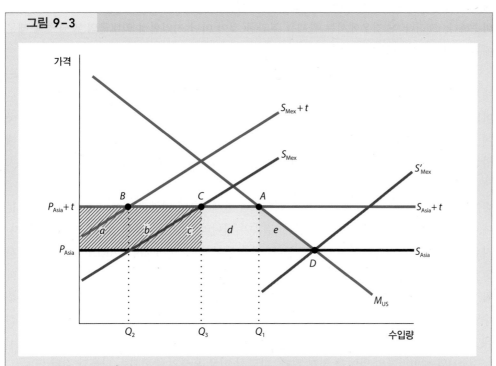

그림 9-3

무역전환 대미 수출에 있어 멕시코와 아시아가 똑같이 관세 t를 지불하고 있는 경우 A점에서 균형을 이루어, $P_{Asia}+t$의 가격으로 멕시코에서의 수입량인 Q_2와 아시아에서의 나머지 수입량이 결정된다. 미국의 관세수입은 $(a+b+c+d)$의 넓이가 된다. NAFTA 출범으로 멕시코가 관세를 지불하지 않을 경우, 멕시코에서의 수입은 Q_3로 증가한다. 미국은 $(a+b+c)$만큼 관세수입을 잃게 되는데, 이는 곧 수입 대상 주체를 아시아에서 멕시코로 무역전환한 결과의 손실이 된다.

따라서 NAFTA 출범 이후, 미국과 멕시코 모두를 고려한 전체 후생은 실제로 떨어지게 되었다. 일반적으로 우리는 국가가 서로 자유무역을 추구할 경우 모두 이득을 볼 것으로 기대를 하고 있기 때문에, 상기 결과는 상당히 직관에 어긋나는 결과라 할 수 있다. 앞의 사례에서 지역무역협정의 역내국 중 하나인 미국은 손실을 보게 되고, 이러한 손실분은 멕시코의 이득보다 더 커서 전체 후생은 감소하게 된다!

손실에 대한 해석 앞 내용은 이 책에서 소개하는 여러 사례들 중에서 어떤 국가가 자유무역을 추구한 후 오히려 더 손실을 보게 되는 몇 안 되는 사례 중 하나이다. 왜 이러한 결과가 발생하였을까? 이 사례에서 $Q_3 - Q_2$의 자동차 부품 생산량에 대해 아시아가 가장 효율적인 생산자이다. 한계비용은 (관세를 포함하지 않는) P_{Asia}이다. 멕시코로 생산이 전환됨으로써 멕시코의 추가적인 대미 수출의 한계비용은 P_{Asia}(생산량 Q_2에서 관세를 포함하지 않는 한계비용)에서 $P_{Asia} + t$(생산량 Q_3에서 멕시코의 한계비용)로 증가한다. 따라서 미국은 이러한 무역전환으로 인해 필연적으로 손실을 보게 되는데, 이는 멕시코의 이득수준보다 더 크다.

멕시코와 미국의 종합적 손실인 c의 넓이는 멕시코 한계비용(P_{Asia}에서 $P_{Asia} + t$로 증가)과 아시아 한계비용(P_{Asia}) 간의 평균 차이와 멕시코 추가 수출량과의 곱으로 해석된다. 순손실 c에 대한 이러한 해석은 소국의 관세부과로 인한 '생산부분 손실' 또는 '효율성 손실'과 의미가 비슷하다. 그러나 이 경우에서는 관세를 부과한 것이 아닌 지역협정 역내국의 관세 **철폐** 때문에 순손실이 발생하였다.

이러한 무역전환의 역효과 사례에서 하나 명심해야 할 것은 관세가 미국과 멕시코 간에는 제거되었지만, 아시아의 수입자동차 부품에는 그대로 유지되었다는 점이다. 따라서 실제로는 자유무역을 향한 완벽한 진일보가 아니다. 위 사례는 이러한 불완전한 진일보가 역내국에 오히려 나쁘게 작용할 수도 있다는 사실을 보여주고 있다. 이러한 무역전환 효과로 인해 일부 경제학자들은 지역무역협정을 반대하면서 WTO 체제의 다자무역협정을 지지한다.

손실이 없는 무역전환 위 사례의 모형은 멕시코의 한계비용에 대한 가정에 의존하고 있기 때문에, 지역무역협정 이후의 손실은 필연적인 결과가 아니라 하나의 **가능한** 결과뿐임을 명심하자. 사실, 수입국가가 이득을 보는 경우도 있다. 예를 들어, 그림 9-3에서 NAFTA 출범 이후 멕시코가 자동차 부품 산업에 의미 있는 투자를 하여 공급곡선이 S_{Mex}에서 S'_{Mex}로 이동하였다고 하자. 이때 미국 내 균형수입은 D점에서 발생하고 가격은 P_{Asia}가 되어 아시아에서의 자동차 부품 수입 **전량**을 멕시코로 전환하게 된다. 관세부과의 최초 상황과 비교하여 미국은 $(a+b+c+d)$의 모든 관세수입을 잃게 된다. 그러나 수입가격은 P_{Asia}로 떨어지게 되고 소비자들은 $(a+b+c+d+e)$의 넓이만큼의 잉여를 얻게 된다. 따라서 미국 후생의 순변화는 다음과 같다.

소비자 잉여 증가 :	$+(a+b+c+d+e)$
관세수입 감소 :	$-(a+b+c+d)$

NAFTA의 미국 후생 효과 : $+e$

이 경우 미국은 소비자 잉여의 순이득을 얻게 되고, 멕시코 또한 더 많은 수출을 하게 됨으로써 생산자 잉여는 증가한다.

위 사례는 무역전환 부분(아시아에서 멕시코로 대체)과 무역창출 부분(NAFTA 이전의 미국 전체 수입량보다 이후 멕시코의 대미 수출량이 더 증가)이 합쳐져 있다. 따라서 NAFTA와 다른 지역무역협정들은 역내국에게 잠재적으로 이득을 가져다주나, 이는 오직 **무역창출 효과가 무역전환 효과보다 더 클 때에만** 가능하다. 다음 적용사례는 캐나다가 미국과 자유무역협정을 맺은 이후 어떤 일이 일어났는지를 소개하고 있는데, 특히 캐나다의 무역창출 수준이 무역전환 수준을 초과하였는지 여부를 살펴보고 있다.

적용사례

캐나다의 무역창출과 무역전환

1989년 캐나다는 미국과 자유무역협정을 체결하였고, 5년 후 미국과 멕시코와 NAFTA를 발효시켰다. 토론토대학교 대니얼 트레플러 교수는 캐나다 제조업에 대한 이 자유무역협정들의 효과를 분석하였다. 6장에서 요약되었듯이, 최초 캐나다에서는 실업이 발생하였으나, 이는 단기적인 결과일 뿐이었다. 미국과 자유무역협정을 맺은 지 10년 후에 캐나다의 제조업 고용은 다시 원래 수준으로 회복하였으며, 생산성 또한 크게 증가하였다.

또한, 트레플러 교수는 미국과의 무역협정 이후 캐나다에서의 무역창출 수준과 무역전환 수준을 추정해보았다. 추정 결과에 따르면, 미국 제품에 대한 캐나다의 관세 감축으로 인해 수입은 54% 증가하였다. 이러한 수입 증가는 바로 무역창출이 된다. 그러나 캐나다가 이제 무관세로 더 많은 미국 제품을 구입하기 때문에 다른 국가들에서의 수입은 40%가량 감소하였다(무역전환). 이러한 수입량들을 비교하기 위해서는, 먼저 미국 제품 수입은 캐나다 전체 수입에서 80% 수준의 비중을 차지하는 반면, 다른 국가들의 수입은 나머지 20%를 차지하고 있음을 명심하자. 따라서 무역창출의 수준을 구하기 위하여 미국 제품 수입 증가분인 54%에 캐나다 전체 수입 비중인 80%를 곱해야(또는 가중치를 두어야) 한다. 마찬가지로, 무역전환의 수준을 구하기 위하여 다른 국가들에서의 수입 감소분인 40%는 캐나다 전체 수입 비중인 20%와 곱해야 한다. 이러한 무역창출과 무역전환 간의 차이는 다음과 같다.

$$\underset{\substack{\text{미국}\\\text{수입 비중}}}{80\%} \times \underset{\substack{\text{미국}\\\text{수입 증가}}}{54\%} - \underset{\substack{\text{다른 국가}\\\text{수입 비중}}}{20\%} \times \underset{\substack{\text{다른 국가}\\\text{수입 감소}}}{40\%} \approx 35\% > 0$$

추정결과가 양(+)의 값임에 따라, 트레플러 교수는 미국과 자유무역협정을 맺은 후 캐나다에서의 무역창출이 무역전환을 초과한 것으로 결론 내렸다. 따라서 캐나다는 미국과의 자유무역협정으로 인해 절대적으로 이득을 얻었다. ■

2 노동 관련 국제협정

지역협정은 관세와 무역 외의 다른 이슈들을 종종 포함하고 있다. 예를 들어, NAFTA에서 클린턴 대통령은 미 의회에서의 원활한 통과를 위하여 다음 두 가지 이슈의 보충 협정을 포함시켰다. 하나는 환경 이슈이고(이번 장 후반부에서 논의), 다른 하나는 노동 이슈이다.

이 장에서 언급되는 **노동기준**(labor standards)은 직장 내 보건 및 안전, 아동노동, 최저임금 등을 포함하여 노동자에게 직접적으로 영향을 주는 모든 이슈를 의미한다. 노동기준은 일부 이해관계자들을 만족시키기 위하여 NAFTA에 포함되었다. 첫째, 소비자와 정책당국자는 종종 외국 공장의 작업 환경을 우려하면서 '노동착취작업장'을 기피한다. 둘째, 선진국의 노동조합도 이러한 노동환경을 또한 우려한다. 그 이유는 한편으로 외국 노동자와의 연대 때문에, 또 다른 한편으로는 열악한 외국 노동기준이 미국 노동자와의 경쟁을 심화시킬 것이라는 우려 때문이다(만약 제조기업이 안전을 위한 작업환경과 노동기준에 대해 비용을 지불하지 않는다면, 수입품은 좀 더 싼 가격으로 국내에 들어오게 될 것이다).

그러나 경제학자들은 종종 외국 노동자에 대한 이들 우려에 대해 회의적이고, 최소 노동기준 강화의 시도들을 선진국 '위장보호'의 한 형태인 것으로 평가한다. 예를 들어, 예일대학교 인도인 경제학자 T. N. 스리니바산은 "환경 및 노동기준 준수사항을 국제무역과 연계시키려는 요구는 대부분 보호주의자들의 동기에서부터 출발하였다."라고 언급하였다.[5] 마찬가지로 세계은행은 "기본 권리보장의 정책적 도구로 사용되는 무역제재는, 보호주의자들이 값싼 수입품으로 인한 경쟁력 저하를 방지하기 위하여 이를 악용할 위험이 있다."고 경고하였다.[6] 마하티르 빈 모하메드 말레이시아 전 총리는 더 큰 목소리를 내었다. "서구는 동아시아의 경쟁적 우위를 제거할 것을 대놓고 제안하고 있다… 서구를 따라잡고 경쟁할 수 있는 모든 방법에 대해 가능한 많은 제약을 가하기 위하여 … 노동자 후생에 대한 공공연한 우려는 이기적인 이해관계에서 제기된 것이다."[7] 이러한 의견에 대한 동의 여부와 상관없이, 경제학자들은 외국의 노동기준을 강화시키는 것이 실업을 유발시켜 노동자들의 상황을 오히려 악화시킨다는 사실을 강조한다. 다음 내용은 이러한 결과가 발생한 사례를 소개하고 있다.

NAFTA의 노동협정

NAFTA의 노동협정은 역내국들의 현재 노동법을 바꾸지는 않지만, 이 법을 강화하도록 요구하고 있다. 만약 다른 역내국이 이 분야의 법을 제대로 시행하지 않는다고 판단한다면, 북미

5 T. N. Srinivasan, 1994, "International Labor Standards Once Again. In U.S. Department of Labor, Bureau of Internatinal Affairs, *International Labor Standards and Global Economic Integration: Proceedings of a Symposium* (Washington, D.C.), p. 36. 이번 단락의 모든 인용구는 Richard B. Freeman, 1996, "International Labor Standards and World Trade: Friends or Foes?" In Jeffery J. Schott, ed., *The World Trading System: Challenges Ahead* (Washington, D.C.: Perterson Institute for International Economics), Chap. 5에서 발췌

6 World Bank, *World Development Report*, 1995, p. 79.

7 *International Herald Tribune*, May 17, 1994, p. 6.

노동협력협정(NAALC) 위원회에 이를 제소할 수 있다. NAALC는 각국의 대표자들로 구성되어 있고, 대화와 협력을 통해 분쟁을 해결하도록 하고 있다. 비록 대부분의 제소건들이 멕시코-미국 간 국경의 남쪽에 위치하고 있는 멕시코 **마킬라도라** 공장의 노동조건과 관련된 것이었지만, 몇몇 경우 미국에 대한 것들도 있다. 예를 들면, 워싱턴 주의 사과 농장 수확 노동자와 관련된 1998년 제소건을 들 수 있다.[8] 이 사례에서 멕시코인 청원자는 미국이 노동자, 특히 이주민 노동자의 권리를 보호하지 않았다고 기소하였다. 2000년에 채택된 이 사례의 결의문에서는 '노동자, 노동조합, 고용인, 정부공무원으로 구성된 공청회 개최와 더불어, 이러한 이슈를 논의하도록 이주 노동자가 참여하는 확대회의 개최'를 계획할 것을 요구하였다.[9]

NAALC의 회의론자들은 결의 채택과정이 느리고, 주요 예외조항들이 많이 포함되어 있어 효과적이지 못하다고 비판한다. 예를 들어, UCLA대학의 한 연구에서는 "NAALC는 고용안정을 위한 노동자 권리를 보호하는 데 실패하였고, 점점 쇠퇴하다가 이내 사라져 버릴 위험에 처해 있다."라고 언급하였다.[10] 그러나 다른 연구자들은 이 협정이 삼국 내 노동조합들과 노동운동가들이 연대를 결속하는 제도적 협의체를 결성하는 데 기여했고, 이들 사례를 평가하는 것 자체만으로 기업들이 제도를 수정하도록 유도했다고 주장한다.

다른 노동협정

NAFTA의 노동협정 외에 외국의 노동환경을 감시하는 많은 국제협정들이 존재한다. 노동조합과 다른 관련 조직들은 작업안전, 노동조합 결성권, 휴가, 연장근무 거부권 등에 관심을 가진다. 일부 사례에서는 노동조합과 민간단체들의 압력행사가 외국의 노동자들이 처한 상황을 개선시키는 데 이바지할 수도 있다. 소비자들 역시도 구매력을 통해 중요한 역할을 담당한다. 만약 소비자들이 노동자 권리를 보장하는 방법으로 생산된 제품을 구매하기 원한다면, 기업들은 재빨리 그러한 방법들을 도입할 것이다.

소비자의 책임 의류 제품을 구매하는 과정에서 소비자들은 외국 노동자들의 노동착취와 같은 노동조건에 대해 얼마나 많은 가치를 둘까? National Bureau of Economic Research가 진행한 설문조사에서 이 질문을 물었고 그 결과는 표 9-2에 나타난 바와 같다.[11]

---

8 북미노동협력협정의 연간 보고서는 http://www.naalc.org에서 이용 가능하다. 'Publications'를 선택한 후 'Annual Reports'를 선택하면 된다.

9 Joel Solomon, 2001, "Trading Away Rights: The Unfulfilled Promise of NAFTA's Labor Side Agreement," http://www.hrw.org에서 이 사례의 요약내용과 NAALC의 기타 사례 내용을 살펴보길 바란다.

10 "NAFTA's Labor Side Agreement: Fading into Oblivion? An Assessment of Workplace Health and Safety Cases," March 2004, UCLA Center for Labor Research and Education.

11 Kimberly Ann Elliott and Richard B. Freeman 2003, "White Hats or Don Quixotes: Human Rights Vigilantes in the Global Economy." In Richard B. Freeman, Joni Hersch, and Lawrence Mishel, eds., *Emerging Labor Market Institutions for the 21st Century* [Chicago: University of Chicago Press for the National Bureau of Economic Research (NBER)]와 Kimberly Ann Elliott and Richard B. Freeman, 2003, *Can Labor Standards Improve under Globalization?* (Washington, D.C.: Peterson Institute for International Economics), Chap. 2를 참고할 것

표 9-2

설문조사 응답결과 이 표는 좋은 작업환경 또는 나쁜 작업환경에서 생산된 제품에 대한 소비자들의 태도를 살펴보기 위하여 National Bureau of Economic Research에서 시행한 설문조사 결과를 보여주고 있다.

표본 A

구매하고자 하는 의류 제품의 근로자 작업환경을 고려한다고 대답한 소비자들	
매우 고려	46%
다소 고려	38%
조금 고려	8%
전혀 고려치 않음(또는 무응답)	8%
좋은 작업환경에서 생산된 제품이라는 확신 아래 추가적으로 지불하고자 하는 금액	81%
10달러짜리 제품에 대한 추가 지불용의 금액	$2.80
100달러짜리 제품에 대한 추가 지불용의 금액	$15

표본 B

열악한 작업환경에서 생산된 것으로 회자되는 '나이스 로고'가 새겨진 T셔츠 대신에 좋은 환경에서 생산된 같은 가격의 다른 제품 구매 비율	84%
열악한 환경에서 생산된 T셔츠를 전혀 구매하지 않는 비율	65%
열악한 환경에서 생산된 T셔츠를 구매할 경우 지불용의 할인금액	$4.30
좋은 환경에서 T셔츠가 생산되었다는 확신 아래 지불용의 인상금액	78%
평균 지불용의 인상금액(추가지불을 하지 않을 경우 또는 값이 일정하지 않은 경우는 0으로 포함)	$1.83

출처 : Kimberly Ann Elliott and Richard B. Freeman, 2003, *Can Labor Standards Improve under Globalization*? (Washington, D.C. : Peterson Institute for International Economics), Chap. 2, Table 2.1., Sample A.

국제노동착취공장 현안들

첫 번째 그룹인 표본 A에서, 소비자들은 '구매하려는 의류를 만드는 노동자의 노동조건'에 대해 관심을 갖는지 질문을 받았고, 이들의 84%는 많이 또는 다소 관심을 갖고 있다고 응답하였다. 이후 10달러짜리와 100달러짜리 제품에 대해 "좋은 작업환경에서 생산된 제품이라면 얼마를 더 지불할 용의가 있는가?"에 대해 질문을 던졌다. 이에 대해 소비자들은 10달러짜리 제품 경우 2.80달러를, 100달러짜리 제품의 경우 15달러를 더 지불할 용의가 있는 것으로 응답하였다.

두 번째 그룹인 표본 B에서, 소비자들은 '좋은' 노동조건에서 만들어진 T셔츠에 얼마를 더 지불할 용의가 있는지, 그리고 '나쁜' 노동조건에서 만들어진 T셔츠에 얼마를 덜 지불할 용의가 있는지를 답하였다. 이 그룹에서 84%는 만약 나이스 로고가 새겨진 어떤 제품이 열악한 근로조건에서 만들어진 것으로 판명 났다면, 이러한 '나이스 로고'의 제품보다는 똑같은 가격의 다른 T셔츠를 구매할 것으로 응답하였다. 심지어 65%는 열악한 근로환경 속에서 생산된 T셔츠는 절대 사지 않을 것으로 대답하였다. 그럼에도 불구하고 소비는 할 것으로 응답한 소비자의 35%는 평균 4.30달러 정도 낮은 가격에서 소비할 것으로 답한 반면, 만약 T셔츠가 좋은 작업 조건 속에서 만들어졌다면 1.83달러 정도는 더 높은 가격을 지불할 용의가 있음을 밝혔다.

이러한 설문조사 결과는 노동기준에 대한 사람들의 태도에 대해 몇몇 흥미 있는 사실들을 보여준다. 첫째, 소비자들은 노동기준에 대해 우하향하는 수요곡선을 가진다. 비록 일부는 많은 비용을 지불할 용의가 있기는 하지만, 대부분의 소비자들은 좋은 노동기준을 확립하기 위해 최소한의 비용을 지불하려고 한다(간단하게 말하자면, 가격을 더 지불하기보다는 같은 가격의 다른 제품으로 소비를 전환함). 예를 들어, 고가 제품에 대해 소비자들은 좋은 노동기준 확립을 위해 전체 가격에서 작은 비중만을 더 지불할 용의를 가지고 있다. 둘째, 소비자들은 좋은 작업환경에서 생산된 제품에 대해 더 많이 지불하려는 금액의 크기보다 나쁜 작업환경에서 생산된 제품에 대해 더 낮게 지불하려는 금액의 크기가 더 크다. 이러한 결과를 통해 소비자들은 (덜 지불함으로써 얻는) 잠재적 이득보다 (더 지불함으로써 얻는) 잠재적 손실에 대해 더 우려하고 있다는 사실을 알 수 있는데, 이는 소비자 행동에서 보편적으로 관찰되는 특징이다. 표 9-2에서 관찰된 사실은 미국과 영국 소비자들을 대상으로 실시한 큰 규모의 설문조사에서도 역시나 발견되고 있다. 따라서 결론적으로 상당수의 소비자들이 외국 노동자들의 작업환경에 대응하여 쇼핑 형태를 바꾸고자 한다는 점을 알 수 있다.

기업의 책임 소비자와 노동조합들의 압력으로 인해 기업들은 해외 공장과 계열사 공장의 노동 환경을 감시하면서 개선시키기 시작하였다. 이러한 활동의 한 사례는 다음 **헤드라인 : 월마트, 중국 생산업자들에게 기준 강화를 지시**에서 보여주고 있다. 월마트는 중국의 자사 공장들이 엄격한 노동과 환경 기준 지침을 따르지 않으면 공장 문을 닫을 것을 요구하였다.

그러나 이러한 감시활동의 부족으로 인해 열악한 근로자 환경에서 재앙이 닥친 사례도 있다. 매우 유감스러운 사례로서 수백 명의 사상자를 낸 2012년 방글라데시와 파키스탄 의류공장 화재와 1,000명 이상이 숨진 2013년 방글라데시 의류공장 붕괴 사건이 있었다. 이 사건들은 이 두 나라에 있어서 최악의 산업안전사고였고, 근로자 안전에 대한 국제적인 공분을 불러일으켰다. 뉴스 보도에 의하면, 소유주와 관리자들의 근무태만으로 인해 비상탈출구가 잠겨있었던 관계로 근로자들은 불이 난 공장에서 제대로 탈출할 수 없었던 것으로 나타났다. 또한 보도에 따르면, 파키스탄과 방글라데시의 두 공장 모두 심각한 위반사항 없이 최근의 안전 진단을 통과한 것으로 드러났다. 따라서 정부와 모기업(월마트와 미국, 유럽의 다른 유통기업들을 포함)의 감시활동은 이러한 재앙을 막기에는 충분치 않다.

국가의 책임 방글라데시와 파키스탄에서 발생한 공장 화재와 공장 붕괴 재앙 이후, 이러한 건물들에 대한 감시개선 이상으로 추가적으로 취할 수 있는 조치들은 무엇이 있을까? UC 버클리대학교 Sanchita Saxena 교수는 **헤드라인 : 미국의 관세, 방글라데시의 죽음**에서 언급된 것처럼 이들 국가의 수입품에 대한 관세를 낮출 것을 건의하였다. 그녀는 전체 수출의 90%를 차지하고 있는 방글라데시의 대미 의류 제품 수출의 경우 현재 15.3%의 높은 관세를 지불하고 있다고 지적하였다. 이러한 높은 관세로 인해 방글라데시 의류 산업의 이윤은 줄어들었

헤드라인

월마트, 중국 생산업자들에게 기준 강화를 지시

미국에서의 비판에 대응하여, 월마트는 해외 생산업자들이 지켜야 하는 엄격한 노동 및 환경기준들을 마련하여 왔다. 이 기사 내용은 중국 내 자사 공장들이 지켜야 할 이러한 기준들을 언급하고 있다.

어제 세계 최대의 유통기업인 월마트는 자사 소유의 중국 생산업자들이 엄격한 사회적 · 환경적 기준을 지키지 않으면 공장의 문을 아예 닫아버리겠다고 발표했다. 리 스콧 월마트 최고경영자는 1,000명 이상의 생산업자들이 모인 베이징에서 "사회적 · 환경적 기준은 선택사항이 아니다."라고 얘기하였다. "초과근무와 노동연령을 속이는 기업, 강에다 오염물질과 화학물질을 버리는 기업, 탈세와 계약위반을 하는 기업들은 결국 제품의 품질을 속이게 되어 있다."

자사 소유 공장의 노동 조건을 포함하여 여러 이슈들에 대한 비난 증가에 대응하고자 월마트는 지난 3년 동안 사회적 · 환경적 기준 개선을 해왔고, 이를 통해 명성을 끌어올리고자 노력해왔다.… 이러한 요구조건들은 중국환경법안 준수의 명확한 표명, 상위 200개 중국 공급업자들의 20% 에너지 효율성 증대, 생산 과정에 있는 모든 공장의 이름과 주소 공개 내용을 포함하고 있다. 월마트는 평면 TV와 같은 에너지 집약제품에 대해서는 2011년까지 25%의 에너지 효율성을 증가시키도록 요구하고 있다.

출처 : Mitchell and Jonathan Birchall, "Wa-Mart Orders Chinese Suppliers to Lift Standards," *The Financial Times*, October 23, 2008, p. 19에서 발췌. From the *Financial Times* © The Financial Times Limited 2009. All Rights Reserved.

고, 따라서 노동자 임금과 노동환경을 개선시키려는 기업의 유인이 줄어들게 되었다. 방글라데시의 최대 수출품에 대해서는 높은 관세가 부과되지만, 기타 수출품의 경우 거의 무관세로 미국에 들어간다는 사실은 매우 역설적이다. 유럽연합은 방글라데시산 수입품의 무관세 제품 목록에 의류 및 섬유 제품을 포함시키고 있다. 미국이 방글라데시산 수입 의류 제품의 관세를 철폐하면서 공장에 대한 감시활동을 강화한다면, 이는 노동자들의 근로조건을 개선시키는 인도주의적 조치가 될 것으로 보인다.

그러나 2013년 방글라데시 공장 붕괴 이후 얼마 되지 않은 시기에 미국은 반대방향의 조치를 취하였다. 방글라데시산 수입 의류 제품의 관세를 줄이는 대신에, 방글라데시산 다른 제품의 관세를 증가시켰다. 이러한 조치는 해외의 생산공장 감시를 개선하려는 의도로 취해졌다. **헤드라인 : 미국, 방글라데시의 특혜무역혜택을 중단시키다**에서도 언급되고 있지만, 버락 오바마 대통령은 후진개발도상국에게 낮은 관세를 부여하는 일반특혜관세제도(GSP)의 국가목록에 방글라데시를 탈락시켰다. 방글라데시의 GSP 혜택을 제거함으로써 오바마 대통령은 방글라데시가 노동자 권리향상을 위해 부족한 점이 많다는 것을 상기시키고자 하였다. 기사 내용에 따르면, 방글라데시의 대미 수출품은 주로 의류 제품들이고, 이들은 GSP의 낮은 관세를 적용받고 있지 않다. 따라서 이러한 조치가 전체 무역에서 작은 비중에만 영향을 미치기 때문에, 이를 '상징적인' 조치인 것으로 묘사하였다. 여전히, 이 조치는 방글라데시 정부가 근로자 안전에 더 만전을 기하도록 하는 강력한 경고로서 작용하고 있다.

헤드라인

미국의 관세, 방글라데시의 죽음

2013년 방글라데시의 의류공장 붕괴사고로 인해 1,000명 이상의 노동자들이 사망하였다. 이에 대응하여 Sanchita Saxena UC버 클리대학 교수는 미국이 방글라데시와 다른 아시아산 수입의류품에 대해 관세를 낮출 것을 제안하고 있다.

지난 달 방글라데시 수도의 교외에서 112명의 사망자를 낸 화재사고로 인해 값싼 의류 제품을 생산하고 소비하는 행위의 인적비용 중요성이 회자되고 있다. 미국 정부 관리들은 공장의 열악한 안전 조건을 비난하면서 방글라데시 정부가 임금을 올리고 환경을 개선하도록 촉구하였지만, 사실 미국은 이 이상의 조치를 취할 수 있다. 방글라데시와 다른 아시아산 수입품에 부과되어 있는 높은 관세를 낮추어 이들이 경쟁력을 유지하기 위하여 노동기준을 완화시키지 못하도록 압력을 가하도록 하는 것이다.

지난해 미국은 방글라데시로부터 40억 달러 가치 이상의 섬유 및 의류 제품을 수입하였다. 따라서 이 산업에서 일하고 있는, 대부분이 여성인 300만 근로자들의 작업환경을 개선시키도록 이 국가의 의류 산업에 재정적인 여유를 제공하는 것이 관심사항이 되고 있다. 많은 경우, 감시체제로 인해 산업의 높은 단계(미국 유통업자와 직접적인 거래를 하는 기업)에서는 개선이 이루어졌다. 그러나 11월 24일 비극적인 화재가 발생한 타즈린 의류공장과 같이 하청기업들이 운영하는 공장에서는 감시 소홀로 인해 열악한 근무 환경이 조성되었다.

2009년 짐 맥더멋 워싱턴 민주당 하원의원은 멕시코와 같이 자유무역협정의 결과로서 미국 시장에서 무관세 혜택을 받는 개도국 목록에 방글라데시, 캄보디아, 라오스, 네팔, 파키스탄, 스리랑카를 포함시킴으로써 이러한 상황을 개선시키도록 하는 법안을 소개하였다. 그러나 이 법안은 위원회에 회부되지 않았고, 부패가 만연하는 상황에서 생산 단계의 최저점, 특히 낮은 이윤의 하청기업들로 구성되어 있는 방글라데시는 여전히 비용착취를 당하고 있다. 이로 인한 피해는 노동자들에게 크게 전가된다.

현재의 무역정책으로 인해 왜곡이 두드러지게 나타나고 있다. 2011년 7월에 끝난 미국 연방의 회계연도에서 방글라데시는 51억 달러를 미국으로 수출하였고, 이 중 10% 이내는 수입관세 면제 제품에 해당되었다. 나머지 제품에서 방글라데시는 적어도 15.3%의 관세를 지불하였다. 이 관세는 연평균 소득이 770달러의 국가인 방글라데시 국민 1인당 4.61달러의 세금을 부과하는 것과 같았다. 신문기사의 보도에 따르면, 미국이 국제개발을 위해 방글라데시에 2억 달러를 지원했음에도 불구하고, 올해 방글라데시는 한해 6억 달러 이상의 대미 관세를 지불할 것으로 예상된다. 물론, 어떠한 자유무역 법안이라도 논란의 여지를 가지고 있다. 방글라데시 수입품 제한조치 해제에 대한 한 비판은 2000년에 제정된 법안인 아프리카 성장 기회법 아래에서 무관세 혜택을 받는 사하라 사막 이남 아프리카의 더 가난한 국가들이 이로 인해 피해를 입는다는 것이다. 그러나 몇몇 연구에서는 남아시아 제품에 대한 무관세 조치를 확장하는 것은 큰 비용이 들지 않으면서 방글라데시 경제에 커다란 이득을 안겨다주지만, 아프리카 수출에는 작은 규모의 부정적인 영향을 주는 것으로 분석하였다.

방글라데시 정부와 산업계는 다시는 일어나서는 안 될 11월의 화재사건과 같은 재앙을 막아야 할 도덕적 의무를 가진다. 이들은 공장 운영자들이 안전규정을 준수하도록, 정직한 검사가 이루어지도록, 강제적 권고가 실행되도록 지속적으로 노력해야 한다. 그러나 이들 모든 목표들의 달성을 촉진시키기 위해서는 국제무역의 장을 평준화시키는 작업이 필요하다. 토미힐피거, 갭, H&M, 타깃, 월마트와 같은 국제적인 브랜드 기업들은 낮은 가격과 빠른 실적개선을 필요로 한다. 이러한 점으로 볼 때, 높은 관세는 공정한 노동기준과 작업장 안전화의 목표에 상반되는 기능을 한다.

화재의 여파로 지역사회의 부패와 열악한 노동기준에만 관심이 집중되기가 쉽다. 그러나 최근에는 긍정적인 변화도 있었다. 노동자 단체, 업계, 비정부기관들과 심지어 일부 국제적인 구매자들조차도 많은 수의 작업장 안전을 개선시키기 위해 연대를 결성하였다. 의류공장의 노동자들을 대상으로 실시한 설문조사에서 62%는 노동 조건이 개선되었다고 답했다. 그러나 노동자들의 복지 개선을 지속적으로 유지하기 위해서는 세계 최대 소비자 시장으로서 대미 수출 관세는 완화되어야 한다.

헤드라인

미국, 방글라데시의 특혜무역혜택을 중단시키다

방글라데시산 수입품의 관세를 줄이는 대신, 오바마 대통령은 방글라데시와 다른 개도국들의
'특혜'무역혜택을 중단시킴으로써 특정 제품들의 관세를 인상시켰다. 그러나 이미 높은 관세가
부과되고 있는 의류 제품에 대해서는 관세 변화가 적용되지 않았다.

미국은 목요일[2013년 6월 27일]에 방글라데시에 대한 특혜무역조치를 중단시켰다. 이는 1,100명 이상이 사망한 4월의 의류공장 붕괴로 인해 세계적 관심을 받았던 열악한 노동기준을 가지는 국가를 제재하는 상징적인 조치였다.

오바마 대통령은 특정 개도국에게 특정 제품의 미국 수입관세를 철폐하는 무역체제 속에서 이 남아시아 국가를 배제시켜 버렸다. 약 60일 이내에 시행될 이 중단 조치로 인해 골프 장비와 도자제품을 포함하는 일부 방글라데시산 제품들의 미국 수입관세가 인상될 것으로 예상된다. 그러나 방글라데시의 국제교역에서 큰 비중을 차지하고 있는 의류 제품의 경우 매우 적은 효과만이 영향을 받을 것으로 보인다. 이러한 결정은 그간 방글라데시의 노동법과 노동자 안전에 대해 비판을 제기해왔던 미국 노동단체 간부들에게는 승전보라 할 수 있다. 리처드 트

럼카 AFL-CIO 회장은 "이 중단조치는 교역상대국에게 중요한 메시지를 보내고 있다."라고 이야기하였다. 상원외교위원회 의장인 로버트 메넨데즈 의원은 이번 달에 개최된 방글라데시 노동 이슈 청문회에서 "노동자들이 불안전한 조건에 처해있는 동안 우리는 별다른 방법을 취할 수 없다."라고 말하면서, 이들 노동 단체들의 활동을 환영하였다.

미국 정부의 이러한 조치가 방글라데시의 근로자 작업환경을 바꾸는 데 얼마나 효과적일까? 이 질문에 답하기 위해서는 미국이 관세를 인상하였던 앞선 사례들을 살펴보아야 한다. 미국 통상법에 따르면, 대통령은 노동자들의 노동조합 결성을 포함하는 기본적 권리를 보장하지 않는 국가에 대해 무역 특혜를 보류할 권한을 가진다. 한 연구에 따르면, 1985~1994년 대통령이 이 권한을 사용한 사례는 총 32건이나, 이 중 절반만이 노동자 권리를 효과적으로 개선시켰던 것으로 평가되었다.[12]

이처럼 무역특혜를 보류할 경우 다음 두 가지 문제점이 발생할 수 있다. 첫째, 어떤 문제가 특정 기업에게만 발생한 것에 비해, 모든 산업을 대상으로 국가에 대한 특혜를 철회하는 것은 매우 광범위한 대외정책 조치이다. 둘째, 이들 법안은 미국 노동기준과 해외 기준을 비교하여 외국이 부적합하다는 것을 판단한다. 한 국가의 기준이 외국의 그것과 상반된다 할지라도 자기 고유의 정책을 추진할 수 있어야 하고, 자신이 선호하는 바를 다른 국가에 강요해서는 안 된다는 주장에 많은 사람들이 동의한다.[13]

---

12 Kimberly Ann Elliott and Richard B. Freeman, 2003, *Can Labor Standards Improve under Globalization*? (Washington, D.C. : Peterson Institute for International Economics), p. 79.

13 이에 대한 대표적인 사례가 바로 아동 노동이다. 선진국에서는 이를 기피하지만, 개도국의 경우 가족생계를 위하여 이것이 필요할 수도 있다.

정부 제재 외 대안적인 방법으로 노동착취 제한정책을 추구하는 비정부기관(NGO)의 활동을 꼽을 수 있다. 인도네시아를 대상으로 분석한 한 연구에 따르면, 실제로 NGO 활동이 정부 조치보다 더 효과적인 것으로 나타나고 있다.[14] 이 연구에 따르면, 미국 정부가 인도네시아에게 무역특혜를 보류할 것으로 위협하였을 때, 최저임금이 실질적으로 2배가량 오른 것으로 나타났다. 이러한 임금 상승으로 인해 비숙련 노동자들의 고용은 10% 정도 감소하여 피해를 입었다. 한편 섬유, 의류, 신발 공장을 대상으로 실행한 NGO의 노동착취 반대활동으로 인해, 최저임금 지불을 보장하는 공장들이 생김으로써 실질임금이 또한 올라가게 되었다. 그러나 이러한 활동들은 같은 수준에서 고용을 감소시키지는 않았다. 이 활동의 대상목표가 된 기업들은 폐쇄 가능성이 높아졌지만, 이러한 실업은 수출 증가로 이득을 본 살아남은 기업들의 고용 증가로 곧 만회가 되었다. 따라서 NGO 압력으로 인한 현저한 고용 감소는 없었다.

이 연구로부터 우리는 무역특혜를 보류함으로써 임금 상승을 유도하는 미국 정부의 압력은 너무 광범위한 조치로서 효과적이지 않으나, 특정 기업만을 대상으로 하는 NGO의 활동은 고용의 순감소 없이 또는 적은 수준으로도 임금을 증가시키는 데 기여하였다는 사실을 교훈으로 얻는다. 뿐만 아니라, 이들 NGO 활동은 나이키가 그랬던 것처럼 때때로 미국기업들이 해외공장들을 공개하고 감시를 강화하도록 압박하는 데에도 효과적이다.

최저생활임금 노동과 관련된 마지막 질문사항은 외국기업들이 **최저생활임금**(living wage)을 지불하도록 요구하는 것이 공정한지 여부이다. 즉 개도국에서 평균 이상의 임금 지불 여부에 대한 요구사항과 관련된 내용이다. 아마도 이 이슈는 어려운 판단을 필요로 하기 때문에 노동기준을 논의함에 있어서 가장 논란의 여지가 많은 주제이다. 선진국에서의 노동운동가로부터 인정받기 위하여 해외 임금은 얼마만큼 높아야 하는가? 경제학자들은 이미 답을 가지고 있다. 임금은 시장에서 허용되는 선에서 결정되어야 하며 그 이상 높아서는 안 된다. 균형수준 이상의 임금 상승은 실업을 유발시킬 가능성이 높다. 극단적인 경우, 개도국 제조업에서 해고를 당한 노동자들은 원래의 저임금 공장직보다 훨씬 더 최악의 상황인 매춘이나 다른 위법행위를 하도록 강요받을 수 있다.

이러한 종류의 우려로 인해 많은 경제학자들과 정책당국자들은 '최저생활임금' 법안을 거부하였다. 그러나 이러한 거부는 우리가 노동기준의 다른 조치들을 포기해야 한다는 것을 의미하지는 않는다. 모든 국가의 모든 노동자들은 안전하고 깨끗한 환경에서 정당한 보상을 받고 노동조합을 결성하는 등의 권리를 가지고 있다. 소비자, 기업, 노동조합들 모두는 외국에서 그러한 조건들이 조성되도록 하는 데 중요한 역할을 수행하고 있다. 노동기준 강화는 노동자들이 일터에서 착취를 당하지 않고 무역으로부터 이익을 얻을 수 있도록 하는 데 기여할 수 있다.

---

14 Ann Harrison and Jason Scorse, May 2004, "Moving Up or Moving Out? Anti-Seatshop Activists and Labor Market Outcomes," NBER Working Paper No. 10492.

3 환경 관련 국제협정

이번 장 초반부의 사진에서 나타난 것과 같이, 1999년 세계무역기구(WTO)의 시애틀 회의에서 수많은 시위자들은 WTO 규범이 환경에 영향을 미칠 수 있다는 사실을 우려하였다. 사실, WTO는 직접적으로 환경 이슈를 다루지는 않는다. **다자간 환경협정**(multilateral environmental agreements)으로 명명되는 다른 국제협정들이 특별히 환경문제를 다룬다. 멸종위기에 처한 야생 동·식물의 국제거래에 관한 협약(CITES)과 오존층 파괴물질에 관한 몬트리얼 의정서(오존층을 파괴하는 프레온가스 사용 철폐 내용)를 포함하여, 현재 약 200개의 다자간 환경협정이 존재한다. 그러나 시애틀 시위자들이 우려했던 것처럼 WTO는 여전히 간접적으로 환경에 영향을 미치고 있다. 다음에서는 환경 문제에 대한 GATT와 WTO의 역할을 명확히 정리하는 것에서부터 논의를 출발하겠다.

GATT와 WTO의 환경 이슈

앞선 장에서는 관세와 무역에 관한 일반협정(GATT)의 설립조항 일부를 요약하여 살펴보았다(7장의 **보조 자료 : GATT의 주요 조항** 참조). 그러나 상기 내용에서는 '녹색조항(green provision)'으로 알려진 20조를 소개하지 않았다. 20조에서는 국내기업과 외국기업에 동일하게 적용되어 수입품에 대해 차별적으로 적용되지 않도록 하는 조건하에, 각국이 환경 문제와 관련한 독자적인 법을 채택하도록 허용하고 있다.

GATT 20조의 전문에서는 "국제무역에 대한 위장된 제한 … 을 나타내는 방식으로 이들 조치들이 적용되지 않는다는 조건에서 이 협정의 어떠한 내용도 각 회원국들이 실시하는 적용과 시행을 막을 수 없다. … (b) 인간, 동물 또는 식물의 생명 또는 건강 보호를 위한 필요 조치, … (g) 만약 그러한 조치들이 국내 생산 또는 소비를 제한하는 것이 효과적인 경우, 고갈될 천연자원의 보존에 관련된 조치"라는 내용을 서술하고 있다.

만약 GATT와 WTO가 각국의 독자적인 환경규정 실행을 허용한다면, 왜 시위자들은 1999년 시애틀 회의에서 거북이와 돌고래 의상을 입고 WTO 규정에 항의하였을까? 이들 시위자들의 우려를 이해하기 위해서는 GATT/WTO의 일부 특별한 소송사례를 자세히 살펴볼 필요가 있는데, 이는 표 9-3에 잘 요약되어 있다.[15]

참치-돌고래 사례   WTO가 출범하기 전인 1991년 멕시코는 미국을 대상으로 GATT에 소송을 제기하였다. 소송은 멕시코 어선들이 돌고래가 우연히 걸리지 않도록 조치된 안전 그물망을 사용하지 않고 있다는 이유로 미국이 멕시코산 참치 수입을 금지하고 있다는 내용으로 구

---

15 Jeffrey A. Frankel, November 2003, "The Environment and Globalization," NBER Working Paper No. 10090. Environmental cases are summarized on the WTO webpage at http://www.wto.org/English/tratop_e/envir_e/edis00_e.htm, and details are also provided at the Trade and Environmental Database at the American University, http://www.american.edu/TED/ted.htm.

표 9-3

GATT와 WTO의 환경관련 소송사례 이 표는 관세와 무역에 관한 일반협정(GATT)과 세계무역기구(WTO)에서 진행되었던 환경관련 소송 판결 결과를 보여주고 있다.

사례	주요 논의내용	결과
참치-돌고래 1991년 멕시코는 미국의 멕시코산 참치 수입 금지조치에 대응하여 GATT에 제소	미국은 멕시코가 돌고래에게 안전한 그물망을 통한 참치 어획을 하지 않고 있다는 이유로 멕시코산 참치수입을 금지함(미국 해양포유류보호법 근거)	1992년 GATT는 미국의 수입금지조치가 GATT 규정을 위반한 것으로 하여 멕시코의 승소를 결정함. 그러나 소비자들의 강한 요구로 인해 수입참치 제품에 '돌고래 안전친화제품'이라는 표기를 하게 되었음
새우-거북이 1996년 인도, 말레이시아, 파키스탄, 태국은 미국의 새우 수입금지에 대응하여 WTO에 제소	미국은 인도, 말레이시아, 파키스탄, 태국이 바다 거북이에게 안전한 그물망을 통한 새우 어획을 하지 않고 있다는 이유로 이들 국가산 새우수입을 금지함(미국 절멸 위기종 보호법 근거)	1998년 WTO는 미국의 수입금지조치가 WTO 규정을 위반한 것으로 하여 이들 국가들의 승소를 결정함. 그러나 미국은 적절한 공지와 협의가 추구된다는 조건에서 여전히 이들 수출 국가들이 거북이 안전 그물망을 사용할 것을 요구할 수 있음
휘발유 1994년 베네수엘라와 브라질은 미국의 휘발유 수입금지 조치에 대응하여 GATT에 제소	미국은 공해유발 화학물질방출의 최대 허용치를 넘어섰다는 이유로 이들 국가산 휘발유 수입을 금지함(미국 대기오염방지법 근거)	1996년 WTO는 미국의 수입금지조치가 국내 생산자와 외국 생산자 간의 공평 취급 의무를 위반한 것으로 하여 이들 국가들의 승소를 결정함. 미국은 자국 규정을 WTO에 일치하게끔 조정하였고, 여전히 자체적인 대기오염방지 목표를 추구하고 있음
유전자변형 식품 2003년 미국은 EU의 유전자 변형 식품 및 곡물 배척 조치에 대응하여 WTO에 제소	1998년 이후로 유럽연합에서는 유전자 변형 식품 또는 곡물의 수입이 허용된 적이 없음	2006년 WTO는 유럽의 조치들이 수입제한은 '과학적 위험평가'를 근거로 시행되어야 한다는 원칙을 위반한 것으로 결론 내림. 유럽 내 상품표시 부착과 소비자들의 우려는 여전히 이러한 수입을 제한하고 있음

출처 : Jeffrey A. Frankel, 2005, "The Environment and Globalization," In Michael Weinstein, ed., Globalization : What's New, (New York : Columbia Unviersity Press), pp. 129-169에서 자료를 갱신하였음. R Stavins, ed., 2005, *Economics of the Environment* (New York : W. W. Norton), pp. 361-398에서 증쇄되었음

성되어 있다. 미국 해양포유류 보호법에서는 미국의 참치어선들이 돌고래 안전 그물망을 사용하도록 요구하고 있고, 또한 GATT의 20조 (g)에 의해 미국은 똑같은 요구사항을 멕시코 어선에게도 확대 적용할 수 있다고 판단하였다. 그러나 미국의 멕시코산 참치 수입금지 조치는 GATT의 규정에 저촉되었다.

GATT는 미국이 상품 그 자체가 아닌 생산방식에 이를 적용했기 때문에 이와 같은 수입금지 조치를 취해서는 안 된다고 결론 내렸다. 생산방식이 무역제한의 근거가 되어서는 안 된다는 GATT의 원칙은 이 사례에서 최초 확정되었다. 또한, 당시 GATT 패널은 "동물 보호 또는 고갈될 천연자원을 보전하려는 목적이라 할지라도, GATT 규정에서는 한 국가가 다른 국가에게 자국의 법을 강요하기 위한 시도로 무역조치를 취하게끔 허용해서는 안 된다."라는 판결을 내렸다. 이 두 가지 결론으로 인해 돌고래 보호에 관심이 많았던 환경운동가들은

충격을 받았고, 이를 계기로 시애틀 시위자들 중 일부는 돌고래 의상을 입고 시위를 벌였다.

비록 이 사례에서 GATT 패널은 미국 반대편에서 멕시코 손을 들어주었지만, 소비자들의 강력한 요구로 인해 돌고래는 결국 보호조치를 받았다. 미국과 멕시코 이해관계자들은 미국에서 판매되는 참치통조림의 표면에 '돌고래 안전제품'이 표시되도록 하는 상품표시부착체계를 정착시켰다. 1990년 이래로 주요 기업들은 멕시코의 '친 돌고래' 제품만을 팔아왔고, 이러한 상품표시 부착 체계는 GATT 규정과 일치하는 것으로 판명 났다. 따라서 최초의 판결에서 미국이 패소하였음에도 불구하고, 이 사례의 결과로 인해 (미국 영해에서의 보호조치에 더하여) 멕시코 영해에서도 돌고래들이 보호받는 바람직한 효과가 나타나게 되었다.

새우-거북이 사례 WTO가 막 출범한 이후인 1996년 환경 관련 두 번째 소송이 새우와 바다 거북이에 대해서 발생하였다. 이 사례에서는 인도, 말레이시아, 파키스탄, 태국이 미국의 새우수입금지 조치에 대응하여 WTO에 제소하였다. 미국은 1987년 절멸위기종 보호법에서 자국 어선에 요구하는 것처럼 이들 국가들이 바다 거북이 안전 그물망을 사용하지 않는다는 이유로 새우수입을 금지시켰다. 마찬가지로, GATT 20조 (g)에 의해 미국은 똑같은 요구조건이 아시아 국가들 소속 어선에게도 확장 적용되어야 한다고 판단하였다.

비록 이 사례가 앞서 살펴본 참치-돌고래 사례와 많은 부분에서 유사하지만, WTO의 판결 결과는 달랐다. WTO 판결은 여전히 미국의 패소였지만, 이번 경우는 한 국가가 다른 국가의 생산방식에 근거하여 수입을 금지할 수 있다는 논리가 반영되지는 않았다. 즉 WTO는 거북이 안전 그물망 사용 요구에 있어서 미국이 자국 법을 아시아 기업들에게도 일관적으로 적용할 수 있다고 판결하였다. 미국의 이번 수입금지 조치는 적용 시기에 대한 공지와 수출 국가들과의 협의 없이 이를 적용하여, 이들이 거북이 안전 그물망 장치를 도입할 수 있는 충분한 시간을 허용하지 않았던 것이 문제였다. 즉 미국이 패소한 이번 WTO 판결은 좁은 의미에서 기술적인 문제 때문이지, 외국 영해의 멸종 위기종을 보호하려는 의도는 아니었다.

많은 측면에서 이 WTO 판결은 앞선 GATT에서의 참치-돌고래 판결보다 환경보호가들이 환영하는 내용을 담고 있다. WTO 패널은 20조 (g)에서 언급되는 '고갈 위험이 있는 천연자원의 보호' 내용이 특별히 멸종위기에 처해있는 살아있는 자원에도 적용될 수 있다고 명백하게 인식하였다. 이후 미국은 국내 관련 규정들을 좀 더 유연하게 개정하였고, 아시아 생산 국가들과의 협정을 추진하였다. 결국, 수출업자의 거북이 안전 그물망 사용을 요구하는 법은 2001년 판결에서 WTO 규정과 일치하는 것으로 결론 났다.

베네수엘라와 브라질산 휘발유 환경 이슈를 다루는 세 번째 GATT/WTO 소송 사례는 1994년 베네수엘라와 브라질이 미국을 상대로 제소한 사건에서 나타난다. 미국은 대기오염방지법(특정 공해 유발 화학물질의 최대허용치를 규정)의 요구사항을 만족치 못한다는 이유로 이들 국가의 휘발유 수입을 금지시켰다. 이 사례에서 1996년 WTO는 자국기업과 외국기업이 공평한 취급을 받아야 한다는 원칙을 미국이 위반한 것으로 판결하였다. 미국의 석유정제기업 경우 대기오염방지법을 충족하기 위하여 3년의 유예기간을 가질 수 있는 반면, 외국기업 경우 이러한 혜택이 확장 적용받지 못했다는 것이 주요 쟁점사항이었다. 따라서 미국의 수입금지 조치는 베네수엘라와 브라질 석유정제기업에게 차별적인 조치였다.

이러한 휘발유 사례는 환경운동가에게 불리한 사례로서 인식되나, 경제학자들은 사실 미국 규제가 베네수엘라 휘발유 수입에 대한 '위장된 보호'로서 작용된 것으로 본다. 즉 자유무역을 촉진하고 외국 생산자들을 공평하게 다루는 관점에서 본다면, 미국 패소를 결정한 WTO의 판결이 옳았다. WTO 판결로 인해 대기오염방지를 추구하는 미국의 목표는 단념되지는 않았으나, 미국기업과 외국 기업에게 공평하게 규제가 적용되도록 미국은 요구조건들을 수정해야 했다.

유럽 내 유전자변형 식품 마지막 사례는 유전자변형 식품을 유럽에서 수입할 수 있는지 여부와 관련 있다. 2003년 (아르헨티나와 케나다의 동참과 함께) 미국은 유럽연합(EU)의 유전자변형 식품과 곡물 추방조치에 대응하여 WTO에 제소하였다. 비록 이들 제품에 대한 '수입중단'이 있었다는 것을 부인하고는 있지만, 1998년 이래로 EU는 이들 제품을 수입한 적이 없었다. 대신, 유럽은 유전자변형 유기체의 보건 효과에 대한 연구 기간이 더 필요하고, 예방의 이유로 이들 수입품을 허용하지 않는다고 주장하였다.

2006년 WTO는 수입 제한이 '과학적 위험 평가'에 근거하여 내려져야 한다는 원칙을 유럽의 조치가 위반한 것으로 판결하였다. 즉 국가는 예방적 차원에서 수입품을 배척할 수 없고, 수입제한조치를 계속 진행하기 위해서는 과학적 근거를 제시해야 한다. 이러한 판결에도 불구하고, EU는 유전자 변형제품 구매여부를 소비자들이 스스로 결정하도록 상품표시 부착 조치를 시행하고 있다. 앞서 살펴본 멕시코산 수입참치 제품의 미국 상품표시 부착 사례와 마찬가지로, 유럽의 유전자변형 제품 상품표시 부착 조치는 선택이 가능한 상황에서 소비자들이 이러한 식품의 구매를 제한하는 데 영향을 줄 것으로 기대된다. 2006년 이후로 유럽은 대부분 동물용 사료제품인 약 50개의 유전자변형 식품 수입을 허용해왔다.

GATT/WTO 사례 요약 표 9-3의 사례들은 WTO 규정들이 환경에 나쁜 영향을 미치지 않았다는 점을 보여준다. 참치-돌고래 사례에서 미국 소비자들의 대응은 멕시코에서 돌고래 안전 그물망이 사용되도록 하는 충분한 계기가 되었다. 새우-거북이 사례에서 WTO는 미국 기업에게 요구되는 것과 동일하게 외국기업도 거북이 안전 그물망을 사용토록 요구하는 원칙을 반대하지 않았다. 휘발유 사례에서 베네수엘라와 브라질산 수입품은 미국 기제품이 가지는 유예기간을 똑같이 적용받은 후에 대기오염방지법의 요구사항을 준수해야 했다. 유전자변형 식품 사례에서 유럽의 상품표시 부착 규정은 소비자들이 선택 가능한 상황에서 유전자변형 수입품 소비를 제한하도록 하는 데 기여할 것으로 기대된다.

비록 환경운동가들이 특정 WTO 판결 결과로 인해 난감해졌으나, 환경문제가 관심을 받는 데 유리한 환경을 조성하여 이득을 본 것으로 일부 분석가들은 상기의 사례들을 들어 결론 내렸다. 환경운동가들은 일부 전투에서는 패배하였지만, 전체 전쟁에서는 이겼다! 이러한 결론은 환경문제를 다루는 것이 이제 더 이상 필요 없어졌다는 것을 의미하지는 않는다. 이와는 반대로, 시애틀의 코스튬 시위와 같은 환경단체의 로비활동이 깨끗한 환경을 지지하는 방향으로 여론을 조성하고, WTO 판결을 유도하는 데 중요한 역할을 했다고 생각된다. 결론적으로 이러한 활동들은 지속적으로 추구되어야 한다.

무역은 환경을 보호할까? 아니면 해칠까?

앞선 내용에서는 특정 국가들 사이의 소송을 담당한 WTO의 역할을 살펴보았다. 그럼 이제부터는 무역이 환경을 보호할지 아니면 해칠지 여부에 대한 좀 더 일반적인 질문을 다루어 보도록 하자. 1999년 WTO 시애틀 회의에서 수많은 시위자들은 무역이 환경에 악영향을 줄 것으로 생각했고, 이는 곧 이들의 시위 이유가 되었다. 앞서 살펴본 사례들은 이들 시위가 환경보호에 유리한 방향으로 WTO 판결이 내려지도록 유도할 수 있다는 점을 보여준다. 그러나 이들 사례는 자유무역이 환경에 긍정적인 영향을 줄지 또는 부정적인 영향을 줄지에 대한 질문에 답을 하지는 않는다. 이러한 질문에 답하기 위해서는 외부성의 개념을 소개할 필요가 있다.

외부성 한 상품에 대한 어떤 사람의 생산활동 또는 소비활동이 이것과 전혀 관계가 없는 제3자에게 영향을 미칠 때 **외부성**(externality)이 발생한다. 연구개발(R&D) 활동을 통해 어떠한 기업이 발명한 것을 다른 기업이 그대로 사용하는 상황과 같이 외부성은 긍정적일 수 있는 반면, 생산활동이 공해를 발생시키는 상황과 같이 외부성은 부정적일 수도 있다. **시장실패**(market failure)의 개념은 이러한 외부성과 밀접한 관련이 있다. 시장실패는 제3자에 대한 외부성의 긍정적 또는 부정적 효과가 정당하게 지불되지 않을 때 발생한다. 예를 들어, 어느 기업의 발명품을 다른 기업이 자유롭게 복제할 때, 이는 곧 지식정보에 대한 제3자의 지불이 실패했다고 할 수 있다. 어느 기업이 자유롭게 공해를 배출할 때, 이는 곧 공해의 부정적 효과 또는 환경복원에 필요한 지불(즉 벌금)이 실패했다고 할 수 있다.

미시경제학 수업에서 여러분들은 외부성이 사회적 관점에서 이상적이지 않은 결과를 초래한다고 배웠을 것이다. 예를 들어, 만약 발명품이 자유롭게 복제된다면, 기업은 R&D에 거의 투자하지 않을 것이다. 만약 벌금을 물지 않는다면, 기업은 엄청난 공해를 배출할 것이다. 이러한 두 사례에 대한 해결책은 정부가 규제를 통해 외부성의 비용 또는 이익에 대한 '시장을 만드는 것'이다. 예를 들어, 기업들의 R&D 활동을 독려하기 위하여 거의 모든 국가가 신상품 발명기업이 특정기간 동안 복제의 우려 없이 판매 이윤을 확보하도록 하는 특허 시스템을 운영한다. 기업에게 발명품 특허를 제공함으로써 사회적 이득이 많은 R&D를 더 많이 하도록 독려할 수 있다. 공해 퇴치를 위하여 많은 국가들이 산업 배출량을 규정하고 이를 지키지 않을 경우 벌금을 부과한다. 이러한 규제 역시나 사회적 이득을 위하여 공해가 적게 유발되도록 유도한다. 이러한 예들은 외부성이 존재하는 상황에서 정부의 조치가 어떻게 결과를 잘 개선시키는지를 보여준다.

외부성과 무역 이제 국제무역이 어떻게 외부성과 연관되어 있는지를 살펴보도록 하자. 무역이 상태를 악화시켜 부정적 외부효과를 더 부각시킬까 아니면 상태를 호전시켜 이를 상쇄시킬까? 만약 국제무역관계 속에서 직접적으로 외부성을 다루는 것이 너무 힘들다면, 이는 아마도 무역량 조정을 통한 대응조치 논의와 같이 많은 국가들이 합의된 행동을 할 필요가 있기 때문일 것이다. 이제부터 살펴보겠지만, 무역 증가로 외부성을 줄이고 후생을 높이는 일부 사례가 있는 반면, 그러한 결과를 달성하기 위하여 무역 감소가 필요했던 사례도 일부 존재한다. "자유무역은 환경에 도움이 될까 또는 피해를 줄까?"의 질문에 대한 답은 그때의 상황에 달려있고, 각각의 경우가 다 가능하다.

이처럼 각각의 경우가 다 가능하다는 점을 보여주기 위해 그림 9-4를 살펴보자. (a)와 (b)에서는 한 산업의 자국 수요곡선 D와 공급곡선 S가 나타나 있다(일단 SMC와 SMB 곡선은 무시하자). 국제무역을 하기 전, 자급자족 상태 (무역이 없는 상태)의 가격은 P^A이고, 수요량과 공급량은 모두 Q_0로 동일하다. 국제무역 이후 세계 가격은 P^W에서 고정되어 자급자족 가격보다 낮은 것으로 가정해보자. 이때 수요량은 D_1으로 증가하고 공급량은 S_1으로 감소하여, 이들 간의 차이는 곧 수입량 $M_1 = D_1 - S_1$이 된다.

무역개방으로 인한 이 국가의 이득은 쉽게 결정된다. 가격이 P^A에서 P^W로 감소함으로써 소비자 잉여는 a(빨간색 표시)+b(파란색 표시)의 넓이만큼 커졌고, 생산자 잉여는 a넓이만큼 작아졌다. 소비자 잉여와 생산자 잉여를 모두 고려할 경우, 전체효과(이는 곧 무역으로 인한 사적 이득이 됨)는 b의 넓이가 된다. 이러한 효과는 앞선 장의 그림 7-2에서 본 결과와 동일하다. 그러나 이때 외부성을 그림에서 고려하게 된다면, 이러한 결과는 달라진다.

부정적 생산 외부성 그림 9-4의 모든 패널에서 공급곡선 S는 기업 생산의 한계비용 또는 '사적' 한계비용을 나타낸다. 만약 외부성이 존재한다면, 사회의 실제 한계비용, 즉 '사회적' 한계비용은 사적 한계비용과 달라진다. 공해배출과 같이 부정적 생산 외부성이 존재한다면, 공해가 그 사회에 추가적 비용을 부과함으로써 사회적 한계비용은 사적 한계비용보다 더 높다. (a)에서 생산 한 단위당 공해의 추가적 비용은 사회적 한계비용 곡선인 SMC와 사적 한계비용 곡선인 S 간의 수직적 격차로 측정된다.

무역개방을 할 경우, 자국기업의 공급량은 Q_0에서 S_1으로 감소하게 된다. 이러한 생산량 감소는 공해의 사회적 비용을 줄인다. 이 사회적 비용 감소는 생산량 감소분을 SMC와 S의 수직적 격차로 곱함으로써 측정할 수 있다. 즉 (a)에서 빗금으로 표시된 c의 넓이가 공해의 사회적 비용 감소 수준이 된다. 이러한 사회적 비용 감소는 곧 이득으로서 계산된다. 이러한 사회적 비용 감소 이득을 무역으로 인한 사적 이득(b)과 합친다면, 무역으로 인한 전체 이득은 ($b+c$)의 넓이로 도출된다. 자국에서 부정적 생산 외부성이 존재할 때 자유무역을 할 경우, 자급자족일 때와 비교하여 외부성이 감소하게 되고 추가적인 사회적 이득을 얻을 수 있다.

그러나 위의 상황에서 가정을 바꾼다면, 무역개방은 필연적으로 추가적인 이득을 가져다주지는 않는다. 많은 경우에 있어서, 외부 비용이 감소하기보다는 오히려 증가하여 사회적 손

그림 9-4

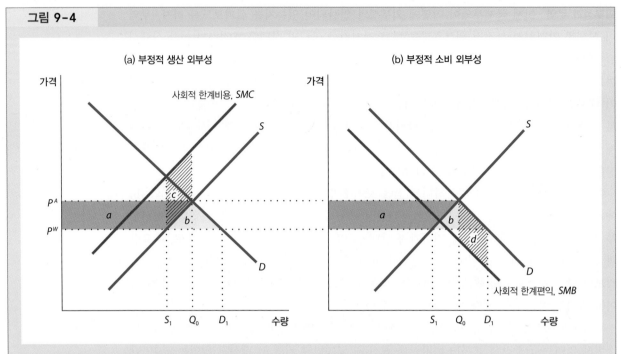

(a) 부정적 생산 외부성

(b) 부정적 소비 외부성

외부성과 무역의 이득 (a)는 사회적 한계비용곡선인 *SMC*가 사적 한계비용(공급) 곡선인 *S*보다 위에 위치하는 부정적 생산 외부성의 상황을 나타낸다. 자유무역 이후 가격이 P^A에서 P^W로 떨어지고, 자국 공급은 Q_0에서 S_1으로 감소한다. 그 결과, 외부성의 사회적 비용은 *c*의 넓이만큼 줄어들게 되고, 무역 이후 사적 이득에 추가되는 사회적 이득은 *b*의 넓이가 된다. (b)는 사회적 한계편익곡선인 *SMB*가 사적 한계편익(수요)곡선인 *D*보다 아래에 위치하는 부정적 소비 외부성의 상황을 나타낸다. *SMB*와 *D* 곡선 사이 수직적 차이와 소비량 간의 곱은 외부성의 사회적 비용을 나타낸다. 자유무역 이후 자국 수요는 Q_0에서 D_1으로 증가한다. 그 결과, 외부성의 사회적 비용은 *d*의 넓이만큼 증가한다. 이 넓이는 무역의 사적 이득인 *b*의 넓이를 상쇄시키는 사회적 비용이 된다.

실을 주는 쪽으로 변화될 수 있다. 예를 들어, 한 산업이 다른 산업에 긍정적 파급효과를 주는 R&D를 수행하는 경우와 같이 생산 외부성이 부정적이지 않고 긍정적인 경우를 가정해보자. 만약 연구개발을 하는 산업이 수입경쟁으로 인해 생산을 줄이게 된다면, 다른 산업에 대한 긍정적 파급효과는 감소하게 된다. 따라서 이때에는 사회적 이득보다는 사회적 손실이 있게 될 것이다. 이러한 사례는 8장에서 소개하였는데, 이러한 손실을 상쇄시키기 위한 '유치산업'관세부과를 정당화하는 내용이었다.

(a)에서 나타난 바와 같이 생산 외부성이 부정적인 경우라 할지라도, 만약 외국을 모형 안에서 추가적으로 고려할 경우 무역으로 인한 '전 세계'의 이득은 어떻게 될지 결론 내릴 수 없다. 자국의 공급 감소와 이로 인한 외부 비용의 감소는 외국의 생산량과 사회적 외부 비용의 증가로 상쇄될 것이다. 예를 들어 공해가 발생하는 상황에서, 만약 외국이 추가적인 수출로 인해 공해배출이 증가한다면, 자국 공급 감소로 인한 공해 감소가 과연 사회적 이득이라 할 수 있는지 고려해볼 필요가 있다. 이러한 가능성에 대해서는 이후 절에서 다룰 실제 세계의 사례에서 살펴보도록 하겠다.

부정적 소비 외부성 생산활동 중에 발생하는 외부성과 더불어, 소비활동 중에도 또한 외부성이 발생할 수 있다. 미세먼지와 이산화탄소를 배출하여 글로벌 기후변화의 원인이 되는 휘발유 자동차의 소비는 하나의 좋은 사례가 된다. 이와 같은 부정적 소비 외부성은 SMB 곡선으로 표현되는 상품 소비의 실제 사회적 편익이, D곡선으로 표현되는 사적 편익, 즉 소비자 지불의사 가격보다 더 낮다는 것을 의미한다. 예를 들어, 그림 9-4(b)에서 소비자들은 D_1의 양을 소비하기 위하여 P^W를 지불할 의사가 있다. 여기에서 SMB 곡선은 수요곡선인 D보다 아래에 위치하고 있는데, 이는 곧 D_1만큼을 소비하는 사회적 가치가 P^W보다는 작다는 것을 의미한다. SMB와 D곡선 간 수직적 격차와 소비량을 곱한다면 외부성의 **사회적 비용**을 측정할 수 있다 .

자유무역 이후 수요량은 Q_0에서 D_1으로 증가한다. 이러한 소비 증가는 공해의 사회적 비용을 증가시킨다. 사회적 비용 증가 수준은 수요량 증가분과 SMB와 D 곡선들 간 수직적 격차와의 곱으로 측정할 수 있다. 따라서 (b)에서 빗금으로 된 d의 넓이가 공해의 사회적 비용 증가 수준이라 할 수 있다. 이러한 사회적 비용 증가는 해당 국가에게 있어 손실이나, 무역의 사적 이득인 b 또한 존재한다. 만약 $b>d$라면, 해당 국가는 전체적으로 무역으로부터 이득을, $b<d$라면 외부성의 사회적 비용 증가가 사적 이득보다 우세하므로 전체적으로 손실을 보고 있다.

다음 절에서는 생산과 소비 외부성 모두가 나타나는 여러 사례들을 소개하고, 자유무역이 환경에 도움이 되는지 또는 해가 되는지에 대해 논의해보도록 하겠다.

무역의 환경 효과 사례

미국의 설탕과 에탄올 무역제한 조치 미국은 설탕 수입할당조치를 시행하고 있다. 수입할당으로 인해 미국기업과 소비자는 국제가격보다 2배 정도 높은 국내 가격을 지불하여, 미국 구매자 가격이 인상되었다. 수입 사탕수수 수요자의 한 축은 설탕 또는 옥수수에서 생산되는 휘발유 대용물(또는 첨가물)인 에탄올을 생산하는 기업들이다. 그러나 수입 사탕수수 가격 상승으로 인해 이들 기업들은 미국 정부로부터 보조금을 받고 있는 미국 농장에서 옥수수를 대신 구입한다. 설탕 수입할당 조치와 옥수수 생산 보조금의 결과, 미국기업은 에탄올을 생산하기 위하여 설탕보다는 옥수수를 더 많이 사용한다.

이러한 결과에서 한 가지 문제점은 옥수수에서의 에탄올 생산이 설탕에서보다 훨씬 덜 에너지 효율적이라는 것이다. 옥수수는 토지를 고갈시키고 생산을 위한 에너지가 필요하며, 성장을 위해서는 비료가 필요하다. 옥수수에서 에탄올을 만들어 휘발유 대체품으로 사용할 때의 순수한 에너지 절약 수준은 매우 낮다. 따라서 만약 국제가격으로 구매할 수만 있다면 에탄올 생산에는 설탕을 사용하는 것이 훨씬 더 나을 것이다. 대안적으로, 미국은 풍부한 사탕수수를 생산하고 있는 브라질에서 에탄올을 직접 수입하는 것이 더 이득이 될 것이다. 그러나 2012년까지 미국은 자국 휘발유 생산기업의 해외 구매를 제한하면서 수입 에탄올 한 단위당 54센트의 관세를 부과하였다.

그림 9-4에 이 사례를 적용해보자면, (a)에서 미국 에탄올 산업을 대표하는 곡선으로서 S를 고려해볼 수 있다. 미국 에탄올 산업이 설탕보다는 옥수수에서 에탄올을 만들기 때문에 (따라서 좀 더 많은 에너지를 사용) 부정적 생산 외부성이 존재한다. 에탄올에 부과된 관세는 수입을 제한하고 미국 내 생산을 더 증가시켰기 때문에 이러한 외부성을 더 악화시켰다. 따라서 에탄올의 무역자유화가 보다 더 나은 정책이 될 것이다. 이로 인해 무역으로 인한 일반적인 이득(b의 넓이)과 더불어 외부성의 사회적 비용 감소(c의 넓이)를 얻을 수 있을 것이다.

사실, 미국은 2012년 1월 1일에 에탄올 수입관세를 철폐함으로써 이러한 자유무역정책을 실시하였다. 그 결과, 브라질산 에탄올 수입이 급격히 증가하여, 2012년에는 960만 배럴을 수입하였다. 그와 동시에 옥수수에서의 에탄올 생산량이 줄어들면서 환경비용은 감소하였다. 이러한 실증적 결과는 그림 9-4의 이론적 예측과 일치하며, 에탄올에 대한 무역자유화가 외부성을 낮추고 사회적 이득을 가져다준다는 사실을 보여주고 있다.

여전히, 미국과 브라질 간의 에탄올 무역은 완벽하지 않다. *The Financial Times*에서도 지적하였듯이, 2012년도에 미국은 브라질로부터 960만 배럴의 에탄올을 수입하였지만, 또한 200만 배럴을 브라질에 수출하였다.[16] 원재료가 어떤 종류이냐(옥수수 대 설탕)에 상관없이, 이들 에탄올의 품질은 구매자들에게 동일하다. 따라서 양 방향에서 에탄올을 운반하는 것은 에너지 낭비를 초래한다. 에탄올에서 이러한 '양 방향' 무역이 발생하는 이유는 정부 규제로 인해 연료 회사들이 옥수수산 에탄올과 브라질에서 수입하는 다른 원료산 에탄올 모두를 사용하기 때문이다. 이러한 규제 때문에 미국산 옥수수 에탄올의 과다 생산이 발생하였고, 이들은 할인된 가격으로 브라질에 다시 팔리게 되었다. 이러한 '양 방향' 무역은 미국의 규제 개선을 통해 없어져야 할 명백한 사회적 낭비 대상이다.

미국 자동차의 VER   미국의 제한조치가 환경에 악영향을 주었던 사례로서 에탄올 관세 외에도 다른 조치들이 또한 존재한다. 앞선 장에서는 1981년에 시작된 일본의 대미 자동차 수출 '자율' 규제(VER)를 논의하였다. 일본 기업들은 VER을 통해 매년 자동차 수출 대수를 제한하였으나 품질은 제한하지 않았고, 좀 더 크고 고급형인 모델을 수출할 유인을 가졌다. 일본산 자동차의 사양이 높아짐에 따라 엔진 크기와 자동차 무게 또한 커졌다. 그 결과, 수입자동차의 (기름 한 단위당) 평균 주행거리는 짧아졌다.

VER의 가스 배출량에 대한 효과는 그림 9-5의 1979~1982년 일본산 수입자동차 자료에서 잘 나타나고 있다. 수평축은 분석기간 동안의 판매량 변화(퍼센트 표시)를, 수직축은 각 모델의 휘발유 1갤런당 주행거리를 나타낸다. 자료에 따르면, 분석기간 동안 가장 큰 판매 성장률을 보인 모델들은 맥시마, 크레시다, 마쓰다 626과 같은 짧은 주행거리의 고급형이다. 전체 수입량 제한에도 불구하고, 이들 고급형 모델의 가격이 경제형 모델 가격만큼 인상되지는 않았기 때문에 판매는 증가하였다. 미국 소비자들은 고급형 모델로 구매패턴을 변화시켰

---

16 Greg Meyer, "Ethanol: Logic of circular biofuel trade comes into question" *The Financial Times*, May 16, 2013, electronic edition.

고, 이들 모델의 짧은 주행거리로 인해 VER은 에너지 사용을 증가시키면서 더 많은 탄소배출을 유발시켜 환경에 악영향을 주었다.

이 사례를 그림 9-4(b)에 적용시키자면, 미국 소비자는 수요곡선인 *D*에서 고려해볼 수 있다. 자동차 사용으로 인해 탄소와 미세먼지가 배출되고 글로벌 기후변화가 일어나기 때문에 부정적 소비 외부성이 나타난다. 그러나 1980년대 초반 일본산 자동차 수입으로 인해 미국 내에서 이러한 외부성은 줄어들었다(국산 자동차와 비교하여 수입자동차 소비에 대한 긍정적 외부성으로 이를 생각해보자). 따라서 무역자유화는 공해의 외부 비용을 줄여 추가적인 사회적 이득을 가져다주었다. 반대로, VER 조치 이후부터는 주행거리가 짧은 자동차의 수입이 증가하여 외부성이 더 악화되었다.

공유지의 비극

에탄올과 자동차 무역의 앞선 두 사례들은 어떻게 자유무역이 환경에 순기능을 하는지를 보여주고 있다. 이제부터는 자유무역이 자원의 과잉채취를 유발하여 환경에 악영향을 주는 다른 두 사례를 살펴보고자 한다. 경제학자들은 이러한 결과가 사람들이 같은 자원의 저장소(예를 들어, 어류 채취)에서 채취 경쟁을 할 경우 발생한다고 얘기하면서, 이 현상을 **공유지의 비극**(tragedy of the commons)으로 명명한다. 자원이 어느 누구든 채취할 수 있는 **공유재산**(common property)으로 되어있을 경우, 이를 과도하게 사용하기 쉽고 각 생산자는 될 수 있으면 많이 사용하고자 하기 때문에 저장량은 시간이 지날수록 빠르게 고갈되어 버릴 것이

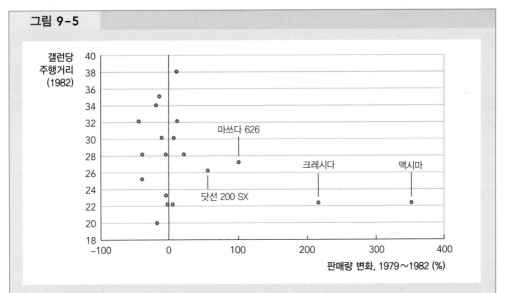

그림 9-5

미국의 일본산 자동차 수입 이 그림은 1979~1982년 일본이 시행한 수출 '자율' 규제 전후의 일본산 수입자동차 자료를 나타내고 있다. 수평축은 분석기간 동안의 판매량 변화(퍼센트 표시)를, 수직축은 각 모델의 갤런당 주행거리를 나타내고 있다. 맥시마, 크레시다, 마쓰다 626과 같은 짧은 주행거리를 가지는 모델들이 분석기간 동안 급격한 판매량 증가가 나타났다.

다. 국제무역은 특정 국가 또는 지역 자원의 국제적 수요를 유발시켜 공유지의 비극을 더 악화시킬 수 있다. 따라서 자유무역을 할 경우, 자원의 과잉 사용이 오히려 더 많아지게 된다.

이를 그림 9-4에서 살펴보면, 공유지의 비극은 자원의 부존량으로 인해 발생하기 때문에 부정적 소비 외부성으로서 나타나게 된다. (b)에 나타나는 바와 같이 국제무역은 한정된 재화의 수요를 증가시켜 소비의 외부성을 악화시킨다. 소비되는 자원의 양을 제한하여 직접적으로 외부성을 조정할 수 없는 경우, 국가들은 무역량을 제한하는 것으로 대응조치를 취해야 한다.

수산물 무역 과잉어획으로 인해 많은 종의 어류가 상업적으로 더 이상 이용이 불가능하게 되었고, 일부의 경우 거의 멸종위기에 놓였다. 관련 사례로 대서양 대구, 지중해의 참치, 유럽과 아시아 영해의 철갑상어를 들 수 있다. 한 과학적 연구에 따르면, 어류와 해산물의 29%가 멸종위기인 것으로 나타나고 있다. 즉 1950~2003년 이들의 어획량이 90% 이상 감소하였다. 2009년 연구의 저자들은 일부 종에 대한 '어획 비율'은 낮아졌으나, 평가대상 어류의 63%는 여전히 복원작업이 필요하고, 위기 종을 멸종위기에서 복원하기 위하여 더 이상 어획을 하지 말아야 한다고 주장하였다.[17]

이러한 과잉어획이 발생하는 근본적 원인은 자원이 국제적으로 거래되어서라기보다는 채취하는 사람들에게 있어서 이것이 공유자원으로서 취급되기 때문이다. 대신에 만약 어류에 사유재산권을 부여하면서 각국의 어획량을 제한하는 국제적인 규정이 정립된다면, 과잉어획을 피할 수 있을 것이다. 다른 국가들이 어획량 조절을 제대로 하지 않는 상황에서는 어획 소유권을 주장하는 어느 한 국가가 어획량을 조절할 충분한 유인을 가지지 못한다. 국제적 통제가 부재한 상황에서 국제무역은 글로벌 수산업에 대한 공유지의 비극을 더욱 악화시킬 것이다.

어류와 다른 멸종위기종에 대한 국제협정은 야생 동·식물종의 국제거래에 관한 협약(CITES)을 통해 맺어진다. www.cites.org의 정보에 따르면, CITES는 국제무역으로 인한 과잉채취에 대응하여 5,000종의 동물과 29,000종의 식물을 보호해왔다. 예를 들어, 2013년에는 다섯 종의 상어류가 CITES의 보호종 목록에 추가되었다.

버팔로 무역 특정 종의 멸종위기를 유발하는 공유지의 비극과 국제무역 간의 상호작용 사례는 수산업 무역 외에도 존재한다. 역사적으로 미국에서는 1870~1880년의 10년 동안 대평원의 버팔로를 대량 살육하는 사건이 있었다. 이러한 대량 살육에는 다양한 이유가 있었다. 철도 개설로 인해 사냥꾼들의 대평원 접근이 보다 쉬워졌다. 그리고 1850년대까지의 우기 이후 30년 동안 가뭄이 발생한 대평원 기후의 변화와 인디언들의 과잉 사냥도 한 원인이었다. 그

---

17 Juliet Eilperin, "World's Fish Supply Running Out, Researchers Warn," *Washington Post*, November 3, 2006, p. A01에서 *Science* 게재논문 인용. Boris Worm, et al., "Rebuilding Global Fisheries," *Science* 2009, 325, pp. 578-585.

러나 최근 연구는 버팔로 살육의 다른 원인보다 더 강력한 새로운 원인을 발견하였다. 1871
년경 런던에서는 버팔로 가죽을 (벨트와 같은) 산업 용도로 사용 가능하도록 하는 무두질이
개발되어, 버팔로 가죽에 대한 유럽의 거대한 수요가 발생하게 되었다.[18] 그 결과, 미국산 버
팔로 가죽의 가격은 상승하였고, 많은 수의 가죽 원재료가 산업용으로 유럽에 수출되었다.

그림 9-6은 영국과 프랑스의 미국산 가죽 원재료 수입 추정치를 나타내고 있다. 이들 수치
들은 영국과 프랑스의 수입수요를 아직 새로운 무두질 기술이 전파되지 않았던 캐나다의 수
입수요와 비교하는 방법으로 추정되었다. 따라서 여기서는 그러한 기술이 상용된 후 영국과
프랑스에서의 추가 수요를 나타내고 있다. 그림 9-6에서 이들 국가의 수입량(즉 캐나다의 수
입량과 비교한 초과분)은 1871년 이전에는 미미하거나 또는 음(-)의 값이었으나, 이후 급격
히 증가하여 1875년에 정점을 이룬 것으로 나타나고 있다. 1875년 경우 영국과 프랑스의 전
체 수입량은 100만 개 이상이었고, 1871~1878년 전체 수입량은 약 350만 개로서, 이는 곧
대평원 버팔로 대량 살육의 주요 원인이 될 수 있었다.[19] 이후 1980년대 수입의 소폭 증가는
미국의 북부 지역 버팔로 가죽 무역을 나타낸다.

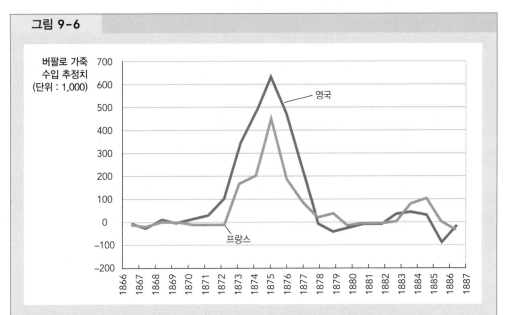

그림 9-6

버팔로 가죽
수입 추정치
(단위 : 1,000)

버팔로 가죽 수입 이 그림은 영국과 프랑스가 미국에서 수입한 버팔로 가죽의 추정치를 나타내고 있다. 1871년 이
전 이들 국가의 수입량(캐나다 수입량의 초과분)은 미미하거나 음(-)이었으나, 이후 급격히 증가하여 1875년에 정점
을 이루었다. 1875년 영국과 프랑스의 총수입량은 100만 개 이상이었고, 1871~1878년 전체 수입량은 약 350만개
였다. 이러한 수입량은 버팔로 가죽을 산업용도로 사용토록 하는 무두질이 1871년 런던에서 발명되었기 때문이다.

출처 : M. Scott Yaylor, March 2007, "Buffalo Hunt : International Trade and the Virtual Extinction of the North
American Bison," NBER Working Paper No. 12969.

---

18 M. Scott Yaylor, March 2007, "Buffalo Hunt : International Trade and the Virtual Extinction of the North
American Bison," NBER Working Paper No. 12969의 내용 참조
19 영국과 프랑스의 수입 자료는 파운드 단위인 관계로, 추정치 계산과정에서 가죽 4개당 112파운드로 가정하였다.

그림 9-6은 런던의 가죽 무두질 기술 개발과 버팔로에 대한 사유권 부재와 더불어, 국제무역이 버팔로 살육의 원인이 되었음을 확실히 보여주고 있다. 이는 시장 작동으로 인한 우울한 결과이고, 오늘날 CITES와 같은 협정들을 통해 반드시 피해야 할 사례 중 하나가 된다. 이제 다음 내용에서는 최근 전 세계적으로 논의되는 환경관련 두 가지 최종 사례를 살펴보도록 하겠다. 앞선 버팔로 살육 또는 과잉 어획의 사례와는 달리, 다음의 최종 사례에서는 국제무역의 편익 또는 사회적 비용을 결정하는 것이 그리 간단하지는 않다.

태양전지판 무역   8장에서 우리는 태양전지판의 생산과 수출에 대해 논의한 바가 있었다. 소비자들이 태양전지판을 설치할 경우, 전기 생산을 위해 탄소를 배출하고 글로벌 기후변화에 기여하는 화석연료의 연소가 필요하지 않기 때문에 **긍정적인 소비 외부성**이 나타나게 될 것이다. 그림 9-4(b)에서 이를 살펴보면, SMB 곡선은 수요곡선 아래가 아닌 위에 위치하게 될 것이다. 태양전지판의 자유무역은 자국 수요 증가를 통해 소비 외부성의 이득을 증가시켜 추가적인 사회적 이득을 유발할 것이다. 이 경우 무역으로부터의 이득은 두 가지 형태로 나타난다. 무역의 사적 이득(b의 넓이)과 추가적인 사회적 이득(d의 넓이와 같으나, D 곡선 위의 SMB로 측정됨)이다.

원칙적으로, 어느 한 국가가 태양전지판 생산에 보조금을 지급하고 낮은 가격으로 더 많은 수출을 할 경우, 자유무역으로 인한 추가적인 사회적 이득은 더 커지게 된다. 미국과 유럽연합(EU)은 중국이 이러한 행위를 했다고 믿고 있다. 그러나 이들은 긍정적인 소비 외부성이 있는 저렴한 태양전지판을 수입하기보다는, 대중국 관세를 부과할 것으로 위협을 가했다. 왜 이들 국가들은 환경운동가들이 선호하는 바와 같이 가능한 가장 저렴한 태양전지판을 수입하여 화석연료를 태우지 않는 최상적인 사회적 이득을 얻으려고 하지 않을까?

이 질문에 대해 두 가지 답을 할 수 있다. 첫째, 태양전지판의 긍정적 소비 외부성은 **국제적인 외부성**이기 때문이다. 화석연료 대신 태양광을 이용하는 것은 적은 탄소 배출을 유발하고, 따라서 글로벌 기후변화의 위험을 줄인다. 이러한 이득은 단순하게 한 국가의 국민만이 아닌 지구상 모든 이들에게 적용되기 때문에, 수입국은 이렇게 사회적 이득이 광범위하게 퍼져있는 한, 저가의 태양전지판을 받아들이지 않을 것이다. 특히 저가의 수입 태양전지판이 국내 생산자들의 생존을 위협한다면 더욱 그러할 것이다.

두 번째 이유는 저가 수입품에서 국내 생산자들이 경쟁 위협을 받기 때문이다. 자국 생산자 보호의 정치적 압박과 더불어, 미국과 EU 정부는 이 산업을 보존하여 자국 내 다른 산업들에 대한 편익 파급효과를 기대하고 있다. 즉 미국과 유럽의 정책 당국자는 태양전지판 제조업에서 **긍정적 생산 외부성**이 있을 것으로 믿고 있다. 이는 이 산업이 다른 산업에서도 적용할 수 있는 기술을 가질 것으로 예상하기 때문이다. 그러나 정책당국자들이 이러한 잠재적 지식 파급효과의 정도, 특히 태양전지판 사용에 따른 사회적 편익과 비교하여 이를 정확히 측정하는 것은 매우 어려운 일이다. 간단히 말하자면, 미국과 EU가 관세를 통해 태양전지판 산업을 보호하여 지식파급 효과를 추구하는 것이 더 중요할까? 아니면 중국산 저가품 수입을 허용하여 자국 내 태양전지판의 사용 증가를 추구하는 것이 더 중요할까? 이는 미국과 EU가 중국산 태양전지판 수입과 관련하여 가지고 있는 하나의 딜레마이다.

희토류 무역 2009~2011년 중국은 희토류의 수출량을 제한하는 수출할당제를 실시하였고, 국제가격은 높아졌다. 그 결과, 호주에서 광산이 개설되었고, 미국의 모하비 사막에서도 광산이 재개설되었다. 미국 광산은 수송관에서 방사능 액체가 유출됨에 따라 2002년에 문을 닫았었다. 희토류는 종종 토륨과 우라늄과 같이 방사능 물질이 있는 상태에서 발견되고, 가공 과정에서 하급 방사능 폐기물이 생겨난다. 환경 문제에 영향을 미치는 것은 바로 이러한 희토류 생산 과정에서의 부산물이다. 호주 광산의 광석은 말레이시아에서 가공되는데, 이로 인해 말레이시아는 방사능 폐기물의 안전 취급에 대한 우려를 가지고 있다. 그린란드(제1장의 초반에서 언급)와 일부 아프리카 국가들은 이러한 광물을 비축하고 있는 다른 국가들이다.

가공 국가와 상관없이, 그림 9-4(a)에서 나타나는 바대로 희토류 가공 과정에서는 부정적인 생산 외부성이 나타난다. 이 광물들은 수많은 최첨단 기술 제품들에서 사용되기 때문에 이들의 수요량을 제한하기는 어려울 것이다. 따라서 환경적 관점에서 방사능 부산물의 폐기를 규제하는 것이 중요한 사안이 된다.

중국은 이러한 방향에서 노력을 시작하였다. 그러나 신흥 산업국가로서 중국은 미국 또는 호주와 동일한 수준의 환경규제를 가지지는 않는다. 모하비 사막의 광물 가공 활동, 특히 방사능 폐기물 처리에 대한 엄격한 감시활동을 선진국 내에서는 기대해볼 수 있다. 그러나 호주의 광산 소유 기업인 레이어스 사가 말레이시아에서 광물 가공을 추진하는 것은 우려가 된다. 이러한 우려로 인해 말레이시아에서는 시위가 발생하고 있다. 이번 장 초반에 논의되었던 노동자 안전 정책들과 유사하게, 아마 희토류 방사능 폐기물에 대한 감시도 소비자 항의, 기업 책임감, 국가 간 공동 정책의 종합적 대응으로 마련되어야 할 것이다.

공해에 관한 국제협정

많은 제조활동의 부산물로서 공해가 발생한다. 공해물질이 최종적으로 어디에 피해가 될지에 대한 고려 없이 기업과 국가가 이를 허용하는 과정에서 대기와 물을 공유재산으로 취급하기 때문에 공유지의 비극은 공해문제에도 또한 적용될 수 있다. 공해는 물 또는 대기를 통해 국경을 넘어서서 발생할 수 있으므로 국제적 현안이 된다. 여기서 국경을 넘어서는 물질에 대해서는 '지구적 공해물질'이라는 용어를 사용토록 하겠다. 대기 중 오존층을 파괴하여 지구온난화를 유발하는 프레온 가스(CFCs)가 이 사례에 해당된다. 반대로, '지역적 공해물질'이라는 용어는 대부분의 경우로서 해당 국가 내에서 물질이 머무르는 상황을 말한다. 자동차 배기와 공장에서 배출되는 일산화탄소에 의한 미세먼지가 이 사례에 해당된다.

지구적 공해물질 지구적 공해물질에 대해서는 그림 9-2의 관세부과 관련 용의자의 딜레마 게임을 다시 비슷하게 적용해볼 수 있다. 공해가 국경을 넘나드는 관계로 각국은 자신의 공해에 대해 전체 비용을 지불하지는 않는다. 따라서 지구적 공해물질에 대한 규제를 시행할 유인은 낮다. 그러나 규제의 부재로 인해 각국은 지구적 공해가 많이 배출되는 부정적 결과에 도달하게 될 것이고, 따라서 이를 조정하기 위해서는 국제협정이 필요하다.

보수행렬 상기 논의사항을 보다 자세히 다루기 위하여, 그림 9-7은 각국이 공해배출 규제여부를 결정하는 상황에서 두 국가의 보수행렬을 나타내고 있다. 규제를 통해 국가는 산업의 공해배출 제한수준을 정하는데, 이 경우 기업은 배출량을 줄이는 특수장치를 자비로 설치해야 한다. 행렬의 각 사분면에서 왼쪽 하단은 자국의 보수를, 오른쪽 상단은 외국의 보수를 나타낸다. 먼저 규제가 있는 상황에서 논의를 시작하여, 규제가 없어지는 경우 (또는 규제가 집행되지 않은 경우) 자국 또는 외국의 후생 변화를 측정해보도록 하자.

우선 2사분면을 살펴보면, 양국이 모두 공해배출 규제를 시행하고 있을 때, 규제가 없는 상황과 비교하여 소비자는 더 나은 상태에 있는 반면, 생산자는 비용 증가로 인해 더 나쁜 상태에 있게 된다. 이때 한 국가(자국)가 규제 철폐를 결정한다면, 자국 생산자는 배출감축에 필요한 추가 장비 설치가 필요 없게 되므로 이득을 보게 될 것이나, 자국과 외국의 모든 소비자들은 공해가 증가하여 손해를 입게 된다. 이는 외국이 규제철폐를 결정하더라도 결과는 비슷하다. 외국 생산자는 이득을, 양국 소비자 모두는 손해를 보게 된다. 마침내, 두 국가 모두가 규제를 시행하지 않는다면, 추가적인 오염으로 인해 소비자들은 매우 큰 손실을 입게 되고, 장비 설치비용을 절감하는 기업들은 작은 이득을 보게 된다(생산자 이득이 작은 이유는 양국 생산자 모두가 규제가 없기 때문에 경쟁이 심화되어 이 이득의 상당부분이 없어지게 되기 때문이다).

내쉬균형 그림 9-7의 보수 구조에서 내쉬균형을 찾아보도록 하자. 양국 모두 공해 배출 규제를 시행하는 2사분면에서 논의를 시작해보자. 만약 각국이 이 위치를 이탈하여 규제를 철폐한다면, 생산자는 이득을, 소비자는 손해를 입게 될 것이다. 만약 공해가 해당 지역 내에만 머무른다면, 각국은 소비자 비용이 생산자 이득보다 더 크다는 것을 알고 있을 것이다. 이는 곧 미국 환경보호국(EPA)이 공장과 자동차 배출 공해를 규제하는 이유가 된다. 공해 방지의 소비자 이득이 생산자 비용을 초과한다.

그러나 지구적 공해의 경우, 이러한 계산방식이 달라진다. CO_2 배출과 같이 한 국가의 공해가 국경을 넘어 발생하는 경우, 공해 배출 규제를 통해 **자국** 내에서 인지되는 소비자 이득은 생산자 비용보다 적을 것이다. 이 경우, 양국 모두 그림 9-7의 2사분면인 규제시행 상태를 더 이상 머무르려고 하지 않을 것이고, 지구적 공해에 대한 규제를 시행할 유인을 가지지 못한다. 그림 9-7에서 만약 자국이 규제를 하지 않아 아래 행으로 이동하게 된다면, 외국 입장에서 생산자 이득으로 소비자의 추가 손실을 상쇄시켜 버릴 수 있으므로, 역시나 규제를

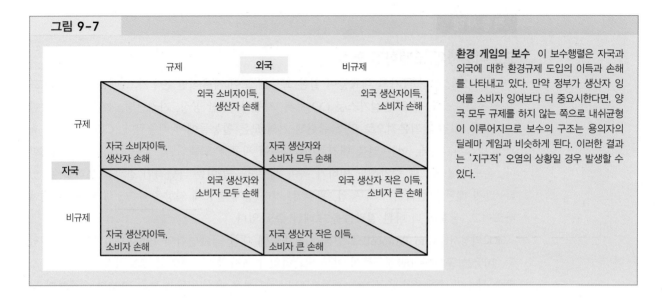

그림 9-7

	규제	**외국** 비규제
규제	외국 소비자이득, 생산자 손해 자국 소비자이득, 생산자 손해	외국 생산자이득, 소비자 손해 자국 생산자와 소비자 모두 손해
자국 비규제	외국 생산자와 소비자 모두 손해 자국 생산자이득, 소비자 손해	외국 생산자 작은 이득, 소비자 큰 손해 자국 생산자 작은 이득, 소비자 큰 손해

환경 게임의 보수 이 보수행렬은 자국과 외국에 대한 환경규제 도입의 이득과 손해를 나타내고 있다. 만약 정부가 생산자 잉여를 소비자 잉여보다 더 중요시한다면, 양국 모두 규제를 하지 않는 쪽으로 내쉬균형이 이루어지므로 보수의 구조는 용의자의 딜레마 게임과 비슷하게 된다. 이러한 결과는 '지구적' 오염의 상황일 경우 발생할 수 있다.

철폐해 버리는 것이 최적 대응이 된다.[20]

따라서 그림 9-7의 주어진 보수 아래에서, 소비자들이 4사분면에서 매우 큰 손실을 가짐에도 불구하고, 양국 모두 공해배출 규제를 철폐하는 상황이 균형이 된다. 이 결과는 관세 게임에서 논의하였던 용의자의 딜레마 상황(그림 9-2)과 비슷하다. 각자가 최상의 결정을 할 수 있음에도 불구하고 양국은 결국 나쁜 결과(높은 관세 또는 심한 공해)에 도달하게 된다. 관세 게임과 마찬가지로, 양국 모두 지구적 공해를 규제하는 2사분면에 머무르도록 확신을 주는 다자간 협정이 필요하다.

다자간 협정 CFCs 사용을 성공적으로 없애버린 오존층 파괴물질에 관한 몬트리얼 의정서는 환경관련 다자간 협정의 좋은 사례가 된다. 이 사례의 경우, CFCs가 호주와 뉴질랜드 상공의 오존층에 '구멍'을 내고 있다는 과학적 증거가 결정적이었다. 뿐만 아니라 냉장고, 에어컨 등의 가전제품에서 사용되는 CFCs가 상대적으로 저렴한 다른 화학물질로 대체될 수 있었던 것도 협정체결의 밑거름이 되었다. 따라서 CFCs 사용 추방에 대해 모든 국가에게 동의를 받는 것은 어려운 일이 아니었고, 1989년부터 실행되어 이미 오존층 파괴를 줄이기 시작하였다. 사실, 이보다 더 어려운 국가 간 합의는 교토의정서와 코펜하겐 협정에 의해 규제받고 있는 지구온난화 사례에서 나타난다. 다음의 마지막 적용사례는 이를 논의하고 있다.

---

20 이 장의 연습문제에서 독자들은 그림 9-7에서 이득과 손실에 특정 수치를 부여한 사례를 통해 내쉬균형을 결정하는 문제를 풀게 될 것이다.

적용사례

교토의정서와 코펜하겐 협정

1997년 12월, 여러 국가의 대표들이 일본 교토에 모여 자율적인 온실가스 배출량 감축 목표치를 논의하였다. 주요 온실가스는 CO_2로서, 자동차, 생산 공장, 가정난방, 석탄설비를 통한 전기발전, 그리고 기본적으로 연소 관련된 거의 모든 활동들에서 배출된다. CO_2는 '온실'효과를 발생시키는데, 이는 열을 대기 안에 가두어 지구 온도를 소폭 상승시키는 것을 의미한다. 온도가 소폭으로 증가해도 빙하가 녹아 해수면을 높이는 극단적인 결과를 초래할 수 있다. 날씨 패턴을 변화시키고, 농업, 관광업, 기타 경제 활동에 영향을 주고, 생태종을 위험에 빠뜨리고, 심지어 더 나쁜 결과들을 초래할 수도 있다.

교토의정서(Kyoto Protocol)로 인해 기후변화에 대한 국제연합의 1992년 협약이 체결되었고, 미국을 포함한 189개국들이 이를 비준하였다. 5년 후인 1997년, 교토의정서는 온실가스 배출 감소의 구체적인 목표치를 설정하였다. 선진국은 온실가스 배출을 1990년 수준보다 낮은, 누적 기준 5.2% 수준으로 감소시켜야 한다(이는 협정이 없을 경우 발생할 것으로 예상되는 2010년 수준에서 29% 감소 추정치임). 각국의 감소 목표치는 유럽 8%, 미국 7%, 일본 6%, 러시아 0%의 범위에서 설정되었고, 호주와 아이슬란드는 배출량 증가를 허용받았다. 게다가, 배출량 목표치 시장이 형성되었는데, 예를 들어 러시아의 경우 1990년의 온실가스 수준보다 배출량이 적다면, 배출권을 다른 국가들에게 판매할 수 있다.

약 40개의 선진국을 포함하여 160개국 이상이 이 협정에 서명하였다. 러시아는 2004년 11월 18일에 이 협정을 비준하였고, 이로써 회원국들은 전 세계 온실가스 배출량의 55% 이상을 책임지게 되었다. 이후 3개월 후인 2005년 2월 16일에 이 협정은 발효되었다. 그러나 미국은 이 협정을 비준시키지 않아, 큰 규모의 선진국들 중 이러한 노력에 참여하지 않은 유일한 국가가 되었다. 미국은 왜 이 협정에 참여하지 않았을까? 그리고 전 세계적으로 배출을 줄이기 위해 대신 어떤 조치를 취할 수 있을까?

미국이 교토의정서에 참여하지 않은 이유에 대해 다음 네 가지 근거가 종종 언급된다.[21] (1) 지구온난화의 증거가 명백하다 할지라도, 여전히 우리는 정책적 대응조치들로 인한 예상 결과들을 완전히 이해하지 못하고 있다. (2) 미국은 최대 온실가스 배출국이고, 교토의 목표치를 이행하면 경제에 악영향을 미칠 것이다. (3) 교토는 특히 중국이나 인도와 같은 개도국들을 포함시키는 것에 실패하였다. (4) 온실가스 배출 감축을 추구하는 다른 방법들이 존재한다.

첫 번째 근거의 경우 지구온난화 결과와 그 증거들이 보다 명확해짐에 따라 시간이 지날수록 점차 이치에 맞지 않는 것으로 평가되고 있다. 두 번째 근거는 사실이다. 미국은 (경제규모가 매우 큰 이유로) 최대 온실가스 배출국이고, 교토의 목표치를 충족시키기 위해서는 확

---

21 이 근거들은 모두 2001년 조시 부시 대통령의 국제연합 연설에서 언급되었다. 자세한 내용은 "In the President's Words: 'A Leadership Role on the Issue of Climate Change,'" *New York Times*, June 12, 2001, electronic edition 을 참조하기 바란다.

실히 경제적 비용이 많이 든다. 예를 들어, 독일의 경우 1990년 동독 시절에는 공해 배출이 심한 공장들이 많이 있었으나, 이제는 다들 문을 닫았기 때문에 미국의 비용이 아마도 독일보다는 더 높을 것이다. 독일의 공해 감축률은 공해 배출이 심한 공장들을 포함하는 기준으로 계산되었지만, 미국의 공해 감축률은 규제로 인해 1990년에 이미 공해를 감축한 공장들을 고려하는 기준으로 계산되었다.

그럼에도 불구하고, 비용이 높다는 사실만으로 각국의 온실가스 배출 감축 노력을 막아서는 안 될 것이다. 영국 스턴위원회의 2006년 보고서는 온실가스 배출을 줄이지 않을 경우의 비용은 용인할 수 없을 정도로 매우 큰 것으로 분석하였다. '1차 세계대전과 20세기 전반부의 경제공황'만큼 높은 비용이 들고 잠재적으로 돌이킬 수 없는 기후변화로 인한 피해가 매우 크다.[22]

세 번째 근거 — 교토의정서는 중국과 인도와 같은 개도국 참여를 배제하고 있다 — 는 아마도 미국이 이 협정을 비준하지 않는 주 원인이 된다. 단순하게 그림 9-7에서 묘사된 용의자의 딜레마 게임과 같이, 한 경기자가 배출규제를 하지 않는다면, 다른 경기자 역시나 규제할 유인은 작아지게 된다. 이러한 이유로, 2009년 12월 코펜하겐에서 개최된 코펜하겐 기후 회담에서는 새로운 협정을 이끌어내도록 세계의 모든 주요 국가들(전체 119개국)이 다 같이 기후변화에 관심을 가지도록 하였다. 불행하게도 이 회담은 **코펜하겐 협정**(Copenhagen Accord)으로 명명된 온건한 목표만을 달성한 것으로 끝이 났다. 전 세계 평균 온도의 추가 상승을 섭씨 2도 이하로 유지시키자는 인식을 갖고, 개도국은 이 문제에 대한 활동내역을 지속적으로 통보하기로 한 반면, 선진국은 온실가스 배출량 감축 목표치를 제출하는 협정을 맺었고, 기후변화 효과에 대응하는 개도국의 수요를 지원하는 펀드 자금을 조성하였다. 그러나 다음에 나오는 **헤드라인 : 코펜하겐 대실패의 비참한 결과**에서도 지적하듯이, 이러한 목표들을 달성하기 위해 필요한 강제적 수단은 그 어디에도 없다.

헤드라인 기사는 글로벌 기후변화에 대한 대응조치를 취하기 위해서는 국제적인 협력이 필요하다는 사실을 인식하고 있다. 그러나 코펜하겐에서 시도되었던 다자간 협상은 유일한 통로가 아니다. 각국은 온실가스 배출을 제한하는 국내 정책을 계속 추진할 수 있고, 또 추진하여야 한다. 유럽에는 탄소 배출에 대해 기업들이 배출권을 사고팔 수 있도록 기능을 하는 시장이 이미 있다. 미국은 '탄소 배출권 거래제' 시스템에서 같은 종류의 시장을 고려 중에 있다. 이 시장에서 각 기업은 탄소 배출의 모자(상한 수준)를 쓰고 있고 다른 기업과 이 권한을 거래할 수 있다. 비록 중국은 아직 그러한 시스템을 구상하고 있지는 않지만, 태양전지판과 풍차의 세계 최대 생산국이자 수출국이 되는 계획과 함께 대체 에너지 생산에 관심을 가짐으로써 다른 종류의 기여를 하고 있다. 뿐만 아니라, 미국과 100개 이상의 다른 국가들이 했던 것처럼, 2010년 3월 중국과 인도는 코펜하겐 협정에 참여하는 것으로 협의하였다. 코펜하겐

---

22 Martin Wolf, "A Compelling Case for Action to Avoid a Climate Catastrophe," *Financial Times*, November 1, 2006, p. 13에서 언급된 http://www.hm‐treasury.gov.uk에서의 "Economics of Climate Change" 내용을 참고하기 바란다.

헤드라인

코펜하겐 대실패의 비참한 결과

이번 장의 서론에서 우리는 온실가스 배출 감축에 대한 새로운 지침을 세우기 위해
2009년 12월에 개최된 코펜하겐 기후회담을 논의하였다. 이 회담은 불행하게도
그러한 목표를 달성하지는 못했고, 이 기사는 실현 가능한 다음 단계들을 논의하고 있다.

미국, 중국, 인도, 브라질, 남아프리카 공화국 모두가 참여한 [코펜하겐 협정]은 단순한 목표치만 적시되어 있다. 이 협정에서는 전 세계 온도 증가가 섭씨 2도로 유지해야 하는 과학적 근거가 인정된다. 이 협정에서 선진국들은 2020년까지 개도국들의 감축노력을 지원하도록 연간 1,000억 달러를 제공할 것을 요구받으나, 누가 누구에게 이를 지불할지에 대해서는 언급하지 않는다. 가맹국의 어느 누구도 이를 지킬 약속을 하지 않고 있다.

… 온실가스는 세계 전체의 축적이 문제가 되기 때문에, 기후변화 문제를 확실히 해결하기 위해서는 국제적인 협력이 필요하다. 협력적 대응조치는 필수적 요소이다. 대응과정에서는 무임승차 문제가 명백히 나타나며, 반드시 이를 논의해야 한다. 그러나 이에 대한 최대 강령주의적 접근방식으로서 강제적 배출량 제한을 포함하는 국제협약을 체결하는 것은 굉장히 어려운 일이다. 그러한 의지가 있더라도, 교토의정서 사례에서 충분히 증명된 것처럼, 강제적 제한을 두는 것은 또 다른 문제를 유발한다. 만약 최대 강령주의적 접근방식이 2010년 12월 멕시코에서 개최되는 다음 회담에서 다시 부활한다면, 사실 별다른 도리는 없다. 다만 핵심사항은 진전과정 스스로가 볼모로 잡혀서는 안 된다는 것이다. 즉 좀 더 실용주의적이고 유연성을 발휘하는 것이 필요하다.

미국과 중국은 주도권을 쥘 수 있다. 코펜하겐에서 이들 간의 마찰은 분명했다. 미국은 배출 감소의 독립적인 증거제출을 요구하였고, 중국은 주권 침해로서 이를 거부하였다. 사실, 이들 두 국가의 의견들이 그렇게 차이가 나는 것은 아니다. 중국만큼이나 미 의회도 국가 주권에 세심하게 반응하면서 국제적 의무를 경계하고 있다. 양국 모두 몸소 모범을 보여 이미 언급되었거나 고려 중인 일방적 저비용 탄소 감축 정책을 이끌어 가야 한다. 미국의 탄소배출권 거래제와 중국의 탄소 농도 감소 정책들을 예로 들 수 있다. 국제적 공조 체계는 틀에 박힌 협정을 통해 추구되어서는 안 된다. 무엇보다 올바른 방향으로 이끄는 정책들을 가로막아서는 안 된다. …

온실가스 논의에 있어 개도국에 대한 인도주의적 지원이 보장되었지만, 이는 개별적으로 협상되어야 한다. 이번에도 또한 감당할 수 있는 선에서 문제를 해결하는 것이 필요하다. 코펜하겐을 통해 현재의 접근방식에 한계가 있다는 점이 나타났다. 국제적 협력을 재고시키는 것이 최고로 중요하다. 많은 것을 요구하지 않는 것이 이러한 목표를 최상으로 달성시키는 방법이 된다.

협정의 목표들이 자율적이었기 때문에 초기 교토의정서의 강제적 제한 조치 때보다는 국가들이 더 쉽게 이 협정에 참여하게 되었음을 이러한 일련의 사건들을 통해 알 수 있다. 비록 이 협정이 강제적 수단을 포함하고 있지는 않지만, 이는 기후변화에 대한 향후 국제적 협력의 초석이 될 것이다.

4 결론

이 책의 전체 내용 내내, 우리는 GATT와 WTO와 같은 다자간 협정과 NAFTA와 같은 지역협정의 국제무역협정을 언급하였다. 이번 장에서는 이들 협정의 근거를 좀 더 자세히 살펴보았고, 또한 무역은 아니지만 이들 협정에서 다루고 있는 노동기준과 환경에 대해서도 논의하였다.

이번 장에서 언급된 첫 번째 이슈는 결국 왜 국제협정이 필요한지이다. 각국 입장에서 관세를 부과하는 것 또는 지구적 공해의 비용을 지불할 필요가 없을 때 환경규제를 적용하지 않는 것이 더 큰 이득이 되어 서로 협력을 하지 않을 강력한 유인이 존재한다는 사실이 상기 첫 번째 질문에 대한 답이 된다. 이 상황에서 각국은 관세를 부과하거나 규제를 하지 않을 유인을 가지나, 모든 국가들이 그렇게 행동할 경우 결국 모두 다 손실을 보게 된다. 결과적으로 높은 관세 또는 심한 공해가 나타난다. 이러한 현상이 나타나는 이유는 양국이 모두 자신의 권리에 따라 행동하고, 그 결과 나쁜 상황(양쪽 모두 관세부과 또는 공해유발)에서 내쉬균형이 이루어지는 '용의자의 딜레마' 게임 속에 국가들이 있기 때문이다. 이러한 나쁜 균형을 피하고 자유무역 또는 낮은 공해 상태로 복원하기 위해서는 국제협정이 필요하다.

이번 장에서 언급된 두 번째 이슈는 (완전한 자유무역과 같이) 완벽한 형태의 시장 형성을 향한 불완전 진일보도 마찬가지로 나쁜 결과를 초래할 수 있다는 점이다. 만약 무역전환 효과가 무역창출 효과보다 더 크다면, '특혜무역협정'이라는 지역무역협정에서 이러한 결과가 나타난다. 특혜무역협정은 오로지 역내국에게만 무관세 혜택을 주고 역외국에 대해서는 관세를 그대로 유지하기 때문에, 이는 자유무역을 향한 불완전한 진일보로 볼 수 있다. 역외국들은 혜택에서 제외됨으로써 손실을 입게 된다. 또한 협정결과, 낮은 비용의 효율적 생산자들이 협정에서 배제되기 때문에 역내국 또한 손해를 입게 될 수도 있다.

시장개방을 향한 불완전 진일보가 국가들에게 손해를 주는 다른 사례로서 자원의 과다채취를 들 수 있다. 어류와 같은 고갈성 자원에 대한 사유재산이 부재한 상황에서 무역자유화를 실시할 경우, 국가의 채취량은 더 높아져 고갈 또는 고갈에 가까운 수준에까지 이르게 된다. 이는 적어도 수출국가에는 나쁜 결과이고, 부정적 소비 외부성이 나타나게 된다. 따라서 명확한 사유재산권이 존재하지 않는 상황에서 자유무역은 손실을 유발시킬 수 있다. 이에 대해 경제학자들은 자원에 대한 적절한 시장기능이 없는(즉 사유권 부재) 시장의 개방(즉 국가 간 자유무역)으로 인식한다. 같은 관점에서, 지역무역협정 또한 완벽한 자유무역이 아닌 상태(즉 역외국에 관세를 부과)에서 시장을 개방하는 것(즉 역내국 간 자유무역)이므로, 고갈성 자원의 과다채취 현상은 지역무역협정의 무역전환 효과와 비슷하다고 할 수 있다. 다시 말해, 과다한 자원채취와 무역전환 효과는 시장이 제 기능을 발휘하지 못하는 상황에서 발생하는 나쁜 결과들이라 할 수 있다.

마지막으로, 이번 장에서는 노동기준과 환경개선을 위한 소비자, 노동조합, 기업의 활동이 매우 중요하다는 사실을 논의하였다. 1999년 WTO 회의장의 시위를 포함하여, 이들의 활동은 환경문제를 다루었던 WTO 판결에 영향을 미쳤다. 환경보호론자들은 일부 WTO 소송에서는 패배하였으나, 실제적으로는 이긴 것으로 분석가들은 여기고 있다. 또한 이러한 활동은 노동자의 노동기준과 기업의 환경보호에도 큰 영향을 줄 것으로 기대된다.

핵심 내용

1. 자유무역협정은 주로 두 가지 형태인 다자간 협정과 지역협정으로 구분된다. 다자간 협정은 (WTO의 모든 회원국들과 같이) 많은 수의 국가들이 참여하여 무역장벽을 줄이는 데 합의하는 형태인 반면, 지역협정은 종종 같은 지역 내 몇몇 국가들이 이를 수행한다.

2. 각국이 관세를 부과할지 여부를 선택하는 2개국 게임의 내쉬균형을 통해 완전경쟁시장에서의 다자간 협정 이득을 분석할 수 있다. 2개의 대국에 대한 유일한 내쉬균형은 둘 다 모두 관세를 부과하는 것으로, 이는 곧 '용의자의 딜레마' 게임과 같다. 관세 철폐의 협정을 맺음으로써 양국은 자중손실을 제거하고 더 나은 상태로 있게 된다.

3. 지역무역협정은 특혜무역협정으로 알려져 있는데, 그 이유는 이 협정이 역내국에게는 특별한 혜택(즉 자유무역)을 주는 반면, 역외국에게는 관세를 유지하기 때문이다. 지역무역협정은 자유무역지대(예, NAFTA)와 관세동맹(예, 유럽연합)의 두 가지 형태로 구분된다.

4. 역내국에게는 무관세 혜택을 주는 반면, 역외국에게는 관세를 유지하기 때문에, 지역무역협정의 후생 이득과 손실은 다자간 무역협정보다 더 복잡하다. 자유무역지대의 경우, 역내국들은 역외국에 대해 각자 독립적으로 관세를 부과한다. 반면 관세동맹의 경우, 역내국들은 역외국에 대해 똑같은 관세를 부과한다.

5. 무역창출은 지역협정의 역내국이 원래는 국내에서 생산했던 상품을 다른 역내국에서 수입하게 될 때 발생한다. 이 경우, 사는 국가와 파는 국가 모두 후생 증가를 경험하게 된다.

6. 무역전환은 역내국이 협정이 체결되기 전에는 역외국에서 수입하던 상품을, 체결 후 다른 역내국에서 수입할 때 발생한다. 무역전환으로 인해 협정체결 이전에 수출을 하였던 역외국의 손실과 함께, 수입 역내국도 잠재적인 손실을 보게 되고, 따라서 새로운 무역지대 전체에서 손실이 나타난다.

7. 노동기준은 작업장 건강과 안전, 아동 노동, 최저임금, 노동조합 결성권 등을 포함하여 노동자에게 직접적으로 영향을 주는 모든 이슈들을 언급한다. 노동기준 강화는 종종 무역협정에서 다루어지고 있고, 소비자 단체와 노동조합이 여기에 관여하는 활동을 하고 있다.

8. WTO는 환경문제를 직접적으로 다루지는 않지만, 특정 소송의 판결을 해야 하는 상황에서 환경 이슈가 불거지고 있다. 이러한 소송사례에 대한 분석을 통해, WTO가 친환경적인 판결을 내리는 것으로 변화해왔음을 알 수 있다.

9. 외부성이 존재하는 상황에서 국제무역은 부정적 외부성을 더욱 악화시켜 무역의 사적이득을 상쇄하는 사회적 비용을 유발시킬 수 있다. 또한 국제무역은 부정적 외부성을 감소시켜 무역의 사적이득에 더하여 사회적 이득을 추가시킬 수도 있다. 이와 같은 이론적 논리와 실증적 사례들로부터, 자유무역이 환경에 긍정적인 영향을 주지만 부정적인 영향 또한 줄 수도 있다는 사실을 결론 내릴 수 있다.

10. 모든 국가에게 불리한 결과를 주는 용의자의 딜레마 상황을 피하기 위하여 관세 협상이 필요했던 것처럼,

환경에 대한 국제협상도 같은 이유로 필요하다. 2005년 교토의정서는 미국이 비준에 참여하지 않았고, 중국, 인도와 같은 개도국들이 배제되었기 때문에 제한적인 성공을 거둔 것으로 평가된다. 2009년 코펜하겐 협상 또한 강력한 시행 조건을 담은 국제협약은 아니었으나, 적어도 미국, 중국, 인도, 그리고 100개 이상의 국가들이 여기에 참여하였다는 데에 그 의의가 있다.

핵심 용어

공유재산(common property)

공유지의 비극(tragedy of the commons)

관세동맹(customs union)

교역조건 이득(terms-of-trade gain)

교토의정서(Kyoto Protocol)

노동기준(labor standards)

다자간 협정(multilateral agreement)

다자간 환경협정

(multilateral environmental agreements)

무역전환(trade diversion)

무역창출(trade creation)

무역협정(trade agreement)

시장실패(market failure)

외부성(externality)

용의자의 딜레마(prisoner's dilemma)

원산지규정(rules of origin)

자유무역지대(free-trade area)

지역무역협정(regional trade agreement)

최저생활임금(living wage)

최혜국대우 원칙

(most favored nation principle)

코펜하겐 협정(Copenhagen Accord)

특혜무역협정(preferential trade agreements)

연습문제

1. a. 자유무역지대와 관세동맹의 차이는 무엇인가? 각각의 사례를 제시해보라.

   b. 일부 경제학자들은 왜 지역무역협정보다 다자간 무역협정을 더 선호하는가?

2. 그림 9-2는 대국들 간의 관세 게임을 나타내고 있다.

   a. 대국과 소국 간 게임의 보수 행렬을 다시 그려보라.

   b. 대국이 최적관세를 부과한다면, 내쉬균형(들)은 무엇인가?

   c. 문제 (b)에서 WTO의 역할에 관해 무엇을 얘기할 수 있는가?

3. 미국 반도체 시장에 대한 다음 표 9-1의 변수들을 고려해보자.

	미국 관세		
	0%	10%	20%
NAFTA 출범 전 캐나다산 수입	$46	$W	$55.2
NAFTA 출범 전 아시아산 수입	$42	$X	$Y
NAFTA 출범 후 캐나다산 수입	$46	$Z	$Z
NAFTA 출범 후 아시아산 수입	$42	$X	$Y
미국 자체 생산	$47	$47	$47

   a. 위 표에서 W, X, Y, Z의 값을 채워 넣어라.

   b. NAFTA 출범 전 미국은 수입 반도체에 20%의 관세를 부과했다고 가정해보자. 이 경우 어떤 국가가 미국 시장에 공급하였는가? 이 국가는 낮은 비용의 효율적인 생산자인가?

   c. NAFTA 출범 후 어떤 국가가 미국 시장에 공급하게 되는가? NAFTA로 인해 무역창출이 발생하였는가? 아니면 무역전환이 발생하였는가? 이를 설명하라.

d. 이제 NAFTA 출범 전 미국이 수입반도체에 10%의 관세를 부과하였다고 가정하고, 상기의 (b)와 (c)를 다시 풀어라.

e. 상기 (d)의 가정에 더하여, NAFTA로 인해 캐나다에서 첨단기술에 대한 투자가 증가하여 캐나다 기업들이 더 나은 기술을 개발한 것으로 가정해보자. 그 결과, NAFTA 출범 후 3년째에 캐나다 기업들이 상품을 46달러의 가격으로 미국에 팔 수 있게 되었다. NAFTA 출범 후 3년째에 미국 무역 패턴에 무슨 일이 발생하는가? NAFTA로 인해 무역창출이 발생하였는가? 아니면 무역전환이 발생하였는가? 이를 설명하라.

4. 태국과 인도가 중국의 잠재적 무역 상대국들임을 고려해보자. 태국은 아세안 회원국이나 인도는 아니다. 인도산 섬유의 수입가격(P_{India})은 자유무역을 할 경우 개당 50이고, 여기에 20%의 관세가 부과된다고 가정해보자. 2010년 1월 1일 중국과 태국은 태국산 수입품에 관세를 철폐하는 중국-아세안 자유무역지대를 발효하였다. 다음 문제에 답하기 위하여 다음 그래프를 이용하라.

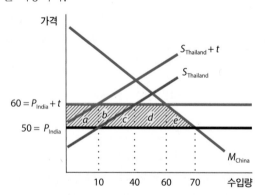

a. 중국-아세안 자유무역지대 발효 전, 중국은 각각의 무역상대국에서 얼마만큼을 수입하였는가? 수입가격은 얼마인가? 관세수입을 계산하라.

b. 중국-아세안 자유무역지대 발효 후, 중국은 각각의 무역상대국에서 얼마만큼을 수입하였는가? 수입가격은 얼마인가? 중국의 총 관세수입액은 얼마인가?

c. 문제 (b)에 기초하여 중국-아세안 자유무역지대의 중국 후생 효과는 무엇인가?

d. 중국-아세안 자유무역지대의 태국과 인도 후생 효과는 무엇인가?

e. 헤드라인 : 중국-아세안 협정, 인도 수출기업을 위협하다에서 언급된 바와 같이, 중국-아세안 협정으로 인해 중국과 인도 간 무역에는 위와 비슷한 현상이 나타났을 것이다. 이 협정이 각국의 대중국 수출에 어떻게 영향을 주었을까? 만약 이 협정이 체결되었다면, 중국, 태국, 인도의 후생에 어떠한 영향을 미쳤을까?

5. (그림 9-3에서) S'_{Mex}곡선이 A점과 D점 사이에서 M_{US}와 교차하는 무역전환 그래프를 다시 그려보라.

a. 미국과 멕시코가 NAFTA에 가입할 때, 어느 국가가 미국에 자동차 부품을 공급하는가? 미국은 NAFTA 출범 후에 많은 양의 자동차 부품을 수입하는가? 즉 무역창출이 발생하는가?

b. NAFTA 출범 전과 비교하여 정부 세수입의 변화는 무엇인가?

c. 미국은 NAFTA에 가입함으로써 더 나은 상태가 되는가?

6. 근로조건에 대한 소비자의 인식을 설문조사한 표 9-2의 자료를 참고하라.

a. 여러분과 적어도 5명 이상의 동료들을 대상으로 표 9-2의 동일한 설문조사를 실시하라.

b. 상기 결과의 평균을 내고, 표 9-2의 자료와 이를 비교하라. 여러분의 조사결과와 표 9-2의 결과 간에는 어떤 일정한 차이가 있는가?

c. 여러분의 동료들이 응답한 결과는 다음 두 가지 특징을 반영하고 있는가?

   i. 비록 많은 금액을 더 지불하려는 사람은 적었지만, 많은 사람들이 좋은 노동기준을 보장하기 위하여 적어도 약간은 더 지불하려고 함(또는 같은 가격의 다른 제품으로 소비 전환)

ii. 각 사람은 좋은 조건에서 만들어진 T셔츠에 더 지불하는 것보다 나쁜 조건에서 만들어진 제품에 더 높은 할인을 받아야 한다.

이러한 특징들이 여러분의 동료들에게도 그대로 적용되는지 여부를 설명하라.

7. WTO의 판결에 대해 왜 환경론자들이 "전투에서는 졌지만 전쟁에는 이겼다."라고 평가받는지 표 9-3을 이용하여 설명하라. 답을 함에 있어 WTO의 특별한 소송사례를 제시하라.

8. 다음 질문에 답하기 위하여 그림 9-4를 참고하라.

a. 긍정적 생산 외부성이 존재하여 SMC 곡선이 공급곡선 아래에 위치하도록 그림 9-4(a)를 다시 그려보라. 무역개방 이후, 외부성의 비용 변화분을 나타내는 넓이를 c로 표시하라. 이 넓이는 자유무역의 추가적인 사회적 이득인가? 아니면 이를 상쇄시키는 비용인가?

이러한 상황을 나타내는 실제 사례를 들 수 있는가?

b. 긍정적 소비 외부성이 존재하여 SMB 곡선이 수요곡선 위에 위치하도록 그림 9-4(b)를 다시 그려보라. 무역개방 이후 발생하는 부분을 d로 표시하고, 왜 이 넓이가 자유무역의 추가적인 사회적 이득이 되는지를 설명하라(이번 장 초반의 태양전지판 논의 내용 참조).

9. 그림 9-7의 환경게임 보수행렬을 수치로 표현한 다음 표를 고려해보자. 이 문제에서 수치는 각 결과에 대한 자국과 외국의 후생수준을 나타낸다.

a. 먼저, 정부가 후생을 고려할 때 소비자 웰빙보다는 생산자 이윤을 더 중시하는 상황인 지구적 공해를 생각해보자(소비자 비용의 일부가 다른 국가에서 부담되기 때문에 이러한 상황이 발생). 다음의 보수행렬에서 정부가 소비자보다는 생산자를 더 중요시한다고 어떻게 말할 수 있을까? 이러한 환경게임의 내쉬균형은 무엇인가? 이는 용의자의

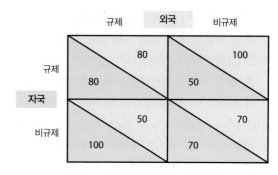

딜레마 게임인가? 간단히 설명하라.

b. 다음으로, 정부가 후생을 고려할 때 생산자 이윤보다는 소비자 웰빙을 더 중시하는 상황인 지역적 공해를 생각해보자. 아래의 보수행렬에서 정부가 생산자보다는 소비자를 더 중요시한다고 어떻게 말할 수 있는가? 이러한 환경게임의 내쉬균형은 무엇인가? 이는 용의자의 딜레마 게임인가? 간

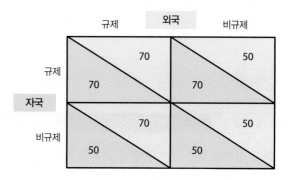

단히 설명하라.

장기 분석용 연습문제 : 다음 연습문제들은 무역, 노동, 환경 이슈를 포함하는 국제무역협정과, 이와 관련된 실생활을 고려해보도록 하고 있다. 각 문제는 각 상황에 대한 '찬성' 또는 '반대'의 입장을 밝히도록 하고 있다. 이 상황들은 최근의 뉴스 기사에서 발췌하였는데, 강사 매뉴얼에서도 이용이 가능하다. 여러분은 웹과 이 책에서의 관련 정보를 찾아 조사할 수 있다. 수업에서 여러분의 강사는 이 질문들을 개별적으로 또는 짝을 이루어 또는 발표 그룹을 만들어 답하도록 요구할 것이다.

10. 2007년 미국 의회의 일부 의원들은 향후의 무역협상은 노동기준에 대한 '일괄협상(grand bargain)'이 동

반되어야 한다고 제안하였다. 그러나 이러한 제안의 문제점은 현재 미국 노동법이 종종 국제노동기구(ILO)의 지침에 저촉된다는 것이고, 이로 인해 미국은 많은 비판을 받으면서 잠재적으로 이 기구로부터 제재를 받을 수 있다는 것이다. "Why a 'Grand Deal' on Labor Could End Trade Talks"라는 제목의 기사에서도 이러한 우려를 표명하면서, '일괄거래(Grand Deal)' 방식이 미국에게 오점이 될 것으로 논의하고 있다. 이 기사의 전체 내용은 다음 웹사이트에서 찾아볼 수 있다.
http://www.iie.com/publications/opeds/oped.cfm?ResearchID=716

다음 물음에 답해보라 : 여러분은 각국의 노동기준을 국제노동기구의 테두리 안에서 법률로 두자는 '일괄협상'에 대한 미국의 제안에 찬성하는가 아니면 반대하는가?

11. 2007년 3월 샌프란시스코 지역의 일부 식당들은 물 운반의 환경비용을 절약하기 위하여 식당 고객들에게 더 이상 병에 든 생수를 제공하지 않기로 결정하였다. 샌프란시스코 식당과 이러한 조치를 취한 다른 기업들에 관한 기사를 찾기 위하여 인터넷 검색창에 'bottled water backlash'라는 문구를 입력해보자. 이들 식당들은 고객들에게 대신 해당 지역의 식수를 제공하기 위하여 정수 장비를 설치하였다. 비록 이러한 조치들이 친환경적인 의도에서 실행되었지만, 이들은 생수 업체들과 생산 국가들에게도 영향을 미칠 것이다. 피지가 생수 수출이 주요 소득원인 국가 중 하나이다.

다음 물음에 답해보라 : 여러분은 샌프란시스코 식당들의 이러한 행동에 찬성하는가 아니면 반대하는가?

네트워크

노동자 권리나 환경 보호를 위해 조치를 취하고 있는 기업이나 기업 집단의 사례를 찾아보기 위하여 인터넷 검색창에 '기업의 사회적 책임(corporate responsibility)'을 입력해보자. 이러한 조치들이 어떻게 취해지고 있는지를 간단히 설명하라.

환율 및 외환시장 소개

루피의 폭락에 관한 내용은 빼고 읽어도 괜찮아요. 너무 충격적이어서요.

미스 프리즘, 오스카 와일드의 희곡
*The Importance of Being Earnest*에 등장하는 인물

*세계 외환시장을 혼란하게 만들어 이익을 보는 사람은 투기자들로서 내 생각에 그들은 별로 유용한
가치를 제공하지 않는다.*

폴 오닐, 미국 재무장관, 2002

미국인 조지는 몇 년에 한 번씩은 파리에서 휴가를 보낸다. 그는 그곳에서 쇼핑을 하려고 외국 통화, 즉 외환(foreign exchange)을 산다. 프랑스에서 쓸 수 있는 유로를 외환시장(market for foreign exchange)에서 사는데, 시장 환율(exchange rate)에 따라 미국 달러를 유로와 바꾼다. 2003년에는 1유로를 $1.10에 살 수 있었다. 따라서 하룻밤 호텔비로 쓴 €100은 미국 통화로는 $110을 쓴 것이다. 2007년에는 1유로가 $1.32였다. 따라서 똑같은 호텔(방값은 바뀌지 않음)에서 하룻밤 자는 데 이번에는 $132를 써야 했다. 2012년에는 1유로가 $1.25로 다시 약간 떨어졌다. 그래서 호텔비가 2007년만큼 비싸지는 않지만 그래도 여전히 달러 기준으로는 비싼 편이었다. 그래서 조지는 앞으로 휴가지를 캘리포니아 북부로 바꿀지 고민 중이다. 파리와 비슷한 수준의 호텔, 레스토랑, 좋은 음식, 와인 등을 여기서는 더 저렴한 가격에 즐길 수 있기 때문이다.

환율의 영향을 받는 사람이 조지 같은 여행객에만 국한되지는 않는다. 환율은 국제 교역의 흐름에 큰 영향을 미친다. 나라마다 통화가 다르기 때문에 우리가 구입하는 수입 재화 및 서비스, 그리고 우리가 판매하는 수출 재화 및 서비스의 가격이 환율의 영향을 받기 때문이다. 또한 환율은 나라 간 대규모 투자에서도 중요하다. 다국적기업들에 의한 직접투자, 그리고 개인투자가나 펀드매니저가 포트폴리오 다변화를 위해 행하는 해외 주식이나 채권에 대한 투자가 여기에 속한다.

개개 외환거래를 따로 떼어놓으면 거시경제나 정치적으로 큰 영향을 미치지는 않는다. 하지만 이것들을 모두 합쳐놓은 외환시장 전체의 활동은 '충격적인'(이 장의 도입부에서 인용한 오스카 와일드의 표현처럼 반어법적인 의미는 아님) 사건들의 도화선이 되거나, 또는 어떤 강력한 격변을 일으킬 수 있다(이 장 도입부에서 인용한 폴 오닐은 외환 트레이더들의 활동을 비판한 여럿 중 하나일 뿐이다). 외환시장에서는 매일 수 조 달러가 거래되고 시장의 변화가 경제에 엄청난 영향을 미칠 수 있다. 위기 상황에서는 나라나 그 지도자의 운명이 외환시장이 어떻게 되느냐에 달려있을 때도 있다. 과연 왜 그럴까?

이 장에서 우리는 외환시장의 특성과 파급효과를 배운다. 먼저 환율에 대한 기초 지식, 즉 환율 및 관련 개념들에 대한 핵심 정의를 살펴본다. 그런 다음 환율이 현실 세계에서 어떻게 움직이는지 여러 증거들을 살펴보고, 환율의 움직임에 대한 몇 가지 기본적 사실들을 소개한다. 또한 외환시장 작동과 관련해 민간 참가자들의 역할, 그리고 정부의 개입에 대해 알아본다. 마지막으로 외환시장이 어떻게 작동하는지 자세히 살펴보고, 차익거래(arbitrage)와 예상(expectations)이라는 외환시장의 두 가지 핵심 메커니즘에 대해 공부한다.

1 환율 핵심

환율(E : exchange rate)이란 어떤 외국 돈의 가격을 자국(혹은 국내) 돈으로 표현한 것이다. 환율은 두 통화의 상대 가격이기 때문에 다음 두 가지 방법으로 표시할 수 있다.

1. 외국 돈 한 단위가 자국 돈 몇 단위와 교환될 수 있는가로 표시. 미국을 자국이라고 했을 때 가령 달러-유로 환율은 유로당 $1.15(혹은 1.15$/€)이 된다. 1유로를 사는 데 $1.15를 지불해야 한다.

2. 자국 돈 한 단위가 외국 돈 몇 단위와 교환될 수 있는가로 표시. 가령 1.15 $/€는 미국 달러당 €0.87(혹은 0.87€/$)로도 표현될 수 있다. 1달러를 사기 위해서는 €0.87을 지불해야 한다.

혼동을 피하기 위해서는 환율이 표시되는 방식을 잘 알아야 한다. 여기에서는 자의적이기는 하지만 하나의 체계적인 규칙에 대해 설명한다.

환율 정의하기

재화든 자산이든 어떤 거래 품목의 가격을 표시할 때 우리는 일반적으로 구매 단위당 자국 돈의 단위로 표시한다. 가령 커피는 미국에서는 파운드(약 0.45킬로그램)당 10달러($/lb)에 팔리지만 프랑스에서는 킬로그램당 20유로(€/kg)에 팔린다.[1]

외국 통화를 표시하는 방식 역시 마찬가지이다. 즉 외국 통화 단위당 자국 통화 단위로 표시한다. 이 경우 주체가 누구냐에 따라 가격 표시가 달라지는 혼동이 발생할 수 있다. 달러-

---

1   커피 가격이 0.1lb/$나 0.05kg/€으로 표시될 수도 있지만 일반적으로 그렇지 않다.

유로 환율을 생각해보자. 미국인에게는 '$/단위'로 표시된 가격에 익숙하기 때문에 외국 통화(여기서는 유로)의 가격 표시는 $/€이다. 그러나 유로존 사람에게는 익숙한 표시가 '€/단위'이기 때문에 €/$가 자연스런 선택이다.

혼동을 피하기 위해 어느 나라가 자국이고 어디가 외국인지를 정해야 한다. 이 책에서는 지금부터 한 나라의 환율을 말할 때 외국 통화 단위당 자국 통화로 표시하기로 한다. 가령 덴마크의 유로존에 대한 환율은 유로당 덴마크 크로네(즉 kr/€)로 표시된다.

지금부터 $E_{1/2}$ 표시는 2국 통화 단위당 1국 통화 단위로 표시한 환율을 나타낸다. 즉 2국 통화 한 단위와 1국 통화가 E의 비율로 교환될 수 있다는 의미이다. 가령 $E_{\$/€}$는 (유로에 대한) 미국의 환율로서 유로당 미국 달러이다. 앞의 예에서 $E_{\$/€}$는 1.15$/€였다.

똑같은 환율이지만 표현이 달라질 수 있다. 심지어는 동일 신문, 동일 지면에서 그러기도 한다! 따라서 확실히 해둘 필요가 있다. 표 10-1은 경제신문에서 흔히 볼 수 있는 환율 정보를 보여준다.[2] (1)열은 다양한 통화에 대해 미국 달러의 가격(예 : €/$)이고, (2)열과 (3)열은 각각 유로의 가격(예 : $/€)과 영국 파운드(예 : $/£) 가격이며, 모두 2012년 12월 31일 기준이다.[3]

표 10-1

환율 표시 이 표는 경제신문에서 볼 수 있는 주요 환율을 보여준다. (1)열부터 (3)열까지는 2012년 12월 31일 환율이다. 비교를 위해 (4)열부터 (6)열까지 2011년 12월 31일 환율이 나와 있다. 가령 (1)열을 보면 2012년 말에 미국 달러의 가치는 0.996캐나다 달러, 5.659덴마크 크로네, 0.759유로 등이다. 유로-달러 환율은 진한 글씨로 돼 있다.

나라(통화)	통화기호	환율 (2012년 12월 31일)			1년 전 환율 (2011년 12월 31일)		
		(1)	(2)	(3)	(4)	(5)	(6)
		$당	€당	£당	$당	€당	£당
캐나다(달러)	C$	0.996	1.313	1.619	1.018	1.322	1.582
덴마크(크로네)	DKr	5.659	7.461	9.199	5.725	7.432	8.898
유로존(유로)	€	**0.759**	–	1.233	**0.770**	–	1.197
일본(엔)	¥	86.47	114.00	140.55	76.94	99.88	119.57
노르웨이(크로네)	NKr	5.565	7.337	9.046	5.968	7.747	9.275
스웨덴(크로나)	SKr	6.506	8.577	10.575	6.855	8.899	10.65
스위스(프랑)	SFr	0.915	1.207	1.488	0.935	1.214	1.453
영국(파운드)	£	0.615	0.811	–	0.644	0.835	–
미국(달러)	$	–	**1.318**	1.626	–	**1.298**	1.554

출처 : 환율 데이터는 markets.ft.com에서 가져옴

---

2 이는 보통 외환시장 마감 시점의 은행 간 매입 환율과 매도 환율의 중간(midrange) 혹은 중심(central) 환율에 해당한다. 외환거래가 중개회사를 거치지 않고 이루어진다면, 통화를 사는 가격과 파는 가격 간에 차이 혹은 스프레드(spread)가 발생할 수 없다. 하지만 중개회사가 존재하는 시장에서는 커미션과 수수료로 인해 사는 가격이 파는 가격보다 높다.

3 어떤 통화의 자기 자신에 대한 환율은 1로서 표에 나와 있지 않다.

따라서 첫 번째 줄, 처음 세 개의 숫자는 캐나다 달러의 미국 달러, 유로, 파운드에 대한 환율이다. (4)열부터 (6)열까지는 비교를 위해 동일한 환율의 1년 전 가격이 나와 있다.

표 10-1에서 진한 글씨로 돼 있는 네 개 숫자는 달러-유로 환율이다. 가령 2012년 12월 31일에 유로는 유로당 $1.318이었다. 우리 정의에 따르면 이것은 미국 관점 가격으로서 이를 미국식 표기(American term)라 부르기도 한다. 반대로 달러는 달러당 €0.759이며, 이를 유럽식 표기(European term)라 한다.

이들 환율을 수학적 기호를 사용하여 다음과 같이 적을 수 있다.

$$E_{\$/€} = 1.318 = \text{미국 환율(미국식 표기)}$$
$$E_{€/\$} = 0.759 = \text{유로존 환율(유럽식 표기)}$$

커피와 달러의 상대가격을 10$/lb 혹은 0.1lb/$로 완전히 동등하게 표현하듯이 달러로 표시된 유로 가격은 유로로 표시된 달러 가격의 역수와 항상 동일하다. 즉

$$E_{\$/€} = \frac{1}{E_{€/\$}}$$

우리 예에서는 다음과 같다.

$$1.318 = \frac{1}{0.759}$$

어느 2개 통화에 대해서도 마찬가지의 계산과 기호가 적용된다.

절상 및 절하

다른 금융관련 표와 마찬가지로 표 10-1을 보면 가격들이 시간에 따라 어떻게 변했는지 알 수 있다. 지난 12개월에 걸쳐 유로존 환율은 1년 전 $E_{€/\$} = 0.770$에서 2012년 12월 31일 $E_{€/\$} = 0.759$로 하락했다. 이는 유로의 가치가 달러에 대해 상승한 것을 의미한다. 왜냐하면 1달러를 사는 데 더 적은 유로가 필요하기 때문이다. 이러한 변화를 일컬어 흔히 유로가 달러에 대해 '강해졌다'거나 혹은 '강세였다'고 표현한다.

유로에 대한 달러의 가치 역시 대칭적으로 변했다. 미국식 표기로 역수를 구해보면 알 수 있다. 같은 해 미국의 환율은 1년 전 $E_{\$/€} = 1/0.770 = 1.298$에서 2012년 12월 31일 $E_{\$/€} = 1/0.759 = 1.318$로 상승했다. 이는 달러의 가치가 유로에 대해 하락한 것을 의미한다. 왜냐하면 1유로를 사는 데 더 많은 달러가 필요하기 때문이다. 이러한 변화를 일컬어 흔히 달러가 유로에 대해 '약해졌다'거나 혹은 '약세였다'고 표현한다.

만약 어떤 통화가 다른 통화를 더 많이 살 수 있게 되는 경우 우리는 해당 통화가 **절상**(appreciation)을 경험했다고 말한다. 즉 가치가 상승한 것이다. 반대로 만약 어떤 통화가 다른 통화를 더 적게 살 수 있는 경우 우리는 해당 통화가 **절하**(depreciation)를 경험했다고 말한다. 즉 가치가 하락한 것이다.

앞의 예에서 우리는 미국과 유럽의 관점에서 각각 절상과 절하를 이야기할 수 있다. 이것은 다른 모든 한 쌍의 통화에 대해서도 적용된다.

미국 입장에서 다음이 성립한다.

■ 미국 환율 $E_{\$/€}$이 상승하면 1유로를 사는 데 더 많은 달러가 필요하다. 1유로의 가격이 달러에 대해 상승한 것으로서 미국 달러가 절하된 것이다.

■ 미국 환율 $E_{\$/€}$이 하락하면 1유로를 사는 데 더 적은 달러가 필요하다. 1유로의 가격이 달러에 대해 하락한 것으로서 미국 달러가 절상된 것이다.

마찬가지로 유럽 입장에서 다음이 성립한다.

■ 유로존 환율 $E_{€/\$}$이 상승하면 1달러의 가격이 유로에 대해 상승한 것으로서 유로가 절하된 것이다.

■ 유로존 환율 $E_{€/\$}$이 하락하면 1달러의 가격이 유로에 대해 하락한 것으로서 유로가 절상된 것이다.

만약 달러가 유로에 대해 절상됐다면 유로는 달러에 대해 절하됐다는 것을 의미한다. 왜냐면 $E_{\$/€}$와 $E_{€/\$}$은 서로 역수이기 때문에 항상 반대방향으로 움직인다.

미국 환율의 '하락'이 달러 가치의 '상승'을 의미하는 것이어서 혼란스럽게 느껴질 수 있다. 그러나 미국의 환율이 외국 돈의 가격을 달러로 표현한 것이라는 점을 생각하면 이런 관계는 합리적이다. 이것은 다른 재화 가격에서도 마찬가지이다. 커피 가격이 파운드당 $10에서 $9로 떨어졌다고 해보자. 우리는 당연히 커피의 가치가 절하 혹은 하락했다고 말할 수 있다. 그런데 과연 무엇에 대해 하락했다는 말인가? 다름 아닌 그 가격이 측정되는 달러라는 통화에 대해 하락한 것이다. 따라서 이 경우 달러는 커피에 대해 절상됐다! 왜냐하면 동일한 양의 커피를 사는 데 더 적은 달러가 필요해졌기 때문이다. 이런 관계를 항상 염두에 둔다면 유로의 달러 표시 가격이 하락했을 때 달러가 유로에 대해 절상되는 것이 당연하다.

어떤 통화가 절상됐는지 아니면 절하됐는지를 아는 것과 함께 절상이나 절하의 크기가 관심인 경우가 종종 있다. 이를 알기 위해서는 통화가치의 변화율을 계산해야 한다. 변화율은 대개 퍼센트로 표현된다.

앞의 예를 사용해 변화율을 구하면 다음과 같다.

환율 유머

■ 2011년 시점 t에 유로의 달러 가치는 $E_{\$/€,t} = \$1.298$이다.

■ 2012년 시점 $t+1$에 유로의 달러 가치는 $E_{\$/€,t+1} = \$1.318$이다.

■ 유로의 달러 가치 변화는 $\Delta E_{\$/€,t} = 1.318 - 1.298 = +\$0.020$이다.

■ 변화율은 $\Delta E_{\$/€,t}/E_{\$/€,t} = +0.020/1.298 = +1.54\%$이다.

■ 따라서 유로가 달러에 대해 1.54% 절상됐다.

마찬가지로 같은 해에

- 2011년 시점 t에 달러의 유로 가치는 $E_{€/\$,t} = €0.770$이다.
- 2012년 시점 $t+1$에 달러의 유로 가치는 $E_{€/\$,t+1} = €0.759$이다.
- 달러의 유로 가치 변화는 $\Delta E_{€/\$,t} = 0.759 - 0.770 = -€0.011$이다.
- 변화율은 $\Delta E_{€/\$,t}/E_{€/\$,t} = -0.011/0.770 = -1.43\%$이다.
- 따라서 달러가 유로에 대해 1.43% 절하됐다.

위에서 보듯이 동일한 환율인데도 한 나라 입장에서 계산한 절상의 크기(여기서는 1.54%)가 다른 나라 입장에서 계산한 절하 크기(여기에서는 1.43%)와 똑같지 않다. 그러나 변화가 작은 경우에는 두 변화율이 근사적으로 동일하다. 가령 미국 입장에서 환율이 유로당 $1.00에서 $1.01로 약간 움직였다면, 유럽 입장에서는 달러당 €1.00에서 €0.990099로 움직인 것이다. 이 경우 유로 절상은 1%이고 달러 절하 역시 근사적으로 1%이다.[4]

다자간 환율

지금까지는 두 나라 혹은 통화 간의 환율에 초점을 맞췄다. 이는 가장 간단한 환율 형태로서 **양자간**(bilateral) 환율이라 부른다. 그런데 실제 우리가 살고 있는 현실에서는 나라도 많고 통화도 많다. 따라서 어떤 특정 통화가 강해졌는지 약해졌는지를 다른 어떤 하나의 통화에 대해서뿐만 아니라 여러 통화 전반에 대해 묻는 것이 매우 중요하다.

하지만 이는 쉽게 답할 수 있는 문제가 아니다. 가령 미국 달러의 경우 어떤 통화들에 대해서는 절하됐지만 다른 통화에 대해서는 변화가 없거나 혹은 절상됐을 수 있다. 실제로 이런 경우가 많다. 양자간 환율에 있어서의 다양한 트렌드들을 하나의 숫자로 집계하기 위해 경제학자들이 만든 것이 **다자간**(multilateral) 환율의 변화이다. 이는 여러 통화를 하나의 바스켓에 넣은 다음 각 통화에 대한 양자간 환율 변화율을 **교역가중치**(trade weight)를 사용하여 가중평균함으로써 바스켓 전체의 환율 변화를 파악하는 것이다. 이를 **실효환율**(effective exchange rate)의 변화율이라고 부른다.

예를 들어 자국 교역의 40%가 1국과 행해지고 60%가 2국과 행해진다고 하자. 자국의 통화가 1국에 대해서는 10% 절상되고 2국에 대해서는 30% 절하됐다. 이 경우 자국 실효환율의

---

4 자국 환율을 a라 하자. 이 경우 자국 통화 한 단위로는 외국 통화 $1/a$ 단위를 산다. 이제 자국 환율이 $b > a$로 절하됐다. 이렇게 되면 자국 통화 한 단위로 외국 통화 $1/b$ 단위를 산다. 또한 $1/b < 1/a$가 성립한다. 자국 통화의 절하율 D는 다음과 같다.

$$D = \left(\frac{1}{a} - \frac{1}{b}\right) \Big/ \left(\frac{1}{a}\right) = \left(1 - \frac{a}{b}\right) = \left(\frac{b-a}{b}\right)$$

대칭적으로 외국 통화는 최초 가치가 자국 통화 a 단위에서 b 단위로 바뀌었다. 따라서 외국 통화의 절상률 A는 다음과 같다.

$$A = \frac{(b-a)}{a} = \frac{a}{b}D$$

따라서 b/a가 1에 가까우면 절상률 A와 절하율 D가 근사적으로 동일해질 것이다. 이는 곧 b가 a와 근사적으로 동일할 때, 즉 환율의 변화가 아주 적을 때를 의미한다.

변화율을 계산하기 위해서는 각 환율의 변화율을 해당 교역비중과 곱한 다음 그것들을 모두 합하면 된다. 즉 $(-10\% \cdot 40\%) + (30\% \cdot 60\%) = (-0.1 \cdot 0.4) + (0.3 \cdot 0.6) = -0.04 + 0.18 = 0.14 = +14\%$이다. 이 예에서 자국의 실효환율은 14% 절하됐다.

일반적으로 표현하여 바스켓에 N개의 통화가 있다고 하자. 자국의 이들 N개 상대국과의 교역액은 $\text{Trade} = \text{Trade}_1 + \text{Trade}_2 + \cdots + \text{Trade}_N$이다. 각 양자간 환율의 변화율에 교역가중치를 적용하여 계산하면 자국의 실효환율($E_{\text{effective}}$) 변화율은 다음과 같은 가중평균 값이 된다.

$$\frac{\Delta E_{\text{effective}}}{E_{\text{effective}}} = \underbrace{\frac{\Delta E_1}{E_1}\frac{\text{Trade}_1}{\text{Trade}} + \frac{\Delta E_2}{E_2}\frac{\text{Trade}_2}{\text{Trade}} + \cdots + \frac{\Delta E_N}{E_N}\frac{\text{Trade}_N}{\text{Trade}}}_{\text{양자간 명목환율 변화율의 교역비중 가중평균}}$$

정책결정자들이나 경제 매체들의 많은 논의들은 실효환율에 초점을 맞춘다. 지난 10여 년 동안 특히 논란이 되었던 주제는 그림 10-1에 나와 있는 미국의 실효환율 추이였다. 2002년 이후 미국 달러의 가치는 다른 통화 바스켓에 대해 꾸준히 떨어져왔다. 유로, 파운드, 캐나다 달러, 스위스 프랑 등 잘 알려진 주요 통화들에 대해 큰 폭으로 가치가 떨어졌다. 그러나 미국의 모든 교역 상대국에 대해 평가할 경우에는 달러 약세가 그리 두드러진 편은 아니다. 이렇게 된 가장 큰 이유는 일본과 중국이 아시아의 여러 다른 개도국들과 함께 자국 통화가 달러에 대해 절상되는 것을 막기 위해 자신들의 환율을 고정시키거나 혹은 관리하려고 했기 때문이다. 따라서 그림에서 보듯이 종합바스켓의 실효환율 추이는 7개 주요 통화 바스켓만큼 가파르지 않다.

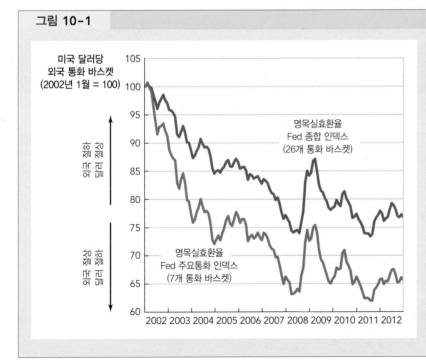

그림 10-1

미국 달러당 외국 통화 바스켓 (2002년 1월 = 100)

명목실효환율 Fed 종합 인덱스 (26개 통화 바스켓)

명목실효환율 Fed 주요통화 인덱스 (7개 통화 바스켓)

실효환율 : 미국 달러 가치 변화, 2002~2012년 도표는 미국 중앙은행인 연방준비(Federal Reserve)가 계산한 달러 가치의 변화 추이를 보여준다. 2개의 다른 외국 통화 바스켓을 사용했으며, 2002년 1월을 100(즉 달러당 100외환 바스켓)으로 놓은 지수이다. 달러는 7개 주요 통화 바스켓에 대해서는 2004년 말까지 25% 이상 절하됐고, 2008년 초까지는 35% 절하됐다. 그러나 26개 통화로 구성된 종합바스켓에 대해서는 2004년까지는 단지 15%, 그리고 2008년까지는 25% 절하에 그쳤다. 이렇게 된 이유는 달러가 주요 통화에 대해서는 자유롭게 변동했지만, 종합바스켓에 포함된 미국의 중요 교역 상대국들(중국과 여타 아시아 나라들)은 자신들의 환율을 달러에 대해 고정시키거나 좁은 범위에서 움직이도록 관리했기 때문이다. 달러의 절하는 2008년 글로벌 금융위기에 잠깐 반전이 있었지만 그 후 다시 이어져 2012년까지 지속됐다.

출처 : U.S. Federal Reserve

예 : 환율을 사용하여 가격을 동일 통화로 비교해보기

나라 간에 가격을 비교하기 위해서는 가격을 동일한 통화로 환산해야 한다. 아래는 그 예이다.

제임스 본드가 임무를 마치고 돌아왔다. 수많은 폭발과 총격을 뚫고 오느라 옷이 누더기가 됐다. 그에게는 새로운 턱시도 한 벌이 필요하다. 본드는 앞으로 며칠 동안 '여왕폐하 대작전' 영화를 찍느라 세계 여러 도시에 체류하기 때문에 세계 전역에서 쇼핑이 가능하다. 본드에게는 스타일도 중요하지만 가격이 핵심 요인이다. 영국 비밀정보국(MI6)의 의복 예산이 변변치 않기 때문이다. 뉴욕 맨해튼, 홍콩, 런던 중에서 어디가 가장 좋을까?

런던의 양복점에서는 턱시도를 £2,000에 판다. 홍콩에서는 HK$30,000이고 뉴욕에서는 $4,000이다. 며칠 내에 옷을 사야 하기 때문에 이들 가격은 모두 현지 통화로 고정돼 있다고 볼 수 있다. 우리의 007은 어느 턱시도를 선택할까?

다른 통화로 가격이 매겨진 재화를 비교하려면, 먼저 모든 가격을 동일한 통화로 환산해야 한다. 본드가 이 임무를 수행하기 위해서는 환율이 (그리고 칫솔로 위장된 계산기도) 필요하다. 표 10-2는 각 나라 통화로 표시된 가격, 그리고 몇 가지 예시적 환율 하에서 이들을 파운드로 환산한 가격을 보여준다.

시나리오 1 첫 번째 열을 보면 홍콩의 가격은 HK$30,000이고, 환율은 파운드(£)당 HK$15이다. HK$30,000을 15로 나누면 파운드로 환산한 가격은 £2,000임을 알 수 있다. 미국의 가격은 $4,000이고, 환율은 파운드당 $2이기 때문에 파운드 가격은 £2,000이 된다. 결국 이들 환율 하에서는 동일한 통화(파운드)로 환산했을 때 모든 가격이 동일하다. 본드로서는 어려운 선택을 해야 한다.

표 10-2

환율을 사용하여 가격을 동일 통화로 비교해보기 이 표는 각 도시의 환율에 따라 제임스 본드의 턱시도 가격이 어떻게 달라지는지를 보여준다.

시나리오		1	2	3	4
턱시도 현지 통화 가격	런던	£2,000	£2,000	£2,000	£2,000
	홍콩	HK$30,000	HK$30,000	HK$30,000	HK$30,000
	뉴욕	$4,000	$4,000	$4,000	$4,000
환율	HK$/£	15	16	14	14
	$/£	2.0	1.9	2.1	1.9
턱시도 파운드 표시 가격	런던	£2,000	£2,000	£2,000	£2,000
	홍콩	£2,000	£1,875	£2,143	£2,143
	뉴욕	£2,000	£2,105	£1,905	£2,105

시나리오 2 다음 열을 보면 시나리오 1에 비해 홍콩 달러가 파운드에 대해 절하됐다. 즉 £1 구입에 더 많은 HK$(15 대신 16)가 필요하다. 반면 미국 달러는 파운드에 대해 절상됐다. £1 구입에 더 적은 달러(2.0 대신 1.9)가 필요하다. 이들 새로운 환율 하에서 뉴욕의 턱시도는 £2,105(4,000/1.9)로 올라가고, 홍콩의 턱시도는 £1,875(30,000/16)로 떨어진다. 여기서는 홍콩의 가격이 가장 낮다.

시나리오 3 시나리오 1에 비해 홍콩 달러가 절상됐다. 즉 £1 구입에 더 적은 HK$(15 대신 14)가 필요하다. 홍콩 달러의 절상으로 홍콩의 턱시도는 £2,143(30,000/14)으로 오른다. 반면 미국 달러는 절하됐다. £1 구입에 더 많은 달러(2.0 대신 2.1)가 필요하다. 달러의 절하로 뉴욕의 턱시도는 £1,905(4,000/2.1)로 떨어져 가격이 가장 좋다.

시나리오 4 시나리오 1에 비해 파운드가 다른 두 통화 모두에 대해 절하됐다. 다른 통화들이 파운드에 대해 절상된 것이다. £1 구입에 더 적은 HK$(15 대신 14), 그리고 더 적은 미국 달러(2.0 대신 1.9)가 필요하다. 이제는 런던 턱시도가 £2,000으로 가장 낮고 다른 도시들의 가격이 그보다 더 높다.

이 예는 핵심 포인트를 말해준다. 우리는 각 나라의 재화 가격이 단기적으로 (국내 통화 기준으로) 고정돼 있는 가운데 환율이 변하는 것으로 가정했다. 경제학에서는 단기적으로는 가격이 경직적(sticky)이라고 간주한다. 나중에 살펴보겠지만 이는 무리가 없는 가정이다. 이 가정하에서 환율의 변화는 동일 통화로 환산한 각 나라 재화의 가격을 변화시킨다.

일반화 어떤 환율에 대해서도 동일한 논리가 적용된다. 각 나라의 재화 가격이 고정돼 있는 상황에서 다른 조건이 동일할 때 다음이 성립한다.

- 환율의 변화는 자국 통화로 표시한 외국 재화의 가격을 변화시킨다.
- 환율의 변화는 자국 재화와 해외 재화의 상대가격을 변화시킨다.
- 자국의 환율이 절하되면, 자국의 수출재는 해외 소비자들에게 더 싸지고, 해외의 수출재는 자국 소비자들에게 더 비싸진다.
- 자국의 환율이 절상되면, 자국의 수출재는 해외 소비자들에게 더 비싸지고, 해외의 수출재는 자국 소비자들에게 더 싸진다.

2 현실의 환율

환율은 변동한다. 절하되거나 절상된다. 하루에도, 심지어 몇 시간 혹은 몇 분 동안에도 크게 바뀐다. 연간으로는 상당히 큰 폭으로 어느 한 방향으로 움직일 수 있다. 환율에 관한 이론이 완벽하려면 이처럼 우리가 목격하는 환율의 다양한 움직임을 잘 설명해야만 한다.

환율제도 : 고정 대 변동

환율변동에는 아주 다양한 패턴들이 있으며, 경제학자들은 이를 몇 개 그룹의 **환율제도**(exchange rate regimes)로 구분한다. 각 나라 정부는 자신의 환율제도를 선택하며, 그 원인과 결과는 주요 연구 대상이다.

환율제도는 크게 두 가지로 나눌 수 있다.

- **고정**(fixed) 혹은 **페그**(pegged) **환율제도**는 어떤 나라의 환율이 어떤 **기준통화**(base currency)에 대해 일정 기간, 대개 1년 이상 좁은 범위 내에서 움직이거나 혹은 전혀 변하지 않는 제도이다. 해당 나라나 양국 모두 외환시장에 개입해야만 환율이 오랜 기간 동안 확실히 고정돼 있을 수 있다.
- **변동**(floating) 혹은 **유연한**(flexible) **환율제도**는 어떤 나라의 환율이 비교적 넓은 범위에서 변동하고 정부가 환율을 어떠한 기준통화에 대해서도 고정시키려 하지 않는 제도이다. 절상과 절하가 매년, 매월, 매일, 매시간 발생할 수 있다.

예를 들어 이 책의 앞부분에서 우리는 오늘날 세계에서 가장 자주 언급되는 두 환율에 대해 살펴봤다. 달러-유로와 위안-달러 환율이다. 달러-유로 환율은 변동폭이 상당하여 변동 환율제로 간주된다. 반면 위안-달러 환율은 변동이 없거나 아주 천천히 변하기 때문에 고정 환율제로 간주된다.

그런데 '고정 대 변동'의 분류가 몇 가지 문제점도 안고 있다. 첫째, 고정과 변동을 판단하기 위해서는 어디까지가 '좁은' 변동이고 어디까지가 '넓은' 변동인지를 결정해야 한다. 합의된 룰은 아니지만 대략적으로는 연간 변동폭(가령 ±2% 혹은 ±1%)을 기준으로 고정 여부를 판별한다. 둘째, '고정 대 변동'은 환율제도에 대한 하나의 포괄적인 규정에 불과하다. 실제로는 구분이 애매모호한 경우가 많다. 이 책에서 고정과 변동은 어떤 기준이 되는 중요 제도로서 많은 역할을 한다. 하지만 때로는 두 제도 사이의 **중간제도**(intermediate regime)를 보다 정확히 묘사할 수 있는 방법이 필요할 때도 있다. 아래의 적용사례가 그것을 보여준다.

적용사례

최근 환율 경험

다양한 나라의 최근 환율 움직임을 관찰해보면 고정 및 변동 환율제도의 차이를 알 수 있을 뿐만 아니라 고정과 변동 각각의 다양한 형태들도 확인할 수 있다. 또한 환율제도가 도중에 바뀌는 예도 볼 수 있다. 어떤 경우에는 제도가 완만히 바뀌지만 때로는 격변이 발생하는 경우도 있다.

선진국 경험 그림 10-2를 보면 여러 통화들에 대해 1996년부터 2012년까지 일별 환율의 변화가 나와 있다. 위쪽은 미국 달러 환율로서 2개의 주요 통화(일본 엔과 영국 파운드)와 이웃 나라 통화[캐나다 달러 : 1달러짜리 동전에 북미지역 물새인 룬(loon)이 새겨져 있어 흔히 캐나다 달러를 루니(loonie)라고 부름]에 대한 환율이다. 아래쪽은 유로 환율로서 엔, 파운드, 덴마크 크로네에 대한 환율이 나와 있다. 이들 6개 도표 모두 세로축을 보면 최대가 최소의 2배로 되어 있다. 따라서 환율의 변동성 크기를 동일한 기준으로 서로 비교해볼 수 있다.

그림에서 명확히 볼 수 있는 것처럼 미국 달러는 위쪽 세 통화, 즉 엔, 파운드, 루니에 대해 변동환율제를 취하고 있다. 이들 환율의 변동성은 어떠한가? 변동의 범위가 모두 비슷하다. 대략 환율의 가장 높은 값이 가장 낮은 값의 2배에 약간 못 미치는 수준이다. 엔의 경우 변화 범위가 $0.007에서 $0.013이고, 파운드는 $1.3에서 $2.1, 그리고 루니는 $0.6에서 $1.1이다. 이들 최고에서 최저까지의 기간이 몇 달 혹은 몇 년이 걸리지만 단기적으로도 환율은 크

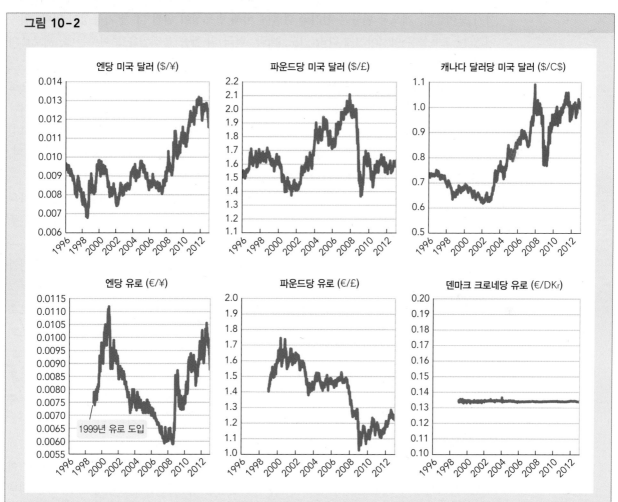

그림 10-2

환율 움직임 : 선진국 사례, 1996~2012년 이 그림은 미국 달러와 유로 모두 각각 3개 통화에 대한 환율을 보여준다. 유로 환율은 유로가 도입된 1999년부터 나와 있다. 엔, 파운드, 캐나다 달러 모두 미국 달러에 대해 변동환율제를 취하고 있다. 파운드와 엔은 유로에 대해서도 변동환율제이다. 덴마크 크로네는 유로에 대해 고정환율제이다. 모든 도표에서 세로축은 최대가 최저의 2배이다.

출처 : FRED, oanda.com

게 변하고 하루하루 상하 움직임도 크다. 이런 식의 변동제도를 **자유변동**(free float)이라고 부른다. 그림 10-2의 아래쪽 역시 유로가 엔과 파운드에 대해 변동하는 것을 보여준다.

하지만 여섯 번째 마지막 도표의 덴마크 크로네는 다른 것과는 뚜렷이 대비되는데, 선진국의 고정환율제 사례를 보여준다. 덴마크는 유럽연합(EU) 회원국이지만 영국과 마찬가지로 적어도 현재는 유로를 사용하지 않고 자신의 통화를 지키고 있다. 그러나 덴마크는 영국과 달리 자신의 환율을 유로당 7.44크로네(크로네당 0.134유로) 수준으로 유로에 대해 거의 일정하게 유지시켜 왔다. 환율의 변동은 극히 작아서 상하 2% 이내이다. 이런 형태의 고정제도를 **밴드**(band)라고 한다.

개도국 경험 그림 10-3을 보면 개도국들의 미국 달러화에 대한 환율을 1996년부터 2012년까지 보여준다. 개도국 환율은 선진국 환율에 비해 변동성이 훨씬 더 클 가능성이 있다. 위쪽에 있는 도표들은 아시아 3개 나라(인도, 태국, 한국)의 환율 움직임을 보여주는데, 세로축의 최대가 최소의 3배로 되어 있다.

인도는 1997년 절하가 발생하기 전까지는 달러당 35루피 부근에서 환율이 고정된 것으로 여겨진다. 그 후에는 흡사 변동제도처럼 환율의 움직임이 현저해지는 기간이 있다. 그러나 1997년 이후에도 인도 정부는 여전히 통화의 급격한 변동을 막으려고 노력했다. 이처럼 고정과 자유변동의 중간지대를 **관리변동**(managed float) 혹은 **더티 플로트**(dirty float)라고 부르며, **제한변동**(limited flexibility) 정책이라고 한다.

인도와 비슷한 패턴이면서 좀 더 극단적인 형태가 태국과 한국이다. 차이점은 이들 나라의 경우 1997년에 환율 절하가 대폭적이면서도 갑작스럽게 발생하여 바트 및 원화 환율이 몇 주만에 2배 이상 치솟았다. 이런 극적인 절하를 **외환위기**(exchange rate crisis)라 부르며, 선진국보다는 개도국에서 보다 일반적이다. 실제로 한국에서는 2008년에 또 한 차례의 미니 위기가 발생했다.

그림 10-3의 아래쪽에는 남미 국가들이 나와 있는데, 환율 변화가 훨씬 다양하다. 세로축을 보면 최대가 최소의 10배로 되어 있다. 이 지역의 환율은 변동성이 훨씬 심해 이 정도의 척도가 필요하다.

아르헨티나는 원래 고정환율제(달러당 1페소)였으나 2001년 외환위기가 발생했다. 그 후 제한변동 정책의 시기를 거친 아르헨티나는 사실상 밴드 고정환율제로 복귀한다. 밴드의 중심은 달러당 약 3페소였다. 그러다가 2008년 이후 환율이 상승세를 지속하고 있다.

콜롬비아는 또 다른 종류의 고정환율 사례를 보여준다. 여기서는 정부 당국이 콜롬비아 페소의 목표 수준을 정해놓는 대신 꾸준히 절하되도록 용인했는데, (관리변동으로 전환하기 이전인) 1996년부터 2002년까지 수년 동안 거의 일정한 속도로 절하가 진행됐다. 이런 형태의 고정장치를 **크롤**(crawl)이라 부른다. 만약 환율이 일정한 트렌드를 따를 경우 크롤링 페그(crawling peg)라 하고, 그 트렌드를 중심으로 약간의 변동을 허용하는 경우 크롤링 밴드(crawling band)라 한다.

그림 10-3

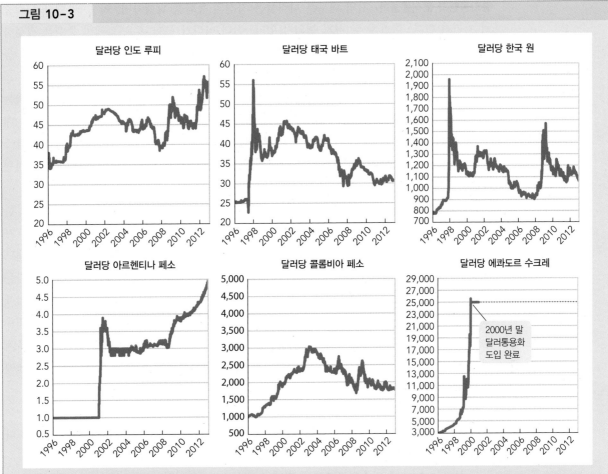

환율 움직임 : 개도국 사례, 1996~2012년 개도국 환율은 아주 다양한 경험과 훨씬 더 큰 변동성을 보여준다. 고정환율이 자주 존재하나, 주기적인 위기로 인해 중단된다(위기의 파급효과를 태국, 한국, 아르헨티나 그래프에서 볼 수 있음). 고정환율이 아닌 경우 변동제도에 가까운 경우도 있고(인도), 크롤(콜롬비아)이나 달러통용화(에콰도르)도 있다. 위쪽 도표는 세로축의 최대가 최저의 3배이고, 아래쪽 도표에서는 세로축의 최대가 최저의 10배이다.

출처 : FRED, oanda.com

    그림의 아래 맨 오른쪽에 있는 에콰도르는 또 다른 위기 유형을 보여준다. 여기에서는 다른 나라들과는 반대로 변동환율에서 고정환율로 전환됐다. 그림에서 보는 것 같은 매우 급속한 절하는 이례적인 환율 움직임이다. 그래서 어떤 경제학자들은 농담이 아니라 이런 국면을 자유낙하(freely falling) 환율제도라는 이름으로 따로 부를 것을 제안하기도 했다.[5] 에콰도르 통화는 달러당 25,000수크레 환율에서 고정된 채 안정됐다. 하지만 그것으로 수크레의 운명은 끝났다. 에콰도르는 수크레 대신 달러를 통용시키는 획기적인 조치를 취했다. 즉 자국의 국민통화를 폐지하고 미국 달러를 자신의 법정통화로 채택한 것이다.

5 Carmen M. Reinhart and Kenneth S. Rogoff, 2004, "The Modern History of Exchange Rate Arrangements: A Reinterpretation," *Quarterly Journal of Economics*, 119(1), 1-48.

통화동맹과 달러통용화 거의 대부분 나라들은 자신의 통화를 발행하며, 이 주권 행사를 소중히 지키려 한다. 여기에 두 가지 예외가 있다. 여러 나라가 통화 혹은 화폐의 동맹을 결성하기로 합의하고 공동의 단일통화를 채택하는 경우, 그리고 어떤 개별 나라가 다른 나라의 통화를 자신의 통화로 채택하는 달러통용화를 취하는 경우이다.

통화동맹(currency union) 혹은 **화폐동맹**(monetary union) 하에서는 회원국들을 관할하는 단일의 중앙은행 혹은 통화당국이 존재하는 등 초국가적 구조를 지닌다. 통화동맹의 가장 대표적 사례가 유로존(Eurozone)이다. 여타 통화동맹으로는 (아프리카와 태평양의 과거 프랑스 식민지 나라들 중 일부가 참여하는) CFA프랑존(Franc zone) 및 CFP프랑존, 그리고 6개 회원국으로 구성된 동카리브통화동맹(Eastern Caribbean Currency Union)이 있다.

달러통용화(dollarization)는 어떤 나라가 다른 나라 통화를 일방적으로 채택하는 것을 말한다. 이것이 발생하는 이유는 다양하다. 나라가 아주 작아서 자신의 중앙은행을 운영하고 자신의 통화를 발행하는 비용을 감당할 수 없는 경우가 있다. 인구 60여 명의 핏케언 아일랜드(Pitcairn Islands)가 그 예이다(여기서는 뉴질랜드 달러를 표준 통화로 사용함). 어떤 나라는 자신의 통화 문제들을 제대로 관리하지 못해 결국 더 나은 정책을 해외에서 '수입'할 수밖에 없는 경우도 있다. 통화전환이 반드시 법률상의 정책 선택으로 행해지는 것은 아니며, 때로는 사람들이 자신의 국민통화에 신물이 나서 사용을 중단하고 집단적으로 다른 통화로 옮겨가는 경우도 발생할 수 있다. 달러통용화의 많은 나라들이 미국 달러를 사용하지만 그 외에도 유로, 호주 달러, 뉴질랜드 달러를 선택하기도 한다.

세계의 환율제도 그림 10-4는 세계 전역의 환율제도를 분류해서 보여준다. 고정과 변동의 다양한 환율제도가 존재하는 것을 알 수 있다.[6]

이 분류는 2010년 기준으로 179개 경제를 대상으로 한 것이다. 그림의 순서는 맨 위가 가장 강력한 고정제도이고 맨 아래가 가장 자유로운 변동제도이다. 맨 위 51개 나라는 고유의 통화를 갖고 있지 않은 나라들이다. 즉 달러통용화나 통화동맹 나라들이다. 그다음 7개 나라는 **통화위원회**(currency board) 제도라는 매우 강한 고정환율제를 취하고 있다. 이는 환율을 '더 강하게' 그리고 더 지속적으로 고정시키기 위해 특별한 법적·절차적 규정을 둔 제도이다. 그 아래 35개 '기타 고정'에 속한 나라들은 환율변동이 ±1% 이내로서 단일통화에 고정시킨 경우도 있고 여러 통화로 구성된 바스켓에 고정시킨 경우도 있다. 그다음은 밴드, 크롤

---

6 2008년까지 IMF는 실제 관찰되는 환율 움직임에 기초하여 각국 환율제도에 대한 비공식적 분류를 제공했다. 대부분의 경제학자들은 각 나라의 공식 정책발표에 기초한 공식적 분류가 잘못된 경우가 많기 때문에 IMF 분류와 같은 비공식 분류를 선호한다. 가령 그림 10-3에서 보듯이 태국은 1997년 외환위기 이전 시기에 환율을 고정시켜 놓았으나 공식적으로는 이렇게 분류돼 있지 않았으며, 태국 당국도 당시 변동환율제라고 주장했다. 비공식적 혹은 실제적 분류에 대해서는 다음 문헌을 참조하라. Carmen M. Reinhart and Kenneth S. Rogoff, 2004, "The Modern History of Exchange Rate Arrangements: A Reinterpretation," *Quarterly Journal of Economics*, 119(1), 1–48. Jay C. Shambaugh, 2004, "The Effect of Fixed Exchange Rates on Monetary Policy," *Quarterly Journal of Economics*, 119(1), 301–352. Eduardo Levy Yeyati and Federico Sturzenegger, 2005, "Classifying Exchange Rate Regimes: Deeds vs. Words," *European Economic Review*, 49(6), 1603–1635.

그림 10-4

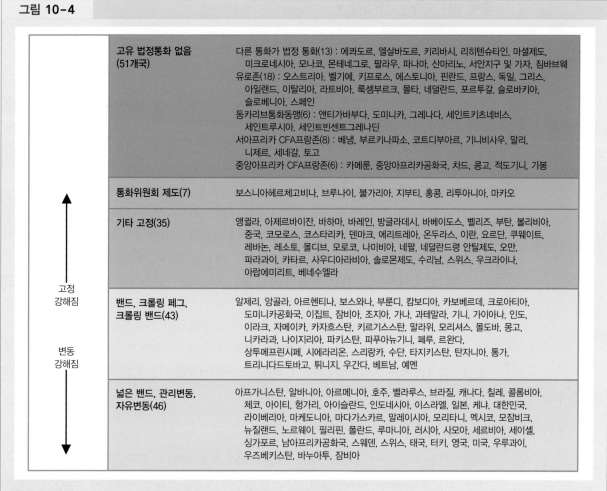

고유 법정통화 없음 (51개국)	다른 통화가 법정 통화(13) : 에콰도르, 엘살바도르, 키리바시, 리히텐슈타인, 마셜제도, 미크로네시아, 모나코, 몬테네그로, 팔라우, 파나마, 산마리노, 서안지구 및 가자, 짐바브웨 유로존(18) : 오스트리아, 벨기에, 키프로스, 에스토니아, 핀란드, 프랑스, 독일, 그리스, 아일랜드, 이탈리아, 라트비아, 룩셈부르크, 몰타, 네덜란드, 포르투갈, 슬로바키아, 슬로베니아, 스페인 동카리브통화동맹(6) : 앤티가바부다, 도미니카, 그레나다, 세인트키츠네비스, 세인트루시아, 세인트빈센트그레나딘 서아프리카 CFA프랑존(8) : 베냉, 부르키나파소, 코트디부아르, 기니비사우, 말리, 니제르, 세네갈, 토고 중앙아프리카 CFA프랑존(6) : 카메룬, 중앙아프리카공화국, 차드, 콩고, 적도기니, 가봉
통화위원회 제도(7)	보스니아헤르체고비나, 브루나이, 불가리아, 지부티, 홍콩, 리투아니아, 마카오
기타 고정(35)	앵귈라, 아제르바이잔, 바하마, 바레인, 방글라데시, 바베이도스, 벨리즈, 부탄, 볼리비아, 중국, 코모로스, 코스타리카, 덴마크, 에리트레아, 온두라스, 이란, 요르단, 쿠웨이트, 레바논, 레소토, 몰디브, 모로코, 나미비아, 네팔, 네덜란드령 안틸제도, 오만, 파라과이, 카타르, 사우디아라비아, 솔로몬제도, 수리남, 스위스, 우크라이나, 아랍에미리트, 베네수엘라
밴드, 크롤링 페그, 크롤링 밴드(43)	알제리, 앙골라, 아르헨티나, 보스와나, 부룬디, 캄보디아, 카보베르데, 크로아티아, 도미니카공화국, 이집트, 잠비아, 조지아, 가나, 과테말라, 기니, 가이아나, 인도, 이라크, 자메이카, 카자흐스탄, 키르기스스탄, 말라위, 모리셔스, 몰도바, 몽고, 니카라과, 나이지리아, 파키스탄, 파푸아뉴기니, 페루, 르완다, 상투메프린시페, 시에라리온, 스리랑카, 수단, 타지키스탄, 탄자니아, 통가, 트리니다드토바고, 튀니지, 우간다, 베트남, 예멘
넓은 밴드, 관리변동, 자유변동(46)	아프가니스탄, 알바니아, 아르메니아, 호주, 벨라루스, 브라질, 캐나다, 칠레, 콜롬비아, 체코, 아이티, 헝가리, 아이슬란드, 인도네시아, 이스라엘, 일본, 케냐, 대한민국, 라이베리아, 마케도니아, 마다가스카르, 말레이시아, 모리타니, 멕시코, 모잠비크, 뉴질랜드, 노르웨이, 필리핀, 폴란드, 루마니아, 러시아, 사모아, 세르비아, 세이셸, 싱가포르, 남아프리카공화국, 스웨덴, 스위스, 태국, 터키, 영국, 미국, 우루과이, 우즈베키스탄, 바누아투, 잠비아

고정 강해짐 ↑ ↓ 변동 강해짐

환율제도 분류 이 도표는 세계 전역의 환율제도에 대한 최근의 분류를 보여준다.

출처 : 에스토니아와 라트비아(유로존에 2011년과 2014년에 각각 가입)를 제외한 모든 분류는 2010년 기준이며, 다음 문헌 및 저자 계산에 근거한 것이다. Ethan Ilzetzki, Carmen M. Reinhart and Kenneth S. Rogoff, 2010, "Exchange Rate Arrangements Entering the 21st Century : Which Anchor Will Hold?"

링 페그, 크롤링 밴드에 속한 43개 나라들이다. 마지막 46개 나라가 보다 유연한 환율제도로서 넓은 밴드, 관리변동, 자유변동 제도들이다.

학습방향 환율제도에 대해 간단히 살펴봤지만 이 책의 나머지 부분에서도 지속적으로 다뤄진다. 첫째, 세계가 고정과 변동의 환율제도로 나뉘어 있기 때문에 이들 두 제도 모두가 어떻게 작동하고 있는지 이해할 필요가 있다. 고정과 변동제도를 나란히 공부하는 것이 다음 장에서도 계속 다뤄진다. 둘째, 어느 나라가 고정이고, 어느 나라가 변동인지 살펴봄으로써 거기서 어떤 패턴을 발견할 수 있다. 변동제도는 대부분 선진국이고, 고정제도는 대부분 개도국이다(대표적인 예외가 유로지역이다). 왜 어떤 나라는 고정이고, 어떤 나라는 변동인지 나

중에 보다 자세히 다뤄진다. ■

3 외환시장

매일매일 시시각각 전 세계 환율이 **외환시장**(foreign exchange market, forex market, FX market)에서 결정된다. 외환시장은 여느 시장과 마찬가지로 개인, 기업, 그리고 공공기관들이 모여 외환을 사고파는 곳이다. 환율은 어떤 시장에서 두 통화가 서로 거래될 때 그 거래가 행해지는 가격이며, 시장의 힘에 의해 결정되는 가격이다.

외환시장은 조직된 거래소가 아니다. 각 거래는 세계 전역의 수많은 관련 장소에서 두 당사자끼리 행해지는 '장외거래(over the counter)'이다. 외환시장의 규모는 엄청나며 최근 수년간 빠르게 성장하고 있다. 국제결제은행(BIS)에 따르면 2010년 4월 기준으로 세계 외환시장 거래량은 하루 평균 4조 달러로서 2007년보다 20% 늘어났다. 2004년에 비해서는 2배, 그리고 1992년에 비해서는 거의 5배 늘어났다. 3대 주요 외환시장은 영국(하루 1조 8,540억 달러, 거의 모두 런던), 미국(하루 9,040억 달러, 대부분 뉴욕), 일본(하루 3,120억 달러, 주로 동경)이다. 이들이 거래의 75% 이상을 차지한다.[7] 그밖에 주요 외환시장으로는 홍콩, 싱가포르, 시드니, 취리히 등이 있다. 세계 전체로 보면 나라마다 시간대가 다르기 때문에 하루 종일 어디선가는 거래가 이루어진다. 이 절에서는 외환시장의 기본적인 작동방식을 간단히 살펴본다.

현물환 계약

가장 간단한 외환거래는 두 당사자가 어떤 통화를 다른 통화로 즉각 교환하는 거래이다. 거래가 '현장에서(on the spot)' 일어난다는 의미에서 이것을 **현물환 계약**(spot contract)이라 부른다. 그런 의미에서 이 거래가 행해지는 환율을 **현물환율**(spot exchange rate)이라 한다. 이 책에서 그냥 '환율'이라고 할 때는 항상 현물환율을 가리킨다. 현물환 거래는 대부분 실시간으로 결제가 이뤄지기 때문에 본질적으로 위험이 없다. 즉 어느 한쪽 거래 당사자가 물건을 인도하지 않는 소위 **채무불이행 위험**(default risk) 혹은 **결제 위험**(settlement risk)의 가능성이 기본적으로 0이다.[8]

외환시장에서 우리 일반인들의 거래는 대부분 소액 현물환 거래이다. 이것은 외환시장 활동의 극히 일부분을 차지할 뿐이다. 대부분의 거래는 세계의 주요 금융 중심지에 있는 상업은행들에 의해 행해진다. 거기에서도 현물환 거래는 가장 일반적인 거래 형태로서 단독으로

---

7   다음 자료를 참조했다. BIS, *Triennial, Central Bank Survey: Foreign exchange and derivatives market activity in April 2010* (Basel, Switzerland: Bank for International Settlements, September 2010).

8   예전에는 현물환 거래의 결제에 최대 이틀이 걸렸다. 그래서 만약 어느 한 은행이 그 기간 중 파산할 경우 현물환 거래가 결제 실패를 겪을 수 있었다. 그러나 1997년 이후 주요 거래 은행 간에 실시간연계결제(CLS : continuous linked settlement) 시스템이 갖춰져 세계 전역에서 발생하는 대부분의 이종 통화 교환이 이를 통해 수행되고 있다.

행해진 것과 다른 외환거래와 결합된 형태를 모두 합할 경우 전체 외환거래의 90% 가까이를 차지한다.

거래비용

개인이 외국 통화를 소매거래로(예를 들어 은행을 통해) 소량 구매하는 경우 매체에서 보도되는 중간 환율에 비해 더 많이 지불해야 한다. 반대로 외환을 파는 경우에는 그것보다 더 적게 받는다. '사는' 가격과 '파는' 가격의 차이 혹은 **스프레드**(spread)가 상당히 큰 편인데, 보통 2%에서 5%에 이른다. 외환거래에 따른 수수료(fee) 및 커미션(commission)이다. 그러나 큰 기업이나 은행이 수백만 달러를 교환하는 경우에는 스프레드와 커미션이 매우 작다. 스프레드가 보통 0.1%도 되지 않으며, 활발하게 거래되는 통화에 대략 0.01%에서 0.03%까지 떨어진다.

스프레드는 **시장마찰**(market frictions) 혹은 **거래비용**(transaction costs)의 대표적 예이다. 사는 사람이 지불하는 가격과 파는 사람이 수취하는 가격에 괴리가 발생하는 마찰이다. 이러한 스프레드는 외환시장에 대한 미시경제학적 분석에서는 중요한 이슈일 수 있으나 거시경제학적 분석에서는 일반적으로 다음과 같이 가정하고 넘어간다. 즉 오늘날 세계에서는 거래에 드는 비용이 많지 않으며, 특히 시장의 핵심 투자자들에게는 거래비용 스프레드가 아주 작아 대부분 무시할 수 있을 정도이다.

파생상품

현물환 계약은 두말할 필요 없이 외환시장에서 가장 중요한 계약 형태이다. 하지만 외환시장과 관련된 다른 계약도 많이 있다. **선물환**(forwards), **스왑**(swaps), **선물**(futures), **옵션**(options) 등이다. 이런 계약들을 모두 묶어 **파생상품**(derivatives)이라 부른다. 계약과 가격이 현물환율에서 파생되어 나왔다는 의미에서 이런 이름이 붙었다.

가장 최근 조사인 2010년 4월 국제결제은행(BIS) 조사에 따르면 현물환 계약은 하루 1조 4,900억 달러(전체 거래의 37%), 선물환 계약은 하루 4,750억 달러(전체의 12%), 스왑 거래는 하루 1조 7,650억 달러(전체의 44%)였다. 나머지 파생상품 거래는 하루 2,500억 달러(전체의 7%)였다.

이 장 나머지에서는 두 가지 가장 중요한 형태인 현물환과 선물환 계약에 초점을 맞춘다. 그림 10-5는 달러-유로 시장의 현물 및 선물 환율의 최근 추이를 보여준다. 선물환율이 현물환율과 거의 같이 움직이는 것을 알 수 있다. 양자의 관계에 대해 곧 살펴볼 것이다.

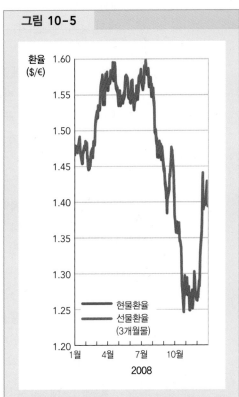

그림 10-5

현물환율과 선물환율 이 도표는 유로에 대한 미국 달러의 현물환율과 3개월물 선물환율의 전형적인 움직임을 보여준다. 양자가 서로 아주 가깝게 움직인다.

출처 : Federal Reserve Bank of New York

외환 파생상품

외환시장에서는 다양한 파생상품 계약이 행해지고 있으며, 그중 가장 대표적인 것은 다음 네 가지이다.

선물환　선물환(forward) 계약이 현물환 계약과 다른 점은 두 당사자가 계약은 오늘 맺지만 통화가 인도되는 결제일(settlement date)은 미래라는 점이다. 인도까지의 기간 혹은 만기(maturity)는 여러 가지가 있는데, 30일, 90일, 6개월, 1년, 혹은 그 이상의 장기 등이다. 계약이 맺어지는 오늘 시점에 인도 가격(즉 선물환율)을 미리 정해 놓는다.

스왑　스왑(swap) 계약은 어떤 외환에 대한 현물환 매도(매입)를 동일 통화에 대한 선물환 재매입(재매도)과 결합시킨 것이다. 이런 계약은 두 당사자가 동일한 한 쌍의 통화에 대해 반복적으로 거래를 하는 경우에 자주 발생한다. 현물환과 선물환의 두 거래를 결합시킴으로써 거래비용을 줄일 수도 있다. 현물환과 선물환을 따로따로 하는 것보다 중개 수수료 및 커미션이 더 낮기 때문이다.

선물　선물(futures) 계약은 선물환 계약과 마찬가지로 두 계약 당사자가 미래 어떤 시점에 미리 정해놓은 환율에 따라 외환을 인도하기로 한 약속이다. 그러나 선물환 계약과 달리 선물계약은 만기 등에서 표준화되어 있고, 조직화된 선물거래소에서 거래된다. 따라서 선물계약에서는 만기에 인도가 행해지더라도 처음 계약을 맺었던 당사자끼리 인수도를 행할 필요가 없다.

옵션　옵션(option) 계약은 한쪽 당사자인 매입자에게 미래에 어떤 통화로 다른 통화를 오늘 미리 정해놓은 환율에 사는(콜 : call) 혹은 파는(풋 : put) 권리를 제공한다. 다른 당사자인 매도자는 매입자가 원할 경우 반드시 거래에 응해야 한다. 반면 매입자는 반드시 거래할 의무가 있는 것은 아니며, 만약 만기의 현물환율이 자신에게 불리하면 옵션을 행사하지 않는다.

　이들 모든 금융상품을 통해 투자자는 외환을 여러 다른 시점에 여러 다른 상황에서 인도하는 거래를 만들 수 있다. 따라서 파생상품을 통해 투자자는 헤징(hedging : 위험회피)이나 투기(speculation : 위험감수)를 할 수 있다.

- 예 1. 헤징 : 당신이 한 미국 기업의 최고재무책임자라 하자. 이 기업은 프랑스 수출대금 100만 유로를 90일 후에 받을 예정이다. 현재 현물환율은 유로당 $1.20이다. 만약 유로가 약세(달러 강세)서 유로당 $1.10 이하로 떨어지면 해당 수출에서 회사가 손해를 입는다. 이 상황에서 당신은 €100만을 유로당 $1.15에 파는 유로 풋옵션 계약을 맺

을 수 있다. 이렇게 함으로써 나중에 수출대금으로 받을 유로를 최소한 이 환율에 파는 것을 보장받는다. 즉 나중에 현물환율이 유로당 $1.15 이하로 떨어져도 최소한의 이익은 고정된다. 이것이 헤징이다.

- 예 2. 투기 : 현재 1년 만기 유로 선물의 가격(즉 선물환율)이 유로당 $1.30이다. 당신은 향후 12개월에 걸쳐 유로가 강세(달러 약세)를 보여 유로당 $1.43까지 오를 것으로 예상한다. 이 상황에서 돈을 걸려면 이 선물을 사야 한다. 만약 당신의 예상이 맞으면 10% 이익을 챙길 수 있다. 사실 만기시점 현물환율이 유로당 $1.30을 넘기만 하면 이익을 얻는다. 반면 현물환율이 유로당 $1.30 아래면 당신의 선물 투자는 손해를 본다. 이것이 투기이다. ■

시장 참가자

외환시장의 핵심 등장인물은 트레이더들이다. 대부분의 외환 트레이더들은 **상업은행**(commercial banks)에 소속돼 있다. 은행들은 자신의 이익을 위해 거래하기도 하고 때로는 고객을 위해 거래한다. 이들의 고객은 재화나 서비스, 혹은 자산을 수출하거나 수입하는 기업들로서 이런 거래에는 통화의 교환이 필요하며, 상업은행이 그런 서비스를 중개하는 주요 금융기관이다.

예를 들어 애플 컴퓨터가 €100만 상당의 컴퓨터를 독일 유통업체에 팔았으며, 판매대금을 미국 달러로 (유로당 $1.30의 현물환율에) 지급받기를 원한다. 독일 유통업체는 자신의 거래은행인 도이치뱅크에 이를 알린다. 그러면 도이치뱅크는 유통업체의 은행계좌에서 €100만을 출금(차변 기입)하여 해당 €100만의 예금을 현물환율에 따라 $130만의 예금으로 바꾼다. 그것을 미국 애플 거래 은행에 입금(대변 기입)하면 그것이 다시 애플 계좌에 예금된다.

이것이 **은행 간 거래**(interbank trading)의 예이다. 이 비즈니스는 매우 집중되어 있다. 즉 세계 모든 외환시장 거래의 75%가 단 10개 은행에 의해 이루어진다. 주요 은행을 꼽으면 도이치뱅크, UBS, 시티그룹, HSBC, 바클레이즈 등이다. (위의 애플 사례는 수출대금 결제 거래이지만) 은행 간 거래의 대부분은 외환거래를 통해 이익을 얻으려는 거래이며, 여기에 적용되는 환율이 시장환율 결정의 바탕이 된다. 따라서 우리는 현물환율 결정에 영향을 미치는 핵심 요소로 이익추구 거래에 초점을 맞출 것이다.

다른 참가자들도 외환시장에 대한 직접적인 참여를 늘리고 있다. **기업**(corporations) 중 해외시장에서 원료를 구입하거나 제품을 판매하기 위해 외환거래를 대규모로 하는 경우 외환시장에서 직접 거래할 수 있다. 외환거래를 스스로 하는 데는 비용이 들지만 상업은행이 부과하는 수수료 및 커미션을 피할 수 있다. 마찬가지로 뮤추얼펀드 회사와 같은 **비은행 금융기관**(nonbank financial institutions)도 해외투자가 많을 경우 스스로 외환거래 업무를 행하는 것이 유리할 수 있다.

정부의 행동

지금까지는 민간 참가자 위주로 외환시장을 설명했다. 그러나 외환시장을 이야기할 때 정부 당국의 행동을 빼놓아서는 안 된다. 정부의 행동이 모든 외환시장에 해당되는 것은 아니고 항상 존재하는 것도 아니지만 빈번히 발생하는 것이 사실이기 때문에 충분한 이해가 필요하다. 외환시장에서 정부의 행동은 본질적으로 두 가지 기본 형태를 지닌다.

극단적인 형태로서 정부가 시장이 자유롭게 작동하는 것을 막고 완전히 통제하는 행동을 취할 수 있다. 즉 외환시장의 거래나 움직임을 제한하거나 정부 채널을 통해서만 외환거래를 하도록 하는 경우이다. 이런 종류의 정책은 일종의 **자본통제**(capital control)로서 국경을 넘나드는 금융거래를 제한한다. 예를 들어 1997년 아시아 외환위기가 발생하자 말레이시아 정부는 일시적으로 자본통제를 실시했다. 당시 마타히르 모하마드 총리는 "통화거래는 불필요하고 비생산적이며 완전히 비도덕적이다. 중단되어야 하고 불법화되어야 한다."고 선언했다.[9] 비교적 최근에 자본통제가 행해진 나라는 중국, 아르헨티나, 아이슬란드, 키프로스 등이다.

그러나 자본통제는 결코 성공하지 못한다. 불법거래가 반드시 발생하며 이것을 막는 것은 거의 불가능하다. 정부가 외환에 대해 **공식적 시장**(official market)을 만들고 사람들로 하여금 공식적인 시장에서 공식적으로 정해놓은 환율에 따라 거래하도록 법으로 강요할 수 있다. 그렇게 해도 **암시장**(black market) 혹은 **병행시장**(parallel market)에서 불법적인 거래가 '암암리에' 이뤄질 수 있다. 사람들은 정부가 정해놓은 환율이 아니라 시장 상황에 따라 결정된 환율로 거래를 할 것이다. 예를 들어 1930년대 이탈리아는 무솔리니 정권 하에서 외환거래에 대한 형벌이 아주 강해 나중에는 사형까지 처할 수 있게 되었지만, 그래도 여전히 암시장에서 거래가 이뤄졌다.

정부 당국에 의해 행해지는 보다 덜 극단적인 경우를 보면, 민간의 외환시장이 작동하도록 허용하지만 **개입**(intervention)을 통해 외환가격을 고정시키거나 통제하는 경우이다. 주로 중앙은행이 이런 업무를 맡게 된다.

중앙은행의 외환시장 개입이 어떻게 작동할까? 이 질문을 일반화시키면 정부가 어떻게 시장의 가격을 통제할 수 있느냐는 것이다. 이것은 아주 오래된 문제이다. 중세 전근대적 유럽에서 행해진 곡물 공급이 좋은 예이다. 이는 시장 가격을 고정시키고자 하는 정부 개입의 초기 사례의 하나이다. 당시 가뭄으로 흉년이 들면 곡물 부족과 기근, 때로는 정치적 혼란이 발생하기 때문에 지배 권력은 곤란에 직면한다. 정부는 국가에서 운영하는 곡물저장고를 세워 풍년에 밀을 채우고 흉년에 이를 방출하는 식으로 대응했다. 만약 정부가 언제든 정해놓은 가격에 곡물을 사고팔아 준다면, 그리고 만약 정부가 그것을 위해 충분한 곡물을 항상 보유하고 있다면 가격을 어떤 수준으로 고정시키는 것이 가능할 것이다. 일부 권력은 이 전략을 수년간

---

9 1997년 9월 20일 홍콩에서 개최된 세계은행 연설에서 행한 발언으로 당시 모하마드 총리는 전설적인 통화 트레이더인 조지 소로스를 '멍청이(moron)'라 부르기도 했다. 다음을 참조하라. Edward A. Gargan, "Premier of Malaysia Spars with Currency Dealer; Mahathir Says Soros and His Ilk Are 'Impoverishing Others' for Profit," *New York Times*, September 22, 1997, p. A1.

성공적으로 수행하기도 했다. 반면 어떤 경우는 곡물 비축이 다 떨어져 실패했다. 비축된 것이 사라지게 되면 시장의 힘이 전면에 등장한다. 엄청난 수요에도 불구하고 국가가 더 이상 받쳐주지 못하면 급격한 가격 상승이 불가피하다.

외환시장에 대한 정부의 개입도 비슷한 방식으로 작동한다. 중앙은행이 환율을 고정시키기 위해서는, 고정시키고자 하는 기준통화에 대해, 정해진 고정환율로 언제든 자국의 통화를 교환해줄 수 있어야 한다. 현실에서 이것이 가능하기 위해서는 외국통화 준비를 완충제로 유지해야 한다. 그러나 여기에는 문제가 있다. 첫 번째는 비용이 든다는 것이다. 그렇지 않았으면 보다 이익이 나는 데 쓸 수 있는 자원이 외환에 묶이게 된다. 둘째, 이 준비금은 무제한적인 완충제가 아니며 모두 소진될 경우 시장의 힘이 등장하여 환율을 결정한다. 왜 어떤 나라들은 환율을 고정시키려 하고, 어떻게 고정을 유지하며, 어떤 상황에서 고정이 실패하여 외환위기로 이어지는지 나중에 살펴본다.

결국 정부의 개입 정도는 다양하다. 그러나 암시장 통제까지 포함한 완전한 자본통제 하에서도 시장에는 항상 사적(private) 참가자들이 존재한다. 따라서 첫 번째 우리 임무는 사적 경제적 동기와 행동이 외환시장에 어떤 영향을 미치는지 이해하는 것이다.

4 차익거래와 현물환율

차익거래(arbitrage)는 가격 차이에서 발생하는 이익을 노리는 거래전략이다. 이는 어떤 시장에서든 사적 참가자들이 추구하는 가장 기본적인 활동이다. 차익거래에 대한 이해는 경제학에서 핵심 요소이자 환율을 공부하는 데 필수적이다.

차익거래는 간단히 말하면 싸게 사서 비싸게 팔아 이익을 내는 것이다. 시장에 이런 식으로 이익을 낼 수 있는 기회가 존재하면 그 상태는 균형이 아닐 것이다. 그런 이익 기회가 전혀 없을 때 차익거래가 행해질 수 없고, 시장이 **균형**(equilibrium)을 이룬다. 즉 **무차익거래 조건**(no-arbitrage condition)이 만족된다.

2개 통화 간 차익거래

당신이 뉴욕과 런던에 지점을 갖고 있는 어떤 은행에서 달러와 파운드를 거래하는 트레이더라고 해보자. 두 지점 간 자금이체는 온라인으로 행해져 비용이 발생하지 않는다. 두 도시에서 외환거래 커미션은 동일하며, 아주 작아서 무시할 수 있다. 뉴욕의 환율이 $E_{£/\$}^{\text{N.Y.}} = 0.50$파운드/달러이고, 런던에서는 $E_{£/\$}^{\text{London}} = 0.55$파운드/달러이다. 이 경우 당신은 가만히 앉아서도 돈을 벌 수 있다!

그렇다. 뉴욕에서 \$1을 £0.50에 사서 그것을 런던에서 £0.55에 팔면 위험 없이 즉각적으로 이익을 얻는다. 사실 이런 기회가 있다면 누구나 당신처럼 뉴욕에서 사서 런던에서 팔려고 할 것이다.

이를 일반화시키면 세 가지 경우가 있을 수 있다. 런던 현물환율이 더 높은 경우, 즉 $E_{£/\$}^{\text{N.Y.}}$

$< E_{£/\$}^{\text{London}}$, 뉴욕 현물환율이 더 높은 경우, 즉 $E_{£/\$}^{\text{N.Y.}} > E_{£/\$}^{\text{London}}$, 마지막으로 두 곳의 현물환율이 동일한 경우, 즉 $E_{£/\$}^{\text{N.Y.}} = E_{£/\$}^{\text{London}}$이다. 앞의 두 경우에는 차익거래가 발생한다. 오직 두 곳의 현물환율이 동일한 마지막 경우에만 차익거래가 발생하지 않는다. 따라서 현물환율에 대해 무차익거래 조건은 다음과 같다.

$$E_{£/\$}^{\text{N.Y.}} = E_{£/\$}^{\text{London}}$$

그림 10-6은 무차익거래 조건을 보여준다. A에서 화살표를 따라 B로 가는 두 가지 경로 (AB와 ACDB)가 있는데, 모두 1달러에서 출발하여 마지막에는 파운드로 끝난다. 따라서 마지막 결과가 동일할 때만 두 경로에 대한 선호가 동일할 것이다. 바로 그 상황이 차익거래가 불가능한 균형이다.

만약 시장이 균형에서 벗어나면 차익거래가 발생하여 가격이 낮은 시장의 가격을 높이고 가격이 높은 시장의 가격을 낮추게 된다. 우리 예에서는 누구나 뉴욕에서 달러를 사서 그것을 런던에서 팔려고 하기 때문에 뉴욕의 현물환율은 £0.50보다 높아지고, 런던의 현물환율은 £0.55보다 낮아지게 될 것이다. 결국 두 가격이 수렴할 때까지 이 과정이 지속되어 차익거래가 멈추고 균형에 도달한다. 세계 금융 중심지의 최첨단 시장이건 혹은 개도국의 거리 모퉁이 시장이건 이 조정은 거의 즉각적으로 이뤄진다.

3개 통화를 이용한 차익거래

두 통화 간 거래에 적용했던 논리가 3개 통화가 개입된 거래에도 똑같이 적용될 수 있다. 당신은 또 다시 뉴욕의 트레이더로서 달러와 파운드의 거래를 노리고 있다. 그러나 이번에는

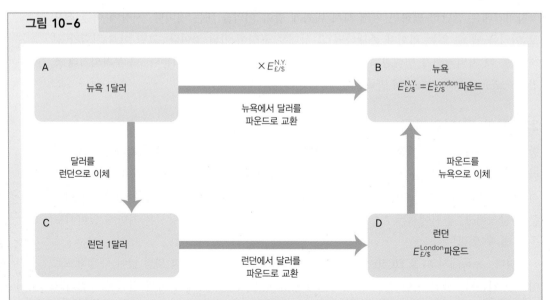

그림 10-6

차익거래와 현물환율 뉴욕에서 AB 경로로 통화를 거래할 때와 런던을 경유하는 ACDB 경로로 거래할 때 결과가 동일해야 한다. 즉 어느 경로를 거치든 B에서 받는 파운드는 똑같아야 한다. 그렇지 않으면 차익거래가 발생한다. 따라서 $E_{£/\$}^{\text{N.Y.}} = E_{£/\$}^{\text{London}}$이 성립한다.

제3의 통화인 유로를 경유한 간접 혹은 '삼각(triangular)' 거래를 생각하고 있다. 삼각 차익거래는 다음과 같이 작동한다. 달러를 팔아 유로와 교환한 다음, 그것을 즉각 팔아 파운드와 교환한다. 이렇게 우회적인 방법으로 파운드를 사는 것이 가능하기는 한데, 합리적이기도 할까? 그렇다! 그런 경우도 있을 수 있다.

예를 들어 유로를 $E_{\$/\euro} = 0.8$유로/달러에 살 수 있고, 파운드를 $E_{\pounds/\euro} = 0.7$파운드/유로에 살 수 있다. \$1로 시작하면 그것으로 0.8유로를 사고, 그것을 다시 0.7×0.8파운드로 바꿀 수 있다. 따라서 무시해도 좋을 정도인 커미션을 제외하면 이런 삼각 거래로 얻어진 파운드-달러 환율은 $E_{\pounds/\euro} \times E_{\euro/\$} = 0.7 \times 0.8 = 0.56$파운드/달러가 된다. 만약 달러를 파운드와 직접 바꾸는 거래의 환율이 0.56보다 더 낮은, 가령 $E_{\pounds/\$} = 0.5$라면 차익거래 기회가 존재한다. 즉 \$1을 유로를 거쳐 £0.56으로 바꾼 다음 이것을 직접거래를 통해 \$1.12로 바꾸는 것이다. 위험을 전혀 안지 않고도 12센트의 이익을 얻을 수 있다.

이를 일반화시키면 또다시 세 가지 경우가 있을 수 있다. 달러에서 파운드로 직접 거래하는 것이 유리한 경우, 즉 $E_{\pounds/\$} > E_{\pounds/\euro}E_{\euro/\$}$, 간접거래가 더 유리한 경우, 즉 $E_{\pounds/\$} < E_{\pounds/\euro}E_{\euro/\$}$, 마지막으로 두 거래가 동일한 경우, 즉 $E_{\pounds/\$} = E_{\pounds/\euro}E_{\euro/\$}$이다. 마지막 경우에만 차익거래 기회가 존재하지 않는다. 이 무차익거래 조건은 다음과 같이 두 가지 방식으로 표현할 수 있다.

$$\underbrace{E_{\pounds/\$}}_{\text{직접환율}} = E_{\pounds/\euro}E_{\euro/\$} = \underbrace{\frac{E_{\pounds/\euro}}{E_{\$/\euro}}}_{\text{교차환율}}$$

오른쪽 표현은 두 환율의 비율로서 **교차환율**(cross rate)이라 불린다. 위 식에서 단위를 잘 살펴보면 2개의 € 기호가 상쇄되어 사라진 것을 알 수 있다. 이 무차익거래 조건은 모든 통화 조합에 적용될 수 있다. 직접거래와 간접거래가 그림 10-7에 AB 및 ACB 2개의 경로로 표시되어 있다[그림을 보면 이것이 왜 삼각 차익거래(triangular arbitrage)로 불리는지 알 수 있다].

교차환율 공식은 매우 편리하다. 왜냐하면 모든 통화 환율을 일일이 관찰할 필요가 없기 때문이다. 예를 들어 만약 어느 하나의 통화, 가령 달러에 대한 모든 통화의 환율을 알면 어떤 한 쌍의 통화 A와 B에 대해서도 환율을 구할 수 있다. 각 통화의 달러 환율을 사용하여 교차환율 공식에 따라 두 통화 간의 환율을 구하면 된다. 즉 $E_{A/B} = E_{A/\$}/E_{B/\$}$이다. 실제로 이 방식으로 대부분의 환율이 계산된다.

교차환율과 매개통화

교차환율이 의미가 있는 이유는 대다수의 통화들이 제3의 통화를 거쳐 교환되기 때문이다. 이 책을 쓰고 있는 현재, 세계에는 164개의 서로 다른 통화가 있다. 따라서 통화를 2개씩 짝지을 경우 가능한 조합이 13,366개로서 이 숫자만큼 외환시장이 있어야 한다. 그러나 실제로

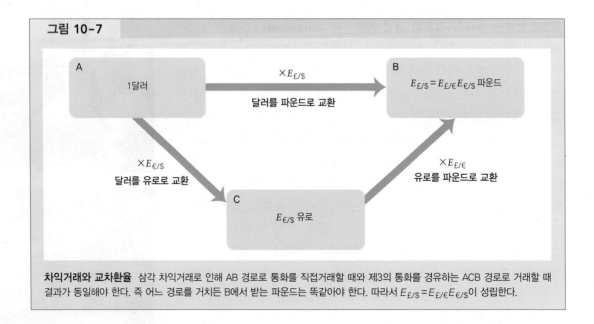

그림 10-7

A
1달러

$\times E_{£/\$}$
달러를 파운드로 교환

B
$E_{£/\$} = E_{£/€}E_{€/\$}$ 파운드

$\times E_{€/\$}$
달러를 유로로 교환

$\times E_{£/€}$
유로를 파운드로 교환

C
$E_{€/\$}$ 유로

차익거래와 교차환율 삼각 차익거래로 인해 AB 경로로 통화를 직접거래할 때와 제3의 통화를 경유하는 ACB 경로로 거래할 때 결과가 동일해야 한다. 즉 어느 경로를 거치든 B에서 받는 파운드는 똑같아야 한다. 따라서 $E_{£/\$} = E_{£/€}E_{€/\$}$이 성립한다.

는 이 중 아주 일부분만 외환시장이 존재한다. 왜 그럴까?

세계의 대다수 통화는 달러, 유로, 엔, 파운드 등 주요 통화 한두 개 정도와 직접 거래된다. 거기에다 기껏 이웃 나라 통화 몇 개 정도 추가될 수 있다. 이것은 결코 놀라운 일이 아니다. 예를 들어 케냐의 실링(shilling)을 파라과이의 과라니(guaraní)로 바꾸려는 사람이 얼마나 되겠는가? 혹은 모리타니아의 우기야(ouguiya)를 통가의 파안가(pa'anga)로 바꾸려는 사람은? 이들은 서로 멀리 떨어져 있는 작은 나라들로서 서로 국제 교역이나 투자가 거의 없다. 당연히 거래 상대방을 찾기가 매우 어려워 거래비용이 엄청날 것이다. 그러나 이런 비용을 감수할 이유가 전혀 없다. 왜냐하면 예로 든 케냐, 파라과이, 모리타니아, 통가 등에서 미국 달러 같은 주요 통화로는 비즈니스를 활발히 하고 있기 때문이다. 따라서 원하는 경우 삼각거래를 통해, 합리적인 커미션만 내고도 가령 실링을 달러로, 달러를 과라니로 바꿀 수 있다(혹은 우기야를 달러로, 달러를 파안가로 바꿈).

제3의 통화가 이런 거래에서 사용되는 경우 이를 **매개통화**(vehicle currency)라 부른다. 매개통화는 거래 양쪽 당사자 모두에게 자국 통화가 아니다. 시장 데이터를 보면 매개통화의 중요성이 나타난다. 가장 일반적인 매개통화는 미국 달러로서 2010년 국제결제은행(BIS) 조사에 따르면 세계 모든 외환거래의 85%가 달러를 한쪽에 끼고 있다. 유로가 그다음으로서 모든 거래의 39%를 차지한다(그중 많은 부분이 달러와의 교환이다). 엔이 모든 거래의 19%이고, 그다음이 영국 파운드 13% 순이다.

5 차익거래와 이자율

지금까지 차익거래에 대한 우리의 논의는 동일 통화가 서로 다른 가격에 거래될 때 외환시장

참가자들이 거기에서 어떻게 이익을 얻을 수 있는지를 보여주었다. 그러나 외환시장에 영향을 미치는 차익거래에 그런 종류만 있는 것은 아니다.

투자자들에게 중요한 과제는 자신들의 유동성 현금잔고를 어떤 통화로 보유하느냐는 것이다. 이들은 자신의 현금을 은행 예금계좌에 넣을 때 다양한 통화표시로 예치할 수 있으며 그것에 의해 어느 정도의 이자수입을 얻는다. 가령 뉴욕 주요 은행에서 일하는 어떤 트레이더에게 두 가지 선택이 있다고 하자. 현금을 유로예금에 1년 예치하여 2%의 유로이자율을 얻거나, 혹은 미국 달러예금에 1년 예치하여 4%의 달러이자율을 얻을 수 있다. 유로예금과 달러예금 중 어느 쪽 자산이 최선의 투자일까?

이것이 이 장에서 우리가 다룰 마지막 문제이다. 이것은 이 책의 나머지 부분에서 외환시장을 분석하는 데 꼭 필요한 도구이다. 이 분석의 중심에 또다시 차익거래가 자리 잡고 있다. 유로예금을 팔고, 달러예금을 사는 것이 은행에 이익을 줄까? 이런 결정이 달러와 유로에 대한 수요, 그리고 두 통화 간의 환율에 영향을 미친다.

위험의 문제 트레이더에게 핵심 이슈는 환율위험이다. 뉴욕의 트레이더에게는 미국 달러 기준 수익이 중요하다. 달러예금은 수익이 달러로 주어지기 때문에 수익을 확실히 알 수 있다. 그러나 유로예금은 수익이 유로로 주어지며, 지금부터 1년 후 달러-유로 환율이 어떻게 될지 알 수 없기 때문에 달러 기준 수익을 확실히 알 수 없다. 이 경우 차익거래는 투자자가 환율위험을 어떻게 처리하느냐에 따라 성격이 달라진다.

우선 파생상품 설명에서 다루었듯이 어떤 투자자는 선물환 계약을 이용하여 환율위험 노출을 커버(cover) 혹은 헤지(hedge)할 수 있다. 이는 무위험 차익거래(riskless arbitrage)에 해당한다. 반면 또 다른 투자자는 선물환을 이용하지 않고 투자 만기까지 기다려 현물환 거래로 교환할 수 있다. 이는 유위험 차익거래(risky arbitrage)에 해당한다. 이들 두 가지 방식의 차익거래는 두 가지 중요한 결과를 낳는데, 소위 평가 조건(parity condition)이다. 이것이 선물환 및 현물환 시장의 균형을 설명해준다. 하나씩 살펴보기로 하자.

무위험 차익거래 : 무위험이자율평가

1년 후에 유로를 달러와 교환하기로 하는 계약을 생각해보자. 1년 후 거래 환율을 유로당 달러로 정해놓았다. 이것이 **선물환율**(forward exchange rate)이다. 이 경우 투자자는 미래의 외환거래 가격을 확실히 알게 된다.

당신이 뉴욕에 있는 어떤 은행의 트레이더라고 해보자. 당신은 $1을 1년 동안 달러나 유로 은행예금에 넣어 이자 수익을 얻고자 한다. 뉴욕에서 달러예금 이자율은 $i_\$$이고 유럽에서 유로예금 이자율은 $i_€$이다. 어느 쪽 투자가 수익이 더 높은가?

만약 당신이 달러예금에 투자하면 미국 은행계좌에 넣은 $1은 1년 후 $(1+i_\$)$ 달러가 된다. 미국 달러 은행예금에 대한 원리금의 달러 가치를 달러수익(dollar return)이라 하자. 수익을 동일 통화로 측정해야만 수익의 크기를 서로 비교할 수 있다.

유로예금에 투자하기 위해서는 우선 달러를 유로로 바꿔야 한다. 오늘 현물환율이 유로당 $E_{\$/€}$ 달러이면, \$1은 $1/E_{\$/€}$ 유로에 해당한다. $1/E_{\$/€}$ 유로를 유로 계좌에 넣어둘 경우 이자율이 $i_€$이기 때문에 1년 후 원리금은 $(1+i_€)/E_{\$/€}$ 유로이다. 이것을 달러로 다시 바꿔야 하지만 1년 후의 현물환율을 지금 알 수는 없다. 당신은 이와 같은 환율위험을 피하기 위해 오늘 선물환율 $F_{\$/€}$에 선물환 계약을 맺는다. 이 경우 1년 후 $(1+i_€)/E_{\$/€}$ 유로를 받아 그것을 선물환율에 따라 달러로 바꾸면 $(1+i_€)F_{\$/€}/E_{\$/€}$ 달러가 된다. 이것이 원금과 이자의 달러가치이다. 즉 유로 은행예금의 달러수익이다.[10]

두 예금에 대한 달러수익을 비교할 때 세 가지 결과가 가능하다. 달러예금의 달러수익이 높거나, 유로예금의 달러수익이 높거나, 혹은 두 예금의 달러수익이 동일한 경우이다. 첫 번째에 해당하면 당신은 유로예금을 팔고 달러예금을 살 것이다. 두 번째에 해당하면 반대로 달러예금을 팔고 유로예금을 살 것이다. 세 번째 경우에만 차익거래로 이익을 볼 수 없다. 따라서 이 경우 무차익거래 조건은 다음과 같다.

$$무위험이자율평가(CIP) : \underbrace{(1+i_\$)}_{\substack{달러예금의 \\ 달러수익}} = \underbrace{(1+i_€)\frac{F_{\$/€}}{E_{\$/€}}}_{\substack{유로예금의 \\ 달러수익}} \qquad (10\text{-}1)$$

이 식을 **무위험이자율평가**(CIP : covered interest parity)라 한다. 'covered'의 의미는 유로예금에 존재하는 모든 환율위험이 선물환 계약에 의해 커버(보호)되었다는 의미이다. 해당 거래가 **선물환 커버**(forward cover)를 취했다고도 표현한다. 그림 10-8에 도표로 설명되어 있다.

무엇이 선물환율을 결정하는가? 무위험이자율평가는 무차익거래 조건이다. 어느 두 통화에 대해 각각 이자지불 은행예금이 있고, 선물환 계약에 의해 환율위험을 제거할 수 있다. 이런 상황에서 무위험이자율평가가 성립하면 두 예금의 수익이 똑같기 때문에 투자자들은 두 예금에 대해 무차별해진다. 그런데 두 수익 중 하나의 수익은 선물환율의 영향을 받기 때문에 무위험이자율평가 조건을 선물환율 결정 이론으로 간주할 수도 있다. 위 식을 선물환율에 대해 풀면 다음과 같다.

$$F_{\$/€} = E_{\$/€}\frac{1+i_\$}{1+i_€}$$

따라서 만약 무위험이자율평가가 성립하면 위 식 우변에 있는 세 가지 변수, 즉 현물환율 $E_{\$/€}$, 달러이자율 $i_\$$, 유로이자율 $i_€$이 주어지면 선물환율을 계산할 수 있다. 예를 들어 유로이자율이 3%, 달러이자율이 5%, 현물환율이 유로당 \$1.30이다. 이 경우 선물환율은 위 식에 의해 $1.30 \times (1.05)/(1.03) = 1.3252$ 달러/유로이다.

실제로도 외환시장은 정확히 이렇게 작동하며, 이렇게 선물계약 가격이 정해진다. 세계 전역의 트레이더들은 자신의 컴퓨터를 통해 모든 통화의 외화예금(외국통화 은행예금) 이자율

---

10 이 차익거래 전략은 현물환과 선물환 계약이 모두 필요하다. 이들 두 계약을 하나로 결합시킨 것이 스왑 계약으로서 외환시장에서 스왑 거래의 비중이 높은 이유에 대한 하나의 설명이 될 수 있다.

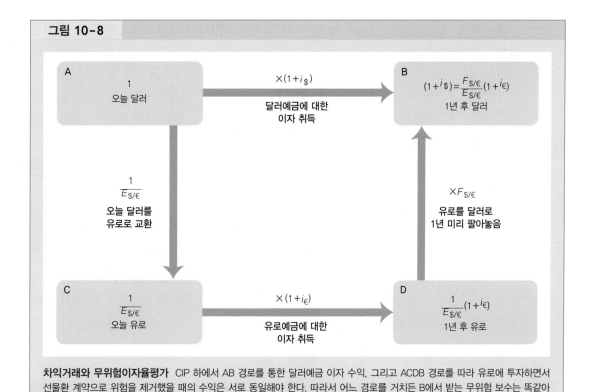

그림 10-8

A
1
오늘 달러

$\times(1+i_\$)$
달러예금에 대한
이자 취득

B
$(1+i_\$) = \dfrac{F_{\$/€}}{E_{\$/€}}(1+i_€)$
1년 후 달러

$\dfrac{1}{E_{\$/€}}$
오늘 달러를
유로로 교환

$\times F_{\$/€}$
유로를 달러로
1년 미리 팔아놓음

C
$\dfrac{1}{E_{\$/€}}$
오늘 유로

$\times(1+i_€)$
유로예금에 대한
이자 취득

D
$\dfrac{1}{E_{\$/€}}(1+i_€)$
1년 후 유로

차익거래와 무위험이자율평가 CIP 하에서 AB 경로를 통한 달러예금 이자 수익, 그리고 ACDB 경로를 따라 유로에 투자하면서 선물환 계약으로 위험을 제거했을 때의 수익은 서로 동일해야 한다. 따라서 어느 경로를 거치든 B에서 받는 무위험 보수는 똑같아야 한다. 따라서 $(1+i_\$) = \dfrac{F_{\$/€}}{E_{\$/€}}(1+i_€)$이 성립한다.

과 환율을 보면서 투자 결정을 내린다. 또한 선물환 계약을 왜 '파생(상품)' 계약이라고 하는지도 알 수 있다. 선물환 계약의 가격(선물환율 F)을 정하기 위해서는 먼저 현물환 계약의 가격(현물환율 E)을 알아야 한다. 즉 선물환 계약의 가격은 그것이 기반으로 하고 있는 현물환 계약의 가격에서 파생된다.

위 결과는 새로운 궁금증을 낳는다. 그렇다면 이자율과 현물환율은 어떻게 결정되는가? 우리는 곧 이 문제를 다룰 것이다. 우선은 무위험이자율평가가 실제 현실에서도 성립한다는 증거들을 살펴보자.

적용사례

무위험이자율평가 실증분석

무위험이자율평가가 현실에서 성립하는가? 그것이 성립하기 위해서는 차익거래가 작동할 수 있어야 한다. 그래야만 2개의 수익이 동일해지고 이자율평가가 성립한다. 그러나 만약 정부가 자본통제 조치를 취하면 트레이더들이 설사 이익을 볼 기회를 찾아도 그것을 실행할 수 없다. 이 경우 각 통화에 대한 수익이 서로 같아질 이유가 없다. 역사적으로 그런 정책이 행해진 사례를 살펴보자.

예를 들어 그림 10-9는 영국과 독일이 1979년부터 1981년에 걸쳐 자본통제를 폐지하면서 양국 간에 무위험이자율평가가 성립하게 된 것을 보여준다(여기에서 독일예금은 1999년 이전이라 당시 독일 통화인 마르크 표시이며, 1999년부터는 유로가 이를 대체했다).

그림에서 보듯이 당시 투자자들이 자금을 영국에서 독일로 선물환 커버를 취해서 옮길 수 있었다면 이익(영국 통화 기준 연율이며 거래비용은 감안하지 않았음)을 챙길 수 있었다(만약 그래프의 선이 플러스가 아니라 마이너스 영역에 있다면 자금을 독일에서 영국으로 옮김으로써 이익을 볼 수 있음). 이 무위험 차익거래에 의한 이익은 앞의 식 (10-1)에 의해 다음과 같다.

$$\text{이익} = \underbrace{(1 + i_{GER}) \frac{F_{UK/GER}}{E_{UK/GER}}}_{\substack{\text{독일예금의} \\ \text{파운드 수익}}} - \underbrace{(1 + i_{UK})}_{\substack{\text{영국예금의} \\ \text{파운드수익}}}$$

무위험이자율평가가 성립할 때만 위 이익이 0이 될 것이다. 1960년대와 1970년대에는 이같은 가상의 이익, 즉 차익거래가 가능했더라면 얻을 수 있는 이익이 컸다. 1979년에서 1981년까지의 금융자유화 이후 차익거래가 비로소 가능해졌다. 그때 이후로 현재까지는 기본적으로 이익이 0이다(정확히 0은 아닌데, 이는 규정, 수수료, 기타 거래비용, 측정오차 등 때문

그림 10-9

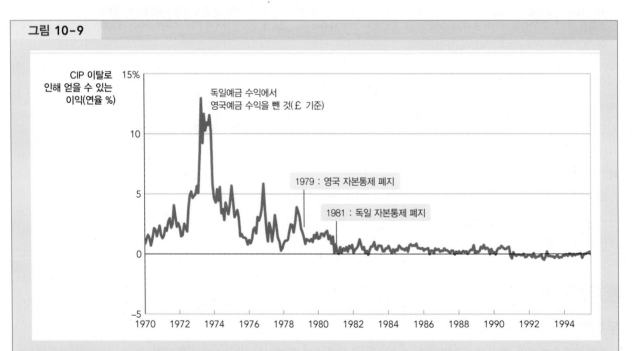

금융자유화와 무위험이자율평가 : 영국과 독일 간의 차익거래 도표는 영국 파운드예금과 선물환 커버를 취한 독일 마르크예금의 월간 수익률 차이(연율)를 1970년부터 1995년까지 계산한 것이다. 1970년대에는 차이가 플러스이며 상당히 클 때도 있었다. 투자금을 파운드예금에서 마르크예금으로 옮기는 차익거래를 통해 이익을 얻을 수 있었지만, 자본통제가 그것을 막았다. 금융자유화 이후 그런 이익이 기본적으로 없어져 차익거래 기회가 사라졌다. CIP가 성립하며, 약간의 이탈이 발생한 것은 거래비용과 측정오차 때문이다.

출처 : Maurice Obstfeld and Alan M. Taylor, 2004, *Global Capital Markets: Integration, Crisis, and Growth*, Japan-U.S. Center Sanwa Monographs on International Financial Markets (Cambridge, UK: Cambridge University Press).

이다). 이런 요소들을 감안하면 이제 이익을 볼 수 있는 기회는 남아있지 않다. 무위험이자율평가는 자본시장이 개방돼 있으면 성립한다. 동일한 방식으로 계산해보면 오늘날 자유롭게 거래되는 모든 통화에 대해 CIP의 성립을 확인할 수 있을 것이다. ■

유위험 차익거래 : 유위험이자율평가

앞에서 언급했듯이 차익거래를 행하는 두 번째 방법은 현물환 계약을 이용하는 것이다. 이는 미래의 환율변화 위험을 감수하는 방법이다. 이 경우를 살펴봄으로써 현물환시장에서 환율이 어떻게 결정되는지 이해할 수 있게 될 것이다.

논의를 간단히 하기 위해 지금부터 투자자들은 오직 두 은행예금의 예상달러수익에만 관심을 두고 투자의 어떤 다른 특성에 대해서도 관심이 없다고 하자.(**보조 자료 : 자산의 속성** 참조). 당신이 뉴욕 어떤 은행의 트레이더라 하자. 당신은 $1을 1년 동안 달러나 유로 은행예금

보조 자료

자산의 속성

외환시장에서 거래되는 외화예금은 이자를 지불하는 하나의 자산이다. 은행이나 기타 투자자들은 이를 자산 포트폴리오의 일환으로 보유한다. 언급했듯이 외환시장은 외화예금 수요의 영향을 크게 받는다.

어떤 투자자의 자산 포트폴리오는 주식, 채권, 부동산, 예술품, 그리고 다양한 통화에 대한 은행예금 등으로 구성된다. 이런 다양한 자산의 수요에 영향을 미치는 요인은 무엇일까? 재무적 관점에서 보면 모든 자산은 세 가지 핵심 속성을 지니고 있으며, 이것들이 수요에 영향을 미친다. 그 속성은 수익, 위험, 유동성이다.

어떤 자산의 **수익률**(rate of return)은 일정 기간(대개 1년) 동안 해당 자산의 가치가 (특정 통화로 측정했을 때) 얼마나 증가했는지를 계산한 것이다. 예를 들어 당신이 연초에 인터넷 기업인 닷폭탄 주식 1주를 $100에 샀다. 연말에 주식 가격이 $150으로 오르고 배당도 $5를 받았다. 당신은 주가변동에 따른 자본이득 $50에 배당 $5를 합쳐 총 수익이 $55이다. 당신의 연간 총 수익률은 55/100, 즉 55%이다. 이듬해에는 주식 가격이 $150에서 $75로 떨어지고 배당도 없었다. 당신은 절반의 돈을 잃었으며, 수익률은 −75/150, 즉 −50%이다. 다른 조건이 동일할 때 투자자는 수익이 높은 투자를 선호한다.

어떤 자산의 **위험**(risk)은 수익률의 변동성(volatility)을 가리킨다. 또한 어떤 자산의 **유동성**(liquidity)은 얼마나 쉽고 빠르게 청산되는지(liquidated), 혹은 팔리는지를 가리킨다. 주식은 수익률 등락이 심하기 때문에 위험성이 높은 자산이다. 그러나 자산의 위험도는 상대적으로 판단해야 한다. 주식의 위험도는 은행저축성예금에 비해서는 훨씬 높은 편이다. 은행예금 이자율은 시간에 따라 크게 변하지 않고 매우 안정적이다. 은행이 파산하는 경우에나 손해를 볼 수 있지만 그런 경우는 극히 드물다. 반면 예술작품 같은 경우에는 유동성이 아주 낮다. 예술품을 높은 가격에 팔기 위해서는 대개 경매회사의 도움을 받아야 한다. 예술품은 위험성도 높다. 다양한 작가들의 작품은 유행에 따라 오르내림이 있다. 다른 조건이 동일하다면 투자자들은 위험이 낮고 유동성은 높은 자산을 선호한다.

이상 자산의 속성에 대한 논의로부터 두 가지를 발견할 수 있다. 첫째, 모든 조건이 동일할 수는 없기 때문에 투자자들은 이들 속성들 사이에서 균형을 잡으려 한다. 상대적으로 위험하고 유동성이 낮은 자산이라면 상대적으로 높은 수익을 기대하게 된다. 둘째, 예상이 중요하다. 주식이나 예술품 등 대부분의 투자는 수익률이 고정되거나 보장되어 있지 않다. 결국 투자자들은 예상을 해야 한다. 수익률에 대한 예상을 **예상수익률**(expected rate of return)이라 한다.

에 넣어 이자 수익을 얻고자 한다. 그런데 이번에는 현물환 계약만 이용한다. 즉 앞에서처럼 미래 환율위험을 헤지할 목적으로 선물환 계약을 이용하지 않는다.

만약 $1을 달러예금에 투자하면 1년 후 $(1+i_\$)$달러가 된다. 이것이 달러예금의 달러수익으로서 앞에서와 동일하다.

유로예금에 투자하려면 오늘 $1을 $1/E_{\$/\euro}$ 유로로 바꿔 예금한다. 이것이 1년 후에는 이자 포함해서 $(1+i_\euro)/E_{\$/\euro}$ 유로가 된다. 이것을 다시 달러로 바꿔야 하는데, 1년 후 시점에 거래되는 현물환율에 따라 환전한다. 그런데 미래의 환율은 알 수 없기 때문에 환율위험을 안는다. 투자는 미래 현물환율에 대한 **예측**(forecast)에 기초한다. 그 예측을 $E^e_{\$/\euro}$으로 표기하며, **예상환율**(expected exchange rate)이라 한다. 이 예측에 기초할 경우, 당신이 1년 후 받게 되는 $(1+i_\euro)/E_{\$/\euro}$ 유로를 달러로 바꾸면 $(1+i_\euro)E^e_{\$/\euro}/E_{\$/\euro}$이 된다. 이것이 유로예금의 **예상달러수익**(expected dollar return)이다. 즉 유로예금에서 얻는 원금과 이자의 예상달러가치이다.

또 다시 세 가지 결과가 가능하다. 미국예금의 예상달러수익이 높거나, 유로예금의 예상달러수익이 높거나, 두 예금의 예상달러수익이 동일한 경우이다.

우리는 앞에서 투자자들이 위험에 대해서는 관심이 없으며, 오직 예상수익에만 관심을 갖는 것으로 가정했다. 따라서 위에서 처음 두 가지 경우에는 예상이익의 기회가 존재하며 유위험 차익거래가 가능하다. 즉 예상수익이 낮은 예금을 팔고 예상수익이 높은 예금을 사는 것이다. 반면 세 번째 경우에는 차익거래를 통해서 예상이익을 취할 수 없다. 이 무차익거래 조건을 다음과 같이 표현할 수 있다.

$$\text{유위험이자율평가(UIP)} : \underbrace{(1+i_\$)}_{\substack{\text{달러예금의}\\\text{달러수익}}} = \underbrace{(1+i_\euro)\frac{E^e_{\$/\euro}}{E_{\$/\euro}}}_{\substack{\text{유로예금의}\\\text{예상달러수익}}} \tag{10-2}$$

이 식을 **유위험이자율평가**(UIP : uncovered interest parity)라 한다. 'uncovered'의 의미는 유로예금에 존재하는 환율위험을 선물환 계약으로 헤지(hedge)하지 않고, 그냥 기다려서 현물환 거래를 사용한다는 의미이다. 그림 10-10에 도표로 설명되어 있다.

무엇이 현물환율을 결정하는가? 무위험이자율평가는 무차익거래 조건이다. 어느 두 통화에 대해 헤지되지 않은(즉 선물환 계약을 사용하지 않은) 이자지불 은행예금이 있을 때, 유위험이자율평가가 성립하면 두 예금의 예상수익이 똑같기 때문에 투자자들은 두 예금에 대해 무차별해진다. 그런데 두 수익 중 하나의 수익은 현물환율의 영향을 받기 때문에 유위험이자율평가 조건을 현물환율 결정 이론으로 간주할 수 있다. 위 식을 현물환율에 대해 풀면 다음과 같다.

$$E_{\$/\euro} = E^e_{\$/\euro}\frac{1+i_\euro}{1+i_\$}$$

따라서 만약 유위험이자율평가가 성립하면 위 식 우변에 있는 세 가지 변수, 즉 예상미래 환율 $E^e_{\$/\euro}$, 달러이자율 $i_\$$, 유로이자율 $i_\euro$이 주어지면 오늘의 현물환율을 계산할 수 있다. 예를

그림 10-10

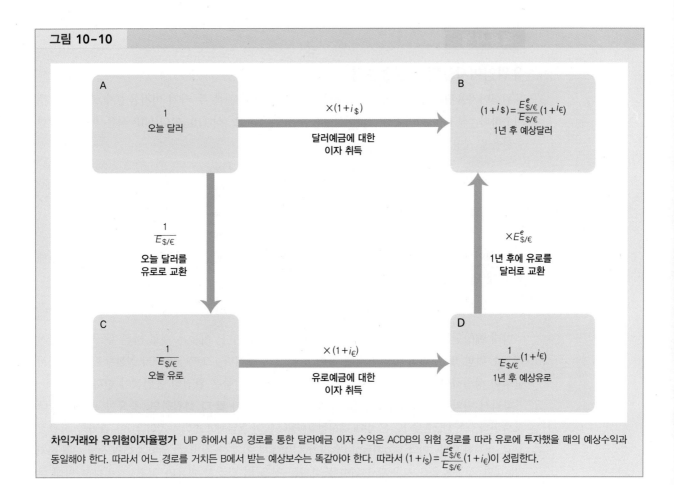

차익거래와 유위험이자율평가 UIP 하에서 AB 경로를 통한 달러예금 이자 수익은 ACDB의 위험 경로를 따라 유로에 투자했을 때의 예상수익과 동일해야 한다. 따라서 어느 경로를 거치든 B에서 받는 예상보수는 똑같아야 한다. 따라서 $(1+i_\$) = \dfrac{E^e_{\$/€}}{E_{\$/€}}(1+i_€)$이 성립한다.

들어 유로이자율이 2%, 달러이자율이 4%, 미래의 예상현물환율이 유로당 $1.40이다. 이 경우 오늘의 현물환율은 위 식에 의해 $1.40 \times (1.02)/(1.04) = 1.3731$달러/유로이다.

그런데 이 결과는 또 다른 궁금증을 낳는다. 예상미래환율 $E^e_{\$/€}$은 어떻게 예측되는가? 그리고 무위험이자율평가에서 물었던 것처럼 두 이자율은 어떻게 결정되는가?

다음 2개 장에서 우리는 이 질문들을 다룬다. 환율결정 이론을 완성시키기 위해 토대를 닦는 작업이다. 우선 예상미래환율 $E^e_{\$/€}$을 결정하는 요인들을 살펴보고, 장기(long-run) 환율모형을 소개한다. 그런 다음 이자율 $i_\$$와 $i_€$를 결정하는 요인들을 살펴본다. 곧 배우게 되겠지만 미래예측 요인이 들어 있는 문제를 풀기 위해서는 미래에 대한 예상이 먼저 주어져야 한다. 따라서 이런 문제는 반대 방향, 즉 미래에서 현재로 풀어야 한다. 이 때문에 이 책의 순서도 그렇게 구성되어 있다. 즉 먼저 환율의 장기적인 움직임을 이해한 다음, 단기 분석으로 나아간다.

> **적용사례**

유위험이자율평가 실증분석

유위험이자율평가가 현실에서 성립하는가? 사실 앞에서 본 두 가지 이자율평가 조건은 아주 비슷하다. 식 (10-1)의 CIP 식은 선물환율을 사용하고, 식 (10-2)의 UIP 식은 미래 예상현물환율을 사용한다. 즉

$$\text{CIP} : (1+i_\$) = (1+i_\epsilon)\frac{F_{\$/\epsilon}}{E_{\$/\epsilon}}$$

$$\text{UIP} : (1+i_\$) = (1+i_\epsilon)\frac{E^e_{\$/\epsilon}}{E_{\$/\epsilon}}$$

위 식이 미래 예상현물환율과 선물환율 간에 어떤 관계를 의미하는지 알기 위해 두 번째 식을 첫 번째 식으로 나눠보자. 다음을 얻는다.

$$1 = E^e_{\$/\epsilon}/F_{\$/\epsilon} \text{ 혹은 } F_{\$/\epsilon} = E^e_{\$/\epsilon}$$

미래 예상현물환율과 선물환율은 완전히 다른 개념이다. 이들은 서로 다른 두 가지 차익거래, 즉 위험 및 무위험 차익거래에 들어 있는 도구들이다. 그러나 우리가 설정한 가정들하에서 균형이 성립하면 이들 2개가 서로 달라서는 안 된다. 그들은 완전히 동일해야 한다.

따라서 만약 무위험이자율평가와 유위험이자율평가가 둘 다 성립하면, 중요한 관계가 하나 도출된다. 즉 **선물환율** $F_{\$/\epsilon}$은 미래 예상현물환율 $E^e_{\$/\epsilon}$과 동일해야 한다는 것이다. 이 결과를 직관적으로 생각해보자. 만약 투자자들이 (우리가 UIP에서 가정한 것처럼) 위험에 대해 전혀 신경 쓰지 않는다면, 선물환율을 사용해서 위험을 피하는 것을 더 선호할 이유가 없고, 그렇다고 미래 현물환율을 기다림으로써 위험을 안고 가는 것을 더 선호할 이유도 없다. 따라서 두 환율이 동일하다면 투자자들은 두 가지 투자전략에 무차별해지고, 그럼으로써 균형이 성립한다. 거꾸로 말하면 투자자들이 두 투자전략에 무차별해지는 균형에 도달하기 위해서는 두 환율이 동일해야 한다.

이 결과를 활용하면 UIP를 아주 쉽고 간단하게 검증하는 방법을 발견할 수 있다. 앞에서 보았듯이 CIP는 증거가 강하기 때문에 이것은 성립한다고 가정하자. 그 경우 앞의 등식은 UIP 성립 여부를 검증하는 식이 된다. 그런데 만약 선물환율이 예상현물환율과 동일하다면 이 둘을 모두 오늘의 현물환율에 대한 변화율로 변형시킬 수 있다. 그 경우 우리가 검증해야 할 등식은 (현재와 미래 간) **예상절하율**(expected rate of depreciation)이 (선물환율과 현물환율의 차이인) **선물환 할증**(forward premium)과 동일한지 여부이다. 즉

$$\underbrace{\frac{F_{\$/\epsilon}}{E_{\$/\epsilon}}-1}_{\text{선물환 할증}} = \underbrace{\frac{E^e_{\$/\epsilon}}{E_{\$/\epsilon}}-1}_{\text{예상절하율}}$$

예를 들어 현물환율이 유로당 $1.00이고 선물환율이 $1.05이면 선물환 할증은 5%이다. 이 상황에서 만약 $F_{\$/\epsilon} = E^e_{\$/\epsilon}$이 성립하면, 미래 예상현물환율 역시 $1.05이고 그렇게 되면 예상 절하율이 5%이다.

위 식에서 좌변인 선물환 할증은 쉽게 관찰할 수 있다. 왜냐하면 현물환율과 선물환율 모두 시장에서 데이터를 얻을 수 있기 때문이다. 문제는 우변이다. 예상은 일반적으로 관찰이 불가능하다. 그래도 검증을 해볼 수 있는데, 외환 트레이더들의 환율 예상을 조사한 자료를 이용하는 방법이다. 그런 데이터를 이용한 실증분석이 그림 10-11에 나와 있다. 이 결과를 보면 예상절하율과 선물환 할증이 강한 상관성을 보이고 있으며, 기울기가 1에 가까운 것으로 나타났다. 그러나 예상절하율이 이자율 차이(혹은 선물환 할증)와 정확히 동일하지는 않아서 그림에서 보듯이 많은 점들이 45도선에서 벗어나 있다. 차익거래가 작동하지 않는 것일까? 반드시 그런 것은 아니다. 이탈이 발생한 이유는 표본추출 오차나 잡음(개별 트레이더 간 의견 차이) 때문일 수 있다. 또한 실제 현실에서는 거래비용(시장마찰)이나 위험회피 등 때문에 유위험 차익거래에 제약이 있을 수 있다. 지금까지 이런 요인들은 무시해왔으나 나중에 자세히 다룬다. '평균적인' 기울기가 1에 가깝다는 점에서 UIP의 성립을 약간 뒷받침한다. ■

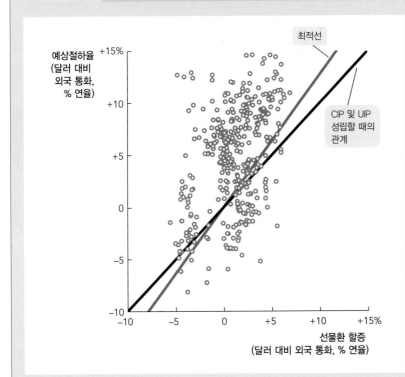

그림 10-11

이자율평가의 증거 UIP와 CIP가 성립하면 12개월 선물환 할증은 12개월 예상절하율과 동일해야 한다. 즉 그림에 있는 모든 점들이 45도 대각선에 매우 가깝다면 이자율평가가 성립한다. 1988년부터 1993년에 걸쳐 외환 트레이더들에 대한 개별 조사를 통해 분석한 결과 최적선이 대각선과 가까워 UIP의 성립을 약간 뒷받침하는 결과를 얻었다.

주 : 최적선은 원점을 통과하도록 그려졌다. 데이터는 독일 마르크, 스위스 프랑, 일본 엔, 영국 파운드, 캐나다 달러 등 5개국 통화의 미국 달러에 대한 월별 환율을 이용했다.

출처 : Menzie Chinn and Jeffrey A. Frankel, 2002, "Survey Data on Exchange Rate Expectations : More Currencies, More Horizons, More Tests." In W. Allen and D. Dickinson, eds., *Monetary Policy, Capital Flows and Financial Market Developments in the Era of Financial Globalisation: Essays in Honour of Max Fry* (London : Routledge), pp. 145-167.

유위험이자율평가 : 유용한 근사식

식 (10-2)의 유위험이자율평가 조건은 현물환율이 어떻게 결정되는지를 알려주는 이론이기 때문에 국제거시경제학에서 가장 중요한 조건 중 하나이다. 그러나 여러 가지 목적상 보다 간단하고 편리한 개념을 이용할 수 있다.

근사식은 다음과 같은 직관에 기초하고 있다. 투자자가 달러예금을 보유하면 달러이자를 얻는다. 반면 유로예금을 보유하면 유로이자뿐만 아니라 유로절상에 따른 이익(유로가 절하되면 손해)도 얻는다(유로절상률은 달러절하율과 크기가 거의 동일하다). 따라서 UIP가 성립해서 투자자들이 달러예금과 유로예금에 대해 무차별해지기 위해서는 유로예금 쪽에서의 이자율 부족분(초과분)이 유로절상 혹은 달러절하 형태의 예상이득(손실)에 의해 상쇄되어야 한다.

따라서 근사식을 다음과 같이 적을 수 있다.

$$\text{UIP 근사식}: \quad \underbrace{i_\$}_{\substack{\text{달러예금의}\\\text{이자율}=\\\text{달러예금의}\\\text{달러수익률}}} = \underbrace{\underbrace{i_\epsilon}_{\substack{\text{유로예금의}\\\text{이자율}}} + \underbrace{\frac{\Delta E^e_{\$/\epsilon}}{E_{\$/\epsilon}}}_{\text{예상달러절하율}}}_{\substack{\text{유로예금의}\\\text{예상달러수익률}}} \qquad (10\text{-}3)$$

식 (10-3)에는 3개의 항이 있다. 먼저 좌변은 달러예금에 대한 이자율이다. 그리고 우변 첫 번째 항은 유로예금에 대한 이자율이다. 또한 우변 두 번째 항은 $\Delta E^e_{\$/\epsilon}/E_{\$/\epsilon} = (E^e_{\$/\epsilon} - E_{\$/\epsilon})/E_{\$/\epsilon}$을 의미하며, 유로 가치의 예상변화율 혹은 유로의 예상절상률이다. 이는 정확히 말하면 유로의 절상률에 해당하지만, 앞에서 보았듯이 변화가 크지 않으면 근사적으로 달러의 절하율과 동일하다.[11]

UIP 근사식, 즉 식 (10-3)은 자국 이자율이 외국 이자율에다 자국 통화의 예상절하율을 더한 것과 동일하다는 것이다.

숫자 예를 생각해보자. 달러이자율이 연 4%이고 유로이자율이 연 3%이다. 만약 UIP가 성립하면 달러의 예상절하율은 연간 1%이어야 한다. 이 경우 유로예금에 1달러를 넣어놓을 경우 유로이자율로 인해 연간 3% 늘어나고, 달러 기준으로 추가적인 1%를 얻게 된다. 왜냐하면 달러의 절하는 유로의 절상을 의미하기 때문이다. 따라서 유로예금에 대한 총 달러수익은 근사적으로 4%이며, 이는 달러예금 수익률과 동일하다.[12]

---

11 식 (10-3)을 도출해보자. 앞의 식 (10-2)에서 $E^e_{\$/\epsilon}/E_{\$/\epsilon} = (1 + \Delta E^e_{\$/\epsilon}/E_{\$/\epsilon})$이기 때문에 식 (10-2)를 다음과 같이 쓸 수 있다.

$$1 + i_\$ = (1 + i_\epsilon)\left(1 + \frac{\Delta E^e_{\$/\epsilon}}{E_{\$/\epsilon}}\right) = 1 + i_\epsilon + \frac{\Delta E^e_{\$/\epsilon}}{E_{\$/\epsilon}} + \left[i_\epsilon \frac{\Delta E^e_{\$/\epsilon}}{E_{\$/\epsilon}}\right]$$

유로이자율과 예상유로절상률의 크기가 작으면 마지막 괄호 항은 아주 작아져 무시할 수 있다. 따라서 이를 없앤 다음, 맨 좌변과 맨 우변에서 1을 상쇄시키면 식 (10-3)을 얻는다.

12 유로예금에 $1을 투자하면 1년 후에 $(1.03) \times (1.01) = \$1.0403$이 된다. 이는 달러예금의 1년 후 가치인 $1.04와 아주 가깝다. 둘의 차이가 바로 근사식을 사용함으로써 발생하는 오차이다. 바로 앞 주석을 참조하라.

결국 유위험이자율평가 조건은 (10-2)의 정확한 형태든 (10-3)의 근사 형태든 이들이 말하는 것은 똑같다. 즉 동일 통화로 표현했을 때, 두 시장의 예상수익은 동일해야 한다는 것이다.

요약

모든 경제모형은 어떤 산출물[알려지지 않은 변수 혹은 설명되는 내생(endogenous) 변수]을 만들어내며, 이를 위해서는 일련의 투입물[알려진 변수 혹은 주어진 것으로 간주되는 외생(exogenous) 변수]이 필요하다. 두 가지 이자율평가 조건은 외환시장의 가장 중요한 두 가지 계약(즉 현물환 및 선물환계약)의 가격이 무차익거래 균형조건하에서 어떻게 결정되는지를 설명하는 모형이다. 유위험이자율평가는 현물환시장에 적용되어 현물환율을 결정하는 것으로 이자율과 예상환율을 투입물로 사용한다. 무위험이자율평가는 선물환시장에 적용되어 선물환율을 결정하는 것으로 이자율과 현물환율을 투입물로 사용한다. 그림 10-12는 우리가 배운 것을 도표로 요약한 것이다.

그림 10-12

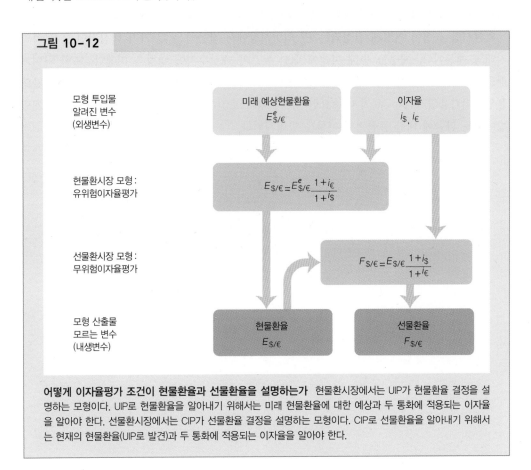

어떻게 이자율평가 조건이 현물환율과 선물환율을 설명하는가 현물환시장에서는 UIP가 현물환율 결정을 설명하는 모형이다. UIP로 현물환율을 알아내기 위해서는 미래 현물환율에 대한 예상과 두 통화에 적용되는 이자율을 알아야 한다. 선물환시장에서는 CIP가 선물환율 결정을 설명하는 모형이다. CIP로 선물환율을 알아내기 위해서는 현재의 현물환율(UIP로 발견)과 두 통화에 적용되는 이자율을 알아야 한다.

6 결론

외환시장은 오랜 역사를 지닌 시장으로서 때로는 격변의 시기를 거쳐 왔다. 오늘날 글로벌 세계에서 어느 때보다 환율이 중요성을 지닌다. 환율은 국제 간 거래의 가격에 영향을 미치며, 정부정책의 주요 이슈가 되기도 하고, 때로는 경제위기나 정치위기의 주요인이 되기도 한다.

이 장에서는 환율에 대한 기초를 제공했다. 환율이 무엇이고 어떻게 사용되는지 배웠다. 또한 다양한 환율제도하에서 환율이 실제로 어떻게 움직여 왔는지 살펴봤다. 역사적으로 아주 다양한 경험을 해왔으며, 이런 실험은 앞으로도 계속될 것이다.

따라서 다양한 환율제도, 그리고 그것의 원인과 귀결을 이해하는 것은 매우 중요하다. 이제 우리는 외환시장의 작동을 좀 더 자세히 살펴볼 준비가 갖춰졌다. 외환시장에 대한 정부의 개입(혹은 부재)이 고정에서 변동에 이르기까지 환율제도의 성격을 결정한다. 그런 외환시장에서 결국은 참가자들의 행동이 환율의 균형 값을 결정한다.

외환시장 균형이 어떻게 결정되는가? 외환시장에서 작동하는 두 가지 핵심적인 힘은 차익거래와 예상이다. 예상을 통해 미래에 대한 뉴스가 예상수익에 영향을 미친다. 또한 차익거래를 통해 다양한 예상수익들이 동일해진다. 그것을 요약해놓은 것이 무위험이자율평가와 유위험이자율평가라는 두 가지 중요한 이자율평가 조건이다. 이러한 기초 위에서 다음 2개의 장에서는 환율에 대한 종합적인 이론을 발전시킨다.

핵심 내용

1. 한 나라의 환율은 외국 통화 1단위의 가격을 자국 통화로 표현한 것이다. 이 가격은 현물환 외환시장에서 결정된다.

2. 자국 환율이 상승하면 자국 통화 1단위로 교환할 수 있는 외국 통화의 양이 줄어든다. 즉 자국 통화가 절하된다. 만약 자국 통화와 교환되는 외국 통화의 양이 $x\%$ 줄어들면 자국 통화가 $x\%$ 절하됐다고 말한다.

3. 자국 환율이 하락하면 자국 통화 1단위로 교환할 수 있는 외국 통화의 양이 늘어난다. 즉 자국 통화가 절상된다. 만약 자국 통화와 교환되는 외국 통화의 양이 $x\%$ 늘어나면 자국 통화가 $x\%$ 절상됐다고 말한다.

4. 서로 다른 나라의 재화나 자산의 가격을 비교하기 위해서는 환율을 이용하여 이들 가격을 동일한 통화로 환산해야만 올바른 가격 비교가 가능하다.

5. 환율은 안정적일 수도 있고 변동할 수도 있다. 역사적으로 보면 안정적인 사례(고정환율제)와 변동적인 사례(변동환율제) 모두 존재해왔으며, 그 사이에 다양한 중간 형태의 제도들도 존재한다.

6. 환율이 급격하게 대규모로 절하되는 것을 외환위기라 한다. 이런 사건은 보통 경제적 및 정치적 혼란을 동반하며, 특히 개도국에서 주로 발생한다.

7. 어떤 나라들은 고유의 국민통화가 없고 다른 나라들과 통화동맹을 맺거나(예 : 유로존), 다른 나라의 통화를 일방적으로 사용하기도 한다('달러통용화').

8. 오늘날 세계 각 나라들은 다양한 고정 및 변동 환율제도를 취하고 있기 때문에 두 환율제도 모두를 이해해야 한다.

9. 외환시장은 현물환 거래가 지배적이지만, 선물환, 스왑, 선물, 옵션 등 다양한 파생상품 계약도 존재한다.

10. 외환시장의 주요 참가자는 민간 투자자들이며, 대개 중앙은행으로 대표되는 정부당국도 (자주) 참가한다.

11. 서로 다른 시장이라도 통화 차익거래 때문에 환율은 근사적으로 서로 동일하다. 또한 (간접거래에 의해 계산된) 교차환율과 (직접거래에 적용되는) 환율 역시 근사적으로 동일하다.

12. 무위험이자율평가(CIP) 조건은 무위험이자율 차익거래에 의해 도출된다. CIP는 달러예금에 대한 달러수익이 유로예금에 대한 달러수익과 동일해야 한다는 것을 말한다. 여기에서 유로예금은 선물환 계약에 의해 환위험으로부터 커버(보호)된 경우이다.

13. 선물환율은 무위험이자율평가에 의해 자국 및 외국의 이자율과 현물환율에 의해 결정된다.

14. 유위험이자율평가(UIP) 조건은 유위험이자율 차익거래에 의해 도출된다. UIP는 선물환 대신 현물환율을 사용함으로써 환위험을 커버하지 않는 경우이다. 이때에는 달러예금에 대한 달러수익이 유로예금에 대한 예상달러수익과 동일해야 한다는 것이다.

15. 유위험이자율평가에 따르면 현물환율은 자국 및 외국의 이자율과 미래 예상현물환율에 의해 결정된다.

핵심 용어

개입(intervention)
거래비용(transaction costs)
고정(fixed) 혹은 페그(pegged) 환율제도

공식적 시장(official market)
관리변동(managed float)
교차환율(cross rate)

균형(equilibrium)
기업(corporations)
달러통용화(dollarization)

매개통화(vehicle currency)	스프레드(spread)	자유변동(free float)
무위험이자율평가	시장마찰(market frictions)	절상(appreciation)
(CIP : covered interest parity)	실효환율(effective exchange rate)	절하(depreciation)
무차익거래 조건(no-arbitrage condition)	암시장(black market)	차익거래(arbitrage)
밴드(band)	예상수익률(expected rate of return)	크롤(crawl)
변동(floating) 혹은 유연한(flexible) 환율제도	예상절하율(expected rate of depreciation)	통화(혹은 화폐)동맹
비은행 금융기관	예상환율(expected exchange rate)	(currency or monetary union)
(nonbank financial institutions)	옵션(option)	통화위원회(currency board)
상업은행(commercial banks)	외환시장(foreign exchange market)	파생상품(derivatives)
선물(futures)	위험(risk)	현물환 계약(spot contract)
선물환(forward)	유동성(liquidity)	현물환율(spot exchange rate)
선물환율(forward exchange rate)	유위험이자율평가	환율(exchange rate)
선물환 할증(forward premium)	(UIP : uncovered interest parity)	환율제도(exchange rate regimes)
수익률(rate of return)	은행 간 거래(interbank trading)	
스왑(swap)	자본통제(capital control)	

연습문제

1. 환율이 아래 표와 같이 주어져 있다.

국가(통화)	2010년 6월 25일		2009년 6월 25일	
	FX/$	FX/£	FX/€	FX/$
호주(달러)	1.152	1.721	1.417	1.225
캐나다(달러)	1.037	1.559	1.283	1.084
덴마크(크로네)	6.036	9.045	7.443	5.238
유로	0.811	1.215	1.000	0.703
홍콩(달러)	7.779	11.643	9.583	7.750
인도(루피)	46.36	69.476	57.179	48.16
일본(엔)	89.35	134.048	110.308	94.86
멕시코(페소)	12.697	18.993	15.631	13.22
스웨덴(크로나)	7.74	11.632	9.577	7.460
영국(파운드)	0.667	1.000	0.822	0.609
미국(달러)	1.000	1.496	1.232	1.000

출처 : U.S. Federal Reserve Board of Governors, H.10 release: Foreign Exchange Rates.

위 표에 근거하여 다음 질문에 답하라.

a. 2010년 6월 25일과 2009년 6월 25일, 미국 달러와 일본 엔의 환율($E_{\$/¥}$)과 미국 달러와 캐나다 달러의 환율($E_{\$/C\$}$)을 계산하라.

b. 2009년 6월 25일과 2010년 6월 25일 사이에 미국 달러의 가치가 일본 엔 및 캐나다 달러에 대해 어떻게 바뀌었는가? (a)에서 구한 환율을 사용하여 이들 각 통화에 대한 미국 달러 가치의 변화율을 계산하라.

c. 표의 2010년 6월 25일 정보를 이용하여 덴마크 크로네와 캐나다 달러의 환율($E_{krone/C\$}$)을 계산하라.

d. 미국 중앙은행인 연방준비제도의 운영위원회 웹사이트(http://www.federalreserve.gov/)를 방문하라. 거기 메뉴에서 'Economic Research & Data,' 'Data Download Program(DDP),' 'Foreign Exchange Rates(G.5/H.10)'을 차례대로 클릭하라. 거기에서 미국 달러에 대해 다양한 나라의 환율을 다운로드 받을 수 있다. 2010년 6월 25일 이후 미국 달러의 가치가 캐나다 달러, 일본 엔, 덴마크 크로네 등에 대해 어떻게 변했는가?

e. 미국 달러의 가치가 영국 파운드 및 유로에 대해서는 어떻게 변했는지 (d)의 정보를 이용하여 살펴보라. 주 : 본 사이트에서는 이들 환율에 대해서는 오랜 시장 관습상 외국 통화 단위당 미국 달러화

로 표시돼 있다.

2. 미국의 주요 교역 상대국(교역량 기준)은 캐나다, 멕
   시코, 중국, 일본 순이다. 미국이 이들 4개 나라와만
   교역을 한다고 하자. 4개국의 교역비중과 환율은 다
   음과 같다.

국가(통화)	교역비중	$/FX	
		2009년	2010년
캐나다(달러)	36%	0.9225	0.9643
멕시코(페소)	28%	0.0756	0.0788
중국(위안)	20%	0.1464	0.1473
일본(엔)	16%	0.0105	0.0112

   a. 표에 나와 있는 미국의 양자간 환율(외국 통화 단
      위당 미국 달러)의 2009~2010년 변화율을 계산하
      라.
   b. 교역비중을 가중치로 사용하여 미국의 2009~2010
      년 명목실효환율(외국통화 바스켓당 미국 달러)의
      변화율을 계산하라.
   c. (b)의 결과로 판단했을 때, 2009~2010년 미국 달
      러 가치가 외국통화 바스켓에 대해 어떻게 변했는
      가? 이 결과를 멕시코 페소에 대한 미국 달러 가치
      의 변화와 비교 · 설명하라.

3. 미국 중앙은행인 FRB 세인트루이스에서 운영하는
   Federal Reserve Economic Data(FRED)를 방문하라
   (https://fred.stlouisfed.org/). 거기에서 다음 환율(미
   국 달러 기준)을 찾아내어 그래프로 표시하라.

   a. 캐나다 달러, 1980~2012
   b. 중국 위안, 1999~2004, 2005~2009, 2009~2010
   c. 멕시코 페소, 1993~1995, 1995~2012
   d. 태국 바트, 1986~1997, 1997~2012
   e. 베네수엘라 볼리바르, 2003~2012

   그래프를 보고, 각 통화의 각 기간 중 환율제도가 미
   국 달러에 대해 고정(페그 혹은 밴드), 크롤링(페그
   혹은 밴드), 변동 중 어느 것이었는지 스스로 판단해
   보라.

4. 정부가 외환시장에 개입할 수 있는 다양한 방법들을
   설명하라. 정부는 사적 참가자와 달리 이런 식의 개
   입이 가능한 이유는 무엇인가?

5. 달러와 유로 간의 환율 $E_{\$/€}$이 다음과 같다. 뉴욕에서
   는 유로당 $1.50이고 동경에서는 유로당 $1.55이다.
   이와 같은 환율 차이를 이용하여 이익을 볼 수 있는
   차익거래 방법을 설명하라. 이 같은 차익거래가 뉴욕
   및 동경에서 유로의 달러 가격에 어떤 영향을 미치는
   지 설명하라.

6. 어떤 네덜란드 투자자가 1,000유로를 네덜란드나 영
   국의 은행예금에 투자하려고 한다. 은행예금의 (1년)
   이자율이 영국은 2%이고, 네덜란드는 4.04%이다. (1
   년 만기) 유로-파운드 선물환율은 파운드당 1.575유
   로이고, 현물환율은 파운드당 1.5유로이다. 필요한
   경우 UIP 및 CIP의 (근사식이 아니라) **정확한** 식을
   이용하여 다음 질문에 답하라.

   a. 이 투자자에게 네덜란드(유로)예금의 유로 표시
      수익은?
   b. 이 투자자에게 있어서 선물환 커버를 취한 영국예
      금의 유로 표시 수익은?
   c. 여기에 차익거래 기회가 존재하는가? 그 이유를
      설명하라. 선물환시장이 균형인가?
   d. 만약 현물환율이 파운드당 1.5유로이고, 이자율도
      위에서 주어진 대로라면 무위험이자율평가(CIP)
      에 의한 균형 선물환율은?
   e. (d)에서 계산한 선물환율 하에서, 이 투자자에게
      영국 파운드에 대한 선물환 할증(파운드당 유로
      환율 기준)이 얼마인지 계산하라. 선물환 할증이
      플러스인가 마이너스인가? 균형 하에서 투자자들
      은 왜 이런 할증(혹은 할인)을 요구하는가?
   f. 유위험이자율평가가 성립하는 경우, 유로의 (파운
      드에 대한) 예상절하율은 연간 얼마인가?
   g. 예상절하율이 (f)와 같이 주어질 때, 1년 후 파운드
      당 유로 환율이 얼마로 예상된다는 의미인가?

7. 당신은 미국 어떤 기업의 투자 자문가이다. 당신의 기업은 일본 수출의 대가로 180일 후에 4,000만 엔을 받기로 되어 있다. 현재 현물환율은 미국 달러당 100엔($E_{\$/¥} = 0.01000$)이다. 당신은 향후 6개월간 미국 달러가 엔에 대해 절상되는 것을 우려하고 있다.

   a. 현재 환율이 변하지 않는다면 당신의 기업이 받을 돈은 미국 달러로 얼마인가?
   b. 만약 미국 달러가 달러당 110엔($E_{\$/¥} = 0.00909$)으로 절상되면 당신의 기업이 받을 돈은 달러로 얼마인가?
   c. 미국 달러 절상으로 손실을 입을 위험을 옵션 계약을 이용하여 헤지하는 방법을 설명하라.

8. 거래비용이 외국통화 교환에 어떤 영향을 미치는지 생각해보자. 다음 외환거래를 스프레드(양국 간 환율에서 고객이 '사는' 가격과 '파는' 가격의 차이)의 크기에 따라 순위를 매기고, 그 이유를 설명해보라.

   a. 어떤 미국인이 터키 여행에서 돌아와 쓰고 남은 터키 리라를 미국 달러로 공항에서 환전하려 한다.
   b. 시티그룹과 HSBC는 각각 미국과 영국에 본부를 둔 대형 상업은행이다. 두 은행이 보유하고 있는 몇몇 규모가 큰 상대방 외화수표를 상계 처리하려고 한다.
   c. 혼다자동차는 미국 오하이오 현지공장의 근로자들에게 지급하기 위해 엔을 달러로 교환한다.
   d. 어떤 캐나다 여행자가 독일에서 호텔 방값을 신용카드로 지급한다.

네트워크

웹사이트 ft.com(혹은 xe.com 등 금융 웹사이트)를 방문해보자. 거기에서 앞의 표 10-1의 환율을 오늘자 기준으로 찾아보자. 그런 다음 (미국 달러를 제외한) 모든 통화에 대해 최근 1년 동안 미국 달러에 대한 절상률 혹은 절하율을 계산하라. 또한 미국 달러를 기준으로 최근 1년 동안 각 통화에 대한 절상률 혹은 절하율을 계산하라.

네트워크

웹사이트 ft.com(혹은 xe.com 등 금융 웹사이트)를 방문해보자. 거기에서 임의의 두 통화에 대해 최근의 환율 추이를 살펴볼 수 있다. 고정환율과 변동환율을 예시적으로 그려보자. 데이터를 통해 최근에 외환위기를 겪은 사례를 찾아보자. 환율 데이터를 이용하여 어떤 나라가 고정환율제이고, 어떤 나라가 변동환율제인지 구별해낼 수 있는가?

환율 I : 장기 화폐적 접근

우리가 외국 통화를 사는 데 어떤 가격을 기꺼이 지불하는 것은 이 외국 통화가 해당 국가에서 상품과 서비스에 대해 구매력을 보유하고 있다는 사실에 궁극적으로 그리고 근본적으로 기인한다.

구스타프 카셀, 스웨덴 경제학자, 1922

시간이 흐를수록 근본적인 것들이 중요해진다.

허만 허프펠드, 작사 작곡가, 1931(1942년 영화 '카사블랑카' 삽입)

1. 장기 환율과 물가 : 구매력평가와 재화 시장 균형

2. 통화, 물가, 환율의 장기 관계 : 화폐시장 균형 단순모형

3. 화폐적 접근 : 의미와 실증분석

4. 장기에서 통화, 이자율, 물가 : 일반모형

5. 통화제도와 환율제도

6. 결론

어느 나라나 생활비가 올라가는 것이 보통이지만, 어떤 곳은 다른 곳보다 더 많이 올라간다. 가령 1970년에서 1990년까지 캐나다의 표준 소비재 바스켓 가격은 상당히 많이 상승했다. 1970년에 캐나다인은 이 바스켓을 구입하는 데 C\$100(즉 100캐나다 달러)을 지불했지만, 1990년에는 동일 바스켓의 가격이 C\$392였다. 즉 캐나다의 물가가 292% 상승했다. 같은 기간 미국에서는 1970년에 \$100이었던 바스켓 가격이 1990년에는 \$336으로 상승했다. 따라서 미국의 물가는 236% 상승했다. 두 나라 모두 심각한 인플레이션을 경험했지만 캐나다 물가가 더 많이 올랐다.

이런 물가 변동으로 인해 미국 재화가 상대적으로 더 싸졌을까? 그래서 캐나다인들로 하여금 미국 재화를 더 많이 구입하도록 만들었을까? 혹은 미국인들은 캐나다 재화를 덜 구입하도록 만들었을까?

위 질문에 대한 답은 아니요이다. 1970년에 C\$1은 거의 정확히 \$1(즉 1미국 달러)이었다. 따라서 1970년에는 두 바스켓의 가격은 동일 통화로 환산했을 때 약 C\$100 = \$100으로 똑같았다. 그러나 1990년에는 캐나다 달러가 1970년에 비해 절하되어 \$1.00을 사는 데 C\$1.16이 필요하게 되었다. 따라서 1990년 \$336의 미국 바스켓은 캐나다 통화로 환산하면 사실상 \$336×1.16 = C\$390으로서 캐나다 바스켓 가격인 C\$392와 거의 동일하다!(반대로 미국 통화로 환산하면 캐나다 바스켓의 가격은 약 392/1.16 = \$338로서 미국 바스켓 가격인 \$336과

거의 동일하다.)

이 예에서 캐나다 물가가 미국 물가에 비해 약 16% 더 상승했지만 달러로 살 수 있는 루니(캐나다 통화) 역시 약 16% 늘어났다. 미국 입장에서 보면, 미국 달러로 환산한 양국 바스켓 가격이 거의 동일하게 상승했다. 캐나다 입장에서도 모든 가격을 루니로 환산하면 동일한 결과를 얻는다. 이를 (이 장의 도입부에서 인용한 구스타프 카셀 같은) 경제학자들 용어로 표현하면, 각 통화의 상대적인 구매력(purchasing power)에는 변화가 없다.

가격과 환율이 이런 식으로 변한 것은 우연일까? 16세기까지 거슬러 올라가는 가장 오래되고 가장 근본적인 거시경제학 가설 중 하나는 이 결과가 결코 우연이 아니라고 주장한다. 또한 장기적으로는 서로 다른 나라의 재화바스켓에 대한 각 통화의 구매력이 항상 비슷하게끔 가격과 환율이 조정된다고 주장한다(우리 예에서는 1970년에 $100과 C$100이 서로 비슷한 양의 재화를 구매할 수 있었고, 이는 1990년에도 마찬가지이다). 이번 장에서 우리가 탐구할 이와 같은 가설은 환율결정 이론에 또 다른 핵심 재료들을 제공한다. 앞 장에서 다룬 유위험 이자율평가는 3개 변수, 즉 예상미래환율, 자국 이자율, 외국 이자율이 주어졌을 때 현물환율이 어떻게 결정되는지에 대한 하나의 이론을 제시했다. 이번 장에서 우리는 장기적으로 바라보게 되며, 어떻게 예상미래환율이 결정되는지 살펴본다. 그리고 다음 장에서는 시각을 단기로 바꾸어 각국의 이자율이 어떻게 결정되는지 논의한다. 이런 모든 것들을 하나로 묶음으로써 환율이 단기와 장기에 어떻게 결정되는지 종합적 이론을 갖추게 될 것이다.

투자자가 미래 환율을 예상하기 위해서는 환율이 장기적으로 어떻게 결정되는지 제대로 된 이론이 필요하다. 이번 장에서 우리가 다룰 이론은 두 부분으로 되어 있다. 첫 번째 부분은 구매력에 관한 이론으로서 환율과 각 나라 물가수준 간의 장기적 관계를 다룬다. 이 이론은 장기 환율결정 요인에 대해 부분적인 설명을 제공하지만 또 다른 질문을 낳는다. 즉 그렇다면 물가수준은 어떻게 결정되는가? 이 장의 두 번째 부분에서 우리는 각국의 물가수준이 단순화폐모형 조건과 어떤 연관을 맺고 있는지를 살펴본다. 물가수준 결정에 대한 화폐적 이론을 환율결정에 대한 구매력 이론과 결합시킴으로써 **환율에 대한 화폐적 접근**(monetary approach to exchange rates)이라는 장기 이론에 도달하게 된다. 이번 장의 목표는 통화, 물가, 환율 간의 장기적 관계를 정립하는 것이다.

1 장기 환율과 물가 : 구매력평가와 재화시장 균형

국제적인 금융자산 시장에서 차익거래가 발생하는 것처럼 국제 재화시장에서도 차익거래가 발생한다. 재화시장에서 완벽한 차익거래가 가능하면 어떤 두 나라의 재화 가격이 동일 통화로 환산했을 때 서로 같아져야 한다. 이런 아이디어를 단일 재화에 적용한 것이 일물일가의 법칙(low of one price)이고, 재화바스켓 전체에 적용한 것이 구매력평가(purchasing power parity) 이론이다.

왜 이런 '법칙'이 성립할까? 만약 어떤 재화의 가격이 두 장소에서 같지 않다면 구매자들은 싼 곳으로 몰려들 것이고(그곳의 가격을 높이게 됨), 비싼 곳에서 사는 것을 피하게 될 것이다(그곳의 가격을 낮추게 됨). 두 장소 간에 재화 수송비 같은 요소들이 이와 같은 차익거래를 방해할 수 있으나 좀 더 세련된 모형은 이런 마찰(frictions)까지 고려한다. 여기에서 우리의 목표는 단순하면서도 유용한 이론을 개발하는 것이기 때문에 거래비용이 무시할 정도로 작은 마찰 없는 교역의 이상적인 세계를 가정하기로 한다. 우선 단일 재화와 일물일가 법칙을 다루는 미시경제적 분석에서 출발한다. 그런 다음 재화바스켓과 구매력평가를 다루는 거시경제적 분석으로 나아간다.

일물일가의 법칙

일물일가의 법칙(LOOP : law of one price)은 교역마찰(수송비, 관세 등)이 존재하지 않고 자유경쟁 및 가격탄력성 조건, 즉 모든 개별적인 판매자와 구매자는 가격을 조작할 만한 힘이 없으며, 가격이 자유롭게 조정되는 상황이 충족되는 경우, 서로 다른 장소에서 팔리는 동일 재화는 동일 통화로 환산했을 때, 동일 가격에 팔려야 한다는 것이다.

일물일가의 법칙이 어떻게 작동하는지 알아보기 위해 미국과 네덜란드의 다이아몬드 교역을 생각해보자. 특정 품질의 다이아몬드가 암스테르담에서 가격이 €5,000이고, 환율은 유로당 $1.20이다. 만약 일물일가의 법칙이 성립하면 동일 품질의 다이아몬드가 뉴욕에서는 (€5,000)×(1.20$/€) = $6,000에 팔려야 한다.

왜 가격이 동일해야 할까? 경쟁 조건과 마찰 없는 교역 하에서는 차익거래가 이런 결과를 보장한다. 만약 다이아몬드가 뉴욕에서 더 비싸다면 차익거래를 노리는 사람들은 네덜란드에서 다이아몬드를 싸게 사서 맨해튼에서 비싸게 팔아 이익을 남길 수 있다. 반대로 네덜란드에서 더 비싸다면 반대의 거래를 통해 이익을 얻는다. *정의상 시장균형에서는 어떠한 차익거래 기회도 존재하지 않는다.* 만약 다이아몬드가 뉴욕과 암스테르담을 자유롭게 이동할 수 있다면 두 시장은 반드시 동일한 가격을 제공해야 한다. 두 장소의 이러한 상황을 경제학자들은 **통합된 시장**(integrated market)이라 부른다.

일물일가의 법칙을 수식으로 표현하면 다음과 같다. 어떤 두 장소, 가령 유럽(유로존이라는 의미에서 EUR로 표기)과 미국(US로 표기)에서 팔리는 재화 g의 경우를 생각해보자. 상대가격($q^g_{US/EUR}$로 표기)은 동일 통화로 측정한 미국 재화가격 대비 유럽 재화가격의 비율로 정의된다.

상대가격은 다음과 같이 쓸 수 있다.

$$q^g_{US/EUR} = (E_{\$/€}P^g_{EUR}) / P^g_{US}$$

재화 g의 유럽 대 미국 상대가격 = 재화 g의 유럽 가격(달러표시) / 재화 g의 미국 가격(달러표시)

여기에서 P^g_{US}는 해당 재화의 미국 내 가격이고, P^g_{EUR}은 유럽 내 가격이며, $E_{\$/€}$은 유로가격을 달러가격으로 환산해주는 달러–유로 환율이다.

$q^g_{US/EUR}$은 재화가 어떤 비율로 교환되는지를 나타낸다. 즉 한 단위의 유럽 재화를 구입하기

위해 몇 단위의 미국 재화가 필요한지를 나타낸다(그런 의미에서 아랫첨자를 US/EUR로 표기함). 이것은 통화가 어떤 비율($/€)로 교환되는지를 나타내는 명목환율 $E_{\$/€}$과 비슷하다.

일물일가의 법칙은 성립할 수도 있고, 그렇지 않을 수도 있다. 10장에서 보았듯이 이런 차익거래 상황에서는 세 가지 가능성이 있다. 즉 이 비율이 1을 초과하여 재화 가격이 유럽에서 더 비싼 경우, 비율이 1보다 작아 재화가 유럽에서 더 싼 경우, 마지막으로 $E_{\$/€}P^g_{EUR} = P^g_{US}$, 즉 비율이 $q^g_{US/EUR} = 1$로서 두 곳의 재화가격이 동일한 경우이다. 마지막 경우에만 차익거래가 발생하지 않으며, 시장균형 조건이 충족된다. 균형에서 유럽과 미국의 가격은 동일 통화로 환산했을 때 동일하다. 즉 균형에서는 상대가격 q가 1이며, 일물일가의 법칙이 성립한다.

일물일가의 법칙은 환율에 대한 이해를 넓혀준다. 동일 가격을 나타내는 $E_{\$/€}P^g_{EUR} = P^g_{US}$ 식을 재배열하면 아래 식에서 보듯이 환율이 두 통화로 표시된 재화가격들의 비율과 일치해야 함을 의미한다.

$$\underbrace{E_{\$/€}}_{\text{환율}} = \underbrace{(P^g_{US}/P^g_{EUR})}_{\substack{\text{재화가격의}\\\text{비율}}}$$

주의사항 한 가지 : 앞 장에서도 환율 표기와 관련하여 지적했듯이 비율을 나타내는 표현을 다룰 때는 식 양변의 단위가 일치하는지 유의해야 한다. 위 식을 보면 그것이 올바르게 되어 있다. 즉 좌변은 유로당 달러로 표현되어 있고 우변 역시 유로에 대한 달러의 비율(재화 1단위의 달러 가격을 재화 1단위의 유로 가격으로 나눈 것)이다.

구매력평가

일물일가의 법칙(LOOP)이 미시경제적 분석이라면, **구매력평가**(PPP : purchasing power parity) 이론은 그것의 거시경제적 대응물이다. 일물일가의 법칙이 환율을 어떤 개별 재화의 상대가격과 연결시키는 것이라면, 구매력평가는 환율을 어떤 재화바스켓의 상대가격과 연결시킨다. 우리는 국제거시경제학을 배우고 있기 때문에 구매력평가가 보다 적절한 개념이다.

두 나라를 생각하자. 각국의 물가수준(P로 표기)은 어떤 주어진 바스켓에 들어 있는 모든 재화 가격의 가중평균으로 정의된다. 이때 두 곳의 재화 및 가중치가 서로 동일해야 한다. 미국 바스켓 가격을 P_{US}라 하고, 유럽 바스켓 가격을 P_{EUR}이라 하자. 만약 바스켓 안에 들어 있는 각각의 재화 모두에 대해 일물일가의 법칙이 성립하면, 바스켓 전체의 가격에 대해서도 동일한 원리가 성립할 것이다.[1]

PPP를 수식으로 표현하기 위해 두 나라 재화바스켓의 상대가격 $q_{US/EUR}$을 다음과 같이 나타낼 수 있다.

---

1 예를 들어, 만약 모든 재화 g에 대해 일물일가의 법칙이 성립하여 $P^g_{US} = (E_{\$/€}) \times (P^g_{EUR})$이면, N개의 재화에 대한 산술(arithmetic) 가중평균은 어떤 가중치 ω^g에 대해서도 $\sum^N_{g=1}\omega^g P^g_{US} = (E_{\$/€}) \times \sum^N_{g=1}\omega^g P^g_{EUR}$이 성립하기 때문에 결과적으로 PPP가 성립한다. 이는 기하(geometric) 평균에 대해서도 마찬가지이다. 일반화시켜 말하면, 이는 어떤 물가지수 정의에 대해서도 성립하는데, 물가지수가 각 재화가격에 대해 일차동차(homogeneous of degree 1)라는 성질만 만족하면 된다.

$$q_{US/EUR} = (E_{\$/€}P_{EUR}) / P_{US}$$

$$\underbrace{q_{US/EUR}}_{\substack{\text{재화바스켓의} \\ \text{유럽 대 미국} \\ \text{상대가격}}} \quad \underbrace{(E_{\$/€}P_{EUR})}_{\substack{\text{재화바스켓의} \\ \text{유럽 가격} \\ \text{(달러표시)}}} \quad \underbrace{P_{US}}_{\substack{\text{재화바스켓의} \\ \text{미국 가격} \\ \text{(달러표시)}}}$$

일물일가의 법칙에 세 가지 가능성이 있었던 것처럼 PPP에도 세 가지 가능성이 있다. 바스켓이 미국에서 더 싼 경우, 유럽에서 더 싼 경우, 마지막으로 $E_{\$/€}P_{EUR} = P_{US}$, 즉 $q_{US/EUR} = 1$로서 두 곳의 바스켓 가격이 동일한 경우이다. 마지막 경우에만 차익거래가 발생하지 않는다. 동일 통화로 환산했을 때 두 나라의 물가가 동일하면 PPP가 성립한다. 이처럼 물가수준이 동일한 것을 **절대적 구매력평가**(absolute PPP)라 한다.

예를 들어 유럽 바스켓 가격이 €100이고 환율이 유로당 $1.20이라 하자. PPP가 성립하기 위해서는 미국 바스켓 가격은 1.20×100 = $120이어야 할 것이다.

실질환율

개별 재화의 상대가격(q^g)이 미시경제적 분석이라면, 두 나라 바스켓의 상대가격(q로 표기)은 그것의 거시경제적 대응물이다. 바스켓의 상대가격은 국제거시경제학에서 가장 중요한 변수 중 하나로 특별한 이름을 갖고 있다. 즉 **실질환율**(real exchange rate)이라 불린다. 실질환율 $q_{US/EUR} = E_{\$/€}P_{EUR}/P_{US}$은 유럽 바스켓 하나를 구입하기 위해 미국 바스켓 몇 개가 필요한지를 말한다.

명목환율과 마찬가지로 실질환율에서도 분자와 분모가 각각 무엇인지 조심해서 다뤄야 한다. 지금까지 설명에서 우리가 사용한 정의에 따라 $q_{US/EUR} = E_{\$/€}P_{EUR}/P_{US}$을 자국 혹은 미국의 실질환율이라 칭한다. 이것은 미국 바스켓으로 측정한 유럽 바스켓의 가격이다(혹은 만약 우리가 두 나라를 자국-외국으로 설정했다면 자국 바스켓으로 측정한 외국 바스켓의 가격이다).

혼동을 막기 위해서는 실질환율이 (지금까지 우리가 배웠던) 명목환율과 어떻게 다른지 제대로 이해하는 것이 중요하다. 통화의 교환비율은 **명목** 개념이다. 이것은 1유로가 몇 달러와 교환될 수 있는지를 말한다. 실질환율은 **실질** 개념이다. 이것은 유럽의 재화바스켓 하나가 몇 개의 미국 바스켓과 교환될 수 있는지를 말한다.

실질환율에 대해서도 명목환율과 유사한 용어를 사용한다.

- 실질환율이 상승하면(외국 재화를 사는 데 더 많은 자국 재화가 필요하게 됨), 자국이 **실질절하**(real depreciation)를 경험했다고 말한다.
- 실질환율이 하락하면(외국 재화를 사는 데 더 적은 자국 재화가 필요하게 됨), 자국이 **실질절상**(real appreciation)을 경험했다고 말한다.

절대적 PPP와 실질환율

절대적 PPP를 실질환율 개념을 사용하여 표현하면 이렇다. 구매력평가는 실질환율이 1이라는 것을 의미한다. 절대적 PPP 하에서 모든 바스켓 가격은 동일 통화로 환산했을 때 동일하며, 따라서 그것들의 상대가격은 1이다.

절대적 PPP를 의미하는 '실질환율 = 1'을 하나의 기준 혹은 준거로 사용한다. 이를 이용하여 다음과 같이 말할 수 있다.

- 만약 실질환율 $q_{US/EUR}$이 1보다 x% 낮으면, 외국 재화가 상대적으로 더 싸다. 즉 자국 재화보다 x% 싸다. 이 경우 자국 통화(달러)가 강세이고, 외국 통화(유로)는 약세라고 말하며, 유로가 x% **저평가**(undervalued)됐다고 말한다.

- 만약 실질환율 $q_{US/EUR}$이 1보다 x% 높으면, 외국 재화가 상대적으로 더 비싸다. 즉 자국 재화보다 x% 비싸다. 이 경우 자국 통화(달러)가 약세이고, 외국 통화(유로)는 강세라고 말하며, 유로가 x% **고평가**(overvalued)됐다고 말한다.

예를 들어 유럽 바스켓이 달러 기준으로 $E_{\$/€}P_{EUR} = \$550$이고 미국 바스켓은 $P_{US} = \$500$이라면, $q_{US/EUR} = E_{\$/€}P_{EUR}/P_{US} = \$550/\$500 = 1.10$이다. 이 경우 유로가 강세로서 달러에 대해 10% 고평가됐다.

절대적 PPP, 물가, 명목환율

마지막으로 일물일가의 법칙에서와 마찬가지로 무차익거래(no-arbitrage)를 의미하는 물가수준 등식 $E_{\$/€}P_{EUR} = P_{US}$을 다시 정리하여 아래와 같이 환율에 대해 풀어보자. 그 경우 절대적 PPP가 의미하는 환율을 얻을 수 있다.

$$\text{절대적 PPP}: \underbrace{E_{\$/€}}_{\text{환율}} = \underbrace{P_{US}/P_{EUR}}_{\text{물가수준 비율}} \tag{11-1}$$

이것은 국제금융론에서 가장 중요한 식 중 하나로서 PPP(혹은 절대적 PPP)가 환율을 어떻게 예측하는지 보여준다. 즉 **구매력평가에 따르면 두 통화가 교환되는 환율은 두 나라의 상대적 물가수준과 동일하다.**

예를 들어 미국에서 재화바스켓이 $\$460$이고, 동일한 바스켓이 유럽에서 €400이면, PPP 이론이 예측하는 환율은 $\$460/€400 = 1.15\$/€$이다.

따라서 만약 두 나라의 물가수준을 안다면 PPP를 이용하여 그것이 의미하는 환율을 알아낼 수 있다. 물론 이것은 앞서 열거한 가정들, 즉 마찰 없는 교역, 신축적인 가격, 자유경쟁, 동일 재화 등의 가정하에서 성립한다. 두 나라 물가수준과 환율 간의 PPP 관계는 환율결정 이론의 핵심 요소로서 그림 11-1에 설명이 나와 있다. 더욱이 이 이론은 어떤 특정 시점에만 적용되는 것이 아니다. 따라서 만약 우리가 미래 물가수준을 예측할 수 있다면 그것들을 이용해서 미래 환율 예측치를 구할 수 있다. 그것이 이 장의 주요 목적이기도 하다.

상대적 PPP, 인플레이션, 환율 절하

절대적 PPP는 물가수준과 관련된 것이지만 대개 거시경제학에서는 물가수준 자체보다는 그것의 변화에 관심이 더 많다. 물가수준의 상승률을 인플레이션율(rate of inflation) 혹은 간단히

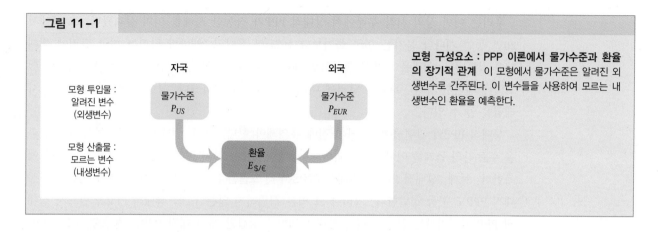

그림 11-1

모형 구성요소 : PPP 이론에서 물가수준과 환율의 장기적 관계 이 모형에서 물가수준은 알려진 외생변수로 간주된다. 이 변수들을 사용하여 모르는 내생변수인 환율을 예측한다.

인플레이션(inflation)이라 한다. 예를 들어 물가수준이 오늘 100이고 1년 후에 103.5라면 인플레이션율은 3.5%(연간)이다. 인플레이션은 거시경제학에서 아주 중요한 변수이기 때문에 인플레이션과 PPP의 관계에 대해 살펴보기로 한다.

시간의 변화를 고려하기 위해 시간을 나타내는 아랫첨자 t를 도입한다. 식 (11-1)의 양변을 t에서 $t+1$까지의 변화율로 변환시켜보자. 이 경우 좌변은 자국 환율의 변화율로서 자국의 환율 절하율을 의미한다.[2]

$$\frac{\Delta E_{\$/€,t}}{E_{\$/€,t}} = \underbrace{\frac{E_{\$/€,t+1}-E_{\$/€,t}}{E_{\$/€,t}}}_{\text{명목환율 절하율}}$$

식 (11-1)의 우변에서 두 물가수준 비율의 변화율은 분자의 변화율에서 분모의 변화율을 뺀 것과 같다.[3]

$$\frac{\Delta(P_{US}/P_{EUR})}{(P_{US}/P_{EUR})} = \frac{\Delta P_{US,t}}{P_{US,t}} - \frac{\Delta P_{EUR,t}}{P_{EUR,t}} = \underbrace{\left(\frac{P_{US,t+1}-P_{US,t}}{P_{US,t}}\right)}_{\substack{\text{미국 인플레이션율}\\ \pi_{US,t}}} - \underbrace{\left(\frac{P_{EUR,t+1}-P_{EUR,t}}{P_{EUR,t}}\right)}_{\substack{\text{유럽 인플레이션율}\\ \pi_{EUR,t}}} = \pi_{US}-\pi_{EUR}$$

여기에서 괄호 안은 각국의 인플레이션율로서 각각 π_{US} 및 π_{EUR}로 표기한다.

만약 식 (11-1)이 환율 및 물가수준(level)에 대해 성립하면, 그것은 이들 변수의 변화율(rate of change)에 대해서도 성립해야 한다. 결국 변화율에 있어서는 다음 관계를 얻는다.

$$\text{상대적 PPP :} \quad \underbrace{\frac{\Delta E_{\$/€,t}}{E_{\$/€,t}}}_{\text{명목환율 절하율}} = \underbrace{\pi_{US,t}-\pi_{EUR,t}}_{\text{인플레이션 차이}} \tag{11-2}$$

PPP를 이런 식으로 표현한 것을 **상대적 PPP**(relative PPP)라 부른다. 이것의 의미는 명목환율의 절하율은 양국 인플레이션율 간의 차이(인플레이션 차이)와 동일하다는 것이다.

---

2 앞 장에서 보았듯이 자국의 절하율과 외국의 절상률은 근사적으로 동일하다.

3 이 관계는 변화가 아주 작을 때는 정확하고, 그렇지 않을 때는 근사적으로 성립한다.

우리는 이번 장의 시작 부분에서 상대적 PPP가 작동한 사례를 이미 살펴봤다. 그 예에서 20년 동안 캐나다 물가는 미국 물가보다 16% 더 올랐고, 캐나다 달러는 미국 달러에 대해 16% 절하됐다. 이것을 연율로 환산하면 캐나다 물가는 미국 물가보다 연간 0.75% 더 상승했고(인플레이션 차이), 루니는 달러에 대해 연간 0.75% 절하됐다. 상대적 PPP가 성립하는 사례임을 알 수 있다.[4]

상대적 PPP와 관련하여 두 가지 점에 유의해야 한다. 첫째, 절대적 PPP가 물가 수준과 환율 수준 간의 관계를 이야기한 것과 달리 상대적 PPP는 물가 변화와 환율 변화 간의 관계를 예측한다. 둘째, 상대적 PPP는 절대적 PPP로부터 도출된다. 따라서 절대적 PPP가 성립하면 상대적 PPP도 항상 성립한다. 그러나 그 역은 성립하지 않는다. 즉 상대적 PPP가 반드시 절대적 PPP를 의미하는 것은 아니다(상대적 PPP가 성립할 때 절대적 PPP는 성립할 수도 있고, 그렇지 않을 수도 있다). 예를 들어, 모든 재화의 가격이 A국에서 B국보다 일괄적으로 20% 비싸다고 해보자. 이 경우 절대적 PPP는 성립하지 않는다. 그러나 이런 경우에도 A국과 B국의 인플레이션 차이(가령 5%)가 절하율(5%)과 항상 동일할 수는 있으며, 따라서 상대적 PPP가 성립할 수 있다.

요약

구매력평가 이론은 절대적 PPP이건 상대적 PPP이건 서로 다른 나라의 물가수준과 환율 사이에 절대적 수준 혹은 변화율에 있어서 밀접한 관련이 있다고 주장한다. 이 이론이 얼마나 유용한지 알아보기 위해 실증분석 결과를 살펴보자. 그런 다음 PPP의 작동을 다시 살펴보고, 기본 가정들을 재평가한다.

적용사례

장기와 단기에 있어서 PPP 실증분석

PPP가 실증적으로 뒷받침되는가? 데이터들은 상대적 PPP를 어느 정도 뒷받침하며, 특히 장기에 있어서 증거가 가장 뚜렷하다. 비교적 완만한 인플레이션도 그것이 누적되면 물가수준의 변화가 커지기 때문에 상당한 인플레이션 차이가 발생할 수 있다.

그림 11-2의 산점도는 세계 여러 나라들에 대해 1975년부터 2005년까지 30년 동안 미국 대비 연평균 환율 절하율과 인플레이션 차이를 보여준다. 만약 상대적 PPP가 사실이라면 각 나라 통화의 절하율은 인플레이션 차이와 정확히 동일할 것이기 때문에 데이터들은 45도선 위에 놓여있을 것이다. 그림을 보면 그것이 정확히 성립하지는 않지만 상관관계가 아주 강하다는 것을 알 수 있다. 결국 수년 혹은 수십 년의 장기에 있어서는 상대적 PPP가 물가와 환율의 관계에 대해 근사적으로 유용한 가이드라 할 수 있다.

그러나 단지 몇 년 정도의 단기를 놓고 보면 구매력평가 이론은 사실상 거의 불필요한 이

4　변화율은 근사치이다. 즉 $1.0075^{20} \approx 1.16$

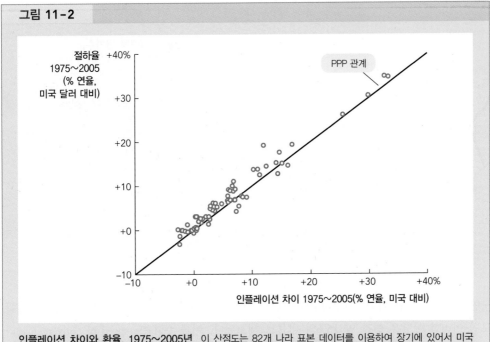

그림 11-2

인플레이션 차이와 환율, 1975~2005년 이 산점도는 82개 나라 표본 데이터를 이용하여 장기에 있어서 미국 달러에 대한 환율 절하율(세로축)과 미국과의 인플레이션 차이(가로축)의 관계를 보여준다. 두 변수 간 상관관계가 강하며, 모든 데이터 점들이 45도선 주변에 몰려있다. 45도선은 상대적 PPP의 성립을 의미하는 선이다.

출처 : IMF, International Financial Statistics

론이라 할 수 있다. 어떤 두 나라든 물가수준 비율과 환율, 이들 두 시계열 데이터를 구해 가령 각 연도별로 이들 변수의 움직임을 살펴보면 구매력평가 이론이 맞지 않다는 것을 쉽게 알 수 있을 것이다. 만약 절대적 PPP가 항상 성립한다면 환율은 항상 물가수준 비율과 동일해야 한다. 그림 11-3은 미국과 영국에 대해 1975년부터 2010년까지 35년간의 데이터를 보여준다. 이 그림에서 보듯이 장기적으로는 물가수준 비율과 환율이 서로 수준이 비슷하고 추세도 비슷하게 흘러간다. 그러나 단기적으로는 두 시리즈가 일관되게 상당히 큰 차이를 보이고 있다. 어느 해를 보더라도 차이가 10%나 20%, 혹은 그 이상이다. 이처럼 각 연도별로 수준 및 변화의 차이를 보면 절대적 및 상대적 PPP가 단기적으로는 성립하지 않는다는 것을 알 수 있다. 예를 들어 1980년부터 1985년까지 파운드가 45%나 절하됐지만(파운드당 $2.32에서 $1.28로), 이 기간 동안 인플레이션 차이는 총 9%에 불과하다. ■

PPP 수렴 속도

만약 PPP가 단기적으로도 성립하는 강력한 원리라면 차익거래를 통한 가격조정이 완전히 그리고 즉각적으로 발생할 것이다. 그리하여 바스켓 안의 모든 재화에 대해 가격 차이가 빠른 속도로 사라지게 된다. 그러나 현실적으로는 그렇지 않다. 현실의 증거들을 보면 PPP는 장기적으로 더 잘 작동한다. 그렇다면 여기서 장기라는 것이 어느 정도의 시간을 의미하는가?

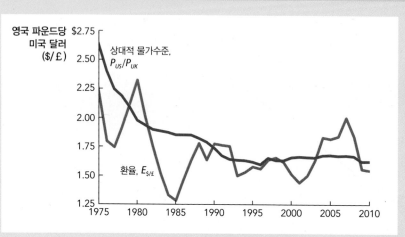

그림 11-3

영국 파운드당 미국 달러 ($/£)

상대적 물가수준, P_{US}/P_{UK}

환율, $E_{\$/£}$

환율과 상대적 물가수준 1975년부터 2010년까지 미국과 영국의 데이터를 보면 단기적으로는 환율과 상대적 물가수준이 항상 함께 움직이지는 않는다는 것을 알 수 있다. 상대적 물가수준은 완만하게 변하는 경향이 있으며, 움직임의 폭도 작다. 반면 환율은 훨씬 급변하고 변동폭도 크다. 따라서 단기적으로는 상대적 PPP가 성립하지 않는다. 그러나 장기적으로는 유용한 가이드로서, 두 시리즈가 수십 년에 걸쳐 함께 흘러가는 경향이 있음을 알 수 있다.

출처 : Penn World Table, version 7.1

연구들에 따르면 가격 차이(PPP로부터의 이탈)가 상당 기간 지속될 수 있다. 추정결과를 보면 이러한 이탈은 연간 약 15%의 비율로 해소된다. 이를 수렴속도(speed of convergence)라 부른다. 수렴속도가 15%일 경우, 1년이 지나면 최초 가격차이의 85%(0.85)가 남는다. 또한 2년 후에는 복리가 적용되어 72%(0.72 = 0.85²)가 남고, 4년 후에는 52%(0.52 = 0.85⁴)가 남게 된다. 따라서 근사적으로 4년이 지나면 PPP 이탈의 절반이 남게 되며, 이런 의미에서 이를 4년 반감기(half-life)라 칭할 수 있다.

이 추정결과는 실질환율을 대략적으로 예측하는 데 유용한 가이드가 될 수 있다. 예를 들어 자국 바스켓 가격이 $100이고 외국 바스켓은 자국 통화로 $90이라 하자. 이 경우 자국의 실질환율은 0.900이다. 자국 통화가 고평가된 상태로서 외국 재화가 자국 재화보다 더 싸다. 이때 실질환율이 PPP(그것의 성립을 의미하는 1)에서 이탈한 정도는 -10%(혹은 -0.1)이다. 여기에서 앞의 수렴속도 '15%'를 대략적 가이드로 삼으면, 이 예의 경우 1년 후에는 이탈의 15%, 즉 0.015가 사라진다. 즉 남아있는 이탈은 -0.085가 된다. 이는 곧 자국의 실질환율이 0.915로 예측된다는 것으로 1년이 지남에 따라 실질환율이 절하되어 1에 조금 더 가까워졌다는 것을 의미한다. 마찬가지로 4년 후에는 다른 조건들이 동일할 때 이탈의 52%가 남게 될 것이다. 그렇게 되면 실질환율은 0.948이 되고 PPP에서 이탈은 -5.2%이다.(**보조 자료 : 실질 환율 예측**을 참조하라.)

PPP 성립을 막는 요인

연구 결과에서 보듯이 어떤 가격차이가 절반으로 줄어드는 데 4년이나 걸린다면 사실상 단기적으로는 PPP가 성립하지 않는다고 말할 수 있다. 왜 차익거래가 가격차를 없애는 데 그렇게 오래 걸릴까? PPP가 단기적으로 성립하지 않는 이유에 대해 경제학자들은 다양한 이유를 제시한다.

보조 자료

실질환율 예측

상대적 PPP가 성립한다면 환율변화를 예측하는 것은 아주 간단하다. 인플레이션 차이만 알면 된다. 그러나 실제 현실에서처럼 PPP가 성립하지 않을 때는 어떻게 해야 하는가? 실질환율이 1이 아니더라도 실질환율과 수렴속도를 알면 실질 및 명목환율을 예측하는 것이 가능하다.

예를 들어보자. 실질환율의 정의인 $q_{US/EUR} = E_{\$/€}P_{EUR}/P_{US}$에서 시작하자. 이를 다시 정리하면 $E_{\$/€} = q_{US/EUR} \times (P_{US}/P_{EUR})$이 된다. 양변을 변화율로 바꿔주면, 명목환율의 변화율은 실질환율 변화율에다 양국 인플레이션 차이를 더한 것이 된다.

$$\underbrace{\frac{\Delta E_{\$/€,\,t}}{E_{\$/€,\,t}}}_{\substack{\text{명목환율}\\\text{절하율}}} = \underbrace{\frac{\Delta q_{US/EUR,\,t}}{q_{US/EUR,\,t}}}_{\substack{\text{실질환율}\\\text{절하율}}} + \underbrace{\pi_{US,\,t} - \pi_{EUR,\,t}}_{\text{인플레이션 차이}}$$

만약 실질환율 q가 변하지 않는다면 우변의 첫 번째 항은 0이 되어 식 (11-2)의 상대적 PPP로 귀결된다. 이 경우 예상명목절하율은 간단히 우변의 두 번째 항, 즉 인플레이션 차이가 된다. 가령 내년에 미국의 인플레이션이 3%로 예측되고, 유럽은 1%로 예측되면 인플레이션 차이가 +2%이기 때문에 우리는 내년에 미국 달러가 +2% 절하, 혹은 환율 $E_{\$/€}$이 +2% 상승할 것으로 예측할 것이다.

그런데 만약 q가 불변이 아니고, 그래서 PPP가 성립하지 않는다면 어떻게 될까? 현재 환율이 절대적 PPP에서 이탈해 있다고 하자. 그러나 장기적으로는 절대적 PPP로 다시 수렴할 것으로 생각할 수 있다. 이 경우 위 식 우변의 첫 번째 항은 0이

아니며, 주어진 정보들을 이용하여 이를 추정할 수 있다.

앞의 예를 계속 이용하면, 재화바스켓이 미국에서는 현재 $100이고, 동일 재화바스켓이 유럽에서는 $130이라 하자. 따라서 지금 현재 미국의 실질환율 $q_{US/EUR}$은 1.300이다. 그렇다면 내년에는 어떻게 될 것인가? 만약 절대적 PPP가 장기적으로는 성립한다고 보면, 미국의 실질환율이 1을 향해 움직일 것으로 예상할 수 있다. 얼마나 빨리? 이와 관련하여 우리는 수렴속도를 알아야 한다. 여기에서 대략적인 경험법칙으로 수렴속도를 15%라고 해보자. 이 경우 1과 1.3의 차이 0.3 중에서 15%(즉 0.045)가 내년에 해소된다. 따라서 미국의 실질환율은 1.3에서 0.045를 뺀 1.255로 낮아지게 될 것이다. 이는 −3.46%의 변화를 의미한다. 이제 위 식 우변의 두 항을 합치면, 내년에 환율의 근사적 변화는 $q_{US/EUR}$의 변화 −3.46%에다 인플레이션 차이 +2%를 합해서 총 −1.46%가 될 것이다. 즉 달러가 유로에 대해 1.46% 절상된다.

이 결과의 직관적 의미는 다음과 같다. 현재 미국 달러가 유로에 대해 저평가되어 있다. 만약 PPP로 수렴이 진행되면 저평가가 몇 년에 걸쳐 해소되어 간다. 달러의 실질절상(연간 3.46%)이 진행되는 것이다. 이 실질절상은 두 부분으로 나뉜다.

1. 미국 재화가 유럽 재화보다 더 높은 인플레이션을 경험한다 (인플레이션 차이가 +2%로 예측됨).
2. 실질절상의 나머지 부분은 1.46%의 명목달러절상에 의해 달성된다(수렴속도가 연간 15%일 때의 예측결과임).

■ 거래비용 : 지금까지 우리는 교역에 마찰이 없다고 가정했지만 현실은 그렇지 않다. 대부분의 재화는 국제 간 수송비가 상당하다. 또한 어떤 재화는 국경을 넘을 때 관세나 세금 등 추가적인 비용이 붙는다. 일부 추정에 따르면 재화의 국제 이동에서 수송비가 평균적으로 재화가격의 20%가량을 차지하고, 관세(그리고 기타 정책적 장벽)가 또다시 10% 추가된다고 한다.[5] 여타 비용으로는 재화 선적에 걸리는 시간, 유통망 개척이나 해외시장 법률 및 규제를 충족시키는 데 소요되는 비용 및 시간 등이 있다.

---

5 국경 관련 교역장벽에 대한 실증 연구도 있다. 다음을 참고하라. James Anderson and Eric van Wincoop, 2004, "Trade Costs," *Journal of Economic Literature*, 42, 691-751.

- **비교역재** : 어떤 재화는 거래비용이 무한히 커서 아예 교역이 불가능한 경우도 있다. 대부분의 재화는 교역가능과 교역불가능의 사이에 위치한다. 레스토랑 음식을 생각해보라. 여기에는 식재료와 같은 교역재가 들어있지만, 주방장의 조리 솜씨와 같은 비교역재도 들어 있다. 이런 요인들 때문에 PPP가 성립하지 않을 수 있다.(**헤드라인 : 빅맥지수**를 참조하라.)

- **불완전경쟁 및 법적 장애물** : 많은 재화들은 LOOP나 PPP에서 가정하는 것처럼 전혀 차별성이 없는 동일한 상품이 아니라 브랜드명, 저작권, 법적보호 등이 각기 다른 차별화된 제품들이다. 예를 들어 소비자들은 값이 싼 아세트아미노펜 복제약을 사느냐, 아니면 타이레놀처럼 값이 좀 더 비싼 브랜드약을 사느냐 중에서 선택을 한다. 이들이 서로 완전 대체제가 아닌 것이다. 이런 차별화된 재화는 **불완전경쟁**(imperfect competition)을 야기한다. 이들 기업은 자사 제품의 가격을 스스로 결정할 힘을 어느 정도 갖고 있기 때문이다. 이와 같은 시장지배력(market power)으로 인해 기업들은 브랜드별로는 물론 나라별로도 차별화된 가격을 부과할 수 있다(가령 제약회사들은 나라별로 서로 다른 가격을 부과한다). 이런 관행이 가능한 이유는 법적 위협이나 규제 때문에 차익거래가 차단당하기 때문이다. 만약 당신이 허가 없이 어떤 해외 기업의 약품을 대량으로 수입해 판다면 즉시 해당 기업 변호사나 정부 관계자의 연락을 받게 될 것이다. 자동차나 전자제품 같은 재화들 역시 마찬가지이다.

- **가격경직성** : 거시경제학의 가장 일반적 가정 중 하나는 가격이 단기적으로는 '경직적(sticky)'이라는 것이다. 즉 가격이 시장조건의 변화에 신속하고 유연하게 조정되지 않는다. PPP는 차익거래로 인해 가격이 조정된다고 가정하지만 현실에서는 가격의 경직성으로 인해 조정이 천천히 진행된다. 실증분석에 따르면 많은 재화의 가격은 단기적으로 신속하게 조정되지 않는다. 예를 들어 그림 11-3에서 보았듯이 명목환율은 위아래로 매우 급격하게 움직이지만 물가수준은 훨씬 느리게 움직인다.

이런 문제점들에도 불구하고 PPP는 환율의 장기 이론으로서 여전히 유용한 접근이다.[6] 또한 갈수록 차익거래의 효율성이 높아지고 더 많은 재화와 서비스가 교역됨에 따라 PPP는 앞으로 중요성이 더욱 커질 것이다. 수년 전만 해도 어떤 재화나 서비스(예컨대 의약품, 소비자 서비스, 의료 서비스)는 명백한 비교역재로서 국제적인 차익거래 대상이 아닌 것으로 간주됐다. 하지만 오늘날에는 많은 소비자들이 돈을 아끼기 위해 해외에서 의약품을 구매한다. 또한 미국에서 소프트웨어 서비스 관련 전화를 걸면 다른 나라 콜센터 직원의 도움을 받는다. 어떤 나라에서는 사람들이 비용 때문에 해외에서 치과나 안과 치료, 고관절 수술, 기타 의료 서비스 등을 받기도 한다(소위 의료관광 혹은 건강관광). 이러한 국제화 추세는 앞으로도 계속될 것이다.

---

6 Alan M. Taylor and Mark P. Taylor, 2004, "The Purchasing Power Parity Debate," *Journal of Economic Perspectives*, 8, 135-158.

헤드라인

빅맥지수

시사주간지 이코노미스트는 그동안 25년 넘게 기발한 소재를 사용하여 PPP 이론이 성립하는지를 평가해왔다. 누구나 잘 알고 세계적으로 균일한 소비재인 맥도널드의 빅맥을 대상으로 PPP를 평가한 것이다. 각국 통화의 미국 달러에 대한 고평가 혹은 저평가를 측정하는 지표는 동일 통화(즉 달러)로 환산한 햄버거의 상대가격이다. 다음과 같이 상대가격에서 1을 빼줌으로써 비율로 표현했다.

$$빅맥지수 = q^{빅맥} - 1 = \left(\frac{E_{\$/현지통화} P^{빅맥}_{현지}}{P^{빅맥}_{US}} \right) - 1$$

저평가 햄버거의 본고장?

표 11-1은 2012년 7월 조사 결과를 보여준다. 몇 가지 사례를 통해 계산 과정을 이해해보자. 첫 번째 행은 빅맥의 미국 평균 가격이 $4.33이라는 것을 보여준다. 두 번째 행에 저평가 사례가 나와 있다. 그곳 부에노스아이레스 특파원에 따르면 빅맥 가격이 19페소로서 시장환율 달러당 4.57페소로 환산하면 미국 통화로는 $4.16이 된다. 이는 미국 가격에 비해 4% 낮다. 따라서 위 측정지표에 따르면 페소가 미국 달러 대비 4% 저평가됐다. 바꾸어 말하면 아르헨티나 환율이 달러당 4.39페소로 절상돼야만 빅맥 기준 PPP 이론이 성립한다. 네 번째 행은 브라질의 고평가 사례이다. 거기에서 빅맥 가격은 10.08헤알(reais)이다. 시장환율인 달러당 2.04헤알로 환산하면 미국 통화로는 $4.94이다. 따라서 브라질 빅맥이 미국에 비해 14% 비싸다. 빅맥 가격이 PPP가 성립하는 가격, 즉 평가(parity)에 있기 위해서는 브라질 통화가 달러당 2.33헤알로 절하되어야 한다. 표는 전체적으로 보면, 가격이 일치하지 않는 것이 보통이며, 단지 7개 나라만 PPP의 ±5% 내에 들어와 있다.

---

2 통화, 물가, 환율의 장기 관계 : 화폐시장 균형 단순모형

이번 장에서 설명한 이론을 다시 한 번 검토해보자. 지금까지 우리는 PPP에 초점을 맞춰왔다. 이 이론에서 환율은 장기적으로 양국 물가수준의 비율에 의해 결정된다. 여기에서 하나의 질문이 제기된다. 그렇다면 물가수준은 어떻게 결정되는가?

이에 대해 화폐적 이론이 답을 제시한다. 이에 따르면 장기적으로 물가수준은 각국 통화의 수요와 공급에 의해 결정된다. 여러분들은 이 이론을 거시경제학 수업에서 폐쇄경제 모형으로 배웠을 것이다. 이번 절에서는 화폐적 이론의 핵심 내용들을 복습하고, 이것이 어떻게 PPP 이론과 결합될 수 있는지를 배운다.

화폐란 무엇인가?

화폐(money)는 아주 특별한 자산으로서 우리들의 일상적인 경제생활에서 핵심 요소이다. 경제학자들은 화폐가 경제에서 세 가지 핵심 기능을 수행하는 것으로 본다.

표 11-1

빅맥지수 아래 표는 2012년 7월 현재 세계 각국의 빅맥 가격과 관련 정보들을 보여준다. 첫 번째 열은 현지 통화 기준이고, 두 번째 열은 실제 환율(네 번째 열)을 이용하여 미국 달러로 환산한 가격이다. 각국의 달러 환산 가격을 미국의 평균 빅맥 가격($4.33, 1열 1행)과 비교해볼 수 있다. 다섯 번째 열은 달러 가격 차이를 기준으로 미국 달러에 대한 현지 통화의 고평가(+) 혹은 저평가(-)를 측정한 것이다. 세 번째 열은 PPP를 성립하게 만들어주는 환율(달러당 현지 통화)로서 빅맥 가격을 동일하게 만들어주는 가상의 환율이다. 이를 네 번째 열의 실제 환율과 비교해볼 수 있다.

	빅맥 가격		환율(미국 달러당 각국 통화)		달러대비
	현지 통화 (1)	미국 달러 (2)	PPP 기준 (3)	실제, 7월 25일 (4)	고평가(+)/ 저평가(-), % (5)
미국	$ 4.33	4.33	–	–	–
아르헨티나	Peso 19	4.16	4.39	4.57	-4
호주	A$ 4.56	4.68	1.05	0.97	8
브라질	Real 10.08	4.94	2.33	2.04	14
영국	£ 2.69	4.16	0.62	0.65	-4
캐나다	C$ 3.89	3.82	0.90	1.02	-12
칠레	Peso 2050	4.16	473.71	493.05	-4
중국	Yuan 15.65	2.45	3.62	6.39	-43
콜롬비아	Peso 8600	4.77	1987.29	1804.48	10
코스타리카	Colones 1200	2.40	277.30	501.02	-45
체코	Koruna 70.33	3.34	16.25	21.05	-23
덴마크	DK 28.5	4.65	6.59	6.14	7
이집트	Pound 16	2.64	3.70	6.07	-39
유로지역	€ 3.58	4.34	0.83	0.83	0
홍콩	HK$ 16.5	2.13	3.81	7.76	-51
헝가리	Forint 830	3.48	191.80	238.22	-19
인도	Rupee 89	1.58	20.57	56.17	-63
인도네시아	Rupiah 24200	2.55	5592.00	9482.50	-41
이스라엘	Shekel 11.9	2.92	2.75	4.08	-33
일본	Yeo 320	4.09	73.95	78.22	-5
라트비아	Lats 1.69	2.94	0.39	0.57	-32
리투아니아	Litas 7.8	2.74	1.80	2.85	-37
말레이시아	Ringgit 7.4	2.33	1.71	3.17	-46
멕시코	Peso 37	2.70	8.55	13.69	-38
뉴질랜드	NZS 5.1	4.00	1.18	1.27	-7
노르웨이	Kroner 43	7.06	9.94	6.09	63
파키스탄	Rupee 285	3.01	65.86	94.61	-30
필리핀	Peso 118	2.80	27.27	42.20	-35
폴란드	Zloty 9.1	2.63	2.10	3.46	-39
러시아	Rouble 75	2.29	17.33	32.77	-47
사우디아라비아	riyal 10	2.67	2.31	3.75	-38
싱가포르	S$ 4.4	3.50	1.02	1.26	-19
남아프리카 공화국	Rand 19.95	2.36	4.61	8.47	-46

대한민국	Won 3700	3.21	855.00	1151.00	−26
스리랑카	Rupee 290	2.21	67.01	131.00	−49
스웨덴	SKr 48.4	6.94	11.18	6.98	60
스위스	SFr 6.5	6.56	1.50	0.99	52
대만	NT$ 75	2.48	17.33	30.20	−43
태국	Baht 82	2.59	18.95	31.70	−40
터키	Lira 8.25	4.52	1.91	1.83	4
UAE	Dirhams 12	3.27	2.77	3.67	−25
우크라이나	Hryvnia 15	1.86	3.47	8.09	−57
우루과이	Peso 99	4.53	22.88	21.87	5
베네수엘라	Bolivar 34	7.92	7.86	4.29	83

출처 : ⓒ *The Economist Newspaper Limited*, London (July 26, 2012). 실제 시장환율은 2012년 7월 25일 기준이다. PPP 기준 환율은 빅맥 현지 가격을 미국 가격으로 나눈 것이다. 미국 가격은 4개 도시 평균, 중국 가격은 5개 도시 평균, 유로지역 가격은 유로지역의 가중평균 가격, 인도 가격은 마하라자 맥(Maharaja Mac)의 가격이다.

1. 화폐는 가치의 저장(store of value) 수단이다. 다른 자산과 마찬가지로 화폐를 오늘 쓰지 않고 내일까지 갖고 있어도 여전히 재화나 서비스를 사는 데 사용할 수 있다. 다른 많은 자산과 비교했을 때 화폐의 수익률은 낮다. 화폐로는 이자를 얻을 수 없기 때문에 화폐 보유에는 기회비용이 따른다. 만약 이 비용이 낮으면 다른 자산(주식, 채권, 기타 등)보다 화폐를 더욱 적극적으로 보유한다.

2. 화폐는 경제의 모든 가격이 표시되는 회계단위(unit of account)이다. 우리가 프랑스의 상점에 들어가면 재화 가격이 가령 '100유로' 이렇게 되어 있지, '10,000일본 엔'이나 '500바나나' 이런 식으로 표시되어 있지 않다. 사실 프랑스에서 엔이나 바나나가 회계 단위의 기능을 할 수 없는 것은 아니지만(물론 바나나의 경우에는 가치저장 수단으로 적절하지 않다), 프랑스 화폐인 유로가 회계단위 기능을 맡는다.

3. 화폐는 교환의 매개(medium of exchange)이다. 재화나 서비스를 사거나 팔 때 비효율적인 물물교환을 하지 않고 화폐를 매개로 교환이 가능하다. 어떤 자산의 **유동성**(liquidity)이란 해당 자산을 얼마나 쉽게, 가치 손실 없이 사고 팔 수 있는지를 의미한다. 이 점에서 화폐는 아무런 가치 손실 없이 재화나 서비스로 바꿀 수 있기 때문에 다른 비유동적 자산(가령 부동산)에 비해 훨씬 유동적이다. 화폐는 모든 자산 중 가장 유동적이다.

화폐의 측정

어디까지가 화폐인가? 유통되는 현금(currency), 즉 지폐와 동전은 화폐이다. 그렇다면 당좌예금(checking account)은 화폐로 간주되는가? 저축성예금(savings account), 뮤추얼펀드(mutual fund), 기타 증권은? 그림 11-4는 통화의 공급에 대해 가장 널리 사용되는 범주들을 그림으로 보여주고 있다. 미국의 최근 데이터를 이용하여 각 범주들의 상대적 크기를 보여준다. 가장 기본적인 개념은 시중에 유통되는 현금(즉 비은행 민간의 손에 있는 화폐)이다. 그

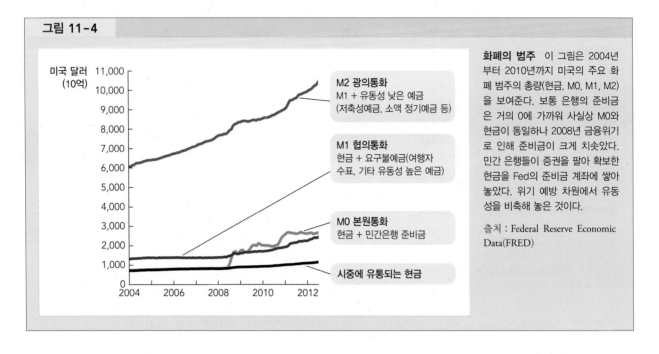

그림 11-4

미국 달러
(10억)

M2 광의통화
M1 + 유동성 낮은 예금
(저축성예금, 소액 정기예금 등)

M1 협의통화
현금 + 요구불예금(여행자
수표, 기타 유동성 높은 예금)

M0 본원통화
현금 + 민간은행 준비금

시중에 유통되는 현금

화폐의 범주 이 그림은 2004년 부터 2010년까지 미국의 주요 화폐 범주의 총량(현금, M0, M1, M2)을 보여준다. 보통 은행의 준비금은 거의 0에 가까워 사실상 M0와 현금이 동일하나 2008년 금융위기로 인해 준비금이 크게 치솟았다. 민간 은행들이 증권을 팔아 확보한 현금을 Fed의 준비금 계좌에 쌓아 놓았다. 위기 예방 차원에서 유동성을 비축해 놓은 것이다.

출처 : Federal Reserve Economic Data(FRED)

다음이 M0로서 보통 가장 좁은 의미의 화폐['본원통화(base money)'라 부름]이다. 이는 현금에다 상업은행 준비금(은행 금고 안의 유동적 현금이나 중앙은행에 맡겨둔 예치금)을 합친 것이다. 최근에는 은행의 준비금이 매우 적은 것이 보통이어서 M0는 사실상 현금과 동일하다. 그러나 2008년 글로벌 금융위기가 유동성 문제를 초래하는 바람에 상황이 급변했는데, 은행들이 위기 예방책으로 대규모 준비금을 중앙은행인 Fed에 예치하기 시작했다.(이 유례없는 현금 비축이 언제 어떻게 풀릴지 두고 봐야 하며, 일부 경제학자나 정책결정자에게 우려되는 부분이다.)

또 다른 협의화폐는 M1으로 유통 현금에다 당좌예금의 요구불예금(demand deposit)과 여행자수표 등 유동성이 높은 자산을 합친 것이다. 그러나 여기에는 은행의 준비금이 포함되지 않으며, 이 때문에 거래 목적의 화폐로는 더 나은 범주일 수 있다. 이보다 훨씬 더 넓은 범주의 화폐로는 M2가 있으며, 유동성이 약간 떨어지는 저축성예금과 소액 정기예금(time deposit) 등이 포함된다.[7]

여기에서는 화폐를 다음과 같이 정의한다. 즉 화폐는 금융거래에 일반적으로 사용되는 유동적 자산이다. 이는 화폐의 기능 중 '교환매개' 기능에 초점을 맞춘 정의이다. 따라서 이 책에서는 화폐(M으로 표기)를 말할 때, 일반적으로 M1(시중에 유통되는 현금과 요구불예금)을 가

---

7 넓은 범주의 화폐로 어느 것이 적당한가에 대해서는 다양한 의견이 있다. 미국 중앙은행인 연방준비제도는 2006년까지 M3 데이터를 작성했다. 여기에는 고액 정기예금, 환매조건부채권(repurchase agreement), 머니마켓펀드(MMF) 등이 포함된다. 그러나 데이터 수집에 비용이 많이 들고 정책 활용도가 낮아 현재는 집계되지 않는다. 영국에서는 M3와 범주가 약간 다른 M4가 아직 사용되고 있다. 어떤 경제학자들은 적절한 광의통화 범주로서 MZM(money of zero maturity)을 제안하나 많이 사용되고 있지는 않다.

리킨다. M1에는 중요한 자산들, 가령 외환시장에서 사용되는 개인 보유 장기 자산이나 은행 간 예금 등이 빠져있다. 이런 자산들은 유동성이 상대적으로 낮고, 거래에서 일반적으로 사용되는 자산은 아니어서 화폐에 포함시키지 않았다.

통화공급

통화의 공급은 어떻게 결정되는가? 현실에서는 한 나라의 **중앙은행**(central bank)이 **통화공급** (money supply)을 조절한다. 엄격히 말하면 중앙은행은 지폐와 동전의 발행(그리고 민간 은행 준비금)을 통해 M0 혹은 본원통화(현금 및 준비금의 양)만을 직접적으로 통제할 수 있다. 그러나 간접적으로는 M1을 통제할 수 있는데, 통화정책을 사용하여 민간 은행의 행동에 영향을 미침으로써 가능하다. 통화정책이 M1에 영향을 미치는 복잡한 메커니즘은 이 책의 범위를 넘어선다. 따라서 여기에서는 중앙은행이 정책도구를 사용하여 M1의 크기를 간접적으로, 그렇지만 정확히 통제할 수 있다고 가정하는 것으로 만족하기로 한다.[8]

통화수요 : 단순모형

가계의 통화수요에 대한 간단한 이론은 다음과 같은 아이디어에서 출발한다. 즉 거래의 필요성은 개인의 소득에 비례한다는 것이다. 가령 어떤 사람의 소득이 $20,000에서 $40,000으로 2배가 되면 통화수요 역시 (달러로) 2배가 될 것으로 본다.

대상을 개인이나 가계에서 거시경제적 수준으로 옮겨도 총량적 **통화수요**(money demand)는 비슷하게 움직일 것으로 예상할 수 있다. 다른 조건이 동일할 때, 나라 전체의 달러 소득(명목소득)이 증가하면 거래가 비례적으로 늘어나고, 그것이 다시 총량적 통화수요를 비례적으로 늘린다.

결국 단순모형에서 통화수요는 달러 소득에 비례한다. 이 모형을 **화폐수량이론**(quantity theory of money)이라 부른다.

$$\underbrace{M^d}_{\text{통화수요(\$)}} = \underbrace{\bar{L}}_{\text{상수}} \times \underbrace{PY}_{\text{명목소득(\$)}}$$

여기에서 PY는 경제 총소득의 명목가치로서 물가수준 P에다 실질소득 Y를 곱한 것이다. $\bar{L}$은 명목소득 중 얼마만큼이 통화수요인지를 측정하는 상수이다. 명목소득 $1에 대해 거래 목적상 $\bar{L}$만큼의 화폐가 필요하며, 이 관계는 불변인 것으로 가정한다.(나중에 이 가정을 완화시킨다.)

위 식의 의미는 다음과 같다. 만약 물가수준이 10% 상승하고 실질소득이 불변이라면, 모든 재화에 대해 10% 더 높은 가격을 지불하기 때문에 거래 금액이 10% 늘어난다. 마찬가지로 만약 실질소득이 10% 늘어났는데 물가는 고정이라면 거래 금액이 10% 늘어난다. 결국 **명목통화잔고**(nominal money balances) M^d에 대한 수요는 명목소득 PY에 비례한다.

8　이 주제에 관한 자세한 설명은 화폐금융론 교과서에서 찾을 수 있다. 예를 들어 다음을 참고하라. Laurence M. Ball, 2012, *Money, Banking, and Financial Markets*, 2nd edition (New York: Worth).

화폐수량이론에서 모든 항목을 실질변수로 바꾸어 이해할 수도 있다. 양변을 P, 즉 물가수준(재화바스켓의 가격)으로 나누면 항목들이 명목달러에서 실질단위(정확히 말하면 재화바스켓 단위)로 전환된다. 즉 다음과 같이 **실질통화잔고(real money balances)**에 대한 수요가 도출된다.

$$\underbrace{\frac{M^d}{P}}_{\text{실질통화수요}} = \underbrace{\overline{L}}_{\text{상수}} \times \underbrace{Y}_{\text{실질소득}}$$

실질통화잔고는 통화량을 재화 및 서비스에 대한 구매력으로 나타낸 것이다. 위 식은 실질통화잔고에 대한 수요는 실질소득에 비례한다는 것을 의미한다. 실질소득이 늘어날수록 실질거래가 늘어나고 더 많은 실질통화가 필요하게 된다.

화폐시장 균형

화폐시장 균형조건은 통화수요 M^d가 중앙은행이 조절하는 통화공급 M과 동일해야 한다는 것이다. 이 조건을 앞의 식에 적용하면, 명목통화공급이 명목통화수요와 동일해야 한다는 것을 의미한다.

$$M = \overline{L}PY$$

혹은 실질통화공급이 실질통화수요와 동일하다.

$$\frac{M}{P} = \overline{L}Y$$

물가에 대한 단순화폐모형

이제 우리는 두 가지 구성요소를 이용하여 환율에 관한 간단한 모형을 만든다. 첫 번째 요소는 물가를 화폐적 조건에 연결시키는 화폐수량이론이다. 두 번째 요소는 환율을 물가에 연결시키는 PPP이다.

앞에서와 마찬가지로 두 나라를 생각해보자. 미국이 자국이고 유로존이 외국이다. 여기에서는 유로존 혹은 유럽을 하나의 나라로 간주할 것이다. 이 모형은 비단 미국과 유럽이 아닌 어떤 두 나라에 대해서도 적용될 수 있다.

위의 마지막에 제시된 식을 미국에 적용해보자. 그런 다음 이 식을 다시 정리하여 미국 물가수준에 대해 풀어보자.

$$P_{US} = \frac{M_{US}}{\overline{L}_{US}Y_{US}}$$

위 식 우변의 분자 M_{US}는 **명목통화의 공급**이고, 분모 $\overline{L}_{US}Y_{US}$는 **실질통화잔고에 대한 총 수요**이다. 따라서 위 식에 따르면 물가수준은 발행된 명목통화가 실질통화잔고 수요보다 얼마나 많은지에 달려있다.

유럽 물가수준에 대해서도 동일한 표현이 가능하다.

그림 11-5

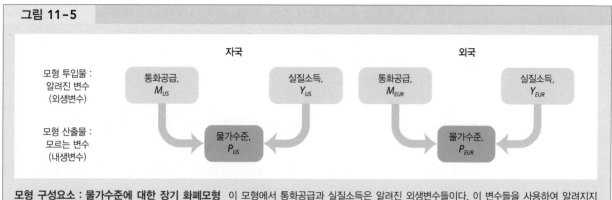

모형 구성요소 : 물가수준에 대한 장기 화폐모형 이 모형에서 통화공급과 실질소득은 알려진 외생변수들이다. 이 변수들을 사용하여 알려지지 않은 내생변수, 즉 각국의 물가수준을 예측한다.

$$P_{EUR} = \frac{M_{EUR}}{\bar{L}_{EUR} Y_{EUR}}$$

이들 두 식이 **물가수준에 대한 화폐모형의 기본방정식**(fundamental equation of the monetary model of the price level)이다. 이들 식은 물가와 환율에 대한 우리의 이론을 완성하기 위한 중요 구성요소이다. 그림 11-5는 이를 도표로 보여준다.

우리는 장기적으로 물가는 신축적이며, 화폐시장의 균형을 달성하는 방향으로 움직이는 것으로 가정한다. 예를 들어 만약 시중에 유통되는 화폐의 양이 가령 100배 늘어났는데 실질소득은 그대로라면 '더 많은 화폐가 동일한 양의 재화를 쫓는' 상황이 될 것이다. 이는 장기적으로 인플레이션을 야기하여 물가수준이 100배 상승하게 된다. 사실상 경제는 이전과 동일하고, 단지 모든 가격에 0이 2개 더 붙게 되는 것이다.

환율에 대한 단순화폐모형

환율에 대한 장기모형에 거의 다 도달했다. 위 마지막에 제시된 두 식을 양국의 물가수준을 결정하는 모형으로 사용하기로 하고, 이들을 식 (11-1)의 절대적 PPP에 대입하면 다음의 결과를 얻는다.

$$\underbrace{E_{\$/\epsilon}}_{\text{환율}} = \underbrace{\frac{P_{US}}{P_{EUR}}}_{\text{물가수준 비율}} = \frac{\left(\dfrac{M_{US}}{\bar{L}_{US} Y_{US}}\right)}{\left(\dfrac{M_{EUR}}{\bar{L}_{EUR} Y_{EUR}}\right)} = \underbrace{\frac{(M_{US}/M_{EUR})}{(\bar{L}_{US} Y_{US}/\bar{L}_{EUR} Y_{EUR})}}_{\substack{\text{상대적 명목통화공급} \div \\ \text{상대적 실질통화수요}}} \tag{11-3}$$

이것이 **환율에 대한 화폐적 접근의 기본방정식**(fundamental equation of the monetary approach to exchange rate)이다. 물가수준에 대한 화폐모형을 PPP에 대입함으로써 그림 11-1과 11-5의 두 구성요소를 하나로 합쳤다. 위 식의 의미는 다음과 같다.

■ 다른 조건이 동일한 가운데 미국의 통화공급이 증가했다고 하자. 위 식의 우변이 커져

(미국의 명목통화공급이 유럽에 비해 증가), 환율의 상승을 초래한다(미국 달러가 유로에 대해 절하). 예를 들어 다른 조건이 동일한 가운데 미국의 통화공급이 2배로 증가하면 미국의 물가수준이 2배가 된다. 결국 미국의 통화공급이 늘어나면 달러 약세가 초래된다. 이것은 직관적으로 이해가 된다. 주위에 달러가 많아지면 달러 가치가 하락하는 것이다.

■ 이번에는 다른 조건이 동일한 가운데 미국의 실질소득이 증가했다고 해보자. 위 식의 우변이 작아져(미국의 실질통화수요가 유럽에 비해 증가), 환율의 하락을 초래한다(미국 달러가 유로에 대해 절상). 예를 들어 다른 조건이 동일한 가운데 미국의 실질소득이 2배로 증가하면 미국의 물가수준이 1/2배가 된다. 결국 미국 경제가 강해지면 달러 강세가 초래된다. 이것은 직관적으로 이해가 된다. 동일한 양의 달러에 대해 수요가 늘어나면 달러 가치가 상승하는 것이다.

통화 증가, 인플레이션, 절하

위에서 설명한 모형은 절대적 PPP를 이용하여 환율을 물가수준에 연결시키고, 또한 화폐수량이론을 이용하여 물가를 각국의 화폐적 조건에 연결시켰다. 그러나 앞에서도 언급한 것처럼 거시경제학에서는 변수의 수준이 아니라 변화율에 더욱 관심을 가질 때가 있다.

이를 위해서는 앞의 모형을 약간 조정해야 한다. 즉 식 (11-3)의 양변에 변화율을 취하여 식을 성장률 형태로 바꾼다.

식 (11-3)의 첫 번째 항은 환율 $E_{\$/€}$이다. 이것의 변화율은 달러의 절하율 $\Delta E_{\$/€}/E_{\$/€}$이다. 이것이 양수, 가령 1%이면 달러가 연 1% 절하된다. 반면 이것이 음수, 가령 −2%이면 달러가 연 2% 절상된다.

식 (11-3)의 두 번째 항은 물가수준의 비율 P_{US}/P_{EUR}이다. 앞에서 식 (11-2)의 상대적 PPP를 도출할 때 보았던 것처럼 어떤 비율의 변화율은 분자의 변화율(미국 인플레이션)에서 분모의 변화율(유럽 인플레이션)을 뺀 것이다. 결국 이는 인플레이션 차이 $\pi_{US,\,t}-\pi_{EUR,\,t}$가 된다.

식 (11-3)의 세 번째 항을 변화율로 바꿔보자. 분자는 미국의 물가수준, 즉 $P_{US}=M_{US}/\overline{L}_{US}Y_{US}$이다. 이것 역시 분수의 변화율로서 분자의 변화율에서 분모의 변화율을 뺀 것이다. 여기에서는 분자가 통화공급(M_{US})이며, 이것의 증가율(μ_{US})은 다음과 같다.

$$\mu_{US,\,t}=\underbrace{\frac{M_{US,\,t+1}-M_{US,\,t}}{M_{US,\,t}}}_{\text{미국의 통화공급 증가율}}$$

다음으로 분자 $\overline{L}_{US}Y_{US}$에서 $\overline{L}_{US}$는 상수이다. 따라서 $\overline{L}_{US}Y_{US}$의 증가율은 실질소득(Y_{US})의 증가율(g_{US})과 동일하다.

$$g_{US,\,t}=\underbrace{\frac{Y_{US,\,t+1}-Y_{US,\,t}}{Y_{US,\,t}}}_{\text{미국의 실질소득 증가율}}$$

이상을 모두 합치면, $P_{US} = M_{US}/\overline{L}_{US}Y_{US}$에서 우변의 증가율은 통화공급 증가율($\mu_{US}$)에서 실질소득 증가율($g_{US}$)을 뺀 것이다. 우리는 이미 P_{US}의 변화율은 인플레이션율 π_{US}이라는 것을 알고 있다. 따라서 다음의 결과를 얻는다.

$$\pi_{US,\,t} = \mu_{US,\,t} - g_{US,\,t} \tag{11-4}$$

식 (11-3) 세 번째 항의 분모는 유럽의 물가수준, 즉 $P_{EUR} = M_{EUR}/\overline{L}_{EUR}Y_{EUR}$이다. 마찬가지로 이것의 변화율은 다음과 같다.

$$\pi_{EUR,\,t} = \mu_{EUR,\,t} - g_{EUR,\,t} \tag{11-5}$$

이상 두 식의 직관적 의미는 앞에서 이미 설명했던 것과 유사하다. 즉 통화의 증가가 실질소득 증가보다 더 빠른 경우에는 '더 많은 화폐가 상대적으로 더 적은 재화를 쫓는' 상황이 되고, 이것이 인플레이션을 초래한다.

식 (11-4)와 (11-5)를 이용하여 인플레이션 차이를 화폐적 기본조건으로 나타낼 수 있으며, 이에 따라 환율 절하율은 최종적으로 다음과 같이 된다.

$$\underbrace{\frac{\Delta E_{\$/\text{€},\,t}}{E_{\$/\text{€},\,t}}}_{\substack{\text{명목환율}\\\text{절하율}}} = \underbrace{\pi_{US,\,t} - \pi_{EUR,\,t}}_{\substack{\text{인플레이션}\\\text{차이}}} = (\mu_{US,\,t} - g_{US,\,t}) - (\mu_{EUR,\,t} - g_{EUR,\,t}) \tag{11-6}$$

$$= \underbrace{(\mu_{US,\,t} - \mu_{EUR,\,t})}_{\substack{\text{명목통화공급}\\\text{증가율 차이}}} - \underbrace{(g_{US,\,t} - g_{EUR,\,t})}_{\text{실질소득 증가율 차이}}$$

여기에서 마지막 항은 식 (11-3)의 네 번째 항에 대해 변화율을 취한 것이다.

식 (11-6)은 '환율에 대한 화폐적 접근의 기본방정식'을 변화율로 표현한 것으로서 그 직관적 의미는 식 (11-3)의 설명과 유사하다.

- 만약 다른 조건이 동일한 가운데 미국이 장기적으로 통화정책을 더 느슨하게 운용하여 통화공급 증가가 더 빨라지면 달러는 더 빨리 절하될 것이다. 예를 들어 유럽의 통화공급 증가율이 연 5%이고 실질소득 증가율이 2%이다. 이 경우 인플레이션은 5%에서 2%를 뺀 3%가 된다. 이에 반해 미국은 통화공급 증가율이 6%이고, 실질소득 증가율이 2%라 하자. 이 경우 인플레이션은 6%에서 2%를 뺀 4%가 된다. 따라서 달러 절하율은 미국 인플레이션(4%)에서 유럽 인플레이션(3%)을 뺀 연 1%가 된다.

- 만약 다른 조건이 동일한 가운데 미국 경제가 장기적으로 더 빨리 성장하면 달러는 더 빨리 절상될 것이다. 위 예를 그대로 사용하되 다른 것은 그대로이고 단지 미국의 장기 실질소득 증가율이 2%에서 5%로 높아졌다고 하자. 이 경우 미국의 인플레이션은 통화공급 증가율 6%에서 새로운 실질소득 증가율 5%를 뺀 1%가 된다. 따라서 달러 절하율은 미국 인플레이션(1%)에서 유럽 인플레이션(3%)을 뺀 연 -2%가 된다(이는 미국 달러가 연 2%로 절상됨을 의미한다).

미국을 외국으로 하고 유럽을 자국으로 표기를 바꾸어도 유럽과 유로에 대해 동일한 결과를 얻게 될 것이다.

3 화폐적 접근 : 의미와 실증분석

화폐적 접근은 장기 환율변동 연구에서 중요한 모형이다. 본 절에서는 이 모형의 활용과 실증분석에 대해 살펴보자.

단순모형을 이용한 환율예측

환율결정에 대한 화폐적 접근이 활용되는 중요한 분야가 미래 환율에 대한 예측이다. 앞 장에서 보았듯이 외환시장에서 차익거래를 노리는 투자자들에게는 미래 환율에 대한 예측이 필요하다. 유위험이자율평가 모형을 사용할 때 미래 환율에 대한 예측이 있어야만 차익거래 기회를 포착하는 계산이 가능하다. 그런데 식 (11-3)을 이용할 경우, 미래의 통화공급 및 실질소득(우변)을 알면 미래의 환율(좌변)을 예측할 수 있다.

이 때문에 금융계, 특히 외환시장에서는 미래의 통화와 실질소득에 많은 관심을 갖는다. 논의는 항상 두 가지로 질문으로 귀결된다. 첫 번째 질문은 "중앙은행이 무엇을 하려고 하는가?"이다. 이를 파악하기 위해 중앙은행 당국자들의 발표를 낱낱이 해부한다. 두 번째 질문은 "경제의 실질성장이 어떻게 예상되는가?"이다. 생산성이나 투자 등 각종 경제지표에 촉각을 곤두세운다. 소득 증가율에 어떤 변화가 감지될지 모르기 때문이다.

이런 예측과 관련하여 유의해야 할 사항이 적어도 두 가지가 있다. 첫째, 미래는 매우 불확실하며, 수년 후의 경제변수 예측에는 불가피하게 큰 오차가 발생할 수 있다는 점이다. 물론 이런 한계에도 불구하고 예측 작업은 금융시장의 핵심 업무 중 하나이다. 둘째, 화폐모형을 예측에 사용하는 경우 다음과 같은 가상의 질문을 하는 셈이다. 즉 만약 물가가 신축적이고 PPP가 성립한다면, 환율이 어떤 경로를 따를 것인가? 다시 말하면, 환율변화에 대한 예측이 '단기적으로는' 맞지 않을 수 있다는 것이다. 하지만 장기적으로는 이런 예측이 합리적인 가이드가 될 수 있다.

환율예측 : 예시 예측이 어떻게 이루어지는지 알기 위해 간단한 시나리오 하에서 물가가 신축적일 때 어떤 일이 일어날지 생각해보자. 우선 미국과 유럽의 실질소득 증가율이 서로 동일하며 0%라고 가정하자. 이는 실질소득 수준이 변하지 않음을 의미한다. 이와 함께 유럽의 통화공급도 변하지 않는다고 가정한다. 유럽의 통화공급과 실질소득이 불변일 경우, 유럽의 물가수준 역시 불변으로서 이 경우 식 (11-5)에서 알 수 있듯이 유럽의 인플레이션이 0이다. 이렇게 가정함으로써 미국쪽 변화에 초점을 맞춰 분석하기로 하자. 다음 두 가지 경우를 생각해보자.

사례 1 : 통화공급의 예상치 못한 일회성(one-time) 증가. 먼저 간단한 예로서 임의의 시점 T에 다른 조건이 일정한 가운데 미국의 통화공급이 일정 비율, 가령 10% 증가했다고 하자. 물가가 신축적이라는 가정하에서 시점 T 이후 환율이 어떻게 움직일 것으로 예상되는가? 우리 모형이 의미하는 결과를 자세히 살펴보기 위해 환율뿐만 아니라 주요 핵심변수에 미치는 영향을 전체적으로 살펴보자.

a. 통화공급 M이 10% 증가한다.
b. 실질소득에는 변화가 없기 때문에 실질통화잔고 M/P는 바뀌지 않는다.
c. 이는 물가수준 P와 통화공급 M이 동일한 비율로 움직여야 한다는 것을 의미하며, 따라서 물가수준 P가 10% 상승한다.
d. PPP에 따르면 환율 E와 물가수준 P가 동일한 비율로 움직여야 하기 때문에 환율 E가 10% 상승한다. 즉 달러가 10% 절하된다.

식 (11-3)의 화폐적 접근의 기본방정식을 사용하면 답을 곧바로 알 수 있다. 이 식에 따르면 다른 조건에 변화가 없을 때 물가수준과 환율은 통화공급에 비례한다.

사례 2 : 통화증가율의 예상치 못한 상승. 좀 더 복잡한 시나리오를 생각해보자. 이번 사례는 미국 통화공급이 고정돼 있는 것이 아니라 일정 속도 μ로 계속 증가하는 경우이다. 그러다가 시점 T에 미국이 통화공급 증가율을 기존의 μ에서 $\mu + \Delta\mu$로 높였다고 해보자. 물가가 신축적이라는 가정하에서 사람들은 환율이 어떻게 변할 것으로 예상할까? 이 사례를 단계적으로 분석해보자.

a. 통화공급 M이 일정한 비율로 증가한다.
b. 실질통화잔고 M/P는 앞에서와 마찬가지로 바뀌지 않는다.
c. 이는 물가수준 P와 통화공급 M이 동일한 비율로 움직여야 한다는 것을 의미하며, 따라서 P는 항상 M의 일정 배수이다.
d. PPP에 따르면 환율 E와 물가수준 P가 동일한 비율로 움직여야 하기 때문에 환율 E는 항상 P의 일정 배수이다(따라서 M의 일정 배수이기도 하다).

그림 11-6은 위 설명에 따라 핵심 변수들의 움직임을 그림으로 그린 것이다. 만약 통화공급이 (a)와 같이 변하는데, 실질통화잔고는 (b)처럼 일정 수준에서 바뀌지 않는다는 것을 안다면, 물가는 (c)처럼 움직이고, 환율은 (d)처럼 움직일 것으로 예상할 수 있다. 이 예상은 화폐적 접근 하에서는 어떤 미래에 대해서도 적용된다. 식 (11-3)을 사용하면 답을 곧바로 알 수 있다. 이 식에 따르면 우리의 가정하에서 통화, 물가, 환율은 모두 서로 동일한 비율로 변한다.

적용사례

화폐적 접근 실증분석

물가와 환율에 대한 화폐적 접근은 다른 조건에 변화가 없을 때 통화공급 증가율이 상승하면

그림 11-6

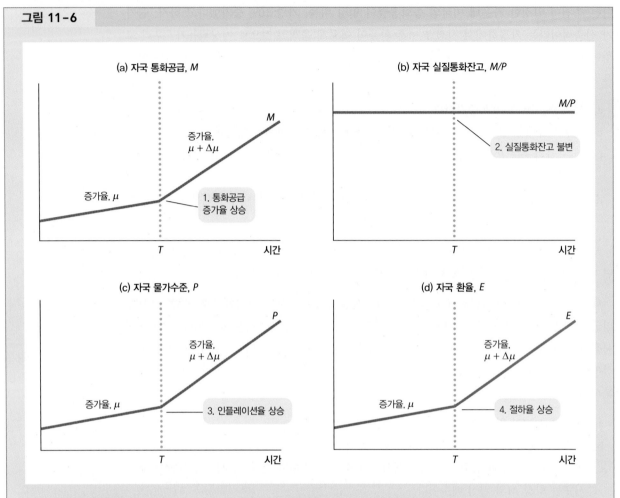

단순모형에서 통화공급 증가율의 상승 시점 T까지는 통화, 물가, 환율이 모두 μ의 비율로 상승한다. 또한 외국의 물가는 변화가 없다. (a)에서 시점 T에 자국의 통화공급 M의 증가율이 Δμ 만큼 상승했다고 가정하자. (b)에서 실질통화잔고는 화폐수량이론에 따르면 변화가 없다. 시점 T 이후에 실질통화잔고(M/P)에 변화가 없기 위해서는 통화 M과 물가 P가 동일 비율 μ+Δμ로 상승해야 한다. 이는 곧 (c)에서 인플레이션율이 Δμ만큼 상승함을 의미한다. 이 경우 PPP에 따르면 외국 물가수준에 변화가 없는 상황에서 환율은 자국 물가수준과 유사한 경로를 따르게 된다. 즉 (d)에서 보는 것처럼 E 역시 상승률이 μ+Δμ로 높아진다. 다시 말하면, 절하율이 Δμ만큼 상승한다.

인플레이션율과 환율 절하율 역시 동일 폭만큼 상승할 것으로 분석한다. 이런 관계가 실제 현실에서도 들어맞는지 보는 것은 이 이론을 검증하는 한 가지 방법이다.

그림 11-7과 그림 11-8의 산점도는 많은 나라들에 대해 1975년부터 2005년까지 실제 데이터를 이용해 그린 것이다. 분석 결과는 화폐적 이론을 상당히 강하게 뒷받침한다. 다른 조건이 동일할 때, 식 (11-6)에 따르면, 통화증가율이 (미국에 비해) x% 더 높을 때 인플레이션율도 (미국에 비해) x% 더 높아야 한다. 만약 이 관계가 실제 데이터에서도 성립한다면 산점도의 모든 나라들은 45도선 위에 있게 될 것이다. 정확히 그런 것은 아니지만 상당히 유사하다는 점에서 화폐적 접근을 어느 정도 뒷받침한다고 말할 수 있다.

그림 11-7

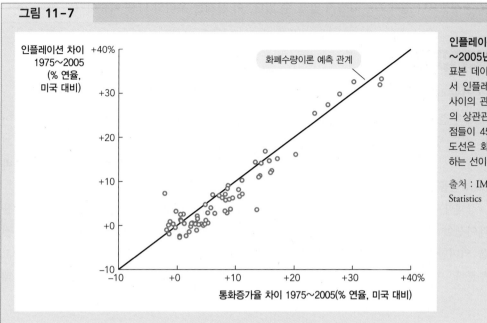

인플레이션율과 통화증가율, 1975 ~2005년 이 산점도는 76개 나라 표본 데이터를 이용하여 장기에 있어서 인플레이션율과 통화공급 증가율 사이의 관계를 보여준다. 두 변수 간의 상관관계가 강하며, 모든 데이터 점들이 45도선 주변에 몰려있다. 45도선은 화폐모형이 이론적으로 예측하는 선이다.

출처 : IMF, International Financial Statistics

데이터가 45도선에서 벗어난 이유는 다른 모든 조건이 동일하지는 않기 때문이다. 식 (11-6)에서, 각 나라들은 통화공급 증가율이 미국과 다를 뿐만 아니라 실질소득 증가율도 동일하지는 않을 것이다. 또 다른 이유는 우리는 기본적으로 통화수요 모수(parameter)인 L을 상수

그림 11-8

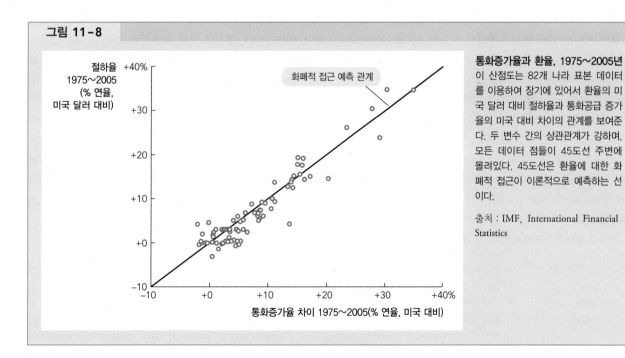

통화증가율과 환율, 1975~2005년 이 산점도는 82개 나라 표본 데이터를 이용하여 장기에 있어서 환율의 미국 달러 대비 절하율과 통화공급 증가율의 미국 대비 차이의 관계를 보여준다. 두 변수 간의 상관관계가 강하며, 모든 데이터 점들이 45도선 주변에 몰려있다. 45도선은 환율에 대한 화폐적 접근이 이론적으로 예측하는 선이다.

출처 : IMF, International Financial Statistics

로 가정했으나 실제로는 그렇지 않을 수 있다. 이 문제는 우리의 다음 이슈이기도 하다.[9] ■

적용사례

초인플레이션

화폐적 접근은 장기에 있어서 PPP를 가정한다. 이는 그림 11-2에서 보았듯이 현실에서도 어느 정도 뒷받침되는 이론이다. 그러나 다시 한 번 유의해야 할 것은 PPP가 일반적으로 단기에 있어서는 제대로 작동하지 않는다는 점이다. 그런데 여기에 뚜렷한 예외가 하나 있다. 바로 초인플레이션이다.

경제학자들의 전통적 정의에 따르면, **초인플레이션**(hyperinflation)이란 월 50% 이상의 인플레이션이 지속되는 것을 말한다(인플레이션율이 월 50%이면 물가가 51일마다 2배로 뛰는 것을 의미함). 하지만 일상적인 의미에서는 인플레이션율이 조금 낮아도 초인플레이션이라고 부른다. 이 점에서 연 1,000%의 인플레이션율이 대략적인 기준이다(이는 월간으로는 인플레

보조 자료

화폐개혁

초인플레이션 사례 중에는 통화가 제 기능을 못하고 가치가 급속히 떨어져 급기야 수명을 다하게 되는 경우도 있다. 에콰도르의 달러통용화(dollarization)가 최근의 예이다. 이와 달리 어떤 통화들은 심각한 트라우마를 겪고 재탄생하기도 한다. 대개 낮은 액면가(1, 5, 10단위)의 지폐들은 사실상 가치를 상실하고, 일상적인 거래 단위가 수백만에 이르게 된다. 그래서 화폐 단위에서 귀찮은 0들을 일부 없애는 것이 필요해 보이기도 한다. 화폐단위를 바꾸는 소위 '리디노미네이션(redenomination : 화폐개혁)'이 그것이다. 기존 화폐 10^N(10의 N제곱) 단위를 새로운 화폐 1단위로 바꾸는 것을 말한다.

때로는 N이 상당히 클 수도 있다. 1980년대 초인플레이션을 겪은 아르헨티나가 그 예이다. 1983년 6월 1일 (구)페소가 페소 아르헨티노(peso argentino)에 의해 10,000대 1로 대체됐다. 1985년 6월 14일 페소 아르헨티노는 다시 아우스트랄(austral)에 의해 1,000대 1로 대체됐다. 그 후 1992년 1월 1일 아우스

트랄이 또 다시 전환 페소(convertible peso)에 의해 10,000대 1로 대체됐다(즉 100,000,000,000 구페소).

1946년 헝가리 정부는 '펭괴(pengö)'의 가치가 한없이 떨어지자 지폐에다 더 이상 숫자를 넣지 않고 글자로만 금액을 표시했다. 이는 아마도 불신을 막기 위해(결국 실패함), 혹은 곤혹스러운 상황을 숨기기 위해(결국 실패함), 혹은 금액을 숫자로 표시하기에는 0이 너무 많기 때문이었을 것이다. 1946년 7월 15일 기준 유통 현금이 76,041,000,000,000,000,000,000,000 펭괴였다. 1946년 7월 26일 마침내 안정적인 신화폐인 포린트(forint)가 도입되었는데, 1포린트가 40,000경 펭괴($4 \times 10^{20} =$ 400,000,000,000,000,000,000펭괴)였다. 짐바브웨에서 2005년부터 2009년까지 진행된 통화 가치의 하락은 더 극단적이었다. 정부 당국이 일련의 화폐개혁을 통해 잘라낸 0만 해도 25개에 이르며, 결국은 짐바브웨 달러의 사용이 중단됐다.

---

9 경제학자들은 복잡한 통계적 기법을 사용해 이 이슈를 다루고 있는데, 여전히 장기에 대해서는 화폐적 접근에 우호적인 결과를 얻고 있다. 다음을 참고하라. David E. Rapach and Mark E. Wohar, 2002, "Testing the Monetary Model of Exchange Rate Determination: New Evidence from a Century of Data," *Journal of International Economics*, 58(2), 359-385.

이션율이 '겨우' 22%이다).

20세기 초 이래 전 세계적으로 수많은 초인플레이션이 발생했다. 대개 재정위기에 직면한 정부가 적자를 메꿀 자금을 조달할 수 없어 이를 충당할 수단으로 화폐를 찍어 냈다. 그러나 이런 상황이 계속 유지될 수는 없어 대개 경제적, 사회적, 혹은 정치적 위기로 이어지는 것이 일반적이다. 결국 이런 위기가 해소되면서 물가도 안정을 되찾게 된다.(초인플레이션과 그 결과에 대한 보다 자세한 논의는 다음을 참조하라. **보조자료 : 화폐개혁, 헤드라인 : 21세기 최초의 초인플레이션**)

초인플레이션과 PPP 각각의 초인플레이션 위기는 PPP 이론을 시험할 수 있는 하나의 실험장 역할을 한다. 그림 11-9의 산점도는 위기 시작부터 종료까지 데이터 값이 몇 배로 변했는지를 나타낸 것이다. 세로축은 (미국에 대한) 환율의 변화이고, 가로축은 (미국과 비교한) 물가수준의 변화이다. 변화의 정도가 너무 심해서 두 축 모두 로그척도를 사용했으며, 따라서 배수가 동일하면 축 상에서 거리가 동일하다. 가로축에서 가령 10^{12}는 초인플레이션 과정에서 환율이 미국 달러에 대해 1조 배 상승(통화는 절하)했음을 의미한다.

위에서부터 1990년 아르헨티나의 500,000 아우스트랄 지폐, 1923년 독일의 10억 마르크 지폐(독일 10억은 미국 단위로는 1조에 해당). 1946년 헝가리의 1억 B-펭괴이다. B-펭괴에서 'B'의 의미는 헝가리 10억으로서 1조에 해당한다. 그림의 100,000,000,000,000,000,000펭괴 지폐는 지금까지 전 세계에서 발행된 통화 중 액면금액이 가장 높다.

만약 PPP가 성립하면 물가와 환율의 변화가 동일해야 하며, 따라서 모든 관측값들은 45도선 위에 있을 것이다. 실제 값들이 45도선에 아주 가까워 PPP를 뒷받침하고 있다. 초인플레이션에서 공통적인 것은 대규모 통화 절하와 대규모 인플레이션 차이가 크기 면에서 거의 같다는 점이다. 물가와 환율이 안정적인 경제에서는 환율과 물가가 대규모로 변하기까지는 수년 혹은 수십 년이 걸리는 것이 보통이다. 하지만 초인플레이션에서는 대규모 인플레이션과 대규모 절하가 수년 혹은 수개월에 압축적으로 나타나며, 이 때문에 PPP가 단기에서도 아주 잘 성립하게 된다.

물가 상승이 엄청나게 빠른 경우도 있다. 1921~1922년 오스트리아의 경험이 초인플레이션 역사상 최초의 기록이며, 이때는 물가가 100(즉 10^2)배 상승했다. 이어 1922~1923년 독일에서는 물가가 20억(2×10^{10})배나 폭등했다. 최악의 달에는 물가가 평균 이틀에 두 배씩 상승했다. 1945~1946년 헝가리에서 펭괴 물가가 4×10^{27}배 상승한 것이 현재까지 최고 기록이다. 1946년 7월의 경우 물가가 평균적으로 15시간에 2배씩 상승할 정도였다. 1992~1994년 세르비아의 인플레이션이나 가장 최근 짐바브웨 사례도 헝가리 기록에 육박할 정도였다. 이들과 비교하면 1989~1990년 아르헨티나의 700배 인플레이션이나 브라질의 200배 인플레이션은 그나마 온순한 편이다.

초인플레이션과 통화수요 초인플레이션에서 얻을 수 있는 또 다른 중요한 교훈이 있다. 우리는 앞에서 소개한 단순모형에서 통화수요 모수인 L이 고정돼 있는 것으로 가정했다. 그래서 이를 $\overline{L}$로 표시했다. 이는 곧 실질통화잔고가 실질소득에 비례하는 것을 의미한다. 즉 $M/P = \overline{L}Y$의 관계를 의미한다. 실질통화잔고가 이처럼 안정적이라는 가정이 과연 타당할까?

그림 11-9

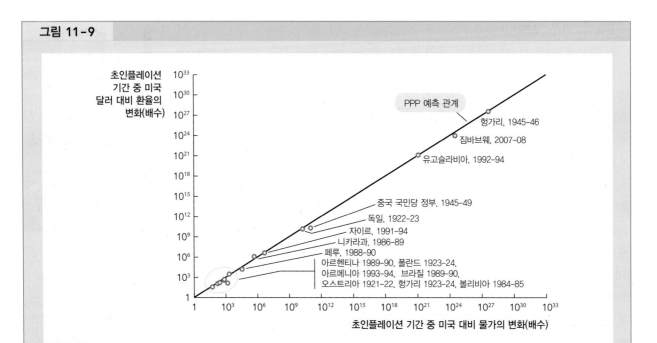

초인플레이션 기간 중 구매력평가 이 산점도는 20세기 초부터 발생한 여러 초인플레이션에 대해 시작부터 종료까지 누적으로 미국 달러 대비 환율의 변화(배수)와 미국 대비 물가의 변화(배수)를 표시한 것이다. 로그척도를 사용했다. 두 변수 간의 상관관계가 강하며, 모든 데이터 점들이 PPP가 이론적으로 예측하는 45도선에 아주 가까이 있는 것을 알 수 있다.

출처 : IMF, International Financial Statistics; Phillip Cagan, 1956, "The Monetary Dynamics of Hyperinflation," in Milton Friedman, ed., *Studies in the Quantity Theory of Money* (Chicago: University of Chicago Press), pp. 25-117; Pavle Petrovic and Zorica Mladenovic, 2000, "Money Demand and Exchange Rate Determination under Hyperinflation: Conceptual Issues and Evidence from Yugoslavia," *Journal of Money, Credit and Banking,* 32, 785-806; Teh-Wei Hu, 1971, "Hyperinflation and the Dynamics of the Demand for Money in China, 1945-1949," *Journal of Political Economy* 79(1), 186-95; Jason Lim II, 2012, "Observations of the Political and Economic Situation in China by the British Mercantile Community during the Civil War, 1945-1949," in Anne-Marie Brady and Douglas Brown, eds., *Foreigners and Foreign Institutions in Republican China* (Abingdon, U.K.: Routledge), pp. 109-27; Zimbabwe estimate based on author's calculations and Steve H. Hanke and Alex K. F. Kwok, 2009, "On the Measurement of Zimbabwe's Hyperinflation," *Cato Journal* 29(2), 353-64.

그림 11-10의 분석을 보면, 적어도 초인플레이션의 경우에는 앞의 가정이 타당하지 않다. 그림에서 가로축은 초인플레이션 기간 중 월별 최고 인플레이션율을 나타내고, 세로축은 최고 인플레이션율 시점에서 실질통화잔고가 최초 시점(초인플레이션 발발 직전월)의 몇 퍼센트인지를 나타낸다. 만약 실질통화잔고가 안정적이라면 세로축 값이 실질소득 상의 변동을 제외하고는 차이가 없어야 하지만, 그림에서 보듯이 큰 차이가 존재함과 동시에 뚜렷한 패턴을 보인다. 즉 인플레이션 수준이 높을수록 실질통화잔고 수준이 낮아진다. 이와 같은 실질통화잔고의 격차는 실질소득의 하락(초인플레이션 과정에서 실제로 발생했음)으로 설명되기에는 너무 큰 수준이다.

이 결과가 그리 놀라운 것은 아니다. 물가가 며칠(혹은 몇 시간)마다 2배로 오르는 상황을 생각해보라. 사람들 호주머니에 있는 돈이 빠른 속도로 종이 쪼가리로 변해가고 있다. 당연히 사람들은 화폐보유를 가급적 줄이려 할 것이다. 이런 행동은 그림에서 보듯이 인플레이션

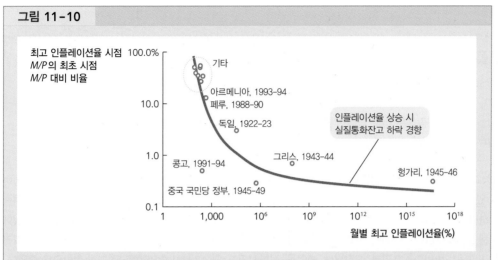

그림 11-10

초인플레이션 기간 중 실질통화잔고의 붕괴 이 그림은 초인플레이션 하에서 실질통화잔고가 붕괴되는 경향이 있음을 보여준다. 가치가 급격히 떨어지는 화폐를 사람들이 가급적 적게 갖고 있으려고 하기 때문이다. 가로축은 초인플레이션 기간 중 월별 최고 인플레이션율(%)을 나타내고, 세로축은 최고 인플레이션율 시점 실질통화잔고의 최초 시점(초인플레이션 발발 직전월) 대비 비율을 나타낸다. 그림은 로그척도를 사용하였다.

출처 : IMF, International Financial Statistics ; Phillip Cagan, 1956, "The Monetary Dynamics of Hyperinflation," in Milton Friedman, ed., *Studies in the Quantity Theory of Money* (Chicago : University of Chicago Press), pp. 25-117 ; Teh-Wei Hu, 1971, "Hyperinflation and the Dynamics of the Demand for Money in China, 1945-1949," *Journal of Political Economy* 79(1), 186-95.

이 높으면 높을수록 더 강해질 것이다. 거래를 위해 돈이 필요하기는 하지만 많이 갖고 있기에는 비용이 너무 크기 때문이다.

이런 식으로 생각했다면 여러분들은 초인플레이션 기간 중 사람들의 행동을 제대로 분석한 것이다. 우리는 다음 절에서 단순모형을 확장하여 좀 더 현실적인 모형을 다룬다. 초인플레이션처럼 병적인 상황은 아니지만 '정상적인' 인플레이션 하에서도 실질통화잔고를 완전히 안정적인 것으로 가정하는 것은 적절하지 않다. 단순모형의 확장에서 우리는 앞에서 강조했던 것처럼 사람들이 통화수요에 있어서 균형(trade-off)을 유지하려 한다고 가정할 것이다. 즉 거래 목적을 위해 화폐를 보유함으로써 얻는 편익과 다른 자산을 놔두고 화폐를 보유함에 따라 발생하는 비용을 비교하는 것이다. ■

4 장기에서 통화, 이자율, 물가 : 일반모형

지금까지 우리는 각국의 환율을 물가와 연결시키는 장기 이론, 즉 PPP를 살펴봤다. 또한 우리는 각국의 물가수준을 통화의 공급 및 수요와 연결시키는 장기 화폐모형, 즉 화폐수량이론에 대해 배웠다.

이런 기초 이론을 통해 물가수준, 통화, 환율 사이의 관계에 대해 기본적인 이해가 가능해졌다. 문제는 수량이론의 가정, 즉 통화수요가 안정적이라는 가정이 적절하지 않다는 점이

헤드라인

21세기 최초의 초인플레이션

2007년 짐바브웨는 대량으로 지폐를 찍어내는 것 말고는 경제활동이 거의 정지 상태였다. 인플레이션율이
갈수록 치솟아(1999년 58%, 2001년 132%, 2003년 385%, 2005년 586%) 초인플레이션으로 바뀌기
직전이었다. 오랫동안 고난을 겪어온 사람들은 더욱 극심한 혼란으로 빠져들고 있었다. 본 신문기사가 보도되고
얼마 되지 않아 현지 통화는 사용이 중단되고, 미국 달러와 남아프리카 공화국 랜드(rand)로 대체됐다.

… 짐바브웨가 세계 역사상 가장 심각한 초인플레이션에 사로잡혀 있다. 한때 자랑스러운 수도였던 이곳 하라레 사람들은 이제 생존투쟁을 위해 발버둥치고 있다. 많은 사람들이 마약판매원, 빈민, 행상, 암시장 사기꾼으로 전락했다. 하루 한두 끼로 연명하는 그들의 움푹 들어간 볼이 배고픔을 잘 말해준다.

여느 짐바브웨인처럼 모요(29세)도 은행에서 현금을 찾기 위해 며칠 동안 줄을 서야 한다. 물건 값을 따질 때 줄을 며칠 섰는지로 계산한다. 비누 하나는 하루, 소금 한 봉지를 위해 또 하루, 옥수수 가루 한 부대를 위해서는 나흘, 이런 식이다.

월요일에 현금 인출 한도가 늘어나기는 했지만, 엄청난 인플레이션 때문에 그 정도 현금을 찾아봐야 턱없이 부족하다고 그녀는 말한다. 인플레이션이 상상하기도 힘든 숫자인 거의 4,000만 퍼센트 수준이다. 머리 땋아주는 일을 하는 모요는 한 푼이라도 더 벌기 위해 집에서 키운 채소를 팔기도 한다. 그녀는 "이것은 적자생존이다."면서 "적응하지 못하면 굶는다."고 말한다.

이곳과 해외 경제학자들은 짐바브웨 경제의 붕괴가 가속화되고 있으며, 남아프리카 심장부에 불안을 전파시키고 있다고 말한다. 파산한 정부가 더 많은 돈을 찍어냄에 따라 인플레이션이 통제되지 않아 2006년 1,000%에서 2007년에는 12,000%로 치솟았다. 콜롬비아대학 경제학과의 제프리 삭스 교수에 따르면, 짐바브웨의 초인플레이션은 아마도 사상 다섯 번째 최악에 속한다. 1920년대 독일, 1940년대 그리스와 헝가리, 그리고 1993년 유고슬라비아. …

기본적인 공공 서비스는 최근 수년간 전문가들의 이탈로 이미 황폐화되었지만, 이제는 대규모로 붕괴되고 있는 상황이다. 수만 명의 선생님, 간호사, 환경미화원, 건물관리인들이 출근을 멈추었다. 이유는 간단하다. 월급의 가치가 한없이 떨어져 출근 버스비에도 못 미치기 때문이다.

베이트브릿지 지역병원 영안실은 이미 부패가 진행 중인 빈민들의 시신이 쌓여가고 있다. 정부당국도 이를 매장할 여력이 없다. …하라레 중앙병원은 영안실에 출근하지 않는 직원들이 늘어남에 따라 시신 반입 한도를 거의 절반으로 줄였다.

수도에는 봄철의 라벤더, 자카란다 꽃송이들이 아름답게 우거져 있기는 하지만, 수도의 대부분은 물이 공급되지 않고 있다. 관계당국이 정수 처리 화학제품의 운송비를 지불하지 않았기 때문이다. 쓰레기 역시 수거되지 않고 쌓여간다. 치텅위자 부근에서는 오염된 물과 하수 때문에 콜레라가 발병하여 16명이 사망했다. …

크웨크웨에서는 자경단원이 닭 한 마리와 달걀, 옥수수 한 통을 훔치려는 남자를 죽이는 일이 발생했다. … 지역의 족장들은 부패한 정치인과 군 관리들을 비판한다. 배고픈 사람들에게 돌아가야 할 곡물을 정치적 커넥션을 가진 사람들에게 팔아먹는다는 것이다.

다. 이 절에서 우리는 이 단점을 해결하기 위해 통화수요가 명목이자율에 따라 변하는 것을 허용하는 좀 더 일반적인 모형을 살펴본다. 결과적으로 이 이론은 이자율이라는 새로운 변수를 도입한다. 그런데 이것이 또다시 새로운 질문을 제기한다. 즉 명목이자율은 장기적으로 어떻게 결정되는가? 이 질문에 답하는 과정에서 우리는 개방경제에서 인플레이션과 명목이자율의 관계에 대해 배우게 된다. 그런 다음 우리는 새로운 모형에 입각하여 원래의 질문, 즉 장기적으로 환율은 어떻게 결정되는지에 대해 다시 생각해본다.

통화수요 : 일반모형

통화수요에 대한 일반모형은 다음 두 가지 측면에 초점을 맞춘다.

- 화폐보유에 따른 편익(benefit)이 있다. 단순 수량이론에서 설명한 대로 화폐의 편익은 그것으로 거래를 할 수 있다는 것이다. 우리는 단순모형에서와 마찬가지로 다른 조건이 동일할 때 거래목적의 통화수요는 소득에 비례하는 것으로 가정한다.
- 화폐보유에 따른 비용(cost)이 있다. 화폐는 명목이자율이 0이다. 즉 $i_{money} = 0$이다. 화폐 보유로 이자를 얻지 못함으로써 사람들은 화폐보유에 따른 기회비용이 발생한다. 가령 사람들이 $i_\$$의 이자를 지불하는 자산을 보유할 수 있다고 해보자. 이 자산과 화폐의 명목수익 차이는 $i_\$ - i_{money} = i_\$ > 0$이다. 이것이 기회비용에 해당한다.

대상을 개인이나 가계에서 거시경제적 수준으로 확대해도 총량적 통화수요는 비슷하게 움직일 것으로 예상할 수 있다.

다른 조건이 동일할 때, 나라 전체의 달러 소득(명목소득)이 증가하면 거래가 비례적으로 늘어나고, 그것이 다시 총량적 통화수요를 비례적으로 늘린다.

다른 조건이 동일할 때, 명목이자율이 상승하면 총량적 통화수요가 줄어든다.

결국 일반모형에서 통화수요는 명목소득에 비례하고, 동시에 명목이자율의 감소함수이다.

$$\underbrace{M^d}_{\text{통화수요(\$)}} = \underbrace{L(i)}_{\text{감소함수}} \times \underbrace{P \times Y}_{\text{명목소득(\$)}}$$

앞의 화폐수량이론에서 모수 L(유동성비율, 즉 명목GDP 1달러 거래에 필요한 화폐의 양)은 값이 변하지 않는 상수였다. 그러나 일반모형에서는 L을 명목이자율 i의 감소함수로 가정한다. 양변을 P로 나누면 다음과 같이 실질통화잔고에 대한 수요가 도출된다.

$$\underbrace{\frac{M^d}{P}}_{\text{실질통화수요}} = \underbrace{L(i)}_{\text{감소함수}} \times \underbrace{Y}_{\text{실질소득}}$$

그림 11-11(a)는 위 식으로 표현된 **실질통화수요 함수**(real money demand function)의 전형적인 형태를 보여준다. 그림에서 가로축은 실질통화잔고 수요량이고, 세로축은 명목이자율이다. 수요곡선이 우하향인 것은 실질소득(Y)이 어떤 수준으로 주어졌을 때, 실질통화잔고에 대한 수요가 명목이자율과 역의 관계임을 의미한다.

그림 11-11(b)는 실질소득이 Y_1에서 Y_2로 증가했을 때의 변화를 보여준다. 실질소득이 ($x\%$) 증가하면 각 명목이자율 하에서 실질통화잔고에 대한 수요가 ($x\%$) 증가한다. 따라서 곡선이 오른쪽으로 이동한다.

그림 11-11

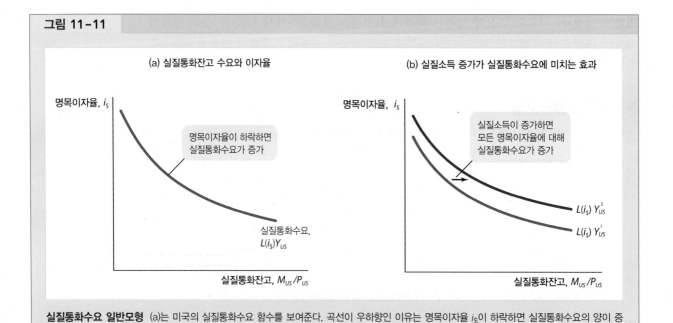

(a) 실질통화잔고 수요와 이자율

명목이자율, $i_\$$

명목이자율이 하락하면
실질통화수요가 증가

실질통화수요,
$L(i_\$)Y_{US}$

실질통화잔고, M_{US}/P_{US}

(b) 실질소득 증가가 실질통화수요에 미치는 효과

명목이자율, $i_\$$

실질소득이 증가하면
모든 명목이자율에 대해
실질통화수요가 증가

$L(i_\$)\,Y_{US}^2$

$L(i_\$)\,Y_{US}^1$

실질통화잔고, M_{US}/P_{US}

실질통화수요 일반모형 (a)는 미국의 실질통화수요 함수를 보여준다. 곡선이 우하향인 이유는 명목이자율 $i_\$$이 하락하면 실질통화수요의 양이 증가하기 때문이다. (b)는 실질소득이 Y_{US}^1에서 Y_{US}^2으로 증가하면 모든 명목이자율 하에서 실질통화수요가 증가하는 것을 보여준다.

화폐시장 장기 균형

화폐시장 균형은 실질통화공급(중앙은행에 의해 결정)이 실질통화잔고에 대한 수요(명목이자율과 실질소득에 의해 결정)와 동일할 때 성립한다.

$$\underbrace{\frac{M}{P}}_{\text{실질통화공급}} = \underbrace{L(i)Y}_{\text{실질통화수요}}$$ (11-7)

우리는 앞에서와 마찬가지로 물가가 장기적으로 신축적이며 화폐시장 균형을 달성하게끔 조정된다고 가정한다.

이로써 우리는 화폐시장 균형을 설명하는 모형을 갖추게 되었으며, 이를 통해 환율결정에 대한 이해를 높일 수 있다. 그러나 장기 환율결정을 분석하기 전에 마지막으로 한 가지가 더 필요하다. 즉 화폐수량이론에서 명목이자율에 대해서는 다루지 않았다. 그런데 우리 일반모형에서 이제 명목이자율이 통화수요를 결정하는 핵심 변수가 되었다. 따라서 명목이자율 i가 장기적으로 어떤 수준이 될 것인지를 말해주는 이론이 필요하다. 이 문제를 해결하면 우리는 비로소 화폐시장에 대해 새롭고 좀 더 복잡한, 하지만 더 현실적인 모형을 적용하여 장기에 있어서 환율결정을 분석할 수 있을 것이다.

장기에서 인플레이션과 이자율

개방경제에서 명목이자율이 어떻게 결정되는지는 사실상 지금까지 우리가 배운 이론으로 분

석이 가능하다. 우선 우리는 물가와 환율을 연결시키는 구매력평가(PPP)에 대해 살펴봤다. 또한 앞 장에서 살펴본 또 다른 평가 조건인 유위험이자율평가(UIP)는 환율과 이자율을 연결시킨다. 이들 PPP와 UIP만으로 우리는 이자율에 관해 강력하고 놀라운 결과를 도출할 수 있다. 이 결과는 개방경제 거시경제학을 공부하는 데 중요한 의미를 지닌다.

식 (11-2)의 상대적 PPP에 따르면 환율 절하율은 시점 t의 인플레이션 차이와 동일하다. 시장 참가자들은 이 식을 미래 환율을 예측하는 데 사용할 수 있다. 이 경우에는 예상(expectation)이라는 의미에서 윗첨자 e를 사용하기로 하자. 다음은 식 (11-2)를 시점 t에 예상되는 절하율과 인플레이션의 관계로 다시 쓴 것이다.

$$\underbrace{\frac{\Delta E_{\$/\epsilon}^e}{E_{\$/\epsilon}}}_{\text{예상달러절하율}} = \underbrace{\pi_{US}^e - \pi_{EUR}^e}_{\text{예상인플레이션 차이}}$$

이번에는 식 (11-3)의 UIP 근사식을 다시 정리하면 다음과 같이 시점 t에 예상되는 절하율이 이자율 차이와 동일하다는 것을 보일 수 있다.

$$\underbrace{\frac{\Delta E_{\$/\epsilon}^e}{E_{\$/\epsilon}}}_{\text{예상달러절하율}} = \underbrace{i_\$}_{\substack{\text{명목달러} \\ \text{이자율}}} - \underbrace{i_\epsilon}_{\substack{\text{명목유로} \\ \text{이자율}}}$$

UIP를 이런 식으로 표현하면 그 의미는 다음과 같다. 투자자들은 미국 이자율이 유로이자율보다 더 높아도(그래서 미국 예금이 더 유리해 보여도), 달러의 예상절하율에 의해 그것이 상쇄되는 경우 두 가지 투자를 동일한 것으로 간주한다. 예를 들면 미국 이자율이 4%이고 유로이자율이 2%라 하자. 그러면 이자율 차이는 2%이다. 이때 투자자들이 미국 달러가 유로에 대해 2% 절하될 것으로 예상하는 경우, 그것이 미국의 높은 이자율을 정확히 상쇄하기 때문에 외환시장은 균형이 된다.

피셔효과

위의 두 식에서 좌변이 동일하기 때문에 우변 역시 동일해야 한다. 즉 명목이자율 차이는 예상인플레이션 차이와 동일하다.

$$\underbrace{i_\$ - i_\epsilon}_{\substack{\text{명목이자율} \\ \text{차이}}} = \underbrace{\pi_{US}^e - \pi_{EUR}^e}_{\substack{\text{예상인플레이션율} \\ \text{차이}}} \tag{11-8}$$

이 식은 중요한 의미를 갖는다. 예를 들어보자. 만약 예상인플레이션이 미국에서 4%이고 유럽은 2%이다. 이 경우 위 식 우변의 인플레이션 차이는 +2%(4%-2% = +2%)이다. 만약 유럽의 이자율이 3%이면, 이자율 차이가 인플레이션 차이와 동일해지기 위해서는 미국의 이자율이 5%(5%-3% = +2%)이어야 한다.

이제 미국의 예상인플레이션이 바뀌어서 5%로 1% 포인트 높아졌다고 하자. 만약 유럽에서는 아무것도 바뀐 것이 없다면 미국의 이자율 역시 1% 포인트 상승하여 6%가 되어야만 위

식이 성립한다. 위 식의 의미를 일반화시켜 말하면, 예상인플레이션의 변화가 명목이자율 변화에 완전히(일대일로) 반영된다는 것이다.

다른 조건이 동일할 때, 한 나라의 예상인플레이션율이 상승하면 해당 나라의 명목이자율이 동일 크기로 상승한다.

이 결과를 **피셔효과**(Fisher effect)라 부른다. 이 이론을 주장한 미국 경제학자 어빙 피셔(1867~1947)의 이름을 딴 것이다. 위 식은 PPP 가정하에서 도출된 것이기 때문에 장기에서만 성립하는 것으로 볼 수 있다.

피셔효과는 물가가 신축적인 상황에서 인플레이션과 이자율의 관계를 명시적으로 제시하고 있다는 점에서 폭넓은 적용이 가능하다. 우선 한 가지 짚고 넘어가면, 바로 앞 절에서 보았던 초인플레이션 기간 중 화폐보유 행동(그림 11-10 참조) 역시 피셔효과로 설명될 수 있다. 인플레이션이 높아질 때, 피셔효과에 의하면 명목이자율 i가 동일 크기로 상승해야 한다. 이 경우 통화수요 일반모형에 따르면, i의 감소함수인 $L(i)$가 감소해야 한다. 결국 실질소득에 변화가 없을 때, 인플레이션이 상승하면 실질통화잔고가 감소한다는 것이다.

달리 표현하면, 피셔효과에 의하면 명목이자율이 변하는 경우에만 화폐의 기회비용이 영향을 받는 것이 아니라 인플레이션의 변화 역시 동일한 효과를 갖는다. 따라서 인플레이션이 아주 높은 시기에는 사람들이 화폐를 더 적게 갖고 있으려 한다.

실질이자율평가

위에서 설명한 것처럼 피셔효과는 명목이자율에 관한 것이다. 하지만 우리는 실질이자율에 대해서도 유용한 관계를 도출할 수 있다. 위의 마지막 식을 다시 정리하면 다음과 같다.

$$i_\$ - \pi^e_{US} = i_\euro - \pi^e_{EUR}$$

거시경제학을 배웠다면 위 식의 좌변이나 우변을 접한 적이 있을 것이다. 이처럼 명목이자율(i)에서 인플레이션율(π)을 뺀 것을 **실질이자율**(r, real interest rate)이라 한다. 어떤 이자지불 자산이 있을 때, 실질이자율이란 인플레이션을 감안한 수익률을 말한다. 이 정의를 이용하여 위 식을 좀 더 간단히 표현할 수 있다. 좌변은 미국의 예상실질이자율($r^e_{US} = i_\$ - \pi^e_{US}$)이고, 우변은 유럽의 예상실질이자율($r^e_{EUR} = i_\euro - \pi^e_{EUR}$)이다.

결국 PPP 및 UIP의 두 가정하에서 다음이 성립한다.

$$r^e_{US} = r^e_{EUR} \tag{11-9}$$

이 놀라운 결과는 다음을 의미한다. 만약 PPP와 UIP가 성립한다면 나라 간에 예상실질이자율이 동일해진다.

이 강력한 조건을 **실질이자율평가**(real interest parity)라 부른다. 위 식은 PPP 가정하에서 도출된 것이기 때문에 장기에서만 성립하는 것으로 볼 수 있다.[10]

이로써 우리는 전 세계적으로 경제적 성과가 수렴할 수 있다는 강력한 결론에 도달했다. 즉 실질이자율평가는 다음을 의미한다. 장기적으로 봤을 때 재화 및 금융시장에서 차익거래가 성립하기만 하면 나라들 간에 실질이자율이 동일해진다.

우리는 두 나라만 다뤘으나 위 결과는 세계 자본시장에 통합된 모든 나라에 대해 적용된다. 장기적으로 모든 나라는 동일한 예상실질이자율을 가질 것이다. 이를 장기 예상 **세계실질이자율**(world real interest rate) r^*로 표현하면 다음이 성립한다.

$$r^e_{US} = r^e_{EUR} = r^*$$

이제부터 다른 언급이 없는 한, 우리는 r^*을 주어진 외생변수로 간주한다. 즉 어느 특정 나라의 정책결정자가 조정할 수 없는 변수이다.[11]

이들 조건하에서 피셔효과는 좀 더 분명해진다. 정의에 의해 다음이 성립한다.

$$i_\$ = r^e_{US} + \pi^e_{US} = r^* + \pi^e_{US} \qquad i_€ = r^e_{EUR} + \pi^e_{EUR} = r^* + \pi^e_{EUR}$$

따라서 각 나라의 장기 명목이자율은 장기 세계실질이자율에 그 나라의 장기 예상인플레이션율을 합친 것이다. 예를 들어 세계실질이자율이 $r^* = 2\%$인 상황에서 한 나라의 장기 예상인플레이션율이 3%에서 5%로 2% 포인트 상승하면, 그 나라의 장기 명목이자율 역시 원래의 $2+3 = 5\%$에서 새로운 $2+5 = 7\%$로 2% 포인트 상승한다.

적용사례

피셔효과 실증분석

피셔효과와 실질이자율평가는 실증적으로 뒷받침되는가? 이를 살펴보는 데는 한 가지 문제가 있다. 우리는 이 조건들을 구매력평가로부터 도출했다. 그런데 PPP는 장기에 있어서만 실증적으로 뒷받침된다는 것을 보았다. 따라서 피셔효과와 실질이자율평가 역시 단기적으로는 정확히 성립할 것으로 기대하기 어렵다. 하지만 장기적으로는 (최소한 근사적으로는) 성립할 것으로 예상할 수 있다.

그림 11-12는 피셔효과가 장기적으로는 현실을 잘 설명한다는 것을 보여준다. 즉 평균적으로 봤을 때, 인플레이션율이 높을수록 명목이자율이 높아지는 경향이 있으며, 데이터가 이론의 예상에 상당히 잘 부합한다. 그림 11-13은 3개 선진국에 대해 봤을 때, 장기적으로 실질이자율평가가 상당히 잘 성립하는 것을 보여준다. 실질이자율 차이가 항상 0은 아니지만 장기적으로 0을 중심으로 오르내리는 경향을 보이고 있다. 이것은 장기 실질이자율평가를 뒷받침하는 증거로 볼 수 있다. ■

---

10 각국의 실질이자율이 동일해지는 것을 다른 이론으로 도출할 수도 있다. (기술전파 때문에) 각국의 기술력이 비슷해지거나, 혹은 (비슷한 선호 때문에) 저축 행태가 비슷해질 수 있다. 이럴 경우 **폐쇄경제** 하에서조차도 실질이자율이 동일해질 수 있다. 그러나 위에서 우리는 실질이자율평가 조건을 오직 UIP 및 PPP 조건만으로 도출했다. 이것은 곧 개방경제에서 이 두 조건이 실질이자율이 동일해지는 데 **충분한** 조건임을 의미한다. 다른 가정은 필요 없다!

11 세계실질이자율 결정요인으로서 가계의 소비선호와 미래에 대한 할인 정도 등이 있는데, 이에 대해서는 고급 경제이론에서 다룬다.

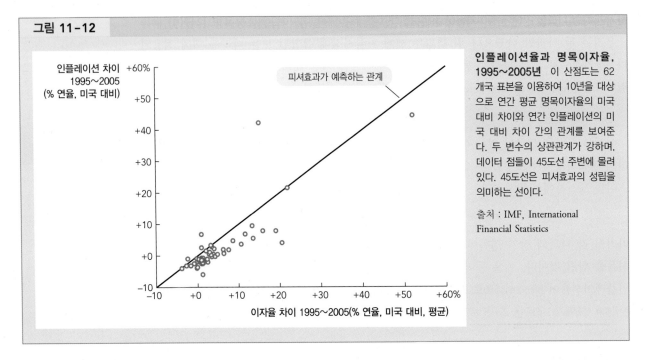

그림 11-12

인플레이션 차이 1995~2005 (% 연율, 미국 대비)

피셔효과가 예측하는 관계

이자율 차이 1995~2005(% 연율, 미국 대비, 평균)

인플레이션율과 명목이자율, 1995~2005년 이 산점도는 62개국 표본을 이용하여 10년을 대상으로 연간 평균 명목이자율의 미국 대비 차이와 연간 인플레이션의 미국 대비 차이 간의 관계를 보여준다. 두 변수의 상관관계가 강하며, 데이터 점들이 45도선 주변에 몰려 있다. 45도선은 피셔효과의 성립을 의미하는 선이다.

출처 : IMF, International Financial Statistics

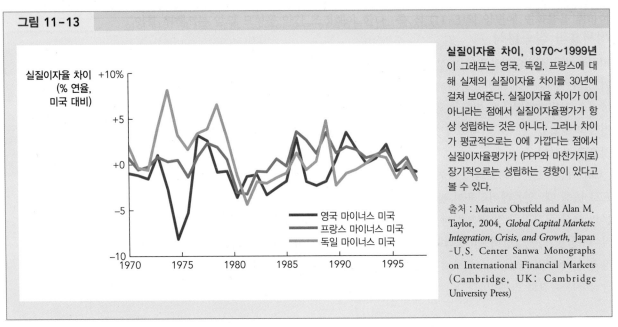

그림 11-13

실질이자율 차이 (% 연율, 미국 대비)

영국 마이너스 미국
프랑스 마이너스 미국
독일 마이너스 미국

실질이자율 차이, 1970~1999년 이 그래프는 영국, 독일, 프랑스에 대해 실제의 실질이자율 차이를 30년에 걸쳐 보여준다. 실질이자율 차이가 0이 아니라는 점에서 실질이자율평가가 항상 성립하는 것은 아니다. 그러나 차이가 평균적으로는 0에 가깝다는 점에서 실질이자율평가가 (PPP와 마찬가지로) 장기적으로는 성립하는 경향이 있다고 볼 수 있다.

출처 : Maurice Obstfeld and Alan M. Taylor, 2004, *Global Capital Markets: Integration, Crisis, and Growth,* Japan -U.S. Center Sanwa Monographs on International Financial Markets (Cambridge, UK: Cambridge University Press)

일반모형 하에서 기본방정식

이제 우리는 장기에서 명목이자율이 어떻게 결정되는지 이해했다. 이로써 일반모형이 완성됐다. 이 모형이 단순모형(화폐수량이론)과 다른 점은 오직 한 가지로서 L이 고정돼 있는 것이 아니라 명목이자율 i의 함수로서 변화한다는 점이다.

따라서 이제 우리의 기본방정식을 이것에 맞게 바꿔보자. 예를 들어 환율에 대한 화폐적 접근의 기본방정식인 식 (11-3)은 다음과 같이 수정된다.

$$\underbrace{E_{\$/\epsilon}}_{\text{환율}} = \underbrace{\frac{P_{US}}{P_{EUR}}}_{\text{물가수준 비율}} = \frac{\left(\dfrac{M_{US}}{L_{US}(i_\$)Y_{US}}\right)}{\left(\dfrac{M_{EUR}}{L_{EUR}(i_\epsilon)Y_{EUR}}\right)} = \underbrace{\frac{(M_{US}/M_{EUR})}{(L_{US}(i_\$)Y_{US}/L_{EUR}(i_\epsilon)Y_{EUR})}}_{\substack{\text{상대적 명목통화공급} \div \\ \text{상대적 실질통화수요}}} \quad (11\text{-}10)$$

여기에서 새롭게 바뀐 것이 어떤 것인가? 만약 명목이자율이 장기적으로 변하지 않는 경우라면 단순모형이 여전히 유효할 것이다. 다시 말하면 명목이자율이 변하는 경우에만 일반모형이 차별성을 지니며, 그 상황에서 비로소 제대로 된 분석도구를 제공한다. 이를 살펴보기 위해 이번 장 앞쪽에서 이미 다뤘던 환율예측 문제를 다시 한 번 생각해보자.

일반모형을 이용한 환율예측

앞에서 우리는 물가가 신축적이라는 가정하에서 두 가지 예측 문제를 살펴봤다. 첫 번째는 미국 통화공급의 예상치 못한 일회성(one-time) 증가이다. 우리의 가정(양국 실질소득과 유럽 통화공급은 안정적이라는 가정)하에서 미국 통화공급의 변화는 미국 물가수준의 일회성 상승을 초래하지만 미국의 인플레이션 변화로 이어지지는 않는다(즉 사건의 전과 후 모두 0).

피셔효과에 따르면 인플레이션율이 바뀌지 않는 한, 장기적으로 명목이자율은 변하지 않는다. 따라서 이 경우에는 단순모형의 예측이 여전히 유효하다. 그러나 두 번째 좀 더 복잡한 예측문제, 즉 미국 통화증가율의 예상치 못한 일회성 상승은 인플레이션의 변화를 야기한다. 바로 이 경우에 일반모형의 예측이 단순모형과 달라진다.

앞에서 우리는 미국과 유럽의 실질소득 증가율이 0%로 동일하고, 따라서 실질소득 수준에 변화가 없다고 가정했다. 또한 유럽의 통화공급은 일정하고, 따라서 유럽의 물가수준 역시 일정하다고 가정했다. 이로써 우리는 다른 모든 것이 동일한 상태에서 미국쪽의 변화가 미치는 효과에 초점을 맞출 수 있다.

이제 미국의 통화증가율이 상승한 경우를 다시 분석해보자. 시점 T에 미국의 통화공급 증가율이 기존의 μ에서 $\mu + \Delta\mu$로 높아졌다고 해보자.

예를 들어 증가율이 2%에서 3%로 상승하는 경우 $\Delta\mu = 1\%$이다. 이 경우 장기적으로 환율은 어떻게 움직일 것인가? 이를 분석하기 위해 우리는 일단 미국의 인플레이션율과 이자율이 시점 T 이전과 이후 기간에 각각 고정돼 있다고 가정한다. 이 상태에서 통화공급 증가율 변화로 시점 T 이전과 이후에 어떤 변화가 발생하는지 분석해보자. 결과가 그림 11-14에 나와 있다.

a. 통화공급은 일정한 비율로 증가한다. 만약 각 기간의 이자율이 고정돼 있다면 실질통화 잔고 M/P 역시 고정돼 있다. 왜냐하면 이 경우 가정에 의해 $L(i)Y$ 역시 변화가 없기 때문이다. 만약 실질통화잔고가 고정돼 있다면 M과 P는 동일한 비율로 상승한다. T 이전

에 이 비율은 $\mu = 2\%$이고, T 이후에는 $\mu + \Delta\mu = 3\%$이다. 즉 미국의 인플레이션율은 시점 T에 $\Delta\mu = 1\%$만큼 상승한다.

b. 피셔효과에 의해 미국 이자율 역시 시점 T에 $\Delta\mu = 1\%$만큼 상승한다. 따라서 실질통화잔고 M/P는 시점 T에 떨어져야 한다. 왜냐하면 이자율이 상승하면 $L(i)Y$는 감소하기 때문이다.

c. (a)에서 M의 경로를 설명했다. 또한 (b)에서는 M/P이 T까지는 변화가 없고, T에서 갑자기 떨어진 다음, T 이후에는 또 다시 변화가 없다는 것을 알았다. 이 경우 물가수준 P는 어떤 경로를 따를까? 일단 T까지는 M의 일정 배수이다. 이것은 T 이후에도 마찬가지이다. 단지 일정 배수 값이 더 높아진다. 이를 이해하기 위해 시점 T를 생각해보자.

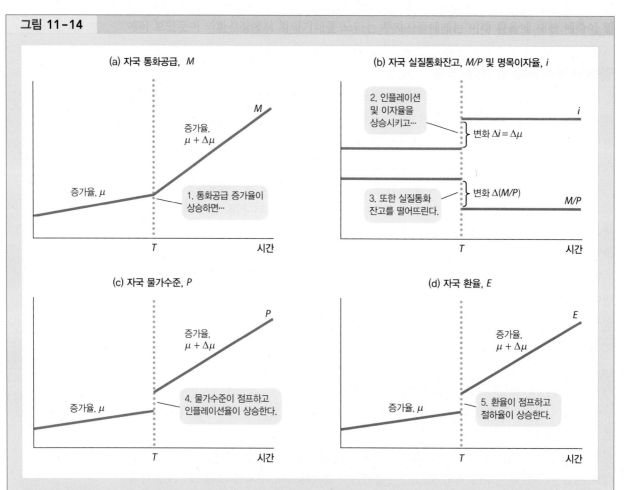

그림 11-14

일반모형에서 통화공급 증가율의 상승 시점 T까지는 통화, 물가, 환율이 모두 μ의 비율로 상승한다. 또한 외국의 물가는 변화가 없다. (a)에서 시점 T에 자국의 통화공급 M의 증가율이 $\Delta\mu$만큼 상승했다고 하자. 이는 인플레이션율을 $\Delta\mu$만큼 상승시킨다. 또한 피셔효과에 따라 명목이자율 역시 $\Delta\mu$만큼 상승한다. 이 경우 (b)에서 보듯이 시점 T에 실질통화수요가 점프 하락한다. 명목통화공급이 완만하게 증가하는 가운데 실질통화잔고가 하락하기 위해서는 (c)에서 보듯이 자국 물가수준이 시점 T에서 불연속적으로 점프 상승해야 한다. 시점 T 이후에는 물가가 새로이 높아진 인플레이션율에 따라 상승한다. 외국 물가수준에 변화가 없기 때문에 PPP에 따르면 환율은 (d)에서 보는 것처럼 자국 물가수준과 유사한 경로를 따르게 된다.

우선 명목통화공급은 점프 없이 완만하게 움직인다. 따라서 만약 실질통화잔고가 시점 T에 불연속적으로 떨어지기 위해서는 물가수준이 시점 T에 불연속적으로 점프 상승해야 하는 것이다. 이것을 직관적으로 생각해보면, 시점 T에 인플레이션과 이자율이 상승하면 사람들이 실질통화수요를 즉각적으로 줄이려 하는데, 이 순간 명목통화공급은 변하지 않기 때문에 물가수준이 점프 상승해야 한다는 것을 의미한다. 점프 후에 P는 일정 비율로 상승한다. T 이전에는 $\mu = 2\%$의 비율로 상승하고, T 이후에는 $\mu + \Delta\mu = 3\%$의 비율로 상승한다.

d. PPP에 따르면 E와 P가 동일한 비율로 움직여야 하기 때문에 E는 항상 P의 일정 배수이다. 따라서 E는 P처럼 시점 T에 점프를 한다. 이 점프를 제외하고는 E는 일정 비율로 상승한다. T 이전에는 상승 비율이 $\mu = 2\%$이고, T 이후에는 $\mu + \Delta\mu = 3\%$이다.

그림 11-14는 위 설명에 따라 핵심 변수들의 움직임을 그림으로 그린 것이다.(분석을 시작할 때 예비적으로 시점 T 이전과 이후 각 기간에 인플레이션율과 이자율이 고정돼 있다고 가정했는데, 분석결과가 이 가정을 만족한다는 점에서 위의 해는 내적 일관성이 있다.)

그림 11-14를 그림 11-6과 비교하면 단순 화폐수량이론과 일반모형의 예측 간에 질적 차이가 약간 있는 것을 알 수 있다. 이자율의 변동이 실질통화수요의 점프를 야기한다. 그런데 통화공급은 완만히 움직이기 때문에 이 점프는 결국 물가수준, 그리고 PPP를 통해 환율의 움직임에까지 반영된다. 피셔효과가 우리에게 말해주는 것은 이러한 이자율효과가 궁극적으로는 예상인플레이션의 변화 때문이라는 것이다.

학습방향 위에서 분석한 시장 메커니즘에 대해 좀 더 생각해보자. 사람들은 시점 T에 미국의 통화증가가 더 빨라졌다는 것을 안다. 이렇게 되면 미국의 인플레이션이 더 높아질 것이라는 예상을 하게 된다. 만약 사람들이 PPP가 장기적으로 성립하는 것을 믿는다면, 미래 인플레이션의 상승이 향후 미국 통화의 절하를 야기할 것으로 생각할 것이다. 이 경우 UIP에 따르면 달러를 보유하고 있는 것은 바람직하지 않다. 사람들은 달러를 팔고 유로에 투자하려 할 것이다. 이렇게 되면 달러에 즉각적인 절하압력이 발생한다. 시점 T에 달러공급에 아무런 변화도 발생하지 않았는데도 말이다! 이것은 환율결정에서 예상의 중요성을 재차 강조한다. 오늘 실제 경제조건에 아무런 변화가 없다고 해도 미래에 대한 뉴스가 오늘의 환율에 영향을 미친다. 이것은 중요한 통찰력으로서 현물환율의 변동성이나 불안정성과 관련된 많은 현상을 설명하는 데 도움을 준다. 이에 대해서는 다음 장에서 추가적으로 살펴본다.

5 통화제도와 환율제도

화폐적 접근에 따르면 모든 명목변수들(통화공급, 이자율, 물가수준, 환율)이 장기적으로 서로 연결돼 있다. 따라서 통화정책을 어떻게 펼치느냐에 따라 경제적 결과들, 특히 물가와 인플레이션이 크게 영향을 받는다. 당연히 정책결정자, 정부, 그리고 그들이 대표하는 모든 사람들이 그 결과에 큰 관심을 갖는다. 따라서 화폐적 접근에서는 장기적인 경제정책 수립과정 역시 중요한 이슈이다. 이번 절에서는 이러한 이론과 정책, 둘 사이의 중요한 연관성을 살펴보기로 한다.

지금까지 우리는 인플레이션이라는 경제변수의 중요성을 거듭 강조해왔다. 인플레이션이 왜 그토록 중요할까? 인플레이션이 높거나 변동이 심한 것은 바람직하지 않다. 경제의 안정을 저해하고 성장을 지연시키기 때문이다.[12] 일반적으로 인플레이션이 낮고 안정적인 경제가 인플레이션이 높고 변동이 심한 경제보다 더 빨리 성장한다. 인플레이션 위기, 즉 인플레이션이 치솟거나 초인플레이션 수준까지 이르면 경제가 심각한 피해를 입는다.[13]

따라서 인플레이션을 일정 한도 이내로 묶어두려는 노력은 경제정책의 핵심과제이다. 이러한 목표는 정책결정자들로 하여금 장기적으로 어떤 조건에 얽매이게 만든다(혹은 정책결정자 스스로 일정 조건을 설정한다). 그러한 조건들을 **명목기준지표**(nominal anchor)라 부른다. 이는 정책결정자가 기본적으로 통제할 수 있는 어떤 명목변수(nominal variable)로서, 그것을 일정하게 묶어두려 한다는 점에서 '기준지표(anchor : 닻)'라 부른다.

정책결정자가 물가를 직접 통제할 수는 없다. 따라서 단기적으로는 물가안정을 달성하는 것이 가능하지 않다. 결국 문제는 장기적인 물가안정이다. 이를 위해 정책결정자가 무엇을 할 수 있고, 단기적으로는 어떤 종류의 유연성이 허용될 수 있는지가 중요하다. 이처럼 장기 명목기준지표 설정과 단기적 유연성이 **통화제도**(monetary regime)를 특징짓는 중요한 요소이다. 이번 절에서는 다양한 유형의 통화제도와 그것이 환율에 어떤 의미를 갖는지 살펴보자.

장기 : 명목기준지표

장기적 인플레이션 목표를 달성하기 위해 정책결정자가 사용할 수 있는 기준지표로 어떤 변수들이 있을까? 이 질문에 답하기 위해 앞에서 배운 여러 식을 생각해보자. 즉 상대적 PPP를 나타내는 식 (11-2), 화폐수량이론을 변화율로 표시한 식 (11-4), 피셔효과를 나타내는 식 (11-8) 등을 재정리하여 자국 인플레이션율을 기준으로 표현해보자. 이하의 논의는 어느

---

12 거시경제학자들은 여러 측면에서 인플레이션의 잠재적 비용에 대해 설명한다. 예상인플레이션은 우선 화폐보유 비용을 발생시킨다. 이는 거래에 부과되는 일종의 세금으로서 경제에 마찰요인이 추가되는 셈이다. 또한 기업과 근로자는 명목금액으로 계약을 맺기 때문에 인플레이션 발생 시 금액을 변경해야 하고 계약을 자주 수정해야 한다. 뿐만 아니라 조세제도에는 중요한 명목조항들을(예를 들어 공제나 면제 한도 금액)이 있는데, 인플레이션은 이를 왜곡시킨다. 예상치 못한 인플레이션은 채권자로부터 채무자에게 소득이 임의로 재분배되는 효과를 초래한다. 이는 차입과 대부에 위험을 야기하여 이자율과 투자비용을 상승시킨다. 요컨대 인플레이션이 낮고 안정적이지 않으면 최소한 경제생활이 불편해지고, 최악의 경우에는 (초인플레이션처럼) 경제가 제대로 작동하지 않는다. 다음을 참조하라. Gregory Mankiw, 2013, *Macroeconomics*, 8th ed., Chap. 5 (New York: Worth).

13 이것은 인과관계라기보다는 현상을 말하는 것이다. 높은 인플레이션과 낮은 성장률 모두 제3의 요인(가령 취약한 제도적 기반)에 의해 발생할 수 있다. 이 문제를 다루기 위해 복잡한 계량경제학적 방법을 사용한 연구들이 행해지고 있다. 다음을 참조하라. Stanley Fischer, 1993, "The Role of Macroeconomic Factors in Growth," *Journal of Monetary Economics*, 32, 485–511; Robert J. Barro, 1997, *Determinants of Economic Growth* (Cambridge, Mass.: MIT Press); Michael Bruno and William Easterly, 1998, "Inflation Crises and Long-Run Growth," *Journal of Monetary Economics*, 41, 3–26.

나라에나 적용될 수 있다. 이를 강조하기 위해 미국과 유럽이라는 표기 대신 자국(H)과 외국(F)으로 표기하기로 한다.

세 가지 주요 명목기준지표는 다음과 같다.

- **환율 목표**(exchange rate target) : 식 (11-2)의 상대적 PPP에 따르면 환율 절하율은 인플레이션 차이와 동일하다. 즉 $\Delta E_{H/F}/E_{H/F} = \pi_H - \pi_F$. 이를 아래와 같이 표현함으로써 인플레이션을 묶어두는 한 가지 방법을 찾을 수 있다.

$$\underbrace{\pi_H}_{\text{인플레이션}} = \underbrace{\frac{\Delta E_{H/F}}{E_{H/F}}}_{\substack{\text{절하율} \\ | \\ \boxed{\text{기준지표}}}} + \underbrace{\pi_F}_{\substack{\text{외국} \\ \text{인플레이션}}}$$

상대적 PPP에 따르면, 자국 인플레이션은 환율 절하율에 외국 인플레이션을 더한 것이다. 인플레이션을 묶어두는 가장 간단한 방법은 절하율을 어떤 상수로 고정시키는 것이다. 고정환율제를 취하면 절하율은 당연히 0이다. 크롤제도라면 0이 아닌 상수가 될 것이다. 절하율을 상수로 고정시키는 대신 어떤 목표를 중심으로 다소의 변동 여지를 부여할 수도 있다(즉 밴드). 혹은 환율에 대해 '제한적 유연성'을 허용하는 다소 느슨한 목표를 둘 수도 있다. 이상의 정책들은 PPP가 제대로 작동한다면, 그리고 정책결정자가 자신의 책무를 지킨다면 자국 인플레이션을 안정시킬 수 있다. 그런데 여기에서 한 가지 문제는 위 식의 마지막 항이다. 즉 PPP에 따르면 장기적으로 자국은 외국으로부터 인플레이션을 '수입'하는 셈이다. 선택한 절하율에 외국 인플레이션만큼 추가된다. 만약 고정환율 하에서 외국 인플레이션이 가령 연 1%이면 자국 인플레이션 역시 1%이다. 이는 곧 물가안정이 확실한 나라(가령 미국)에 대해 환율을 고정시켜야만 자국의 물가를 안정시킬 수 있다는 것을 의미한다. 실제로 많은 나라들이 거의 예외 없이 물가가 안정된 나라를 대상으로 환율을 고정시킨다. 환율 목표제는 자주 선택되는 정책으로서 전 세계의 절반 이상이 어떤 형태로든 고정환율제도를 취하고 있다.

- **통화공급 목표**(money supply target) : 화폐수량이론이 또 하나의 기준지표를 제시한다. 수량이론에 따르면 인플레이션은 통화공급 증가율에서 실질소득 증가율을 뺀 것이다.

$$\underbrace{\pi_H}_{\text{인플레이션}} = \underbrace{\mu_H}_{\substack{\text{통화공급} \\ \text{증가율} \\ | \\ \boxed{\text{기준지표}}}} - \underbrace{g_H}_{\substack{\text{실질생산} \\ \text{증가율}}}$$

가장 간단한 방법은 통화공급 증가율을 어떤 상수(가령 연간 2%)로 고정시키는 것이다. 사실상 화폐발행을 자동화시켜 사람이 간섭을 하지 않는 방식이라 할 수 있다. 중앙은행이 로봇에 의해 운영되는 셈이다. 하지만 실제 이를 실행하는 데는 어려움이 있다. 앞에서와 마찬가지로 위 식의 마지막 항이 문제이다. 즉 실질소득 증가가 불안정할 수 있다. 고성장 기간에는 인플레이션이 목표수준보다 낮을 것이다. 반대로 저성장 기간에는 인플레이션이 목표수준보다 높을 것이다. 이 때문에 통화공급 목표제는 인기가 떨어지고 있으며, 다른 목표와 연결시켜 사용하는 추세이다. 예를 들어 유럽중앙은행(ECB)은 정책 판단을 할 때 통화증가율을 부분적으로 사용하고 있다고 주장하지만, 거기에 어느 정도 비중을 두는지는 확실치 않다.

■ **이자율정책을 통한 인플레이션 목표**(inflation target plus interest rate policy) : 피셔효과가 또 다른 기준지표를 제시한다.

$$\underbrace{\pi^e_H}_{\substack{(\text{예상}) \\ \text{인플레이션}}} = \underbrace{i_H}_{\text{명목이자율}} - \underbrace{r^*}_{\substack{\text{세계실질} \\ \text{이자율}}}$$

기준지표

피셔효과에 따르면, 자국 인플레이션은 자국 명목이자율에서 외국 실질이자율을 뺀 것이다. 외국 실질이자율이 고정돼 있다고 가정할 때, 자국의 명목이자율이 평균적으로 안정을 유지하면 인플레이션 역시 안정될 수 있다. 이 형태의 명목기준지표 시스템이 갈수록 각광받고 있다. 세계실질이자율이 안정적이라는 가정은 현실과 동떨어진 가정이 아니다.(설사 세계이자율이 안정적이지 않더라도 필요 시 명목이자율을 조절하는 것이 가능하다.) 현실적으로 다양한 형태의 인플레이션 목표제를 시행할 수 있다. 중앙은행이 명목이자율을 절대 바꾸지 않는 것도 이론적으로는 가능하다. 하지만 그런 경우는 찾아보기 힘들고 일반적으로 중앙은행은 여타 목표를 달성하기 위해 수시로 이자율을 조정한다. 예를 들어 만약 세계실질이자율이 $r^* = 2.5\%$인 상태에서 한 나라의 장기 인플레이션 목표가 2%라면, 명목이자율은 장기적으로 평균 4.5%가 되어야 한다(즉 2% = 4.5%-2.5%). 이를 **중립적**(neutral) 명목이자율이라 부른다. 그러나 단기적으로 중앙은행은 이자율을 중립적 수준보다 높거나 낮은 수준을 선택하는 유연성을 갖기를 원할 수 있다. 유연성을 어느 정도로 할지는 정책적 선택의 문제이다. 이는 중립적 수준에서 이탈하는 이유가 어떤 경제목표를 위한 것이냐에 달려있다(예를 들어 인플레이션 수준만을 위한 것인지, 아니면 생산이나 고용 등 다른 요인에 대한 고려 때문인지 등).

명목기준지표 선택과 의미 우리가 설정한 가정하에서는 위의 세 가지 명목기준지표 모두 타당성을 지닌다. 장기 인플레이션 목표값이 특정 수준으로 정해지면 세 가지 식에 의해 목표값과 양립할 수 있는 명목기준지표가 도출된다. 첫 번째 식에서는 특정 절하율이, 두 번째 식에서는 특정 통화공급 증가율이, 그리고 세 번째 식에서는 특정 이자율이 도출된다. 그런데 이 상황에서 만약 정책결정자가 세 개 변수 모두에 대해 목표를 설정하면 그것들을 조화롭게 달성할 가능성은 매우 희박하다. 이와 관련하여 다음 두 가지를 생각해보자.

첫째, 목표를 하나가 아니라 여러 개 설정하는 경우 문제가 발생할 수 있다. 가령 고정환율제 하에서 정책결정자는 환율을 제외하고는 어떤 목표도 설정할 수 없다. 하지만 환율제도가

표 11-2

환율제도와 명목기준지표 이 표는 다양한 명목기준지표와 양립할 수 있는 환율제도를 보여준다. 달러통용화나 통화동맹을 취한 나라는 '단단히 고정된' 환율 목표제를 갖고 있는 셈이다. 페그, 밴드, 크롤제도 역시 환율을 목표로 삼는다. 관리변동은 환율경로를 미리 정해놓지는 않기 때문에 다른 목표를 채택할 수 있다. 자유변동이나 혹은 독립적인 환율제도인 경우에는 환율 목표에 신경 쓸 필요가 없다. 따라서 이런 나라가 기준지표를 갖는다면 통화공급 목표나 이자율정책을 통한 인플레이션 목표가 될 것이다. '자유낙하(freely falling)' 환율인 경우에는 뚜렷한 목표가 없는 상황에서 인플레이션과 절하율이 매우 높은 경우이다. 현실적으로는 많은 나라들이 명시적 목표를 발표하지 않고 비공식적 목표(가령 인플레이션 목표)를 운용하며, 일부 나라들은 하나 이상의 목표를 혼합하여 사용하고 있다.

명목기준지표 유형	양립 가능한 환율제도				
	고유 통화 없음	페그/밴드/크롤	관리변동	자유변동	자유낙하 (급격한 절하)
환율 목표	✓	✓	✓		
통화공급 목표			✓	✓	
인플레이션 목표(이자율정책 결합)			✓	✓	
없음				✓	✓

관리변동과 같은 중간영역이라면 서로 다른 목표를 혼합할 수 있다. 표 11-2는 명목기준지표로 어떤 목표를 선택하느냐에 따라 환율제도 선택이 영향을 받는다는 것을 보여준다. 환율제도와 명목기준지표 목표가 서로 무관하지는 않지만, 그렇다고 일대일 대응관계는 아니다. 즉 명목기준지표 설정은 다양한 환율제도와 양립할 수 있다.

둘째, 어떤 목표든 상관없이 일단 어떤 목표를 선택하면 미래 통화공급이나 이자율 등 통화정책을 정해진 목표를 달성하기 위해 운용하게 된다. 즉 설정된 목표와 양립할 수 있는 정책경로는 장기적으로 오직 하나이다. 따라서 명목기준지표를 가진 나라는 장기적으로 통화정책의 자율성이 희생된다.

적용사례

명목기준지표 이론과 실제

많은 나라들이 명목기준지표의 중요성을 인식함에 따라 세계경제는 최근 수십 년간 통화정책 운용이 바뀌고 인플레이션 실적도 달라지는 것을 경험했다.

1970년대에는 세계 대부분의 나라들이 높은 인플레이션 때문에 어려움을 겪었다. 모든 중앙은행들이 경기침체를 막기 위해 확장적 통화정책을 시행했다. 선진국들은 변동환율제도로 이행함에 따라 부담 없이 통화정책을 완화할 수 있었다. 개도국의 경우에는 이미 고인플레이션에 매우 취약하다는 것이 드러났으며, 많은 나라들은 훨씬 더 심각한 인플레이션에 노출됐다. 자국의 통화를 주요 통화에 고정시킨 나라들은 PPP를 통해 고인플레이션을 수입했다. 또한 통화를 고정시키지 않은 나라들은 당장 눈앞에 닥친 불황 때문에 신뢰할 만한 명목기준지

표 11-3

세계적 디스인플레이션 1980년부터 2012년까지 여러 나라 데이터로 분석해보면 세계적으로 인플레이션이 점진적으로 낮아져 온 것을 알 수 있다. 이런 디스인플레이션(disinflation; 인플레이션 둔화)은 선진국의 경우 1980년대 초부터 시작됐다. 반면 신흥시장과 개도국들은 1980년대 중후반에 더 높은 인플레이션을 겪기도 했으며, 1990년대 들어 비로소 인플레이션이 낮아졌다.

	연간 인플레이션율(%)						
	1980~1984	1985~1989	1990~1994	1995~1999	2000~2004	2005~2009	2010~2012
세계	14.1%	15.5	30.4	8.4	3.9	4.0	4.2
선진국	8.7	3.9	3.8	2.0	1.8	2.0	2.2
신흥시장 및 개도국	31.4	48.0	53.2	13.1	5.6	6.5	6.4

출처 : Kenneth Rogoff, 2003, "Globalization and Global Disinflation," *Economic Review*, Federal Reserve Bank of Kansas City, IV, 45-78. 2005년부터 2012년은 IMF World Economic Outlook 데이터베이스를 이용하여 업데이트함

표를 찾는 데 어려움을 겪고 있었다. 고유가로 인해 세계 전역에서 인플레이션 압력이 높아졌다.

1980년대에도 많은 선진국에서 인플레이션 압력이 지속됐다. 많은 개도국에서는 고인플레이션, 그리고 심지어는 초인플레이션이 드문 현상이 아니었다. 정부는 좀 더 안정적인 인플레이션 환경을 바라는 대중의 요구에 응해야만 했다. 1990년대 들어 많은 나라에서 효과적인 명목기준지표를 만드는 정책이 고안되었으며, 오늘날까지 지속되고 있다.

한 연구에 따르면 1990년대에 명시적인 목표를 사용하는 나라들이 크게 증가했다. 환율 목표제를 취하는 나라들은 30개국에서 47개국으로 늘어났다. 통화 목표제는 18개국에서 39개국으로 증가했다. 인플레이션 목표제가 가장 크게 늘어났는데, 8개국에서 54개국으로 7배 가까이 늘어났다. 많은 나라들은 하나 이상의 목표를 갖고 있었다. 1998년 기준으로 명시적 목표(혹은 범위)를 설정한 나라 중 55%가 환율, 통화, 인플레이션 중 하나 이상의 목표를 두고 있었다. 이런 흐름은 계속 진행되어 10년 이상 경과된 2010년 현재 인플레이션 목표제 나라들이 여전히 50개국 이상이며(이 중 많은 나라들은 유로존에 속함), 80개 나라 이상이 통화위원회, 페그, 밴드, 크롤 등의 형태로 환율 목표제를 취하고 있다.[14]

지금 와서 돌이켜보면, 이런 정책들은 (전부는 아니지만) 대부분 신뢰할 만한 것들이었다. 그것은 **중앙은행 독립성**(central bank independence)을 촉진한 정치적 발전 때문이었다. 독립적인 중앙은행은 정치인의 간섭에서 벗어나 있다. 인플레이션 목표 달성을 위해 자유롭게 정책을 운용하며, 심지어는 목표설정 과정에서도 중요한 역할을 담당한다.

---

14 1990년대는 다음을 참조하라. Gabriel Sterne, 1999, "The Use of Explicit Targets for Monetary Policy: Practical Experiences of 91 Economies in the 1990s," *Bank of England Quarterly Bulletin*, 39(3), 272-281. 2010년 데이터는 www.centralbanknews.info와 앞 장의 환율제도 분류에 의한 것이다.

전체적으로 이런 노력들은 일정한 성공을 거두었다고 평할 수 있다. 사실 많은 나라의 경우 인플레이션 목표제나 제도적 변화가 시행되기도 전인 1980년대 초중반에 이미 인플레이션이 대폭 낮아졌다. 표 11-3을 보면 평균적인 인플레이션 수준이 1980년대 초부터 꾸준히 낮아진 것을 알 수 있다. 선진국의 인플레이션이 가장 낮았고, 개도국들도 어느 정도 일정한 진전을 보여왔다. 선진공업국의 경우 중앙은행 독립성은 이제 일반화되어 있다(하지만 1970년대에는 그렇지 않았다). 하지만 개도국은 여전히 상대적으로 드물다.

그동안 좋은 일이 너무 많았는지 몰라도 2008~2010년 글로벌 금융위기는 인플레이션 목표제에 대해 다시 한 번 생각하게 만드는 계기가 되었다. 보통 선진국의 경우 인플레이션 목표는 2%로 설정돼 왔다. 세계실질이자율이 2%라 할 때 중립적 명목이자율은 4%가 된다. 중앙은행으로서는 이자율을 일시적으로 인하할 필요가 있는 경우, 중립적 이자율 아래로 4%포인트의 여유가 있음을 의미한다. 금융위기 이전만 해도 이 정도의 여유는 중앙은행으로 하여금 필요한 단기적 행동(가령 생산이나 인플레이션율이 지나치게 낮을 때 이를 자극하는 정책)을 취하기에 충분한 것으로 여겨졌다. 그러나 위기를 거치면서 중앙은행들은 금방 제로금리하한(ZLB : zero lower bound)에 도달하고 말았다. 이제 더 이상 심각한 경기후퇴를 막을 수 없게 되었다. 또한 인플레이션율이 너무 낮고, 때로는 마이너스 수준(디플레이션)으로 떨어져도 방도가 없었다. 어빙 피셔의 유명한 지적처럼 디플레이션은 경제적으로 손실이 매우 크다. 즉 디플레이션이 커질수록 (명목이자율이 그보다 더 크게 하락하지 않는 이상) 실질이자율이 상승하기 때문에 물가하락은 명목채무의 실질적 부담을 높이는 효과를 갖는다. 이런 문제점 때문에 일부 경제학자, 예컨대 IMF 수석 이코노미스트인 올리비에 블랑샤르는 인플레이션 목표를 더 높게(가령 2%가 아니라 4%) 설정해야 한다고 주장한다. 그러나 반응은 신통치 않았다. 원론적으로는 인플레이션 목표를 높이는 것은 전혀 어렵지 않은 일이다. 그러나 많은 사람들은 중앙은행이 이를 남용할 경우 지난 30여 년 동안 쌓아온 중앙은행의 신뢰성이 위태로워질 수 있다는 점을 우려한다. 실제로 미국이나 유로존 등 주요국에서 인플레이션율이 거의 제로수준까지 떨어졌음에도 많은 중앙은행들은 인플레이션을 방어하는 그들의 역할을 여전히 강조하고 있다. ■

6 결론

이 장에서는 화폐적 접근을 이용하여 장기에 있어서 환율결정 요인에 대해 살펴봤다. PPP와 단순화폐모형(화폐수량이론)을 사용하여 균형을 분석했다. 균형에서는 재화 차익거래 기회가 존재하지 않고 물가는 신축적이다. 이 가정하에서 자국의 통화공급 변화는 물가수준과 환율의 비례적 변화를 야기한다.

또한 유위험이자율평가와 PPP를 결합시키면 모든 나라의 실질이자율이 동일해진다는 것을 발견했다. 이를 이용하면 좀 더 복잡하지만, 보다 현실적인 화폐모형을 만들 수 있다. 이 경우 통화수요가 이자율의 영향을 받게 된다. 이 모형에서는 통화증가율이 상승하면 인플레이션과 명목이자율이 상승하고, 또한 통화수요 감소로 인해 물가수준이 더 높이 상승하게 된다. 이때에도 기본적인 분석은 여전히 성립하며, 통화공급의 일회성 증가는 물가와 환율의 비례적 변화를 가져온다.

환율에 대한 화폐적 접근은 장기적인 예측과 정책분석의 기초를 제공한다. 그런데 이런 예측은 단기적 분석에도 중요한 요소이다. 왜냐하면 오늘의 현물환율은 (모든 자산가격이 그러하듯이) 미래 예상되는 환율수준의 영향을 받기 때문이다. 다음 장에서는 이런 관련성을 다룬다. 즉 (앞 장에서 다뤘던) 차익거래 개념과 (이번 장에서 다룬) 예상의 개념을 결합시켜 환율에 관한 종합모형을 구축한다.

핵심 내용

1. 구매력평가(PPP)는 환율이 두 나라의 상대적 물가수준과 동일해야 한다는 것을 의미한다. 이 경우 실질환율은 1이 된다.

2. PPP가 단기적으로는 증거가 약하지만, 장기적으로는 실증적으로 뒷받침된다. 단기적으로는 PPP에서 벗어나는 경우가 많고 실질환율의 변화도 발생한다. 단기적으로 PPP가 성립하지 않는 이유는 주로 시장마찰, 차익거래를 제약하는 불완전성, 가격의 경직성 때문이다.

3. 단순화폐모형(화폐수량이론)은 물가수준을 통화공급수준과 소득수준을 이용하여 설명한다. PPP는 환율을 물가수준을 이용하여 설명하기 때문에 둘을 결합시켜 환율에 대한 화폐적 접근을 만들 수 있다.

4. 만약 우리가 통화공급과 소득을 예측할 수 있다면 화폐적 접근을 이용하여 미래시점의 환율수준을 예측할 수 있다. 그러나 화폐적 접근은 오직 물가가 신축적이라는 가정하에서만 유효하다. 이 가정은 장기에

서 성립할 가능성이 높기 때문에 단기적 예측에는 화폐적 접근이 유용하지 않다. PPP와 화폐적 접근은 장기에서 더욱 실증적으로 뒷받침된다.

5. PPP 이론과 유위험이자율평가를 결합하면 강력한 함의를 지닌 피셔효과(나라 간 이자율 차이는 인플레이션 차이와 동일해야 함)를 도출할 수 있다. 피셔효과에 따르면 한 나라의 인플레이션율 변화는 그 나라의 명목이자율에 일대일 파급효과를 갖는다. 결국 이는 실질이자율평가(모든 나라의 예상실질이자율이 동일해야 함)로 이어진다. 이 결과는 PPP를 바탕으로 도출되었기 때문에 장기에 대해서만 성립하는 것으로 볼 수 있으며, 실증분석 결과도 그런 편이다.

6. 우리는 단순화폐모형(수량이론)을 확장시켜 이자율 상승 시 실질통화잔고에 대한 수요가 감소한다고 가정할 수 있다. 이것이 일반모형이다. 일반모형의 예측은 단순모형과 비슷하지만, 통화공급 증가율이 일회성으로 상승하는 경우에는 결과가 달라진다. 이 경

우 일반모형에서는 인플레이션율 및 이자율의 일회성 상승이 발생하며, 이는 실질통화수요의 일회성 하락으로 이어지고, 결국 물가수준 및 환율의 일회성 점프를 야기한다.

7. 장기 환율결정에 대한 화폐적 접근은 경제정책과 관련해서도 시사점을 제공한다. 정책당국자와 대중은 일반적으로 낮은 인플레이션 환경을 선호한다. 환율, 통화공급, 이자율 등 다양한 명목기준지표에 기초한 정책이 행해져왔다. 명목기준지표의 필요성에 대한 인식이 확고해짐에 따라 최근 수십 년간 세계적으로 인플레이션이 크게 낮아졌다.

핵심 용어

고평가(overvalued)
구매력평가(PPP : purchasing power parity)
명목기준지표(nominal anchor)
물가수준에 대한 화폐모형의 기본방정식
  (fundamental equation of the monetary
  model of the price level)
상대적 PPP(relative PPP)
세계실질이자율(world real interest rate)
실질이자율(real interest rate)
실질이자율평가(real interest parity)
실질절상(real appreciation)
실질절하(real depreciation)
실질통화수요 함수

(real money demand function)
실질환율(real exchange rate)
이자율정책을 통한 인플레이션 목표
(inflation target plus interest rate policy)
인플레이션(inflation)
일물일가의 법칙(LOOP : law of one price)
저평가(undervalued)
절대적 구매력평가(absolute PPP)
중앙은행(central bank)
중앙은행 독립성(central bank
  independence)
초인플레이션(hyperinflation)
통화공급(money supply)

통화공급 목표(money supply target)
통화수요(money demand)
통화제도(monetary regime)
피셔효과(Fisher effect)
화폐(money)
화폐수량이론(quantity theory of money)
환율 목표(exchange rate target)
환율에 대한 화폐적 접근
  (monetary approach to exchange rates)
환율에 대한 화폐적 접근의 기본방정식
  (fundamental equation of the monetary
  approach to exchange rate)

연습문제

1. 베트남과 코트디부아르 두 나라가 커피를 생산한다. 베트남의 통화단위는 동(VND)이고, 서아프리카 통화동맹인 아프리카금융공동체(CFA) 회원국 코트디부아르는 공동통화인 CFA프랑(XOF)을 사용한다. 베트남에서 커피는 파운드당 5,000동(VND)에 팔린다. 환율은 1CFA프랑당 30VND, 즉 $E_{VND/XOF} = 30$이다.

a. 만약 일물일가의 법칙이 성립하면 코트디부아르의 커피 가격은 CFA프랑으로 얼마인가?

b. 코트디부아르 커피 가격이 실제로는 파운드당 160CFA프랑이라고 하자. 코트디부아르 커피의 베트남 커피에 대한 상대가격을 계산하라. 상인들은 두 나라 중 어디에서 커피를 사겠는가? 이런 거래가 베트남과 코트디부아르의 커피가격에 어떤 영향을 미칠 것인가?

2. 다음의 재화 및 서비스를 생각해보자. 각각에 대해 일물일가의 법칙이 성립하는지 조사해보고, 상대가격 $q^g_{US/Foreign}$이 1보다 큰지, 작은지, 아니면 1인지를 파악하라. 일물일가의 법칙에서 우리가 사용한 가정들과 관련시켜 자신의 답을 설명해보자.

a. 미국과 캐나다에서 자유롭게 거래되는 쌀
b. 미국과 멕시코에서 거래되는 설탕(미국정부는 수입 설탕에 대해 수입할당을 설정함)
c. 미국과 일본에서 팔리는 맥도날드 빅맥
d. 미국과 영국에서의 헤어컷

나라(현지통화)	$당, $E_{FX/\$}$	시장바스켓 가격 (현지통화)	미국 바스켓의 현지통화 가격 ($P_{US}\times E_{FX/\$}$)	실질환율, $q_{COUNTRY/US}$	PPP 성립? (예/아니요)	현지통화 고평가 혹은 저평가?	현지통화 실질절하 혹은 실질절상 예상?
브라질(헤알)	2.1893	520					
인도(루피)	46.6672	12,000					
멕시코(페소)	11.0131	1,800					
남아공(랜드)	6.9294	800					
짐바브웨(Z$)	101,347	4,000,000					

3. 위의 표를 이용하여 질문에 답하라. 표에 나와 있는 나라들을 자국으로, 그리고 미국을 외국으로 간주하라. 미국의 시장바스켓 가격은 $P_{US}=\$190$이다. 각 나라에 대해 PPP가 성립하는지 점검하고, 장기적으로 각 나라가 (미국에 대해) 실질절상 혹은 실질절하 중 어느 쪽을 경험할 것으로 예상되는지 판단하라. 분석을 위해 표의 빈칸을 완성하라.

4. 표 11-1에는 2012년 7월 환율을 이용하여 빅맥의 저평가 및 고평가 비율을 계산한 것이 나와 있다. 구매력평가가 성립하여 이런 이탈이 장기적으로는 사라진다고 가정하자. 또한 빅맥의 현지가격에는 변화가 없다고 하자. 1년 후인 2013년 7월 1일 환율은 다음과 같다(출처 : ft.com).

나라	US$당
호주(A$)	1.08
브라질(헤알)	2.23
캐나다(C$)	1.05
덴마크(크로네)	5.72
유로존(유로)	0.77
인도(루피)	59.43
일본(엔)	99.75
멕시코(페소)	12.89
스웨덴(크로나)	6.67

이 자료와 표 11-1에 근거하여 2012년 7월부터 2013년 7월까지의 환율변화를 계산하고, 변화의 방향이 빅맥지수에 의한 PPP 환율과 일치하는지 판단하라. 빅맥지수가 2012년 7월에서 2013년 7월까지의 환율변화를 제대로 예측하지 못했다면 그 이유를 설명하라.

5. 다음과 같은 정보가 주어졌다. 현재 달러-파운드 환율은 파운드당 $2이다. 미국 바스켓 가격은 $100이며, 이것이 영국에서는 $120이다. 내년에 미국 중앙은행인 Fed가 미국 인플레이션을 2%로 유지할 것으로 전망되며, 영국 중앙은행인 영란은행은 인플레이션을 3%로 유지할 것으로 전망된다. 절대적 PPP로 수렴하는 속도는 연간 15%이다.

a. 내년에 미국과 영국의 인플레이션 차이가 얼마로 예상되는가?
b. 현재 미국의 영국에 대한 실질환율 $q_{US/UK}$은?
c. 달러가 얼마만큼 고평가/저평가되어 있는가?
d. 1년 후 미국의 영국에 대한 실질환율이 어떻게 될 것으로 예상되는가?
e. 미국의 (영국에 대한) 예상실질절하율은?
f. 미국의 (영국에 대한) 예상명목절하율은?
g. 1년 후 1파운드가 몇 달러일 것으로 예상되는가?

6. PPP가 단기보다는 장기의 환율 움직임에 더 유용한 가이드인 이유에 대해 (i) 거래비용, (ii) 비교역재, (iii) 불완전경쟁, (iv) 가격경직성 요인들과 관련시켜 설명하라. 갈수록 시장이 통합됨에 따라 앞으로 PPP가 더욱 유용한 가이드가 될 것으로 예상하는가, 아니면 그렇지 않을 것으로 예상하는가? 그 이유는?

7. 한국과 일본 두 나라를 생각해보자. 1996년에 일본은 상대적으로 낮은 생산증가(1%)를 경험한 반면, 한국은 상대적으로 견고한 생산증가(6%)를 달성했다. 일본 중앙은행인 일본은행은 통화공급을 연 2% 증가시키는 반면, 한국은행은 그보다 훨씬 높은 연 12% 통화증가율을 유지했다고 하자.

   다음 질문에 대해 (L이 상수인) 단순화폐모형에 입각하여 답하라. 한국을 자국, 일본을 외국으로 간주하라.

   a. 한국의 인플레이션율은? 일본은?
   b. 한국 원화의 일본 엔에 대한 예상절하율은?
   c. 한국은행이 통화증가율을 12%에서 15%로 올렸다고 하자. 일본은 아무런 변화가 없었다면 한국의 새로운 인플레이션율은?
   d. 한국의 통화공급 증가율 상승이 한국의 통화공급 M_K, 이자율, 물가 P_K, 실질통화공급, 환율 $E_{W/¥}$에 어떤 영향을 미치는지 시계열(time series) 그림을 이용하여 표시하라.(가로축은 시간이고, 세로축은 각 변수에 해당)
   e. 한국은행이 환율을 일본 엔에 고정시켜 놓으려 한다고 가정하자. 원화의 엔에 대한 가치를 고정시키기 위해서는 한국은행이 통화증가율을 얼마로 해야 하는가?
   f. 한국은행이 원화를 엔에 대해 절상시키는 정책을 취하고자 한다. 한국은행이 통화증가율을 어느 범위로 해야만 이 목적을 달성할 수 있는가?

8. 이 질문은 일반화폐모형에 입각하여 답하라. 즉 L은 더 이상 상수가 아니며 통화수요는 명목이자율과 역의 관계가 있다. 바로 앞의 문제와 동일한 상황이며,

추가적으로 일본의 은행예금 이자율이 3%, 즉 $i_¥ = 3\%$이다.

   a. 한국 예금에 지불되는 이자율을 계산하라.
   b. 실질이자율 정의(즉 인플레이션이 감안된 명목이자율)를 사용하여 한국의 실질이자율이 일본의 실질이자율과 동일함을 보여라.(문제 7에서 계산한 인플레이션율이 여기에서도 동일함)
   c. 한국은행이 통화증가율을 12%에서 15%로 올리고 이에 따라 인플레이션율이 비례적으로 상승했다고 하자. 만약 일본의 명목이자율에 변화가 없다면 한국 예금에 지불되는 이자율에는 어떤 변화가 발생하는가?
   d. 시계열 그림을 이용하여 한국의 통화증가율 상승이 한국의 통화공급 M_K, 이자율, 물가 P_K, 실질통화공급, 환율 $E_{W/¥}$에 어떤 영향을 미치는지 표시하라.(가로축은 시간이고, 세로축은 각 변수에 해당)

9. 1980년대 이후 선진국과 개도국 모두 인플레이션 둔화를 경험했다(이 장의 표 11-3 참조). 이번 문제에서는 정책선택이 이와 같은 글로벌 디스인플레이션에 어떤 영향을 미쳤는지를 생각해보자. 화폐모형을 사용하여 다음 질문에 답하라.

   a. 스위스 중앙은행은 정책목표를 달성하기 위해 현재 통화증가율 목표제를 사용하고 있다. 스위스의 생산증가율이 연 3%, 통화증가율이 연 8%라고 하자. 이 경우 스위스의 인플레이션율은 얼마인가? 스위스 중앙은행이 장기적으로 연 2%의 인플레이션율을 달성하기 위해서는 명목기준지표를 어떻게 설정해야 하는지 설명하라.
   b. 뉴질랜드 중앙은행은 미국과 마찬가지로 이자율 목표제를 사용한다. 뉴질랜드 중앙은행이 6%의 이자율 목표를 유지하며, 세계실질이자율은 1.5%라고 가정하자. 장기적으로 뉴질랜드의 인플레이션은 얼마인가? 1997년 뉴질랜드는 중앙은행이 인플레이션을 2.5% 이하로 유지하도록 하는 정책협약을 채택했다. 이 목표를 달성하기 위해서는

인플레이션 목표가 얼마가 되어야 하는가?

c. 리투아니아 중앙은행은 유로에 대해 환율밴드를 유지한다.(역자주 : 실제로는 리투아니아의 경우 2015년 이미 유로존에 가입하여 유로를 사용하고 있다.) 이것은 유로존에 가입하기 위해 필요한 선결조건이다. 이에 따라 리투아니아는 자신의 환율을 유로당 3.4528리타스(litas)를 중심으로 상하 15% 이내로 유지해야 한다. 이 밴드의 상한과 하한에 해당하는 환율 값을 계산하라. PPP가 성립한다고 하자. 유로존 인플레이션이 현재 연 2%이고, 리투아니아 인플레이션은 5%라고 할 때, 리타스의 절하율을 계산하라. 리투아니아는 밴드를 유지할 수 있는가? 얼마나 오랫동안 유지하는 것이 가능한가? 환율이 현재 밴드의 어디에 위치하는지에 따라 자신의 답이 달라지는가? 유럽중앙은행(ECB)의 주요 목적은 유로존의 현재와 미래의 물가안정(낮은 인플레이션)이다. 환율밴드가 이 목적을 달성하는 데 충분조건이라고 할 수 있는가?

10. 초인플레이션을 경험한 몇몇 나라들은 자국의 인플레이션을 통제하기 위해 달러통용화를 채택했다. 예를 들어 에콰도르는 2000년 이후 미국 달러를 자국통화로 사용하고 있다. 달러통용화로 인해 에콰도르와 미국 간의 환율은 어떻게 되었는가? 초인플레이션을 경험한 나라들이 달러통용화를 채택하는 이유는 무엇일까? 이들 나라가 환율을 고정시키는 대신 달러통용화를 취하는 이유는?

11. 당신이 한 나라의 중앙은행장으로서 새로운 명목기준지표의 도입을 고려하고 있다고 해보자. 중앙은행장에 취임한 현재 인플레이션율은 4%이고, 다음 해까지 인플레이션 목표 2.5%를 달성해야 한다. 경제의 실질생산 증가율은 현재 3%이다. 또한 세계실질이자율은 현재 1.5%이다. 사용되는 통화는 리라(lira)이다. 물가는 신축적이라고 가정하자.

a. 인플레이션 목표를 달성하기 위해 명목기준지표를 두어야 하는 이유는 무엇인가? 명목기준지표를 사용하는 경우 단점은 무엇인가?

b. 이 경제의 통화공급 증가율은 얼마인가? 통화공급 목표제를 선택하는 경우 인플레이션 목표를 달성하기 위해서는 통화공급 증가율을 어떻게 설정해야 하는가?

c. 미국의 인플레이션이 현재 2%이며, 당신은 미국 달러에 대해 환율 목표제를 채택한다고 가정하자. 인플레이션 목표를 달성하기 위해 필요한 리라의 절상/절하 비율(%)을 계산하라.

d. 마지막으로 인플레이션 목표를 달성하기 위해 이자율 정책을 활용하려고 한다. 피셔방정식을 이용하여 당신 나라의 현재 명목이자율을 계산하라. 인플레이션 목표를 달성하기 위해서는 명목이자율이 얼마가 되어야 하는가?

네트워크

빅맥지수 외에도 PPP를 측정하는 유명한 지수들이 있다. 2004년에 **이코노미스트**는 스타벅스 톨 라테 지수(Starbucks Tall Latte Index)를 만들었다. 온라인상에서 확인해보라.(힌트 : 'cnn tall latte index'를 검색해보라.) 2007년에 2개의 새로운 지수가 등장했다. 아이팟 지수(애플 아이팟 현지가격을 비교)와 아이튠 지수(애플 아이튠 스토어에서 노래 한 곡 다운로드 받는 현지가격을 비교)이다. 이들 지수, 그리고 관련 논의들을 온라인상에서 찾아보라.(힌트 : 'ipod tunes index big mac'을 검색해보라.) 통화의 고평가/저평가를 판단하는 데 아이팟 지수나 아이튠 지수가 빅맥지수보다 더 좋은 지표라고 생각하는가?

세계 주요 중앙은행 웹사이트, 가령 미국연방준비제도(http://www.federalresearve.gov/)나 유럽중앙은행(http://www.ecb.int/)을 방문해보라. 거기에서 그들의 정책운용 내용을 살펴보자. 그들의 장기적 정책목적을 찾아보라. 누가 그것을 결정했는가? 하나 이상의 목적이 존재하는가? 명목기준지표는 어떠한가? 인플레이션 통제가 장기적 목적인가? 만약 그렇다면 장기적으로 인플레이션 목적을 달성하기 위해 어떤 정책이 사용되는가? 단기적 정책을 수행하기 위해 사용하는 주요 수단이 통화량, 환율, 이자율 중 어떤 것인가?

12

환율 II : 단기 자산 접근

장기적 분석은 현재 닥친 사건들에는 잘못된 가이드가 될 수 있다. 장기적으로는 우리 모두 죽는다. 경제학자들은 너무 쉬운, 너무 불필요한 임무만 수행한다. 폭풍우가 치고 있는데도 그들이 말하는 것은 폭풍이 지나면 바다는 다시 평온해진다는 뻔한 이야기뿐이다.

존 메이너드 케인즈, 저서 *화폐개혁론* 중에서, 1923

앞 장에서 보았듯이 환율에 대한 화폐적 접근은 장기적으로는 성립할지 몰라도 단기적으로 발생하는 일들에 대해서는 잘못된 가이드가 될 수 있다. 이 차이를 간략히 살펴보기 위해 앞 장 도입부에서 예로 들었던 캐나다–미국 비교 사례로 돌아가 보자. 단, 이번에는 단기에 초점을 맞춘다.

2005년 3월부터 2006년 3월까지 캐나다 물가수준(소비자물가지수로 측정)은 126.5에서 129.3으로 2.2% 상승했다. 같은 시기에 미국 물가수준은 193.3에서 199.8로 3.4% 상승했다. 따라서 미국 물가는 캐나다 물가에 비해 1.2% 포인트 더 상승했다. 그러나 이 시기에 루니(캐나다 달러) 가치는 $0.8267에서 $0.8568로 3.6% 절상됐다.[1]

캐나다 바스켓의 가격이 루니 기준으로 2.2% 비싸졌고, 동시에 루니 가치가 미국 달러에 대해 3.6% 비싸졌기 때문에 캐나다 바스켓의 미국 달러기준 변화율은 근사적으로 이 둘을 합친 약 5.8%이다. 그러나 이 기간에 미국 바스켓의 미국 달러기준 가격은 3.4%밖에 상승하지 않았다. 결국 캐나다 바스켓이 미국 바스켓보다 2.4% 더 비싸진 셈이다. 이는 곧 미국의 캐나다에 대한 실질환율이 2.4% 상승(즉 실질절하)한 것이다. 이런 현상은 특이한 것이 아니다. 이보다 1년 전인 2004년 3월부터 2005년 3월까지 미국의 실질절하는 7.5%로서 오히려 더 컸다. 이로써 2년에 걸쳐 캐나다 재화는 미국 재화에 비해 약 10% 가격이 상승했다.

---

1 데이터는 캐나다은행과 미국노동통계국에서 가져왔다.

앞 장에서도 살펴봤지만 이런 사실들은 환율이 단기적으로는 구매력평가(PPP)에서 상당히 벗어날 수 있다는 것을 말해준다. 즉 동일한 재화바스켓의 가격이 언제 어디서나 동일하지는 않다는 것이다. 화폐적 접근이 단기에 있어서는 적절하지 않음에 따라 대안의 이론이 개발되었다. 이 장에서 다룰 **환율에 대한 자산 접근**(asset approach to exchange rate)이 바로 그것이다.

자산 접근은 통화가 하나의 자산이라는 아이디어에 기초한다. 이 경우 자산의 가격이 바로 환율이다. 단기에 있어서 환율결정을 설명하기 위해 앞에서 배웠던 차익거래를 다시 생각해보자. 10장에서 배웠듯이 외환(forex 혹은 FX) 시장에서 차익거래는 서로 다른 두 통화의 예상수익을 동일하게 만드는 중요한 역할을 한다. 이에 근거하여 우리는 유위험이자율평가(UIP) 조건을 도출했다. 이것이 외환시장의 단기 균형을 특징짓기 때문에 이번 장에서는 UIP를 좀 더 살펴보고 폭넓게 활용한다.

자산 접근과 화폐적 접근은 시간설정과 가정들에서 서로 차이가 있다. 화폐적 접근은 수년 혹은 수십 년의 기간에 대해 적용되는 이론인 반면, 자산 접근은 수주, 수개월, 혹은 길어야 일 년 정도에 적용되는 이론이다. 화폐적 접근에서 우리는 재화가격을 완전 신축적인 것으로 가정했으며, 이는 장기에 적용될 수 있는 가정이다. 반면 자산 접근에서는 재화가격을 경직적인 것으로 가정하며, 이는 단기에 적절한 가정이다. 두 이론 모두 자신의 해당 환경에서 타당성을 지닌다. 따라서 자산 접근이 화폐적 접근을 대체한다기보다는 그것을 보완하는 것으로서 환율에 대한 종합이론을 구축하는 데 필요한 구성요소들을 제공한다.

지금까지 우리는 환율이 재화, 통화, 외환시장에서 시장의 힘에 의해 결정된다고 가정해왔다. 따라서 우리의 이론은 환율이 변하는 상황에 적절하다. 또한 외환 당국 역시 환율이 시장에서 적정 시세를 찾아가도록 맡겨두는 상황에 적절하다. 그렇다면 우리 이론이 고정환율에 대해서는 아무런 시사점을 줄 수 없는가? 그렇지 않다. 동일한 이론이 고정환율제에도 적용될 수 있다는 것을 이 장의 말미에서 설명할 것이다.

1 단기에 있어서 환율과 이자율 : UIP와 외환시장 균형

단기 환율 모형을 살펴보기 전에 우선 외환시장의 중요한 균형조건을 복습해보자. 두 가지 투자전략 중 하나를 선택할 수 있는 미국 투자자를 생각해보자. 즉 미국 달러계좌에 이자율 $i_\$$로 1년간 투자하거나, 혹은 유로계좌에 이자율 i_ϵ로 1년간 투자할 수 있다. 다음은 핵심사항을 정리한 것이다.

유위험 차익거래

유위험 차익거래(risky arbitrage)의 경우, 두 나라 통화 중 어떤 것에 투자하더라도 수익률에 차이가 예상되지 않을 때 외환시장이 균형을 이룬다. 앞에서처럼 자국을 미국(US), 외국을 유럽(EUR, 유로존을 의미함)이라 하자. 우리는 앞의 식 (10-3)에서 근사적 유위험이자율평

가 조건을 보았다. 아래 식 (12-1)에 다시 나와 있다. 이 결과는 국내투자(달러예금)의 달러 수익률이 해외투자(유로예금)의 예상달러수익률과 동일해야 한다는 것이다.

$$i_\$ = i_\text{€} + \frac{(E^e_{\$/\text{€}} - E_{\$/\text{€}})}{E_{\$/\text{€}}} \tag{12-1}$$

$i_\$$: 달러예금의 이자율 = 달러예금의 달러수익률

$i_\text{€}$: 유로예금의 이자율

예상달러절하율

유로예금의 예상달러수익률

여기에서 각 이자율은 연율이고, $E_{\$/\text{€}}$은 오늘의 환율(현물환율)이며, $E^e_{\$/\text{€}}$은 1년 후에 실현될 예상미래환율이다.

위와 같은 유위험이자율평가(UIP) 식은 **환율에 대한 자산 접근의 기본방정식**(fundamental equation of the asset approach to exchange rate)으로서 이하 식 (12-1)의 형태로 사용할 것이다. 이미 본 대로 이 식을 다시 정렬하면, 우리가 모든 다른 변수를 알 때 현물환율이 어떻게 될 것인지 계산할 수 있다. 따라서 자산 접근은 그림 12-1에 나와 있는 것처럼 UIP에 입각해 현재의 현물환율을 제공한다. 이 이론은 예상미래환율과 단기이자율을 알아야만 이용 가능하다. 그렇다면 이 정보들은 어디에서 구할 수 있는가?

단기이자율 첫 번째 가정은 우리가 현재 각 나라의 예금계좌 이자율, 즉 달러이자율 $i_\$$, 유로이자율 $i_\text{€}$ 등을 알고 있다는 것이다. 시장참가자들은 당연히 이런 단기이자율을 관측할 수 있다. 그러나 이런 이자율이 어떻게 결정되고, 경제정책과 어떤 관련이 있는가? 다음 절에서 이 문제를 다룸으로써 환율이 어떻게 결정되는지 종합적 이해가 가능해질 것이다.

환율예상 두 번째 가정은 우리가 미래환율 수준에 대한 예측값 $E^e_{\$/\text{€}}$을 알고 있다는 것이다. 자산 접근 자체는 이것에 대해 말해주지 않기 때문에 우리는 다른 것에 의존해야 한다. 무엇일까? 앞 장에서 다뤘던 환율에 대한 장기 화폐적 접근이 그것이다. 결국 자산 접근과 화폐

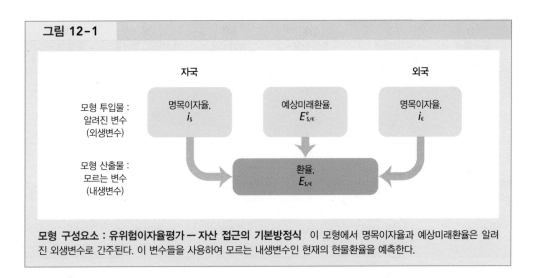

그림 12-1

모형 구성요소 : 유위험이자율평가 — 자산 접근의 기본방정식 이 모형에서 명목이자율과 예상미래환율은 알려진 외생변수로 간주된다. 이 변수들을 사용하여 모르는 내생변수인 현재의 현물환율을 예측한다.

적 접근이 어떻게 통합될 수 있는지 알게 될 것이다.

외환시장 균형 : 예시

방금 설명했던 개념들을 자세히 살펴보기 위해 숫자 예를 사용하여 외환시장이 어떻게 균형을 이루는지 알아보자.

현재 유럽이자율 $i_€$이 3%이고 미국 이자율 $i_$$이 5%라고 하자. 또한 (환율에 대한 장기 화폐모형을 사용하여 구한) 예상미래환율(1년 후) $E^e_{$/€}$이 유로당 1.224달러라고 하자.

표 12-1에는 현물환율 $E_{$/€}$이 다양하게 주어질 때 국내수익률과 달러기준 예상해외수익률을 어떻게 구하는지 나와 있다.(5% = 0.05, 3% = 0.03 등 퍼센트를 소수점으로 바꿔야 하는 점에 유의하라.) 표에서 보듯이 해외수익은 2개의 요소로 구성되어 있다. 즉 식 (12-1)에 나와 있는 것처럼 하나는 유럽이자율 $i_€$이고, 다른 하나는 달러의 예상절하율이다.

그림 12-2에 두 가지 수익을 그림으로 표시한 **외환시장 도표**(FX market diagram)가 나와 있다. 이는 예상되는 국내 및 해외의 수익(세로축)을 현재의 현물환율(가로축)에 대해 그린 것이다. 국내달러수익(DR; 이는 자국의 명목이자율임)은 5% = 0.05로서 현물환율과 상관없이 고정돼 있다.

식 (12-1)에 따르면, 예상해외달러수익(FR)은 표 12-1에 나와 있는 것처럼 현물환율이 어떻게 되느냐에 따라 달라진다. 예를 들어 현물환율이 1.224이면 해외수익은 3% = 0.03이 된

표 12-1

이자율, 환율, 예상수익, 외환시장 균형 : 숫자 예 외환(FX) 시장은 국내수익과 해외수익이 동일할 때 균형을 이룬다. 아래 표의 예를 보면 달러이자율 5%(1열), 유로이자율 3%(2열), 예상미래환율(1년 후)은 $E^e_{$/€}$=1.224\$/€(4열)이다. 표에서 각 행은 여러 현물환율(3열)에 대해 계산한 것이다. 현물환율이 어떻게 되느냐에 따라 5열의 예상절하율과 6열의 예상해외수익이 달라진다. 유일한 균형이 음영으로 표시되어 있다. 이 균형에서 국내수익과 예상해외수익이 달러기준으로 5%로 동일하며, 현물환율은 1.20\$/€이다. 표의 숫자들은 반올림되어 있다. 그림 12-2는 국내와 해외수익(1열과 6열)을 현물환율(3열)에 대해 그린 것이다.

	(1) 달러예금 이자율(연간)	(2) 유로예금 이자율(연간)	(3) 현물환율 (오늘)	(4) 예상미래 환율(1년 후)	(5) 예상유로 절상률 (달러 대비, 1년 후)	(6) 유로예금 예상달러수익
	국내수익(\$)					예상해외수익(\$)
	$i_$$	$i_€$	$E_{$/€}$	$E^e_{$/€}$	$\dfrac{E^e_{$/€}-E_{$/€}}{E_{$/€}}$	$i_€+\dfrac{E^e_{$/€}-E_{$/€}}{E_{$/€}}$
	0.05	0.03	1.16	1.224	0.0552	0.0852
	0.05	0.03	1.18	1.224	0.0373	0.0673
시장균형	0.05	0.03	1.20	1.224	0.02	0.05
	0.05	0.03	1.22	1.224	0.0033	0.0333
	0.05	0.03	1.24	1.224	-0.0129	0.0171

그림 12-2

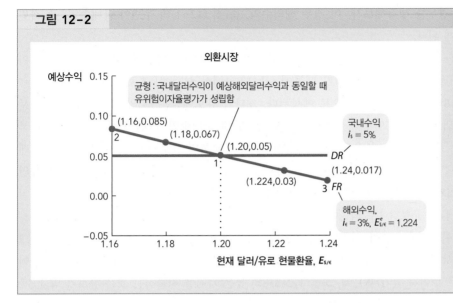

외환시장

예상수익

균형 : 국내달러수익이 예상해외달러수익과 동일할 때 유위험이자율평가가 성립함

국내수익
i_s = 5%

DR

해외수익,
i_ϵ = 3%, $E^e_{\$/\epsilon}$ = 1.224

현재 달러/유로 현물환율, $E_{\$/\epsilon}$

외환시장 균형 : 숫자 예 표 12-1에 계산된 수익들을 그림으로 그린 것이다. 달러이자율 5%, 유로이자율 3%, 예상미래환율은 1.224$/€이다. 점 1이 균형으로서 이 점에서 국내수익 DR과 예상해외수익 FR이 5%로 동일하며, 현물환율은 1.20$/€이다.

다. 따라서 점 (1.224, 0.03)은 그림 12-2의 *FR* 곡선 상에 위치한다. 이 점은 (현물환율과 예상미래환율이 1.224로 동일하기 때문에) 예상절하가 0이 되며, 따라서 해외수익이 해외이자율 3%와 동일하다.

일반적으로 해외수익은 다른 조건이 동일할 때 현물환율 $E_{\$/\epsilon}$이 상승함에 따라 낮아진다. 그 이유는? 수학적으로는 식 (12-1)을 보면 자명하다. 직관적인 이유는 다음과 같다. 만약 달러가 오늘 절하되면 $E_{\$/\epsilon}$이 상승한다. 그러면 다른 조건이 동일할 때 유로투자가 좀 더 비싼 선택이 된다(즉 덜 매력적이 됨). 즉 $1을 오늘 유럽계좌에 넣어둘 경우 환산한 유로금액이 상대적으로 적고, 따라서 유로이자가 적용된 1년 후 원리금 역시 줄어든다. 만약 미래의 유로-달러 환율 $E^e_{\$/\epsilon}$이 알려져 있고 변하지 않는다면 줄어든 유로금액은 미래 달러기준 금액으로도 줄어든다. 따라서 해외수익(달러기준)은 다른 조건이 동일할 때 $E_{\$/\epsilon}$이 상승함에 따라 낮아진다. 즉 *FR* 곡선은 우하향이다.

현물환율이 어느 수준에서 균형을 이루는가? 표 12-1에 따르면 균형환율은 1.20$/€이다. 오직 이 환율에서만 국내수익과 해외수익이 동일하다. 이 해를 그림으로 이해하기 위한 것이 그림 12-2이다. *FR* 및 *DR* 곡선이 교차하는 점 1에서 외환시장이 균형을 이루며, 해외 및 국내의 수익률이 동일하다.

외환시장 균형의 조정

이상에서 우리는 외환시장 균형조건을 그래프로 나타내는 방법에 대해 배웠다. 그런데 이 균형에 도달하게 만드는 힘은 무엇일까? 바로 차익거래이다. 이것이 환율수준을 균형값으로 자동적으로 밀어준다.

이를 살펴보기 위해 최초에 시장이 균형에서 벗어나 있다고 해보자. 가령 현물환율 $E_{\$/\epsilon}$이

너무 낮은 경우를 생각해보자. 이 경우 해외수익, 즉 식 (12-1)의 우변이 국내수익, 즉 좌변을 초과하게 된다.

그림 12-2의 점 2에서 해외수익은 국내수익보다 훨씬 높다. 현물환율이 1.16$/€이고, 예상미래환율은 1.224$/€이기 때문에 (표 12-1에서 보듯이) 유로가 5.5% = 0.055[= (1.224/1.16)-1]만큼 절상될 것으로 예상된다. 게다가 유로예금은 3%의 이자율을 얻기 때문에 예상해외수익이 5.5%+3% = 8.5% = 0.085에 달해 국내수익 5%를 크게 상회한다. 결국 점 2에서는 유로가 아주 높은 수익을 제공한다. 다시 말하면 유로가 아주 싸다. 따라서 트레이더들은 달러를 팔고 유로를 사려고 할 것이다. 이러한 시장의 압력이 유로의 가격을 높인다. 즉 달러가 유로에 대해 절하되며, $E_{\$/\€}$이 상승한다. 이렇게 되면 해외 및 국내수익이 동일해지며, 환율은 균형점 1로 되돌아간다.

최초에 현물환율 $E_{\$/\€}$이 너무 높은 수준인 경우에도 마찬가지가 적용된다. 그림 12-2의 점 3에서 해외와 국내수익은 동일하지 않으며, 환율은 1.24$/€이다. 1년 후 예상환율이 1.224$/€로 주어져 있기 때문에, 오늘 1.24$/€의 높은 가격을 지불하는 것은 유로가 약 1.3% = 0.013[= 1.224/1.24-1]만큼 절하될 것으로 예상됨을 의미한다. 유로예금이 3%를 지불하는 상황에서 유로가 1.3% 절하되면 순해외수익은 겨우 1.7%로서 국내수익 5% = 0.05를 크게 하회한다. 결국 점 3에서 유로는 아주 낮은 수익을 제공한다. 다시 말하면 오늘 유로가 아주 비싸다. 따라서 트레이더들은 유로를 팔려고 할 것이다.

오직 점 1에서만 해외수익과 국내수익을 동일하게 하는 가격으로 유로가 거래된다. 점 1에서 유로는 너무 싸지도, 너무 비싸지도 않다. 이 가격이야말로 유위험이자율평가를 성립하게 하는 바로 그 수준이다. 따라서 차익거래가 멈추고 외환시장이 균형을 이룬다.

국내 및 해외수익의 변화와 외환시장 균형

경제조건이 변하면 국내 및 해외수익을 나타내는 2개의 곡선이 이동한다. 국내수익 곡선의 경우 국내이자율을 세로축 절편으로 하는 수평선이기 때문에 쉽게 이해할 수 있다. 즉 국내이자율이 변하면 곡선이 위나 아래로 이동한다. 해외수익은 두 부분(해외이자율, 그리고 환율의 예상변화)으로 구성되어 있기 때문에 곡선의 이동이 약간 더 복잡하다.

모형에 대한 이해를 높이기 위해 그림 12-2의 외환시장 예를 사용하여 다음 세 가지 충격을 생각해보자.

- 국내이자율의 상승, $i_\$ = 7\%$
- 해외이자율의 하락, $i_\€ = 1\%$
- 예상미래환율의 하락, $E_{\$/\€}^e = 1.20\$/\€$

이들 세 가지 경우가 그림 12-3의 (a), (b), (c)에 각각 나와 있다. 이유는 다르지만, 세 가지 경우 모두 충격으로 인해 달러예금이 유로예금에 비해 보다 매력적인 선택이 되고, 달러가 절상되는 결과를 낳는다.

그림 12-3

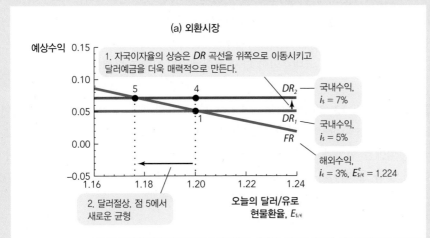

(a) **자국이자율의 변화** 달러이자율이 5%에서 7%로 상승하면 국내수익이 높아져 DR 곡선이 DR_1에서 DR_2로 상향 이동한다. 이에 따라 최초의 균형환율 1.20\$/€에서 국내수익(점 4)이 해외수익(점 1)보다 더 높다. 달러예금이 더 매력적이며, 달러가 1.20\$/€에서 1.177\$/€로 절상된다. 새로운 균형은 점 5이다.

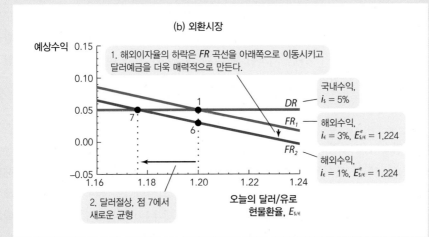

(b) **해외이자율의 변화** 유로이자율이 3%에서 1%로 하락하면 달러기준 예상해외수익이 낮아져 FR 곡선이 FR_1에서 FR_2로 하향 이동한다. 이에 따라 최초의 균형환율 1.20\$/€에서 해외수익(점 6)이 국내수익(점 1)보다 더 낮다. 달러예금이 더 매력적이며, 달러가 1.20\$/€에서 1.177\$/€로 절상된다. 새로운 균형은 점 7이다.

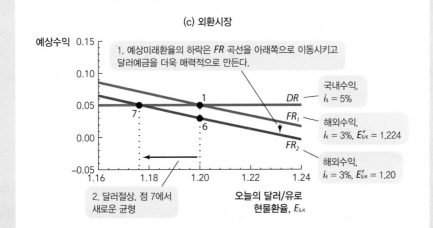

(c) **예상미래환율의 변화** 예상미래환율이 1.224에서 1.20으로 낮아지면 달러기준 예상해외수익이 낮아져 FR 곡선이 FR_1에서 FR_2로 하향 이동한다. 이에 따라 최초의 균형환율 1.20\$/€에서 해외수익(점 6)이 국내수익(점 1)보다 더 낮다. 달러예금이 더 매력적이며, 달러가 1.20\$/€에서 1.177\$/€로 절상된다. 새로운 균형은 점 7이다.

국내이자율의 변화 그림 12-3(a)에서 보듯이 $i_\$$이 7%로 상승하면, 국내수익이 2%만큼 높아져 국내수익 곡선 DR이 DR_1에서 DR_2로 2% = 0.02만큼 위쪽으로 이동한다. 해외수익에는 변화가 없다. 이제 최초의 균형 현물환율 1.20$/€에서 국내수익(점 4)이 해외수익보다 더 높다. 트레이더들은 유로를 팔고 달러를 산다. 이에 따라 달러가 1.177$/€로 절상되고, 새로운 균형은 점 5가 된다. 해외수익과 국내수익이 다시 동일해지고 UIP도 다시 성립한다.

해외이자율의 변화 그림 12-3(b)에서 보듯이 $i_€$이 1%로 하락하면, 유로예금이 더 낮은 이자율을 지급한다(1% 대 3%). 해외수익 곡선 FR이 FR_1에서 FR_2로 2% = 0.02만큼 아래쪽으로 이동한다. 국내수익에는 변화가 없다. 이제 기존의 균형환율 1.20$/€에서 해외수익(점 6)이 국내수익보다 더 낮다. 트레이더들은 유로를 팔고 달러를 산다. 이에 따라 달러가 1.177$/€로 절상되고, 새로운 균형은 점 7이 되며, UIP가 다시 성립한다.

예상미래환율의 변화 그림 12-3(c)에서 보듯이 예상미래환율 $E^e_{\$/€}$이 하락하면 앞으로 유로의 달러에 대한 가치가 더 낮아질 것으로 예상되기 때문에 해외수익이 낮아진다. 해외수익 곡선 FR이 FR_1에서 FR_2로 하향 이동한다. 국내수익에는 변화가 없다. 이제 기존의 균형환율 1.20$/€에서 해외수익(점 6)이 국내수익보다 더 낮다. 다시 한 번 트레이더들은 유로를 팔고 달러를 산다. 이에 따라 달러가 1.177$/€로 절상되고, 새로운 균형은 점 7이 된다.

요약

국내수익과 해외수익을 그림으로 분석하는 외환시장 도표는 이번 장은 물론이고 다음 장에서도 사용되는 핵심적인 분석도구이다. 국내수익은 자국이자율 $i_\$$에만 의존하는 반면, 해외수익은 해외이자율 $i_€$ 뿐만 아니라 예상미래환율 $E^e_{\$/€}$에도 의존한다는 것을 확실히 이해해야 한다. 다음을 기억하라. 해외수익을 국내수익보다 높이는(낮추는) 모든 변화는 투자자들에게 유로예금을 더욱(덜) 매력적인 것으로 만들며, 이에 따라 트레이더들은 유로예금을 사게(팔게) 된다. 이와 같은 행동으로 인해 달러가 유로에 대해 절하(절상)됨으로써 외환시장이 새로운 균형에 이르게 된다.

자신의 이해를 확인해보기 위해 앞에서 다루었던 세 가지 사례와 반대되는 경우, 즉 $i_\$$의 하락, $i_€$의 상승, $E^e_{\$/€}$의 상승에 대해 분석해보기 바란다. 각 경우에 대해 표 12-1의 표를 만들어보는 것도 도움이 될 것이다.

2 단기에 있어서 이자율 : 화폐시장 균형

앞 절에서 환율에 대한 자산 접근의 핵심 내용에 대해 살펴보았다. 그림 12-1은 자산 접근의 핵심 요소인 유위험이자율평가를 요약해서 보여준다. 현물환율은 이 모형의 산출물(내생변수)이고, 예상미래환율과 자국 및 외국의 이자율은 투입물(외생변수)들이다. 그렇다면 이러

한 투입물들은 어디에서 오는 것일까? 앞 장에서 우리는 장기 환율이론인 화폐적 접근에 대해 배웠으며, 미래환율을 예측하는 데 이것을 이용할 수 있다. 그렇다면 한 가지 질문만 남는다. 즉 현재의 이자율은 어떻게 결정되는가?

단기 화폐시장 균형 : 명목이자율 결정

앞 장에서 통화에 대한 수요와 공급이 어떻게 작동하는지 살펴봤기 때문에 그것을 바탕으로 설명하기로 한다. 우선 미국과 유럽 두 곳의 화폐시장을 생각해보자. 두 시장 모두 통화수요와 통화공급이 일치함으로써 균형이 성립한다. 두 곳 모두 통화공급은 중앙은행이 통제하며, 주어진 것으로 간주된다. 실질통화잔고에 대한 수요는 이자율 i와 실질소득 Y의 함수, 즉 $M/P = L(i)P$이다.

가정 화폐시장의 단기적 균형에 대한 접근(이번 장)과 장기적 균형에 대한 접근(앞 장)의 차이를 제대로 이해해야 한다.

앞 장에서 우리는 다음과 같은 장기적 가정을 두었다.

- 장기적으로 물가수준 P는 완전 신축적이며, P의 변화에 의해 화폐시장이 균형을 이룬다.
- 장기적으로 명목이자율 i는 세계실질이자율에 국내 인플레이션을 합친 것이다.

이 장에서 우리는 위와는 크게 다른 단기적 가정을 둔다.

- 단기적으로 물가수준 P는 경직적이며, 어떤 정해진 수준 $P = \overline{P}$(고정된 값을 의미)에서 고정돼 있다.
- 단기적으로 명목이자율 i는 완전 신축적이며, i의 변화에 의해 화폐시장이 균형을 이룬다.

왜 단기에서는 이처럼 다른 가정을 하는 것일까?

첫째, 왜 물가를 경직적이라고 가정하는가? 물가 경직성 가정은 **명목경직성**(nominal rigidity)이라 불리며, 단기에 대한 거시경제 연구에서는 일반적인 가정이다. 경제학자들은 물가경직성에 대해 많은 설명을 제시했다. 명목임금의 경우에는 노동계약이 장기에 걸쳐 이루어지기 때문에 경직적이다. 또한 제품의 명목가격은 계약과 메뉴비용(menu cost) 때문에 경직적이다. 즉 기업들이 제품 가격을 자주 바꾸면 비용이 든다. 결국 장기적으로는 모든 물가를 신축적이라고 보는 것이 합리적이나, 단기에 있어서는 그렇지 않다.

둘째, 왜 이자율을 신축적이라고 가정하는가? 앞 장에서 명목이자율이 장기적으로는 피셔효과(혹은 실질이자율평가)에 의해 결정되는 것을 보았다. 그 경우 자국의 명목이자율은 세계실질이자율에 자국의 인플레이션율을 합한 것이다. 그러나 명심할 것은 이것이 단기에는 적용되지 않는다는 것이다. 왜냐하면 구매력평가는 장기에만 적용되며 단기적으로는 거기에서 이탈하기 때문이다. 실증분석 결과에서 보았듯이 실질이자율이 단기적으로는 변동하여 실질이자율평가에서 벗어난다.

모형 지금까지 설명한 단기에 대한 가정하에서 우리는 앞 장의 일반화폐모형과 동일한 모형을 사용할 수 있다. 두 나라의 화폐시장 균형은 다음과 같다.

$$\underbrace{\frac{M_{US}}{\overline{P}_{US}}}_{\substack{\text{미국의 실질통화잔고} \\ \text{공급}}} = \underbrace{L(i_\$) \times Y_{US}}_{\substack{\text{미국의 실질통화잔고} \\ \text{수요}}} \qquad (12\text{-}2)$$

$$\underbrace{\frac{M_{EUR}}{\overline{P}_{EUR}}}_{\substack{\text{유럽의 실질통화잔고} \\ \text{공급}}} = \underbrace{L(i_€) \times Y_{EUR}}_{\substack{\text{유럽의 실질통화잔고} \\ \text{수요}}} \qquad (12\text{-}3)$$

요약 : 장기적으로는 물가가 화폐시장을 균형시키는 역할을 한다. 물가가 경직적인 단기에 있어서는 이런 물가의 균형 조정이 불가능하다. 그러나 명목이자율들은 모두 자유롭게 변한다. 단기적으로는 각 나라의 명목이자율이 통화공급과 통화수요를 균형시키는 역할을 한다.

단기 화폐시장 균형 : 그래프 분석

그림 12-4는 미국 화폐시장을 나타낸다(유럽시장에 대해서도 비슷한 그림을 그릴 수 있다). 가로축은 미국의 실질통화잔고인 M_{US}/P_{US}이고, 세로축은 미국의 명목이자율 $i_\$$이다. 그림에서 중앙에 있는 수직선은 실질통화잔고의 공급을 나타낸다. 이 공급은 중앙은행에 의해 특정 수준 $M_{US}^1/\overline{P}_{US}^1$으로 결정되며, 이자율과는 무관하다. 우하향의 곡선은 실질통화잔고에 대한 수요인 $L(i_\$) \times Y_{US}$이다. 이 수요는 미국 명목이자율이 상승하면 줄어든다. 왜냐하면 통화보유의 기회비용이 상승하여 사람들이 통화잔고 보유를 줄이려 하기 때문이다. 화폐시장은 점 1에서 균형을 이룬다. 즉 실질통화잔고에 대한 수요과 공급이 명목이자율 $i_\$^1$에서 $M_{US}^1/\overline{P}_{US}^1$으로 동일하다.

단기 화폐시장 균형의 달성

만약 우리가 가정한 대로 이자율이 단기적으로 신축적이라면 이자율이 화폐시장을 균형시키는 데 아무런 문제가 없다. 그런데 과연 어떤 힘에 의해 균형 명목이자율 $i_\$^1$이 달성되는가? 다음과 같은 조정과정이 작동한다.

　이자율이 균형수준인 $i_\$^1$이 아니라 $i_\$^2$라 해보자. 즉 실질통화수요 곡선의 점 2에 있다고 해보자. 이 이자율 하에서는 실질통화수요가 실질통화공급보다 적다. 총량적으로 봤을 때 사람들이 보유하기를 원하는 양보다 더 많은 통화를 중앙은행이 사람들 손에 쥐어 준 것이다. 이에 따라 사람들은 통화를 채권, 저축성예금 등 이자지불 자산과 교환함으로써 현금 보유를 줄이려 한다. 즉 저축을 늘리거나 차입자들에게 돈을 대출해주려고 한다. 그러나 차입자들로서는 차입비용이 낮아지지 않는 한 차입을 늘리려 하지 않는다. 따라서 적극적인 대부자들이 희소한 차입자를 확보하려는 경쟁이 생겨 이자율이 하락하게 된다. 이런 상황이 발생하면 그림 12-4의 점 2에서 점 1의 균형을 향해 이동하게 된다.

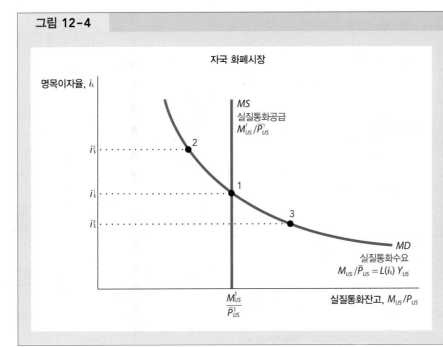

그림 12-4

자국 화폐시장

명목이자율, $i_\$$

MS
실질통화공급
$M_{US}^1/\bar{P}_{US}^1$

$i_\$^2$

2

$i_\$^1$

1

3

$i_\$^3$

MD
실질통화수요
$M_{US}/\bar{P}_{US} = L(i_\$)\,Y_{US}$

$\dfrac{M_{US}^1}{\bar{P}_{US}^1}$ 실질통화잔고, M_{US}/P_{US}

자국 화폐시장 균형 실질통화잔고에 대한 수요와 공급이 명목이자율을 결정한다. 통화공급 곡선(MS)은 이자율의 영향을 받지 않고 중앙은행에 의해 결정되기 때문에 $M_{US}^1/\bar{P}_{US}^1$에서 수직선으로 표시돼 있다. 이에 반해 통화수요(MD) 곡선은 이자율 상승 시 통화보유의 기회비용이 상승하여 통화수요량이 줄어들기 때문에 우하향 형태이다. 화폐시장은 명목이자율이 $i_\$^1$일 때 실질통화수요와 실질통화공급이 동일하기 때문에 균형을 이룬다(점 1). 점 2와 3의 경우에는 수요와 공급이 동일하지 않기 때문에 화폐시장이 균형을 이룰 때까지 이자율이 조정된다.

이번에는 화폐시장이 점 3에 위치하여 통화에 대한 초과수요가 있는 경우이다. 이때에도 비슷한 논리가 적용될 수 있다. 이 경우 사람들은 이자지불 자산 형태의 저축을 줄이고, 그것을 현금으로 바꾸려 한다. 또한 대출을 연장해주는 것도 줄어든다. 이에 따라 대부시장은 초과수요를 겪게 된다. 그러나 차입자들은 차입비용이 상승하지 않는 한 차입을 줄이려 하지 않는다. 따라서 적극적인 차입자들이 희소한 대부자를 확보하려는 경쟁이 생겨 이자율이 상승하게 된다. 이런 상황은 점 1에 도달하여 실질통화잔고에 대한 초과수요가 사라질 때 비로소 조정이 끝나게 된다.

또 다른 구성요소 : 단기 화폐시장 균형

이와 같은 화폐시장 모형은 거시경제학을 배웠다면 친숙할 것이다. 그림 12-5에 그림으로 요약되어 있다. 각국의 물가수준은 단기적으로 고정돼 있고 알려진 것으로 간주된다. 또한 각국의 통화공급과 실질소득 역시 알려진 것으로 가정한다. 이 경우 식 (12-2)와 (12-3)의 화폐시장 균형식에 의해 각국의 이자율이 도출된다. 이를 앞에서 배웠던 또 다른 모형에 집어넣어 사용할 수 있다. 즉 균형 이자율, 그리고 앞의 장기 화폐적 접근에 입각하여 예측한 예상미래환율을 모두 식 (12-1)의 환율결정에 대한 자산 접근의 기본방정식에 입력하는 것이다. 이렇게 함으로써 최종적으로 현물환율 결정 모형을 구축할 수 있다.

그림 12-5

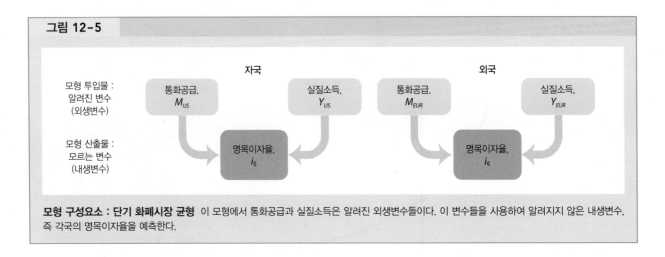

모형 구성요소 : 단기 화폐시장 균형 이 모형에서 통화공급과 실질소득은 알려진 외생변수들이다. 이 변수들을 사용하여 알려지지 않은 내생변수, 즉 각국의 명목이자율을 예측한다.

그림 12-6

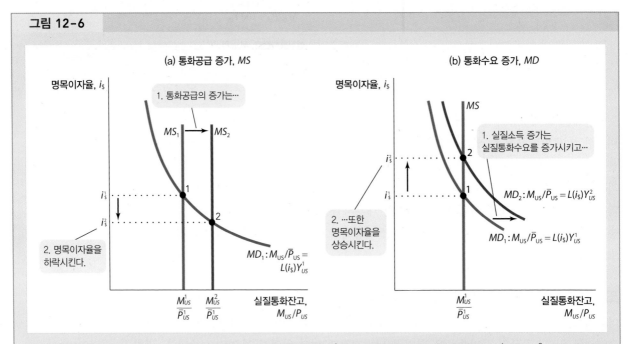

자국의 화폐시장에서 통화공급 및 통화수요의 변화 (a)에서 물가수준이 $\overline{P}^1_{US}$으로 고정돼 있을 때 명목통화공급이 M^1_{US}에서 M^2_{US}로 증가하면 실질통화공급이 $M^1_{US}/\overline{P}^1_{US}$에서 $M^2_{US}/\overline{P}^1_{US}$로 증가한다. 이 경우 명목이자율이 $i^1_\$$에서 $i^2_\$$로 하락하여 점 2에서 균형을 회복한다. (b)의 경우 물가수준이 $\overline{P}^1_{US}$으로 고정돼 있을 때 실질소득이 Y^1_{US}에서 Y^2_{US}로 증가하면 실질통화수요가 MD_1에서 MD_2로 증가한다. 이 경우 명목이자율이 $i^1_\$$에서 $i^2_\$$로 상승하여 점 2에서 균형을 회복한다.

통화공급 및 명목이자율의 변화

화폐시장 균형은 통화공급과 통화수요에 의해 결정된다. 어느 하나라도 변하면 균형이 바뀐다. 환율이 어떻게 결정되는지 좀 더 잘 이해하기 위해 균형이 바뀌는 과정에 대해 살펴보자.

그림 12-6(a)를 보면, 자국(미국)의 명목통화공급이 M^1_{US}에서 M^2_{US}로 증가할 때 화폐시장

이 어떻게 반응하는지 나와 있다. 가정에 의해 미국의 물가수준이 단기적으로 $\overline{P}_{US}$으로 고정돼 있기 때문에 명목통화공급의 증가는 실질통화공급을 $M_{US}^1/\overline{P}_{US}$에서 $M_{US}^2/\overline{P}_{US}$로 증가시키게 된다. 그림에서 통화공급 곡선이 MS_1에서 MS_2로 오른쪽으로 이동한다. 이렇게 되면 점 1은 더 이상 균형이 아니다. 왜냐하면 이자율 $i_\$^1$에서 실질통화잔고의 초과공급이 발생하기 때문이다. 사람들이 자신의 달러를 이자지불 자산으로 옮기고, 그것이 대출됨에 따라 이자율은 $i_\$^1$에서 $i_\$^2$로 하락한다. 바로 점 2에서 화폐시장이 다시 균형을 이룬다. 명목통화공급이 감소하는 경우에는 동일한 논리에 따라 이자율이 상승한다.

요약하면, 단기적으로 다른 요인이 동일할 때, 한 나라의 통화공급 증가는 그 나라의 명목이자율을 하락시킨다. 반대로 통화공급의 감소는 그 나라의 명목이자율을 상승시킨다.

그림상으로 보면 통화수요 곡선이 고정돼 있다고 가정할 때 통화공급이 특정 수준으로 주어지면 그에 따라 유일한 이자율 수준이 결정되며, 그 반대도 성립한다. 따라서 여러 가지 목적을 위해 통화공급이나 이자율 어느 것이든 정책도구로 사용될 수 있다. 그러나 실제 현실에서는 대부분의 중앙은행들이 이자율을 정책도구로 사용하는 경향이 있다. 왜냐하면 통화수요 곡선이 안정적이지 않을 수가 있으며, 그런 상태에서 통화공급을 정책도구로 사용하여 특정 수준으로 설정하는 경우 이자율의 불안정성을 야기할 수 있기 때문이다.

적용사례

중앙은행은 이자율을 마음대로 조정할 수 있는가?
2008~2009년 글로벌 금융위기의 교훈

그동안 우리는 중앙은행이 이자율이나 통화공급 어느 것을 통해서든 이자율을 효과적으로 조정할 수 있다고 가정했다. 이 가정은 이번 장은 물론 이 책의 나머지 부분에서도 핵심적인 전제이다. 그런데 과연 이것은 사실일까? 일반적으로는 맞는 말이다. 하지만 중앙은행의 정책운용이 금융시장 혼란에 의해 약화될 수 있다. 최근 많은 나라에서 그런 문제가 발생했다.

가령 미국에서는 연방준비제도(Fed : Federal Reserve)가 정책금리(policy rate)를 정한다. 정책금리는 은행들이 Fed에 맡겨놓은 준비금 중 여유부분을 은행들끼리 서로 빌려줄 때 부과하는 이자율이다. 정상적인 상황에서는 바로 이 정책금리를 변화시키면 시장금리(market rate)로 그 영향이 파급된다. 시장금리란 은행들이 주택담보대출(모기지), 기업대출, 자동차대출, 그리고 은행 간 대출 등에서 차입자에게 부과하는 이자율을 말한다. 통화정책이 실물경제에 영향을 미치는 소위 전달 메커니즘(transmission mechanism)의 가장 기본적인 요소가 바로 정책금리를 변경함으로써 시장금리에 영향을 미치는 과정이다.

그러나 최근 위기상황에서는 은행들이 다른 은행이나 차입자(그리고 심지어는 자기 자신)의 파산위험을 크게 우려하게 되었다. 그 결과 은행의 대출이 줄어들고, 설사 대출을 하더라도 아주 높은 이자율을 부과했다. 대출이 손실이나 디폴트(채무불이행)에 빠질 위험이 높기 때문에 이를 보상받고자 한 것이다. 따라서 2007년과 2008년에 Fed가 정책금리를 5.25%에서 0%까지 대폭 인하했음에도 불구하고, 시장금리에는 비슷한 하락이 나타나지 않았다. 실제로 시장이자율은 거의 움직이지 않았을 뿐만 아니라 대출기준이 더욱 엄격해짐에 따라 기존보다 대출조건이 오히려 더 나빠지는 경우도 발생했다. 신용확대가 극히 미약했으며, 상환 연장도 제한적이었다.

또 다른 문제는 정책금리가 제로금리하한(ZLB : zero lower bound)에 도달했다는 점이다. 이미 정책금리가 0% 수준까지 인하됐기 때문에 중앙은행으로서는 더 이상 정책금리를 인하할 여력이 소진됐다. 그러나 많은 중앙은행들은 금융시장 안정을 위해 시장금리 인하압력을 유지하기를 원했다. 이 시점에서 Fed의 대응이 바로 양적완화(quantitative easing)였다.

일반적으로 Fed는 본원통화 M0를 늘릴 때 은행에 대출을 하거나(이 경우 안전한 정부채를 담보로 잡음) 혹은 전적으로 공개시장을 통해 정부채를 사들이는 방식을 취한다. 보통 이런 행동은 Fed의 이자율 목표를 달성하기 위해서만 행해진다. 그러나 당시 위기상황에서는 이자율이 이미 바닥까지 떨어진 상태였기 때문에 Fed는 더 많은 통화를 풀기 위해 여러 가지 특별한 정책행동에 나서게 되었다.

1. 담보 신용증권의 범위를 등급이 낮은 민간부문 채권으로까지 확대했다.
2. 공개시장에서 사들이는 증권의 범위를 기업어음(commercial paper)이나 주택저당증권(mortgage backed security) 등 민간 신용수단으로까지 확대했다.
3. 증권을 사들이는 상대방의 범위를 국채전문딜러(primary dealer)나 자금시장펀드 등 비은행금융기관으로까지 확대했다.

이런 방식으로 Fed가 엄청난 자산을 사들인 결과, 미국의 M0는 2배 이상 늘어나 1조 달러 이상에 이르렀다. 그럼에도 불구하고 M1이나 M2는 조금밖에 변하지 않았다. 이는 은행들이 Fed로부터 넘겨받은 현금을 새로운 대출이나 새로운 예금으로 전환(그래야만 광의의 통화공급이 늘어남)하기를 꺼렸다는 의미한다.

비슷한 위기대응이 영란은행, 그리고 궁극적으로는 유럽중앙은행(ECB)에 의해 행해졌다. 즉 담보 범위를 확대했으며, 공개시장 정책의 경우에는 적극적인 공개시장조작을 통해 영국과 유로존의 정부채를 사들이는 데 초점을 맞추었다(ECB의 경우에는 그리스나 포르투갈 같은 위기발생 나라들의 낮은 등급 채권을 매입하는 정책도 시행했다).

요컨대 전통적인 전달 메커니즘이 붕괴됨에 따라 중앙은행들로서는 다른 방법을 찾아야 했다. Fed의 경우에는 다른 유형의 민간신용, 그리고

전달 메커니즘의 붕괴 : 2008년부터 2009년까지 Fed의 특별 개입이 민간 신용의 시장이자율을 거의 변화시키지 못했다.

다른 만기의 시장에 직접 개입하는 것을 통해 손상된 전달 메커니즘을 우회하려 했다. 당시 중앙은행이 아무것도 하지 않았다면 상황이 더 나빠졌을까? 쉽게 답하기 어려운 문제이다. 하지만 만약 목표가 시장이자율을 일정 정도 내리고 광의의 통화량을 확대하는 것이었다면, 중앙은행의 이런 정책이 의미 있는 경제적 효과를 거두었다고 말하기는 힘들다. ■

실질소득 및 명목이자율의 변화

그림 12-6(b)를 보면, 자국(미국)의 실질소득이 Y^1_{US}에서 Y^2_{US}로 증가할 때 화폐시장이 어떻게 반응하는지 나와 있다. 실질소득의 증가는 실질통화수요를 증가시키며, 이에 따라 통화수요 곡선이 MD_1에서 MD_2로 이동한다. 이제 점 1은 더 이상 균형이 아니다. 왜냐하면 이자율 $i^1_\$$에서 이제 실질통화잔고의 초과수요가 발생하기 때문이다. 점 2에서 균형을 회복하기 위해 이자율이 $i^1_\$$에서 $i^2_\$$로 상승하여 사람들로 하여금 달러잔고 보유를 줄이게 만든다. 실질소득이 감소하는 경우에는 이자율이 하락할 것이다.

요약하면, 단기적으로 다른 요인이 동일할 때, 한 나라의 실질소득 증가는 그 나라의 명목이자율을 상승시킨다. 반대로 실질소득의 감소는 그 나라의 명목이자율을 하락시킨다.

화폐모형 : 단기 대 장기

방금 살펴본 단기적 모형의 의미는 앞 장에서 살펴본 화폐적 접근의 장기적 의미와는 차이가 있다. 이 차이를 알고, 그것이 어떻게 그리고 왜 발생하는지 이해하는 것이 중요하다.

다음의 예를 생각해보자. 그동안 통화공급을 일정하게(즉 증가율 0%) 유지해온 자국 중앙은행이 갑자기 확장적 정책으로 전환하여 통화공급을 연 5%로 증가시키기로 했다.

■ 만약 이런 확장정책이 장기적으로 계속될 것으로 예상되는 경우, 장기 화폐적 접근과 피셔효과의 예측이 적용된다. 즉 다른 조건이 동일할 때, 자국 통화증가율이 5% 포인트 상승하는 경우 자국 인플레이션율이 5% 포인트 상승한다. 이렇게 되면 물가가 신축적인 장기에 있어서 자국의 이자율이 상승할 것이다.

■ 만약 이런 확장정책이 일시적일 것으로 예상되는 경우에는 바로 위에서 살펴보았던 단기모형이 적용되어 전혀 다른 이야기가 전개된다. 즉 다른 조건이 동일할 때, 자국의 통화공급 증가의 즉각적 효과는 실질통화잔고의 초과공급이다. 이렇게 되면 물가가 경직적인 단기에 있어서 자국의 이자율은 하락할 것이다.

여기에서 보듯이 물가 신축성에 대한 가정이 매우 중요하다. 이를 어떻게 가정하느냐에 따라 결과가 크게 달라진다. 또한 통화정책의 명목기준지표와 중앙은행의 제약조건 역시 중요하다. 위 결과는 통화, 이자율, 환율 간에 언뜻 혼란스럽게 보이는 상호관계에 대한 설명을 제공한다. 위 두 경우 모두 통화공급 확대는 자국 통화의 절하로 이어진다. 그러나 단기에서는 통화약세가 낮은 이자율과 함께 나타나고, 장기에서는 통화약세가 높은 이자율과 함께 나타난다.

이 결과는 무엇을 의미하는가? 이자율의 효과를 단기적으로 분석할 때 우리는 '다른 모든

조건이 동일한 상황'을 가정한다. 이는 곧 미래의 환율(혹은 통화공급이나 인플레이션)에 대한 예상이 바뀌지 않는다고 가정하는 것이다. 다시 말하면, 우리는 어떤 일시적 정책이 명목 기준지표를 변경시키지 않는다고 (암묵적으로) 가정한다. 그러나 장기적으로, 만약 해당 정책이 영구적인 것으로 판단되면, 이 가정은 적절하지 않다. 즉 물가가 신축적이고 통화증가, 인플레이션, 예상절하 등이 일제히 움직인다. 다시 말하면 '다른 모든 조건'이 더 이상 동일하지 않다.

환율이 어떻게 결정되는지 이해하는 데 있어서 이와 같은 단기와 장기 접근의 핵심적 차이를 제대로 이해하는 것이 매우 중요하다. 이에 대한 이해를 보다 확실히 하기 위해 이하에서는 정책의 일시적 변화와 영구적 변화의 차이에 대해 생각해보자. 그것에 앞서 우선 단기모형을 간결한 그래프 형태로 나타내는 방법을 소개한다.

3 자산 접근 : 응용과 실증분석

여기에서는 자산 접근을 그래프로 분석하는 방법을 소개한다. 단순화를 위해 자국 경제에 초점을 맞춘다. 외국 경제에 대해서도 비슷한 방법이 적용된다. 다시 한 번 자국을 미국, 외국을 유로존(유럽)이라고 해보자.

환율에 대한 자산 접근 : 그래프 해법

그림 12-7은 2개의 시장을 보여준다. (a)는 자국(미국) 화폐시장이고 (b)는 외환시장(달러-유로 시장)이다. 이들 그림이 단기 자산 접근을 요약해서 보여준다.

미국 화폐시장 (a)는 미국 화폐시장의 균형을 보여준다. 가로축은 미국 실질통화잔고에 대한 수요량 혹은 공급량 M_{US}/P_{US}이다. 세로축은 미국 명목이자율 $i_\$$이다. 두 가지 관계가 나와 있다.

1. 수직선으로 표시된 MS는 미국의 실질통화공급이다. 이것이 수직선인 이유는 (i) 미국의 명목통화공급 M_{US}이 외생적인(알려진) 것으로 간주되고, (ii) 미국의 물가수준 $\overline{P}_{US}$ 역시 외생적인(알려진) 것으로 간주되기 때문이다. 통화공급이 자국의 중앙은행에 의해 정해지기 때문에 외생적이고 물가는 단기적으로 경직적이기 때문에 외생적이다.

2. 그림에서 MD 곡선은 미국의 실질통화잔고에 대한 수요 $L(i_\$)Y_{US}$를 나타낸다. 이 곡선이 우하향인 이유는 자국의 명목이자율 $i_\$$이 상승하면 통화보유 기회비용이 상승하여 수요가 줄어들기 때문이다. 당분간 미국의 실질소득 수준 Y_{US}은 외생적으로 주어졌으며, 단기적으로 고정돼 있는 것으로 가정한다.

균형에서 통화수요는 통화공급과 동일하며, 실질통화 수요량과 공급량은 $M^1_{US}/\overline{P}^1_{US}$이며, 명목이자율은 $i^1_\$$(점 1)이다.

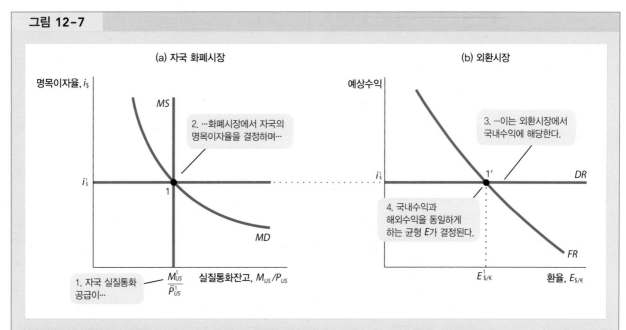

그림 12-7

(a) 자국 화폐시장

(b) 외환시장

명목이자율, $i_\$$

MS

2. …화폐시장에서 자국의 명목이자율을 결정하며…

MD

$i^1_\$$

1

1. 자국 실질통화 공급이…

$\dfrac{M^1_{US}}{\overline{P^1_{US}}}$ 실질통화잔고, M_{US}/P_{US}

예상수익

3. …이는 외환시장에서 국내수익에 해당한다.

$i^1_\$$

1′

DR

4. 국내수익과 해외수익을 동일하게 하는 균형 E가 결정된다.

FR

$E^1_{\$/€}$

환율, $E_{\$/€}$

화폐시장과 외환시장의 균형 이 그림은 두 자산시장의 균형을 하나에 나타낸 것이다. (a)는 자국(미국) 화폐시장으로서 자국의 실질통화공급(MS)과 수요(MD)가 균형을 이루는 점 1에서 자국 명목이자율 $i^1_\$$이 결정된다. (b)는 달러-유로 외환시장으로서 해외와 국내의 예상수익이 균형을 이루는 점 1′에서 현물환율 $E^1_{\$/€}$이 결정된다. 차익거래가 국내와 해외의 수익을 똑같게 만들며, 이를 위해서는 자본 이동성이 보장되어야 한다.

외환시장 (b)는 외환시장의 균형을 보여준다. 가로축은 현물환율 $E_{\$/€}$이다. 세로축은 자국예금과 외국예금의 미국 달러기준 수익을 나타낸다. 두 가지 관계가 나와 있다.

1. 우하향의 해외수익 곡선 FR은 해외예금에 대한 예상달러수익률 $[i_€ + (E^e_{\$/€} - E_{\$/€})/E_{\$/€}]$이 환율과 어떤 관계를 갖고 있는지 보여준다. 유럽의 이자율 $i_€$은 외생적인(알려진) 것으로 간주된다. 즉 이 그림에는 나와 있지 않은 유럽 화폐시장에서 결정된다. 예상미래환율 $E^e_{\$/€}$ 역시 외생적인(알려진) 것으로 간주된다. 즉 앞 장에서 배웠던 장기모형을 사용하여 예측한 것이다.

2. 수평선으로 표시된 국내수익 곡선 DR은 미국예금에 대한 달러수익률로서 미국의 명목이자율 $i_\$$이 바로 그것이다. 이는 (a)의 자국 화폐시장에서 결정되기 때문에 $i^1_\$$이며, 현물환율이 어떻게 되든 상관없이 동일한 수준이다.

균형에서 해외수익과 국내수익은 동일하며(유위험이자율평가 성립), 그림의 점 1′에서 외환시장이 균형을 이룬다.

자본 이동성의 중요성 우리는 외환시장이 차익거래의 제약 하에서 움직이며, 따라서 유위험이자율평가가 성립한다고 가정한다. 그러나 이는 자본통제가 없을 때만 성립한다. 즉 자본이 자국과 해외를 자유로이 오갈 때만 국내와 해외의 수익이 동일해진다. 따라서 DR이 FR과 동일해진다는 가정은 자본 이동성에 달려있다. 만약 자본통제가 존재하면 차익거래에 제약이 있기 때문에 *DR*과 *FR*이 동일해질 이유가 없다.

모형 이용법 이 그래프를 이용하면 모든 알려진(외생적인) 변수에 대한 정보가 주어졌을 때 균형환율을 쉽게 찾아낼 수 있다.

균형환율을 찾으려면 (a)의 자국 화폐시장에서 가로축의 실질통화공급 수준인 $M_{US}^1/\overline{P}_{US}^1$에서 출발한다. *MS*를 따라 *MD*까지 올라가면 점 1에 이른다. 거기에 해당하는 자국의 현재 이자율은 $i_\$^1$이다. 그런데 외환시장에서 국내수익 *DR*은 자국 이자율과 동일하기 때문에 자국 화폐시장의 이자율 수준을 따라 오른쪽 (b)의 외환시장으로 건너간다. 그렇게 가다보면 결국 *FR* 곡선을 점 1′에서 만나게 된다. 거기에서 아래로 내려와서 만나는 수평축의 환율 $E_{\$/€}^1$이 바로 균형환율이다.

이처럼 그래프 상에서 따라가다 보면 균형환율을 쉽게 발견할 수 있다. 그런데 간편함을 얻었지만, 그 대신 잃어버린 것도 있다. 바로 해외 화폐시장이 분석에서 사라진 점이다. 하지만 동일한 분석을 외국에 대해서도 똑같이 적용할 수 있다. 환율에 대한 자산 접근의 논리를 제대로 이해했는지 확인해보는 차원에서 이번에는 유럽이 자국이라는 가정하에서 그림 12-7과 동일한 그래프를 스스로 그려보기를 권한다.(힌트 : 이 경우 외환시장에서 자국(유럽)의 예상미래환율 $E_{€/\$}^e$과 외국(미국) 이자율 $i_\$$을 주어진 것으로 간주해야 한다. 또한 모든 변수의 통화단위를 바꿀 때 신중을 기해야 한다.)

단기정책 분석

그림 12-7의 그래프 분석을 통해 자산 접근에서 환율이 어떻게 결정되는지 알 수 있다. 이를 이용하면 경제정책이나 혹은 다른 충격이 어떤 영향을 미치는지 분석할 수 있다.

우리가 분석할 수 있는 가장 간단한 예는 어떤 일시적인 충격이 발생하는 경우이다. 이런 일시적인 충격은 미래에는 영향을 미치지 않고 통화 및 외환시장의 현재 상태에만 영향을 미치기 때문에 분석이 간단하다. 여기에서는 중앙은행에 의해 통화공급이 일시적이고 단기적으로 증가했을 때 무슨 일이 발생하는지 우리의 모형으로 분석해보자.

자국 통화공급의 일시적 충격 그림 12-7의 모형을 사용하되, 자국 통화공급 이외의 모든 변수들은 변화 없이 동일 수준에서 고정돼 있다고 가정하자. 즉 외국 통화공급, 자국과 외국의 실질소득, 물가수준, 예상미래환율은 모두 고정돼 있다.

최초 시장의 상태가 그림 12-8에 나와 있다. 자국 화폐시장은 점 1의 명목이자율 $i_\$^1$ 하에서 자국 통화공급 *MS*와 통화수요 *MD*가 균형을 이루고 있다. 외환시장은 점 1′에서 국내수익 *DR*과 해외수익 *FR*이 동일한 균형을 이루고 있다. 이 점에서 $i_\$^1 = i_€^1 + (E_{\$/€}^e - E_{\$/€}^1)/E_{\$/€}^1$이고, 현물환율은 $E_{\$/€}^1$이다.

이 상황에서 미국의 통화공급이 일시적으로 M_{US}^1에서 M_{US}^2으로 증가했다고 하자. (a)를 보면, 물가가 경직적이라는 가정하에서 $\overline{P}_{US}$은 변하지 않기 때문에 미국 실질통화공급은

$M^2_{US}/\overline{P}|_{US}$으로 증가하고, 실질통화공급 곡선은 MS_1에서 MS_2으로 이동한다. 미국의 실질통화 수요에는 변화가 없기 때문에 화폐시장 균형은 점 1에서 점 2로 이동하고, 명목이자율은 $i^1_\$$에서 $i^2_\$$으로 하락한다. 미국의 통화공급 확대가 미국 명목이자율의 하락을 낳는 것이다.

통화정책 충격이 일시적(temporary)일 경우 장기 예상환율 $E^e_{\$/\epsilon}$은 바뀌지는 않는다. 다른 모든 것이 동일하다고 가정했기 때문에 유럽 통화정책 역시 변화가 없고, 따라서 유로이자율은 i_ϵ에서 고정돼 있다. $E^e_{\$/\epsilon}$과 i_ϵ이 바뀌지 않기 때문에 (b)의 해외수익 FR 곡선에는 변화가 없고, 따라서 외환시장의 새로운 균형은 점 2′이 된다. 낮아진 국내수익 $i^2_\$$이 낮아진 해외수익 과 균형을 이룬다. 해외수익이 낮아진 이유는 미국 달러가 $E^1_{\$/\epsilon}$에서 $E^2_{\$/\epsilon}$으로 절하되었기 때 문이다.

직관적인 이해가 가능하다. 단계별 분석은 이미 앞에서 살펴봤으며, 단지 이것들을 하나로 묶은 것이다. 자국의 통화팽창은 자국의 명목이자율을 떨어뜨린다. 이는 외환시장에서 국내 수익에 해당한다. 따라서 외국예금이 더 매력적이기 때문에 트레이더들은 자국예금을 팔고 외국예금을 사기를 원하게 된다. 이에 따라 자국 환율이 상승(절하)한다. 그런데 이 절하는 (다른 조건이 동일할 때) 외국예금의 매력을 떨어뜨린다. 결국 해외수익과 국내수익이 다시 동일해지고, 유위험이자율평가가 다시 성립하며, 외환시장이 새로운 단기 균형에 도달한다.

외국 통화공급의 일시적 충격   이번에는 외국 통화공급에 대한 충격을 분석해보자. 다른 모든

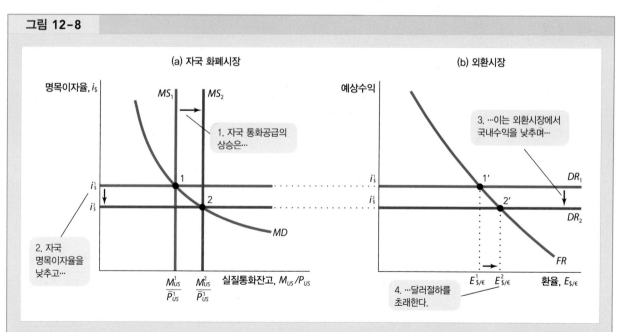

그림 12-8

(a) 자국 화폐시장   (b) 외환시장

자국 통화공급의 일시적 확장 (a)의 자국 화폐시장에서 자국 통화공급이 M^1_{US}에서 M^2_{US}으로 증가하면 실질통화공급이 $M^1_{US}/\overline{P}_{US}$에서 $M^2_{US}/\overline{P}_{US}$으 로 증가한다. 실질통화수요를 실질통화공급과 동일하게 만들기 위해 이자율이 $i^1_\$$에서 $i^2_\$$으로 하락하며, 이에 따라 점 2가 화폐시장의 새로운 균형이 된다. (b)의 외환시장에서 국내와 해외의 예상수익이 동일해지기 위해 환율이 $E^1_{\$/\epsilon}$에서 $E^2_{\$/\epsilon}$으로 상승하며(달러절하), 이에 따라 점 2′이 외환시장의 새로운 균형이 된다.

외생변수들에는 변화가 없고 최초 수준에 고정돼 있다. 따라서 자국의 통화공급, 자국과 외국의 실질소득과 물가수준, 그리고 예상미래환율이 모두 고정돼 있다. 최초 시장의 상태가 그림 12-9에 나와 있다. 자국 화폐시장은 점 1에서 균형을 이루고 있고, 외환시장은 점 1′에서 균형을 이루고 있다.

이 상태에서 외국의 통화공급이 일시적으로 증가할 때 무슨 일이 발생하는지 살펴보자. 외국의 통화공급이 (a)의 자국 화폐시장에는 아무런 영향을 미치지 않기 때문에 균형은 점 1에서 바뀌지 않고 자국 명목이자율 역시 $i_\$^1$을 유지한다.

충격이 일시적이기 때문에 장기 예상은 변하지 않고, 따라서 (b)에서 예상환율 $E_{\$/€}^e$은 바뀌지 않는다. 그러나 외국의 통화공급이 일시적으로 확대되었기 때문에 유로이자율은 $i_€^1$에서 $i_€^2$으로 하락한다. 다른 조건이 동일할 때 유로이자율 하락으로 인해 해외수익이 낮아지며, 이에 따라 해외수익 곡선 FR이 FR_1에서 FR_2로 아래쪽으로 이동한다. (b)의 가로축을 보면, 외환시장의 새로운 균형(점 2′)에서 자국의 환율이 $E_{\$/€}^1$에서 $E_{\$/€}^2$으로 하락(달러절상)한 것을 알 수 있다.

이것 역시 직관적으로 이해할 수 있는 결과이다. 외국의 통화팽창은 외국의 명목이자율을 하락시키고 외환시장에서 해외수익을 낮춘다. 이것이 외국예금을 덜 매력적인 것으로 만들기 때문에 트레이더들은 자국예금을 사고 외국예금을 팔기를 원한다. 이에 따라 자국의 환율이 하락(절상)한다. 그런데 이 환율하락이 (다른 조건이 동일할 때) 외국예금을 더 매력적인 것으로 만든다. 결국 해외수익과 국내수익이 다시 동일해지고, 유위험이자율평가가 다시 성립

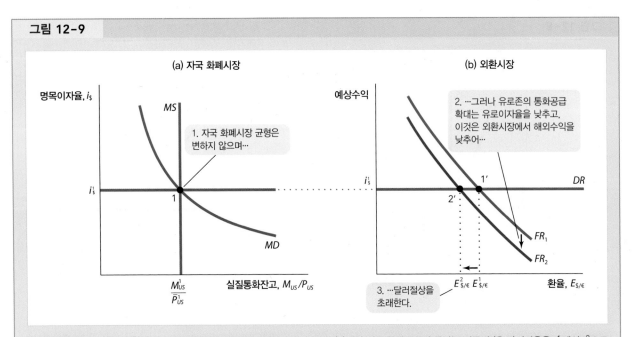

그림 12-9

(a) 자국 화폐시장   (b) 외환시장

명목이자율, $i_\$$

MS

1. 자국 화폐시장 균형은 변하지 않으며…

예상수익

2. …그러나 유로존의 통화공급 확대는 유로이자율을 낮추고, 이것은 외환시장에서 해외수익을 낮추어…

$i_\$$

$i_\$$

1′

DR

2′

MD

FR_1

FR_2

$\dfrac{M_{US}}{\overline{P}_{US}^1}$

실질통화잔고, M_{US}/P_{US}

3. …달러절상을 초래한다.

$E_{\$/€}^2$ $E_{\$/€}^1$

환율, $E_{\$/€}$

외국 통화공급의 일시적 확장 (a)의 자국 화폐시장에는 아무런 변화가 없다. (b)에서 외국 통화공급의 증가는 외국의 (유로)이자율을 $i_€^1$에서 $i_€^2$으로 떨어뜨린다. 다른 조건이 동일할 때 미국 투자자들에게는 해외수익 $i_€ + (E_{\$/€}^e - E_{\$/€})/E_{\$/€}$이 낮아진다. 외환시장에서 국내와 해외의 수익이 동일해지기 위해 환율이 $E_{\$/€}^1$에서 $E_{\$/€}^2$으로 하락(달러 절상)하며, 이에 따라 점 2′이 외환시장의 새로운 균형이 된다.

하며, 외환시장이 새로운 단기 균형에 도달한다.

　위 모형을 확실히 이해했는지 확인하는 차원에서 두 가지 연습문제에 도전해보기를 권한다. 첫째, 이 모형에서 자국 혹은 외국 통화공급의 일시적 **긴축**(contraction)이 어떤 결과를 낳는지 분석해보자. 둘째, 그림 12-7을 (미국이 자국이 아니라) 유럽 입장에서 그린 다음, 유럽의 일시적인 통화팽창, 그리고 미국의 일시적인 통화팽창에 대해 분석해보자. 앞의 분석과 동일한 결과를 얻었는가?

적용사례

달러의 상승과 하락, 1999~2004

1990년대에 많은 선진국들은 명목기준지표를 장기적으로 분명하게 확립하는 통화정책을 채택했다. 예를 들어 유럽중앙은행(ECB)은 명시적으로 인플레이션 목표제를 채택했다. 미국 연방준비제도는 분명한 목표를 두지는 않았지만 신뢰할 만한 기준지표를 갖고 있었다고 할 수 있다.

　피셔효과에 따르면 이런 종류의 명목기준지표가 설정되면 미국과 유로존의 이자율 차이는 장기적으로 대략 일정하게 유지되어야 한다. 그러나 단기적으로는 이런 제약이 적용되지 않으며, 중앙은행들은 일시적으로 통화정책을 변경하는 것이 허용된다. 2000년부터 2004년에 이런 유연한 정책이 사용되었으며, 미국과 유럽의 이자율은 아주 다른 경로를 따랐다.

　다음 장에서 왜 중앙은행들이 단기적으로 통화정책을 바꾸는지 보다 자세히 공부하겠지만 여기에서는 일단 그런 정책이 환율에 어떤 영향을 주는지 초점을 맞추기로 한다. 그림 12-10에서 보듯이 Fed는 1999년부터 2001년까지 ECB보다 더 빠른 속도로 이자율(연방기금금리)을 인상했다(Fed는 미국경제가 높은 인플레이션으로 '과열'될 것을 우려했다). 당시 글로벌 경기호황 동안 ECB 역시 유럽의 이자율[ECB의 정책 기준금리인 재융자금리(refinancing rate)가 여기에 해당]을 긴축적으로 운용했다. 하지만 그 변화는 좀 더 제약적이었고 느리게 전개됐다.

　그림 12-10에서 보듯이 Fed는 2001년부터 2004년까지 이자율을 공격적으로 인하하여 2003~2004년에는 이자율이 1% 수준까지 낮아졌다(호황 이후 미국경제가 둔화되어 Fed로서는 이자율을 낮춰 경기침체를 피하고자 했으며, 2001년 9월 11일 테러사태로 경기후퇴 우려가 높아지고 통화확대 필요성이 높아진 것이 그 배경이다). ECB 역시 이자율을 인하했지만 이번에도 미국만큼 신속하고 과감하게 움직이지 않았다.

　그 결과, ECB 이자율이 당초 Fed 이자율보다 낮았으나 2001년에는 미국보다 더 높은 수준이 되었으며, 2004년까지 그 상태를 유지했다. 투자자들은 이와 같은 정책변화를 대부분 일시적인 것으로 간주했다. 그런 점에서 당시의 변화를 통화정책의 일시적 충격의 사례로 볼 수 있다. 그렇다면 우리 모형의 예측이 이런 현실과 잘 부합하는가?

　2001년까지 행해진 미국의 고금리 정책은 앞에서 우리가 다뤘던 자국의 일시적 통화긴축

그림 12-10

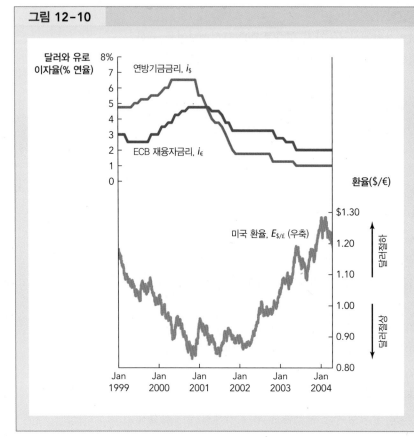

미국과 유로존의 이자율 및 환율, 1999~2004년 1999년 유로가 탄생하고 2001년까지 미국 이자율이 유럽 이자율을 크게 상회함에 따라 달러가 유로에 대해 꾸준히 절상됐다. 그러나 2001년 초에 연방준비는 이자율 인하를 단행했고 이 기조가 오래 유지됐다. 2002년 시점에 연방기금금리는 ECB의 재융자금리를 크게 하회했다. 이론에 따르면 1999~2001년에는 미국 이자율이 상대적으로 높기 때문에 달러절상이 예상되고, 2001~2004년에는 미국 이자율이 상대적으로 낮기 때문에 달러절하가 예상된다. 그림을 보면 이것이 실제로 발생했음을 알 수 있다.

출처 : Websites of central banks; oanda.com

이라 할 수 있다. 앞에서 우리 모형은 달러의 단기적 절하를 예측했는데, 실제 환율 변화 역시 그런 추세를 나타냈다. 한편, 2001년 이후 미국의 공격적인 이자율 인하는 (상대적인 의미에서) 자국의 일시적 통화팽창이라 할 수 있다. 앞에서 우리 모형은 이 경우 달러의 단기적 절상을 예측했다. 그림에서 달러-유로 환율의 변화를 보면 우리 모형이 실제와 일치하는 것을 알 수 있다. ■

4 종합이론 : 화폐 및 자산 접근의 통합

이번 절에서 우리는 분석을 단기에서 장기로 확대하며, 일시적 충격뿐만 아니라 영구적 충격에 대해서도 살펴본다. 이를 위해 장기와 단기접근을 결합시켜 환율에 대한 종합이론(complete theory)을 구축한다. 그림 12-11에 도표로 된 설명이 있다.

■ 종합이론을 위해서는 우선 이번 장에서 다룬 자산 접근, 즉 단기 화폐시장 균형과 유위험이자율평가가 필요하다.

$$\left.\begin{array}{rcl} \overline{P}_{US} & = & M_{US}/[L_{US}(i_\$)Y_{US}] \\[2mm] \overline{P}_{EUR} & = & M_{EUR}/[L_{EUR}(i_€)Y_{EUR}] \\[2mm] i_\$ & = & i_€ + \dfrac{E^e_{\$/€} - E_{\$/€}}{E_{\$/€}} \end{array}\right\} \text{자산 접근} \qquad (12\text{-}4)$$

■ 위 식에는 3개의 방정식과 3개의 알려지지 않은 내생변수(2개의 단기 명목이자율과 현물환율)가 있다. 내생변수를 제외한 변수들, 즉 미래예상환율, 그리고 현재의 통화공급과 실질소득 수준은 주어져야 한다.(물가수준 역시 주어진 것으로 간주된다.)

■ 미래예상환율을 예측하기 위해서는 앞 장에서 다룬 장기 화폐적 접근, 즉 장기 화폐모형과 구매력평가 조건 역시 필요하다.

$$\left.\begin{array}{rcl} P^e_{US} & = & M^e_{US}/[L_{US}(i^e_\$)Y^e_{US}] \\[2mm] P^e_{EUR} & = & M^e_{EUR}/[L_{EUR}(i^e_€)Y^e_{EUR}] \\[2mm] E^e_{\$/€} & = & P^e_{US}/P^e_{EUR} \end{array}\right\} \text{화폐적 접근} \qquad (12\text{-}5)$$

■ 위 식에는 3개의 방정식과 3개의 알려지지 않은 내생변수(2개의 물가수준과 환율)가 있다. 여기에서 모든 변수들에 윗첨자 e가 있는 것에 유의해야 한다. 이는 미래 예상값 혹은 예측값을 나타낸다. 여기에서 미래의 통화공급, 실질소득, 명목이자율은 모두 주어진 것으로 가정한다. 이에 따라 이 모형은 물가를 예측하는 데 사용될 수 있으며, 따라서 미래예상환율을 예측할 수 있다.[2]

그림 12-11을 보면 지금까지 2개 장에 걸쳐 배운 모든 이론이 요약되어 있다. 모든 구성 요소들이 어떻게 결합될 수 있는지를 보여준다. 모두 합쳐서 6개의 방정식과 6개의 미지수가 있다.

모든 구성요소들이 합쳐짐으로써 우리는 비로소 환율결정에 있어서 **예상**과 **차익거래**라는 두 가지 핵심 메커니즘이 어떻게 단기와 장기 모두에 있어서 다양한 방식으로 작동하는지 완전히 이해할 수 있다. 이를 위해서는 모든 구성요소들에 대해 익숙해야 한다. 그것들이 개별적으로 어떻게 작동하는지, 서로 어떻게 연결돼 있는지 알아야 한다.

모든 과정을 거쳐 우리는 마침내 단기와 장기에 있어서 환율을 설명하는 종합이론에 도달했다. 이 모형은 환율에 영향을 미치는 모든 핵심적인 경제기초여건을 고려하고 있다. 현실의 외환시장은 엄청난 혼란과 불확실성을 보이지만, 이들 기초여건이 트레이더들의 의사결정에 중요한 역할을 한다(**보조 자료 : 외환 트레이더의 고백** 참조).

---

2 앞 장에서 실질이자율평가 조건을 사용하여 각국의 장기 명목이자율 i, 즉 명목이자율의 소위 **중립적** 수준을 구할 수 있음을 알았다. 만약 장기 인플레이션율이 안정적이라면(예를 들어 명목기준지표 시스템 하에서 각 나라들이 자신이 공표한 인플레이션 목표를 달성할 것으로 예상되는 경우), 다음 식에 의해 중립적 이자율을 구할 수 있다.

$$\left.\begin{array}{l} i_\$ = \pi_{US,target} + r^* \\[2mm] i_€ = \pi_{EUR,target} + r^* \end{array}\right\} \text{실질이자율평가}$$

그림 12-11

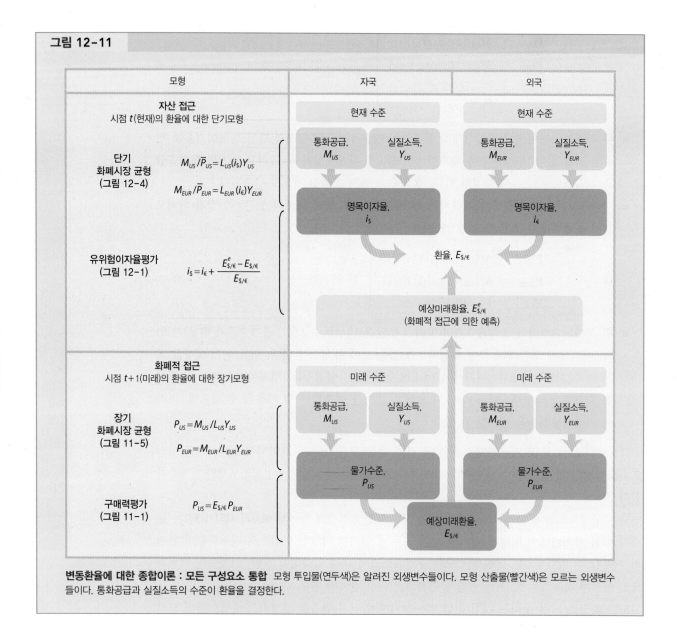

변동환율에 대한 종합이론 : 모든 구성요소 통합 모형 투입물(연두색)은 알려진 외생변수들이다. 모형 산출물(빨간색)은 모르는 외생변수들이다. 통화공급과 실질소득의 수준이 환율을 결정한다.

장기 정책 분석

종합모형을 언제, 어떻게 사용하는가? 종합모형은 여러 메커니즘과 변수들을 동시에 분석해야 하기 때문에 더 복잡해진다는 부담이 있다. 하지만 이론이 종합적이고 단기와 장기의 정책충격을 모두 분석할 수 있는 장점을 지니고 있다.

앞 절에서 살펴본 일시적 충격은 장기 명목기준지표에 영향을 미치지 않는 통화정책 변화에 해당한다. 이 경우 충격이 일시적이라는 점 때문에 우리는 장기 예상환율 수준이 변하지 않고 그대로 있다는 가정하에서 분석할 수 있었다.

보조 자료

외환 트레이더의 고백

환율을 예측하는 일은 금융시장에서 이제 하나의 큰 사업이 되었으며, 모든 거래전략에서 기초가 된다. 금융산업을 둘러보면 단기, 중기, 장기의 환율예측 서비스를 제공하는 기업들을 많이 발견할 수 있다. 일반적으로 예측은 세 가지 방법에 기초한다(혹은 그것들의 결합).

1. *경제기초여건*(economic fundamentals). 기본적으로 앞 장과 이번 장에서 설명한 아이디어에 기초한 예측이다. 즉 환율은 통화, 생산, 이자율 등의 요인에 의해 결정된다. 따라서 예측을 위해서는 이들 '펀더멘탈' 변수들에 대한 장기 및 단기 예측이 필요하다. 예 : "느슨한 통화정책이 예상되기 때문에 환율이 절하될 것이다."

2. *정치*(politics). 순수 경제적 요인이 아니더라도 환율에 영향을 미칠 수 있다. 대표적인 예가 전쟁이다. 정치적 위기 역시 리스크에 대한 인식에 영향을 미칠 수 있기 때문에 중요한 요인이다. 리스크의 변화는 간단한 이자율평가 조건만 생각하더라도 환율에 영향을 미치게 된다. 이런 예측은 정성적(qualitative)이고 주관적이다. 보통 이런 분석을 하는 경우도 기초적 결정요인에 여전히 관심을 갖는다. 예 : "이웃 나라와의 분쟁으로 전쟁과 인플레이션 가능성이 높아져 환율이 절하될 것이다."

3. *기술적 분석*(technical methods). 과거 행태의 연장을 이용한 예측이다. 어떤 경향이 지속될 수 있다고 가정하거나('모멘텀'), 혹은 최근의 고점이나 저점이 어떤 제약요인으로 작용할 수 있다고 본다. 이런 거래전략들은 금융시장이 어떤 지속성을 갖고 있는 것으로 여긴다. 이런 가정은 일정 기간 동안은 자기실현적(self-fulfilling)이 될 수 있다. 그러나 대규모 붕괴가 발생하면 그런 거품이 터지고 자산가격이 기초적 수준으로 돌아갈 수 있다. 예 : "환율이 올해 이 수준을 세 차례나 터치했음에도 불구하고 더 이상 나가지 못했기 때문에 이번에도 돌파가 어려울 것이다."

영국 외환트레이더들을 대상으로 조사한 것을 보면 흥미로운 사실을 발견할 수 있다.* 응답자의 1/3은 자신의 거래가 '기술적 분석에 기초한' 거래라고 했고, 1/3은 '펀더멘탈에 기초한' 거래라고 했다. 나머지 응답자는 자신의 거래가 고객을 위한 다양한 업무나 트레이딩이라고 답했다.

이 서베이를 보면, 경제이론에 의한 분석은 시시각각의 환율 변화에는 거의 영향을 미치지 않는다. 트레이더들에 따르면, 하루 이내의 아주 짧은 단기에서는 경제기초여건과 무관한 여러 변수들이 시장환율에 영향을 미친다. 응답자의 29%는 '밴드왜건 효과(bandwagon effect : 편승효과)'를 꼽았고, 33%는 '뉴스에 대한 과잉반응'을 지적했다. 하루 이내의 환율 변화에서 "환율 움직임이 펀더멘탈의 변화를 정확히 반영한다고 생각하느냐?"는 질문에 응답자의 97%가 아니라고 답하고, 겨우 3%만이 그렇다고 응답했다. 그러나 6개월 이내의 중기에 대해서는 58%가 그렇다고 응답했다. 또한 6개월 이상의 장기에 대해서는 응답자의 87%가 펀더멘탈을 반영한다고 답했다.

어떤 경제기초여건이 중요한가? 통화공급, 이자율, GDP 등에 관한 뉴스는 대개 일 분 혹은 수 초 이내 빠른 속도로 트레이딩에 반영된다. 이들은 모두 우리의 종합모형에서도 핵심 변수들이다. 당연히 PPP는 하루 이내의 단기에서는 영향을 미치지 못하지만, 중기에 있어서는 응답자의 16%가 중요하다고 답했고, 장기에서는 44%였다. PPP에 대해서는 이처럼 수치가 다소 떨어지는데, 이는 (앞 장에서 살펴본) PPP 이론의 한계에 대한 타당한 걱정을 반영하는 것일 수 있다.

---

* Yin-Wong Cheung, Menzie D. Chinn, and Ian W. Marsh, 2004, "How Do UK-Based Foreign Exchange Dealers Think Their Market Operates?" *International Journal of Finance and Economics*, 9(4), 289–306.

그러나 통화당국이 영구적(permanent) 정책변화를 단행하기로 결정하는 경우, 예상이 변하지 않는다는 가정은 더 이상 적절하지 않다. 이 경우 당국은 모든 명목변수의 지속적인 변화를 야기하게 된다. 즉 그들은 명목기준지표 정책을 어떤 식으로든 바꾸기로 결정한 것이다. 따라서 통화정책 충격이 영구적이면 환율수준에 대한 장기적 예상이 조정될 수밖에 없다. 그

렇게 되면 단기 모형에 의한 환율예측도 달라진다. 즉 정책충격이 일시적이었을 때와는 다른 결과를 얻게 될 것이다.

위 논의를 통해 영구적 정책충격의 분석 방향을 짐작할 수 있다. 또한 분석 순서 역시 시간 순으로 할 수 없다는 것을 알려준다. 단기에 무슨 일이 발생하는지 알기 위해서는 먼저 예상을 알아야 한다. 즉 장기적으로 무슨 일이 발생할 것인지 알아야 한다. 따라서 이 경우에는 미래예측과 관련된 경제분석에서 일반적으로 사용되는 기법을 사용해야 한다. 즉 미래에서 현재로 거꾸로 푸는(backward solve) 것이다.(이 순서는 이 책의 차례와도 일치하는 것으로서 단기를 분석하기 위해 먼저 장기를 알아야 하는 것이다.)

자국 통화공급의 영구적 충격 자국(미국)과 외국(유럽)이 있고, 현재 두 경제의 모든 변수들은 안정적인 장기 균형 상태에 있다고 하자. 이런 균형 상태에서 각 나라의 실질소득과 통화공급은 고정돼 있고, 인플레이션율은 0이라 하자. 이 경우 환율 절하율은 0이다. 왜냐하면 장기 균형에서 구매력평가가 성립하기 때문이다. 또한 양국의 이자율은 서로 동일하다. 왜냐하면 (예상절하율이 0인 상황에서) 유위험이자율평가가 성립하기 때문이다.

이 상황에서 자국 통화공급이 영구적으로 증가할 때 어떤 일이 발생하는지 그림 12-12에 나와 있다. (a)와 (b)는 자국(미국) 통화공급의 영구적 증가가 통화 및 외환시장에 미치는 단기적 파급효과를 보여준다. 또한 (c)와 (d)는 장기 파급효과, 그리고 단기에서 장기로의 조정과정을 보여준다.

(a), (b), (c), (d)에서 보듯이 우리는 자국 경제가 최초에 균형상태에서 출발한다고 가정한다. 즉 통화 및 외환시장이 각각 점 1과 1′에서 균형을 이루고 있다. 화폐시장에서는 (a)와 (c)의 점 1에서 자국 화폐시장이 초기 균형을 이룬다. 여기에서 MS_1은 최초의 실질통화공급 $M^1_{US}/\bar{P}^1_{US}$에 해당한다. 실질통화수요가 MD로 주어지는 경우 명목이자율은 $i^1_\$$이다. 외환시장에서는 (b)와 (d)의 점 1′에서 국내수익 DR_1은 명목이자율 $i^1_\$$이다. 해외수익 곡선이 FR_1으로 주어지는 경우 균형환율은 $E^1_{\$/€}$이다. 두 경제가 모두 장기 균형 하에서 환율이 변하지 않으면 (즉 절하가 0이면), 예상미래환율은 현재의 균형환율 $E^{e1}_{\$/€} = E^1_{\$/€}$이 된다.

이 상태에서 오늘 정책충격이 발생했을 때 어떤 일이 발생하는지 살펴보자. 미래에서 현재로 역방향으로 분석한다.

장기 그림 12-12의 (c)와 (d)를 보자. 화폐적 접근에서 배운 대로 통화공급의 증가는 장기적으로 물가수준과 환율의 비례적인 상승을 초래한다. 만약 통화공급이 오늘 M^1_{US}에서 M^2_{US}으로 증가하면, 물가수준은 최종적으로 P^1_{US}에서 P^2_{US}으로 동일 비율만큼 상승할 것이다. 그러면 PPP를 유지하기 위해 환율 역시 (d)에서 보는 것처럼 **최종적으로는** $E^1_{\$/€}$에서 장기수준인 $E^4_{\$/€}$으로 동일 비율만큼 상승(달러절하)할 것이다. 여기에서 동일 비율이란 $E^4_{\$/€}/E^1_{\$/€} = P^2_{US}/P^1_{US} = M^2_{US}/M^1_{US} > 1$임을 의미한다.(바로 다음 설명이 나오겠지만, 환율이 단기적으로도 반응을 하기 때문에 장기 환율수준을 '4'로 표시하기로 한다.)

그림 12-12

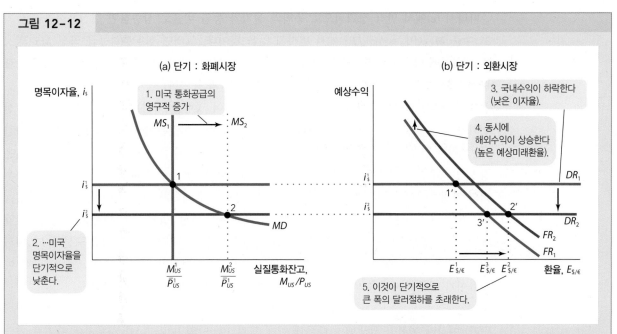

자국 통화공급의 영구적 확장, 단기 파급효과 (a)에서 자국 물가수준이 고정돼 있는 가운데 달러잔고의 공급이 증가함에 따라 실질통화공급이 오른쪽으로 증가한다. 점 2에서 균형을 회복하기 위해 이자율이 $i_\$^1$에서 $i_\$^2$으로 떨어진다. (b)의 외환시장에서는 자국 이자율 하락으로 국내수익이 하락하고 DR이 하향 이동한다. 또한 자국 통화공급의 영구적 변화는 영구적이고 장기적인 달러절하를 의미한다. 따라서 $E_{\$/€}^e$의 영구적 상승이 발생하고, 다른 조건이 동일할 때 이는 해외수익의 영구적 증가를 초래하여 FR이 FR_1에서 FR_2로 상향 이동한다. DR 하락과 FR 상승이 동시적으로 발생하여 자국 통화가 큰 폭으로 절하되고 점 2′이 새로운 균형이 된다(만약 정책이 일시적이라면 균형은 이 될 것이다).

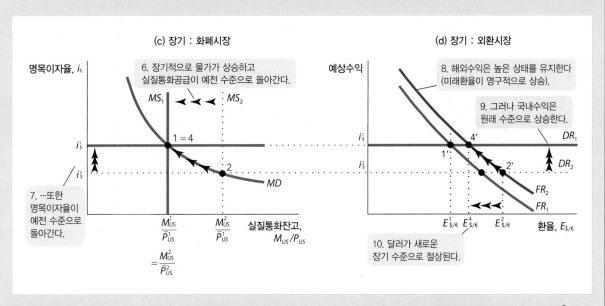

장기 조정 (c)에서 장기적으로 물가가 신축적이기 때문에 자국 물가수준과 환율이 모두 통화공급과 동일 비율로 상승한다. 따라서 물가가 P_{US}^2로 상승하면 실질통화공급은 원래 수준 M_{US}^1/P_{US}^1으로 돌아간다. 이에 따라 화폐시장은 점진적으로 균형점 4(점 1과 동일)로 돌아간다. (d)의 외환시장에서 국내수익 DR은 자국 이자율과 동일하기 때문에 점진적으로 원래 수준으로 돌아간다. 해외수익 곡선 FR은 전혀 이동하지 않는다. 이는 외국 이자율이나 미래상환환율 등에 변화가 없기 때문이다. 외환시장 균형은 점진적으로 점 4′으로 이동한다. 환율이 $E_{\$/€}^2$에서 $E_{\$/€}^4$로 하락한다(달러절상). 두 그래프에서 화살표는 점진적인 조정경로를 보여준다.

따라서 (c)에서 만약 장기적으로 통화와 물가가 동일 비율로 상승하면 실질통화공급은 최초 수준 $M_{US}^1/P_{US}^1 = M_{US}^2/P_{US}^2$에서 변하지 않을 것이다. 그러면 실질통화공급 곡선 MS_1 역시 최초 위치에 있을 것이고, 명목이자율도 $i_{\$}^1$이 될 것이다. 장기적으로 화폐시장은 처음 출발했던 곳으로 결국 되돌아온다. 또한 장기 균형은 (점 1과 동일한) 점 4이다.

그러나 외환시장에서는 영구적인 통화공급 충격이 영향을 미치는 부분이 존재한다. 우선 변화가 없는 것을 보면, 국내수익 DR_1은 변하지 않는다. 이것은 장기적으로 $i_{\$}^1$으로 되돌아간다. 그러나 환율은 최초의 장기 균형 $E_{\$/€}^1$에서 새로운 장기 수준인 $E_{\$/€}^4$으로 상승한다. $E_{\$/€}^4$은 장기 안정수준이기 때문에 이것은 미래 환율 수준에 대한 새로운 예상이기도 하다. 결국 우리의 가정하에서 미래는 현재 상태와 비슷하나 한 가지 예외가 있는 것이다. 즉 환율이 $E_{\$/€}^1$이 아니라 $E_{\$/€}^4$ 수준에 정착한다. 이 변화가 해외수익 곡선 FR에 어떤 영향을 미치는가? 앞에서 살펴보았듯이 예상환율이 상승하면 해외수익이 높아지기 때문에 FR 곡선이 FR_1에서 FR_2로 위쪽으로 이동한다. 장기적으로 $E_{\$/€}^4$이 새로운 안정적인 균형 환율이고 $i_{\$}^1$이 균형 이자율이기 때문에 새로운 외환시장 균형은 FR_2와 DR_1이 교차하는 점 4'이 된다.

단기 예상에 변화가 발생했기 때문에 이제 그림 12-12의 (a)와 (b)를 사용하여 단기로 거슬러 올라가 거기에서 무슨 일이 발생하는지 분석해보자.

우선 (b)의 외환시장을 보자. 오늘 발표된 정책으로 미래환율에 대한 예상이 변했기 때문에 외환시장은 즉각적으로 영향을 받는다. 누구나 장래에 환율이 $E_{\$/€}^4$이 될 것으로 생각한다. 예상환율이 바뀜에 따라 해외수익 곡선이 FR_1에서 FR_2로 위쪽으로 이동한다. 이것은 (d)에서 본 장기적 변화와 동일하다. 달러가 미래에 $E_{\$/€}^4$으로 ($E_{\$/€}^1$에 비해) 절하될 것으로 예상되기 때문에 오늘 유로예금이 더 매력적이 된다.

이제 통화정책 변화의 단기적 파급효과를 분석해보자. (a)의 화폐시장을 보자. 단기적으로 봤을 때, 만약 통화공급이 M_{US}^1에서 M_{US}^2으로 증가하는데 물가가 P_{US}^1에 고정돼 있다면 실질통화잔고는 M_{US}^1/P_{US}^1에서 M_{US}^2/P_{US}^1으로 늘어난다. 실질통화공급은 MS_1에서 MS_2로 이동하고, 자국의 이자율은 $i_{\$}^1$에서 $i_{\$}^2$으로 떨어진다. 이로써 점 2에서 화폐시장이 새로운 균형을 이룬다.

이제 (b)의 외환시장을 다시 한 번 보자. 만약 이것이 **일시적인 통화정책 충격**이라면 예상은 바뀌지 않을 것이기 때문에 FR_1이 여전히 해외수익 곡선이다. 그러나 국내수익은 이자율 하락으로 인해 DR_1에서 DR_2로 낮아진다. 결국 자국 통화는 $E_{\$/€}^3$으로 절하된다. 따라서 일시적인 통화공급 충격의 결과, 외환시장 균형은 앞에서 본 대로 점 3'이 될 것이다.

그러나 이것은 사실이 아니다. 통화공급의 일시적 충격이 아니라 영구적 충격을 분석하고 있기 때문이다. 이것은 현재의 외환시장에 두 가지 효과를 갖는다. 첫 번째 파급효과는 자국 이자율을 하락시켜 오늘 외환시장의 국내수익을 DR_1에서 DR_2로 낮춘다. 통화공급 충격의 또 다른 파급효과는 예상미래환율을 상승시킴으로써 오늘 외환시장의 해외수익을 FR_1에서 FR_2로 높인다. 따라서 외환시장의 단기 균형은 DR_2와 FR_2가 교차하는 점 2'이 되며, 환율은 $E_{\$/€}^2$

까지 대폭 절하된다.

결국 환율의 단기 균형수준($E^2_{\$/€}$)은 일시적 충격일 때의 균형($E^3_{\$/€}$)보다 높을 뿐만 아니라 장기 균형($E^4_{\$/€}$)에 비해서도 높다는 것을 알 수 있다. 요컨대 영구적 충격으로 인한 환율의 단기적 절하는 일시적 충격일 때의 절하보다 더 크고 장기적으로 도달하게 되는 절하에 비해서도 크다.

단기에서 장기로의 조정 그림 12-12의 (c)와 (d)를 보면 화살표가 있는데, 이는 단기에서 장기로 옮겨갈 때 어떤 일이 있어나는지를 보여주는 것이다. 최초 단기에 경직적이었던 물가는 장기적으로 변하기 시작한다. 물가수준이 P^1_{US}에서 P^2_{US}으로 상승함에 따라 실질통화공급이 MS_2에서 원래 수준인 MS_1으로 돌아간다. 통화수요 MD는 변하지 않는다. 따라서 (c)의 자국 화폐시장에서 경제는 점 2의 단기 균형에서 원래 수준인 점 1의 장기 균형을 향해 화살표로 표시된 경로를 따라 이동한다. 이에 따라 이자율은 $i^2_\$$에서 원래 수준인 $i^1_\$$으로 점진적으로 상승한다. 이것이 (d)의 외환시장에서 국내수익을 DR_2에서 DR_1으로 높인다. 이에 따라 외환시장은 점 2′의 단기 균형에서 점 4′의 장기 균형으로 이동한다.

숫자 예 위 실험을 숫자 예를 통해 좀 더 확실히 이해해보자. 여러분이 다음과 같은 이야기를 들었다고 해보자. 즉 다른 모든 조건이 동일한 가운데, (i) 오늘 자국의 통화공급이 영구적으로 5% 증가한다. (ii) 물가가 단기적으로는 경직적이어서 실질통화공급이 증가하여 국내 이자율이 6%에서 2%로 4% 포인트 하락한다. (iii) 장기적으로는 물가가 1년에 걸쳐 조정이 완료되어 PPP가 다시 성립한다. 이 정보를 바탕으로 오늘과 1년 후의 물가 및 환율에 무슨 일이 발생할지 분석해보자.

앞에서도 강조했듯이 장기에서 단기로 역방향으로 분석해야 한다. 장기적으로 M이 5% 증가하면 P가 5% 상승하며, 이는 1년 후에 달성된다. PPP에 따르면 P가 5% 상승하면 같은 기간에 E가 5% 상승한다(달러 5% 절하). 다시 말하면, 향후 1년 동안 E가 5% 상승(절하)할 것이다. 마지막으로 단기를 분석하면, UIP가 오늘 환율이 어떻게 될지에 대해 말해준다. 국내 이자율이 4% 포인트 하락한 것을 보상하기 위해서는 자국 통화가 연 4% 절상될 것으로 예상되어야만 차익거래가 발생하지 않는다. 즉 E가 앞으로 1년 동안 4% 하락해야 한다. 그런데 E가 1년 동안 4% 하락하고서도 1년 후에 현재보다 5% 높은 수준에 도달하기 위해서는 환율이 오늘 9% 점프 상승해야 한다. 즉 장기 수준을 뛰어넘게(overshoot) 된다.

오버슈팅

앞에서 살펴봤던 통화공급의 일시적 확대와 비교했을 때 영구적 충격은 환율에 미치는 단기적 파급효과가 훨씬 더 크다.

일시적 충격의 경우, 국내수익이 하락하여 트레이더들은 달러를 팔기를 원하는데, 그 이유는 단 한 가지이다. 즉 달러 이자율이 일시적으로 낮아짐에 따라 달러예금이 덜 매력적이기 때문이다. 반면, 영구적 충격 하에서는 국내수익이 하락하고 해외수익은 상승한다. 이때 트레이더들이 달러를 팔고자 하는 이유는 두 가지이다. 달러 이자율의 일시적 하락, 그리고 달러가 절하될 것이라는 예상, 이 두 가지가 합쳐짐으로써 달러예금의 매력이 훨씬 더 크게 떨어지는 것이다. 즉 단기적으로 이자율과 환율의 효과가 결합하여 달러 입장에서는 '엎친 데 덮친' 격이다. 이로 인해 환율의 **오버슈팅**(overshooting)이라 부르는 현상이 발생한다.

그림 12-13은 오버슈팅 현상을 시각적으로 이해하기 위한 것이다. 이는 그림 12-12에서 분석했던 영구적 충격이 주요 경제변수에 미치는 파급효과를 시간에 따른 경로로 그린 것이다. 내용은 다음과 같다.

a. 명목통화공급은 시점 T에 한 차례 증가한다.

b. 실질통화잔고는 즉각적으로 증가하지만 장기적으로는 원래 수준으로 돌아간다. 명목이

그림 12-13

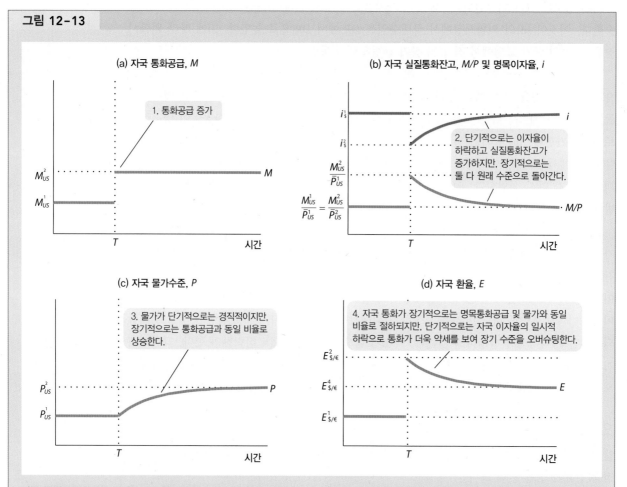

자국 통화공급의 영구적 확장에 대한 반응 (a)에서 자국 명목통화공급이 시점 T에 한 차례 영구적으로 증가한다. (b)에서 물가가 단기적으로 경직적이어서 실질통화잔고가 즉각적으로 증가하고 명목이자율은 하락한다. (c)에서 물가는 장기적으로 명목통화공급 증가와 동일 비율로 상승한다. (d)에서 환율은 단기적으로는 장기 수준을 오버슈팅하지만(달러가 대폭적으로 절하), 장기적으로는 통화 및 물가의 변화와 동일 비율만큼만 상승할 것이다.

보조 자료

현실에서의 오버슈팅

이론적으로는 오버슈팅이 발생할 수 있는데, 실제 현실에서도 발생하는가? 모형에 의한 분석에 따르면, 통화정책 충격이 일시적이지 않고 영구적인 경향이 있는 경우 환율의 변동성이 커지는 경향이 있다. 따라서 명목기준지표 시스템이 붕괴될 때 환율의 변동성이 심각하게 커질 것으로 예상할 수 있다. 1970년대에 실제로 그런 조건이 발생했으며, 오버슈팅 현상이 발견된 시점도 정확히 그 당시였다. 어떤 일이 발생했는지 알아보자.

1870년대부터 1970년대까지 심각한 위기나 전쟁을 제외하고는 세계 주요 통화들은 서로 묶여 있었다. 변동환율제는 정책당국자나 경제학자들이 끔찍이 싫어하는 제도였다. 이 책의 후반부에서 우리는 환율제도의 역사에 대해 배운다. 1870년경에 시작된 금본위제도(gold standard)는 1930년대에 흐지부지 되었다. 그 후 1944년 뉴햄프셔 브레튼우즈에서 열린 회의에서 만들어진 '달러본위제(dollar standard)'가 1950년대와 1960년대를 지배했다. 다음에 보겠지만 브레튼우즈 체제는 여러 가지 이유로 결국 붕괴된다.

1970년대에 변동환율제가 다시 등장했을 때, 불안정성에 대한 두려움이 컸다. 당시 환율 분석에 있어서 지배적 이론은 가격 신축성을 근간으로 한 화폐적 접근이었으나, 실제 환율의 움직임은 그것으로 설명되기에는 훨씬 더 변동성이 심했다. 통화공급과 실질소득이 매우 안정적이어서 전통적 모형으로는 (그림 12-14와 같은) 환율의 급격한 변동을 설명할 수 없었다. 어떤 이들은 이런 상황에 대해 존 메이너드 케인즈가 비합리성을 묘사하기 위해 사용했던 야성적 충동(animal spirit)이라는 용어로 설명하기도 했다. 경제학자들로서는 환율의 급격한 변동을 설명할 수 있는 새로운 모형이 요구됐다.

1976년 MIT 경제학과의 루디거 돈부시 교수가 개발한 모형이 바로 그것이다. 그의 이론은 케인즈 학파의 이론을 바탕으로 변동환율제 하에서 물가경직성이 환율의 오버슈팅을 발생시킬 수 있음을 보였다.* 돈부시의 기념비적 연구는 시기적으로도 적절한 아주 보기 드문 연구라 할 수 있다. 1970년대에 많은 나라들은 새로운 경제환경 하에서 명목기준지표로서 환율 목표제를 버리고 통화정책의 새로운 운용방식을 모색했던 시기이다. 정책은 바뀌었고, 인플레이션은 높아지고, 이탈하고, 지속됐다. 이런 모든 상황이 오버슈팅을 낳기에 적절했다. 트레이더들로서는 제대로 된 제어장치를 갖지 못한 정책으로 인식되었으며, 통화정책 충격이 더 이상 일시적으로 끝날 것으로 여겨지지 않았다. 따라서 뉴스가 나올 때마다 장기적인 예상이 크게 흔들릴 수밖에 없었던 것이다.

---

* Rudiger Dornbusch, December 1976, "Expectations and Exchange Rate Dynamics," *Journal of Political Economy*, 84, 1161–1176.

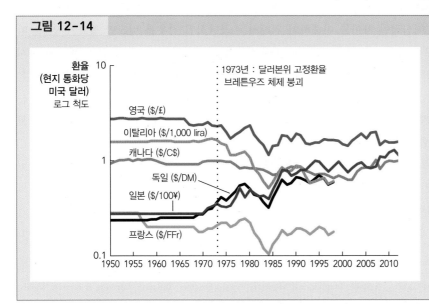

그림 12-14

1973년 전후 주요 통화 환율 브레튼우즈 체제는 달러를 축으로 한 조정가능한 고정환율 시스템으로서 1950년부터 1970년까지는 전반적으로 안정적이었다. 이 시스템은 1973년에 공식적으로 종식을 선언했다. 그때부터 이들 모든 통화들은 달러에 대해 등락을 거듭했다.

출처 : IMF, *International Financial Statistics*

자율은 즉각적으로 하락하지만 장기적으로는 원래 수준으로 돌아간다.

   c. 물가는 단기적으로는 경직적이지만 장기적으로는 더 높은 새로운 수준으로 상승하며, 상승의 정도는 명목통화공급 증가와 동일 비율이다.

   d. 환율은 장기적으로 더 높은 새로운 수준으로 상승하며(절하), 상승의 정도는 명목통화공급 증가와 동일 비율이다. 그러나 단기적으로는 환율이 그보다 더 상승하여 장기 수준을 오버슈팅하며, 그런 다음 점진적으로 장기 수준(원래 수준보다는 더 높음)으로 하락하게 된다.

오버슈팅은 견실한 장기 명목기준지표의 중요성을 다시 한 번 강조한다. 명목기준지표가 견실하지 않은 경우 환율은 변동성이 더 커질 가능성이 있으며, 외환시장과 경제 전반의 불안정성을 초래할 수 있다. 1970년대 환율 기준지표가 흔들리면서 환율의 급격한 변동이 나타나는 등 둘 사이의 연관성이 뚜렷이 나타났다(**보조 자료 : 현실에서의 오버슈팅** 참조). 최근의 연구결과에 따르면, 새로운 형태의 명목기준지표인 인플레이션 목표제를 취하는 경우 환율의 변동성이 낮아지는 효과가 있는 것으로 나타났다.[3]

5 고정환율제도와 트릴레마

지금까지 살펴본 환율에 대한 종합이론은 환율이 시장에서 결정된다는 것을 전제로 하고 있다. 따라서 이 모형은 변동환율제에 적합한 이론이다. 그러나 모든 나라가 변동환율제를 취하고 있는 것은 아니다. 그렇다면 과연 이 모형이 고정환율제도나 혹은 중간제도에도 적용될 수 있을까? 가능하다. 다음에서 살펴보자.

고정환율제도란?

고정과 변동의 핵심적인 차이를 이해하기 위해서는 극단적인 경우를 비교할 필요가 있다. 따라서 엄격한 고정(좁은 밴드제를 포함)과 자유변동을 비교하기로 하고, 중간의 제도는 무시하기로 하자. 또한 차익거래에 대한 통제(**자본통제**)가 행해지는 제도 역시 제외하기로 한다. 왜냐하면 이런 극단적인 정부개입은 우리의 이론을 무효화시키기 때문이다. 요컨대 우리는 자본이 자유롭게 이동하고 외환시장에서 차익거래가 아무런 제약 없이 자유롭게 행해지는 고정환율제에 초점을 맞춘다.

여기에서 정부는 외환시장의 주요 참가자로서 시장개입을 통해 환율에 영향을 미칠 수 있다. 환율개입은 환율을 고정된 수준 $\overline{E}$에 묶어두기 위해 중앙은행이 외환을 고정된 가격으로 사거나 파는 형태이다.

정부의 이런 정책이 단기 및 장기적으로 어떤 의미를 갖는지 우리 이론으로 분석할 수 있

---

3 Andrew K. Rose, 2007, "A Stable International Monetary System Emerges: Inflation Targeting Is Bretton Woods, Reversed," *Journal of International Money and Finance*, 26(5), 663-681.

다. 좀 더 현실적인 분석을 위해 미국과 유로존 대신(미국과 유로존 사이의 환율제도는 변동환율제임), 실제 고정환율제를 취하고 있는 덴마크와 유로존의 경우를 생각해보자. 즉 외국은 그대로 유로존이지만, 자국은 미국이 아니라 이제 덴마크이다.

덴마크가 자국 통화 크로네의 유로에 대한 환율 $\overline{E}_{DKr/\euro}$을 묶어두기로 결정하는 경우를 분석해보자.[4]

장기적으로 봤을 때 환율을 고정하는 것은 환율을 명목기준지표로 설정하는 것이다. 이 경우 덴마크의 통화정책은 자율성을 상실하게 된다. 물론 크로네 환율의 변동을 허용하는 경우에도 어떤 명목기준지표를 갖게 되면 그 목표를 달성해야 하기 때문에 덴마크의 통화정책은 장기적으로 제약을 받을 수밖에 없다. 즉 앞에서 보았듯이 어떤 나라가 명목기준지표를 갖게 되면 장기 통화정책이 제약에 직면하게 된다. 그런데 여기에서 살펴보려는 것은 고정환율제를 취하는 경우, 장기적으로뿐만 아니라 단기적으로도 통화정책 제약에 직면한다는 점이다.

고정환율제 하에서 통화정책의 단기적 자율성 희생 : 예제

UIP 가정하에서 크로네-유로 외환시장의 균형은 덴마크 이자율이 유로존 이자율과 크로네 예상절하율을 합친 것과 동일할 때 이루어진다. 그런데 고정환율제 하에서 예상절하율은 0이다.

다음과 같은 유위험이자율평가 조건에 따르면, 덴마크 중앙은행은 이자율을 유럽중앙은행(ECB) 이자율 $i_\euro$와 똑같이 유지해야 한다.

$$i_{DKr} = i_\euro + \underbrace{\frac{E^e_{DKr/\euro} - E_{DKr/\euro}}{E_{DKr/\euro}}}_{\substack{\text{고정환율에 대한 사람들의 신뢰가} \\ \text{확고할 경우 0이 됨}}} = i_\euro$$

따라서 덴마크는 통화정책에 대한 통제를 잃게 된다. 즉 고정환율제 하에서는 자신의 이자율을 자율적으로 조정할 수 없다.

통화공급 정책 역시 마찬가지이다. 덴마크 화폐시장의 단기 균형은 통화공급과 통화수요가 일치할 때 이루어진다. 하지만 덴마크 이자율이 유로존 이자율 $i_\euro$와 동일한 수준으로 정해질 경우 통화공급이 취할 수 있는 수준은 딱 하나이다. 즉 $i_\euro$이 덴마크 화폐시장을 균형시키는 이자율이 되기 위해서는 덴마크 통화공급이 다음과 같아야 한다.

$$M_{DEN} = \overline{P}_{DEN} L_{DEN}(i_{DKr}) Y_{DEN} = \overline{P}_{DEN} L_{DEN}(i_\euro) Y_{DEN}$$

이는 놀라운 결과이다. 위 식의 맨 우변에 들어 있는 변수들을 보면, 유로 이자율(덴마크 입장에서는 외생적임), 고정된 물가수준(가정에 의해 외생적임), 생산(이것 역시 가정에 의해 외생적임) 등이다. 덴마크 당국이 단기적으로 조정할 수 있는 변수가 하나도 없는 것이다. 이

---

4 1999년 덴마크와 유로존은 ERM(환율조정장치) 협정에서 환율을 7.46038DKr/$\euro$를 중심으로 ±2.25% 폭을 가진 '좁은 밴드' 제도를 취하기로 했다. 그러나 실제로는 페그제도가 훨씬 더 강력히 유지되어 환율이 기준환율의 ±0.5% 이내에 머물렀다.

것이 고정환율 $\overline{E}_{DKr/\epsilon}$ 하에서 덴마크 통화 및 외환시장 균형과 양립할 수 있는 유일한 통화공급 수준이다. 만약 덴마크 중앙은행이 고정환율을 유지한다면 단기적으로는 통화공급을 위 식에 나와 있는 수준으로 선택해야 한다.

여기에서 차익거래가 중요한 힘으로 작용한다. 예를 들어 덴마크 중앙은행이 크로네 공급을 늘려 이자율을 낮추려고 해봐야 차익거래 때문에 실패로 돌아가게 된다. 왜냐하면 덴마크 투자자들이 크로네 예금을 팔고 수익이 높은 유로예금을 사려고 할 것이기 때문이다. 이렇게 되면 크로네가 절하 압력을 받게 된다. 덴마크 중앙은행으로서는 고정환율을 유지하기 위해 시중에 공급한 크로네를 외환시장을 통해 신속히 다시 사들여야 한다.

따라서 우리의 단기 이론은 여전히 유효하며, 단지 인과관계만 달라질 뿐이다.

- 변동환율제 하에서 자국 통화당국은 통화공급 수준 M을 선택한다. 단기적으로 M의 선택은 화폐시장에서 i를 결정한다. 이 경우 i는 UIP에 의해 환율 E를 결정한다. 결국 이 모형에서는 통화공급이 모형의 투입물(외생변수)이고, 환율이 모형의 산출물(내생변수)이다.
- 고정환율제 하에서는 논리가 반대이다. 자국 통화당국은 고정된 환율수준 E를 선택한다. 단기적으로 E의 선택은 UIP에 의해 자국 이자율 i를 결정한다(즉 i는 외국 이자율 i^*와 동일해야 한다). 이 경우 i는 통화공급 수준 M을 결정한다. 결국 이 모형에서는 환율이 모형의 투입물(외생변수)이고, 통화공급이 모형의 산출물(내생변수)이다.

이처럼 단기적으로 인과관계가 뒤바뀌는 것이 그림 12-15의 윗부분에 나와 있다.

고정환율제 하에서 통화정책의 장기적 자율성 희생 : 예제

앞에서 언급한 것처럼 명목기준지표를 설정하면 통화정책의 장기적 자율성을 상실하게 된다. 기준지표가 고정환율일 경우 그것이 어떻게 작동하는지 살펴보자.

표준적인 화폐모형에 입각하여 맨 처음 따져볼 것은 덴마크의 명목이자율이 장기적으로 어떻게 될 것인지이다. 사실 이것에 대해서는 이미 살펴보았다. 즉 단기에서와 마찬가지로 유럽중앙은행(ECB)이 정한 이자율 수준 i_ϵ와 똑같이 유지해야 한다. 그렇다면 무엇이 i_ϵ 수준을 결정하는가라는 의문이 생길 수 있다. 이에 대한 답을 말하면, 그것은 ECB 자신의 명목기준지표, 즉 유로존의 인플레이션 목표와 양립하는 명목이자율의 '중립적' 수준과 관련이 있다. 그러나 이 질문과 그에 대한 답이 중요한 것이 아니다. 여기에서 중요한 것은 i_ϵ가 단기에서와 마찬가지로 장기에서도 덴마크의 통제에서 벗어나 있다는 점이다.

다음으로 덴마크의 물가수준을 생각해보자. 이는 장기적으로 PPP에 의해 결정된다. 그러나 만약 환율이 고정돼 있다면 덴마크의 장기적 PPP는 다음과 같다.

$$P_{DEN} = \overline{E}_{DKr/\epsilon} P_{EUR}$$

이로써 장기적으로 덴마크의 통제에서 완전히 벗어난 또 하나의 변수가 생겼다. 즉 PPP 하에서 유로에 환율을 고정하는 경우 덴마크의 물가수준은 유로존 물가수준(이는 덴마크로서는

그림 12-15

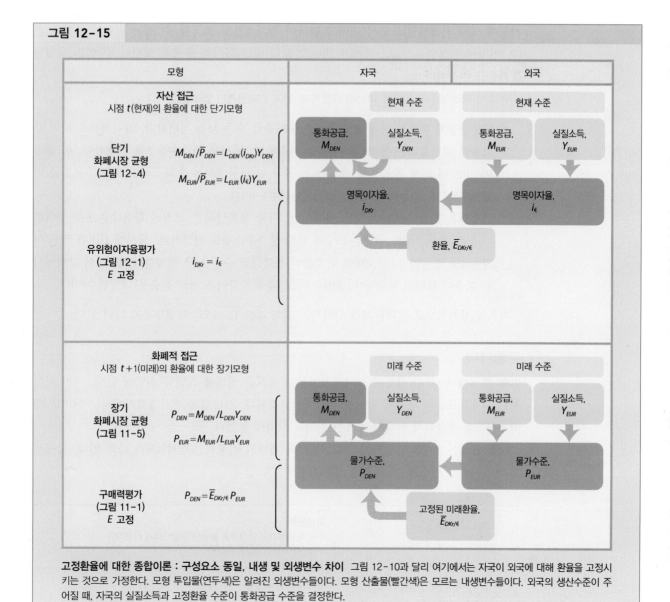

고정환율에 대한 종합이론 : 구성요소 동일, 내생 및 외생변수 차이 그림 12-10과 달리 여기에서는 자국이 외국에 대해 환율을 고정시키는 것으로 가정한다. 모형 투입물(연두색)은 알려진 외생변수들이다. 모형 산출물(빨간색)은 모르는 내생변수들이다. 외국의 생산수준이 주어질 때, 자국의 실질소득과 고정환율 수준이 통화공급 수준을 결정한다.

외생변수임)에 상수를 곱한 것이 된다.

장기적으로 명목이자율과 물가수준이 덴마크의 통제에서 벗어나 있기 때문에 앞에서와 마찬가지로 통화정책의 자율성이 불가능해진다는 것을 보일 수 있다. 덴마크 화폐시장의 장기 균형조건에 $i_{DKr} = i_€$와 $P_{DEN} = \overline{E}_{DKr/€}P_{EUR}$을 대입하면 다음과 같다.

$$M_{DEN} = P_{DEN}L_{DEN}(i_{DKr})Y_{DEN} = \overline{E}_{DKr/€}P_{EUR}L_{DEN}(i_€)Y_{DEN}$$

위 식의 맨 우변에 들어 있는 변수들을 보면, 장기 유로 이자율과 물가수준(덴마크 입장에서는 외생적임), 고정된 환율수준(가정에 의해 외생적임), 덴마크의 장기 생산수준(이것 역시 가정에 의해 외생적임)으로서 덴마크 당국이 장기적으로 조정할 수 있는 변수가 하나도 없다. 이것이 고정환율 $\overline{E}_{DKr/\euro}$ 하에서 덴마크 통화 및 외환시장 균형과 양립할 수 있는 유일한 통화공급 수준이다.

따라서 우리의 장기 이론은 여전히 유효하며, 단지 인과관계만 달라질 뿐이다.

- 변동환율제 하에서 자국 통화당국은 통화공급 수준 M을 선택한다. 장기적으로 M의 증가율이 피셔효과를 통해 이자율 i를 결정하며, 동시에 물가수준 P를 결정한다. 이 경우 P는 PPP에 의해 환율 E를 결정한다. 결국 이 모형에서는 통화공급이 모형의 투입물(외생변수)이고, 환율이 모형의 산출물(내생변수)이다.

- 고정환율제 하에서는 논리가 반대이다. 자국 통화당국은 고정된 환율수준 E를 선택한다. 장기적으로 E의 선택은 PPP에 의해 물가수준 P를 결정하며, 동시에 UIP에 의해 이자율 i를 결정한다. 그리하여 이것들이 통화공급 수준 M을 결정한다. 결국 이 모형에서는 환율이 모형의 투입물(외생변수)이고, 통화공급이 모형의 산출물(내생변수)이다.

이처럼 장기적으로 인과관계가 뒤바뀌는 것이 그림 12-15의 아랫부분에 나와 있다.

트릴레마

앞의 분석에서 알 수 있듯이 정책결정자들은 어려운 선택에 직면할 수밖에 없다. 여러 이상적인 정책목표들을 동시에 달성할 수는 없는 것이다. 개방경제 거시경제학에서는 이러한 제약조건들을 종합하여 하나의 중요한 원리로 요약해 놓았다.

다음 표에는 3개의 방정식이 있고 각 식과 관련된 이상적인 **정책목표**가 나와 있다. 앞에서와 마찬가지로 덴마크-유로존의 예를 사용하기로 한다.

1. $\dfrac{E^e_{DKr/\euro} - E_{DKr/\euro}}{E_{DKr/\euro}} = 0$	**고정환율** ■ 무역과 투자의 안정성을 높이는 수단으로서 바람직함 ■ 예상절하율이 0임을 의미함
2. $i_{DKr} = i_\euro + \dfrac{E^e_{DKr/\euro} - E_{DKr/\euro}}{E_{DKr/\euro}}$	**국제적 자본 이동성** ■ 통합과 효율성, 위험분산을 촉진하는 수단으로서 바람직함 ■ 차익거래로 인해 UIP가 성립하는 것을 의미함
3. $i_{DKr} \neq i_\euro$	**통화정책의 자율성** ■ 자국 경제의 경기순환을 관리하는 수단으로서 바람직함 ■ 자국 이자율이 외국 이자율과 독립적으로 결정될 수 있음을 의미함

정부로서는 이들 3개의 정책목표를 모두 추구하고 싶어 하지만 그것은 달성 불가능하다. 식 1, 2, 3을 보면 이들 모두가 동시에 성립하는 것은 수학적으로 불가능하다는 것을 알 수 있다.

- 1과 2는 3을 배제한다(1과 2는 이자율이 동일한 것을 의미하기 때문에 3과 모순).

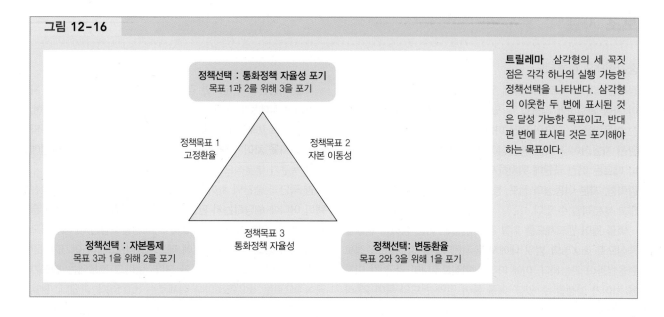

그림 12-16

정책선택 : 통화정책 자율성 포기
목표 1과 2를 위해 3을 포기

정책목표 1
고정환율

정책목표 2
자본 이동성

정책목표 3
통화정책 자율성

정책선택 : 자본통제
목표 3과 1을 위해 2를 포기

정책선택: 변동환율
목표 2와 3을 위해 1을 포기

트릴레마 삼각형의 세 꼭짓점은 각각 하나의 실행 가능한 정책선택을 나타낸다. 삼각형의 이웃한 두 변에 표시된 것은 달성 가능한 목표이고, 반대편 변에 표시된 것은 포기해야 하는 목표이다.

- 2와 3은 1을 배제한다(2와 3은 환율 변화를 의미하기 때문에 1과 모순).
- 3과 1은 2를 배제한다(3과 1은 국내와 해외수익이 다른 것을 의미하기 때문에 2와 모순).

트릴레마(trilemma)로 불리는 이 결과는 국제거시경제학의 핵심 아이디어 중 하나이다.[5] 이 것이 말하고자 하는 것은 위에서 설명한 세 가지 정책목표들을 모두 달성할 수는 없으며, 3개 중 하나는 내려놔야 한다는 것이다(달리 표현하면, 3개 중에 2개만 선택해야 한다). 불행하게 도 역사적으로 보면 이 기본적 교훈을 무시하는 정책으로 인해 많은 거시경제적 재난들이 발 생했다.

그림 12-16은 트릴레마를 그림으로 설명하고 있다. 삼각형의 세 꼭짓점은 각각 하나의 정 책선택을 나타낸다. 각 점의 반대편 변에 표시된 것은 해당 정책을 선택했을 때 포기해야 하 는 목표이고, 이웃한 두 변에 표시된 것은 달성 가능한 목표들이다(**보조 자료 : 중간형태의 환 율제도** 참조)

적용사례

유럽의 트릴레마

덴마크 사례가 트릴레마를 잘 보여준다. 덴마크의 경우 정책목표 1과 2를 선택했다. 덴마크 는 유럽연합(EU) 회원국으로서 역내 자본이동의 자유라는 단일시장 규약을 준수한다. 또한 유로존 회원으로 가는 징검다리 역할을 하는 EU의 ERM(환율조정장치) 하에서 자국 통화 크

---

5 정의는 다음과 같다. 'Trilemma 명사 1. 세 가지 선택으로 인한 곤경'(Collins English Dictionary online).

보조 자료

중간형태의 환율제도

정책선택이 스펙트럼의 끝에 있는 경우에는 트릴레마의 교훈이 가장 확실하게 적용될 수 있다. 즉 강력한 고정환율제나 완전 변동환율제, 자본의 완전 이동성이나 완전 통제, 통화정책의 완전 자율성이나 혹은 자율성이 전혀 없는 경우 등이다. 그러나 때로는 이런 극단에 위치하지 않을 수도 있다. 고정환율제의 강력함, 자본 이동성의 정도, 통화정책의 독립성 등이 충분하지 않고 부분적일 수 있다.

예를 들어 밴드제도를 취할 경우 환율은 어떤 정해진 환율을 중심으로 ±x%의 범위 내에서 유지된다. 이 경우 어느 정도 환율변동이 가능하다. 이에 따라 제한적으로나마 양국 간 이자율 차이가 발생할 수 있다. 예를 들어 만약 밴드의 폭이 2%라 해보자(즉 기준환율을 중심으로). UIP에 따르면 자국의 이자율은 외국 이자율(가령 5%라 하자)에 예상절하율(환율이 밴드의 한쪽 끝에서 다른 쪽 끝으로 변할 경우 +2% 혹은 −2%가 될 수도 있음)을 합친 것이다. 따라서 자국이 이런 식으로 이자율을 '정하는' 것이 가능하다. 즉 연간 이자율을 3%에서 7% 사이에서 자유롭게 정할 수 있다. 그럼에도 불구하고 자국이 트릴레마에서 영원히 벗어날 수는 없다. 자국 이자율이 외국 이자율에서 약간 벗어날 수는 있지만, 그 상태로 외국 이자율을 쫓아갈 수밖에 없기 때문이다.

자본 이동성이 부분적인 경우에도 마찬가지이다. 이 경우 차익거래에 장애물이 존재하여 이자율 차이가 발생할 수 있으며, 이때에도 트릴레마에 대해 비슷한 이야기를 할 수 있다. 즉 약간의 이자율 차이가 발생할 수 있기 때문에 통화정책 자율성에 대한 욕구가 부분적으로나마 달성될 수 있다.

양 극단과 중간의 차이를 제대로 안다면 어떤 나라의 정책선택이 어디에 해당하는지 판단할 수 있다. 예를 들어 2007년 슬로바키아와 덴마크 양국은 EU의 ERM(환율조정장치) 회원국으로서 자국 통화 환율을 유로에 페그시켰다. 그러나 여기까지만 같을 뿐, 내용상으로는 차이가 크다. 덴마크 크로네는 밴드가 공식적으로는 ±2.25%이나 실제로는 ±0.5%에 가깝다. 환율 움직임이 거의 없는 매우 강력한 페그제도이다. 반면 슬로바키아 코루나(koruna)는 ±15% 밴드로 운용되었으며, 2007년 3월에는 기준환율을 8.5% 절상시키는 조치를 통해 밴드 자체를 이동시키기도 했다. 결국 덴마크 제도는 장기적으로 아주 좁은 밴드를 유지한다는 점에서 명백한 고정환율제인 반면, 슬로바키아는 관리변동제에 가깝다.*

---

* 슬로바키아는 그 후 2009년 유로존에 편입됐다.

로네를 유로에 묶어놓았다. 결국 덴마크 중앙은행은 UIP에 의해 자국 이자율을 ECB가 정한 수준과 동일하게 설정해야 한다. 목표 3을 포기한 것이다.

만약 덴마크가 ECB로부터 통화적 독립성을 원한다면, 다음 두 가지 중 하나를 선택해야 한다(하지만 정치적으로 쉽지 않은 결정이 될 것이다). 하나는 자본 이동성과 관련된 EU 협약을 폐기하는 것으로(3을 얻기 위해 2를 포기) 거의 가능성이 없는 선택이다. 또 하나는 ERM에서 벗어나 크로네-유로 환율을 변동하게 만드는 것으로(즉 3을 얻기 위해 1을 포기), 이것 역시 가능성이 매우 낮다. 그러나 영국의 경우에는 변동환율제를 선택했다. EU 회원국이지만 ERM에서 탈퇴하여 파운드-유로 환율의 변동을 허용하고 있다.

그림 12-17은 트릴레마의 증거를 보여준다. 1999년 이래 영국은 자신의 이자율을 ECB와 독립적으로 결정해왔다. 그러나 덴마크는 그렇지 않았다. 1999년 이래 덴마크의 이자율은 ECB 이자율과 거의 일치한다.(두 이자율에 차이가 나는 시기를 보면 주로 유로의 장래, 그리고 덴마크 고정환율제에 대한 불확실성이 커진 시기에 해당한다. 즉 1999년 유로 프로젝트가

그림 12-17

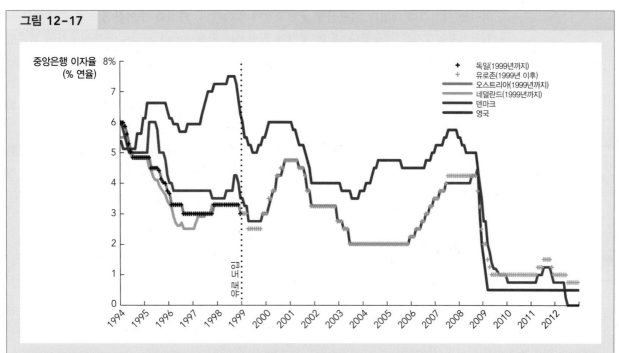

유럽의 트릴레마 이 그림은 1994년부터 2012년까지 주요 중앙은행의 기준금리를 독일 마르크금리(유로 도입 이전) 및 유로금리(유로 도입 이후) 와 비교하여 보여준다. 이 기간 중 영국은 독일 마르크와 유로(1999년 이후)에 대해 변동환율 정책을 선택했다. 영란은행이 독일과는 무관하게 이자 율을 설정할 수 있었기 때문에 통화정책 독립성을 유지했다. 덴마크의 경우 처음에는 크로네를 마르크에, 그리고 나중에는 유로에 묶어놓았기 때문 에 영국 같은 정책 독립성이 허용되지 않았다. 1999년 이후 덴마크 이자율은 ECB 이자율과 거의 같이 움직였다. 네덜란드나 오스트리아 등 자신의 통화를 마르크(1999년 이전)에 묶어놓은 다른 나라들도 비슷한 힘이 작동했다. 이들 나라가 1999년 유로존으로 통합될 때까지 이들 나라 이자율은 덴마크와 마찬가지로 독일 이자율에서 크게 벗어나지 못했다.

출처 : 각국 중앙은행 웹사이트

출범한 시기와 2008년 글로벌 금융위기로 인해 유로존에 대한 신뢰성 위기가 발생한 시기이 다.)

이처럼 독일에 종속적인 통화정책은 유로 등장 이전에도 행해졌다. 1999년 이전에 덴마크 는 오스트리아나 네덜란드 등과 함께 독일 마르크에 자국 통화를 묶어놓았다. 결과는 마찬가 지였다. 즉 당시에도 영국은 그렇지 않았지만, 이들 나라 이자율은 독일 이자율을 따라갈 수 밖에 없었다. 결국 오스트리아와 네덜란드 경우에는 자국 통화 실링과 길더를 공식적으로 폐 기하고 유로를 채택했다. 이는 극단적이고 명백한 통화독립성의 포기이다. 반면 덴마크 크로 네는 살아남았다. 하지만 한 국가의 통화가 존재한다는 것이 표면적으로는 통화주권을 의미 하지만, 실제로는 아무 의미가 없을 수도 있다는 것을 말해주는 예이다. ■

6 결론

이 장에서는 우리가 지금까지 환율에 대해 배운 모든 것들을 하나로 결합시켰다. 단기에 있어서는 차익거래 개념과 외환시장 균형조건에 입각하여, 예상을 주어진 것으로 간주하고 유위험이자율평가를 적용했다. 또한 장기에 있어서는 환율결정의 원리로 구매력평가에 의존했다. 이러한 구성요소들을 모두 결합하여 환율결정에 관한 종합적이면서 내적 일관성을 지닌 이론을 완성시켰다.

환율은 그 자체로도 중요한 주제이지만, 가장 중요한 것은 그것이 전체 경제에서 어떤 의미가 있는지, 다른 거시경제 성과들과는 어떤 관련을 맺고 있는지, 그리고 글로벌 통화시스템에서 어떤 역할을 하는지 등이다. 우리는 앞으로 이런 이슈들을 다룰 것이다. 즉 우리의 환율이론을 더 넓은 틀에 적용함으로써 환율이 국민경제와 국제경제에서 어떤 기능을 하는지 살펴볼 것이다.

핵심 내용

1. 우리 환율이론의 가장 근간이 되는 두 가지 개념은 차익거래와 예상이다. 이를 바탕으로 변동환율제 하에서의 환율결정 이론을 살펴보았다.

2. 단기적으로는 물가가 경직적이라는 가정하에서 환율에 대한 자산 접근을 적용하였다. 서로 다른 통화의 이자지불 예금은 서로 다른 명목이자를 제공한다. 또한 통화는 어떤 상대 통화에 대해 절하나 절상이 예상될 수 있다. 따라서 차익거래 유인이 있다. 즉 투자자들은 (동일 통화로 환산한) 예상수익률이 똑같아질 때까지 자금을 이 나라 저 나라로 옮기게 된다. 이러한 외환시장의 차익거래가 오늘 현재의 현물환율을 결정한다. 즉 유위험이자율평가(UIP)가 성립할 때 외환시장이 균형을 이룬다. 그런데 UIP 조건을 적용하기 위해서는 장기 예상환율에 대한 예측이 필요하다.

3. 장기적으로는 물가가 신축적이라는 가정하에서 환율에 대한 화폐적 접근을 적용하였다. 이 접근에 따르면 장기적으로는 구매력평가(PPP)가 성립하기 때문에 환율은 양국 물가수준의 비율과 동일해야 한다. 또한 각 물가수준은 각 나라 통화공급의 통화수요에 대한 비율에 의존한다. 화폐적 접근을 이용하여 장기 미래 예상환율을 예측할 수 있으며, 이를 다시 단기 환율결정식, 즉 UIP 방정식에 집어넣게 된다.

4. 이런 모든 재료들을 결합함으로써 환율이 단기 및 장기적으로 어떻게 결정되는지에 대한 종합이론이 완성된다.

5. 이 모형은 통화정책 변화나 기타 경제충격의 파급효과를 분석하는 데 사용할 수 있다.

6. 자국의 일시적 통화팽창은 자국 이자율을 떨어뜨리고 자국 환율을 절하시킨다. 이와 같은 일시적 정책은 장기적 명목기준지표와 서로 충돌하지 않는다.

7. 자국의 영구적 통화팽창은 자국 이자율을 떨어뜨리고 자국 환율을 절하시킬 뿐만 아니라 결국은 장기적 수준으로 돌아갈 환율을 단기적으로 오버슈팅하게 만든다. 이와 같은 영구적 정책은 장기적 명목기준지표와 서로 충돌하게 된다.

8. 이 이론을 고정환율제에도 적용할 수 있다. 자본 이동성 가정하에서는 이자율평가가 아주 간단하다. 즉 자국 이자율이 외국 이자율과 동일하다. 이에 따라 변동환율제와 달리 자국 통화정책은 모든 독립성을 상실한다. 이를 회복하기 위한 유일한 방법은 자본통제를 가하는 것이다. 이것이 트릴레마의 본질이다.

핵심 용어

명목경직성(nominal rigidity)
오버슈팅(overshooting)
외환시장 도표(FX market diagram)

트릴레마(trilemma)
환율에 대한 자산 접근
  (asset approach to exchange rate)

환율에 대한 자산 접근의 기본방정식
  (fundamental equation of the
  asset approach to exchange rate)

연습문제

1. 통화/외환시장 도표를 이용하여 다음 질문에 답하라. 이 문제는 영국 파운드(£)와 미국 달러($)의 관계에 대한 것이다. 환율은 영국 파운드당 미국 달러, 즉 $E_{\$/£}$이다. 미국의 통화공급 변화가 이자율과 환율에 어떤 영향을 미치는지 분석하고자 한다. 모든 그래프에서 최초의 균형점을 A로 표기하라.

   a. 미국 통화공급의 **일시적** 감소가 통화 및 외환시장에 어떤 영향을 미치는가? 단기 균형점을 B, 장기 균형점을 C로 표기하라.

   b. (a)의 도표를 이용하여 미국 이자율, 영국 이자율, $E_{\$/£}$, $E^e_{\$/£}$, 미국 물가수준 P가 단기적으로 어떻게 변하는지 답하라(상승/하락/변화 없음).

   c. (a)의 도표를 이용하여 미국 이자율, 영국 이자율, $E_{\$/£}$, $E^e_{\$/£}$, 미국 물가수준 P가 장기적으로 어떻게 변하는지 답하라.(최초 균형점 A에 비해 상승/하락/변화 없음)

2. 통화/외환시장 도표를 이용하여 다음 질문에 답하라. 이 문제는 인도 루피(Rs)와 미국 달러($)의 관계에 대한 것이다. 환율은 달러당 루피, 즉 $E_{Rs/\$}$이다. 모든 그래프에서 최초의 균형점을 A로 표기하라.

   a. 인도 통화공급의 **영구적** 증가가 통화 및 외환시장에 어떤 영향을 미치는가? 단기 균형점을 B, 장기 균형점 A을 C로 표기하라.

   b. 인도의 명목통화공급 M_{IN}, 물가수준 P_{IN}, 실질통화공급 M_{IN}/P_{IN}, 이자율 i_{Rs}, 환율 $E_{Rs/\$}$이 시간에

따라 어떻게 변하는지 시간을 가로축으로 하여 그래프로 그려라.

   c. 위의 분석을 이용하여 인도 이자율 i_{Rs}, 환율 $E_{Rs/\$}$, 예상환율 $E^e_{Rs/\$}$, 물가수준 P_{IN}가 단기적으로 어떻게 변하는지 답하라.(상승/하락/변화 없음)

   d. 위의 분석을 이용하여 인도 이자율 i_{Rs}, $E_{Rs/\$}$, $E^e_{Rs/\$}$, 인도 물가수준 P_{IN}가 장기적으로 어떻게 변하는지 답하라.(최초 균형점 A에 비해 상승/하락/변화 없음)

   e. 이 상황에서 환율의 오버슈팅이 어떻게 발생하는지 설명하라.

3. 오버슈팅(이론과 실제)은 구매력평가와 양립하는가? PPP의 유용성이 단기와 장기에서 차이가 나는 이유, 그리고 우리가 자산 접근(단기 대 장기)에서 사용한 가정을 생각해보자. 오버슈팅이 단기와 장기에 있어서 환율의 움직임을 조화롭게 설명하는 데 어떤 도움을 주는가?

4. 통화/외환시장 도표를 이용하여 다음 질문에 답하라. 이 문제는 유로(€)와 미국 달러($)의 관계에 대한 것이다. 환율은 유로당 미국 달러, 즉 $E_{\$/€}$이다. 미국의 금융혁신으로 미국의 실질통화수요가 감소했다고 하자. 모든 그래프에서 최초의 균형점을 A로 표기하라.

   a. 미국 실질통화수요 변화가 일시적이라고 하자. 통화/외환시장 도표를 사용하여 이 변화가 통화 및 외환시장에 어떤 영향을 미치는지 보여라. 단기

균형점을 *B*, 장기 균형점을 *C*로 표기하라.

b. 미국 실질통화수요의 변화가 영구적이라고 하자. 새로운 통화/외환시장 도표를 사용하여 이 변화가 통화 및 외환시장에 어떤 영향을 미치는지 보여라. 단기 균형점을 *B*, 장기 균형점을 *C*로 표기하라.

c. 실질통화수요의 영구적 감소로 인해 명목통화공급 M_{US}, 물가수준 P_{US}, 실질통화공급 M_{US}/P_{US}, 미국 이자율 $i_{\$}$, 환율 $E_{\$/€}$ 변수들이 시간에 따라 어떤 식으로 변하는지 추이를 그래프로 그려라.

5. 이번 문제는 한국의 통화정책 변화가 외환시장에 어떤 영향을 미치는지에 관한 것이다. 이 문제에서 환율은 일본 엔당 한국 원, 즉 $E_{W/¥}$이다. 통화/외환시장 도표를 이용하여 다음 질문에 답하라. 모든 그래프에서 최초의 균형점을 *A*로 표기하라.

a. 한국은행이 통화공급을 영구적으로 감소시킨다고 하자. 이 정책의 단기효과(균형점을 *B*로 표기) 및 장기효과(균형점을 *C*로 표기)를 보여라.

b. 이번에는 한국은행이 통화공급을 영구적으로 감소시키는 계획을 발표하지만 실제 실행에는 옮기지 않는 경우이다. 만약 투자자들이 한국은행의 발표를 신뢰한다면 이것이 단기적으로 외환시장에 어떤 영향을 미치는가?

c. 마지막으로 한국은행이 통화공급을 영구적으로 감소시키지만 시장에서는 이 변화를 예상하지 못한 경우이다. 한국은행이 이 정책을 실행할 때, 이것이 단기적으로 외환시장에 어떤 영향을 미치는가?

d. 위에서 답한 내용을 이용하여 다음 주장을 평가하라.
  - 한 나라가 자국 통화의 절상을 원하는 경우, 국내 이자율을 높이지 않고도 (일시적으로) 그렇게 할 수 있다.
  - 중앙은행이 국내 물가수준과 통화가치 모두를 장기적으로 낮출 수 있다.
  - 통화를 절상시키는 가장 효과적인 방법은 투자

자들이 예상하지 못하게 하는 것이다.

6. 1990년대 말 동아시아 여러 나라들은 자국 통화의 미국 달러에 대한 환율을 관리하는 차원에서 환율변동을 제한하거나 페그제도를 채용했다. 이번 문제는 동아시아 외환위기(1997~1998)에 대한 이들 나라의 서로 다른 대응에 관한 것이다. 이 문제에서 동아시아 나라를 자국, 그리고 미국을 외국으로 간주하라. 또한 동아시아 나라가 미국 달러에 대해 통화페그(고정환율) 제도를 취하고 있다고 가정하자. 아울러 다음 질문에 대해 단기적 효과만 고려하라.

a. 1997년 투자자들은 태국 바트가 절하될 것으로 예상했다. 즉 태국 중앙은행이 더 이상 미국 달러와 통화페그를 유지할 수 없을 것으로 예상했다. 이와 같은 투자자들의 예상변화가 태국 화폐시장 및 외환시장에 어떤 영향을 미치는지 그림을 통해 보여라. 환율은 미국 달러당 바트(B), 즉 $E_{B/\$}$이다. 태국 중앙은행은 자본 이동성을 유지하면서 자국 이자율을 견지하기를 원하고, 반면 환율과 관련해서는 통화페그를 포기하고 변동환율제를 취하기를 원하는 것으로 가정하라.

b. 인도네시아도 태국과 마찬가지 상황이다. 즉 투자자들은 인도네시아가 결국은 통화페그를 포기할 것을 우려했다. 이와 같은 투자자들의 예상변화가 인도네시아 화폐시장 및 외환시장에 어떤 영향을 미치는지 그림을 통해 보여라. 환율은 미국 달러당 루피아(Rp), 즉 $E_{Rp/\$}$이다. 인도네시아 중앙은행은 자본 이동성 및 통화페그를 유지하기를 원하는 것으로 가정하라.

c. 말레이시아도 비슷한 경험을 했다. 단지 말레이시아의 경우에는 통화페그를 유지하고 자국의 이자율 수준을 견지하기 위한 목적으로 자본을 통제했다는 점이 다르다. 투자자들의 예상변화가 말레이시아 화폐시장 및 외환시장에 어떤 영향을 미치는지 그림을 통해 보여라. 환율은 미국 달러당 링깃(RM), 즉 $E_{RM/\$}$이다. 이 문제의 경우 투자자 예상변화의 단기적 효과만 분석하면 된다.

d. 위에서 설명한 세 가지 경우를 비교하여 설명하라. 당신이 정책결정자 입장이라면 어느 쪽을 선호하겠는가? 그 이유를 설명하라.

7. 일부 나라들은 통화동맹(currency union)에 가입하기를 원한다. 예를 들어 유로지역, 서아프리카 지역의 CFA프랑동맹, 카리브통화동맹 등이다. 통화동맹의 경우 자국 통화를 포기하고 여러 나라가 단일통화를 사용한다. 어떤 나라가 통화동맹에 가입하면 이탈하지 않는다고 가정하자. 통화동맹에 가입한 나라들이 정책 트릴레마에 직면하는가? 그 이유를 설명하라.

8. 대공황 시기에 미국은 다른 나라들에 비해 더 오랫동안 국제 금본위제도에 남아있었다. 이 때문에 대공황이 발발했을 때 미국은 고정환율제를 유지해야만 했다. 미국 달러 가치는 영국 파운드, 프랑스 프랑 등 다른 주요 통화와 함께 금 가치에 묶여있었다. 이런 상황과 관련하여 많은 연구들은 미국에서 대공황이 더 심각했던 것은 1929~1930년 연방준비제도가 경제상황에 제대로 대응하지 못했기 때문이라고 지적한다. 정책 트릴레마가 이 상황에 어떻게 적용될 수 있는지 논하라.

9. 2007년 6월 20일 파이낸셜 타임스의 투자분야 편집자인 존 오서스는 그의 칼럼 'The Short View'에 다음과 같이 적었다.

> 영란은행이 공개한 회의록에 따르면, 지난달 이자율 상승안이 5대 4로 아주 아슬아슬하게 부결된 것으로 나타났다. 아무도 이것을 예상하지 못했다. … 이 뉴스로 인해 파운드가 달러당 $1.99까지 회복되었으며, 엔에 대해서는 15년만의 최고치를 기록했다.

이 글의 논리를 설명할 수 있는가? 영국의 이자율은 상승안 부결 이후 수 주 동안 변화가 없었으며, 회의록 공개 이후에도 변화가 없었다. 회의록 내용 중 어떤 부분이 투자자들의 민감한 반응을 유발했는가? 자산 접근에 입각하여 설명하라.

네트워크

인터넷을 검색하여 환율예측을 제공하는 웹사이트를 찾아보라.(힌트 : 'exchange rate forecast'로 검색해보라.) 해당 웹사이트에서 미래 어느 시점까지 예측을 제공하는가? 예측을 어떤 방법으로 행하는지 설명되어 있는가? 경제기초여건이나 기술적 분석에 기반을 둔 예측인가? 해당 예측을 얼마나 신뢰하겠는가?

13

국민계정 및 국제계정 : 소득, 부, 국제수지

여러 가지 이유로 화폐가 한 나라에서 다른 나라로 보내진다. 예를 들어 조공이나 보상금 지급, 가족 간에 이루어지는 해외 송금, 해외 소유주에게 지급하는 임차료, 그리고 소득과 자본의 해외 유출, 해외투자를 위한 자본의 전달 등 다양한 형태가 있다. 하지만 가장 일반적인 경우는 재화를 얻기 위한 지불일 것이다. 이들 모든 목적을 위해 구체적으로 어떤 상황에서 실제로 화폐가 한 나라에서 다른 나라로 이동하는지 알기 위해서는 국제무역이 행해지는 방식, 그리고 그것이 물물교환이 아니라 화폐를 매개로 행해지는 메커니즘에 대해 간단히 살펴볼 필요가 있다.

존 스튜어트 밀, 1848

1. 거시경제활동 측정 : 개관

2. 소득, 생산, 지출

3. 국제수지

4. 대외부

5. 결론

우리는 10장에서 가상의 인물 조지를 만났다. 파리를 여행하는 미국인이다. 그런데 그가 파리에서 어떤 식으로 자신의 경비를 지불하는가? 그는 자신의 자산(유로로 전환된 달러, 자신의 은행계좌와 연결된 직불카드에 의한 지불 등)을 주고, 재화나 서비스(호텔, 음식, 와인 등)를 얻는다. 가계나 기업들은 일상적으로 재화, 서비스, 자산을 주고받는다. 그런 거래가 국경을 건너면 자국 경제가 세계 다른 나라와 연결된다. 앞으로 우리는 나라 간에 행해지는 경제적 거래를 공부한다. 그것들이 어떻게 행해지고 거시경제에 어떤 영향을 미치는지 살펴보자.

이를 위해 가장 먼저 필요한 것은 경제적 거래를 측정하는 작업이다. 이런 데이터를 수집하고 분석함으로써 연구와 정책결정에 도움을 얻는다. 폐쇄경제의 주요 총량적 유량(flow) 변수로는 나라 전체의 생산, 소비, 투자 등이 있다. 한 나라가 세계 다른 나라와 교역을 하는 개방경제에서는 국경을 넘어 행해지는 여러 추가적인 경제적 거래가 존재한다. 오늘날 세계경제에서 교역 및 금융의 국제적 흐름은 가히 유례없는 수준이다.

재화, 서비스, 자본의 국가 간 이동은 다양한 방식으로 측정된다. 이는 경제학자, 정책결정자, 기업가, 일반 시민들에게 갈수록 중요해지고 있다. 미국의 막대한 무역적자, 중국이나 인도 등 신흥시장의 엄청난 무역흑자, 미국이 다른 나라들에 지고 있는 대규모 부채, 그리고 이런 것들이 국민저축이나 정부예산과 어떤 관련이 있는지는 중요한 논쟁 이슈들이다. 이런 논

물물교환을 넘어서 : 국제적 거래는 재화나 서비스뿐 아니라 금융자산도 포함한다.

쟁을 이해하기 위해서는 먼저 그 내용을 잘 알아야 한다. 이런 모든 측정지표들이 무엇을 의미하고 서로 어떤 관련이 있는지 이해해야 한다.

이 장에서는 무역과 국제수지에 관한 국제적 시스템을 설명하고, 재화 및 서비스의 국제교역이 그와 동시에 이루어지는 자산의 교역에 의해 어떻게 보완되고 균형을 이루게 되는지, 그리고 이런 거래들이 한 나라의 소득이나 부(wealth)와 어떤 관련이 있는지 살펴본다. 이 책의 나머지 부분에서 우리는 이런 분석도구들을 사용하여 나라 간 거시경제적 연결 관계를 분석하게 될 것이다.

1 거시경제활동 측정 : 개관

개방경제의 거시경제적 계정작업(accounting)을 이해하기 위해 우선 폐쇄경제에서 지불(payment)을 추적하는 원칙을 알아야 한다. 이미 경제원론에서 접했을 것으로 생각되지만, **지불순환흐름**(circular flow of payments)은 경제 전체를 통해 경제적 자원이 교환되는 과정을 보여준다. 흐름의 여러 단계에서 경제활동이 측정되어 **국민소득생산계정**(national income and product accounts) 혹은 국민소득통계에 기록된다. 이에 반해 개방경제에서는 국경 간 이동까지 고려해야 하기 때문에 측정이 더욱 복잡해진다. 바로 이 추가적인 부분이 한 나라의 **국제수지계정**(balance of payments accounts)에 기록된다. 이 절에서는 이런 측정의 기본 원칙을 알아본다. 그런 다음 개념들을 좀 더 정확히 정의하고 실제 현실에서 어떻게 작동하는지 살펴본다.

폐쇄경제 지불 흐름 : 국민소득생산계정

그림 13-1에 폐쇄경제의 지불흐름이 나와 있다. 맨 위에 나와 있는 **국민총지출**(GNE : gross national expenditure)은 어떤 주어진 측정기간(일반적으로 1년) 동안 최종 재화 및 서비스에 대한 국내 경제주체의 총지출을 말한다. 이것은 개인소비 C, 투자 I, 정부지출 G의 세 부분으로 구성돼 있다. 이들을 모두 합치면 GNE가 된다.

일단 GNE가 지출되면 이 지불은 어디로 흘러갈까? 이 모든 지출은 그 나라 국경 내에 있는 최종 재화 및 서비스에 모두 지불된다. 경제가 폐쇄되어 있기 때문에 그 나라의 지출은 그곳에서 생산된 최종 재화 및 서비스에 지출돼야 한다. 이것이 **국내총생산**(GDP : gross domestic product)이다. 구체적으로는 기업이 산출물(output)로 생산한 모든 (중간 및 최종) 재화 및 서비스의 가치에서 기업이 투입물(input)로 구입한 모든 중간 재화 및 서비스의 가치를 뺀 것으로 정의된다. 이 점에서 GDP를 **부가가치**(value added)라고 한다. 앞의 GNE가 지출을

그림 13-1

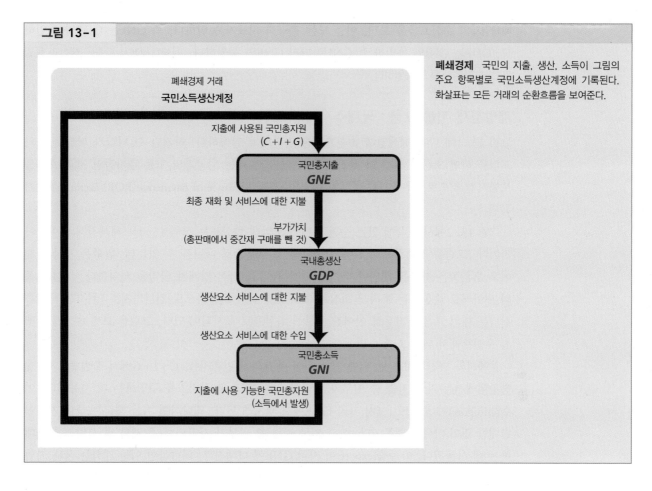

폐쇄경제 거래
국민소득생산계정

지출에 사용된 국민총자원
$(C + I + G)$

국민총지출
GNE

최종 재화 및 서비스에 대한 지불

부가가치
(총판매에서 중간재 구매를 뺀 것)

국내총생산
GDP

생산요소 서비스에 대한 지불

생산요소 서비스에 대한 수입

국민총소득
GNI

지출에 사용 가능한 국민총자원
(소득에서 발생)

폐쇄경제 국민의 지출, 생산, 소득이 그림의 주요 항목별로 국민소득생산계정에 기록된다. 화살표는 모든 거래의 순환흐름을 보여준다.

측정한 데 반해 GDP는 생산을 측정한 것이다. 폐쇄경제에서는 당연히 중간재 판매가 중간재 구매와 동일하기 때문에 이들 두 항목이 상쇄되어 생산된 최종 재화 및 서비스의 가치만 남는다. 이것은 최종 재화 및 서비스에 대한 지출, 즉 GNE와 동일하다. 따라서 GDP는 GNE와 동일하다.

일단 GDP가 팔리면, 이 지불은 어디로 흘러갈까? GDP는 기업이 산출한 가치에서 투입한 비용을 뺀 것이기 때문에 기업은 자신이 고용한 노동, 자본, 토지 등의 생산요소 소유자에게 그것을 소득으로 지급한다. 이 생산요소들은 다시 가계, 정부, 기업에 의해 소유되지만 이러한 구분은 중요하지 않다. 폐쇄경제에서 핵심은 모든 이런 소득이 국내 주체들에게 지불된다는 점이다. 따라서 이것은 해당 경제의 총소득 자원, 즉 **국민총소득**(GNI : gross national income)이 된다. 순환흐름으로 보면, 폐쇄경제에서는 최종 재화 및 서비스에 대한 총지출 GNE가 GDP와 동일하고, 이것은 다시 생산요소에 대한 소득 GNI로 지불된다.

일단 생산요소들이 GNI를 받으면, 이 지불은 어디로 흘러갈까? 폐쇄경제에서는 자신의 소득 외에는 자금을 융통할 수 없기 때문에 총소득은 다시 지출되고, 따라서 총소득은 총지출과 동일해야 한다. 그림 13-1에 나와 있듯이 GNI가 순환흐름의 맨 위로 되돌아간다. 결국 폐쇄경제의 순환흐름을 보면, 이들 모든 총량적 지표가 동일하다. 즉 GNE는 GDP와 동일하고, GDP는 GNI와 동일하고, GNI는 다시 GNE와 동일하다. 폐쇄경제에서 지출은 생산과 동일하고, 그것은 소득과 동일하다.

개방경제 지불 흐름 : 국제수지계정 포함

그림 13-1에 나온 폐쇄경제 순환흐름은 간단하고 깔끔하다. 하지만 한 나라가 다른 나라와 교역을 하면 흐름이 훨씬 더 복잡해진다. 그림 13-2는 외국과의 모든 추가적인 지불 흐름을 포함시킨 것으로, 이 추가적인 부분은 국제수지계정[balance of payments (BOP) accounts]에 기록된다.

그림 13-2에서 왼쪽에 있는 순환 형태의 보라색 화살표는 그림 13-1의 폐쇄경제와 마찬가지이다. 그림을 전체적으로 왼쪽과 오른쪽 두 부분으로 나눠볼 수 있는데, 왼쪽은 자국 경제이고 오른쪽은 자국을 제외한 나머지 세계이며, 둘 사이 경계가 국경을 의미한다. 그림 왼쪽의 위아래로 순환하는 보라색 화살표가 국경을 넘어 오른쪽으로 건너가지는 않는다. 국경을 건너는 대외 흐름은 좌우로 이어진 초록색 화살표로 표시되어 있다. 그림을 보면 총 5개의 핵심 포인트에서 대외 흐름이 발생한다.

앞에서와 마찬가지로 맨 위에 있는 자국 경제의 국민총지출, $C+I+G$에서 출발해보자. 개방경제에서는 자국 지출 중 일부가 외국의 최종 재화 및 서비스를 구입하는 데 사용된다. 이 수입(import)이 포인트 1에서 자국 GNE에서 빠지게 된다. 왜냐하면 이들 재화는 국내 기업이 판매한 것이 아니기 때문이다. 한편 외국 지출 중 일부가 자국의 최종 재화 및 서비스를 구매하는 데 사용된다. 이 수출(export)이 자국 GNE에 더해진다. 왜냐하면 이들 재화는 국내 기업이 판매한 것이기 때문이다.(비슷한 논리가 중간재에도 적용된다.) 수출로 얻은 지불과 수입으로 나간 지불의 차이를 무역수지(TB : trade balance)라 한다. 이는 무역으로 인해 국내 기업이 얻게 되는 순지불에 해당한다. 따라서 GNE에 TB를 더한 것이 GDP, 즉 자국 경제의 총생산 가치이다.

포인트 2에서 자국 GDP 중 일부가 생산요소 서비스를 수입한 대가로 외국 경제주체에 지급된다. 즉 외국 경제주체가 소유한 자본, 노동, 토지에 대한 국내의 지불이다. 이 소득은 자국 생산요소에 지급되는 것이 아니기 때문에 자국 소득을 계산할 때 빠져야 한다. 마찬가지로 외국 GDP 중 일부가 생산요소 서비스를 수출한 대가로 국내 경제주체에 지급될 수 있다. 즉 자국 경제주체가 소유한 자본, 노동, 토지에 대한 외국의 지불이다. 이 소득은 자국 생산요소에 지급되는 것이기 때문에 자국 소득을 계산할 때 더해져야 한다. 생산요소 서비스의 수출에서 생산요소 서비스의 수입을 뺀 금액을 국외순수취요소소득(NFIA : net factor income from abroad)이라 부른다. 따라서 GDP에 NFIA를 더한 것이 GNI, 즉 국내 경제주체가 국내와 해외의 모든 원천으로부터 획득한 총소득이다.

포인트 3을 보면, 자국이 획득한 소득 GNI 중 일부가 외국으로 유출될 수 있다. 왜 그런가? 국내 경제주체가 소득 일부를 증여할 수 있다. 예를 들어 해외원조, 또는 이주자가 고국

그림 13-2

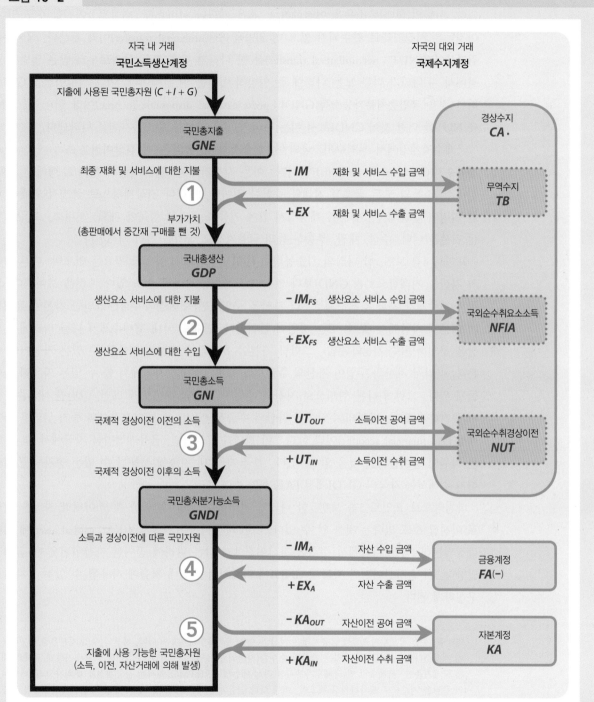

개방경제 국민의 지출, 생산, 소득이 그림 왼쪽의 주요 항목별로 국민소득생산계정에 기록된다. 국제적 거래는 그림 오른쪽의 주요 항목별로 국제수지계정에 기록된다. 그림 왼쪽의 위아래로 순환하는 보라색 화살표는 자국 경제 내에서의 거래 흐름이고, 좌우로 걸쳐있는 초록색 화살표는 국경을 건너는 모든 거래를 의미한다.

의 가족에게 송금하는 경우이다. 마찬가지로 국내 경제주체가 해외에서 선물을 받는 경우도 있다. 선물의 형태는 소득을 이전하거나, 혹은 재화나 서비스를 '현물로' 이전할 수도 있다. 이것들은 시장거래로 간주되지 않으며, 일방적 이전(unilateral transfer)이라 부른다. **국외순수취경상이전**(NUT : net unilateral transfer)은 한 나라가 다른 모든 나라로부터 받은 일방적 이전에서 이 나라가 다른 모든 나라에 준 일방적 이전을 뺀 금액이다. 이 순경상이전을 GNI에 더한 것을 **국민총처분가능소득**(GNDI : gross national disposable income)이라 한다. 즉 GNI에 NUT를 더한 것이 GNDI로서 이는 자국의 이용 가능한 총소득자원을 나타낸다.

국제수지계정에서 무역수지, 국외순수취요소소득, 국외순수취경상이전을 모두 합친 것을 **경상수지**(CA : current account)라 한다. 이는 시장거래나 혹은 이전의 형태로 행해진 재화, 서비스, 소득의 모든 국제적 거래를 종합한 것이다. 그러나 경상계정으로 국제적 거래에 대한 설명이 끝난 것은 아니다. 개방경제 간에 이동하는 자원 항목에 재화, 서비스, 소득만 있는 것은 아니다. 주식, 채권, 부동산 등의 금융자산도 국경을 건너 거래된다.

포인트 4를 보면, 한 나라의 지출능력이 GNDI와 반드시 동일할 필요는 없으며, 다른 나라와 자산을 거래함으로써 GNDI보다 커질 수도 있고, 작아질 수도 있다는 것을 보여준다. 외국 경제주체가 자국 경제주체로부터 자산을 구입하면(즉 **자산의 수출**), 그만큼 자본이 유입되기 때문에 자국에서 쓸 수 있는 자원이 늘어난다. 반대로 국내 경제주체가 다른 나라에서 자산을 구입하면(즉 **자산의 수입**), 그만큼 자본이 유출되기 때문에 지출할 수 있는 자원이 줄어든다. 따라서 자산의 수입이 자산의 수출보다 크면, 그만큼 자국에서 쓸 수 있는 자원이 줄어들게 된다. 그런데 다른 한편으로 자산의 수입이 자산의 수출보다 크면, 그만큼 대외순자산이 증가하게 된다. 자산의 수입에서 자산의 수출을 뺀 것, 즉 대외순자산의 증가 금액을 **금융계정**(FA : financial account)이라 한다.[1] 이 정의를 고려하면, 금융계정만큼 자국에서 쓸 수 있는 자원이 줄어든다는 것을 알 수 있다. 결국 자국 내 지출에 사용될 수 있는 총자원을 계산하기 위해서는 자국의 GNDI에서 FA를 빼야 한다.

마지막으로 포인트 5를 보면, 한 나라가 자산을 사고팔 수 있을 뿐만 아니라 자산을 선물로 이전할 수도 있다는 것을 알 수 있다. 이런 자산이전은 **자본계정**(KA : capital asset)에 의해 측정되는데, 다른 나라에서 수취한 자산이전에서 다른 나라에 공여한 자산이전을 뺀 금액을 말한다. 이 순자산이전이 자국의 GNDI에 더해져서 자국내 지출에 사용될 수 있는 총자원을 구성하게 된다.

---

1   역자 주_ 종전 국제수지표에서 금융계정은 자산의 수출(자본유입)을 대변(+)에, 자산의 수입(자본유출)을 차변(−)에 계상했다. 그 결과 금융수지는 자산의 순수출(자본의 순유입)로 정의됐다. 그러나 국제수지통계 편제의 새로운 국제기준인 '국제수지 및 국제투자포지션 작성 매뉴얼 6판(BPM6)'에서는 금융계정을 대외자산 및 대외부채의 증감을 기준으로 평가하기로 했으며, 이에 따라 금융계정 수지는 대외자산의 순증가에서 대외부채의 순증가를 뺀 금액, 즉 대외순자산의 증가가 된다. 자산의 수입에서 자산의 수출을 뺀 것만큼 대외순자산이 증가하기 때문에 종전의 금융수지에 마이너스를 붙인 금액이 새로운 편제 하에서의 금융수지가 된다. 한국은행은 2015년 12월부터 금융계정 부호 표기방식을 새로운 기준에 의거하여 작성하고 있으며, 미국 경제분석국(BEA) 역시 현재 새로운 기준을 따르고 있다. 이에 따라 본 역서는 원서의 금융계정 설명을 새로운 편제 기준에 따라 수정하여 소개하기로 한다.

지금까지 작업을 통해 그림 13-2의 맨 아래에서 보듯이 자국 경제가 지출에 사용할 수 있는 모든 자원의 총가치, 즉 국민총지출을 계산해냈다. 이것이 순환흐름의 맨 위로 되돌아간다. 이로써 국제적 거래를 감안하여 순환흐름의 수정 작업을 완료했다.[2]

그림 13-2의 순환흐름을 보면 국제수지와 관련하여 매우 중요한 사실을 발견할 수 있다. 맨 위의 GNE에서 출발하여 거기에 무역수지를 더하면 GDP가 되고, 거기에 국외순수취요소소득을 더하면 GNI가 되며, 거기에 국외순수취경상이전을 더하면 GNDI가 된다. 그다음 자본계정에 의해 측정된 순자본이전을 더한 다음, 금융계정에 의해 측정된 자산 순수입을 빼면 GNE로 되돌아간다. 즉 GNE에서 출발하여 여러 국제수지계정을 거쳐 다시 GNE가 되는 것이다.

2 소득, 생산, 지출

앞 절에서 우리는 개방경제에서 발생하는 모든 국내 및 국제 거래에 대해 개략적으로 살펴봤다. 이를 기초로 여기에서는 국민소득생산계정과 국제수지계정에 들어 있는 주요 하부 계정의 개념을 정식으로 정의한다.

경제활동을 측정하는 세 가지 접근

한 나라의 총량적 경제활동을 측정함에 있어서 다음 세 가지 주요 접근이 있다.

- 지출접근(expenditure approach)은 재화에 대한 수요를 조사하는 방법이다. 즉 최종 재화 및 서비스에 대한 지출이 얼마인지 측정한다. 핵심 측정수단은 국민총지출 GNE이다.
- 생산접근(product approach)은 재화의 공급을 조사하는 방법이다. 즉 산출물(output)로 생산된 모든 재화 및 서비스의 가치에서 생산의 투입물(input)로 사용된 재화 및 서비스의 가치를 뺀 것을 측정한다. 핵심 측정수단은 국내총생산 GDP이다.
- 소득접근(income approach)은 생산요소 소유자에 대한 지불에 초점을 맞추어 그들이 얻은 소득액을 조사한다. 핵심 측정수단은 국민총소득 GNI와 국민총처분가능소득 GNDI(순경상이전 포함)이다.

중요한 것은 폐쇄경제에서는 이들 세 가지 접근이 동일한 숫자로 귀결된다는 점이다. 즉 폐쇄경제에서는 $GNE = GDP = GNI$가 성립한다. 하지만 개방경제에서는 그렇지 않다.

GNE와 GDP의 차이 : 재화 및 서비스 교역

앞에서와 마찬가지로 국민총지출 GNE에서 출발하자. GNE의 정의는 소비 C, 투자 I, 정부소비 G의 합이다. 이들 세 가지 요소들은 각각 다음과 같이 정의된다.

---

2 예전에는 금융 및 자본계정을 합쳐서 '자본계정'이라 불렀다. 예전 자료를 볼 때 이를 감안해야 한다.

- **개인소비지출**(보통 '소비'라 부름)은 민간 가계의 최종 재화 및 서비스에 대한 총지출로서 음식 등 비내구재, TV 등 내구재, 그리고 유리창 청소나 정원 손질 등 각종 서비스로 구성된다.
- **민간국내총투자**(보통 '투자'라 부름)는 기업 혹은 가계가 자본스톡을 늘리기 위해 행하는 최종 재화 및 서비스에 대한 총지출로서 신규 주택이나 공장의 건설, 새로운 장비의 구입, 기업이 보유한 재고의 순증가 등으로 구성된다.
- **정부의 소비지출 및 총투자**(보통 '정부소비'라 부름)는 공공부문의 최종 재화 및 서비스에 대한 지출로서 공공사업, 국방, 경찰, 행정업무 등에 대한 지출로 구성된다. 사회보장연금이나 실업보험급여와 같은 이전지급 혹은 소득재분배는 여기에 포함되지 않는다. 이런 것들은 재화나 서비스의 구매가 아니라 민간구매력의 재조정일 뿐이다.

GDP의 정의는 기업에 의해 산출물로 생산된 모든 재화 및 서비스의 가치에서 기업에 의해 투입물로 구매된 재화 및 서비스의 가치를 뺀 것이다. 따라서 이것은 생산을 측정한 것이다. GNE가 지출을 측정한 것과 대비된다. 교역이 행해지면 GNE 지불이 모두 GDP로 귀속되는 것은 아니며, GDP에 대한 지불이 모두 GNE에서 나오는 것도 아니다.

GNE 중 GDP로 귀속되는 것만 골라내기 위해서는, 수입 최종재의 가치(외국 기업으로 나가는 자국의 지출)를 빼고, 수출 최종재의 가치(자국 기업으로 들어오는 외국의 지출)를 더한다. 여기에서 중간재를 빠뜨려서는 안 된다. 즉 수입 중간재(이는 GDP에서 자국이 구입한 투입물로 간주된다)의 가치를 빼고, 수출 중간재(이는 GDP에서 자국이 생산한 산출물로 간주된다)의 가치를 더한다.[3] 따라서 GNE에서 GDP를 도출하기 위해서는 이들을 종합해야 한다. 즉 GNE에 총수출 금액 EX를 더하고 총수출 금액 IM을 빼야 한다. 즉

$$\underbrace{GDP}_{\substack{\text{국내총생산}}} = \underbrace{C+I+G}_{\substack{\text{국내총지출}\\GNE}} + \underbrace{\left(\underbrace{EX}_{\substack{\text{총수출,}\\\text{최종재 및 중간재}}} - \underbrace{IM}_{\substack{\text{총수입,}\\\text{최종재 및 중간재}}}\right)}_{\substack{\text{무역수지}\\TB}} \qquad (13\text{-}1)$$

이는 GDP에 대한 중요한 식으로서 **국내총생산**은 **국민총지출**(GNE)에 **무역수지**(TB)를 더한 것이다.

최근 세계화와 아웃소싱으로 인해 중간재 교역이 크게 늘었기 때문에 중간재 거래를 제대로 이해하고 설명하는 것이 중요하다. 예를 들어 2010년 미국 대통령경제보고에 따르면, 1970년부터 1990년까지 세계 무역 증가의 3분의 1이 '수직적 특화' 생산방식(아웃소싱, 오프쇼

---

3 자국 기업이 판매하고 자국의 다른 기업이 구매한 중간재 투입물은 폐쇄경제와 개방경제 어느 경우든 GDP에서 상쇄되어 사라진다. 예를 들어 폐쇄경제에서 두 기업 A와 B가 있고, 기업 A가 200달러의 테이블(최종재)을 만드는데, 기업 B로부터 목재(중간재 투입물)를 100달러만큼 샀다고 해보자. 총판매는 300달러지만, GDP 혹은 부가가치는 총판매 300달러에서 구입한 투입물 100달러를 뺀 것이다. 따라서 GDP는 $200이다. 이번에는 기업 B가 추가적으로 50달러의 목재를 생산하여 이를 수출했다고 하자. 우리 정의에 따르면 이 경우 GDP는 중간재 50달러를 합한 250달러가 된다. 이 경우에는 GDP가 어떤 경제에서 생산된 최종재의 가치(GDP의 정의가 이것이라고 종종 주장되지만, 이는 잘못이다)와 동일하지 않다.

어링 등)으로 촉진된 중간재 교역에 의해 주도된 것으로 나타났다. 특히 2010년에는, 아마도 세계 역사상 처음일 것 같은데, 세계 전체 무역에서 차지하는 비중에서 중간재(60%)가 최종 재(40%)를 앞서는 것으로 나타났다.

무역수지 TB를 순수출(net export)이라고도 한다. 이것은 수출에서 수입을 뺀 금액이기 때문에 양수나 음수 모두 가능하다.

만약 $TB > 0$이면, 수출이 수입보다 더 큰 것으로, 무역흑자(trade surplus)라 한다.

만약 $TB < 0$이면, 수입이 수출보다 더 큰 것으로, 무역적자(trade deficit)라 한다.

2012년 미국은 수출이 2조 1,840억 달러, 수입이 2조 7,440억 달러로 무역적자를 기록했다. 정확한 무역수지를 계산하면 -5,600억 달러이다.

GDP와 GNI의 차이 : 생산요소 서비스 교역

자국 경제주체가 소유한 노동, 자본, 토지가 외국에서 서비스를 행한 대가로 외국이 자국에 소득을 지불하는 경우 생산요소 서비스의 교역으로 간주된다. 자국이 요소 서비스를 외국에 수출하고 그 대가로 요소소득을 받는 것이다.

노동 서비스 수출의 사례로 가령 미국 건축가가 일시적으로 영국에서 일을 하고 있다. 그녀가 영국에서 벌어들인 임금은 미국에게는 요소소득이다. 다음으로 자본 서비스 교역은 외국인직접투자(FDI : foreign direct investment)가 대표적이다. 가령 미국인이 소유한 아일랜드 소재 공장은 미국인 소유주에게 소득을 가져다주고, 일본인 소유 미국 소재 공장은 일본인 소유주에게 소득을 가져다준다. 자본 서비스에 대한 지불의 또 다른 예는 외국 금융자산을 보유함으로써 얻는 소득이다. 가령 외국의 증권이나 부동산을 보유하거나 혹은 외국의 정부, 기업, 가계에 대출을 해줌으로써 얻는 소득이다.

이와 같은 지불은 GDP에 더해지거나 차감된다. 자국이 수입한 요소 서비스의 대가로 자국 GDP 일부인 IM_{FS}가 외국 경제주체에 소득지불로 지급된다. 또한 자국이 수출한 요소 서비스에 대한 대가로 국내 경제주체가 외국 경제주체로부터 소득수령으로 EX_{FS}를 받는다.

이들 소득흐름을 모두 감안하면, 국내 경제주체의 총소득인 국민총소득(GNI)은 GDP에 외국에서 받은 요소소득 EX_{FS}을 합친 것에서 외국에 지급한 요소소득 IM_{FS}을 뺀 것이다.[4] 소득 수령에서 소득지불을 뺀 것이 자국의 국외순수취요소소득, $NFIA = EX_{FS} - IM_{FS}$이다. 이 숫자는 소득수령과 소득지불의 상대적 크기에 따라 양수일 수도 있고, 음수일 수도 있다.

식 (13-1)의 GDP 식을 이용하면 GNI에 관한 다음과 같은 중요한 식을 얻는다. 즉 국민총소득은 국내총생산(GDP)에 국외순수취요소소득(NFIA)을 합친 것이다.

4　GNI는 예전 GNP(국민총생산)에 해당하는 개념이다. 아직도 GNP가 많이 사용되고 있지만, GNI가 실질적으로 더 정확하다. 왜냐하면 생산이 아니라 소득을 측정하는 개념이기 때문이다. 가령 생산이나 수입(import)에 부과되는 세금이나 보조금의 경우 GNE에는 둘 다 반영되지만 GDP의 경우에는 생산에 대한 과세만 반영된다. 이렇게 해야만 자국에 지불되는 세금소득이 자국 소득의 일부분으로 제대로 잡힌다. 우리는 복잡함을 피하기 위해 세금이나 보조금은 없는 것으로 가정한다.

$$GNI = \underbrace{C+I+G}_{\substack{\text{국민총지출} \\ GNE}} + \underbrace{(EX-IM)}_{\substack{\text{무역수지} \\ TB}} + \underbrace{(EX_{FS}-IM_{FS})}_{\substack{\text{국외순수취요소소득} \\ NFIA}} \qquad (13\text{-}2)$$

국민총소득

$$\underbrace{}_{GDP}$$

2012년 미국은 외국인으로부터 7,820억 달러의 소득수령 EX_{FS}를 받았고, 외국인에게 5,390억 달러의 소득지불 IM_{FS}를 주었다. 이에 따라 국외순수취요소소득 $NFIA$는 +2,430억 달러였다.

적용사례

아일랜드는 켈트의 호랑이?

생산요소 서비스의 국제적 교역(NFIA로 측정됨)은 한 나라의 국민계정에서 생산측면과 소득측면의 차이를 낳을 수 있다. 미국의 경우 이 차이는 그리 크지 않지만, 일부 나라에서는 NFIA가 경제활동 측정에서 중요한 역할을 하기도 한다.

1970년대에 아일랜드는 유럽에서 가난한 나라에 속했다. 그러나 그 후 30년 동안 아일랜드의 기적이라 일컬어지는 빠른 경제성장을 경험했다. 1980년부터 2007년까지 아일랜드의 1인당 실질GDP는 연간 4.1%의 획기적인 성장률을 기록했다. 물론 일부 개도국보다는 낮지만 유럽연합(EU)이나 경제협력개발기구(OECD)의 부유한 나라들 기준으로는 매우 높은 성장률이다. 아시아의 고속성장 나라들을 '아시아의 호랑이'로 부르는 것에 빗대어 아일랜드를 '켈트의 호랑이'로 불렀다. 2008년 글로벌 금융위기 이후 심각한 경기침체에도 불구하고 아일랜드의 1인당 실질GDP는 여전히 1980년대의 세 배 수준이다.

그러나 과연 아일랜드 국민들이 이 모든 성장의 혜택을 누렸는가? 그렇지 않다. 그림 13-3에서 보듯이 1980년 아일랜드의 연간 국외순수취요소소득은 사실상 0이었다. 정확히는 1인당 €120으로 GDP의 +0.9% 수준이었다. 그러나 그 후 외국인에 대한 순요소소득 지불이 아일랜드 GDP의 15%에서 20%까지 늘어났다. 외국인들이 아일랜드 주식이나 채권을 사거나 혹은 토지를 구입하여 공장을 설립하는 등 아일랜드 경제에 엄청난 투자를 함으로써 나타난 결과이다.(한 추정에 따르면, 2004년 아일랜드 공업부문 GDP의 75%가 외국인 소유 공장에서 나온 것이다.) 이들 외국인 투자자들은 대규모 아일랜드 투자에서 큰 소득을 기대했고, 실제로도 그렇게 진행됐다. 결국 국외순지불요소소득이 아일랜드 GDP의 1/4 수준에 달했다. 이것이 의미하는 것은 아일랜드 GNI(아일랜드 국민과 기업에 지불된 소득)가 아일랜드 GDP에 비해 훨씬 작다는 것이다.[5] 아일랜드의 국외순수취요소소득은 대규모의 마이너스 값을 보

---

5 아일랜드 GDP는 여러 회계상의 문제로 과장되었을 수 있다. 아일랜드가 외국 기업들에게 특별한 조세감면 혜택을 줌으로써 이들 기업들이 자국에 비해 세금이 낮은 아일랜드 지사에서 '장부상으로' 높은 이익이 발생한 것으로 회계 처리함으로써 아일랜드의 GDP와 GNI의 격차가 심화됐다. 이 때문에 많은 경제학자들은 아일랜드의 경우 GNI가 경제성과를 더 정확히 측정한다고 주장한다.

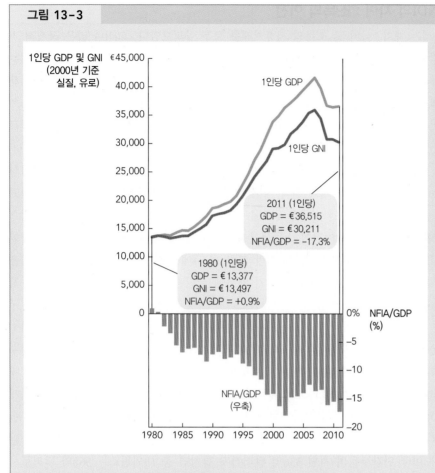

그림 13-3

종이호랑이? 이 도표는 1980년부터 2011년까지 아일랜드의 GDP, GNI, NFIA 추이를 보여준다. 1980년대 및 1990년대 호황기에 아일랜드의 1인당 GNI는 1인당 GDP에 비해 더 느리게 증가했다. 왜냐하면 GDP의 많은 부분이 외국 투자자에게 순요소소득으로 지불되었기 때문이다. 이 비중이 1980년에는 0에 가까웠으나 2000년경에는 GDP의 약 15%까지 높아졌으며, 그 후로는 대략 이 수준을 유지하고 있다.

출처 : OECD and IMF

여왔다.

이 사례는 GDP가 경제적 성과를 측정하는 수단으로 적절하지 않을 수 있다는 것을 보여준다. 2004년 기준으로 아일랜드는 1인당 GDP 기준으로 OECD 국가 중 네 번째 부자나라이다. 하지만 1인당 GNI 기준으로는 겨우 17번째에 속한다.[6] 아일랜드 사례는 분명 극단적인 경우이지만, 그래도 개방경제에서 소득 측정의 중요성을 강조하고 있다. 외국의 투자에 크게 의존하는 경우 경제성장을 하더라도 실속이 없게 된다. 아일랜드의 1인당 GNI는 1980년부터 2007년 최고점에 이르기까지 '겨우' 연 3.6%씩 늘어났다. 이는 같은 기간 1인당 GDP 성장률에 비해서는 0.5% 포인트 낮다. 생활수준이 비약적으로 높아진 것은 사실이지만, 아일랜드의 기적이 그곳 사람들에게 실제로 어떤 의미를 지니는지 제대로 측정하기 위해서는 보다 보수적인 지표인 GNI가 더 바람직하다. ■

---

6 Joe Cullen, "There's Lies, Damned Lies, and Wealth Statistics," *Irish Times*, May 1, 2004.

GNI와 GNDI의 차이 : 소득의 이전

지금까지 우리는 재화, 서비스, 소득의 시장거래를 모두 살펴보았다. 그러나 많은 국제적 거래는 시장 밖에서 일어난다. 시장을 통하지 않고 재화, 서비스, 소득이 국제적으로 이전되는 것으로는 공적개발원조(ODA : official development assistance)나 기타 원조 등 정부에 의한 해외원조, 해외 수혜자에 대한 민간 자선기부, 다른 나라에 사는 친척이나 친구에게 보내는 소득 송금 등이 있다. 이들 이전은 '증여'이며, 이전의 형태는 재화 및 서비스(식량원조나 의료봉사 서비스), 혹은 소득이다.

한 나라가 UT_{IN}만큼의 이전을 건네받고 UT_{OUT}만큼의 이전을 건네준다면 국외순수취경상이전 NUT는 $NUT = UT_{IN} - UT_{OUT}$이 된다. 이것은 순수취액이기 때문에 플러스도 될 수 있고 마이너스도 될 수 있다. 2012년 미국은 국외순수취경상이전이 1,570억 달러였다. 일반적으로 선진국들은 국외순수취경상이전이 소득생산계정에서 차지하는 비중이 낮다(국외순경상이전이 보통 GNI의 5%를 넘지 않는다). 하지만 그림 13-4에서 보듯이 소득이 낮은 국가들은 해외원조나 이주노동자들의 자국 송금이 많기 때문에 국민총처분가능소득(GNDI)에서 차지하는 비중이 높다.

한 나라가 대외원조를 얼마나 하는지는 논쟁이 심하고 항상 시사 이슈가 된다(**헤드라인 : 부자나라들은 대외원조에 인색한가?** 참조). 한 나라의 대외원조 크기를 평가할 때 국외순수취경상이전이 공적개발원조에 비해 더 나은 지표라 할 수 있다. 왜냐하면 공적개발원조는 대외원조의 여러 항목 중 하나에 불과하기 때문이다. 예를 들어 2000년 기준으로 미국 국제개발처(USAID)의 '국익을 위한 대외원조 보고서'에 따르면 미국의 ODA는 99억 달러인 반면, 미국의 다른 정부원조(세계 안보를 위한 분담금이나 인도적 지원 등)는 127억 달러에 달했다. 여기에 미국 민간부문의 지원 336억 달러까지 합치면 총 대외원조는 562억 달러로서 ODA의 5배를 넘는다.

한 나라의 소득 자원을 계산하기 위해서는 원조를 비롯한 제반 경상이전을 포함시켜야 한다. 즉 국민총소득에 국외순수취경상이전을 더해야 한다. 식 (13-2)의 GNI 정의를 이용하여 개방경제의 국민총처분가능소득(GNDI)을 다음과 같이 구할 수 있다. 이하에서는 이를 Y로 표기하기로 한다.

$$\underbrace{Y}_{GNDI} = \underbrace{C+I+G}_{GNE} + \underbrace{(EX-IM)}_{\substack{무역수지 \\ TB}} + \underbrace{(EX_{FS}-IM_{FS})}_{\substack{국외순수취 \\ 요소소득 \\ NFIA}} + \underbrace{(UT_{IN}-UT_{OUT})}_{\substack{국외순수취 \\ 경상이전 \\ NUT}} \qquad (13\text{-}3)$$

$$\underbrace{\phantom{(EX-IM) + (EX_{FS}-IM_{FS})}}_{GNI}$$

일반적으로 경제학자나 정책결정자들은 국민소득 지표로 GNDI를 선호한다. 그 이유는 GDP의 경우 GNI와 달리 국외순수취요소소득을 포함하고 있지 않아 소득을 올바르게 측정하지 못하기 때문이다. 그러나 GNI 역시 국제적 소득이전을 고려하지 않는다는 점에서 완전한 지표가 아니다. GNDI의 경우 가계가 이용할 수 있는 총자원을 가장 잘 대표하고, 국민후생과 가장 밀접한 관련이 있다는 점에서 가장 선호되는 지표이다.

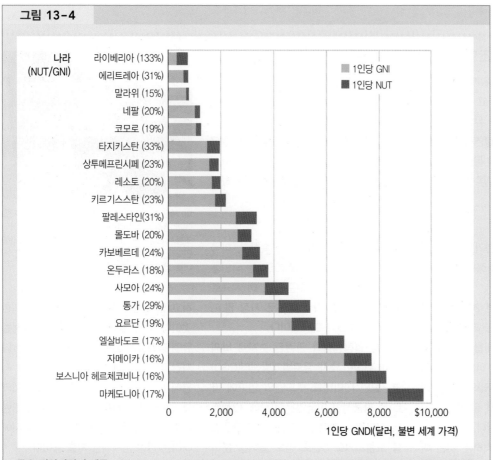

그림 13-4

나라 (NUT/GNI)

- 라이베리아 (133%)
- 에리트레아 (31%)
- 말라위 (15%)
- 네팔 (20%)
- 코모로 (19%)
- 타지키스탄 (33%)
- 상투메프린시페 (23%)
- 레소토 (20%)
- 키르기스스탄 (23%)
- 팔레스타인(31%)
- 몰도바 (20%)
- 카보베르데 (24%)
- 온두라스 (18%)
- 사모아 (24%)
- 통가 (29%)
- 요르단 (19%)
- 엘살바도르 (17%)
- 자메이카 (16%)
- 보스니아 헤르체코비나 (16%)
- 마케도니아 (17%)

1인당 GNI
1인당 NUT

0   2,000   4,000   6,000   8,000 $10,000

1인당 GNDI(달러, 불변 세계 가격)

주요 경상이전 수혜국 이 도표는 2001년부터 2010년까지 10년간 국외순수취경상이전이 GNI에서 차지하는 비율이 연평균 15%를 넘은 나라들에 대해 이 기간의 연평균 지표들을 보여주고 있다. 많은 나라들이 해외원조에 크게 의존하고 있는 것을 알 수 있으며, 여기에는 라이베리아, 에리트레아, 말라위, 네팔 등 세계 최빈국들이 포함돼 있다. 일부 소득이 높은 나라들도 포함돼 있는데, 대규모 해외 이주 근로자들이 자국으로 송금을 많이 하는 나라들이다(예를 들어, 통가, 엘살바도르, 온두라스, 카보베르데 등).

출처 : World Bank, World Development Indicators

여러 국민소득통계의 상호관계

이로써 그림 13-2에 나와 있는 모든 국제적 흐름에 대한 설명이 끝났다. 이를 통해 개방경제 주요 국민소득통계 사이에 다음 세 가지 핵심적인 관계가 있다는 것을 살펴보았다.

- GNE에 TB를 더하면 GDP가 된다(식 13-1).
- GDP에 NFIA를 더하면 GNI가 된다(식 13-2).
- GNI에 NUT를 더하면 GNDI가 된다(식 13-3).

또한 세 가지 국제거래 항목을 모두 합쳐 경상수지(CA : current account)로 놓으면 다음과 같은 식을 얻는다.

헤드라인

부자나라는 대외원조에 인색한가?

2004년 12월 26일 아시아 지역에 발생한 쓰나미는 근래 발생한 최악의 자연재해 중 하나였다. 수십만 명이 죽고 수십억 달러의 피해가 발생했다. 국제 정치계에도 커다란 충격이었다. 얀 에옐란 유엔 긴급원조조정 사무차장은 "우리가 왜 이렇게 인색한지 정말 알 수 없다."고 결연하게 밝혔다. 그의 발언은 선진국에서 많은 파장을 일으켰다. 특히 공적원조가 UN 목표수준인 GNI의 0.7%에도 미치지 못하는 미국에서 파장이 컸다. 하지만 미국은 다른 방식의 원조도 행하고 있어 인색하다는 판단을 단순하게 적용하기는 어렵다.

미 해군 헬리콥터가 인도네시아 쓰나미 희생자들에게 생수를 공수해준 후 인도네시아 군인이 미국 조종사 2명에게 감사를 표하고 있다. 군사 장비를 인도적 목적으로 사용할 경우 공적개발원조로 제대로 잡히지 않는다.

미국이 대외원조에 인색한가?…이에 대한 답은 그것을 어떻게 측정하느냐에 달려있다. …

전통적인 기준에 따르면 2003년 미국의 대외원조는 162.5억 달러였다. 부유한 나라들로 구성된 경제협력개발기구(OECD)가 조사한 것이다. 이는 제2위 대외원조국인 일본(88억 달러)의 거의 2배에 해당한다. 프랑스(72억 달러)나 독일(68억 달러)보다도 훨씬 많다.

그러나 비평가들이 지적하는 것은 미국이 다른 선진국들에 비해 훨씬 대국이라는 점이다. 유럽연합(EU) 회원국들을 하나의 그룹으로 간주했을 때 인구가 미국보다 약간 더 많은 정도이다. 하지만 EU의 대외원조는 2003년 기준으로 492억 달러에 달한다.

잘사는 정도에 비춰봤을 때 미국은 지원 국가들 중 저조한 편에 속한다. 미국의 2003년 공적개발원조(ODA)는 국민총소득(GNI)의 0.15% 수준이다. 이 지표로 따지면 노르웨이가 0.92%로 가장 많고, 그다음 덴마크가 0.84%이다.

이를 일상생활과 관련된 숫자로 바꿔보자. 워싱턴 소재 글로벌개발센터(CGD) 연구원인 데이비드 루드맨의 연구에 따르면, 평균적인 미국인은 하루에 13센트씩 정부원조 형태로 지원한다. 민간원조를 포함시켜도 5센트 정도 늘어날 뿐이다. 민간원조가 국제적 기준으로는 높은 편이지만, 노르웨이 같은 나라와 격차를 줄이기에는 충분하지 않다. 노르웨이 국민은 평균적으로 하루 $1.02를 정부원조 형태로 지원하고, 민간원조는 하루 24센트에 달한다. …

[또한] 미국은 막대한 국방비를 지출하고 있으며, 이중 일부는 개도국을 위한 것이다. 이런 점을 감안하여 CGD에서는 유엔 평화유지 활동이나 NATO와 같은 다자간 기구에 의해 승인된 여타 군사적 지원에 따른 비용도 대외원조에 포함시키고 있다. 예를 들어 미국의 코소보 관련 지출, 호주의 동티모르 개입, 영국의 시에라리온 안정 군사자금 지출 등이다. …

"우리가 하고 있는 일을 하찮게 생각해서도 안 되지만, 너무 자기만족에 빠져서도 안 될 것이다." 워싱턴 소재 국제전략문제연구소(CSIS) 이코노미스트인 프레드릭 바톤의 말이다.

$$Y = C+I+G + \{(EX-IM) + (EX_{FS}-IM_{FS}) + (UT_{IN}-UT_{OUT})\} \qquad (13\text{-}4)$$

GNDI　　GNE　　무역수지 TB　　국외순수취 요소소득 NFIA　　국외순수취 경상이전 NUT

경상수지 CA

이 식을 직관적으로 이해하는 것이 중요하다. 식의 좌변은 소득지표 GNDI이다. 우변의 첫째 항은 GNE로서 자국 경제주체의 지출을 의미한다. 우변 CA는 재화, 서비스, 소득의 모든 국제적 거래의 결과로 발생하는 자국에 대한 순지불 총액을 의미한다.

폐쇄경제에서는 국제적 거래가 없기 때문에 TB, NFIA, NUT가 모두 0이다(이들을 합친 CA도 0). 따라서 폐쇄경제에서는 4개의 주요 국민소득지표 GNDI, GNI, GDP, GNE가 모두 동일하다. 그러나 개방경제에서는 이들 4개 지표가 서로 다르다.

국민소득통계 데이터 이해하기

지금까지 우리는 한 나라의 주요 경제지표들이 국제적 거래에 의해 어떤 영향을 받는지 이론적으로 살펴봤다. 이번에는 공식 통계에 기록된 실제 현실의 데이터를 살펴보자.

표 13-1은 2012년 미국 자료로서 미국 상무부 경제분석국(BEA)이 발표한 국민소득생산계정 공식 통계이다.

1번부터 3번까지는 국민총지출 GNE의 항목들을 보여준다. 개인소비지출 C는 11조 1,200억 달러이고, 민간국내총투자 I는 2조 620억 달러, 정부소비 G는 3조 630억 달러이다. 이를 모두 합친 GNE는 16조 2,450억 달러이다(4번 항목).

5번 항목은 재화 및 서비스의 순수출인 무역수지 TB로서 5,600억 달러 적자이다.(재화 및 서비스를 수출한 것보다 수입한 것이 더 많아 순수출이 음수이다.) 이것을 GNE에 합친 것이 국내총생산 GDP로서 15조 6,850억 달러이다(6번 항목). 그다음이 국외순수취요소소득 NFIA로서 2,430억 달러 흑자이다(7번 항목). 이것을 GDP에 합친 것이 국민총소득 GNI로

표 13-1

2012년 미국 경제지표 아래 표는 국민총지출, 무역수지, 국제소득지불, 경상이전을 이용하여 GDP, GNI, GNDI를 계산하는 것을 보여준다.

번호	항목	표기	10억 달러
1	소비(개인소비지출)	C	11,120
2	+ 투자(민간국내총투자)	I	2,062
3	+ 정부소비(정부지출)	G	3,063
4	= 국민총지출	GNE	16,245
5	+ 무역수지	TB	−560
6	= 국내총생산	GDP	15,685
7	+ 국외순수취요소소득	NFIA	243
8	= 국민총소득	GNI	15,928
9	+ 국외순수취경상이전	NUT	−157
10	= 국민총처분가능소득	GNDI	15,771

주 : 반올림으로 인해 합계가 맞지 않을 수 있음

출처 : U.S. Bureau of Economic Analysis, NIPA Tables 1.1.5 and 4.1. 미국 국민소득생산계정 정의에 따른 것임. 2013년 3월 공표된 데이터임

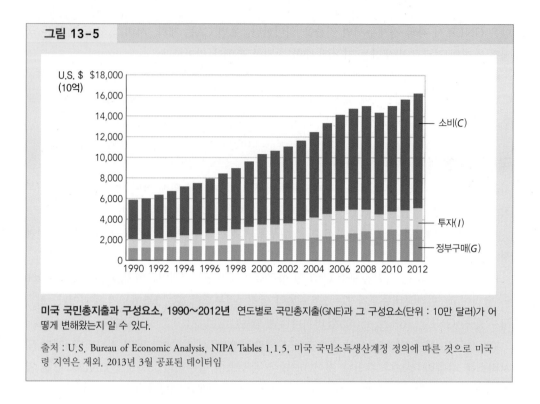

그림 13-5

U.S. $
(10억)

$18,000
16,000
14,000
12,000
10,000
8,000
6,000
4,000
2,000
0

1990 1992 1994 1996 1998 2000 2002 2004 2006 2008 2010 2012

— 소비(C)

— 투자(I)

— 정부구매(G)

미국 국민총지출과 구성요소, 1990~2012년 연도별로 국민총지출(GNE)과 그 구성요소(단위 : 10만 달러)가 어떻게 변해왔는지 알 수 있다.

출처 : U.S. Bureau of Economic Analysis, NIPA Tables 1.1.5. 미국 국민소득생산계정 정의에 따른 것으로 미국령 지역은 제외. 2013년 3월 공표된 데이터임

서 15조 9,280억 달러이다(8번 항목).

마지막으로 맨 아래 9번 항목은 미국이 다른 나라에서 수취한 국외순수취경상이전으로 1,570억 달러 적자이다(즉 미국이 다른 나라에 지급한 순경상이전이 1,570억 달러). 이 마이너스 경상이전을 GNI에 반영한 것이 국민총처분가능소득 GNDI으로서 15조 7,710억 달러이다(10번 항목).

최근 추세 그림 13-5와 13-6에 미국의 여러 국민소득 항목의 최근 추세가 나와 있다. 이 내역을 통해 각 항목의 상대적 중요성을 알 수 있다.

그림 13-5를 보면, 소득 C, 투자 I, 정부소비 G의 합으로 표현된 GNE 추이가 나와 있다. 소비가 GNE의 약 70%를 차지하는 반면, 정부소비는 약 15% 수준이다. 이 두 요소는 상대적으로 안정적인 모습을 보인다. GNE의 나머지(약 15%) 부분이 투자로서 C나 G에 비해 변동이 더 큰 경향을 보인다(예를 들어 2008~2010년 대침체 시기에 크게 감소했다). 그림의 전체 기간 동안 GNE는 명목 기준으로 6조 달러에서 약 16조 달러로 증가했다.

그림 13-6에는 경상수지(CA)의 세 가지 요소, 즉 무역수지(TB), 국외순수취요소소득(NFIA), 국외순수취경상이전(NUT)을 보여준다. 미국의 경우 무역수지가 경상수지의 가장 중요한 부분을 차지한다. 전 기간에 걸쳐 무역수지는 적자를 보이면서 갈수록 규모가 커져왔다. 2004년부터 2008년까지 무역수지 적자는 8,000억 달러 전후였다가, 그 후 글로벌 경기침체로 세계 무역이 위축됨에 따라 줄어들었지만, 그 후 다시 커지는 모습이다. 국외순수취경

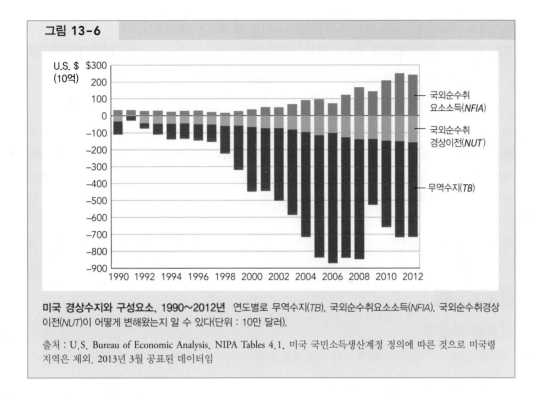

그림 13-6

미국 경상수지와 구성요소, 1990~2012년 연도별로 무역수지(TB), 국외순수취요소소득(NFIA), 국외순수취경상이전(NUT)이 어떻게 변해왔는지 알 수 있다(단위 : 10만 달러).

출처 : U.S. Bureau of Economic Analysis, NIPA Tables 4.1. 미국 국민소득생산계정 정의에 따른 것으로 미국령 지역은 제외. 2013년 3월 공표된 데이터임

상이전은 규모가 작은 편으로 최근 1,000억에서 1,500억 달러 수준의 적자를 보여왔다.[7] 국외순수취요소소득은 모든 기간 플러스였으며 최근에는 1,000억에서 2,500억 달러 수준이다.

경상수지의 의미

경상수지는 한 나라의 지출이 자신의 소득보다 더 많은지를 말해주는 것이라서 경제문제 논쟁의 중심에 서는 경우가 많다. 식 (13-4)를 간단히 표현하면 다음과 같다.

$$Y = C + I + G + CA \tag{13-5}$$

이 식은 개방경제 **국민소득 항등식**(national income identity)이다. 이 식에 따르면 경상수지는 국민소득 Y(혹은 GNDI)에서 국민총지출 GNE(혹은 $C+I+G$)를 뺀 것이다. 따라서

CA가 양수 혹은 흑자이면, GNDI가 GNE보다 크며, 그 역도 성립한다.

CA가 음수 혹은 적자이면, GNDI가 GNE보다 작으며, 그 역도 성립한다.

위 항등식의 양변에서 $C+G$를 빼면, 다음 식에서 보는 것처럼 경상수지는 **국민저축**(national saving; $S = Y - C - G$)에서 투자를 뺀 것이다.

$$\underbrace{S}_{Y-C-G} = I + CA \tag{13-6}$$

---

7 1991년에는 미국이 예외적으로 경상이전 순수취국이었다. 이는 당시 여러 선진국들이 미국의 걸프전 군사비용을 분담하는 과정에서 경상이전이 행해졌기 때문이다.

여기에서 국민저축은 소득에서 소비와 정부소비를 뺀 것으로 정의된다. 이 식은 사실상 국민소득 항등식을 다시 정리한 것으로 **경상수지 항등식**(current account identity)이라 불린다. 즉

> CA가 양수 혹은 흑자이면, S가 I보다 크며, 그 역도 성립한다.
>
> CA가 음수 혹은 적자이면, S가 I보다 작으며, 그 역도 성립한다.

위 두 식에 의해 경상수지를 두 가지 방법으로 해석할 수 있으며, 한 나라 경제여건에 대해 중요한 정보를 제공한다. 즉 경상수지 적자는 한 나라가 소득에 비해 지출이 더 많다는 것, 혹은 필요한 투자에 비해 저축이 너무 적다는 것을 의미한다.(경상수지 흑자는 반대를 의미한다.) 이로써 우리는 언론에서 경상수지 적자를 설명할 때, 한 나라가 "벌어들인 것보다 더 많이 쓴다."거나 "저축이 너무 작다."거나 혹은 "수준에 맞지 않게 생활한다."는 등의 표현이 어디에서 나왔는지 이해할 수 있을 것이다.

적용사례

글로벌 불균형

지금까지 배운 것을 이용해 현실의 세계경제를 들여다보자. 최근 금융의 세계화 현상이 두드러지면서 **글로벌 불균형**(global imbalances)이 확산되고 있다. 이는 정책 당국자들에게 큰 걱정거리로서 경상수지 흑자와 적자의 심각한 불균형 문제를 일컫는 말이다.

그림 13-7에는 1970년부터 최근까지 4개 선진국 그룹의 저축, 투자, 경상수지의 변화 추이가 나와 있다. 모든 실적은 각 지역의 GDP 대비 비율로 표시돼 있다. 첫째, 4개 그룹 모두 최근 30년 동안 저축과 투자가 뚜렷한 하락 추세를 보여왔다. 미국의 경우 GDP 대비 저축률이 최고 수준에 비해 8% 포인트가량 낮아졌으며, 일본은 약 15% 포인트, 유로존과 기타 선진국은 약 6% 포인트 떨어졌다. 투자율 역시 모든 지역에서 하락세를 나타냈다. 일본의 경우 투자율 하락이 저축률 하락보다 더 가파른 반면, 미국에서는 투자율이 거의 떨어지지 않다가 최근 들어 큰 폭으로 떨어졌다.

이러한 변화 추이는 선진국들의 최근 경제환경 변화를 반영한다. 미국경제는 1990년 이후 빠른 성장세를 보인 반면, 일본은 성장이 매우 부진했으며, 다른 선진국들은 그 중간이었다. 고성장의 미국경제는 높은 투자수요를 유발한 반면, 슬럼프에 빠진 일본에서는 투자가 크게 줄었으며, 다른 지역은 중간 정도의 성장과 투자를 유지했다. 모든 나라에서 저축이 감소한 데는 인구 고령화라는 인구통계학적 요인도 작용했다. 즉 이들 나라에서 은퇴자의 비중이 갈수록 높아지고 있는데, 이들은 더 이상 소득은 없고(따라서 새로운 저축이 행해지지 않고) 과거 저축한 자금으로 살아가고 있는 것이다.

경상수지 항등식에 따르면 CA는 S에서 I를 뺀 것이다. 따라서 투자와 저축의 변화 추이를 보면, 경상수지의 변화를 가늠할 수 있다. 미국의 경우 투자에 비해 저축이 훨씬 더 많이 감소했기 때문에 경사수지 적자가 크게 심화됐다. 이런 추세는 1990년 초 잠깐 둔화되었을 뿐이다. 2003~05년에는 미국 경상수지가 기록적 적자를 나타내 미국 GDP의 −6%에 육박했으

그림 13-7

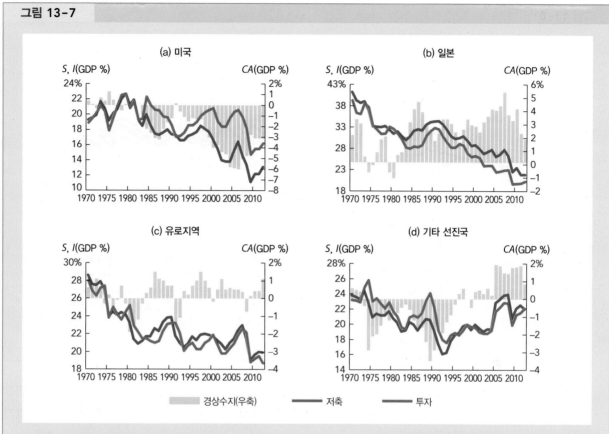

저축, 투자, 경상수지 추이 : 선진국 이 도표들은 4개 선진국 그룹의 저축, 투자, 경상수지의 변화 추이를 보여준다. 모든 실적은 각 지역의 GDP 대비 비율로 표시되어 있다. 미국은 1980년 이후 투자에 비해 저축이 더 많이 감소했다. 그리하여 경상수지 적자가 GDP의 6%에 육박하기도 했다. 일본의 경험은 미국과 반대이다. 투자가 저축보다 더 크게 떨어져 경상수지 흑자가 GDP의 3~5% 수준까지 확대됐다. 그러다가 2008년 글로벌 금융위기와 경기침체 이후 흑자폭이 다소 줄어들었다. 유로지역 역시 저축과 투자가 모두 감소했지만, 양자의 차이가 크지 않아 전체적으로 균형에 가까운 모습이다. 기타 선진국(예를 들어 비유럽 EU 국가, 캐나다, 호주 등)은 대규모 경상수지 적자를 보이다가 최근에는 흑자로 바뀌었다.

출처 : IMF, World Economic Outlook, September 2005를 업데이트시킴

나, 그 후 글로벌 금융위기에 따른 대침체로 적자폭이 줄어들었다. 일본에서는 저축이 투자보다 적게 줄어 반대 현상이 발생했다. 즉 1980년대와 1990년대에 경상수지 흑자가 엄청나게 확대되었으며, 최근에야 제동이 걸렸다. 유로지역과 기타 선진국은 저축과 투자의 차이가 그다지 크지 않아 경상수지가 균형에 가까운 상태를 보여왔다.

저축의 변화를 가져온 근본 원인을 발견하기 위해 그림 13-8에서는 총저축을 두 가지 구성요소, 즉 공공저축과 민간저축으로 나누어 살펴본다. **민간저축**(private saving)은 민간부문의 세후 가처분소득 중 민간소비 C에 사용되지 않은 부분으로 정의된다. 민간부문의 세후 가처분소득은 다시 국민소득 Y에서 가계가 정부에 지불한 순조세 T를 뺀 것을 말한다. 즉 민간저축 S_p는 다음과 같다.

$$S_p = Y - T - C \tag{13-7}$$

그림 13-8

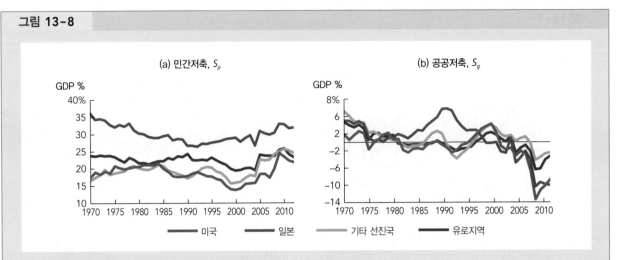

민간 및 공공저축 추이 : 선진국 왼쪽 도표는 민간저축, 오른쪽 도표는 공공저축으로 GDP 대비 비율로 표시돼 있다. 선진국, 특히 일본(1970년 대 이후)과 미국(1980년대 이후)의 민간저축은 2000년대 초까지는 전체적으로 하락세를 보여왔다. 유로지역과 기타 선진국의 민간저축은 상대적 으로 더 안정된 모습이다. 공공저축은 민간저축에 비해 훨씬 더 변동이 심한 편이다. 일본의 경우에는 1980년대와 1990년대 초에 공공저축이 대 규모 흑자를 기록했다. 미국은 1990년대 후반에 일시적으로 재정흑자를 유지하기도 했지만, 그 후 다시 적자로 돌아갔다. 2008년 금융위기와 경 기침체 이후 모든 선진국에서 공공저축은 줄어들고(대규모 적자) 민간저축은 늘어나는 방향으로 상황이 급변했다.

출처 : IMF, World Economic Outlook, September 2005를 업데이트시킴

민간저축은 양수일 수 있지만, 만약 민간부문 소비가 세후 가처분소득을 초과하는 경우 민간 저축은 음수가 된다.(여기에서 민간부분은 가계, 그리고 결국 가계 소유에 해당하는 민간기 업까지 포함된다.)

비슷한 방식으로 **정부저축**(government saving) 혹은 **공공저축**(public saving)을 정의할 수 있 다. 이는 정부가 수취한 조세수입 T에서 정부구매 G를 뺀 것이다.[8] 따라서 공공저축 S_g는 다 음과 같다.

$$S_g = T - G \tag{13-8}$$

정부저축은 조세수입이 정부소비를 초과하면($T > G$) 플러스 값을 가지며, 재정흑자(budget surplus)라고 한다. 반대로 정부소비가 조세수입을 초과하면($G > T$) 공공저축은 마이너스 값 을 가지며, 재정적자(budget deficit)라고 한다.

민간저축과 공공저축을 합치면 다음과 같이 총국민저축이 된다.

$$S = Y - C - G = \underbrace{(Y - T - C)}_{\text{민간저축}} + \underbrace{(T - G)}_{\text{정부저축}} = S_p + S_g \tag{13-9}$$

위 식에서 조세는 상쇄되어 총저축에 영향을 미치지 않는다. 민간부문에서 공공부문으로 이 전되기 때문이다.

---

8   여기에서 정부는 전국/연방, 주/지방, 지역/지방자치단체 등 모든 수준의 정부를 포괄한다.

그림 13-8에서 한 가지 주목할 만한 것은 공공저축은 변동이 큰 반면 민간저축은 훨씬 안정적이라는 점이다. 공공저축은 정부의 조세수입에서 지출을 뺀 것으로 경제여건 변화의 영향을 크게 받는다. 일본의 경우, 1980년대와 1990년대 초의 호황기에 엄청난 규모의 재정흑자를 기록했지만 1990년대 중후반과 2000년대 초의 장기불황 과정에서 흑자가 사라졌다. 미국은 1970년대 재정흑자를 기록하기도 했지만 1980년대 적자로 전환됐다. 그 후 재정수지가 일시적으로 개선되기도 했지만(1990년대 후반), 전체적으로 재정적자가 일상적인 현상으로 자리 잡았다. 특히 2000년을 고비로 흑자에서 적자로 완전히 바뀌었다. 2008년 금융위기 이후 2012년까지를 보면, 미국을 비롯한 모든 선진국에서 민간저축은 늘어나고 공공저축은 줄어드는 모습을 나타냈다.

재정적자가 경상수지 적자를 초래하는가? 때로 이들 양자가 동시에 발생하기도 한다. 미국의 경우 2000년대 들어 두 차례 전쟁(아프가니스탄 및 이라크)과 감세 정책으로 인해 정부 재정이 적자를 나타냈다. 또한 그림 13-7에서 보듯이 같은 시기에 경상수지 적자도 대폭 증가했다. 소위 '쌍둥이 적자'이다. 그러나 이런 쌍둥이 적자가 항상 함께 발생하는 것은 아니다. 일부 주장과 달리 떼려야 뗄 수 없는 관계는 아니다. 왜 그런지 알아보자.

경상수지 항등식을 다음과 같이 쓸 수 있다.

$$CA = S_p + S_g - I \qquad\qquad (13\text{-}10)$$

여기에서 만약 정부가 올해 사람들의 세금을 100달러만큼 낮추는 대신, 그에 따라 발생하는 적자분을 차입을 통해 메꾸는 계획을 밝혔다고 하자. 또한 내년에 해당 부채 상환을 위해 추가적인 세금 100달러와 이자를 더 징수하겠다고 밝혔다고 하자. 리카도 동등성(Ricardian equivalence) 이론에 따르면 이 경우 사람들은 내년의 세금 증가분을 지불하기 위해 올해 감세분을 미리 저축해 놓는다. 이렇게 되면 공공저축의 감소는 민간저축의 증가로 완전 상쇄될 것이다. 이렇게 되면 식 (13-10)에서 보듯이 경상수지에는 영향을 미치지 않는다. 그러나 실증연구 결과는 이러한 이론을 뒷받침하지 않는다. 즉 현실에서는 민간저축이 정부저축을 완전히 상쇄하지는 않는다는 것이다.[9]

재정적자가 경상수지 적자에 미치는 효과가 어느 정도인가? 연구에 따르면 재정적자(혹은 흑자)가 GDP의 1%만큼 변할 때, 경상수지 적자(혹은 흑자)의 변화는 GDP의 0.2%에서 0.4%인 것으로 나타났다. 리카도 상쇄가 부분적으로만 일어나는 것이다.

경상수지가 저축(정부 혹은 민간)과 독립적으로 움직이는 또 다른 이유는 위 식에서 보듯이 투자가 변할 수 있기 때문이다. 그림 13-7과 13-8을 비교해보면 이를 이해할 수 있다. 가령 그림 13-7에서 보듯이 1990년대 중반 미국의 대규모 경상수지 적자는 투자붐에 따른 것이었다. 그림 13-8을 보면 이 시기에 공공저축은 오히려 늘어났고 이에 따라 총저축 역시 증가했다. 여기에서 보듯이 경상수지 적자가 항상 재정적자를 동반하지는 않는다. 2008년 경기

---

9 Menzie D. Chinn and Hiro Ito, 2007, "Current Account Balances, Financial Development and Institutions: Assaying the World 'Saving Glut,'" *Journal of International Money and Finance*, 26(4): 546-569.

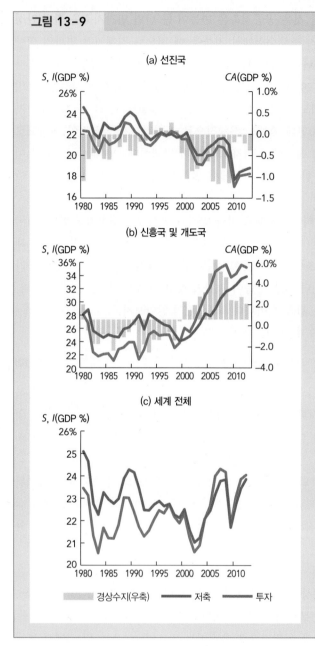

그림 13-9

(a) 선진국

글로벌 불균형 이 도표에는 저축, 투자, 경상수지가 GDP 대비 비율로 표시되어 있다. 1990년대 신흥국들의 경상수지가 흑자로 전환되어 선진국들의 경상적자를 보전해주는 역할을 했다. 세계 전체적으로 보면, 1990년대까지 GDP 대비 투자율이 25% 부근에서 거의 20% 수준까지 하락세를 나타냈다. 그러나 2000년대 들어 고성장의 신흥시장이 세계경제에서 차지하는 비중이 커짐에 따라 이러한 추세가 역전됐다.

출처 : IMF, World Economic Outlook, October 2012

(b) 신흥국 및 개도국

(c) 세계 전체

경상수지(우축) ───── 저축 ───── 투자

침체 이후의 변화는 다양한 요소들을 보여준다. 즉 미국의 경우 경기침체 우려로 투자가 급감하고 민간저축은 증가했다. 투자감소 및 민간저축 증가의 효과가 공공저축 감소의 효과를 상쇄하고도 남아 경상수지 적자가 줄어들기 시작했다.

마지막으로 그림 13-9는 선진국, 신흥국 및 개도국, 세계경제 등 세 그룹으로 나누어 1980년 이후 저축, 투자, 경상수지의 세계적 추이를 보여준다. 선진국에서 미국경제가 차지하는 비중이 높기 때문에 이 기간에 경상수지가 전체적으로 적자를 보이고 있다. 선진국은 투자율과 저축률 모두 하락세를 보이는 반면, 개도국은 반대의 경향, 즉 투자율과 저축률이 상승세를 보이고 있다. 그러나 개도국의 경우 저축이 투자보다 더 많이 증가함으로써 경상수지 흑자가 확대되어 왔다. 1980년대에는 선진국들의 저축 및 투자 감소가 전체 세계경제의 저축 및 투자 감소세를 야기했다. 하지만 2000년대에는 저축률이 높은 신흥국 및 개도국의 세계경제 비중이 높아짐에 따라 세계경제의 저축 및 투자 추이가 역전됐다. 최근에는 저축과 투자가 전반적으로 증가했지만 나라마다 그 정도가 크게 달라 앞에서 보았던 글로벌 불균형 문제를 야기하고 있다. ■

3 국제수지

앞 절에서 보았듯이 경상계정에는 재화, 서비스, 생산요소 서비스의 모든 국제적 시장거래 및 비시장 경상이전의 흐름이 기록된다. 이번 절에서는 앞에서 다루지 않았던 부분, 즉 자산의 국제적 거래에 대해 살펴보기로 한다. 이는 경상계정의 자금이 어떻게 융통되는가를 말해주며, 따라서 한 나라가 대외적으로 빚을 지고 있는지 여부를 알려준다는 점에서 매우 중요하다. 다시 한 번 그림 13-2에 입각하여 자산의 거래가 어떤 계정으로 분류되는지부터 살펴보자.[10]

자산거래 : 금융계정

금융계정(FA : financial account)은 거주자와 비거주자 간에 금융자산과 관련된 거래를 기록한다. 금융계정은 국제적으로 국경을 넘는 모든 금융자산의 이동을 측정한다. 이에 따라 소유권이 자국에서 외국으로 바뀌거나 혹은 반대인 경우, 자산의 실체적 이동이 없었더라도 이는 금융자산의 이동으로 간주된다. 또한 자산에는 토지나 건설물 등 실물자산, 그리고 채무나 지분의 금융자산 등 모든 종류의 자산이 포함된다. 금융계정에는 모든 나라(자국 혹은 외국) 모든 경제주체(기업, 정부, 가계)에 의해 발행된 자산이 포함된다. 자국의 대외자산 순증가에서 대외부채 순증가를 뺀 것이 금융수지이다.

자산거래 : 자본계정

자본계정(KA : capital account)은 국제수지계정에서 지금까지 설명한 부분에 들어가지 않는 부분으로서 일반적으로 규모가 그리 크지 않다. 자본계정의 첫 번째 항목은 비생산비금융자산(예를 들어 특허권, 저작권, 상표권, 프랜차이즈 등)의 획득 및 처분이다. 이들 비금융자산은 금융자산처럼 사고팔 수 있기 때문에 지불흐름을 발생시킴에도 불구하고 금융계정에 포

---

10 공식적으로는 유엔 통계국의 국민계정시스템(System of National Accounts) 1993년 개정판에 입각하여 국제적 거래의 기록을 '국외계정(rest of world account)' 혹은 '대외거래계정(external transactions account)'으로 불러야 한다. 미국에서는 이를 '국제거래계정(international transactions account)'으로 부른다. 하지만 오랫동안 사용된 용어인 '국제수지계정(balance of payments account)'에 익숙하기 때문에 여기에서는 이를 사용하기로 한다.

함돼 있지 않고 자본계정에 들어 있다. 자본계정의 또 다른 중요 항목으로는 자본이전(즉 자산의 증여)로서 예를 들어 부채탕감이 여기에 속한다.[11]

경상이전과 비슷한 방식으로, 자국이 수취한 자본이전을 KA_{IN}, 자국이 공여한 자본이전을 KA_{OUT}으로 표기하기로 하자. 이 경우 자본계정은 (비생산비금융자산 항목은 규모가 작아 이를 제외한다면) $KA = KA_{IN} - KA_{OUT}$으로서 순수취자본이전을 의미한다. KA가 음수이면, 그 나라가 공여한 자산이전이 수취한 것보다 더 많다는 것이고, KA가 양수이면 그 나라가 수취한 자본이전이 공여한 것보다 더 많다는 것을 의미한다.

대부분의 선진국에서 자본계정은 규모가 작고 형식적 성격의 계정으로서 대개 0에 가깝다. 하지만 일부 개도국에서는 자본계정이 때로는 중요한 역할을 한다. 어떤 해에는 시장을 통한 국제적 금융거래에 비해 비시장 부채탕감의 규모가 상대적으로 클 수 있기 때문이다.

자국 및 외국자산의 계상

금융계정의 자산 거래는 다시 두 가지 유형으로 나눌 수 있다. 자국 경제주체가 발행한 자산(자국자산)과 외국 경제주체가 발행한 자산(외국자산)이다. 이렇게 나눔으로써 자산 발행자가 속한 나라와 자산 보유자가 속한 나라를 명백히 구분할 수 있기 때문에 경제적으로뿐만 아니라 정치적으로도 흥미로운 주제이다. 한마디로 누구 것을 누가 갖고 있는가를 보여준다.

자국 관점에서 볼 때, 외국의 자산은 외국에 대한 청구권(claim)이다. 이러한 자산을 자국 경제주체가 보유할 경우 이를 **대외자산**(external asset)이라고 부른다. 이는 외국이 자국에 갚아야 할 채무를 나타낸다. 반대로 외국 관점에서 볼 때, 자국의 자산은 자국에 대한 청구권이다. 이러한 자산을 외국 경제주체가 보유할 경우 이를 **대외부채**(external liability)라고 부른다. 이는 자국이 외국에 갚아야 할 채무를 나타낸다. 예를 들어 미국 기업이 해외투자를 통해 아일랜드 소재 컴퓨터 공장을 인수했을 경우 이는 미국에게는 대외자산(아일랜드에게는 대외부채)이다. 만약 일본 기업이 미국에서 자동차 공장을 인수했을 경우 이는 미국에게는 대외부채(일본에게는 대외자산)이다. 마찬가지로 국경을 넘어 거래되는 모든 자산은 그것이 위치하는 나라와 그것을 보유하는 나라가 있다. 이는 은행계정, 주식, 정부부채, 회사채 등에 모두 해당한다.(**보조 자료 : 국제수지표의 복식부기 원칙**에 몇 가지 사례가 나와 있다.)

자국 및 외국자산을 각각 'H' 및 'F' 첨자로 표기하면, 금융계정을 다음과 같이 여러 측면에서 이해할 수 있다.

$$FA = (IM_A^F - EX_A^F) - (EX_A^H - IM_A^H) = (IM_A^F + IM_A^H) - (EX_A^H + EX_A^F) \qquad (13\text{-}11)$$

대외자산 순증가   대외부채 순증가   자산 수입   자산 수출

=   =

외국자산 순수입   자국자산 순수출

금융계정은 우선 **대외자산 증가분**(외국자산이 자국보유로 이동, 순변화)에서 **대외부채 증가**

---

11 일방적 디폴트(채무불이행)와 같은 비자발적 부채삭감은 자본계정에 포함되지 않는다. 채무불이행에 따른 자산과 부채의 변화는 자본손실이나 가치평가 효과(valuation effect)로 잡히며, 이 장 말미에서 다룬다.

분(자국자산이 외국보유로 이동, 순변화)을 뺀 것이다. 이와 같은 자산의 흐름은 한 나라 부 (wealth)의 변화를 의미하는 것으로 이에 대해서는 다음 절에서 본격적으로 다룰 것이다. 한편 위 식의 맨 우변을 보면, 결국 금융계정은 자산의 수입에서 자산의 수출을 뺀 것과 동일하다.

국제수지계정의 작동 방식 : 미시경제적 관점

재화, 서비스, 소득, 그리고 자산의 흐름 사이에 어떤 관계가 있는지 알기 위해서는 경상수 지, 자본계정, 금융계정이 어떻게 연결되어 있는지 잘 이해해야 한다.

우선 식 (13-4)에서 이미 보았듯이 국민총처분가능소득은 다음과 같다.

$$Y = GNDI = GNE + TB + NFIA + NUT = \underbrace{GNE + CA}_{\substack{\text{소득으로 얻은} \\ \text{자국의 사용 가능 자원}}}$$

이것이 자국경제가 지출에 쓸 수 있는 모든 사용 가능한 자원을 나타내는가? 그렇지 않다. 이것은 소득 자원만을 의미한다. 즉 재화, 서비스, 생산요소 서비스를 시장에서 판매하고 구 매하여 얻은 자원, 그리고 비시장 경상이전을 통해 얻은 자원이다. 그런데 자국경제는 또 다 른 방식으로 자원을 획득하는(혹은 사용하는) 것이 가능하다. 즉 자산의 순판매(혹은 순구매) 를 통해서이다. 이 추가적인 자원을 다음과 같이 계산할 수 있다.

$$[\underbrace{EX_A - KA_{OUT}}_{\substack{\text{수출된} \\ \text{모든} \\ \text{자산의} \\ \text{가치}}} \underbrace{}_{\substack{\text{증여로} \\ \text{유출된} \\ \text{모든 자산의} \\ \text{가치}}}] - [\underbrace{IM_A - KA_{IN}}_{\substack{\text{수입된} \\ \text{모든} \\ \text{자산의} \\ \text{가치}}} \underbrace{}_{\substack{\text{증여로} \\ \text{유입된} \\ \text{모든 자산의} \\ \text{가치}}}] = [KA_{IN} - KA_{OUT}] - [IM_A - EX_A] = \underbrace{KA - FA}_{\substack{\text{자산거래로 얻은} \\ \text{자국의 추가적 사용} \\ \text{가능 자원}}}$$

판매로 수출된 모든 자산의 가치 / 구매로 수입된 모든 자산의 가치

위 두 식의 맨 우변을 합치면 자국이 지출 목적으로 사용할 수 있는 총자원의 가치를 얻을 수 있다. 이 총가치는 최종 재화 및 서비스에 대한 자국의 총지출과 동일해야 한다.

$$\underbrace{GNE + CA}_{\substack{\text{소득으로 얻은} \\ \text{자국의 사용 가능 자원}}} + \underbrace{KA - FA}_{\substack{\text{자산거래로 얻은 자국의} \\ \text{추가적 사용 가능 자원}}} = GNE$$

위의 양변에 있는 GNE가 상쇄되기 때문에 우리는 다음과 같은 **국제수지 항등식**(balance of payment identity) 혹은 **BOP 항등식**이라 불리는 중요한 결과를 얻는다.

$$\underbrace{CA}_{\text{경상계정}} + \underbrace{KA}_{\text{자본계정}} - \underbrace{FA}_{\text{금융계정}} = 0 \qquad\qquad (13-12)$$

국제수지계정의 작동 방식 : 미시경제적 관점

앞에서 거시경제적 관점에서 $CA + KA - FA = 0$이 성립한다는 것을 알았다. 한 나라의 수백만 가지 국제적 거래를 담고 있는 세 변수가 이처럼 매우 단순한 관계를 맺고 있는 것이다.

BOP 계정을 바라보는 또 다른 방법은 앞의 그림 13-2에서 보았듯이 세 변수 배후에 작동하는 구체적 흐름과 이들 각각에 들어 있는 개별 거래를 살펴보는 것이다.

$$CA = (EX - IM) + (EX_{FS} - IM_{FS}) + (UT_{IN} - UT_{OUT})$$
$$KA = (KA_{IN} - KA_{OUT})$$
$$FA = (IM_A^F - EX_A^F) - (EX_A^H - IM_A^H)$$

(13-13)

위와 같이 놓고 보면, BOP 항등식의 구체적 항목들을 확인할 수 있다. 이들 식에서 보듯이 (플러스나 마이너스 부호가 붙은) 총 12개 거래유형과 3개의 계정(CA, KA, FA)이 있다.

위 식에서 플러스가 붙은 항목을 **국제수지 대변**(BOP credit), 혹은 **BOP 대변** 항목이라 부른다. 다음의 총 6개 거래유형이 플러스(+) 항목이다.

경상계정(CA) :	재화 및 서비스 수출($+EX$)
	생산요소 수출($+EX_{FS}$)
	경상이전 수취($+UT_{IN}$)
자본계정(KA) :	자본이전 수취($+KA_{IN}$)
금융계정(FA) :	대외자산 증가 및 대외부채 감소
	($+IM_A^F$, $+IM_A^H$)

위 식에서 마이너스가 붙은 항목들을 **국제수지 차변**(BOP debit), 혹은 **BOP 차변** 항목이라 부른다. 다음의 총 6개 거래유형이 마이너스(−) 항목이다.

경상계정(CA) :	재화 및 서비스 수입($-IM$)
	생산요소 수입($-IM_{FS}$)
	경상이전 공여($-UT_{OUT}$)
자본계정(KA) :	자본이전 공여($-KA_{OUT}$)
금융계정(FA) :	대외자산 감소 및 대외부채 증가
	($-EX_A^F$, $-EX_A^H$)

왜 BOP 계정을 종합했을 때 균형을 이루는지 알기 위해서는 다음과 같은 단순한 원리를 이해해야 한다. 모든 시장거래(재화, 서비스, 생산요소 서비스, 자산)에는 두 가지 측면이 있다. A와 B가 거래를 할 때, A가 B에게서 어떤 가치를 지닌 품목을 받았을 경우, 그 대가로 B 역시 A로부터 동일한 가치의 품목을 받는다.[12]

따라서 어떤 거래가 BOP 계정 어딘가에 잡힐 경우, BOP 계정 또 다른 어딘가에도 그에 상응하는 항목이 있다.(이 주제에 대해 보다 자세한 것은 **보조 자료 : 국제수지표의 복식부기 원**

---

[12] 이 원리는 시장거래뿐만 아니라 비시장거래에도 적용된다. 즉 BOP 계정에서 자본계정이나 '국외순수취경상이전'에 속하는 증여나 해외원조 등에도 적용된다. 예를 들어 100달러의 식량원조는 시장거래는 아니지만, 수출항목이기 때문에 대변(+)에 잡힌다. 그런데 식량원조는 경상이전 공여로서 −100달러가 차변(−)에 기입됨으로써 BOP 계정에서 대변의 수출 항목을 상쇄시킨다. 이런 식으로 대가 없이 제공되는 비시장 증여 역시 BOP 계정이 균형을 이루도록 적절히 기록된다.

보조 자료

국제수지표의 복식부기 원칙

몇 가지 가상의 국제적 거래에 대해 이것들이 미국의 BOP 계정에 어떻게 기록되는지 살펴봄으로써 복식부기 원칙에 대한 이해를 확실히 해보자.

1. 10장에서 파리를 여행하는 조지를 만난 적 있다. 그가 바에서 프랑스 와인을 마시는 데 $110(€100)을 썼다고 해보자. 이것은 미국이 외국의 서비스를 수입한 것이다. 조지가 그의 아멕스 카드로 지불했다고 하자. 이 경우 해당 와인바는 아멕스에 $100을 청구할 것이다(그리고 아멕스는 그것을 조지에 청구한다). 이것은 미국이 프랑스에 자산을 수출한 것이다. 왜냐하면 와인바가 아멕스에 청구권을 갖고 있기 때문이다. 미국 관점에서는 외국인에 의한 미국자산의 보유가 증가했음을 의미한다(즉 대외부채의 증가). 다음과 같이 미국 BOP의 경상계정과 금융계정에 복식으로 기입된다.

경상계정(CA) : 파리에서 와인 마심	$-IM$	$-\$110$
금융계정(FA) : 와인바의 아멕스에 대한 청구	$-EX_A^H$	$-\$100$

2. 조지가 바에서 그의 덴마크 사촌 게오르그를 만났다. 그들은 모두 와인 무역업에 종사한다. 보르도 와인을 몇 병 마신 후 조지는 미국산 아칸소 샤르도네 와인을 마셔봐야 한다고 열변을 토했다. 그러자 게오르그는 덴마크산 유틀란트 로제 와인이 최고라고 맞섰다. 이들은 자기 나라로 돌아가 각 와인(가격 $36)을 서로에게 보냈다. 이 교환 거래(금융거래가 개입되지 않음)는 다음과 같이 미국 경상계정에만 두 번 기록된다.

경상계정(CA) : 덴마크로 수출된 아칸소 와인	$+EX$	$+\$36$
경상계정(CA) : 미국으로 수입된 유틀란트 와인	$-IM$	$-\$36$

3. 그날 밤 늦게 조지는 와인바의 연기 자욱한 구석에서 프랑스 기업인을 만났다. 조지가 희미하게 기억하는 것은 이렇다. 그 프랑스 기업인이 운영하는 첨단기술 회사가 조만간 주식을 발행하여 대박을 칠 것이라는 내용이다. 조지는 그 프랑스 주식에 $10,000을 투자하기로 한다. 조지는 그 주식을 프랑스 은행인 BNP를 통해 살 수 있기 때문에 그쪽에 시티뱅크에서 발행한 수표를 보냈다. 이로써 BNP가 시티뱅크에 대해 청구권을 지니게 됐다. 즉 프랑스에 자국자산을 수출한 것이다. 이 거래는 다음과 같이 금융계정에만 두 번 기록된다.

금융계정(FA) : 조지의 프랑스 주식 수입 (대외자산 증가)	$+IM_A^F$	$+\$10,000$
금융계정(FA) : BNP의 시티뱅크에 대해 청구권(대외부채 증가)	$-EX_A^H$	$-\$10,000$

4. 놀랍게도 조지의 프랑스 주식투자가 아주 성공적이었다. 그해 말 주가가 2배로 뛴 것이다. 조지는 $5,000을 자선단체에 기부하기로 한다. 이에 따라 미국의 구호용품이 자연재해로 고통을 겪는 한 나라로 수출됐다. 이것은 재화의 비시장 수출로서 일방적 경상이전에 의해 상쇄된다.

경상계정(CA) : 구호용품 수출	$+EX$	$+\$5,000$
경상계정(CA) : 조지의 자선 기부	$-UT_{OUT}$	$-\$5,000$

5. 조지에게 또 다른 기쁜 소식이 있었다. 일부 빈곤한 나라들에게 원조, 즉 부채탕감이 이루어졌다는 것이다. 미국 국무장관 발표에 따르면 미국은 어떤 개도국의 10억 달러 부채를 탕감해주기로 했다. 이것은 미국이 보유한 해외자산을 줄이게 된다. 부채탕감에 의해 미국이 해당 개도국의 자산을 수출을 통해 되돌려준 것으로 금융계정의 대변에 기입된다. 다음과 같이 자본 및 금융계정에 복식으로 기입된다.

자본계정(KA) : 미국의 부채탕감 공여	$-KA_{OUT}$	$-\$1,000,000,000$
금융계정(FA) : 미국의 대외자산 감소	$-EX_A^F$	$-\$1,000,000,000$

칙 참조)

어디에 상쇄 항목이 있는지 명확하지 않을 수도 있지만, 만약 계정이 제대로 집계됐다면 어딘가에는 존재해야 한다. 금방 보겠지만, 여기에서 '만약'이라는 조건이 중요하다. 즉 때로는 잘못된 측정이 중요한 이슈가 될 수 있다.

국제수지표에 대한 이해

앞에서 배운 원리들을 확인하기 위해 미국의 국제수지표를 살펴보자. 표 13-2는 미국의 2012년 BOP 계정에서 주요 항목들을 간추린 것이다.[13]

표의 맨 윗부분 경상계정을 보면, 2번과 8번 항목이 상품 및 서비스 거래이다. 수출 EX는 2조 2,190억 달러이고, 수입 IM은 2조 7,560억 달러이다. 표의 맨 아래 요약 항목에서 보듯이 상품 및 서비스 수지, 즉 무역수지 TB는 −5,370억 달러(2번 마이너스 8번)이다. 수출, 수입, 무역수지는 세부적으로 상품과 서비스 항목으로 나뉜다.

경상계정에서 5번과 11번은 생산요소 서비스 거래로서 본원소득계정(primary income account)이라 한다. 요소 서비스 수출에 따른 소득 수취 EX_{FS}는 7,690억 달러, 요소 서비스 수입에 따른 소득 지불 IM_{FS}는 5,430억 달러이다. EX_{FS}에서 IM_{FS}을 뺀 2,160억 달러가 본원소득수지로서 이는 국민소득계정의 국외순수취요소소득 NFIA에 해당한다.

마지막으로 이전소득(secondary income) 혹은 경상이전(current transfer)은 대외 수취(6번)가 1,090억 달러, 대외 공여(12번)가 2,350억 달러이다. 이에 따라 이전소득수지는 −1,260억 달러이며, 이는 국민소득계정의 순수취경상이전 NUT에 해당한다.

무역수지와 소득수지를 종합한 2012년 미국의 경상수지 CA는 −4,470억 달러이다. 즉 4,470억 달러 적자이다. 표 하단의 요약에 나와 있다.

경상수지가 흑자인 나라를 **(순)대부국**(net lender)이라고 한다. BOP 항등식에 따르면 경상수지가 흑자일 경우, (규모가 작은 자본계정을 제외하고 생각하면) 금융계정은 경상수지와 동일한 플러스 값을 가져야 한다. 이는 대외순자산이 증가하는 것을 의미한다. 즉 경상수지 흑자국은 일반 채권자와 마찬가지로 (순액 기준으로) 자산을 취득하게 된다[채무자로부터 차용증서(IOU)를 취득]. 예를 들어 중국은 대규모 순대부국이다. 한편 경상수지가 적자인 나라를 **(순)차입국**(net borrower)이라고 한다. BOP 항등식에 따르면 경상수지가 적자일 경우, (규모가 작은 자본계정을 제외하고 생각하면) 금융계정은 경상수지와 동일한 마이너스 값을 가져야 한다. 이는 대외순자산이 감소하는 것을 의미한다. 즉 경상수지 적자국은 일반 채무자와 마찬가지로 (순액 기준으로) 자산을 팔게 된다(채권자에게 IOU를 발행). 표에서 보듯이 미국은 대규모 순차입국이다.

이제 자본 및 금융계정에 대해 살펴보자. 우선 자본계정은 자본이전 수취(13번 항목)가 80

---

[13] 미국의 BOP 계정은 경제분석국(BEA)이 '국제거래계정(ITA)'이라는 이름으로 발표한다. 그런데 ITA는 국민소득생산계정(NIPA)과 달리 미국 영토에 미국령 지역을 포함시키기 때문에 여기에 나온 숫자들이 앞의 표 13-1과는 다를 수 있다.

표 13-2

2012년 미국 국제수지표 이 표는 2012년 미국의 국제적 거래를 보여준다. 단위는 10억 달러이다. 주요 항목은 굵은 글씨로 표시되어 있다.

주요 계정	번호	항목	표기	10억 달러
경상계정	1	**상품 및 서비스 수출과 소득 수취(대변)**		**3,097**
	2	상품 및 서비스 수출	EX	2,219
	3	상품		1,563
	4	서비스		656
	5	본원소득 수취	EX_{FS}	769
	6	이전소득(경상이전) 수취		109
	7	**상품 및 서비스 수입과 소득 지불(차변)**		**3,544**
	8	상품 및 서비스 수입	IM	2,756
	9	상품		2,304
	10	서비스		452
	11	본원소득 지불	IM_{FS}	553
	12	이전소득(경상이전) 지불		235
자본계정	13	**자본이전 수취**		**8**
	14	**자본이전 공여**		**1**
금융계정	15	**대외자산 순증가**(자산순증/금융유출 (+))		**178**
	16	직접투자		378
	17	증권투자		249
	18	기타투자		−454
	19	준비자산		4
	20	**대외부채 순증가**(부채순증/금융유입 (+))		**625**
	21	직접투자		243
	22	증권투자		747
	23	기타투자		−365
통계적 불일치	24	**통계적 불일치**	SD	**−8**
요약 항목		**경상수지**(1번 마이너스 7번)	CA	**−447**
		무역수지(2번 마이너스 8번)	TB	−537
		상품수지(3번 마이너스 9번)		−741
		서비스수지(4번 마이너스 10번)		204
		본원소득수지(5번 마이너스 11번)	$NFIA$	216
		이전소득수지(6번 마이너스 12번)	NUT	−126
		자본수지(13번 마이너스 14번)	KA	**7**
		금융수지(15번 마이너스 20번)	FA	**−448**

주 : 반올림으로 인해 합계가 맞지 않을 수 있음

출처 : U.S. Bureau of Economic Analysis, ITA Table 1.1. 2016년 9월 공표된 데이터임. 앞의 표 13-1과 위 표는 공표 시기의 차이로 인해 다를 수 있으며, 또한 ITA는 미국령 지역을 포함시킨다는 점도 차이를 낳는 요인임

억 달러이고, 자본이전 공여(14번 항목)가 10억 달러이다. 이로써 2012년 미국의 자본수지 KA는 70억 달러로 규모가 매우 작다.

마지막으로 금융계정을 보자. 앞에서 설명했듯이 금융계정은 대외자산 순증가에서 대외부채 순증가를 뺀 것이다. 대외자산 순증가는 금융유출을 의미하여, 대외부채 증가는 금융유입을 의미한다. 자산과 부채 각각에 대해 직접투자, 증권투자, 기타투자, 준비자산 등 세부투자항목으로 나누어 기록된다. 표에는 각 대외자산 및 대외부채에 대한 순거래가 나와 있다. 세부 항목 중 직접투자(direct investment)는 직접투자 관계에 있는 투자자와 투자대상기업 간에 일어나는 대외거래를 계상한다. 여기에는 투자자와 투자대상기업의 관계를 발생시키는 최초의 거래는 물론 양자 간의 차입, 대출 등 후속거래도 포함된다. 증권투자(portfolio investment)는 거주자와 비거주자 간에 이루어진 주식, 채권 등에 대한 투자를 말한다. 기타투자(other investment)는 직접투자, 증권투자, 파생금융상품 및 준비자산에 포함되지 않는 거주자와 비거주자 간의 모든 금융거래를 기록한다. 여기에는 대출 및 차입, 상품을 외상으로 수출하거나 수입할 때 발생하는 무역신용, 현금 및 예금 등의 금융거래가 기록된다. 준비자산(reserve assets)은 통화당국의 외환보유액 변동분 중 거래적 요인에 의한 것만 포함한다. 외환보유액은 운용수익 발생 등 거래적 요인뿐만 아니라 환율변동 등 비거래적 요인에 의해서도 변동하는데 국제수지표의 준비자산에는 거래적 요인에 의한 외환보유액 변동분만 계상된다.

우선 미국은 외국자산을 순취득했으며, 이에 따라 대외자산(미국보유 해외자산)이 1,780억 달러 늘어났다. 이 외국자산의 순수입이 15번 항목에 기록되어 있다. 이와 함께 미국은 미국자산을 외국에 순수출했으며, 이에 따라 대외부채(외국보유 미국자산)가 6,250억 달러 늘어났다. 이 미국자산의 순수출이 20번 항목에 기록되어 있다. 15번에서 20번을 뺀 것이 금융수지 FA로서 요약 항목에 나와 있는 것처럼 -4,480억 달러이다.

중앙은행의 준비금은 자국 및 외국의 통화당국이 공식적으로 외환시장에 개입하여 외환을 사고파는 것에 의해 변화한다. 준비금 거래의 종합적인 수지를 공적결제수지(official settlements balance)라 부르고, 나머지 모든 자산거래 수지를 준비금제외 금융수지(nonreserve financial account)라 부른다. 표에는 미국의 준비금 거래만 나와 있는데, 미국 당국의 개입 규모가 크지 않아 미국의 공적준비금 순취득은 40억 달러이다(19번 항목). 이는 미국 연준이 외국에서 (비달러) 외환준비금을 40억 달러 구매했다는 의미이다.

경상수지와 자본수지를 합치면 두 계정의 합은 -4,400억 달러이다. BOP 항등식에 의해 이것은 금융수지와 동일해야 한다. 하지만 실제로는 항상 그것이 성립하지는 않는다. 왜 그럴까? BOP 데이터를 집계하는 기관들이 모든 국제거래를 완벽히 추적하기는 어렵기 때문이다. 즉 측정에서 오류나 누락이 발생한다. 일부는 밀수나 탈세 때문일 수도 있다. 더 큰 부분은 불법적인 금융소득 흐름이나 자산이동에 따른 것이다(예를 들어 돈세탁이나 탈세 자금).

통계적 불일치 이런 오차를 '계상'하기 위해 **통계적 불일치**(SD : statistical discrepancy)라는 항목을 만들었다. 이것은 $SD = -(CA+KA-FA)$으로 정의된다. 경상수지와 자본수지의 합과 금융수지의 차이에 대해 부호를 반대로 붙인 것이다. 이로써 BOP 항등식은 $CA+KA-FA+SD$ $=0$으로 바뀌고, 이는 정의상 항상 성립한다. 표에서 통계적 불일치는 24번 항목이다.[14]

국제수지계정의 의미

국제수지계정의 구성은 다음과 같다.

- 경상계정 : 재화, 서비스, 생산요소 서비스, 경상이전의 대외 불균형을 측정
- 금융 및 자본계정 : 자산의 교역을 측정

시장거래는 가치가 동일한 두 항목의 교역으로 구성되어야 한다는 원리에 입각하여 국제수지계정이 균형을 이룬다는 사실을 살펴보았다.

경상계정 흑자는 대외순자산의 증가로 상쇄된다. 마찬가지로 경상계정 적자는 대외순자산의 감소로 상쇄되어야 한다. 국제수지는 한 나라의 경상수지 불균형이 어떻게 보전되는지를 알려주며, 그것을 통해 그 나라의 소득 및 지출 결정과 그 나라의 부가 어떤 관련을 맺으면서 변해 가는지를 보여준다. 다음 장에서 이를 살펴보자.

4 대외부

개방경제 환경에서는 한 나라의 소득 흐름을 측정할 때 일정한 조정이 필요하다는 것을 배웠다. 이는 한 나라의 부(wealth)를 측정할 때도 마찬가지이다. 이 변수는 경제학자나 정책결정자, 그리고 일반 대중에게도 중요한 관심 항목이다.

예를 들어 앤은 매년 소득과 지출이 50,000달러이고, 은행에 10,000달러의 저축이 있다. 이와 함께 신용카드 부채 20,000달러를 갖고 있다. 한편 베스는 앤과 마찬가지로 매년 소득과 지출이 50,000달러이고, 저축 역시 10,000달러나 신용카드 부채가 없다. 누가 더 잘사는가? 당연히 베스이다. 베스의 소득은 앤과 동일하다. 그러나 앤의 (저축 10,000달러에서 부채 20,000달러를 뺀) 부 혹은 '순자산'은 $-10,000$달러인 반면, 베스의 순자산은 $+10,000$달러이다. 앤의 부는 소득의 -20%이고, 베스의 부는 소득의 $+20\%$이다.

가계와 마찬가지로 나라의 경우에도 다른 조건이 동일할 때 부가 더 많으면 그만큼 부유하다. 자국의 외국에 대한 **대외부**(W : external wealth)를 구하기 위해서는 자국보유 외국자산 (자국의 외국에 대한 청구권)을 모두 합친 다음, 거기에서 모든 외국보유 자국자산(외국의 자국에 대한 청구권)을 빼면 된다. 미국의 경우 BEA 추산에 따르면, 2012년 말 기준으로 대외부가 약 -4조 4,740억 달러이다. 이로써 현재 미국은 역사상 세계 최대 채무국이다. 미국의

---

14 미국의 경우 2007년 이전까지는 파생금융상품(financial derivatives) 거래를 측정하지 않았기 때문에 이것이 통계적 불일치 항목에 포함되어 있었다. 2007년부터 경제분석국(BEA)이 파생금융상품 거래를 추정하고 있지만, 아직까지 자국 및 외국 자산으로 세부적으로 분류되고 있지 않다. 이를 감안하여 이곳의 표 13-2에서는 파생금융상품의 거래를 여전히 통계적 불일치 항목에 포함시켰다.

대외 순부채는 1인당 약 14,250달러이다. 미국의 1인당 GDP가 2012년 약 50,000달러이기 때문에 미국의 대외부는 GDP의 약 −28.5%이다.

미국의 대외부가 이렇게 된 이유는 무엇인가? 앞으로는 어떻게 될 것인가? 한 나라 부의 수준이 어떻게 변해가는지 앞에서 배운 국민소득과 국제수지계정에 입각하여 분석해보자.

대외부의 수준

우선 한 나라의 대외부(W) 수준은 다음과 같이 정의된다.

$$\underbrace{대외부}_{W} = \underbrace{\begin{bmatrix} 국내보유 \\ 외국자산 \end{bmatrix}}_{A} - \underbrace{\begin{bmatrix} 외국보유 \\ 국내자산 \end{bmatrix}}_{L} \tag{13-14}$$

대외부는 총 대외자산(A)의 가치에서 총 대외부채(L)의 가치를 뺀 것이다. 총 대외자산은 외국의 자국에 대한 부채이고, 총 대외부채는 자국의 외국에 대한 부채이다. 대외부는 순국제투자포지션(net international investment position) 혹은 순해외자산(net foreign asset)이라고도 한다. 이것은 유량(flow) 변수가 아니라 저량(stock) 변수이다.

> 만약 $W>0$이면, 자국은 **순채권국**(net creditor)이다. 즉 대외자산이 대외부채를 초과하고, 외국의 자국에 대한 부채가 자국의 외국에 대한 부채보다 더 많다.
>
> 만약 $W<0$이면, 자국은 **순채무국**(net debtor)이다. 즉 대외부채가 대외자산을 초과하고, 자국의 외국에 대한 부채가 외국의 자국에 대한 부채보다 더 많다.

대외부는 한 나라의 총부(total wealth), 즉 국부(national wealth)의 한 부분이다. 국부의 또 다른 부분은 내부순자산(internal wealth) 혹은 국내부(domestic wealth)로서 자국 내 모든 비금융자산의 총가치이다.(대외부와 총부의 관계는 이 장의 부록에 추가설명이 나와 있다.)

국제적 경제관계를 분석할 때 대외부는 중요한 이슈이다. 왜냐하면 이것은 한 나라의 다른 나라에 대한 채무를 측정하는 것이기 때문이다. 이러한 채무를 언제 어떻게 상환하느냐는 경제적으로나 정치적으로 상당한 압박을 초래한다. 또한 나라 전체의 부채는 개인의 부채와 마찬가지로 궁극적으로 비용을 수반한다. 대외부에 대한 이해를 높이기 위해 그것의 변화요인과 과정에 대해 살펴보자.

대외부의 변화

한 나라의 대외부가 시간에 따라 변화하는 데는 두 가지 요인이 있다.

1. **금융흐름**(financial flow) : 자산 교역의 결과, 대외자산과 부채가 증가하거나 감소한다. 그 과정은 이렇다. 외국자산을 순수입하는 경우 대외자산 수준이 그만큼 증가하고, 대외부 역시 그만큼 늘어난다. 또한 자국자산을 순수입하는 경우 대외부채 수준이 그만큼 감소하고, 대외부 역시 그만큼 늘어난다. 예를 들어 자산(자국 혹은 외국 어느 것이든)의 순수입이 +10억 달러이면 대외부의 변화는 +10억 달러이다. 모든 종류의 자산 순

수입은 금융계정(FA)에 의해 측정되며, 이 값이 플러스일 경우, 대외부에는 플러스 효과를 미친다.

2. **가치평가 효과(valuation effect)** : 보유 중인 대외자산과 부채의 가치는 자본이득/손실에 의해 영향을 받는다. 이 가치변화는 가격효과(price effects) 때문일 수도 있고, 환율효과(exchange rate effects) 때문일 수도 있다. 예를 들어 어떤 미국인이 런던주식거래소에서 BP 주식 100주를 주당 £7에 샀다고 하자. 환율은 파운드당 $1.5라 하자. 이 경우 미국의 대외자산은 주당 $10.50(1.5 곱하기 7)으로 총 $1,050이다. 만약 이 주식의 가격이 £6으로 떨어졌는데 환율은 그대로라고 해보자. 이제 주식의 가치는 주당 $9.00(1.5 곱하기 6)이고, 100주의 가치는 $900이다. 주식의 가치가 달러 기준으로 $150(£1 곱하기 1.5 곱하기 100)만큼 떨어졌으며, 이것이 자본손실이다. 이는 가격효과의 예를 생각해본 것이다. 이제 환율이 파운드당 $1.6으로 상승했다고 하자. 주식의 가치가 영국 통화로는 여전히 주당 £6이지만 미국 통화로는 $9.60(1.6 곱하기 6)이다. 주식의 총 가치는 $960으로 상승하며, 기존 $900에 비해 $60만큼의 자본이득이 발생했다. 이것이 환율효과의 예이다. 대외부채에 대해서도 마찬가지의 가치변화가 발생할 수 있다.

대외부의 변화(ΔW)를 가져오는 두 요인을 합치면 다음과 같다.

$$\underbrace{\begin{bmatrix} 대외부의 \\ 변화 \end{bmatrix}}_{\Delta W} = \underbrace{\begin{bmatrix} 금융수지 \end{bmatrix}}_{\substack{자산의\ 순수입 \\ = \\ FA}} + \underbrace{\begin{bmatrix} 대외자산에\ 대한 \\ 자본이득 \end{bmatrix}}_{\substack{가치평가\ 효과 \\ = \\ 자본이득-자본손실}} \tag{13-15}$$

BOP 항등식을 상기해보자. 경상수지에 자본수지를 합친 것이 금융수지이다. 즉 $FA = CA + KA$이다. 이 항등식을 위 식 (13-15)에 대입하면 다음과 같다.

$$\underbrace{\begin{bmatrix} 대외부의 \\ 변화 \end{bmatrix}}_{\Delta W} = \underbrace{\begin{bmatrix} 경상수지 \end{bmatrix}}_{\substack{CA \\ = \\ (쓰지\ 않고)\ 남은\ 소득}} + \underbrace{\begin{bmatrix} 자본수지 \end{bmatrix}}_{\substack{KA \\ = \\ 순수취자본이전}} + \underbrace{\begin{bmatrix} 대외자산에\ 대한 \\ 자본이득 \end{bmatrix}}_{\substack{가치평가\ 효과 \\ = \\ 자본이득-자본손실}} \tag{13-16}$$

이 식에 따르면, 한 나라가 대외부를 증가시킬 수 있는 길은 다음 세 가지 중 하나이다.

- 스스로 절약을 통해서(경상수지 흑자, 지출이 소득보다 적음)
- 다른 나라의 기부에 의해(자본수지 흑자, 자산의 순이전 수취)
- 뜻밖의 횡재에 의해(자본이득 발생)

위의 반대 현상이 발생하면 대외부가 줄어든다.

대외부 데이터에 대한 이해

대외부를 집계하기 위해 통계 전문가들은 식 (13-15)를 적용한다. 따라서 과제는 모든 자산의 교역을 파악해야 할 뿐만 아니라 세계 금융시장 여건의 변화가 그 나라 대외자산 및 부채의 가치에 미치는 영향까지 제대로 평가해야 한다.

대외부의 수준 및 변화에 대한 통계는 순국제투자포지션(net international investment position) 계정 혹은 국제투자대조표에 나와 있다. 표 13-3은 2012년 미국의 국제투자대조표를 요약한 것이다. 우선 금융흐름에 따른 대외부의 변화, 즉 자산의 순교역이 (a)열에 나와

표 13-3

2012년 미국의 대외부 이 표는 2012년 미국의 순국제투자포지션의 변화를 보여준다. 단위는 10억 달러이고, 1번 항목에서 2번 항목을 뺀 순액이 3번 항목이다.

항목	2011년 말 포지션 (10억 달러)	금융흐름 (a)	가격 변화 (b)	환율 변화 (c)	기타 변화 (d)	합계 (a+b+c+d)	2012년 말 포지션 (10억 달러)
			가치평가 효과				
1. 대외자산	17,492	178	1,176	28	68	1,450	18,942
=미국보유 외국자산 중에서							
직접투자	5,215	378	295	54	28	755	5,970
증권투자	6,872	249	849	−26	41	1,112	7,984
기타투자	4,869	−454	−	2	−1	−452	4,417
준비자산	537	4	33	−2	0	35	572
2. 대외부채	22,033	625	731	1	127	1,485	23,518
=외국보유 미국자산 중에서							
직접투자	4,199	243	260	−	−40	463	4,662
증권투자	12,647	747	471	−2	115	1,332	13,979
기타투자	5,187	−365	−	3	52	−310	4,877
3. 대외부							
=1번에서 2번 차감	−4,541	−448	445	27	−60	−35	−4,576
=미국의 순국제투자포지션							
표기	W (2011년 말)	FA	자본이득			ΔW	W (2012년 말)

주 : 파생금융상품은 제외

출처 : U.S. Bureau of Economic Analysis, IIP Table 1.3. 2016년 9월 공표된 데이터임

있고, 다양한 가치평가 효과가 (b), (c), (d)열에 나와 있다.

표 13-3의 3번 항목을 보면, 2012년 미국의 자산 순수출은 4,480억 달러이다(2번 항목에 있는 미국자산 6,250억 달러 순수출에서 1번 항목에 있는 외국자산 1,780억 달러 순수입을 뺀 금액). 이와 같은 금융흐름으로 인해 미국의 대외부는 한 해 동안 4,480억 달러 줄어들었다. 그러나 실제의 대외부 변화는 훨씬 더 적은데, (b), (c), (d)열에 있는 +4,130억 달러의 플러스 가치평가 효과가 대외부 감소를 상쇄시켰기 때문이다. 이 가치평가 효과에서 가장 비중이 큰 것은 +4,450억 달러의 가격변화 효과이고, 환율효과는 +270억 달러에 지나지 않는다. '기타' 변화가 -600억 달러로 기록되어 있다. 결국 미국은 2012년에 여러 나라에서 4,480억 달러를 추가적으로 빌렸지만, 실제의 대외부 감소는 3번 항목의 총변화에 나와 있듯이 350억 달러뿐이다.

2012년에 무슨 일이 발생했는가? 환율효과가 크지 않은 것은 외국 통화에 대한 미국 달러 가치의 변화가 매우 작기 때문이다. 주요인은 당시 세계적인 주가상승(약 15%)이다. 미국의 대외자산은 대외부채에 비해 고위험 주식의 비중이 훨씬 크다. 미국의 대외부채는 대부분 위험도가 낮은 부채로 구성되어 있다. 이와 같이 두 포트폴리오 구성의 차이 때문에 주가가 상승하면 미국 대외자산의 가치(약 6% 상승)가 대외부채(약 2.5% 상승)에 비해 훨씬 더 상승하는 경향이 있다. 게다가 미국의 대외부채는 엄청난 규모의 미국 재무부 증권을 포함하고 있는데, 이는 외국 중앙은행이 공적자산 형태로 보유하고 있거나 혹은 외국 투자자들의 안전자산 투자 형태로 보유하고 있는 것들이다. 이들 달러표시 자산의 가치는 2012년에 매우 안정적이었다. 연초부터 연말까지 이들 채권에 대한 이자율이 거의 변하지 않았기 때문이다.[15]

최근 추이 대외부의 변화가 식 (13-16)에 나와 있는데, 이는 장기에 걸쳐 점진적으로 누적된다. 미국의 경우 지난 30년 동안 금융계정은 거의 항상 마이너스였다. 즉 만성적인 경상수지 적자를 지불하기 위해 막대한 대외부채에 의존해왔다(자본수지는 무시할 만한 수준이었다).

가치평가 효과를 고려하지 않을 경우, 식 (13-15)에 의해 간단한 예측이 가능하다. 즉 어떤 두 시점 사이 대외부의 변화는 해당 기간 중 자산의 순수입(미국보유 외국자산의 수입에서 외국보유 미국자산의 수출을 뺀 금액으로서 금융수지에 해당함) 누계와 동일해야 한다. 예를 들어 1988년 말 미국의 대외부 수준이 주어진 경우, 그 후 2012년 말까지 24년에 걸쳐 모든 해의 금융흐름을 더해 나가면 2012년 말 미국의 대외부는 약 -8조 달러로 추계된다. 엄청난 순채무 포지션으로서 GDP의 -50%를 넘는다. 그러나 2012년 기준으로 실제 대외부 규모는 그보다 훨씬 적은 -4조 달러 수준(표 13-3에서 보는 것처럼 -4조 5,760억 달러)이었다.

왜 이렇게 차이가 나는가? 이는 가치평가 효과(즉 자본이득) 때문이다. 이것이 1988년부터 2012년 기간 동안 대외부 규모를 4조 달러 가까이 차이 나게 만들었다. 이들 효과를 모두

---

15 미국 대외부의 통화별 구성에 대한 데이터는 다음을 참조하였다. Cedric Tille, 2005, "Financial Integration and the Wealth Effect of Exchange Rate Fluctuations," Staff Reports 226, Federal Reserve Bank of New York.

합친 결과 미국의 2012년 순대외채무는 금융흐름으로만 평가했을 때에 비해 거의 1/2 수준으로 줄어들었다. 이는 반대로 말하면, 미국 이외의 다른 나라들은 이 기간 중 가치평가 효과 때문에 그만큼 자본손실을 입었다는 것을 의미한다. 그 이유는? 자본이득은 항상 '제로섬(zero sum)' 성질을 갖고 있기 때문이다. 즉 자국 대외자산의 달러기준 가치상승은 외국 대외부채의 달러기준 가치상승을 의미한다.

대외부의 의미

대외부 데이터를 통해 우리는 한 나라의 다른 모든 나라에 대한 순채권 혹은 순채무 포지션을 알 수 있다. 그것은 대외자산(자국보유 외국자산)과 대외부채(외국보유 자국자산)로 구성되어 있다. 채권국은 대외부가 플러스 값이고 채무국은 마이너스 값이다.

　무엇이 대외부를 움직이는가? 경상수지는 재화, 서비스, 생산요소 서비스, 소득의 대외적 흐름상 불균형을 말해준다. 또한 국제수지 금융계정은 경상수지의 불균형을 상쇄시키는 데 필요한 금융흐름에 대해 말해준다. 경상수지 흑자국(적자국)은 자산 순구매국(순판매국)이다. 자산을 사고팔면 대외부에 영향을 미친다. 한 나라의 대외부 증가는 자산의 순수입에 의해 발생한다. 반대로 대외부의 감소는 자산 순수출의 결과이다. 여기에다 대외자산 및 부채에 발생하는 자본이득/손실 역시 대외부에 영향을 미친다. 이러한 모든 변화가 국제투자대조표에 나와 있다.

5 결론

거시경제학에서 데이터의 역할은 매우 중요하다. 때로는 통계적 불일치나 오차 및 누락의 오류가 발생하기도 하지만(**보조 자료 : 통계에 유의하라** 참조), 이들 거시경제 활동에 대한 측정이 없다면 경제에 대한 이해가 불가능할 것이다.

　이 장에서는 몇 가지 중요한 거시경제적 계정의 개념에 대해 소개하고, 현 국제경제 시스템의 몇몇 특이하고 흥미로운 특징들을 살펴보았다. 우리는 국민소득생산계정을 통해 국제무역(중간재 교역 포함)의 흐름, 생산요소 소득의 국제적 이동, 경상이전 등을 파악할 수 있다. 또한 국제수지계정을 통해 이러한 재화 및 서비스의 흐름이 그것과 나란히 진행되는 자산의 교역 흐름과 어떤 관련을 맺고 있는지 살펴보았다. 마지막으로 국제투자대조표를 통해 자산의 교역 흐름이 자본이득/손실과 결합하여 한 나라의 대외부를 어떻게 변화시키는지도 살펴보았다.

　이번 장에서 소개한 이들 개념에 입각하여 우리는 이후 장에서 나라 간 글로벌 거시경제적 관계를 분석하는 이론을 공부한다.

보조 자료

통계에 유의하라

한 나라의 통계를 곧이곧대로 믿을 수 없다는 것은 중요하면서도 슬픈 일이다. 그동안 많은 정부들이 어떤 이유 때문에 자신의 공식 데이터를 조작했다는 의심을 받은 적이 있다. 다음은 몇 가지 사례이다.

● **그리스** : 2001년 그리스는 유로존 가입이 허용됐다. 유로존 가입에 필요한 조건 하나는 재정적자가 GDP의 3%를 넘어서는 안 된다는 것이다. 공식 통계에 따르면 그리스는 이 조건을 충족시켰다. 그런데 2004년 11월, 유로존에 가입한 그리스는 자신의 2003년 재정적자가 원래 발표보다 2배나 많은 3.4%였다는 것을 인정했다. 사실 그리스 재정적자는 1999년 이후 3% 미만인 적이 없었다. EU로서는 짜증나는 일이었다. 그리스는 지속적으로 부정확하고 조작된 데이터를 공표했다(그중에는 성매매 같은 지하경제 활동을 참작하여 GDP를 25%나 상향조정한 것도 포함된다). 그리스는 자신의 GDP를 높임으로써 재정적자를 실제보다 더 좋게 보이게 할 수 있었고, 다른 나라에서 더 좋은 조건으로 돈을 빌릴 수 있었다. 2008~2009년 유로 위기가 닥치자 그리스의 취약한 경제 및 재정 상황에 대한 전면적인 공포가 대두되었고, 2010년 다른 유로존 나라들과 IMF가 긴급지원에 나서야만 했다. 그럼에도 불구하고 그리스의 경기침체는 심화되었고, 유로의 장래마저 위태롭게 만들었다.

● **이탈리아** : 1987년 이탈리아는 북유럽 나라들에 비해 훨씬 가난한 것으로 여겨졌다. 하지만 당시 지하경제를 감안한다는 구실로 GDP를 15%나 상향 조정했다. 이에 따라 이탈리아의 공식적인 1인당 GDP가 영국보다 더 높아지게 되었다.

소위 추월(il sorpasso)로 불리는 사건이다. 그런다고 해서 이탈리아 사람 어느 누구도 더 부자가 된 것은 아니었다.

● **아르헨티나** : 2001년 위기 후, 새로운 포퓰리즘 정부가 들어섰지만 높은 인플레이션이 지속되는 어려움에 봉착했다. 정부는 이 문제를 '해결'하기 위해 정부통계국을 '재편'했으며, 그 후 발표되는 통계에서는 매우 의심스럽게도 인플레이션 숫자가 대폭 낮아졌다. 인플레이션이 낮아짐에 따라 정부로서는 인플레이션에 연계되는 복지지출 부담 또한 줄일 수 있었으며, 인플레이션 문제를 해결했다고 주장하기에 이르렀다. 그러나 발표된 데이터를 사실로 믿는 사람은 거의 없었다.

● **중국** : 2005년 세계은행 국제비교프로그램(ICP)에서 중국의 물가수준 추정치가 예상보다 훨씬 높게 나왔다. 이것은 여러 가지 의미를 갖는데, 우선 실질소득(명목소득을 물가수준으로 나눈 것)으로 평가했을 때 중국은 훨씬 더 가난해지게 된다. 또한 물가수준이 높아지면 중국의 실질환율은 덜 저평가된 것으로 나오고, 심지어는 고평가됐다고도 할 수 있게 된다. 보통 가난한 나라들의 물가가 더 낮은 편이기 때문에 이 두 가지 효과를 합칠 경우 중국의 환율은 생활수준 기준으로 아주 적정한 수준임을 의미한다. 그런데 이런 자료가 나온 때가 중국이 상당한 통화절상 압력을 받고 있을 때였다. 특히 ICP에 나온 물가상승 폭이 중국의 공식적인 인플레이션 데이터와 비교했을 때 훨씬 더 크다는 점에서 데이터의 신뢰성에 의심을 갖는 사람들이 많았다.

핵심 내용

1. 한 나라의 지출, 생산, 소득, 부의 흐름, 그리고 국제적으로 발생하는 재화, 서비스, 소득, 자산의 흐름은 한 나라의 경제적 성과를 나타내는 중요한 지표이며, 해당 경제와 나머지 세계의 관계를 보여준다. 이 자료들은 국민소득생산계정, 국제수지계정, 국제투자대조표에 기록된다.

2. 경제활동을 측정하는 주요 지표들은 다음과 같다.

   - 국민총지출(GNE)은 최종 재화 및 서비스에 대한 한 나라의 총지출이다. 이것은 소비, 투자, 정부소비를 합친 것이다. 즉 $GNE = C + I + G$.
   - 국내총생산(GDP)은 총생산(모든 산출물의 가치에서 모든 투입물의 가치를 뺀 것)이다.
   - 국민총소득(GNI)은 경제의 국내 생산요소에 대한 총지불이다.
   - 국민총처분가능소득(GNDI, Y로 표기)은 경상이전을 포함한 경제의 처분가능소득이다.

   폐쇄경제에서는 $GNE = GDP = GNI = GNDI$이 성립한다.

3. 개방경제에서는 GNE가 GDP와 동일할 필요가 없다. 교역을 하게 되면, 국내 거주자의 재화 및 서비스에 대한 수요가 국내 기업들이 공급한 재화 및 서비스와 동일할 필요가 없다. GDP와 GNE의 차이가 무역수지 TB이다. 즉 $GDP = GNE + TB$이다. 무역수지는 한 나라의 재화 및 서비스의 수출과 수입의 차이이다.

4. 개방경제에서는 GDP가 GNI와 동일할 필요가 없다. 왜냐하면 생산요소 서비스의 수출 및 수입(국외순수취요소소득 NFIA에 의해 측정)에 의해 국내로 들어온 요소소득이 외국으로 나간 요소소득과 동일할 필요는 없다. 따라서 $GNI = GDP + NFIA$이다.

5. 개방경제에서 처분 가능한 소득은 국민총처분가능소득, 즉 $Y = GNDI$에 의해 측정된다. GNDI는 GNI와 동일할 필요가 없다. 왜냐하면 해외원조나 기타 비시장 증여 등으로 인해 국외순수취경상이전(NUT)이 음수일 가능성이 있기 때문이다. 따라서 $Y = GNDI = GNI + NUT$이다.

6. 앞에서 설명한 모든 국제적 거래를 합친 $TB + NFIA + NUT$을 경상수지(CA)라 한다.

7. 위에서 설명한 관계에 의해 $Y = C + I + G + CA$가 된다. 이를 국민소득 항등식이라 부른다.

8. 국민저축 S는 $Y - C - G$로 정의된다. 이를 국민소득 항등식과 결합하면 경상수지 항등식을 도출할 수 있다. 즉 $S = I + CA$이다. 따라서 경상수지는 저축에서 투자를 뺀 것이다. 저축이나 투자의 변화는 다른 조건이 동일할 때, 곧바로 경상수지에 영향을 미친다.

9. 재화 및 서비스, 그리고 자산의 모든 국제교역은 국제수지(BOP) 계정에 기록된다.

10. BOP는 다음 항목들로 구성되어 있다.

    - 재화 및 서비스의 순수출을 무역수지(TB)라 한다.
    - 생산요소 서비스의 순수출을 국외순수취요소소득(NFIA)이라 한다.
    - 경상이전의 순수취를 국외순수취경상이전(NUT)이라 한다.
    - 자산이전의 순수취를 자본계정(KA)이라 한다.
    - 자산의 순수입을 금융계정(FA)이라 한다.

11. 위 BOP에서 처음 세 가지 항목을 경상수지 CA라 한다. BOP 계정 간에 $CA + KA - FA = 0$이 성립한다. 이를 국제수지 항등식이라 한다.

12. 대외부는 한 나라의 다른 나라에 대한 채권 혹은 채무 포지션을 측정한다. 이것은 대외자산(자국보유 외국자산)에서 대외부채(외국보유 자국자산)를 뺀 것이다. 자산의 순수출(순수입)은 한 나라의 대외부를 감소(증가)시킨다. 대외부는 한 나라 총부의 일부분이다.

13. 대외부를 변화시키는 요인은 두 가지이다. 자산의 수출이나 수입(금융흐름이라 함), 혹은 기존 자산의 가치가 자본이득이나 손실에 의해 변하는 것(가치평가 효과라 함) 때문이다.

핵심 용어

경상수지(CA : current account)

경상수지 항등식(current account identity)

공공저축(public saving)

국내총생산(GDP : gross domestic product)

국민소득생산계정(national income and product accounts)

국민소득 항등식(national income identity)

국민저축(national saving)

국민총소득(GNI : gross national income)

국민총지출(GNE : gross national expenditure)

국민총처분가능소득(GNDI : gross national disposable income)

국외순수취경상이전(NUT : net unilateral transfer)

국외순수취요소소득(NFIA : net factor income from abroad)

국제수지계정(balance of payments accounts)

국제수지 대변(BOP credit)

국제수지 차변(BOP debit)

국제수지 항등식(BOP identity)

금융계정(FA : financial account)

대외부(W : external wealth)

대외부채(external liability)

대외자산(external asset)

무역수지(TB : trade balance)

민간저축(private saving)

(순)대부국(net lender)

(순)차입국(net borrower)

순채권국(net creditor)

순채무국(net debtor)

자본계정(KA : capital asset)

정부저축(government saving)

연습문제

1. 다음은 OECD 회원국들의 2004년 1인당 GDP 순위이다. 각 나라의 GDP 대비 GNI 비율을 계산하라. 이것이 각 나라 국외순수취요소소득에 대해 의미하는 것은 무엇인가? 각 나라의 GNI 순위를 계산하라. GDP 순위와 GNI 순위 사이에 큰 차이가 있는 나라는 어디인가? 이 차이가 무엇을 의미하는가?

		1인당 GDP	1인당 GNI
1	룩셈부르크	$64,843	$53,299
2	노르웨이	$41,880	$42,062
3	미국	$39,660	$39,590
4	아일랜드	$36,536	$31,151
5	스위스	$34,740	$37,638
6	네덜란드	$33,571	$34,527
7	아이슬란드	$33,271	$31,897
8	오스트리아	$33,235	$32,843
9	호주	$32,643	$31,462
10	캐나다	$32,413	$31,751
11	덴마크	$32,335	$32,232
12	벨기에	$31,985	$31,675
13	영국	$31,780	$32,470
14	스웨덴	$31,072	$31,007
15	독일	$29,916	$28,732
16	핀란드	$29,833	$30,361
17	일본	$29,173	$29,739
18	프랑스	$29,006	$29,287
19	이탈리아	$27,744	$27,586
20	그리스	$27,691	$27,412
21	스페인	$26,018	$25,672
22	뉴질랜드	$24,834	$23,205
23	슬로베니아	$21,527	$21,268
24	한국	$20,723	$20,771
25	체코	$19,426	$18,314
26	포르투갈	$19,324	$19,029
27	헝가리	$16,519	$15,548
28	슬로바키아	$14,651	$14,708
29	폴란드	$13,089	$12,511
30	멕시코	$10,145	$9,989
31	터키	$7,212	$7,186

2. 국민총소득(GNI)에 관한 계정상의 항등식은 다음과 같다.

$$GNI = C + I + G + TB + NFIA$$

위 식을 이용하여 폐쇄경제 하에서는 국내총생산(GDP), 국민총소득(GNI), 국민총지출(GNE)이 동일함을 보여라. 또한 국내투자와 국내저축이 동일함을 보여라.

3. 다음 각 거래가 미국 국제수지에 어떤 영향을 미치는가? 구체적으로 어떤 계정에 어떤 영향을 미치는지 답하라(예 : 재화 및 서비스의 수입, 자산의 수출 등).(이 문제와 관련해서는 부록 1을 참고하는 것이 도움이 될 수 있다.)

a. 캘리포니아의 컴퓨터 제조업체가 말레이시아로부터 50달러짜리 하드디스크를 구입하고, 그 대금을 말레이시아 은행계좌로 입금했다.

b. 일본에 간 미국 여행객이 그의 아이패드를 현지인에게 100달러에 해당하는 엔화를 받고 팔았다.

c. 미국 중앙은행이 자신이 보유하고 있는 미국 재무부 증권을 영국 금융회사에 5억 달러를 받고 매각한 다음, 그것으로 파운드화를 외환준비금으로 구입했다.

d. 애플 주식을 보유한 외국 투자자들이 10,000달러의 배당금을 지급받아 뉴욕은행에 입금했다.

e. 중국의 한 기업이 미국에 100만 달러어치 장난감을 수출하여 받은 대금을 중국 중앙은행이 매입하여 준비금으로 보유하고 있다.

f. 미국 정부가 어떤 개도국의 5,000만 달러 채무를 탕감해주었다.

4. 가상의 나라 이코노미아는 2010년 경상수지 적자가 10억 달러이고, 준비금제외 금융수지 적자가 7억 5,000만 달러이다. 자본수지는 1억 달러 흑자이다. 또한 외국에 소재한 이코노미아의 공장에서 벌어들인 돈이 7억 달러이다. 무역적자는 8억 달러이다. 경상이전은 전혀 없다고 하자. 이코노미아의 GDP는 90억 달러이다.

a. 2010년 이코노미아의 해외 순자산에는 어떤 변화가 발생했는가? 외국인이 이코노미아의 자산을 구입한 것과 이코노미아가 외국자산을 구입한 것 중 어느 쪽이 더 많은가?

b. 공적결제수지(OSB)를 계산하라. 중앙은행의 (외환)준비금은 어떻게 변했는가?

c. 2010년에 외국 생산요소가 이코노미아에서 취득한 소득은 얼마인가?

d. 국외순수취요소소득(NFIA)을 계산하라.

e. 국제수지 항등식, 즉 $BOP = CA + KA - FA = 0$이 성립하는지 보여라.

f. 이코노미아의 국민총지출(GNE), 국민총소득(GNI), 국민총처분가능소득(GNDI)을 계산하라.

5. 이번 질문에 답하기 위해서는 미국 경제분석국(BEA), http://www.bea.gov에서 미국 국제수지(International Transactions) 자료를 구해야 한다. 웹사이트에서 'Interactive Data'를 선택하여 2008년 연간 데이터를 구하라(기본 설정은 분기별 데이터임). 표를 다운로드 받기 위해서는 웹사이트에 좀 익숙해져야 할 것이다. BOP 계정의 Table 1.1만 있으면 된다. 해당 BOP 데이터를 이용해서 다음 질문에 답하라.

a. 무역수지(TB), 국외순수취요소소득(NFIA), 국외순수취경상이전(NUT), 경상수지(CA)

b. 금융계정(FA)

c. 미국 준비자산 계정

d. 직접투자, 증권투자, 기타투자

e. 경상수지와 자본수지의 합이 금융수지와 동일한가? 만약 동일하지 않다면 통계적 불일치 항목이 그 차이를 정확히 상쇄시키는지 확인하라.

6. 앞 문제에 계속 이어서, 미국의 2008년 명목 GDP를 구하라(BEA 사이트에서 구할 수 있다). GDP 정보와 앞 문제의 계산 결과를 활용하여 다음을 계산하라.

a. 국민총지출(GNE), 국민총소득(GNI), 국민총처분가능소득(GNDI)

b. 거시경제학에서 정책변화나 충격이 경제에 미치는 영향을 분석할 때 종종 미국경제를 폐쇄경제로 가정한다. 위에서 계산한 BOP 및 GDP 데이터로 판단할 때 폐쇄경제 가정이 합당하다고 생각하는가? 미국의 경우 국제적 거래가 전체 거래(재화 및 서비스 혹은 소득)에서 큰 부분을 차지하는가?

7. 1980년대에 미국은 경상적자와 재정적자라는 '쌍둥이 적자'를 경험했다. 1998년 이후 미국의 경상수지 적자는 정부 재정적자와 함께 꾸준히 늘어났다. 정부 재정적자가 경상수지 적자를 야기하는가? 경상적자의 다른 원천에는 어떤 것들이 있는가? 경상수지 적자가 반드시 문제인가?

8. 오퓰렌자라는 가상의 경제가 있다. 2012년 이 나라는 4억 달러의 국내투자를 통해 2,000만 달러의 자본이득을 얻었다. 이에 따라 오퓰렌자는 같은 해 1억 2,000만 달러의 외국자산을 새로 사들였다. 외국인들이 구입한 오퓰렌자의 자산은 1억 6,000만 달러였다. 가치평가 효과는 총 100만 달러의 자본이득이 있었다.(부록 : 대외부 및 총부 참조)

a. 오퓰렌자의 국내부 변화를 계산하라.

b. 오퓰렌자의 대외부 변화를 계산하라.

c. 오퓰렌자의 총부의 변화를 계산하라.

d. 오퓰렌자의 국내저축을 계산하라.

e. 오퓰렌자의 경상수지를 계산하라. 적자인가 흑자인가?

f. 오퓰렌자의 경상수지 적자/흑자를 오퓰렌자의 저축, 금융흐름, 국내부/대외부 포지션과 연관시켜 그 의미를 설명하라.

g. 오퓰렌자 통화의 가치하락이 국내부, 대외부, 총부에 어떤 영향을 미치는가? 오퓰렌자가 보유한 외국자산은 외국통화로 표시되어 있다고 가정하자.

9. 이번 장에서 설명한 방식을 이용하여 2004년 미국에 대해 가치평가 효과를 계산해보자. 이를 위해서는 미국 경제분석국(BEA) 웹사이트 http://www.

bea.gov에서 미국의 2004년 국제수지(International Transactions) 및 국제투자포지션(IIP) 데이터를 구해야 한다. 웹사이트에서 'Interactive Data'를 선택하여 2004년 연간 데이터를 구하라(기본 설정은 분기별 데이터임). 표를 다운로드 받기 위해서는 웹사이트에 좀 익숙해져야 할 것이다.

a. 2004년 미국의 경상수지는?

b. 2004년 미국의 금융계정 수지는?

c. 2004년 미국의 대외부 변화는?

d. 2004년 미국의 총 가치평가 효과는?

e. (d)의 답은 (c)에서 (b)를 뺀 것과 일치하는가? 그 이유는?

f. 2004년 환율변화에 의한 가치평가 효과는?

이제 2004년 미국 달러가 주요 통화에 대해 평균 10% 절하됐다고 가정하자. 이를 이용하여 가치평가 효과를 추정하라.

g. 2003년 말 미국의 대외부채는 얼마인가? 만약 이 중 5%가 외국통화 표시여서 환율변동의 영향을 받는다면 미국 대외부는 얼마나 줄어드는가?

h. 2003년 말 미국의 대외자산은 얼마인가? 만약 이 중 65%가 외국통화 표시여서 환율변동의 영향을 받는다면 미국 대외부는 얼마나 늘어나는가?

i. (g)와 (h) 답에 근거할 때, 환율변동으로 인한 2004년 미국의 가치평가 효과는 대략 얼마인가? 이것은 (f)의 BEA 발표 수치와 비슷한가?

네트워크

각자 자국의 거시경제 데이터를 제공하는 공식 사이트를 이용하여 이 장에서 설명한 지표들을 가장 최근의 연간 데이터로 구해보자(한국은 한국은행 경제통계 시스템 http://ecos.bok.or.kr/을 이용하면 된다). 자국의 GDP가 GNE보다 더 큰가 작은가? 그 이유는? 자국의 GNI가 GDP보다 더 큰가 작은가? 그 이유는? GNDI는 어떠한가? 자국이 경상이전 수취국인가, 아니면 공여국인가?

부록

대외부 및 총부

이 장에서 우리는 대외부에 대해 공부했다. 그러나 개인이나 나라 모두 대외부보다 더 중요한 것은 부의 총액이다. 대외부와 부의 총액은 어떤 관련이 있는가?

대외부는 **총부**(total wealth)의 일부분이다. 한 나라의 총부는 자국의 자본량(자국의 모든 비금융자산으로서 K로 표시)에다 외국이 자국에 갚아야할 금액(A)을 더한 다음 자국이 외국에 갚아야 할 금액(L)을 뺀 것이다.

$$\text{총부} \;=\; \underbrace{K}_{\substack{\text{자국의} \\ \text{비금융자산}}} \;+\; \underbrace{(A-L)}_{\text{대외부}}$$

이 정의에서 주목해야 하는 것은 국내 경제주체들끼리의 금융자산은 포함시키지 않았다는 점이다. 왜냐하면 이 부분은 서로 상쇄되어 총부에 전혀 기여하지 못하기 때문이다.

총부의 변화는 다음과 같다.

$$\begin{bmatrix} \text{총부의} \\ \text{변화} \end{bmatrix} = \underbrace{\begin{bmatrix} K \\ \text{순증가} \end{bmatrix} + \begin{bmatrix} A-L \\ \text{순증가} \end{bmatrix}}_{\text{순증가(취득 마이너스 처분)}} + \underbrace{\begin{bmatrix} K\text{에 대한} \\ \text{자본이득} \end{bmatrix} + \begin{bmatrix} A-L\text{에 대한} \\ \text{자본이득} \end{bmatrix}}_{\text{가치평가 효과(이득 마이너스 손실)}}$$

(개인이나 국가 모두) 부의 총액은 두 가지 요인으로 변화한다. 하나는 자산의 순증가(구입, 판매, 증여 등)이고, 다른 하나는 가치평가 효과(자산 가격의 변화에 따른 자본이득 혹은 자본손실)이다.

위 식을 약간 다른 형태로 바꿀 수 있다. 첫째, 국내 자본량 K의 순증가는 다름 아닌 투자 I이다.[정확히 말하면 투자는 자본량의 총 증가분이며, 순증가를 구하기 위해서는 감가상각분을 빼야 하는데, 위 식에서 보듯이 이는 가치평가 효과(감가상각만큼 가치가 하락)에 의해 반영된다.]

둘째, 대외부($A-L$)의 증가는 대외자산(A)의 순증가에서 대외부채(L)의 순증가를 뺀 것이다. 이는 본문에서 본 대로 바로 금융계정 FA이다.

위 두 가지를 대입하면 식은 다음과 같다.

$$\begin{bmatrix} \text{총부의} \\ \text{변화} \end{bmatrix} = \underbrace{I}_{\substack{K\text{ 순증가} \\ = \\ \text{자국 내 자산} \\ \text{순증가}}} + \underbrace{FA}_{\substack{A-L\text{ 순증가} \\ = \\ \text{자국의 자산} \\ \text{순수입}}} + \underbrace{\begin{bmatrix} K\text{에 대한} \\ \text{자본이득} \end{bmatrix} + \begin{bmatrix} A-L\text{에 대한} \\ \text{자본이득} \end{bmatrix}}_{\text{가치평가 효과(이득 마이너스 손실)}}$$

그런데 BOP 항등식에 의해 $CA + KA - FA = 0$이 성립한다. 따라서 $CA + KA$는 FA와 같다.

따라서 위 식을 다음과 같이 쓸 수 있다.

$$
\begin{bmatrix} 총부의 \\ 변화 \end{bmatrix} = I + CA + KA + \underbrace{\begin{bmatrix} K에\ 대한 \\ 자본이득 \end{bmatrix} + \begin{bmatrix} A{-}L에\ 대한 \\ 자본이득 \end{bmatrix}}_{\text{가치평가 효과(이득 마이너스 손실)}}
$$

이로써 BOP 항등식이 대외자산 교역을 경상계정과 연결시켜주었다. 여기서 한 걸음 더 나아가 경상수지 항등식 $S = I + CA$를 이용하면 위 식은 다음과 같이 된다.

$$
\begin{bmatrix} 총부의 \\ 변화 \end{bmatrix} = S + KA + \underbrace{\begin{bmatrix} K에\ 대한 \\ 자본이득 \end{bmatrix} + \begin{bmatrix} A{-}L에\ 대한 \\ 자본이득 \end{bmatrix}}_{\text{가치평가 효과(이득 마이너스 손실)}}
$$

이 식이 의미는 분명하다. 개인을 생각하면 이해가 쉬운데, 더 많이(적게) 부자가 되는 방법은 딱 세 가지이다. 저축을 더 많이(적게) 하거나, 자산 증여를 받거나(주거나), 자본이득(자본손실)의 행운(불행)이 찾아오는 것이다. 개인의 부와 마찬가지로 나라의 총량적인 부에 대해서도 이것이 성립하는 것을 알 수 있다.

생산, 환율, 단기 거시경제정책

B국 생산물에서 A국 생산물로 수요가 이동하는 경우 B국 통화의 절하 또는 A국 통화의 절상이 발생하여 대외적 불균형이 해소되며, B국의 실업과 A국의 인플레이션도 완화된다. 이것이 변동환율제의 가장 큰 장점이다.

로버트 먼델, 1961

통화적 대응에 의해 불황을 더욱 악화시키는 [고정환율] 시스템을 싫어하는 것은 충분히 이해하지만, 의심할 바 없이 이 시스템이 호황을 더욱 강화하는 데도 기여한다는 사실을 [사람들은] 잊어 먹는다.

알렉 포드, 1962

2008년 글로벌 금융위기 이후 환율변동이 훨씬 심해지고, 환율 문제가 다시 한 번 경제, 금융, 정치적 논쟁에서 세계적 중요성을 갖게 됐다. 2010년 말 브라질 재무장관 기도 만테가는 미국의 양적완화로 브라질 헤알이 절상되자 새로운 '통화전쟁'이라고 불만을 표출함으로써 1930년대의 유령이 되살아난 느낌을 갖게 했다. 2013년 초 유로가 강세를 보이자 이번에는 독일 중앙은행 분데스방크의 옌스 바이트만 총재가 통화전쟁이란 용어를 다시 사용했다. 이에 반해 당시 미국 연준의 벤 버냉키 의장이나 영국 영란은행의 머빈 킹 총재는 자신들의 환율 움직임(달러 및 파운드의 절하)에 대해 별다른 우려를 나타내지 않았다. 브라질이나 독일은 왜 불만을 표출했을까? 그에 반해 왜 미국과 영국은 그토록 느긋했을까? 그들의 태도에서 알 수 있듯이 환율은 경제전반에 중요한 영향을 미친다.

지금까지 우리는 환율을 경제의 다른 실물 활동과 연관시켜 분석하지 않았다. 10장부터 12장까지 살펴본 환율이론에서 경제의 생산수준은 주어진 것으로 간주됐다. 그러나 개방경제가 어떻게 작동하는지 제대로 이해하기 위해서는 우리의 이론을 확대하여 환율과 생산이 모두 변동할 때 어떤 일이 발생하는지 살펴봐야 한다. 이를 위해서는 앞 장에서 공부한 여러 거시경제 총량 변수들(생산, 소득, 소비, 투자, 무역수지 등)이 개방경제 하에서 어떤 식으로 움직이고 충격에 반응하는지 이해해야 한다.

이 장에서 공부할 모형은 폐쇄경제 거시경제학 연구에서 광범위하게 쓰이는 케인즈의 IS-

LM 모형을 개방경제에 맞게 변형시킨 것이다. 케인즈 모형에서 핵심 가정은 물가가 단기적으로 '경직적(sticky)'이어서 생산이 재화시장의 수요에 의해 결정된다는 것이다. 이 모형은 개방경제에서 주요 거시경제 변수들이 단기적으로 어떤 관계를 맺고 있는지 보여줄 것이다.

이 모형을 이용하여 많은 정책적 이슈들을 분석할 수 있다. 통화 및 재정정책이 경제에 어떤 영향을 미치는지, 경제를 안정시키고 완전고용을 유지하기 위해서는 어떻게 해야 하는지 알 수 있다. 이 장에서 배우게 될 핵심 교훈은 거시경제 정책의 실행가능성과 유효성이 환율제도 유형에 결정적으로 의존한다는 점이다.

1 개방경제의 수요

거시경제적 경기변동을 이해하기 위해서는 단기적 교란요인이 경제의 세 가지 주요 시장, 즉 재화시장, 화폐시장, 외환시장에 어떤 영향을 미치는지 제대로 이해해야 한다. 앞에서 우리는 외환시장과 화폐시장에 대해 공부했다. 그러나 재화시장과 관련해서는 그동안 생산이 어떤 정해진 수준 $\overline{Y}$에 고정돼 있는 것으로 가정했다. 이는 완전고용 생산수준으로서 장기적으로는 경제가 이 수준에 도달하는 것으로 가정할 수 있다. 즉 노동, 자본 등 모든 생산요소의 시장가격이 변동하여 이들 생산요소가 모두 고용되는 방향으로 조정된다는 것이다. 그러나 생산과 고용에 대한 이러한 가정은 장기적으로만 유효하다. 경제활동의 단기적 변동을 이해하기 위해서는 가격이 경직적인 단기에 적용할 수 있는 케인즈 모형을 배워야 하며, 이를 통해 수요의 변동이 실물경제 활동의 변동에 어떤 영향을 미치는지 분석할 수 있다. 우선 분석에 필요한 가정들에 대해 살펴본 다음, 수요가 어떻게 정의되고, 왜 변동하는지부터 살펴보자.

기본 가정

이 장에서는 단기적 경기변동에 대해 배우는데, 두 나라만 존재하는 단순하고 추상적인 세계를 설정한다. 우리의 주된 관심은 자국 경제이다. 외국의 변수에 대해서는 별표(*)를 표시한다. 여기에서 외국이란 자국을 제외한 나머지 모든 나라로 간주될 수 있다. 주요 가정은 다음과 같다.

- 분석 기간이 단기이기 때문에 자국 및 해외의 물가수준 $\overline{P}$와 $\overline{P}^*$는 고정돼 있는 것으로 가정한다. 이 경우 예상인플레이션(π^e)은 0으로 고정된다. 가격이 고정돼 있고 인플레이션이 없기 때문에 모든 가치는 실질이면서 동시에 명목으로 간주될 수 있다.
- 정부지출 $\overline{G}$와 조세 $\overline{T}$는 일정 수준으로 고정돼 있으며, 정책 변화의 영향을 받는 것으로 가정한다.
- 외국의 생산 $\overline{Y}^*$나 이자율 $\overline{i}^*$와 같은 외국의 경제상황은 일정하게 주어진 것으로 가정한다. 우리의 주요 관심이 자국경제의 균형 및 변동이기 때문이다.
- 소득은 생산과 동일하다고 가정한다. 즉 국내총생산(GDP)은 국내처분가능소득(GNDI)과 동일하다. 국민계정에 따르면, 이 둘의 차이는 국외순수취요소소득(NFIA)과

국외순수취경상이전(NUT)을 합한 것이다. 이들 추가적인 소득을 고려할 경우 약간 복잡해지기는 하지만 본질적인 내용에는 전혀 변화가 없다. 따라서 NFIA 및 NUT를 0으로 가정하기로 한다. 이 경우 경상수지(CA)는 무역수지(TB)와 동일해진다. 따라서 이 장에서는 앞으로 이를 무역수지로 부르기로 한다.

우리의 주된 목적은 자국에서 단기적으로 생산(소득)이 어떻게 결정되는지 이해하는 것이다. 국민계정에서 배운 것처럼 자국에서 생산한 재화 및 서비스에 대한 총지출 혹은 총수요는 네 가지 항목으로 구성되어 있다. 즉 소비, 투자, 정부소비, 무역수지이다. 이하에서는 이들 각 항목이 단기적으로 어떻게 결정되는지 살펴보고, 경제 전체적으로 수요와 공급이 균형을 이루는 단기 균형에 대해 살펴본다.

소비

총량적 민간소비에 대한 가장 간단한 모형은 가계의 **소비**(consumption) C를 **가처분소득**(disposable income) Y^d와 연결시킨다. 13장에서 배웠듯이 가처분소득은 가계가 수취한 세전 총소득에서 가계가 지불한 세금 $\overline{T}$를 뺀 것이다. 즉 $Y^d = Y - \overline{T}$이다. 소비자는 가처분소득이 높아질수록 더 많이 소비하는 경향이 있다. 소비와 가처분소득의 함수 관계를 소비함수(consumption function)라 부른다.

$$\text{소비} = C = C(Y - \overline{T})$$

그림 14-1에 전형적인 소비함수의 형태가 나와 있다. 가처분소득이 증가할 때 소비가 증가하기 때문에 기울기가 우상향이다.

위 식을 케인즈 소비함수(Keynesian consumption function)라 한다. 일부 경제이론에서는 어떤 기간의 소비가 반드시 그 기간의 소득에 의존할 필요는 없고 오히려 전체 생애 자원, 즉 부(wealth)에 의존하는 것으로 간주한다. 소위 소비의 평활화(smoothing)가 바람직하며, 가능

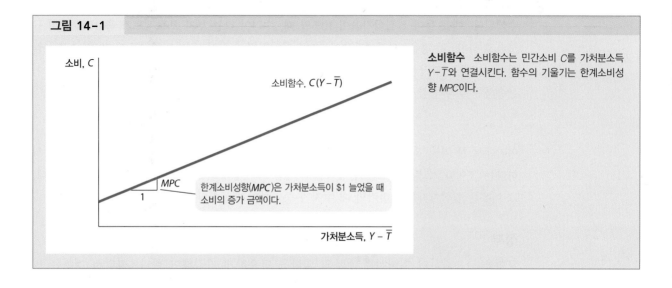

그림 14-1

소비, C

소비함수, $C(Y - \overline{T})$

MPC

1

한계소비성향(MPC)은 가처분소득이 \$1 늘었을 때 소비의 증가 금액이다.

가처분소득, $Y - \overline{T}$

소비함수 소비함수는 민간소비 C를 가처분소득 $Y - \overline{T}$와 연결시킨다. 함수의 기울기는 한계소비성향 MPC이다.

하다는 것이다. 이에 반해 케인즈 소비함수에서는 민간소비가 해당 기간의 소득 변화에 민감한 것으로 가정한다. 단기에서는 이 가정이 현실에 더 잘 부합하는 것으로 생각된다. 연구에 따르면 가계나 국가 차원에서는 소비 평활화 현상이 그다지 뚜렷하지 않다.

한계효과 소비함수는 소비 수준을 가처분소득의 수준과 연결시킨다. 그러나 우리가 보다 관심을 갖는 것은 균형상태에서 정책충격이나 기타 충격 등의 변화가 발생할 때 이들 변수의 반응이다. 이와 관련하여 소비함수의 기울기인 **한계소비성향**(MPC : marginal propensity to consume)의 개념이 중요하다. 이는 가계의 가처분소득이 1달러 늘었을 때 그중 얼마가 소비에 쓰이는지를 말해준다. 우리는 일반적으로 MPC가 0과 1 사이의 값을 갖는 것으로 가정한다. 즉 소비자가 가처분소득을 추가적으로 1단위(유로, 달러, 엔 등) 더 가졌을 때, 그들은 그중 일부만을 소비하고 나머지는 저축을 한다고 본다. 예를 들어 가처분소득이 1달러씩 늘어날 때마다 그중 0.75달러를 소비한다면 MPC는 0.75이다. 이때 한계저축성향(MPS : marginal propensity to save)은 1−MPC가 된다. 이 예에서 MPS = 0.25이다. 즉 가처분소득이 1달러 증가할 때 0.25달러를 저축한다.

투자

총량적 투자에 대한 가장 간단한 모형은 투자에 대해 두 가지 주요 가정을 둔다. 기업들은 실질수익이 다양한 여러 가지 투자 프로젝트 중에서 선택할 수 있다는 것과, 기업이 어떤 프로젝트에 자본을 투자하기 위해서는 실질수익이 자본조달 비용을 상회해야 한다는 것이다. 기업의 조달비용은 **예상실질이자율**(expected real interest rate) r^e로서 이는 명목이자율 i에서 예상인플레이션율 π^e를 뺀 것이다. 즉 $r^e = i − \pi^e$이다. 이처럼 일반적으로는 예상실질이자율이 명목이자율뿐만 아니라 예상인플레이션의 영향도 받지만 우리가 가정한 대로 예상인플레이션이 0인 경우에는 예상실질이자율은 명목이자율과 동일하다. 즉 $r^e = i$ 이다.

경제의 예상실질이자율이 하락하면 조달비용이 낮아지기 때문에 더 많은 투자 프로젝트가 수행된다. 예를 들어 실질이자율이 10%일 때, 수익이 나는 투자 프로젝트가 총 10억 달러 규모라고 하자. 이 경우, 실질이자율이 5%로 떨어지면 수익이 나는 프로젝트가 20억 달러로 늘어날 수 있다. 따라서 우리는 투자 I를 실질이자율의 감소함수로 가정한다. 즉 실질이자율이 상승하면 투자가 감소한다.

$$투자 = I = I(i)$$

여기에서 한 가지 유의할 점은 예상인플레이션이 0일 때만 실질이자율이 명목이자율과 동일하다는 것이다. 그림 14-2는 전형적인 투자함수의 형태를 보여준다. 기울기가 우하향인데, 그 이유는 실질이자율이 하락할 때 투자가 증가하기 때문이다.

정부

모형을 단순화하기 위해서는 정부의 역할을 단순하게 가정해야 한다. 따라서 정부는 민

그림 14-2

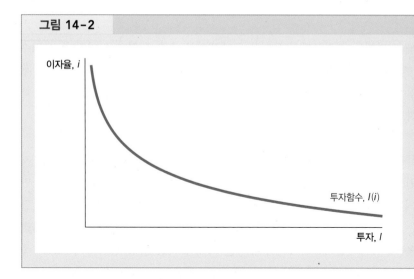

투자함수 투자함수는 투자 *I*를 예상실질이자율과 연결시킨다. 예상인플레이션율 π^e이 0인 경우(이 장에서는 이렇게 가정함), 예상실질이자율은 명목이자율 *i*와 동일하다. 투자함수의 기울기는 우하향이다. 즉 실질조달비용이 하락하면 더 많은 투자 프로젝트가 수익성을 갖는다.

간가계에서 **조세**(taxes) *T*를 징수하고 재화 및 서비스를 구매하는 데 **정부소비**(government consumption) *G*를 지출하는 것으로 가정한다.

정부소비에는 모든 공공부문에서 구입한 재화 및 서비스에 대한 실제 지출만 포함된다. 예를 들어 *G*에는 군사장비 및 인력, 운송 및 사회기반시설, 공립 대학 및 학교 등이 포함된다. 반면 사회보장, 건강보험, 실업급여제도 등 가계 간에 소득을 재분배하는 효과를 갖는 정부의 **소득이전 프로그램**(transfer programs)과 관련된 지출은 제외된다. 이런 지출은 **총량적으로는** 재화 및 서비스에 대한 총지출에 어떤 변화도 낳지 않고 단지 지출의 주체만을 바꾸기 때문이다.(소득이전은 음(–)의 조세 성격을 지니고 있으며, 그런 의미에서 *T*의 일부로 간주될 수 있다.)

가능성이 낮기는 하지만, 만약 정부지출이 정확히 조세와 동일한 경우, 즉 *G* = *T*인 경우를 **균형재정**(balanced budget)이라 부른다. 만약 *T* > *G*이면 정부가 (*T* – *G*만큼의) **재정흑자**(budget surplus) 상태에 있다고 말한다. 반대로 만약 *T* < *G*이면 정부가 (*G* – *T*만큼의) **재정적자**(budget deficit) 상태에 있다고 말한다(혹은 *T* – *G*만큼의 음(–)의 재정흑자이다).

재정정책은 정부가 조세 *T*와 정부지출 *G*의 수준을 결정하는 것을 말한다. 여기에서 우리는 정부가 왜 그런 정책적 선택을 하는지, 또는 어떻게 하는지 구체적인 것을 다루지는 않는다. 단지 우리는 간단한 가정을 두기로 한다. 즉 단기적으로 조세 및 정부지출은 외생적으로 어떤 고정된 수준으로 정해진다.

$$\text{정부구매} = G = \overline{G}$$
$$\text{조세} = T = \overline{T}$$

정책결정자는 언제든 조세 및 정부지출의 수준을 바꿀 수 있다. 이러한 변화가 경제에 미치는 영향에 대해서는 이 장에서 조만간 다룬다.

무역수지

국제수지를 다룰 때 설명했듯이 외국과의 무역은 국내생산물 수요에 영향을 미친다. 무역수지(수출에서 수입 뺀 것)는 그 크기를 측정한다. 그런데 여기에서 모형을 만들기 위해서는 무엇이 무역의 흐름을 촉진하는지 알아야 한다. 우리는 무역수지에 영향을 미치는 세 가지 핵심 결정요인을 살펴보기로 한다. 그것은 실질환율, 자국의 소득수준, 외국의 소득수준이다.

실질환율의 역할 실질환율은 어떤 역할을 하는가? 다시 한 번 조지를 떠올려보자. 파리를 자주 여행하는 미국인으로서 수년 동안 진행된 달러약세가 그의 여행경비에 영향을 미쳤다. 만약 미국과 프랑스의 물가가 경직적이라면(유로 및 미국 달러 기준으로 불변이라면), 미국 달러 가치가 떨어지는 경우 프랑스의 재화 및 서비스는 달러 기준으로 더 비싸진다. 이에 따라 조지가 파리 여행을 포기하고 캘리포니아에서 휴가를 보내야 되는 상황에 이를 수 있다. 총량적으로 실질환율의 변화에 따라 지출패턴이 바뀌는 것을 **지출전환**(expenditure switching)이라 한다. 우리 예에서는 외국 구매에서 자국 구매로 지출전환이 발생했다.

지출전환은 한 나라의 수출 및 수입의 수준을 결정하는 주요 요인이다. 환율의 장기적 움직임을 분석할 때 배웠듯이 실질환율은 외국 경제의 재화 및 서비스의 가격이 자국 경제의 재화 및 서비스의 가격에 비해 어느 정도인지를 말해준다. 만약 자국의 환율이 E이고 자국의 물가수준이 $\overline{P}$(단기적으로 고정), 그리고 외국 물가수준이 $\overline{P}^*$(역시 단기적으로 고정)라면, 자국의 실질환율 q는 $q = E\overline{P}^*/\overline{P}$로 정의된다.

예를 들어 자국이 미국이고, 기준 바스켓의 가격이 \$100이라 하자. 또한 캐나다에서는 동일 바스켓이 C\$120이고 환율은 캐나다 달러당 \$0.90이라 하자. 실질환율 $q = E\overline{P}^*/\overline{P}$에서 분자 $E\overline{P}^*$은 외국의 재화 가격을 자국 통화 기준으로 전환한 것으로 \$108 = 120 × 0.90이다. 한편 분모 $\overline{P}$는 자국 재화의 자국 통화 가격으로 \$100이다. 이 둘의 비율이 실질환율로서 $q =$ \$108/\$100 = 1.08이다. 이것은 외국의 재화 가격을 자국 재화 기준으로 나타낸 것이다. 이 예에서는 캐나다 바스켓의 가격이 미국 바스켓의 1.08배로서 캐나다 재화가 미국 재화에 비해 더 비싸다.

자국의 실질환율이 상승하면(실질절하), 외국 재화가 자국 재화에 비해 더 비싸지는 것을 의미한다. 실질환율이 상승하면 자국 및 외국 소비자들은 지출전환으로 반응한다. 이에 따라 자국에서는 (자국 소비자가 자국 재화 구매로 전환함에 따라) 수입을 덜 하게 되고, (외국 소비자가 자국 재화 구매로 전환함에 따라) 수출을 더 하게 된다. 우리는 경제논쟁이나 뉴스를 통해 이와 관련된 내용을 자주 접하게 된다(**헤드라인 : 통화전쟁이 시작됐다!**, **헤드라인 : 카레무역** 참조). 이상의 논의에서 다음과 같은 첫 번째 결론이 도출된다.

- 자국 무역수지는 자국 실질환율의 증가함수로 간주될 수 있다. 즉 자국 실질환율이 상승하면(절하되면), 수출이 늘어나고 수입이 줄어 무역수지가 개선된다.

소득수준의 역할 무역수지를 결정하는 또 다른 요인으로 생각해볼 수 있는 것은 각 나라의 소득수준이다. 앞에서 소비함수를 논의할 때 설명했듯이 국내 가처분소득이 증가하는 경우 소비자들은 모든 종류의 소비에 대한 지출을 늘리는 경향이 있으며, 거기에는 외국 재화에 대한 소비도 포함된다. 따라서 두 번째 결론은 다음과 같다.

■ 자국 소득이 증가하면 자국의 수입이 늘어나며 이에 따라 자국의 무역수지가 악화된다.

마찬가지로 외국의 소득이 증가하면 외국의 자국 재화에 대한 지출이 늘어나기 때문에 자국의 수출이 증가한다. 세 번째 결론은 다음과 같다.

■ 외국 소득이 증가하면 자국의 수출이 늘어남에 따라 자국의 무역수지가 개선된다.

이상 세 가지 결론을 종합하면 무역수지를 다음과 같이 세 가지 변수, 즉 실질환율, 자국의 가처분소득, 외국의 가처분소득의 함수로 쓸 수 있다.

$$TB = TB(\underbrace{E\overline{P}^*/\overline{P}}_{증가함수},\ \underbrace{Y - \overline{T}}_{감소함수},\ \underbrace{Y^* - \overline{T}^*}_{증가함수})$$

그림 14-3은 다른 모든 것이 동일할 때(즉 자국 및 외국의 가처분소득이 고정돼 있을 때), 자국의 무역수지와 실질환율의 관계를 보여준다. 무역수지는 실질환율 $E\overline{P}^*/\overline{P}$의 증가함수이다. 즉 양자의 관계는 우상향의 기울기를 갖는다. 그 이유는 실질환율이 상승하면(실질절하) 수출 증가와 수입 감소에 의해 무역수지 TB가 개선되기 때문이다. 이 변화는 곡선상의 이동이다.

이로써 실질환율이 무역수지에 미치는 영향을 살펴보았다. 그렇다면 생산의 변화는 어떤 영향을 미칠까? 그림 14-3에 자국 생산의 증가가 무역수지에 미치는 영향이 나와 있다. 어떤 주어진 실질환율 하에서 자국의 생산 증가는 수입에 대한 지출을 늘림으로써 무역수지를

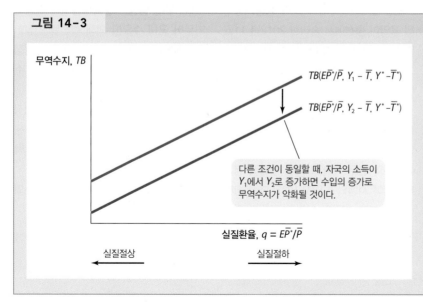

그림 14-3

무역수지, TB

$TB(E\overline{P}^*/\overline{P},\ Y_1 - \overline{T},\ Y^* - \overline{T}^*)$

$TB(E\overline{P}^*/\overline{P},\ Y_2 - \overline{T},\ Y^* - \overline{T}^*)$

다른 조건이 동일할 때, 자국의 소득이 Y_1에서 Y_2로 증가하면 수입의 증가로 무역수지가 악화될 것이다.

실질환율, $q = E\overline{P}^*/\overline{P}$

← 실질절상   실질절하 →

무역수지와 실질환율 무역수지는 실질환율 $E\overline{P}^*/\overline{P}$의 증가함수이다. 실질절하($q$의 상승)가 발생하면 외국의 재화가 국내 재화에 비해 더 비싸지기 때문에 수출이 증가하고 수입은 감소하여 무역수지(TB)가 개선된다. 무역수지는 소득에도 의존한다. 만약 소득수준이 상승하면 소득 중 일부분이 수입재 소비에 지출될 수 있다. 예를 들어 자국의 소득이 Y_1에서 Y_2로 증가하면 어떤 주어진 실질환율에서 무역수지가 악화되기 때문에 무역수지함수가 아래쪽으로 이동할 것이다.

헤드라인

....

통화전쟁이 시작됐다!

2010년 브라질 재무장관은 다른 나라들이 '통화전쟁'에 나서고 있다고 비난했다. 이들 나라의 정책으로 인해 브라질 통화인 헤알이 주요 교역 상대국에 대해 강세를 보이고 있으며, 그에 따라 브라질의 수출 경쟁력이 타격을 입어 무역 수지 적자가 심화되고 있다는 것이다. 이러한 주장과 두려움은 브라질뿐 아니라 그 후 세계 곳곳에서 터져 나왔다.

"통화 가치를 절하시키는 것은 어린애들이 이불에 오줌을 싸는 것과 같다." 미국 연준의 한 고위 관리는 이렇게 말했다. "처음에는 기분이 좋지만, 곧바로 엉망진창이 되기 때문이다."

최근 이런 현상이 베이징, 워싱턴, 동경 등 세계 주요국에서 발생하고 있다. 오줌 때문에 발생하는 지저분함이 글로벌 보호주의 소용돌이를 초래할 수 있다는 '통화전쟁'에 대한 경고가 여기저기서 들리고 있다.

이런 경고를 한 사람 중에는 세계 금융 및 정치계의 쟁쟁한 인사들이 포함되어 있다. 독일 총리인 앙겔라 메르켈, 미국 세인트루이스 연방준비은행 총재인 제임스 블라드, 독일 분데스방크의 총재인 옌스 바이트만, 이임이 멀지 않은 영국 영란은행의 머빈 킹 총재 등이다.…

통화전쟁은 1970년대 초 고정환율제를 근간으로 하는 브레튼우즈 체제가 붕괴된 이래 국제금융시장에서 빈번하게 발생하고 있다. 브라운 브라더스 해리만(Brown Brothers Harriman & Co.)의 통화전략 글로벌 책임자인 마크 챈들러는 "대부분의 정부가 자신의 통화가 매우 중요해서 시장에만 맡겨둘 수 없다고 믿는다."고 말한다. 이 때문에 정책결정자들은 종종 외환시장에 개입해서 자국 통화의 가치를 조작하려 한다.

중국이 대표적인 나라이다. 최근 중국은 수출 경쟁력을 위해 자국 통화를 약세로 유지하고 있다. 그러나 중국만 그런 것은 아니다. 피터슨 국제경제연구소의 수석 연구원인 프레드 버그스텐은 이를 가리켜 '경쟁과 보복'이라 칭한다.

최악의 경우 이러한 시장개입은 '근린궁핍화(beggar thy-neighbor)' 정책을 초래할 수 있다. 다른 나라의 희생 위에서 자국 경제를 개선시키려는 자기방어적 정책을 말한다.…

일본이나 미국 같은 선진국들이 침체에 빠진 자국 경제를 살리려고 초저금리에다 엄청난 통화발행에 나섬에 따라 이들 나라 통화가 약세 압력을 받았다. 확장적 통화정책은 기본적으로 국내수요를 자극하려는 것이었지만 통화가치에도 파급효과를 미쳤다.

일본의 경우 아베와 그의 성장지상주의 공약이 총선에서 승리한 2012년 11월 말 이후 엔화는 달러에 대해 10% 이상, 그리고 유로에 대해서는 15%가량 절하됐다.

이러한 움직임은 수출주도형 국가인 브라질이나 한국을 화나게 하고 있다. 뿐만 아니라 유럽도 동요하게 만들고 있다. 유로존의 경우 대체로 이런 통화적 경기부양책이 시행되고 있지 않다. 그런 상태에서 일본과 미국의 이러한 정책이 자신의 경제를 위축시키고 통화가치를 상승시키는 것을 짜증나게 지켜보고 있는 것이다.

음흉한 비밀 하나는 의도한 것이든 그렇지 않은 통화정책을 통해 자신의 통화를 절하시키는 방법이 재정정책이나 예산 문제를 둘러싼 논란을 피할 수 있는 지름길이라는 사실이다.

지금까지 국제통화시스템의 붕괴가 주기적으로 발생해왔다. 그렇다고 이번 통화전쟁이 붕괴로 이어질 것이라는 의미는 아니다.

우선은 상식이 회복되어 이웃나라를 힘들게 하거나 비난하는 위험한 게임을 끝내야 할 것이다. 또한 통화전쟁을 막을 책임이 있는 국제통화기금(IMF)이 나서서 휴전을 중재해야 할 것이다.

이런 방안들이 그럴듯하게 들리지 않는다면, 또 다른 가능성을 생각해볼 수 있다. 이런 엄청난 통화부양책이 성공을 거두어 국내 수요에 의해 촉진된 견실한 경기회복이 나타날 수 있다. 혹은 재정정책이 마침내 그 기능을 발휘하게 될 수 있다.

둘 중 어떤 것이든 그렇게 되면 경쟁적인 통화가치 절하의 유인이 사라지게 된다. 오히려 정부는 인플레이션 발생을 막기 위해 통화를 절상시키려 할 것이다.

성장이야말로 많은 병을 치료한다. 외환 요실금까지도.

....

출처 : Francesco Guerrera, "Currency War Has Started," *The Wall Street Journal*, February 4, 2013. Reprinted with permission of The Wall Street Journal, Copyright © 2013 Dow Jones & Company, Inc. All Rights Reserved Worldwide에서 발췌

헤드라인

카레무역

2009년 파운드가 유로에 대해 급격히 절하되자 영국해협을 건너는 식료품 배달이 유례없는 붐을 이루었다.

뉴캐슬로 석탄을 가져가는 것처럼 쓸데없는 일은 없을 것이다. 마찬가지로 빵과 와인의 고장 프랑스로 크루아상이나 바게트, 클라레(프랑스 보르도산 적포도주)를 수입하는 것은 더욱 말도 안 된다. 그러나 유로가 파운드에 강세를 보임에 따라 프랑스에 거주하는 수많은 영국인들이 인터넷으로 영국 슈퍼마켓에 식료품을 주문하고 있다. 거기에는 프랑스 특산품도 들어 있다.

영국 노샘프턴셔 브래클리 소재 유통회사인 스털링 쇼핑의 사이먼 구디너프 이사는 자신의 고객 중 2,500명이 프랑스에 사는 영국인으로 매주 식료품 운반 트럭이 다섯 차례 운행한다고 말한다.

"우리는 웨이트로즈, 세인즈버리, 마크앤스펜서 등의 식료품을 배달하지만, 가장 비중이 큰 것은 아스다 상품이다."라고 구디너프 이사는 말한다. … "이따

금 창고에 앉아 사람들이 주문하는 물건들을 보고 있자면 웃음이 나오기도 한다. 쇼핑백에 크루아상이나 바게트가 들어 있을 때도 있다. 또 세인즈버리에서 파는 베르주락 와인을 베르주락에 사는 고객에게 배달한 적도 있다. 이제는 입소문이 나서 프랑스 고객도 생겼다. 그들은 프랑스에서 살 수 없는 카레나 타코를 주문한다."…

구디너프에 따르면 프랑스에 사는 영국인 고객들 중 많은 사람들은 유로가 아닌 파운드 표시 연금이나 저축을 갖고 있다. "파운드 절하로 그들의 구매력이 지난 18개월 동안 30%나 떨어졌다."

영국 에식스의 레일리에서 라메이슨 리무벌이라는 유통회사를 운영하는 존 스티븐턴은 프랑스 중부 지역에 1,000여 명의 영국인 고객을 보유하고 있다.

그는 "간혹 수요를 맞추기 힘들 정도

이다."라고 말한다. … "프랑스에 있는 친구들이 영국 식료품 배달을 요청해 이러한 배달 서비스 사업을 생각하게 됐다. … 유로 강세 때문에 이런 식으로 절약할 수 있는 돈이 엄청나다. 고객들에 따르면 프랑스에서 식료품을 £100만큼 산다고 할 때, 이런 배달 서비스를 이용함으로써 우리한테 지불하는 15% 수수료를 빼고도 £30 정도를 절약할 수 있다."고 한다.

니키 번디(41세)는 프랑스 도르도뉴의 페리괴 부근에서 가족들과 4년여 거주해왔다. … "이런 식으로 식품을 사는 게 훨씬 싸다. … 프랑스 식료품이 훌륭한 것은 사실이다. 하지만 슈퍼마켓에서 쇼핑백 2개 정도 담아 나오려면 €100 정도는 내야 한다. 신선한 과일이나 채소는 여전히 프랑스에서 사지만 그 밖의 대부분은 아스다에서 사고 있다."

출처 : Leo Hickman, "Expat Orders for British Supermarket Food Surge on Strength of euro," *The Guardian, June 9, 2010. Copyright Guardian News & Media Ltd 2010에서 발췌

악화시킨다. 이 변화는 그래프 상에서 무역수지 곡선이 아래쪽으로 이동하는 것에 해당한다. 즉 어떤 주어진 $q = E\overline{P}^*/\overline{P}$에 대해 TB가 줄어든다.

한계효과 추가 설명 생산의 변화가 무역수지에 미치는 영향을 한계소비성향의 관점에서 생각해볼 수 있다. 자국의 생산이 $\Delta Y = \$1$만큼 증가했다고 해보자. 이 경우 다른 모든 조건이 동일하다면 자국의 수입이 $\Delta IM = \$MPC_F$만큼 증가한다($MPC_F > 0$). 여기에서 MPC_F를 수입재 한계소비성향(marginal propensity to consume foreign imports)이라 부른다. 예를 들어 $MPC_F = 0.1$이면, 소득이 $1 늘어나는 경우 $0.1은 수입재에 지출된다는 의미이다.

그렇다면 MPC_F가 앞에서 본 MPC와 어떤 관계가 있을까? 소득이 증가할 때 소비자는 재

화에 대한 소비를 늘리는데, 이때 재화는 자국재나 수입재 둘 중 하나이다. 따라서 전체 소비의 증가인 MPC는 자국재에 대한 소비 증가와 외국재에 대한 소비 증가의 합이어야 한다. 따라서 $MPC_H > 0$을 자국재 한계소비성향(marginal propensity to consume home goods)이라 할 때, $MPC = MPC_H + MPC_F$이 성립한다. 가령 $MPC_F = 0.10$이고 $MPC_H = 0.65$이면, $MPC = 0.75$이다. 이 경우 가처분소득이 \$1 증가할 때 자국 소비자는 75센트를 소비하는데, 그중 10센트는 수입재에, 그리고 65센트는 자국재에 지출하고, 나머지 25센트는 저축한다.[1]

적용사례

무역수지와 실질환율

우리는 실질환율이 상승하면 무역수지가 개선된다고 가정하고 있다. 이것은 현실에서도 뒷받침되는 주장인가? 그림 14-4는 미국의 무역수지(GDP 대비 비율) 추이를 미국의 실질환율(나머지 세계 대비)과 비교해서 보여준다.

미국이 자국이고, 나머지 세계가 '외국'이기 때문에 개별 외국과의 양자간 실질환율 q를 사용할 수 없다. 즉 종합 혹은 가중평균 실질환율이 필요하다. 특정 외국이 아니라 모든 다른 나라의 재화 가격을 미국 재화로 측정해야 하기 때문이다. 이를 위해서는 다자간 실질환율을 만들어야 한다.

가중치를 설정할 때 가장 일반적인 방법은 자국과의 교역 비중을 가중치로 사용하는 것이다. N개의 외국이 있다면, 자국의 총 교역액은 각 개별 국가와의 교역액을 모두 합친 것이다. 즉 Trade = Trade$_1$ + Trade$_2$ + ⋯ + Trade$_N$이다. 각 양자간 실질환율의 변화율에 교역가중치를 적용하여 가중평균하면 다음과 같이 다자간 실질환율 혹은 **실질실효환율**(real effective exchange rate)의 변화율이 된다.

$$\frac{\Delta q_{\text{effective}}}{q_{\text{effective}}} = \underbrace{\left(\frac{\text{Trade}_1}{\text{Trade}}\frac{\Delta q_1}{q_1}\right) + \left(\frac{\text{Trade}_2}{\text{Trade}}\frac{\Delta q_2}{q_2}\right) + \cdots + \left(\frac{\text{Trade}_N}{\text{Trade}}\frac{\Delta q_N}{q_N}\right)}_{\text{양자간 실질환율 변화율의 교역비중 가중평균}}$$

실질실효환율 변화율

예를 들어 전체 교역 중 1국의 비중이 40%이고 2국의 비중이 60%이며, 1국에 대해서는 실질절상이 10%이고 2국에 대해서는 실질절하가 30%인 경우 실질실효환율의 변화는 (40% × −10%) + (60% × 30%) = (0.4 × −0.1) + (0.6 × 0.3) = −0.04 + 0.18 = 0.14 = +14%이다. 즉 교역가중치 기준 14%의 실질실효절하를 경험한 것이다.

그림 14-4를 보면, 우리 모형의 예상대로 미국의 다자간 실질환율과 미국의 무역수지가 대체로 양(+)의 상관성을 보이고 있음을 알 수 있다. 미국이 실질절하를 경험한 시기에는 미국의 무역수지가 개선되는 경향이 있다. 반대로 실질절상 시기에는 대개 무역수지가 악화된

---

1 비슷한 계산을 수출함수에도 적용할 수 있다. 수출의 경우에는 외국의 수입재 한계소비성향에 의존할 것이다.

그림 14-4

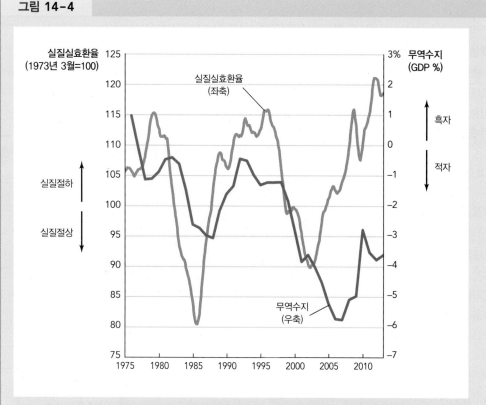

실질환율과 무역수지 : 미국, 1975~2012년 현실에서도 우리 모형이 예상한 대로 실질환율과 무역수지가 움직이는가? 그림을 보면 미국의 무역수지가 미국의 실질환율 지수와 상관성을 보이고 있다. 그런데 무역수지는 미국 및 세계 다른 나라의 가처분소득(혹은 다른 요인)의 영향도 받으며, 또한 실질환율이 영향을 미치는 데까지 시차가 있을 수 있다. 이 때문에 상관성이 완벽하지는 않다(특히 2002~2007년 미국에 소비 붐이 일었던 시기).

출처 : Federal Reserve Economic Data (FRED)

다. 그런데 그림에서 보듯이 실질환율과 무역수지의 관계가 완벽하지는 않다. 가령 (1980년 대 중반의 경우처럼) 실질절하와 무역수지 개선 간에는 시차가 있어 보인다. 왜 그런가? 수입 및 수출의 흐름은 실질환율 변화에 천천히 혹은 약하게 반응할 수 있다. 이에 따라 무역수지가 예기치 않은 방향으로 전개될 수 있다(**보조 자료 : 지출전환을 가로막는 장애물 : 전가 및 J 곡선** 참조) 또한 2002년부터 2007년 무렵을 보더라도 무역수지와 실질환율이 그다지 함께 움직이지 않는다. 그 이유는 다른 요인들, 예를 들면 감세나 군비지출 등이 추가적인 무역적 자 압력을 야기함으로써 미국의 전체 무역수지가 영향을 받았을 수 있다. ■

보조 자료

지출전환을 가로막는 장애물 : 전가 및 J 곡선

지출전환에 대한 기본적인 분석은 두 가지 핵심 메커니즘을 가정한다. 첫째, 명목절하가 실질절하를 야기해 외국 수입재의 가격을 국내 수출재에 비해 상승시킨다. 둘째 이와 같은 상대가격의 변화가 수입을 줄이고 수출을 늘려 무역수지를 개선시킨다. 그런데 실제로는 다음과 같은 이유들 때문에 이들 두 가지 메커니즘이 약하게 작동하거나 혹은 작동에 시차가 있을 수 있다.

무역의 달러통용화, 유통마진, 전가

우리 가정 중 하나는 가격이 현지 통화 기준으로 경직적이라는 것이다. 그런데 만약 어떤 재화의 국내 가격이 외국 통화로 표시되어 있다면 어떻게 될까?

예를 들어 보자. 일단 미국을 외국이라 하자. 자국에서 생산한 재화 바스켓을 1이라 했을 때 그중 d만큼이 미국 달러로 가격이 표시되어 있고, $\bar{P}_1$달러로 가격이 고정돼 있다고 하자. 나머지 $1-d$만큼은 자국 통화로 표시되어 있고, 자국 통화 $\bar{P}_2$로 가격이 고정돼 있다. 따라서 다음이 성립한다.

$$\begin{pmatrix} \text{달러 표시} \\ \text{자국 재화로 평가한} \\ \text{외국 재화의 가격} \end{pmatrix} = \frac{E \times \bar{P}^*}{E \times \bar{P}_1} = \frac{\bar{P}^*}{\bar{P}_1}, \text{가중치} = d$$

$$\begin{pmatrix} \text{자국 통화 표시} \\ \text{자국 재화로 평가한} \\ \text{외국 재화의 가격} \end{pmatrix} = \frac{E \times \bar{P}^*}{\bar{P}_2}, \text{가중치} = 1-d$$

이 경우 자국에서 생산한 모든 재화로 평가한 외국 재화의 가격(즉 실질환율)은 어떻게 되는가? 그것은 위 두 가지 상대가격의 가중평균이다. 즉 다음과 같다.

$$q = \text{자국의 실질환율} = d\frac{\bar{P}^*}{\bar{P}_1} + (1-d)\frac{E\bar{P}^*}{\bar{P}_2}$$

위 식에서 맨 우변의 첫 번째 항에는 E가 들어 있지 않다. 분모와 분자 모두 달러 표시로서 이미 동일 통화로 표시되어 있기 때문이다. 두 번째 항에만 E가 들어 있는데, 이는 서로 다른 통화로 가격이 표시되어 있기 때문이다. 따라서 이 상태에서 E가 1% 상승하면 실질환율은 $(1-d)$%만 상승한다.

만약 d가 0이면 모든 자국 재화가 자국 통화로 표시된 것으로, 그것이 우리의 기본 모형이다. 이 경우 E가 1% 상승하면 q도 1% 상승한다. 명목환율의 변화에 의한 실질환율의 변화, 소위 **전가**(pass-through)가 완벽한 경우이다. 그러나 d가 상승하면 전가가 낮아진다. 만약 d가 0.5라면 E가 1% 상승할 때 q는 0.5%만 상승한다. 명목환율의 변화에 실질환율의 반응이 둔해지는 것으로서 지출전환 효과가 약해지는 것을 의미한다.

세계적으로 많은 나라들이 무역을 할 때 자신의 통화가 아닌 미국 달러 등 다른 통화를 사용하는 경우가 많다. 대표적인 경

표 14-1

무역의 달러통용화 이 표는 2002~04년에 여러 나라의 수입 및 수출 결제에서 달러와 유로가 사용된 비중을 보여준다. 미국의 경우 수출의 100%가 미국 달러로 결제되고, 수입 역시 93%가 달러결제이다. 아시아에서 미국 달러결제는 매우 보편적이다. 일본 수출의 48%, 한국, 말레이시아, 태국의 수출 및 수입에서 75% 이상이 달러결제이다. 유럽에서는 교역에서 유로의 비중이 매우 높으며, 미국 달러 역시 여전히 상당한 비중을 차지하고 있다.

	수출결제 통화		수입결제 통화	
	미국 달러	유로	미국 달러	유로
미국	100%	–	93%	–
영국	26	21%	37	27%
호주	70	1	50	9
아시아				
일본	48	10	9	5
한국	83	7	80	5
말레이시아	90	–	90	–
태국	85	3	76	4
유로존				
프랑스	34	52	47	45
독일	24	63	34	55
이탈리아	18	75	25	70
그리스	46	47	55	40
스페인	30	61	36	60
EU 신규 가입 국가				
체코	13	70	18	66
헝가리	12	83	19	73
라트비아	27	57	–	49
슬로바키아	12	74	21	60

출처 : Linda Goldberg and Cédric Tille, "The Internationalization of the Dollar and Trade Balance Adjustment," *Federal Reserve Bank of New York Staff Report* 255, August 2006.

우가 원유, 구리, 밀 등 주요 원자재로서 국제시장에서 달러 가격으로 거래된다. 따라서 예를 들어 중동 산유국의 경우 환율의 명목절하가 수입가격(달러 가격이 압도적임)과 수출가격(원유의 90% 이상이 달러 가격임) 모두에 거의 영향을 미치지 않는다.

표 14-1에서 보듯이 세계적으로 달러결제의 비중이 높고, 대유럽(Greater Europe)에서는 유로결제가 확대되고 있다. 미국 수입의 90%가 달러 가격 표시이다. 따라서 다른 조건이 불변일 때 미국 달러의 절하가 이런 수입재의 가격을 거의 변화시키지 않는다. 또한 일부 아시아 나라들은 무역의 70~90%가 달러로 결제된다. 이 중 아시아 역내 무역이 큰 부분을 차지한다. 가령 한국의 공급자가 일본 제조업체에 납품할 때 엔이나 원이 아니라 전적으로 미국 달러를 사용하는 경우가 많다. 여기에서 달러는 수출업자(한국)나 수입업자(일본) 어느 쪽에도 속하지 않는 통화이다! 표를 보면 동유럽의 많은 신규 EU 회원국은 수출 중 많은 부분이 유로 표시이다.

이와 같은 무역의 달러통용화(dollarization)가 전가를 제한하는 유일한 요인은 아니다. 수입제품이 항만에 도착하면 여러 중간업체들을 거쳐야 한다. 다양한 유통망을 거치면서 현지 통화로 비용이나 마크업(markup : 가산 금액)이 추가되어 최종 소비자가 지불하는 최종 가격이 정해진다. 만약 항만에서 $100인 수입품에 마크업이 $100이라면 상점에서 소매가는 $200이 된

다. 그런데 달러의 절하로 항만가격이 10% 올라 $110이 됐다고 하자. 다른 조건이 동일할 때 소매가는 항만가격에 마크업을 더한 $210으로 상승한다. 최종 판매 가격이 10%가 아닌 5%만 상승한 것이다. 이처럼 항만가격이 최종 가격으로 바뀌는 과정에서 전가 효과가 낮아짐으로써 최종 소비자에 의한 지출전환 효과가 약화된다.

이런 영향이 어느 정도일까? 한 연구에 따르면 76개 선진국 및 개도국을 대상으로 조사한 결과, 1년을 대상으로 했을 때 환율이 10% 절하되는 경우 수입재의 항만가격은 6.5% 상승하지만 소매가격은 4% 정도만 오르는 것으로 나타났다.*

J 곡선

우리 모형은 실질절하가 수출증가와 수입감소를 야기하여 한 나라의 무역수지를 개선시키는 것으로 가정한다. 그러나 현실에서는 이런 효과가 천천히 나타날 수 있다. 왜냐하면 수출 및 수입 주문을 수개월 미리 해놓기 때문이다. 이렇게 되면 절하가 발생하는 시점에는 (이미 오래전에 주문한 물건들이 들어오거나 나가고 있기 때문에) 수출 및 수입 물량에 즉각적인 변화가

*Jeffrey A. Frankel, David C. Parsley, and Shang-Jin Wei, 2005, "Slow Passthrough Around the World: A New Import for Developing Countries?" National Bureau of Economic Research (NBER) Working Paper No. 11199.

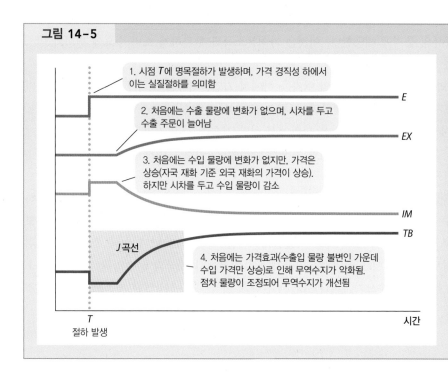

그림 14-5

1. 시점 *T*에 명목절하가 발생하며, 가격 경직성 하에서 이는 실질절하를 의미함

2. 처음에는 수출 물량에 변화가 없으며, 시차를 두고 수출 주문이 늘어남

3. 처음에는 수입 물량에 변화가 없지만, 가격은 상승(자국 재화 기준 외국 재화의 가격이 상승). 하지만 시차를 두고 수입 물량이 감소

J 곡선

4. 처음에는 가격효과(수출입 물량 불변인 가운데 수입 가격만 상승)로 인해 무역수지가 악화됨. 점차 물량이 조정되어 무역수지가 개선됨

E
EX
IM
TB

T
절하 발생

시간

J 곡선 가격이 경직적인 상황에서 자국 통화의 명목 및 실질절하가 있을 경우 무역수지가 개선되는 데 시간이 걸릴 수 있다. 오히려 초기에는 무역수지가 악화될 수 있다. 보통 기업과 가계가 주문을 미리 하기 때문에 수출 및 수입 물량이 자국 및 외국 재화의 상대가격 변화에 반응하는 데까지는 시간이 걸린다. 따라서 절하 직후에는 자국의 수출금액 *EX*는 변하지 않을 것이다. 하지만 절하로 인해 자국의 수입 가격은 상승한다. 따라서 수입금액 *IM*은 절하 직후 상승하며, 이에 따라 무역수지 *TB=EX−IM*이 악화된다. 일정 기간이 지난 후에야 수출이 늘어나고 수입이 줄어들어 무역수지가 절하 이전 수준에 비해 개선된다. 이와 같은 무역수지의 변화 경로가 J 글자를 약간 닮았다고 해서 J 곡선이라 불린다.

나타나지 않게 된다.

조정 과정이 느리다는 의미는 무엇인가? 우선 수출의 경우에는 환율이 절하되더라도 일정 기간 동안 물량이나 국내 가격이 바뀌지 않으며, 이에 따라 총 수출금액에도 변화가 없다. 반면 수입의 경우에는 수입재의 국내 가격이 즉각적으로 변화한다. 즉 국내 통화 기준으로 더 비싸질 것이다. 따라서 유입되는 수입물량은 동일한데, 단위당 비용이 상승할 경우 자국의 총수입금액이 상승하게 된다.

결국 수출금액에는 변화가 없고 수입 지출만 늘어남으로써 그림 14-5에 나와 있는 것처럼 절하 초기에는 무역수지가 개선되는 것이 아니라 오히려 악화될 것이다. 그러다가 시간이 지나면서 수출과 수입 주문이 새로운 상대가격의 조정을 받음으로써 무역수지가 우리가 가정한 방향으로 움직이게 될 것이다. 이와 같은 무역수지의 시간에 따른 변화 경로가 그림 14-5에 나와 있는데, 모양이 J 글자를 닮았다고 해서 **J 곡선**(J Curve)이라 불린다. 실증 연구에 따르면 최초 절하 후 J 곡선 효과가 1년 정도 지속되는 것으로 나타났다. 결국 자국 통화 절하가 자국 재화에 대한 지출을 촉진한다는 가정은 아주 짧은 단기에서는 성립하지 않을 수 있다.

수요의 외생적 변화

이미 지적했듯이 정부지출이나 조세의 변화 때문에 발생하는 수요의 변화 혹은 충격(shocks)은 주어지는 것, 혹은 외생적인 것으로 간주된다. 이것 외에도 수요의 외생적 변화들이 여러 가지 있다. 이것들은 소비나 투자, 무역수지에 영향을 미치기 때문에 이를 제대로 분석할 줄 알아야 한다. 그림 14-6에 외생적 변화 사례가 나와 있다.

- **소비의 외생적 변화.** 어떤 수준의 가처분소득 하에서 소비자들이 예전보다 소비에 더 많은 지출을 한다고 해보자. 이런 충격이 발생하면, 그림 14-6(a)에서 보듯이 소비함수가 위쪽으로 이동한다. 예를 들어 (1990년대 미국에서처럼) 주식시장이나 주택시장 호황이 이런 종류의 충격에 해당한다. 이것은 가처분소득과 무관하게 소비 수요에 변화가 발생한 것을 의미한다.

- **투자의 외생적 변화.** 어떤 수준의 이자율 하에서 기업들이 예전보다 투자를 더 많이 한다고 해보자. 이런 충격이 발생하면, 그림 14-6(b)에서 보듯이 투자함수가 위쪽으로 이동한다. 예를 들어 1990년대 많은 나라에서 첨단 기술을 가진 기업들의 성공 가능성이 매우 높아짐에 따라 이 분야에 대한 투자가 급증했다. 이것은 이자율과 무관하게 투자 수요에 변화가 발생한 것이다.

- **무역수지의 외생적 변화.** 어떤 수준의 실질환율 하에서 예전보다 수출 수요가 증가하거나 수입 수요가 감소한다고 해보자. 이런 충격이 발생하면, 그림 14-6(c)에서 보듯이 무역수지함수가 위쪽으로 이동한다. 예를 들어 1980년대 미국 소비자들의 취향이 디트로이트에서 만든 대형 미국차에서 일본에서 제작되어 수입된 연비 좋은 소형차로 옮겨갔다. 수요가 실질환율과 무관하게 미국 제품에서 일본 제품으로 이동한 것이다.

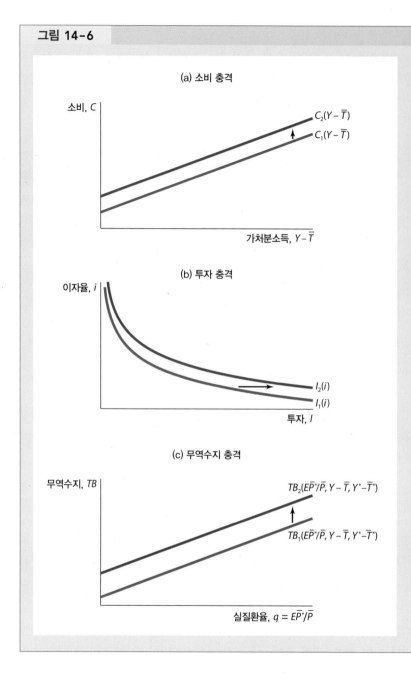

그림 14-6

(a) 소비 충격

소비, C

$C_2(Y-\overline{T})$

$C_1(Y-\overline{T})$

가처분소득, $Y-\overline{T}$

(b) 투자 충격

이자율, i

$I_2(i)$

$I_1(i)$

투자, I

(c) 무역수지 충격

무역수지, TB

$TB_2(E\overline{P}^*/\overline{P}, Y-\overline{T}, Y^*-\overline{T}^*)$

$TB_1(E\overline{P}^*/\overline{P}, Y-\overline{T}, Y^*-\overline{T}^*)$

실질환율, $q = E\overline{P}^*/\overline{P}$

소비, 투자, 무역수지에 대한 외생적 충격 (a) 어떤 수준의 가처분소득 하에서 가계가 소비를 더 많이 하면, 소비함수가 위쪽으로 이동한다. (b) 어떤 수준의 이자율 하에서 기업이 투자를 더 많이 하면, 투자함수가 위쪽으로 이동한다. (c) 어떤 수준의 실질환율 하에서 무역수지가 증가하면, 무역수지함수가 위쪽으로 이동한다.

2 재화시장 균형 : 케인즈 교차 도표

지금까지 수요의 각 구성요소들에 대해 그것들을 결정하는 요인이 무엇인지 살펴보았다. 이제는 이들 구성요소를 전부 합친 총수요가 총공급과 동일할 때 재화시장이 균형을 이루는 것에 대해 살펴보기로 하자.

공급 및 수요

최종 재화 및 서비스의 총공급은 GDP에 의해 측정되는 총생산과 동일하다. 또한 경상수지가 무역수지와 동일하다는 가정하에서 국민총소득 Y는 GDP와 동일하다. 결국 다음이 성립한다.

$$공급 = GDP = Y$$

이렇게 공급된 생산물에 대한 모든 원천의 수요를 총수요 혹은 그냥 '수요'라 한다. 우리는 앞 장에서 국민소득계정의 지출 측면에 대해 공부했다. 공급된 생산물이 다양한 용도로 흡수되는 것에 대해 살펴봤다. 이는 국민소득 항등식으로 요약된다. 그런데 이 항등식은 말 그대로 항상 성립하는 것으로서 경제모형이 아니다. 경제모형이 되기 위해서는 균형에서 관찰된 수요가 어떻게 계획된 혹은 원하는 수준의 수요가 되는지 설명해야 한다. 어떻게 그런 모형을 만들 수 있을까?

GDP에 대한 총수요를 다음과 같이 쓸 수 있다.

$$수요 = D = C + I + G + TB$$

여기에서 소비, 투자, 무역수지를 앞 절에서 가정한 함수 형태로 대체하면 다음과 같이 된다.

$$D = C(Y - \overline{T}) + I(i) + \overline{G} + TB(E\overline{P}^{*}/\overline{P}, Y - \overline{T}, Y^{*} - \overline{T}^{*})$$

마지막으로 균형에서는 수요 D가 공급 Y와 동일해야 하기 때문에 위 식들에 의해 **재화시장 균형조건**(goods market equilibrium condition)은 다음과 같다.

$$Y = \underbrace{C(Y - \overline{T}) + I(i) + \overline{G} + TB(E\overline{P}^{*}/\overline{P}, Y - \overline{T}, Y^{*} - \overline{T}^{*})}_{D} \tag{14-1}$$

수요 결정요인

식 (14-1)의 우변을 보면, 수요에 영향을 미치는 여러 요인들이 있음을 알 수 있다. 자국 및 외국의 생산(Y와 Y^{*}), 자국 및 외국의 조세($\overline{T}$와 $\overline{T}^{*}$), 자국의 이자율(i), 정부지출($\overline{G}$), 실질환율($E\overline{P}^{*}/\overline{P}$) 등이다. 이들을 하나씩 살펴보자. 가장 먼저 자국 생산부터 시작해보자. 이때 다른 모든 요소들은 변하지 않는다고 가정한다.

(모든 다른 요인은 불변인 상태에서) 생산 Y가 증가하면 우변이 커진다. 예를 들어 생산이 $\Delta Y = \$1$만큼 증가한다고 하자. 이 경우 소비지출 C가 $+\$MPC$만큼 증가한다. 이 경우 수입의 변화는 $+\$MPC_F$이고, 무역수지의 변화는 $-\$MPC_F$이 된다. 따라서 D의 총변화는 $\$(MPC - MPC_F) = \$MPC_H > 0$으로서 양수이다. 이것은 직관적으로 이해할 수 있다. 즉 생산이 $\$1$만큼 증가하는 경우, 일부($\$MPC_H$만큼)는 자국 재화에 지출하고 나머지는 외국 재화에 지출($\$MPC_F$만큼)하거나 저축($\$MPS$만큼)한다.

이 결과를 이용하여 수요 D, 즉 식 (14-1)의 우변을 소득(혹은 생산) Y만의 함수로 그린 것이 그림 14-7(a)에 나와 있다. D를 결정하는 다른 모든 요인들은 변하지 않는다는 가정하에서 그린 것이다. Y가 증가하면 D가 증가하기 때문에 수요함수는 양(+)의 기울기를 갖는다. 정확히는 MPC_H로서 0에서 1 사이의 값을 갖는다.

또한 그림에는 45도선이 그려져 있다. 이것은 식 (14-1)의 좌변인 Y를 나타낸 것이다. 45도선은 기울기가 1이기 때문에 수요함수보다 가파르다. 따라서 수요함수와 45도선이 서로 교차한다.

이것이 소위 **케인즈 교차 도표**(Keynesian cross diagram)이다. 이것은 재화시장 균형을 보여준다. 즉 재화시장은 두 선이 교차하는 점 1에서 균형을 이룬다. 이는 $D = Y$가 성립하는 유일한 점이다. 그림에서 해당 생산 수준이 Y_1로 표시되어 있다.

재화시장은 조정과정을 거쳐 균형점을 향해 이동한다. 즉 점 1의 오른쪽에서는 생산이 감소하고, 점 1의 왼쪽에서는 생산이 증가한다. 왜 그런가? 가령 점 2의 경우, 생산 수준이 Y_2로서 수요 D가 공급 Y를 초과한다. 이 경우 재고가 줄고 기업들이 생산을 확대함에 따라 생산 수준이 Y_1을 향해 증가한다. 반대로 점 3의 경우에는 생산 수준이 Y_3로서 공급 Y가 수요 D를 초과한다. 이 경우 재고가 늘고 기업들이 생산을 축소함에 따라 생산 수준이 Y_1을 향해 감소한다. 오직 점 1에서만 생산 수준이 안정되는 균형을 이룬다.

이 모형에서 결정적인 가정은 물가가 고정돼 있으며, 원하는 수요가 어떤 수준이든 기업은 기꺼이 생산과 고용을 거기에 맞추어 조정한다는 것이다. 이 가정은 단기적으로는 현실적이지만 장기에는 적용되지 않는다. 장기적으로는 물가가 변할 수 있으며, 생산과 고용은 경제의 완전 고용 기술과 자원에 의해 결정된다.

수요 곡선을 이동시키는 요인

케인즈 교차 도표를 이용하면 식 (14-1)에 들어 있는 다른 요소들이 재화시장 균형에 미치는 영향을 파악할 수 있다. 주요 네 가지 경우를 살펴보자.

- **정부지출의 변화.** 정부구매 $\overline{G}$의 외생적 증가(모든 다른 요인은 불변)는 식 (14-1)에서 보듯이 각 생산수준에서 수요를 증가시킨다. 정부구매 증가는 곧바로 경제의 총수요를 증가시킨다. 이 변화는 그림 14-7(b)에서 보듯이 수요함수를 위쪽으로 이동시킨다. 따라서 재화시장 균형이 점 1에서 점 2로 이동하고, 생산이 Y_2로 증가한다.

  결론 : (정부 예산 변화로 인한) G의 모든 외생적 변화는 수요 곡선을 이동시킨다.

- **조세의 변화**(혹은 소비에 영향을 미치는 다른 요인들). 조세 $\overline{T}$의 감소(모든 다른 요인은 불변)는 가처분소득을 증가시킨다. 소비자들은 가처분소득이 증가하면 소비에 대한 지출을 늘린다. 이 변화는 각 생산수준에서 수요를 증가시킨다. 따라서 조세의 감소는 그림 14-7(b)에서 보듯이 수요함수를 D_1에서 D_2로 상향 이동시킨다. 이에 따라 재화시장 균형이 점 1에서 점 2로 이동하고, 생산이 Y_2로 증가한다.

  결론 : (조세, 취향 등의 변화로 인한) 소비 C의 모든 외생적 변화는 수요 곡선을 이동시킨다.

- **자국 이자율의 변화**(혹은 투자에 영향을 미치는 다른 요인들). 이자율 i가 하락(모든 다른 요인은 불변)하면 더 많은 투자 프로젝트들이 수익성을 갖기 때문에 기업들은 투자 지출 I를 늘린다. 이 변화는 각 생산수준 Y에서 수요 D를 증가시킨다. 따라서 이자율의 하락

그림 14-7

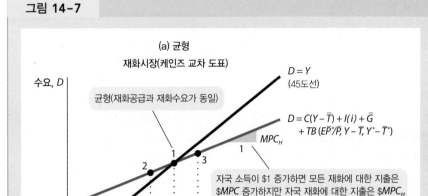

(a) 균형
재화시장(케인즈 교차 도표)

수요, D

$D = Y$
(45도선)

균형(재화공급과 재화수요가 동일)

$D = C(Y - \bar{T}) + I(i) + \bar{G}$
$+ TB(E\bar{P}^*/P, Y - \bar{T}, Y^* - \bar{T}^*)$

MPC_H

1

2

3

자국 소득이 \$1 증가하면 모든 재화에 대한 지출은 \$$MPC$ 증가하지만 자국 재화에 대한 지출은 \$$MPC_H$ 만큼만 증가하며, 이것이 수요함수의 기울기이다.

Y_2 Y_1 Y_3 생산, 소득, Y

(a) 재화시장 균형과 케인즈 교차 도표 소득(혹은 생산) Y가 수요 D와 동일할 때 균형이 성립한다. 그림에서 균형은 점 1이며, 이때 소득(혹은 생산) 수준은 Y_1이다. 재화시장은 조정을 거치면서 이 균형을 향해 이동한다. 점 2의 경우 생산 수준이 Y_2로서 수요 D가 공급 Y를 초과한다. 그 결과 재고가 줄어 기업이 생산을 늘림에 따라 생산이 Y_1을 향해 늘어난다. 점 3에서는 생산 수준 Y_3가 수요 D를 초과한다. 그 결과 재고가 늘고 기업이 생산을 축소함에 따라 생산이 Y_1을 향해 줄어든다.

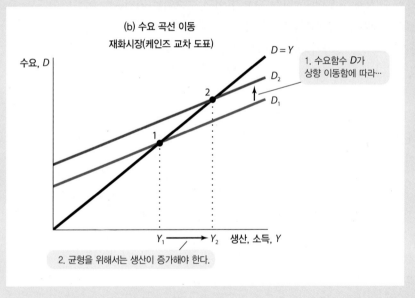

(b) 수요 곡선 이동
재화시장(케인즈 교차 도표)

수요, D

$D = Y$

D_2

D_1

1. 수요함수 D가 상향 이동함에 따라…

1

2

Y_1 → Y_2 생산, 소득, Y

2. 균형을 위해서는 생산이 증가해야 한다.

(b) 수요 곡선 이동 재화시장이 최초 점 1에서 수요와 공급이 일치하는 균형을 이루고 있다. 이 상황에서 각 생산수준 Y에서 수요가 증가하면 수요 곡선이 D_1에서 D_2로 상향 이동한다. 이에 따라 균형이 점 2로 이동하며, 수요와 공급이 모두 증가하여 Y_2가 된다. 이러한 수요의 증가는 수요의 구성요소 C, I, G, TB 중 하나 혹은 그 이상의 변화에 의해 발생한다.

은 그림 14-7(b)에서 보듯이 수요함수를 D_1에서 D_2로 상향 이동시킨다. 이에 따라 재화시장 균형이 점 1에서 점 2로 이동하고, 생산이 Y_2로 증가한다.

결론 : (이자율, 투자의 예상 수익성, 감세 정책 등으로 인한) 투자 I의 모든 외생적 변화는 수요 곡선을 이동시킨다.

■ 자국 환율의 변화. 명목환율 E의 상승(모든 다른 요인은 불변)은 (가격 경직성 하에서는) 실질환율 EP^*/P의 상승을 의미한다. 이는 실질절하로서 지출전환 효과에 의해 무역수지 TB가 증가하며, 이 변화는 각 생산수준 Y에서 수요 D를 증가시킨다. 예를 들어 미

국 달러가 절하되는 경우 외국 재화에서 미국 재화로 지출이 전환된다. 따라서 명목환율의 상승은 그림 14-7(b)에서 보듯이 수요함수를 D_1에서 D_2로 상향 이동시킨다.

결론 : 환율의 모든 변화는 수요 곡선을 이동시킨다.

■ 자국 혹은 외국의 물가수준 변화. 만약 가격이 신축적이라면 외국 물가의 상승 혹은 국내 물가의 하락은 자국의 실질절하, 즉 실질환율 $q = E\overline{P}^*/\overline{P}$를 상승시킨다. 이 실질절하는 무역수지 TB를 증가시켜 다른 요인이 불변이라면, 각 생산수준 Y에서 수요 D를 증가시킨다. 예를 들어 미국 물가가 하락하는 경우 외국 재화에서 미국 재화로 지출이 전환된다. 이 변화는 그림 14-7(b)에서 보듯이 수요함수를 D_1에서 D_2로 상향 이동시킨다.

결론 : P^* 혹은 P의 모든 변화는 수요 곡선을 이동시킨다.

요약

생산 Y의 증가는 수요 곡선 상의 이동을 낳는다(감소도 마찬가지). 하지만 생산 Y의 변화를 제외한 모든 수요의 증가는 그림 14-7(b)의 케인즈 교차 도표에서 수요 곡선 자체를 상향 이동시킨다. 마찬가지로 생산 Y의 변화를 제외한 모든 수요의 감소는 수요 곡선을 하향 이동시킨다.

결론적으로 수요 곡선을 이동시키는 주요 요인은 다음과 같다.

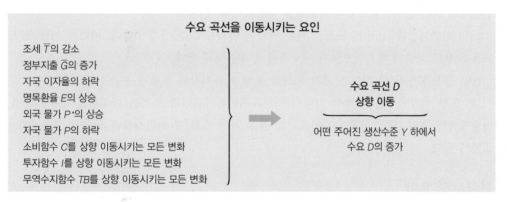

수요 곡선을 이동시키는 요인

조세 $\overline{T}$의 감소
정부지출 $\overline{G}$의 증가
자국 이자율의 하락
명목환율 E의 상승
외국 물가 P^*의 상승
자국 물가 P의 하락
소비함수 C를 상향 이동시키는 모든 변화
투자함수 I를 상향 이동시키는 모든 변화
무역수지함수 TB를 상향 이동시키는 모든 변화

수요 곡선 D
상향 이동

어떤 주어진 생산수준 Y 하에서
수요 D의 증가

반대의 변화는 수요의 감소를 낳고 수요 곡선을 하향 이동시킨다.

3 재화 및 외환시장 균형 : IS 곡선 도출

우리는 환율과 생산의 단기적 움직임을 분석하기 위한 첫 번째 발걸음을 내디뎠다. 앞의 분석을 통해 수요의 각 구성요소 값이 주어질 때 재화시장 균형을 위해 생산이 어떻게 조정되는지 살펴봤다. 각 구성요소는 다시 나름의 결정요인을 갖고 있어서 이들 요인(혹은 다른 외생적 요인들)이 변화할 때 수요수준이 변하고 그것이 다시 균형 생산수준을 변화시킨다.

그러나 경제에는 시장이 1개만 있는 것은 아니며, 일반균형(general equilibrium)은 모든 시장, 즉 재화시장, 화폐시장, 외환시장 모두의 균형을 요구한다. 따라서 우리는 이들 3개 시장 모두를 분석에 포함시켜야 한다. 그래서 여기에서는 IS-IM 도표라 불리는 거시경제 분석 도구에 대해 소개한다. 거시경제학 수업을 들었으면 이미 접했겠지만, 여기에서는 폐쇄경제가 아니라 개방경제 하에서의 IS-LM 모형이다.

3개 시장의 균형을 동시에 분석하는 것은 어려운 일이다. 하지만 우리가 배운 도구들을 사용하여 한 계단씩 나가면 충분히 분석 가능하다. 앞 절에서는 케인즈 교차 도표를 이용하여 재화시장 균형을 분석하는 것에 대해 배웠다. 이번에는 그것을 우리가 이미 배운 외환시장 균형 모형과 결합시켜 종합적으로 분석하는 방법에 대해 살펴본다.

두 시장의 균형

우선 IS-LM 도표의 두 그래프 중 하나인 IS 곡선(IS curve)은 다음과 같이 정의된다.

IS 곡선은 재화 및 외환시장을 균형시키는 생산 Y와 이자율 i의 조합을 보여준다.

그림 14-8(b)에 IS 곡선이 도출되어 있다. 이는 재화시장 균형을 분석하는 케인즈 교차 도표인 (a)를 이용한 것이다. 또한 (c)에는 외환시장 균형을 보장하는 유위험이자율평가 그래프가 나와 있다.

먼저 그림에서 다양한 그래프들이 왜 이런 식으로 배치되었는지 살펴보자. (a)의 케인즈 교차 도표와 (b)의 IS 도표는 가로축(생산 혹은 소득 수준)이 동일하다. 따라서 이들 두 도표를 위아래로 나란히 배치함으로써 가로축을 공유하도록 했다.

(c)의 외환시장과 (a)의 IS 도표는 세로축(국내 이자율 수준)이 동일하다. 따라서 이들 두 도표를 좌우로 나란히 배치함으로써 세로축을 공유하도록 했다.

만약 생산 Y가 (a)의 케인즈 교차 도표를 통해 재화시장의 수요와 공급을 균형시키는 수준이고, 또한 이자율 i는 (c)에서 외환시장의 유위험이자율평가 조건을 만족하는 수준이라면, 이렇게 얻은 Y와 i의 조합을 (b)에 표시할 경우 이는 재화 및 외환시장을 동시에 균형시키는 조합이 된다.

외환시장 요약

앞에서 외환시장에 대해 배운 것을 간단히 정리해보자. 외환시장은 해외와 국내의 (단기금융시장) 이자지불 은행예금에 대해 자국 통화로 표시된 예상수익이 동일할 때 균형을 이룬다. 12장의 식 (12-1)이 균형식으로서 유위험이자율평가(UIP) 조건이라 불린다. 이 식에서는 자국과 해외 통화가 각각 달러와 유로로 되어 있지만 어느 두 통화에 대해서도 성립하기 때문에 다음과 같이 표현할 수 있다.

$$\underbrace{\underset{\substack{\text{국내 이자율}}}{i}}_{\text{국내수익}} = \underbrace{\underset{\substack{\text{해외 이자율}}}{i^*} + \underset{\substack{\text{자국 통화의 예상절하율}}}{\left(\frac{E^e}{E}-1\right)}}_{\text{예상해외수익}}$$

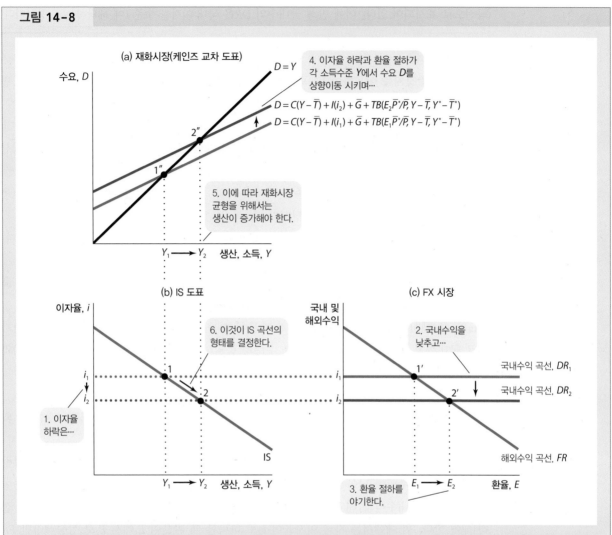

IS 곡선 도출 (a)는 케인즈 교차 도표, (b)는 IS 곡선, (c)는 외환(FX)시장이다. 경제는 최초에 생산 Y_1, 이자율 i_1, 환율 E_1에서 균형을 이루고 있다. 다른 조건은 불변인 상황에서 이자율이 i_1에서 i_2로 하락했을 때의 효과를 생각해보자. (c)에서 이자율 하락은 절하를 야기하여 균형이 1′에서 2′으로 이동한다. 이자율 하락이 투자를 촉진하고, 절하가 무역수지를 개선시킨다. (a)에서 수요가 D_1에서 D_2로 상향 이동하고 균형이 1″에서 2″으로, 생산은 Y_1에서 Y_2로 이동한다. 이러한 변화는 (b)에서 점 1에서 점 2로의 이동을 의미한다. 이에 따라 IS 곡선이 그려진다. 즉 이자율과 생산이 우하향의 관계이다. 이자율이 i_1에서 i_2로 하락할 때, 생산이 Y_1에서 Y_2로 증가한다. IS 곡선은 재화 및 외환시장을 균형시키는 모든 (Y, i)의 조합을 그린 것이다.

자국 통화로 측정된 해외예금의 예상수익은 해외 이자율에 자국 통화 예상절하율을 합친 것이다.

해외 이자율 i^*와 예상미래환율 E^e를 주어진 것으로 간주하면 위 식의 우변은 E가 상승할 때 커진다. 즉 다른 조건이 불변일 때, 외국 통화를 오늘 비싸게 구매할수록 예상수익은 낮아진다는 것이다.

이와 같은 E와 예상해외수익 간의 반비례 관계가 그림 14-8(c)에 우하향의 FR(해외수익)

곡선으로 표시되어 있다. 이에 반해 국내수익 DR은 국내 이자율 수준 i에 해당하는 수평선이다.

IS 곡선 도출

그림 14-8의 장치를 이용하여 IS 곡선의 형태를 도출할 수 있다. 이를 위해서는 이자율이 변할 때, 재화 및 외환시장이 균형을 이루기 위해서는 생산이 어떻게 변해야 하는지 알아야 한다.

최초의 균형　일단 재화 및 외환시장이 최초 균형 상태에 있으며, 거기에서 이자율은 i_1, 생산 (혹은 소득) 수준은 Y_1, 환율은 E_1이라고 하자.

우선 (a)에서 가정에 의해 생산수준 Y_1에서 수요와 공급이 동일하다. 따라서 생산수준 Y_1은 케인즈 교차 도표에서 교점 $1''$에 해당한다.

다음으로 (c)에서 가정에 의해 이자율 i_1 및 환율 E_1에서 국내수익과 해외수익이 동일하다. 이는 DR_1과 FR 곡선이 교차하는 점 $1'$에 해당한다.

마지막으로 (b)에서 가정에 의해 이자율 i_1 및 생산수준 Y_1에서 재화 및 외환시장이 모두 균형을 이룬다. 따라서 점 1은 정의에 의해 IS 곡선 상에 위치한다.

(a)와 (b)에서 생산수준 Y_1이 동일하기 때문에 이를 연결하는 점선이 그려져 있다. 마찬가지로 국내수익 곡선 DR_1은 국내 이자율 수준과 동일하기 때문에 이를 연결하는 점선이 (b)와 (c) 사이에 그려져 있다.

이자율 하락　이제 그림 14-8에서 국내 이자율이 i_1에서 i_2로 하락했다고 해보자. 재화 및 외환시장의 균형에 어떤 변화가 발생하는가?

먼저 (c)의 외환시장을 생각해보자. 앞에서 UIP 분석에서 배웠듯이 자국 이자율이 하락하면 국내예금의 수익이 낮아짐에 따라 투자자들에게 매력이 떨어진다. 따라서 외환시장 균형을 위해서는 국내수익과 해외수익이 다시 동일해지는 수준까지 환율이 상승(자국 통화가 절하)해야 한다. 위 예에서는 자국 이자율이 i_2로 하락할 때 환율이 E_1에서 E_2로 상승해야만 FR이 DR_2와 동일해진다. 이에 따라 외환시장은 점 $2'$에서 균형을 회복한다.

자국 이자율과 환율의 변화가 수요에는 어떤 영향을 미칠까? (a)에서 보듯이 수요는 다음 두 가지 이유로 증가(상향 이동)한다.

첫째, 국내 이자율이 하락하면 기업들은 더 많은 투자 프로젝트를 실행하기 원하며, 이러한 투자 증가가 수요를 늘린다. 다른 요인이 불변일 때, 투자의 증가는 각 생산수준 Y에서 직접적으로 수요 D를 증가시킨다.

둘째, 단기적으로 물가가 경직적인 상황에서 명목환율 E가 상승(절하)하면 실질환율 EP^*/P 역시 상승한다. 즉 명목절하가 실질절하를 야기한다. 따라서 지출전환 효과에 의해 수요 D가 증가한다. 즉 각 생산수준 Y에서 소비자들은 상대적으로 더 비싸진 외국 재화에서 상대적으로 더 싸진 국내 재화로 지출을 전환한다. 따라서 이자율의 하락은 무역수지 TB를 통한 환율효과에 의해 간접적으로 수요를 늘린다.

여기에서 중요한 사실 한 가지가 있다. 즉 지출전환에 의한 수요 변화는 폐쇄경제에서는 존재하지 않으며 개방경제에서만 작동한다는 점이다. 전형적인 폐쇄경제 모형에서 이자율 하락은 투자 증가를 통해 수요를 자극한다. 그런데 개방경제에서는 이것뿐만 아니라 무역수지를 통해서도 수요를 자극한다. 왜냐하면 이자율 하락은 명목절하를 야기하고 단기적으로 이것은 실질절하를 의미하기 때문에 해외의 수요를 자극하고 이것이 무역수지에 반영된다.

결국 이자율이 하락하면 (a)에 나온 것처럼 수요가 D_2로 상향 이동하고, 생산이 Y_2로 증가함으로써 재화시장 균형이 회복된다. 케인즈 교차 도표에서 점 $2''$에 해당한다.

이제 (b)에서 IS 곡선의 형태를 도출할 수 있다. 이자율과 생산수준의 조합인 (i_1, Y_1) 및 (i_2, Y_2)에서 재화 및 외환시장 모두 균형을 이룬다. 이로써 재화 및 외환시장의 동시적 균형을 나타내는 IS 곡선을 도출했다. 이자율이 i_1에서 i_2로 하락하면, 생산은 Y_1에서 Y_2로 증가한다. IS 곡선은 우하향으로서 이자율 i와 생산 Y가 음($-$)의 관계를 나타낸다.

IS 곡선을 이동시키는 요인

우리는 IS 곡선을 도출하면서 수요에 영향을 미치는 다양한 요인들, 예를 들어 재정정책이나 물가수준 등을 주어진 것으로 간주했다. 만약 이자율과 생산을 제외한 다른 요인들이 변하면 IS 곡선 자체가 이동하게 된다. 이러한 효과는 경제의 균형이 바뀌는 것을 분석함에 있어서 핵심적인 부분이다. 이하에서는 그림 14-9(a)에서 보듯이 수요를 증가시킴으로써 수요 곡선을 위쪽으로 이동시키는 변화들을 살펴보자.(반대의 변화가 발생하면 수요가 감소할 것이다.)

- **정부지출의 변화.** G의 증가, 즉 재정확대로 인해 수요가 상향 이동할 경우(모든 다른 요인은 불변), IS 곡선은 어떻게 되는가? 이 경우 최초의 균형점 (Y_1, i_1)은 더 이상 재화시장 균형이 아니다. 만약 이자율이 변함없이 i_1이라면 투자 I에는 변화가 없고, 환율 E와 TB 역시 변하지 않는다. 그러나 G의 변화로 수요는 증가했다. 이 수요가 충족되어야 하기 때문에 더 많은 생산이 이루어져야 한다. 추가 생산물 중 (전부는 아니고) 일부는 소비되지만 나머지는 정부지출 증가에 의해 발생한 추가 수요에 충당된다. 재화시장이 균형을 회복하기 위해서는 이자율 i_1에서 생산이 Y_2까지 증가해야 한다. 따라서 그림 14-9(b)에서 보듯이 IS 곡선이 오른쪽으로 이동한다.

  결론 : 정부지출 증가는 IS 곡선을 오른쪽으로 이동시킨다.

- **조세의 변화.** 조세가 감소했다고 하자. 모든 다른 요인이 불변이라면 조세 감소는 민간소비를 촉진하여 수요를 상향 이동시킨다. 우리는 이자율 i_1, 환율 E_1, 정부의 지출정책이 모두 고정돼 있다고 가정한다. 따라서 I, TB, G 역시 변하지 않는다. 초과수요로 공급이 증가해야 하기 때문에 생산이 Y_2까지 증가해야 하고, 따라서 IS 곡선이 오른쪽으로 이동한다.

  결론 : 조세 감소는 IS 곡선을 오른쪽으로 이동시킨다.

- **외국 이자율 혹은 예상미래환율의 변화.** 외국 이자율 i^*의 상승 혹은 예상미래환율 E^e의 상

승은 모든 다른 요인이 불변이라면 자국 통화의 절하를 야기한다(외환시장에서 해외예금에 대한 수익이 증가하기 때문에 *FR* 곡선이 오른쪽으로 이동하며, 따라서 국내 이자율이 불변이라면 *E*가 상승해야 한다). *E*의 상승은 가격이 경직적이기 때문에 실질환율의 절하를 야기한다. 그 결과 지출전환 효과로 *TB*가 증가하고 수요가 증가한다. *C*, *I*, *G*는 변하지 않기 때문에 초과수요가 발생하며, 균형을 회복하기 위해서는 공급이 증가해야 한다. 생산 *Y*가 증가하고, IS 곡선이 오른쪽으로 이동한다.

결론 : (*i** 혹은 *E^e*의 상승에 의한) 해외수익의 증가는 IS 곡선을 오른쪽으로 이동시킨다.

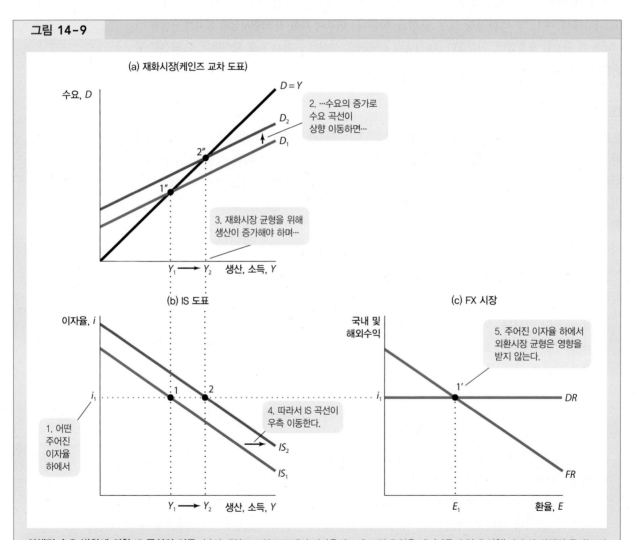

그림 14-9

외생적 수요 변화에 의한 IS 곡선의 이동 (a)의 케인즈 교차 도표에서 이자율이 i_1에 고정돼 있을 때, (다른 요인에 의한) 수요의 외생적 증가는 다른 요인 불변 시 수요 곡선을 D_1에서 D_2로 상향 이동시킨다. 이에 따라 균형이 1″에서 2″으로 이동하고, 생산이 Y_1에서 Y_2로 증가한다. (b)의 IS 도표에서 이자율에는 변화가 없는 가운데 생산이 증가하는 것은 IS 곡선이 IS_1에서 IS_2로 오른쪽으로 이동하는 것을 의미한다. (c)에서 보는 것처럼 이 예에서 명목이자율과 환율은 변하지 않는다.

■ **자국 혹은 외국 물가수준의 변화.** 만약 가격이 신축적이라면 해외의 물가 상승 혹은 국내의 물가 하락은 자국의 실질절하, 즉 $q = E\bar{P}^*/\bar{P}$이 상승한다. 이 실질절하는 TB를 증가시키고, 모든 다른 요인이 불변이라면 수요가 D_2로 늘어난다. 균형을 회복하기 위해서는 공급이 증가해서 초과수요를 충족시켜야 한다. 생산 Y가 증가하고, IS 곡선이 오른쪽으로 이동한다.

　　결론 : P^*의 상승 혹은 P의 하락은 IS 곡선을 오른쪽으로 이동시킨다.

이처럼 IS 곡선은 여러 가지 요인에 의해 그 위치가 바뀔 수 있다. 이상의 결과들을 다음과 같은 식으로 표현할 수 있다.

$$IS = IS(G, \ T, \ i^*, \ E^e, \ P^*, \ P)$$

위의 요인들 말고도 비슷한 방식으로 분석할 수 있는 여러 가지 외생적 충격이 있다. 가령 소비, 투자, 무역수지의 갑작스런 외생적 변화가 그 예이다. 이들 각각의 경우에 IS 곡선이 어떻게 반응할까? 위의 분석을 통해 다음과 같은 패턴을 찾을 수 있을 것이다.

일반적인 규칙은 다음과 같다. 어떤 주어진 생산수준에서 수요를 증가시키는 모든 충격은 IS 곡선을 오른쪽(위쪽)으로 이동시킨다. 반대로 수요를 감소시키는 충격은 IS 곡선을 왼쪽(아래쪽)으로 이동시킨다.

IS 곡선 요약

IS 곡선은 재화 및 외환시장의 단기 균형을 가능하게 하는 생산 Y와 이자율 i의 관계를 보여준다. IS 곡선은 우하향이다. 왜 그런가? 이자율이 하락하면 투자 경로, 그리고 환율 절하에 의한 무역수지 경로를 통해 수요를 자극한다. 수요 증가는 단기적으로는 생산 증가에 의해서만 충족될 수 있다. 따라서 이자율이 하락하면 생산이 증가하고 경제는 IS 곡선을 따라 이동한다.

IS 곡선의 이동과 관련해서는 자국의 이자율 i가 어떤 수준으로 주어진 상황에서 수요 D를 증가시키는 모든 요인들은 수요 곡선을 상향 이동시킴으로써 생산 Y를 증가시켜 IS 곡선을 오른쪽으로 이동시킨다.

결론적으로 IS 곡선을 이동시키는 주요 요인은 다음과 같다.

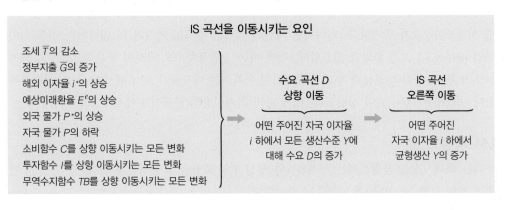

IS 곡선을 이동시키는 요인

조세 $\bar{T}$의 감소
정부지출 $\bar{G}$의 증가
해외 이자율 i^*의 상승
예상미래환율 E^e의 상승
외국 물가 P^*의 상승
자국 물가 P의 하락
소비함수 C를 상향 이동시키는 모든 변화
투자함수 I를 상향 이동시키는 모든 변화
무역수지함수 TB를 상향 이동시키는 모든 변화

→ **수요 곡선 D 상향 이동**
어떤 주어진 자국 이자율 i 하에서 모든 생산수준 Y에 대해 수요 D의 증가

→ **IS 곡선 오른쪽 이동**
어떤 주어진 자국 이자율 i 하에서 균형생산 Y의 증가

반대의 변화는 수요의 감소와 수요 곡선의 하향 이동을 통해 IS 곡선을 왼쪽으로 이동시킨다.

4 화폐시장 균형 : LM 곡선 도출

앞에서 본 것처럼 IS 곡선은 재화시장과 외환시장을 종합한 것이다. IS 곡선은 재화시장을 균형시키는 Y와 i의 조합으로서 동시에 외환시장 균형과도 양립해야 한다. 이로써 3개의 시장 중 2개를 다루었으며 하나만 남았다. 이 절에서는 나머지 하나인 화폐시장을 균형시키는 Y와 i의 조합을 도출한다. 이를 그래프로 그린 것이 소위 **LM 곡선**(LM curve)이다.

LM 곡선은 IS 곡선보다 도출하기가 훨씬 간단하다. 그 이유는 첫째, 화폐시장에 대해서는 우리가 이미 배웠기 때문에 LM 곡선 도출에 필요한 도구를 갖추었다. 둘째, IS 곡선과 달리 개방경제 LM 곡선은 폐쇄경제 LM 곡선과 전혀 차이가 없다. 따라서 이미 다른 수업을 통해 폐쇄경제 IS-LM 모형을 배웠다면, LM 곡선과 관련하여 더 이상 새로운 것은 없다.

화폐시장 요약

앞에서 화폐시장에 대해 배울 때, 우리는 생산(혹은 소득) 수준을 주어진 것으로 간주했다. 그러나 LM 곡선을 도출할 때는 새로운 질문을 던져야 한다. 즉 경제의 생산이 변할 때, 화폐시장 균형이 어떻게 바뀌는가?

단기에 있어서 물가는 어떤 수준 $\overline{P}$에서 고정된 것으로 간주된다. 이 상황에서 화폐시장 균형은 실질통화수요 $L(i)Y$와 실질통화공급 $M/\overline{P}$가 동일할 때 성립한다.

$$\underbrace{\frac{M}{\overline{P}}}_{\substack{\text{실질통화} \\ \text{공급}}} = \underbrace{L(i)Y}_{\substack{\text{실질통화} \\ \text{수요}}} \qquad (14\text{-}2)$$

그림 14-10(a)에서 보듯이 실질통화수요 MD는 명목이자율과 역의 관계이다. 따라서 실질통화잔고에 대한 수요 곡선은 우하향의 기울기를 갖는다. 한편 실질통화공급 MS는 당분간 고정된 것으로 가정한다. 최초에 생산수준이 Y_1일 때, 화폐시장은 $1'$에서 균형을 이룬다. 거기에서 실질통화수요는 MD_1상에서 측정되며, $M/\overline{P} = L(i_1)Y_1$이다.

이 상황에서 생산이 변하면 실질통화수요 곡선이 이동한다. 예를 들어 생산이 Y_2로 증가하면 실질통화수요가 증가한다. 왜냐하면 생산의 증가는 경제의 거래가 더 많아지는 것을 의미하기 때문에 더 많은 통화가 필요하다. 이에 따라 실질통화수요 곡선이 오른쪽으로 이동하여 MD_2가 된다. 통화의 공급과 수요가 동일하기 위해서는 이자율이 $i = i_1$에서 $i = i_2$로 상승해야 한다. 즉 $M/\overline{P} = L(i_2)Y_2$이 성립한다. 이에 따라 화폐시장의 균형이 $1'$에서 $2'$으로 이동한다.

LM 곡선 도출

우리는 화폐시장을 균형시키는 이자율 i와 생산 Y의 조합을 도출하고자 한다. 이 점들을 연결한 것이 그림 14-10(b)에 있는 LM 곡선이다.

그림 14-10

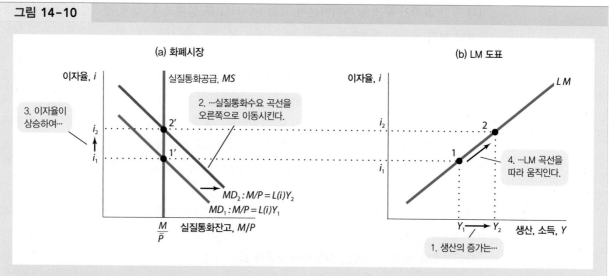

LM 곡선 도출 (b)에서 다른 요인은 불변이고 실질소득(혹은 생산)이 Y_1에서 Y_2로 증가하면, (a)의 화폐시장에서 실질통화잔고에 대한 수요가 오른쪽으로 이동한다. 실질통화공급 MS가 M/P로 고정돼 있기 때문에 이자율이 i_1에서 i_2로 상승하고 화폐시장 균형은 $1'$에서 $2'$으로 이동한다. 다른 요인이 불변인 상황에서 이자율과 소득 간의 관계가 LM 곡선이며, 이는 (b)에서 보는 것처럼 점 1에서 점 2로 이동하는 것으로 표시된다. 따라서 LM 곡선은 우상향이다. 즉 생산수준이 Y_1에서 Y_2로 증가하면, 이자율이 i_1에서 i_2로 상승한다. (a)의 화폐시장 균형과 양립하는 모든 i와 Y의 조합을 그린 것이 (b)의 LM 곡선이다.

실질통화공급이 M/P으로 고정돼 있는 상황에서 생산이 Y_1에서 Y_2로 증가하는 경우 (a)에 나와 있듯이 명목이자율이 i_1에서 i_2로 상승한다. 이를 (b)의 (Y, i) 평면에 표시하면 화폐시장 균형이 LM 곡선을 따라 점 1에서 점 2로 이동하는 것이 된다.

이로써 화폐시장 균형을 의미하는 LM 곡선의 형태를 도출했다. 생산이 Y_1에서 Y_2로 증가하면 명목이자율이 i_1에서 i_2로 상승한다. 따라서 LM 곡선은 우상향의 기울기를 갖는다.

그림 14-10의 (a)와 (b)는 화폐시장 균형을 나타내는 두 가지 방법으로서 양자는 사실상 완전히 동일하다. 화폐시장 도표는 생산을 고정시켜 놓고 다양한 이자율에 대해 실질통화잔고에 대한 수요와 공급의 관계를 보여준다. 이에 반해 LM 도표는 실질통화잔고를 고정시켜 놓고 생산과 이자율 간의 관계를 보여준다. LM 곡선은 생산을 고정시키지 않기 때문에 이를 이용해서 생산, 이자율, 환율의 단기적 변화를 분석하는 것이 가능하다.

LM 곡선을 이동시키는 요인

LM 곡선을 이동시키는 중요한 요인은 실질통화공급의 변화이다.(생산의 변화는 LM 곡선의 이동이 아니라 곡선 상의 이동이다.) LM 곡선은 어떤 생산수준 Y가 주어졌을 때 화폐시장을 균형시키는 이자율 i에 대해 말해준다. 어떤 Y에 대해 균형 이자율 i가 무엇인지는 실질통화공급 M/P에 달려있다. 따라서 LM 곡선의 모양 역시 M/P에 달려있다.

실질통화공급이 한 나라의 생산(혹은 소득)에 미치는 효과는 중요하다. 이는 통화정책 변화가 전반적인 경제활동에 미치는 효과가 어느 정도인지를 의미하기 때문이다. LM 곡선에서 이와 같은 효과가 무엇을 의미하는지 그림 14-11(a)를 살펴보자. 가격 경직성 하에서 명목통화공급 M의 증가는 실질통화공급을 $M_1/\overline{P}$에서 $M_2/\overline{P}$로 증가시킨다. 이는 실질통화공급 곡선 MS를 오른쪽으로 이동시킨다.

외생적 실질통화공급 $M/\overline{P}$이 이런 식으로 변화할 경우 LM 도표는 어떻게 되는가? 생산수준 Y가 어떤 수준으로 주어진 상황에서 실질통화공급이 증가하는 경우 이자율이 i_2로 하락하고 화폐시장 균형이 점 $1'$에서 점 $2'$으로 이동한다. 생산수준이 Y로 고정된 상황에서 이자율이 i_2로 하락한다는 것은 LM 곡선이 예전과 동일한 위치에 있을 수 없다는 것을 의미한다. 즉 그림 14-11(b)에서 보는 것처럼 LM 곡선이 LM_1에서 LM_2로 아래쪽 혹은 오른쪽으로 이동해야 한다.

이로써 다음의 결과를 얻는다. 실질통화공급의 증가는 LM 곡선을 아래쪽 혹은 오른쪽으로 이동시키고, 실질통화공급의 감소는 LM 곡선을 위쪽 혹은 왼쪽으로 이동시킨다.

따라서 LM 곡선의 위치는 실질통화공급의 함수이다.

$$LM = LM(M/\overline{P})$$

한 가지 기억해야 할 것은 단기 경제분석 모형에서 물가는 경직적이고 주어진 것으로 간주된다. 따라서 단기적으로 실질통화공급의 모든 변화는 지금까지 우리가 주어진 혹은 외생적인 것으로 간주한 명목통화공급 M의 변화에 의해 발생한다.

다른 요인도 LM 곡선의 위치에 영향을 미친다. 가령 실질통화수요의 외생적 변화도 LM

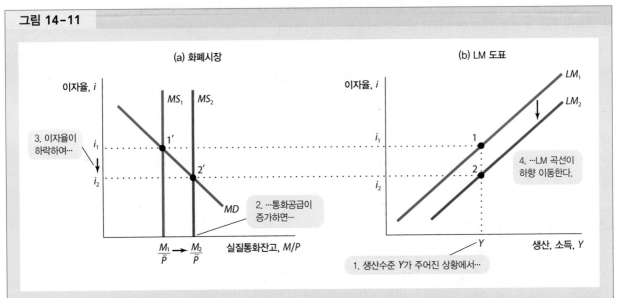

그림 14-11

(a) 화폐시장 (b) LM 도표

이자율, i

3. 이자율이 하락하여…

i_1

MS_1 MS_2

$1'$

i_2

$2'$

MD

2. …통화공급이 증가하면…

$\dfrac{M_1}{\overline{P}} \rightarrow \dfrac{M_2}{\overline{P}}$ 실질통화잔고, M/P

이자율, i

LM_1

LM_2

i_1

1

4. …LM 곡선이 하향 이동한다.

i_2

2

Y 생산, 소득, Y

1. 생산수준 Y가 주어진 상황에서…

통화공급 변화에 의한 LM 곡선의 이동 (a)의 화폐시장에서 실질소득(혹은 생산) Y를 고정시켜보자. 이 경우 실질통화수요도 고정된다. 이 상황에서 다른 요인이 불변일 때 통화공급이 M_1에서 M_2로 증가하면, 실질통화공급 곡선이 MS_1에서 MS_2로 오른쪽으로 이동한다. 이에 따라 균형이 $1'$에서 $2'$으로 이동하고, 이자율은 i_1에서 i_2로 하락한다. (b)의 LM 도표에서 소득(혹은 생산) 수준이 변하지 않는 가운데 이자율이 하락하면 이는 경제가 점 1에서 점 2로 이동하는 것으로 표시된다. 따라서 LM 곡선은 LM_1에서 LM_2로 아래쪽으로 이동한다.

곡선을 이동시킨다. 예를 들어 통화공급이 주어진 상태에서 생산수준 Y에는 변화가 없으면서 실질통화잔고에 대한 수요가 감소하면(즉 L 함수의 감소), 다른 조건 동일할 때 이자율이 하락하여 LM 곡선이 아래쪽 혹은 오른쪽으로 이동하게 된다.

LM 곡선 요약

LM 곡선은 실질통화공급 수준이 주어졌을 때, 화폐시장의 단기 균형에 필요한 생산 Y와 이자율 i의 관계를 보여준다. LM 곡선은 우상향이다. 왜 그런가? 실질통화공급에 변화가 없다면 화폐시장 균형을 위한 실질통화수요 역시 변화가 없다. 그런데 만약 생산이 증가하면 실질통화수요가 증가하기 때문에 균형을 유지하기 위해서는 실질통화수요가 줄어들어야 한다. 바로 이자율의 상승에 의해 실질통화수요의 감소가 달성된다. 따라서 LM 곡선에서 생산이 증가하면 이자율 역시 상승한다.

다음 요인들이 LM 곡선을 이동시킨다.

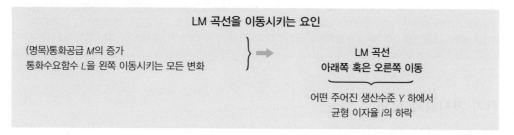

LM 곡선을 이동시키는 요인

(명목)통화공급 M의 증가
통화수요함수 L을 왼쪽 이동시키는 모든 변화

**LM 곡선
아래쪽 혹은 오른쪽 이동**

어떤 주어진 생산수준 Y 하에서
균형 이자율 i의 하락

반대의 변화는 이자율을 상승시켜 LM 곡선을 위쪽 혹은 왼쪽으로 이동시킨다.

5 개방경제 단기 IS-LM-FX 모형

이상의 분석을 통해 우리는 이제 개방경제에서 재화, 화폐, 외환시장의 균형을 분석할 수 있는 모형을 갖추었다. 그림 14-12의 IS-LM-FX 그림은 재화시장(IS 곡선), 화폐시장(LM 곡선), 외환(FX)시장 도표를 모두 합친 것이다.

IS 및 LM 곡선은 모두 (a)에 그려져 있다. 경제가 IS 곡선 상에 있으면 재화 및 외환시장이 균형을 이룬다. 또한 경제가 LM 곡선 상에 있으면 화폐시장이 균형을 이룬다. 따라서 경제가 IS와 LM이 교차하는 점 1에 있으면 3개 시장 모두 균형을 이룬다.

외환시장 혹은 FX시장은 (b)에 그려져 있다. 외환시장에서 국내수익 DR은 화폐시장 이자율과 동일하다. 균형은 해외수익 FR과 국내수익 i가 동일해지는 점 1′에서 이루어진다.

우리는 지금부터 2개의 그래프로 구성된 개방경제 IS-LM-FX 도표를 자주 사용할 것이다. 이를 이용하여 다양한 형태의 충격에 개방경제가 단기적으로 어떻게 반응하는지 분석할 수 있다. 특히 정부정책이 경제에 미치는 효과를 분석하고, 거시경제적 성과와 안정을 위해 정부 차원에서 어떤 정책이 필요한지 살펴본다.

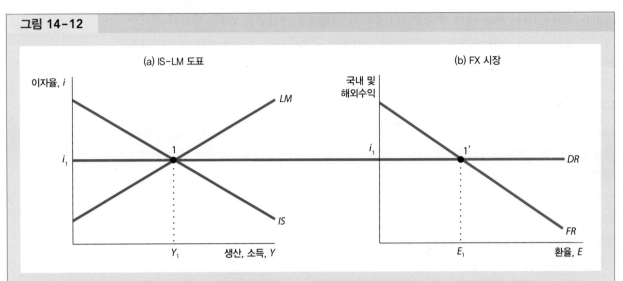

그림 14-12

(a) IS-LM 도표

이자율, i

LM

i_1

1

IS

Y_1 생산, 소득, Y

(b) FX 시장

국내 및
해외수익

i_1

1′

DR

FR

E_1 환율, E

IS-LM-FX 모형의 균형 (a)에 IS와 LM 곡선이 함께 그려져 있다. 경제가 IS 곡선 상에 있으면 재화 및 외환시장이 균형을 이룬다. 또한 경제가 LM 곡선 상에 있으면 화폐시장이 균형을 이룬다. 따라서 경제가 *IS*와 *LM*이 교차하는 점인 1에 있으면 3개 시장 모두 균형을 이룬다. (b)에는 외환(FX)시장이 그려져 있다. 외환시장에서 국내수익 *DR*은 화폐시장 이자율과 동일하다. 균형은 해외수익 *FR*과 국내수익 *i*가 동일해지는 점 1′에서 이루어진다.

단기 거시경제 정책

개방경제 IS-LM-FX 모형에 대해 이해했고, 경제의 단기 균형에 영향을 미치는 제반 요인에 대해 살펴봤다. 이제는 이를 이용하여 정부의 거시경제 정책 변화가 한 나라 핵심 거시경제 변수(생산, 환율, 무역수지)에 단기적으로 어떤 영향을 미치는지 살펴보기로 하자.

우리는 두 가지 주요 정책에 초점을 맞춘다. 하나는 통화공급을 변화시키는 **통화정책** (monetary policy)이고, 다른 하나는 정부지출이나 조세를 변화시키는 것과 관련된 **재정정책** (fiscal policy)이다. 특히 정부가 이런 정책들을 사용하여 경기변동을 막을 수 있는지가 관심 사항이다.

조만간 보겠지만 이런 정책은 한 나라가 어떤 환율제도를 취하고 있는지에 따라 그 효과가 크게 달라진다. 따라서 우리는 두 가지 극단적 경우, 즉 고정환율제와 변동환율제를 상정한 다. 많은 나라들이 다양한 변동환율제를 취하고 있고, 또 다른 상당수 나라들은 고정환율제 를 취하고 있기 때문에 어느 하나가 아닌 두 가지 환율제도 하에서 정책의 효과를 분석하는 것이 반드시 필요하다.

이 절의 핵심 가정은 다음과 같다. 우선 경제가 최초에 장기 균형상태에 있다고 가정한다. 그런 다음 외국(즉 나머지 세계) 경제의 조건은 변하지 않는 상태에서 자국 경제의 정책에 변 화가 발생했을 때 그 효과를 분석한다. 단기에 대한 일반적 가정, 즉 양국 모두 가격 경직성 이 존재한다고 가정한다. 또한 외환시장이 자유롭게 작동하고 자본통제가 없으며, 환율이 시 장의 힘에 의해 결정된다고 가정한다.

일시적 정책, 예상 불변 마지막으로 우리는 일시적(temporary) 정책변화만 분석한다. 바꾸어 말하면, 정책변화가 미래에 대한 장기적 예상에는 영향을 미치지 않는다고 가정한다. 특히 예상미래환율 E^e는 고정돼 있다. 일시적 정책만 고려하는 이유는 우리가 기본적으로 일시적 충격에 대한 정부의 정책적 대응과 단기적 경기변동에 관심이 있으며, 우리의 모형이 오직 단기에만 적용될 수 있기 때문이다.[2]

이 절의 핵심 결론은 단기에 있어서는 경제정책이 중요한 거시경제적 효과를 지닌다는 점이다. 또한 어떤 환율제도가 시행되고 있느냐에 따라 정책의 효과가 달라진다. 이런 관계를 이해함으로써 환율과 거시경제 정책, 그리고 고정환율제와 변동환율제의 장단점에 대한 끝없는 논쟁(이에 대해서는 다음 장에서 자세히 다룸)에 대해 더 잘 이해할 수 있을 것이다.

변동환율 하에서의 통화정책

첫 번째 정책 실험에서 우리는 변동환율 하에서 자국에 일시적 통화팽창이 발생하는 경우를 다룬다. 통화팽창이 영구적인 것이 아니기 때문에 장기 예상에는 변화가 없고, 따라서 예상미래환율은 E^e로 고정돼 있다. 이는 외환시장에서 예상 해외수익 곡선에 변화가 없다는 것을 의미한다.

그림 14-13은 모형에 의한 분석 결과를 보여준다. (a)의 IS-LM 도표에서 재화 및 화폐시장은 최초 점 1에서 균형을 이루고 있다. 여기에서 정해진 이자율은 외환시장에서 국내수익 DR_1이 된다. (b)에서 외환시장은 최초 점 1'에서 균형을 이루고 있다.

통화공급을 M_1에서 M_2로 증가시키는 일시적 통화팽창은 (a)에서 LM 곡선을 LM_1에서 LM_2로 아래쪽으로 이동시킴으로써 이자율을 i_1에서 i_2로 떨어뜨린다. 이에 따라 국내수익이 DR_1에서 DR_2로 하락한다. 이와 같은 이자율 하락은 (b)에서 환율을 E_1에서 E_2로 상승(절하)시킨다. 이자율이 하락하고(투자 I를 증가시킴), 환율이 절하되어(무역수지 TB를 증가시킴) 수요가 증가하고, 그 결과 균형이 IS 곡선을 따라 점 1에서 점 2로 이동한다. 생산은 Y_1에서 Y_2로 확대된다. 새로운 균형은 점 2와 2'이 된다.

이 결과의 의미는 다음과 같다. 통화팽창은 다른 조건이 동일할 때 자국의 이자율을 낮춘다. 이자율 하락은 두 가지 방식으로 수요를 자극한다. 첫째, 직접적으로 재화시장에서 투자 수요 I를 증가시킨다. 둘째, 간접적으로 외환시장 환율절하를 통해 재화시장에서 지출전환을 야기하여 무역수지 TB를 증가시킨다. I와 TB 모두 수요 항목으로서 둘 다 증가한다.

요약하면, 변동환율 하에서 일시적 통화팽창은 생산을 자극하기 때문에 경기부진을 막는 데 효과적이다. 또한 국내 이자율을 낮추고 환율을 절하시킨다. 무역수지에 대한 효과는 확실하지 않다. 왜냐하면 생산증가가 수입수요를 늘려 무역수지를 악화시키지만, 실질절하하는

---

2 더욱이 정부가 직면하는 여러 현실적인 제약을 고려할 때, 영구적 정책변화는 사실상 불가능할 수 있다. 예를 들어 다른 조건은 불변인 상태에서 통화공급을 영구적으로 늘릴 경우 물가수준이 영구적으로 상승함으로써 명목기준지표로 통화, 환율, 인플레이션 등을 설정한 것과 상충될 수 있다. 또한 정부지출의 영구적 증가는 정부의 장기적 예산제약 때문에 조세 증가가 없는 한 실현 불가능하다.

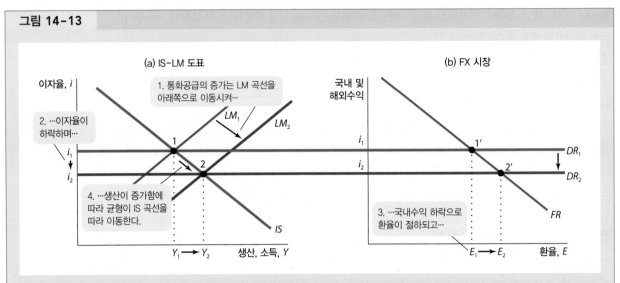

그림 14-13

(a) IS-LM 도표

이자율, i

1. 통화공급의 증가는 LM 곡선을 아래쪽으로 이동시켜…

LM_1

LM_2

2. …이자율이 하락하며…

i_1

i_2

4. …생산이 증가함에 따라 균형이 IS 곡선을 따라 이동한다.

IS

$Y_1 \longrightarrow Y_2$ 생산, 소득, Y

(b) FX 시장

국내 및 해외수익

i_1

i_2

1′

2′

DR_1

DR_2

FR

3. …국내수익 하락으로 환율이 절하되고…

$E_1 \longrightarrow E_2$ 환율, E

변동환율 하에서의 통화정책 (a)의 IS-LM 도표에서 재화 및 화폐시장은 최초 점 1에서 균형을 이루고 있다. 여기에서 정해진 이자율이 외환시장에서 국내수익 DR_1이 된다. (b)에서 외환시장은 최초 점 1′에서 균형을 이루고 있다. 통화공급을 M_1에서 M_2로 증가시키는 일시적 통화팽창은 (a)에서 LM 곡선을 LM_1에서 LM_2로 아래쪽으로 이동시킴으로써 이자율을 i_1에서 i_2로 떨어뜨린다. 이에 따라 국내수익이 DR_1에서 DR_2로 하락한다. 이와 같은 이자율 하락은 (b)에서 환율을 E_1에서 E_2로 상승(절하)시킨다. 이자율이 하락하고(투자를 증가시킴), 환율이 절하됨에 따라 수요는 증가하고, 그 결과 균형이 IS 곡선을 따라 점 1에서 점 2로 이동한다. 생산은 Y_1에서 Y_2로 확대된다. 새로운 균형은 점 2와 2′이 된다.

지출전환 효과에 의해 수출을 늘리고 수입을 줄임으로써 무역수지를 개선시키는 효과가 있기 때문이다. 현실적으로는 무역수지 개선 효과가 악화 효과보다 더 큰 것으로 간주된다. 즉 일시적 통화공급 확대가 일반적으로 무역수지를 개선시키는 경향이 있다는 것이다.(일시적 통화긴축 정책의 경우에는 반대의 효과를 보일 것이다. 연습 삼아 그래프를 이용하여 각자 분석해보기 바란다.)

고정환율 하에서의 통화정책

이번에는 자국이 외국에 대해 환율을 $\overline{E}$로 고정시킨 상황에서 일시적 통화팽창의 효과를 분석해보자. 이 실험에서 핵심적인 것은 유위험이자율평가 조건이다. 즉 고정환율제 하에서는 자국 이자율이 외국 이자율과 동일해야 한다.

모형에 의한 분석이 그림 14-14에 나와 있다. (a)의 IS-LM 도표에서 재화 및 화폐시장은 최초 점 1에서 균형을 이루고 있다. (b)에서 외환시장은 최초 점 1′에서 균형을 이루고 있다.

통화공급을 M_1에서 M_2로 증가시키는 일시적 통화팽창은 앞에서 본 것처럼 (a)에서 LM 곡선을 LM_1에서 LM_2로 아래쪽 혹은 오른쪽으로 이동시키고 이자율을 하락시킬 것이다. 이에 따라 (b)에서 환율이 E_2로 상승(절하)할 것이다. 그러나 이는 고정환율 $\overline{E}$와 양립할 수 없으며, 따라서 정책결정자들은 이런 식으로 통화정책을 변경하여 LM 곡선을 이동시킬 수 없다. 그들은 통화공급을 M_1으로 놔둬야 한다. 결국 경제는 최초의 균형에서 벗어날 수 없다는 것을 의미한다.

그림 14-14

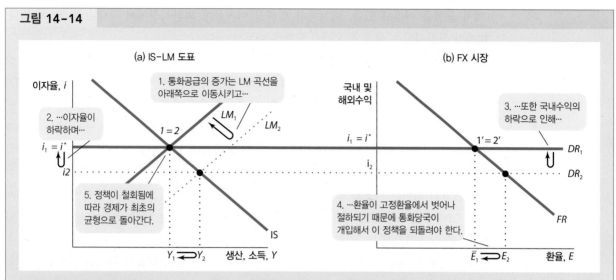

(a) IS-LM 도표   (b) FX 시장

이자율, i

1. 통화공급의 증가는 LM 곡선을 아래쪽으로 이동시키고…

LM_1 LM_2

2. …이자율이 하락하며…

$1 = 2$

$i_1 = i^*$

$i2$

5. 정책이 철회됨에 따라 경제가 최초의 균형으로 돌아간다.

IS

$Y_1 \;\; Y_2$ 생산, 소득, Y

국내 및 해외수익

3. …또한 국내수익의 하락으로 인해…

$i_1 = i^*$

$1' = 2'$

DR_1

$i2$ DR_2

4. …환율이 고정환율에서 벗어나 절하되기 때문에 통화당국이 개입해서 이 정책을 되돌려야 한다.

FR

$\bar{E}_1 \;\; E_2$ 환율, E

고정환율 하에서의 통화정책 (a)의 IS-LM 도표에서 재화 및 화폐시장은 최초 점 1에서 균형을 이루고 있다. (b)에서 외환시장은 최초 점 1′에서 균형을 이루고 있다. 통화공급을 M_1에서 M_2로 증가시키는 일시적 통화팽창은 (a)에서 LM 곡선을 LM_1에서 LM_2로 아래쪽으로 이동시키고 이자율을 하락시킬 것이다. 이에 따라 (b)에서 환율이 E_2로 상승(절하)할 것이다. 그러나 이는 고정환율 $\bar{E}$와 양립할 수 없으며, 따라서 정책결정자들은 이런 식으로 LM 곡선을 이동시킬 수 없다. 그들은 통화공급을 M_1으로 놔두어야 한다. 이는 결국 고정환율 하에서 자율적인 통화정책은 불가능하다는 것을 의미한다.

이 사례는 핵심 결론을 제시한다. 즉 고정환율 하에서 자율적인 통화정책은 불가능하다. 도대체 왜 그런가? 앞에서 이미 배웠듯이 유위험이자율평가에 의하면 고정환율 하에서는 자국 이자율이 외국 이자율과 정확히 동일해야 한다(즉 $i = i^*$). LM 곡선이 조금만 움직여도 이 제약에 위배되어 고정환율제도가 무너지게 될 것이다.

요약하면, 고정환율 하에서 통화정책은 실행이 불가능하다. 환율을 고정시키는 것은 통화 정책의 자율성을 포기하는 것을 의미한다. 앞에서 배운 트릴레마(trilemma)를 상기해보자. 자본 이동성을 허용하고, 고정환율제를 유지하며, 자율적인 통화정책을 추구하는 세 가지를 모두 달성할 수는 없다. 바로 이 트릴레마가 작동하는 것을 IS-LM-FX 모형을 통해 확인한 셈이다. 변동환율제 하에서 자율적인 통화정책의 잠재적 이익(즉 생산 증가를 위해 통화정책을 사용할 수 있는 점)을 확인함으로써 고정환율제의 주요 단점을 명백히 보여주고 있다. 통화 정책은 원칙적으로는 경제에 단기적 영향을 미치는 데 사용될 수 있으나, 고정환율에서는 그 역할을 할 수 없다.

변동환율 하에서의 재정정책

이번에는 변동환율 하에서 재정정책에 대해 살펴보자. 이 예에서 우리는 자국의 정부지출이 $\bar{G}_1$에서 $\bar{G}_2$로 일시적으로 증가하는 경우를 다룬다. 이번에도 정책효과가 영구적인 것이 아니기 때문에 장기 예상에는 변화가 없고, 따라서 예상미래환율은 E^e로 고정돼 있다. 그림 14-15는 그림에 의한 분석 결과를 보여준다. (a)의 IS-LM 도표에서 재화 및 화폐시장은 최초 점

1에서 균형을 이루고 있다. 여기에서 정해진 이자율이 외환시장에서 국내수익 DR_1이 된다. (b)에서 외환시장은 최초 점 1'에서 균형을 이루고 있다.

정부지출을 $\overline{G}_1$에서 $\overline{G}_2$로 증가시키는 일시적 재정팽창은 (a)에서 IS 곡선을 IS_1에서 IS_2로 오른쪽으로 이동시킴으로써 이자율을 i_1에서 i_2로 상승시킨다. 이에 따라 국내수익이 DR_1에서 DR_2로 상승한다. 이와 같은 이자율 상승은 (b)에서 환율을 E_1에서 E_2로 하락(절상)시킨다. 이자율이 상승하고(투자 I를 감소시킴), 환율이 절상(무역수지 TB 감소)되지만 그래도 정부지출 증가에 의해 종합적 수요는 증가하고, 그 결과 균형이 LM 곡선을 따라 점 1에서 점 2로 이동한다. 생산은 Y_1에서 Y_2로 확대된다. 새로운 균형은 점 2와 2'이 된다.

이 결과의 의미는 다음과 같다. 재정팽창은 IS 곡선을 오른쪽으로 이동시켜 생산을 증가시킨다. 그러나 통화공급에 변화가 없는 상태에서 생산의 증가는 다른 조건에 변화가 없을 때 이자율을 상승시키게 된다. 이자율 상승은 수요 중 투자 항목을 감소시키며, 이것 때문에 종합적인 수요 증가가 최초의 정부지출보다 작아지게 된다. 재정팽창이 투자를 밀어내는 이러한 효과를 **구축효과**(crowding out effect)라 부른다.

뿐만 아니라 이자율 상승은 자국 통화의 절상을 야기한다. 자국 소비자들이 상대적으로 저렴해진 외국 재화 소비로 전환함에 따라 무역수지가 감소한다. 따라서 이자율 상승은 (간접적으로) 순수출을 **구축**하며, 이것 역시 종합적인 수요 증가를 정부지출보다 작게 만드는 요인

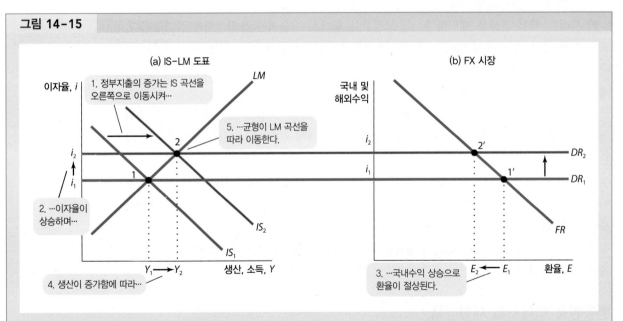

그림 14-15

변동환율 하에서의 재정정책 (a)의 IS-LM 도표에서 재화 및 화폐시장은 최초 점 1에서 균형을 이루고 있다. 여기에서 정해진 이자율이 외환시장에서 국내수익 DR_1이 된다. (b)에서 외환시장은 최초 점 1'에서 균형을 이루고 있다. 정부지출을 $\overline{G}_1$에서 $\overline{G}_2$로 증가시키는 일시적 재정팽창은 (a)에서 IS 곡선을 IS_1에서 IS_2로 오른쪽으로 이동시킴으로써 이자율을 i_1에서 i_2로 상승시킨다. 이에 따라 국내수익이 DR_1에서 DR_2로 상승한다. 이와 같은 이자율 상승은 (b)에서 환율을 E_1에서 E_2로 하락(절상)시킨다. 이자율이 상승하고(투자 I를 감소시킴), 환율이 절상되지만(무역수지 TB 감소), 그래도 정부지출 증가에 의해 종합적 수요는 증가하고, 그 결과 균형이 LM 곡선을 따라 점 1에서 점 2로 이동한다. 생산은 Y_1에서 Y_2로 확대된다. 새로운 균형은 점 2와 2'이 된다.

이다. 따라서 개방경제에서 재정팽창은 (이자율 상승에 의해) 투자를 구축할 뿐 아니라 (환율 절상에 의해) 순수출도 구축한다.

요약하면, 변동환율 하에서 일시적 재정팽창 정책은 효과적이다. 이것은 자국의 생산을 증가시키고, 이자율을 상승시키며, 환율을 절상시키고, 무역수지를 감소시킨다.(일시적 재정긴축 정책의 경우에는 반대의 효과를 보일 것이다. 연습 삼아 그래프를 이용하여 각자 분석해보기 바란다.)

고정환율 하에서의 재정정책

이번에는 자국이 외국에 대해 환율을 $\overline{E}$로 고정시켰을 때 일시적 재정팽창의 효과가 어떻게 달라지는지 분석해보자. 여기에서 핵심적인 것은 유위험이자율평가 조건이다. 즉 고정환율이 유지되기 위해서는 자국 이자율이 외국 이자율과 동일해야 한다.

모형에 의한 분석이 그림 14-16에 나와 있다. (a)의 IS-LM 도표에서 재화 및 화폐시장은 최초 점 1에서 균형을 이루고 있다. 여기에서 정해진 이자율이 외환시장에서 국내수익 DR_1이 된다. (b)에서 외환시장은 최초 점 1′에서 균형을 이루고 있다.

정부지출을 $\overline{G}_1$에서 $\overline{G}_2$로 증가시키는 일시적 재정팽창은 앞에서 본 것처럼 (a)에서 IS 곡선

그림 14-16

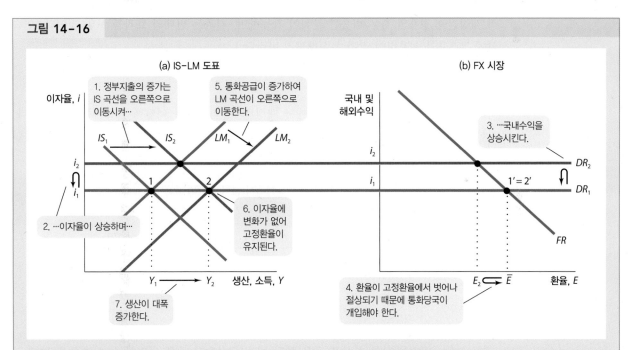

고정환율 하에서의 재정정책 (a)의 IS-LM 도표에서 재화 및 화폐시장은 최초 점 1에서 균형을 이루고 있다. 여기에서 정해진 이자율이 외환시장에서 국내수익 DR_1이 된다. (b)에서 외환시장은 최초 점 1′에서 균형을 이루고 있다. 정부지출을 $\overline{G}_1$에서 $\overline{G}_2$로 증가시키는 일시적 재정팽창은 (a)에서 IS 곡선을 IS_1에서 IS_2로 오른쪽으로 이동시키고 이자율을 i_1에서 i_2로 상승시킬 것이다. 이에 따라 국내수익이 DR_1에서 DR_2로 상승할 것이다. 이와 같은 이자율 상승은 (b)에서 환율을 $\overline{E}$에서 E_2로 하락(절상)시킬 것이다. 환율 하락을 막기 위해 통화당국은 시장에 개입하여 LM 곡선을 LM_1에서 LM_2로 오른쪽으로 이동하게 만들어야 한다. 따라서 재정팽창은 통화팽창을 야기한다. 결국 이자율과 환율은 변하지 않게 되고 생산은 Y_1에서 Y_2로 대폭 확대된다. 새로운 균형은 점 2와 2′이 된다.

을 IS_1에서 IS_2로 오른쪽으로 이동시키고 이자율을 i_1에서 i_2로 상승시킬 것이다. 이에 따라 국내수익이 DR_1에서 DR_2로 상승할 것이다. 이와 같은 이자율 상승은 (b)에서 환율을 $\overline{E}$에서 E_2로 하락(절상)시킬 것이다. 환율 하락을 막기 위해 통화당국은 시장에 개입하여 LM 곡선 역시 LM_1에서 LM_2로 오른쪽으로 이동하게 만들어야 한다. 따라서 재정팽창은 통화팽창을 야기한다. 결국 이자율과 환율은 변하지 않게 되고 생산은 Y_1에서 Y_2로 대폭 확대된다. 새로운 균형은 점 2와 2′이 된다.

이 결과는 무엇을 의미하는가? 앞에서 우리는 환율변동이 허용되는 경우 재정팽창은 절상 압력을 낳는다는 것을 보았다. 따라서 고정환율 하에서는 재정팽창이 발생하자마자 통화당국은 즉각적으로 통화정책을 변경하여 LM 곡선을 LM_1에서 LM_2로 이동시켜야 한다. 이를 위해서는 통화공급을 확대해야 하며, 이것이 절하 압력을 낳아 절상 압력을 상쇄하게 된다. 통화당국이 이런 식으로 조정을 하면 시장환율은 최초의 고정환율 $\overline{E}$에 머물러 있을 수 있다.

따라서 한 나라가 고정환율제를 시행하고 있다면 재정정책은 매우 효과적이다. 정부의 재정팽창이 중앙은행으로 하여금 환율 방어를 위해 즉각적인 통화팽창에 나서도록 하기 때문이다. 이처럼 재정 및 통화당국에 의해 이중적이고 동시적인 수요 확대가 이루어짐으로써 경제에 미치는 효과가 매우 크다(Y_1에서 Y_2의 생산 증가폭이 변동환율에서보다 훨씬 크다).

요약하면, 고정환율 하에서 일시적 재정팽창 정책은 자국의 생산을 대폭 증가시킨다.(일시적 재정긴축 정책의 경우 비슷한 분석이 가능하며, 결과는 반대의 효과를 보일 것이다. 연습 삼아 그래프를 이용하여 각자 분석해보기 바란다.)

요약

이로써 우리는 고정 및 변동환율 하에서 재정 및 통화정책이 어떻게 작동하는지 살펴봤다. 또한 환율제도에 따라 이들 정책의 효과가 대폭 달라진다는 것도 보았다. 결과를 요약하면 다음과 같다.

		IS-LM-FX 모형에서 정책 충격의 효과				
		효과				
환율제도	정책	i	E	I	TB	Y
변동	통화팽창	↓	↑	↑	↑?	↑
	재정팽창	↑	↓	↓	↓	↑
고정	통화팽창	0	0	0	0	0
	재정팽창	0	0	0	↓	↑

이 표에서 위쪽을 향한 화살표 ↑은 해당 변수가 상승한 것을 의미하고, 아래쪽을 향한 화살표 ↓는 해당 변수가 하락한 것을 의미하며, 0은 효과가 없는 것을 의미한다. 긴축적 정책은 효과가 반대가 될 것이다. 고정환율 하에서 통화팽창의 효과가 모든 변수에 대해 0인 것은 실행 불가능한 정책이라는 것을 의미한다.

변동환율 하에서는 자율적인 통화정책과 재정정책이 가능하다. 통화정책이 수요를 확대하는 능력은 단기적으로 두 가지 원천에서 나온다. 즉 다른 조건이 동일할 때 이자율 하락이 투자를 촉진하고, 환율 절하가 무역수지를 증가시킨다. 하지만 자국의 생산 및 소득 증가로 인해 외국으로부터 수입이 늘어남에 따라 종국적으로는 무역수지가 악화 압력을 받는다. 생산 및 투자에 미치는 순효과는 플러스이지만 무역수지에 대한 효과는 확실하지 않다. 그러나 현실적으로는 이것 역시 플러스일 가능성이 높다.

변동환율 하에서는 확장적 재정정책 역시 효과적이다. 하지만 지출 증대의 효과가 두 가지 구축효과에 의해 상쇄된다. 즉 이자율 상승에 의해 투자가 구축되고, 환율 절상에 의해 무역수지가 구축된다. 이에 따라 투자가 감소하고 무역수지 역시 감소한다. 무역수지 감소 효과는 국내 생산 증가에 의한 추가적인 수입 수요로 인해 더욱 증폭된다.

고정환율 하에서는 통화정책이 두 가지 이유로 전혀 힘을 발휘할 수 없다. 첫째, 이자율평가에 의해 국내 이자율이 해외 이자율과 독립적으로 움직일 수 없으며, 따라서 투자 수요에 영향을 미칠 수 없다. 둘째, 고정환율제라는 말 그대로 환율이 변할 수 없기 때문에 지출전환에 의한 무역수지 조정 역시 불가능하다.

고정환율 하에서는 재정정책만이 실행 가능하다. 정부에 의한 조세 감축이나 지출 증대가 추가적 수요를 발생시킨다. 또한 재정팽창에 따른 이자율 상승과 환율 절하를 막기 위해서는 통화팽창이 수반되어야 한다. 이에 따라 고정환율 하에서 재정정책은 초강력 수단이다. 그 이유는 중앙은행에 의해 이자율과 환율이 원래 수준으로 유지된다면 재정정책이 원래 갖고 있던 (투자와 무역수지에 대한) 구축효과가 전혀 나타나지 않기 때문이다. 통화정책이 재정정책을 뒤따르면서 이를 증폭시키는 셈이다.

6 안정화 정책

앞에서 우리는 거시경제 정책들이 단기적으로 경제활동에 영향을 미칠 수 있다는 것을 살펴보았다. 이는 정책당국이 정책변화를 통해 경제를 완전고용 생산수준이나 혹은 그것에 가까운 수준으로 유지할 수 있는 가능성을 열어 놓는다. 이것이 **안정화 정책**(stabilization policy)의 핵심이다. 만약 경제에 일시적으로 부정적 충격이 가해진다면 정책결정자들은 심각한 침체를 막기 위해 확장적 통화 및 재정정책을 사용할 수 있다. 반대로 경제를 완전고용 생산수준 이상으로 몰아가는 충격이 가해지는 경우에는 긴축적 정책으로 호황을 진정시킬 수 있다.

예를 들어 투자나 소비, 혹은 수출 수요가 갑작스럽게 부진해지는 부정적 충격이 일시적으로 발생하여 IS 곡선이 왼쪽으로 이동했다고 하자. 혹은 통화수요가 갑작스럽게 증가하는 부정적 충격이 발생하여 LM 곡선이 갑자기 왼쪽으로 이동했다고 하자. 두 충격 모두 국내 생산의 감소를 야기한다. 원칙적으로는 자국의 정책결정자들은 이러한 충격을 상쇄하기 위해 재정 혹은 통화정책을 사용하여 IS 곡선이나 LM 곡선(혹은 둘 다)을 이동시킴으로써 생산 증가를 자극할 수 있다. 따라서 통화 및 재정정책을 신중하게 사용함으로써 충격을 흡수하여 경제를 안정시키는 것이 가능하다.

그러나 이들 정책은 신중하게 사용되어야 한다. 경제가 안정적으로 성장하고 있는 상황에서 통화 혹은 재정상의 자극이 추가적으로 가해질 경우 오히려 경기과열이 발생하게 된다. 정책당국이 자극을 중단할 때쯤에는 바람직하지 않은 정책실패로 판명나게 될 것이다. 정책결정자들은 통화 혹은 재정정책의 시기를 잘못 택한다거나, 혹은 적절하지 않은 처방을 내림으로써 경제를 불안정화시키지 않도록 신중해야 한다.

적용사례

긴축 시점이 적절했는가?

글로벌 금융위기 이후 동유럽 나라들이 단기적으로 경제적 어려움을 겪을 것이라는 예상이 많았다. 이곳의 많은 나라들이 2008년 이전에 급격한 호황을 경험했으며, 대개 대규모 신용확대, 자본유입, 임금 및 물가 상승에 의한 실질절상 등을 겪고 있었다. 이는 글로벌 위기 이후 급격한 경기침체를 겪었던 그리스, 스페인, 포르투갈, 아일랜드에서 보았던 것과 동일한 상황이었다. 그러나 결과적으로는 모든 나라들이 동일한 운명이었던 것은 아니다. 앞에서의 배운 분석도구를 사용하여 두 가지 상반된 경우를 분석해보자. 잘 헤쳐 나온 폴란드와 그렇지 못한 라트비아의 경우이다.

글로벌 위기로 폴란드와 라트비아의 수출재에 대한 수요가 줄어들었다. 이들 나라의 교역상대국인 외국(주로 다른 유럽 나라들)의 생산 Y^*가 위축되었기 때문이다. 게다가 폴란드와 라트비아의 소비 및 투자 수요에도 부정적 충격이 가해진 상태였다. 즉 소비자와 투자자들이 불확실성 증대와 금융부문의 신용사정 악화로 자신들의 지출을 삭감했다. 이런 사건들을 그림으로 표시하면, 그림 14-17에 나와 있듯이 폴란드와 라트비아의 IS 곡선이 IS_1에서 IS_2로 왼쪽으로 이동한 것으로 표시할 수 있다.

이러한 충격에 대해 양국의 정책대응이 달랐는데, 이는 환율제도의 차이와 깊은 관련이 있다. 폴란드의 경우에는 변동환율제였기 때문에 강력한 통화팽창과 통화절하 정책을 실행할 수 있었다. 또한 수요 감소에 대응하여 정부지출 정책도 취할 수 있었다. 반면 라트비아는 환율이 유로에 고정돼 있었기 때문에 통화정책을 전혀 사용할 수 없었다. 더구나 EU와 IMF의 지원 프로그램이 요구하는 대로 정부지출을 삭감하는 강력한 긴축정책을 취해야만 했다. 이러한 정책 선택의 결과를 우리가 배운 모형으로 분석할 수 있다.

폴란드의 경우에는 그림 14-17의 (a)와 (b)에서 우선 경제가 점 1과 1′에서 점 2와 2′으로 이동한다. 외부 수요 감소라는 충격이 발생했지만, 폴란드 통화 즈워티(zloty)의 절하와 이자율 하락에 따른 수요 증가가 이를 부분적으로 상쇄시킨다. 하지만 종합적으로는 수요가 최초 수준보다 낮아 생산이 Y_1에서 Y_2로 하락하는 경기침체가 발생하게 된다. 그러나 중앙은행이 확장적 통화정책으로 대응함에 따라 LM 곡선이 LM_3로 오른쪽으로 이동한다. 이에 따라 경제의 균형이 점 3과 3′으로 이동했다. 즉 이자율이 더욱 하락하여 즈워티의 절하가 더욱 커진다. 이에 따라 투자와 지출전환 경로를 통해 수요가 자극된다. 이에 반해 라트비아의 경우에

그림 14-17

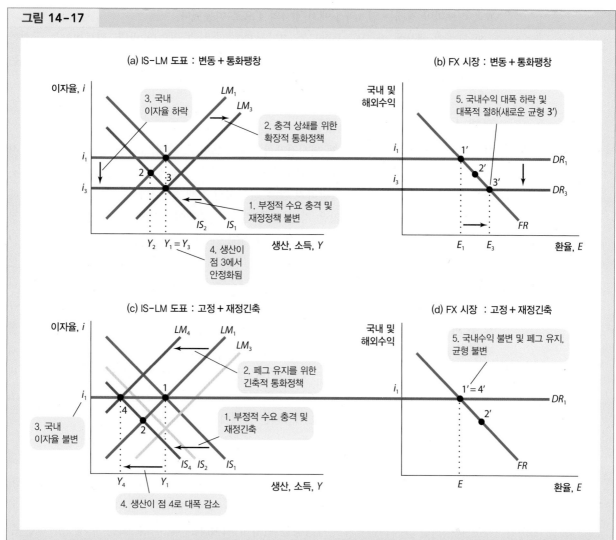

(a) IS-LM 도표 : 변동 + 통화팽창

이자율, i

3. 국내
이자율 하락

LM_1
LM_3

2. 충격 상쇄를 위한
확장적 통화정책

i_1

1

2 3

i_3

IS_2 IS_1

1. 부정적 수요 충격 및
재정정책 불변

Y_2 $Y_1 = Y_3$

4. 생산이
점 3에서
안정화됨

생산, 소득, Y

(b) FX 시장 : 변동 + 통화팽창

국내 및
해외수익

5. 국내수익 대폭 하락 및
대폭적 절하(새로운 균형 3′)

i_1

1′
2′
3′
DR_1

i_3
DR_3

FR

E_1 E_3 환율, E

(c) IS-LM 도표 : 고정 + 재정긴축

이자율, i

LM_4 LM_1
LM_3

2. 페그 유지를 위한
긴축적 통화정책

i_1

1

4

2

3. 국내
이자율 불변

1. 부정적 수요 충격 및
재정긴축

IS_4 IS_2 IS_1

Y_4 Y_1

생산, 소득, Y

4. 생산이 점 4로 대폭 감소

(d) FX 시장 : 고정 + 재정긴축

국내 및
해외수익

5. 국내수익 불변 및 페그 유지,
균형 불변

i_1

1′ = 4′
DR_1

2′

FR

E 환율, E

변동 및 고정환율 하에서 정책선택 사례 (a)와 (c)의 IS-LM 도표에서 재화 및 화폐시장은 최초 점 1에서 균형을 이루고 있다. 여기에서 정해진 이자율이 외환시장에서 국내수익 DR_1이 된다. (b)와 (d)에서 외환시장은 최초 점 1′에서 균형을 이루고 있다. 수요에 외생적인 부정적 충격(예를 들어 외국 소득의 붕괴 혹은 자국의 금융위기 등)이 발생하여 IS 곡선이 IS_1에서 IS_2로 왼쪽으로 이동한다. (a)와 (b)에서는 통화당국이 통화팽창을 통해 생산을 안정화시킬 때 어떤 일이 발생하는지 분석한다. 통화공급 증가는 LM 곡선을 LM_1에서 LM_3로 오른쪽으로 이동시킨다. 이에 따라 경제의 균형이 점 3과 3′으로 이동한다. 생산은 최초 수준 Y_1에서 안정화된다. 이자율은 i_1에서 i_3로 대폭 하락한다. 국내수익은 DR_1에서 DR_3로 떨어지고, 이에 따라 환율이 E_1에서 E_3로 대폭 절하된다. (c)와 (d)에서는 환율이 고정돼 있고 정부가 긴축을 추구하여 정부지출 G를 줄일 때 무슨 일이 발생하는지 분석한다. 이 경우 IS 곡선을 IS_2보다 더 멀리 왼쪽으로 이동시켜 IS_4에 이른다. 이 상황에서 만약 중앙은행이 아무것도 하지 않는다면 국내 이자율이 더욱 하락하고 환율 역시 더 많이 절하되어 균형점이 2와 2′이 된다. 그러나 고정환율(페그)을 유지하기 위해서는 트릴레마에 의해 중앙은행이 긴축적 통화정책을 사용할 수밖에 없다. 이에 따라 통화공급이 감소하여 LM 곡선이 LM_1에서 LM_4로 왼쪽으로 대폭 이동한다. 새로운 균형은 점 4와 4′이 된다. 페그는 유지되지만 생산이 Y_4로 급락한다.

는 그림 14-17의 (c)와 (d)에서 보듯이 정부지출을 감축함에 따라 왼쪽으로 이동한 IS 곡선이 더 멀리 이동하게 된다. 또한 트릴레마의 제약 하에서 LM 곡선을 조정할 수밖에 없다. 즉 유로에 대해 고정환율을 유지하기 위해 LM 곡선을 LM_4로 왼쪽으로 대폭 이동시켜야만 한다.

결국 라트비아 경제는 점 1과 1′에서 점 4와 4′으로 이동했다.

이 모형의 예상에 따르면, 폴란드는 경기침체를 피할 수 있었던 반면, 라트비아는 극심한 침체에 빠지게 된다. 실제로는 어땠을까? 다음의 신문기사를 참고하라(**헤드라인 : 폴란드는 라트비아가 아니다** 참조). ∎

정책 설계와 실행상의 문제점

이 장에서 우리는 단기 개방경제 거시경제학을 배웠으며, 경제적 성과를 결정하는 데 있어서 통화 및 재정정책의 역할에 대해 살펴봤다. 우리의 단순 모형에서는 모든 결과가 확실하다. 만약 정책결정자들이 이처럼 복잡하지 않은 상황에서 정책을 운용할 수 있다면 상당한 통제력을 발휘함으로써 고용되지 않은 자원 없이, 또한 인플레이션 압력 없이 생산을 항상 안정시킬 수 있을 것이다. 그러나 현실에서는 여러 가지 이유로 인해 사정이 훨씬 복잡하다.

정책 제약 정책결정자들은 자신이 원하는 정책을 항상 마음대로 적용할 수 있는 것은 아니다. 가령 고정환율제는 통화정책의 사용을 배제한다. 또한 이자율 규제나 혹은 균형예산 규제 등 여타 통화 및 재정정책 규제가 제약 요인으로 작용하기도 한다. 정책결정자가 어떤 정책을 실행하기로 결정해도 제약 요인이 있을 수 있다. 통화발행은 항상 실행 가능하지만, 재정팽창에 필요한 자원을 동원하는 것이 (기술적으로나 정치적으로) 불가능할 수 있다. 조세제도가 취약하거나 신용도가 낮은 나라들은 지출 확대에 필요한 자금을 조세나 차입으로 조달할 수 없다(이는 많은 개도국들을 괴롭히는 문제이다).

불완전 정보와 내부시차 우리 모형에서는 정책결정자들이 어떤 행동을 하기 전에 경제상황에 대해 완전히 알고 있다고 가정한다. 즉 경제의 IS 및 LM 곡선을 관측할 수 있고, 어떤 충격이 가해졌는지 안다는 것이다. 그러나 실제로는 거시경제 데이터가 모이는 데 시간이 걸리기 때문에 정책결정자가 현재의 경제상황을 완전히 이해하는 데 수 주 혹은 수개월이 걸릴 수 있다. 더욱이 정책대응을 하는 데도 시간이 걸린다. 이처럼 충격발생과 정책행동 간의 시차를 내부시차(inside lag)라 부른다. 통화 분야에서는 정책결정 위원회가 열리기까지 지체가 발생할 수 있다. 재정 분야의 경우 법안이 입법부를 통과하고 공공부문이 지출이나 조세활동을 변경하는 데 훨씬 더 많은 시간이 소요될 수 있다.

정책반응과 외부시차 비록 정책결정자들이 최종적으로 올바른 정보를 받았다 해도 그들은 거기에 적절하게 대응해야 한다. 특히 유의해야 할 것은 다른 정책이나 이슈에 흔들린다거나 혹은 다른 정책이 실행되기를 바라는 이익집단들의 영향을 받아서는 안 된다. 더욱이 최종적으로 어떤 정책을 실행했다고 해도 공공 및 민간부문의 지출에 영향을 미쳐 효과가 나타나기까지는 또 다시 시간이 걸린다. 이처럼 정책행동과 효과 간의 시차를 외부시차(outside lag)라 부른다.

헤드라인

폴란드는 라트비아가 아니다

동유럽 나라들이 대침체로 어려움에 직면했다. 그러나 아래 기사와 그림 14-18에서 보듯이
모든 나라들이 동일한 파멸을 겪은 것은 아니다.

···폴란드와 라트비아··· 두 나라 모두 과거 공산주의로부터 끔찍하게 결함이 많은 제도들을 물려받아 지난 20여 년 동안 여러 가지 비슷한 경제적 어려움을 헤쳐 나왔다. 이들 두 나라는 이번 경제위기에 믿기 어려울 만큼 서로 다른 대응

책을 사용했다. 그 결과는 엄청나게 다른 것으로 판가름 났다.

···[2004년 이래] 두 나라 중 폴란드의 성과가 더 좋았을 뿐만 아니라 훨씬 안정적이었다고 말하는 것은 결코 과장이 아니다. 폴란드는 엄청난 버블과 이어 닥친

붕괴를 피했다. 따라서 어느 한 나라를 선택하라면 당연히 폴란드일 것이다. 무엇이 폴란드 경제를 이토록 건전하게 만들었을까?

···라트비아와 폴란드 모두 위기가 절정에 달했을 때 상당한 재정적자 상태에

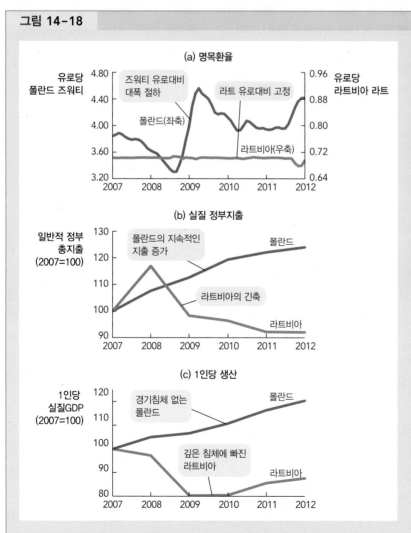

그림 14-18

(a) 명목환율

유로당 폴란드 즈워티
즈워티 유로대비 대폭 절하
라트 유로대비 고정
유로당 라트비아 라트
폴란드(좌축)
라트비아(우축)

(b) 실질 정부지출

일반적 정부 총지출 (2007=100)
폴란드의 지속적인 지출 증가
폴란드
라트비아의 긴축
라트비아

(c) 1인당 생산

1인당 실질GDP (2007=100)
경기침체 없는 폴란드
폴란드
깊은 침체에 빠진 라트비아
라트비아

폴란드와 라트비아의 거시경제 정책 및 결과, 2007~2012년 폴란드와 라트비아는 대내외의 부정적 수요 충격에 서로 다르게 반응했다. (a)와 (b)에서 보듯이 폴란드는 확장적 통화정책을 실시하여 자신의 통화를 유로에 대해 절하시키는 한편, 정부지출을 꾸준히 확대시켜 나갔다. 이에 반해 라트비아는 유로에 대해 고정환율을 유지했으며, 2009년 이후 정부지출을 대폭 삭감하는 등 긴축 정책을 추구했다. (c)에서 보듯이 폴란드는 침체에서 탈출하여 플러스 성장을 지속하고 있다. 반면 라트비아는 깊은 침체에 빠져 1인당 실질GDP가 2007년 고점 대비 20%나 폭락했다.

출처 : IMF, *International Financial Statistics and World Economic Outlook*. 환율은 3개월 이동평균이고, 그 외 모든 데이터는 연간임

있었다. 사실 수년 전에는 라트비아의 예산이 폴란드보다 더 균형적이고 절제된 상태였다. …폴란드는 GDP 대비 정부지출이 위기 이전과 이후에 모두 라트비아보다 눈에 띄게 더 높았다. … 라트비아는 2008년부터 지출을 대폭 삭감하기 시작한 데 반해, 폴란드는 완만한 증가세가 지속됐다.

따라서 기본적으로 폴란드는 위기 당시는 물론이고 이전과 이후에도 상습적으로 예산적자를 보여온 나라이다. GDP 대비 정부지출이 라트비아보다 더 높았으며, 위기에 대응해서도 지출을 줄이지 않았다. 이에 반해 라트비아는 균형예산을 유지해왔고 GDP 대비 정부지출이 매우 낮은 수준이며, 위기에 대응해서는 무자비하게 지출을 삭감했다. 폴란드를 '방탕자'라고 부를 수는 없지만, 만약 경제

학이 도덕극이라면 엄격한 내핍생활을 하는 라트비아가 훨씬 잘돼야 했다. 그러나 현실에서는 '어려운 선택'을 한 적이 없는 폴란드의 경제적 성과가 라트비아보다 엄청나게 우월하여 어떤 면에서는 허탈할 정도이다.

물론 이 모든 것은 통화정책을 배제하고 이야기한 것이다. … 라트비아의 경제적 성과가 그토록 끔찍했던 이유 중 하나는 자신의 통화를 유로에 묶어 놓았기 때문이다. 그 결과 라트(lat) 가치가 인위적으로 고평가됐으며, 라트비아로서는 '대내적 평가절하'가 필요한 상황이었다. … 폴란드는 정확히 반대였다. 통화 즈워티를 유로에 대해 과감하게 절하시켰다.

즉 폴란드는 통화 가치의 절하가 매우 유용할 것으로 생각하여 '즈워티 방어'에 나서지 않았다. 그리하여 폴란드 경제

는 계속 들끓었다. 대부분의 이웃 나라들이 붕괴되거나 혹은 잿더미가 되거나, 적어도 침체된 것과 대비된다.

폴란드의 경제적 성공은 많은 교훈을 준다. 여기에는 효과적인 정부규제(폴란드는 라트비아 같은 통제 불가능한 버블을 전혀 경험하지 않았다)의 필요성, 유연한 환율제도의 필요성, 그리고 자신의 중앙은행을 보유한다는 것이 갖는 엄청난 의미 등이 포함된다. 이러한 교훈은 좌파적인 것도 아니고, 우파적인 것도 아니다. 사실상 폴란드 정부는 상당히 보수적이다. …경제학은 도덕극이 아니며, 라트비아가 부지런하고 강직한 내핍생활 배역을 아무리 자주 맡아도 지난 5년간 그들의 경제적 성과는 여전히 엉망이다.

출처 : Mark Adomanis, "If Austerity Is So Awesome Why Hasn't Poland Tried It?" forbes.com, January 10, 2013. Reproduced with Permission of Forbes Media LLC © 2013에서 발췌

계획의 장기성 정책을 시행해도 투자나 무역수지가 민감하게 반응하지 않을 수 있다. 정책변화가 일시적이라는 것을 안다면 민간부문이 소비나 투자지출을 바꾸지 않을 수 있기 때문이다. 만약 어떤 기업에게 두 가지 선택이 가능하다고 하자. 하나는 어떤 설비를 수년 동안 건설하여 운영하는 것이고, 다른 하나는 아예 설비를 건설하지 않는 것이다(투자를 도중에 철회할 수는 없다고 해보자). 이런 경우 기업은 올해 실질이자율이 약간 높은 것에 별로 신경을 쓰지 않을 수 있다. 앞으로 수년간의 실질이자율 수준이 자금조달 비용에 영향을 미치기 때문이다. 이런 경우에는 현재가 아니라 미래 예상을 기반으로 결정을 내리게 된다. 마찬가지로 실질절상 같은 경우에도 그것이 일시적이라면 기업의 장기 수익성에 그다지 큰 영향을 미지지 않을 수 있다. 이런 상황에서 기업의 투자와 수출활동은 단기 정책변화에 그다지 민감하지 않을 수 있다.

명목환율과 실질환율의 약한 관계 앞에서 우리는 명목환율의 변화가 실질환율 변화로 이어진다고 가정했다. 그러나 현실에서는 일부 재화 및 서비스가 이와는 약간 다른 특성을 지녔을 수 있다. 예를 들어 2008년부터 2012년까지 달러가 엔에 대해 42% 절하되었지만, 도요타 같은 일본산 자동차의 미국 가격에는 거의 변화가 없었다. 왜 그럴까? 이처럼 전가(pass-through)가 약한 데는 다양한 요인이 있을 수 있다. 앞에서 보았던 무역의 달러통용화, 그리

고 항만가격과 소매가격 간의 유통마진 등이 원인일 수 있다(**보조 자료 : 지출전환을 가로막
는 장애물 : 전가 및 J곡선에서 살펴보았다**). 차익거래의 힘이 약해질 수 있는 또 다른 요인은
비경쟁시장 구조 때문이다. 예를 들어 도요타는 독점 딜러에 의해 판매되며, 정부규제에 의
해 유럽과 미국에서 각각 다른 기준을 충족해야 한다. 이런 장애물들로 인해 도요타 같은 기
업은 시장에 따라 가격을 매기는(price to market) 것이 가능하다. 즉 환율이 일시적으로 변해도
미국 내 가격을 변경시키지 않는 것이다. 만약 기업이 환위험을 감수(혹은 헤지)할 수 있는
경우에도 이런 전략을 취할 수 있다. 왜냐하면 미국 내 소매가격을 끊임없이 바꾸는 경우 매
출에 있어서 변동성이 심해지고 소비자들 역시 불만을 가질 수 있기 때문이다.

페그 통화 블록 현실 세계에서 일부 주요 나라들은 환율제도를 자신이 선택하는 것이 아니
라 교역 상대국에 의해 변동 및 고정환율제가 혼합된 형태로 나타나기도 한다. 예를 들어
2000~2010년에 미국 달러는 대부분 기간 동안 유로, 파운드, 기타 많은 변동환율 통화에 대
해 상당폭 절하됐다. 하지만 신흥시장 '달러 블록'(중국, 인도, 기타 나라) 통화당국은 자신
의 통화가치를 달러 기준으로 거의 변화가 없도록 관리했다. 이처럼 많은 나라들이 미국 달
러에 대해 환율을 페그할 경우 미국의 실질(실효)절하 능력이 제한될 수밖에 없다.

실질환율과 무역수지의 약한 관계 앞에서 우리는 실질환율 변화가 무역수지를 변화시키는 것으
로 가정했다. 그러나 현실에서는 몇 가지 이유 때문에 이 연결 관계가 약할 수 있다. 한 가지
주요 요인은 교역의 거래비용이다. 가령 환율이 유로당 $1이고, 어떤 미국인이 €100 = $100
짜리 유럽 재화 대신 $100짜리 국내 재화를 소비하고 있다고 해보자. 만약 달러가 유로당
$0.95로 절상되면 유럽 재화가 $95밖에 되지 않아 이론상으로는 더 싸진다. 그렇다면 이 미국
인은 수입 재화로 전환해야 하는가? 물론 아무런 비용 없이 재화를 바꿀 수 있다면 그러는 편
이 나을 것이다. 그러나 그런 재화는 드물다! 만약 수송비가 $10이라면 환율이 유로당 $0.90
이하로 떨어지기 전까지는 국내 재화를 소비하는 것이 나을 것이다. 이는 현실적으로 지출전
환이 비선형 현상일 수 있다는 것을 의미한다. 즉 처음에는 관계가 약하다가 실질환율 변화
가 어느 수준을 넘으면 아주 강해지는 식이다. 이런 현상은 앞에서 다루었던 J 곡선 효과와
함께 단기적으로 무역수지의 반응을 약화시키거나 심지어는 잘못된 방향으로 이끌 수 있다.

적용사례

유동성 함정에서의 거시경제 정책

2008~2010년 글로벌 금융위기 이후 발생한 경기침체에 대응하여 세계 전역의 통화 및 재정
당국들이 발 벗고 나섰다. 이는 의심의 여지없이 거시경제 정책결정에서 가장 논란이 되는
실험 중 하나였다. 여기에서는 초기 미국의 정책 대응에 대해 살펴보고, 이번 장에서 배운 IS
-LM-FX 모형을 사용하여 이 사건을 해석해보기로 한다.

그림 14-19

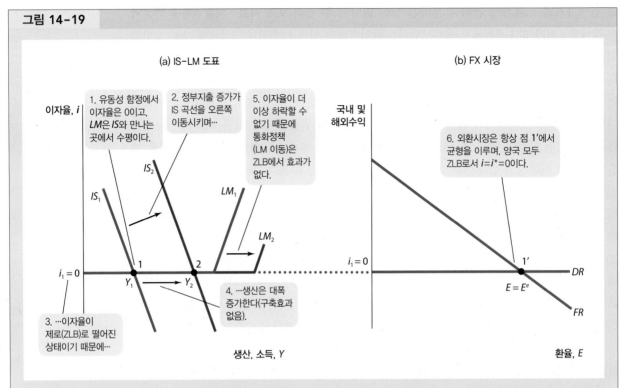

(a) IS-LM 도표   (b) FX 시장

이자율, i

1. 유동성 함정에서 이자율은 0이고, LM은 IS와 만나는 곳에서 수평이다.

2. 정부지출 증가가 IS 곡선을 오른쪽 이동시키며…

5. 이자율이 더 이상 하락할 수 없기 때문에 통화정책 (LM 이동)은 ZLB에서 효과가 없다.

국내 및 해외수익

6. 외환시장은 항상 점 1′에서 균형을 이루며, 양국 모두 ZLB로서 $i=i^*=0$이다.

IS_2

IS_1

LM_1

LM_2

$i_1 = 0$

1

2

Y_1 Y_2

$i_1 = 0$

1′

$E = E^e$

DR

FR

3. …이자율이 제로(ZLB)로 떨어진 상태이기 때문에…

4. …생산은 대폭 증가한다(구축효과 없음).

생산, 소득, Y

환율, E

유동성 함정에서의 거시경제 정책 수요에 심각한 부정적 충격이 발생하는 경우 IS 곡선이 왼쪽으로(IS_1로) 대폭 이동하는 경우를 생각해보자. 이 경우 (a)에서 보듯이 IS_1이 LM_1 곡선의 완전 수평 부분, 즉 가로축의 점 1에서 교차함으로써 명목이자율이 제로금리하한(ZLB)까지 떨어질 수 있다. 이 상황에서 통화정책은 능력을 상실한다. 왜냐하면 확장적 통화정책(즉 LM_1에서 LM_2로 오른쪽 이동)이 이자율을 더 이상 낮출 수 없기 때문이다. 반면 재정정책은 매우 효과적이다. 즉 IS 곡선을 IS_1에서 IS_2로 오른쪽 이동시키면 경제를 ZLB에 여전히 놔두면서 생산수준을 Y_2로 증가시킬 수 있다.(이 그림은 자국과 외국경제에서 모두 ZLB가 성립한다고 가정하고 그린 것으로, 외환시장은 항상 $E=E^e$이고, 점 1′에서 균형을 이룬다.)

당시 위기가 범상치 않았던 것은 통화정책만으로는 수요에 발생한 충격을 충분히 상쇄시킬 수 없었다는 점이다. 외생적 요인으로 인해 소비와 투자가 극도로 부진해졌는데, IS-LM-FX 모형으로 설명하면, 충격이 IS 곡선을 왼쪽으로 대폭 이동시킨 것이다. 이러한 수요 충격의 주요 원천은 은행들이 리스크 우려 때문에 기업 및 가계에 대한 대출을 대폭 줄였다는 점이다. 이들은 설사 대출을 한다 해도 엄청난 고금리를 부과했다. 따라서 상당히 확장적인 통화정책을 통해 LM 곡선을 오른쪽으로 대폭 이동시켜도 정책금리만 낮아질 뿐, 이것이 민간부문의 자금조달 비용을 낮추지는 못하는 상황이었다. 마침내 2008년 12월 미국 연방준비가 정책금리를 제로 수준까지 낮추게 되었다. 이자율을 0 밑으로는 내릴 수는 없기 때문에 더 이상 기존 방식의 통화정책으로는 수요를 자극할 수 없게 된 것이다.

이처럼 특별한 상황이 그림 14-19에 파란색 선으로 그려져 있다. 이는 지금까지 우리가 보아온 정상적인 IS-LM-FX 그래프와는 약간 다른 것을 알 수 있다. 수요 충격이 발생하고 거기에 Fed가 대응함에 따라 IS 곡선은 안쪽으로(IS_1로) 대폭 이동하고, LM 곡선은 바깥쪽으로 (LM_1로) 대폭 이동함으로써 IS 곡선과 LM 곡선이 매우 낮은 이자율 수준에서 교차하게 된 것이다. 이에 따라 이자율이 0에 도달하기에 이르렀다. 화폐시장에서 명목이자율은 0 아래로 는 떨어질 수 없는데, 경제가 LM 곡선의 완전 수평 부분, 즉 가로축(이자율 0%)에서 IS-LM 균형을 이룬 것이다.

(FX 도표에서 국내수익 DR 역시 0이 된다. 또한 당시 모든 선진국에서 비슷한 이유로 이자 율이 0이 되었다. 따라서 해외(가령 유로) 이자율 역시 0까지 떨어져 해외수익 FR 곡선이 낮 아진 상태이다.)

이상에서 설명한 상황은 여러 면에서 비정상적이다. 첫째, 이 상황에서는 통화정책이 힘을 잃게 된다. 즉 이자율이 더 이상 낮아질 수 없기 때문에 이자율을 낮추는 데 통화정책이 사용 될 수 없다. 도표에서 LM 곡선을 LM_2로 더 바깥쪽으로 움직여 봐도 경제를 LM 곡선의 수 평 부분에서 빼낼 수 없다. 여전히 IS_1 점 1의 0% 이자율에 갇혀 있게 된다. 이를 **제로금리하한** (ZLB : zero lower bound)이라 한다. 혹은 **유동성 함정**(liquidity trap)이라 부른다. 유동성 함정 하에서는 유동적인 화폐나 이자지불 자산이나 이자율이 똑같이 0이기 때문에 화폐보유에 따 른 기회비용이 없다. 따라서 중앙은행이 통화공급을 변화시켜도 화폐와 이자지불 자산 간에 보유 형태를 바꿀 유인이 없다.

정부가 할 수 있는 일이 남아있는가? 그렇다. 나쁜 소식부터 말하면, 이제는 수요 증가에 사용할 수 있는 도구가 재정정책밖에 남아있지 않다는 것이다. 반면 좋은 소식은 이 상황에 서 재정정책이 초강력 힘을 발휘할 수 있는 잠재력이 있다는 점이다. 왜냐하면 이자율이 0까 지 떨어지고, 통화당국이 이자율을 거기에 묶어놓는다면, 우리가 앞에서 배웠던 일반적인 상 황과 달리 정부지출이 투자나 순수출을 구축하지 않을 것이다.[3] 2009년 Fed와 민간부문은 높 은 실업률과 낮은 인플레이션이 1년 혹은 2년 이상 지속될 것으로 예상했다. 따라서 제로 금 리가 상당 기간 지속될 것으로 예상했다.

그래서 미국은 경기침체에 대응해서 재정정책을 사용했는가? 그렇다. 제대로 작동했는가? 그렇지는 않았다.

정부의 재정대응은 두 가지 형태를 취했다. 첫 번째는 기존의 재정정책에 들어 있는 **자동안 정장치**(automatic stabilizer)였다. 지금까지 이 장에서 우리는 조세와 정부지출이 고정돼 있다 고 가정했다. 그러나 현실에서는 그것들이 고정돼 있지 않고 소득에 따라 체계적으로 변한 다. 침체로 인해 소득 Y가 하락하면 소득세, 매출세 등의 조세수입 역시 모두 줄어드는 경향 이 있다. 게다가 실업급여 등의 소득이전 지출은 늘어나는 경향이 있다. 즉 음(−)의 조세가 증가하는 것이다. 이러한 변화는 정책대응에 의한 것이 아니라 자동적으로 진행되는 것으로 서 2008~2010년에 이러한 세수감소(또한 소득이전 증가)는 엄청난 규모였다.

두 번째 재정대응은 재량적 정책으로서 ARRA(미국 경제회복 및 재투자법 : American Recovery and Reinvestment Act)였다. 소위 '경기부양법(stimulus bill)'이다. 이 정책은 오바 마 행정부가 취한 첫 번째 행동으로서 2009년 2월 17일 서명 발효됐다. 일부 대통령 보좌관

---

3 따라서 ZLB 하에서는 변동환율제 모형이 아니라 고정환율제 모형과 유사해진다는 것을 알 수 있다. 왜냐하면 ZLB로 떨어지면 이자율이 고정되기 때문이다(이 경우 0으로 고정된다).

들은 당초 1조 4,000억 달러 규모의 경기부양 패키지를 원했다. 대부분은 추가적인 정부 소비 및 투자 지출이었고, 일부 주정부에 대한 지원도 들어 있었다. 2009~2011년에 2~3년에 걸쳐 집행한다는 것이다. 그러나 의회와의 최종 협상에서 규모가 절반 정도로 줄어 7,870억 달러를 3년에 걸쳐 집행하는 것으로 축소됐다. 또한 정책의 초점도 일시적 세금감면에 더 많은 비중이 두어졌다. 뿐만 아니라 대부분의 정책들이 2009년이 아닌 2010년에 실시되는 등 앞에서 살펴봤던 정책 시차가 존재했다. 대략적으로 경기부양 패키지는 정부지출과 감세 규모가 GDP의 약 1.5% 수준이었다.

핵심적인 결과가 그림 14-20에 나와 있다. (a)를 보면 실제생산과 잠재생산 사이에 커다란 갭이 있는 것을 알 수 있다. 이 갭이 재정정책에 의해 메꿔져야 했다. 2009년 중반 이 갭은 잠재GDP의 약 6%였으며, 금액으로는 연간 기준 1조 달러에 달했다. 경기부양법이 당초 계획대로 집행됐어도 재정 패키지가 메꿀 수 있는 것은 붕괴된 수요의 약 4분의 1 혹은 GDP의 1.5% 정도밖에 되지 않았다. 정부 정책결정자들과 많은 전문가들은 이 패키지가 너무 작다는 것을 알았지만 정치적 논리가 걸림돌로 작용했다.

또한 (a)에서 볼 수 있듯이 민간소비가 가파르게 떨어졌다. ARRA의 한 가지 의도는 세금 감면을 통해 민간지출을 자극하는 것이었다. 이에 따라 조세수입 T가 대폭 줄어들었다(그림 (b)에서 보듯이 주로 연방 차원에서 두드러지게 감소했으며, 주 차원에서는 ARRA를 통한 소득이전이 조세 감소분을 상쇄했다). 그러나 세금 감면이 민간지출을 그다지 늘린 것 같지 않으며, 최초에 급락한 소비지출을 상쇄시키기에는 턱없이 부족했다. 소비자들은 대부분 경제 회복을 확신하지 못했으며 실업의 위험을 두려워했다. 그래서 세금 감면으로 '여분의' 돈이 생기기만 하면 빚을 갚거나 저축을 하려고 했다. 게다가 누구나 (예비적 동기에서) 여윳돈을 갖고 있으려 하다 보니 한계소비성향이 낮아졌을 것이다. 또한 비케인즈류 소비자들은 많은 감세조치가 일시적 성격을 지니고 있기 때문에 리카도 동등성(Ricardian equivalence) 원리에 따라 미래에는 다시 세금 부담이 늘어날 것으로 보고 그것에 대비해서 세금 감소분을 소비에 쓰지 않고 저축을 했을 가능성도 있다.

감세정책의 이런 한계를 고려할 때, 결국 정부지출 G의 경기부양 효과에 크게 의존할 수밖에 없는 상황이었다. 하지만 문제는 주·지방정부 차원의 정책은 오히려 거꾸로 행해졌다는 점이다. 그림에서 보듯이 연방정부 지출은 꾸준히 늘어나 2010년에 GDP의 0.5% 수준이었다. 물론 이 증가폭이 미미한 수준이기는 하지만 정작 더 큰 문제는 주·지방정부의 지출이 꼭 그만큼 줄어들었다는 점이다. 주·지방정부로서는 긴축적인 지출삭감을 단행할 수밖에 없었다. 그 이유는 조세수입이 재앙에 가까울 정도로 줄어든 데다 차입 능력(혹은 의향)에 한계가 있고, 더구나 최종 ARRA 패키지에서 주정부에 대한 지원이 미미했기 때문이다. 따라서 정부지출을 종합했을 때 순변화는 사실상 제로였다.

종합하면, 미국의 재정정책은 네 가지 주요 약점을 지니고 있었다. 첫째, 정책 시차로 인해 집행이 너무 늦었다. 둘째, 총수요의 감소폭을 고려했을 때 전체적인 경기부양 패키지가 너무 작았다. 셋째, 주·지방정부의 지출 삭감으로 정부지출 증가가 사실상 0에 가까웠다. 넷

그림 14-20

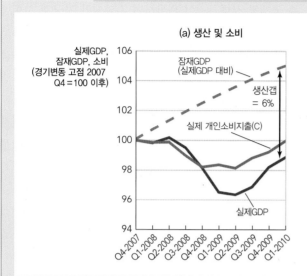

(a) 생산 및 소비

실제GDP,
잠재GDP, 소비
(경기변동 고점 2007
Q4 = 100 이후)

잠재GDP
(실제GDP 대비)

생산갭
= 6%

실제 개인소비지출(C)

실제GDP

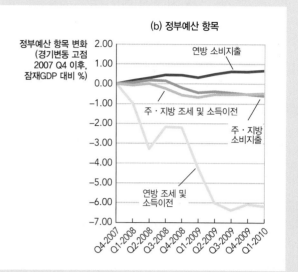

(b) 정부예산 항목

정부예산 항목 변화
(경기변동 고점
2007 Q4 이후,
잠재GDP 대비 %)

연방 소비지출

주 · 지방 조세 및 소득이전

주 · 지방
소비지출

연방 조세 및
소득이전

대침체기 미국 재정정책 : 작동하지 않았는가 아니면 시도되지 않았는가? 2008~2010년 미국의 경기침체는 대침체(Great Recession)라 불릴 정도로 심각했다. (a)에서 보듯이 2009년 1분기 생산이 잠재적(완전고용) GDP 추정치보다 6%나 밑돌았다. 미국으로서는 1930년대 이래 최악의 침체였다. 이에 대한 정책대응은 자동적 재정팽창(지출 증대 및 세금 감면)에 재량적 경기부양(2009년 미국 경제회복 및 재투자법)이 추가됐다. 경기부양조치에서 세금 부분은 효과가 거의 없었다. (b)에서 세금이 대폭 낮아진 것을 알 수 있지만 (a)에서 보듯이 소비지출을 진작시키기에는 역부족이었다. 소비자들은 여분의 소득을 소비가 아니라 저축에 사용했다. 정부지출 측면에서는 총량적으로 봤을 때 경기부양 조치 자체가 거의 없었다. 즉 (b)에서 보듯이 연방정부의 지출 증가가 주 · 지방정부의 지출 감소에 의해 완전히 상쇄됐다.

출처 : Federal Reserve Economic Indicators (FRED). Potential output from Congressional Budget Office; all other data from the Bureau of Economic Analysis.

째, 이 상황에서 유일하게 남은 것은 (자동 및 재량적) 세금 감면인데, 이에 대해서도 수혜자들이 합리적 이유로 지출보다는 저축을 선택하는 경향이 있었다. 통화정책이 능력을 상실한 상태에서 이처럼 재정정책 역시 미약하고 제대로 설계되지 못함으로써 경제가 1930년대 대공황(Great Depression) 이래 최악의 부진에 빠지게 되었다.[4] ■

ARRA를 통한 정부 지원 자금으로 오하이오 주 클리블랜드의 고속도로에서 건설작업이 행해지고 있다.

7 결론

폐쇄경제와 개방경제에서 거시경제 정책 분석이 서로 다르다. 개방경제에서는 무역수지가 수

---

[4] 생산갭의 규모에 대해서는 오바마 대통령 취임 이전부터 잘 알려져 있었다. 2009년 1월 초 미국 의회예산국(CBO)은 경기부양책이 없을 경우 실업률이 2010년 초에 9%를 넘을 것이며, 그 상태로 수년간 지속될 것으로 예측했다. 또한 생산갭은 2010년과 2011년에 GDP의 6.8%가 될 것으로 예상됐다(실제 실현된 숫자와 매우 유사하다). 이런 맥락에서 일부 경제학자들은 ARRA 패키지의 문제점에 대해 그 규모와 설계, 특히 일시적인 세금 감면 등을 지적했다. 다음 연구들을 참조하라. Martin Feldstein, Statement for the House Democratic Steering and Policy Committee, January 7, 2009; and Paul Krugman, "The Obama Gap," *New York Times, January* 8, 2009.

요의 추가적인 구성요소로 등장한다. 무역수지는 생산과 실질환율의 영향을 받는다. 여기에서 핵심 메커니즘은 지출전환이다. 즉 국제적 상대가격이 변화하면 수입재와 자국재 사이에서 지출전환이 발생한다.

개방경제 IS-LM-FX 분석틀은 충격이나 통화 및 재정정책 변화에 대한 거시경제 반응을 분석하는 데 적절한 모형이다. 이러한 반응을 살펴봄으로써 다른 한편으로 고정환율제와 변동환율제의 뚜렷한 차이를 발견할 수 있다.

변동환율 하에서 통화 및 재정정책은 모두 유효하다. 통화팽창은 생산을 증가시키고 이자율을 낮춘다. 이자율 하락은 투자를 자극하고 환율절하를 야기하며, 이는 다시 무역수지를 자극한다. 재정팽창은 생산을 증가시키고 이자율을 높인다. 이자율 상승은 투자를 둔화시키고 환율절상을 야기하며, 이는 다시 무역수지를 감소시킨다.

이처럼 정책당국이 두 가지 정책을 모두 유효하게 활용할 수 있다는 점에서 상당한 유연성을 지닌다. 특히 환율 조정을 통해 충격을 흡수하는 능력은 변동환율제의 강점이라 할 수 있다. 이 장의 맨 앞에 인용한 로버트 먼델의 주장을 이제는 이해할 수 있을 것이다.

고정환율 하에서는 통화정책이 사용될 수 없다. 왜냐하면 환율이 고정돼 있기 위해서는 국내 이자율이 해외 이자율과 동일해야 하기 때문이다. 그러나 재정정책은 고정환율 하에서 강한 위력을 발휘한다. 재정팽창은 생산을 증가시키는 것과 함께 통화당국으로 하여금 이자율 상승 및 환율절상을 막기 위해 통화공급을 확대하게 만드는 효과가 있다. 이는 이자율 상승과 환율절상이 투자와 무역수지를 억제하는 변동환율제와 대비되는 것으로 수요 자극 효과가 더욱 커진다.

이처럼 고정환율에서는 정책도구가 하나밖에 없기 때문에 당국은 유연성이 떨어진다. 또한 수요 충격이 발생하면 즉각적으로 통화 충격이 그것을 증폭시키는 구조이기 때문에 경제가 더 큰 변동성에 노출된다. 이처럼 고정환율제가 수요 충격을 증폭시키는 경향이 있는 점을 감안하면, 이 장의 맨 앞에 인용한 알렉 포드의 논리를 이해할 수 있을 것이다.

그런데 우리가 배운 것에 따르면 환율제도가 고정이든 변동이든, 경제가 외생적 충격에 의해 어려움을 겪을 때 기본적으로 거시경제 정책을 사용하여 경제를 안정화시킬 수 있다. 단지 변동환율에서는 더 많은 정책선택이 가능(통화 및 재정정책 대응이 가능)한 반면, 고정환율에서는 그렇지 못하다(재정정책 대응만 가능).

결론은 간단하지만 실제 현실에서는 정책 설계가 단순하지 않다. 정책결정자들로서는 충격을 인식하고, 올바른 대응책을 마련하고, 정책행동이 시의적절한 효과를 갖도록 신속히 행동하는 데 어려움이 있다. 심지어는 그렇게 행동해도 어떤 상황에서는 경제가 이상한 방식으로 반응할 수 있다.

핵심 내용

1. 단기적으로는 물가가 어떤 정해진 수준 P에서 경직적이라고 가정한다. 따라서 인플레이션이 없으며, 명목과 실질이 동일한 것으로 간주될 수 있다. 생산 GDP와 소득 Y 혹은 GNDI가 동일하고, 무역수지와 경상수지가 동일하다고 가정한다(해외로부터 경상이전이나 요소소득이 없다).

2. 케인즈 소비함수는 민간 소비지출 C가 가계 가처분소득 $Y-T$의 증가함수이다.

3. 투자함수는 총투자 I가 실질 혹은 명목이자율 i의 감소함수이다.

4. 정부지출은 외생적으로 어떤 수준 G로 주어진다고 가정한다.

5. 무역수지는 실질환율 EP^*/P의 증가함수로 가정된다.

6. 국민소득 항등식에 따르면 국민소득(혹은 생산)은 민간소비 C, 투자 I, 정부지출 G, 무역수지 TB를 모두 합친 것이다. 즉 $Y = C+I+G+TB$이다. 이 식의 우변을 수요라 하며, 이 항목들은 소득, 이자율, 실질환율에 의존한다. 균형에서 수요는 좌변인 공급(혹은 총공급) Y와 동일해야 한다.

7. 만약 개방경제에서 이자율이 하락하면 두 가지 측면에서 수요가 자극된다. 이자율 하락은 직접적으로 투자를 자극한다. 또한 이자율 하락은 다른 요인이 동일할 때 환율절하를 야기하여 무역수지를 증가시킨다. 재화시장 균형을 위해서는 이 수요가 충족되어야 하기 때문에 생산이 증가한다. 이것이 IS 곡선을 의미한다. 즉 이자율이 하락할 때 재화시장 균형을 위해서는 추가적인 생산이 요구된다. IS 곡선의 각 점은 재화 및 외환시장이 균형을 이루는 생산 Y와 이자율 i의 조합을 나타낸다. i가 하락할 때 Y가 증가하기 때문에 IS 곡선은 우하향의 기울기를 갖는다.

8. 실질통화수요는 기본적으로 거래적 목적에서 비롯된다. 따라서 이는 거래량(국민소득 Y에 비례)이 증가하면 증가하고, 통화보유의 기회비용, 즉 이자율 i가 상승하면 감소한다.

9. 화폐시장 균형을 위해서는 실질통화잔고 L에 대한 수요가 실질통화공급과 동일해야 한다. 즉 $M/P = L(i)Y$이다. 이 식이 LM 곡선을 의미한다. 즉 생산 Y가 증가하면 다른 요인(가령 실질통화공급 M/P)이 불변일 때 이자율이 상승해야 한다. LM 곡선의 각 점은 화폐시장이 균형을 이루는 생산 Y와 이자율 i의 조합을 나타낸다. i가 상승할 때 Y가 증가하기 때문에 LM 곡선은 우상향의 기울기를 갖는다.

10. IS-LM 도표는 IS와 LM 곡선을 하나의 그림으로 합친 것이다. 이를 통해 재화 및 화폐시장의 동시적 균형을 달성시키는 유일한 단기 균형 생산 Y 및 이자율 i를 발견할 수 있다. IS-LM 도표를 외환시장 도표와 결합함으로써 재화, 화폐, 외환 등 3개 시장 모두의 균형을 동시에 다룰 수 있다. 이 IS-LM-FX 도표를 이용하여 다양한 거시경제 정책들의 단기적 효과를 분석할 수 있다.

11. 변동환율 하에서는 균형을 위해 이자율과 환율이 자유롭게 변할 수 있다. 따라서 정부 정책이 IS나 LM 곡선 어느 것이나 자유롭게 이동시킬 수 있다. 효과는 다음과 같다.

   ● 통화팽창 : LM 오른쪽 이동, 생산 증가, 이자율 하락, 환율 상승(절하)
   ● 재정팽창 : IS 오른쪽 이동, 생산 증가, 이자율 상승, 환율 하락(절상)

12. 고정환율 하에서는 이자율이 항상 해외 이자율과 동일해야 하고 환율은 고정돼 있다. 따라서 정부는 LM 곡선을 자유롭게 이동시킬 수 없다. 즉 통화정책은 환율과 이자율에 대한 제약조건이 성립하도록 LM을 항상 위치시켜야 한다. 효과는 다음과 같다.

   ● 통화팽창 : 실행 불가능

- 재정팽창 : IS 오른쪽 이동, LM이 뒤를 이어 역시 오른쪽 이동, 생산 대폭 증가, 이자율 및 환율 불변

13. 정부가 IS 및 LM 곡선을 다룰 수 있기 때문에 경제에 충격이 가해지는 경우 완전고용 생산수준을 유지하기 위해 충격을 상쇄시키는 안정화 정책을 시행할 수 있다. 그러나 이것이 말처럼 쉬운 것은 아니다. 올바른 정책대응을 처방하는 것이 쉽지 않고, 정책이 효과를 낳기까지는 시간이 걸리기 때문에 정책 효과를 느낄 때쯤이면 이미 필요성이 사라지거나 혹은 역효과를 낼 수도 있다.

핵심 용어

가처분소득(disposable income)
소득이전 프로그램(transfer programs)
소비(consumption)
실질실효환율(real effective exchange rate)
안정화 정책(stabilization policy)
예상실질이자율(expected real interest rate)
재정정책(fiscal policy)

재화시장 균형조건(goods market equilibrium condition)
전가(pass-through)
정부소비(government consumption)
조세(taxes)
지출전환(expenditure switching)
케인즈 교차 도표(Keynesian cross diagram)

통화정책(monetary policy)
한계소비성향(MPC : marginal propensity to consume)
IS 곡선(IS curve)
J 곡선(J Curve)
LM 곡선(LM curve)

연습문제

1. 2001년에 조지 W. 부시 대통령과 앨런 그린스펀 연방준비 의장은 부진한 미국 경제를 걱정했다. 또한 그들은 미국의 대규모 경상수지 적자에 대해서도 우려했다. 경제를 부양하기 위한 정책으로 부시 대통령은 세금 감면을 제안한 데 반해 Fed는 미국의 통화공급을 증가시키고 있었다. 이들 두 정책의 효과를 경상수지에 대한 효과 차원에서 비교하라. 만약 정책결정자들이 경상수지 적자를 우려한다면 경기부양을 위한 재정정책과 통화정책 중 어느 쪽이 더 적절한지 논하라. 심각한 침체를 경험한 2009~2010년 경제상황과 관련해서도 동일한 이슈에 대해 생각해보라. 이때 Fed는 이자율을 제로까지 내린 상태였고, 오바마 행정부는 대규모 재정정책을 통한 경기부양을 주장하고 있었다.

2. 미국 기업들이 투자 전망이 좋아져서 오늘 투자지출을 확대한다고 가정하자.

   a. 이러한 투자 증가가 생산, 이자율, 경상수지에 어떤 영향을 미치는가?

   b. 기업들의 국내 투자가 이자율에 매우 민감해서 이자율이 상승하게 되면 새로운 투자를 대부분 취소한다고 가정하고 (a)에 대해 다시 생각해보자. 가정의 변화가 어떤 차이를 낳는가?

3. 다음 각 상황에 대해 IS-LM-FX 모형을 사용하여 충격의 효과를 분석하라. 각 경우에 있어서 Y, i, E, C, I, TB 변수에 대한 충격의 효과를 명시하라(증가, 감소, 변화 없음, 명확하지 않음). 단, 변동환율제를 가정하고, 정부는 어떠한 대응적 정책도 시행하지 않는 것으로 가정한다.

a. 외국의 생산 감소

b. 투자자들이 자국 통화의 절하를 예상

c. 통화공급 증가

d. 정부지출 증가

4. 파라과이[통화는 '과라니(guaraní)']의 통화공급 감소가 자국의 생산, 그리고 브라질[통화는 '헤알(real)']과의 환율에 어떤 영향을 미치는가? 파라과이의 이러한 정책이 브라질의 생산에도 영향을 미친다고 생각하는가? 설명하라.

5. 다음 각 상황에 대해 IS-LM-FX 모형을 사용하여 충격 및 정책 대응의 효과를 분석하라. 단, 환율제도는 변동이지만, 앞의 문제 3과는 달리 정부가 통화정책을 사용해서 생산을 안정시키는 대응을 한다고 가정한다. 각 경우에 있어서 Y, i, E, C, I, TB 변수에 대한 충격의 효과를 명시하라.(증가, 감소, 변화 없음, 명확하지 않음)

a. 외국의 생산 감소

b. 투자자들이 자국 통화의 절하를 예상

c. 통화공급 증가

d. 정부지출 증가

6. 앞의 문제 5에 대해 이번에는 정부가 환율을 고정시키는 대응을 한다는 가정하에서 답을 구하라. 어떤 경우(들)에 있어서 정부의 정책 대응이 앞의 문제와 동일한가?

7. 이번 문제는 숫자 예를 사용하여 IS-LM 균형을 구하는 것이다.

a. 소비함수는 $C = 1.5 + 0.75(Y-T)$이다. 이 경우 한계소비성향 MPC는 얼마인가? 한계저축성향 MPS는 얼마인가?

b. 무역수지는 $TB = 5(1-[1/E]) - 0.25(Y-8)$이다. 이 경우 수입재 한계소비성향 MPC_F는 얼마인가? 자국재 한계소비성향 MPC_H는 얼마인가?

c. 투자함수는 $I = 2 - 10i$이다. 이자율 i가 $0.10 = 10\%$일 때 투자는 얼마인가?

d. 정부지출은 G이다. 지금까지 제시한 수요의 4개 항목을 모두 합쳐 D로 표시하라.

e. 외환시장 균형 조건은 $i = ([1/E] - 1) + 0.10$이다. 이 식에서 우변은 해외수익으로서 첫 번째 항은 예상절하율이고, 두 번째 항은 해외 이자율이다. 해외 이자율은 얼마인가? 예상미래환율은 무엇인가?

8. [심화문제] 앞의 문제 7에서 IS 곡선을 구하라. 즉 Y를 i, G, T의 함수로 표시하라(E를 제거하라).

9. 최초에 IS 곡선이 다음과 같다고 가정하자.

$$IS_1 : Y = 12 - 1.5T - 30i + 2G$$

또한 물가 P는 1이고, LM 곡선은 다음과 같다.

$$LM_1 : M = Y(1-i)$$

자국 중앙은행은 이자율을 정책도구로 사용한다. 최초에 자국 이자율은 외국 이자율과 동일하게 10% 혹은 0.1이다. 조세와 정부지출은 둘 다 2이다. 이상을 상황 1이라 부르기로 한다.

a. IS_1에서 생산수준 Y는 얼마인가? 이것이 완전고용 생산수준이라 가정하자.

b. LM_1에 따르면 이 생산수준에서 자국의 통화공급 수준은 얼마인가?

c. 상황 1에 대해 IS_1 및 LM_1 곡선을 도표에 그려라. 축을 표시하고 균형값을 기입하라.

d. 외환시장 균형 조건이 $i = ([1/E] - 1) + 0.10$으로 주어졌다고 하자. 이 식에서 우변은 해외수익으로서 첫 번째 항은 예상절하율이고, 두 번째 항은 해외 이자율이다. 예상미래환율은 1이다. 오늘의 현물환율은 얼마인가?

e. 이 상황에서 해외 수요 충격이 발생하여 IS 곡선이 모든 이자율 수준에 대해 왼쪽으로 1.5단위만큼 이동했으며, 그 결과 새로운 IS 곡선이 다음과 같이 주어졌다.

$IS_2 : Y = 10.5 - 1.5T - 30i + 2G$

이에 따라 정부가 중앙은행에게 경제를 완전고용 수준으로 안정화시킬 것을 요구했다. 새로운 IS 곡선에 따르면, 생산을 원하는 수준으로 회복시키기 위해서는 이자율을 원래의 0.1에서 얼마나 인하해야 하는가?(조세와 정부지출은 2에서 변하지 않는다고 가정한다.) 이를 상황 2라고 부르기로 한다.

f. 새로운 이자율의 완전고용 하에서, 새로운 LM 곡선(LM_2)에 따르면, 새로운 통화공급 수준은 얼마가 되어야 하는가?

g. 외환시장 균형에 따르면, 새로운 현물환율 수준은 얼마인가? 자국 통화가 얼마나 절하되었는가?

h. 상황 2에 대해 IS_2 및 LM_2 곡선을 도표에 그려라. 축을 표시하고 균형값을 기입하라.

i. 문제 (e)로 다시 돌아가 보자. 이번에는 중앙은행이 이자율을 10%에서 변경시키는 것을 거부했다고 가정하자. 이 경우 새로운 생산수준은 얼마인가? 통화공급은 얼마인가? 정부가 생산 안정화를 위해 통화정책 대신 재정정책을 사용하기로 결정하는 경우, 새로운 IS 곡선에 따르면 정부지출이 얼마나 증가해야 하는가? 이를 상황 3이라 부르기로 하자.

j. 상황 3에 대해 IS_3 및 LM_3 곡선을 도표에 그려라. 축을 표시하고 균형값을 기입하라.

10. 이번 장에서 우리는 개방경제에서 정책대응이 경제변수에 어떤 영향을 미치는지 살펴봤다. 이와 관련하여 이번 장에서 다룬 '정책 설계와 실행상의 문제점'을 상기해보자. 각 문제점들을 통화 안정화 정책과 재정 안정화 정책에 적용했을 때 어떤 차이가 있는지 비교 분석하라.

마샬-러너 조건

이번 장에서 다룬 모형에서 우리는 어떤 나라의 통화절하(q 상승)는 무역수지를 개선(TB 증가)시킨다고 가정했다. 이는 합리적인 가정인가?

간단한 예를 생각해보자. 어떤 가상의 2국만이 존재하는 세계에서 교역이 최초 균형 상태, 즉 $TB = 0$ 혹은 $EX = IM$이라고 하자. 이 경우 무역수지의 변화는 수출 변화와 수입 변화의 상대적 크기에 달려 있다. 우선 실질환율의 아주 작은 변화, 가령 $\Delta q/q = +1\%$, 즉 자국의 실질절하가 1%인 경우를 생각해보자. 이는 근사적으로 외국의 실질절상이 1%라는 것을 의미한다. 왜냐하면 외국의 실질환율 q^*는 자국 실질환율 q의 역수, 즉 $q^* = 1/q$이기 때문에 $\Delta q^*/q^* = -1\%$이다.

앞에서 배운 것처럼 자국 수출이 외국인에게 더 싸지면 자국의 수출(자국 생산물 단위로 측정한 실질 가치)은 **확실하게** 증가한다. 이 효과를 다음과 같이 자국 수출의 자국 실질환율에 대한 탄력성 η로 표현할 수 있다.

$$\frac{\Delta EX}{EX} = \eta \times \frac{\Delta q}{q}$$

만약 자국이 1%의 실질절하를 경험하면 자국의 수출(실질가치)이 η%만큼 증가한다.

동일한 논리가 외국의 수출에도 적용된다. 외국의 수출을 EX^*, 실질환율을 $q^* = 1/q$, 탄력성을 η^*라 하면, 다음과 같이 표현된다.

$$\frac{\Delta EX^*}{EX^*} = \eta^* \times \frac{\Delta q^*}{q^*}$$

이제 두 나라의 교역 관계를 생각해보자. 어떤 일관된 단위로 측정하는 경우, 외국의 수출은 자국의 수입과 일치한다. 자국의 생산물 단위로 측정하는 경우 다음이 성립한다.

자국 수입
(자국 생산물 단위) $= \underbrace{IM(q)}_{\text{자국 수입(실질)}}$

외국 수출
(자국 생산물 단위) $= \underbrace{(1/P)}_{\substack{\text{자국 생산물 단위로}\\\text{환산하기 위해}\\\text{자국 물가수준}\\\text{으로 나눔}}} \times \underbrace{E}_{\substack{\text{외국 통화를}\\\text{국내 통화로}\\\text{환산하기 위해}\\\text{환율을 곱함}}} \times \underbrace{\underbrace{P^* \times \underbrace{EX^*(q^*)}_{\substack{\text{외국 수출}\\\text{(실질)}}}}_{\text{외국 수출의 외국 통화 기준 가치}}}_{\text{외국 수출의 자국 통화 기준 가치}}$

여기서 P^*는 외국 바스켓의 외국 통화 기준 가격이다.

이들 두 식을 등호로 놓으면 $IM(q) = (EP^*/P) \times EX^*(q^*)$이 된다. 즉 다음과 같다.

$$IM(q) = q \times EX^*(q^*)$$

이 식의 의미는 자국 수입량 IM(자국 생산물 단위로 측정)은 외국 수출량 EX^*(외국 생산물 단위로 측정)에 배수 q를 곱한 것과 동일해야 한다는 것이다. 여기에서 q의 역할은 외국 재화 단위를 자국 재화 단위로 바꾸는 것이다(q가 외국 재화의 상대가격, 즉 외국 재화 1단위당 자국 재화 단위이기 때문이다).

위 식을 변화율로 표현하면 다음과 같다. 아래 식에서 좌변은 수입의 변화율이고, 우변은 q 곱하기 EX^*의 변화율로서 이는 q 변화율 플러스 EX^* 변화율이다.

$$\frac{\Delta IM}{IM} = \frac{\Delta q}{q} + \frac{\Delta EX^*}{EX^*} = \frac{\Delta q}{q} + \left[\eta^* \times \frac{\Delta q^*}{q^*}\right] = 1\% + \left[\eta^* \times (-1\%)\right] = (1 - \eta^*)\%$$

이 식은 무엇을 의미하는가? q가 1% 상승할 경우 자국의 수입에 두 가지 효과가 작동한다. 외국은 자신의 더욱 비싸진 재화의 수출 물량(외국 생산물 단위로 측정)을 줄인다($-\eta^*$ 물량효과). 하지만 q가 1% 상승할 경우, 말 그대로 외국에서 수입된 재화 하나하나가 국내 생산물 기준으로는 가격이 상승하게 된다(1% 가격효과).

$EX = IM$의 균형에서 출발하여 자국 기준으로 1% 실질절하가 발생하면, EX가 η% 변화하고 IM은 $1 - \eta^*$% 변화한다. 따라서 EX에 미치는 효과가 IM에 미치는 효과를 초과할 경우, 무역수지는 최초 0에서 플러스로 개선될 것이다. 이는 $\eta > 1 - \eta^*$으로서, 다시 정리하면 다음과 같다.

$$\eta + \eta^* > 1$$

이를 마샬-러너 조건(Marshall-Lerner condition)이라 한다. 이 조건의 의미는 실질절하에 의해 무역수지가 개선되기 위해서는 실질환율 변화에 대한 교역물량의 반응이 충분히 커서(혹은 충분히 탄력적이어서) 물량효과가 가격효과를 압도해야 한다는 것이다.

부록 2

다자간 실질환율

한 나라가 다수의 나라 혹은 지역과 교역할 때 우리 모형의 예측은 어떻게 달라지는가? 이처럼 보다 현실적인 상황에도 우리 이론이 잘 적용될 수 있을까? 무역흐름, 무역수지, 실질환율 등을 가령 N개의 서로 다른 나라들을 대상으로 했을 때도 쉽게 합산하는 것이 가능한가?

임의의 외국(가령 1국)과의 교역에 있어서 실질환율 q_1의 아주 작은 변화에 대한 자국 수출 EX_1 및 수입 IM_1의 변화율이 다음과 같다고 하자.

$$\frac{\Delta EX_1}{EX_1} = \varepsilon \times \frac{\Delta q_1}{q_1} \qquad \frac{\Delta IM_1}{IM_1} = -\varepsilon \times \frac{\Delta q_1}{q_1}$$

여기에서 $\varepsilon > 0$은 탄력성(elasticity)이다. 위 경우에는 수출 및 수입의 실질환율에 대한 탄력성이다. 즉 q가 1% 상승(실질절하)했을 때 수출은 ε% 증가하고 수입은 ε% 감소한다.(좀 더 복잡한 분석에서는 수입과 수출의 탄력성을 다르게 할 수 있다. 앞의 부록 1 참조)

위 관계를 이용하여 1국과의 무역수지 변화를 다음과 같이 표현할 수 있다.

$$\Delta TB_1 = \Delta EX_1 - \Delta IM_1 = \varepsilon \frac{\Delta q_1}{q_1} EX_1 + \varepsilon \frac{\Delta q_1}{q_1} IM_1$$

$$= \varepsilon \times (EX_1 + IM_1) \times \frac{\Delta q_1}{q_1}$$

$$= \varepsilon \times \text{Trade}_1 \times \frac{\Delta q_1}{q_1}$$

여기에서 $\text{Trade}_i = [EX_i + IN_i]$는 자국의 i국과 총무역액이다.

위 마지막 식을 모든 나라에 대해 합산하면 자국의 무역수지 변화는 $\Delta TB = \Delta TB_1 + \Delta TB_2 + \cdots + \Delta TB_N$이 되며, 이는 다음과 같이 쓸 수 있다.

$$\Delta TB = \varepsilon \times \left[\text{Trade}_1 \frac{\Delta q_1}{q_1} + \text{Trade}_2 \frac{\Delta q_2}{q_2} + \cdots + \text{Trade}_N \frac{\Delta q_N}{q_N} \right]$$

위 식에서 개별 교역액 Trade_i를 총교역액 $\text{Trade} = \text{Trade}_1 + \text{Trade}_2 + \cdots + \text{Trade}_N$으로 나누어 정규화하면 다음이 된다.

$$\Delta TB = \varepsilon \times \text{Trade} \times \underbrace{\left[\frac{\text{Trade}_1}{\text{Trade}} \frac{\Delta q_1}{q_1} + \frac{\text{Trade}_1}{\text{Trade}} \frac{\Delta q_2}{q_2} + \cdots + \frac{\text{Trade}_1}{\text{Trade}} \frac{\Delta q_N}{q_N} \right]}_{\text{양자간 실질환율 변화율의 교역비중 가중평균}}$$

위 식 괄호 안의 표현은 이번 장 앞부분에서 이미 다룬 것으로서 교역가중치 기준 실질실효환율의 변화율이다. 위 식에서 알 수 있듯이 (약간의 가정을 추가하면) 다수의 나라가 존재하는 현실적인 상황에 대해서도 우리의 모형을 적용할 수 있다.

15

고정 대 변동 : 국제통화경험

사실 금본위는 이미 미개한 유물이 되었다. 오늘날 영란은행 총재 이하 우리 모두는 기본적으로 경기, 물가, 고용의 안정에 관심이 있기 때문에 이를 희생하면서까지 낡은 도그마를 선택하지는 않을 것이다. … 구시대적인 제도를 옹호하는 사람들은 그 시대가 요구한 사상과 조건이 오늘날 얼마나 달라졌는지 보지 못하고 있다.

존 메이너드 케인즈, 1923

얼마나 많은 실패를 더 겪어야 책임 있는 자리에 있는 사람들이 마침내 고정환율제도가 독립적인 정치 시스템과 독립적인 국민 정책을 지닌 대규모 나라들을 조정하는 금융제도로서는 만족스럽지 못하다는 사실을 확신하게 될 것인가?

밀턴 프리드먼, 1992

특히 금본위, 그리고 대략적으로는 페그 제도까지 평판이 좋지 못하다. 그러나 금본위가 1920년대와 1930년대를 거치면서 종말을 고했다고 해서 19세기에 발휘했던 효능까지 잊어버려서는 안 된다. … 세계가 다시 미개한 유물의 노예가 되지 않고, 과거 오랜 기간 유지했던 효능만을 되살리는 방법은 없을까? … 통합된 세계경제에서 환율제도(그리고 그에 따른 단일 물가수준)에 대한 선택을 개별 국가들에 맡겨서는 안 된다. 파급효과가 너무 크기 때문에 집단적 선택의 문제가 되어야 한다.

로널드 맥키넌, 2002

현

재로서는 상상하기 힘들지만, 20세기 초만 해도 다양한 경제학자들과 정책결정자들이 거의 대부분 고정환율제를 이상적인 제도로 받아들였다. 일부 나라들이 이따금씩 변동환율제를 취하기도 했지만, 조만간 고정 혹은 페그 환율로 복귀할 것이라는 인식이 있었다.

환율을 고정시키는 방법 중 선호되었던 것은 **금본위**(gold standard)로서 한 나라 통화 가치를 금 1온스에 대해 고정시키는 방식이다. 이렇게 하면 금과 교환비율을 정해놓은 모든 통화 간에도 교환비율이 고정된다. 금본위를 유지하기 위한 조건은 엄격하다. 즉 통화당국은 지폐를 발행할 수 있지만, 언제라도 교환 요구가 있으면 정해놓은 공식 교환비율로 지폐를 금과 교환해줄 수 있어야 한다.

그림 15-1은 세계 전역의 140년 환율제도 역사를 보여준다. 1870년부터 1913년까지는 세계 대부분이 금본위를 시행했다. 1913년이 최고조로서 세계 약 70% 나라들이 금본위의 일원이었다. 나머지 다른 나라들은 변동환율(약 20%) 혹은 금 이외의 금속본위(약 10%)를 시행했다. 그러나 1913년 이후 상황이 크게 바뀌었다. 1차 세계대전 동안 금본위가 크게 약화되더니 1920년대와 1930년대에는 한차례 큰 부침이 있었다. 그런 다음에는 완전히 사라졌다. 1940년대에 존 메이너드 케인즈와 세계 각국의 정책결정자들이 모여 새로운 고정환율제도를 고안했다. 소위 브레튼우즈 체제(Bretton Woods system)이다.

그림에서 보듯이 2차 세계대전 이후에는 많은 통화들이 미국 달러에 고정되었다. 또한 어떤 통화들은 영국 파운드, 프랑스 프랑, 독일 마르크에 고정되었다. 그런데 당시 파운드, 프랑, 마르크가 모두 달러에 고정됐기 때문에 세계 통화 대부분이 직접 혹은 간접으로 달러에 고정된, 소위 '달러본위(dollar standard)' 제도였다.

그림 15-1

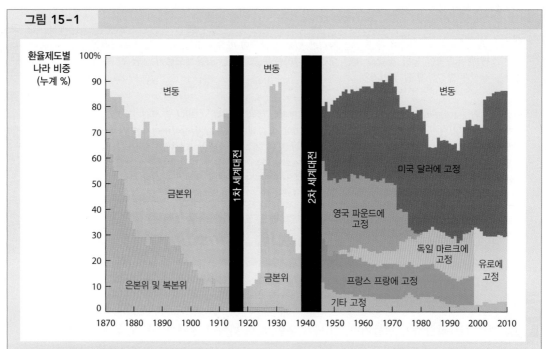

세계 환율제도, 1870~2010년 각 환율제도에 속한 나라들의 비중이 시간에 따라 어떻게 변했는지 보여준다. 1870년부터 1913년까지는 금본위가 지배적 제도였다. 1차 세계대전(1914~1918) 중에는 대부분 나라들이 금본위를 중단했으며, 1920년대 후반에 재개됐지만 그 기간은 짧았다. 2차 세계대전(1939~1945)에 또다시 중단된 다음에는 대부분 나라들이 미국 달러에 고정되었다(파운드, 프랑, 마르크 블록들은 달러에 간접적으로 페그되었다). 1970년대부터는 많은 나라들이 변동환율을 선택했다. 1999년 유로가 등장하여 프랑, 마르크 페그 제도에서 유로가 이들 기준통화를 대체했다.

출처 : Christopher M. Meissner, 2005, "A New World Order: Explaining the International Diffusion of the Gold Standard, 1870-1913," *Journal of International Economics*, 66(2), 385-406; Christopher M. Meissner and Nienke Oomes, 2006, "Why Do Countries Peg the Way They Peg? The Determinants of Anchor Currency Choice," Cambridge Working Papers in Economics 0643, Faculty of Economics, University of Cambridge, and later updates; and extended with Ethan Ilzetzki, Carmen M. Reinhart, and Kenneth S. Rogoff, 2010, "Exchange Rate Arrangements Entering the 21st Century: Which Anchor Will Hold?" unpublished.

금본위처럼 달러본위제 역시 계속 이어지지는 못했다. 1970년대 초부터 변동환율이 확산되었으며(1980년대와 1990년대에 전체 환율제도의 30% 이상을 차지), 최근에는 고정환율이 다시 각광을 받고 있다. 이상의 통계들은 경제규모(GDP로 측정)에 따라 가중치를 달리 한 것이 아니라 각 통화를 모두 동일 비중으로 계산한 것이다. 따라서 세계 주요 나라, 주요 통화 위주로 집계할 경우 변동환율제의 비중이 훨씬 커진다.

왜 어떤 나라들은 고정을 선택하고, 어떤 나라들은 변동을 택할까? 왜 때로는 마음을 바꾸어 다른 제도를 선택할까? 이 질문들은 국제거시경제학에서 가장 논쟁이 되는 이슈 중 하나이다. 오랜 기간 동안 경제학자, 정책결정자, 시사평론가들이 이를 둘러싸고 논쟁을 벌여왔다. 논쟁의 한쪽에는 (이 장 도입부에 인용된) 밀턴 프리드먼 같은 이가 있다. 그는 1950년대에 당시 지배적인 통설이었던 금본위에 반기를 들었다. 변동환율이 뚜렷한 경제적·정치적 우위를 갖고 있어 더 바람직한 제도라고 주장했다. 반대쪽에는 (역시 앞에서 인용된) 로널드 맥키넌 같은 이가 있다. 그의 생각은 고정환율제만이 협조적 정책결정을 유도할 수 있으며, 물가와 생산을 안정시키고, 상품 및 자본의 국제적 흐름을 촉진한다는 것이다. 이 장에서 우리는 서로 다른 환율제도의 장단점을 살펴본다.

1 환율제도 선택 : 핵심 이슈

앞 장에서 우리는 고정 및 변동환율 하에서 경제가 어떻게 작동하는지 살펴봤다. 이들 환율제도가 어떻게 작동하는지 알고 있기 때문에 우리는 이제 거시경제 정책과 관련된 중요한 질문을 다룰 수 있게 되었다. 즉 어떤 시점에 어떤 나라에게 최선의 환율제도는 무엇인가? 이 절에서 우리는 지금까지 배운 모형에 일부 추가적인 이론과 증거들을 결합하여 고정 및 변동환율의 장단점에 대해 분석한다. 우선 1990년대 초 독일과 영국의 경험부터 살펴본다. 이를 통해 고정환율(페그)과 변동환율 중에 하나를 택하는 선택이 얼마나 중요한지 알 수 있을 것이다.

적용사례

영국과 유럽 : 주요 쟁점

이 사례연구에서 우리는 1992년에 환율제도를 고정에서 변동으로 전환한 영국의 결정에 대해 살펴본다. 영국이 환율제도를 전환한 상황과 이유에 대해 알아봄으로써 고정 및 변동환율제의 선택에 대해 좀 더 잘 이해할 수 있을 것이다.

첫 번째 관심은 왜 영국이 처음에 고정환율을 선택했냐는 것이다. 영국은 1970년대에 지금의 유럽연합(EU)에 가입했다. 이 기구는 유럽 단일시장을 만들기 위한 정치적·경제적 계획의 일환으로 공동통화를 추구했다. 고정환율, 그리고 궁극적으로는 공동통화를 도입함으로써 거래비용을 낮추어 교역을 비롯해 기타 여러 형태의 나라 간 교환을 촉진하자는 것이었다. 영국의 정책결정자들은 이러한 이유 외에도 환율을 고정시킴으로써 영국의 인플레이션을 낮출 수 있을 것으로 기대했다.

공동통화(유로)는 1999년까지 실현되지 않았으며, 그 후에도 유럽연합의 일부 나라에서만 시행됐다. 그러나 이 여정은 이미 1979년에 시작됐다. 다름 아닌 환율조정장치(ERM : Exchange Rate Mechanism)라는 고정환율제도의 탄생이다. ERM은 모든 회원국 통화를 고정환율로 묶어놓는 것으로서 단일통화 채택의 첫걸음이었다. 그러나 실제로는 ERM의 지배적 통화는 독일 마르크(DM : Deutsche Mark)였다. 이에 따라 1980년대와 1990년대에 독일 중앙은행인 분데스방크(Bundesbank)는 대체로 통화적 자율성을 보유했으며, 자신의 통화공급이나 명목이자율을 자유롭게 결정할 수 있었다. 반면 ERM의 다른 나라들이나 혹은 가입을 희망하는 나라들은 사실상 일방적으로 자신의 통화를 DM에 고정시켜야 했다. DM이 ERM 고정환율제도에서 **기준통화**(base currency) 혹은 **중심통화**(center currency) 역할을 한 것이다 (달리 말하면 독일이 기준국 혹은 중심국이었다).[1]

영국은 1990년에 ERM에 가입했다. 그 의미에 대해 앞 장의 고정환율 분석 모형을 사용하여 이해해보자. 그림 15-2가 그것이다. 우선 영국에 대해서는 IS-LM-FX 도표가 나와 있고, 독일은 IS-LM 도표가 나와 있다. 여기에서는 영국을 자국, 독일을 외국으로 간주하고 있다. 외국(독일) 변수들에는 별표(*)가 붙어 있다.

(a) 독일의 IS-LM 도표에서 가로축은 독일의 생산이고 세로축은 독일의 마르크 이자율이다. (b) 영국의 IS-LM 도표에서 가로축은 영국의 생산을 나타낸다. (c)는 영국의 외환시장으로서 환율은 마르크당 파운드이다. (b)와 (c)의 세로축은 자국 통화인 파운드로 표시된 수익률을 나타낸다.

3개의 도표는 최초 모두 균형을 이루고 있다고 가정한다. (a)의 경우, 균형은 점 $1''$이고, 독일 생산은 Y_1^*, 마르크 이자율은 i_1^*이다. (b)에서 균형은 점 1이고, 영국 생산은 Y_1, 파운드 이자율은 i_1이다. (c)에서 균형은 점 $1'$이고, 파운드가 마르크에 $\overline{E}$에서 환율이 고정돼 있으며, 예상절하율은 0이다. 트릴레마 논의에 따르면, 영국은 통화정책 자율성을 상실한다. 즉 영국 이자율이 독일 이자율과 동일해야만($i_1 = i_1^*$), 유위험이자율평가가 성립한다.

독일발 충격 이야기는 예기치 않은 곳에서 시작된다. 1989년 베를린 장벽이 무너지면서 동서독 통일이 급물살을 타기 시작했다. 동독은 서독에 비해 경제적으로 낙후돼 있었기 때문에 통일을 위해서는 막대한 자금이 필요했다. 사회보장, 실업수당, 사회간접자본 등에 대한 지원이 필요했다. 이처럼 막대한 통일 비용이 요구되는 상황이었지만, 서독은 기꺼이 이를 지불할 용의가 되어 있었다. 앞 장에서 배웠듯이 독일의 정부소비 G^*의 증가는 (a)에서 독일 IS 곡선을 IS_1^*에서 IS_2^*로 이동시킨다. 이에 따라 독일경제의 균형이 점 $1''$에서 점 $3''$으로 이동

---

1 공식적으로는 ERM의 모든 통화들은 유럽통화단위(ecu: European currency unit)라 불리는 통화바스켓에 고정되었다.

그림 15-2

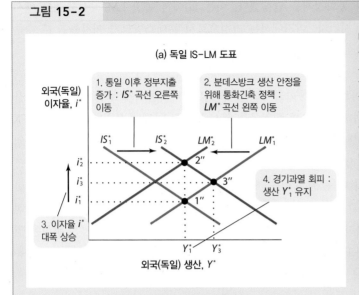

(a) 독일 IS-LM 도표

외국(독일)
이자율, i^*

1. 통일 이후 정부지출
증가 : IS^* 곡선 오른쪽
이동

2. 분데스방크 생산 안정을
위해 통화긴축 정책 :
LM^* 곡선 왼쪽 이동

IS_1^* IS_2^* LM_2^* LM_1^*

i_2^* .... 2″

i_3^* .... 3″

i_1^* .... 1″

4. 경기과열 회피 :
생산 Y_1^* 유지

3. 이자율 i^*
대폭 상승

Y_1^* Y_3^*

외국(독일) 생산, Y^*

마르크로부터 이탈 : 1992년 영국의 ERM 탈퇴 (a)는 독일 통일이 독일 정부의 지출을 증가시킴으로써 IS^* 곡선이 오른쪽으로 이동한 것을 보여준다. 독일 중앙은행의 통화긴축으로 LM^* 곡선이 왼쪽으로 이동함으로써 독일의 생산이 Y_1^*에서 안정된다. 균형이 점 1″에서 2″으로 이동하고, 독일 이자율이 i_1^*에서 i_2^*로 상승한다. 영국에서는 (b)와 (c)에서 보듯이 해외수익 FR이 상승한 상황에서 환율을 고정시키기 위해서는 영국 국내수익 DR이 $i_2 = i_2^*$로 상승해야 한다. 또한 독일의 이자율 상승은 영국의 IS 곡선 또한 IS_1에서 IS_2로 오른쪽 이동시킨다. 환율 안정을 위해서는 영국의 LM 곡선이 LM_1에서 LM_2로 위쪽 이동해야 한다. 환율이 불변이고 이자율이 상승함에 따라 수요가 줄어들고 생산이 Y_1에서 Y_2로 떨어진다. 만약 영국이 변동환율제라면 LM 곡선을 자신이 원하는 곳에 위치시킬 수 있다. 예를 들어 LM_4는 영국 이자율이 최초의 i_1을 유지하는 경우로서 경기붐이 발생하지만 외환시장에서는 파운드가 E_4로 절하된다(균형점 4′). 또한 영국은 LM_3를 선택함으로써 생산을 최초 수준 Y_1으로 안정시킬 수 있으나 여전히 고정환율은 깨지고 환율이 E_3로 상승한다.

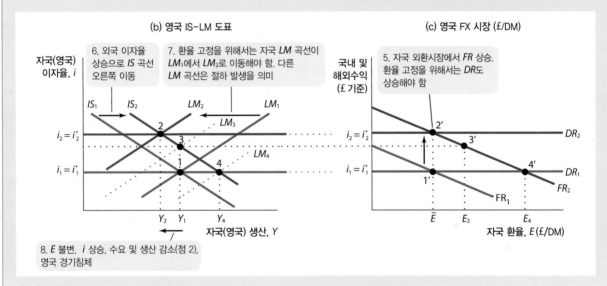

(b) 영국 IS-LM 도표

자국(영국)
이자율, i

6. 외국 이자율
상승으로 IS 곡선
오른쪽 이동

7. 환율 고정을 위해서는 자국 LM 곡선이
LM_1에서 LM_2로 이동해야 함. 다른
LM 곡선은 절하 발생을 의미

IS_1 IS_2 LM_2 LM_1

LM_3

$i_2 = i_2^*$ 2   3

$i_1 = i_1^*$ 1   4 LM_4

Y_2 Y_1 Y_4

자국(영국) 생산, Y

8. E 불변, i 상승, 수요 및 생산 감소(점 2),
영국 경기침체

(c) 영국 FX 시장 (£/DM)

국내 및
해외수익
(£ 기준)

5. 자국 외환시장에서 FR 상승.
환율 고정을 위해서는 DR도
상승해야 함

$i_2 = i_2^*$ ..... 2′   3′ DR_2

$i_1 = i_1^*$ ..... 1′   4′ DR_1

FR_2

FR_1

$\bar{E}$ E_3 E_4

자국 환율, E(£/DM)

한다. 이 경우 다른 조건이 동일하다면[2] 독일 이자율이 i_1^*에서 i_3^*로 상승하고, 생산이 Y_1^*에서 Y_3^*로 증가함으로써 경기가 호조를 보이게 된다. 실제로도 이런 일들이 벌어졌다.

중앙은행인 분데스방크로서는 독일의 경기과열이 독일의 인플레이션을 야기할 가능성을 우려했다. 정책 자율성을 갖고 있는 분데스방크는 인플레이션을 막기 위해 통화공급을 줄이

---

2 ERM 하에서는 이 변화 과정에서 다른 조건이 동일할 수 없었을 것이다. 왜냐하면 독일의 이자율이 상승하면 다른 ERM 회원국들 역시 환율을 묶어두기 위해 이자율을 올릴 수밖에 없기 때문이다. 이는 (독일 입장에서는) 외국 이자율의 상승이기 때문에 이것이 독일의 IS 곡선을 조금 더 오른쪽으로 이동시키게 될 것이다. 이 추가적인 효과가 분석에 큰 영향을 미치지는 않기 때문에 분석을 단순화하기 위해 이 부분을 표시하지 않았다.

고 이자율을 올리는 긴축적 통화정책을 단행했다. 이는 (a)에서 독일 LM 곡선을 LM_1^*에서 LM_2^*로 위쪽(왼쪽)으로 이동시킨다. 여기에서는 가정으로서 분데스방크가 이자율을 i_2^* 수준까지 높여서 독일 생산을 최초 수준인 Y_1^*로 안정화시켰다고 하자.[3]

여타 ERM 국가들의 선택 마르크에 통화를 고정시킨 ERM 나라들에게 무슨 일이 일어났을까? 여기에서는 영국을 분석하지만 다른 회원국들 역시 동일한 문제에 봉착했다. IS-LM-FX 모형에 따르면 독일에서 발생한 사건은 영국에 두 가지 측면에서 영향을 미친다. 첫째, 독일 이자율 i^*가 상승함에 따라 영국 외환시장에서 해외수익 곡선이 위쪽으로 이동한다(다른 조건이 동일할 때 독일 예금이 더 높은 수익을 제공하기 때문). 둘째, 독일 이자율 i^*가 상승함에 따라 영국 IS 곡선이 바깥쪽(오른쪽)으로 이동한다(영국 파운드가 절하됨에 따라 지출전환이 발생하여 모든 영국 이자율에 대해 영국의 수요가 증가하기 때문). 이제 남은 분석은 영국 IS 곡선이 얼마나 이동하고, 그것에 대응해 영국 LM 곡선이 얼마나 위쪽(왼쪽)으로 이동하며, 이에 따라 최종 균형이 어떻게 결정되는지이다.

선택 1 : 변동과 번영? 우선 독일 이자율 i^* 상승에 대해 영란은행이 자국의 이자율을 i_1에 그대로 놔두고, 영국의 재정정책 역시 변화가 없다고 해보자. 또한 영국이 단기적으로 파운드-마르크 환율이 변동하는 것을 허용한다고 가정해보자. 단순화하기 위해 한 가지 가정을 추가한다. 즉 장기적으로 예상환율에 변화가 없다고 하자. 따라서 장기 미래 예상환율 E^e이 $\bar{E}$에서 바뀌지 않는다.

이들 가정하에서 영국의 수요 항목들에 어떤 변화가 발생하는지 생각해보자. 우선 투자의 경우 I가 $I(i_1)$에서 변화가 없다. 한편 (c) 외환시장에서 영란은행은 가정한 대로 국내수익 DR_1을 i_1 수준으로 계속 유지한다. 해외수익이 FR_1에서 FR_2로 상승한 가운데 국내수익은 DR_1에서 변화가 없기 때문에 새로운 균형은 점 $4'$이 되고, 영국 환율은 일시적으로 E_4로 상승한다. 따라서 만약 영란은행이 행동에 나서지 않으면 파운드가 마르크에 대해 E_4로 절하된다. 환율이 변동하는 것으로서 이는 ERM 약속에 위배된다.

이제 파운드 절하가 무역수지에 어떤 영향을 미칠지 생각해보자. 물가가 경직적인 단기에서는 명목절하가 실질절하이기 때문에 영국의 무역수지는 증가(개선)할 것이다.[4] 결국 영국의 수요가 증가하고 균형 생산 역시 증가하게 된다.

결과를 요약하면 다음과 같다. 다른 조건이 동일할 때, 외국의 이자율 상승은 (b)에서 보듯이 항상 자국의 IS 곡선을 오른쪽으로 이동시킨다. 영국 이자율이 i_1인 상태에서 영국의 생산

---

3 독일의 이자율 변경은 (각주 2의 설명처럼) 또다시 독일의 IS 곡선을 오른쪽으로 좀 더 이동시키고 이 경우 분데스방크로서도 (생산 안정화를 위해서는) 추가적인 긴축이 필요하게 될 것이다. 하지만 이런 간접적 효과가 분석에 큰 영향을 미치지는 않기 때문에 분석을 단순화하기 위해 이 부분을 표시하지 않았다.

4 순수한 2국 모형에서는 영국 관점에서 독일이 '세계 모든 다른 나라'이기 때문에 이것이 성립한다. 한편 2국이 아니라 많은 나라가 있는 경우에도 변화의 방향은 동일하다. 다른 조건이 동일할 때, 영국의 독일에 대한 실질절하는 영국 실질실효환율의 세계 모든 다른 나라에 대한 절하를 의미할 것이다.

은 새로운 IS 곡선인 IS_2에서 Y_4까지 증가한다. 영란은행이 생산의 증가에도 불구하고 이자율을 i_1 수준으로 유지하기 위해서는 통화공급을 확대해 영국의 LM 곡선을 LM_1에서 LM_4로 이동시켜야 한다. 이에 따라 파운드가 E_4로 절하된다. 만약 영국이 변동환율제였다면 이러한 파운드 절하로 영국은 경기붐을 경험했을 것이다. 그러나 영국이 ERM 회원국 자리를 유지하기 위해서는 이것이 허용되지 않았다.

선택 2 : 고정과 고통? 만약 ERM 때문에 영국의 환율이 마르크에 고정돼야 한다면 그 결과는 크게 달라질 것이다. 트릴레마 논의에 따르면 환율 고정을 위해서는 영국 역시 이자율을 인상하여 중심국인 독일을 따라야 한다. 즉 (b)에서 파운드 이자율이 $i_2 = i_2^*$까지 상승해야 한다. 이 경우 (c)에서 해외수익이 FR_1에서 FR_2로 상승한 것에 맞춰 국내수익 역시 DR_1에서 DR_2로 상승하며, 이에 따라 새로운 균형은 점 2′이 된다. 영란은행이 이처럼 국내수익을 상승시키기 위해서는 통화공급을 줄이는 긴축적 통화정책을 시행해야 한다. 따라서 고정환율제의 경우 (b)에서 IS 곡선이 IS_2로 이동하면 LM 곡선이 LM_1에서 LM_2로 위쪽(왼쪽)으로 이동하게 된다. 따라서 이제 영국의 IS-LM 균형은 점 2이고 생산은 Y_2가 된다. 결과적으로 영국 경제에 부정적 효과를 미치는 것을 알 수 있다. 최초 균형인 점 1과 비교했을 때, 점 2에서 영국의 수요가 감소했다. 왜 그런가? 영국 이자율이 상승(투자수요를 압박)하고, 환율은 $\overline{E}$ 수준에서 변화가 없기 때문이다(따라서 무역수지에 변화가 없다). 요약하면, IS 곡선이 오른쪽으로 이동했음에도 불구하고, LM 곡선의 반대쪽 움직임이 훨씬 크다. 결국 영국이 고정환율을 유지하여 ERM 회원국으로 남는다면, 영국은 경기침체를 겪게 될 것이다.

1992년 영국은 이처럼 두 가지 선택에 직면해 있었다. 앞에서 본 것처럼 만약 영국 파운드가 마르크에 대해 변동한다면, 이자율을 기존 수준으로 유지하는 것도 선택 가능하기 때문에 영국은 점 4에서 생산 Y_4의 균형을 달성할 수 있을 것이다. 사실 환율변동은 다양한 통화정책 선택을 가능하게 한다. 예를 들어 영국은 온건한 통화긴축을 통해 자신의 LM 곡선을 LM_1에서 LM_3로 이동시킴으로써 균형을 (b)의 점 3으로 옮길 수도 있다. 즉 생산을 최초의 Y_1 수준으로 안정시키고, 외환시장에서는 환율을 (c)의 E_3으로 완만한 절하를 용인하는 정책이다.

실제로는 무슨 일이 발생? 1992년 9월 경기부진과 상당한 정책 혼란을 겪은 후 영국 보수당 정부는 마침내 결론을 내렸다. 영국이 ERM과 유로 프로젝트 내에 있으면서 얻는 이익이 영국이 지불해야 하는 비용(이는 다른 나라인 독일의 내부적 사건으로 발생한 비용임)보다 작다는 것이다. 이로써 가입한 지 2년 만에 영국은 ERM 탈퇴를 선언했다.

영국이 내린 결정은 올바른 것이었을까? 그림 15-3에 영국의 경제적 성과를 프랑스와 비교한 것이 나와 있다. 프랑스는 유럽연합의 대표적 나라로서 ERM 페그를 유지했다. 1992년 9월 ERM을 탈퇴한 후, 영국은 (a)에서 보듯이 단기적으로 이자율을 인하했으며, 이에 따라 (b)에서 보듯이 마르크에 대한 환율이 절하됐다. 이에 반해 프랑스는 절하가 전혀 없었으며, 독일 통화정책이 완화될 때까지 프랑을 마르크에 고정시키기 위해 이자율을 높게 유지해야만

그림 15-3

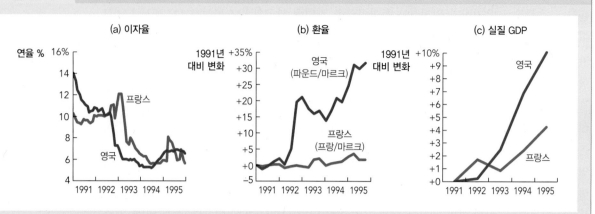

(a) 이자율 | (b) 환율 | (c) 실질 GDP

1992년 이후 영국 대 프랑스 영국은 1992년 9월 ERM 탈퇴 결정 이후 더욱 확장적 통화정책을 시행했다. 프랑스처럼 마르크에 자신의 통화를 고정시킨 다른 ERM 국가들은 페그를 유지하기 위해 더욱 긴축적인 통화정책을 유지해야만 했다. 우리 모형의 예측대로 영국은 1992년 이후 프랑스에 비해 더 낮은 이자율, 더 절하된 통화, 더 빠른 성장을 나타냈다.

주 : 이자율은 3개월 LIBOR 연율임

출처 : econstats.com ; IMF, *International Financial Statistics and World Economic* Outlook databases.

대부분의 영국인들은 유로에 반대하며, 일부는 격렬하게 반대한다.

했다. (c)에서 보듯이 우리 모형의 예상대로 영국 경제는 그 후 수년 동안 호조를 보였다. 반면 프랑스는 성장 부진을 겪었으며, 이는 ERM에 속한 대부분의 다른 나라들도 마찬가지였다.

영국의 이러한 선택은 지금까지도 계속 유지되고 있다. 1992년 이후 ERM 재가입의 문이 항상 열려 있었지만 유로에 통화를 고정시키는 것은 영국에서는 인기가 없다. 영국의 차기 정부들 모두 유럽과의 교역증대 및 경제통합으로 얻는 이익이 영국의 통화적 자율성을 희생함으로써 입는 손해보다 더 작다는 판단을 유지해왔다.[5] ∎

환율제도 선택의 핵심 요소 : 통합과 유사성

지금까지 1992년 영국이 고정환율(페그)과 변동환율 사이에서 직면했던 정책선택과 상충관계에 대해 살펴봤다.

시기가 달랐다면 영국도 경제적으로 통합된 단일시장과 ERM 고정환율제도의 이익에 더 눈길이 갔을지 모른다. 고정환율의 경우, 예를 들어 ERM 회원국들 사이의 경제적 거래비용을 낮춰준다. 그러나 영국에게, 특히 1992년은 독일의 통화정책이 영국 이익과는 상충되는

5 영국의 자유민주당조차도 만년 야당의 소규모 정당일 때는 유로에 찬성하는 입장이었지만, 2010년 보수당과 연립정부를 구성할 기회를 갖자 사실상 자신의 기존 입장을 바꾸었다.

경우도 있을 수 있다는 것을 확실히 알려준 시기였다. 영국이 원하는 것과 독일이 원하는 것 사이에 괴리가 발생하는 근본 원인은 두 나라가 서로 다른 충격에 직면했기 때문이다. 통일 이후 독일에 닥친 재정적 충격이 영국이나 여타 ERM 국가들에게는 남의 나라 이야기였던 것이다.

이러한 상충관계, 그리고 고정과 변동의 선택 문제를 보다 잘 이해하기 위해 우리는 이 선택의 핵심에 놓여 있는 두 가지를 살펴보고자 한다. 그것은 경제적 **통합**(integration)과 경제적 **유사성**(similarity)이다. 경제적 통합은 교역을 비롯한 거래로 측정되고, 경제적 유사성은 충격의 유사성으로 측정된다.

경제적 통합과 효율성 이익

경제적 통합(economic integration)은 나라나 지역 간에 재화, 자본, 노동시장의 연결이 강화되는 것을 일컫는 용어이다. 고정환율제는 거래비용을 낮춤으로써 경제적 통합을 촉진하고 효율성을 높일 수 있다.

환율변동성이 심하면 교역에는 분명 나쁜 영향을 미칠 것이다. 환율과 가격이 안정적이어야 차익거래가 활발해지고 교역의 비용이 낮아진다. 그러나 환율의 변동성이 교역 활동만 저해하는 것은 아니며, 다른 국제적 경제활동도 영향을 받는다. 즉 통화관련 거래비용 및 불확실성이 국제 간 자본 및 노동의 흐름에도 걸림돌로 작용한다.

■ 결론 : 자국과 기준국 간에 경제적 통합의 정도가 강할수록 양국의 거래량이 더 많기 때문에 자국이 환율을 기준국에 고정시킴으로써 얻는 이익이 더 커질 것이다. 즉 통합의 정도가 강할수록 고정환율제의 효율성 이익이 증가한다.

경제적 유사성과 비대칭 충격의 비용

한 나라의 충격이 다른 나라와 공유되지 않는 **비대칭 충격**(asymmetric shock)인 경우 고정환율은 비용을 발생시킨다.

영국과 독일의 사례를 보면 왜 비대칭 충격이 문제를 발생시키는지 알 수 있다. 이는 두 나라의 정책 목표에 충돌이 발생하기 때문이다. 우리 예에서 독일은 확장적 재정정책으로 인해 발생한 수요 충격과 그에 따른 경기과열을 막기 위해 통화정책을 긴축적으로 운용하기를 원했다. 이에 반해 영국은 독일과 동일한 충격을 겪은 것이 아니기 때문에 동일한 정책을 원하지 않았다. 왜냐하면 독일 통화정책을 따르는 경우 경기침체를 겪을 수 있기 때문이다.

유사한 충격 혹은 대칭적 충격은 이런 문제를 야기하지 않는다. 가령 독일과 영국이 똑같이 확장적 수요 충격을 경험하는 경우를 생각해보자. 이 경우 독일과 영국 통화당국은 생산을 안정시키기 위해 이자율을 같은 폭으로 인상하는 등 동일하게 반응할 것이다. 이처럼 이자율이 대칭적으로 상승할 경우 영국의 환율 고정 책무와도 충돌을 일으키지 않는다. 만약 이자율이 최초에 동일한 수준 $i_1 = i_1^*$이었다면, 이자율 인상 후에도 동일한 수준 $i_2 = i_2^*$가 될 것이다. 영국은 이자율을 인상함으로써 생산을 안정시키고, 그와 동시에 유위험이자율평가가 여전히 성립하기 때문에 고정환율도 유지할 수 있다. 결국 영국이 독일에 환율을 피동적으로 고정시켜야 함에도 불구하고 영국은 마치 변동환율제 하에서 자율적으로 통화정책을 선택하는 것과 마찬가지 결과를 얻을 수 있는 것이다.

하지만 비대칭 충격은 사정이 다르다. 자국이 외국에 일방적으로 통화를 고정시키는 경우 비대칭 충격은 자국에 생산 측면에서 비용을 발생시킨다. 비대칭 충격이 발생하면 자국과 외국의 최적 통화정책이 서로 다르며, 이 상황에서 환율을 고정시키는 것은 외국의 정책 선택이 자동적으로 자국에도 부과되는 것을 의미한다. 이에 반해 대칭적 충격은 외국과 자국이 추구하는 통화정책이 동일하기 때문에 어떤 비용도 부과하지 않으며, 외국이 선택한 정책이 자국에게도 최선이다.

실제 세계는 더 복잡하다. 나라들이 동일하지 않고 다양한 충격이 섞여있을 수 있다.

■ **결론 : 자국과 기준국 간에 경제적 유사성이 높을수록(즉 양국이 비대칭 충격보다는 대칭적 충격에 더 많이 접할수록), 환율을 기준국에 고정시켜야 하는 자국의 경제안정 비용이 줄어든다. 즉 경제적 유사성이 높을수록 고정환율제의 안정성 비용이 감소한다.**

고정환율제의 간단한 기준

이제 고정 대 변동의 순이익(이익에서 비용을 뺀 것)에 기초한 환율제도 선택 이론을 만들 수 있다. 앞의 통합과 유사성에 대한 논의를 다음과 같이 정리할 수 있다.

■ **통합의 정도가 강할수록 고정환율제의 효율성 이익이 증가한다.**

■ **대칭성이 강할수록 고정환율제의 안정성 비용이 감소한다.**

우리 이론에 따르면 만약 시장 통합이나 대칭성이 높아지면 고정환율의 순이익이 커진다. 만약 순이익이 플러스이면 경제 논리로만 따졌을 때 자국은 고정을 선택해야 한다. 반대로 순이익이 마이너스이면 변동을 선택해야 한다.

그림 15-4는 이상에서 설명한 이론을 **대칭-통합 도표**(symmetry-integration diagram)로 나타낸 것이다. 여기에서 가로축은 한 쌍의 나라나 지역, 가령 A와 B의 경제적 통합의 정도를 나타내며, 세로축은 A와 B가 경험하는 충격의 대칭 정도를 나타낸다.

우리는 이 그림을 사용하여 A가 B에(혹은 반대 방향) 환율을 고정시키는 것이 바람직한지 판단할 수 있다. 이 그림에서 어떤 이유로 양국의 대칭-통합의 상황이 바뀌게 되면 점의 위치가 달라지는데, 점 1에서 점 6으로 변화해가는 것에 대해 생각해보자. 이 경로를 따라 통합 및 대칭이 모두 증가하기 때문에 환율 고정의 순이익 또한 증가한다. 어떤 임계점(이 그림에서는 점 2)이 있어서 이 점을 경계로 순이익이 마이너스에서 플러스로 바뀐다. 이럴 경우, 이 점에 못 미치면 변동환율이 최적이다. 반대로 이 점을 넘어서면 고정환율이 최적이다.

이 그림을 사용하여 좀 더 포괄적인 분석이 가능하다. 구체적인 경로와 상관없이 위쪽과 오른쪽으로 갈수록 이익이 비용보다 커지기 때문에 점 2와 같은 어떤 경계가 있어서 그것을 넘어서면 이익이 비용을 상회한다. 따라서 이런 경계를 서로 연결하면 점 2를 통과하는 우하

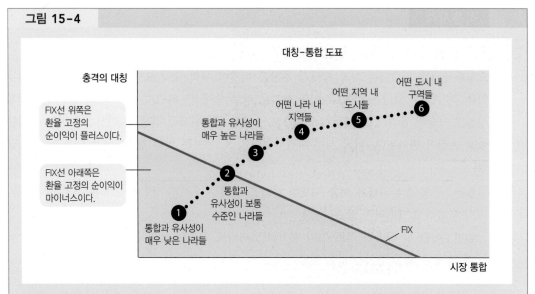

그림 15-4

대칭-통합 도표

충격의 대칭

FIX선 위쪽은
환율 고정의
순이익이 플러스이다.

FIX선 아래쪽은
환율 고정의 순이익이
마이너스이다.

어떤 도시 내
구역들 **6**

어떤 지역 내
도시들 **5**

어떤 나라 내
지역들 **4**

통합과 유사성이
매우 높은 나라들 **3**

2

1
통합과
유사성이 보통
수준인 나라들

통합과 유사성이
매우 낮은 나라들

FIX

시장 통합

고정환율제 이론 그림에서 점 1부터 6까지는 한 쌍의 나라나 지역을 의미한다. 시장이 통합되어 있을수록(가로축 상에서 오른쪽으로 이동할수록), 혹은 이들이 받는 경제적 충격이 대칭적일수록(세로축 상에서 위쪽으로 이동할수록), 환율 고정의 경제적 순이익이 증가한다. 따라서 만약 한 쌍의 나라나 지역이 충분히 위쪽이나 오른쪽에 위치하면 환율 고정의 이익이 비용을 초과하고(순이익이 플러스), *FIX*선으로 표시된 경계선 위쪽에 있게 된다. 따라서 이 선 위쪽에서는 환율을 고정시키는 것이 최적이다. 반대로 이 선 아래쪽에서는 변동환율제가 최적이다.

향의 선을 그릴 수 있을 것이다. 이것을 FIX선이라 부르기로 한다. 결국 FIX선을 경계로 그 위쪽의 점들은 고정환율의 기준을 만족시킨다.

도표에서 각 점들의 의미에 대해 좀 더 생각해보자. 가령 점 6은 어떤 도시 내의 두 구역으로 생각할 수 있다. 통합의 정도가 매우 높으며, 경제적 충격이 발생할 경우 보통 도시 내 모든 지역이 그 영향을 받는다. 만약 A와 B가 점 5에 있다면, 이는 어떤 지역 내 두 도시 정도로 생각할 수 있다. 만약 A와 B가 점 4에 있다면, 이는 어떤 나라 안의 두 지역 정도로서 여전히 FIX선 위쪽에 위치한다. 만약 A와 B가 점 3에 있다면, 이는 이웃하는 나라로서 통합의 정도가 높고 비대칭적 충격이 아주 드문 경우로 생각할 수 있다. 다음으로 점 2는 경계선 상에 놓여 있는 경우이다. 마지막으로 만약 A와 B가 점 1에 있다면, 통합의 정도가 낮은 두 나라로서 비대칭적 충격이 자주 발생하는 경우로서 우리 이론상으로는 변동환율제를 취해야 한다.

우리 이론의 핵심 결론은 다음과 같다. 두 나라가 FIX선 위쪽에 있으면 (통합의 정도와 충격의 유사성이 높은 경우로서) 고정환율제를 채택함으로써 경제적으로 이익을 얻을 것이고, FIX선 아래쪽에 있으면 (통합의 정도와 충격의 유사성이 낮은 경우로서) 변동환율제를 채택하는 편이 낫다.

이 이론을 좀 더 발전시키기 전에 우선 이 이론의 두 가지 주요 가정이 현실에서 실증적으로 뒷받침되는지 살펴보기로 한다. 첫째, 고정환율제가 통합을 촉진해 교역의 이익을 가져다주는가? 둘째, 고정환율제가 통화정책 선택에 제약을 가함으로써 경제 안정에 비용을 야기하는가?

적용사례

고정환율제가 무역을 촉진하는가?

고정환율제를 지지하는 가장 강력한 주장은 이것이 무역 제약 요인을 제거함으로써 국제무역을 촉진할 수 있다는 것이다. 이런 생각은 아주 오래전부터 있었다. 미국의 경우 남북전쟁 시절로 거슬러 올라가보면, 당시 전쟁으로 중단된 금본위제를 전쟁 후 다시 도입하는 문제를 놓고 논쟁이 벌어졌다. 미국 재무부 관리였던 J. S. 무어는 의회 청문회에서 다음과 같이 답했다.

질문 : 공동의 본위제가 이를 채택한 나라들 간에 자유로운 상업적 교류를 촉진하는 경향이 있다고 생각하지 않습니까?

답변 : 어떤 두 나라가 서로 멀리 떨어져 있더라도 공동의 본위제를 채택하면… 그것보다 더 좋은 화합 장치는 없을 것입니다.

무역 증대 이익 앞서 언급했듯이 19세기 말과 20세기 초에는 정책결정자들이 일반적으로 고정환율제를 선호했으며, 당시를 연구한 경제사학자들의 연구 결과도 이러한 견해를 뒷받침하고 있다. 다른 조건이 동일할 때, 금본위제를 채택한 두 나라의 교역 규모가 금본위제를 채택하지 않은 나라에 비해 30%에서 100%까지 더 많은 것으로 나타났다.[6] 따라서 금본위가 실제로 교역을 촉진한 것으로 보인다.

오늘날의 고정환율제는 어떠한가? 교역을 촉진하는가? 경제학자들은 여러 가지 복잡한 통계적 기법을 사용하여 이 가설을 다각도로 추정했다. 최근의 한 연구는 분석 대상 두 나라 A-B를 다음 네 가지로 분류하였다.

a. 두 나라가 공동통화를 사용하고 있다(즉 A와 B가 통화동맹을 맺고 있거나, 혹은 A가 일방적으로 B의 통화를 사용한다).

b. 두 나라가 직접적인 고정환율제로 연결돼 있다(즉 A의 통화가 B에 고정돼 있다).

c. 두 나라가 제3의 통화를 매개로 간접적인 고정환율제로 연결돼 있다(즉 A 및 B의 통화가 C에 고정돼 있으며, 서로 직접적으로 고정돼 있는 것은 아니다).

d. 두 나라가 어떠한 형태로도 고정돼 있지 않다(즉 비록 어느 한쪽 혹은 양국 모두 제3의 통화에 고정돼 있는 경우라도 양국의 통화가 서로에 대해서는 변동한다).

---

6 J. Ernesto López Córdova and Christopher M. Meissner, March 2003, "Exchange Rate Regimes and International Trade: Evidence from the Classical Gold Standard Era, 1870–1913," *American Economic Review*, 93(1), 344–353; Antoni Estevadeordal, Brian Frantz, and Alan M. Taylor, May 2003, "The Rise and Fall of World Trade, 1870–1939," *Quarterly Journal of Economics*, 118(2), 359–407; Marc Flandreau and Mathilde Maurel, January 2005, "Monetary Union, Trade Integration, and Business Cycles in 19th Century Europe," *Open Economies Review*, 16(2), 135–152. The quotation is cited in an earlier draft of the paper by López Córdova and Meissner. 위 인용문은 López Córdova and Meissner(2003)의 초기 원고에서 인용한 것이다.

경제학자 제이 샴보와 마이클 클라인은 이 분류에 따라 1973년부터 1999년까지의 교역 데이터를 사용하여 모든 양국 간 교역 규모를 비교했다. 비교는 (d)의 변동환율제를 비교 기준으로 삼아 (a)~(c) 고정환율제의 교역 규모에 체계적 차이가 있는지 살펴봤다. 그들은 환율제도이외의 여러 요인들을 통제했으며, 혹시 있을지 모르는 역의 인과관계를 처리하기 위해 신중한 통계적 기법을 사용하였다(즉 환율제도가 교역에 영향을 미치는 것이 아니라 교역 증대가고정환율제 채택으로 이어질 수 있기 때문에 이 가능성을 제거함). 그림 15-5에 핵심 추정결과가 나와 있다. 우선 통화동맹의 경우에는 변동환율제에 비해 양국 간 교역이 38% 늘어난 것으로 나타났다. 다음으로 고정환율제에서는 오직 직접 페그만 교역을 촉진하는 것으로나타났다. 즉 직접 페그의 경우 변동환율에 비해 양국 교역이 21% 늘어났다. 이에 반해 간접페그의 효과는 미미하며, 통계적으로 유의하지 않은 것으로 나타났다.[7]

가격 수렴 이익 환율제도가 국제적 시장 통합에 어떤 영향을 미치는지에 대한 연구 중 대표적인 것이 앞서 살펴본 환율제도와 무역 규모의 관계에 대한 연구로서 이에 대해서는 지금까지 광범위한 연구가 행해져 왔다. 또 다른 연구는 환율제도와 가격 수렴의 관계를 살펴보는 것이다. 이 연구는 시장 통합을 측정하는 기준으로 일물일가의 법칙(LOOP)과 구매력평가(PPP)를 사용한다. 만약 고정환율제가 거래비용을 낮춰 교역을 촉진한다면, 나라들 간의가격차(동일 통화로 측정)가 변동환율 나라들에 비해 고정환율 나라들에서 더 낮아야 할 것이다. 다시 말하면 LOOP와 PPP가 변동환율제보다는 고정환율제 하에서 더 잘 성립해야 한다.(교역의 이익 논의는 가격 수렴을 전제로 한다는 점을 생각해보라.)

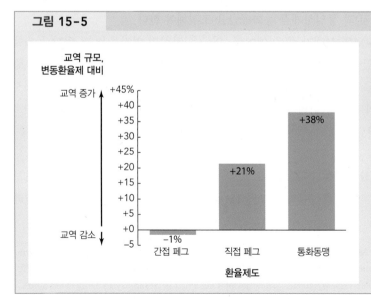

그림 15-5

교역 규모, 변동환율제 대비

교역 증가 +45% +40 +35 +30 +25 +20 +15 +10 +5 +0 -5
교역 감소

간접 페그 -1%　직접 페그 +21%　통화동맹 +38%

환율제도

고정환율제가 무역을 촉진하는가? 이 도표는 다양한 고정환율제가 변동환율제에 비해 교역 규모를 얼마나 늘리는지 추정한 결과를 보여준다. 여기에서 보면 간접 페그가 교역에 미치는 효과는 미미하며, 통계적으로 유의하지 않지만, 직접 페그와 통화동맹 하에서는 변동환율에 비해 교역이 각각 21%, 38% 늘어난 것으로 나타났다.

주 : 무역 중력모형을 사용했으며, 각 환율제도를 이항 변수로 처리하고, 각 나라 조합에 대해 고정효과 모형을 사용함

출처 : Michael W. Klein and Jay C. Shambaugh, 2006, "Fixed Exchange Rates and Trade," *Journal of International Economics*, 70(2), 359-383.

7　Michael W. Klein and Jay C. Shambaugh, 2006, "Fixed Exchange Rates and Trade," *Journal of International Economics*, 70(2), 359-383.

통계적 방법을 사용하여 차익거래가 발생하기 전 두 시장의 가격차가 어느 정도인지 측정할 수 있다. 재화바스켓의 가격을 비교한 연구에 따르면 환율의 변동성이 클수록(변동환율제에 해당) 가격차가 크고 두 시장의 가격 수렴 속도 역시 늦어지는 것으로 나타났다. 이런 결과는 고정환율제가 차익거래와 가격 수렴을 촉진한다는 가설을 뒷받침하는 것이다.[8]

개별 재화의 가격 수렴에 대한 연구도 행해졌다. 예를 들어 유럽에 초점을 맞춰 여러 재화들의 가격이 나라 간에 어떻게 다른지 살펴본 연구들이 있다(예컨대 자동차와 TV 소매가격, 말보로 담배 면세점 가격 등). 이들 연구 역시 환율변동성이 클수록 시장 간 가격차가 크다는 것을 보여준다. 많은 재화들에 여전히 가격 갭이 남아 있지만, 소위 '내부(in)' 나라들(ERM 회원국 및 현재 유로존)의 가격 수렴 속도가 '외부(out)' 나라들에 비해 훨씬 빠른 것으로 나타났다.[9] ■

적용사례

고정환율제가 통화정책 자율성과 안정성을 저해하는가?

고정환율제에 반대하는 가장 강력한 주장은 트릴레마 논의에 잘 나와 있다. 즉 한 나라가 다른 나라에 일방적으로 환율을 고정할 경우 통화정책의 자율성을 잃게 된다는 것이다.

이에 대해서는 이미 여러 차례 살펴봤다. 자본이동이 자유롭다면 외환시장 차익거래는 유위험이자율평가를 의미한다. 환율이 고정돼 있다면 예상절하는 0이기 때문에 자국 이자율은 외국 이자율과 똑같아야 한다. 이는 결국 고정환율제를 채택하면 자신의 독립적인 통화정책을 포기해야 하는 것을 의미한다. 즉 항상 자국 이자율 i를 외국 이자율 i^*(혹은 여기에 어떤 리스크 프리미엄을 더한 것)과 동일하게끔 통화공급을 조정해야 한다.

앞서 살펴본 영국과 ERM의 사례가 좋은 예이다. 영국은 자신의 이자율을 더 이상 독일에 동조시키기를 원하지 않았다. 그것을 위해서는 파운드를 독일 마르크에 고정시키는 것을 중단해야 했다. 그렇게 하고 나서야 영국은 독일에서 발생한 사건 때문에 자국 경제를 긴축시키지 않아도 됐다. 영국의 경제적 이익에 최선이라고 생각되는 이자율을 자신이 원하는 대로 선택할 수 있게 된 것이다.

트릴레마, 정책 제약, 이자율 상관성 트릴레마는 현실에서도 성립하는가? 경제학자 제이 샴보는 이 명제를 검증했으며, 일부 분석결과가 그림 15-6에 나와 있다. 앞에서 보았듯이 트릴레

8 Maurice Obstfeld and Alan M. Taylor, 1997, "Nonlinear Aspects of Goods-Market Arbitrage and Adjustment: Heckscher's Commodity Points Revisited," *Journal of the Japanese and International Economies*, 11(4), 441-479.

9 Marcus Asplund and Richard Friberg, 2001, "The Law of One Price in Scandinavian Duty-Free Stores," American Economic Review, 91(4), 1072-1083; Pinelopi Koujianou Goldberg and Frank Verboven, 2004, "Cross-Country Price Dispersion in the Euro Era: A Case Study of the European Car Market," *Economic Policy*, 19(40), 483-521; Jean Imbs, Haroon Mumtaz, Morten O. Ravn, and Hélène Rey, 2010, "One TV, One Price?" *Scandinavian Journal of Economics* 112(4): 753-781.

마란 세 가지 정책목표인 고정환율, 자본 이동성, 통화정책의 자율성이 모두 다 공존할 수는 없고, 셋 중에서 어느 두 가지만 취할 수 있다는 것이다. 이를 감안할 때 다음과 같은 세 가지 해법을 생각해볼 수 있다.

1. 고정환율제를 채택하면서 자본시장을 개방하는 선택('개방 고정')
2. 환율변동을 허용하면서 자본시장을 개방하는 선택('개방 변동')
3. 자본시장을 폐쇄하는 선택('폐쇄')

1번의 경우에는 통화정책의 자율성을 포기해야 하며, 자국의 이자율 변화를 기준국(환율을 고정시킨 대상 국가) 이자율 변화에 맞춰야 한다. 반면 2번과 3번의 경우에는 통화정책의 자율성을 포기할 필요가 없으며, 따라서 자국 이자율을 기준국에 맞출 필요가 없다.

그림 15-6은 트릴레마의 증거를 보여준다. 그림에서 세로축은 국내 이자율의 연간 변화폭이고 가로축은 기준국 이자율의 연간 변화폭을 나타낸다. 트릴레마 논의에 따르면 '개방 고정'의 경우에는 양국의 이자율 변화가 동일해야 하기 때문에 모든 점들이 45도선 상에 위치해야 한다. 실제로 (a)에 나와 있는 개방 고정의 경우를 보면, 국내와 기준국의 이자율 간에 상관성이 높고, 최적선의 기울기가 1에 매우 가깝다. 물론 그림에서 여러 이탈점들이 보이지만(이는 일부 고정환율제가 밴드제도에 가깝기 때문일 수 있다), 전체적인 결과는 '개방 고정'의 경우 통화정책 자율성이 거의 없다는 것을 보여준다고 할 수 있다. 이에 반해 (b) '개

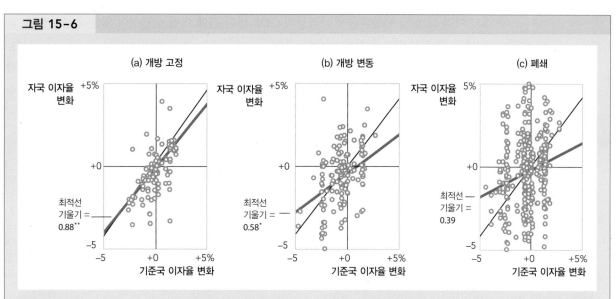

그림 15-6

(a) 개방 고정

(b) 개방 변동

(c) 폐쇄

최적선 기울기 = 0.88**

최적선 기울기 = 0.58*

최적선 기울기 = 0.39

자국 이자율 변화

기준국 이자율 변화

트릴레마의 작동 트릴레마 논의에 따르면 만약 자국이 '개방 고정'이면, 자국의 이자율 변화를 기준국 이자율 변화에 맞춰야 하기 때문에 통화정책의 자율성을 포기해야 한다. (a)는 이것이 사실임을 보여준다. 트릴레마에 따르면, 통화정책 자율성을 되찾기 위한 방법은 두 가지로서 변동환율로 전환하거나 자본통제를 실시하는 방법이다. (b)와 (c)를 보면, 이들 두 가지 정책 하에서 자국 이자율이 기준국 이자율과 독립적으로 움직이는 것을 알 수 있다.

주 : ** 1% 수준에서 통계적으로 유의함. * 5% 수준에서 통계적으로 유의함. 초인플레이션은 제외함
출처 : Jay C. Shambaugh, 2004, "The Effect of Fixed Exchange Rates on Monetary Policy," *Quarterly Journal of Economics*, 119(1), 300~351.

방 변동'과 (c) '폐쇄'의 경우에는 국내 이자율이 기준국 이자율에 맞춰서 움직이는 경향이 훨씬 적다. 즉 상관성이 약하고, 최적선의 기울기도 1보다 훨씬 작다. 이들의 경우에는 통화 정책 자율성이 허용되는 것을 알 수 있다.[10]

생산 변동성과 고정환율제 비용 우리는 앞에서 '개방 고정'의 경우 통화적 독립성이 낮아진다는 것을 알았다. 즉 충격이 발생해도 통화당국이 생산 안정화를 위한 통화정책을 사용할 수 없다. 물론 이런 정책을 펴는 나라의 생산이 반드시 더 불안정하다고 단정할 수는 없지만, 일부 연구 결과 역시 고정환율제 하에서 생산 증가의 변동성이 평균적으로 훨씬 높다는 것을 보여준다.[11] 그러나 이들 연구의 문제점은 생산 변동성에 영향을 미치는 요인으로 환율제도 뿐 아니라 여러 가지 다른 특성들도 있을 수 있으며, 이들 특성들을 어떻게 통제하느냐에 따라 추정 결과가 달라질 수 있다는 점이다.[12]

최근 행해진 한 연구에서는 좀 더 확실한 증거를 찾기 위해 IS-LM-FX 모형의 핵심 예측에 초점을 맞췄다. 즉 다른 모든 조건이 동일할 때 기준국 이자율이 상승하면 기준국에 환율을 고정시킨 나라의 생산이 감소하게 된다. 그 이유는 환율을 고정시킨 나라에서 기준국과 이자율을 맞추기 위해 통화정책을 긴축적으로 운용하여 이들 나라 역시 이자율을 인상해야 하기 때문이다. 반면 변동환율제를 취하는 나라는 기준국의 이자율 인상을 따를 이유가 없다. 오히려 생산 안정을 위해 이자율을 인하하고 통화를 절하시키는 등 자율적인 통화정책을 실행할 수 있다. 경제학자 줄리안 디조바니와 제이 샴보는 기준국의 이자율 변화와 기준국 이외 여러 고정 및 변동환율제 나라들의 GDP 변화 간에 어떤 상관성이 있는지 분석했다. 그림 15-7의 분석 결과를 보면 이론이 예측하는 바를 어느 정도 뒷받침하는 것으로 나타났다. 즉 기준국이 이자율을 인상하면 기준국에 환율을 고정시킨 나라들은 경제적 고통을 받는 반면, 변동환율제 나라들은 그렇지 않은 것이다. 이는 결국 고정환율제가 생산수준의 변동성을 높이는 문제점을 지니고 있다는 것을 의미한다. ■

---

10 '개방 고정'의 경우 상관성이 완벽하지는 않으며, 다른 두 가지 경우에도 상관성이 전혀 없는 것은 아니다. 이는 결코 이상할 것이 없다. 일단 여기에서는 환율이 ±2% 이내의 밴드 내에서 움직이는 것을 '페그'로 정의했다. 이러한 밴드제도의 경우 중앙은행에 약간의 유연성이 허용된다. 따라서 환율과 이자율이 (절대 움직이지 못하도록) 강하게 고정돼 있지 않아도 된다. 또한 '변동'과 '폐쇄'의 경우 역시 기준국과의 상관성이 0이 아닌 이유가 있을 수 있다. 예를 들어 인플레이션 목표제나 혹은 여타의 통화정책 가이드라인을 갖고 있으며, 이로 인해 이들 나라의 이자율이 기준국과 유사한 경로를 따를 수 있다. 다시 말하면, 이들 나라가 자신의 이자율을 자율적으로 변화시킬 수 있다는 것이 중요하지, 선택 결과가 기준국과 완전히 달라야 한다는 것은 아니다.

11 Atish R. Ghosh, Anne-Marie Gulde, Jonathan D. Ostry, and Holger C. Wolf, 1997, "Does the Nominal Exchange Rate Regime Matter?" NBER Working Paper 5874.

12 예를 들어 다음을 참조하라. Eduardo Levy-Yeyati and Federico Sturzenegger, September 2003, "To Float or to Fix: Evidence on the Impact of Exchange Rate Regimes on Growth," *American Economic Review*, 93(4), 1173-1193; Kenneth Rogoff, Ashoka Mody, Nienke Oomes, Robin Brooks, and Aasim M. Husain, 2004, "Evolution and Performance of Exchange Rate Regimes," IMF Occasional Paper 229, International Monetary Fund.

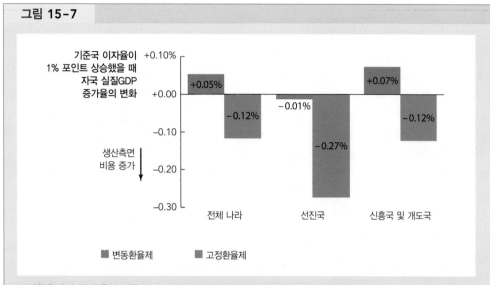

그림 15-7

고정환율제의 생산 측면 비용 최근 한 실증연구에 따르면 기준국 이자율이 상승하는 충격이 발생할 경우 기준국에 환율을 고정시킨 나라들은 대규모 생산 둔화를 겪는 반면, 변동환율제 나라들은 그렇지 않은 것으로 나타났다. 예를 들어 여기에서 보듯이 기준국의 이자율이 1% 포인트 상승하면 변동환율제 나라들은 실질GDP 변화율이 미미하여 평균적으로 0.05% 포인트 상승(통계적으로 0과 유의하게 다르지 않음)하는 반면, 고정환율제 나라들은 실질GDP 증가율이 평균적으로 0.12% 포인트 유의하게 둔화되는 것으로 나타났다.

출처 : Julian di Giovanni and Jay C. Shambaugh, 2008, "The Impact of Foreign Interest Rates on the Economy: The Role of the Exchange Rate Regime," *Journal of International Economics*, 74(2), 341–361. See Table 3.

2 고정환율제의 기타 이익

우리는 앞에서 고정 대 변동 환율제도의 선택에 영향을 미치는 핵심 요소, 즉 경제적 통합(시장 연계)과 경제적 유사성(충격의 대칭성)에 대해 살펴봤다. 그러나 중요한 역할을 하는 다른 요인들도 있다. 이 절에서는 신흥시장이나 개발도상국에 특히 중요한 의미를 갖는 고정환율제의 이점에 대해 살펴본다.

재정규율, 시뇨리지, 인플레이션

개도국들에게는 고정환율제가 바람직하다는 주장에 자주 등장하는 논리는 환율을 고정시킴으로써 정부가 재정 자금을 마련하기 위해 화폐 발행에 나서는 것을 막을 수 있다는 것이다. 개도국에서는 중앙은행이 정부의 적자를 화폐발행으로 메꾸는 경우가 있다(즉 중앙은행이 정부에 화폐를 주고 정부는 중앙은행에 빚을 지게 됨). 이럴 경우 통화공급이 증가하여 높은 인플레이션을 야기할 수 있다. 이 경우 정부 수입의 원천은 사실상 **시뇨리지**(seigniorage)라는 인플레이션 조세(inflation tax)로서 화폐를 보유하고 있는 모든 사람들에게 조세를 부과하는 효과를 갖는다(**보조 자료 : 인플레이션 조세** 참조).

보조 자료

인플레이션 조세

인플레이션 조세가 어떻게 작동하는가? 변동환율제를 취하고 있는 한 나라를 생각해보자. 이 나라가 지속적인 재정적자를 보이는 가운데, 적자 재원을 조달하는 데 애로를 겪고 있다고 해보자. 이 상황에서 재무당국이 중앙은행에 화폐발행을 통해 적자를 메꿔주기를 요청한다. 즉 화폐를 발행하여 그 돈으로 재무당국의 정부채를 사달라는 요청이다.

단순화를 위해 생산이 Y로 고정돼 있고 물가는 완전히 신축적이며, 인플레이션과 명목이자율은 변화가 없다고 하자. 통화증가율은 $\Delta M/M = \Delta P/P = \pi$로 고정돼 있으며, 이것이 물가상승률, 즉 인플레이션율이다. 피셔효과에 따르면 명목이자율은 $i = r^* + \pi$로서 여기에서 r^*은 세계실질이자율이다.

인플레이션이 지속되면 가계가 보유하고 있는 화폐의 실질가치가 조금씩 떨어진다. 만약 가계가 M/P의 실질통화잔고를 보유하고 있는데, 물가가 $\Delta M/M = \Delta P/P = \pi$만큼 상승하면, 가계 보유 화폐 가치는 인플레이션으로 인해 원래의 M/P에서 π에 해당하는 만큼 실질가치가 줄어든다. 즉 가계에 대한 인플레이션 조세는 $\pi \times M/P$이다. 예를 들어 어떤 사람이 $100을 보유하고 있는데, 물가수준이 1, 인플레이션은 연 1%라 하면, 1년 후 이 사람이 보유하고 있는 화폐의 실질적인(즉 인플레이션을 감안한) 가치는 $99이고, 물가는 1.01이 된다.

정부가 얻는 인플레이션 조세의 크기는 얼마인가? 정부는 추가적으로 발행된 ΔM의 통화를 사용하여 재화 및 서비스를 구매할 수 있으며, 그것의 실질가치는 $\Delta M/P = (\Delta M/M) \times (M/P) = \pi \times (M/P)$이다. 결국 정부가 얻는 인플레이션 조세는 가계가 부담하는 것과 크기가 동일하다.

가계에서 정부로 이전되는 인플레이션 조세의 크기를 시뇨리지라 부르며, 다음과 같이 나타낼 수 있다.

$$\underset{\substack{\text{인플레이션}\\\text{조세}}}{\text{시뇨리지}} = \underset{\text{세율}}{\pi} \times \underset{\substack{\text{과세}\\\text{표준}}}{\frac{M}{P}} = \pi \times L(r^* + \pi)Y$$

위 식에서 보듯이 인플레이션 조세는 세율(여기에서는 인플레이션율)과 과세표준(세금 부과 대상으로서, 여기에서는 실질통화잔고인 $M/P = LY$에 해당)의 두 가지로 나누어 볼 수 있다. 첫 번째 항은 인플레이션 π가 상승할수록 커진다. 반면 두 번째 항은 π가 상승할수록 값이 0에 가까워진다. 왜냐하면 인플레이션이 아주 높아지면 사람들이 화폐를 보유하지 않으려 하기 때문이다. 즉 실질통화수요 $L(i)Y = L(r^* + \pi)Y$가 0으로 떨어진다.

이처럼 상충되는 두 가지 효과 때문에 인플레이션 조세는 결국 수확체감에 도달하는 경향이 있다. 즉 인플레이션이 높아지는 경우 처음에는 실질수입이 증가하지만 결국에는 두 번째 항의 하락이 첫 번째 항의 상승을 압도하기에 이른다. 보통 초인플레이션의 경우에는 실질수입이 극대화 되는 점을 훨씬 넘어설 정도로 인플레이션이 진행된다.

고인플레이션이나 초인플레이션(월 50% 이상의 인플레이션)은 바람직하지 않다. 만약 (재정규율 등) 어떤 것으로도 이를 막을 수 없다면, 고정환율제가 매력적으로 보일 수 있다. 인플레이션을 야기하는 정부의 재원 조달이나 시뇨리지의 남용을 고정환율제가 막을 수 있는가? 원칙적으로는 그렇다. 하지만 이러한 인플레이션 저지 효과를 고정환율제만 갖고 있는 것은 아니다. 앞에서 환율에 대한 화폐적 접근에서 살펴본 것처럼 모든 명목기준지표(환율, 통화, 인플레이션 목표 등)는 동일한 효과를 갖는다.

똑같은 변동환율제라 하더라도 중앙은행이 화폐를 대량으로 발행하거나 혹은 반대로 아주 적게 발행함으로써 인플레이션이 크게 달라질 수 있다. 마찬가지로 고정환율제 하에서도 중앙은행이 이를 잘 운용하여 물가를 상당히 안정시킬 수도 있고, 혹은 반대로 아주 잘못 운용하여 위기가 발생하고 환율이 붕괴되고 인플레이션이 폭발할 수도 있다.

명목기준지표는 정부가 장기적으로 어떤 통화정책 결과를 달성하겠다는 하나의 '약속'이다. 그러나 이 약속이 목표 달성을 보장해주지는 않는다. 모든 정책 발표, 심지어는 고정환율 제까지도 어느 정도는 '쉽게 하는 말(cheap talk)'이다. 만약 부채를 통화발행으로 메꿔 달라 는 정부 측의 압력이 매우 강하면 어느 명목기준지표 약속이든 실패할 것이다.

고정환율제가 인플레이션 안정에 더 효과적이냐는 논쟁은 이론만으로 결론지을 수 없다. 이것은 실증적 문제이다. 그렇다면 실제로는 어떠한가? 표 15-1은 1970년부터 1999년까지 세계 인플레이션 실적이 환율제도에 따라 어떻게 다른지 보여준다. 대상 국가 전체에 대해 평균 인플레이션율을 계산했을 뿐 아니라 그룹을 나누어 선진국(부유한 나라), 신흥시장(세 계 자본시장에 통합된 중간 소득 나라) 및 개도국(기타 나라)에 대해 따로 계산했다.

모든 나라(1열)를 대상으로 했을 때, 인플레이션 실적과 환율제도는 별로 연관이 없어 보인 다. 고정(17.4%), 제한변동(11.1%), 관리변동(14.0%), 자유변동(9.9%) 간에 뚜렷한 패턴을 발견할 수 없다. 오직 '자유낙하'의 경우에만 인플레이션율(387.8%)이 천문학적이라는 것을 알 수 있다. 선진국(2열)만을 대상으로 하거나, 혹은 신흥시장 및 개도국 그룹(3열)에 대해서 도 결과는 비슷하다. 신흥시장 및 개도국이 선진국에 비해서는 전체적으로 인플레이션율이 높지만, 자유낙하를 제외하고는 환율제도에 따른 차이는 별로 없는 것을 알 수 있다.

이상의 결과로 보면, 통화정책이 어떤 명목기준지표에 따라 시행된다면 환율제도의 선택은 그리 중요한 것이 아니라고 결론지을 수 있다.[13] 아마도 고정환율제가 물가안정에 도움을 주

표 15-1

인플레이션 실적과 환율제도 1970년부터 1999년까지 세계 여러 나라를 대상으로 연간 데이터를 이용하여 환율제도와 인플레이션 간의 관계를 살 펴봤다. 변동환제가 세계 전체적(9.9%)으로나 혹은 선진국만(3.5%)을 대상으로 했을 때 평균적으로 인플레이션이 약간 더 낮은 것을 알 수 있다(1열 및 2열). 신흥시장 및 개도국의 경우 궁극적으로는 고정환율제가 인플레이션율이 더 낮지만(4열), 그런 효과가 즉각적으로 발생하는 것은 아니다(3열).

	연간 인플레이션율(%)			
환율제도 유형	(1) 세계	(2) 선진국	(3) 신흥시장 및 개도국	(4) 신흥시장 및 개도국 (제도 변화 직후 첫 번째 연도는 제외)
고정	17.4%	4.8%	19.6%	8.8%
제한변동	11.1	8.3	12.4	10.8
관리변동	14.0	7.8	15.1	14.7
자유변동	9.9	3.5	21.2	15.8
자유낙하	387.8	47.9	396.1	482.9

출처 : Author's calculations based on the dataset from Kenneth Rogoff, Ashoka Mody, Nienke Oomes, Robin Brooks, and Aasim M. Husain, 2004, "Evolution and Performance of Exchange Rate Regimes," *IMF Occasional Paper* No. 229, International Monetary Fund.

---

13 Kenneth Rogoff, Ashoka Mody, Nienke Oomes, Robin Brooks, and Aasim M. Husain, 2004, "Evolution and Performance of Exchange Rate Regimes," *IMF Occasional Paper* 229, International Monetary Fund.

는 유일한 경우는 고인플레이션이나 초인플레이션을 경험한 개도국일 가능성이 있다. 왜 그럴까? 높은 인플레이션으로 어려움을 겪은 나라일수록 사람들은 정부가 다른 짓 하지 않고 확실하게 인플레이션을 낮추기 위해 노력하는 모습을 원하기 때문이다. 표 15-1의 4열에서 이를 확인할 수 있다. 이는 환율제도가 바뀐 직후 첫 번째 해를 제외한 것으로, 이렇게 함으로써 고인플레이션이나 초인플레이션을 겪은 직후 통화정책과 환율정책이 바뀌었음에도 불구하고 아직 인플레이션(그리고 인플레이션 예상)이 지속되는 시기를 제외시킬 수 있다. 그리하여 사태가 진정된 2년 이후 기간을 대상으로 할 경우에는 고정환율제가 일반적으로 다른 환율제도에 비해 인플레이션율(한 자릿수)을 낮춘다는 것을 표에서 확인할 수 있다.

- **결론** : 고정환율제는 인플레이션을 안정시키기 위한 필요조건도 아니고 충분조건도 아니다. 그렇지만 높은 인플레이션으로 어려움을 겪은 개도국의 경우 환율을 고정시키는 것이 신뢰할 만한 물가안정 제동장치가 될 수 있다.

부채의 달러통용화, 국부, 긴축적 절하

국제수지를 다룬 장에서 배웠듯이 환율 변화는 한 나라의 부(wealth)에 큰 영향을 미친다. 대외자산 및 부채가 자국 통화로만 표시된 것이 아니기 때문에 환율의 변화는 이들의 가치에 영향을 미친다. 이와 같은 부의 효과(wealth effect), 즉 부의 가치변화 효과가 부채의 달러통용화(liability dollarization) 문제로 어려움을 겪는 개도국이나 신흥시장에게는 상당한 불안정을 야기할 수 있으며, 그런 점에서 이것이 고정환율제와 관련된 또 다른 이슈를 제공한다.

두 나라와 2개의 통화가 있다고 하자. 하나는 자국(Home)이고, 다른 하나는 외국(Foreign)이다. 자국의 대외자산은 두 종류로 자국 통화(가령 페소)로 표시된 A_H와 외국 통화(가령 미국 달러)로 표시된 A_F가 있다. 마찬가지로 자국의 대외부채도 자국 통화로 표시된 L_H와 외국 통화로 표시된 L_F가 있다. 명목환율은 E(외국 통화 1단위당 자국 통화, 즉 여기에서는 달러당 페소)이다.

자국의 대외자산과 대외부채 중 달러표시 자산과 부채는 거기에 환율을 곱하면 페소 가치로 전환된다. 즉 EA_F 및 EL_F이다. 따라서 자국의 대외순자산 혹은 대외부는 자산 총계에서 부채 총계를 뺀 것으로 현지 통화로 표현하면 다음과 같다.

$$W = \underbrace{(A_H + EA_F)}_{\text{자산}} - \underbrace{(L_H + EL_F)}_{\text{부채}}$$

이제 다른 조건은 동일한 가운데 환율에 약간의 변화 ΔE가 발생했다고 하자. 환율 변화는 A_H와 L_H에는 영향을 미치지 않지만, 페소로 표현된 EA_F 및 EL_F의 가치에는 영향을 미친다. 따라서 국부(national wealth)에 미치는 영향은 다음과 같다.

$$\Delta W = \underbrace{\Delta E}_{\text{환율 변화}} \times \underbrace{[A_F - L_F]}_{\text{달러 자산 순포지션}} \tag{15-1}$$

이 식은 직관적인 이해가 가능하다. 통화가 절하되는 경우($\Delta E > 0$), 외화자산이 외화부채보다 많으면(즉 괄호 안의 순포지션이 플러스이면) 부의 가치변화는 플러스이고, 외화부채가 외화자산보다 많으면(즉 괄호 안의 순포지션이 마이너스이면) 부의 가치변화가 마이너스라는 것이다.

예를 들어 자국의 대외자산이 1,000억 달러이고 대외부채가 1,000억 달러인 상황에서 10% 절하를 경험했다고 하자. 만약 자산 중 500억 달러가 미국 달러표시이고, 부채에는 달러표시가 없다고 할 때 자국의 부에 어떤 변화가 발생하는가? 달러 순포지션이 플러스이기 때문에 이익이 발생한다. 자산 중 절반과 부채 전부는 페소로 표시돼 있기 때문에 환율 변화의 영향을 받지 않는다. 그러나 달러로 표시된 자산(500억 달러)은 그 가치가 페소 기준으로 10%만큼 상승한다. 결국 10% 절하로 인해 국부가 50억 달러만큼 늘어난다.

만약 앞의 예에서 달러 자산은 존재하지 않고 부채 중 500억 달러가 달러표시라고 해보자. 부채 중 절반과 자산 전부는 페소로 표시돼 있기 때문에 환율 변화의 영향을 받지 않는다. 그러나 달러로 표시된 부채(500억 달러)는 그 가치가 페소 기준으로 10%만큼 상승한다. 따라서 이 경우에는 10% 절하로 인해 국부가 50억 달러만큼 줄어든다.

부의 가치변화와 불안정성 심화   이러한 부의 가치변화가 안정화 정책과 관련해 어떤 의미가 있을까? 앞 장에서 배운 IS-LM-FX 모형에 따르면, 단기적 안정화를 위해 명목환율 절하 정책을 사용할 수 있다. 예를 들어 자국에서 부정적 수요 충격이 발생할 경우, 자국 통화의 절하는 자국 재화 쪽으로 지출을 전환시킴으로써 자국의 총수요를 증가시킬 것이다. 그런데 이것과 별개로 환율의 변화가 부에 영향을 미침으로써 총수요를 변화시킬 수 있다.

이러한 효과가 의미가 있는 이유는 좀 더 복잡한 단기 경제모형에서는 부가 재화 수요에 영향을 미친다. 다음의 예를 생각해볼 수 있다.

- 소비자들은 더 많은 부를 축적할수록 소비 지출을 늘릴 수 있다. 이 경우 소비함수는 $C(Y - T,\ \text{Total wealth})$가 된다. 즉 소비가 가처분소득뿐만 아니라 부에도 의존한다.
- 기업들은 자신의 부가 증가하면 대출을 더 쉽게 받을 수 있다(부는 순자산을 증가시키고, 대출에 필요한 담보를 증가시킨다). 이 경우 투자함수는 $I(i,\ \text{Total wealth})$가 된다. 즉 투자가 이자율뿐만 아니라 부에도 의존한다.

이로써 식 (15-1)에 나와 있는 환율의 가치평가 효과(valuation effect)의 중요성을 이해할 수 있을 것이다. 이 식에 따르면, 환율이 변동할 때마다 대외부가 변동하는 것을 원하지 않는 나라는 어떤 특별한 조건을 만족시켜야 한다. 즉 외화자산이 정확히 외화부채와 동일해야 한다. 만약 외화자산이 외화부채와 동일하지 않으면 해당 나라는 대외 대차대조표에서 **통화 미스매치**(currency mismatch) 상태에 있다고 말한다. 이 경우 환율의 변화가 국부에 영향을 미친다.

만약 어떤 나라의 외화부채가 외화자산보다 더 많으면, 그 나라는 환율이 절하될 때 부가 줄어들 것이다. 안정화 정책 견지에서 보면 이러한 부의 가치변화는 바람직하지 않다. 왜냐하면 자국 통화의 절하가 부를 감소시킴으로써 총수요 부양 효과를 상쇄하기 때문이다. 따라서 가치평가 효과가 아주 크면 절하가 오히려 긴축의 효과를 낳을 수 있다! 예를 들어 이자율 인하는 투자를 자극하는 한편, 통화를 절하시켜 무역수지 역시 개선시키는 효과를 갖는다. 하지만 이러한 총수요 자극 효과가 부의 감소와 그에 따른 수요 억제에 의해 부분적으로 혹은 완전히(심지어는 역전되는 수준까지) 상쇄될 수 있다.

이상의 논의를 종합하면 어떤 나라의 외화자산 순포지션이 마이너스인 경우에는 안정화 정책과 변동환율제도의 필요성에 대한 전통적인 주장이 약해질 수밖에 없다. 여러 신흥시장과 개도국들에게 이는 중요한 문제이다. 이들 부유하지 않은 나라 대부분은 순채무국으로서 대외부가 전체적으로 마이너스이다. 그런데 이들 나라는 외화자산 순포지션 역시 그와 비슷할 정도의 마이너스 값을 지니며, 어떤 경우에는 더 심하기도 하다. 왜냐하면 이들 나라의 부채가 종종 100% 가까이 달러표시이기 때문이다(즉 부채의 달러통용화).

부의 변화 실증자료 신흥시장에서 대폭적인 절하가 발생할 때, 이들 나라의 대외부가 심각하게 붕괴되는 경우가 많다. 이 문제의 심각성을 잘 보여주는 것이 그림 15-8이다. 이는 8개 나라에 대해 환율의 가치평가 효과가 부에 미치는 영향을 나타낸 것이다. 모든 나라는 외환위기를 겪었다. 이 기간에 이들 나라의 통화가 미국 달러에 대해 대폭 절하됐다. 1997년 동아시아 금융위기 때 한국, 필리핀, 태국은 통화가 50%가량 절하됐다. 당시 인도네시아는 절하율이 75%에 달했다. 1999년 브라질 헤알이 거의 50% 절하됐으며, 2001년에는 터키 리라가 갑작스럽게 50%가량 절하됐다. 아르헨티나에서는 2002년 페소가 약 75% 절하됐다.

또한 이들 나라는 모두 외화부채에 노출된 규모가 매우 컸을 뿐 아니라 통화 미스매치 역시 높은 수준이었다. 아시아 국가들은 엔 및 달러표시 차입이 많았고, 터키, 브라질, 아르헨티나 등은 미국 달러표시 차입이 많았다. 결국 통화 절하의 가치평가 효과와 부채의 달러통용화로 인해 이들 나라는 모두 대외부가 대폭 줄어들었다. 한국과 브라질은 그나마 충격이

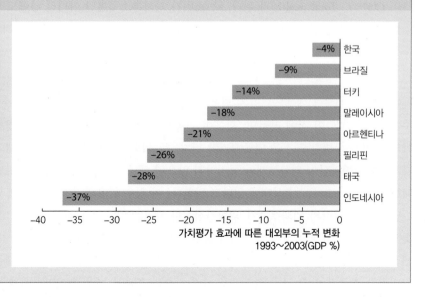

그림 15-8

환율 절하와 부의 변화 이 도표에 나와 있는 나라들은 1993년부터 2003년 사이에 외환위기를 겪은 나라들로 환율이 미국 달러에 대해 50%에서 75%까지 대폭 절하된 경험을 지니고 있다. 이들 나라의 대외부채 중 많은 부분이 외화표시였기 때문에 모든 나라가 마이너스 가치평가 효과로 대외부가 줄어드는 고통을 받았으며, 일부 나라(가령 인도네시아)는 그 정도가 매우 심했다.

출처 : IMF, *World Economic Outlook*, April 2005, Figure 3.6.

가치평가 효과에 따른 대외부의 누적 변화
1993~2003(GDP %)

크지 않아 대외부의 누적 감소가 GDP의 5%에서 10% 사이에 머물렀다. 그러나 외화부채 노출이 크고 절하폭이 더 큰 나라들은 충격이 훨씬 컸다. 아르헨티나, 필리핀, 태국은 GDP의 20%에서 30%를 상실했으며, 인도네시아는 손실이 GDP의 거의 40%에 달했다.

경기후퇴 실증자료 그림 15-8에 따르면 부채의 달러통용화가 심한 나라들이 부의 가치변화로 엄청난 고통을 받았다. 그런데 이러한 부의 효과가 자신의 환율제도에 대해 다시 생각해보게 만들 정도로 심각한 경제적 피해를 미치는 것일까?

그림 15-9를 보면 부의 가치변화와 경기후퇴가 상호 연관성을 보이고 있으며, 그 피해는 상당히 크다는 것을 보여준다. 경제학자 카발로, 키슬레브, 페리, 루비니 등은 외환위기에 따른 대규모 절하 때문에 순외화채무상의 부의 감소가 매우 크며, 이것이 실질생산 감소와 강한 상관성을 보이고 있는 것을 발견했다.[14] 예를 들어 1992년 위기 과정에서 영국은 부의 가치가 줄어들지 않았다. 앞에서 본 것처럼 영국은 그 후로도 경제적 성과가 좋은 편이었다.

그림 15-9

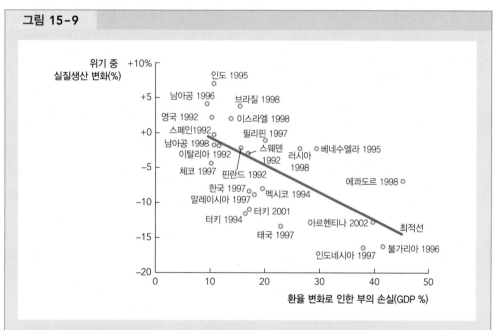

외화표시 채무와 외환위기 비용 이 도표는 외환위기(대폭적인 절하) 과정에서 실질절하가 부를 감소시키는 충격, 그리고 위기가 실질생산에 미치는 충격이 서로 관련이 있는지 살펴보는 것이다. 가로축은 부에 미치는 충격으로서 순외화채무(GDP 대비 비율)에 실질절하의 크기를 곱한 것이다. 음(−)의 상관성이 의미하는 것은 환율 변화로 인한 외화채무상의 손실이 클수록 실질생산의 손실 역시 커진다는 것이다.

출처 : Michele Cavallo, Kate Kisselev, Fabrizio Perri, and Nouriel Roubini, "Exchange Rate Overshooting and the Costs of Floating," Federal Reserve Bank of San Francisco Working Paper Series, Working Paper 2005-07, May 2005.

---

14 Michele Cavallo, Kate Kisselev, Fabrizio Perri, and Nouriel Roubini, "Exchange Rate Overshooting and the Costs of Floating," Federal Reserve Bank of San Francisco Working Paper Series, Working Paper 2005-07, May 2005.

1992년 영국은 그림 산점도의 왼쪽 상단에 위치해 있다(부의 감소가 매우 적고, GDP에 마이너스 충격이 없었다). 반대쪽 극단을 보면(산점도의 오른쪽 하단), 아르헨티나와 인도네시아 등이 있는데, 이들 나라는 부채의 달러통용화로 인해 1997년 외환위기 당시 대규모 부의 감소를 경험했다(부의 감소가 대규모이고, GDP에 대폭적인 마이너스 충격이 있었다).

원죄 이러한 발견은 최근 국제거시경제학자나 정책결정자들에게 큰 영향을 끼쳤다. 과거에는 이러한 대외부 효과에 대한 인식이 별로 없었고 잘못 이해되는 경우가 많았다. 그러나 최근 여러 외환위기를 경험하면서 부채의 달러통용화로 대표되는 통화 미스매치 문제가 개도국 경제의 건전성에 핵심 요소이며, 따라서 환율제도 선택에서 이 점을 고려해야 한다는 데 많은 거시경제학자들이 인식을 같이 한다.

그러나 통화 미스매치에 의한 손실은 사실 아주 오래된 문제이다. 오랜 역사를 가진 국제투자에서 일관되게 지속되어 온 현상이 바로 이것이다. 즉 대부분의 나라들, 특히 세계 자본시장의 주변부에 있는 가난한 나라들이 자신의 통화로 해외 차입을 할 수 없다는 것이다. 19세기 말 이런 나라들은 금으로 차입하거나 혹은 영국 파운드나 미국 달러 같은 '경화(hard currency)'로 차입을 해야 했다. 이것은 표 15-2에서 볼 수 있듯이 오늘날에도 마찬가지이다. 세계 금융 중심지와 유로존에서는 대외부채 중 일부만이 외화표시이다. 하지만 다른 나라에서는 이 비율이 훨씬 높고, 개도국에서는 100%에 가깝다.

경제학자 아이켄그린, 하우스만, 파니자 등은 한 나라가 자신의 통화로 차입할 수 없는 것

표 15-2

'원죄'의 지표 소수 선진국들만이 대외부채를 자국 통화 표시로 발행할 수 있다. 금융 중심지와 유로존에서는 외화표시 대외부채가 10% 미만이다. 하지만 나머지 선진국에서는 이 비율이 평균적으로 약 70% 수준이다. 개도국에서는 외화표시 대외부채가 평균 100%에 가깝다.

	외화표시 대외부채(평균, %)
금융 중심지(미국, 영국, 스위스, 일본)	8%
유로존 국가	9
기타 선진국	72
동유럽 국가	84
중동 및 아프리카 국가	90
개발도상국	93
아시아/태평양 국가	94
남미 및 카리브해 국가	100

출처 : Barry Eichengreen, Ricardo Hausmann, and Ugo Panizza, "The Pain of Original Sin." In Barry Eichengreen and Ricardo Hausmann, eds., 2005, *Other People's Money: Debt Denomination and Financial Instability in Emerging-Market Economies* (Chicago: University of Chicago Press).

을 '원죄'로 표현했다.[15] 이 말이 암시하는 것처럼 이 '죄'는 역사적으로 봤을 때 아주 오래 지속돼 왔으며 그 나라의 역사적 과거에 뿌리를 두고 있다. 과거에 (제도적 혹은 정치적 문제 등으로) 거시경제 운용이 취약한 나라들은 통화 및 재정정책을 견실하게 운용할 수 없었다. 이런 상황에서 국내통화 채무의 경우에는 높은 인플레이션으로 인해 그 가치가 (돈을 빌려준 채권자 입장에서 볼 때) 대폭 손상됐다. 대부분의 채권자들은 이런 채무를 보유하려 하지 않기 때문에 국내통화 채권 시장은 제대로 발전할 수 없었다. 채권자들은 장기적으로 가치가 안정된 외화로만 돈을 빌려주었다.

지금이라도 구원의 길은 있다. 일부에서는 세계 자본시장의 실패를 문제점으로 지적한다. 수많은 소국들은 국내통화 부채 규모가 너무 작아 외국 투자자들이 위험을 분산시키기 어려운 상황이다. 따라서 다국적 기구가 나서서 이들 소국의 통화(혹은 통화 바스켓)로 차입이 이루어지는 자본시장을 만들어야 한다는 것이다. 또 다른 주장은 이들 나라가 결국은 제도적 환경을 개선하고, 더 나은 정책을 디자인하고, 물가안정 환경을 만들고, 신뢰도를 높여야만 원죄에서 자유로울 수 있다는 점을 지적한다. 그때 비로소 국내차입, 나아가서는 대외차입을 자신의 통화로 실행할 수 있다는 것이다. 이런 일들이 실제로 일어나고 있다. 타고난 '죄인' 인 멕시코, 브라질, 콜롬비아, 우루과이 등은 최근 일부 채무를 자신의 통화로 발행하는 데 성공했다. 게다가 많은 신흥국들이 통화 미스매치를 줄여나가고 있다. 이들 나라 정부가 중앙은행 외환보유고와 국부펀드(sovereign wealth fund)에 엄청난 외화자산을 쌓아 놓는가 하면, 정부차원(민간부문도 일부 포함)에서 외화차입 의존도를 낮추려는 노력을 하고 있다. 이러한 최근 흐름은 1990년대와 비교해서 상당한 진전이라 할 수 있다.[16]

그러나 너무 낙관해서는 안 된다. 정말로 과거의 '원죄적' 행태에서 벗어났는지는 오직 시간이 말해줄 것이다. 많은 나라에서 국내통화 차입이 여전히 미미한 수준이어서 민간부문의 통화 미스매치 문제가 계속되고 있다. 물론 정부가 민간부문의 위험 노출에 대해 보험을 제공할 수 있지만, 이러한 보험으로 인해 위험을 과도하게 짊어지는 **도덕적 해이**(moral hazard) 가 발생할 수 있다. 파산 위험에도 불구하고 정부에 의해 구제될 것이라는 믿음 때문에 지나치게 위험하게 행동하는 것이다. 이러한 도덕적 해이가 다시 엄청난 정치적 문제로 이어질 수 있다. 왜냐하면 실제 위기가 발생했을 때 누구는 구제되고 누구는 구제되지 않느냐는 것

15 Barry Eichengreen, Ricardo Hausmann, and Ugo Panizza, 2005, "The Pain of Original Sin." In Barry Eichengreen and Ricardo Hausmann, eds., *Other People's Money: Debt Denomination and Financial Instability in Emerging-Market Economies* (Chicago: University of Chicago Press).

16 Barry Eichengreen and Ricardo Hausmann, 2005, "Original Sin: The Road to Redemption." In Barry Eichengreen and Ricardo Hausmann, eds., *Other People's Money: Debt Denomination and Financial Instability in Emerging -Market Economies* (Chicago: University of Chicago Press); John D. Burger and Francis E. Warnock, 2003, "Diversification, Original Sin, and International Bond Portfolios," International Finance Discussion Papers 755, Board of Governors of the Federal Reserve System (U.S.); Camilo E. Tovar, 2005, "International Government Debt Denominated in Local Currency: Recent Developments in Latin America," *BIS Quarterly Review*, 109-118; Philip E. Lane and Jay C. Shambaugh, 2010, "Financial Exchange Rates and International Currency Exposures," *American Economic Review* 100(1): 518-40.

두 가지 러시아 채권 :
1915년 100루블 채권과
1916년 1,000 미국 달러
채권. 채권자들 입장에서
는 루블이 절하되면 루블
채권의 달러 가치가 떨어
진다. 이에 반해 달러 채권
은 디폴트(채무불이행)를
제외하고는 달러 가치가
떨어지지 않는다.

은 정치적 이슈이기 때문이다. 민간부문이 모든 환리스크를 헤지하면 되지 않느냐고 생각할 수 있다. 하지만 그것은 이상적인 생각이다. 많은 신흥시장이나 개도국의 경우 통화파생상품 시장이 발달하지 않아 환리스크를 헤지하기 어려울 뿐만 아니라 비용도 높기 때문이다.

개도국들이 통화 미스매치를 피할 수 없다면 이를 극복하는 방안을 찾아야 한다. 한 가지 방법은 외부차입을 줄이거나 중단하는 것이지만 세계 자본시장에서 차입을 포기하려는 나라는 거의 없다. 따라서 보다 현실적인 방법은 환율변동을 억제함으로써 환율의 가치평가 효과를 최소화하거나 없애는 것이다. 실제로 많은 나라에서 시도되고 있는 방법이다. 실증연구에 따르면 GDP 대비 외화부채의 비중이 높은 나라일수록 자신의 통화를 대외채무가 발행되는 통화에 고정시키는 경향이 강한 것으로 나타났다.[17]

■ 결론 : 자신의 통화로 차입을 할 수 없는 나라에서는 변동환율제가 안정화의 유용한 도구가 될 수 없으며, 어떤 면에서는 불안정화시킨다. 이는 특히 개도국에 해당되는 일이기 때문에 일반적으로 개도국들은 다른 조건이 동일할 때 변동환율제에 비해 고정환율제를 선호한다.

결론

이 장을 시작할 때 우리는 환율제도의 선택에 영향을 미치는 핵심적인 두 가지 요소로 경제적 통합(시장 연계)과 경제적 유사성(충격의 대칭성)에 대해 살펴봤다. 그러나 이제는 그 밖에 많은 요소들이 영향을 미친다는 것을 알 수 있을 것이다.

어떤 상황에서는 고정환율제가 추가적인 이점을 제공한다. 특히 명목기준지표를 유지하고 달성하는 것이 중요한 의미를 지니는 신흥시장이나 개도국들에게는 고정환율제가 유일하게 투명하고 신뢰할 만한 방법일 수 있다. 이들 개도국들은 제도가 취약하고, 중앙은행 독립성이 부족하며, 인플레이션 조세를 사용하려는 유혹이 강하고, 통화적 안정성에 대한 믿음을 주지 못한다. 이런 상황에서 고정환율제는 대외부의 급격한 변동을 막을 수 있는 유일한 방법일 수 있다. 특히 부채의 달러통용화가 심한 신흥시장이나 개도국일수록 더욱 그렇다. 이것이 고정환율제를 선택하는 강력한 이유일 수 있다. 이런 나라들이 환율의 자유로운 변동을 허용하기는 어렵다. 일부 경제학자는 이를 **변동에 대한 두려움**(fear of floating)이라 표현한다.

이러한 추가적인 이익과 비용에 대해 살펴보기 위해 자국이 통화를 미국 달러(기준통화)에 고정시킬지를 고려하고 있다고 해보자(그림 15-10). 변동에 대한 두려움을 가진 자국은 고정환율제의 추가적 이익을 인식하고 있기 때문에 통합과 유사성이 약간 낮아도 기꺼이 환율을 고정시키려 한다. 이는 FIX선이 FIX_1에서 FIX_2로 안쪽으로 이동한 것으로 볼 수 있다. 변동에 대한 두려움이 없다면 FIX_1 하에서 자국은 대칭-통합의 정도에 따라 점 1과 2에서는 변동을 선택하고 점 3에서는 고정을 선택할 것이다. 그러나 변동에 대한 두려움을 지닌 경우에

17 Ricardo Hausmann, Ugo Panizza, and Ernesto Stein, 2001, "Why Do Countries Float the Way They Float?" *Journal of Development Economics*, 66(2), 387-414; Christopher M. Meissner and Nienke Oomes, 2006, "Why Do Countries Peg the Way They Peg? The Determinants of Anchor Currency Choice," Cambridge Working Papers in Economics 0643, Faculty of Economics, University of Cambridge.

그림 15-10

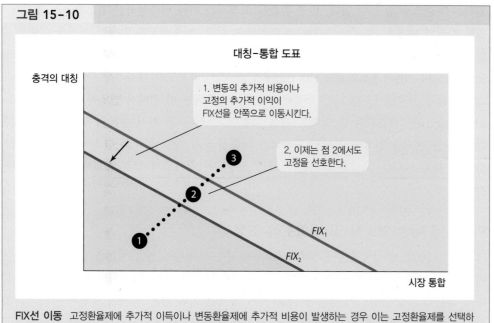

대칭-통합 도표

충격의 대칭

1. 변동의 추가적 비용이나 고정의 추가적 이익이 FIX선을 안쪽으로 이동시킨다.

③

2. 이제는 점 2에서도 고정을 선호한다.

②

①

FIX_1

FIX_2

시장 통합

FIX선 이동 고정환율제에 추가적 이득이나 변동환율제에 추가적 비용이 발생하는 경우 이는 고정환율제를 선택하는 경계선을 아래쪽으로 이동시킨다. 즉 FIX선이 아래쪽으로 이동한다. 이에 따라 대칭이나 통합의 수준이 낮아도(가령 점 2), 이제는 고정을 선택하는 것이 더 유리하다.

는 고정환율제의 추가적 이익이 경계선을 FIX_2로 낮춤에 따라 점 2에서도 고정을 선택할 것이다.

3 고정환율 시스템

지금까지 우리는 가장 단순한 형태의 고정환율제를 다루었다. 즉 어떤 단일의 나라가 해외의 기준국에 일방적으로 환율을 고정시키는 경우이다. 하지만 실제로는 복수의 나라들에 의한 소위 **고정환율 시스템**(fixed exchange rate system)이라는 좀 더 복잡한 형태가 존재한다. 대표적인 것이 1950년대와 1960년대 브레튼우즈 체제(Bretton Woods system), 그리고 유럽 환율안정장치(ERM : Exchange Rate Mechanism)이다. ERM은 1979년 발족하여 지금도 유지되고 있는 것으로 유로존에 들어가기 위해서는 최소 2년간 회원국 지위를 유지해야 한다.

이러한 고정환율시스템은 **준비통화 시스템**(reserve currency system)에 입각한 것이다. 여기에는 N개(1, 2, ⋯, N)의 나라가 참가하는데, 중심국이라 불리는 N번째 나라가 준비통화를 제공한다. 준비통화는 기준통화 혹은 중심통화로서 다른 모든 참가국들이 이것에 환율을 고정시킨다. 브레튼우즈 체제에서는 N이 미국 달러였고, ERM에서는 1999년까지는 N이 독일 마르크였지만 지금은 유로이다.

여기에서 우리는 한 나라가 중심국에 일방적으로 환율을 고정시킨다고 가정한다. 이 경우 근본적인 비대칭성이 존재한다. 중심국은 통화정책 자율성을 지니면서 자신의 이자율 i^*를 원하는 수준으로 정할 수 있다. 반면 환율을 고정시킨 여타 비중심국은 고정환율을 유지하기 위해 자신의 이자율 i를 i^*와 동일하게 조정해야 한다. 비중심국은 안정화 정책을 실행할 수 있는 능력을 잃는 반면, 중심국은 그 능력을 보유한다. 이러한 비대칭성이 정치적 갈등을 낳을 수 있으며, N번째 통화의 문제(Nth currency problem)라고도 한다.

이 문제가 심각한가? 더 나은 해결이 가능한가? 우리는 이 절에서 **협조적 조정**(cooperative arrangements)이 해결책일 수 있다는 것을 보인다. 우리는 두 가지 종류의 협조에 대해 배운다. 하나는 이자율 설정에 있어서 중심국과 비중심국 간 상호 합의와 약속에 의해 실행하는 것이다. 다른 하나는 고정환율 수준 자체를 조정하는 것으로서 상호 합의에 의해 실행하는 것이다.

이자율에 대한 협조적 및 비협조적 조정

그림 15-11(a)는 중심국과 비중심국 간에 정책 갈등 가능성이 있다는 점을 살펴보기 위한 것이다. 우선 비중심국인 자국은 부정적 수요 충격을 경험한 반면, 중심국인 외국은 그렇지 않다고 하자. 앞 장에서도 이 경우를 다룬 적이 있지만 이와 같은 충격이 발생하면 자국의 IS 곡선이 왼쪽으로 이동한다. 이 상황에서 페그를 유지하기 위해서는 자국이 LM 곡선을 위쪽으로 이동시켜 자국 이자율 i의 변화를 막아 i^*와 동일하게 만들어야 한다.

그림 15-11은 이러한 이동들이 이미 발생한 후의 상황으로서 자국은 (a) IS-LM 도표의 점 1(여기에서 IS_1과 LM_1이 교차)에서 균형을 이루고 있으며, 여기서부터 분석을 시작한다. 자국의 생산은 Y_1으로서 자국이 원하는 생산 Y_0보다 낮은 수준이다. 외국은 (b) IS-LM 도표의 점 1′(여기에서 IS_1^*과 LM_1^*이 교차)에서 균형을 이루고 있다. 외국은 중심국이기 때문에 안정화 정책을 실행했다고 가정하자. 즉 외국의 생산 Y_0^*는 외국이 원하는 생산 수준이다. 자국이 외국에 고정시킨 상태이기 때문에 자국 이자율이 외국 이자율과 동일하며($i = i_1^*$), 이 이자율이 세로축에 표시돼 있다.

일방적인 페그이기 때문에 중심국인 외국만이 통화정책 자율성을 보유하고 있으며, 자유롭게 자신의 명목이자율을 설정할 수 있다. 자국은 현재 경기침체 상태이지만(생산 Y_1이 희망 수준 Y_0보다 낮음), 외국은 생산이 희망 수준이다. 이 상태에서 외국이 자국의 불황 탈출을 돕기 위한 정책을 시행하지 않는 경우가 비협조적 결과이다. 두 나라가 고통을 전혀 나누어 짊어지지 않는다. 오직 자국만이 고통을 받는다.

이번에는 중심국이 정책적 양보를 행하는 협조적 결과에 대해 생각해보자. 어떤 방법이 가능할까? 외국이 이자율을 i_1^*에서 i_2^*로 인하한다고 해보자. 이렇게 되면 자국 역시 똑같이 이자율을 인하할 수 있다. 사실 페그를 유지하기 위해서는 반드시 그렇게 해야만 한다. 이 경우 IS 곡선은 어떻게 이동할까? 외국의 이자율 하락은, 다른 조건이 동일할 때, 자국의 수요를 줄이기 때문에 자국의 IS 곡선이 IS_2로 왼쪽으로 이동한다. 마찬가지로 (b)에서 보듯이 자국의 이자율 하락은, 다른 조건이 동일할 때, 외국의 수요를 줄이기 때문에 외국의 IS^* 곡선이 IS_2^*로 왼쪽으로 이동한다. 한편 LM 곡선은 양국 모두 통화정책 완화에 의해 LM_2와 LM_2^*로 아래쪽

그림 15-11

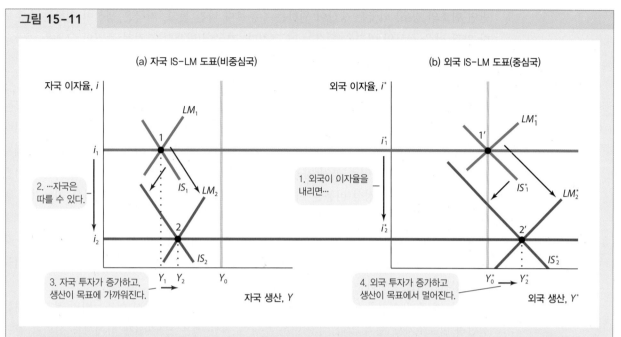

(a) 자국 IS-LM 도표(비중심국)

자국 이자율, i

LM_1

1

i_1

2. …자국은 따를 수 있다.

IS_1 LM_2

i_2

2

IS_2

3. 자국 투자가 증가하고, 생산이 목표에 가까워진다.

Y_1 Y_2 Y_0

자국 생산, Y

(b) 외국 IS-LM 도표(중심국)

외국 이자율, i^*

LM_1^*

1′

i_1^*

1. 외국이 이자율을 내리면…

IS_1^* LM_2^*

i_2^*

2′

IS_2^*

4. 외국 투자가 증가하고 생산이 목표에서 멀어진다.

Y_0^* Y_2^*

외국 생산, Y^*

중심국의 협조적 및 비협조적 이자율 정책 (a)에서 비중심국인 자국은 최초 점 1에서 균형을 이루며, 생산 Y_1이 자신이 원하는 수준 Y_0보다 낮다. (b)에서 중심국인 외국은 최초 자신이 원하는 생산수준 Y_0^*의 점 1′에서 균형을 이루고 있다. 자국과 외국의 이자율은 $i_1 = i_1^*$으로 동일하며, 자국이 일방적으로 외국에 환율을 고정시킨다고 가정한다. 따라서 외국은 통화정책의 자율성을 갖는다. 이 상태에서 중심국이 정책적 양보를 행하지 않는 경우가 비협조적 결과이다.

협조적 결과는 외국이 정책적으로 양보하여 자신의 이자율을 인하하는 경우이다. 이렇게 되면 자국 역시 똑같이 이자율을 인하할 수 있으며, 페그가 유지된다. 양국 모두 상대방의 이자율 하락으로 IS 곡선이 왼쪽으로 이동하며, LM 곡선은 양국 모두 자신의 통화정책 완화에 의해 아래쪽으로 이동한다. 그 결과 양국 모두 생산이 증가한다. 새로운 균형인 점 2와 2′은 비협조적 결과인 점 1과 1′의 오른쪽에 있다. 이러한 협조적 결과에서 외국은 생산이 Y_0^*에서 Y_2^*로 자신이 원하는 수준을 초과했지만 이를 용인한 상태이다. 또한 자국은 생산이 Y_1에서 Y_2로 증가함에 따라 원하는 수준에 좀 더 가까워졌다.

으로 이동한다.

이러한 이동은 최종적으로 어떤 결과를 낳는가? IS 곡선이 어느 정도 이동할 것인지를 알기 위해 케인즈 교차 도표, 그리고 IS 곡선의 각 점에 해당하는 수요에 대해 생각해보자. 우선 페그는 유지된다. 명목환율이 변하지 않기 때문에 실질환율도 변하지 않는다. 따라서 양국 모두 케인즈 교차 도표의 수요 곡선이 무역수지의 변화 때문에 이동하는 일은 발생하지 않는다. 반면 양국 모두 이자율 하락에 따른 투자수요 증가 때문에 케인즈 교차 도표의 수요 곡선이 위쪽으로 이동한다. 이처럼 수요가 증가한다는 것은 (a)와 (b)에서 새로운 균형이 점 1과 1′의 오른쪽, 가령 점 2와 2′이 되어야 한다는 것을 의미한다. 즉 IS 곡선이 왼쪽으로 이동하지만 LM 곡선의 아래쪽 이동이 이를 압도하여 양국의 생산은 증가하게 된다.

협조적 결과인 점 2와 2′을 비협조적 결과인 점 1과 1′과 비교해보면, 외국의 경우에는 생산이 Y_0^*에서 Y_2^*로 자신이 원하는 수준을 초과했지만 이를 용인한 상태이다. 자국의 경우에는 여전히 침체에 빠져 있지만 생산이 Y_1에서 Y_2로 증가함에 따라 침체의 정도가 심하지 않다. 비협조의 경우, 외국은 원하는 생산 수준을 달성한 반면, 자국은 심각한 침체에 빠진다.

반면 협조의 경우, 외국은 생산이 원하는 수준보다 약간 높고, 자국은 생산이 원하는 수준보다 약간 낮은 정도의 어려움을 겪는 데 그친다. 자국에 발생한 부정적 충격의 고통을 외국과 분담하는 것이다.

문제점 어떤 경우에 협조적 조정이 가능할까? 원칙적으로 말하면, 환율변동의 고통을 모든 나라가 진정 싫어할 때 비로소 협조가 가능하다. 즉 모든 나라가 어떤 환율 고정 장치를 비슷한 수준으로 원해야 하며, 그러면서도 어떤 나라에만 일방적으로 환율 고정의 책무가 가해지는 것을 아무도 받아들이려 하지 않을 때 가능하다. 일방적 고정은 환율 고정의 모든 이익을 양국에 제공하면서 안정성 비용은 비중심국에만 강요한다. 아무도 그런 대가를 치르기를 원하지 않는다면 일방적 고정은 성립할 수 없다. 물론 변동을 선택하는 것도 방법이지만 그렇게 되면 고정에서 얻는 효율성 이익을 포기해야 한다. 이런 상황에서 정책 협조 시스템을 갖춘 고정환율제를 만든다면 일방적 페그에 비해 불안정성 부담을 낮출 수 있다. 이러한 이익이 고정환율제를 실현하는 데 결정적 영향을 미칠 수 있다.

말로는 협조가 쉽지만 역사적으로 보면 고정환율제에 대한 실질적 협조는커녕 협조에 대한 선언적 발표조차도 쉽지 않다. 심지어는 부담이 훨씬 적은 **변동환율제** 하에서도 신뢰할 만한 협조 선언이 매우 드물다. 왜 그럴까?

그 핵심 이유는 경제 충격이 동일하지 않고 대개 비대칭적이기 때문이다. 생산이 원하는 수준에 있고 충격을 겪지 않은 나라로서는 어려움에 빠진 이웃을 돕기 위해 자신의 통화정책을 바꾸기가 쉽지 않다. 이론적으로 봤을 때 협조가 가능하기 위해서는 오늘 나의 충격이 내일 상대방의 충격이 될 수 있다고 생각해야 한다. 그럴 경우 장기적으로는 충격이 모두 '균등화'될 것이기 때문에 고통을 서로 분담함으로써 모두가 이익을 누릴 수 있다고 생각하게 될 것이다. 그러나 이것이 작동하기 위해서는 정책결정자들이 신뢰할 만한 장기적 합의를 해야 한다. 또한 장기적 이익을 위해 단기적 고통을 감수할 수 있어야 한다. 역사적으로 보면 아쉽게도 이런 능력이 부족한 경우가 대부분이다. 근시안적인 정치적 이득이 장기적인 경제적 배려를 압도한다.

예를 들어 유럽 ERM의 경우 사실상 일방적 페그였다(과거에는 독일 마르크, 그리고 현재는 유로에 대한 페그). ERM이 시작된 취지는 환율을 고정시킴으로써 유럽 내 교역의 이익을 지키자는 것이었다. ERM은 충격이 발생했을 때 나름의 고통 분담 장치를 갖추었다고 생각했다. 충격을 흡수하는 부담이 독일을 제외한 나머지 나라에만 강요되지 않도록 하기 위한 것이다. 하지만 그런 장치들은 불충분한 것으로 판명됐다. 1992년 위기 당시 독일 마르크에 환율을 고정시킨 회원국들이 경기침체에 빠졌음에도 불구하고 독일 분데스방크는 이를 외면했다. 회원국들을 위해 독일 통화정책을 완화해달라는 이탈리아, 영국, 여타 회원국들의 호소를 무시했다. 협조가 시험을 받는 상황에서 독일은 다름 아닌 자국의 생산 안정을 선택한 것이다. 이처럼 유럽연합(EU)으로서 지리적으로나 정치적으로 통합된 나라 간에도 이런 협조를 실행하는 것이 극히 어렵다.(이런 문제는 1999년 유로 도입과 유럽중앙은행 창설 등 진정한 화폐동맹의 출범으로 점차 개선되었어야 하지만 여전히 긴장이 지속되고 있다.)

결론적으로 현실의 준비통화 시스템에서는 중심국이 엄청난 자율성을 보유하며, 이를 포기하려 하지 않기 때문에 지속적 협조를 달성하기 어렵다.

환율에 대한 협조적 및 비협조적 조정

앞에서는 이자율 협조에 대해 살펴봤다. 다른 방식의 협조도 있는가? 그렇다. 고정된 환율 수준 자체를 조정하는 방식이다. 이러한 조정은 보통 환율의 '일회성(one-shot)' 점프나 변화를 말하며, 사전에 투자자들이 이를 예상하지 못한다고 가정한다. 환율이 한차례 점프 이외에는 그 전과 후에 고정돼 있으며, 자국과 외국의 이자율도 동일하게 유지된다.

지금까지 환율을 $\overline{E}_1$으로 고정시켜 온 어떤 나라가 지금부터는 다른 환율 $\overline{E}_2 \neq \overline{E}_1$로 고정시키겠다고 발표했다고 하자. $\overline{E}_2 > \overline{E}_1$인 경우를 자국 통화의 **평가절하**(devaluation)라 하고, $\overline{E}_2 < \overline{E}_1$인 경우를 자국 통화의 **평가절상**(revaluation)이라 한다.

이들 용어는 환율 변화를 설명하는 또 다른 용어인 '절하(depreciation)' 및 '절상(appreciation)'과 유사하다. 정확히 말하면 '평가절하'와 '평가절상'은 고정환율(페그)이 조정되는 경우에만 사용하고, '절하'와 '절상'은 변동환율제 하에서 환율이 상승하고 하락하는 경우 사용된다. 하지만 종종 혼용되어 사용되기도 한다.

페그 조정을 이해하기 위한 사례가 그림 15-12에 나와 있다. 여기에서는 자국과 외국이 모두 고정환율 시스템 하에서 비중심국인 경우를 생각해보자. 양국 모두 자신의 통화를 제3의 통화인 미국 달러에 고정시키는 경우를 가정한다.

(앞의 이자율 조정 사례와 비교해볼 때 설정이 달라진 이유는 무엇인가? 이자율 조정의 경우 비중심국을 돕기 위한 중심국의 움직임이 중요한 반면, 페그 조정에서는 비중심국이 자신의 환율을 바꾸는 것이기 때문에 초점이 중심국이 아니다.)

여기에서 중심국(미국)은 통화정책 자율성을 지닌 대국으로서 자신의 이자율을 $i_\$$로 설정했다고 하자. 자국은 미국 달러에 대한 환율을 $\overline{E}_{home/\$}$으로 고정시켰고, 외국은 $\overline{E}_{foreign/\$}$으로 고정시켰다. (a) 자국의 IS-LM 도표에서 최초 균형은 (IS_1과 LM_1이 교차하는) 점 1이다. 이제 앞에서와 마찬가지로 자국의 생산 Y_1은 부정적 수요 충격 후 결정된 것으로 자신이 원하는 생산 수준 Y_0보다 낮다. 한편 (b) 외국의 IS-LM 도표에서 균형은 (IS_1^*과 LM_1^*이 교차하는) 점 1'으로서 자신이 원하는 생산수준 Y_0^*에 위치하고 있다. 자국과 외국 모두 중심통화(여기에서는 미국 달러)에 환율을 고정해 놓았기 때문에 자국과 외국의 이자율은 달러 이자율과 동일하다. 즉 $i_1 = i_1^* = i_\$$이다.

이제 하나의 협조적 조정을 생각해보자. 예를 들어 자국이 달러에 대해 평가절하를 단행하여 새로운 환율수준에서 페그를 유지한다고 해보자. 즉 자국이 환율 $\overline{E}_{home/\$}$를 갑자기 올린 것이다. 자국과 외국이 여전히 페그를 유지하고 있기 때문에 양국의 이자율은 달러 이자율과 동일한 $i_1 = i_1^* = i_\$$을 유지한다. 이 변화가 IS-LM 모형에 어떤 영향을 미칠지 생각해보자.(필요하다면 IS 곡선을 도출할 때 사용한 케인즈 교차 도표로 돌아가서 생각해볼 필요도 있다.)

우선 자국의 명목절하는 실질절하이기도 하기 때문에 자국 수요가 개선된다. 즉 자국 IS 곡선이 오른쪽으로 이동하여 IS_2가 된다. 또한 자국의 실질절하가 외국에게는 실질절상이기 때문에 외국의 수요는 감소한다. 즉 IS^* 곡선이 왼쪽으로 이동하여 IS_2^*가 된다. 이 결과는 협조적이다. 왜냐하면 부정적 충격의 고통을 분담하고 있기 때문이다. 즉 자국의 경우 생산이 원하는 수준인 Y_0에는 여전히 못 미치지만 Y_1에 비해서는 좋아졌다. 또한 외국은 생산이 원하는 수준인 Y_0^*보다 낮은 Y_2^*로 떨어지는 것을 허용한 상황이다.

이러한 협조가 가능한 이유는 무엇일까? 외국은 자국이 소폭의(대폭이 아닌) 평가절하를 단행하는 경우, 이를 허용함으로써 고통 분담을 받아들일 수 있다. 왜냐하면 혹시 나중에 부정적 충격이 외국에 발생하면 그때는 자국이 외국과 고통을 분담함으로써 빚을 갚을 것이기 때문이다.

이번에는 비협조적 결과 사례로서 자국이 훨씬 공격적인 평가절하를 단행하는 경우를 생각해보자. 자국의 대폭적인 실질절하로 인해 자국 수요가 대폭 개선되어 자국 IS 곡선이 IS_3 수준까지 오른쪽으로 이동한다. 이것이 외국에게는 대폭적인 실질절상이기 때문에 외국의 수요는 대폭 감소하고, 이에 따라 외국 IS^* 곡선이 IS_3^* 수준까지 왼쪽으로 대폭 이동하게 된다. 하지만 이 결과는 비협조적이다. 자국은 이제 생산이 원하는 수준 Y_0에 도달했지만, 이는 자국의 경기침체를 외국에 '수출'함으로써 달성된 것이다. 그 결과 외국의 생산은 Y_3^* 수준까지 떨어졌다.

이상의 분석에는 두 가지 전제조건이 있다. 첫째, 우리는 위에서 자국이 부정적 충격을 상쇄시키기 위해 평가절하를 취하는 경우를 다루었다. 그러나 반대로 경제가 '과열'된 경우라면 어떻게 될까? 이 경우에는 정책결정자들이 경기과열과 그에 따른 인플레이션 압력 발생을 우려할 것이며, 이때에도 동일한 논리가 적용될 것이다. 즉 자국이 이번에는 평가절상을 통해 경기과열을 외국에 수출하려 할 것이다.

둘째, 우리는 위에서 중심국(여기에서는 미국)에 대해서는 고려하지 않았다. 그러나 실제로는 자국이 평가절하를 취하면 중심국 통화 역시 실질절상되기 때문에 중심국의 수요가 악화되는 파급효과를 겪는다. 그러나 이런 상황에 대해서는 그리 걱정할 필요가 없다. 왜냐하면 미국은 중심국으로서 정책 자율성을 갖고 있어 수요를 부양하기 위한 안정화 정책을 항상 사용할 수 있기 때문이다. 따라서 이 경우 중심국이 확장적 통화정책을 실행할 가능성이 있다.

문제점 이상에서 보듯이 페그를 조정하는 것은 성격상 협조적일 수도 있고 비협조적일 수도 있다. 비협조적인 경우를 대개 **근린궁핍화 정책**(beggar-thy-neighbor policy)이라 부른다. 즉 자국이 외국과의 합의 없이 외국에 피해를 주면서 자국의 상황을 개선시키는 것을 말한다. 자국이 경기침체일 때 정책결정자들이 평가절하와 실질절하를 선택하는 것은 세계의 수요를 다른 나라 재화에서 자국 재화 쪽으로 돌리는 조작에 해당한다.

따라서 고정환율 시스템에서 비협조적 조정을 용인할 경우 심각한 문제가 발생할 수 있다. 두 나라가 경쟁적으로 게임을 할 수 있는 것이다! 자국이 평가절하 정책을 시행할 경우 외국

그림 15-12

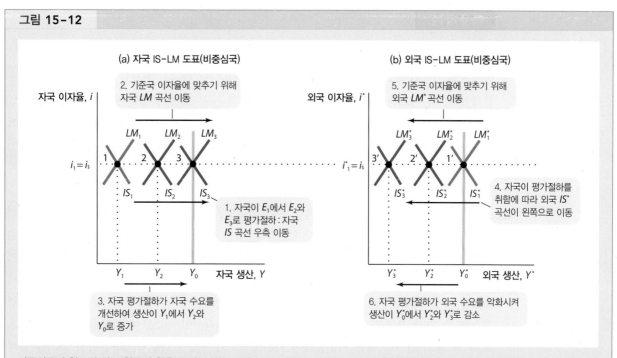

(a) 자국 IS-LM 도표(비중심국)

자국 이자율, i

2. 기준국 이자율에 맞추기 위해 자국 LM 곡선 이동

LM_1 LM_2 LM_3

$i_1 = i_s$

1 2 3

IS_1 IS_2 IS_3

1. 자국이 E_1에서 E_2와 E_3로 평가절하 : 자국 IS 곡선 우측 이동

Y_1 Y_2 Y_0 자국 생산, Y

3. 자국 평가절하가 자국 수요를 개선하여 생산이 Y_1에서 Y_2와 Y_0로 증가

(b) 외국 IS-LM 도표(비중심국)

외국 이자율, i^*

5. 기준국 이자율에 맞추기 위해 외국 LM^* 곡선 이동

LM_3^* LM_2^* LM_1^*

$i_1^* = i_s$

3' 2' 1'

IS_3^* IS_2^* IS_1^*

4. 자국이 평가절하를 취함에 따라 외국 IS^* 곡선이 왼쪽으로 이동

Y_3^* Y_2^* Y_0^* 외국 생산, Y^*

6. 자국 평가절하가 외국 수요를 악화시켜 생산이 Y_0^*에서 Y_2^*와 Y_3^*로 감소

비중심국의 협조적 및 비협조적 환율 조정 (a)에서 비중심국인 자국은 최초 점 1에서 균형을 이루며, 생산 Y_1이 자신이 원하는 수준 Y_0 보다 낮다. (b)에서 비중심국인 외국은 최초 자신이 원하는 생산수준 Y_0^*의 점 1'에서 균형을 이루고 있다. 자국과 외국의 이자율은 기준(달러) 이자율과 동일한 $i_1 = i_1^* = i_s^*$이며, 자국과 외국 모두 일방적으로 기준국 통화에 환율을 고정시킨다.

협조적 결과는 자국이 달러에 대해(이는 외국에 대해서이기도 함) 약간 평가절하를 단행하여 더 높은 환율수준에서 페그를 유지하는 경우이다. 자국과 외국의 이자율은 달러 이자율과 동일한 수준인 $i_1 = i_1^* = i_s^*$를 유지한다. 자국의 실질하는 자국의 수요를 악화시키며, 이에 따라 IS 곡선이 오른쪽으로 이동하여 IS_2가 된다. 또한 자국의 실질절하가 외국에게는 실질절상이기 때문에 외국의 수요는 감소한다. 따라서 IS^* 곡선이 왼쪽으로 이동하여 IS_2^*가 된다. 이 협조적 결과의 균형점은 2와 2'으로서, 외국은 생산이 원하는 수준 Y_0^*보다 낮은 Y_2^*로 떨어지는 것을 받아들인다. 또한 자국은 생산이 Y_1보다 늘어나 원하는 수준 Y_0에 좀 더 가까워졌다.

비협조적 결과는 자국이 훨씬 공격적으로 평가절하를 단행하는 경우이다. 자국의 대폭적인 실질절하로 IS가 IS_3 수준까지 오른쪽으로 이동하고, IS^*는 IS_3^* 수준까지 왼쪽으로 대폭 이동한다. 이 비협조적 결과의 균형점은 3과 3'으로서, 자국은 경기침체를 외국에 '수출'함으로써 생산이 원하는 수준 Y_0에 도달하지만, 외국의 생산은 Y_3^* 수준까지 떨어진다.

역시 앙갚음으로 평가절하로 대응할 수 있다. 이렇게 되면 고정환율 시스템이 막을 내린다. 더 이상 환율이 고정돼 있지 않고 변동환율 하에서 서로에 대해 비협조적 게임을 하게 된다.

페그를 조정할 수 있는 고정환율 시스템이 유지되기 위해서는 협조가 가장 필수적으로 요구된다. 그래야만 근린궁핍화의 평가절하를 막을 수 있다. 그러나 이것이 작동 가능할까? 2차 세계대전 이후 유럽대륙을 생각해보면 처음에는 브레튼우즈 체제, 그리고 나중에는 ERM이라는 유럽 시스템 하에 있었다. 이 과정에서 유럽 정책결정자들의 일관된 관심은 근린궁핍화 평가절하에 대한 우려였다. 예를 들어 영국 파운드와 이탈리아 리라는 1960년대부터 1990년대까지 빈번하게 미국 달러에 대해, 그리고 나중에는 독일 마르크에 대해 평가절하됐다. 일부 페그 조정은 공식적으로 다자간 협상이라는 과정을 거쳤지만, 또 다른 조정들(가령 1992년 ERM 위기)은 협조가 붕괴되는 과정에서 발생했다.

금본위제도

이상의 분석에서 우리가 초점을 맞춘 것은 고정환율 시스템에서 발생할 수 있는 정책적 갈등 문제였다. 이 시스템에서는 준비통화(가령 달러 혹은 유로)를 발행하는 하나의 중심국이 있고 거기에 모든 다른 비중심국이 자국 통화를 고정시키는 시스템이다. 그림 15-1의 환율제도 역사에서 보았듯이 이런 방식이 2차 세계대전 이후 오늘날까지 우리가 경험한 대표적인 고정환율 장치이다. 이런 시스템에서 핵심 이슈는 통화적 자율성을 지닌 중심국과 이를 포기한 비중심국 간의 비대칭성 문제이다.

그런데 고정환율 시스템이 대칭적일 수는 없을까? 중심국이 존재하지 않아 N번째 통화의 문제로 야기되는 비대칭성을 피할 수 있는 시스템은 불가능한가? 이론적으로는 ERM 시스템이 1999년 유로가 도입되기 전까지는 이런 식으로 운영되었다. 그러나 실제로는 1992년 위기가 잘 보여주듯이 독일과 여타 ERM 회원국 간에 뚜렷한 비대칭성이 존재했다. 역사적으로 유일한 대칭적 시스템은 모든 나라가 자신의 통화를 어떤 상품에 고정시키는 경우이다. 이런 시스템 중 가장 유명하고 중요한 것이 금본위제도이다. 이 시스템에는 중심국이 따로 없으며, 각국 통화 가격을 어떤 기준통화에 $\bar{E}$로 고정시키는 것이 아니라, 각국 통화 가격을 금에 $\bar{P}_g$로 고정시켰다.

이 시스템은 어떻게 작동했는가? 금본위 하에서 금과 화폐는 아무런 문제없이 교환이 가능하며, 민간부문이 보유하고 있는 금과 화폐가 통화공급(M) 측정 지표였다. 두 나라 예를 생각해보자. 영국은 파운드를 $\bar{P}_g$(금 1온스당 파운드)로 금에 고정시키고, 프랑스는 프랑을 $\bar{P}_g^*$(금 1온스당 프랑)로 금에 고정시켰다. 이 시스템 하에서 1파운드는 금 $1/\bar{P}_g$온스 가치가 있고, 금 1온스는 가격이 $\bar{P}_g^*$프랑이다. 따라서 1파운드가 프랑으로는 $E_{par} = \bar{P}_g^*/\bar{P}_g$프랑이다. 이는 각국의 금 가격에 의해 결정된 환율로서 평가(par) 환율이라 한다.

금본위제의 성립은 원칙적으로 자유로운 태환(convertibility)에 달려 있다. 즉 양국 중앙은행은 항상 정해진 금 가격에 따라 지폐를 금과 교환해주어야 하며, 금의 수출과 수입에 어떤 제약을 두어서도 안 된다. 그래야 차익거래의 힘이 시스템을 안정시킨다. 그것이 어떻게 작동하는지 생각해보자.

파리에서 시장환율(1파운드당 프랑 가격) E가 평가에서 이탈하여 $E < E_{par}$라 하자. 이 경우 차익거래 기회가 생긴다. 프랑이 파운드에 대해 고평가(절상)되었기 때문에 차익거래를 위해서는 우선 금 1온스를 프랑스 중앙은행에서 $\bar{P}_g^*$프랑으로 교환한다. 이를 외환시장에서 $\bar{P}_g^*/E$ 파운드로 바꾼 다음, 런던에 갖고 가서 $\bar{P}_g^*/(E\bar{P}_g)$온스의 금으로 교환한다. 이 금을 파리로 다시 갖고 오면 된다. 처음에 $E < E_{par}$의 상황에서 출발했기 때문에 $\bar{P}_g^*/(E\bar{P}_g) = E_{par}/E > 1$이다. 즉 금 1온스에서 시작하여 위 거래를 통해 1온스보다 많은 금을 보유하게 되었으므로 이익을 얻는다.

이 거래로 인해 금이 영국에서 빠져 나왔기 때문에 영국의 통화공급은 줄어든다(차익거래 트레이더가 영란은행에 파운드를 주고 금으로 교환했다). 또한 금이 프랑스로 들어가기 때문에 프랑스 통화공급은 늘어난다(트레이더가 금 형태로 보유하고 있거나 프랑스 중앙은행에서 프랑으로 바꿀 수 있다).

이러한 과정이 외환시장을 안정화시키게 된다. 위 예에서 최초에 파운드가 평가(par)에 비해 절하되어 차익거래가 발생했으며, 이것이 영국 통화공급을 감소시키고 프랑스 통화공급을 증가시켰다. 또한 차익거래를 위해 프랑스 투자자들이 '값싼' 파운드를 구매했는데, 이것이 프랑스에서 파운드의 가격을 높게 된다. 이에 따라 E가 E_{par}에 도달할 때까지 상승하여 최종적으로 환율이 평가 수준을 회복하게 된다.

네 가지 주목할 부분이 있다. 첫째, 차익거래에 비용이 전혀 들지 않는 것은 아니기 때문에 환율이 평가에서 약간 벗어난 정도이면 차익거래 이익이 0이거나 혹은 마이너스(즉 손실)가 될 수 있다. 따라서 시장환율이 평가환율을 기준으로 좁은 범위 내에서 변동할 수 있는 여지는 있다. 그러나 '금점(gold points)'이라 불리는 이 범위의 상하한 경계가 일반적으로 평가와 아주 가까웠다. 즉 E가 E_{par} 위아래로 기껏해야 ±1% 정도 변동할 수 있었다. 따라서 환율이 매우 안정적이었다. 예를 들어 1879년부터 1914년까지 영국과 미국은 파운드당 $4.86의 평가환율로 금본위제를 유지했다. 이 당시 뉴욕시장에서 일별 달러-파운드 환율이 평가환율의 1% 이내에 머무른 것이 전체의 99.97%에 달했다(0.5% 이내에 머무른 것이 전체의 77%였다).[18]

둘째, 앞에서 우리는 한쪽 방향의 차익거래에 대해서만 살펴봤지만, 당연히 반대 방향의 차익거래도 가능하다. 즉 만약 E가 E_{par}보다 높다면 프랑이 저평가(절하)된 것으로서 앞에서와 반대 방향의 거래로 이익을 얻을 수 있다.(이 경우 어떻게 이익을 얻을 수 있는지, 그리고 각국의 통화공급에 어떤 영향을 미치는지 각자 생각해보기 바란다.)

셋째, 금 차익거래가 고정환율을 E_{par}(금점 이내의 범위)에 묶어 두며, 이에 따라 예상절하율도 0이 된다. 또한 양국 화폐시장 간 이자율 차익거래가 (리스크 프리미엄을 감안했을 때) 양국의 이자율을 동일하게 만든다. 따라서 고정환율제가 유지될 수 있는 조건이 충족되며, 트릴레마 논의 역시 충족된다.

넷째, 가장 중요한 부분으로서 금본위제가 이런 식으로 운영될 경우 태생적으로 대칭의 원리가 작동한다는 점이다. 즉 양국이 조정을 분담하는 것이다. 앞에서 보았듯이 금이 유출되는 나라(여기에서는 영국)에서는 통화공급이 줄어들고, 금이 유입되는 나라(여기에서는 프랑스)에서는 통화공급이 늘어난다. 이런 원리가 유지되는 한, 준비통화 시스템의 중심국처럼 자신의 통화정책을 독립적으로 운용할 수 있는 특별한 지위의 나라는 존재하지 않는다. 그러나 다음 절에서 보겠지만, 실제 현실의 금본위제가 항상 이렇게 아무런 문제없이 매끄럽게 운영된 것은 아니었다. ■

---

18 Eugene Canjels, Gauri Prakash-Canjels, and Alan M. Taylor, 2004, "Measuring Market Integration: Foreign Exchange Arbitrage and the Gold Standard, 1879-1913," *Review of Economics and Statistics*, 86(4), 868-882.

'2000년만의 최고의 동전' 미국 테오도어 루즈벨트 대통령이 예술성을 극찬한 20달러 금화. 1834년부터 1933년까지 미국의 금 평가는 온스당 20.67달러로서 사진의 세인트 고든스 더블 이글 20달러 금화는 20/20.67 = 0.9675온스의 금을 함유하고 있었다.

4 국제통화제도 경험

역사적으로 매우 다양한 환율제도가 등장했다. 국제통화제도 경험을 좀 더 잘 이해하기 위해 지금까지 이 책에서 배운 것을 적용하여 환율제도 역사를 살펴본다.[19] 특히 고정환율, 자본 이동성, 통화정책 자율성이라는 세 가지 정책목표를 동시에 달성할 수는 없다는 트릴레마 논의에 입각하여 분석한다. 여러 나라들의 각 시기별 환율제도 선택과 관련하여 트릴레마에 입각한 정책 선택, 그리고 앞에서 설명한 고정 및 변동환율제의 비용과 이익이라는 관점에서 접근한다.

금본위제의 성장과 쇠퇴

그림 15-1에서 보았듯이 1870년부터 1939년까지의 국제통화제도 역사는 하나의 주제로 채워져 있다. 즉 금본위제도의 성장과 쇠퇴이다. 1870년에는 약 15%의 나라들이 금본위제였으나 1913년에는 70%로 늘어났고, 1920년대 전후 잠깐 동안의 복귀 기간에는 거의 90%에 달했다. 그러나 1939년에는 25% 정도만이 금본위제에 남아있었다. 무슨 일이 발생했던 것일까? 지금까지 배웠던 분석들이 그 답을 제공해줄 것이다.[20]

1870년부터 1914년까지는 글로벌화의 첫 번째 시기였다. 나라 간에 교역, 자본, 사람의 교류가 급격히 증가했다. 그 배경에는 운송 및 통신(증기선, 전보 등)의 기술적 발전도 일부 작용했고, 또한 정책의 변화(관세 인하 등)도 원인이 될 수 있다. 우리 모형에 따르면, 나라 간 교역이나 기타 경제적 거래의 규모가 증가할 경우 고정환율제 이익이 증가하게 된다(그림 15-4 대칭-통합 도표 참조). 따라서 19세기 글로벌화의 진전으로 더 많은 나라들이 FIX선 위쪽에 놓이게 되어 고정환율제를 선택하는 것이 더 유리한 상황이 된 것이다.

이 시기(1914년 이전) 금본위제로 전환을 촉진한 또 다른 요인들도 있었다. 경제성장 흐름이 그다지 불안정하지 않아 환율 고정에 따른 안정성 비용이 별로 크지 않았다. 또한 경기변동과 실업 문제로 가장 타격을 크게 받는 계층은 당시만 해도 투표권이 없었던 노동자 계급이었기 때문에 생산 안정성이 정치적으로도 그다지 중요하지 않았다. 일부 신흥시장을 제외하고는 물가안정이 주요 목표였으며, 통화발행에 의한 인플레이션 조세는 비상사태를 제외하고는 바람직하지 않은 것으로 간주됐다.

여기에서 한 가지 궁금한 점은 왜 여러 나라들이 똑같이 금에 고정시켰느냐는 것이다. 그 이유는 일단 몇몇 나라들이 금본위를 시행하고 있는 경우, 다른 나라들로서는 (은이나 다른 것이 아닌) 금본위를 채택함으로써 훨씬 많은 이익을 얻기 때문이다. 만약 어떤 나라가 두 번째

19 Barry Eichengreen, 1996, *Globalizing Capital: A History of the International Monetary System* (Princeton, NJ: Princeton University Press); Maurice Obstfeld and Alan M. Taylor, 2004, *Global Capital Markets: Integration, Crisis, and Growth* (Cambridge: Cambridge University Press).

20 Lawrence Officer, October 1, 2001, "Gold Standard," *EH.Net Encyclopedia*, edited by Robert Whaples, http://eh.net/encyclopedia/article/officer.gold.standard.

로 금본위를 취한다면, 이 나라는 첫 번째 금본위제 나라와의 교역 비용을 낮출 수 있다. 그런데 만약 어떤 나라가 10번째나 20번째로 진입한다면, 이 나라는 10개나 20개 나라들과의 교역 비용을 낮출 수 있다. 소위 '눈덩이 효과(snowball effect)' 혹은 네트워크 외부성(network externality)으로서, 종국적으로는 오직 하나의 본위제가 지배하게 된다.[21]

1914년까지 모든 것이 순조로웠던 것은 아니지만 많은 나라들이 금본위에 합류했고, 위기로 인해 일시적으로 떠났을 뿐이었다. 그렇다고 금본위 참여국에서 모든 사람들이 금본위를 좋아했던 것은 아니다. 이익보다 비용이 더 커 보일 때도 있었으며, 특히 디플레이션이나 경기침체 시기에 그것이 두드러졌다. 예를 들어 미국은 1890년대에 물가와 생산이 부진했다. 이에 따라 많은 사람들이 통화정책을 제약하는 금본위에서 떠날 것을 주장했다. 1896년 시카고에서 열린 민주당 전당대회에서 긴장이 최고조에 달했다. 당시 월리엄 제닝스 브라이언 민주당 대통령 후보는 연설에서 이렇게 말했다. "이 나라와 세계 전역의 생산 대중을 대표하여, 그리고 상업계, 노동계, 열심히 일하는 모든 사람들을 대표하여 금본위 추종자들에게 답합니다. 노동자의 이마를 가시 박힌 면류관으로 찌르지 마십시오. 인류를 황금의 십자가에 못 박으면 안 됩니다."(브라이언은 패배했고, 금본위 지지자인 공화당의 매킨리가 대통령이 되었으며, 1900년 금본위법이 통과됐고, 그 후 경제성장과 금 발견이 생산과 물가를 높임에 따라 긴장이 해소됐다.)

1차 세계대전으로 상황이 바뀌었다. 참전국들은 어떤 식으로든 자금조달이 필요했다. 인플레이션 조세가 집중적으로 사용됐으며, 이는 금본위로부터의 이탈을 의미했다. 게다가 일단 유럽에서 전쟁이 시작되자(나중에는 미국도 참전) 세계 교역 대부분이 영향을 받았다. 즉 전쟁을 치르는 나라들 간에는 교역이 거의 100% 사라졌고, 참전국과 중립적 나라들 간에도 50%가량 줄어들었다. 이런 효과는 전쟁이 끝나고도 오랫동안 지속됐으며, 1920년대 보호무역주의(관세 및 수입할당 강화)로 인해 더욱 악화됐다. 1930년대에는 세계 무역이 1914년에 비해 절반 수준으로 줄어들었다. 이 모든 것은 한마디로 경제적 통합이 약해진 것을 의미한다. 이에 따라 교역의 이익에 기반을 둔 고정환율제의 당위성이 약화되었다.[22]

1929년부터는 대공황이 발생하여 금본위의 불안정성을 더욱 심화시켰다. 1920년대와 1930년대는 1914년 이전에 비해 경기변동이 훨씬 격렬했으며, 이것이 환율을 고정시키는 비용을 높이는 요인이었다. 더욱이 정치적으로는 시간이 지날수록 선거권이 확대됨에 따라 이런 비용을 더 이상 무시할 수 없게 되었다. 노동운동과 좌파 정당이 강해짐에 따라 고정환율제의 불안정성 비용에 대한 관

The Granger Collection

브라이언의 '황금 십자가'

21 Christopher M. Meissner, 2005, "A New World Order: Explaining the International Diffusion of the Gold Standard, 1870-1913," *Journal of International Economics*, 66(2), 385-406.

22 Reuven Glick and Alan M. Taylor, 2010, "Collateral Damage: Trade Disruption and the Economic Impact of War," *Review of Economics and Statistics*, 92(1), 102-127; Antoni Estevadeordal, Brian Frantz, and Alan M. Taylor, 2003, "The Rise and Fall of World Trade, 1870-1939," *Quarterly Journal of Economics*, 118(2), 359-407.

심과 비판의 목소리가 커졌다.[23]

다른 요인들도 중요한 역할을 했다. 당시 대공황은 심각한 디플레이션을 동반했다. 그런데 당시 금 공급이 원활하지 않아 금본위를 고수할 경우 디플레이션이 심화될 위험이 있었다.[24] 이는 결국 명목기준지표로서 금의 유용성을 약화시켰다. 1920년대에는 많은 나라들이 근린 궁핍화 정책을 추종했다. 즉 전쟁 후 자국의 통화를 금에 다시 고정시킬 때 평가절하된 교환비율을 사용했으며, 그것이 추가적인 평가절하 유혹을 낳았다. 많은 개도국들은 상품시장의 악화로 1929년 이전에 이미 침체에 빠져 있었으며, 이것이 평가절하의 또 다른 이유였다. 또한 전쟁으로 인해 금준비가 매우 비대칭적으로 배분된 상태여서 일부 나라들은 고정환율제를 유지하는 데 필요한 금준비가 바닥난 경우도 있었다. 이에 따라 많은 나라들이 금 대신 주요 통화를 준비금으로 사용하기에 이르렀다. 하지만 이것의 가치는 모든 다른 나라의 금 페그 유지에 달려 있었기 때문에 갈수록 금본위제의 안정성에 의문이 커지고 있었다.

이로 인해 많은 나라에서 금 페그 약속에 대한 신뢰성에 의문이 제기되고 금본위제의 붕괴 가능성이 높아졌다. 이렇게 되면 외환 트레이더들의 투기가 활발해지고 위기 위험이 고조되기 마련이다. 이런 투기에 대응하여 1931년 독일과 오스트리아는 자본통제를 단행했으며, 영국은 파운드와 금의 교환비율을 변동제로 바꾸었다. 결국 금본위제가 해체되기 시작하여 비조직적이고 비협조적이며 파괴적인 방식으로 변해갔다.

위 상황을 트릴레마 논리로 분석해보자. 트릴레마 도표에는 3개의 해법 혹은 꼭짓점(정책선택)이 있다. 1930년대 정책결정자들은 '자본시장개방/고정환율' 해법에서 이탈하여 다른 2개의 꼭짓점으로 이동했다. 자본시장 폐쇄를 원하지 않는 나라들은 금본위제를 포기하고 '자본시장개방/변동환율' 해법을 선택함으로써 통화정책의 자율성을 되찾았다. 대표적으로 영국과 미국이 여기에 속한다. 자본통제를 감수하는 대신 변동환율제의 변동성으로 고통받는 것을 꺼리는 나라들은 '자본통제/고정환율' 해법을 선택하여 또 다른 방식으로 통화정책의 자율성을 되찾았다. 독일과 남미의 많은 나라들이 이를 택했다. 어떤 식으로든 통화적 자율성을 획득한 모든 나라들은 이제 자국 경제를 살리기 위해 확장적 통화정책을 자유롭게 사용할 수 있었으며, 실제로 그런 정책을 시행했다. 한편 일부 나라(프랑스, 스위스)는 금본위에 그대로 남아있기도 했다. 이들은 평가절하를 단행하지도 않고, 자본통제를 실시하지도 않았다. 이들은 금본위를 반드시 폐기할 필요는 없었으며(대규모 금준비를 보유함), 변동환율제가 인플레이션을 야기할 것을 우려했다. 하지만 금본위를 고수한 나라들은 값비싼 대가를 치렀다. 1929~35년 기간 중, 변동환율제 나라들은 금본위를 고수한 나라들에 비해 생산이 26% 더 많았으며, 자본통제를 취한 나라들도 금본위를 고수한 나라들에 비해 생산이 21% 더

---

23 Barry Eichengreen, 1992, *Golden Fetters: The Gold Standard and the Great Depression* (New York: Oxford University Press).

24 19세기만 해도 세계 금 생산은 대략적으로 재화 생산의 증가 속도와 보조를 맞췄다. 하지만 20세기에는 재화 생산이 금 보유량에 비해 훨씬 빨리 늘어났다. 금이 희소해질수록 상대가격은 상승한다. 그러나 금의 화폐가격이 고정돼 있는 상황에서는 금의 상대가격이 상승할 수 있는 유일한 방법은 다른 모든 가격이 하락하는 것, 즉 경제 전체의 물가하락(디플레이션)이다.

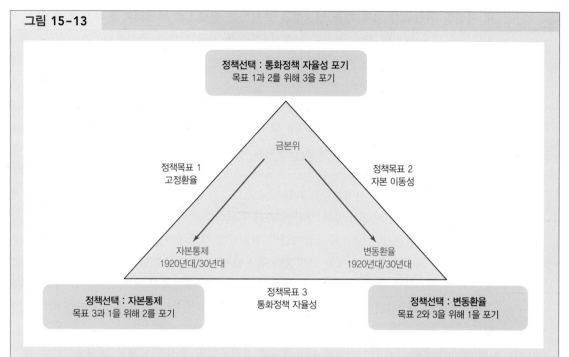

그림 15-13

1차 세계대전 전후의 트릴레마 해법 삼각형의 세 꼭짓점은 각각 하나의 실행 가능한 정책선택을 나타낸다. 삼각형의 이웃한 두 변에 표시된 것은 달성 가능한 목표이고, 반대편 변에 표시된 것은 포기해야 하는 목표이다. 1914년 이전 금본위의 성립에는 교역의 이익과 안정성 비용의 부재(혹은 안정성에 대한 정치적 무관심)가 중요한 요인으로 작용했다(위쪽 꼭짓점). 1920년대와 1930년대에 금본위가 결국 종말을 고하게 된 것은 교역 이익의 감소와 안정성 비용의 실질적(혹은 정치적 관심) 증가에 의해 설명될 수 있다. 각 나라는 정책 자율성을 얻기 위해 트릴레마에 대한 새로운 해법을 추구했다. 그것은 변동환율제의 도입(오른쪽 아래 꼭짓점)이나 혹은 자본통제의 채택(왼쪽 아래 꼭짓점)이었다.

많았다.[25]

그림 15-13은 위 내용을 도표로 보여준다. 요약하면 다음과 같다. 1914년 이전 금본위의 성립을 촉진한 요인에는 여러 가지가 있겠지만, 특히 교역의 이익과 안정성 비용의 부재(혹은 안정성에 대한 정치적 무관심)가 중요한 요인으로 작용했다. 양차 세계대전 사이에 금본위가 결국 종말을 고하게 된 것은 교역 이익의 감소와 안정성 비용의 실질적(혹은 정치적 관심) 증가에 의해 설명될 수 있다.

브레튼우즈부터 현재까지

1930년대 국제통화제도는 혼돈의 시대였다. 2차 세계대전 종전이 가까워지면서 연합국 경제 정책결정자들이 전후 경제부흥을 논의하기 위해 미국 뉴햄프셔 주 브레튼우즈에 모였다. 유명한 해리 덱스터 화이트와 존 메이너드 케인즈가 전후 질서를 설계했다. 그들은 금본위에서 고정환율은 계승하는 대신, 자본통제를 부과함으로써 자본 이동성은 폐기했다. 전후 국제 무

25 Maurice Obstfeld and Alan M. Taylor, 2004, *Global Capital Markets: Integration, Crisis, and Growth* (Cambridge: Cambridge University Press). The output cost estimates are from page 143.

역 재건을 촉진하기 위해 환율 안정성을 유지하는 방향으로 트릴레마를 해결한 것이다. 회원국들은 미국 달러에 자국 통화를 고정시켰다. 즉 미국 달러가 중심통화이고, 미국이 중심국이 되었다. 이 상태에서 미국 달러를 금에 대해 교환비율을 고정시켜 놓음으로써 금본위의 마지막 자취가 남아있었다.

그림 15-14에서 보듯이 전후 세계는 트릴레마 도표에서 왼쪽 아래 꼭짓점인 '자본통제/고정환율'에서 시작했다. 브레튼우즈에서 국제적 금융거래에 대한 관심은 사라진 듯 보였다. 1920년대와 1930년대에 금본위를 불안정하게 만든 투기자들에 대한 경멸이 주를 이루었다. 미국 재무장관 헨리 모겐소는 새로운 제도에 대해 "국제금융의 성전에서 고리대금업자들을… 쫓아낼 것"이라고 선언했다. 그때만 해도 미국만이 국제 자본이동의 완전 자유화를 허용했다. 하지만 얼마 지나지 않아 상황이 바뀌게 된다.

국제 무역을 위해서는 당연히 대금지급이 필요하기 때문에 최소한 단기적으로라도 어떤 신용 시스템이 요구됐다. 초기에는 그럭저럭 유지됐지만 1950년대 말에 이르자 유럽을 비롯한 많은 나라들이 무역 및 지급 시스템을 원활히 하기 위해 경상계정 거래와 관련된 금융거래를 자유화해 나갔다. 그러면서도 그들은 순수한 자산 거래 같은 투기적 금융거래는 막고 싶어 했다(예를 들어 외환 트레이더에 의해 행해지는 이자율 차익거래).

그런데 불행하게도 현실적으로 금융거래를 물샐틈없이 통제하는 것은 당시로서는(또한 그 후로도 계속) 어려운 일이었다. 1960년대만 해도 통제가 매우 허술해서 투자자들이 현지예금을 외화예금으로 전환하는 등 규제를 피해 자금을 해외로 옮기는 것이 어렵지 않았다. 일부는 어떤 통화에서 다른 통화로 자금을 옮기기 위해 무역거래 대금을 과다 혹은 과소 청구하는 속임수를 쓰기도 했다. 혹은 1950년대 말 런던을 비롯한 여러 곳에 등장한 역외자금시장을 활용하기도 했다. 이들은 대부분 규제에서 벗어나 있었기 때문이다.

트릴레마 논의에 따르면 자본통제에 실패하여 자본 이동성이 커지는 경우 달러에 환율을 고정시킨 나라들은 통화정책 자율성을 잃게 될 가능성이 커진다. 이로 인해 달러 페그로부터 이탈을 생각하는 나라들이 나오기 시작했다. 이를 해결하는 방법으로 브레튼우즈 체제와 같은 '조정 가능한 고정' 시스템에서는 평가절하가 정책적 타협의 가장 유용한 방법으로 여겨졌다. 그러나 평가절하(일부는 평가절상)가 잦아지자 진정한 고정환율 시스템이라는 인식이 약해졌으며, 그것이 불안정성을 더욱 키웠다. 이에 따라 근린궁핍화 정책이 나타나고 투기적 거래가 늘어났다.

1960년대를 거치면서 갈수록 쇠퇴가 뚜렷해졌다. 여기에는 또 다른 요인도 작용했다. 베트남 전쟁으로 미국의 인플레이션이 높아짐에 따라 명목기준지표로서 최적의 통화였던 미국 달러의 위상이 약화되었다. 이로 인해 많은 나라들이 자신의 통화를 미국 달러에 페그시키는 것을 점차 꺼리게 되었다. 이러한 인플레이션 때문에 결국은 미국이 달러와 금의 교환 약속을 지키지 못할 것이라는 믿음이 커졌으며, 1971년 8월 실제로 그 일이 벌어졌다. 이때쯤에는 미국의 정책이 미국 자신의 이익을 위한 것이라는 점이 분명해졌다. 다른 나라들은 1971년 존 코널리 미국 재무장관으로부터 이러한 비대칭성을 확실하게 상기시켜주는 말을 들었

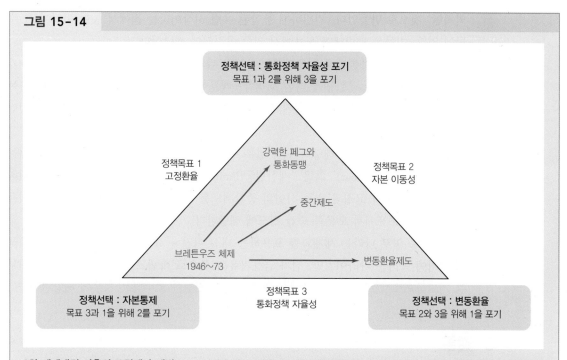

그림 15-14

2차 세계대전 이후의 트릴레마 해법 1960년대에 자본이동을 통제하기 힘들어짐에 따라 브레튼우즈 체제가 지속되기 어려워졌다. 이에 따라 각 나라들은 고정환율과 통화적 자율성(왼쪽 아래 꼭짓점)을 더 이상 유지할 수 없게 되었다. 선진국에서는 변동환율제로 전환함으로써 트릴레마를 해결했다. 이는 통화적 자율성을 보유하면서 자본이동을 허용하는 것을 의미한다(오른쪽 아래 꼭짓점). 예외적으로 유럽에서는 통화동맹을 추구했다. 개도국과 신흥시장은 '변동에 대한 두려움'이 강했다. 자본시장이 개방되면 통화정책 자율성이 더 크게 희생될 것이라는 우려 때문에 고정환율제가 유지됐다(위쪽 꼭짓점).

다. "달러는 우리 통화이지만, 이것은 당신네 문제입니다."

그림 15-14에서 보듯이 1960년대 브레튼우즈 체제에서 자본이동이 다시 효력을 발휘함에 따라 향후 국제통화제도가 어떻게 바뀌어야 하는지 분명해졌다. 왼쪽 아래 꼭짓점 '자본시장 폐쇄/고정환율'이 더 이상 가능하지 않게 된 것이다. 따라서 두 가지 선택이 가능하다. 고정환율을 유지한 채 통화정책 자율성을 포기하거나(위쪽 꼭짓점), 혹은 변동환율제로 전환하고 통화적 자율성을 회복하는 것이다(오른쪽 아래 꼭짓점).

1971년부터 1973년 사이 브레튼우즈 체제가 붕괴되고 이들 선택의 문제가 표면화됐다. 이에 대해 각 나라들은 다양하게 대응했다. 앞에서 배운 분석도구가 이를 이해하는 데 유용하다.

■ 대부분 선진국들은 변동환율제와 통화정책 자율성을 택했다. 여기에 속한 나라로는 미국, 일본, 영국, 호주, 캐나다 등이다. 그림 15-1에서 보듯이 이들 나라를 비롯해 변동환율제의 비중이 늘어났다. 이들에게는 안정성 비용이 통합 이익을 초과한 셈이다. 이들은 트릴레마 도표에서 오른쪽 아래 꼭짓점에 해당한다.

■ 이에 반해 유럽 나라들은 자기들끼리 고정환율 시스템을 유지하기로 결정했다. 처음에는 ERM을 통해서였고, 지금은 공동통화인 유로를 채택함으로써 자신의 선택을 '불가

역적인' 것으로 만들었다. 긴밀하게 통합된 유럽 시장이라는 점에서 통합 이익이 클 수밖에 없다. 이들은 트릴레마 도표에서 위쪽 꼭짓점에 해당한다.

■ 개도국 중 일부는 자본통제를 유지했으나 많은 나라들(특히 신흥시장)은 자본시장을 개방했다. 이들 나라는 '변동에 대한 두려움' 때문에 다른 조건이 동일할 때 고정환율에 대한 열망이 선진국들에 비해 훨씬 강하다. 이들 역시 트릴레마 도표에서 위쪽 꼭짓점에 해당한다.

■ 선진국과 개도국 모두에 해당하지만, 일부 나라는 중간 지대에 둥지를 틀었다. 즉 이들은 '관리변동(dirty float)' 혹은 '제한변동(limited flexibility)'과 같은 중간제도를 취하기로 했다. 인도가 고정과 변동 사이의 중간제도를 취하는 나라로 여겨지고 있다. 이들은 트릴레마 도표에서 오른쪽 중간 정도에 해당한다.

■ 마지막으로 일부 나라는 세계화를 포용하는 대신 여전히 자본통제를 행하고 있다. 중국이 여기에 속하는 나라이지만, 점차 금융자유화 쪽으로 바뀌고 있다. 이들 나라는 대부분 개도국으로서 트릴레마 도표에서 왼쪽 아래 꼭짓점을 고수하는 경우에 해당한다.

5 결론

환율제도는 나라와 시간에 따라 크게 변해왔고, 앞으로도 계속 그럴 것이다. 이렇게 환율제도가 바뀌는 이유가 무엇이고, 최적의 선택은 무엇인지에 대한 분석은 국제거시경제학의 주요 과제이다.

우리는 이 장에서 고정 대 변동 환율제도의 비용과 이익에 대해 배웠다. 고정환율제는 국제적 거래의 경제적 효율성을 높인다. 반면 변동환율제는 정책당국으로 하여금 통화정책을 사용하여 경제를 안정화시킬 수 있게 만든다. 두 목표가 충돌할 때 상충관계가 발생한다. 대칭-통합 도표를 통해 살펴봤듯이 경제적 통합이 충분하고(더 많은 거래 이익이 가능), 충격의 대칭성이 충분한 경우(정책 자율성이 덜 필요함)에만 고정환율제가 합리성을 갖는다.

그러나 특히 신흥시장이나 개도국의 경우에는 다른 요소들도 상충관계에 영향을 미친다. 높은 인플레이션을 겪은 후에는 고정환율제만이 신뢰할 만한 명목기준지표로 작동할 수 있다. 또한 고정환율제는 외화순부채를 지닌 나라에 대해 환율 절하로 인한 부정적인 부의 효과를 막아준다.

마지막으로 환율제도의 이론과 실제에 대해 살펴봤다. 역사적으로 금본위제와 브레튼우즈 체제와 같은 고정환율제도가 등장했다가 사라졌다. 이들 체제가 붕괴된 이유는, 최소한 부분적으로는, 협조의 실패 때문이었다.

결국 오늘날 우리는 실질적으로 국제통화 '시스템'이 전혀 존재하지 않는 세계에 살고 있다. 많은 나라들, 그리고 때로는 국가 그룹들이 자신의 이익을 추구하면서 각자의 상황에 맞는 최적의 환율제도를 선택하고자 노력하고 있다. 이 장을 통해 살펴봤듯이 환율제도와 관련해서는 '일률적이면서 모두에게 잘 맞는(one size fits all)' 제도는 결코 존재할 수 없을지 모른다.

핵심 내용

1. 오늘날까지 역사적으로 매우 다양한 환율제도가 시행되어 왔다.

2. 자국 입장에서 고정환율제로부터 얻는 이익은 거래비용 절감, 기준국 혹은 중심국과의 교역, 투자, 이민의 증가 등이다.

3. 자국 입장에서 고정환율제의 비용은 주로 자국과 중심국이 서로 다른 경제적 충격을 받음으로써 자국이 기준국 혹은 중심국과 다른 통화정책을 사용하기를 원할 때 발생한다.

4. 고정환율제의 비용과 이익은 대칭-통합 도표로 요약될 수 있다. 대칭과 통합의 정도가 높아 FIX선 위쪽에 위치할수록 고정을 선택하는 것이 유리하다. 반대로 대칭과 통합의 정도가 낮아 FIX선 아래쪽에 위치할수록 변동을 선택하는 것이 유리하다.

5. 고정환율제가 추가적인 이익을 제공하는 경우도 있

다. 높은 인플레이션을 겪은 후에 신뢰할 만한 명목 기준지표가 필요할 때, 그리고 통화 미스매치가 심한 나라에서 환율 절하로 인한 부정적인 부의 효과를 막고자 할 때 등이다.

6. 대칭-통합 도표와 트릴레마 논의에 입각하여 환율제도의 역사를 살펴볼 필요가 있다. 1914년까지는 금본위제가 통합을 촉진했을 뿐만 아니라 안정화 정책에 대한 정치적 관심도 별로 없었다. 1920년대와 1930년대에는 고립주의, 경제적 불안정성, 정치적 재편 등이 금본위제를 약화시켰다. 1945년 이후 1960년대 말까지 브레튼우즈 체제의 달러본위제가 강력한 자본통제 하에서 실행됐으며, 미국의 정책이 나머지 세계와 상충되지 않을 때만 해도 성공적으로 운영됐다. 1973년 이후에는 각 나라들과 국가 그룹들이 자신의 이익을 추구하면서 각자의 상황에 맞는 최적의 환율제도를 선택하고자 노력하고 있다.

핵심 용어

경제적 통합(economic integration)
고정환율 시스템
  (fixed exchange rate system)
근린궁핍화 정책
  (beggar-thy-neighbor policy)
금본위(gold standard)

기준통화(base currency)
대칭-통합 도표
  (symmetry-integration diagram)
변동에 대한 두려움(fear of floating)
비대칭 충격(asymmetric shock)

준비통화 시스템(reserve currency system)
중심통화(center currency)
평가절상(revaluation)
평가절하(devaluation)
협조적 조정(cooperative arrangements)

연습문제

1. IS-LM-FX 모형을 사용하여 다음 각 시나리오가 자국에 어떤 영향을 미치는지 보여라. 자국이 고정환율제를 취할 때와 변동환율제를 취할 때 결과가 어떻게 달라지는지 비교하라.

a. 외국이 통화공급을 늘린다.
b. 자국이 조세를 줄인다.
c. 투자자들이 자국 통화가 미래에 절상될 것으로 예상한다.

2. 리투아니아는 자국 통화 리타스를 유로에 고정시켜 놓았다.(역자주 : 실제로는 리투아니아의 경우 2015년부터 유로를 사용하고 있다.) IS-LM-FX 모형에서 자국을 리투아니아, 외국을 유로존으로 하여 다음 각 시나리오가 리투아니아에 어떤 영향을 미치는지 보여라.

   a. 유로존이 통화공급을 줄인다.

   b. 리투아니아가 재정적자를 줄이기 위해 정부지출을 줄인다.

   c. 유로존 나라들이 조세를 늘린다.

3. 유로에 환율을 고정시켜 놓은 리투아니아와 코모로 두 나라를 생각해보자. 이 중 리투아니아는 유럽연합 회원국으로서 유럽연합 다른 나라와 자유롭게 교역을 한다. 리투아니아의 유로존에 대한 수출이 리투아니아 전체 수출의 대부분을 차지하며, 주로 제조업 제품, 서비스, 목재 등으로 구성돼 있다. 반면 코모로는 남아프리카 동부 해안의 섬나라로 식료품을 주로 미국과 프랑스에 수출한다. 코모로는 역사적으로 프랑스 프랑에 환율을 고정시켰으나 프랑스가 유로존에 합류한 이후에는 유로에 고정시키고 있다. 리투아니아와 코모로 양국에 대해 유로존과의 통합 및 대칭의 정도를 비교하라. 코모로와 리투아니아를 그림 15-4의 대칭-통합 도표에 표시하라.

4. 그림 15-4의 대칭-통합 도표를 사용하여 1870년부터 1939년까지 국제통화제도의 전개과정, 즉 금본위의 성장과 쇠퇴를 분석하라.

   a. 1870년부터 1913년까지 세계 무역 규모가 GDP 대비 약 10%에서 20%로 2배 증가했다. 많은 경제사학자들에 따르면 수송기술의 발달에 의한 거래비용의 외생적 감소가 이러한 무역량 증가의 주요 요인이다. 1870년 어떤 한 쌍의 나라가 대칭-통합 도표의 FIX선 바로 아래에 위치했을 때, 위의 변화가 도표 상에서 이들 나라의 위치에 어떤 영향을 미칠지 표시하라. 1870년 출발점을 A로 표시하

고, 1913년 도착점을 B로 표시하라.

   b. 1913년부터 1939년까지 세계 무역 규모가 GDP 대비 약 20%에서 10%로 크게 감소했다. 많은 경제사학자들에 따르면 수송비 상승과 관세 및 수입할당의 증가에 의한 거래비용의 외생적 증가가 이러한 무역량 감소의 주요 요인이다. 1913년 어떤 한 쌍의 나라가 대칭-통합 도표의 FIX선 바로 위에 위치했을 때, 위의 변화가 도표 상에서 이들 나라의 위치에 어떤 영향을 미칠지 표시하라. 1913년 출발점을 B로 표시하고, 1939년 도착점을 C로 표시하라.

   c. 일부 경제사학자들은 이러한 거래비용 변화가 내생적으로 발생했다고 주장한다. 즉 여러 나라들이 금본위제에 참여함에 따라 거래비용이 낮아지고, 이것이 무역을 촉진했다는 것이다. 반대로 많은 나라들이 금본위제를 떠남으로써 비용이 증가했다는 것이다. 이것이 사실인 경우, 점 A, B, C는 환율제도 선택 문제에서 고유한 해를 나타내는가?

   d. 1920년대와 1930년대에 다른 요인들의 변화가 금본위제의 지속 가능성에 영향을 미쳤다. 다음과 같은 요인들에 대해 왜 이것들이 금본위를 약화시켰는지 설명하라.

     i. 나라별로 다른 충격의 증가

     ii. 민주주의의 강화

     iii. 금 공급 대비 세계 재화 생산의 증가

5. 인플레이션이 높거나 상승세를 경험한 나라, 혹은 초인플레이션을 경험한 나라들은 고정환율제를 채택할 것이다. 이 경우 고정환율제의 잠재적 비용과 이익을 논하되, 재정규율, 시뇨리지, 미래 예상인플레이션에 대해 언급하라.

6. 1970년대 말 남미의 많은 나라들, 특히 멕시코, 브라질, 아르헨티나 등은 막대한 대외채무 부담을 안고 있었다. 이 채무의 상당 부분은 미국 달러표시였다. 미국이 1979년부터 1982년까지 긴축적 통화정책을 시행함에 따라 달러 이자율이 상승했다. 이것이 미국

달러에 대한 남미 통화의 가치에 어떤 영향을 미쳤을 까? 이들 나라의 현지 통화 기준 대외채무에 어떤 영 향을 미쳤을까? 이들 나라가 대외채무의 변화를 원 치 않는 경우 적절한 정책 대응은 무엇이고, 그것의 단점은 무엇인가?

7. 자국 통화는 페소이며, 달러당 1페소라고 하자. 자국 은 2,000억 달러의 대외자산을 보유하고 있으며, 모 두 달러표시이다. 또한 대외부채는 4,000억 달러로서 이 중 75%가 달러표시이다.

    a. 자국은 순채권국인가 아니면 순채무국인가? 자국 의 대외부(대외순자산)는 얼마인가?

    b. 자국의 달러표시 자산 순포지션은 얼마인가?

    c. 만약 페소가 달러당 1.2페소로 절하되면, 자국의 페소 기준 대외부는 어떻게 변하는가?

8. 통화 절하가 각 나라들의 부와 생산에 어떤 영향을

미치는지 이 장에서 소개한 실증분석 결과들을 평가 하라. 한 나라의 대외부 포지션에 따라 고정 대 변동 환율제도의 선택이 어떻게 달라지는가?

9. 자국이 외국과 관세 및 기타 무역장벽을 낮추는 자유 무역협정(FTA)에 서명했다. 양국은 매우 유사한 재 화를 생산하기 때문에 경제적 충격이 매우 유사하다. 이와 관련하여 다음 질문에 대해 그림 15-4의 대칭- 통합 도표를 사용하여 답하라.

    a. FTA 초기에 양국 무역이 증가했다. 이러한 무역 증가가 자국으로 하여금 더욱 적극적으로 외국 통 화에 페그하게 만드는가? 그 이유는?

    b. FTA가 장기화됨에 따라 양국은 각자 비교우위에 따라 매우 차별화된 재화에 특화하게 될 것이다. 이러한 특화의 진전이 자국으로 하여금 더욱 적 극적으로 외국 통화에 페그하게 만드는가? 그 이 유는?

네트워크

국제통화기금 웹사이트(http://www.imf.org)에 방문하여 세계 모든 나라의 환율제도를 분류한 가장 최근의 자료를 찾 아보라. 고정환율제와 변동환율제를 취하고 있는 나라가 각각 얼마나 되는가?

네트워크

이 장의 3절 후반부에는 금본위제 시절 미국의 20달러 금화 사진과 그에 대한 설명이 나와 있다. 이에 따르면 금 1온스 의 달러 가격이 얼마였는가? 이제 인터넷을 이용하여 같은 시기 영국의 소위 소버린(sovereign)이라는 1파운드짜리 금 화를 찾아서 금 함유량 등을 조사하라. 영국의 경우에는 금본위제 하에서 금 1온스의 파운드 가격이 얼마였는가? 이를 통해 파운드-달러 환율을 구하고, 그것이 본문에 나온 값과 일치하는지 확인하라.

16

유로

유럽인들에게 연합 외에는 미래가 없다.

장 모네, 유럽연합(EU) '설립의 아버지'

이 조약은 유럽 시민들의 의견을 최대한 반영함으로써 그 어느 때보다 긴밀한 연합을 창출하는 데 한 획을 그은 것이다.

마스트리히트조약(유럽연합조약), 1992, 제1장, A조

정치적 통합이 화폐적 통합으로 가는 길을 터줄 수 있다. 적절하지 않은 여건에서 화폐적 통합이 먼저 이루어지는 경우 정치적 통합을 달성하는 데 오히려 걸림돌이 될 것이다.

밀턴 프리드먼, 노벨상 수상자, 1997

19

61년 경제학자 로버트 먼델은 한 논문에서 **통화지역**(currency area)이라는 아이디어를 거론했다. 이는 **통화동맹**(currency union) 혹은 **화폐동맹**(monetary union)이라 불리는 것으로 동맹을 구성하는 나라들이 자신의 국민통화 대신 단일의 공동통화를 사용하는 것이다.

당시만 해도 거의 모든 나라들이 개별적인 통화지역이었기 때문에 먼델조차도 자신의 연구가 현실적인 의미를 갖는지 의문을 가졌다. "통화지역의 적절한 범위는 무엇일까? 어떤 다른 장치를 위해 국민통화를 포기하는 것이 정치적으로 가능할 것 같지 않기 때문에 이러한 질문이 처음에는 순수하게 학문적인 것으로 여겨질 것이다."[1]

그로부터 약 40년이 지난 1999년 1월 1일, 유럽 11개 나라가 바로 그와 같은 통화지역을 결성했다. 소위 유로지역(Euro area) 혹은 **유로존**(Eurozone)이다. 그해 말 먼델은 노벨상 수상자에 자신의 이름을 올렸다.

그 후 유로존은 지속적으로 확대돼 왔다. 2014년 1월 기준으로 유럽연합(EU) 28개 나라 중 18개 나라가 유로존에 들어가 있다(2015년 1월 리투아니아가 유로존 추가 가입). 이들은 **유로**(심볼 : €)라는 이름의 동전과 지폐를 사용하고 있으며, 이것이 예전의 국민통화(프랑, 마르크, 리라 등)를 대체했다.

유로는 국제통화제도 역사상 가장 대담한 실험 중 하나이다. 세계에서 가장 번영된 경제

---

1 Robert Mundell, 1961, "A Theory of Optimum Currency Areas," *American Economic Review*, 51, 657–665.

지역에서 3억 3,000만 명 이상에 의해 사용되는 새로운 통화이다. 유로가 갖는 경제적 파급효과는 앞으로도 오랫동안 지속될 것이다.

이 장의 목적은 유로 프로젝트에 대해 경제적 및 정치적 논리, 그리고 제도적 형태와 운영방식 등에 대해 가능한 한 자세히 이해하는 것이다. 우선 유로의 경제적 논리를 살펴본다. 서로 다른 경제단위(국가, 지역)가 어느 때 공동통화를 도입하는 것이 합리적이고, 어느 때 고유의 통화를 갖는 것이 합리적인지 이론적으로 살펴본다. 놀랄 수도 있겠지만, 결론부터 이야기하면 현재까지의 증거들로 판단했을 때 유로존은 합리적이지 않다. 순전히 경제적 관점에서 봤을 때 적어도 현재까지는 유로존이 합리적이지 않다는 것이 대부분 경제학자들의 판단이다.

다음으로 유로의 역사적 및 정치적 논리에 대해 살펴본다. 유로의 최초 기원과 최근 전개과정을 유럽연합이라는 더 큰 정치적 프로젝트의 틀 안에서 살펴본다. 이런 관점에서 유로를 바라봄으로써 유로 프로젝트가 더 큰 구상의 일부분으로 전개돼 온 것을 알 수 있을 것이다. 따라서 유로의 성공은 유럽연합이 정치적 및 경제적 연합으로 유연하게 그리고 제대로 기능하는지에 달려있다. 하지만 이에 대한 의문이 끊임없이 제기되고 있다.

유로존 가입 및 탈퇴 유로에 대해 논의하기 전에 EU와 유로존의 현황에 대해 알아보자. 유로 프로젝트가 출범할 때 정책결정자들은 유로가 미래 언젠가는 **유럽연합**(EU : European Union)의 통화가 될 것을 꿈꾸었다. EU는 유럽 여러 나라들의 연합체로서 기본적으로 경제적 연합이지만 점차 정치적 연합의 성격을 키워왔다. EU는 유럽의 지리적 경계 내에서 확장해왔으나 이 경계를 넘어야 한다는 주장도 있다. 유로 프로젝트가 본격적인 추동력을 얻게 된 것은 1992년 네덜란드 마스트리히트에서 체결된 유럽연합조약(Treaty on European Union)이다. 이 **마스트리히트조약**(Maastricht Treaty)으로 인해 EU는 **경제통화동맹**(EMU : Economic and Monetary Union)이라는 원대한 프로젝트를 출범시켰다. EMU의 주요 목적은 EU 내 통화동맹을 결성하고, 새롭게 유럽중앙은행(ECB : European Central Bank)을 창설하여 통화 문제를 회원국들이 협조하여 관리하는 것이었다.[2]

그림 16-1은 2013년 말의 상황을 보여준다. 이 지도는 EU의 경제적 및 화폐적 연합 현황을 보여준다. 이 둘이 똑같지는 않으며, 각 나라는 자신에게 적절한 경제적 및 화폐적 통합 형태를 선택할 수 있다. 이는 EU 프로젝트의 흥미로운 특징으로서 **가변날개**(variable geometry)라 부른다.

- 2014년 현재 E U 회원국은 28개국이다(EU-28). 이 중 10개국은 2004년에 가입했으며, 루마니아와 불가리아는 2007년, 크로아티아는 2013년 중반에 합류했다. 정식 가입

---

2 EU와 유로존이 아닌 일부 아주 작은 나라와 영토에서도 유로를 사용하고 있다. EU 외부의 4개 소국인 모나코, 산마리노, 바티칸시국, 안도라의 경우 EU와의 법적 합의에 의해 유로를 자신의 '법률적' 통화로 사용하고 있다 (유로 이전에는 이웃 나라의 국민통화를 사용했다). 이들은 안도라를 제외하고는 모두 자신의 유로 동전을 직접 주조할 수 있다. 이들 나라 외에도 유로를 자신들의 '사실상' 통화로 사용하는 나라들도 있다. 대표적으로 몬테네그로와 코소보가 있으며, 4개 프랑스령과 1개 영국령이 여기에 속한다.

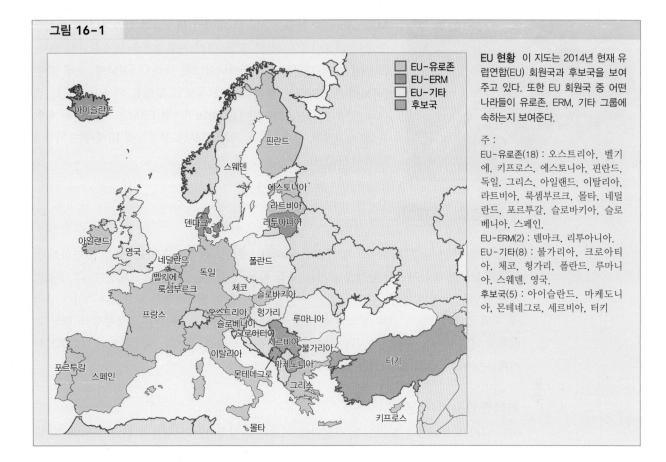

그림 16-1

EU-유로존
EU-ERM
EU-기타
후보국

EU 현황 이 지도는 2014년 현재 유럽연합(EU) 회원국과 후보국을 보여주고 있다. 또한 EU 회원국 중 어떤 나라들이 유로존, ERM, 기타 그룹에 속하는지 보여준다.

주 :
EU-유로존(18) : 오스트리아, 벨기에, 키프로스, 에스토니아, 핀란드, 독일, 그리스, 아일랜드, 이탈리아, 라트비아, 룩셈부르크, 몰타, 네덜란드, 포르투갈, 슬로바키아, 슬로베니아, 스페인.
EU-ERM(2) : 덴마크, 리투아니아.
EU-기타(8) : 불가리아, 크로아티아, 체코, 헝가리, 폴란드, 루마니아, 스웨덴, 영국.
후보국(5) : 아이슬란드, 마케도니아, 몬테네그로, 세르비아, 터키

을 희망하는 5개 공식 후보국이 있는데, 아이슬란드, 마케도니아[3], 몬테네그로, 세르비아, 터키 등이다.

■ EU 회원국지만 유로존이 아닌 나라도 있다. 어느 나라가 '내부(in)'에 있고 어느 나라가 '외부(out)'에 있는지 기억할 필요가 있다. 1999년에는 15개 EU 회원국 중 단 3개국만 유로존 밖에서 자신의 국민통화를 지키려 했다. 이들 '외부' 나라는 덴마크, 스웨덴, 영국이었다. 나머지 12개 모든 나라는 2001년 이전 '내부'로 들어왔다. 그때부터 2013년까지 총 13개국이 EU에 신규 가입했는데, 모두 처음에는 유로 '외부'에 있었다. 2007년 1월 1일 이들 중 처음으로 슬로베니아가 유로존 회원국이 되었으며, 계속해서 키프로스와 몰타(2008), 슬로바키아(2009), 에스토니아(2011), 라트비아(2014) 등이 뒤를 이었다. 2014년 현재 다른 7개 신규 가입국들은 아직 유로존 '외부'에 있다.

■ 대부분의 '외부' 나라들은 '내부'로 들어오기를 원한다. 유로존 가입의 공식 절차는 다음과 같다. '내부'로 들어오기 위해서는 먼저 **환율안정장치(ERM : Exchange Rate**

---

3 마케도니아의 정식 명칭은 마케도니아 공화국(Republic of Macedonia)이며, 그리스와 국명 문제로 분쟁이 계속되자 공식적으로는 마케도니아 구 유고슬라비아 공화국(FYROM : Former Yugoslav Republic of Macedonia)으로 불린다.

Giampieroortenzi/Thinkstock

유로 지폐와 동전

Mechanism)라 불리는 시스템 내에서 최소 2년 동안 자신의 환율을 유로에 페그시켜야 하며, 또한 여러 자격조건을 만족시켜야 한다. 2014년 현재 덴마크와 리투아니아 2개 나라가 ERM에 속해 있다. ERM에 참가한다는 것은 조만간 유로를 도입할 의향이 있다는 것으로 받아들여진다(라트비아는 2014년 1월 ERM을 떠나 유로에 합류했다). ERM 자격조건과 기타 고유한 규정들에 대해서는 뒤에서 자세히 다룬다.

1 유로의 경제학

19세기 경제학자인 존 스튜어트 밀은 모든 나라가 '자신도 불편하고 이웃나라도 불편하게 하는데도 불구하고 독자적인 통화를 갖기를 고집'하는 것을 '미개함'으로 표현했다. 그러나 미개한 것이든 그렇지 않든, 항상 국민통화가 일반적이었고 통화동맹은 드물었다.[4] 이런 결과에 대해 경제학자들은 더욱 심오한 논리가 작용하기 때문으로 여긴다. 공동통화가 훨씬 편리하고 여러 이익을 가져다주지만, 그에 따른 비용도 있다는 것이다. 국민통화의 '미개함'이 지속되는 이유는 비용이 이익을 초과하기 때문일 것이다.

최적통화지역 이론

어떤 나라가 통화동맹에 가입할 것인지를 어떻게 결정할까? 이 질문에 답하기 위해 두 나라만을 상정하여 한 나라(자국)가 다른 나라(외국)와 통화동맹을 결성하는 문제를 생각해보자.(외국이 여러 나라로 구성된 경우에도 우리의 분석을 쉽게 일반화할 수 있다.)

여러 나라들이 자신의 이익을 극대화하는 결정, 즉 최적화 결정을 통해 통화동맹을 결성하는 경우, 그렇게 해서 만들어진 통화동맹을 **최적통화지역**(OCA : optimum currency area)이라 부른다. 그렇다면 과연 그런 결정은 어떻게 내려질까?

통화동맹에 가입하는 것이 자신의 경제적 이익에 도움이 되는지 판단하기 위해서는 이익이 비용을 초과하는지 평가해야 한다. 이는 앞 장에서 다룬 고정 및 변동환율제도 선택과 유사하다. 앞에서 논의했던 두 가지 익숙한 개념을 통화동맹 결정에도 확장하여 적용할 수 있다.

시장 통합과 효율성 이익 공동통화를 도입하는 것은 두 지역이 환율을 1로 고정시키는 것을 의미한다. 따라서 고정 및 변동환율제를 선택할 때 사용했던 기준인 시장 통합(market integration)의 정도를 OCA 문제에도 적용할 수 있다. 즉 다음과 같다.

---

4 많은 통화동맹은 유로존과 달리 한 나라가 어떤 외국통화를 일방적으로 도입하는 것으로 자신은 공동통화를 전혀 관리하지 않는 형태이다(가령 파나마의 미국 달러 사용). 이를 흔히 달러통용화(dollarization)라 하는데, 도입통화가 달러가 아닌 경우에도 같은 용어를 사용한다. 모든 회원국이 동맹의 통화적 문제에 참여하는 다자간 통화동맹은 매우 드문 경우이다. 유로존은 다자간 통화동맹의 가장 대표적인 예이다.

만약 자국 지역(A)과 공동통화 지역(B) 간에 경제적 통합의 정도가 강할수록 양자 간 거래의 규모가 커지고, 또한 거래비용 및 불확실성은 감소하여 공동통화 도입의 경제적 이익이 커진다.

경제적 대칭과 안정성 비용 두 지역이 공동통화를 도입하면 각 지역은 통화적 자율성을 잃게 되며, 공동통화를 관리하는 통화당국은 공동의 통화정책을 결정하고, 공동의 이자율을 정하게 될 것이다. 따라서 고정 및 변동환율제를 선택할 때 사용했던 기준인 '유사성(similarity)'을 OCA 문제에도 적용할 수 있다. 즉 다음과 같다.

자국과 그 잠재적 통화동맹 상대가 경제적으로 유사할수록 혹은 '대칭적'일수록 (대칭적 충격은 더 많아지고, 비대칭적 충격은 더 적어지기 때문에) 자국이 통화동맹에 가입하는 비용이 더 낮아진다.

최적통화지역의 단순 기준

이로써 우리는 공동통화 도입에 따른 순이익(net benefit)에 초점을 맞춰 최적통화지역 이론을 만들 수 있다. 순이익은 이익에서 비용을 뺀 것이다. 앞의 논의로부터 다음 두 가지 결론을 도출할 수 있다.

- 시장의 통합 정도가 강할수록 공동통화의 효율성 이익이 증가한다.
- 대칭성이 강할수록 공동통화의 안정성 비용이 감소한다.

요약하면, OCA 이론에 따르면 시장의 통합 혹은 대칭의 정도가 강하면 공동통화의 순이익이 커진다. 만약 순이익이 마이너스이면 자국은 자신의 경제적 이익을 위해 가입을 하지 않을 것이다. 만약 순이익이 플러스이면 자국은 자신의 경제적 이익을 위해 가입을 할 것이다.

그림 16-2는 OCA 이론을 그래프로 나타낸 것이다. 앞 장에서 고정 및 변동 환율제도 선택 이론에서 사용했던 대칭-통합 도표(symmetry-integration diagram)이다. 여기에서 가로축은 자국-외국의 경제적 통합 정도를 나타낸다. 또한 세로축은 자국-외국 간 충격의 대칭 정도를 나타낸다. 도표에서 자국-외국의 위치가 위쪽이나 오른쪽으로 이동할수록 이익은 커지고 비용은 작아져 통화동맹의 순이익이 커진다. 도표에서 OCA선은 경계로서 이 선 위쪽에 위치하면 자신의 경제적 이익을 위해 통화동맹을 취하는 것이 최적이다. 이 그림은 우리에게 익숙하다. OCA선을 도출하는 과정은 앞 장에서 FIX선을 도출할 때와 기본적으로 동일하다.

고정환율제와 통화동맹의 차이점

만약 고정환율제를 선택하는 것과 통화동맹을 선택하는 것이 동일한 결정이라면 FIX선과 OCA선은 동일해져 하나가 될 것이다. 그러나 실제로는 이들이 서로 다르고, 그림 16-2에 나와 있는 것처럼 OCA선이 FIX선 위쪽에 위치할 가능성이 크다. 이는 통화동맹 결정 여부를 결정할 때는 고정환율제를 판단할 때보다 경제적 기준(대칭 및 통합의 정도)이 더 높다는 의미이다.

왜 그런가? 이를 이해하기 위해서는 덴마크가 좋은 사례이다. 우리는 이미 앞에서 트릴레

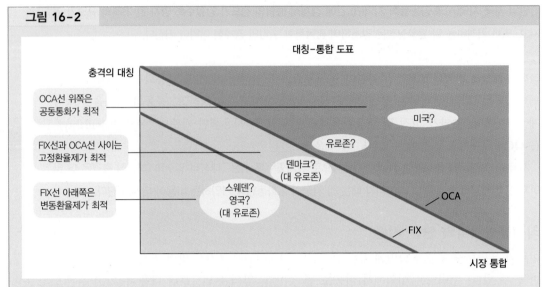

그림 16-2

대칭-통합 도표

충격의 대칭

OCA선 위쪽은
공동통화가 최적

FIX선과 OCA선 사이는
고정환율제가 최적

FIX선 아래쪽은
변동환율제가 최적

미국?

유로존?

덴마크?
(대 유로존)

스웨덴?
영국?
(대 유로존)

OCA

FIX

시장 통합

OCA의 전형적 기준 두 지역 혹은 나라가 통화동맹 타당성을 검토하고 있다. 양국 시장이 통합되어 있을수록(가로축 상에서 오른쪽으로 이동할수록) 통화동맹의 경제적 순이익이 증가한다. 또한 양국이 받는 경제적 충격이 대칭적일수록(세로축 상에서 위쪽으로 이동할수록), 통화동맹의 경제적 순이익이 증가한다. 따라서 만약 한 쌍의 나라나 지역이 충분히 위쪽 혹은 오른쪽에 위치하면 이익이 비용을 초과하고(순이익이 플러스), OCA 경계선 위쪽에 있게 된다. 따라서 이 선 위쪽에서는 통화동맹을 결정하는 것이 최적이다. 현실적으로 OCA선이 FIX선 위쪽에 위치하는 것으로 판단된다.

마에 대해 배울 때 덴마크 사례를 이용한 적이 있다. 덴마크는 ERM에 속한 나라이다. 따라서 덴마크 통화인 크로네가 유로에 고정돼 있다. 덴마크는 오랫동안 ERM에 속해 있었지만 유로존으로 이행할 움직임을 보이지 않고 있다. 이는 민주적 결정에 따른 것으로 덴마크에서 유로존 가입 국민투표가 부결된 바 있다. 언뜻 보기에 덴마크의 이런 상황이 이상하게 보일 수 있다. 덴마크는 자신의 이자율을 유로 이자율과 밀접하게 조정해야 하기 때문에 통화적 자율성을 ECB에 넘겨준 셈이다. 그러면서도 덴마크는 유로존과 교역을 위해 여전히 통화를 교환해야 하기 때문에 통화동맹만큼 충분한 이익을 얻지 못하고 있다.

하지만 덴마크로서는 자신의 통화를 지키는 것이 충분히 합리적일 수 있다. 통화동맹에 가입하지 않아 충분한 이익을 얻지는 못하지만, 그렇게 함으로써 덴마크는 자신의 통화적 자율성을 실행할 수 있는 옵션을 보유할 수 있기 때문이다. 이 옵션을 지금 당장 사용하지 않더라도 미래 언젠가 유용하게 사용할 수 있다. 그중 한 가지만 보면, ERM 하에서 크로네는 유로에 대해 ±2% 이내의 좁은 범위에서 움직이도록 되어 있다. 하지만 필요할 경우 ERM의 승인을 받아 환율변동 범위를 최대 ±15%까지 확대할 수 있다.(환율변동이 연간 ±2% 이내일 때 사실상 고정환율제로 분류한다는 점을 고려할 때 ±15%의 밴드는 결코 강력한 페그가 아니다.) 또한 덴마크는 유로존에 합류한 것이 아니라 환율만 유로에 고정시켜 놓은 상태이기 때문에 자유로운 환율변동을 원하면 (스웨덴이나 영국이 그랬던 것처럼) 언제든지 ERM을 탈퇴할 수 있다.

이러한 덴마크의 상황을 이탈리아와 비교해보자. 이탈리아는 이따금 유로존 탈퇴 가능성이 표면화되는 나라이다(그리스도 그런 나라 중 하나이다). 덴마크의 ERM 탈퇴와 비교해서 이탈리아의 유로 탈퇴는 골치 아프고, 복잡하며, 비용이 많이 드는 일이다. 유로를 퇴장시키고, 새로운 리라를 인쇄해서 다시 도입하는 일은 현실적으로 많은 어려움이 따른다. 더 심각한 것은 이탈리아가 그동안 행한 모든 계약, 특히 민간 및 공공 채무를 유로에서 리라로 바꾸는 일로서 유로 계약의 '리라표시 전환(lirification)' 과정에서 엄청난 법적분쟁이 발생할 것이다. 실제로 이런 과정을 거친 나라가 있는데, 결코 권장할 만하지 않다는 것을 보여준다. 1980년대 라이베리아가 달러통용화를 폐지한 바 있으며(이 과정에서 경제위기에 빠짐), 2002년 아르헨티나가 달러표시 계약의 '페소표시 전환(pesification)'을 단행한 적이 있다(역시 이 과정에서 경제위기에 빠졌다).

미래에 어떤 일이 벌어질지 모르기 때문에 장래 자신의 통화 및 환율제도를 바꿀 수 있는 옵션을 보유하고 있는 것은 가치가 크다. 페그 탈퇴는 쉽고(너무 쉽다고 할 수도 있음), 언제든 행할 수 있다. 반면 공동통화에서 탈퇴하는 것은 그보다 훨씬 더 어렵고(유로존은 탈퇴 절차가 없음), 비용이 많이 들 것으로 예상된다. 어떤 나라가 페그 가입에 비해 공동통화에 가입하게 되면 자신이 행할 수 있는 옵션에 더 많은 제약을 받기 때문에 이 나라로서는 공동통화 가입에 대해 훨씬 까다로운 조건을 설정하게 될 것이다. 따라서 그림 16-2에서 보듯이 OCA 영역이 최적 고정환율제 영역에 비해 더 작아야 하며, 그 내부에 있어야 한다.

최적통화지역의 기타 기준

그림 16-2의 단순모형은 통화동맹 가입의 두 가지 기본 동기를 바탕으로 한 것이지만, 이들 외에도 다양한 요인이 있을 수 있다. 동일한 분석틀 내에서 이들 추가적인 요인들에 대해 살펴보자.

노동시장 통합 지금까지의 분석에서 우리는 재화와 서비스 교역만 고려했을 뿐, 노동의 이동에 대해서는 생각하지 않았다. 그러나 자국과 외국이 통합된 노동시장을 지니고 있어 노동이 양국을 자유롭게 이동한다면 어떻게 될까? 이것이 최적통화지역 구성 결정에 어떤 영향을 미칠까?

노동시장 통합은 비대칭적 충격이 발생했을 때 또 다른 조정과정을 제공한다. 예를 들어 자국과 외국의 생산과 실업이 동일하다고 하자. 이런 상황에서 자국에만 부정적 충격이 가해지고 외국은 충격을 받지 않았다고 해보자. 만약 자국에서 생산이 감소하고 실업이 증가하면 자국의 노동이 외국으로 이주하게 된다. 이런 이민이 쉽게 발생할 수 있다면 자국에 가해진 부정적 충격의 영향이 덜 고통스러울 것이다. 게다가 자국이 경제 안정화를 위해서 독립적인 통화정책으로 대응할 필요가 줄어든다. 한 지역의 실업, 즉 노동의 초과공급이 이민을 통해 조정되는 것이다.

이는 결국 자국과 외국의 노동시장 통합이 강할수록 (통화정책 자율성 상실로 발생하는) 통화동맹의 비용이 낮아지는 것을 의미한다. 왜냐하면 노동 이동성 덕분에 충격이 발생할 때 추가적인 안정화 장치가 작동하기 때문이다. 다른 요인이 동일할 때, 이러한 이익 가능성은 OCA 경계를 낮추는 효과를 지닐 것이다. 그림 16-3에서 보는 것처럼 OCA선이 OCA₁에서 OCA₂로 하향 이동한다. 이에 따라 통화동맹 영역이 확장된다. 결국 노동시장이 통합될수록 통화동맹을 결성하려는 움직임이 강해질 것이다.

재정이전   위에서 OCA 내에 있는 나라들이 비대칭적 충격을 극복하기 위해 활용할 수 있는 두 가지 장치, 즉 통화정책과 노동시장에 대해 살펴봤다. 이것들은 OCA의 핵심 상충관계로 서 로버트 먼델이 강조한 것이다. 그런데 우리는 재정정책에 대해서는 살펴보지 않았다. 사실 다른 조건이 동일할 때, 한 나라가 통화동맹 안에 있든 밖에 있든 재정정책은 그것과 상관 없이 자율적이라고 생각할 수 있다. 하지만 한 가지 중요한 예외가 있다. 만약 통화동맹이 연방정치구조를 취하고 있어서 국가 간 재정이전이 허용되는 구조, 즉 소위 **재정연방주의**(fiscal federalism) 시스템일 경우에는 재정정책이 독립적이지 않을 것이다.

만약 어떤 지역이 재정연방주의를 취하고 있다면, 자국에 부정적 충격이 발생할 때 세 번째 조정 경로가 작동될 수 있다. 즉 충격의 효과가 외국으로부터 재정이전에 의해 완화됨으로써 그렇지 않았을 때에 비해 자국의 재정정책이 더욱 확장적으로 작용하는 것이다. 이것이 제대 로 작동하기 위해서는 외국의 재정이전이 어떤 차이를 낳을 만큼 충분히 커야 한다. 또한 외국의 재정이전이 자국의 재정정책 실행상 어떤 한계를 극복하는 데 도움을 줘야 한다. 즉 자국이 다른 방법으로는 불가능한 자금 조달 정책을 사용할 수 있어야 한다(가령 정부 차입).

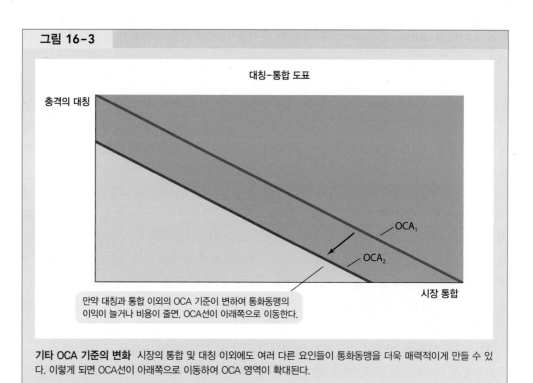

그림 16-3

대칭–통합 도표

충격의 대칭

OCA₁

OCA₂

시장 통합

만약 대칭과 통합 이외의 OCA 기준이 변하여 통화동맹의 이익이 늘거나 비용이 줄면, OCA선이 아래쪽으로 이동한다.

기타 OCA 기준의 변화 시장의 통합 및 대칭 이외에도 여러 다른 요인들이 통화동맹을 더욱 매력적이게 만들 수 있 다. 이렇게 되면 OCA선이 아래쪽으로 이동하여 OCA 영역이 확대된다.

이런 조건이 만족되면, 재정이전의 존재는 통화동맹 결성의 비용을 낮출 것이다. 따라서 다른 요인이 동일할 때, 재정이전 강화에 따른 이익 가능성은 OCA 경계를 낮추어 그림 16-3에서 보는 것처럼 OCA선이 OCA_1에서 OCA_2로 하향 이동할 것이다. 이에 따라 통화동맹 영역이 확장된다. 결국 재정이전 장치가 개선될수록 통화동맹을 결성하려는 움직임이 강해질 것이다. OCA 기준의 하나로 재정이전 장치의 중요성을 강조한 이는 국제경제학자 피터 케넨 (Peter Kenen)이다.[5]

통화정책과 명목기준지표 통화동맹 가입으로 크게 바뀌는 것 한 가지는 자국 중앙은행이 통화 정책 운용을 그만 둔다는 것이다(혹은 완전히 존재가 없어진다). 그렇게 되면 통화정책은 공 동의 중앙은행에 의해 수행되는데, 정책과 행동의 설계, 목적, 정치적 인식 등이 달라진다. 이것은 좋은 일일 수도 있고, 그렇지 않을 수도 있다. 자국 중앙은행의 전반적인 통화정책 운 용 실적이 공동의 중앙은행에 비해 어떤가(혹은 어떨 것으로 예상되는가)에 달려있다.

예를 들어 자국이 만성적인 고인플레이션을 겪고 있는데, 그 이유가 정책결정자들의 **인플 레이션 편향**(inflation bias) 때문이라고 해보자. 이는 정치권에서 단기적 이득을 위해 확장적 통화정책을 요구하는 것에 대해 정책결정자들이 이를 거부하지 못함으로써 인플레이션이 높 아지는 것을 일컫는 말이다. 인플레이션 편향은 장기적으로 예상 인플레이션 및 실제 인플레 이션 수준을 평균적으로 높인다. 그러나 평균적인 실업 및 생산 수준은 변하지 않는다. 왜냐 하면 인플레이션이 장기적으로는 실질적인 효과가 없기 때문이다.

이런 상황에서 통화동맹의 공동 중앙은행이 정치적으로 매우 독립적이어서 확장적 통화정 책을 요구하는 정치적 압력을 거부할 수 있다고 해보자. 이 경우 인플레이션이 평균적으로 더 낮아지고 실업과 생산은 최소한 더 나빠지지 않는 등 전반적으로 실적이 더 좋아질 수 있 다. 즉 통화동맹에 가입하는 것이 자국의 경제적 성과를 개선시킨다. 명목기준지표를 개선시 키는 것이다. 이런 시나리오라면 통화동맹으로 통화적 자율성을 상실하는 것이 더 바람직할 것이다.

역사적으로 높은 인플레이션을 겪어온 몇몇 유로존 회원국들에게는 통화동맹의 이런 측면 이 중요한 의미를 지닌다. 예를 들어 이탈리아, 그리스, 포르투갈 등이다. 이런 통화정책상의 이득 가능성을 그림 16-3에 나타낼 수 있다. 다른 조건이 동일할 때, 자국의 명목기준지표 악화(혹은 통화동맹의 명목기준지표 개선)는 OCA선을 아래쪽으로 이동시킨다. 인플레이션 이 치솟거나 변동이 심한 나라는 OCA 경계선이 낮아져 OCA선이 OCA_1에서 OCA_2로 하향 이동한다. 이에 따라 통화동맹 영역이 확장된다. 결국 시장의 통합 및 대칭이 어떤 수준으로 주어졌을 때, 인플레이션이 높은 나라일수록 통화동맹에 가입하려는 움직임이 강해지고 이런 종류의 통화정책 이익이 커질 것이다.(이런 상황에서 통화동맹 내 저인플레이션 국가들의 고

---

5 Peter Kenen, 1969, "The Theory of Optimum Currency Areas: An Eclectic View," in *Monetary Problems in the International Economy*, edited by Robert A. Mundell and Alexander K. Swoboda (Chicago: University of Chicago Press), pp. 41-60.

민에 대해 뒤에서 다룬다.)

정치적 목적 마지막으로 살펴볼 것은 경제적으로는 유인이 없음에도 불구하고 비경제적 이득과 가능성 때문에 통화동맹에 가입하는 것이 유리할 수 있다. 예를 들어 사람들이 자국의 순수한 경제적 후생은 나빠져도 '정치적 후생'은 좋아질 수 있다고 생각할 수 있다. 어떻게 그럴까?

어떤 국가 혹은 국가 집단이 통화동맹을 결성하는 것이 정치적, 안보적, 전략적, 혹은 기타 이유로 가치가 있다고 생각할 수 있다. 예를 들어 19세기 미국이 서부로 확장해갈 때 새로 편입된 영토와 주들이 미국 달러를 채택하는 것은 아주 당연한 것이었다. 최근 사례를 보면, EU가 동유럽으로 확대될 때 EU 가입이 결국 통화동맹으로 이어진다는 전제가 깔려있다. 이런 믿음, 전제, 합의는 지금까지 우리가 살펴본 OCA 기준과는 별로 관계가 없다. 그보다는 정치적 믿음이나 국가의 정치적 미래에서 비롯된 행동이다.

정치적 이익 역시 그림 16-3에서 OCA선을 OCA_1에서 OCA_2로 하향 이동시키는 효과를 가질 것이다. 이 경우 OCA_1과 OCA_2 사이에 있는 나라는 통화동맹을 결성하는 데 **경제적 비용**이 들지만 **정치적 이익**이 이를 압도하는 경우에 해당한다. EU와 유로존 역사에서 정치적 측면이 중요한 역할을 해왔으며, 이에 대해서는 뒤에서 보다 자세히 다룬다.

적용사례

최적통화지역 : 유럽 대 미국

최적통화지역 이론은 통화동맹 가입이 한 나라의 이익에 도움이 되는지를 판단하는 데 중요한 기준을 제시한다. 그러나 통합과 대칭이라는 OCA 기준이 이론적으로는 그럴듯해 보여도 현실적으로 통화동맹의 이익과 비용을 정확히 측정하기는 매우 어려운 일이다.

따라서 직접적인 측정 대신 비교분석 방법을 시도해볼 수 있다. 즉 OCA 각 기준에 대해 유럽과 미국을 비교해보는 것이다. 미국이 하나의 공동 통화지역으로서 잘 작동하고 있다고 했을 때, 만약 유럽의 OCA 기준 충족도가 미국에 뒤지지 않으면, 이는 유로의 경제적 타당성을 뒷받침하는 간접적인 근거가 될 수 있다.

재화시장 통합 유럽은 서로 엄청난 교역을 한다. 그러나 (이용 가능한 데이터로 완전한 비교는 어렵지만) 우리가 판단하기로 미국 내 각 주들은 그보다 훨씬 더 많은 교역을 한다. 그림 16-4(a)에서 보듯이 미국 50개 주의 상호 교역은 미국 GDP의 약 66%이다. 이에 반해 17개 유로존 나라들의 상호 교역은 훨씬 적어 유로존 GDP의 약 17% 수준에 불과하다. 물론 (다음 절에서 보겠지만) EU의 '단일시장' 창출이 여전히 진행 중이어서 EU 내부 시장이 더욱 통합되면, EU 역내 교역도 더욱 증가할 것이다. 하지만 현재로서는 재화시장 통합 측면에서 유럽이 미국에 못 미친다.

그림 16-4

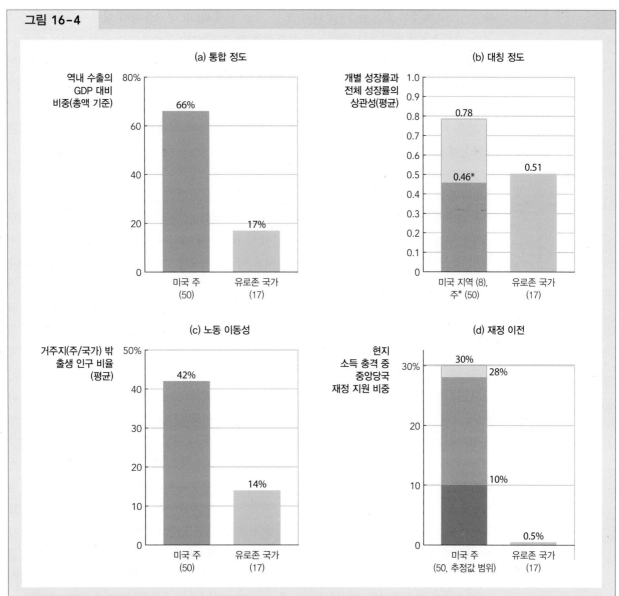

(a) 통합 정도

역내 수출의 GDP 대비 비중(총액 기준)

66%

17%

미국 주 (50)　　유로존 국가 (17)

(b) 대칭 정도

개별 성장률과 전체 성장률의 상관성(평균)

0.78

0.46*

0.51

미국 지역 (8), 주* (50)　　유로존 국가 (17)

(c) 노동 이동성

거주지(주/국가) 밖 출생 인구 비율 (평균)

42%

14%

미국 주 (50)　　유로존 국가 (17)

(d) 재정 이전

현지 소득 충격 중 중앙당국 재정 지원 비중

30%

28%

10%

0.5%

미국 주 (50, 추정값 범위)　　유로존 국가 (17)

유로존과 미국의 OCA 기준 평가 경제학자들에 따르면, 미국이 유로존에 비해 OCA 기준을 훨씬 더 많이 충족하는 것으로 파악된다. 그 근거는 무엇인가? (a)는 미국의 역내 교역이 유로존 역내 교역에 비해 훨씬 많다는 것을 보여준다. (b)는 미국과 유로존이 충격의 대칭성 측면에서 서로 비슷하다는 것을 보여준다. (c)는 미국 노동시장이 유로존에 비해 훨씬 통합돼 있다는 것을 보여준다. (d)는 경기 안정화를 위한 중앙당국의 재정지원이 미국에서는 규모가 큰 반면, 유로존에서는 기본적으로 존재하지 않는다는 것을 보여준다.

자료 및 주 : Kevin H. O'Rourke and Alan M. Taylor, 2013, "Cross of Euros," *Journal of Economic Perspectives*, 27(3): 167-92. 데이터는 최대 17개 유로존 회원국에 대해 2013년까지의 기간을 대상으로 한 것이다.

충격의 대칭성 충격의 대칭 정도를 직접적으로 파악하는 방법은 국가 혹은 지역의 연간 GDP 증가율과 그룹 전체 GDP 증가율 간의 상관성을 측정하는 것이다. 그림 16-4(b)에 나와 있는 결과를 보면, 유로존을 미국의 주와 비교했을 때 유로존이 뒤지지 않는 것으로 나타났다.

즉 미국 50개 주와 유로존 17개 나라 모두 그룹 전체 GDP 증가율과의 상관계수가 0.5 전후 이다(미국을 8개 인구조사 지역으로 분류했을 때는 당연히 상관계수가 훨씬 높다). 이 결과 는 결코 놀랍지 않다. 왜냐하면 EU 나라들이 미국의 주들에 비해 국지적 충격에 더 노출되어 있다고 볼 이유가 결코 없기 때문이다. 그러나 조만간 살펴보겠지만, EU로서 한 가지 문제는 앞으로 일어날 일들이다. 즉 EU 재화시장이 통합될수록 EU 나라들의 특화가 진전돼 차별성 이 더욱 커질 것이다. 이 경우 EU 나라들의 비대칭적 충격 위험이 커지기 때문에 OCA 기준 충족도가 떨어질 것이다.

노동 이동성 그림 16-4(c)는 익히 잘 알려진 사실을 보여준다. 즉 유럽이 미국에 비해 노동 이동성이 훨씬 낮다는 것이다. 미국의 경우 주민의 40% 이상이 자신이 살고 있는 주가 아닌 곳에서 출생했다. 이에 비해 유로존에서는 단지 14%만이 자신이 살고 있는 나라가 아닌 곳에 서 태어났다.(지역 간 이동 흐름으로 측정해도 미국이 유럽을 앞선다.) 여기에는 확실한 이유 가 있다. EU의 경우 문화나 언어의 차이가 역내 이주의 장애물인 반면, 미국은 그런 것이 거 의 없다는 점이다. 게다가 EU의 경우 역내 이민이 법적으로는 가능하다 해도 현지의 여러 규 제나 번거로운 수속 등으로 다른 나라에서 살거나 일하는 것이 EU의 여러 개선 노력에도 불 구하고 쉽지 않다. 또한 유럽 노동시장은 일반적으로 유연성이 낮아 근로자를 채용하거나 해 고하는 것이 어려우며, 이것이 노동 이동성을 가로막는 또 다른 요인이다. 연구에 따르면 EU 나라들 사이 실업률 차이가 미국 주들 사이 차이에 비해 더 크고 더 오래 지속되는 것으로 나 타났다. 한마디로 유럽의 노동시장 조정 메커니즘이 미국보다 더 약하다. 결국 노동 이동성 에 있어서는 유럽이 미국에 훨씬 못 미친다.

재정이전 그림 16-4(d)는 미국 50개 주에 대한 조사 연구에 따른 것으로 각 주의 GDP가 경 기침체로 1달러 감소했을 때 이를 보상하기 위한 연방정부의 재정지원은 10센트에서 30센트 사이인 것으로 나타났다(이 값들은 너무 낮아 보이는데, 연방소득세 변동만으로 계산한 가 장 최근의 값은 28센트이다). 이런 종류의 경기 안정화 재정이전은 재정연방주의 하에서 중 앙당국에 상당한 조세 및 지출 권한이 주어졌을 때에만 가능하다. 미국은 이와 같은 재정이 전 시스템이 갖춰졌지만, EU와 유로존은 그렇지 않다. 유로존의 경우 개별 국가 내에는 비 슷한 시스템이 있지만, 유로존 가입국 전체를 대상으로 한 재정이전 시스템은 존재하지 않는 다. 따라서 어떤 나라 GDP가 1유로 감소했을 때 이를 보상하는 재정지원은 1센트에도 못 미 친다.(EU 예산은 EU GDP의 1%를 약간 웃도는 수준으로 농업 보조금 등의 목적으로 사용 되고 있어 경기변동에 따라 크게 변동하지 않는다).

요약 단순 OCA 기준만 놓고 보면, 성공적인 최적통화지역이라는 면에서 유럽은 미국에 미 치지 못한다. 이것이 그림 16-5에 표현돼 있다. EU는 재화시장 통합이 더 약하고, 재정이전 은 거의 없다시피 하며, 노동 이동성도 매우 낮다. 기껏해야 경제적 충격 면에서 상당히 대칭

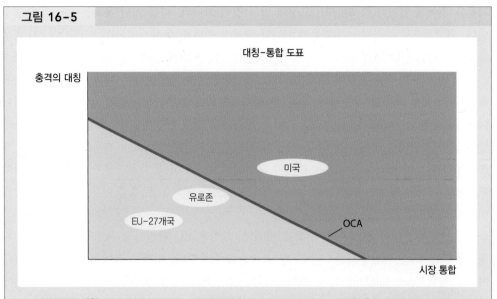

그림 16-5

대칭-통합 도표

충격의 대칭

미국

유로존

EU-27개국

OCA

시장 통합

EU 및 미국에 대한 OCA 평가 대부분의 경제학자들은 유로존과 EU가 OCA 기준을 충족시키지 못하는 것으로 평가한다. 시장 통합이 너무 약하고 충격 역시 비대칭적이라는 것이다. 유로존은 통합이 더욱 진전됨에 따라 OCA선에 더 접근했을 수 있지만, 여전히 미국에는 크게 못 미치는 수준이다. 대상을 EU 27개국으로 확대할 경우, OCA 기준 충족도가 더욱 낮아질 것이다. EU가 유로존보다 통합의 정도가 낮고 비대칭성이 더 크기 때문이다.

적이지만 다른 분야의 단점들을 감안했을 때 이 사실만으로 통화동맹을 지지하기에는 한계가 있다.

이와 관련해 일부 경제학자들은 경제안정 비용이 과장되어 있다는 주장을 내놓기도 한다. 즉 안정화 정책에 대해 이론적으로(예를 들어 가격이 단기적으로 경직적이라는 케인즈주의 견해에 대한 비판), 혹은 현실적으로(예를 들어 단기 거시경제 정책 실행 과정에서 부딪히는 여러 가지 한계) 의문을 제기한다. 그러나 대부분의 경제학자들은 한 나라가 통화적 자율성을 상실함으로써 발생하는 비용이 적지 않다고 믿는다. 그들이 걱정하는 것은 이제 유로존의 일부 혹은 모든 나라들이 자신들에게 적절하지 않은 일률적인(one-size-fits-all) 통화정책을 적용받고 있다는 점과 유로존에 명확한 최종대부자 메커니즘이 존재하지 않음에 따라 추가적 위험이 생겼다는 점이다.

종합해볼 때, 경제학자들은 EU와 유로존이 경제통화동맹(EMU) 프로젝트가 가동됐던 1990년대에 아직 최적통화지역이 아니었다고 판단하는 것으로 보이며, 이런 판단을 바꿀만한 일들이 아직까지 별로 발생하지 않았다. ■

OCA 기준은 자기실현적인가?

지금까지 논의는 OCA 기준에 대해 정태적 관점에서 살펴봤다. 즉 모든 조건들은 주어져 있고 잘 알려져 있으며, 따라서 모든 나라들은 이를 바탕으로 통화동맹 결성의 비용과 이익을 따지면 된다. 그러나 OCA 기준에 대해 이와 다른 견해도 있다. 그들에 따르면, 일부 OCA

기준은 주어져 있거나(즉 외생적) 고정돼 있는 것이 아니라, 다름 아닌 통화동맹에 의해 결정된다. 외생적으로 주어지는 투입물이 아니라 경제적 결과물(즉 내생적)이라는 것이다. 이 경우 유로존이 지금은 OCA가 아니지만, 공동통화를 도입함으로써 장래에는 OCA가 될 수 있다.

예를 들어 재화시장 통합에 대해 생각해보자. 통화동맹 가입이라는 행위 자체가 거래비용을 낮춰 교역을 촉진할 가능성이 있다. 즉 통화동맹의 주요 이익이 바로 시장의 통합인 것이다. 이렇게 되면 OCA 기준을 사전적으로(즉 통화동맹 결정 이전에) 적용했을 때는 많은 나라들이 교역량 면에서 충분하지 않다. 통합의 정도가 낮기 때문에 OCA 기준을 충족하지 못해 통화동맹 결성이 어려울 수 있다. 하지만 그럼에도 불구하고 통화동맹이 어찌됐든 결성된다면, 바로 그 통화동맹이 교역량을 늘려 **사후적으로는**(즉 통화동맹 결성 이후에) OCA 기준을 비로소 충족시킬 수 있다.

유로 낙관론자들이 주로 이런 주장을 펼친다. 그들은 EU 단일시장 프로젝트를 하나의 진행과정으로 보고, 단일통화를 그것의 핵심 요소로 간주한다. 이런 논리에 따르면 OCA 기준이 자기실현적(self-fulfilling)일 수 있다. 만약 사전적으로 일부 국가들만이라도 OCA 조건에 (충분하지는 않더라도) 근접한 상황이라면 이것이 가능할 수 있다. 예를 들어 그림 16-6에서 보듯이 EU가 OCA선 바로 아래인 점 1에 있다고 해보자. 이 상황에서 EU 나라들이 그냥 '이것저것 따지지 않고' 통화동맹을 결성했는데, 자고 일어나 보니 공동통화가 역내 교역을 늘

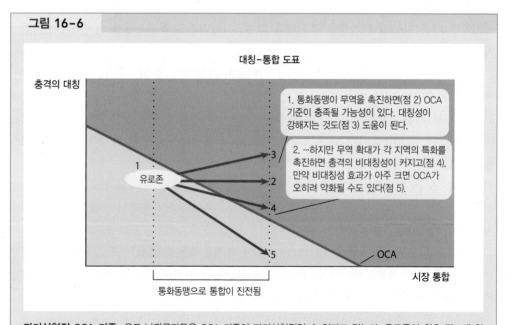

그림 16-6

대칭-통합 도표

충격의 대칭

1. 통화동맹이 무역을 촉진하면(점 2) OCA 기준이 충족될 가능성이 있다. 대칭성이 강해지는 것도(점 3) 도움이 된다.

2. …하지만 무역 확대가 각 지역의 특화를 촉진하면 충격의 비대칭성이 커지고(점 4), 만약 비대칭성 효과가 아주 크면 OCA가 오히려 약화될 수도 있다(점 5).

유로존

OCA

시장 통합

통화동맹으로 통합이 진전됨

자기실현적 OCA 기준 유로 낙관론자들은 OCA 기준이 자기실현적일 수 있다고 믿는다. 유로존이 최초 점 1에 위치한 상황에서 EMU 효과가 발휘된다고 해보자. 시장 통합이 진전되는 경우(무역 확대, 자본이동, 이민) 유로존 위치가 점 2로 이동한다. 이와 함께 유로존에서 충격의 동시성이 강해지는 경우 유로존 위치가 점 3으로 이동한다. 그러나 유로 비관론자들은 시장 통합과 무역 확대가 EU 각 나라의 특화를 촉진할 수 있다고 본다. 그럴 경우 각 나라에 대한 충격이 더욱 비대칭적이 되어 유로존 위치가 점 4나 점 5로 이동한다. 점 5의 경우 통화동맹의 장기적 효과가 발휘됨에 따라 OCA가 오히려 약화될 수 있음을 보여준다.

려 '짠하고' 점 2로 점프한 셈이다. 결국 통화동맹 시행 전에는 그것이 합리적이지 않았으나, 시행해 놓고 보니 합리적이 된 것이다. EU와 유로존이 지금은 최적통화지역이 아닌 것 같지만, 완전히 작동하게 되면 최적통화지역으로 바뀔 수 있다는 것을 의미한다. 그러나 유로 비관론자들은 이러한 자기실현 효과가 별로 크지 않다고 주장한다. 실증분석 결과는 어느 한쪽으로 단정하기 힘들어 이 효과의 정확한 크기는 상당한 논쟁거리이다(**헤드라인 : 통화동맹과 무역** 참조).[6]

유로 낙관론자들의 또 다른 주장은 EU 프로젝트 하에서 통합이 진전될수록 다른 OCA 기준도 향상될 수 있다는 것이다. 예를 들어 재화시장이 더욱 긴밀히 연결되면 EU 내에서 충격이 더 빨리 전파되기 때문에 충격의 대칭성이 높아질 수 있다. 이는 유로존 창출이 교역을 촉진할 뿐 아니라 충격의 대칭성도 높이는 것으로서 그림 16-6의 점 1에서 점 3으로 이동하는 것에 해당한다. 이런 효과가 발휘된다면 OCA 주장이 훨씬 더 힘을 받을 것이다.

그러나 유로 비관론자들은 이와 정반대되는 주장을 제기한다. 즉 재화시장 통합이 생산을 더욱 특화시키는 결과를 낳을 수 있다는 것이다. 이 주장에 따르면, 개별 기업들이 자국 시장뿐 아니라 전체 EU 시장을 손쉽게 커버할 수 있기 때문에 기업들은 규모의 경제와 생산 집중화를 추구한다. 이 경우 어떤 부문은 생산 거점이 소수로 집중될 가능성이 있다. 즉 과거에는 무역장벽과 기타 장애물 때문에 모든 개개 EU 나라가 아주 다양한 재화를 생산해야 했지만 미래에는 훨씬 더 집중화될 가능성이 있다(미국이 좋은 예를 제공하는데, 자동차 산업은 디트로이트, 금융 서비스는 뉴욕 시, 영화는 로스앤젤레스, 정보기술은 실리콘밸리와 샌프란시스코 등이다). 이처럼 특화가 진전되면 나라 간 유사성이 줄어들기 때문에 비대칭적 충격에 더 많이 직면하게 된다. 이는 그림 16-6의 점 1에서 점 4로 이동하는 것에 해당한다. 이 경우 OCA는 강화되지만, 그 정도가 크지는 않다. 혹은 점 1에서 점 5로 이동하는 것일 수도 있다. 이 경우 비대칭적 충격의 비용이 아주 커서 시장 통합 이익에도 불구하고 OCA가 오히려 약화된다.

일부에서는 유로 도입으로 어떤 다른 OCA 기준이 영향을 받을 수 있다고 본다. 공동통화가 노동 및 자본 이동성을 촉진하지 않을까? 또한 재정연방주의를 촉진하는 것은 아닐까? 그러나 무역 창출이나 특화 효과처럼 이들 주장 역시 현실적으로 확실한 증거가 있는 것은 아니다. 유로존 경험이 몇 년 더 지속돼서 믿을 만한 통계적 추론이 가능할 정도로 충분한 데이터가 쌓이기 전까지는 확실한 판단을 내릴 수 없다.

요약

우리는 여기에서 통화동맹의 경제적 비용과 이익을 계산함으로써 통화동맹의 합리성을 판단하는 방법에 대해 살펴봤다. 이 기준만으로 보면, 유로존은 최적통화지역이 아닌 것이 거의 확실하고, EU 역시 마찬가지이다. 물론 이 결론을 유로존 전체에 똑같이 적용해서는 안 될

6　일부 학자들은 공동통화의 또 다른 효과에 주목한다. 즉 유로존 내에서 노동 및 자본의 이동을 촉진한다는 것이다. 이것 역시 OCA 충족도를 변화시키지만, 아직까지는 이 효과와 관련된 확실한 증거는 발견되지 않았다.

헤드라인

통화동맹과 무역

유로의 도입으로 유로존의 무역이 늘어났을까? 아직까지 효과가 그리 큰 것 같지는 않다.

화폐동맹이라는 유럽의 대담한 실험에 대해 논쟁이 계속되고 있지만, 적어도 무엇이 비용이고 무엇이 이익인가에 대해서는 이제 어느 정도 합의가 이루어졌다. 비용은 거시경제적인 것으로서 이제 더 이상 각 회원국은 자신의 경제상황에 따라 이자율을 적절히 변경할 수 없게 됐다. 이익은 미시경제적인 것으로서 통화 교환 비용과 환율 불확실성이 사라짐에 따라 교역과 성장 측면에서 이익이 기대된다.

이와 관련하여 최근 …스위스 제네바 소재 국제학연구소(GIIS) 리처드 볼드윈의 연구*는 대폭 낮은 추정값을 내놓았다. 즉 단일통화 도입으로 유로지역 내 무역 증가가 9% 수준(범위로는 5%에서 15% 사이)으로 예상보다 훨씬 낮은 것으로 나타났다. 게다가 이런 증가세가 계속 이어지고 있는 것이 아니라 이미 효과가 끝났다는 것이다. 유럽연합 회원국으로서 유로존에 참가하지 않은 세 나라(영국, 스웨덴, 덴마크) 역시 단일통화 도입으로 유로존에 대한 수출이 7%가량 늘어나 거의 유로존 창립 멤버와 비슷한 수준에 육박했다.

사실 과거 통화동맹 연구에서 얻은 놀라운 결과들로 인해 … 유로의 무역 촉진 효과에 잔뜩 기대를 걸고 있는 상황이었다. 2000년 UCLA 경제학 교수인 앤드류 로즈의 경우 통화동맹이 교역을 무려 235%나 늘린다고 발표했다.** 이는 환율 변동성이 무역을 줄이는 효과가 아주 미미하다는 선행 연구와 상충되는 것이었다.

그런 우려에도 불구하고 통화동맹의 무역 효과가 매우 크다는 연구들이 잇따라 발표됐다. 볼드윈에 따르면 이런 추정값을 신뢰하기 힘든 이유는 다음과 같다. 가장 큰 문제는 이들 연구가 분석한 통화동맹 사례는 참가국들이 대부분 소국이면서 가난한 경제이다. 왜냐하면 과거 식민지 경험에서 비롯된 동맹이기 때문이다. 나라들이 너무 다양하여 무역에 미치는 영향을 모형화하는 것이 불가능할 정도이다. 또한 분석에서 빠진 요인이 화폐동맹 가입여부와 상관관계가 있다면 무역에 미치는 효과가 과장될 수 있다. 뿐만 아니라 인과관계도 반대일 가능성이 있다. 즉 (통화동맹으로 교역이 늘어나는 것이 아니라) 교역을 많이 하는 소규모 개방경제가 통화를 공유할 가능성이 높다는 것이다. …

이처럼 과거 통화동맹에서 교역 효과를 파악하기 어렵다는 것은 과거의 추정값에 결정적인 문제가 있다는 것을 의미한다. 그런데 유로의 경우 이미 1999년부터 존재해왔기 때문에(동전과 지폐가 유통되기 시작한 것은 2002년 1월), 경험에 기초한 증거들이 축적되고 있다. 분명히 이 증거들은 12개 유로존 창립 멤버들의 거시경제적 단점에 관련된 것이 주를 이룬다. 화폐적 주권의 상실이 처음에는 독일을 괴롭히더니 최근에는 이탈리아의 발목을 잡았다.

이런 결점에도 불구하고 일부 연구들은 화폐동맹으로 유로지역 내 교역이 상당히 증가한 것에 주목한다. 예를 들어 유로 도입 처음 4년 동안 교역 증가율이 20~25% 수준이다. 그러나 과거 통화동맹 연구에서와 마찬가지로 여기에는 통화동맹 가입 이외에도 다른 많은 요인들이 영향을 미쳤을 수 있다. 운 좋게도 기존의 통화동맹과 달리 유로존의 경우 여기에 가입하지 않은 세 나라(영국, 스웨덴, 덴마크)를 '대조군'으로 삼아 분석을 할 수 있다. 특히 이들 세 나라가 무역정책 등 여러 가지 EU 회원 조건을 유로존 회원국들과 공유하고 있기 때문에 의미가 더욱 크다. 볼드윈의 분석은 이런 방법론에 기초한 것으로 화폐동맹에 의한 유로지역 교역 증가는 9% 수준에 불과했다.

중요한 것은 교역 증대 효과가 유로 역내 교역의 거래비용 감소에 의한 것이 아니라는 점이다. 만약 그것 때문이었다면 유로존 회원국 간의 교역재 가격이 비회원국과의 교역재 가격에 비해 낮아지는 효과가 있어야 한다. 그러나 볼드윈에 따르면 이런 상대적 가격 하락을 발견할 수 없었으며, 유로존에 가입하지 않은 세 나라에서 유로존 역내 국가로 교역이 전환되는 효과도 나타나지 않았다. 오히려 다른 메커니즘이 작동했다는 것이 그의 주장이다. 즉 유로의 도입이 유로 역내 교역의 고정비용을 사실상 낮췄다는 것이다. 이에 따라 기존에 12개 회원국 중 일부에만 제품을 판매했던 기업들이 통화동맹 이후 시장을 더 크게 혹은 전체로 확대하는 것이 가능해졌다. 교역 확대 효과가 기본적으로 한차례 조정으로 끝난 것이나, 유로존 밖의 세 나라가 회원국과 거의 비슷한 이익을 누린 것도 이 때문이라는 것이다.

유로지역 12개 회원국들에게는 중요

한 교훈이 하나 생겼다. 이들 나라는 비록 자신들이 통화동맹에 최적은 아니더라도 유로 도입으로 역내 교역이 크게 늘어남으로써 서로 비슷해져 가기를 희망했다. 하지만 볼드윈의 연구로 판단하건대 이는 너무 낙관적인 생각이다. 유로지역 나라들이 단일 통화정책으로 최대의 이익을 얻기 위해서는 노동시장을 더욱 유연하게 만드는 등 더 많은 개혁을 단행해야 할 것이다.

*Richard Baldwin, *In or Out: Does It Matter? An Evidence-Based Analysis of the Euro's Trade Effects* (London: Centre for Economic Policy Research, 2006).
**Andrew K. Rose, 2000, "One Money, One Market: The Effect of Common Currencies on Trade," *Economic Policy*, 30, April, 7-45.

출처 : "Economics Focus: The Euro and Trade," *Economist*, June 22, 2006. © The Economist Newspaper Limited, London (June 22, 2006).

것이다. 일부 하위 그룹을 따로 놓고 본다면 OCA 기준을 충족시킬 수 있다. 예를 들어 룩셈부르크는 수 세기 동안 사실상 벨기에 프랑을 통화로 사용했다. 또한 네덜란드 길더는 독일 마르크에 밀접하게 연동됐다. 베네룩스 3국은, 그리고 아마도 오스트리아까지 포함해서, 항상 독일과 밀접한 관계를 유지해왔으며, 따라서 통화동맹의 강력한 후보였다. 이들 외에도 통화동맹 가입에 요구되는 기준을 강력히 충족시킨 나라들이 있었다. 예를 들어 이탈리아의 경우 통화정책이 불안정할 때가 많아 안정적인 명목기준지표에 대한 필요성이 통화동맹의 일부 부정적 측면을 압도했다.

그런데 EU가 최적통화지역이 아닌데도 불구하고 어떻게 유로가 나오게 됐을까? 유로 프로젝트는 좀 더 큰 틀에서 바라봐야 한다. 유로라는 통화는 이질적인 경제들을 하나로 통합하기 위해 고안된 것이다. 거기에는 프랑스와 독일, 이탈리아와 영국을 포함, 서부에서 동부까지, 스칸디나비아에서 지중해까지 유럽 전 대륙을 포괄한다. 유로의 등장 배경에는 OCA 기준에 대한 고려가 거의 작용하지 않았다. 어떻게 유로가 나오게 됐는지를 이해하기 위해서는 정치적 논리에 대해 공부해야 하며, 다음 절에서 이를 살펴본다.

2 유로의 역사와 정치학

유럽연합과 유로 프로젝트의 정치적 기원은 먼 과거에서 찾을 수 있다. 1861년 프랑스의 저명한 작가이자 정치가였던 빅토르 위고는 "경제적으로 개방된 시장, 그리고 사상적으로 개방된 마음, 이것들만이 유일한 전장(battlefields)이 될 날이 언젠가는 올 것이다."라고 말했다. 표 16-1의 연대기는 1870년 이후 유럽 경제사에서 가장 중요한 사건들을 정리한 것이다. 이들 사건을 보면 유럽 프로젝트가 경제뿐 아니라 정치에 의해 전개돼왔음을 알 수 있다.

유럽의 간략한 역사

표를 보면 1870년 이후 주요 정치적 · 경제적 사건과 이 기간 중 통화 문제와 관련된 주요 사건들이 나와 있다. 표는 두 기간으로 나뉜다. (a)는 역사적으로 좀 더 과거의 사건들로서 EU 창설의 역사와 EMU 전개 과정, 그리고 1991년 마스트리히트조약까지를 기록한 것이다. (b)는 EU와 EMU 프로젝트에 영향을 미친 최근 사건들을 보다 자세히 보여준다.

EU 구상은 1차 세계대전(1914~1919)과 2차 세계대전(1939~1945)이라는 20세기 두 차

표 16-1

(a) 유럽 통합 과정 : 1993년까지 이 표는 지난 100여 년 이상에 걸쳐 발생한 주요 정치 경제적 사건들을 보여준다.

	주요 정치 경제적 사건	통화적 사건
1870~1914	대체로 평화적 시기, 경제적 성장과 안정	**금본위** 고정환율 시스템 유지됨
1914~1945	1, 2차 세계대전, 경제적 문제, 대공황	금본위제 붕괴, 불안정한 변동환율제; 자본통제 확산
1946	전후 고도성장기 시작, 1970년대까지 지속됨	**브레튼우즈 체제** 고정환율 시스템 출범
1947~1951	미국 지원의 **마셜플랜** 재건 사업이 진행됨. 유럽고등관리청에 의해 관리됨	국제무역을 촉진하고 원활한 결제를 위해 **유럽결제동맹** 설립됨
1954~1965	1954년 프랑스, 서독, 이탈리아, 벨기에, 네덜란드, 룩셈부르크 등 6개국이 **유럽석탄철강공동체**(ECSC)를 결성. 이들이 1957년 **로마조약**을 체결하여 **유럽경제공동체**(EEC) 결성. 1967년 EEC, ECSC, Euratom을 하나로 묶어 **유럽공동체**(EC)를 설립하고, **각료이사회와 유럽위원회** 설치함	
1971~1973	**1차 확대** : 1973년 덴마크, 아일랜드, 영국 가입으로 EC 9개국으로 확대	**브레튼우즈 체제** 고정환율 시스템 붕괴
1973~1979	**유럽의회** 직선제로 선출(1979)	1979년 통화적 협력을 위해 **유럽통화제도**(EMS)가 통화바스켓인 ecu(유로의 전신)와 **환율안정장치**(ERM)를 창설. 벨기에, 룩셈부르크, 덴마크, 독일, 프랑스, 아일랜드, 이탈리아, 네덜란드는 EMS/ERM에 가입하고 영국은 EMS에만 가입
1981~1986	**2차 및 3차 확대** : 그리스(1981), 포르투갈 및 스페인(1986) 가입으로 EC 12개국으로 확대	그리스, 포르투갈, 스페인 EMS 가입(ERM은 비가입)
1987~1990	1987년 발효된 **단일유럽의정서**에서 1992년까지 유럽 '단일시장'을 출범시킬 것을 규정	스페인(1989)과 영국(1990) ERM 가입
1990	1990년 **독일 통일**로 과거 동독이 EC에 편입됨	EC 내 자본통제 철폐
1991	**마스트리히트조약**에 의해 EC가 **유럽연합**(EU)으로 전환(1993년 창설). EU 시민권 및 EU 확대절차 확립됨. **경제통화동맹**(EMU) 계획 채택	EMU 계획에 공동통화 계획 포함(영국과 덴마크는 예외 권한 보유), 회원국 규정 및 **수렴기준** 확립
1992		포르투갈 ERM 가입. **ERM 위기** : 영국 ERM 탈퇴; 결국 ERM 밴드 확대됨
1993	EU **코펜하겐 기준** 마련, EU 신규 가입을 위한 정치 경제적 조건	EU 신청국은 ERM/EMS에 가입하여 일정 기간 통화동맹을 위한 요구조건을 달성해야 함

(b) 유럽 통합 과정 : 1995년 이후 이 표는 최근의 주요 정치 경제적 사건들을 보여준다.

	주요 정치 경제적 사건	통화적 사건
1995	**4차 확대** : 오스트리아, 핀란드, 스웨덴 가입으로 EU 15개국으로 확대. **솅겐조약** 발효로 공동 국경시스템, 이민정책, 자유여행지역 실시(아일랜드와 영국은 제외, EU 회원국이 아닌 아이슬란드, 노르웨이, 스위스 참여)	오스트리아, 핀란드, 스웨덴 EMS 가입 오스트리아(1995), 핀란드(1996) ERM 가입
1997	**암스테르담조약**을 통해 EU 시민권의 권리, 유럽의회 영향력, 고용, 공동 외교 및 안보정책 등을 정립	EU 회원국의 재정 안정을 강화하기 위해 **안정성장협약**(SGP) 체결
1998	11개국 유로 도입 결정: 프랑스, 독일, 이탈리아, 벨기에, 네덜란드, 룩셈부르크, 아일랜드, 포르투갈, 스페인, 오스트리아, 핀란드	**유럽중앙은행**(ECB) 창설. 11개 유로 참가국들은 모든 양국 간 환율을 12월 31일 동결
1999		1월 1일 회계단위로 **유로** 도입. 유로 지폐와 동전은 2002년 유통되어 국민통화를 대체함. 그리스, 덴마크 ERM 가입
2000		덴마크 국민투표에서 유로 도입 부결됨
2001	**니스조약**(Treaty of Nice)을 통해 EU 확대 조정, 로마조약 및 마스트리히트조약 개정 및 통합, 투표절차 수정	그리스 12번째로 유로존 가입
2003		스웨덴 국민투표에서 유로 도입 부결됨
2004	**5차 확대** : 키프로스, 체코, 에스토니아, 헝가리, 라트비아, 리투아니아, 몰타, 폴란드, 슬로바키아, 슬로베니아 가입으로 EU 25개국으로 확대	에스토니아, 리투아니아, 슬로베니아 ERM 가입
2005	EU **헌법조약**에 대한 프랑스와 네덜란드의 국민투표 부결로 비준이 무기한 연기됨. 논란이 많은 터키의 EU 가입 협상 시작(터키는 1963년 이후 준회원국, 1999년 이후 후보국)	키프로스, 라트비아, 몰타, 슬로바키아 ERM 가입. 25개 EU 회원국 중 12개국이 안정성장협약 규정 위반
2007	**6차 확대** : 불가리아, 루마니아 가입으로 EU 27개국으로 확대	슬로베니아 13번째로 유로존 가입
2008~2011	**글로벌 금융위기**(2008); 주변국(그리스, 아일랜드, 포르투갈, 스페인)의 심각한 침체 및 디폴트 위험(2009~); 트로이카(ECB/EU/IMF) **구제금융 프로그램** 개시(2010)	키프로스 및 몰타(2008), 슬로바키아(2009), 에스토니아(2011) 가입으로 유로존 17개국으로 확대; ECB(EU와 함께) 은행 및 정부에 특별 지원조치를 취함
2012~2014	재정긴축과 엄격한 긴축조치로 유로존 **더블딥** 침체에 빠짐(2012). 실업률 12% 상회, 청년 실업률은 24%를 상회; 유로존 17개국 중 15개국에서 **EU를 신뢰하지 않는다**는 응답이 더 많음(2013); 크로아티아 EU 가입(2013)	ECB 드라기 총재가 유로를 구하기 위해 '**필요한 모든 것**'을 하겠다고 약속함(2012). 키프로스 은행위기(2013)로 다섯 번째 트로이카 프로그램 적용; **자본통제**를 실시함에 따라 통화동맹 사실상 붕괴됨. 라트비아 유로 가입(2014)

례 군사적 충돌을 야기한 유럽 대륙 갈등의 역사에 대한 협력적 해결 방안으로 등장했다. 양차 대전 사이에도 정치적 긴장이 높았고 경제적 협력은 이루어지지 않았다. 이런 상황은 1차 세계대전 후 독일에 대해 연합국 측에서 징벌적 경제부담을 부과했음에도 나아지지 않았다.[7] 오히려 1930년대 대공황이라는 극심한 불황으로 상황이 악화됐다. 즉 보호무역주의가 다시 기승을 부리고 근린궁핍화의 경쟁적 평가절하가 진행되면서 금본위제가 붕괴됐다(앞 장에서 설명).

1945년 2차 세계대전의 폐허로 유럽은 약해질 대로 약해져 있었다. 평화가 찾아왔지만, 그것이 또다시 대공황 같은 위기로 연결될지 모른다는 불안감이 있었다. 경제적 어려움이 장래 여러 가지 갈등의 씨앗이 될 수도 있었다. 더구나 당시 바로 이웃한 소련 연방의 모든 나라가 공산주의 확산에 열을 올리고 있어서 유럽의 경제적 어려움이 유럽 자본주의 체제를 위협할지 모른다는 불안감도 있었다.

이 상황에서 무엇을 해야 할까? 1946년 9월 19일 윈스턴 처칠은 취리히에서 행한 연설에서 다음과 같은 구상을 제시했다.

> 지금 유럽에 닥친 역경은 무엇인가?… 유럽 방방곡곡에서 고통받고, 기아에 허덕이고, 근심걱정으로 찌들고, 당황하여 떨고 있는 유럽 대중들이 자신의 도시와 자신의 집들이 파괴된 모습을 넋을 잃고 바라보고 있으며, 또한 어두운 수평선 저 너머에서 위기, 폭정, 테러의 위험이 새롭게 닥쳐올지 몰라 주시하고 있다. … 이것은 유럽인들이 오랜 역사를 가진 여러 국가로 나뉘어 … 서로 갈기갈기 파괴하고, 그 혼란을 더 멀리, 더 넓게 확산시킴으로써 초래된 일이다. 그러나 항상 해결책은 있다. … 그것은 최대한의 노력으로 유럽 가족을 재건하여 평화롭고, 안전하고, 자유롭게 거주할 수 있는 시스템을 갖추는 일이다. 일종의 유럽합중국(United States of Europe)을 세워야 한다.

벼랑 끝 탈출 : 마셜플랜에서 마스트리히트까지, 1945~1991 미국은 위기에 처한 유럽에 뛰어들어 재건 계획 역사에서 가장 관대하고 성공적인 것으로 평가되는 **마셜플랜**(Marshall Plan)을 제공했다.[8] 미국은 1947년부터 1951년까지 수십억 달러의 원조를 폐허가 된 서유럽 지역의 경제적 기반시설 재건을 위해 제공했다(소비에트 연방은 마셜플랜 참가를 거부했다).

마셜플랜은 참가국 모든 나라 대표로 구성된 유럽고등관리청(European High Authority)에 의해 자금이 배정되고 관리되도록 함으로써 유럽 공동의 문제를 집단행동으로 해결하도록 했다. 이에 따라 많은 협력적 장치와 기구들이 만들어졌다. 국제무역을 촉진하고 결제를 원활히 하기 위해 유럽결제동맹(EPU : European Payment Union)이 1950년 설립됐고, 석탄과 철강 같은 핵심 재화의 교역을 촉진하고 지나친 경쟁을 막기 위한 목적으로 유럽석탄철강공동체(ECSC : European Coal and Steel Community)가 1954년 출범했으며, 원자력 에너지의

---

7 John Maynard Keynes, 1919, *The Economic Consequences of the Peace* (London: Macmillan).

8 조지 C. 마셜(1880~1959)은 2차 세계대전 중 군 지도자였으며, 1947년 미국 국무장관에 지명됐다. 그는 1947년 6월 5일 목요일 하버드대학 명예 학위를 받은 후 행한 연설을 통해 전후 유럽 재건 지원을 제안했다.

평화적 이용을 위한 유럽원자력공동체(Euratom)가 1957년 설립됐다.

1957년에 조인된 **로마조약**(Treaty of Rome)은 프랑스, 서독, 이탈리아, 벨기에, 네덜란드, 룩셈부르크 등 6개국에 의해 체결됐다. 이 합의에 따라 유럽의 경제적 협력 및 통합을 위한 **유럽경제공동체**(EEC : European Economic Community)가 창설됐다. 1967년에는 한 걸음 더 나아가 EEC, ECSC, Euratom을 하나로 묶어 유럽공동체(EC : European Community)라는 기구를 설립했다. EC 내에 2개의 범국가적 기구가 만들어졌는데, 각국 각료들로 구성된 의사결정기구인 각료이사회(Council of Ministers)와 집행기구인 유럽위원회(European Commission)가 설치됐다.

EEC가 EC로 바뀔 때 'Economic'이란 단어가 빠진 것은 중요한 의미를 지닌다. 1960년대에 두 가지 진로를 둘러싸고 논쟁이 시작되었다. 하나는 EC가 단지 경제적 통합을 목표로 하는 것이고, 다른 하나는 거기에서 더 나아가 정치적 연합 혹은 연방국가 시스템까지 추구하는 것이다. 이와 관련해서는 그 후에도 계속 뜨거운 논쟁이 이어져 왔다.

1970년대에는 EC 프로젝트에 두 가지 중대한 도전이 제기됐다. 문호 확대 문제와 통화 관련 문제이다. 문호 확대 문제는 새로운 회원국 가입을 언제, 어떻게 결정하느냐는 것이다. 1973년 첫 번째 확대 조치가 단행되어 덴마크, 아일랜드, 영국이 가입했다. 당시 EC 각료이사회는 이들 세 나라가 경제발전과 안정성, 그리고 민주주의가 확립돼 있다는 점에서 회원국 자격이 있다고 판단했다. 이에 반해 2차와 3차 확대 조치는 경제적 · 정치적 여건이 약한 나라들로서 그리스(1981), 포르투갈(1986), 스페인(1986)이 EC에 가입했다.

통화 관련 문제는 1970년대 초 고정환율제도의 브레튼우즈 체제가 붕괴됨에 따라 촉발됐다. 앞 장에서 살펴봤듯이 국제통화제도는 1946년 이후 통화적 자율성을 지닌 달러본위 고정환율제를 유지하고 있었으며, 자본통제를 통해 트릴레마를 해결하였다. 그러나 1970년대 들어와 이 시스템이 붕괴되고 선진국에서는 변동환율제가 일반화되었다. 당시 유럽은 전쟁과 위기를 제외하고는 거의 1세기 동안 어떤 식으로든 고정환율 시스템을 유지해왔기 때문에 유럽 정책결정자들은 환율 불안정성이 경제적 통합 목표를 위태롭게 할 것을 우려했다. 변동환율제에 대한 이와 같은 우려를 반영하여 1969년 EC의 베르너 보고서(Werner Report)는 10년 내에 과도적 고정환율제를 거쳐 단일통화를 달성할 것을 제안했다(물론 실제로는 훨씬 더 오랜 기간이 걸렸다). 이에 따라 유럽 지도자들은 단일통화 목표를 향한 첫 번째 운명의 발걸음을 내딛게 된다. 즉 기본적으로 미니 브레튼우즈라 할 수 있는 **유럽통화제도**(EMS : European Monetary System)를 창설했으며, 1979년 가동되기 시작했다.

EMS의 핵심은 **환율조정장치**(ERM : Exchange Rate Mechanism)라는 환율변동 허용 밴드를 지닌 고정환율제도이다. ERM은 유로의 전신이라 할 수 있는 소위 *ecu*(European currency unit : 유럽통화단위)로 불리는 통화바스켓에 대해 각국 통화의 중심평가(central parity)를 정한다. 이 시스템에서는 사실상 독일 마르크가 중심 준비통화이며(브레튼우즈 체제에서 미국

미국 정부 기구인 경제협력청이 유럽 마셜플랜을 홍보하기 위해 제작한 포스터. "어떤 날씨에도 우리는 함께 가야 한다."는 문구가 보인다.

달러가 중심 준비통화인 것처럼), 나머지 회원국 통화는 모두 독일 마르크에 페그되는 방식이다.

ERM은 환율이 중심환율 혹은 평가에서 위아래 양쪽으로 일정 범위 내에서만 변동하는 것을 허용한다. 대부분의 통화에 대해서는 ±2.25%의 좁은 범위이다(영국 파운드, 포르투갈 에스쿠도, 이탈리아 리라, 스페인 페세타에 대해서는 ±6%의 넓은 범위를 허용했다). 1979년 영국을 제외한 모든 EC 회원국들은 ERM에 가입했다. 그 후 스페인은 1989년에 가입했고, 영국은 1990년, 포르투갈은 1992년에 각각 가입했다. ERM은 기본적으로 '고정이지만 조정 가능한(fixed but adjustable)' 환율제도로서 (브레튼우즈 방식처럼) 중심평가가 바뀔 수 있으며, 이것이 투기를 부추길 가능성이 있었다.

위기와 기회 : EMU와 여러 계획, 1991~1999 1990년대 들어 EC는 더욱 강력한 통합을 위해 지속적인 노력을 기울였다. 1979년부터는 주민들의 직접선거로 선출된 유럽의회(European Parliament)가 활동하기 시작했다. 1987년 발효된 단일유럽의정서(Single European Act)의 주요 목표는 1992년까지 유럽 '단일시장'을 출범시킴으로써 회원국들 사이의 장벽을 더욱 낮추자는 것이었다.

1989년 냉전이 종식을 고함에 따라 EC 내에서 정치적 추진력이 더욱 탄력을 받았다. 베를린 장벽 붕괴가 상징적으로 보여주듯 소비에트 연방이 해체되고 동유럽의 공산주의 질서가 무너졌다. 이에 대한 EC의 대응은 무엇이었는가? 독일은 서독과 동독이 조만간 다시 합쳐져 통일독일이 될 것으로 확신했다. 실제로 1990년 10월 3일 독일 통일이 공식적으로 완료됐다. 그러나 EC 전체적으로는 동유럽 신생 국가들을 어떻게 처리할지가 문제였다.

동유럽 국가들은 공산주의와 전제주의에서 자본주의와 민주주의로 신속하면서도 확실하게 변모하기를 열망했으며, 그 자연스런 방법이 EC 가입이었다. EC 역시 정치적·안보적 이유에서 과거 공산주의 국가들을 배척할 수 없었기 때문에 동유럽 국가들에 대한 문호 확대 계획을 조속히 마련해야 했다. 1990년대 초 전쟁이 발발한 발칸반도 지역에 대해서도 대응 방안을 마련해야 했다. 그런데 이 지역 구 유고슬라비아 연방 국가들이나 알바니아 역시 과연 '유럽'에 속하는가? 지도상에서 이렇게 가다보면 터키에 대해서도 같은 질문을 던질 수 있다. 터키의 경우 1963년 EC 준회원국이 된 후 정식 회원국 가입을 계속 기다리고 있는 상황이었다(터키는 2005년이 되어서야 공식적인 가입 논의가 시작됐다).

이런 정치적 도전에 직면하여 EC는 결단을 내려야 했으며, 그 결과가 1991년 체결된 유럽연합조약 혹은 마스트리히트조약이었다. 이는 지금까지 체결된 조약 중 가장 원대한 것으로서 '유럽인들 사이에 보다 긴밀한 연합'을 창출하자는 목적을 그 어느 때보다 강하게 표명했다. 이 조약은 연방제 성격을 더 많이 가미하기 위해 EC(유럽공동체)라는 이름을 EU(유럽연합)로 바꾸고 'EU 시민권'이라는 개념도 도입했다. 이 조약은 또한 문호 확대 절차도 마련했으며, 이에 따라 여러 차례 확대 조치가 시행됐다. 1995년 15개국으로 확대됐으며, 2004년 25개국, 2007년 27개국, 그리고 2013년 28개국으로 확대됐다.

마스트리히트조약에 입각한 여러 정치적 조치들이 시행됐다. 1993년 코펜하겐 기준(Copen-hagen Criteria)이 마련됐는데, 이는 유럽연맹 신규 가입을 위해 법률, 인권, 민주주의 등의 측면에서 충족해야 하는 공식적인 조건들을 규정하고 있다. 1995년 발효된 셍겐조약(Schengen Treaty)은 EU 회원국 간 국경 개방 조약으로서 사람들의 자유로운 이동을 규정하고 있다(아일랜드와 영국은 제외). 1997년 암스테르담조약(Amsterdam Treaty)은 EU 외교 및 안보정책의 효율성 제고, 그리고 EU 시민권의 권리 강화 및 유럽의회 영향력 제고 조치 등을 담고 있다.

마스트리히트조약에서 가장 야심찬 부분은 경제적 요소이다. 즉 EU 차원에서 **경제통화동맹**(EMU : Economic and Monetary Union)을 목표로 한다는 것이다. 경제동맹은 단일시장의 개념을 모든 재화 및 서비스는 물론 자본시장 및 노동시장까지 확대한 것으로 경제동맹을 가로막는 개별 국가의 법률이나 규제를 유럽연합 집행위원회(European Commission)가 나서서 해결하도록 하고 있다. 이보다 더 중요한 것은 통화동맹으로서 전체 EU에 대해 새로운 통화(나중에 '유로'로 명명)를 도입하기로 했다. 유로 계획 하에서 각 나라는 정해진 시점에 기존의 ERM 내 페그에서 유로 단일통화에 의한 비가역적 페그(irrevocable peg)로 이행하기로 했다. 이 계획은 거의 발표 직후부터 실현 가능성에 의문이 제기됐다.

사실 ERM은 깨지기 쉬운 고정환율 시스템이라는 것이 드러났다. 앞 장에서 살펴봤듯이 1992년이 최악의 시기였다. 당시 **ERM 위기**(ERM crisis)에서 여러 ERM 회원국들이 외환위기로 고통을 받았으며, 이들 나라의 페그가 붕괴됐다. 영국 파운드, 이탈리아 리라, 포르투갈 에스쿠도, 스페인 페세타 등이 여기에 속한다.(ERM 비회원국 통화로서 마르크에 페그된 스웨덴 크로나와 핀란드 마르카 역시 위기를 겪었으며 페그가 붕괴됐다.) 결국 당시 영국은 ERM에서 탈퇴했지만, ERM 내 여러 통화들도 밴드를 충분히 넓힐 수밖에 없었기 때문에 사실상 환율변동을 허용한 것처럼 보이기도 했다. 시스템 전체가 비틀거렸던 셈이다.

앞의 2개 장에서 살펴봤듯이 이런 위기의 근본 원인은 중심국 독일의 거시경제적 목표, 그리고 중심국에 환율을 고정시킨 나라들의 목표 간에 긴장이 발생했기 때문이다. 당시 독일은 통일로 야기된 대규모 재정지출 충격 때문에 경기가 과열되어 이를 진정시키기 위한 긴축적 통화정책이 필요했던 데 반해, 다른 나라들은 세계적 경기부진에 대응하여 확장적 통화정책이 필요했다.

1992년 위기의 망령은 오늘날에도 맴돌고 있다. 많은 나라들이 새로운 평가환율 혹은 확장된 밴드를 갖춰 ERM에 다시 합류했다. 스페인, 이탈리아, 포르투갈이 다시 그룹을 만들어 ERM에 재진입했으며, 결국은 유로를 채택하기에 이르렀다. 하지만 영국은 영원히 ERM에서 떠났으며 단일통화에 등을 돌렸다. 스웨덴도 공식적으로는 유로에 헌신하지만 유로는 물론 ERM 가입조차 전혀 관심을 보이지 않고 있다. 현재 영국과 스웨덴에서 유로에 대한 대중의 거부감이 높은 상태이다. 또한 새로운 EU 회원국들은 유로 가입의 준비단계로 ERM 내에서 자신의 통화를 유로에 페그시켜 놓고 있는데, 이들 나라에서 또 다른 ERM 위기가 발생할지 모른다는 우려가 상존하고 있다.

1992년 위기에도 불구하고 ERM은 긴급 정비를 통해 체제를 유지할 수 있었다. 대부분의 나라들은 ERM에 그대로 남아 유로 도입 계획을 충실히 수행했다. 1993년 ERM 밴드가 ±15%의 아주 느슨한 형태로 확대됐으며, 대부분 여기에 만족하면서 유로 도입을 기다렸다.

유로존 출범 : 1999년 이후 1999년 1월 1일 EU 11개국에 유로가 도입됐으며, 새로이 창설된 중앙은행인 **유럽중앙은행**(ECB : European Central Bank)이 이를 관리했다.[9] ECB는 이날부터 모든 유로존 회원국들의 중앙은행을 대신해 통화정책을 관장하기 시작했다.[10] 이제 각 나라 중앙은행의 역할은 ECB 이사회(Council)에서 자국을 대표하는 것으로 바뀌었지만, 자국의 금융시스템을 감독하고 규제하는 책무는 여전히 보유하고 있다. 유로는 도입과 함께 즉각적으로 유로존의 회계단위(unit of account)로서의 역할을 하였으며, 유로가 유통되기 시작하면서 국민통화는 회수되었다.

표 16-2는 2014년 기준으로 EU의 역사와 현재 상황을 보여준다. 표에는 각 나라가 EU, ERM, 유로존에 가입한 시기가 나와 있다. 또한 모든 ERM 및 유로 회원국들의 고정환율 평가(parity)도 보여준다. 유로 회원국의 경우 일단 유로가 도입되면 평가의 변경이 불가능해지며, 국민통화가 모두 회수되면 평가가 더 이상 필요 없게 된다.[11]

2014년 기준으로 유로존 '내부(in)'에는 18개 나라가 있다. 11개국은 1999년 유로를 도입했고, 그 후 여러 나라들의 가입이 이어졌다. 그리스 2001년, 슬로베니아 2007년, 키프로스와 몰타 2008년, 슬로바키아 2009년, 에스토니아 2011년, 라트비아 2014년 등이다. 유로존 '외부(out)'에는 10개 나라가 있다. 이 중 2개 나라는 ERM '대기실'에 머물고 있으며, 덴마크의 경우에는 여기에 오래 머물고 있는 중이다. 나머지 8개 나라는 ERM에 가입하지 않은 나라들로 영국과 스웨덴을 제외하고는 5년에서 10년 이내에 ERM 및 유로에 가입할 것으로 예상된다. '외부' 10개 나라 중 덴마크와 영국은 법적으로 무기한 유로를 도입하지 않을 수 있다. 스웨덴은 법적으로는 아니지만 사실상 유사한 상황이다. 이들 세 나라는 유로에 대한 국민들의 반감 때문에 조만간 유로를 도입하기는 어려울 것으로 예상된다.

요약

역사적으로 유럽 국가들은 변동환율에 비해 고정환율제를 선호하는 경향을 보여왔다. 1870년대 이후 몇 차례 혼란기(전쟁, 대공황, 1970년대 초)에 잠깐 동안의 위기 국면을 제외하면,

---

9 유럽중앙은행(ECB)은 전신인 유럽통화기구(EMI : European Monetary Institute)를 계승하여 1998년 6월 1일 창설됐다. EMI는 ECB에 앞서 4년 반 동안 유로 프로젝트 기초 작업을 수행했다.

10 모든 EU 중앙은행은 유럽중앙은행시스템(ESCB : European System of Central Banks)의 일원으로 상호 협력한다. 여기에서 유로존 회원국 중앙은행들(혼동을 주는 용어이지만, 이를 유로시스템 은행이라 칭함)은 ECB와 훨씬 더 밀접한 관계를 유지한다. 유로시스템 은행들만 ECB 운영이사회에 참가할 수 있다.

11 원래의 ERM은 1999년부터 ERM II로 수정됐다. 환율을 고정시키는 기준통화가 기존의 ecu에서 유로로 바뀌었다. 마스트리히트조약 내용과 달리 ERM II에서는 모든 ERM 회원국이 법적으로 ±15%의 밴드를 갖고 있다(단지 덴마크는 여전히 예전의 좁은 ±2.25% 밴드를 고수하고 있다).

표 16-2

2014년 기준 EU-28개국 및 유로 프로젝트 이 표는 각국의 EU, ERM 가입과 유로 도입 시기(2014년 기준)를 보여준다. 유로존 및 ERM 회원국의 유로 평가도 나와 있다. 이미 유로가 도입된 유로존에서는 국민통화가 폐지되어 평가가 더 이상 의미가 없다. 향후 유로 도입 예정 국가들은 도입 시기가 불확실하거나 알려져 있지 않은 경우가 대부분이다(표에서 이를 물음표로 표시함).

		가입 연도			유로 평가	국민통화
		EU	ERM	유로존	(€1 =)	(현재 혹은 과거)
유로존 회원국	오스트리아	1995	1995	1999	13.7603	실링
	벨기에	1959	1979	1999	40.3399	프랑
	키프로스	2004	2005	2008	0.585274	파운드
	에스토니아	2004	2004	2011	15.6466	크론
	핀란드	1995	1996	1999	5.94573	마르카
	프랑스	1959	1979	1999	6.55957	프랑
	독일	1959	1979	1999	1.95583	마르크
	그리스	1981	1999	2001	340.75	드라크마
	아일랜드	1973	1979	1999	0.787564	파운드
	이탈리아	1959	1979	1999	1936.27	리라
	라트비아	2004	2005	2014	0.702804	라트
	룩셈부르크	1959	1979	1999	40.3399	프랑
	몰타	2004	2005	2008	0.4293	리라
	네덜란드	1959	1979	1999	2.20371	길더
	포르투갈	1986	1992	1999	200.482	에스쿠도
	슬로바키아	2004	2005	2009	30.126	코루나
	슬로베니아	2004	2004	2007	239.64	톨라
	스페인	1986	1989	1999	166.386	페세타
ERM 회원국	덴마크*	1973	1999	?	7.46038	크로네
	리투아니아	2004	2004	2015?	3.4528	리타스
기타 EU 회원국	불가리아	2007	?	?	?	레프
	크로아티아	2013	?	?	?	쿠나
	체코	2004	?	?	?	코루나
	헝가리	2004	?	?	?	포린트
	폴란드	2004	?	?	?	즈워티
	루마니아	2007	?	?	?	레우
	스웨덴*	1995	?	?	?	크로나
	영국*	1973	1990~92	?	?	파운드

* 영국과 덴마크는 법적으로 유로를 도입하지 않을 권리가 있다. 스웨덴은 ERM에 가입하지 않음으로써 실질적으로 유로를 도입하지 않고 있다.

대부분 유럽 국가들은 서로 환율을 고정시켜왔다. 그들은 이제 거기에서 한 걸음 더 나아가 공동통화를 채택한 상태이다.

유럽의 경제적 변화로 인해 과거 그 어느 때보다 최적통화지역(OCA) 기준을 더 많이 충족하게 된 것은 사실이다. 즉 그동안 EU 프로젝트가 유럽의 경제적 통합을 더욱 발전시켜 EMU나 솅겐조약 등 유럽 단일시장을 향한 중요한 진전을 달성했다. 그러나 통합은 여전히 많은 부분에서 현재 진행 중이며, OCA 기준이 금세 충족되기는 어려울 것으로 판단된다.

하지만 유럽의 역사를 보면 공동통화가 순수하게 경제적 목적을 위한 것은 아니며 정치적 프로젝트의 일환이라는 결론에 도달하게 된다. 이런 결론을 염두에 두면서 이하에서는 유로존 등장 후 15년가량의 운영과정에서 어떤 일들이 벌어졌고, 어떤 이슈와 문제점들이 제기되었는지 살펴보기로 하자.

3 유로존 평온 속의 긴장, 1999~2007

유로존은 1999년 등장 이후 2007년까지 대체로 성공적이었던 것으로 평가된다. 그 후 시기와 견주어보면 유로존으로서는 경제적 성장과 안정의 시기였다. 경기침체가 발생하지 않았으며, 특히 유럽중앙은행(ECB)이 명시적 인플레이션 목표제나 유로존 경제 및 금융의 안정성이라는 책무를 별다른 문제없이 잘 수행했다.

이 절에서는 행운의 시기라 할 수 있는 이 기간에 대해 살펴본다. 특히 ECB의 통화정책 원칙이 정립되는 과정, 그리고 재정 안정성에 대한 광범위한 우려에 초점을 맞춘다. 이 시기는 사실상 좀 더 위험해진 거시경제 환경 속에서 정책 초점을 제한적이고 협소하게, 또한 자기만족적으로 운용했던 시기로 기억될 것이다.

프랑크푸르트에 위치한 ECB 타워와 그 앞에 세워져 있는 유로 로고 모습

유럽중앙은행

만약 1950년대나 1960년대를 사는 독일 경제학자들이 현재로 오는 미래 시간여행을 통해 프랑크푸르트 길 모퉁이에 있는 당신 앞에 갑자기 나타나서는 "중앙은행 가는 길 좀 알려주세요."라고 했다 하자. 그들을 오래된 분데스방크 빌딩이 아니라 카이저슈트라세 거리의 번쩍번쩍 빛나는 유로타워로 안내해주면 그들은 분명 놀라 자빠질 것이다.

유럽중앙은행이 독일 경제금융 중심지인 프랑크푸르트에 위치한 것은 결코 우연이 아니다. 이는 독일의 통화정책 결정자들과 정치인들이 유로 프로젝트 구상에 강한 영향을 미쳤다는 증거이다. 1950년대부터 1990년대까지 독일 경제, 특히 통화정책의 탁월한 성과 덕분에 그들은 강한 영향력을 지니고 있다. 이러한 독일의 영향력이 유로 프로젝트에 어떤 흔적을 남겼는지 살펴보기에 앞서 우선 ECB가 어떻게 운영되는지, 그리고 ECB의 목표와 지배구조에 대해 알아보자.

경제학적으로 봤을 때, 중앙은행은 일반적으로 몇 가지 핵심 특징을 지니고 있다. 이는 다음 질문으로 요약할 수 있다. 어떤 정책수단을 사용하는가? 무엇을 해야 하고(목적), 무엇을 하지 말아야 하는가(금지 행위)? 주어진 지배구조 하에서 정책결정이 어떻게 이루어지는가? 누구의 지배하에 책임을 지며, 어느 정도 독립성을 지니고 있는가? ECB에 대해서는 이들 질문에 다음과 같이 답할 수 있다.

■ **정책수단 및 목적.** ECB의 정책수단은 이자율(은행 간 차입 이자율)이다. ECB 설립목적을 보면, 기본 목적은 유로지역의 '물가안정 유지'이다. 두 번째 목적은 '공동체의 목적 달성에 기여하기 위해 공동체의 전반적인 경제정책을 지원'하는 것이다.(많은 중앙은행들이 비슷한 수단과 목적을 지니고 있으나, ECB는 상대적으로 인플레이션에 강한 관심을 두고 있다.)

■ **금지 행위.** 통화정책이 다른 목적으로 사용되는 것을 막기 위해 ECB는 회원국 재정적자를 직접적으로 보전해줄 수 없으며, 또한 회원국 정부나 공공기구에 구제금융을 제공할 수 없다. 게다가 ECB는 은행위기(banking crisis) 발생 시 금융기관에 신용을 제공하는 최종대부자로 행동하는 것을 요구받지 않는다.(대부분의 중앙은행들은 이렇게 제약이 많지 않으며, 보통 최종대부자 역할을 할 수 있다.)

■ **조직 및 의사결정.** 통화정책 결정은 유로존 각 회원국 중앙은행 총재와 6명의 ECB 집행위원회 위원으로 구성된 ECB 운영이사회(Governing Council) 회의에서 이루어진다. 정책 결정은 다수결 투표가 아니라 합의에 의해 이루어진다. 회의는 일반적으로 월 2회 개최된다.

■ **책임 및 독립성.** ECB를 제외하고는 어떤 EU 기구도 통화정책 권한을 갖고 있지 않다. 어떤 EU 기구도 공식적으로 ECB를 감독하지 않으며, ECB는 선출된 혹은 그렇지 않은 어떤 정치조직에도 보고할 필요가 없다. ECB는 회의록을 공개하지 않는다. ECB는 정책수단과 관련해서 독립성을 지니고 있으며(즉 스스로 이자율을 결정), 목적과 관련해서도 독립성을 갖고 있다(즉 스스로 '물가안정'의 의미를 규정). 세계적으로 일부 중앙은행만이 독립성을 지니고 있고, 그 숫자가 점차 늘어나고는 있지만, ECB는 가장 독립적인 중앙은행보다 더 독립성을 보장받고 있다.

ECB의 위 네 가지 내용과 관련하여 그동안 강력한 비판이 제기되어 왔다.

ECB에 대한 비판 ECB의 물가안정 목적과 관련하여 논란이 있다. ECB는 물가안정에 대한 정의를 유로존 소비자물가 인플레이션율을 중기적으로 연 2% 미만이면서 그것에 '가깝게' 유지하는 것으로 정해놓았다. 우선 목표가 애매하다('가깝게'나 '중기적' 개념에 대한 정의가 없다). 또한 목표가 비대칭적이다(인플레이션 상한은 있지만, 디플레이션을 막기 위한 하한은 없다). 목표의 비대칭성은 특히 2008년 글로벌 금융위기에 의한 대침체(Great Recession) 기간 동안 인플레이션율이 제로 수준을 향해 떨어짐에 따라 이와 관련된 많은 우려를 낳았다.

ECB가 물가안정만을 목적으로 하고 있는 점도 논란이다. 물론 설립 목적상에는 유로존에 대한 경제 지원 및 안정화라는 두 번째 목적을 갖고 있다. 하지만 실제 ECB의 행동을 보면, 경제실적, 성장, 고용 등에 거의 비중을 두지 않으며, 실물 경제가 경기변동의 어디에 있는지 별 관심이 없다. 따라서 이 부분에서 ECB는 예컨대 미국 연방준비와 차이가 있다. 연방준비는 물가안정뿐만 아니라 완전고용 달성이라는 책무도 의회로부터 부여받았기 때문이다. ECB는 영란은행과도 다르다. 예전 영란은행 총재였던 머빈 킹은 물가안정에만 지나치게 초점을 맞추는 정책결정자들을 '인플레이션광'이라는 용어를 사용하여 묘사한 바 있다. ECB가 초기에 통화와 물가에 과도하게 초점을 맞춘 이유는 독일식 전통을 물려받은 데다 장기적 평판이 아직 쌓이지 않았기 때문으로 판단된다.

ECB의 정책 운용 방식에 대해서도 논란이 있다. ECB는 소위 '2개의 지주 접근(two-pillar approach)'이라는 이원분석체계를 사용하고 있다. '첫 번째 지주(first pillar)'는 경제분석으로서 이자율을 결정하기 위해 예상인플레이션을 분석하는 것이고, '두 번째 지주(second pillar)'는 통화분석으로서 통화공급 증가율 기준치를 설정하는 것이다(연 4.5%). 그러나 앞에서 환율에 대한 장기 화폐적 접근에서 살펴본 것처럼 이처럼 통화공급 증가율을 고정시켜 놓는 경우 인플레이션 목표와 충돌이 발생한다. 화폐수량이론에 따르면 인플레이션은 통화공급 증가율에서 실질생산 증가율을 뺀 것이다. 따라서 ECB의 이원분석체계가 상충되지 않는 경우는 실질생산이 우연히 연 2.5% 미만으로 증가했을 때뿐이다. 그 경우에만 인플레이션이 최대 4.5 – 2.5 = 2%가 될 것이기 때문이다. 이처럼 두 가지 명목기준지표(즉 통화공급 목표 및 인플레이션 목표)의 상호 모순되는 측면을 ECB도 인지하고 있을 것이다. 평소 ECB가 두 번째 지주인 통화공급 증가에 대해 무시하는 듯한 태도를 취하는 것도 그 때문일 것이다. 하지만 이따금씩은 ECB가 통화공급 증가를 중시하는 듯한 태도를 취하기도 한다.

'금지 행위' 원칙에 대한 엄격한 해석과 관련해서도 논란이 제기된다. 유로존에서 대규모 은행위기가 발생하면 어떻게 될까? 일반적으로 은행위기가 발생하면 중앙은행은 위기에 처한 은행에 신용을 제공하거나 혹은 은행부문 전체에 대해 대부 기준을 완화하는 등의 조치를 취하며, 이를 위해 화폐를 발행할 수도 있다. 하지만 유로존에서는 공식적으로 ECB가 화폐를 발행할 수는 있지만 어떤 형태의 추가적 대부도 행할 수 없다. 또한 유로존 각국 중앙은행은 대부는 가능하지만 화폐 발행이 불가능하다. 결국 각국 중앙은행으로서는 소규모 위기에 대해서는 제한적인 신용 공여, 민간 컨소시엄 구성, 자국 재무당국의 재정적 지원 등으로 나름대로의 대응이 가능하겠지만, 대형 위기는 막기도 힘들고, 대응에도 많은 어려움이 따를 것이다.(뒷부분에서 2008년 글로벌 금융위기에 ECB가 어떻게 대응했고, 그 과정에서 해당 원칙을 다소 완화한 것에 대해 살펴본다.)

ECB의 의사결정 과정과 투명성 부족에 대해서도 논란이 있다. 표결 방식이 아니며, 어떤 종류의 어떤 표결도 보고되지 않는다. 합의에 의한 결정이 바람직하기는 하지만, 현상유지로 흐를 수 있기 때문에 정책이 시기를 놓치고 지체될 가능성이 있다. 회의록은 기록되지만, 30년 동안 공개되지 않을 수 있으며, 어느 정도 자세히 기록되는지는 알려져 있지 않다. 회의 중 일부는 사적인 것으로 간주되어 어떠한 기록도 남지 않는다. 운영이사회에 회원국 전체 중앙은행 총재가 참석하도록 되어 있어 합의 도출을 더욱 어렵게 하고 있다. 앞으로 유로 회원국 숫자가 늘어날수록 이런 구조가 더욱 문제시될 것이다. 이러한 운영이사회 구조가 마스트리히트조약에 의해 정해졌기 때문에 조약을 수정하지 않고는 변경이 불가능하다.

ECB의 책임성을 둘러싸고도 논란이 있다. 운영의 많은 부분이 비공개이고, 어떠한 정치적 주체에 대해서도 책임지지 않기 때문에 ECB가 합리성이 부족하다는 비판이 제기될 수 있다. EU가 민주적인 국가들의 연합이기는 하지만, 많은 의사결정이 사람들과 멀리 떨어진 곳에서 이루어진다. 많은 EU 기구들이 '민주성 결핍(democratic deficit)'의 비판을 받는데, 가령 비선출 유럽위원회의 활동이라든지, 또는 충분한 논의나 국민적 지원 없이 정부 차원에서 추진되는 조약 등이다. 하물며 ECB는 초정부 차원의 기구이기 때문에 더 멀리 떨어져 있는 느낌을 줄 수 있다. 미국의 경우 연방준비 의장이 정기적으로 의회에 출석하여 질문에 답해야 하지만 ECB에는 이런 제도가 없다. ECB는 오히려 비공식적 채널을 통해 유럽이사회, 유럽위원회, 유럽의회 등과 의견을 나눈다. 사정이 이렇다 보니 유로존 재무장관들이 유로그룹(Eurogroup)이라는 회의체를 만들어 모임을 갖고 유로존에서 무슨 일이 벌어지고, ECB가 무엇을 하고 있는지(혹은 해야 하는지)에 대해 의견을 개진하고 있다. 때로는 정부 수반이 나서서 ECB 정책에 대해 공격하거나 혹은 방어하는 일도 벌어진다. 정부 수반이 자국의 EU 집행위원들과 함께 의견을 개진하거나 로비를 하는 일도 있지만, 마스트리히트조약이 수정되어 ECB에 대한 감시를 강화하지 않는 한 그들이 할 수 있는 일은 별로 없다.

독일 모형 위 비판 중 어떤 것은 논쟁의 여지없이 타당한 것도 있지만, 어떤 것은 강한 반론이 제기되는 부분도 있다. ECB 옹호론자들은 신생 기구 입장에서 신뢰를 쌓기 위해서는 정치적 간섭으로부터의 자유와 강한 독립성이 절실히 요구된다고 주장한다. 또한 과거 경험상 유로존의 주요 문제는 디플레이션이 아니라 인플레이션이라고 지적한다. 이들 옹호론자들에게 ECB는 제대로 방향을 잡은 것이다. 사실상 분데스방크 복사판으로서 다른 기준을 배제한 채 인플레이션 방지를 최우선으로 하며, 통화정책을 정치권의 간섭으로부터 완전 독립시키고자 한 것이다. 사실 독일의 정책 우선순위, 그리고 독일의 경제적 성과는 유로존 나머지 나라들과 크게 다른 모습을 보여왔지만, 결국 독일 방식이 적용된 셈이다. 어떻게 해서 이렇게 되었을까?

독일이 정책의 최우선순위에 인플레이션 억제를 두게 된 것은 양차 세계대전 사이 극심한 초인플레이션의 폐해를 겪으면서부터이다. 당시 초인플레이션은 무분별한 재정정책에 의해 야기됐다. 이 과정에서 정치인들이 통화정책을 장악하고 화폐발행을 남발했다. 그때의 엄청난 실수를 거울삼아 강력한 인플레이션 억제 기조가 분데스방크의 통화정책에 반영되어 1958년부터 유로가 도입된 1999년까지 지속되어 왔다. 분데스방크가 명목기준지표를 확고하게 운영할 수 있게끔 정치적 간섭으로부터 세밀한 부분까지 단절시켰다.

앞에서 장기 환율이론을 배울 때 설명한 것처럼 오늘날 건전한 통화정책을 위해 반드시 필요하다고 보는 요소가 중앙은행 독립성과 인플레이션 목표이다. 때로는 인플레이션 목표가 정부에 의해 정해지기도 하는데, 이를 **뉴질랜드 모형**이라 부른다. 이에 비해 독일 모형은 더욱 강력하고 신속하다. 독일 분데스방크는 완전한 독립성을 부여받은 최초의 중앙은행이었다. 뿐만 아니라 통화정책의 수단 **독립성**(단기 이자율 정책을 자유롭게 실행)과 **목표 독립성**(장기 인플레이션 목표 설정 권한) 두 가지를 모두 갖고 있었다. 분데스방크가 사실상 ECB의 롤모델이었던 셈이다. 통화동맹을 맺는 다른 나라들이 독일에 비해 중앙은행 독립성이 약하거나 부재했기 때문에 독일이 대부분의 통화동맹 구조를 설계한 데 따른 것이다.

통화동맹과 인플레이션 편향 독일의 정책 우선순위가 어떤 역사적 맥락에서 나온 것인지 살펴봤다. 그렇다면 독일은 어떻게 이 목적을 달성할 수 있었을까? 현대 거시경제학에서 깊이 우려하는 문제 중 하나가 정책의 시간 비일관성(time inconsistency)이다.[12] 이 관점에 따르면, 모든 나라들은 자의적 통화정책으로 인해 인플레이션 편향의 문제를 갖고 있다. 중앙은행 정책 결정자들이 처음에는 최선을 다해 인플레이션을 억제하고 싶어 하지만, 인플레이션 억제에 확실히 헌신하지 않는 한, 정치적 간섭 때문에 '깜짝쇼' 같은 경기부양 통화정책을 사용하려는 유혹을 받기 쉽다(시간 비일관성). 결국 이런 편향이 예상되면, 이것이 인플레이션 예상으로 자리 잡게 된다. 따라서 장기적으로는 인플레이션 크기와 상관없이 생산이나 고용 같은 실질변수들은 달라지지 않게 된다. 이를 장기적 화폐 중립성(money neutrality)이라 한다. 즉 통화공급 증가가 경제를 더욱 생산적으로 만들거나, 혹은 새로운 일자리를 제공해주지는 않는다는 것이다.

　인플레이션 편향 문제를 해결하려면 중앙은행을 정치와 분리시키고, 오직 인플레이션에만 전력을 다하는 '보수적 중앙은행장'을 임명해 놓아야 한다. 이러한 분리가 독일에서는 강했지만, 다른 나라에서는 그렇지 않았다. 따라서 저인플레이션 나라들(가령 독일)로서는 고인플레이션 나라들(가령 이탈리아)과의 통화동맹이 평균적으로 중간 수준의 인플레이션 경향을 지닌 통화동맹으로 귀결될지 모른다는 우려를 지니고 있었다. 즉 독일한테는 평균적으로 느슨한 통화정책이 될 것이고, 이탈리아한테는 평균적으로 긴축적인 통화정책이 될 것이다. 장기적으로 독일과 이탈리아 모두 실질적 성과들은 달라지지 않는다(물론 단기적으로 독일은 경기붐, 이탈리아는 경기침체를 겪을 수 있다). 하지만 장기적으로 봤을 때 이탈리아는 인플레이션이 낮아져 이익을 볼 수 있는 반면, 독일은 고인플레이션 환경으로 바뀜에 따라 손해를 볼 수 있다. 독일로서는 이런 상황을 절대 피해야 했다. 독일은 EU에서 핵심 국가였기 때문에 (간단한 OCA 논리든 정치적 논리든) 독일 없는 유로존은 상상할 수조차 없었다. 그만큼 독일이 강한 협상력을 보유하고 있었다.

　독일의 강한 협상력이 기본적으로 ECB와 유로존 설계에 녹아들었다. 다른 나라들은 독일

---

12 Finn E. Kydland and Edward C. Prescott, 1977, "Rules Rather Than Discretion: The Inconsistency of Optimal Plans," *Journal of Political Economy*, 87, 473-492; Guillermo Calvo, 1978, "On the Time Consistency of Optimal Policy in a Monetary Economy," *Econometrica*, 46, 1411-1428; Robert J. Barro and David B. Gordon, 1983, "Rules, Discretion and Reputation in a Model of Monetary Policy," *Journal of Monetary Economics*, 12, 101-121.

모형의 ECB에 의해 통화정책이 운영되더라도 장기적으로 자국의 실질적 성과들은 바뀌지 않을 것이라는 사실에 만족해했기 때문에 통화정책에 정치적 간섭이 줄어드는 것을 받아들였다.

당시 이들 나라가 말은 이렇게 했지만 정말 그렇게 생각하고 있었던 것이 확실할까? 이를 해결하는 한 가지 방법은 이들 나라의 말을 그대로 받아들이는 것이다. 즉 그들을 믿는 것이다. 다른 한 가지 방법은 이들로 하여금 증명하게 만드는 것이다. 즉 그들을 검증하는 것이다. 인플레이션 편향이 존재하는 현실에서 통화당국 말을 곧이곧대로 믿기는 어렵다. 따라서 마스트리히트조약은 어떤 검증을 만들었다. 즉 가입 규정이다.

유로존 가입 규정

마스트리히트조약은 표 16-3에 있는 것처럼 유로존 가입을 위한 다섯 가지 규정을 만들었다. 가입을 위해서는 이들 5개 **수렴기준**(convergence criteria)을 모두 충족해야 한다. 5개 규정 중 2개는 가입 이후에도 회원자격을 유지하기 위해서는 필요한 조건들이다. 규정은 두 부분으로 나눌 수 있다. 3개 규정은 인플레이션과 밀접한 관련이 있는 명목지표들에 대해 일정한 수렴을 요구한 것이고, 나머지 2개 규정은 인플레이션의 좀 더 근본적이고 깊숙한 결정요인을 차단하기 위해 재정규율을 요구한 것이다.

명목 수렴 앞에서 환율결정 이론을 공부할 때 고정환율제의 핵심적 함의(implications)에 대해 살펴봤다. 이는 두 나라가 공동통화를 사용하는 경우에도(이는 환율이 1로 고정된 것으로 간

표 16-3

유로 회원국 규정 1991년 마스트리히트조약은 유로존 가입을 원하는 나라가 가입에 앞서 충족해야 하는 다섯 가지 조건을 설정했다. 마지막 2개 재정 규정은 가입 후에도 회원자격 유지를 위해서는 지켜야 하는 조건들이다.

규정 (* 표시는 가입 이전에만 적용)	기준
환율*	평가절하 없이 2년 연속 ERM 밴드 내에서 유지(중심평가 변경 금지)
인플레이션율*	최근 1년간 가장 인플레이션이 낮은 3개 회원국의 평균 인플레이션율에 비해 1.5% 포인트 초과 금지
장기 명목이자율*	전년도 가장 인플레이션이 낮은 3개 회원국의 평균 장기 명목이자율에 비해 2.0% 포인트 초과 금지
재정적자	지난 회계연도 기준으로 GDP 대비 3% 초과 금지[1]
정부부채	지난 회계연도 기준으로 GDP 대비 60% 초과 금지[2]

주 : ERM 밴드는 마스트리히트조약 당시에는 좁은 범위였지만(±2.25% 혹은 ±6%), 1993년부터 확대됐다(±15%). 위 첫 번째 규정은 확대된 밴드를 기준으로 한다. 위에서 마지막 2개 재정 관련 규정과 관련해서는 다음 구제 조항이 들어 있다.
1 혹은 "이 비율이 대폭적이고 지속적으로 하락하여 3%에 근접한 수준에 도달하거나, 혹은 예외적이고 일시적인 초과를 제외하고는 3%에 근접한 수준을 유지해야 한다."
2 혹은 "이 비율이 충분히 하락하여 만족할 만한 속도로 기준값에 접근해야 한다."

주할 수 있기 때문에) 적용될 수 있다. 다음 세 가지 함의에 대해 생각해보자.

- 환율은 고정돼 있거나, 혹은 변하더라도 아주 좁은 범위를 벗어날 수 없다.
- 구매력평가(PPP)에 따르면, 두 나라의 인플레이션율은 아주 근접해야 한다.
- 유위험이자율평가(UIP)에 따르면 두 나라의 장기 명목이자율은 아주 근접해야 한다.

사실 피셔효과에 따르면, 양국 인플레이션 차이는 명목이자율 차이와 동일해야 한다. 따라서 어느 한쪽이 작으면 다른 쪽도 작아야 한다.

위 세 가지 조건은 모두 고정환율제 하에서의 명목기준지표 설정과 관련돼 있으며, 대략적으로 표 16-3의 처음 3개 기준에 해당한다.

명목지표들에 대한 규정을 보면, 우선 페그 규정을 충족하기 위해서는 2년 동안 ERM 밴드를 (재조정 없이) 유지해야 한다.[13] 또한 인플레이션 규정을 충족하기 위해서는 인플레이션율이 역내 최저 인플레이션을 가진 3개국의 인플레이션율에 '근접해야' 한다. 장기 이자율 역시 최저 인플레이션 3개국 이자율에 '근접해야' 한다.[14] 가입을 위해서는 세 가지 기준을 모두 만족해야 한다.

이 규정들의 경제적 의미는 무엇인가? 사실 어떤 나라가 자국 통화를 유로에 확실히 페그시키면(혹은 유로를 도입하면), 장기적·이론적으로 이들 규정이 어떻게든 충족되기 때문에 이들 조건은 서로 중첩된다고 할 수 있다. 어떻게든 충족된다는 점에서 이들 규정을 비판할 여지도 별로 없다. 단지 우리가 말할 수 있는 것은 만약 이들 규정이 어차피 충족될 것이라면 왜 이런 조건들 부과 없이 그냥 가입시키지 않느냐는 것이다. 그 이유는 앞에서 논의했던 인플레이션 편향과 관련이 있다. 만약 인플레이션율이 다른 두 나라가 공동통화를 채택하면 그들의 인플레이션율은 틀림없이 수렴될 것이다. 문제는 높은 쪽과 낮은 쪽 중 어디로 수렴하느냐이다.

결국 이들 규정은 회원국들의 인플레이션을 역내 가장 낮은 수준으로 유도하기 위한 것이다. 앞에서 언급했던 대로 저인플레이션 나라들이 통화동맹에 참여하기 위해서는 이런 장치가 필요하다. 물론 이런 장치가 고인플레이션 국가들에게는 고통스러운 정책 변화를 요구할 것이다. 마스트리히트 기준은 고인플레이션 국가들로 하여금 가입 전에 이러한 고통을 거쳐 인플레이션 억제에 전념하는 모습을 보여줌으로써 신뢰를 획득할 것을 요구하고 있는 것이다. 이렇게 함으로써 고인플레이션 성향 나라들이 유로존에 들어와 ECB의 인플레이션 정책

---

13 ERM 밴드를 2년 동안 유지해야 한다는 것은 혹시 어떤 나라가 기회주의적으로 행동하여 자국의 수요를 촉진하려는 목적으로 환율을 유리하게(절하) 유도한 다음, 가입 직전 마지막 순간에만 환율을 안정시키는 속임수를 쓸 수 없도록 하기 위한 것이다. 그런데 ERM 규정이 (1993년 이후) 현재까지도 여전히 환율을 넓은(±15%) 밴드 내에서 유지하기만 하면 되기 때문에 그다지 엄격한 조건은 아니다.

14 이자율 규정은 UIP 조건과 관련된 단기 이자율이 아니라 정부차입에 적용되는 장기 이자율을 대상으로 한다. 장기적으로는 장단기 이자율이 비슷한 추세를 보이며, 보통 평균적으로는 기간 프리미엄(term premium)이 플러스이다. 고정환율제 하에서는 만약 나라 간에 (1) 리스크 프리미엄에 차이가 없고, (2) 기간 프리미엄에 차이가 없다면, 장기 이자율이 서로 동일할 것이다. 하지만 현실적으로는 보다 위험한 차입자의 리스크 프리미엄과 기간 프리미엄이 더 높다. 이 점에서 이자율 규정은 (다음에 다룰) 재정규율과도 관련돼 있다.

그림 16-7

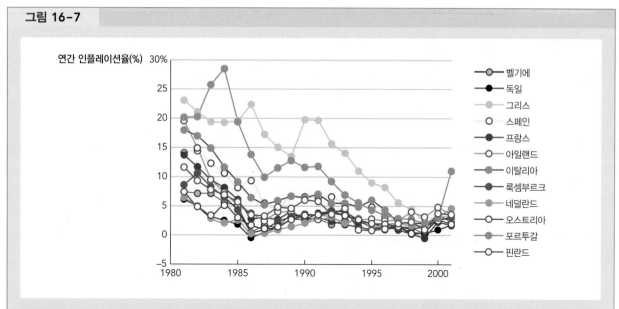

연간 인플레이션율(%)

범례:
- 벨기에
- 독일
- 그리스
- 스페인
- 프랑스
- 아일랜드
- 이탈리아
- 룩셈부르크
- 네덜란드
- 오스트리아
- 포르투갈
- 핀란드

인플레이션 수렴 마스트리히트조약의 수렴기준을 충족하기 위해 유로존 출범 12개 회원국들은 자신의 인플레이션 수준을 정해진 기준 아래로 억제해야 했다. 이 기준값은 회원국 중 인플레이션이 가장 낮은 3개 나라의 평균 인플레이션율에 1.5% 포인트를 더한 값이다. 이렇게 함으로써 유로존은 낮은 인플레이션으로 출범할 수 있었다. 현재 ERM 회원국 역시 유로를 도입하기 전 동일한 검증을 거쳐야 한다.

출처 : European Economy, Statistical Annex, Autumn 2005.

을 유연하게 완화시키려는 시도를 막을 수 있다. 따라서 이들 세 가지 규정은 인플레이션 편향 세계에서 신뢰성이라는 이슈를 제기한 것으로 볼 수 있다. 현재 모든 유로 회원국들은 가입에 필요한 이들 규정을 성공적으로 충족시켰으며, 그 결과 그림 16-7에서 보듯이 확실한 인플레이션 수렴 현상이 나타났다. 현재와 미래의 ERM 회원국들도 동일한 검증을 거치게끔 되어 있다.

재정규율 마스트리히트조약은 인플레이션에 대해서만 엄격했던 것이 아니라 인플레이션의 원인에 대해서도 엄격했다. 또한 인플레이션의 근본적이고 깊숙한 원인을 화폐적인 것이 아니라 재정적인 것으로 생각했다. 나머지 2개 마스트리히트 규정은 재정정책에 제약을 가하는 것을 목표로 한다. 이 규정들은 가입을 위한 조건일 뿐 아니라 일단 가입한 모든 회원국들에게도 적용된다. 이 규정들은 정부의 채무와 적자가 어떤 정해진 수준을 넘지 말 것을 요구한다(일부 예외도 있다). 이 기준값은 다소 자의적으로 책정된 측면이 있지만, 적자의 경우에는 GDP의 3%이고, 채무는 GDP의 60%이다. 이들 기준이 아무리 자의적이더라도, 회원국들이 여전히 재정 주권을 유지하고 있는 통화동맹으로서는 어떤 식으로든 재정에 대한 규정을 갖출 필요가 있을 것이다.

왜 인플레이션이 궁극적으로는 재정과 관련된 문제일까? 통화동맹 조약을 협상하는 두 나라를 생각해보자. 한 나라(가령 독일)는 정부부채 수준이 낮고, 다른 나라(가령 이탈리아)는 부채 수준이 높다. 이 상황에서 독일은 여러 가지 우려를 갖기 마련이다. 그중 하나는 이탈리아가 많은 채무를 짊어지고 있기 때문에(리라표시이지만 조만간 유로표시로 전환되는 상황), 일단 동맹이 이루어지면 이탈리아가 고인플레이션 로비를 펼칠지도 모른다는 우려이다(왜냐하면 인플레이션이 정부부채의 실질가치를 낮추기 때문이다). 또 다른 우려는 이탈리아의 디폴트(채무불이행) 위험이 높다는 것이다. 만약 디폴트 사태가 발생하면, ECB가 규정을 위반하고서라도 위기에 빠진 이탈리아를 구제해야 한다는 정치적 압력이 높아질 수 있다. ECB로서는 유로를 찍어내는 것밖에는 구제금융 방법이 없기 때문에 인플레이션을 유발하게 될 것이다.

결국 통화동맹을 위해 재정 규정을 둔 이유는 재정적으로 취약한 나라들이 더욱 자신의 허리띠를 졸라 매서 재정이 강한 나라들이 정해놓은 기준을 충족시켜야만 인플레이션 방어망이 더욱 강해질 수 있다는 것이다.

수렴기준 비판 이들 규정이 유로존 가입의 핵심 통과 요건이기 때문에 이에 대해 많은 분석과 논쟁이 진행돼 왔다.

첫째, 이들 규정은 비대칭 조정(asymmetric adjustment)을 요구한다. 1980년대와 1990년대 이들 규정은 대부분 독일의 선호가 반영된 것으로서 다른 나라들에게는 막대한 비용을 부과한 셈이다. 독일은 낮은 인플레이션과 재정흑자를 유지했으며, 수렴기준은 당연히 독일 수준에 가깝게 정해졌다. 따라서 이 수준에 수렴하기 위해서는 다른 나라들, 즉 프랑스, 이탈리아, 포르투갈, 스페인 등은 긴축적인 재정 및 통화정책을 펼쳐야 했다. 그것과 함께 첫 번째 규정(즉 ERM 밴드 내 페그 유지)을 지키기 위해서도 노력했다. 앞에서 개방경제 IS-LM 모형에서도 살펴봤듯이 재정긴축의 경우 변동환율제보다 고정환율제 하에서 긴축 효과가 훨씬 크다. 이런 정책들은 정치적으로 손실이 크기 때문에 페그가 완전한 신뢰를 얻지 못할 수도 있다. 즉 외환 트레이더들은 긴축정책을 고수하겠다는 당국의 다짐에 의심의 눈초리를 보내는 경우가 많다. 이런 의심이 1992년 위기처럼 자기실현적 외환위기 가능성을 높일 수 있다. 현재 유로존 지원국들 역시 이런 비용과 위험이 압박으로 작용하고 있다.

둘째, 재정 규정이 유연하지 못하고, 자의적인 면이 있다. 우선 목표값에 합리적 근거가 거의 없다. 왜 재정적자는 4%가 아니고 3%인가? 왜 정부부채는 70%가 아니고 60%인가? 유연성과 관련해서는 무엇보다 이들 규정이 개별 나라 특유의 경기순환 단계를 전혀 고려하고 있지 않다는 점이다. 어떤 나라가 경기순환 과정 전체로 봤을 때는 재정이 상당히 균형을 이루지만, 일시적인 경기침체로 인해 대규모 적자를 보이고 있는 경우도 있을 수 있다. 다시 말하면, 마스트리히트 기준은 재정정책을 경기역행적(countercyclical)으로 신중하게 사용해야 한다는 주장을 완전히 무시하고 있다(비재량적 자동안정장치에 대해서도 마찬가지이다). 이는 계속 논란이 되는 문제로서 바로 뒤에서 자세히 다룬다.

셋째, 고통스런 수렴의 과정이 아무리 좋아도 그저 일시적인 일로 끝날 가능성이 있다. 예를 들어 1990년대 그리스와 프랑스 정부는 예산 규율과 보수적 통화운용을 강화했다. 이들의

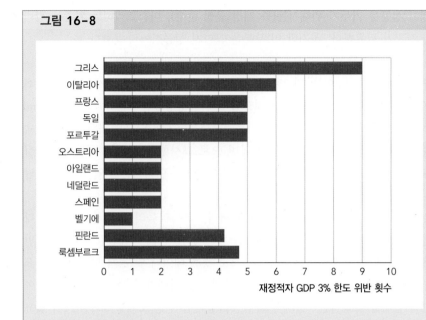

그림 16-8

재정 규정 위반 마스트리히트조약에 의해 설정되고 안정성장협약에 의해 확인된 재정 수렴 기준이 광범위하게 무시돼 왔다. 이 그림은 유로존 출범 멤버 12개국이 재정적자가 GDP의 3%를 넘지 말아야 한다는 규정을 가입 이후부터 2010년까지 몇 번이나 위반했는지를 보여준다. 글로벌 금융위기와 더블딥 침체 이후 위반 횟수가 크게 늘어났다.

출처 : Martin Wolf, "Implications of the Crisis for Stability and Growth in the Eurozone," *World Bank Workshop on Inclusive Growth in Advanced Countries*, New York University, October 8, 2010.

정책 우선순위가 정말 바뀐 것이었을까, 아니면 단지 통화동맹 가입을 위해 그저 규정에 따른(혹은 따른 척한) 것이었을까? 그림 16-8을 보면, 유로존 출범 회원 12개국이 일단 유로존에 들어온 다음에는 이들의 재정규율(재정적자로 측정)에 대한 노력이 약화되기 시작했다는 것을 알 수 있다.

 이 문제는 어떤 나라가 회원국이 되었다고 해서 사라지는 것이 아니다. 각국이 유로존 회원국이 되더라도 자신의 재정정책을 계속 보유하며, ECB에 대해서도 지배구조를 통해 자기 몫의 영향력을 갖는다. EMU 검증이 끝나고 유로존에 가입하면, 각 나라의 입장이 서로 다를 수밖에 없을 것이다.

규정 지켜내기

유로존 '내부' 국가들이 규정보다 더 많은 통화 및 재정 유연성을 원하더라도 일단 '내부'는 유로존 축출이라는 처벌을 받을 위험이 더 이상 없다. 따라서 유로존이 결성되고 나서는 재정과 관련된 문제들이 더 자주 발생하고 통화정책을 완화하려는 로비도 더 늘어날 수밖에 없을 것으로 예상할 수 있다.

 곧 살펴보겠지만, 이런 예상은 어느 정도 올바른 것으로 밝혀졌다. 그러나 회의론자들에 의해 제기된 여러 가지 문제점들이 유로존 설계에서 모두 무시된 것은 아니다. 통화 측면에서 유로존이 성공을 거두기 위해서는(즉 낮고 안정적인 유로존 인플레이션), ECB를 정치적 압력에 견딜 수 있는 독립적 기관, 그리고 그것을 통해 인플레이션을 억제할 수 있는 기관으로 만들어야 한다. 이와 관련해서는 이미 앞에서 ECB를 가능한 한 독립적인 기관으로 만들기 위해 기울인 엄청난 노력에 대해 살펴봤다. 그러나 재정 측면에서는 사정이 다르다. 유로존이 재정 측면에서 성공을 거두기 위해서는(즉 재정 규정 준수), 마스트리히트 기준을 강력히 집행하기 위한 장치가 필요하다. 하지만 이 부분은 그다지 성공적이지 못했다.

안정성장협약 마스트리히트조약 이후 몇 년 지나지 않아 EU는 감시 및 강제 권한을 강화할 필요성을 느꼈다. 이에 따라 1997년 암스테르담에서 **안정성장협약**(SGP : Stability and Growth Pact)을 채택했다. EU 웹사이트에서는 이를 '경제통화동맹(EMU) 재정규율의 지속성을 둘러싼 우려에 대해 EU가 내놓은 구체적인 답변'으로 묘사했다. 그러나 이것은 사실상 아무런 답도 제시하지 못했으며, 협약의 잉크가 마르기도 전에 '어리석은 협약'이라는 비난을 들어야 했다.

SGP는 재정적자 3% 규정을 강제하는 것을 목표로 하며, 각 나라들의 규정 준수를 위해 다음과 같은 장치들을 제안했다. 즉 회원국들이 무엇을 하는지 감시하는 '예산감시' 절차, '안정성 및 수렴 프로그램'에 대한 정기적 검토의 일환으로 경제 데이터 및 정책 보고서 제출 요구, 모든 '불이행'을 포착하기 위한 '조기경보장치', 약속을 이행하지 못한 동료 회원국에 대해 효과적인 압력 발휘를 보장하는 '정치적 책무', 즉각적인 수정 조치를 요구하거나 필요시 제재를 부과하고, 그럴 수 없는 경우에 대해서는 '저지 요소'를 가진 '과도한 적자 대응 절차' 등이다.[15]

그러나 시간이 지남에 따라 이러한 SGP에 대해 단점들이 명확해졌는데 다음과 같다.

- 회원국들이 자신의 재정 문제를 숨김에 따라 감시 체제가 성과를 거두지 못했다. 일부는 민간 회계법인에 의뢰하여 조작을 함으로써 적자를 낮추기도 했다(공교롭게도 재정 적자가 2.9%인 경우가 많았다). 심지어 그리스의 경우에는 2001년 유로 가입을 위해 정부가 적자 숫자를 조작했으며, 가입 후 이를 인정했다.

- 제재가 약하다. 심지어는 '과도한 적자'가 발견돼도 큰 제재가 가해지지 않는다. 동료 회원국에 의한 압력 발휘 조치 역시 효과적이지 못하다. 이는 아마도 조약을 위반한 나라들이 너무 많아 다른 나라에 충고를 할 만한 처지가 아니기 때문일 것이다. 위반국이 수정 조치를 취한 경우는 드물고, '최선을 다했다'는 주장도 믿음이 가지 않는 경우가 많았다. 공식적인 SGP 제재 절차는 자주 발동됐지만, 실제 제재로 이어진 경우는 없었다. 왜냐하면 유럽이사회의 각국 정부 수반들이 서로 용서하는 분위기이며 제재 발동을 꺼리기 때문이다.

- 재정적자 한도로 인해 정부가 적극적인 안정화 정책을 취할 수 없을 뿐만 아니라 재정 정책의 '자동안정장치(automatic stabilizer)' 기능도 발휘될 수 없게 만든다. 일반적으로 경기침체가 발생하면 자동적으로 정부 수입이 감소하고 지출은 늘어나 재정적자가 커진다. 이러한 재정적자(즉 지출 증가)가 총수요를 확대하여 경기를 부양하는 효과를 발휘한다. 이런 점 때문에 설사 통화정책 자율성이 보장돼 있는 경우에도 재정적자에 한

---

15 European Commission, Directorate General for Economic and Financial Affairs, "The Stability and Growth Pact." Published online.

도를 설정하는 것을 받아들이기는 쉽지 않다. 하물며 통화동맹의 경우에는 각국이 통화
정책을 ECB에 넘겨줬기 때문에 엄격한 재정 규정의 고통은 더욱 견디기 힘들 것이다.

- 일단 어떤 나라가 유로존에 가입하면, 그 나라로 하여금 SGP 재정 규정을 따르게(혹은
  따르는 척하게) 유인하는 '당근'이 사라진다. 따라서 일단 유로가 유통되기 시작하면,
  감시, 제재, 약속 등은 모두 약화될 것임에 틀림없다.

SGP 위반 사례가 점차 늘어나더니 2003년에는 조약이 사실상 유명무실해졌다. 왜냐하면 이
때 프랑스와 (아이러니컬하게도) 독일이 조약을 위반했는데, 이에 대해 어떠한 심각한 제재
조치도 취해지지 않았기 때문이다. 다음 절에서 보겠지만, 유로존의 재정 문제는 그 후 더욱
악화되게 된다.

4 유로존 위기, 2008~2013

출범 이후 처음 10여 년 동안, 유로존은 주로 두 가지 거시경제 목표에 초점을 맞추었다. 하
나는 ECB 통화정책의 신뢰성과 인플레이션 목표이다. 이는 인플레이션이 낮은 수준에서 안
정적으로 유지됐다는 점에서 대체로 성공적이었다고 평가할 수 있다. 또 하나는 유로존 회
원국 정부들의 재정 책임이다. 하지만 이는 SGP 규정들이 전반적으로 무시됐다는 점에서 실
패였다고 평가할 수 있다. 유로존 정책결정자들의 가장 큰 실패는 (사실 전 세계 다른 나라
정책결정자들도 마찬가지였지만) 거시경제 및 금융분야의 핵심적인 환경 변화가 유로존을
2008년과 그 이후 심각한 위기에 빠뜨리게 될지 알아차리지 못했다는 점이다.

호황과 불황 : 비대칭적 위기의 원인과 결과 ECB(회원국 중앙은행들 포함)는 인플레이션 목표
에 광적으로 헌신하느라 금융안정에는 충분한 주의를 기울이지 못했다(역사적으로 봤을 때
금융안정은 기본적으로 중앙은행이 책임을 지는 부분이었다). 당시 유로존의 많은 지역에서
민간부문 차입자들이 신용붐에 뛰어들었다. 대출업체와 은행들은 이들 차입자들에게 그 어
느 때보다 더 많은 자금을 쏟아부었다. 채권자는 중심부 북유럽 나라들로서 독일이나 네덜란
드가 대표적이다. 반면, 채무자는 빠르게 성장하는 **주변부**(peripheral) 나라들로서 그리스, 아
일랜드, 포르투갈, 스페인 등이다(이들 나라가 지리적으로 유럽의 주변부에 위치하고 있기
때문에 이렇게 불린다).

그리스에서는 많은 차입이 재정적으로 무책임한 정부에 의해 이루어졌으며, 회계조작까
지 저지른 것으로 나중에 밝혀졌다. 다른 주변부 나라에서는 대부 자금이 투자 및 소비 부문
으로 흘러들었으며, 어떤 곳(가령 아일랜드 더블린이나 스페인 바르셀로나 등)에서는 미국의
부동산 버블에 필적할 만한 주택 건설붐이 일기도 했다. 이처럼 부동산 붐이 일고 있을 때 이
들 정부는 균형에 가까운(심지어는 흑자의) 재정상태를 유지하고 있었다. 당시 비대칭적 붐
이 정부 재정에 도움을 준 것이다. 하지만 붐이 꺼지고 심각한 비대칭적 불황이 닥치자 문제
가 터졌다.

무엇보다 성장이 크게 둔화됐다. 세계적 호황이 불황으로 바뀌자 유럽 역시 끌려 들어갔다. 이에 따라 유럽 주변국들의 건설 및 과소비 중 많은 부분이 비합리적이고 지속 불가능한 것으로 판명 났다. 그러나 이미 경기붐 동안 자산(특히 주택) 가격과 여러 비교역 서비스 가격(이에 따라 임금)이 크게 상승한 상태였다. 주변국 가계들로서는 막대한 부채와 함께 경쟁력 없이 높기만 한 임금을 안게 된 셈이다. 경기붐 동안의 과잉수요가 사라진 상태에서 이것들은 계속 유지되기 어려웠다. 이것만으로도 문제가 심각했지만, 설상가상 다른 요인들도 합세하여 문제를 더욱 악화시켰다.

악순환은 주변부에서 시작됐다. 건설과 비교역 부문이 붕괴되기 시작했고, 이것이 수요를 위축시켰다. 주택 가격이 떨어지고 기업의 가치도 하락했다. 부(wealth)의 붕괴가 수요를 더욱 위축시켰다. 단기적으로 생산이 감소하고, 이에 따라 조세 수입 역시 줄어들었다. 가계는 지출을 더욱 줄였고 정부 역시 허리띠를 졸라맸다. 모두 소득과 부가 줄고, 경제는 위축되고, 은행은 대출을 줄이고, 이런 것들이 수요를 더욱 악화시켰다. 이런 악순환이 지속되는 가운데 은행 대출도 부실화되었다. 많은 채무가 제대로 상환되지 않고 기껏해야 일부만 상환되었다. 주변부 대출 자금의 많은 부분이 북유럽 중심부 은행에서 나온 것이어서 이들 은행의 경계심이 높아짐에 따라 유로존 전체적으로 신용이 위축되었다. 유로존 전체의 대출이 2008~2013년 5년 동안 사실상 얼어붙었다.

유로존의 정책결정 환경 2008년 위기 발발로 유로존은 어려운 선택에 직면했다. 하지만 당시 취해진 정책들은 세계 다른 곳과 비교했을 때 결단력이 부족하고 번복되기 일쑤였다.

그 이유는 무엇일까? 유럽 통화동맹의 고유한 특징 때문에 정책 선택에 제약이 따를 수밖에 없었다. 이를 여섯 가지 측면으로 나누어 살펴보자.

- **최종대부자로서의 한계** 유로존은 하나의 통화동맹으로서 공동의 중앙은행, 즉 ECB를 갖고 있다. 하지만 ECB는 극도로 인플레이션 기피적이며, 정부에 직접적으로 자금을 지원하는 것이 금지돼 있다. 또한 우량 담보가 없는 은행에 대해 최종대부자 역할을 할 수 없다. 즉 취약한 현지 은행에 대해 해당 정부의 확실한 보증이 없는 한 긴급 유동성 공급 등으로 개입하는 것을 꺼린다. 이는 국가에 대해서도 마찬가지이다. 취약한 국가에 대한 자금 지원 역시 (일부 예외는 있지만) 일반적으로 나서지 않는다.
- **재정연맹 부재** 유로존은 정치-재정연맹(political-fiscal union)이 없으며, 재정정책 도구도 갖고 있지 않다. 중앙 예산이 전혀 없기 때문에 충격에 대응하여 역내 안정화에 사용할 재정 자금이 없다. 이것은 기본적으로 각 주권국(회원국) 상위에 있는 중앙 유럽정부(행정권한)가 없기 때문이다. 이에 반해 미국은 강력한 중앙 정부가 있고, 연방차원에서 주 간에 상당한 자동 이전(transfer)이 작동하여 중요한 완충장치 역할을 한다. 유로존은 사실상 이와 반대이다. 만약 개별 국가들이 합당한 조건으로 신용시장에 접근할 수 없게 되면, 이들로서는 EU, ECB, 국제통화기금(IMF) 등에 구원을 요청할 수밖에 없다. 그런데 이들 기구는 지원 조건으로 상당히 가혹한 조건을 부과해왔다. 경기침체로 어려

움을 겪고 있는 나라들에게 오히려 재정긴축을 요구함으로써 경기순환을 증폭시킨 것이다. 위기 이후 EU 당국은 전반적으로 더욱 엄격한 재정 규정과 감시체제를 추구해왔으며, 이는 구제금융 프로그램에 속하지 않은 나라에 대해서도 마찬가지이다. 마스트리히트 기준과 SGP에 새로운 엄격함을 추가한 것이다.

■ **은행연맹 부재** 유로존은 은행연맹(banking union)을 구축하기 위한 최소한의 정치적 재정적 협력조차 하지 않았다. 이는 곧 은행들을 감독하고, 은행들이 지급불능 사태에 빠졌을 때 이를 해결하거나 구제하는 책임이 개별 국가에게 있다는 것을 의미한다. 이에 반해 미국은 연방예금보험공사(FDIC)를 비롯한 여러 기구들이 공동의 재정 및 통화 자원을 보유한 채 진정한 의미에서 연방 차원의 지원을 행하고 있다. 결정적으로 미국은 유로존과 달리 각 주 은행 시스템에 대한 보험 장치가 해당 주의 재정과는 전혀 관계가 없다.

■ **국가-은행 공멸 위험** 은행연맹이나 정치-재정연맹이 없기 때문에 유로존 각국 은행들은 해당국 정부채를 보유하는 경향이 있다. 그 결과 위기 발생 시 은행 시스템을 되살리고 예금자의 손실을 막는 과정에서 해당 국가가 대규모 재정비용을 떠안을 가능성이 높다. 은행과 국가가 소위 '공멸'에 빠질 수 있다. 즉 취약한 은행 때문에 발생한 손실이 국가의 신용도를 악화시키고, 그로 인해 해당국의 정부채 가치가 하락하여 그 대부분을 보유하고 있는 은행들의 대차대조표를 더욱 악화시키는 것이다. 반면, 미국에는 이와 같은 공멸이 존재하지 않는다. 캘리포니아 은행이 캘리포니아 주 정부채를 보유하는 것은 아니며, 캘리포니아 은행이 파산했다고 해서 해당 주정부에 곧바로 피해가 발생하지는 않는다.

■ **노동 비이동성** 유로존은 노동 이동성(OCA 기준 중 하나)이 특히 약하기 때문에 국지적(가령 스페인) 경기부진이 오래 지속될 가능성이 있다. 왜냐하면 일자리가 없는 근로자가 경제상황이 더 좋은 다른 나라로 쉽게 이주할 수 없기 때문이다. 이를 반영하듯, 유로존 중심국들은 위기에도 불구하고 견실한 경제상황을 유지했지만, 유로 일부 나라에서는 위기 이후 장기 실업률(특히 청년층)이 매우 높은 수준으로 치솟았다. 이에 반해 미국에서는 경기부진의 영향이 비대칭적으로 나타난 지역 간에 노동력 이주가 훨씬 활발하게 이루어졌다.

■ **탈퇴 위험** 10년 조금 넘은 역사를 지닌 유로존을 지켜보면서 우리가 알게 된 것은 이것이 탈퇴 가능성이 전혀 없는 영원한 동맹은 아니라는 것이다. 실제로 어떤 나라의 탈퇴 가능성이 제기되면 해당 나라에 금융상의 압력이 가해졌다. 즉 어떤 나라가 유로존을 탈퇴할 것으로 예상되면, 투자자들은 잠재적 손실을 피하기 위해 해당국 은행에 들어있는 자신의 돈을 인출하거나 혹은 보유하고 있는 해당 채권을 팔고자 한다. 그 결과 안전 피난처로 자본이 유출되고, 현지 이자율의 리스크 프리미엄이 높아지게 된다. 이는 통화가 기존의 유로에서 새로운(훨씬 절하된) 현지 통화로 전환(즉 화폐개혁)될 가능성에 따른 소위 '리디노미네이션 리스크(redenomination risk)'에다 은행 구조조정에 따른

그림 16-9

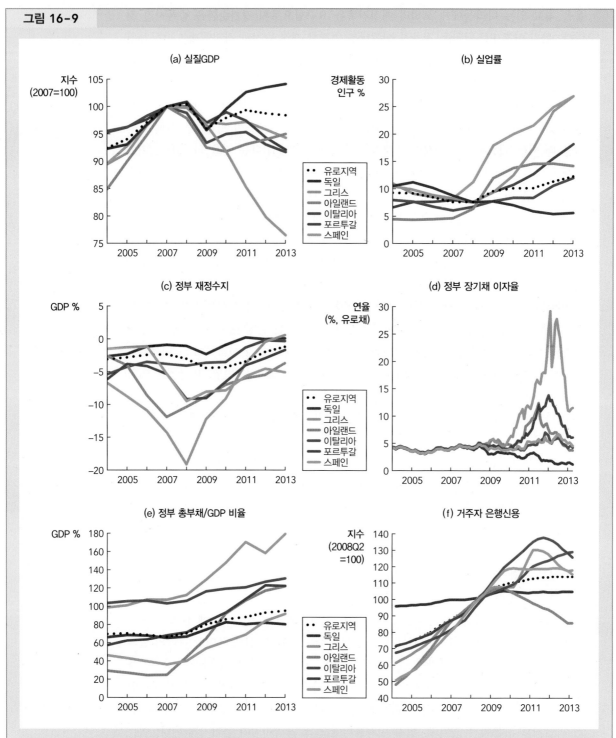

(a) 실질GDP

지수
(2007=100)

- 유로지역
- 독일
- 그리스
- 아일랜드
- 이탈리아
- 포르투갈
- 스페인

(b) 실업률

경제활동
인구 %

(c) 정부 재정수지

GDP %

- 유로지역
- 독일
- 그리스
- 아일랜드
- 이탈리아
- 포르투갈
- 스페인

(d) 정부 장기채 이자율

연율
(%, 유로채)

- 유로지역
- 독일
- 그리스
- 아일랜드
- 이탈리아
- 포르투갈
- 스페인

(e) 정부 총부채/GDP 비율

GDP %

- 유로지역
- 독일
- 그리스
- 아일랜드
- 이탈리아
- 포르투갈
- 스페인

(f) 거주자 은행신용

지수
(2008Q2
=100)

유로존 위기와 주요 거시경제 데이터 여기에 나와 있는 6개 도표는 2004년부터 2013년까지 유로존 일부 국가의 생산, 실업, 재정적자, 이자율, 공공부채, 은행 신용공급의 변화 추이를 보여준다. 독일과 나머지 5개 주변국들의 경로가 서로 벌어지는 것을 알 수 있다.

출처 : IMF, Eurostat, OECD

예금자들의 손실 위험을 합친 것에 해당한다. 이것은 실제로 2013년 키프로스 사례에서 확인되었다.

이상 여섯 가지 관점을 염두에 두고 2008~2013년에 전개된 여러 사건들을 바라보면 훨씬 이해가 쉬울 것이다. 이하에서는 이 기간에 대해 보다 자세히 살펴보기로 한다. 이와 관련하여 그림 16-9에는 유로존 일부 나라의 주요 거시경제 데이터가 나와 있다.

사건의 전개 첫 번째 큰 사건은 2010년 4월 그리스에서 발생했다. 당시 그리스는 자국의 리스크 프리미엄이 치솟아 더 이상 정상적인 이자율로 차입이 불가능하게 되자 지원을 요청했다. 이것이 글로벌 금융시장을 요동치게 만들었다. EU/ECB/IMF 트로이카는 통제 불가능한 디폴트 및 은행위기의 동시 발발이라는 파국을 모면하기 위해 머리를 맞대었다. 이들 트로이카는 그리스에 2~3년에 걸쳐 1,100억 유로의 구제금융을 제공하기로 했다. 그 대신 그리스 정부에 대해서는 재정지출 대폭 삭감 등 엄격한 조건을 부과했다. 이러한 구제금융에도 불구하고 금융시장 혼란이 계속됨에 따라 트로이카는 2010년 5월 7일 그리스에 대한 추가 지원 조치를 발표했다.

위기에 빠진 다른 나라들(아일랜드, 스페인, 포르투갈, 이탈리아)을 지원하기 위해 EU 전체가 나서서 최대 4,400억 유로 규모의 자금을 지원할 수 있는 기금을 설립했다. 소위 **유럽안정화기구**(ESM : European Stability Mechanism)로서 신용상태가 좋은 EU 회원국들의 출자와 ECB의 지원으로 설립됐다. 게다가 EU 예산에서 최대 600억 유로를 동원할 경우 이론적으로는 최대 5,000억 유로의 신용 제공이 가능하다. 이와 함께 IMF도 2,500억 유로를 출자하기로 약속했다. 트로이카는 이 정도 기금이면 아일랜드와 포르투갈 정도의 위기에 대해서는 충분히 구제금융이 가능할 것으로 판단했다. 하지만 만약 더 큰 나라인 스페인(더 심하게는 이탈리아)에서 문제가 발생한다면 트로이카로서는 추가적인 자금 조달이 필요했다.

이런 대응책들에도 불구하고 혼란은 멈추지 않았다. 2010년 11월 주변국들의 리스크 프리미엄이 다시 뛰기 시작했다. EU 수장들이 향후 구제금융에서는 채권보유자들도 손실을 감당해야 한다고 밝혔기 때문이다. 이런 발표가 있자 금융시장에서는 그리스 채권뿐만 아니라 다른 주변국들이 발행한 채권에 대해서도 손실을 입을 것으로 판단했다. EU 관리들이 이를 철회하기는 했지만 금융시장의 우려는 계속됐고, 모든 주변국들의 차입비용이 뛰기 시작했다. 이에 따라 이들 나라 역시 차례로 트로이카에 공식적 구제금융 프로그램을 요청하게 되었다.

트로이카는 그리스를 제외한 다른 주변국들은 공식적 자금지원으로 회생할 수 있을 것으로 판단했다. 하지만 그리스는 부채 규모가 너무 커서 결국 2012년 2월 부분적인 디폴트를 취해야만 했다. 2012년 5월과 6월에 그리스가 유로존을 탈퇴할 것이라는 예측들이 많았고, 이 때문에 금융시장뿐 아니라 정치적 혼란도 가중됐다. 그리스가 유로존을 탈퇴하지는 않았지만, 2013년 그리스의 실업률은 27%였고, 청년층 실업률은 58%에 달했다.

아일랜드는 2010년 11월 중순 트로이카에게 유럽안정화기구(ESM) 프로그램에 의한 지원을 요청했으며, 이것이 주변국들과 유로에 대한 신뢰까지 손상시켰다. 아일랜드는 자체적인 문제도 안고 있었다. 아일랜드는 2008~2009년에 민간은행 예금에 대해 안전을 보장했다. 은행 채권 보유자들의 뱅크런(예금인출사태)이 심각한 경제위기를 초래할 수 있어 이를 막기 위한 것이었다. 하지만 이런 식으로 은행파산을 막는 것은 근본적인 해결책이 될 수 없었다. 이것은 단지 금융부문의 대규모 손실을 정부로 이전하는 것에 불과했다. 2010년 말 아일랜드 정부는 은행들의 불량 채무를 구제하는 데만 GDP의 약 20%에 달하는 손실이 발생했다고 인정했다. 이 해에 아일랜드의 재정적자는 GDP의 32%로 전례가 없는 수준이었다. 금융시장은 경악했고, 아일랜드 국채 이자율은 폭등했다. 구제금융을 받은 아일랜드 역시 공공부문 감축과 증세 등 엄격한 긴축정책 프로그램을 강요받았다. 실업률이 2006년 4%에서 2012년 15%로 뛰었으며, 청년 실업률은 30% 수준에 달했다. 아일랜드는 2012년 7월까지는 금융시장에서 제대로 차입을 할 수 없었으며, 경제도 취약한 상태를 유지했다.

스페인 역시 은행위기에 직면했다. 스페인의 경우 아일랜드 정부만큼 신속하고 적극적으로 개입하지는 않았지만, 손실을 계속 숨길 수는 없었으며, 그 과정에서 경제가 고통을 겪었다. 스페인이나 아일랜드에서는 은행 시스템이 심각히 훼손되어 원활한 대출이 어려웠을 뿐만 아니라 자국 차입자들에게 ECB의 저금리를 전달해주는 기능도 상실했다. ECB의 저금리가 국내 기업과 소비자들에게 전달되지 않는다는 점에서 통화정책의 전달경로가 붕괴된 셈이다. 이들 나라 은행들은 정부지원 없이는 사실상 죽은 것이나 다름없는 '좀비 은행'으로 살아남기는 했지만, 실물경제에는 별 도움을 주지 못했다. 폴란드와 이탈리아 은행산업에서도 유사한 문제가 발생했다. 2013년 기준으로 스페인, 포르투갈, 이탈리아 기업들이 자국 은행에서 차입할 때 적용받는 이자율이 독일이나 오스트리아 기업과 비교했을 때 2~3% 포인트나 더 높았다. 심각한 비대칭성을 확인할 수 있다.

포르투갈과 스페인은 당초 그리스나 아일랜드만큼 타격을 받지는 않았지만, 경제성장이 붕괴됐다는 점에서는 유로존 주변국들이 공통된 모습을 보였다. 스페인은 은행 손실이 당초 인정했던 것보다 계속 커졌으며, 포르투갈은 위기 전에도 좋지 않았던 경제성장률이 위기 이후 훨씬 더 나빠졌다. 재정상태가 계속 악화됨에 따라 자금조달 비용이 줄곧 상승하여 결국 포르투갈과 스페인 모두 2011년과 2012년에 각각 구제금융 프로그램에 들어갔다. 스페인은 2013년 실업률이 27%였고, 청년층은 56%에 달했다. 같은 시기 포르투갈은 실업률이 11%, 청년층은 38%였다.

2013년 중반에 마지막으로 공식적 구제금융 프로그램에 들어온 나라가 키프로스이다. 아주 작은 나라이지만, 향후 유로존의 위기 극복과 관련하여 주목할 만한 사례를 제공해준다. 키프로스의 호황과 불황에는 자체적인 요인이 있었다. 부동산 버블에 기름을 부은 것은 외국 자본(특히 러시아) 유입이었다. 키프로스가 조세회피 지역으로 각광을 받은 데 따른 것이다. 키프로스 경제가 운행을 멈춘 것은 2011년 정부 신용등급이 강등되면서부터였다. 2012년이 되자 키프로스의 은행위기가 점차 가시화됐다. 이때까지도 키프로스 은행들은 여전히 그리스 채권을 상당히 보유하고 있었는데, 당시 트로이카가 그리스의 디폴트를 결정함에 따라 큰 타격을 받았다. 2012년 7월 키프로스는 트로이카와 협상을 시작했지만, 많은 혼란과 논쟁이 제기됐다. 은행 예금자들이 손실을 보게 될 것이라는 소문이 돌더니 2012년 말과 2013년 초에는 뱅크런이 서서히 시작됐다.

이런 소문은 사실로 나타났다. 2013년 3월 심상치 않은 주말에 트로이카와 키프로스 정부가 밤늦게까지 논의를 거친 끝에 협상을 타결 지었다. 핵심 내용은 모든 은행 예금에 상당한 '조세'를 부과하는 것으로서 거기에는 EU의 법적 보장 수준인 10만 유로 미만 예금도 해당됐다. 이런 발표가 있자 모든 것이 순식간에 아수라장으로 변했다. 분노의 시위가 시작됐고, 사람들은 자신의 돈을 키프로스의 은행에서 빼가려고 난리였으며, 결국 의회는 협상안을 부결시켰다. 이에 따라 10만 유로 미만 예금은 보호하고 나머지 모든 예금에 대해서는 손실을 부과하는 타협안이 일주일 만에 다시 마련됐다. 이와 동시에 정부는 또 다른 법률과 조약을 기습적으로 처리했다. 우선 은행과 국경에 대해 자본통제를 실시했다. 또한 키프로스에서 가장 큰 라이키 은행(Laiki Bank)과 키프로스 은행(Bank of Cyprus)에 대해서는 예금자와 채권자의 순위를 일단 보류해 놓았다(결과적으로 이것 때문에 ECB는 사후적으로 선순위 채권자가 될 수 있었으며, ECB가 라이키 은행에 대출해준 자금은 어떠한 손실도 없이 확실한 담보를 가진 자금으로 전체가 이전되었다). 전체적으로 이 모든 과정은 정치적으로나 경제적으로 하나의 재앙 수준이었다. 하지만 당시 유로그룹(유로존 재무장관회의) 의장은 이 결과를 유로존 위기 해법의 '본보기(template)'로 묘사했다. 며칠 후 나온 마리오 드라기 ECB 총재의 평가 역시 비슷한 내용이었다.

누가 비용을 감당하는가?　위기가 발생하면 위기가 발생한 나라가 그 고통을 모두 감당해야 한다는 것이 유로존의 생각이다. 이는 협력과 집단적 고통분담의 수준이 낮다는 것을 의미한다. 앞에서 본 것처럼 이는 미국 통화동맹과는 완전히 다르다. 미국의 경우 정치적, 재정적, 은행부문의 동맹이 통화동맹과 함께 작용하여 위험을 분산시키고 충격 흡수를 돕는다. 유로존 중심부 나라들은 주변부에 대해 돈을 빌려주는 것 말고는 별다른 지원 노력을 하지 않았다(그나마 빌려준 돈은 언젠가는 다시 돌려받는다). 결국 유로존에서는 각 나라가 자신의 재정 상태를 책임져야 한다는 믿음이 확고해졌다.

하지만 유로존의 접근방법을 보면 일관적이지 못한 부분도 있다. 사실 주변부 정부(그리고 은행)로서는 디폴트를 선언한 다음, 좀 더 신용도를 높여서 활동을 재개할 수도 있다. 물론 그렇게 되면 채권자들이 많은 손해를 입게 된다. 하지만 EU는 '도덕적 해이(mora hazard)' 혹은 '구제금융(bailout)' 접근에 따라 채권자(은행채 및 정부채)들에게 전혀 손해가 가지 않는 방식을 취하려고 노력했다. 이는 논란이 되는 방식이지만 나름대로 이유가 있으며, 상당 부분 수긍이 되기도 한다. 즉 중심부 EU 은행들을 보호해야 하고, ECB가 보유하고 있는 담보를 지켜야 하며, 금융시장에서 전염과 공포가 더 이상 확산되는 것을 막고, 중요한 글로벌 통화로서 유로의 명성을 방어하려는 목적이었을 것이다. 하지만 이런 결정은 모든 유로존 나라들이 자신의 문제에 스스로 책임져야 한다는 당초의 방침과는 모순된다. 또한 ECB가 어떠한 구제금융에도 나서지 않겠다는 원칙과도 모순된다. 정치적으로는 유로존이 구제금융에 적극

나설수록 훨씬 더 권력이 집중되는 현상이 나타날 것이다. 또한 유럽 당국이나 IMF가 공식적 구제금융 프로그램에 들어있는 주변부 나라들의 경제정책 운용에 대해 점점 더 많은 조건들을 강요하게 될 것이다.

EU 지도부가 어떤 나라에 대해서도 디폴트를 절대 허용하지 않으려 하기 때문에 유로존에서는 ECB(통화동맹 이전 각국 중앙은행들처럼)가 유일하게 도움을 줄 수 있는(또한 도움을 줄 용의가 있는) 기구이다. ECB는 극히 취약한 담보를 가진 민간 은행들에게 계속 대출을 해주고 있다. 위기 이전이었다면 아마도 이런 대출을 거부했겠지만, 위기가 닥치자 대출기준을 계속 완화시켜 나갔다. 그렇게 하지 않으면 해당 은행이나 정부 모두 자금조달 위기에 내몰리게 될 것이기 때문이다. 2012년 ECB 총재가 된 마리오 드라기는 유로를 구하기 위해 '필요한 모든 것'을 다하겠다고 밝혔다. ECB의 전면적인 국채 매입 프로그램인 전면적통화거래(OMT : Outright Monetary Transaction) 프로그램이 그 예가 될 수 있다(물론 OMT의 정확한 범위와 조건은 아직 확실하지 않다). 하지만 가령 분데스방크 총재인 옌스 바이트만을 비롯한 일부 유로존 관리들은 ECB가 정부채 시장에서 안전판 역할을 하는 것을 그리 탐탁하게 여기지 않는다. 그들은 이런 프로그램이 결국 재정 중심주의, 통화 발행, 인플레이션 유발 예산으로 이어질 것을 우려한다.

사건의 진행 갑자기 성장의 기적이라도 발생한다면 이런 모든 문제들이 금방 사라질 수도 있다. 그러나 많은 사람들은 지금과 같은 정책이 지속될 경우 유로존이 단기 및 중기적으로 경기부진에서 탈출하기는 힘들 것으로 전망한다. ECB의 통화정책 방향은 2010~2013년에 거의 바뀐 것이 없지만, 유로존의 각 정부들은 확실히 긴축재정으로 돌아섰다.

2011년 말 유로존이 더블딥(double-dip) 침체에 빠진 것은 결코 우연이 아니다. 2013년 초 유로존은 6분기 연속 마이너스 성장을 기록했다. 이번 불황은 1930년대 대공황에 필적할 정도로 기간이 길다. 그리스, 아일랜드, 포르투갈, 스페인, 키프로스 등 구제금융 프로그램에 들어 있는 나라들은 막대한 채무를 상환하려면 경제가 회복해야 한다. 그러나 이들 나라의 성장 전망을 보면 가까운 시일 안에 그렇게 되기는 어려울 것으로 보인다. 이들의 실질GDP는 계속 쪼그라들고 있고, 민간

2010년 그리스를 비롯한 여러 나라의 부채 문제가 유로존을 위험에 빠뜨렸다. 그 내면 깊숙한 곳에는 거시경제 및 금융상의 갈등이 자리잡고 있다. 독일 메르켈 총리와 프랑스 사르코지 대통령이 성곽에서 내려다보고 있다.

소비나 정부소비 모두 살아날 기미를 보이지 않고 있다. 그나마 투자가 언젠가는 미약하게나마 살아나 경제성장을 이끌게 될 것이다(무엇보다 자본스톡이 조금씩 소모되기 때문에 투자가 필요하다). 순수출 증가가 최선의 희망일 것이다. 이를 위해서는 통화가 실질절하되어야 하나 유로존 주변국들은 자신의 통화를 갖고 있지 않다. 이들이 경쟁력과 생산을 회복할 수 있는 유일한 방법은 임금과 비용 측면에서 엄격한 규율을 적용하는 것이다. 하지만 이는 엄

청난 실업사태를 각오해야 하는 아주 힘든 과정이어서 성공하기 어렵다. 또한 심각한 사회적 및 정치적 고통을 야기할 뿐만 아니라 혹독한 디플레이션이 명목GDP를 오랫동안 떨어뜨릴 수 있다. 그렇게 되면 정부지출을 줄이기 위한 여러 노력에도 불구하고 오히려 소득 대비 부채 부담은 갈수록 커지게 된다. 결국 막바지에 몰려 꺼내든 내핍 정책이 수요 감소와 실업 증가를 야기하는 자멸적인 정책으로 귀결될 수 있다.

유로존을 온전히 유지하려는 이 모든 노력들이 실패하고, 정치적인 부분까지 증발해버리면 유로존 주변국 중 한두 나라 정도는 디폴트에 처할 수 있으며, 심지어는 유로존을 탈퇴할 수도 있다. 그렇게 되면 무엇보다 해당 국민들이 엄청난 경제적 희생과 깊은 사회적 상처를 입게 될 것이다. 유로존 중심국들 역시 현재 시스템을 어떻게든 유지해보려는 과정에서 큰 손실을 입을 수 있다. 중심부로서는 단일통화 프로젝트의 영광을 지키기 위해 주변부 그룹들에게 자금을 지원하는 일종의 '이전동맹(transfer union)'을 생각하게 될지도 모른다. 유로존 위기를 저지하지 못하면 전체 글로벌 경제도 심각한 부정적 충격을 받게 될 것이다. 하지만 가장 심각한 위기가 닥칠 곳은 다름 아닌 유럽 자신일 것이다. 이런 시나리오가 전개되면 갈등이 고조되고, 유로존이 현재 방식과는 크게 달라질 수 있다.

5 결론 : 유로에 대한 평가

유로 프로젝트는 경제적으로 못지않게 정치적 견지에서 이해되어야 한다. 우리는 이 장에서 OCA 기준을 사용하여 통화동맹의 논리를 평가하는 방법에 대해 살펴봤다. 그러나 이것만으로 EU를 설명할 수는 없다. 유럽은 좁은 의미에서는 최적통화지역 정의를 충족하지 못하는 것으로 보인다. 오히려 유로가 살아남기 위해 가장 중요한 기준은 OCA 기준이 내세우는 조건이 아니다. 이는 마스트리히트조약에서 내세운 기준만 봐도 알 수 있다. 유로는 앞으로 얼마나 잘 견뎌낼 수 있을까? 위기 이후에도 여전히 낙관론과 비관론이 교차하고 있다.

유로 낙관론자 진정한 낙관론자가 보기에 유로는 이미 하나의 성공이다. 유로는 (여러 나라를 곤궁에 빠뜨린 위기를 제외하고는) 완벽하게 적절한 방식으로 기능하고 있으며, 시간이 지날수록 더욱 성공적으로 될 것이 확실하다. 더 많은 나라들이 유로존에 가입하려고 할 것이다. 이들의 주장에 따르면, 비록 단기적으로는 비용이 따르지만, 장기적으로는 분명한 이익이 될 것이다.

낙관론자들은 OCA 기준이 자기실현적일 수 있다는 점을 강조한다. 그들은 장기적으로 유로가 유로존 역내 교역을 촉진할 것으로 믿는다. 또한 노동과 자본의 이동성도 높인다. 그들은 역내 충격이 비대칭적으로 변화할 위험은 별로 걱정하지 않아도 된다고 주장한다. 최소한 그들은 역내 시장 통합 강화 효과가 충격의 비대칭성 위험을 압도할 것으로 본다. 이런 요인들을 감안하면 유로존이 최적통화지역이라는 것이다. 사실 유로가 탄생한지 얼마 지나지 않았기 때문에 이들의 주장을 검증할 자료가 아직까지는 부족하다. 현재로서는 이들의 주장이 증명된 것도 아니고, 그렇다고 반박된 것도 아니다. 그러나 부족한 증거이기는 하지만 그 것만으로 평가해보면, 비록 노동 이동성은 크게 개선되지 않았지만, 유로존 역내 재화 및 서 비스 무역은 증가하고 있고, 자본시장 통합은 역내 자산 교역, FDI 등으로 평가했을 때 재화 및 서비스 무역보다 훨씬 더 진전된 것으로 평가된다.[16]

낙관론자들은 ECB가 정치적 간섭이나 통화발행 유혹을 거부할 수 있는 강하고, 독립적이 고, 신뢰할 수 있는 중앙은행임을 증명할 수 있을 것으로 믿는다. 문서상으로 보면, 다른 중 앙은행들과 비교했을 때 ECB가 매우 높은 수준의 독립성을 갖고 있는 것이 분명하다. 낙관 론자들에 따르면, 단기적으로는 공동통화 비용이 클 수 있지만, ECB가 인플레이션 억제 목 표를 잘 수행하면, 결국에는 유로존 모든 사람들과 정치인들의 존경심을 불러일으킬 수 있다 는 것이다.

낙관론자들이 주목하는 또 하나는 갈수록 유로가 세계 각국 중앙은행들의 준비통화(reserve currency), 무역의 매개통화(vehicle currency), 그리고 최근에는 국제채권시장에서 지배적 통 화로 자리 잡고 있다는 점이다. 이는 시장에서 유로를 신뢰하고 있다는 것을 보여준다. 또한 향후 유로가 더욱 널리 사용될 경우 유로존으로서는 교역과 자금조달 비용이 더욱 낮아지는 유리한 점이 있다.

마지막으로 유럽연합의 '아버지' 장 모네가 그랬던 것처럼 낙관론자들은 유로의 도입이 EU 가입과 마찬가지로 '되돌아갈 수 없는 것'으로 믿는다. 즉 유럽의 정치적 미래를 동맹 (union)과 따로 떼어놓고는 상상할 수조차 없다는 것이다. 유로와 EU 모두 출구 장치가 없 다. 아마도 기구 설계자들에게 그런 일은 상상할 수 없었을 것이다. 진정한 낙관론자들이 보 기에 EU 프로젝트는 궁극적으로 정치적 논리에 대한 깊은 믿음과 유럽인들의 공동운명 의식 에 기초하고 있다. 그들에게 현재의 엄청난 위기와 경제적 고통은 주요 관심사가 아니다. 단 기적으로 큰 비용을 지불하더라도 장기적 이익을 고려했을 때 값어치가 있다고 낙관론자들 은 믿는다.

유로 비관론자 진정한 비관론자들에게 위와 같은 주장은 전혀 설득력이 없다. 유로가 EU 역 내 교역(이미 높은 수준)에 미치는 영향이 작기 때문에 시장 통합은 크게 변하지 않는다. 또 한 문화적 및 언어적 제약으로 역내 이주가 제한적이고, 대부분의 나라에서 노동시장 구조가 유연하지 못해 이주를 더욱 어렵게 한다. 모든 시장에서 규제와 각종 마찰이 사라지지 않을 것이다.

게다가 경제적 통합에 대한 저항도 만만치 않다. 2005년 EU의 서비스 시장 자유화 행정명 령은 여러 나라에서 많은 반감을 불러일으켰으며, 프랑스와 네덜란드 국민투표에서 EU 헌법 조약(Constitutional Treaty)이 부결되는 데 기여했다. 다양한 측면(재화, 서비스, 노동, 자본) 의 단일시장에 대해 이제 겨우 어렴풋하게 이해되고 있을 정도이다. 통합을 어디까지 추진할

---

16 이에 대해서는 다음 연구에 잘 정리되어 있다. Philip R. Lane, 2006, "The Real Effects of European Monetary Union," *Journal of Economic Perspectives*, 20(4), 47–66.

것인지에 대해 정부와 유럽위원회의 의견이 엇갈린다.

만약 정치적 지원 부족으로 통합이 중단되면 유로에 대한 핵심적인 경제적 근거가 사라지게 된다. EU에 대한 정치적 지원이 중단되면 정치적 논리 역시 약해진다. 어떤 나라들은 좀 더 밀접히 통합된 국가연합을 밀어붙이고, 다른 나라들은 그냥 한쪽에 서있는 것은 모든 EU 나라들이 공동운명이라는 인식을 훼손시킬 것이다.

비관론자들은 또 다른 OCA 기준인 충격의 대칭성에 있어서도 유로존 나라들이 수렴되기는커녕 오히려 발산되는 경우가 자주 나타난다는 점에 주목한다. 저성장, 저인플레이션 국가들은 느슨한 통화정책을 원한다. 반면 고성장, 고인플레이션 국가들은 긴축적인 통화정책을 원한다. 이처럼 ECB에 대해 완전히 다른 정책을 원할 경우, 정부들 간에 갈등이 커지고 ECB의 독립성을 존중하는 태도도 사라질 것이다.

유로가 재정 문제로 위협을 받을 수도 있다. 규정상으로는 정부들이 ECB에게 로비를 하지 못하도록 되어 있다. 자신들의 부채 상환 부담을 낮추기 위해 이자율 인하나 고인플레이션을 요구한다거나, 혹은 경제성장을 위해 유로 절하를 요구할 수 없다. 그러나 역사가 보여주듯이, 경제 상황이 안 좋아지면 정부가 중앙은행을 압박하여 다양한 요구를 하게 된다. 비관론자들은 이제 마스트리히트 재정 규정은 증발했으며, 안정성장협약도 무의미해졌다고 지적한다. 만약 어떤 나라들이 ECB에 느슨한 통화정책을 로비하면, 재정적으로 건전한 나라들이나 인플레이션을 싫어하는 나라들은 반발할 것이다. 그런 논쟁이 격화되면 불확실성이 높아져 유로의 신뢰성도 타격을 받는다. 2008년 위기와 2011~2013년 더블딥 침체 이후 유로존의 재정 문제가 누적되고 있어 갈등이 높아질 수 있다.

위기 이전 ECB가 끊임없이 재정 위험에 대한 우려를 표명했지만, 회원국들의 행태는 거의 바뀌지 않은 것으로 보인다. 예를 들어 ECB는 2005년 11월 유로존 은행들에 대해 신용등급이 지나치게 낮은 정부채를 담보로 사용하는 것을 더 이상 허용하지 않겠다고 했다. 하지만 얼마 지나지 않아 2008년 위기가 발생함에 따라 이런 방침이 시험대에 오르게 되자, ECB는 곧바로 항복하고 말았다. 위기를 막기 위해 신용등급이 떨어지고 있는 주변국 국채를 담보로 대출을 계속 해주었다. 또한 2010년 5월 재정 구제에도 참여하여 일부 구제 프로그램에 자금지원을 약속함으로써 '구제금융 불가'라는 원칙에서 더욱 멀어지게 됐다. 급기야 2012년 ECB는 유로를 구하기 위해 '필요한 모든 것'을 다하겠다고 밝히고, ECB의 국채 매입 프로그램인 전면적통화거래(OMT : Outright Monetary Transaction) 프로그램을 개시했다.

경제적, 정치적, 문화적, 언어적으로 너무 차이가 많은 지역에 대해 통화동맹을 시행하려다 보니 필연적으로 통화 및 재정정책상의 긴장이 끊이지 않는다는 것이 위기 과정에서 명백해졌다. 최선의 결과는 유로가 살아남는 것 정도이며, 그 과정에서 성장 부진과 지속적인 정책 갈등을 겪을 것으로 비관론자들은 예상한다. 최악의 결과는 갈등이 고조되어 유로존이 블록으로 깨지거나 아예 예전의 국민통화로 다시 돌아가는 상황이 될 수도 있다.

요약 긍정적으로 보자면 EU가 현재 어려움을 겪고 있지만, 장기적으로는 EU의 정치적 측면

이 아직 승리에 도달하지 못한 것일 수 있다. 또한 중기적으로는 당초 생각했던 것보다는 최적통화지역으로서 더 적합한 것으로 판명될 수도 있다. 비록 단기적으로는 어려움을 겪고 있고 경제적으로 비용이 소요되는 통화동맹이기는 하지만 유로존은 여전히 살아있고 기능을 하고 있다.

부정적으로 보면, EU가 확대될수록 단기적으로 OCA 논리가 약해진다. 유로존 회원국 정부들은 다루기 힘들어지며, 갈등을 해소하기가 어려워진다. 회원국들이 심각한 재정 문제를 극복해가는 과정에서 개별 정부의 재정적 목적과 ECB의 통화적 목적이 충돌할 위험이 크다. 또한 현재의 위기가 격화되면(가령 일부가 디폴트에 처하거나 유로를 탈퇴하려고 하면), EU 프로젝트는 미지의 영역으로 빠져들게 될 것이다.

사람들은 어떻게 생각하고 있는가? 유럽위원회(EC) 기관인 유로바로미터가 유로존 시민들을 대상으로 지속적으로 실시한 여론조사에 따르면, 유로가 도움이 된다는 응답 비중이 가장 높았을 때조차 50%에서 60% 정도밖에 되지 않는 것으로 나타났다. 나라에 따라 이 비율이 더 높은 곳도 있고 더 낮은 곳도 있다. 위기 이후, 특히 주변국에서 이 비율이 더 떨어졌을 것이다. 유로는 여전히 하나의 실험이다. 유로의 등장이 유럽 통화 역사의 종착점은 아니며, 장기적으로 어떻게 전개될지는 완전히 안개 속이다.

핵심 내용

1. 통화동맹은 2개 혹은 그보다 많은 주권 국가가 공동 통화를 공유한다. 때로는 이것이 일방적으로 이루어지기도 한다. 에콰도르가 미국 달러를 쓰는 것이 그 예이다. 그러나 보통은 다자간 협정으로 결정되며, 가장 대표적인 예가 유로존이다.

2. 유로는 (2014년 현재) 18개 유럽연합(EU) 국가들의 통화로서 공동 통화당국인 유럽중앙은행(ECB)을 설치하여 집단적으로 유로를 관리한다. EU 대부분 나라들이 결국은 유로에 가입할 것으로 예상된다.

3. 최적통화지역(OCA) 이론에 따르면 통합의 정도가 높고 유사(즉 대칭적) 경제적 충격에 직면하는 지역만이 공동통화를 채택해야 한다. 이 기준을 충족하기 위해서는 교역에서 얻는 효율성 이익이 크고, 통화적 자율성을 상실해도 그 비용이 크지 않아야 한다.

4. 일반적으로 통화동맹은 단순히 환율을 고정시키는 것에 비해 다시 돌이키기 힘들고 비용이 많이 드는 절차이다. 따라서 고정환율제에 비해 OCA의 기준이 더 높다.

5. 다른 요인들도 OCA 조건에 영향을 미친다. 만약 어떤 지역이 노동 이동성이 높거나 재정 이전이 대규모로 이루어지는 경우, 비대칭적 충격이 가해져도 이런 메커니즘 덕분에 통화동맹의 비용이 줄어든다. 또한 명목기준지표 성과가 취약한 나라 역시 인플레이션 평판이 좋은 나라와 통화동맹을 원할 것이다.

6. 정치적 목적이 통화동맹의 원동력일 수 있다. 여러 나라들이 공동 운명이라는 생각을 가질 때 정치동맹이라는 원대한 목표의 일부분으로 통화동맹을 추진할 수 있다.

7. 유로존은 무역 통합의 정도가 매우 높지만 미국만큼 높지는 않다. 따라서 유로존은 시장 통합 측면에서 OCA 조건을 통과할 수도 있고, 그렇지 않을 수도 있다.

8. 유로존은 대부분의 나라가 상당히 대칭적인 충격을 받는다. 따라서 이에 관해서는 유로존이 OCA 조건을 통과할 것이다.

9. 유로존은 나라 간 노동 이동성이 매우 낮다. 따라서 이에 관해서는 유로존이 OCA 조건을 거의 확실히 통과하지 못할 것이다.

10. 사전적(ex ante)으로는 OCA 기준을 충족시키지 못하더라도, OCA 기준이 자기실현적일 수 있다. 즉 공동통화가 도입되고 몇 년이 지난 후에 교역 및 노동 이동성 증대로 OCA 조건을 사후적(ex post)으로 충족시킬 수 있는 것이다. 그러나 교역 증가로 특화가 심화되면 비대칭성이 커지기 때문에 OCA에서 오히려 멀어지게 하는 힘도 작용할 수 있다.

11. 경제적 논리만으로 유로를 설명하는 데는 한계가 있기 때문에 그것의 역사적 및 정치적 근원을 이해해야 한다. EU는 정치적 프로젝트로 이해되어야 하며, 유로는 그 구상의 중요한 일부분이다. 많은 EU 시민들이 이 프로젝트를 신뢰해왔지만, 여론조사 결과를 보면 이런 견해를 가진 사람이 겨우 과반수 정도이다.

12. ECB는 유로의 미래에 중추적인 역할을 한다. ECB가 본보기로 삼은 독일 중앙은행(분데스방크)만큼 인플레이션 억제와 경제안정을 달성할 경우, 유로는 EU뿐만 아니라 글로벌 통화로서 성공을 거둘 것이다.

13. ECB에 대해 정치적 영향력을 행사하려는 시도가 계속되고 있다. 또한 유로존 규정(마스트리히트 기준 및 안정성장협약)을 위반해도 EU 각료이사회가 제대로 대응하지 못하고 있다.

14. 2008년 글로벌 금융위기와 그에 따른 대침체(Great Recession)는 유로의 첫 번째 시험대이자 엄중한 검증이었다. 다른 나라들과 마찬가지로 유로존 역시 고통을 겪었다. 과잉 대출과 금융 버블이 심각한 나라들도 있었고, 어떤 나라들은 재정규율이 문제였다. 은행에 대한 구제금융 요구와 (그 과정에서) ECB에 대해 기존의 정책에서 벗어나 실물경제와 은행 및 정부를 지원해야 한다는 압력이 가해졌다. 이런 문제들이 유로존 나라들에게 비대칭적 형태로 영향을 미치기 때문에 ECB로서는 대응이 매우 어려웠다. 결국 ECB와 EU 당국은 폭넓은 협력에 기반을 둔 효과적인 정책을 마련하기 위해 노력했다. 유럽의 경제적 정치적 상황은 여전히 취약하다. 특히 위기로 큰 타격을 입은 주변부 경제, 즉 그리스, 아일랜드, 포르투갈, 스페인 등이 가장 취약하다.

15. 2011년 시작된 더블딥 침체로 사정이 더욱 나빠졌다. 부진한 성장으로 재정상태가 더욱 악화되고, 각국 정부 정책으로는 한계가 있다. ECB가 무조건적인 지원은 꺼리고 있어 유럽 은행 시스템이 여전히 취약한 상태이다.

핵심 용어

경제통화동맹 (EMU : Economic and Monetary Union)	(SGP : Stability and Growth Pact) 유럽연합(EU : European Union)	최적통화지역 (OCA : optimum currency area)
로마조약(Treaty of Rome)	유럽중앙은행	통화동맹(currency union)
마셜플랜(Marshall Plan)	(ECB : European Central Bank)	환율조정장치
마스트리히트조약(Maastricht Treaty)	유로(euro)	(ERM : Exchange Rate Mechanism)
수렴기준(convergence criteria)	유로존(Eurozone)	ERM 위기(ERM crisis)
안정성장협약	인플레이션 편향(inflation bias)	

연습문제

1. 미국을 50개 주로 구성된 통화동맹으로 볼 수 있다. 이런 관점에서 유로존과 미국의 최적통화지역(OCA) 기준을 비교하라.

2. 독일 통일과 동유럽 공산주의 해체 이후 이곳의 여러 나라들은 유럽연합(EU) 경제통화동맹(EMU)에 가입하기를 원했다. 왜 이들 나라가 서유럽과 통합을 원했을까? 이들 나라 정책결정자들이 OCA 기준을 자기실현적인 것으로 생각했을까? 설명하라.

3. 마스트리히트조약은 정부의 재정적자와 국가부채에 엄격한 요구 조건을 내걸었다. 이처럼 마스트리히트조약이 재정규율을 요구한 이유는 무엇인가? 중앙은행의 책무가 고정환율제를 유지하는 것이라고 했을 때, 왜 중앙은행에게도 재정규율이 중요할 수 있는가? 이러한 조건이 통화동맹 가입의 이익/손실에 어떤 영향을 미치는가?

4. 다음 그림은 유로존 몇몇 나라들에 대해 가상적으로 OCA 기준을 평가해본 것이다. 이것은 전적으로 경제적 기준에 의한 것이라고 가정하자. 즉 다른 정치적 요인들은 전혀 고려하지 않았다. 도표를 참고하여 다음 질문에 답하라.

대칭-통합 도표

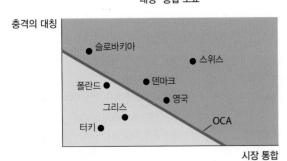

a. 어떤 나라들이 통화동맹 가입 기준을 충족하는가?

b. 유로존과의 시장 통합이라는 측면에서 폴란드와 영국의 OCA 기준을 비교하라. 두 나라가 (EU와의) 통합 정도에서 차이가 나는 이유를 한 가지 논하라.

c. (유로존에 대한) 충격의 대칭성 대 비대칭성이라는 측면에서 폴란드와 영국의 OCA 기준을 비교하라. 두 나라가 (EU와의) 대칭성 면에서 차이가 나는 이유를 한 가지 논하라.

d. 폴란드와 영국 정책결정자들은 경제에 충격이 발생했을 때 대응 정책을 펼 수 있는지에만 관심을 갖고 있다고 하자. 어느 나라가 EMU 가입을 더 원할 것 같은가? 이유는?

e. ERM 위기를 통해 밝혀진 영국의 정책 우선순위는 무엇인가? 왜 영국은 유로존 가입에는 관심이 없고 EU 가입만 원했을까? 도표에 나와 있는 것 이외에 다른 (경제적 및 정치적) 비용 및 이익에 대해서도 고려하라.

f. 그리스가 유로존에 가입한 것으로 판단할 때, 그리스가 어떤 부분에 정책 우선순위를 둔 것으로 볼 수 있는가? 도표에 나와 있는 것 이외에 다른 (경제적 및 정치적) 비용 및 이익에 대해서도 고려하라.

5. 미국 의회는 1914년에 연방준비제도를 설립했다. 그때 비로소 미국은 국민통화를 갖게 됐다. 그때 이후 지금까지 연방준비에서 발행하는 지폐가 유통되고 있다. 그 이전에도 중앙은행을 설립하려는 시도가 있었지만, 연방정부가 화폐를 독점할 것이라는 반대 때문에 무산됐다. 미국은 역사적으로 각 주의 권리를 유지해야 한다는 주장과 강력한 중앙당국이 필요하다는 주장 간에 논쟁이 있어왔는데, 중앙은행 설립 반대는 이런 상황을 반영한다. Fed 및 국민통화를 창설하면, 더 이상 주 차원에서는 통화공급을 통제할 수 없기 때문에 반대가 심했던 것이다. 이상에서 설명한 논쟁, 즉 주의 권리를 우선시하는 주장과 중앙당국의 필요성을 중시하는 주장 간의 논쟁을 EMU 및 유럽중앙은행(ECB)에 적용하여 설명하라.

6. 페르시아만 6개국(바레인, 쿠웨이트, 오만, 카타르, 사우디아라비아, UAE)이 단일통화 도입을 추진한다는 보도가 나온 적이 있다. 현재 이들 나라는 자국 통화를 미국 달러에 효과적으로 고정시켜 놓은 상태이다. 이들은 세계 원유수출에 크게 의존하고 있으며, 이 지역 정치 지도자들은 무역 다변화에 관심을 갖고 있다. 이런 내용에 기초하여 이 나라들의 OCA 기준을 평가하라. 가장 큰 잠재적 이익은 무엇인가? 잠재적 손실은 무엇인가?

7. 독립성이 떨어지는 중앙은행을 가진 나라의 인플레이션이 일반적으로 더 높은 이유는 무엇일까? 장기적으로 봤을 때, 중앙은행이 생산을 증가시키고, 실업을 줄이는 것이 가능한가? 장기적으로 독일 모형이 바람직한가? 그 이유는 무엇인가?

8. 마스트리히트 수렴기준을 OCA 기준과 비교 설명하라. 수렴기준이 통화동맹 가입의 잠재적 이익 및 비용과 어떤 관련이 있는가? 당신이 EMU에 가입하려는 나라의 정책결정자라면 수렴기준 중 어떤 것을 없애고 싶은가(즉 가장 문제가 많다고 생각되는 기준은 무엇인가)? 그 이유는?

네트워크

인터넷 정보를 이용하여 그림 16-1을 최신 버전으로 업데이트해보자. 회원국 정보는 유럽연합(europa.eu)이나 유럽중앙은행(www.ecb.int) 웹사이트에서 찾아볼 수 있다. 2014년 이후 어떤 나라들이 EU에 가입했는가? 혹은 가입을 지원했는가? 혹은 탈퇴했는가? 환율조정장치(ERM)에 가입하거나 탈퇴한 나라가 있는가? 유로존에 신규로 가입한 나라가 있는가?

옮긴이

현혜정

미국 인디애나대학교 경제학 박사
현재 경희대학교 국제대학 국제학과 교수

장용준

미국 인디애나대학교 경제학 박사
현재 경희대학교 정경대학 무역학과 교수

최필선

미국 텍사스A&M대학교 경제학 박사
현재 건국대학교 상경대학 국제무역학과 교수